图书在版编目（CIP）数据

中医症状鉴别诊断学/姚乃礼主编. —2 版
（修订版）. —北京：人民卫生出版社，2000
　ISBN 978-7-117-03613-9

　Ⅰ. 中⋯　Ⅱ. 姚⋯　Ⅲ. 症状-鉴别诊断-
中医诊断学　Ⅳ. R241

　中国版本图书馆 CIP 数据核字（1999）第 56534 号

门户网：www. pmph. com	出版物查询、网上书店
卫人网：www. ipmph. com	护士、医师、药师、中医
	师、卫生资格考试培训

中医症状鉴别诊断学

第　二　版

主　　编：姚乃礼
出版发行：人民卫生出版社（中继线 010-59780011）
地　　址：北京市朝阳区潘家园南里 19 号
邮　　编：100021
E - mail：pmph @ pmph. com
购书热线：010-67605754　010-65264830
印　　刷：北京铭成印刷有限公司
经　　销：新华书店
开　　本：787×1092　1/16　印张：56
字　　数：1289 千字
版　　次：1984 年 3 月第 1 版　　2025 年 6 月第 2 版第 39 次印刷
标准书号：ISBN 978-7-117-03613-9/R・3614
定　　价：68.00 元

打击盗版举报电话：010-59787491　E-mail：WQ @ pmph. com
（凡属印装质量问题请与本社销售中心联系退换）

中医症状鉴别诊断学

第 二 版

主编单位　中国中医研究院

主　　编　姚乃礼

副 主 编　朱建贵　高荣林

人民卫生出版社

赵金铎 （1916～1990 年）是我国著名中医临床学家，国家级名老中医。

1916 年 5 月 11 日生于河北深泽县，中医世家。14 岁开始学医，抗日战争爆发后毅然投身革命，以医生为职业参加抗日救亡工作。1954 年冬奉调参加筹建中国中医研究院，历任医史文献研究室副主任、研究院科研处副处长、广安门医院内科主任、内科研究室主任、副院长、学术委员会副主任、主任医师、研究员。还担任中华全国中医学会副秘书长、中医理论整理研究会副主任委员等职。对《内经》、《伤寒论》、《金匮要略》、《温病条辨》等古典医著研究造诣精深，对温病、偏头痛、中风、风痹、消渴、肾炎、慢性肾功能衰竭、痹证等病，自出机杼，经验丰富，疗效卓著。著有《赵金铎医学经验集》，主编《医论医话荟要》，发表学术论文 20 余篇。1981 年开始主编《中医症状鉴别诊断学》，1985 年主编《中医证候鉴别诊断学》，1986 年主持《中医疾病鉴别诊断学》（未出版）编写会议。

在本书第一版问世 17 周年之际，我们第二版编辑委员会全体，作为赵金铎教授的学生和晚辈，怀着十分崇敬的心情，谨以《中医症状鉴别诊断学》第二版来纪念第一任主编赵金铎教授逝世 10 周年。

《中医症状鉴别诊断学》
第二版编委会
2000 年 3 月　北京

中医症状鉴别诊断学

第 二 版

编辑委员会

主　编　姚乃礼

副主编　朱建贵　高荣林

编　委（以姓氏笔画为序）

王承德　毛德西　冯兴华

卢　志　刘瓦利　孙学东

吕敏华　华　苓　沙凤桐

苏诚练　李书良　陈淑长

陆寿康　邱德文　张志礼

姜在旸　胡荫奇　赵　松

贺志光　俞景茂　高健生

袁正洋

编 写 人 员

（以姓氏笔画为序）

王承德　副主任医师　中国中医研究院广安门医院
王秀云　副主任医师　辽宁中医学院附属医院
王　萍　副主任医师　北京市中医医院
邓丙戌　主任医师　　北京市中医医院
毛德西　主任医师　　河南省中医院
冯兴华　主任医师　　中国中医研究院广安门医院
卢　志　主任医师　　中国中医研究院广安门医院
刘瓦利　副主任医师　中国中医研究院广安门医院
刘文军　副主任医师　中国中医研究院广安门医院
刘绍能　副主任医师　中国中医研究院广安门医院
刘凯军　硕士　　　　江西中医学院
孙学东　主任医师　　中国中医研究院广安门医院
吕敏华　主任医师　　北京市中医医院
朱建贵　主任医师　　中国中医研究院广安门医院
华　苓　副主任医师　北京市中医医院
沙凤桐　主任医师　　中国中医研究院眼科医院
李华山　博士　　　　中国中医研究院广安门医院
李　建　副主任医师　北京市中医医院
李　岚　硕士研究生　浙江中医学院
李书良　主任医师　　中国中医研究院西苑医院
苏诚练　主任医师　　中国中医研究院
陈淑长　教授　　　　北京中医药大学东直门医院
陆寿康　教授　　　　北京针灸骨伤学院
邱德文　教授　　　　贵阳中医学院
邹金盘　副主任医师　中国中医研究院广安门医院
张志礼　主任医师　　北京市中医医院
张红激　主治医师　　中国中医研究院西苑医院
姜在旸　副主任医师　中国中医研究院广安门医院
胡荫奇　主任医师　　中国中医研究院望京医院
赵　松　主任医师　　贵州省卫生厅
赵　峪　副主任医师　中国中医研究院广安门医院
贺志光　教授　　　　贵阳医学院
俞景茂　主任医师　　浙江中医学院附属医院

中医症状鉴别诊断学

初 版

主编单位　中国中医研究院

主　　编　赵金铎

副主编　张镜人　张　震

人民卫生出版社

中医症状鉴别诊断学

初 版

主 编 单 位

中 国 中 医 研 究 院

参 加 单 位

上海市卫生局

上海市第一人民医院

上海中医学院

广西中医学院

云南省中医研究所

中医研究院西苑医院

中医研究院广安门医院

北京中医学院

北京中医医院

北京医院

冶金部十二冶职工医院

吉林省中医中药研究所

河南省开封地区人民医院

郑州铁路卫生学校

青岛医学院

贵阳中医学院

贵阳医学院

黑龙江中医学院

黑龙江省祖国医药研究所

黑龙江省黑河地区人民医院

厦门市第二医院

解放军三一六医院

中医症状鉴别诊断学

初 版

编辑委员会

主 编：赵金铎

副主编：张镜人 张 震

编 委：(以姓氏笔画为序)

韦玉英 毛震东 许润三

朱仁康 宋祚民 冷方南

张志礼 施奠邦 耿鉴庭

谢海洲 路志正

顾 问：(以姓氏笔划为序)

刘渡舟 任应秋 沈仲圭

赵炳南 袁家玑 钱伯煊

董德懋

编 写 人 员

(以姓氏笔画为序)

王庆其	王齐南	王育学	韦玉英	毛翼楷
毛德西	马素片	扎令诩	卢 志	申曼莉
冉先德	许润三	吕敏华	吕秉仁	乔国琦
宋祚民	沙凤桐	冷方南	陈淑长	陈炳焜
陆寿康	苏诚练	邱德文	李 全	李炳文
李 林	李文瑞	李玉林	李博鉴	李维贤
李书良	周济民	林玉樵	季绍良	张荣川
张志礼	范隆昌	赵 松	贺志光	胡荫奇
姚乃礼	姚高陞	秦汉琨	俞景茂	郭志强
高健生	黄柄山	钱文燕	韩胜保	董润生

编 写 办 公 室

主 任：毛震东

秘 书：方松春

工作人员：冷方南 李炳文 程昭寰

胡荫奇 高荣林 朱建贵

朱　序

（第　二　版）

　　80年代初，著名中医学家赵金铎教授倡议，整理和编撰中医鉴别诊断著作。在中国中医研究院领导的大力支持下，由广安门医院组织全国22个单位的专家、学者，完成了《中医症状鉴别诊断学》和《中医证候鉴别诊断学》。这两本书继承了前贤的宝贵经验，发扬了前人的学术成就，反映了近代临床的实际发展，比较系统、规律、科学地总结了中医临床鉴别诊断的新成果，使中医鉴别诊断发展成为一门新的学科。二书一问世，就受到广大读者的欢迎，仅《中医症状鉴别诊断学》即先后重印8次，发行10余万册，几成洛阳纸贵。

　　中医学是一门古老而又富有强大生命力的科学，党和政府十分重视中医药学术的继承和发展。制定了一系列具体的方针、政策，指导和支持中医药学的学术研究工作。早在50年代，中央领导即提出"系统学习、全面接受、整理提高"的12字方针。1955年中医研究院成立时，周恩来总理曾为之题词"发扬祖国医药遗产，为社会主义建设服务"，一直指导着中医药事业的发展。在中医药的学术研究中，关键是处理好继承和发扬的关系。所谓继承，就是把源远流长的中医学术进行认真全面的整理，将其精华系统完整地承接下来。所谓发扬，就是提高和创新，在继承学习前人理论和经验的基础上，运用现代科学技术和方法进行研究，使之不断完善和提高，促进中医药的发展和现代化，逐渐同国际接轨，为医学科学的进步和人民群众的健康做出更大的贡献。我们既要善于继承，又要勇于创新，才能不断促进中医学术的更新与发展。

　　《中医症状鉴别诊断学》等之所以成为畅销书，在海内外中医学界产生了深远的影响。其原因就在于本书的编著，是在继承和整理的基础上进行了创新和发展，促进了中医学术的提高和进步，满足了广大中医药读者的需要。

　　在世纪之交，中国中医研究院和人民卫生出版社委托姚乃礼等同志，又组织全国15个单位的专家、学者，针对15年来中医学术，特别是在症状学、证候学和诊断学（尤其是鉴别诊断学）方面的发展，多学科研究和疾病谱变化对中医学发展的影响，和中医药学术规范化发展的要求，进一步"发皇古义、融汇新知"。对《中医症状鉴别诊断学》等进行全面的修订，进行必要的增补删改，使本书在内容和质量方面又前进了一大步，更能适应当代中医临床和科研发展的需要。

　　21世纪是生命科学加快发展的时代，《中医症状鉴别诊断学》的再版，一定会继续发挥本书在中医临床和科研、教学中的重要作用，并为中医学术在下个世纪的腾飞和发展做出贡献。鉴于此，在新版《中医症状鉴别诊断学》即将付梓之际，表示祝贺，乐为之序。并希望抓紧《中医证候鉴别诊断学》修订再版和《中医疾病鉴别诊断学》的编著工作，企盼其早日问世。

中华人民共和国卫生部副部长兼国家中医药管理局局长

1999 年 12 月

王 序

（第 二 版）

　　在临床诊疗工作中，我们接诊的患者往往是以最主要、最痛苦的症状来就诊。医生以其主诉的症状为线索，四诊合参，应用中医理论，进行必要的分析判断，就可以确立诊断和治疗方案并可判断病势的善恶顺逆，探索疾病的演变规律，预测疾病的预后转归。这就是《内经》"司外揣内"的诊断学模式，即现代控制论不打开黑箱的研究方法；也是中医个体化诊疗方案的前提和基础，这是中医学固有的优势和特色所在。

　　许多疾病初露时的先兆症状，在一定程度上为早期诊断和防微杜渐提供了依据。在辨证论治时，抓住主要症状，辨析主要症状，洞察疑似症状，从而找出疾病、证候的根结，有的放矢，必定需要症状鉴别诊断的娴熟功夫，也是辨证论治过程中的必要条件和环节。

　　我对中风一病，就强调症状学为临床研究之基础要素。其病名、病类诊断必以明察主症为基础，观察症状以明辨病性与病情轻重。症状鉴别诊断在临床上是必要的，也是切实可行的。

　　十八年前，前辈中医学家赵金铎、张镜人、张震三位老先生，以开创之精神领衔主编《中医症状鉴别诊断学》，为中医鉴别诊断学的发展起了奠基作用。该书问世以来，重印 8 次，发行 10 余万册，是多年来中医学少有的畅销书，足以说明本书的影响和在中医鉴别诊断学科方面具有不可估量的学术价值。

　　在即将跨入 21 世纪之际，广安门医院受命组织全国 15 个医科教单位的老中青学者45 人，删繁正讹，补充移正，对本书进行了全面修订，新增条目 123 条，增加内容 26余万字。修订后的《中医症状鉴别诊断学》，融贯了本世纪的中医研究成果，反映了多学科发展和社会进步、疾病谱变化对中医学发展的影响，其内容注入了新的活力，更能适应当代中医临床和科研发展的需要。学者们费时一年，数易其稿，可见用心之良苦。

　　相信本书之再版，会以一个全新的面貌和内容奉献给读者，一定会在新世纪对中医诊断学科的发展起到推动和促进作用。爰为之序。

中国工程院院士
中国中医研究院院长　王榺　教授

1999 年 12 月 20 日

第二版前言

十八年前，为了弘扬中医药学，时任广安门医院副院长的全国著名中医内科专家赵金铎老先生，会同中医界的几位老前辈，提出了整理编辑中医鉴别诊断学的动议。得到了中国中医研究院领导的大力支持，并由广安门医院具体组织全国22个医科教单位，近70名学者参加编写，《中医症状鉴别诊断学》和《中医证候鉴别诊断学》先后问世。

《中医症状鉴别诊断学》等的出版发行，对中医鉴别诊断学科来说，既是继承和总结，也是创新和发展。可以说开始确立了中医鉴别诊断学作为一门独立学科的学术地位，初步明确了中医鉴别诊断学构成的框架体系，并为中医鉴别诊断学的完善和发展奠定了基础。中医鉴别诊断学由症状鉴别诊断学、证候鉴别诊断学和疾病鉴别诊断学三部分内容组成。《中医症状鉴别诊断学》是一部具有极高学术价值而又有时代特点的大型中医专著，一经刊行，即受到广大读者的热情关注和欢迎。十五年来，先后重印八次，发行十余万册，在海内外中医学界产生了深远的影响，对中医理论和中医临床科研都起了积极的促进作用。

《中医症状鉴别诊断学》是时代的产物，也是集体智慧的结晶，它集中反映了全国中医学术发展的水平。本书之所以能取得较高的学术成就，首先得益于老一辈中医药学家的丰富学识和奉献精神。他们不顾年高，承担了本书的编审、顾问。呕心沥血，精益求精，推敲琢磨，字斟句酌，审定把关，数易其稿，对中医事业耿耿丹心，功不可没。尤其是本书主编赵金铎老先生，他的远见卓识和开创精神，他付出的辛劳和心血，为保证本书的学术特色和水平，也为我们今天的工作奠定了坚实的基础。他虽然已经谢世九年，但他的精神永远活在我们心中，在本书再版即将付梓之际，我们更加怀念他老人家。副主编张镜人和张震两位导师，他们和赵老一道，以其丰富的临床经验和理论造诣对本书的完成进行了巨大的努力，在中医鉴别诊断学的学科建设和学术发展上，做出了卓越的不可磨灭的贡献。本书的各位顾问和作者，以及参与本书头版编写的诸位工作人员，他们都以自己的聪明才智和负责精神为本书的编写出版兢兢业业的工作。他们一直在关心本书的再版，虽然因为各种原因，有的没能参加这次再版修订工作，但他们的业绩已经随本书的出版发行而记录在案，流行于世。在此谨向他们致以崇高的敬意和衷心的感谢。

本次修订工作，正值世纪之交。修订后的《中医症状鉴别诊断学》，在学术上具有承前启后、开创未来的深远意义，我们深感此次修订工作责任重大。在修订班子的组成上，考虑到时间的推移和人员的变更，首先发信征求了老作者的意见，并根据条目的增加情况，适当增加了一部分新作者。新老作者共45人，其中具有副主任医师、副教授以上职称者38人，占84%，形成了强有力的编修班子。

本书的修订原则是在尊重原书编写宗旨，保持和发扬原书学术特色和写作风格的前提下，充分反映初版以来中医学术，特别是在症状学、证候学和诊断学（鉴别诊断学）方面的发展。适应社会和科学进步，特别是生命科学发展和疾病谱变化对中医学发展的影响。针对社会生活紧张带来的精神情志疾病，工业化生产和环境污染引起的疾病、化学药物中毒而致的医源性、药源性疾病、艾滋病、吸毒，社会老龄化导致的老年疾病等新情况，在主要症状的论述和鉴别诊断方面的内容也有了相应的补充。从而尽可能适应时代和形势的变化，临床和科研发展的需要。

修订工作注意坚持和贯彻了"系统性、科学性、规律性和实践性"的原则，特别是把实践性作为"四性"的核心和基础，使编写内容既来源于临床实践，又能够指导临床解决实际问题。在体例上"遵其制、依其例"，进行必要的补充、删繁、正讹、移正。对条目的修改，名称不确切者，予以改正；症状兼容的，予以分割；内容重复的，予以合并；无实际临床意义的，予以删除。通过调整，在原来基础上，增加了123条，症状总数达到623条。

在具体内容的修订方面：在"概念"部分，着重考订症状的定义是否确切，出处是否有误，与疑似症的鉴别是否恰当。对需要增加疑似症鉴别内容的，作了相应的补充。在"常见证候"部分，仔细推敲所列证候是否符合临床实际，与临床不符处，作了改正。所列证候不足者，作了增补。在"鉴别分析"部分，若常见证候有变化，该内容亦作了相应的变化。在"文献别录"部分，若与鉴别诊断内容不符者，作了适当删减或补充。

为使本书所涉及的疾病和证候名称尽可能标准化，我们在修订时采用了国家技术监督局1997—03—04发布的《中华人民共和国国家标准·中医临床诊疗术语》（GB/T16751 1—3）为蓝本，凡疾病和证候命名不符合标准者，以此为准作了适当的改正。

对修订后作者署名的处理，我们既尊重原作者的辛勤劳动，又本着实事求是的原则进行必要的调整。若修订内容大于原条目内容，修订者可署名于原作者之前。若修订内容小于原条目内容，可署名于原作者之后。修改不多或仅作文字校正的，仍署原作者名。

时代在前进，社会在发展，科学在进步。中医学既要保持和发扬其固有的特色，充分发挥自身的优势，也要不断吸取现代科技成果，随着时代前进的步伐而发展。在世纪之交对《中医症状鉴别诊断学》所做的修订，将以本书第二版的正式出版发行为契机，把中医鉴别诊断学的学术进步推向一个新的水平，这是我们这一代中医工作者义不容辞的责任。由于我们的学识和水平所限，这次对本书的修订，确有续貂之虑。编修人员只能尽其所能，在中医鉴别诊断学科的继承和发扬方面做一些力所能及的工作。至于内容论述，挂一漏万，谬误之处，在所难免。还希望广大读者不吝赐教，提出宝贵意见。祈盼在下次再版时加以厘定，使本书更臻完善，使中医鉴别诊断学科不断发展。

1999年12月于中国中医研究院

初版

崔　序

　　继承发展中国医药学是我国卫生工作中一项极其重要的方针。中国医药学，对中华民族的生息繁衍，作出过卓越贡献；至今，在人民保健事业中，仍然发挥重要的作用。医学发展的历史将证明，中国医药学不仅为中国人民保健事业继续作出贡献，而且会对世界医学和各国人民的健康保健做出一定贡献。

　　我国有中医药学，和世界各国相比，这是我国医学上的一大优势。发挥这一优势，不仅可以使我国的医药卫生事业更好地为社会主义四化建设服务，而且可以丰富发展世界医学。

　　我总认为：我们在中医药事业上，是可以大有作为的，一定要花大力气把中医工作搞上去。

　　中医药学术，历来都有发展。中医研究院主编的《中医症状鉴别诊断学》，就是把过去没有系统化的东西，加以整理，使之系统化，这也体现了发展；这项工作本身，也是中医的科学研究工作，是一项重要的工作。我完全赞助这种科学的整理研究工作。

　　《中医症状鉴别诊断学》即将出版，我写几句话，一来表示祝贺，二来表示向大家学习。让我们在中国共产党第十二次代表大会精神指引下，为开创中医事业的新局面努力工作。

中华人民共和国卫生部部长　崔月犁

一九八二年十一月十六日

吕　序

《中医症状鉴别诊断学》，就是从症状学的角度研究辨证的规律。

本书作者，发挥集体智慧，提出《中医鉴别诊断学》应由《中医症状鉴别诊断学》、《中医证候鉴别诊断学》、《中医疾病鉴别诊断学》三个部分组成，这种从症状学、证候学、疾病学角度研究中医学的辨证论治规律的学术见解很好。我赞助这种科学的整理研究和脚踏实地的工作精神。

中医学是我国的"国粹"之一，这门宝贵的科学，中华民族代代相传、代代研究，不断分枝发展，到了我们这一代，应当更加绚丽多彩，我们绝不能让她平白地衰落下去。我欣赏并十分支持那些立志于中医学研究的有志之士，这些志士们将要受到人民的热爱。

党的中医政策深入人心，中医为人民做出了贡献，人民需要中医。我竭力拥护"中医、西医、中西医结合三支力量都要发展，长期并存"的方针。继承发掘整理提高中医药学，发展中医事业，是党坚定不移的方针。立志献身中医事业的同志，一定要在振兴中华、振兴中医的伟大事业中贡献力量。

当《中医症状鉴别诊断学》即将出版之际，我希望在不久的时间里，能看到你们的《中医证候鉴别诊断学》、《中医疾病鉴别诊断学》的相继问世。

吕炳奎

一九八二年八月二十四日

李　序

　　中国医学具有数千年的悠久历史、丰富的科学内容，是我们中华民族优秀文化的重要组成部分。新中国成立以后，在中国共产党正确的领导下，在继承发扬祖国医学方面，取得了显著的成绩。

　　我院的一些中医科学工作者，多年来从事临床工作，积累了丰富的实践经验，对于临证经常碰到的一些症状、证候及疾病的诊断及其鉴别，颇有心得。为了更好地继承和总结这方面的宝贵经验，他们和兄弟单位的中医专家一起，花费了大量的精力，整理分析资料，查阅古代文献，把这些经验分别整理成册。这部《中医症状鉴别诊断学》就是其中的第一部。其余两部，即《中医证候鉴别诊断学》和《中医疾病鉴别诊断学》的编写，将陆续完成。

　　近些年来，由于工作的关系，我和中医临床工作者接触较多，对于中医的医疗、教学、科研工作，有一定的了解。我深深感到中医学术博大精深，源远流长。为了把宝贵的中医学术继承下来，加以提高，需要我们付出辛勤的劳动，只有这样才能更好地为十亿人民的健康服务，为社会主义现代化建设事业添砖加瓦。《中医症状鉴别诊断学》编写工作，在这方面是个很好的开端。希望我院的中医工作者们再接再励，戒骄戒躁，在继承发展中国医药学方面，做出更大的成绩，取得更大的胜利。

中医研究院副院长　李永春

一九八二年九月一日

沈　序

　　《灵枢·刺节真邪》云："下有渐洳，上生苇蒲，"有诸内必形诸外也。近人赵锡武谓："四肢百骸，五脏六腑，一筋一骨皆有一定之功能，营生理的作用。故一脏一腑，一筋一骨有病，则其脏腑筋骨之机能发生变化而现一定不移之症状。……初起之证曰主证，及于全身之证曰副症，两者统名曰定证（或固有证）。综观定证之形态，即知为何种疾病，偏重于何方面，而推出用何种治法。"（《赵锡武医疗经验》）赵氏所说，先获我心。祖国医学之菁华，荟萃于辨证论治，而辨证之始，必然是对病人所观之临床主、次症状加以入细地搜集、归纳、鉴别、分析，由表及里，见微知著，把握病机。举例言之，"头痛"一症，即有外感、内伤之别。外感"风寒头痛"，痛连项背，常喜以棉裹头，恶风寒，口不渴；外感"风湿头痛"，则头痛如裹，肢体倦重，纳呆胸闷，小便不利；内伤"肝阳头痛"，头痛目眩，烦躁易怒，夜寐不安，面红口苦；内伤"肾虚头痛"，则头脑空痛，眩晕耳鸣，腰膝无力，男子失精，妇女带下等。无症则无以谈病，无病证则无从辨证。

　　所谓辨证，即系统地归纳、分析症、病、证三者内在联系的过程，谨守病机，各司其属。先贤于此，凤已重视，并有专著问世。宋人成无己之《伤寒明理论》，集伤寒常见五十症，详加剖析，启后学得其辨证肯綮，可谓症状鉴别之始。近人秦伯未等著《中医临证备要》，裒辑中医各科常见临床症状四百一十七例，逐一析别，使症状鉴别之深度和广度大有提高，刊行数十万册，供不应求，几成"洛阳纸贵"。可知现代中医及中西医结合临床、教学、科研工作，亟待一部较为系统的症状鉴别专书。

　　应此需要，由我院主编，二十二个兄弟单位协作编著的《中医症状鉴别诊断学》一书，经期年努力，行将付梓问世。余以楼台近水，有幸先睹。是书广罗中医各科常见症状凡五百例，一一详析，辨异以正名，述证以别型，理法、方、药贯珠一线，诚为辨证论治之最佳新作，堪供中医、中西结合医、教、研各方面所借镜。欣喜之余，自忘谫陋，拉杂记之，聊表祝贺之忱。

　　　　　　　　时在一九八二年中秋沈熊璋仲圭序于中医研究院

前　言

中医鉴别诊断学，是中医诊断学的一个重要分支，是一门承前启后、介于基础和临床的中间学科。它由三个部分组成：（一）中医症状鉴别诊断学；（二）中医证候鉴别诊断学；（三）中医疾病鉴别诊断学。

编写中医鉴别诊断学的理论意义和实践价值十分重大。从学术方面说，使基础与临床之间产生了一个新的边缘学科；在中医诊断学与中医临床学的结合上，开辟了一个新的探索领域，繁荣了中医学术，填补了中医鉴别诊断学科上的空白。从实践方面讲，在提高临床医生对症状、证候、疾病的鉴别分析水平上，有一定的帮助。中医鉴别诊断学这一学科的产生，是中医理论发展的必然趋向，是中医临床发展的实际需要，也是中医现代化的迫切要求之一。

《中医症状鉴别诊断学》是中医鉴别诊断学的重要组成部分。"症状鉴别诊断"，就是运用中医的基本理论和辨证方法，对"症状"进行分析；分析同一症状在不同"证候"中出现时的特点，以及同一症状可能在哪些证候中出现。"症状鉴别"所讨论的内容，是具有同一主症的不同证候间的鉴别；所涉及的问题，是主症相同，证候却不相同的鉴别问题，并非讨论不同"症状"间的鉴别，这是应当首先明确的。例如，"舌麻"这一症状，有"血虚舌麻"、"肝风舌麻"、"痰阻舌麻"等证候，同一舌麻症状，但证候却不相同，证候不同的道理是由于证候产生的病因病机不同；假使进一步对证候加以研究，则还会发现，其临床"兼症"亦有不同特点。如：血虚舌麻的特点是舌淡而麻，兼症有面白萎黄、心悸气短、脉细无力等；肝风舌麻的特点是舌麻而强，兼症有语言不利、或有卒仆、脉弦而细数等；痰阻舌麻的特点是舌麻而苔厚腻，兼症有头眩、脉滑等。临床鉴别时，不同证候中出现的"兼症"，往往是鉴别的着眼点，否则主症相同的不同证候就无法进行鉴别。因此，分析以该症状为主症的病因病机时，一定要结合与主症同时存在的"兼症"，共同综合进行考虑，不可孤立地去分析症状和病机。因为没有兼症的存在，也就无法认识主症，如同事物若与其周围事物割断了联系，就无法进行比较一样，这就谈不上鉴别。中医症状鉴别诊断学，正是总结了同一主症在不同证候中出现时的规律，揭示了它产生的病因病机，特别是从外部表象（兼症）示人以要点，更方便于临床医生以掌握。这种主症相同的证候间的鉴别规律，就是中医症状鉴别诊断学的鲜明特点。

按"鉴别诊断学"的要求，症状之证候间的鉴别，只从主症、兼症、病因、病机等方面讨论，已经达到了写作目的，但考虑到中医基础学科与临床实际紧密结合的特点，为了更切合临床医生的实际工作需要，也附带地简略讨论了不同证候的治则和选方用药，并将立法、处方，从鉴别的角度一并加以叙述，这种写作体例，从形式上看，最容易使人误解为"对症治疗"；可是由于书中始终贯穿"辨证"，讨论的问题，始终是同一主症在不同证候中的鉴别，因此，"对症治疗"的误解也就不会发生了。

中医辨证，首先要具有对症状进行分析的能力，不具备这种能力，进行辨证是难以想象的。可以说，训练医生对症状鉴别分析的能力，是打好"辨证"的基本功之一。《中医症状鉴别诊断学》对提高临床医生的症状鉴别分析能力，我们认为是有很大帮助的。

《中医症状鉴别诊断学》是新的创写，但它的萌芽，远非始自今日。例如，元代中医名著《丹溪手镜》中，就综合了大量的症状鉴别诊断内容，它在所述"自汗"一症中，有"风邪干卫"、"暑邪干卫"、"湿邪干卫"、"风湿自汗"、"寒渐入里，传而为热自汗"、"漏不止恶风自汗"、"阳明发热自汗"、"柔痓自汗"、"霍乱自汗"、"少阴病自汗"等的证候分辨，同时还列出自汗的"不治证"等，可谓鉴别详备，但从今天来看它，还不够系统和全面。我们集中了大家的智慧，在总结前人的学术成果，结合今之临床实践的基础上，写成了此书，因此，《中医症状鉴别诊断学》既是继承了先人的宝贵经验，又是发扬了前人的学术成果。

本书之编写，贯彻了以下几项原则：（一）以中医理论为指导，突出辨证的特点；（二）贯彻"双百"方针；（三）既要系统继承总结前人的学术经验，又要反映出近代临床的实际发展；（四）注意"三性"，即系统性、规律性、科学性。

写作时，注意了从规范化的要求出发，例如"证候"的分证方法，要求以目前通用的八种辨证方法（即八纲辨证、气血津液辨证、病因辨证、脏腑辨证、六经辨证、卫气营血辨证、三焦辨证、经络辨证等），进行分证，在促进中医诊断理论的系统化、规范化方面，做了一定努力。

本书编写人员五十余人，审稿人员十八人，参加编写的单位有十一个省市、二十二个单位，共用了一年零二个月时间完稿。这项工作自始至终，在中医研究院李永春、施奠邦两位副院长组织领导下，得到了卫生部中医局吕炳奎局长的热情鼓励，以及参加这项工作的各单位领导的大力支持，这是能如期胜利完成任务的重要保证。本书编写人员，大多都是从事中医临床、教学、科研的骨干，医、教、研任务繁重，在完成各自承担的本职工作之外，又圆满地完成了编写任务；审稿人员，多是身兼数职的中医正副教授、正副研究员、正副主任医师，有的年近八旬，仍伏案审批稿件，认真把关，这种积极工作的精神，值得发扬。

尽管编写和审稿人员做了很大努力，但水平所限，书中肯定还会存在不少缺点。所选症状条目五百条，编写时搜集了大量古今文献，并结合了作者的临床实践经验，但比起中医临床实践的广阔领域，就显得条目还不够多，有些条目写得还很肤浅，论述的也还不够十分全面，编写的质量还有待进一步提高。这些都是十分明显的缺点。深望国内外中医和热爱中医事业的同道，不吝指正，以便再版修订时，遵意改正。

赵金铎

1982 年 8 月于哈尔滨

凡　例

一、全书共分总论、各论两部分。总论概括阐述了症状的意义和怎样对症状进行鉴别诊断，起到提纲挈领的作用；各论按照中医内科、妇科、儿科、外科、皮科、五官科等各科常见症状顺序排列，共 500 条。有些条目既是症状又是病名，在此一律视作"症状"处理。

二、每一症状条目，均按【概念】、【鉴别】、【文献别录】三项内容进行编写。【概念】，一般先"定义"，后"辨异"，对症名混乱者，进行正本清源的讨论；【鉴别】一项则分"常见证候"和"鉴别分析"两点。"常见证候"主要论述以该症状为主症的不同证候之临床表现；"鉴别分析"则着重从病因、病机、兼证、治则等方面进行详细地比较鉴别，是书中论述的重点；在该项中提出治则和选方的用意是为了便于在临证时参考。【文献别录】所引文献，贯彻"百花齐放、百家争鸣"的方针，主要引用有独到见解的"一家之言"。

三、编写时规定"证"与"症"字在书中使用的限定范围："证"代表证候；"症"代表"症状"。

四、书中引用文献，以公开出版的为主，内部资料一般不引，引文以少而精为原则。

五、全书"症状"条目中所涉选方，于书末附有方剂汇编。方剂汇编以方名第一字的笔划多少为据编制排列，以便检索，每一方剂，注出来源、组成、不注明剂量。

目 录

总 论

各 论

总论

一、症状的概念和意义

中医诊治疾病的过程中，准确的辨证乃是采取"有的放矢"治疗措施的前提。而这样的辨证，又只有通过对症状的全面分析，仔细鉴别、认真判断等才能获得。因此，进一步了解症状的概念和意义、熟悉症状与病机、疾病、证候、治疗之间的关系、掌握鉴别症状的原则与方法等，很有必要。

症状，中医学又称征候、病候等，一般是指患者自身觉察到的各种异常感觉，或由医生的眼、耳、鼻、指等感觉器官所直接感知的，机体病理变化的外部表现。这些感觉或表现，通常都具有一定的规律性，是人们赖以认识疾病的航标或纽带，它指引医生去识别和区别具体的病证，并成为中医辨证的主要依据。

《伤寒论》、《金匮要略》是中医临床必读之书，是辨证论治规范之作，历代医家奉为圭臬，其学术价值和内容，至今学术界仍在应用多学科手段进一步深入研究。该二书之所以成为中医学不朽的名著，其主要成就是奠定了中医学精髓——辨证论治的基础，其中对症状学也作出了突出贡献。书中对症状的描述使用了规范的语言，对临床症状的记述比较全面系统，对症状还进行了比较科学的分类，对症状的客观指征进行了解释，对阳性症状和阴性症状的描述详略得当，还比较合理地处理了病、证、症三者的关系。所以，《伤寒论》、《金匮要略》所收载记录的症状一直沿用至今。

需要说明的是，《伤寒论》、《金匮要略》中的"证"字，实际上是症状的概念，并非指证候。在我国古典医著中，长期"症"、"证"使用不分，概以"证"代之。《康熙字典》中无"症"字，《中华大字典》对"症"解释为"俗證字"。为解决证与症在中医书籍中长期混淆不清的状况，本书在初版编写时就明文规定"证"与"症"字在书中使用的限定范围："证"代表证候，"症"代表症状。在以后的中医证候规范和近年颁发的国家标准《中医临床诊疗术语》的编制都接受了这一观点，证为证候、症为症状，使证与症的概念约定成俗，趋于规范，并在中医学术界推广使用。

《周礼·天官》有"以五气、五声、五色眡其生死"的记载。所谓"眡"，即视或看，说明当时的医生已能通过病人发出的声音或呈现出的色泽等症状去诊察疾病，并判断患者的预后了。《灵枢·本藏》篇曾认识到症状是体内病变的"外应"，因而指出"视其外应，以知其内脏，则知所病也"。该书《外揣》篇进一步阐明体内病变与症状间之关系是"内外相袭，若鼓之应桴，响之应声，影之似形"，并作出了"远者司外揣内，近者司内揣外"的重要结论，从而由揣度诊断法的角度肯定了症状的诊断学意义。

朱丹溪继承了《内经》的有关思想，进一步指出体内的各种病机变化必然会通过症状的形式表现出来，并称之为"有诸内者，形诸外"因而再次强调"欲知其内者，当观乎外；诊于外者，斯以知内"等重要的诊断学原理，对症状的意义给予了恰如其分的评价。

随着医疗实践的持续和认识的不断深化，中医学对症状比较重视，因而在各种症状的具体意义和症状与病机、疾病、证候、治疗的相互关系等方面，积累了丰硕的认识成果。

二、症状与病机的关系

中医学的病证或证候，通常是由人体内部阴阳失调或正邪交争等一系列矛盾运动构成的，它包含着病机变化的各种内部联系。不同的病机，可赋予证候以不同质的差异性，而不同的症状则是体内病机变化的外部联系或反映，即已表露出来的各种临床征象。它们与各自的病机有着内在的、不可分割的联系，是帮助医生识别证候的向导。但一个具体的症状，往往只是某种或某些病机的局部反映或部分表现。所以，尽管临床症状纷纭复杂、姿态万千，毕竟不过是各种病证的现象而已，病机终究比症状深刻得多。在症状与病机之间，存在着多方面的辨证关系。

长期以来，人们对于深藏于体内的各种病机变化，总是通过外在的症状去加以揣测或推断。《内经》曾借用自然界的某些景物或现象去生动地比拟体内病变和外部表现之间的固有联系。如《灵枢·刺节真邪》云"下有渐洳，上生苇蒲，此所以知形气之多少也"。渐洳，乃水湿浸渍之意。这就是说：地面上生长蒲草、芦苇之外，其下必有水湿浸渍无疑，此乃恒情常理。那么，但见苇蒲丛生，也就不难揆度其地之潮湿；且由苇蒲之繁茂与否，尚可间接推知其土质之肥瘠与水湿之多寡。人体的形与气，即外表状态与内部功能的关系和上述道理也是相通的。这样的认识难能可贵。《素问·五运行大论》云"形精之动，犹根本之与枝叶也，仰观其象，虽远可知也"亦在一定程度上描绘了症状与病机的关系，并且暗示人们透过外部症象，可以洞悉内在的病机。

《备急千金要方·论大医精诚》所说的"病有内同而外异，亦有内异而外同"已在一定程度上告诉人们：相同的病机可以表现出不同的症状，而同一症状，也可以因为不同的病机所产生。这也就是说，症状与病机的关系是多元的，它们相互间的关系既可平行，也可以不平行。

症状与病机之间存在着难以分割的联系。而且联系的方式是多种多样的，其中往往有纯有杂、有正有反、或有顺有逆、有真有伪等。

（一）症状与病机间的"纯、杂"关系

从唯物辩证法范畴的观点去考察疾病的各种表现，则所有的症状都可以从总的方面相对区分为特殊性和普遍性的两大类，前者或称为特异性症状，后者又可叫做非特异性

症状。这种一分为二的分类方法，在一定程度上也体现了症状与病机之间相互关系的"纯"与"杂"。

所谓特殊性和特异性症状，多半是一些十分具体的病候表现，它们所反映的病机内容通常都比较明显和直接，诊断含义也较肯定，其与病机的关系一般都较单纯而易于识别，因此可以看成是一种相对的"纯"的关系。如病程较久、得暖、得按、得食可减之脘腹冷痛，一般便是脾胃虚寒的特异性症状。因其本身十分具体，性质也很明确，它与中焦阳气不足的病机之间即保持着一种比较"纯"的联系。

非特异性症状具有程度不等的普遍性，它们所提示的病机涉及面都比较广，往往在许多场合下都可出现，其诊断涵义是多元性的，因此鉴别的难度比较大。只有全面考察、具体分析，才能判定其所反映的病机内容。由于非特异症状与病机的关系比较复杂，所以不妨称为"杂"的关系。如像笼统的咳嗽症状，则在一定范围内具有普遍性，它既可出现于风寒犯肺之时，也可见于风热袭肺、燥邪伤肺、痰湿渍肺、肝火犯肺、阴虚肺燥等一系列肺失宣降的过程中，且与多种具体的病机都可能有联系，甚至寒热错杂、虚实互见。在未通过四诊使其具体化之前，这一笼统的咳嗽症状与病机的关系是比较复杂的，因此它们之间属于"杂"的联系。再如笼统的发热、疼痛等症状，则具有更强的普遍性，其与具体病机之关系也更为复杂。类似这样的症状，就是鉴别诊断中所要研究和解决的重点之一。

（二）症状与病机间的"正、反"关系

尽管每个症状都和相应的病机紧密地联系在一起，然而表现其联系的方式有时却大不相同，甚至会以倒错、歪曲、假象等方式从反面去反映它们之间的联系。当然在多数情况下症状仍是从正面、如实的反映着病机，二者之间体现着一种平行的、统一的、即"正"的关系。例如已有元气不足、劳倦内伤、久病失养或腠理开泻太过等原因，而且又已排除了阳虚、湿困等可能性之后的少气无力症状，一般就比较中肯地从正面反映着人体气虚的病机变化，其二者间之关系便属于"正"的联系。

但是，症状和病机之间不可能绝对的一致或完全平行。日常诊疗工作中有时碰到的一些所谓"假象"，便是由那些歪曲或倒错地反映病机的症状造成的，它们之间的这种反常的关系即属于"反"的联系。这是病机与症状之间除了统一性之外，还存在着矛盾性的具体表现。前人所说"至虚之证、反有盛候；大实之证、反有羸状"就是指此。其中的"盛候"，或"羸状"与大实或至虚病机之间的关系，便属于相"反"的联系。《顾氏医镜》曾具体解释说"聚积在中、按之则痛、色红气粗，脉有力，实也；甚者嘿嘿不欲语、肢体不欲动，或眩晕昏花，或泄泻不实，是大实有羸状"。《景岳全书·传忠录·虚实篇》也描述过至虚有盛候的情况，如谓"病起七情、或饥饱劳倦、或酒色所伤、或先天不足，及其既病，则每多身热、便秘、戴阳、胀满、虚狂、假斑等证，似为有余之病，而其因实由不足"。前者的不欲语、不欲动、眩晕昏花，大便泄泻不实；后者的便秘、腹胀、发斑等，即是以羸状和盛候的假象作为表现形式的，症状与病机之间的"反"联系。

总之，特异性症状与病机的关系较"纯"，而非特异性症状者较"杂"；"正"的关

系是相互平行的，正面的反映，"反"的联系则是被歪曲了的，或反面的联系。然而在症状与病机的各种关系中，普遍存在的是正的联系，反的联系有时也可见到。同时，只要通过望、闻、问、切等诊察手段而把笼统的症状尽量地具体化、准确化，那么杂的关系就可能转化为纯的关系。所以，症状鉴别诊断要领之一，即在于识别前者和抓住后者，俾便于区分症状的真伪，并促使其诊断范围之逐步缩小，和病机内容之渐趋清晰。

其次，还须明白：上述症状与病机间的"纯""杂"和"正""反"关系，都是为了叙述的方便而人为的划分的，难免局限性或不够确切，而病员的实际情况则远比这丰富和生动得多。再者，症状与病机的各种联系并不是绝对的，也不是孤立的，在同一个患者身上常可见到纯杂、正反关系的交错并存。因此，只有熟练掌握症状鉴别诊断学的基本原则与方法，才能透过复杂的疾病现象，去剖析病机，明辨证候的类型。

三、症状与病、证的关系

症状与疾病的关系是十分密切的，从中医学的疾病名称就可窥见其一斑。中医的病名近 4000 种，最近颁发的国家标准收载常见病 930 种，此外尚有 49 种属症状性疾病名称，如发热、抽搐、自汗、盗汗、头痛等，这是否也可以说是中医的特色所在之处。

疾病是在病因作用和正虚邪凑条件下，体内出现的具有一定发展规律的邪正交争、阴阳失调的全部演变过程，具体表现为若干特定的症状和各阶段相应的证候。症状是由在一定致病因素作用下形成的疾病或证候，其机体病理变化的外部表现，是组成证候的基本要素。再通俗地说，人患病后就会表现出症状，不同的疾病表现出不同的症状，症状是机体对疾病的反应状态。清代医家徐灵胎指出："欲治病者，必先识病之名。"也就是说，要辨病识病，对疾病作出诊断，必须以症状为线索，并综合四诊所搜集的临床资料，进行分析、推理、判断。

疾病在变化的过程中，症状也发生相应的变化。通过对症状的观察，可判断和察觉疾病的转化。如伤寒少阴病，因少阴为三阴之枢，少阴与太阳互为表里，少阴病在正复阳回的情况下，可转出太阳。《伤寒论》中指出："少阴病八九日，一身手足尽热者，以热在膀胱，必便血也。"少阴病，阳气虚衰，机体功能低下，主要症状是四肢厥逆，恶寒踡卧。条文中的症状是"一身手足尽热"，说明阳气来复，邪气由里达表，病由少阴而转出太阳。

症状所出现的不同部位，往往提示疾病所在。如出现胸痛彻背、背痛彻胸，多为胸痹；若出现咳唾引痛，多为悬饮；若出现右胁胀痛，多为肝胆疾患；若出现胃脘部痞满，多为胃痞；腹胀如鼓，肤色苍黄，腹皮青筋显露者，多为鼓胀。

症状是识别疾病的航标或纽带，给诊断提供线索和依据，医生应当在临床上仔细询问和搜集症状、全面观察病情，并要善于发现和诊察人们不太留意的疾病反应出来的蛛丝马迹，方才有利于疾病的诊断。

症状是构成证候的主要因素，临床辨证论治主要是辨证候，那么症状就是识别证候的主要依据。也就是说，要确立一个证候，必须根据症状，再结合舌、脉象进行分析、推理和判断，症状在临床辨证时有着举足轻重的作用。

抓主症是识别和确立证候的主要方法。因为症状的表现是错综复杂的，又是变化多端的，有时患者对症状的描述也是不确切的，这就需要医生具备一定的临床经验，抓主要症状，或者叫核心症状，才能识别和确立证候。临床经验比较丰富，辨证思路清晰，就能从复杂纷乱的患者主诉中理出头绪，找到线索，稳而准地抓住主要症状，证候的确立就较容易。如一患者出现头项强痛、发热、恶风、自汗、脉浮缓等症状；而另一患者则出现头项强痛、发热、恶寒、无汗而喘、身疼、脉浮紧等症状。两相对比就不难看出，前者的自汗、脉浮缓和后者的无汗、脉浮紧迥然有别。前者为表虚证，后者为表实证，有汗与无汗是识别表虚证和表实证的主要症状。《金匮要略》亦以无汗恶寒和汗出而不恶寒来鉴别刚痉与柔痉，"太阳病，发热无汗，反恶寒者，名曰刚痉"，"太阳病，发热汗出，而不恶寒，名曰柔痉"。对腹满虚实证的鉴别，画龙点睛地指出："按之不痛为虚，痛者为实。"又如邪在半表半里的少阳证，一般都必须具备寒热往来、胸胁苦满、默默不欲饮食、心烦喜呕四大主要症状，但有时只出现其中一个或两个症状，再结合其他症状和脉象，也可确诊为少阳证，即《伤寒论》所说的"但见一证（症）便是，不必悉具。"

在抓主症的同时，不可忽略了兼症。一个证候的组成，既有主要症状，也有次要症状，即兼症，它是主症的重要补充，是识别和确立证候的辅助条件。一旦靠主症难以确定证候时，有时结合兼症即可进行辨证。如以心悸为主要症状出现的证候，若不结合兼症，就很难确立属于何证。如心悸而兼面色㿠白，少气无力、畏寒喜温等症状，则属心阳气不足证候；如心悸而兼头晕目眩，失眠多梦，低热盗汗等症状，则属心阴血不足证候；如心悸而兼胸闷痛，口唇暗紫等症状，则属心血瘀阻证候。

四、症状与治疗的关系

中医治疗疾病强调辨证论治，辨证是决定治疗的前提和依据，论治是提出治疗疾病的原则、手段与方法。辨证是通过辨识证候来认识疾病，是以组成证候的基本要素——症状为依据，论治是在证候确立之后，确定采用相应的手段与方法来治疗疾病，消除由疾病而产生的症状。那么，症状与治疗的关系也是辨证与论治的关系。故清代名医徐灵胎指出："欲治病者，必先识病之名。能识病名，而后求其病之所由生。知其所由生，又当辨其生之因各不同，而病状所由异，然后考其治之之法。"

"同病异治"和"异病同治"是中医治疗学的重要特色之一，是以证候为核心来实施的。亦即疾病相同，在疾病演变和发展的各个阶段，因证候表现不同而治疗不同。相反，不同的疾病，在疾病演变和发展的某一个阶段，因证候表现相同而治疗相同。

在这一原则的指导下，临床对于症状的处理，要以证候为核心。亦即症状相同，由于与兼症和舌脉象组合后证候不同，则治疗方法可不同。相反，症状不同，由于与兼症和舌脉象组合后证候相同，则治疗方法可相同。且同一症状，由于其病因、病机不同，又有寒热虚实之异，则其主观感觉可有不同反映。医者即可藉此辨其证候属性，而确定治疗原则。如腰痛这一症状，临床可有"腰痛如折"、"重痛"、"串痛"、"冷痛"等不同表现，则可藉此并结合不同兼症，辨识为肾阳虚、肾阴虚、寒湿内侵、瘀血阻滞等不同的证候，其治疗方法必然有异，宜分别施以温补肾阳、滋补肾阴、散寒祛湿、活血化瘀之法。肾阳虚证候不仅表现出腰痛症状，阳痿、水肿、腹泻、气喘等症状也可见于肾阳虚证候中，这些症状此时均可用温补肾阳的方法而获效。

中医治疗疾病有标本缓急之分，以疾病分标本，则病因为本，症状为标。根据急则治标，缓则治本，标重于本者，先治其标，后治其本的原则，有的疾病可以采取先抑制、改善症状治标的办法，以迅速解除患者的痛苦，然后再审因论治，缓缓图之，以求其本。

五、症状鉴别诊断之作用

　　往昔医家的著述，已有一些关于症状鉴别诊断的记载或描述。这些记述虽在一定程度上示人以规矩准绳，但不够系统，也不很全面。如《丹溪手镜》曾列举了八十多个常见症状，不同程度地叙述了与它们有关的一些病证的区别与治疗。《医学入门·问证》简要地记述了肩背痛"暴痛为外感，久痛为虚损夹郁"，腰脊痛"暴痛亦为外感，久痛为肾虚夹滞"等。《伤寒证治准绳·察色要略》关于面赤症状之鉴别诊断，描述亦颇详尽，如谓"在伤寒见之而有三阳一阴之分也"。并列举了太阳病阳气怫郁在表、阳明病里热内蒸，少阳病热在半表半里，少阴病里寒外热、夹阴伤寒虚阳上浮，以及阴火等不同的证候和有关的病机。而较早的、初具规模的中医症状鉴别诊疗学的代表作，除许叔微的《伤寒百证歌》外，则应推宋代成无己所撰之《伤寒明理论》。

　　中医症状鉴别诊断学，是从症状的角度反映辨证规律的科学。它系统、全面地研究各种症状的性质、特点、相互关系和诊断意义，剖析与每个具体症状密切关联的各种常见证候的特点，通过对病因、病机、主症、兼证的比较和分析，阐明这些证候之间实际上存在着的差异，进而揭示其鉴别诊断的规律。目的在于提高广大中医临床工作者根据病人的症状准确地进行辨证的能力。

　　这门学科，目前虽然还是一株幼苗，但经过前人的培育和我们这一代人的精心耕耘，势将不断发展和成熟，并为中医鉴别诊断学的创建和中医证候诊断标准的规范化提供条件。

六、症状鉴别诊断的基本原则和方法

（一）基本原则

临证之时，由于工作粗心，四诊不周，或经验不足，业务不熟等原因，固然容易导致误诊。然而因忽视正确的诊断学思维原则而使辨证失误者，亦复不少。所以，必须提高辨证思维逻辑的水平，正确运用科学的诊断思维方法，才能减少或避免症状鉴别诊断过程中的盲目性。

孙思邈曾经指出临证诊断思维的重要性，如在《备急千金要方·论大医精诚》里说"五脏六腑之盈虚，血脉荣卫之通塞，固非耳目之所察，必先诊候以审之"，因而主张"省病诊疾，至意深心，详察形候，丝毫无失"等，已给症状鉴别诊断等工作确定了原则，并提出了总的要求。综合前人的有关认识成果和笔者实践体验，在作症状鉴别诊断时应当注意以下几点：

1. 全面考察，责其有无

临诊之际，病员的症状是第一性的，而医生的辨证或诊断概念则是第二性的。因此，鉴别症状只能按其本来面目和它们之间的自然联系去识别其差异或真伪，切忌主观臆断。应在客观事实和科学思维的基础上，在逻辑推理的条件下建立辨证结论。

《褚氏遗书·除疾篇》云"除疾之道，极其候证"。《丹溪心法·审察病机无失气宜论》认为鉴别诊断的原则在于"别阴阳于疑似之间，辨标本于隐微之际；有无之殊者，求其有无之所以殊；虚实之异者，责其虚实之所以异"。这就要求我们在搜集鉴别诊断资料时，定要客观全面、仔细准确。对于所欲鉴别之症状，应逐一弄清它们的历史、现状，以及同时并存的其他症状，乃至与周围事物的联系等等。以免由于思想上的片面性而导致误诊。如舌质的红与淡，就必须首先区别其是否真红或真淡。因为一般在进食、热饮、多言，以及反复强力伸舌之后等，均易使正常舌质发红甚至变绛。而由于长期失血或生化无源等原因导致血虚的病人，虽然身患热证，则其舌质也不一定能红起来。这就需要联系舌上津液之多寡，苔色是否发黄等有关情况全面衡量了。所以，凡评定一个症状的诊断意义或所反映的病机等，应当客观全面。

其次，即使已获得较多的，支持我们拟诊意见的正面诊断资料，也不可因此便忽视那些尚具有鉴别诊断意义的其他症状。例如从舌苔黄腻，口渴但又不欲饮的症状出发，经过四诊又连续得到舌质红、脉濡数、脘腹闷胀、胃纳减退、发热、大便溏垢、尿黄等支持湿热中阻的诊断资料，则还要根据实际情况和需要，或再进一步了解患者吐痰多否、痰质如何、胸腹有无灼热如焚等感觉，并细询病前之情况，病程之新久，掌握其发病之季节等，才便于和痰热、湿温、暑温或伏暑之邪阻于胃肠等疑似病证作深一层的鉴别。因此，唯有全面考察、责其有无，占有足够的事实材料，客观的进行综合分析，才能对症状作出准确的判断，从而构成明晰的辨证概念。

2. 谨守病机、求其所属

望、闻、问、切，是中医认识症状的有效手段，它不是医生的一般机械作业或例行公式，而是一个富有探索性的、灵活机动的诊察和思维过程。其目的在于扩大诊断线索，透过症状以窥切病机。因此，在四诊的过程中必须边检查、边思考各种症状间的有机联系，通过抽象思维，把患者体内主要的病机变化尽可能地揭示出来。如《灵枢·外揣》篇所说的"合而察之，切而验之，见而得之，若清水明镜之不失其形也。"

要揭示病机，确定证候，必须对各有关症状之产生机制和病理性质有所了解，并要善于发掘各种症状之间合乎逻辑的内在联系，这样才有可能给予正确的综合评定。因此，在构思初步拟诊的辨证意见时，最好先从一种可能性较大的病机着眼、尽可能的用一个证，或一两个互有关联的证来概括患者的各种主要表现。若单一的病机或证候确难解释其全部症状，则可考虑同时有两种或两种以上互有牵连的情况共存。但是对于复合病机或复合证候，也应分清其主次，明确病机之间的主从关系，弄清谁是主证，谁是兼证，谁是变证，谁是兼夹证等。

先从单一病机或一种证候考虑辨证的方法，似乎是不够全面的，但其优点却往往有利于抓病机变化的主流，容易找到最根本的证候。特别是一些病情比较复杂，且有某些特殊传变规律的疾病，由于脏腑间的相互影响，常衍化出一系列复杂的症状。对于此类患者，若不用一元化的辨证思维方法去把握病机，那就有可能在症状鉴别诊断上走弯路。

例如某病人的症状是：发热已经数天，虽然自动出汗而体温不降，由于食欲全无，自发病后一直未解大便，近日神志不清，时发谵语，舌苔黄燥而垢。面对这样的病人，若孤立地去单纯分析每一个症状，既无主次，又不围绕一个共同的、可能性最大的病机去联贯起来思考，则会感到证候不易辨认，难以迅速作出诊断。与此相反，若按上述原则综合考察，根据便秘发热、汗出神昏、其热不为汗衰，谵语苔黄等里热实证的线索，进一步查明是否持续发热而日晡更盛，寸口脉是否按之有力，腹诊能否扪到燥结变硬之粪团，压之是否痛而拒按等。只要具有其中主要几项，便可得出热结阳明的诊断。至于神昏谵语的症状，乃是胃中浊热之气熏蒸于上，神明受扰所致；自汗出乃阳明病之本色，是热迫使然。这样抓住了热结阳明胃腑这一主要病机，便可比较自然的解释了上述全部症状，切有理由采取釜底抽薪的治疗方法。

由此可见，《素问·至真要大论》在阐述了十九条病机之后总括地指出的"故大要曰：谨守病机，各司其属"的根本性原则，至今仍具有着指导临证诊疗实践的重要意义。

3. 识别真伪、观其动态

要准确的鉴别症状，有时还须注意排除各种假象。因为掺杂在症状中的假象，也是病机复杂变化的表现形式之一，实际上是在一定条件下和一定范围内出现的曲折反映病机性质的一种反面表现。它虽然具有不稳定、不扎实和容易消失等特点，而且也无法成为症状的主流，但有时却能干扰我们对于证候的正确诊断。因此，在鉴别症状时，必须撇开假象，抓住病机变化的本质。

识别假象的有效方法，首先是使自己的目光不囿于片面性的症状，要把各种有关的症状同时纳入医者的视野和观察思考中。更重要的是仔细考察这些症状在病程经过中前后表现，切实掌握其动态变化。因为医生对于病人的某些症状的认识，往往不是一次便能完成的，且在某些情况下也很难立刻作出正确的结论。而症状鉴别诊断学则要求十分精确的把易于混淆的各种疑似现象清楚的区分开来，做到"是非分明"和"真伪不淆"。因此，临证时必须严格遵循科学的诊断学思维规律和中医的辨证规范。

由于疾病是一种不断发展变化的运动过程，而医生的每次诊查又往往只能见到疾病过程的某一阶段中的一个或几个侧面，甚至还可能碰到掩盖病机性质的假象。所以对于任何病证的诊断，原则上都不能忽视对其症状动态的全过程的观察，尤其是那些病程经过比较长的病证，更应该继续观察其动态，甚至还须通过一定的治疗实践，才能获得完整的认识。如象某些顽痰或瘀血证候的鉴别，有时就要经历这样的过程。因此，症状鉴别诊断的结论也必须经受时间和实践的检验，决不可满足于用一时一次的诊断去思考和解决证候之间的疑似鉴别问题，才符合祖国医学一贯倡导的"因时、因地、因人、因病制宜"的辨证思维原则。

（二）鉴别方法

鉴别某一症状有关的各种疑似证候，方法虽多，但从形式上看总不外直择法与汰选法两种。二者虽有不同，但并不对立或排斥，实际上是相辅相成、互为补益的。它们的共同点都是从病员主诉中的某一个具有代表性的症状出发，即以"主症"为核心，联系现实存在的其它有关症状，即"兼症"以及病史资料等，分析对比、综合思考、然后按中医辨证规范作出判断。

直择式的症状鉴别诊断法，主要是凭借医者敏锐的观察力和丰富的学识与经验，单刀直入地一次便做出诊断。这种方法看起来似乎是不加思索地凭直觉判断，实际上则是从多种可能性当中直接选择和提出比较符合病员实际情况的证候概念。例如病员主诉中具有代表性的症状是失眠，同时又伴有心悸、易醒多梦、健忘、四肢无力、纳谷不馨、舌质淡、脉弱等心血不足和脾失健运的表现，则可通过直择式的症状鉴别诊断法，立即构成"心脾两虚"的证候概念。此法最为医者所习用，对于上述典型之证自不费力，但欲达到炉火纯青，运用自如、决疑难而不惑的地步，则非朝夕之功。

对于病情比较复杂、主诉全为非特异性症状，加之医者经验又感不足时，则汰选法乃是用以区别症状、分辨证候的一种辅佐方法。此法的特点是把与某主要症状有关的各种证候一一举出，然后和病员的实际情况逐一进行对比分析。首先排除与病员的具体症状最少共同之点的证候，继而剔除较少共同之处的证候，最后剩下共同点最多的、较吻合的证候作为诊断。其优点是通过逐层对比，不断淘汰，考虑的范围比较广，对比的方式也较周详，最终留下的，常是一个比较符合病员实际情况的辨证概念。但缺点是容易流于机械的单纯"相似量"的对比，甚而忽略对主症本身的特点或兼症中特异性表现之分析。其次，此法还有待中医证候诊断标准之逐步规范化，始便于广泛运用。

　　总之，无论运用直择法或汰选法进行症状鉴别诊断，决不可偏离中医特有的辨证规律和要领。对于任何一种症状，特别是各种非特异性症状，首选要了解该症状之病因，把握其病机，从性质上分清寒、热、虚、实。只有明了症状的"八纲"并做到"审症求因"和"谨守病机"，那么鉴别诊断方可收到事半功倍之效，辨证的准确性才能提高。如自汗或多汗等症状便有虚实之异；肢厥等症状则有寒热之别或阴阳之殊。象多汗这一症状，虽提示有表卫不固、阴虚热扰、里热熏蒸、亡阴亡阳等不同病机和证候的可能，但关键在于弄清虚实，详析病机。如表卫不固，阴虚热扰、亡阴亡阳者均属虚汗；而实证之汗，除里热熏蒸、热迫汗泄外，尚有邪热外透（如风温之自汗、湿热之自汗）或邪干于卫分等等。另据前人经验，实证之多汗还有"伤风则恶风自汗，伤湿则身重自汗，中暑则脉虚自汗，风温则鼾睡自汗，霍乱则吐泻自汗，阳明腑证则潮热自汗"等特点。其中，自汗固然是主证，恶风、身重、脉虚、鼾睡、潮热等属于"兼证"，但确是区别各种有关病证的重要依据之一。再从病机方面看，凡里热熏蒸腠理发泄之多汗，一般皆在阳热的基础上出现，是正邪交争之象。而虚证之多汗，若属表卫不固而津液外泄者，一般常见于平素气虚或肤白体胖、腠理疏松之人；阴虚热扰，心液失其敛藏之多汗，通常易表现为盗汗或寝汗，且多见于肾阴虚或肺肾阴虚之患者。亡阴亡阳之多汗则属"绝汗"范畴，每见于垂危之际，是正气暴脱溯死之状，自非一般多汗或自汗。

　　由此可见，严格按照中医学的辨证原理进行思考，首先分清症状的"八纲"，继而详析病因、病机、落实病位，然后对比分析各疑似证候之主症特征和兼症差异，客观准确地给予综合评定，实为中医症状鉴别诊断之要领。

（张　震　朱建贵）

各论

一、内 科 症 状

（一）全身症状

1. 恶 风

【概念】

恶风是病人一种怕风的感觉，具有遇风则怕冷战栗，避风则缓的特点，是风邪袭表卫气失和的一种表现。

恶风与恶寒性质相近，但程度不同。恶风者乃遇风则冷；恶寒者则受寒始冷。但临床所见，二者常相兼出现，恶寒者皆恶风，恶风者也多兼有恶寒。在内伤疾病中，恶风需与畏寒鉴别。畏寒乃阳虚导致肢体怕冷的感觉。

【鉴别】

常见证候

风邪袭表恶风：发热、恶风，头痛，自汗出，或鼻鸣干呕，或皮肤瘙痒、水肿，舌质淡，苔薄白，脉浮缓。

风热外袭恶风：发热、恶风，口渴，咽喉痒痛，皮肤瘙痒，舌尖红，苔薄黄，脉浮数。

风湿外袭恶风：恶风不欲去衣，骨节疼烦，汗出短气，小便不利，舌质淡，苔白腻，脉濡缓。

卫气亏虚恶风：恶风，自汗出，容易感冒，舌质淡，脉浮无力。

鉴别分析

风邪袭表恶风：外感风邪袭于肌表，卫气抗邪，邪正相争，则见发热、恶风。风性开泄，腠理疏松，卫外不固，营阴不能内守，则汗出。风邪上扰，故头痛鼻鸣；胃失和降，故干呕；风行皮肤，故瘙痒；风遏水停，则水肿。治宜疏风解表，调和营卫，方选桂枝汤加减。伴皮肤瘙痒者，宜疏风清热利湿，方用消风散、荆防败毒散。伴水肿者，宜疏风宣肺利水，方用越婢汤加减。

风热外袭恶风：风热侵袭肌表，卫外机能失常，故发热、恶风。风邪上袭，则咽喉发痒，伴有热邪故咽痛，口渴；舌尖红，苔薄黄、脉浮数均为风热之象。治宜疏风清热，方用麻黄连翘赤小豆汤、桑菊饮加减。本证与上证不同点在于其兼有热邪，临床表现伴有咽痛，口渴，舌尖红、苔薄黄、脉浮数等热邪致病见症。上证为风邪或风寒之邪

— 19 —

所致，临床表现则无口渴、咽痛等热邪见症，可资鉴别。

风湿外袭恶风：为风湿之邪侵于肌表，卫外功能不固，故恶风；风湿客于肌肉经络关节，经脉不利，故骨节疼痛；风性开泄，营阴不能内守，则汗出；汗出之后耗气伤阴，故气短小便不利。本症治宜疏风祛湿，通络止痛。方用《伤寒论》甘草附子汤。本证主要是伴有湿邪，临床表现为骨节疼痛较重，是其与上二证鉴别点。

卫气亏虚恶风：由于汗出伤阳，或肺卫素虚，卫气不固，故恶风，自汗出，易感冒。脉浮无力为气虚卫气不足。病因多样，治疗也就不同。汗出伤阳表未解者，宜温阳固卫解表，方用桂枝加附子汤；肺气亏虚卫外不固者，宜补肺固卫，方用玉屏风散加味；脾气不足者，宜合用补中益气方以补脾益肺，卫气自能充足；卫气起源于下焦，肾阳不足，病人亦恶风，宜温补肾阳，方可用金匮肾气丸合玉屏风散加减治疗。

【文献别录】

《伤寒明理论·卷一》："伤寒恶风，何以明之？《黄帝针经》曰：卫气者，所以温分肉，充皮肤，肥腠理，司开阖者也。风邪中于卫也，则必恶风。何者？以风则伤卫，寒则伤荣，为风邪所中，于分肉不温而热矣，皮毛不充而缓矣。腠理失其肥，则疏而不密，开阖失其司，则泄而不固，是以恶风也。是恶风、恶寒二者均为表证。其恶风则比之恶寒为轻也。……恶风虽悉在表，而发散又自不同。若无汗而恶风者，则为伤寒，当发其汗。其汗出而恶风者，则为中风，当解其肌。里证虽具，而恶风未罢者，尤当解其外也。又有发汗多亡阳，与其风湿，皆有恶风之证。盖以发汗多，漏不止则亡阳，外不固，是以恶风也。必以桂枝加附子汤温其经而固其卫。风湿相搏，骨节疼烦，湿胜，自汗而皮腠不密，是以恶风也。必以甘草附子汤散其湿而实其卫。由此观之，恶风属乎卫者，可知矣"。

《内外伤辨惑论·卷上》："其内伤与饮食不节劳役所伤，然亦恶风。……与伤风伤寒俱不同矣，况鼻流清涕，头痛自汗，间而有之。鼻中气短，少气不足以息，语则气短而怯弱，妨食或食不下或不饮食，三者互有之"。

（刘文军　季绍良）

2. 恶　　寒

【概念】

恶寒是指病人感觉怕冷，虽加衣覆被近火取暖不能解其寒的一种症状。

本症首见于《黄帝内经》。古代医籍又因恶寒的程度不同列有不同的名称，仅有恶寒而无躯体颤振者，《内经》称为"身寒"、"外寒"等，《伤寒论》称之为"啬啬恶寒"。自觉恶寒，且躯体颤振者，《内经》称"振寒"、"寒栗"、"快栗"等，《诸病源候论》则称为"寒战"或"战寒"，《太平圣惠方》称为"寒颤"，《素问玄机原病式》称为"战栗"。

恶寒与畏寒，恶风不同，恶寒者不受风吹即有怕冷的感觉，虽居内室内，甚加衣覆被近火取暖仍觉全身发冷；畏寒是指经居于室内或添加衣被、近火取暖，怕冷的感觉可以缓解。恶风者乃遇风吹始觉怕冷。但须注意，恶寒、畏寒者皆恶寒，恶风者也多兼恶寒。恶风、恶寒和寒战有程度的不同，"轻则恶风，重则寒战"。一般来说，恶风、恶寒、寒战在外感病中，而畏寒则多见于内伤杂病中。

本节仅讨论恶寒之症，"寒战"另有专节论述。

【鉴别】

常见证候

风寒束表恶寒：恶寒甚，或有发热，无汗，头身疼痛，或鼻塞流涕，气喘，苔薄白，脉浮紧。

凉燥袭肺恶寒：恶寒甚，发热轻，头痛无汗，口、鼻、咽干燥，咳嗽痰少，舌苔薄白而干，脉浮紧。

邪郁少阳恶寒：恶寒与发热交替发作，口苦，咽干，目眩，胸胁苦满，心烦喜呕，苔薄白，脉弦。

邪伏募原恶寒：恶寒不发热，或热少寒多，休作有时，神疲肢倦，胸胁痞满，舌苔白腻，脉弦迟。

少阴寒化恶寒：恶寒肢冷，精神萎靡，但欲寐，常伴身肿、呕吐、下利清谷，小便清长，脉微细而沉。

真热假寒恶寒：恶寒，甚则寒战、神昏。恶寒不欲近衣被，胸腹按之灼热，烦渴饮冷，声高气粗，便秘溲赤，舌质红绛，苔焦黄而干，脉沉而滑数有力。

疮疡初期恶寒：恶寒，甚则寒战，发热，疮疡局部肿痛发热，小便黄赤，大便秘结，舌苔黄，脉洪数或滑数。

寒饮内停恶寒：眩晕，恶寒肢冷，胸脘痞闷，呕吐清水、涎液，苔白滑，脉弦紧或弦滑。

鉴别分析

风寒束表恶寒与凉燥袭肺恶寒：二者均为寒邪外感，卫阳被郁所致。恶寒甚，发热轻，头痛无汗，苔薄白，脉浮紧等寒邪束表症状相似。但前者单为寒邪所伤或风寒相兼为患，其寒邪较凉燥为甚，故恶寒更甚，周身骨节疼痛，或伴气喘；后者为秋深初凉感受凉燥之邪，较前证寒邪为轻，其辨证要点为除寒邪束表症状外，常伴口、鼻、咽干燥，咳嗽痰少，舌干等燥邪伤津症状。前者治宜辛温解表，发散风寒，方用麻黄汤等加减。后者宜轻宣凉燥，宣肺化痰，方用杏苏散加减。

邪郁少阳恶寒与邪伏募原恶寒：二者皆属邪在半表半里，临床表现均为寒热往来。但前者邪在少阳，经气不利，郁而化热，所以口苦、咽干、目眩，胸胁苦满。胆热犯胃，胃失和降，故见心烦喜呕等，脉弦为少阳气郁而不得疏泄之故。后者为阳虚湿困之体，复感寒邪，伏于募原，客于半表半里，阳气运行受阻，故但寒不热，或寒多热少。寒湿困脾，运化失职，故神疲肢倦，舌苔白腻；少阳之气不利，故胸胁痞满；脉象弦迟为邪气内伏之象。本证恶寒以休作有时，一日一发，或二日一发为特点，又称之为寒疟，易与它证鉴别。前者宜和解少阳，方用小柴胡汤加减。后者治宜祛寒截疟，方用柴胡桂枝干姜汤加常山、草果等。

少阴寒化恶寒与真热假寒恶寒：前者为素体心肾阳虚，寒邪乘虚直中少阴所致。心肾阳虚，阴寒内盛，正不胜邪，故见无热恶寒，身倦肢冷、但欲寐、脉微细、身肿、呕利等症。后者为邪热深伏于里，阳气郁闭于内，不能透达于外所致，主要表现为热极似寒的症状。其虽有恶寒肢冷但不欲近衣被，胸腹灼热，烦渴饮冷，声高气粗、舌红苔黄，脉虽沉而数有力，其以真热症为主，本质为阳盛于内而格阴于外。前者治宜温阳散寒，方用四逆汤为代表方。后者治宜清里泻热，方用白虎汤或承气汤类化裁，俾里热一解，外寒即和。

疮疡初期恶寒：由外感热毒之邪，或过食膏粱厚味，或外受损伤等，以致营卫不和，邪热壅聚，经络壅塞不通而发病。恶寒为邪正相争剧烈，邪毒鸱张之象，一般比较短暂，旋即发热，局部红肿灼痛。治宜清热解毒泻火，可用五味消毒饮、仙方活命饮之类。

寒饮内停恶寒：病由痰饮停滞体内，或胸胁，或肠胃，或四肢。痰饮为阴邪，寒饮内阻，阳气不能宣通，故见恶寒等症。临床根据痰饮停留部位不同，表现也不一。如饮停胸膈，则以咳唾痰涎、喘息抬肩为主症；饮停胁下，则以胁痛不能转侧为主症；饮停肠胃，则以肠鸣沥沥为主症；饮停四肢，则以身体疼重、肿胀为主症。治疗原则为通阳化饮，方选苓桂术甘汤、甘遂半夏汤、大小青龙汤、木防己汤等加减。

【文献别录】

《伤寒论·辨太阳病脉证并治上》："太阳病，或已发热，或未发热，必恶寒，体痛，呕逆，脉阴阳俱紧者，名为伤寒"。"病有发热恶寒者，发于阳也；无热恶寒者，发于阴也"。

《张氏医通·恶寒》："外感、内伤、伤食、湿痰、火郁，皆有恶寒，非独阳虚也。"

（季绍良　刘文军）

3. 畏　寒

【概念】

畏寒是病人自觉怕冷，但加衣被近火取暖，可以缓解的一种症状，亦称畏冷。

本症古代文献中有的与恶寒混称，不加区分，近代学者明确将其分开，将虽加衣被取暖不能缓解者称为恶寒，多属外感；将其取暖后能缓解者称为畏寒，多为内伤阳气不足所致。

【鉴别】

常见证候

寒邪客肺畏寒：畏寒，咳嗽气喘，胸闷，吐白痰量多，苔白滑，脉弦紧。

寒湿困脾畏寒：畏寒肢冷，脘腹胀闷，口腻纳呆，泛恶欲吐，口淡不渴，腹痛便溏，头身困重，舌质淡胖，苔白腻，脉濡缓。

寒凝肝脉畏寒：畏寒肢冷，或恶寒，常伴少腹拘急冷痛牵引睾丸坠胀疼痛；或阴囊冷缩；或月经不调，经痛；或巅顶疼痛，遇寒痛增，得温痛减，呕吐清涎，苔白，脉紧。

心阳虚畏寒：畏寒肢冷，面色晦暗，精神不振，心悸气短，心胸憋闷或疼痛，舌质紫暗而胖嫩，脉细弱或结代。

脾阳虚畏寒：畏寒肢冷，面色㿠白，精神不振，纳减腹胀，口淡不渴，脘腹冷痛，喜温喜按，大便稀溏甚至完谷不化，舌淡苔白，脉沉细。

肾阳虚畏寒：畏寒肢冷，面色㿠白或黧黑，精神萎靡，腰膝酸冷，小便清长频数，耳目失聪，两尺脉沉细弱；男子阳痿滑精、早泄；女子白带清稀，或胎动易滑，宫寒不孕等。

鉴别分析

寒邪客肺畏寒、寒湿困脾畏寒、寒凝肝脉畏寒：三者均为寒邪过盛，直中于里，损伤阳气，温煦肌表无力而出现怕冷的感觉。此时以热助阳，阳气暂时恢复，或以热可驱散寒邪，故畏寒可以缓解。但三者病位不同，临床表现亦异。寒邪客肺畏寒同时伴咳嗽气喘、吐白痰量多、胸闷等寒邪阻肺、肺气失宣症状；寒湿困脾畏寒同时伴脘腹胀闷、口腻纳呆、腹痛便溏、头身困重、口淡不渴、泛恶欲吐等脾阳受伤、中焦失运症状。寒凝肝脉畏寒，常兼少腹拘急冷痛牵引睾丸坠胀疼痛，或阴囊冷缩，或巅顶头痛、吐涎沫等肝脉被寒邪凝滞、气机不通的症状。寒邪客肺畏寒，治宜温肺散寒、化痰平喘，方选小青龙汤等加减；寒湿困脾畏寒治宜温脾化湿，方用理中丸加减；寒凝肝脉畏寒治宜温肝通脉，方用暖肝煎、天台乌药散加减。

心阳虚、脾阳虚、肾阳虚畏寒：三者均为机体内伤久病，阳气虚于内，失于温煦肌表，而出现怕冷的感觉。此时若加衣近火，可防止阳气的耗散，或以热助阳，阳气得到恢复，肌表得温，畏寒自可缓解。三者均可出现精神不振、畏寒肢冷、舌质淡胖、苔白、脉沉等阳气不足、虚寒内生见症。但心阳虚畏寒，其病位在心，故见心悸气短、心胸憋闷或疼痛，舌淡紫暗，脉细弱或结代等心阳痹阻、血凝失运的表现。治宜温阳通脉，方可选桂枝加附子汤或炙甘草汤之类；脾阳虚畏寒，病在脾，故见纳减腹胀，脘腹冷痛，喜温喜按、大便稀溏甚至完谷不化等脾运无权的表现。治宜温运脾阳，方选理中丸之类加减；肾阳虚畏寒，病在肾，故见腰膝痠冷、面色黧黑、小便清长频数、男子阳痿早泄，女子宫寒不孕等肾阳不振下元亏损之见症。治宜温补肾阳，方选右归丸或肾气丸加减。

畏寒一症，临床辨析时，首先宜分清其邪正虚实，如畏寒伴有面色苍白，蜷卧，少气乏力，病程久体虚弱，脉迟而弱、舌质淡等症，即为正气不足之里虚寒证；伴有脘腹或其他局部冷痛较剧，痛而拒按，得温则减，四肢拘挛，脉弦而紧者为邪气入里之里实寒证。然后要根据临床表现分清病变脏腑，才能采取针对性治疗。

【文献别录】

《医碥·问证》："外感恶寒，虽近烈火不除，必表解乃已。内伤恶寒，得就温暖即解。"

《中医诊断学·问诊·问寒热》："畏寒：是病人自觉怕冷，但加衣被近火取暖可以缓解，称为畏寒，亦称畏冷，多为里寒证。机体内伤久病，阳气虚于内。或寒邪过盛，直中于里损伤阳气，温煦肌表无力而出现怕冷的感觉。此时若加衣近火，防止阳气的耗散，或以热助阳，使阳气暂时恢复，肌表得温，畏寒即可缓解。

（刘文军　季绍良）

4．寒　　战

【概念】

寒战即恶寒战栗，表现为怕冷的同时全身不自主地颤抖。本症在《内经》和《伤寒论》中均称为"寒栗"；金·刘完素《素问玄机原病式》中称为"战栗"；明·王肯堂《杂病证治准绳·寒热门》则称为："振寒"；后世多称为"寒战"。

秦伯未先生在《中医临证备要》一书中认为"振寒"与"寒战"不同，"其区别是，从内发出者为寒战，仅是形体耸动者为振寒。振寒多由阳虚不能卫外，常伴有腹痛泄泻，四肢沉重，小便不利等证。"可资论证参考。

寒战与抽搐都见肢体不自主的运动，但实不相同。抽搐为肢体搐动伸缩，且不伴恶寒；寒战多因怕冷而颤抖。

【鉴别】

常见证候

寒邪外束寒战：其临床表现为恶寒战栗，高热无汗，头身疼痛，舌苔薄白，脉浮紧。

阳虚寒盛寒战：表现为畏寒战栗，四肢厥冷，得暖则症缓，口淡不渴，尿清便溏，舌淡，脉沉微。

战汗寒战：在外感热病过程中，突然恶寒战栗，甚则肢冷脉伏，继之不久，全身即可透出大汗，汗后则肌肤较凉。

外寒内热寒战：临床主要表现有恶寒战栗，四肢厥冷，头身疼痛，发热口渴，烦躁不安，小便短赤，大便燥结，舌红苔黄，脉浮紧而数等症。

疮毒内陷寒战：出现局部红、肿、热、痛，伴恶寒战栗，发热烦渴，甚至神昏谵语，小便短赤，大便燥结，舌红苔黄，脉洪数。

疟疾寒战：先有呵欠乏力，继则恶寒战栗，肢体痠痛，寒罢则壮热，头痛面赤，口渴引饮，而后汗出，热退身凉，脉弦。

鉴别分析

寒邪外束寒战与阳虚寒盛寒战：此二证虽均以寒象为主，但一为表寒，一为里寒。前者为外寒袭表，邪郁经络，腠理闭塞，卫气郁结所致，故恶寒战栗兼见表寒证；后者为阳气虚弱，或寒邪伤阳，致使阳气温煦失职，阴寒内盛，故恶寒战栗兼见里寒证。二证的临床鉴别在于：寒邪外束寒战，恶寒与发热同见，恶寒得暖不减，并伴有无汗，头身疼痛，舌苔薄白，脉浮紧等表寒症状；阳虚寒盛寒战，畏寒而不发热，畏寒得暖则缓，并有口淡不渴，尿清便溏，舌质淡，脉沉细等里寒症状。寒邪外束寒战，治宜辛温解表，方选麻黄汤加味；阳虚寒盛寒战，治宜温阳祛寒，方选四逆汤加味。

战汗寒战：外感热病中，战汗为邪正剧烈交争所致。正胜邪却者，汗出而解，战汗之后脉静安卧，乃病渐痊愈之象。若正不胜邪，则可出现两种情况，其一为正气外脱，出现脉象急疾、躁扰不安，肢冷汗出，当急投回阳益气之品，方选参附汤加味；其二为邪盛正气相对不足，不能一次战汗而解，须停一二日，待正气渐复，再作战汗而痊愈。

外寒里热寒战与疮毒内陷寒战：外寒里热寒战是由于先有内热，继感外寒，致使寒邪外束，热邪内郁所致之表寒里热证；疮毒内陷寒战乃属火热内盛，经络阻塞，气血凝滞，血肉腐败，热邪壅盛，疮毒内陷所致之热毒壅盛证。此二证共同的病机是里热亢盛，正如《素问·至真要大论》所说："诸禁鼓栗，如丧神守，皆属于热。"所以除恶寒战栗外，还有发热烦渴，小便短赤，大便燥结，舌红苔黄，脉数等共同的临床表现。但外寒里热寒战尚有寒邪外束，所以出现头身疼痛，脉浮紧之表寒证；疮毒内陷之寒战则无表寒证，而有疮疡局部红、肿、热、痛的临床特征。外寒里热寒战，宜用解表清里之法，选用防风通圣散化裁治之；疮毒内陷寒战，宜用清热泻火托毒法，方选五味消毒饮、黄连解毒汤化裁。

疟疾寒战：疟疾时由于感受疟邪，邪在半表半里与营卫相搏，正邪相争所致。临床上以寒战壮热，休作有时为特征。一般根据寒热之轻重，分为正疟、温疟、寒疟、劳疟等类型。正疟者即典型的疟疾，治宜和解达邪，用小柴胡汤加常山、青蒿；温疟者热多寒少，或但热不寒，治当清热达邪，用白虎加桂枝汤加柴胡、常山等；寒疟者寒多热少，或但寒不热，治当辛温达邪，用柴胡桂枝干姜汤加减；劳疟者正虚久病之疟，治当扶养正气，调和营卫，用何人饮加减。

寒战一症，有表里寒热虚实之分。寒战之后，继见发热者，多为阳气来复，正气尚盛的表现；若寒战之后，不发热，或战汗后四肢厥冷，脉微欲绝，则为阳虚内寒或阳微欲脱之证，必须引起足够的重视。

【文献别录】

《景岳全书·伤寒典下》："战与栗异，战由乎外，栗由乎内也。凡伤寒欲解将汗之时，若其正气内实，邪不能与之争，则但汗出自不作战。所谓不战，应知体不虚也。若其人本虚，邪与正争，微者为振，甚者为战，正胜邪则战后而汗解矣。故凡邪正之争于外者为战，战其愈者也。邪正之争于内者为栗，栗其甚者也。论曰：阴中于邪，必内栗也。夫战为正气将复，栗则邪气肆强。故伤寒六七日，有但栗不战，竟成寒逆者，多不可救，此以正气中虚，阴邪内盛，正不胜邪而反为邪所胜。凡遇此证，使非用大补温热之剂，及艾灼回阳等法，其他焉得御之？"

《医宗必读》："战者身动，栗者鼓颔，邪欲解也。栗而不战，阴盛阳虚，姜附四逆汤。"《中医内科证治概要·恶寒》："寒邪外束，而内热不透，或热深入里而格阴于外，皆可产生恶寒不解，或寒栗而振，或四肢厥冷等症。"

（季绍良）

5. 身 热 肢 寒

【概念】

身热肢寒，是指热病过程中同时出现既有发热又有肢冷的症状而言。

《素问·厥论》曾有："身热"、"手足寒"的描述；《伤寒论》则有"热深厥深"、"厥者，手足逆冷是也"的记载，并把身热与肢寒作为一个主症加以辨证论治。后世医家皆宗仲景之说。

身热肢寒可见于外感热病的初期，因风寒之邪束于肌表，正邪相争，身热始起。此际四肢亦觉寒冷，但为时短暂，随热势转盛而肢温，故不属本篇讨论范围，详见"恶寒发热"节。

【鉴别】

常见证候

热深厥深身热肢寒：壮热不退，手足厥冷，头痛胸闷，面赤气粗，烦躁谵语，继则神昏，小便黄赤，舌质红绛而干，脉滑数或洪数。

阴盛格阳身热肢寒：身热面红，咽燥而痛；手足厥冷，下利清谷，舌淡苔白，脉沉细欲绝。

鉴别分析

热深厥深身热肢寒：多为外感热病，外邪入里，邪热内盛或逆传心包，或暑热之邪，郁遏内闭所致。临床可见壮热不退，头痛，面赤，烦躁气粗，神昏谵语，而手足逆冷。若暑热内侵，气郁不伸，则壮热胸闷，手足逆冷，口渴汗多，小便短赤，脉洪数。其病机是邪热炽盛，逆传于里，不能外达，热深厥深。治疗前者当以泄热达郁，清心开窍为主，方用清营汤合安宫牛黄丸或紫雪丹加羚羊角、钩藤、石决明等；后者治宜清暑解热，方用白虎加人参汤或清暑益气汤加减。

阴盛格阳身热肢寒：多为外感热病后期，误用汗、吐、下后，阳气衰微，阴寒内盛，格阳于外所致。临床可见身热咽燥，面红如妆而四肢厥冷，下利清谷，脉微细欲绝。其病机是阳衰阴盛，虚阳浮越。治疗当以温阳救逆，通阳复脉，方用通脉四逆汤加减。

上述二证虽均可见于外感热病，但一系温病之邪热内陷，邪遏不达，热深厥深；一系热病屡经汗下，阳气大伤，阴寒内生，或风寒之邪传入三阴，阴寒内盛，虚阳格拒。鉴别要点：前者以壮热肢寒，神昏烦躁，口渴脉数为特征，热为本，寒是标；后者以四肢厥冷，身反不恶寒，脉微欲绝为依据，寒是本，热为标。临床上必须详审病因病机，庶免误诊。

【文献别录】

《伤寒论·辨少阴病脉证并治》："少阴病，下利清谷，里寒外热，手足绝逆，脉微欲绝，身反不恶寒，其人面赤色，或腹痛，或干呕，或咽痛，或利止脉不出者，通脉四逆汤主之。"

《医宗金鉴·伤寒心法要诀》："其外证面赤发热而烦，颇类阳热，其内则不渴，下利清谷，小便清白，爪甲青白，四肢厥冷，脉浮微欲绝，一派阴寒虚证。通脉四逆汤冷服之，从其阴而复其阳也。"

（赵　松）

6.恶寒发热

【概念】

恶寒发热是指恶寒与发热同时并作的症状。六经辨证中的太阳病，卫气营血辨证中的卫分证，三焦辨证中的上焦症，均可见此，为外感表证的主症。

《素问·刺热篇》就有"肺热病者……恶风寒，舌上黄，身热"的记载。《伤寒论·辨太阳病脉证并治上》："病有发热恶寒者发于阳也，无热恶寒者发于阴也"，对本症的病机特点作了概括，是临床辨证的重要依据。《景岳全书》又称"憎寒发热"、"畏寒发热"，名异而实同。

单纯恶寒，如邪入三阴的"无热恶寒"；或单纯发热，如邪入阳明的"但热不寒"；或内伤恶寒发热以及外科疾病初起之恶寒发热等证，均不属本条讨论范围。

【鉴别】

常见证候

风寒袭表恶寒发热：恶寒发热，恶寒重，发热轻，头痛身痛，无汗，鼻塞流涕，咳嗽声重，舌苔薄白，脉浮紧。

风热犯肺恶寒发热：恶寒发热，发热重，恶寒轻，微汗出，头痛，咽红，口干，咳嗽，舌苔薄黄，脉浮数。

风湿客表恶寒发热：恶寒发热，身体困重，头胀如裹，关节疼痛，舌苔白腻，脉濡数。

暑湿袭表恶寒发热：恶寒发热，恶寒轻，发热重，头胀，胸闷呕恶，汗出，口渴，小便短赤，舌苔黄腻，脉濡数。

鉴别分析

风寒袭表恶寒发热与风热犯肺恶寒发热：同属外感风邪，但前者兼寒，寒性凝滞，风寒外束，侵入太阳，腠理闭塞，卫阳被遏，气道不利，故恶寒重，发热轻而无汗，并见咳嗽声重，鼻塞流涕，头疼身痛，舌苔薄白，脉浮紧。治宜辛温发汗，轻证用葱豉汤，重证用麻黄汤或荆防败毒散加减。后者兼热，风热上受，表卫不和，肺失宣肃，故发热重、恶寒轻而微汗出，并见头痛咽红，口干咳嗽，舌苔薄黄，脉浮数。治宜辛凉解表，用银翘散或桑菊饮加减。

风湿客表恶寒发热与暑湿袭表恶寒发热：风湿侵袭肌腠，湿性粘滞，阻遏清阳，故恶寒发热，并见身体困重，关节疼痛，舌苔白腻，脉濡数。治宜疏风祛湿，用羌活胜湿汤。夏月伤暑，暑为阳邪，每多挟湿，暑湿袭表，气机少展，故恶寒轻，发热重，汗出口渴，并见头胀胸闷，恶心呕吐，舌苔白腻，脉濡数。治宜祛暑清热，用新加香薷饮。

恶寒发热，因属表证，治疗总需解表散邪，但病邪有风寒温热暑湿的不同，临床辨证，应予辨别。

【文献别录】

《素问·风论》："风气藏于皮肤之间，内不得通，外不得泄；风者善行而数变，腠理开则洒然寒，闭则热而闷，其寒也，则衰食饮；其热也，则消肌肉，故使人怢慄而不能食，名曰寒热。"

《内外伤辨惑论·辨寒热》："外伤寒邪之证，与饮食失节、劳役形质之病，及内伤饮食，俱有寒热。……外伤寒邪，发热恶寒，寒热并作，其热也，翕翕发热，又为之拂拂发热，发于皮毛之上，如羽毛之拂，明其热在表也。……其内伤饮食不节，或劳役所伤，亦有头痛、项强、腰痛，与太阳表证微有相似，余皆不同……。"

（赵　松）

7. 寒 热 往 来

【概念】

寒热往来，是指恶寒与发热交替发作。

寒热往来与"恶寒发热"不同，后者恶寒与发热同时出现，而寒热往来是寒热交替出现，即发热时无恶寒，恶寒时无发热，当加以区别。

【鉴别】

常见证候

邪入少阳寒热往来：寒热往来，心烦喜呕，口苦，咽干，目眩，胸胁苦满，舌边红，苔薄黄，脉弦数。

外感疟邪寒热往来：寒热往来，反复发作，发有定时，多见隔日发作一次，亦有三日一发者。发作时，先恶寒，继则高热，最后遍体汗出，热退身和。舌红苔薄白或黄腻，脉弦。

湿热郁阻三焦寒热往来：寒热起伏，汗出不清，胸闷腹胀呕恶，头痛烦躁，口干饮少，小便短黄赤，舌边红，舌苔垢腻或白如积粉，脉濡。

鉴别分析

邪入少阳寒热往来：伤寒太阳病不解，邪传少阳，少阳居半表半里，外邪入侵，邪正相争，正不胜邪则恶寒，正胜于邪则发热，故见寒热往来。《伤寒论·辨少阳病脉证并治》："本太阳病不解，转入少阳者，胁下硬满，干呕不能食，往来寒热……"。临床除见寒热往来以外，尚有口苦咽干，胸胁苦满，脉弦等少阳症。治疗宜和解少阳，以小柴胡汤为代表方剂。

外感疟邪寒热往来：病由感受疟邪所致，多发生于夏秋季节。如《医宗必读》："疟疾多因风寒暑湿，天之邪气所伤"。其临床表现在《素问·疟论》中论述颇详："疟之始发也，先起于毫毛，伸欠乃作，寒栗鼓颔，腰脊俱痛，寒去则内外皆热，头痛如破，渴欲冷饮。"辨证要点是：寒热往来：休作有时，二日一发或三日一发（此为正疟）；或热多寒少（称温疟），或寒多热少（称寒疟），发作时恶寒、发热、汗出，常反复发作。本证与邪入少阳寒热往来之不同点是：后者恶寒、发热无定时，可一日数潮，病程较短，且有胸胁苦满，口苦咽干等少阳症。外感疟邪寒热往来，治宜去邪截疟，方选截疟七宝饮，如虚人反复发作者，用何人饮。

湿热郁阻三焦寒热往来：本证为湿温病邪热湿浊留恋三焦，伏留不解，三焦气化失司，出现寒热起伏，胸脘痞闷，腹胀，溲黄短赤，苔腻等湿热交阻上、中、下三焦的症状特点。治宜分消走泄，宣展气机，方选黄连温胆汤加味。本证与上二证不同，邪入少阳以寒邪为患，属伤寒；外感疟邪以疟邪为患，属疟疾；本证以湿热为患，属湿温病。临床表现各具特征，邪入少阳寒热往来，忽寒忽热，发无定时；外感疟邪寒热往来休作有时；湿热郁阻三焦寒热起伏，病势缠绵，汗出不解。再根据苔脉兼症，是容易鉴别的。

【文献别录】

《医学纲目·疟寒热》："卫与邪相并，则病作，与邪相离则病休，其并于阴则寒，并于阳则热，离于阴则寒已，离于阳则热已，至次日又集而并合，则复病已。"

《类证活人书》："往来寒热者，阴阳相胜也，阳不足则先寒后热，阴不足则先热后寒。"

（赵　松）

8. 但热不寒

【概念】

但热不寒是指外感病发热过程中，出现发热而不恶寒的症状。

发热成因很多，一般分外感发热、内伤发热两类。通常外感发热起病急，热势高；内伤发热起病缓，常见低热。外感发热初起，发热恶寒或恶风同时并见，当表邪入里化热，多表现为但热不寒。《伤寒论·辨太阳病脉证并治中》指出："不恶寒，但热者，实也。"后世皆宗此说，作为外感热病辨证中病邪入里的标志之一。

本篇主要讨论外感热病中的但热不寒症状，至于内伤发热，及"温疟"、"瘅疟"所见的但热不寒则分别在"五心烦热"、"潮热"、"寒热往来"等有关条目中阐述。

【鉴别】

常见证候

邪热壅肺但热不寒：发热而不恶寒，咳嗽胸痛，咳痰粘稠、黄腥，鼻煽气粗，口渴咽痛，舌红苔黄燥或黄腻，脉滑数。

热炽阳明但热不寒：不恶寒，反恶热，壮热面赤，大汗出，大烦渴，小便黄少，舌质红，苔黄，脉洪大。

热结肠道但热不寒：壮热不恶寒，日晡为甚，腹满硬痛，按之坚实，大便不通或热结旁流，甚则神昏谵语、烦躁不安，舌苔黄燥或焦黑，脉沉实有力。

湿热郁蒸但热不寒：身热起伏而不恶寒，午后转盛，汗出不解，渴不引饮，胸闷脘痞，身重纳呆，舌苔黄腻，脉弦滑数。

暑热伤气但热不寒：发热不恶寒，头痛，面赤气粗，胸闷烦躁，口渴引饮，汗出过多，舌红苔黄燥，脉洪数。

热入营血但热不寒：发热入暮尤甚而不恶寒，烦躁不寐，口干，甚则谵语发狂、神昏，斑疹透露，舌质红绛，苔少或光剥，脉细数。

鉴别分析

邪热壅肺但热不寒：多有风热之邪上受，或外感寒邪郁而化热，邪热犯肺，肺热灼津，炼津成痰，痰热壅阻，肺失清肃所致。初起可见恶寒发热，继则但热不寒，咳嗽胸痛，咳痰粘稠黄腥，鼻煽气粗。其辨证要点为发热不恶寒，咳嗽气粗，痰黄稠为特点，治宜清肺泄热，化痰止嗽。方选千金苇茎汤合泻白散，或麻杏石甘汤加减。

热炽阳明但热不寒与热结肠道但热不寒：两证均属邪热入里的阳明病。不同的是一为阳明经证，一为阳明腑证。《医宗金鉴·伤寒心法要诀·阳明热病脉证》曰："白虎烦渴热阳明，汗出身热脉长洪，不恶寒兮反恶热。"故热炽阳明的辨证要点是：大热，大汗出，大烦渴，脉洪大。邪炽阳明，气分大热，故不恶寒反恶热；热甚则腠理开泄，故大汗出；邪热内扰，灼伤津液，则大烦渴而脉洪大。《医宗金鉴·伤寒心法要诀·阳明府病脉证》曰："胃实脉大府阳明，大便难兮脾约同，蒸蒸潮热濈汗汗，满痛始可议三承"，故热结肠道的辨证要点是：日晡潮热，腹满硬痛，大便不通，甚则神昏谵语，舌苔黄燥或焦黑，脉沉实有力。邪热结于肠胃，则腑气不通；传导失司，则腹满硬痛，大便燥热，或热结旁流；邪热蒸迫，里热内扰，神明逆乱，则神昏谵语，舌苔黄燥、焦黑。前者治宜清气泄热，方选白虎汤加减；若里热灼伤气津，治宜清热泄火，益气生津，方选白虎加人参汤。后者治宜泄热通腑，攻下燥结，根据热结之轻重，选用大承气汤、小承气汤、或调胃承气汤。

湿热郁蒸但热不寒与暑热伤气但热不寒：两证常见于夏秋季节，病邪均在气分，但病因不同，临床表现亦各有特点。湿热郁蒸但热不寒的发病多在夏秋之交及阴雨潮湿的季节，湿热相兼为患，湿为阴邪，其性重浊粘滞，挟热熏蒸，故病程较长，缠绵难愈。初期发热伴有恶寒，继则邪热留恋气分，但热不寒。薛生白《湿热病篇》："湿热证，始恶寒，后但热不寒，汗出胸痞，舌白口渴不引饮"。辨证要点是身热不扬，朝衰晡盛，而见胸痞纳呆，恶心口苦，渴不引饮等湿郁气机的症状。暑热伤气但热不寒的发病多由夏月伤暑，或因汗出过多，伤津耗气；或因露宿贪凉，暑邪乘虚侵袭所致。辨证要点是壮热面赤，烦渴引饮等暑伤气分的症状。前者治宜宣气化湿，清热达邪，方选三仁汤，

— 29 —

连朴饮等；后者治宜清暑泄热，益气生津；方选王氏清暑益气汤，初期可配合白虎汤，后期可配合生脉散。

热入营血但热不寒：多由热邪深入营血所致。热邪灼烁营血，故热势鸱张，但热不寒。叶香岩《外感温热篇》云："卫之后方言气，营之后方言血。"营分证进一步发展即为血分证，两者难以截然分开。其辨证要点：但热不寒，热势昼轻夜重，烦躁不寐，神昏谵语，舌质红绛，热甚动血则见吐血、便血、溲血、发斑等症。治宜清营凉血，泄热解毒，方选清营汤、犀角地黄汤加减。

但热不寒是病邪入里化热的一种症状，此际病势亢盛，正气御邪，邪正剧烈相争，多属实证，为热病过程中决定疾病转归的关键时刻。临床需详察邪热的在气、在营、在血之变化，把握病机。治疗的基本原则是撤邪以泄热。《景岳全书·杂症谟》说："治热之法，凡微热之气，宜凉以和之，火热之气，以寒以制之，郁热在经络者，宜疏之发之，结热在脏腑者，宜迫之利之，……"可谓要言不烦，对本证的辨证论治颇有启发意义。

【文献别录】

《景岳全书·杂症谟》："凡热病之作，亦自有内外之辨。如感风寒而传化为热，或因时气而火盛为热，此皆外来之热，即伤寒瘟疫时毒痎疟之属也；至若内生之热，则有因饮食而致者，有因劳倦而致者，有因酒色而致者，有因七情而致者，有因药饵而致者，有因过暖而致者，有因阴虚而致者，有偶感而致者，有积累而致者，虽其所因不同而病候无过表里。故在外者，但当察经络之深浅；在内者，但当察脏腑之阴阳。"

《杂病广要·内因类·恶寒发热》："发热者，热之发现于肌表者也。凡病多发热，热生于火，火本于气。其理不外气乖与气郁二端。气乖有三：一曰阳亢发热，一曰阴虚发热，一曰阳虚发热。气郁有七：一风寒郁热，一饮食郁热，一为痰饮郁热，一为瘀血郁热，一为水湿郁热，一为肝气郁热，一为脾气郁热。"

（赵　松）

9.壮　热

【概念】

壮热是指身体发热，热势壮盛，扪之烙手，或伴恶热烦渴的一种症状，属高热范围。

壮热成因很多，外感病初起，发热恶寒同见，当病邪入里，邪正交争，热势壮盛，即可出现壮热，壮热为病邪入里的标志之一，多见于外感热病的高潮阶段。早期发热恶寒，热虽盛，不属于此条，在"恶寒发热"、"寒热往来"等有关条目中阐述。

【鉴别】

常见证候

肺热炽盛壮热：壮热口渴，咳嗽，气粗而喘，或有胸痛，咽痛，鼻煽气热，或咯吐脓痰腥臭，便秘尿黄，舌红苔黄，脉数。

阳明经壮热：壮热恶热，多汗，面赤，口渴喜冷饮，苔黄燥，脉洪大或滑数。温病气分证与此同。春温邪发气分，可起病即壮热恶热，而无恶寒发热卫分阶段。

肠道热结壮热：壮热口渴，大便秘结，腹胀硬满，疼痛拒按，舌红苔黄少津，脉沉数有力。

— 30 —

热炽营血壮热：身热，入夜尤甚，烦躁不寐，神昏谵语，斑疹隐隐，或见吐血衄血，舌质红绛，脉细数。

湿热蕴结壮热：壮热起伏，汗出而热不解，午后增重，烦渴，不欲饮或少饮，胸闷气短，脘痞身重，苔黄腻，脉滑数。

大肠湿热壮热：壮热，兼有腹中疼痛，下利脓血，里急后重，肛门灼热，苔黄腻，脉濡数或滑数。

鉴别分析

肺热炽盛证壮热：多由风热之邪入里，或由风寒之邪入里化热，邪热犯肺，热灼津液，炼液成痰，痰阻气道，肺失清肃而成。故初起多见恶寒发热，继之则壮热恶热，痰粘咳嗽不爽，气粗而喘，或有胸痛，重者可见鼻煽，是其特点。若肺热成痈，则咯吐脓痰。治宜清肺泄热，化痰平喘，方选泻白散或麻杏石甘汤加减。肺痈成脓者，宜清肺泄热排脓，方用苇茎汤加味。

阳明经证壮热与肠道热结壮热：两证均属热邪入里，病在阳明。但前者为经证，后者为腑实证。阳明经证壮热的特点是壮热、大汗出、口大渴，脉洪大。邪热入里，阳明热盛，正气未衰，正邪剧争则壮热不已；里热蒸腾，腠理开而大汗出；热伤津液，则口大渴；里热亢盛，充于脉道，故脉洪大。肠道热结壮热的特点是壮热，日晡加剧，腹满硬痛，大便秘结，甚则神昏谵语，舌苔黄燥少津，脉沉数有力。热邪结于肠胃，传导失司，则腹满硬痛，大便秘结，日晡之时，阳明当令，故日晡之时加剧。邪热蒸迫，里热内扰，神明逆乱，出现神昏谵语，舌苔黄燥少津，脉沉数有力。前者治宜清气泄热，方选白虎汤加减。后者治宜泄热通腑，攻下燥结，根据热结之轻重，可选用调胃承气汤、小承气汤、大承气汤加减。

热炽营血壮热：本证为热邪深入营血所致，热灼营血，热势鸱张，壮热不已，入夜尤甚；营血热盛，上扰心神，则烦躁不寐，甚则谵语发狂。热炽营血有在营在血的不同。叶香岩《外感温热篇》云："卫之后方言气，营之后方言血"。营分证进一步发展即为血分证。热炽营分证病浅，仅有斑疹隐隐；热炽血分证则动血生风，出血斑疹紫黑，吐血衄血，手足抽搐等症状。热炽营血证，治宜清营凉血，偏于营分者，治宜清营泄热，方用清营汤加减；偏于血分者，治宜凉血泄热。以出血为主者，可选用犀角地黄汤加味；若已生风，可选用羚羊钩藤汤加减；若生风动血同时出现，可用二者合方治疗。

湿热蕴结壮热与大肠湿热壮热：两者均为湿热为患，亦同多发于夏秋季节。但二者病变部位不同，因此表现各异。前者湿热蕴结病变主要在中焦，波及上焦、下焦，故临床表现为中焦湿热郁结为主的表现。湿热相兼为患，湿性粘腻，挟热蒸腾，缠绵难愈，故病程较长；湿热为患，故壮热起伏，汗出而热不解，午后加重；湿邪阻碍气机，则脘痞身重，胸闷气短；津液不布而口渴；内有湿邪，津未大伤，渴而少饮或不欲饮。后者湿热之邪蕴结于大肠，以热为主所致。湿热内蕴，蒸达于外则壮热不已；热邪下迫大肠，则里急欲便；湿阻大肠，气滞热壅则坠胀后重；湿热蕴结大肠则肛门灼热，苔黄腻、脉濡数或滑数；肠道气机不利则腹痛；热伤肠中脉络，则下利脓血，本证的特点是湿热壅聚大肠，出现下利脓血，腹痛，里急后重等症状，其高热亦无明显午后加重、壮热起伏特点，因其虽湿热为患但以热邪为主。前者治宜宣气化湿，清热达邪，方选三仁汤、连朴饮等；后者治宜清利肠道湿热，方用白头翁汤、芍药汤等。

【文献选录】

《诸病源候论·热病诸候·热病解肌发汗候》："病已经五六日，然其人喉口不焦干，心腹不满，又不引饮，但头痛，身壮热，脉洪大者，此谓病证在表。"

《医宗金鉴·伤寒心法要诀》："白虎烦渴热阳明，汗出身热脉长洪，不恶寒会反恶热"。"胃实脉大府阳明，大便难兮脾约同，蒸蒸潮热濈汗汗，满痛始可议三承"。

（刘文军）

10. 低　　热

【概念】

低热是指身体自觉发热，但热势不高。一般体温在 37.5～38℃ 之间。

古代文献无低热一词。医籍中"微热""内热""手足烦热"等多属低热范围，尤《景岳全书》所称"微热"与低热相似。另外"潮热"亦有表现为"低热"者，二症可以互参。

【鉴别】

常见证候

肺胃阴虚低热：低热，日久不退，常伴干咳不已，或咳嗽痰少，痰中带血，咽干或声嘶，口干舌燥而渴，体瘦，纳差，大便干结，舌红少苔或无苔，脉细数或虚。

肝肾阴虚低热：低热，日久不退，或手足心热，常伴有颧红，口燥咽干，头晕目眩，神倦乏力，或失眠多梦，耳鸣，舌红少苔或无苔，脉弦细或细数。

气虚低热：低热，长期不退，常伴有面色㿠白，气短乏力，身倦懒言，动则自汗出，舌质淡嫩，脉虚大。

阳虚低热：低热而欲近衣，形寒怯冷，四肢不温，头晕嗜卧，腰膝痠痛，舌质淡胖，或有齿痕，苔白润，脉沉细或浮大无力。

气郁低热：低热，热势常随情志变化而起伏，精神抑郁，烦躁易怒，胸胁闷胀，口干而苦，纳食减少，大便秘结，舌红，苔薄黄，脉弦数。

血瘀低热：午后或晚间低热，口燥咽干，但欲漱水不欲咽，肢体或躯干有固定痛处或肿块，面色萎黄或晦暗，皮肤粗糙甚则肌肤甲错，舌质青紫或有瘀点、瘀斑，脉弦或涩。

湿郁低热：低热，午后热甚，胸闷纳少，身重，呕恶，口不渴，或饮入即吐，大便稀薄或粘滞不爽，苔白腻，或黄腻，脉濡数。

鉴别分析

肺胃阴虚低热与肝肾阴虚低热：二者皆为阴虚，均有口干咽干、舌红少苔或无苔等阴液不足之象。二者不同点主要在于阴虚的部位有异。前者阴虚部位在肺胃，主要由于温热病伤及阴液，常见于温热病后期，尤风温病后期。阴虚生内热，故见低热；干咳不已，或痰少、痰中带血、咽干或声嘶，为肺阴亏损，失于濡养所致。口舌干燥而渴、大便干结、纳少，为胃阴不足，大肠失润所致。主要特点为干咳少痰、咽干声嘶之肺阴虚症状与口干舌燥而渴、纳少便结胃阴不足症状并见。肝肾阴虚低热，可见于多种温病后期，病在肝肾。温热邪气久留，真阴耗损，肝肾失养，阴虚生内热，故低热；阴精不足，故头晕乏力，口燥咽干；虚热上扰故颧红；肝阴不足，目失所养，故目眩；肾精不足，耳窍失养，故耳鸣；肝肾阴虚，不能上济于心，心神失养，故失眠多梦。本证特点为头晕目眩、耳鸣，乏力，失眠多梦等肝肾阴虚症状与低热同见。除病变部位不同外，病势深浅亦不同，前者仅伤及津液，后者伤及阴精。前者治宜滋养肺胃之阴，方可选用沙参麦门冬汤；后者治宜滋肾养肝，方可选用杞菊地黄汤加减。

气虚发热与阳虚低热：主要区别点在于前者以气虚为主，多见于过度劳累、饮食失调，导致气虚，虚阳外越，或阴火上冲。气虚故气短乏力，身倦懒言；气虚表卫不固，则自汗出；气虚不能上荣于面，故面色㿠白，舌质淡嫩。脉虚大亦为气虚不摄，虚阳浮越所致。后者以阳虚为主，多见于寒邪日久伤阳，或误用寒凉，加之平素阳气不足，阳气外越而致低热。阳气虚衰，失于温煦，故发热但欲近衣，并伴形寒肢冷、头晕嗜卧、腰膝酸痛等症；舌质淡胖有齿痕、脉沉细为阳气衰弱之象，脉浮大无力为虚阳外越之征。前者治宜益气健脾，甘温除热，方用补中益气汤加减；后者治宜温补肾阳，方用肾气丸或右归丸加减。

气郁低热与血瘀低热：二者均为实证低热，不同点在于一为气分、一为血分病变。前者病在气分，多由情志抑郁，气郁化火，或恼怒过度，肝火内盛，以致低热。因其热由情志内伤所致，故热势常随情志变化而起伏。肝失条达，故精神抑郁，烦躁易怒，胸胁闷胀；肝火灼津，胃肠有热，故口干口苦，大便秘结。舌红，苔薄黄，脉弦数均为肝郁化火之象。后者病在血分，多由气滞、气虚、寒凝、热灼、跌仆损伤，导致瘀血阻滞，气血不通，瘀而为热，是本病的主要病因病机。病在血分，属阴，故热多在下午或晚间出现；瘀血阻滞，气血运行不畅，水津不能上承，以致口燥咽干，但欲漱水不欲咽；经脉阻滞，气血瘀阻，故有固定痛处或肿块；肌肤甲错、粗糙、面色萎黄，晦暗为瘀血内阻脉络，肌肤失于濡养所致；舌质青紫或有瘀点、瘀斑、脉弦或涩均为瘀血内阻之象。再者气郁低热病势浅，血瘀低热则病深。前者治宜疏肝解郁，清肝泻热，方可选丹栀逍遥散；后者治宜活血祛瘀，方选血府逐瘀汤等。

湿郁发热：多由湿邪郁而化热而致，可由外感湿邪或内伤脾虚水湿郁阻而成。湿为阴邪，阴邪自旺于阴分，故以午后发热为甚；湿性粘滞，故发病缓慢；湿邪阻滞气机，故见胸闷纳少，甚则呕恶；湿为阴邪，故口不渴或饮入即吐；湿邪下趋且粘滞，故大便多稀或粘滞不爽。苔黄腻，脉濡数，为湿郁化热之象。治宜宣化畅中，利湿清热，方可选三仁汤加减。与以上低热证候不同的是本证低热以身重胸闷，纳少呕恶，口不渴、大便粘滞不爽，苔腻、脉濡数等湿郁化热症状为主要特点。

辨别低热证候的虚实，对治疗原则的确定具有重要意义。若属正虚，应进一步辨别是阴虚、阳虚、气虚；若属邪实，应辨识是气郁、瘀血、还是湿热；若因虚致实，或邪实伤正者则可以出现正虚邪实、虚实夹杂的证候，在低热的鉴别诊断时宜加以注意。

【文献选录】

《景岳全书·传忠录》："身虽微热，而濈濈汗出不止，及无身体疼痛拘急，而脉不紧数者，此热非在表也。"

《诸病源候论·冷热病诸候·客热候》："客热者，由人脏腑不调，生于虚热。客于上焦，则胸膈生痰实，口苦口干；客于中焦，则烦心闷满，不能下食；客于下焦，则大便难，小便赤涩。"

《证治准绳·杂病·发热》："审其果为伤寒、伤风及寒疫也，则用仲景法；果为温病及温疫也，则用河间法；果为气虚也，则用东垣法：果为阴虚也，则用丹溪法；如是则庶无差误以害人矣。"

（刘文军）

11. 潮　热

【概念】

潮热是指发热盛衰起伏有定时，犹如潮讯一般。

本症《伤寒论》有"日晡潮热"，后世又有"午后潮热"之说。临床表现不同于一般的发热。若一日数发，即为发热，不属潮热范围。若潮热壮盛，可参考"壮热"辨析，而潮热轻微，则参阅"低热"辨析。

疟疾的发热虽然蓄作有时，但是寒热往来，交替出现；而潮热则是但热不寒，两者不难区分。

【鉴别】

常见症候

阳明腑实潮热：日晡潮热，手足濈然汗出，腹部硬满疼痛，大便秘结或热结旁流，或神昏谵语，烦躁不安，舌苔焦黄，脉沉实。

阴虚血亏潮热：午后或夜间潮热，手足心热，心烦失眠，心悸盗汗，消瘦神悴，舌质红少苔，脉细数。

脾胃气虚潮热：上午潮热，下午热退或午后发热，少气懒言，神疲肢软，自汗，面色㿠白，舌淡嫩，脉虚细弱。

暑热伤气潮热：多为小儿疰夏发热，或早热暮凉，或暮热早凉，口渴引饮，烦躁不安，纳呆神倦，舌苔腻，脉细数。

瘀血内郁潮热：午后或夜间发热，咽燥口干，漱水不欲咽，腹中癥块，或身有痛处，甚则肌肤甲错，两目黯黑，舌见瘀斑或青紫，脉细涩。

鉴别分析

阳明腑实潮热：多由表邪不解，入里化热，与肠中有形之邪相结，遂成"胃家实"。阳明气旺于申酉（下午4～8时之间），故见日晡潮热之症。《伤寒论·辨阳明病脉证并治》："阳明病，脉迟，虽汗出不恶寒者，其身必重，短气，腹满而喘，有潮热者，此外欲解，可攻里也。……若汗多，微发热恶寒者，外未解也，其热不潮，未可与承气汤。"提示潮热为阳明腑证已成，可予攻下。其辨证要点：发热以傍晚为甚，热势旺盛而汗出，兼有燥屎内结（腹满拒按，便秘，舌苔焦黄）的症状。治宜攻下泄热，随热结的轻重，方选大承气汤、小承气汤和调胃承气汤。

脾胃气虚潮热与暑热伤气潮热：两者均可出现气虚的表现，潮热以低热为主。前者多发生于成人，后者乃是小儿在夏季的常见症，秋凉可自行缓解。脾胃气虚潮热多由劳倦内伤，饮食失节，中气不足而下溜，阴火上乘土位而致。《素问·调经论》曰："有所劳倦，形气衰少，谷气不盛，上焦不行，下脘不通，胃气热，热气熏胸中，故内热。"亦即东垣《脾胃论·饮食劳倦所伤始为热中论》所说："火与元气不两立，一胜则一负。"暑热伤气潮热，多为小儿疰夏的临床表现。盖小儿阴气未充，阳气未盛，不能耐受暑热熏蒸，气阴受损，故见潮热，

— 34 —

又称"夏季热"，成人亦间或有之。《丹溪心法·中暑》："注夏属阴虚，元气不足，夏初春末，头痛脚软，食少体热者是。"两症的鉴别要点是：脾胃气虚潮热，一般在上午发热，下午热退，亦有午后发热者，兼见其它气虚(气短懒言，倦怠自汗)的症状；治宜甘温除热，方选补中益气汤；暑热伤气潮热是早热暮凉，或暮热早凉，兼见暑热伤气(口渴欲饮，体倦神疲)的症状。治宜清暑益气，方选王氏清暑益气汤。

阴虚血亏潮热与瘀血内郁潮热，两证均见午后或夜间潮热，热象都为低热，但病因病机迥异。阴虚血亏潮热多由素体阴虚或汗、吐、下、亡血、亡津液之后，阴亏气燥，虚火上炎所致。《素问·调经论》曰："阴虚则内热"。可发生于各种慢性病，或急性热病后期，亦称"骨蒸劳热"。其特征是：午后潮热，兼见虚火上炎（颧红，五心烦热，盗汗，舌红脉细数）的症状。瘀血内结潮热，多由气郁血虚或跌打损伤，寒凝气滞，血热妄行等影响血运，滞而成瘀，瘀血内郁化热所致。其特征是：午后或夜间潮热，兼见瘀血内结（身体有固定痛处或癥块，肌肤甲错，舌有瘀斑或青紫）的症状。阴虚血亏者，治宜滋阴养血清热，方选清骨散加当归、白芍等；瘀血内结者，治宜活血化瘀清热，方选血府逐瘀汤加制大黄、丹皮等。

潮热一证，多属里证，但有虚有实，实证潮热多由于外感，发热较高，热退不清，到一定时间复又上升；虚证潮热，多由于劳倦内伤，气血亏损，发热较低，或仅自觉发热，病情缠绵。然实证久延可致虚，因此，不少潮热常是急性热病的后遗症。临床辨证必须抓住潮热的特点，并结合病史及兼症进行辨析。

【文献别录】

《伤寒论·辨阳明病脉证并治》："阳明病，谵语，发潮热，脉滑而疾者，小承气汤主之。"

"阳明病，谵语，有潮热，反不能食者，胃中必有燥屎五六枚也，若能食者，但鞕耳，宜大承气汤下之。"

《杂病证治准绳·寒热门》："潮热有作有止，若潮水之来，不失其时，一日一发，若日三五发即是发热，非潮热也。"

《杂病广要·内因类》："有潮热者，当审其虚实，若大便坚涩，喜冷畏热，心下愊然，睡卧不著，此皆气盛，所谓实而潮热也，凉膈散、大柴胡辈下之；若胃气消乏，精神憔悴，饮食减少，日渐尪羸，病虽暂去，而五心常有余热，此属虚证，宜逍遥散、小柴胡等加减；有每遇夜身发微热，病人不觉，早起动作无事，饮食如常，既无别证可疑，只是血虚，阴不济阳，朝用加味逍遥散，暮用六味丸，不应，用当归补血汤、加减八味丸。"

（赵　松）

12. 五 心 烦 热

【概念】

五心烦热是指两手心、足心发热及自觉心胸烦热，而体温有的升高，有的并不升高的一种虚烦发热症状。

《素问·逆调论》有"阴气少而阳气盛，故热而烦满"及"阴虚生内热"的论述，将烦与热同时并见的症状归之于阴虚。

若肾虚湿热下注，两脚心热伴足胫发热疼痛者，不属本节讨论范围。

【鉴别】

常见证候

阴虚五心烦热：五心烦热，午后热甚，常欲手握冷物，卧时手脚喜伸被外，盗汗，遗精，颧红，腰膝酸软，口燥咽干，舌质殷红，光剥少苔，脉沉细数。

血虚五心烦热，午后自觉两手两足心热，小有烦劳则加重，神疲身怠，食少懒言，心悸，头目眩晕，舌质淡，脉细弱或细涩。

邪伏阴分五心烦热，手足心热，心烦，眠差。有低热，暮热早凉，热退无汗，能食形瘦，舌质红少苔，脉弦细略数。

火郁五心烦热：五心烦热，胸闷，情志不舒，急躁易怒，头胀，口苦，尿赤，妇女则经行不畅，舌红，苔黄，脉沉数。

鉴别分析

阴虚五心烦热：五脏阴虚皆可出现五心烦热，尤以肺脾肾三脏阴虚多见。其中，肺阴虚每由"肺痨"久治不愈，肺阴耗伤所致，症见骨蒸潮热，盗汗，咳嗽气短，甚则咯血，舌红，脉细数。治宜滋阴养血，清热，除蒸，方用秦艽鳖甲散。肝阴虚则由劳倦过度，或肝病久治不愈，耗血伤阴，肝阴既虚，肝胆之火偏旺，症见手脚心热，心胸烦热，口渴不饮，眠少，身软疲乏，舌红少苔，脉弦细数。治宜滋阴养血清热，方用清骨散加味。肾阴虚可由它脏阴虚累及，即所谓"穷必及肾"，或因房事不节，纵欲过度，肾精亏损则肾阴亦虚，症见五心烦热，耳鸣，遗精，盗汗。腰为肾府，肾虚故腰膝酸软，脉沉细数。治宜滋养肾精，清热除蒸。方用左归丸加地骨皮、白薇等。临床上，肺、肝、肾三脏阴虚往往同时并见，互相影响，总宜养阴清热除烦。用清骨散随证加减。

血虚五心烦热：常由肝脾两虚形成。脾为后天之本，散五谷之精气，化生气血，肝为藏血之脏，肝脾受损，生血、藏血失职，遂至血虚。外不能营皮毛，故面色、肤色苍白；血虚肝热，故五心烦热；血虚上不能养头目，故头晕烘热；心血失充，故心悸，舌质淡，脉细弱；肝为"罢极之本"，肝虚不胜疲劳，故稍有烦劳则引起低热。治宜调肝理脾，方用补肝汤加地骨皮等。

邪伏阴分五心烦热：多由外感失治、误治，余邪留伏营阴所致，鉴别要点在于夜热早凉，热退无汗，能食而形瘦。入夜营气抗邪达于阳分则热；清晨病邪复归阴分而不能外解，故热退无汗。余邪久留，营阴耗损不能充养肌肤，故形体消瘦。《温病条辨》说："夜行阴分而热，日行阳分而凉，邪气深伏阴分可知，热退而无汗，邪不出表，而仍归阴分，更可知矣。"治宜滋阴透邪，方用青蒿鳖甲汤。

火郁五心烦热：多因枢机不利，阴郁不达，或外邪未解，过用寒凉，冰伏其邪，或过食冷物，抑遏胃阳，不得泄越，症见心胸及手足心烦热，四肢亦热，尿赤，烦躁易怒，舌红苔黄，脉弦数。治宜清肝散火解郁，方用火郁汤加减。若胃阳被冷物所郁，阳气不得敷布，郁而生热，症见五心烦热，四肢倦怠，烦闷无汗。治宜升阳散火，方用升阳散火汤。

火郁五心烦热属实证，不同于阴虚、血虚之内伤发热。临床上只要掌握五心烦热兼见四肢发热、头胀、口苦、尿赤等肝郁火热之证即可与之鉴别。

手足心、心胸在人体属里、属阴，阴虚则热生于内，故表现五心发热；内热郁遏，不得外泄，故觉心烦。临床上虽手心、足心以热同时并见多者，但亦不乏仅有手心热而足心热不甚，或足心热甚而手心不甚觉热。治疗大法总以滋阴清热除烦为主。不可一见烦热，率用苦寒之品，妄加清泄。

【文献别录】

《金匮要略·血痹虚劳病脉证并治第六》："虚劳里急，悸衄，腹中痛，四肢酸痛，手足烦热，咽干口燥，小建中汤主之。"

《圣济总录》卷第四十三："论曰心烦热之病，手少阴经有余所致也，其不足则亦能令人虚烦。"

（赵　松）

13．无　汗

【概念】

无汗，指当汗出而不汗出者。如《素问·脉要精微论》有"阳气有余为身热无汗，……阴阳有余则无汗而寒"的记载。

大凡正常人春夏阳气疏泄，气血趋向于表，故有汗出；秋冬阳气匿藏，气血趋向于里，故少汗或无汗，此乃自然之势。倘或外邪入侵肌表，腠理开阖失司，则当汗出而汗不出者，是为病态。本节讨论的是后者。

【鉴别】

常见证候

风寒表实无汗：全身无汗，恶寒发热，头痛身疼，鼻塞声重，喷嚏流涕，喉痒咳嗽，舌苔薄白，脉象浮紧。

表寒里热无汗：全身无汗，发热恶寒，肢体烦疼，鼻塞声重，烦躁口渴咽痛，咳嗽痰黄，溲赤便秘，苔白或薄黄，脉象浮数。

寒湿束表无汗：全身无汗，头胀如裹，肢体沉重，骨节烦疼，畏寒微热，尤以日晡为甚，舌苔白腻，脉浮紧或迟。

鉴别分析

风寒表实无汗与表寒里热无汗：二者同为风寒表实无汗证，然风寒表实无汗纯是风寒所致，而表寒里热无汗兼有里热证候。风寒表实无汗，由于风寒侵袭，束于肌表，寒为阴邪，其性凝闭，最易伤阳，卫阳被郁，故全身无汗。《伤寒明理论》："寒邪中经，腠理致密，津液内渗，则无汗。"其辨证要点是，除无汗症外，尚有其他风寒束表（恶寒发热、头痛身疼，舌苔薄白、脉象浮紧）的临床表现。治宜辛温解表发汗，方选麻黄汤。表寒里热无汗，由于素体热盛，或肺热内蕴，复感风寒，内热为外寒所遏，则形成外寒里热证，俗称"寒包火"。如《重订通俗伤寒论》："凡温病伏暑将发，适受风寒搏束者，此为外寒束内热，一名客寒包火。"亦有伤寒表邪未解，外邪已有入里化热之势者，如《伤寒论·辨太阳病脉证并治中》："太阳中风，脉浮紧，发热恶寒，身疼痛，不汗出而烦躁者，……。"其辨证要点是：除了风寒束表（无汗、恶寒发热、身疼）的症状以外，还兼有里热（身烦、口渴、咽痛、苔薄黄）等征象。治宜疏散风寒，兼清里热，方选葱豉桔梗汤，如风寒偏重者，可用大青龙汤。

寒湿束表无汗：恙由汗出当风，或久居潮湿阴冷之地，或伤于雾露之气，寒湿郁于肌表。寒主收引，湿性粘滞，阳气被郁，腠理闭塞，故汗不得出。《金匮要略·痉湿暍病脉证第二》："病者一身尽疼，发热，日晡所剧者，名风湿。此病伤于汗出当风，或久伤取冷所致也。"其辨证要点：无汗，兼有寒湿郁表（头胀如裹、肢体沉重、畏寒、发热日晡加剧）的症状。治疗以散寒祛湿为大法，方选麻黄杏仁薏苡甘草汤、羌活胜湿汤。

无汗一症，表证、里证皆可出现，宜从寒热虚实中辨析，不可徒用发汗，致正气妄泄，误犯虚虚之戒。

【文献别录】

《伤寒明理论》卷一："无汗之由，又有数种，如伤寒在表，及邪行于里，或水饮内畜，与亡阳久虚，皆令无汗。其伤寒无汗，则腠理致密也；风中于卫，则腠理开而自汗，寒中于荣，则无汗，谓腠理闭也；经所谓太阳病，恶风无汗而喘，脉浮紧，无汗发热，及不汗出而烦躁，阳明病，反无汗而小便利，二三日呕而咳，手足厥，苦头痛鼻干不得汗，脉浮无汗而喘，与其刚痉无汗，是数者，皆寒邪在表而无汗者也；……阳明病，反无汗，其身如虫行皮中之状，此以久虚故也，旨阳虚而无汗者也。如是者，理之常也，又焉得为异哉？"

《瘟疫论》上卷："昔人以夺血无汗，今以夺液无汗，血液虽殊，枯燥则一也。"

（张荣川）

14. 战　汗

【概念】

战即振栗，又称寒栗、寒战。在外感热病过程中，先振栗而旋即汗出者称战汗，为邪正相争的表现。

战汗与"寒战"不同，"寒战"是自觉全身发冷而振栗，战汗是指寒战与汗出同时出现的症状而言。

【鉴别】

常见证候

太阳伤寒欲解战汗：发热，恶寒，肢节疼痛，舌苔薄白，脉浮数按之无力。若欲解，可振栗汗出，身静，脉和病愈而安。

疫留气分欲解战汗：发热甚而不恶寒，或反恶热，烦渴或欲饮水，舌苔黄，脉洪大。若先振栗，随即全身汗出，继而脉静身凉，此为欲解病除之象。

鉴别分析

太阳伤寒欲解战汗与疫留气分欲解战汗：同属外感病，在病程进行中，均可出现先振栗而后即汗出的战汗症状。战汗之后诸症悉解，其病自愈。前者为寒伤太阳肌表，故出现太阳表证（恶寒、发热、无汗、脉浮）的症状，风寒之邪与正气交争郁于太阳经表，正邪交争，正不胜邪故振栗，旋即正气盛邪气衰，一鼓作汗，驱邪外出，故身静脉和其表病自安，可不药而愈。但若虽战汗而汗出不畅，表证仍在者，此可复发战汗而愈，或予以调荣卫、解肌表之剂，可服桂枝汤。后者乃温疫之邪由表传里，疫邪稽留气分，表现有气分症状（高热、不恶寒、烦渴、脉洪大等），若正气尚盛，亦可化战汗驱

— 38 —

邪由肌表而出，战汗之后脉静身凉，烦渴顿除，其病自愈。若战汗之后，"身热未除，脉近浮，此邪气拂郁于经，表未解也，当得汗解。如未得汗，以柴胡清燥汤和之"（《温疫论补注》）；若但战不汗，四肢厥逆，"厥回汗出者生，厥不回，汗不出者死。以正气脱，不胜其邪也。"（《瘟疫论补注》）是疾病向恶化方面发展的表现。

战汗一症，是正邪交争的一种临床表现，其转归不外两途，正胜邪则病自愈，邪盛正衰，正不胜邪，其病恶化。当战汗之时，"不可扰动，但可温覆，扰动则战而中止"（《温疫论补注》），是临床应当注意的。

【文献别录】

《世医得效方·伤寒遗事》："厥阴逆至第七日，脉得微缓微浮，为有脾胃脉也。故知脾气全，不再受剋，邪无所容，否极泰来，荣卫将复，水升火降，则寒热作而大汗解矣。"

（张荣川）

15. 自　汗

【概念】

自汗，是指人体不因劳累、不因天热及穿衣过暖和服用发散药物等因素而自然汗出而言。

本症首见《伤寒论·辨太阳病脉证并治上》，谓之"自汗出"。《三因方》载为："无问昏醒，浸浸自出者，名曰自汗"。

本症只讨论全身自汗，局部自汗(如"头汗"、"手足汗"等)及"绝汗"均另立专条。

【鉴别】

常见证候

营卫不和自汗：汗出恶风，周身痠楚，时寒时热，舌苔薄白，脉缓。

风湿伤表自汗：自汗断续，汗量不多，恶风畏寒，肢体重着麻木，小便短少，舌苔薄白，脉浮缓或濡滑。

热炽阳明自汗：自汗频出，汗量较多，高热面赤，烦渴引饮，舌苔黄燥，脉洪大有力。

暑伤气阴自汗：自汗频繁，汗量较多，烦渴引饮，胸隔痞闷，舌质红，苔黄而燥，脉洪大无力。

气虚自汗：自汗常作，动则益甚，时时畏寒，气短气促，倦怠懒言，面色㿠白，平时不耐风寒，极易感冒，舌质淡，苔薄白，脉缓无力。

阳虚自汗：自汗，动则加重，形寒肢冷，纳少腹胀，喜热饮，大便溏薄，面色萎黄或淡白，舌淡苔白，脉象虚弱。

鉴别分析

营卫不和自汗：由于素体表虚，卫气不固，腠理失密；再因营阴不足，易感风邪，致使阴阳失调，开阖失司，故汗出后恶风明显，周身痠楚，时寒时热，舌苔薄白、脉缓为营卫不和之象。治宜调和营卫，方选桂枝汤。

风湿伤表自汗：多见感冒挟湿以及痹证等。正如《类证治裁·汗症》指出："若夫风湿相搏，时自汗出，恶风自汗"。由于风湿之邪侵袭肌表，伤及卫阳，或素体虚弱，复感风湿外邪，肌表受损，导致腠理时开时阖，所以自汗断续，汗量不多，恶风畏寒，脉浮缓；风湿痹阻经络，经隧失于通畅，则出现肢体重着麻木，脉濡滑；湿邪易致三焦失畅，膀胱不利而小便短少；舌苔薄白，为风湿侵袭肌表而无热象。治宜祛风胜湿，益气固表，方选防己黄芪汤加减。

热炽阳明自汗与暑伤气阴自汗：二者皆为热证自汗，病机也有类似之处，但发病的季节，所感之邪不同。前者为伤寒邪传阳明之症，发病不拘于夏季；后者为伤暑气阴亏耗之症，发生于夏季。热炽阳明自汗的辨证要点是：大汗出而热仍不解，兼有高热烦渴、脉洪大有力等症，治疗宜清热泻火，白虎汤之类；暑伤气阴自汗的辨证要点是：既有暑热（发热汗出）之征，又有气阴不足（口渴舌红，脉虽洪而无力）的症状，治宜清暑泄热，益气生津，方选王氏清暑益气汤。

气虚自汗与阳虚自汗：皆为虚证自汗，但病因病机也不一样。气虚自汗，主要责之心肺。因心主汗液，肺主一身之气，外合皮毛。由于心肺气虚，表卫不固，腠理不密，津液外泄，因而自汗常作。辨证要点为：自汗，稍动即出，平时不耐风寒，极易感冒，时时畏寒，气短气促，倦怠懒言，面色㿠白，脉缓滑无力。治宜补气，固表止汗，方选补中益气汤和玉屏风散加减治疗。阳虚自汗，主要责之脾肾。因脾为气血生化之源，肾藏真阴而寓元阳，只宜固密。《素问·阴阳应象大论》曰："阳在外，阴之使也。"若脾肾阳气虚弱，阳不敛阴，则自汗出。其辨证要点是：除自汗外，尚有形寒肢冷，纳呆便溏，腰膝痠软等脾肾阳虚的见症。治疗宜温阳敛阴，方选金匮肾气丸合补中益气汤，配以煅龙牡、五味子等收涩敛阴之品。

自汗一症，表证、里证、虚证、实证均可出现，正如《伤寒明理论》指出："自汗……亦各有阴阳之证，不得谓自汗必属阳虚"。因此，自汗在临床上，首先要辨明外感时病与内伤杂病的不同性质。前者多属实证，后者多属虚证，但以虚证为多见，也有虚实挟杂之证，应辨别标本，权衡主次，辨证论治。

【文献别录】

《素问·阴阳别论》："阳加于阴，谓之汗"。

《素问·经脉别论》："惊而夺精，汗出于心；持重远行，汗出于肾；疾走恐惧，汗出于肝；摇体劳苦，汗出于脾。"

《丹溪心法·自汗》："自汗属气虚、血虚、湿、阳虚、痰。自汗之证，未有不由心肾俱虚而得之者，故阴虚阳必凑，发热而自汗，阳虚阴必乘，发厥而自汗，故阴阳偏胜所致也。"

"自汗，大忌生姜，以其开腠理故也"。

《张氏医通·杂门》："自汗虽由卫气不固，胃中之津液外泄，而实关乎藏府蒸发使然，心之阳不能卫外而为固，则自汗出"。

（张荣川）

16. 盗　汗

【概念】

盗汗，又称"寝汗"。是指入睡时汗出，醒来即止而言。《伤寒明理论》："盗汗者，谓睡而汗出者也。"

本症，在《素问·六元正纪大论》中称"寝汗"，后来在《金匮要略·血痹虚劳病脉证并治》方称"盗汗"。从此，在各种医籍中多称盗汗。《景岳全书·汗证》说："汗出一证，有自汗者，有盗汗者……，盗汗者，寐中通身汗出，觉来渐收"。

【鉴别】

常见证候

心血不足盗汗：盗汗常作，心悸少寐，面色不华，气短神疲，舌淡苔薄，脉虚。

阴虚内热盗汗：盗汗频作，午后潮热，两颧发红，五心烦热，形体消瘦，女子月经不调，男子梦遗滑精，舌红少苔，脉细数。

脾虚湿阻盗汗：盗汗常作，头痛如裹，肢体困倦，纳呆口腻，舌苔薄白腻，舌质淡，脉濡缓。

邪阻半表半里盗汗：盗汗，病程较短，寒热往来，两胁满闷，口苦，欲呕，舌苔薄白或薄黄，脉弦滑或弦数。

鉴别分析

心血不足盗汗与阴虚内热盗汗：两者皆属虚证，但后者虚热之象明显。心血不足盗汗，由于劳伤血亏，心血过耗，汗为心液，心血不足，则心气浮越，心液不藏而外泄，故盗汗常作，心悸少寐，气血不足则面色不华，气短神疲；舌淡、脉虚亦为血虚之征。治宜补血养心敛汗，方选归脾汤加龙骨、牡蛎、五味子。阴虚内热盗汗，由于亡血失精，或肺痨久咳，导致阴血亏损，阴虚生内热，虚火盛而阴液不能敛藏则盗汗频作，午后潮热，两颧发红，五心烦热；阴血不足，则女子月经不调；阴虚相火妄动则男子梦遗滑精；阴精衰少，则形体消瘦；舌红少苔、脉细数为阴虚内热之象。治宜滋阴降火敛汗，方选当归六黄汤加糯稻根、浮小麦。

脾虚湿阻盗汗与邪阻半表半里盗汗：同属实证。脾虚湿阻盗汗，多因恣食生冷、酒醴肥甘，或饥饱失时，损伤脾胃，脾虚运化失常，湿浊内生，阻遏气机，升降失常而致盗汗常作。兼有头痛如裹，肢体困倦，纳呆口腻，舌苔薄白腻，舌淡，脉濡缓等症。治宜化湿和中，宣通气机，方选藿朴夏苓汤去杏仁、猪苓、淡豆豉、泽泻，加糯稻根、苍术、陈皮。邪阻半表半里盗汗，多见热性病的初中期阶段。多由外邪侵袭，表邪失于疏解，循传少阳，阻于半表半里，欲达不出，正邪交争，逼津于外，故见目合则汗，兼有寒热往来，两胁满闷，口苦，欲吐，舌苔薄黄，脉象弦数等症。治宜和解少阳，方选小柴胡汤去党参、大枣，加黄连、碧桃干。

盗汗之辨，正如《景岳全书·汗证》中说："盗汗……，亦各有阴阳之证，不得谓盗汗必属阴虚也"。因此，在临床上，要辨明盗汗的内伤杂病与外感时病的不同性质。前者多属虚证，后者多属实证，但以虚证为多见，也有虚实夹杂、气阴两虚之证。应注意辨证求因，审因论治。

【文献别录】

《素问·藏气法时论》："肾病者，寝汗出，憎风。"

《素问·气交变大论》："岁水太过，甚则寝汗出，憎风。"

《诸病源候论·虚劳病诸候》："盗汗者，……此由阳虚所致，久不已令人羸瘠枯瘦，心气不足，亡津液故也。"

《严氏济生方·自汗论治》："睡著而汗自出，亦由心虚所致。"

《医学正传·汗证》："盗汗者，寐中而通身如浴，觉来方知，属阴虚，营血之所主也。……盗汗宜补阴降火"。

《类证治裁·汗症》："盗汗乃睡中自泄，水火不交，阴阳偏胜，虚损心阳。"

《张氏医通·杂门》："包络之火郁发也，肾之阴不能退藏于密，则盗汗出。"

（张荣川）

17. 绝　　汗

【概念】

绝汗，即病变危重阶段出现的大量汗出，淋漓不止，如珠如油。

本症在《素问·举痛论》和《灵枢·五禁》等篇中，称"汗大泄"、"绝汗"、"漏汗"、"脱汗"、"汗出不可止"；宋《类证活人书》有"虚汗不止"的记载；元《世医得效方》也有"汗不止"的描述；清《杂病源流犀烛》又称"汗大泄"。这些名称的临床意义颇相一致。

【鉴别】

常见证候

气阴欲脱绝汗：主要症状为大汗不止，热而粘稠，或汗出如油，身热，手足温，渴喜冷饮，呼吸气粗，体倦神疲，唇舌干红，脉虚数或细数无力。

阳气欲脱绝汗：主要表现为大汗淋漓，汗出如珠，清稀而凉，畏寒踡卧，四肢厥冷，精神萎靡，面色苍白，呼吸微弱，渴喜热饮，舌润，脉微欲绝或浮数而疕。

鉴别分析

气阴欲脱之绝汗与阳气欲脱之绝汗：皆为虚脱的危急证候。由于重证的高热大汗、大吐大泻、大失血或久病耗阴，造成阴液严重亏损，导致阴竭则阳气无所依附而散越，阳亡则阴液无以化生而告竭，所以出现气阴欲脱和阳气欲越之危证，但两证常相继出现，只是有先后主次的不同而已。辨证要点：除了原发疾病的各种危重症状外，还有气阴欲脱和阳气欲脱的独特症状。气阴欲脱之绝汗，《素问·举痛论》说："炅则腠理开，荣卫通，汗大泄，故气泄矣……。劳则喘息汗出，内外皆越，故气耗矣。"指出人体的阴阳偏盛偏衰，特别是心的阴阳偏盛偏衰，以及营卫不调都可使腠理开泄而汗出不止。《灵枢·决气》篇也指出："津脱者，腠理开，汗大泄。"这种汗出，病势颇重，亦即"亡阴"现象，多具有汗出不止，汗液热而稠粘，或汗出如油，身热，手足温，唇舌干红，脉虚数或细数无力等特点。治宜益气固脱，育阴生津，方选生脉散加山萸肉等。阳气欲脱之绝汗，《灵枢·经脉》篇说："六阳气绝，则阴与阳相离，离则腠理发泄，绝汗乃出"，这在久病重病中，阳气过耗，特别是心阳过耗，不能敛阴，导致阴阳离决，阳气奔散于外，所以汗液大泄。这种大汗出，病势危急，称为"亡阳"现象。其特点是大汗淋漓，四肢厥冷，神萎倦卧，脉微欲绝等。治宜温阳固脱，回阳救逆，方选参附汤加龙骨、牡蛎等。

绝汗一症，气阴欲脱和阳气欲脱等证均可出现，但应随时掌握病情变化，采取相应措施。一旦虚脱缓解，亦应根据具体证候辨证施治以善其后。

【文献别录】

《素问·诊要经终论》："太阳之脉，其终也戴眼反折瘛疭，其色白，绝汗乃出，出则死矣。"

《类证治裁》卷之二：“嘉言喻氏又分上脱、下脱、上下俱脱。今详斯症，总由阴阳枢纽不固。如上脱者，喘促不续，汗多亡阳，神气乱，魂魄离，即脱阳也；下脱者，血崩不止，大下亡阴，交合频，精大泄，即脱阴也。上下俱脱者，类中眩仆，鼻声鼾，绝汗出，遗尿失禁，即阴阳俱脱也。”

《临证指南医案》卷三：“脱之者，惟阳气骤越，阴阳相离，汗出如油，六脉垂绝，一时急迫之症，方名为脱。”

（张荣川）

18. 黄　汗

【概念】

黄汗是指汗出色黄而染衣的症状，《金匮要略·水气病脉证并治》中谓：黄汗之为病，身体肿，发热汗出而渴，状如风水，汗沾衣，色正黄，如柏汁。”后世医家往往将黄汗混同于身目发黄的黄疸，如《症因脉治·黄疸论》说：“黄汗之症，眼白黄，面皮黄，汗出染衣，如黄柏汁。”《医学心悟》进一步肯定说：“出汗染衣，名曰黄汗，皆阳黄之类也。”肯定黄汗是阳黄的一种。但实际上黄汗与黄疸不尽相同，黄汗可以是阳黄的症状之一，同身目发黄并见；也可以仅汗出染衣而黄如柏汁，而身目并不发黄。本文所述的黄汗主要指后者，至于黄汗且又身目发黄的黄疸，另见专条。

【鉴别】

常见症候

营卫壅闭黄汗：汗出如黄柏汁，发热，身肿困重，皮中如有虫行，口渴，小便不利，舌苔白，脉沉。

湿热蕴积黄汗：汗出色黄，发热，身微肿，胁痛，纳呆，口苦，溲赤，舌苔黄腻，脉弦滑。

鉴别分析

营卫壅闭黄汗：多由身热汗出，卫虚营郁，热与水搏；或遇雨淋，或以冷水洗浴，使肌肤闭郁，营卫为之壅遏。故见发热，身肿，困重，皮中如有虫行，水气内停，则气不化湿，津不上承而口渴，膀胱气化失司，则小便不利。治宜宣通郁滞，调和营卫，方用黄芪芍药桂枝苦酒汤。

湿热蕴积黄汗：多由外感湿热之邪，或因内湿日久，郁而化热，湿热蕴积，熏蒸脾胃，故见汗出而黄、发热、口苦、胁痛、纳呆、溲赤、苔黄、脉弦滑等湿热表现，即《医宗金鉴》所谓：“黄汗微肿皆湿热”。治宜清热利湿，方用加味玉屏风散加减。

以上二证，一为汗出入水，营卫壅闭所致，一为湿热内蕴，熏蒸脾胃而成。一在肌肤之表，一缘脾湿内蕴；前者宜调营卫以祛表湿，后者宜清湿热，营卫通，湿热除，则黄汗自愈。但临床上亦有仅汗出染衣而黄，别无他症者，可选用蔓菁散治疗。

【文献别录】

《金匮要略·水气病脉证并治》：“黄汗之病，两胫自冷；假令发热，此属历节。食已汗出，又身常暮卧盗汗出者，此荣气也。若汗出已，反发热者，久久其身必甲错；发热不止者，必生恶疮。若身重汗出已，辄轻者，久久必身瞤，瞤即胸中痛，又从腰以上必汗出，下无汗，腰髋弛痛，如有物在皮中状，剧者不能食，身疼痛，烦躁，小便不利，此为黄汗，桂枝加黄芪汤主之。"

《症因脉治·黄疸论》："黄汗之脉，洪大者愈易，细涩者瘥难。"

（张荣川）

19. 汗出偏沮

【概念】

汗出偏沮，是指左或右半身出汗的现象而言。

本症首见于《素问·生气通天论》："汗出偏沮，使人偏枯"。症多发生于中风或某些脏腑机能衰退的疾病。

本节所论系人体半侧汗出，至于上半身或下半身汗出，不在此例，另参见有关条目。

【鉴别】

常见证候

气血亏虚汗出偏沮：汗出偏于半侧，少气懒言，倦怠乏力，面色苍白无华，头晕目眩，手足发麻，舌淡苔白，脉象细弱。

寒湿痹阻汗出偏沮：汗出偏于半侧，筋脉挛痛，手足屈伸不利，肢体沉重，甚则难以转侧，舌苔白腻，脉濡或迟。

营卫不和汗出偏沮：汗出偏于半侧，发热，头痛，恶风，舌苔白润，脉见缓弱。

鉴别分析

气血亏虚汗出偏沮：多由劳伤过度，久病失养，或失血过多等原因，造成气血亏损不足，不能周行全身，汗出时往往偏于半侧。《中医临证备要》："偏左或偏右半身汗出，多因气血不固"。辨证要点：除汗出半侧以外，尚有面色无华，倦怠乏力，手足发麻，脉细弱等气血不足的症状。治疗宜气血双补，方选人参养荣汤等。

寒湿痹阻汗出偏沮：多由寒湿入侵，痹阻一侧经络，气血运行受阻，腠理开阖失调，患侧汗出偏沮，其辨证要点：半身汗出，筋脉挛急疼痛，手足屈伸不利，肢体重着，舌苔白腻。治疗宜温散寒湿，活血通络，方选蠲痹汤加细辛、制川乌等，或小活络丹吞服。

营卫不和汗出偏沮：本证或因感受风邪，或因劳倦内伤，导致营卫失和，自汗出。以前者较多见。临床辨证：外感所致者，兼有发热头痛恶风等症；内伤所致者，未必有发热，但汗出半侧，全身筋脉不舒，活动不利。治疗原则是调和营卫，桂枝汤为代表方。

汗出偏沮一症，总因人体两侧气血运行偏颇使然，其病机或由邪阻，或由气血不足。上述三证，从病机特点、临床表现是可以鉴别的。必须指出的是，凡年龄在五十岁以上的患者见半侧汗出，需及时治疗，避免感受风邪，注意劳逸适当，以防中风的发生。

【文献别录】

《张氏医通》卷九："夏月止半身汗出，皆气血不充，内挟寒饮所致，偏枯及夭之兆也。大剂十全大补、人参养荣、大建中辈加行经豁痰药治之。若元气稍充，即间用小续命汤一剂以开发其表，或防己黄芪汤加川芎以散其湿。此证虽属血虚，慎不可用四物阴药，以其闭滞经络故也。"

（张荣川）

20. 头　　汗

【概念】

头汗，指仅头面部汗出而言。《伤寒论·辨太阳病脉证并治》："但头汗出，剂颈而还。"

头汗一症，常人也可以出现。如进餐时或小儿睡眠时头部汗出，但无任何症状，俗称"蒸笼头"，此不应视为病变征象。

【鉴别】

常见证候

湿热熏蒸头汗：头面汗出，小便不利，身目发黄，恶寒发热，舌苔黄腻，脉濡数。

阳气不足头汗：头面多汗，面色㿠白或苍白，四肢不温，气短，畏寒，神疲乏力，舌淡嫩，脉虚弱。

鉴别分析

湿热熏蒸头汗：由于湿邪侵袭，郁阻化热，湿热熏蒸，不得四散，只能循经上越，迫其津液外泄，所以头面汗出；湿阻膀胱，分利失常，则小便不利；湿热熏蒸肝胆，胆汁外溢肌肤，随病情轻重，可见身目发黄，湿热内阻，欲达不出，营卫不和，故恶寒发热；舌苔黄腻、脉濡数，为湿热皆盛的征象。治宜清利湿热，方选茵陈五苓散。

阳气不足头汗：此属虚证。多由病后、产后或老人阳气不足，腠理不固，津液外泄，故见头面汗出较多；阳气不足，阴血也随之虚弱，不能上荣于面，因而面色㿠白或苍白；阳气虚弱，不能敷布于外，则四肢不温，畏寒；气短、神疲乏力、舌淡嫩、脉虚弱，均属阳气不足所致。治宜温阳益气，固表敛汗，方选芪附汤加红参、龙骨、牡蛎。

头汗一症，实证、虚证均可出现，但实证多以湿热所致，虚证多以阳气不足所致。在临床上还可在关格、水结胸、少阳病中见到，老人气喘以及重病阳脱之时而兼有头汗，应引起高度重视。

【文献别录】

《伤寒论·辨太阳病脉证并治》："伤寒五六日，头汗出，微恶寒，手足冷，心下满，口不欲食，大便鞕，脉细者，此为阳微结，必有表。"

《类证治裁·汗症》："胃热上蒸，额汗发黄，小水不利者，五苓散加茵陈。伤寒胁痛耳聋，寒热口苦，头汗剂颈而还，属少阳。"

（张荣川）

21. 心 胸 汗 出

【概念】

心胸汗出，又称"心汗"，指心胸部多汗而言。正如《类证治裁·汗症》所载："当心一片，津津自汗，名心汗。"也有称"胸汗出"者。

【鉴别】

常见证候

心脾气虚心胸汗出：心胸汗出，面色㿠白，气短乏力，心悸健忘，纳呆，便溏，舌质淡嫩，脉象虚弱。

心肾阴虚心胸汗出：心胸汗出，虚烦失眠，心悸健忘，头晕耳鸣，咽干舌燥，腰痠膝软，多梦遗精，骨蒸潮热，小便短赤，舌红少苔，脉象细数。

鉴别分析

心脾气虚心胸汗出与心肾阴虚心胸汗出：皆为虚证，但病因病机不同。心脾气虚心胸汗出，系由思虑过度，饥饱劳倦，损伤心脾之气，致胸阳不振，卫气失固，津液走泄所致，同时兼有面色㿠白，气短乏力，心悸健忘，纳少，便溏，舌质淡嫩，脉象虚弱等症状。治宜补益心脾，固表止汗，方选归脾汤加龙骨、牡蛎。心肾阴虚心胸汗出，由于素体阴虚血少，或久病伤阴，或失血过多，或思虑过度，致心肾阴虚，不能敛阳，同时又因虚热内扰，津液被迫外泄而成，多兼见虚烦失眠，心悸健忘，头晕耳鸣，咽干舌燥，腰痠膝软，多梦遗精，骨蒸潮热，小便短赤，舌红少苔，脉象细数等症。治宜补益心肾，方选补心丹、六味地黄丸加减。

【文献别录】

《张氏医通·杂门》："别处无汗，独心胸一片有汗，此思伤心也。其病在心，名曰心汗，归脾汤倍黄芪。"

《类证治裁·汗症》："当心汗，为思虑伤脾。"

（张荣川）

22.手足汗出

【概念】

手足汗出见于《伤寒明理论》，并指出"胃主四肢，手足汗出者，阳明之证也。"但热病中肠中燥屎内结所导致的手足濈濈汗出，不是阳明腑证的主症，故不拟在本节讨论。

【鉴别】

常见证候

脾胃湿热手足汗出：手足汗出，胸脘痞闷，不思饮食，身重体困，小便短赤，舌苔黄腻，脉濡数或濡滑。

脾胃气虚手足汗出：手足汗出，身倦乏力，气短懒言，四肢不温，食纳减少，大便不实，舌淡苔白，脉象虚弱。

脾胃阴虚手足汗出：手足汗出，咽燥口干，睡后明显，食欲不振，饥不欲食，或干呕作呃，大便不调，舌红少苔，脉象细数。

鉴别分析

脾胃湿热手足汗出：胃主受纳，脾主四肢又主运化，转输精微物质和运化水湿。由于劳倦伤脾，失其健运，或湿邪侵袭于脾胃，导致湿阻脾胃，郁而化热，湿热熏蒸，胃中津液旁达于四肢，故手足汗出。所以《伤寒明理论》说："手足汗出者，为热聚于胃，是津液之傍达也。"湿邪阻中，运化失常，则胸脘痞闷，不思饮食，身重体困；湿热内蕴，累及膀胱，则见小便短赤，熏蒸于上则见舌苔黄腻；脉象濡数为湿热之征。治宜清热燥湿和中，方选连朴饮、胃苓汤加减治疗。

脾胃气虚手足汗出与脾胃阴虚手足汗出：皆为虚证，但病因病机不同。脾胃气虚手足汗出,多因饥饱、劳倦,损伤脾胃之气,导致运转失司,津液旁注于手足而致;脾胃气虚,则身倦乏力,气短懒言;脾主四肢,手足为诸阳之本,气虚日久,导致脾阳虚衰,阳虚不能温煦于外则四肢欠温,面色萎黄;脾气虚弱,受纳、腐熟不健,运化失司,因而食纳减少,大便不实,舌淡,脉象虚弱。治宜补益脾气,方选参苓白术散加减。脾胃阴虚手足汗出,多因热病伤阴,或恣食辛热厚味,蓄热伤阴,阴虚热自内生,扰动阴液,迫其津液外泄于四肢而见手足汗出。脾胃阴亏,虚热内扰,因而咽燥口干,睡后明显,同时腐熟受纳功能受到影响,故饥不欲食,或干呕作呃,大便不调;舌红少苔,脉象细数,为脾胃阴虚、虚热偏旺的征象。治宜滋养胃阴,方选沙参麦冬汤加减治疗。

手足汗出一症,既有湿热征象,又有气阴两虚证候,但以虚证为多见。若日久不愈,出现气血俱虚者,宜调补气血为宜。

【文献别录】

《伤寒明理论》:"阳明中寒者,不能食,小便不利,手足濈然汗出,此欲作痼瘕,即是中寒者也。"

《张氏医通·杂门》:"手足汗,……热者,二陈汤加川连、白芍;冷者,理中汤加乌梅;弱者,十全大补去芎加五味子。"

(张荣川)

23. 腋　　汗

【概念】

腋汗,是指两腋乃至胁下局部汗出津津的一种表现。

本症见于《医林绳墨》。《张氏医通》、《类证治裁》等医籍中又称"胁汗"。两者名称虽异,实质却同。

【鉴别】

常见证候

肝热阴虚腋汗:腋下汗出而不臭,多梦易惊,虚烦不眠,头晕乏力,面色无华,午后潮热或五心烦热,口干咽燥,舌红少苔,脉弦细数。

肝胆湿热腋汗:腋下汗出而有臭气,胸闷纳呆,口苦粘腻,渴不欲饮,身重体倦,小便短少色黄,舌苔黄腻,脉弦数。

鉴别分析

肝热阴虚腋汗与肝胆湿热腋汗:两者皆有热象,但虚实各异。肝居胁下,其经脉布于两胁,胆附于肝,其经脉循于胁,故汗液循经脉而泄,主要责于肝胆。又因肝主疏泄,性喜条达,若阴血亏虚,或湿热内蕴,以致肝络不和,疏泄不利,汗循腋下经脉而出,故《杂病源流犀烛·诸汗源流》:"邪在表,腠理不闭,而汗从经络出"。肝热阴虚腋汗,多由久病体虚,或劳欲过度,精血亏损,肝阴不足,血虚不能养肝而出现腋汗。其辨证要点:腋中汗出而不臭,并见肝虚内热之象(如多梦易惊、虚烦不眠、或五心发热、口干咽燥)。治宜滋阴柔肝清热,方选六味地黄丸和一贯煎加减,外用牡矾丹揉擦腋下。肝胆湿热腋汗,多由湿热内侵,蕴结于肝胆,使肝胆失于疏泄条达,湿热循经流注而引起。正如《杂病源流犀烛·诸汗源流》所载:"有两腋汗,……久不愈者,此湿热流注也。"其辨证要点：腋中汗出而有臭气，并见湿热蕴结肝胆（胸闷纳呆，口苦粘腻，渴不欲饮，身重体倦，小便黄赤、短少，舌苔黄腻，脉弦数等）的症状。治宜清热利湿，方选龙胆泻肝汤加减治疗，外用牡矾丹揉擦出汗处。

腋汗一症，虚证、实证均可出现，但在临床上，腋臭也常有腋汗多而臊臭，其病因由于湿热蕴结或遗传所致，亦可按肝胆湿热腋汗辨证施治，或手术治疗。

【文献别录】

《类证治裁·汗症》："少阳挟热，……或腋汗、胁汗。须知从阴阳交互时，及阴阳交互处发泄者，皆阴阳不和半表半里症，小柴胡汤、逍遥散皆合剂也。"

《杂病源流犀烛·诸汗源流》："由肝虚而汗，则必禁其疏泄，宜白芍汤"。"汗出于肝，宜枣仁、山药。"

（张荣川）

24. 身　　重

【概念】

身重是指肢体沉重，活动不利，难以转侧的症状。

本症在《内经》、《伤寒论》、《诸病源候论》等古代医学文献中有"体重"、"四肢重"等名称。

若由中风所致的半侧肢体沉重不举，属"半身不遂"条，不属本节所论范围。

【鉴别】

常见证候

湿著肌表身重：身重疼痛，转侧不利，发热恶寒，头痛头胀如裹，胸闷纳呆，舌苔薄白腻，脉濡缓。

风水相搏身重：身重，面目浮肿，畏风怕冷，发热头痛，肢节瘘楚，咳嗽，咽痛，尿少，舌苔薄白，脉浮。

阳虚水泛身重：身重不痛，下肢浮肿，按之凹陷不起，面色萎黄或苍白无华，纳呆便溏，神倦肢冷，腰瘘重，小便短少，舌淡而胖，苔白滑，脉沉细缓。

鉴别分析

湿著肌表身重与风水相搏身重：两证均属外感表证，早期都可出现身重疼痛、发热恶寒等症状。但病机不同，临床表现也有一定区别。湿著肌表身重，病因多由涉水淋雨，或感受雾露之气，或居处潮湿，外湿入侵肌表，湿性粘滞沉着，故见身重；风水相搏身重，由于风邪袭肺，肺失通调水道，影响膀胱气化，邪在肌表，壅遏经隧，故见身重，肢节瘘楚。辨证要点：湿著肌表身重较甚，头胀如裹，皮肤无浮肿，兼有胸闷纳呆、舌苔白腻等湿阻的症状；风水相搏身重稍轻，且有面目浮肿，兼有恶寒发热、咽痛咳嗽等风邪袭肺的症状。前者治宜发汗祛湿，方选羌活胜湿汤等；后者治宜宣肺利水，方选越婢加术汤加减。

阳虚水泛身重：本证由劳倦内伤或久病失治，导致脾肾阳气不足，阴寒内盛。脾主四肢，赖阳气温运，脾肾阳虚则水湿泛滥，故肢体沉重。辨证要点：身重而不痛，肢体倦息乏力，下肢浮肿，兼有面色萎黄或苍白无华，纳呆便溏，尿少，腰瘘等症状。其与湿著肌表身重及风水相搏身重所不同的是，前者属里证、虚证；后者都属表证、实证。故前者身重都无身痛，且表现沉重倦怠乏力的虚象；后者身重都兼身痛，且有头痛发热恶风或恶寒等表证。二者有明显的区别。阳虚水泛的治疗原则是温阳化水，方选实脾饮、真武汤加减。

身重症多与湿邪有关，如《张氏医通》："身重多属于湿"。因湿为阴邪，其性重浊粘滞，感之则肢体重。但辨证有表里虚实之分，表证身重多兼寒热头痛，里证身重多兼脾肾虚衰、水湿内停的症状；表证宜发散，里证宜温运。

【文献别录】

《素问·六元正纪大论》："土郁之发，民病心腹胀，胕肿身重。"

《灵枢·胀论》："脾胀者，善哕，四肢烦冤，体重不能胜衣，卧不安。"

《张氏医通》卷九："经曰，肝虚肾虚脾虚，皆令人体重烦冤。"

《杂病源流犀烛》："若心水病，必兼身重，少气，不得卧，烦而躁。"

（冉先德）

25. 身　　痛

【概念】

身痛，指周身疼痛而言。

本证《伤寒论》中有"身疼"、"身体痛"等名称的记载，后世医学文献概称"身痛"。

若因风寒湿三气合而为痹，限于四肢关节疼痛者，或因其他原因，邪着局部而痛限一处者，皆不属本篇讨论范围。

【鉴别】

常见证候

风寒束表身痛：周身疼痛，恶寒发热，无汗，鼻塞流涕，咽痒咳嗽，舌苔薄白，脉浮紧。

湿著肌表身痛：周身疼痛，肢体沉重，头胀如裹，或见恶寒发热，无汗，舌苔白腻，脉濡。

瘀阻络脉身痛：周身疼痛，如针刺之状，转侧不利，舌暗有瘀斑，脉沉涩。

鉴别分析

风寒束表身痛与湿著肌表身痛：两证均因外感六淫之邪，束于肌表；腠理不得舒展而致身痛。所不同的是，前者系感受风寒之邪，后者系感受湿邪。风性游动，寒性收引，外感风寒则卫阳被郁，故周身疼痛。《诸病源候论·风疾诸候》："风在于皮肤，淫淫跃跃，若画若刺，一身尽痛……""风寒身痛的辨证要点是：周身疼痛，恶风寒，发热，无汗，鼻流涕等。湿著肌表身痛是雨淋、晓行雾露等原因，感于湿邪，着于肌表，湿性凝滞，筋脉气血运行不畅，故周身疼痛。《诸病源候论·风疾诸候》："风身体疼痛者，……风湿相搏于分肉之间，相击，故疼痛也。诊其脉，浮而紧者，则身体疼痛。"辨证要点：身疼较前者为重，且有肢体沉重，转侧不利，头胀如裹，舌苔白腻等症状。两证治疗也不相同。风寒束表身痛治宜疏散风寒，发汗解表，方选麻黄汤加减。湿著肌表身痛治宜解表除湿，方选羌活胜湿汤加减。

瘀阻经脉身痛：病由痹证日久入络，或由气病入血，或因其他慢性病引起气血失其调和，久病入血，瘀滞络脉，发为身痛，其辨证要点是：身痛如刺，一般比较固定，舌有瘀斑，脉涩。治宜活血逐瘀通络，方选身痛逐瘀汤。

综上所述，身痛有内伤外感之分。一般暴病身痛，多由外感风寒或湿邪所引起，久病身痛，为络脉瘀阻所致。外感多兼见表症，瘀阻除身痛以外，尚有瘀血见症。前者以发汗解表法治，常常邪从汗解，身痛即除；后者除活血通络外，尚需伍入调气之品，且不易速效。

【文献别录】

《张氏医通》："体痛为一身尽痛，伤寒霍乱，中暑阴毒，湿痹痛痹，皆有体痛，但看兼证，及问因诊脉而别之。……寒而身痛，痛处常冷，或如湿状，甘草附子汤。内伤劳倦，兼风湿相搏，一身尽痛，补中益气加羌防、藁本、苍术。湿热相搏，肩背沉重，疼痛上热，胸膈不利，遍身上下沉重疼痛，当归拈痛汤。……发寒热而周身作痛，胸胁痞闷不舒，肝血虚而郁火用事也，逍遥散加羌活、桂枝，小便不利加山栀、丹皮。天暑衣厚，则腠理开汗出，邪留于分肉之间，聚沫则为痛，六和汤加羌活。遍身皆痛如劳证者，十全大补去白术、熟地，加羌活、附子。"

（冉先德）

26. 骨　　痛

【概念】

骨痛，是指骨骼因某种原因引起疼痛的一种症状，可以是全身骨骼疼痛，也可发生于某一局部。

本症出自《素问·脉要精微论》："诸痛肿筋挛骨痛，此皆安生"。《素问·至真要大论》："太阴司天，湿淫所胜……胕肿骨痛阴痹"。《灵枢经·阴阳二十五人》："感于寒湿则善痹，骨痛爪枯也"。说明了骨痛的原因多为外感寒湿之邪。后世认为骨痛内伤虚损亦较多见。

又有学者认为骨痛指肢体疼痛剧烈，如到达骨髓一样，即疼痛彻骨，痛彻骨髓之意。本节讨论之骨痛为骨骼疼痛之症状。

【鉴别】

常见证候

寒湿阻络骨痛：骨及关节疼痛，患处发凉沉重或肿胀，畏寒肢冷，苔白滑，脉弦紧。

湿热阻痹骨痛：骨及关节疼痛，局部肿胀沉重灼热，身热，舌苔黄腻，脉滑数。

肾精不足骨痛：周身骨痛，甚则骨骼变形，伴有腰膝痠软，筋脉拘急，步履蹒跚，反应迟钝，成人发落齿摇、阳痿遗精、耳鸣耳聋、健忘等症状，小儿身材矮小，发育迟缓，智力低下，五迟五软，易惊盗汗或抽搐。舌质瘦小光红，脉细弱。

脾肾气虚骨痛：四肢及腰背部骨及关节疼痛，四肢无力，肌肉衰萎，昼轻夜重，骨骼变形，活动不利，面色㿠白、口淡、自汗、面浮肢肿，少气懒言，夜尿增多，肠鸣腹痛，便溏或五更泄泻，舌淡胖嫩苔白或水滑，脉弦迟无力或迟细。

气滞血瘀骨痛：骨骼疼痛，疼痛固定剧烈，骨节僵硬变形，关节附近呈黯黑色，不能屈伸，肢体麻木，舌质暗紫或有瘀斑，脉细涩。

鉴别分析

寒湿阻络骨痛与湿热阻痹骨痛：二者皆为外感所致，均杂以湿邪为患，故均可见患处沉重，肿胀。但前者为外感风寒湿邪，入于骨骼，经络痹阻所致，故见患处发凉，伴周身畏寒肢冷，苔白滑、脉弦紧等寒湿痹阻见症。治宜温经散寒止痛，方可选乌头汤加减；后者为感受热邪毒气，或湿邪化热，导致湿热痹阻经脉筋骨，发生骨及关节疼痛，热邪熏灼筋脉肌肤，故患处灼热，身热，苔黄腻、脉滑数为湿热内蕴之象，治宜清热利湿，通络止痛，方可选二妙散加味。

肾精不足骨痛与脾肾气虚骨痛：两者均为病久内伤所致；均伴有精气不足之象。但前者主要是先天不足，或后天伤及肾精，肾主骨生髓，肾精不足，髓海亏虚，不能濡养筋骨，故见周身骨痛，甚则骨骼变形、筋脉拘急、抽搐；腰为肾之府，肾开窍于耳，肾虚则腰膝痠软，耳鸣耳聋；肾精不足，生骨迟缓则小儿发育不良，智力低下，五迟五软；反应迟钝，健忘、盗汗，发落齿摇，舌体瘦小，脉细弱均为肾精不足之象。治宜滋养肾精，壮骨止痛，方选左归丸合虎潜丸加减。后者主要后天不足，脾气亏虚不能养肾，致脾肾气虚，精髓内亏，骨骼失养，故见骨痛骨骼变形，脾气亏虚，不能蒸化腐熟水谷故见肠鸣腹痛、下利清谷或五更泄泻。少气懒言，面浮肢肿，面色㿠白，舌质淡胖而嫩，脉迟细无力均为气虚之象。治宜补益脾肾，方选四君子汤合肾气丸等加减。

气滞血瘀骨痛：多为痹证日久，经络气血为外邪壅滞，运行不利而变生瘀血痰浊，停留于骨骼关节，痼结较深，难以逐除。气血凝滞，痹阻不通，故骨痛，骨骼僵硬变形；瘀血内停，故疼痛固定剧烈；气血凝滞不能周流故见肢体麻木；关节附近呈黯黑色，舌质紫暗或有瘀斑，脉细涩均为瘀血内阻之象，治宜活血化瘀，行气通络，方选身痛逐瘀汤、大、小活络丹加行气之品。本证与上四证不同点在疼痛剧烈，骨骼变形较重，舌质紫暗或有瘀点瘀斑、脉细涩等瘀血内停之象，各种骨痛日久不愈均可见到。

【文献别录】

《杂病源流犀烛·筋骨皮肉毛发病源流》："人身之痛，或由风淫湿滞，或由血刺痰攻，浅不过肌肉皮毛，深亦止经络脏腑，若入里彻骨，作痠作疼，虽因寒因热有不同，要其损伤劳极，为至甚而无加矣。宜虎骨散、二妙散。他如久立伤骨，骨伤之病，或亦有痛，或渐至成痿者，当受伤之初，不可不急救也，宜补骨脂、牛骨髓、鹿茸、骨碎补。"

（刘文军）

27. 身 振 摇

【概念】

身振摇，是指身体振振摇动，甚者欲擗于地的症状。

《素问·至真要大论》："诸风掉眩，皆属于肝"。掉，即振动貌。《伤寒论》有"身为振振摇"、"振振欲擗地"的论述。《证治准绳》则归入"颤振"、"振战栗"中论述。

本症是指全身摇动，若囿于一处摇动者，如头颤、手颤、足颤等，则另列条目讨论。本症与"寒战"亦不同，"寒战"是自觉寒冷，旋即颤抖，而本症则无寒冷。此外，筋惕肉𥆧仅见筋肉跳动而无全身振动，故本文不予述及。

【鉴别】

常见证候

肝风内动身振摇：全身振振摇动，不能自止，伴眩晕，烦躁易怒，脉弦急有力，舌质红，苔薄偏干。

阳虚身振摇：身体振振摇动，形寒肢冷，或有呕吐腹痛，或伴下利清谷，脉沉紧，或弦滑，舌质淡，苔薄滑。

鉴别分析

肝风内动身振摇：本症多见于情志恚怒、肝气偏旺之人。肝主一身之筋，暴怒伤肝，肝旺生风，故见身振摇。其特点为：身振摇常随情志变化而时轻时重，但摇动常不能自已。伴有眩晕、肢体麻木、脉弦劲有力等。迁延不治，每易导致中风。治宜平肝息风，方选羚羊钩藤汤，或天麻钩藤饮。

阳虚身振摇：本症多见于大汗之后，卫阳受损，或误用汗法，或产后气血双亏，汗出过多，损伤阳气。阳虚不能任持经脉，则身为振振摇动。轻者身振摇可以自主，重者振振摇动欲倾跌于地。遇寒则甚，遇温则缓，常欲厚衣以舒解。本症与肝风内动所致之身振摇，寒热迥别，虚实昭然，区别颇易。轻则治宜健脾通阳，方用苓桂术甘汤；重则治宜温肾扶阳，方用真武汤。若产后虚弱，汗出过多而致者，可用当归生姜羊肉汤加黄芪养血温经。

临床上身摇振亦可与筋惕肉瞤并见，多为肾阳虚惫之重证，仍以真武汤温肾为法。

【文献别录】

《证治准绳·伤寒》："凡振者，大抵气血俱虚不能荣养筋骨，故为之振摇而不能主持也。须大补气血即可，予曾用人参养荣汤得效。又一人身摇不得眠者，以十味温胆汤倍加人参遂愈。"

（毛德西）

28. 筋 惕 肉 瞤

【概念】

筋惕肉瞤，是指身体筋肉不由自主地跳动。本症首见《伤寒论》，又名"身瞤动"，《金匮要略》则称为"身瞤"、"四肢聂聂动"。临床常与大汗亡阳、手足厥冷、或阳虚水泛、寒战等症并见。

【鉴别】

常见证候

阳虚筋惕肉瞤：面色㿠白，恶寒，汗出，手足厥冷，筋肉跳动，舌淡苔白，脉微。

阳虚水泛筋惕肉瞤：发热，头眩，心下悸动，筋惕肉瞤，身体振振站立不稳，舌淡苔白，脉沉。

鉴别分析

阳虚筋惕肉瞤与阳虚水泛筋惕肉瞤：阳虚筋惕肉瞤常发生于伤寒误治之后，如脉浮缓、汗出恶风的桂枝证，反误用大青龙汤发汗，势必大汗亡阳，故手足厥逆，阳虚不能温煦筋肉，故见筋惕肉瞤之症。本证鉴别要点在于汗出亡阳，手足厥逆，然后出现筋惕肉瞤，治疗当以扶阳为急务，可用四逆汤。

阳虚水泛之筋惕肉瞤，是太阳表证过汗，表虽解，但汗后亡阳，水气内动，上乘为心悸，为头眩。经云，阳气者，精则养神，柔则养筋。今阳虚失养，则筋脉无主，故筋惕肉瞤，身体不支而摇摇欲倒，治当温肾阳以散水气，方用真武汤。上述两证虽皆为阳气虚寒之证，一为单纯阳虚，一为阳虚而挟有水气内动，临床不难辨认。

【文献别录】

《金匮要略·水气病脉证并治》"黄汗之病……若身重汗出已，辄轻者，久久必身瞤，即胸中痛，又从腰以上汗出，下无汗，腰髋弛痛，如有物在皮中伏，剧者不能食，身疼重，烦躁，小便不利，此为黄汗，桂枝加黄芪汤主之"。

（冉先德）

29. 痿躄

【概念】

痿躄或称"摊缓"，是指肢体软弱无力，肌肉弛纵不收，难于活动或完全不能活动而言。《圣济总录》："摊则懈惰而不能收摄，缓则弛纵而不能制物，故其证四肢不举，筋脉关节无力，不可枝梧者，谓之摊；其四肢虽能举动，而肢节缓弱，凭物方能运用者，谓之缓，或以左为摊，右为缓。"

古代医籍所称的"四肢不用"、"四肢不举"、"足不收"、"軃曳""躄痿"等均属本症范畴。

此外，"偏枯"、"半身不遂"则为偏侧痿躄，另立专条讨论。

【鉴别】

常见证候

肺胃津亏痿躄：外感发热期，或发热后，见上肢或下肢软弱无力，手不能持物，足不能任地，甚则痿躄，渐致肌肉瘦削，皮肤干枯，心烦口渴，咳呛痰少，胃脘嘈杂，或善食易饥，两颧红赤，咽干唇燥，舌红而少津，苔黄，脉细数。

肝肾阴虚痿躄：病势缓慢，逐渐下肢或上肢痿弱不用，腰脊痠软不举，久则骨肉瘦削，有时麻木、拘挛，筋惕肉瞤，头晕耳鸣，两目昏花，遗精早泄，潮热盗汗，两颧潮红，低热，咽干，尿少便干，舌红绛少津，脉弦细数。

湿热阻痹痿躄：四肢或双下肢痿软无力乃至痿躄，肢体灼热，得凉稍舒，身热不扬，面黄身困，口干苦而粘，小便赤涩热痛，舌红，舌苔黄滑，脉滑。

寒湿阻滞痿躄：颜面水肿或虚浮晦滞，四肢困重，屈伸不利，乃至痿躄，腰脊痠楚，或有肌肤瘙痒，足跗微肿，舌体胖大，有齿痕，苔白滑，脉滑。

脾胃气虚痿躄：渐见下肢痿软无力，以至痿躄，少气懒言，语声低微，神疲倦怠，面色淡白无华，头晕肢困，便溏，食少纳呆，舌淡苔薄，脉细软。

肾阳虚痿躄：四肢痿瘫，面色苍白，眩晕耳鸣，倦怠乏力，腰酸腿软，足跗微肿，四肢冰冷，阳痿遗精，皮肤毛发脱落，出汗异常，舌淡白，尺脉弱。

瘀血阻络痿躄：多于外伤后立即出现下半身痿躄，二便失禁，皮肤不知痛痒，足跗水肿，皮肤枯而薄。继而肌肉瘦削，肌肤甲错，四肢不温，胸腰或肌肤刺痛，舌质红，或有瘀血斑点，脉沉细涩。

肝郁血虚痿躄：病人多愁善感，喜悲伤欲哭，一遇激怒则突发四肢痿躄，然四肢肌肉虽久病亦多不瘦削，肌肤润泽，伴两胁胀痛，嗳气纳呆，口苦，舌淡紫，脉弦细。

鉴别分析

肺胃津亏痿痹与肝肾阴虚痿痹：肺胃津亏多由温热病邪犯肺，或病后余热未清，肺热熏灼所致。《素问·痿论》曰："肺热叶焦，则皮毛虚弱急薄，著则生痿躄也"。张子和亦云："大抵痿之为病，皆因客热而成。"温热病邪最易耗伤津液，肺朝百脉而为娇脏，胃为水谷之海，津液之化源，热邪客于肺胃，中焦化源不足，上焦无以宣散，百脉空虚，肌筋失养，致手足痿痹。而肝肾阴虚痿痹的形成为肝藏血，主筋，为罢极之本；肾藏精，主作强，主骨。若禀赋不足，房劳过度，则精血亏虚，肝肾不足，无以濡养骨髓、筋脉，而成痿痹。二者临床表现不同，肺胃津亏痿痹，多由外感温热之邪所致，多见津液耗伤症状，如高热，面红目赤，口渴喜冷饮，咽干唇燥，尿黄便干，舌红少津，脉细数；而肝肾阴虚痿痹主要表现为腰痠腿软，头晕目眩，耳鸣遗精，筋惕肉瞤，兼见阴虚内热之症状，如颧红唇燥，低热盗汗，五心烦热，舌红少津少苔，脉弦细数而无力。因此，二者虽均有阴津不足的表现，但致病因素不同。前者因外感所致，临床表现以实热为主；后者因内伤所致，临床表现以虚热为主。前者应祛邪保津，治宜清热润燥，养肺益胃，方用清燥救肺汤加减，若燥热伤胃，可加玉竹、沙参；后者应滋补肝肾，育阴清热，方用知柏地黄丸加减，日久阴阳两虚者，方用虎潜丸为主加味。

湿热阻痹痿痹与寒湿阻滞痿痹：湿热阻痹之痿痹多因外感湿热病邪，或久居湿地，汗出入水，遇雨跋涉，以致湿郁化热，湿热互结，浸淫筋脉，造成四肢弛缓不用。亦有因醇酒厚味，饮食失节，生湿化热，蕴结筋脉，气血无以濡养筋脉，而造成四肢痿痹。《素问·生气通天论》所谓："湿热不攘，大筋软短，小筋弛长，软短为拘，弛长为痿。"寒湿阻滞痿痹多为外感寒湿之邪，或久居湿地，以致寒湿浸淫筋脉，积渐而造成；或饮食生冷，饥饱无度，致脾失健运而寒湿内停，湿邪浸渍肌肉而致四肢痿痹。《素问·痿论》云："有渐于湿，以水为事，若有所留，居处相湿，肌肉濡渍，痹而不仁，发为肉痿"。此证之发生，多先有肢困，乏力，以后渐致痿痹。然少数可因劳累出汗，寒湿乘虚而袭，突然出现四肢痿痹的。前者表现为湿热之症状（身热不扬，面虚浮晦滞，口粘而干，肢困，舌胖大，苔黄腻，脉滑数）；后者则主要为寒湿之症状（面色虚浮而晦滞，形寒肢冷，舌胖大有齿痕，苔白滑腻，脉滑）。前者当清热燥湿，方用二妙散加和营通络之品；后者当健脾燥湿，温散寒邪，方用胃苓汤加和营通络之品。

脾胃气虚痿痹与肾阳虚痿痹：脾胃气虚痿痹多因脾胃素虚，受纳运化失职，食少纳呆，水谷精微无以化生精微，生化之源枯涸，四肢肌肉筋脉失养，日久而致痿痹。肾阳虚痿痹多因禀赋不足，久病阳气耗损，肌筋失于温煦所致。前者辨证要点为四肢痿痹，脾胃虚则食少纳呆，便溏，神疲乏力，面色淡白，四肢瘦削，舌淡白，脉虚弱。后者辨证要点为：四肢痿痹，肾虚（耳鸣、遗精、发脱、腰脊酸痛等）及寒象（形寒肢冷，面白目清，尿清便溏，脉沉迟）明显，可资区别。前者治以补益脾胃法，《素问·痿论》曰："治痿者独取阳明"，"阳明者，五藏六腑之海，主润宗筋，宗筋主束骨而利机关也。"故调摄后天脾胃极为重要，临床上常用补中益气汤或益胃汤加减。后者当以温补肾阳法，方用金匮肾气丸加减。

瘀血阻络痿痹与肝郁血虚痿痹：前者多由外伤引起，亦可由于久病瘀血留着，或气滞血瘀，经脉运行不通，肌筋失养所致；而后者则多由情志所伤，起病前病人有明显情志不舒，肝郁则疏泄功能失调，肝血不能濡养筋脉，筋脉失养，则四肢瘫软不用。瘀血阻络瘫痪，因外伤所致者，病情较重；久病瘀血停着者，病情较轻，且伴有局部肌肤刺痛，其瘫痪常按不同阶段呈现弛纵或拘挛，如迁延二年则难以恢复。后者调情志可迅速恢复，不留后遗症状，然常复发。前者可见外伤瘀血证候，如明显的外伤部位，或肌肤甲错，舌苔瘀紫，脉细涩；后者可见肝郁气滞症候，如胸胁胀满，纳呆嗳气，口苦，脉弦细。前者用活血化瘀，通经活络法，方用桃红四物汤加牛膝、鸡血藤、狗脊、地龙等；而后者则须用舒肝养血法，甘麦大枣汤合逍遥散加减。

四肢瘫痪一症多为重症，较难治，临床须仔细辨别。辨证准确，早期治疗，方可取得疗效，如初期误治，迁延时机则多难以恢复。至于瘫痪日久，久病必瘀，临床治疗参以活血化瘀，和营通络之品，可提高疗效。

【文献别录】

《素问·痿论》："心气热，则下脉厥而上，上则下脉虚，虚则生脉痿，枢折挈，胫纵而不任地也；肝气热，则胆泄口苦，筋膜干，筋膜干则筋急而挛，发为筋痿；脾气热则胃干而渴，肌肉不仁，发为肉痿；肾气热则腰脊不举，骨枯而髓减，发为骨痿。"

《灵枢·热病》："痱之为病也，身无痛者，四肢不收，智乱不甚，其言微，知可治；甚则不能言，不可治也。"

《诸病源候论·风亸曳候》："风亸曳者，肢体弛缓不收摄也。人以胃气养于肌肉经络也。胃若衰损，其气不实，经脉虚，则筋肉懈惰，故风邪搏于筋，而使亸曳也。"

《中医临证备要·下肢瘫痪》："两下肢重着无力，难于行动，或兼麻木、窜痛，但上肢一般正常，称为'截瘫'，属于'风痱'一类。风痱为'中风'里的一个证候，本属四肢不能自主地随意调节，而主要是下肢不能活动，故张景岳说：'风痱四肢不收，痿废麻木，行走及掌握不利，甚至不能步履。用地黄饮子温养下焦水火'。"

（黄炳山　毛德西）

30．半身不遂

【概念】

半身不遂或称"偏瘫"，系指左侧或右侧上下肢瘫痪，不能随意运动的症状而言。常伴有瘫痪侧面部口眼㖞斜，久则有患肢枯瘦、麻木不仁的表现，多为中风后遗症。

"半身不遂"症首见于《内经》，称为"偏枯"。《金匮要略·中风历节病脉证并治》记载："夫风之为病，当半身不遂"。《诸病源候论》中所记述的"风半身不随候"、"风偏枯候"、"偏风候"均有半身不遂之症状。后世历代文献则多于"中风"一病中讨论。

"痿证"指四肢肌筋瘦软弛疭不能活动，多为四肢或双下肢对称性瘫痪，故与半身不遂不同。"瘫痪"为肢体不能活动的总称，"半身不遂"包括在瘫痪之内，系指一侧上下肢瘫痪。痹证偶可有偏身疼痛，因而可致半身不能活动，状似半身不遂，然其临床表现为因痛而不敢活动，故与半身不遂不同。

【鉴别】

常见证候

风中经络半身不遂：突然昏仆，半身不遂，肌肤不仁，伴见口眼㖞斜，语言不利，或有发热恶寒，头痛，骨节痛，肢体拘急，舌苔白腻，脉象浮滑。

肝阳化风半身不遂：头痛眩晕，耳鸣眼花，心烦易怒，面红目赤，遇有激怒则突发半身不遂，舌强语謇，口眼㖞斜，甚则呕吐，神志不清等症，舌质红，脉弦数。

痰热内闭半身不遂：突然昏仆，神识不清，半身不遂，口眼㖞斜，两手握固，牙关紧闭，面红目赤，喉中痰鸣，喘促躁动，舌质红，苔黄腻，脉弦滑而数。

痰湿蒙闭心窍半身不遂：卒暴僵仆，半身不遂，嗜睡或昏睡，神识不清，两手握固，痰涎壅盛，颜面虚浮，牙关紧闭，静而不烦，面白唇紫，四肢不温，舌白滑腻，脉沉滑或缓。

阳脱半身不遂：突然昏仆，半身不遂，神识不清，目合口开，手撒遗尿，鼻鼾息微，四肢逆冷，面色苍白，额出冷汗，舌痿而淡白，脉沉细微。亦可醒后见半身不遂。

阴虚阳浮半身不遂：突然半身不遂，昏不识人，口眼㖞斜，亦可见目合口开，手撒遗尿，鼻鼾息微，然手足冷而面颧红赤，舌痿而红，脉沉细欲绝。亦可于苏醒后方见半身不遂。

气虚血瘀半身不遂：半身不遂，面色苍白，偏身枯瘦，肌肤不仁，或手足肿胀，筋脉拘急，上肢屈曲，下肢伸直，上下肢强制屈伸则疼痛，或有半身刺痛。舌淡白，或晦滞有瘀血斑点，脉弦细或涩结。

肝肾亏虚半身不遂：病人多年高力衰，面色苍白，腰痠腿软，齿摇发脱，耳鸣健忘，眩晕目糊，语言不利，神情呆滞，智能低下，如癫如痴，半身不遂逐渐发生。舌淡白，脉沉细弱。

鉴别分析

风中经络半身不遂与肝阳化风半身不遂：前者由于正气不足，脉络空虚，腠理疏松，风邪乃得以乘袭，风邪引动痰湿，流窜经络，气血滞塞而发病。后者多由肝肾阴虚，肝阳偏亢，阴虚阳亢，水不涵木则风阳内动，上扰清空，风阳挟痰走窜经络而发病。二者症状相似，然前者为风邪外感，故可见发热恶寒等六经形症，舌苔白腻，脉浮或弦紧；后者有肝阳偏亢、气血上逆之症状，如头痛眩晕，面红目赤，舌红，脉弦数。前者治法为祛风通络，养血和营，用大秦艽汤加减；后者则用平肝潜阳，涤痰通络法，以天麻钩藤饮加减。

痰热内闭半身不遂与湿痰蒙闭心窍半身不遂：二者皆属痰湿壅盛，蒙闭清窍之证，然前者由肝阳暴张，阳亢风动，气血上逆，肝火挟痰热上逆所致；后者则由饮食失节，脾失健运，聚湿生痰，致使痰涎闭塞，阳气不能运行而成。二者临床表现不同，面红气粗，舌红苔黄腻，脉弦滑而数，是痰热内闭半身不遂之特点；面白唇紫，四肢不温，苔白滑腻，脉沉滑，乃痰湿蒙闭心窍半身不遂之特点。前者属阳闭，治宜辛凉芳香开窍，用至宝丹，及涤痰平肝清热祛风之剂，如羚羊钩藤汤；后者属阴闭，治宜辛温芳香开窍，用苏合香丸，及涤痰熄风药，如导痰汤加天麻、僵蚕、石菖蒲等药物。

阳脱半身不遂与阴虚阳浮半身不遂：二者皆属脱症，此乃危候，由于神识不清，确定半身不遂在于何侧每遇困难，然仔细观察其兼症有口角㖞斜，搬动肢体可见半身不遂侧瘫软明显等即可判定。前者多因元气衰微而致阴阳离决，后者则由于阴竭于下而孤阳上越。二者虽皆有神昏，汗出手撒口开，二便失禁等症。但前者为阳气衰弱，故现四肢逆冷，面色苍白，额出冷汗，脉细微等症状；后者则为孤阳上越，故现面赤如妆，舌

— 56 —

红，脉浮大无根或沉细欲绝之象。前者治宜益气回阳，方用参附汤；后者须用壮水制火法，地黄饮子加减。

气虚血瘀半身不遂与肝肾亏虚半身不遂：前者多由气血亏虚，失于运行而致瘀血阻络，常见于年高患者，或婴儿产伤，或头颅外伤，瘀血停着日久所造成，或中风日久，气血亏虚所致。后者则多由虚损耗伤或先天禀赋不足，肾精肝血不充，筋脉失于濡养而致。前者兼见气虚血瘀，如肌肤甲错，面色苍白，少气懒言，自汗神疲，口唇指甲淡白，舌具瘀血斑点，脉细涩等症；而后者兼见肝肾亏虚表现，筋脉拘急，腰痠腿软，耳鸣目糊，筋惕肉瞤，如痴如呆。气虚血瘀者可用补气活血化瘀法，用补阳还五汤加减；肝肾亏虚者用滋补肝肾法，地黄饮子加减。

半身不遂一症，多属"中风"症状之一，轻者可分为风痰阻络、肝阳化风等证，重者则为闭证及脱证。闭证、脱证中又须区别为阳闭、阴闭、阳脱、阴脱。

【文献别录】

《症因脉治》卷一："外感半身不遂：半身不遂之症，身发寒热，暴仆卒倒，醒后或左或右，偏废不用，或痛或木，或热或冷，二便赤涩，此外感半身不遂之症也。半身不遂之因，起居不慎，卫气不固，风邪入于经络，邪踞不散，气血阻绝，则半身为之废矣。半身不遂之脉，或病左，左手无脉。病右，右手无脉。或病左，左脉反大；病右，右脉反大。"

"内伤半身不遂：半身不遂之症，或一手一指，先见麻木，一年半载，渐渐不能举动，此病起于缓者。或痰火内作，忽而僵仆，少顷即苏，半身不能举动，此病因于火而急者。二者皆无表邪形象，故而内伤半身不遂也。半身不遂之因，或气凝血滞，脉痹不行，或胃热生痰，流入经隧，踞绝道路，气血不得往还，或浩饮所伤，酒湿成痿，则半身不遂之症作矣。半身不遂之脉，沉涩者血痹，沉滑者结痰，沉数者酒湿；脉虚气亏，脉细血少。"

（黄柄山　毛德西）

31. 角 弓 反 张

【概念】

角弓反张是指项背强急，腰背反折，身体后仰如弓的症状。《灵枢·经脉》："经脉之病，寒则反折筋急"。《灵枢·热病》说："热而痉者死，……腰折、瘈疭，齿噤齘也。"均指角弓反张而言。隋·巢元方《诸病源候论》首先提出角弓反张一词，列"角弓反张候"，云："风邪伤人，令腰背反折，不能俯仰，似角弓者，由邪入诸阳经故也。"

角弓反张可见于多种急性热病、急慢惊风、破伤风等疾病中。

【鉴别】

常见证候

寒湿阻络角弓反张：角弓反张，口噤不语，四肢抽搐，发热恶寒，头痛身痛，苔薄白，脉浮紧。

阳明热炽角弓反张：角弓反张，口噤齘齿，手足挛急，面红目赤，高热，不恶寒反恶热，大汗出，口渴引饮，甚则谵妄，腹胀便结，舌红苔黄燥，脉弦数有力。

血热风盛角弓反张：角弓反张，口噤抽搐，身热夜甚，口干但不甚渴饮，心烦不寐，甚至昏迷谵妄，或见癍疹透露，舌质红绛，脉细数等症。

气血两虚动风角弓反张：角弓反张，四肢搐搦，头晕目眩，心悸气短，神疲乏力，自汗盗汗，面白无华，舌质淡，脉弦细。

金创风毒角弓反张：角弓反张，恶寒发热，头痛，颜面肌肉痉挛，呈苦笑面容，牙关紧闭，舌强口噤，舌红苔黄，脉弦数。

鉴别分析

寒湿阻络角弓反张：本证由外感寒湿之邪，阻滞经络，湿性凝滞，寒主收引，故出现角弓反张，口噤不语，筋脉拘急等症。正如《素问·至真要大论》说："诸痉项强，皆属于湿。"《灵枢·经脉》说："经脉之病，寒则反折筋急"。因寒湿邪在表，故出现发热恶寒，头痛身痛，苔白脉浮等表证。本证凡属表实无汗，脉浮紧者，古称"刚痉"，治宜解肌发汗，方选葛根汤加减；若为表虚，脉沉细者，古称"柔痉"，治宜和营养津，方选瓜蒌桂枝汤加减。

阳明热炽角弓反张与血热风盛角弓反张：阳明热炽角弓反张为外邪入里化热，邪热熏蒸于阳明气分，热炽伤津，筋脉失养所致。所以在角弓反张，口噤龄齿，手足挛急的同时，伴有面红目赤，发热不恶寒反恶热，大汗出，口渴引饮，舌红苔黄，脉数有力等阳明热盛的表现。治当清热救津，方选白虎加人参汤加减。若兼见腹满便结之腑实证，治当泄热存阴，方选增液承气汤加减。血热风盛角弓反张为外感温热之邪，内传营血，内热亢盛，引动肝风所致。所以在角弓反张，口噤抽搐的同时，出现身热夜甚，心烦不寐，时有谵语，甚至昏迷谵妄，瘢疹，舌质红绛，脉弦细数等营分及血分的证候。治宜清热凉血，熄风平肝，方选犀角地黄汤合羚羊钩藤汤加减。若迁延日久，阴液耗损，筋脉失养，余热未清，则出现低热盗汗，颧红消瘦，五心烦热，口干舌燥，舌光红少苔，脉细数无力等阴虚内热之证。治宜育阴熄风，方选大定风珠加减。阳明热炽角弓反张与血热风盛角弓反张，除角弓反张之外，二者之鉴别在于前者兼见大热，大渴，大汗，脉数有力等阳明热盛之证；后者则见身热夜甚，神昏谵语，皮肤瘢疹等热扰营血之证。

气血两虚动风角弓反张：本证由于久病正虚，或汗、下、失血造成气血两伤，筋脉失养而拘急所致。所以在角弓反张，四肢搐搦的同时，有头晕目眩，心悸气短，神疲乏力，自汗盗汗，面色无华，舌质淡白，脉细等气血严重不足之症。正如《金匮要略心典·痉湿暍病脉证治》所说："亦有亡血竭气，损伤阴阳，而变成痉者。"本证无表证，亦无大热证，可与寒湿阻络，阳明热炽及血热风盛三证之角弓反张相鉴别。气血两虚动风角弓反张治宜大补气血，方选八珍汤化裁。

金创风毒角弓反张：此证因金创或一般外伤皮肉破损，创口不洁，风毒之邪侵犯经脉所致，又称"破伤风"。本证虽然角弓反张，牙关紧闭，舌强口噤等表现与上述诸证有相似之处，但必有外伤史及颜面肌肉痉挛呈苦笑面容等独特症状。治疗宜祛风定痉，方选玉真散加减。

总之，角弓反张可见于多种病证，临床上必须鉴别表里虚实。寒湿阻络角弓反张为表证，其余各证之角弓反张均属里证。里证宜进一步明辨虚实，阳明热炽角弓反张，血热风盛角弓反张及金创风毒角弓反张均为实证；气血两虚动风角弓反张为虚证。动风与津伤是角弓反张病机中的两个重要环节，因此在辨证论治中，必须抓住祛风和养阴生津的治疗原则。

【文献别录】

《素问·骨空论》："督脉为病，脊强反折。"

《景岳全书·痉证》："凡属阴虚少血之辈，不能养营筋脉，以致搐挛僵仆者，皆是此证。如中风之有此者，必以年力衰残，阴之败也；产妇之有此者，必以去血过多，冲任竭也；疮家之有此者，必以血随脓出，营气涸也；小儿之有此者，或以风热伤阴遂为急惊，或以汗泻亡阴遂为慢惊。凡此之类，总属阴虚之证。"

《湿热病篇》："湿热证，三四日即口噤，四肢牵引拘急，甚则角弓反张，此湿热侵入经络脉隧中。宜鲜地龙、秦艽、威灵仙、滑石、苍耳子、丝瓜藤、海风藤、酒炒黄连等味。"

（季绍良）

32. 半 身 麻 木

【概念】

麻木仅见于半侧肢体者为半身麻木。

在古代医籍中，半身麻木与四肢麻木均属于"痹"、"中风"等病证范畴，金代以后始有麻木症名。

本文专论半身麻木，至于四肢麻木者，另列专节论述。

【鉴别】

常见证候

脾胃气虚半身麻木：半身麻木，伴有肢软无力，并有心慌、气短、畏风、自汗、脉弱、舌淡、苔薄白等。

营虚半身麻木：半身麻木，伴有面色少华、自汗、消瘦、脉细弱、舌淡嫩，苔薄略干。

风寒袭络半身麻木：半身麻木，伴有头疼身痛，恶风寒，无汗，脉弦紧，舌苔薄白润。

肝风内动半身麻木：半身麻木，伴有不同程度的震颤，并有头晕、头痛、烦躁易怒，失眠多梦，脉弦有力，舌质暗红，苔少或薄黄而干。

湿痰阻络半身麻木：半身麻木，伴有沉重感，并有头昏沉、呕恶、胸闷不舒，脉滑，舌淡黯，苔滑润或白腻。

鉴别分析

脾胃气虚半身麻木与营虚半身麻木：皆为虚证，起病缓慢。但病因、病机不同。脾胃气虚半身麻木多因劳力过度，饮食不节，或药物攻伐太过，以致中气受损，元气不充，发生麻木。营虚半身麻木多缘失血过多，或房劳、多产损耗营血，或热病后期阴液受灼，或服辛温助热之品，使阴血亏损，筋脉失荣，则发生麻木。脾胃气虚半身麻木责之于脾气虚馁，如薛立斋说"臂麻木体软脾无用也"；营虚半身麻木则究于肝肾不足。根据古人经验和临床观察，脾胃气虚半身麻木多发于右侧肢体，伴有微恶风，时汗出，心悸，气短等；营虚半身麻木多发生于左侧肢体，伴有头晕、目眩、失眠、心悸等。两证的脉象均呈弱象，但气虚脉偏缓，营虚脉偏细。治疗方法，脾胃气虚半身麻木宜补气柔筋，方选神效黄芪汤；营虚半身麻木宜养血柔筋，方选滑氏补肝散。

风寒袭络半身麻木与肝风内动半身麻木皆为实证，起病较快。但风寒袭络半身麻木乃由风寒侵袭皮毛，由皮毛入于络脉，络脉闭阻所致。肝风内动半身麻木是由于肝阳素旺，阳亢生风，风窜经络，经络失荣而发病。从病因上，风寒外袭半身麻木有感受风寒史，而肝风内动半身麻木多与情志波动有关。两证的辨别要点为：风寒袭络半身麻木伴有身疼及恶风脉浮等表证，肝风内动半身麻木伴有不同程度的震颤，及头晕头痛脉弦等肝旺证。前者治宜辛温解表、舒筋活络，方选黄芪桂枝五物汤加蜈蚣、僵蚕；后者治宜平肝熄风、柔筋活络，方选天麻钩藤饮。

湿痰阻络半身麻木：由于脾不化津，津蓄成湿，湿聚为痰，痰伏经络，气血失养，出现半身麻木。辨证要点为：①形体较胖；②麻木伴有肢体沉重；③脉弦滑，苔白滑或润腻，妇人白带多。本症湿痰为标，脾虚为本，故治宜健脾益气，佐以化痰通络，方选半夏白术天麻汤加味。

半身麻木一症较四肢麻木为重。有资料报导，"单侧肢体麻木乏力，便是中风的重要先兆"，（《上海中医杂志》8∶8，1981）。其中肝风内动所致者尤易发生。但我们也不可忽视气血虚损半身麻木。气虚容易招风，血亏则易生风。只有气血充沛，"五脏元真通畅"，才能"不令邪风干忤经络"。因此加强锻炼，调节饮食，养性怡神，保持气血和畅才是预防中风的大法。

【文献别录】

《兰室秘藏·妇人门》："麻木为风，三尺之童，皆以为然，细较之则有区别耳。久坐而起，亦有麻木，如绳缚之久，释之觉麻作而不敢动，良久则自已。以此验之，非为风邪，乃气不行。主治之当补其肺中之气，则麻木自去矣。如经脉中阴火乘其阳分，火动于中为麻木也，当兼去其阴火则愈矣。时痰嗽者，秋凉在外在上而作也，当以温剂实其皮毛。身重脉缓者，湿气伏匿而作也。时见躁作，当升阳助气益血，微泻阴火与湿，通行经络，调其阴阳则已矣。"

《杂病源流犀烛·麻木源流》："有自头麻至心窝而死，或自足心麻至膝盖而死者。"

（毛德西）

33. 浮　　肿

【概念】

浮肿是指通身或局部水肿，按之凹陷者。

《内经》把浮肿称作"水"、"水肿"，并分为"风水"、"石水"、"涌水"等证候；《金匮要略》又称"水气"，设有专篇论述，并分为"风水"、"皮水"、"正水"、"石水"数种；元朱丹溪则分成"阳水"、"阴水"两大类，为后世所宗。

皮肤浮肿应有"水肿"和"气肿"之分。前者皮肤肿胀而有水色，按之陷下不起；后者皮色不变，按之即起。本节所论者是水肿。

此外，若浮肿偏于下肢者，参见"足肿"节。妇科的"妊娠肿胀"、"产后浮肿"，另设专篇讨论，不属本节论述范围。

【鉴别】

常见证候

风寒袭肺浮肿：眼睑先肿，来势迅速，继而四肢及全身皆肿，畏恶风寒，或伴发热，骨节痠痛，溲少，舌苔薄白，脉浮紧。

风热犯肺浮肿：突然眼睑和面部浮肿，发热恶风，咳嗽，咽红肿痛，溲短少而黄，舌边尖微红，苔薄黄，脉浮数。

水湿困脾浮肿：肢体浮肿，起病缓慢，病程较长，肿势多由四肢而起，腹部、下肢明显，身重困倦，胸闷泛恶，口淡，溲清而短，舌苔白腻，脉沉缓或沉迟。

脾阳虚浮肿：水肿腹腰以下为甚，反复不愈，按之凹陷不起，神倦肢冷，纳减便溏，小便量少、色清，舌质淡，苔薄白润，脉沉缓。

肾阳虚浮肿：全身水肿，肿势多先由腰足始，腰以下肿明显，两足内踝尤剧，腰膝痠软沉重，阴囊湿冷，怯寒肢冷，小溲量少色清，舌淡胖，苔薄白，脉沉细弱。

气血两虚浮肿：渐见面部、四肢浮肿，面色㿠白或萎黄，唇淡白，头晕心悸，气短，纳少体倦，精神不振，舌质淡少苔，脉虚细无力。

鉴别分析

风寒犯肺浮肿与风热犯肺浮肿：前者因外感风寒，肺气闭郁，失于宣发肃降。肺失肃降则不能通调水道，下输膀胱，水液输布和排泄发生障碍，导致水湿停留，出现小便不利和水肿；后者为风热上受，肺失清肃，肺为水之上源，肺气郁闭，失于清肃则不能通调水道，发为水肿。两者病位皆在肺，肺位上焦，上焦水道不通，故肿势以眼睑与头面部为著。鉴别时，前者有风寒在表的恶寒重发热轻、骨节痠痛等风寒之邪客于足太阳之表，太阳经气不舒等表现；后者有风热犯表的发热重恶寒轻、咳嗽咽红、溲短赤等风热特点。前者脉多见浮紧；后者脉多见浮数。前者苔多薄白；后者苔多薄黄。治疗原则，两者皆发表，但风寒犯肺浮肿应疏解风寒，宣肺利水，可用麻黄加术汤；风热犯肺浮肿应辛凉宣肺，清热利水，可用麻黄连翘赤小豆汤。

水湿困脾浮肿与脾阳虚浮肿：水湿困脾浮肿多由脾气素虚，无力运化水湿，湿聚困脾，或涉水淋雨，久居湿地，寒湿内侵，留滞中焦，脾为湿困，运化失职，水湿不得下泄，泛于肌肤发为水肿。脾主四肢，脾为湿困发为水肿，肿多由四肢而起；湿困于内，清阳不升，故头重如裹；湿性多浊，水湿内停则身重困倦，口淡；湿困中焦，升降失调，胃失和降，则胸闷泛恶；湿为阴邪，水湿内困，膀胱气化不利，溲清而少。总之，水湿困脾浮肿辨证时需抓住湿邪重这一特点。而脾阳虚浮肿多由水肿实证失治，日久损及脾阳，或因劳倦伤脾，脾虚运化无权，阳虚不能制水而发为水肿，其肿为腰腹以下为甚，常反复不愈，按之凹陷不起。且伴肢冷倦怠，纳呆便溏等脾阳不足的症状。临床辨证时，水湿困脾，重在"湿"字，以实证表现为主，属实中挟虚证；脾阳虚浮肿，重在"阳虚"，以虚象为著。水湿困脾者，治以温化水湿，通阳利水法，方选胃苓汤、五皮饮等。脾阳虚者，应温运脾阳、化湿利水并施，实脾饮主之。

脾阳虚浮肿与肾阳虚浮肿：两者皆属阳虚证候，病程迁延，肿势以腰以下为著，苔脉表现亦颇相似，且临床多两者相兼出现。肾阳虚浮肿较脾阳虚浮肿为重，常表现为全身水肿。因腰为肾府，肾属下焦，肾阳不足，下焦水道不通，故肿势多先从腰脚开始，两踝部肿势较剧，并有腰膝痠软沉重，阴囊湿冷等兼症；脾阳虚浮肿，兼以纳减便溏，肢冷倦怠症状。仔细鉴别自可辨析。肾阳虚浮肿治当温暖肾阳，化气行水，方以济生肾气丸为主。

气血两虚浮肿：多由脾胃气虚，生化不足，或久病后气血两亏，脏腑失养，导致水液代谢功能失常而发生水肿。《万病回春·水肿》云："朝宽暮急是血虚，暮宽朝急是气虚，朝暮急气血俱虚。"此论对气血有所侧重时可作辨证参考。本证与脾阳虚浮肿鉴别：本证气虚(气短等)、血虚(面色㿠白或萎黄、唇淡白、心悸头晕等)证候突出,尚无阳虚(肢冷、便溏等)证出现,肿势亦不如阳虚浮肿重。治疗以益气补血为主,多选用归脾汤加减。

浮肿一症,其产生主要责之于水液代谢功能的失调。在人体的水液代谢过程中,肺气的宣发肃降,脾气的升降转输;肾阳的蒸化,膀胱的气化,以及三焦通路的水液代谢功能,起着重要作用。若肺气宣降失常,水道不通,见腰以上肿;脾气转输运化失常,肾脏气化功能失常,下焦水道不通,水停于下,见腰以下肿。一般发病较急,肿势偏于上部,属热证、实证者称作阳水;发病较缓,病程长,肿势偏于下部,属寒证、虚证者称作阴水。《证治要诀》说："遍身肿,烦渴,小便赤涩,大便多闭,此属阳水;遍身肿,不烦渴,大便自调或溏泻,小便虽少而不赤涩,此属阴水。"但实际上每多虚实互见,临证时可根据症状特点作鉴别。

【文献别录】

《金匮要略·水气病脉证并治》："病有风水、有皮水、有正水、有石水、有黄汗。风水其脉自浮,外证骨节疼痛,恶风;皮水其脉亦浮,外证胕肿,按之没指,不恶风,其腹如鼓,不渴,当发其汗。正水其脉沉迟,外证自喘;石水其脉自沉,外证腹满不喘。黄汗其脉沉迟,身发热,胸满,四肢头面肿,久不愈,必致痈脓。"

《丹溪心法·水肿》："大凡水肿,先起于腹,而后散四肢者,可治。先起于四肢,而后归于腹者,不治。大便滑泄,与夫唇黑,缺盆平,脐突,足平,背平,或肉硬,或手掌平,又或男从脚下肿而上,女从身上肿而下,并皆不治。"(按："不治",应理解为难治)。

(王齐南)

34. 肥　　胖

【概念】

肥胖,是指机体脂肪沉积过多体形发胖,超乎常人而言。常伴有头晕乏力,懒言少动,气短等症状。

《内经》有"肥贵人",《金匮要略》有"肌肤盛"的记载。至于《杂病源流犀烛》卷十六所载之"黄胖",是指"虫与食积所致"。以面黄胖肿大为特征的一种病变,与肥胖迥然有别。

若体态丰腴,面色红润,精神饱满,舌脉正常,查无疾病者,不属肥胖范畴。

【鉴别】

常见证候

痰湿中阻肥胖：体形胖大,食纳较多,犹善食甘美肥腻之品,胸痞脘闷,平素痰多,肢体沉重倦怠,恶热,舌体胖,苔厚腻,脉弦滑有力。

气虚肥胖：体形胖大,少气懒言,动则自汗,怕冷,面浮虚肿,食纳稍差,神疲嗜卧,舌淡苔白,脉细弱。

鉴别分析

痰湿内蕴肥胖与气虚肥胖：痰湿内蕴肥胖多因饮食失调,或长期食欲亢盛,或偏食膏粱厚味,甘美甜腻食品,脾运失健,助湿生痰,痰湿流注肌体,形成肥胖;与先天因素也有一定关系。气虚肥胖多由劳倦伤气，或饮食不节，脾气受损，即《杂病源流犀烛》所谓："谷气胜元气，其人肥而不寿。"徒见形体肥胖，实则元气已虚。前者属实证，后者属虚证。辨证要点：痰湿内蕴肥胖，以胸痞脘闷、肢体沉重倦怠、痰多，舌胖苔腻为主证；气虚肥胖以短气乏力、恶风自汗为主证。两者不难区别。

痰湿内蕴肥胖的治疗宜祛痰化湿，方选温胆汤或平胃散，酌加山楂、茶树根、莱菔子、六一散等，并应控制进食膏粱甜腻之品。气虚肥胖的治疗宜补气健脾，方选香砂六君子汤，并应加强体育锻炼，增强体质。

肥胖一症，在古代医学文献中记载甚少，近年来随着生活水准的提高，发病率有增长趋势，并由此而引起心脑血管及糖尿病等其它疾病，已逐渐被人们所重视。肥胖的成因较复杂，与体质、年龄、饮食习惯、劳逸、情志、遗传等因素有关。临床辨证虽有虚实之别，但每多虚实相兼，如痰湿盛者日久必挟气虚之候，气虚者常导致脾运失健而生痰湿。治疗除审证论治外，尚需调节饮食，参加适当的体力劳动或体育运动，采取综合治疗，方能奏效。

【文献别录】

《金匮要略·血痹虚劳脉证并治》："夫尊荣人骨弱肌肤盛，……。"

《中医临证备要》："体胖人逐渐瘦弱，兼见痰多咳嗽，肠间漉漉有声，多为水饮证"。

（冉先德）

35. 消　　瘦

【概念】

消瘦是指肌肉瘦削，体重轻于正常范围，甚则骨瘦如柴而言。

《内经》有"风消"，"破䐃"，"脱肉"等记载。在其他医籍中又有"脱形"，"腘肉脱"，"大肉消脱"，"羸瘦"等名称。

在正常生理状态下，人体的胖瘦有很大的差异，若形体较瘦，而精神饱满，面色明润，舌脉如常，身无所苦者，非病理变化，不属此例。

【鉴别】

常见证候

脾胃气虚消瘦：形体消瘦，食欲不振，食后腹胀，大便溏薄，倦怠乏力，少气懒言，面色萎黄，舌淡苔白，脉虚弱。

气血虚弱消瘦：形体消瘦，面色萎黄无华，倦怠乏力，少气懒言，头晕目眩，心悸失眠，舌淡苔薄，脉细弱。

肺阴虚消瘦：形体消瘦，干咳痰少，痰中带血，或咯血，口燥咽干，潮热盗汗，午后颧红，五心烦热，舌红少津，脉细数。

胃热炽盛消瘦：形体消瘦，口渴喜冷饮，多食善饥，心烦口臭，小便短赤，大便干结，舌苔黄燥，脉弦数有力。

肝火亢盛消瘦：形体消瘦、烦躁不安，性急易怒，头晕目眩，胁肋灼痛，口苦目赤，小便短赤，大便燥结，舌红苔黄，脉弦数。

虫积消瘦：形体消瘦，面色萎黄，胃脘嘈杂，脐腹疼痛，时作时止，食欲不振，或嗜食异物，大便溏薄，舌淡苔白，脉弱无力。

鉴别分析

脾胃气虚消瘦与气血虚弱消瘦：脾胃气虚消瘦由于后天失养或思虑过度损伤脾胃所致，故先出现食欲不振，食后腹胀，大便溏薄等脾失健运的症状，继而出现形体消瘦，面色萎黄，倦怠乏力，少气懒言等全身失养的现象。治当健脾益气，方选四君子汤加味。气血虚弱消瘦由于劳倦内伤，或病后失调，影响气血生化不足所致。气血不足，周身失养，故面黄消瘦，倦怠乏力，少气懒言，头晕目眩，心悸失眠，皆是气血两虚的表现，治当益气养血，方选八珍汤化裁。两者的鉴别要点：前者有食欲不振，食后腹胀，大便溏薄等脾失健运的表现；后者兼有头晕目眩，心悸失眠等气血两虚的症状。

肺阴虚消瘦：本证由于久咳伤肺，或燥热犯肺等原因损伤肺津，肺阴亏损所致。肺阴不足，清肃之令不行，肺络损伤，故出现干咳痰少，痰中带血或咯血。阴液不足，阴虚火动，故出现消瘦、潮热、盗汗、五心烦热、午后颧红等表现，当养阴清肺，方选百合固金汤化裁。

胃热炽盛消瘦与肝火亢盛消瘦：胃热炽盛消瘦由于过食辛热甘肥，或热邪入里，灼液伤津所致。热盛则消谷善饥，热灼津伤，故口渴喜冷饮，心烦口臭，大便燥结，治当清胃泻火，方选玉女煎化裁。肝火亢盛消瘦由于素体阳虚，或忧郁恼怒，气郁化火，营阴暗耗所致。肝火亢盛，疏泄失司，故见头晕目眩，烦躁易怒，胁肋灼痛等症。治当清肝泻火，方选龙胆泻肝汤合一贯煎化裁。两者的鉴别要点为：前者有消谷善饥，口渴欲冷饮等胃热表现；后者有烦躁易怒，头晕目眩等肝火亢盛的症状。

虫积消瘦：本证由于饮食不洁，虫积腹中，胃中不和，脾运失司所致。脾运失司则消瘦面黄，食欲不振，大便溏薄；虫积腹中，胃中不和则脐腹疼痛，时作时止，嗜食异物。本证以脐腹疼痛，时作时止，嗜食异物为特点，治当安蛔驱虫，方选化虫丸加减。

消瘦一证虽为形体失养，但不可一概认为虚证，治当辨证求因，区分虚实。虚则补之，以滋气血生化之源；实则祛邪以安正，形体自充。

【文献别录】

《难经·十四难》："损脉之为病奈何？……二损于肌肉，肌肉消瘦，饮食不为肌肉……"。

《景岳全书·虚损》："思本乎心，经曰心怵惕思虑则伤神，神伤则恐惧自失，破䐃脱肉，毛悴色夭，死于冬，此伤心则然也。"

（冉先德）

36. 脱　　形

【概念】

脱形是指肌肉极度瘦削如脱，致使人体外形发生明显变化的一种病症。

本症在《内经》中称为"形肉脱"、"脱肉"，《素问·玉机真藏论》："大骨枯槁，大肉陷下，胸中气满，喘息不便，内痛引肩项，身热脱肉破䐃，真藏见，十月之内死。"《金匮要略》中亦有"消烁肌肉"的记载。其它医籍中又有"大肉消脱"称谓者。

【鉴别】

常见证候

脾气虚脱形：形体极度瘦削，食欲不振，倦怠乏力，少气懒言，食后腹胀，大便溏薄，面色萎黄，舌淡苔白，脉虚弱。

气血两虚脱形：形体极度瘦削，面色萎黄无华，头晕目眩，心悸失眠，少气懒言，肌肤干燥，舌质淡，苔薄白，脉细弱。

精血亏虚脱形：大骨枯槁，大肉陷下，肌肤甲错，喉呛声哑，发焦毛耸，自汗盗汗，久泻不止，心悸，骨蒸潮热，喘息短气，舌红无苔，或剥脱，脉沉细而数。

鉴别分析

脾气虚脱形与气血两虚脱形：脾气虚脱形是由于后天失养，饮食伤及脾胃，或思虑过度，脾胃受损所致，故病人有食欲不振，食后腹胀，大便溏薄等脾虚不运的见症；脾主肌肉，脾气虚衰已极，故大肉陷下，病人极度瘦削；少气懒言，倦怠乏力，面色萎黄，舌淡，脉虚弱，均为脾虚气血不荣，全身失养的症状。治宜健脾益气，方选参苓白术散加减。气血两虚脱形是由劳倦内伤，或病后失调，气血生化不足所致。气血不足，全身失养，故形体极度瘦削。面色萎黄，头晕目眩，心悸失眠，舌质淡，脉细弱等，均为气血两虚的表现，治宜益气养血，方选归脾汤加减。两者的鉴别要点：前者有纳减腹胀、大便溏薄等脾虚不运的表现；后者灵有头晕目眩、心悸失眠等气血两虚的症状。

精血亏虚脱形：多为疾病晚期，脾肾衰败，精血内竭，表现为全身虚弱症状，如极度消瘦，大肉陷下，大骨枯槁，肌肤甲错，喉呛声哑，发焦毛耸等。气阴不足，故自汗盗汗，心悸，喘息短气；精血内竭，虚火内生，故内热不退；脾肾衰败，脾不运化，肾失开合，故久泻不止。治当填精补血，方选补天大造丸加减。

脱形一症，是为形体失养，内脏虚衰之表现，治疗较为困难，须辨证求因，守方治疗，用药宜平缓，不可过于滋腻、壅滞，注意保护胃气。

【文献别录】

《景岳全书·虚损》："神伤则恐惧自失，破䐃脱肉，毛悴色夭，死于冬，此伤心则然"。

（刘文军）

37. 疲　乏

【概念】

疲乏是指精神困倦，肢体懈怠乏力的临床表现。

本症在医籍中名称繁多，《素问·平人气象论》称为"解㑊"，《灵枢·海论》称为"怠惰"，《灵枢·寒热病》称"体惰"。

疲乏是临床上极为常见的症状，几乎各种急慢性病证，均可出现不同程度的疲乏。本条讨论的范围，仅限于以疲乏作为主症者。

【鉴别】

常见证候

暑耗肺胃气阴疲乏：肢体倦怠乏力，精神委顿，少气懒言，身热汗出，心烦口渴，食少便溏，面垢苔浊，脉虚数。

脾虚湿困疲乏：倦怠懒言身重，口苦舌干，大便溏薄，洒洒恶寒，胸脘满闷，食减，尿少，舌苔厚腻，脉濡。

气血两虚疲乏：神疲肢倦，少气懒言，语音低怯，眩晕失眠，自汗心悸，手足麻木，面白无华，唇舌爪甲色淡，脉沉细无力。

鉴别分析

暑耗肺胃气阴疲乏：本证发于盛夏暑热之时，暑为阳邪，其性发泄，易耗气津，故见肢体倦怠，精神委顿，少气懒言，身热汗出，心烦口渴，脉虚数等症；又暑多挟湿，故见面垢苔浊，大便溏泄等症。治宜清暑益气，养阴生津，方选清暑益气汤加减。

脾虚湿困疲乏：由劳倦、饮食失节等原因以致脾虚失运，水湿稽留。湿性重浊，湿遏则清阳不升，故令肢体困顿乏力。临床兼有胸脘满闷，纳少便溏等脾虚失运的症状。治宜健脾化湿，升清降浊，方选升阳益胃汤合平胃散加减。

气血两虚疲乏：本证多由先天不足，病后失调，或久病失治等原因所致。气血不足，机体失养，故出现少气懒言，神疲肢倦，眩晕失眠，心悸自汗等表现。治疗宜气血双补，可用十全大补汤加减。

上述三证的鉴别：暑耗肺胃气阴疲乏发生于夏季，既有暑热表现，又有气虚证候；脾虚湿困疲乏常发生于夏秋季节，既有湿阻之证，又见脾虚之候。前二证均为虚实相兼之证。气血两虚疲乏，纯属虚证，以气虚血少为主要见症。三者从临床表现分析，较容易鉴别。

【文献别录】

《灵枢·海论》："髓海不足，则脑转耳鸣，胫疫眩冒，目无所见，怠惰安卧。"

《中医临证备要》："湿能滞气，暑能伤气，夏季暑湿内阻，往往身无大病，疲乏不堪，俗称'疰夏'，轻者用藿香、佩兰泡饮，重者用清暑益气汤加减。"

（冉先德）

38. 白　痦

【概念】

白痦，是指皮肤表面突起的白色疱疹，形如水泡，色白晶莹，破之有清稀浆液流出，多见于颈项及胸腹部，四肢较少见到。

本症首见于《温热论》，其后许多温病学家的著作如《临证指南医案》、《温热经纬》中皆有述及。因白痦内含浆液，呈水晶色而莹亮，故一名"晶痦"；若痦色枯白，壳空无浆，则称"枯痦"。

【鉴别】

常见证候

湿热郁阻白痦：身热而不扬，热势缠绵，汗出不解，面色晦滞，或带有面垢，神情淡漠，胸腹胀满，纳少泛恶，口粘，渴不欲饮，胸腹部可见白痦，晶莹饱满，颗粒分明，擦破之后，有澄清水液流出，其色微黄，舌苔黄腻，脉濡数。

津气亏虚白痦：身热久羁，口舌干燥，神倦气怯，心悸，烦躁，意识模糊，呼吸急促，鼻翼煽动，手足蠕动，甚则瘈疭，白痦枯白无华，颗粒不清，空壳无浆，舌红少津，舌苔黄，脉细数无力。

鉴别分析

湿热郁阻白㾦与津气亏虚白㾦：两证均发生于温、热病中，前者乃湿热郁阻气分，湿因热留，热困湿中，故身热持续不退，汗出不解，因而酿发白㾦；后者因身热久羁，耗气伤津，正不胜邪，邪毒内陷，津液枯竭，遂成白㾦，但与湿热偏胜者不同。其次从白㾦的色泽、形态方面观察：前者洁白，晶莹，饱满，有光泽，颗粒分明，擦破后有浆液流出，其质澄清，故称晶㾦；后者㾦色无华，白如枯骨，颗粒干瘪不清，空壳无浆，因称枯㾦。

湿热郁阻之白㾦为实证、顺证，热势随白㾦的透发而递减，临床症状亦随之缓解，但湿热之邪粘腻，白㾦一次难以透净，往往随患者发热的休止而变化，即出一次汗，则出一批白㾦，此乃湿热外泄，正胜邪退之佳象；津气亏虚之白㾦为虚证、逆证，因津气已虚，湿热之邪内陷营血，虽有白㾦发出，临床症状反见加重，如神倦气怯，心悸烦躁，呼吸急促，鼻翼煽动，手足蠕动，甚则瘛疭，乃正气欲脱之象。

湿热郁阻白㾦治宜清热化湿，方用甘露消毒丹合三仁汤化裁；而气津亏虚白㾦治宜急救气阴，扶正祛邪，方用生脉散合清营汤化裁。

总之，白㾦的形成，主要是湿热之邪留恋气分，缠绵不解，郁蒸肌肤，蕴酿而成，多见于温病，如湿温、伏暑、暑温夹湿等病。凡温病见白㾦出现，即可断定病在气分，其性质为湿热。再观察白㾦的形态，可进一步辨别邪正消长的情况。凡白㾦光泽晶亮，颗粒饱满，且透发之后，热势递减，神识清爽者，为气津俱足，正胜邪退的佳象；若㾦色枯白，空壳无浆，透现之后，身热不减，反见神识昏迷，则为津气两伤，正不祛邪，邪毒内陷的危候。

【文献别录】

《重订通俗伤寒论》引何廉臣曰："温热发㾦，每见于夏秋湿温伏暑之证，春冬风温兼湿证亦间有之。初由湿郁皮腠，汗出不彻之故，白如水晶者多，但当轻泄肺气，开泄卫分，如五叶芦根最稳而灵。若久延而伤及气液，白如枯骨样者多凶，急用甘润液以滋气液，如麦冬汤、清燥救肺汤之类，挽回万一，切忌苦燥温升，耗气液而速其毙，谨摘发㾦症如下：色白点细，形如肌粟，摸之触手而微痒，抓破微有水，状如水晶珠而明润者吉，热势壮则外见，热势缓则隐伏，出无定期，甚至连发三五次。若干白如枯骨者大凶，脉必微弱或细数，神倦气怯，粘汗自出。"

（冉先德）

39. 红　疹

【概念】

红疹是指肌肤表面出现红色小疹。

疹，古称"胗。"《素问·至真要大论》："……少阴司天，客胜则丹胗外发。"《疫疹一得》称为"疫疹。"《疫痧草》称为"疫痧。"有的方书瘢疹并论，或以瘢赅疹。但瘢和疹是不相同的（鉴别详见发瘢条）。疹还应和"痘"、"疫喉痧"相鉴别：①"痘"多发于小儿，初起为红色丘疹，数小时后就成米粒或豆大圆形水泡，周围红晕，泡内灌浆液，先清后浊；疹无水泡和灌浆现象。②"疫喉痧"咽喉肿痛，发热，全身痧点隐隐，渐致遍身猩红，融合成片，疹点间无正常皮肤,口周围苍白,舌呈杨梅状,与疹有别。

本文讨论范围只限于内科疾病引起的红疹。

【鉴别】

常见证候

热入营血红疹:多伴高热不退,可在躯干或四肢出现红色或暗紫色瘀点,压之不退色,抚之不碍手,疹点之间可见正常皮肤,兼有烦躁,谵语,或并发抽搐惊厥,舌质红绛,舌苔黄,脉数或细数。

风热挟湿红疹:起病较急,皮疹呈红色或淡红色粒状丘疹,形态大小不一,稠密处可融合成片,瘙痒或奇痒,兼见身热胸闷,烦躁不安,小便短黄,舌质红绛,舌苔黄腻,脉来浮数。

风寒束表红疹:发病突然,疹色淡红,遇风冷则症状加重,皮肤瘙痒,此伏彼起,形态大小不一,兼有发热恶风,头痛,脉浮。

血虚不荣红疹:疹色淡红或苍白,疹形小如米粒,大如豆瓣,参差不一,反复发作,时隐时现,每以夜晚为甚,经年不愈,头晕心烦,面色少华,舌质淡,脉细弱。

鉴别分析

热入营血红疹和风热挟湿红疹:前者是温热之邪,内陷营血,后者为风热挟湿郁遏腠理。热入营血红疹,发生于温病过程中。温热之邪,内陷营血,热伤血络,外溢而发疹。诊断要点:疹点不高出皮肤,伴有高热,烦躁谵语,痉厥,舌质红绛等症。治宜清营、凉血、解毒,方选清瘟败毒饮或清营汤。风热挟湿红疹:多因暑热侵淫复感寒湿,暑热为寒湿所遏,热郁湿伏,滞于腠理,发为皮疹,形如粟粒,高出皮面,紧束有根,奇痒难忍,伴见胸脘痞闷,口粘不渴,烦躁不安。治宜疏风、清热、利湿,方选消风散加味。

风寒束表红疹:汗出当风,或浴后感受风寒,郁于营卫,与气血相搏,外透肌肤而发疹。红疹此起彼伏,遇风冷症状加重,肌肤瘙痒,或伴见身热恶风症状。治宜祛风散寒透疹,方选荆防败毒散加减。

血虚不荣红疹:营血不足,表卫不固,风邪乘虚侵入肌肤,内闭营卫而发疹。红疹时隐时现,反复发作,经年不愈,并伴有头昏心悸,舌淡脉细的临床特点。治宜养血祛风。前贤有"治风先治血,血行风自灭"之论,方选当归饮子。

【文献别录】

《外感温热篇》:"若夹癍带疹,皆是邪之不一,各随其部而泄。然癍属血者恒多,疹属气者不少,癍疹皆是邪气外露之象,发出宜神情清爽,为外解里和之意。如癍疹出而昏者,正不胜邪,内陷为患,或胃津内涸之故"。

《中医临证备要》:"温热病身热不退,发出红色小点,称为'红疹',与发癍原因相同。但癍最重,疹稍轻,癍属肌肉为深,疹在血络较浅,虽然也能同时出现,不可混为一种。"

(董润生)

40. 汗　　血

【概念】

汗血,又称血汗,亦称肌衄,是指汗出色淡红如血而言。前人有见皮肤毛孔出血,射出如箭者，称为"血箭"。

本症首见于《诸病源候论》。该书卷二十七"汗血候"指出"肝藏血，心之液为汗。言肝心俱伤于邪，故血从肤腠而出也。"

【鉴别】

常见证候

血热动血汗血：汗出如血，皮肤出现青紫瘀点或瘀块，或伴有鼻衄、齿衄、便血、尿血，或有发热，口渴，便秘，舌红，苔黄，脉弦数。

阴虚火旺汗血：汗出如苏木水滴染，皮肤青紫瘀点或瘀块，时发时止，常伴鼻衄、齿衄或月经过多，颧红，心烦，口渴，手足心热，或有潮热，盗汗，舌质红，苔少，脉细数。

气不摄血汗血：汗出色淡红，久病不愈，反复发作，甚可血从毛孔溢出，神疲乏力，头晕目眩，面色苍白或萎黄，食欲不振，舌质淡，脉细弱。

鉴别分析

血热动血汗血与阴虚火旺汗血：二者均为热迫血妄行所致，均可出现肌衄，皮肤青紫，瘀点或瘀块，并常伴鼻衄、齿衄或月经过多。不同点在于：前者为实热，为感受外邪化热，或内生火热，导致肝胃火盛。肝主藏血，而肌肉为阳明胃经所主，热迫营血则血出于肌腠之间，多为实热见证，如发热，口渴，便秘，舌质红，苔黄，脉弦数。治宜清热凉血止血，方选犀角地黄汤加减。后者为阴血不足，虚火内生，迫血妄行所致，其汗血时发时止，并伴颧红，心烦，口干渴，手足心热，或有潮热，盗汗，舌红少苔，脉细数等阴虚火旺见症。治宜滋阴降火，凉血止血，方选茜根散加减。二者一虚一实，病因病机和临床表现均不同，不难鉴别。

气不摄血汗血：多因久病不愈，导致心脾气虚，不能统摄血液而致，其反复汗血不愈。气血亏耗，头面及筋脉百骸失于濡养，故神疲乏力，头晕目眩，面色苍白；脾虚不能运化水谷，故食欲不振；舌质淡，脉细弱均为气血亏虚之象。治宜补气摄血，方选归脾汤加味治疗。本证为气不摄血所致，其汗血色淡，甚者可见血从毛孔溢出。常伴神疲乏力，纳差，头晕，舌淡，脉弱等气虚见症是其特点，与上二证因热邪迫血，汗血同时伴实热或虚热见证迥然不同，不难鉴别。

汗血的鉴别，首须辨其有邪无邪，有邪属实，当以祛邪为主；无邪为虚，又可分为阴虚和气虚两种。

【文献别录】

《三因极一病证方论·汗血证治》："病者汗出正赤，污衣，名曰汗血。皆由大喜伤心，喜则气散，血随气行，妇人产蓐，多有此证，以葎草汁主之。"

《中医历代血证治疗精华·附汗血》："汗血即后世《证治要诀》的肌衄，指血从毛孔而出的一种血证，它多由气血虚，血随气散，或阴虚火旺，或肝胃火伤所致。"

（刘文军）

41. 发　　斑

【概念】

肌肤表面出现片状瘀癍，不高出皮面，抚之不碍手者称为"发斑"。《医林绳墨》

说："有色点而无颗粒者为瘢。"

由于发瘢可出现于多种疾病中，其形状、大小、颜色不一，所以历代医家提出许多不同名称。《金匮要略》的"阴阳毒"，《外科启玄》的"葡萄疫"，《伤寒九十论·发瘢证》的"瘢疹"，《杂病源流犀烛》的"瘢痧"，《疮疡经验全书》的"猫眼疮"等等都是指发瘢而言。《丹溪心法》和《明医指掌》又分别提出"阴瘢"和"阳瘢"之名。所谓阴瘢，是指瘢之属于虚寒者；所谓阳瘢是指瘢之属于实热者。

发瘢应和"疹"相区别。《温病学·辨瘢疹篇》："瘢点大成片，一般不高出皮肤，抚之不碍手，视之斑斑如锦纹；疹如云头隐隐，或呈锁碎小粒，一般高出皮肤之上，抚之碍手，但亦有不高出皮肤，抚之无感触的。"瘢和疹在温热病中多兼挟出现，故医书中每举瘢以赅疹，或统称瘢疹。然而瘢和疹的发病机理有所不同：瘢大多由于热郁阳明，胃热炽盛，内迫营血，外溢肌肤而成；疹多系肺热郁闭，波及营分，外窜血络所致。

本条讨论范围，只限于内科疾病引起的发瘢。

【鉴别】

常见证候

热入营血发瘢：多出现于急性热病过程中。瘢色鲜红或紫赤，身热不退或发热夜甚，心烦不寐，口渴咽干，甚则神昏谵语，痉挛抽搐，小便短赤，大便干结或溏泄，或伴有吐血，衄血，舌质红绛，脉数。

阴虚火旺发瘢：瘢色鲜红，时发时止，心烦不安，口干咽燥，手足心热，或午后潮热，夜寐盗汗，头晕耳鸣，或有鼻出血，齿龈出血，舌光红少苔，脉细数。

脾不统血发瘢：红瘢反复发作，瘢色淡红，隐而不显，面色萎黄，神疲气怯，食少腹胀，月经过多，经色浅淡，大便溏薄。舌质淡胖，脉细弱无力。

阳气虚发瘢：瘢色浅淡，一般多见于胸腹部，心悸怔忡，倦怠乏力，四肢逆冷，食少便溏，或下利清谷，小便清长，面色苍白或虚浮，舌质胖嫩，边有齿痕，脉虚弱无力。

气滞血瘀发瘢：多见于癥瘕积聚患者，瘢色青紫，面色灰黯或苍黄，腹露青筋，皮肤血丝缕缕，呕血，便血或齿龈出血，舌色紫暗，脉弦或迟涩。

风湿热郁发瘢：瘢多呈环形，或皮下有结节，反复发作，多发于四肢，瘢形大小不一，环形瘢中心色浅，四周隆起，全身关节疼痛，或关节红肿，面色苍白，多汗，重者胸闷气短，脉数。

鉴别分析

热入营血发瘢和阴虚火旺发瘢：前者多出现于高热疾病过程中，温热毒疫之邪，侵入人体，内陷营血，损伤血络，迫血妄行，溢于肌肤而发瘢。其特点是：发热，瘢色紫暗，甚则神昏谵语，痉厥抽搐，或有吐衄，便血。后者病程较长，瘢色鲜红，由久病伤阴，或热病耗液，阴虚火旺迫血外溢肌肤而发瘢。伴有头晕、耳鸣、口干、咽燥、潮热盗汗，舌红少苔等阴虚症状。二者虽同是因热（火）发瘢，一为邪热内陷，一是阴虚火旺，一虚一实，治法亦异。热入营血发瘢，治当清营、凉血、散瘀，犀角地黄汤或化斑汤均可选用，高热神昏者加用安宫牛黄丸或至宝丹；阴虚火旺发瘢，法当滋阴、降火、散瘀，用茜根散或知柏地黄丸化裁。

脾不统血发瘢和阳气虚发瘢：二者均为虚证，在病机上有一定的联系，而在症状上又有明显区别。脾主运化，有统摄血液的机能。后天饮食失调，导致脾气虚衰，统血功能失常，血液不能循正常脉道运行，溢于脉外则成癍。其特点是发癍伴有食少，脘闷，腹胀便溏，等脾虚证的表现。阳气亏虚发癍，多见于虚痨，久病之后，阳虚气弱患者。一般先天禀赋不足，或纵欲无度，脾肾两伤，阳气虚衰，阳虚者气必虚，气不摄血，亦可发癍。《素问·阴阳应象大论》："阴在内，阳之守也；阳在外，阴之使也。"阴阳互根，阳虚则阴不内守，致血溢发癍。所以症见四肢逆冷，心悸怔忡，形容憔悴，神疲倦怠，面白虚浮。脾为后天之本，气血生化之源，脾虚亦可导致气虚或阳虚。所以在治疗上可以互为补益。脾不统血发癍，治以健脾为主，兼补气血，归脾汤加味。阳气虚弱发癍，治宜补阳益气为主，兼顾脾肾，右归丸化裁。肾阳虚者加附子、巴戟、鹿茸；肾阴虚者加玄参、天冬、生地、女贞子、旱莲草等。

气滞血瘀发癍：常见于癥瘕积聚患者。由于七情郁结，寒温失调，酒食不节，致脏腑功能失和，气机阻滞，血运迟缓，瘀凝成斑。症见面色黧黑，腹露青筋，血丝缕缕，腹大有形，吐衄便血。本证多属正虚邪实，治疗以扶正祛邪为主，佐以活血化瘀。八珍汤加红花、赤芍、鳖甲、丹参之类。

风湿热郁发癍：风寒湿邪侵入人体，留连于皮肉经络，久郁化热，热蕴血络，血溢成癍。癍多呈环形，伴有全身关节疼痛、身热、口渴等风湿热郁症状。治疗宜疏风清热活血通络，用蠲痹汤加忍冬藤、防己、木瓜。

总之，发癍一证，病因极为复杂，既有内因，又有外因，既有五脏功能失调，又有六腑为病。一般说，癍色红活，荣润，癍形松浮而稀疏，无高热神昏者为顺象；若癍色紫黑，紧束，融合成片，高热神昏者则为逆证。

【文献别录】

《杂病源流犀烛·阳毒阴毒源流》："阳毒发癍，阳邪亢极病也，亦或有误服辛热而成者。金匮云，阳毒之为病，面赤斑斑如锦纹，咽喉痛，唾脓血，五日可治，七日不可治，升麻鳖甲汤主之。"

"阴毒发癍，阴邪极深病也。《金匮》云，阴毒之为病，面目青，身痛如被杖，咽喉痛，五日可治，七日不可治，升麻鳖甲汤去雄黄、蜀椒主之。"

（董润生）

42. 发　黄

【概念】

发黄，以目黄，尿黄，面黄，身黄为其主要症状，尤以目睛黄染为重要特征，一般先从目黄开始，继则遍及全身。

本症《内经》称"黄疸"，以后历代医籍中有"黄瘅"、"谷疸"、"酒疸"、"女劳疸"、"黑疸"、"阳黄"、"阴黄"、"急黄"、"瘟黄"等名称。现将不同类型发黄一并在本条讨论。

【鉴别】

常见证候

湿热发黄：目黄身黄，黄色鲜明，或见发热，口渴，心中懊恼，身倦无力，脘腹胀满，食少纳呆，厌恶油腻，恶心呕吐，小便深黄或短赤，大便干结，舌苔黄腻，脉象滑数。

寒湿发黄：目黄身黄，黄色晦暗，食少纳呆，脘闷腹胀，四肢困重，形寒肢冷，小便不利，大便溏薄，舌苔白腻，脉象濡缓或沉迟。

瘟毒发黄：起病急骤，黄疸迅速加深，身目均呈深黄色，其色如金，高热口渴，烦躁不安，或神昏谵语，或鼻衄、齿衄、呕血、便血，肌肤出现瘀斑，舌质红绛，苔黄腻，干燥少津，脉数。

瘀血发黄：身黄，其色晦暗，面色青紫或黧黑，或胁下有癥块，疼痛不舒，或小腹胀痛而小便反利，皮肤可见蛛纹丝缕，或有低热，或大便漆黑，舌质紫暗或有瘀斑，脉弦涩或细涩。

脾虚血亏发黄：肌肤发黄无光泽，神疲乏力，心悸失眠，头晕，爪甲不荣，舌质淡，脉濡细。

鉴别分析

湿热发黄：本证属"阳黄"范畴。以病程较短，黄色鲜明，舌苔黄腻，脉滑数或弦数为主要临床特点。病因由湿热蕴结中焦，熏蒸肝胆，胆液外泄，浸渍于肌肤而发黄。通常应区分以下三种：①热重于湿：热象较重，故发热口渴，心烦欲吐，小便短赤，大便干结，舌苔黄腻，脉象弦数；②湿重于热：湿象较重，见头重身困，脘腹胀闷，食欲不振，口渴不多饮，小便不利，大便稀溏，舌苔黄厚腻，脉滑稍数，或濡缓；③湿热并重：发热烦渴，头重身困，脘腹胀闷，小便黄赤，大便干结或粘滞不爽，舌苔黄厚而腻，脉弦数或滑数等。治疗以清利湿热为主。热重于湿者，清热利湿，佐以通便，方选栀子大黄汤；湿重于热者，利湿化浊，佐以清热，方选茵陈五苓散；湿热并重者，清利湿热，佐以解毒化浊，使湿热从二便分利而出，方选茵陈蒿汤。

寒湿发黄与湿热发黄：两者虽同为湿滞中焦，胆液不循常道，外溢而发黄，但湿热发黄属阳黄，其色鲜明如橘皮，寒湿发黄属阴黄，其色晦暗如烟熏；湿热发黄病程较短，寒湿发黄病程较长；湿热发黄舌苔黄腻，寒湿发黄舌苔白腻；湿热发黄脉滑数或弦数，寒湿发黄脉沉迟或濡细。根据发黄的色泽，结合病史、症状，两者显著不同，临床较易鉴别。寒湿发黄，因寒湿阻滞中焦，易伤脾胃阳气，治应温化寒湿为主，佐以健脾和胃，方选茵陈术附汤。

疫毒发黄与湿热发黄：两者同属阳黄，黄色鲜明。疫毒发黄又称"急黄"、"瘟黄"，为感受时行疫疠而致，其病情较重，身目呈深黄色；湿热发黄，起病缓慢，黄疸逐渐加深，或有发热，或无热，口干口苦，心中懊侬，病在气分。疫毒发黄则必见高热，大渴欲饮，烦躁不安，或见神昏谵语，邪入营血，舌红绛，苔黄褐，可见鼻衄、齿衄、呕血、便血、身发癍疹等症。病重者迅速出现精神不振，昏迷；湿热夹毒，郁而化火，迫使胆汁外溢肌肤，故现热毒炽盛之象，治以清热解毒，凉血开窍，方选犀角散加味。

瘀血发黄与寒湿发黄：两证同属阴黄，有起病缓慢，黄色晦暗无泽等特点。但两者病机及临床表现不同。瘀血发黄，病因常由肝郁气滞，日久成瘀；或因湿热黄疸迁延不愈，湿郁气机不利，瘀积肝胆，胆汁疏泄失职而发黄。临床特点：黄疸晦暗，面色黧黑，皮肤有蛛纹丝缕或出血癍，胁下有癥块疼痛等瘀血内阻的症状。寒湿发黄则以形寒肢冷，困顿，纳呆，腹胀便溏，苔白腻，脉迟等寒湿内阻为特点。瘀血发黄病情比寒湿发黄更为顽固缠绵，不易速愈。治疗以活血行瘀，软坚散结为主，方选大黄䗪虫丸等。

脾虚血亏发黄：本证由劳倦内伤或久病，使脾胃虚弱，气血亏损，肝失所养，疏泄失职，胆汁外溢而发黄，又称"虚黄"。辨证要点：全身皮肤发黄，其色黯然不泽，且伴头晕、心悸、失眠、舌淡等气血亏虚的症状。治宜健脾补气养血，方选小建中汤、十全大补汤等。

黄为脾土之正色，本节所谓之发黄，必需具备目黄、身黄、小便黄。其中目黄一症是区分是否发黄的要点。《杂病源流犀烛·诸疸源流》："经言目黄者曰黄疸，以目为宗脉所聚，诸经之热上熏于目，故目黄，可稔知为黄疸也。"古今对发黄一症分类甚多，但总以黄色鲜明者为阳黄，黄色晦暗不泽者为阴黄分类。本节所论之湿热发黄、瘟毒发黄二证属阳黄，一般有起病急骤、症状重、病程较短的特点；寒湿发黄、瘀血发黄、脾虚血亏发黄三证属阴黄，一般有起病缓慢、症状略轻、病程长的特点。临床辨证可根据起病特点，证候表现等，不难鉴别。但是，阳黄日久不愈，使气血亏损或瘀滞，亦可变成阴黄，辨证时需灵活掌握，审证求因，方不致误。

【文献别录】

《金匮要略·黄疸病脉证并治》："谷疸之病，寒热不食，食即头眩，心胸不安，久久发黄为谷疸，茵陈蒿汤主之。"

"膀胱急，少腹满，身尽黄，额上黑，足下热，因作黑疸，其腹胀如水状，大便必黑，时溏。此女劳之病，非水也。腹满者难治，硝石矾石散主之。"

"夫病酒黄疸，必小便不利，其候心中热，足下热，是其症也。"

《医学心悟》："湿热之黄，黄如橘子、柏皮，因火气而光彩，此名阳黄。又有寒湿之黄，黄如熏黄色，暗而不明，或手脚厥冷，脉沉细，此名阴黄。……其间有伤食者，名曰谷疸；伤酒者，为曰酒疸；出汗染衣，名曰黄汗，皆阳黄之类也。……其间有女劳疸，乃阴黄之类。……复有久病之人，及老年人，脾胃亏损，面目发黄，其色黑暗而不明，此脏腑之真气泄露于外，多为难治。"

（冉先德）

43. 毛 发 脱 落

【概念】

毛发脱落，是指人体体毛如毛发、腋毛、阴毛及眉毛脱落的一种症状。

毛发脱落，多因虚损及疠毒所致。古代文献中"虚劳"、"产后痨"、"疠风"、"黑疸"病中有类似症状的描述。本症与头发脱落不同，前者有腋毛、阴毛等体毛脱落，后者仅指头发脱落，从病情看前者病重，后者病轻。

【鉴别】

常见证候

肝肾阴虚毛发脱落：毛发脱落，腰膝痠软，乏力肢软，乳少或无乳，月经量少或闭经，心烦失眠，头晕耳鸣，手足麻木，皮色黧黑，舌质淡，或舌体瘦小，脉沉细数。

脾肾阳虚毛发脱落：毛发脱落或失泽稀疏，神疲乏力，消瘦纳差，腹痛腹泻，皮肤黧黑，面色苍白，腰膝痠软，畏寒肢冷，闭经，阳痿，性欲减退，舌质淡胖有齿痕，脉沉细或沉迟。

气血两虚毛发脱落：毛发稀疏或脱落，面色萎黄，神疲乏力，动则气短，食少腹胀，月经量少或经闭不行，乳房萎缩，性欲减退，舌质淡，苔薄白，脉细弱。

疠毒攻肺毛发脱落：初起皮肤麻木，次起白屑红肿，蔓延成瘰，形如蛇皮，成片落下，甚则破烂，厚肿无脓，病毒入里，可见毛发、须眉脱落等，并可见鼻梁崩塌，唇翻，眼弦断裂。

鉴别分析

肝肾阴虚毛发脱落与脾肾阳虚毛发脱落：两者均为先天禀赋不足，后天养护失调的基础上，复遭失血，病邪久稽，外力损伤等所致，临床表现均为虚损不足之象。两者不同点在于：前者为伤及阴血较重，表现为头晕耳鸣，腰膝痠软，心烦失眠，手足麻木等肝肾亏损，精血不足见症，治宜滋养肝肾，方选左归饮加减。后者为脾肾阳气虚损较重，临床表现为神疲乏力，畏寒肢冷，腹痛腹泻，消瘦纳差，闭经，阳痿，舌质淡胖有齿痕，脉沉细或沉迟等脾肾阳虚不能温运等见症。治宜益气健脾，温肾助阳，方选人参养荣汤合金匮肾气丸加减。

气血两虚毛发脱落：为久病耗伤气血，大出血症，如产后、手术失血过多所致。血虚不能上荣于面，则面色萎黄，血不养心则心悸怔忡。脾气不健，胃纳失常则疲乏无力，气短，食少腹胀。气血不足，血海空虚，冲任失养，故见经少或经闭，毛发稀疏或脱落，乳房萎缩，性欲减退。舌质淡，苔薄白，脉细弱，为气血两虚之象。治宜气血双补，方可选八珍汤或十全大补汤加减。

疠毒攻肺毛发脱落：多因疠毒感染，毒邪攻肺所致。营气热腐，又遇毒风疠气，递相传染，风湿相乘，气血凝滞，表里不和，而肺主皮毛，故致须眉、毛发脱落。其治宜祛风，化湿、杀虫，佐以调养气血。初用万灵丹洗浴发汗，次服神应养真丹。

【文献别录】

《中医临证备要·眉毛脱落》："麻风症状之一，由于病毒攻肺"。

（刘文军）

44．发　狂

【概念】

发狂，是指神志失常，疯狂怒骂，打人毁物，不避亲疏，或登高而歌，弃衣而走，少卧不饥，妄作妄动，喧扰不宁的症状。俗称"武痴"，"发疯"。

本症早在《灵枢》已列癫狂专篇进行论述。后世多把癫狂相提并论。癫与狂虽然都是神志失常之症，但在病因、病机及治疗方面仍有不同，故本书将"癫"、"狂"各立专条论述。狂证以喧扰不宁，躁妄打骂，动而多怒为特征，属阳证。癫症以精神抑郁，沉默痴呆，语无伦次，静而少动为特征，属阴证。《难经·五十九难》谓："狂癫之病，何以别之？然，狂疾之始发，少卧而不饥，自高贤也，自辩智也，自倨贵也，妄笑好歌乐，妄行不休是也；癫疾始发，意不乐，僵仆直视。"《丹溪心法·癫狂篇》："癫属阴，狂属阳。"

【鉴别】

常见证候

痰火上扰发狂：起病较急，狂躁易怒，妄作妄动，叫骂不休，毁物殴人，头痛失眠，面红目赤，舌质红，或红绛，苔黄腻，脉弦数。

阳明热盛发狂：面赤而热，裸体袒胸，旁若无人，狂笑歌号，呼骂不迭，毁物伤人，骁勇倍常，蓬头垢面，口秽喷人，或数日不食，腹满不得卧，大便秘结，舌质红，苔黄或黄腻燥裂，或上罩焦黑苔，脉沉实有力或沉数有力。

肝胆郁火发狂：心神烦乱，神不守舍，狂躁易怒，言语失常，或咏或歌，或言或笑，惊悸不安，胸胁胀痛，舌红苔黄，脉弦数。

瘀血内阻发狂：面色晦黯，胸中憋闷，精神不宁，时而言语不休，时而沉默寡言，甚则终日骂詈，狂扰不安，少腹胀满坚硬，疼痛拒按，舌质红紫或见瘀癍，脉沉实有力。

阴虚火旺发狂：狂病日久，病势渐缓，精神疲惫，时而躁狂，情绪焦虑、紧张，多言善惊，烦躁不眠，形瘦面红，五心烦热，舌质红，少苔或无苔，脉细数。

鉴别分析

阳明热盛发狂与肝胆郁火发狂：二者皆因火所致，但病位不同。阳明热盛发狂，或因膏粱厚味，贪杯豪饮，酿成胃肠积热，或因邪热内传阳明，热结阳明所致。以面赤而热，腹满不得卧，不欲食，大便秘结为辨证要点。以清泄阳明为治，方选凉膈散或大承气汤加减。肝胆郁火发狂，是因七情内伤，肝胆气滞，气郁化火，上扰神明所致。心神受扰，则心神烦乱；神不内守则言语失常，或咏或歌，或言或笑；心神不安，或惊或悸；肝胆气滞则胸胁胀痛。故以心神烦乱，言语无伦，惊悸不安，胸胁胀痛，脉弦数为辨证要点。治宜清疏肝胆，方选龙胆泻肝汤合丹栀逍遥散加减。

痰火上扰发狂与瘀血内阻发狂：一因于痰，一因于瘀。痰火上扰发狂，是因心胃火盛，灼津为痰，痰火搏结，上蒙心窍所致。以狂躁易怒，毁物殴人，舌苔黄腻，脉弦滑数为辨证要点。治宜祛痰降火，方选礞石滚痰丸。瘀血内阻发狂，乃邪热入里，血热互结，上扰神明所致。以面色晦黯，少腹坚硬，痛而拒按，舌质红紫或有瘀癍为辨证要点。治以泻热破瘀，方选桃仁承气汤或抵当汤。

阴虚火旺发狂：狂乱躁动日久，必致气阴两伤，气不足则精神疲惫，时而躁狂；阴伤而虚火旺盛，扰乱心神，故见焦虑，多言善惊等阴虚内热之象。临床以精神疲惫，形瘦面红，五心烦热为辨证要点。治宜滋阴降火，安神定志，方选二阴煎合定志丸。

发狂应注意辨明虚实。实证以起病急，狂暴无知，情感高涨为主要表现，概由痰火实邪扰乱神明而成，如痰火上扰发狂，阳明热盛发狂，肝胆郁火发狂，瘀血内阻发狂，故治疗以泻火通腑为主。虚证以情绪焦躁，多言不眠，形瘦面赤，舌红为主要表现，由于病久火灼阴液而致，如阴虚火旺发狂。治疗以滋阴降火，安神定志为主。

【文献别录】

《素问·生气通天论》："阴不胜其阳，则脉流薄疾，并乃狂。"

《素问·宣明五气》："五邪所乱，邪入于阳则狂。"

《素问·病能》："帝曰：有病怒狂者，此病安生？岐伯曰：生于阳也。帝曰：阳何以使人狂？岐伯曰：阳气者，因暴折而难决，故善怒也，病名曰阳厥。帝曰：何以知之？岐伯曰：阳明者常动，巨阳少阳不动，不动而动大疾，此其候也。帝曰：治之奈何？岐伯曰：夺其食即已，夫食入于阴，长气于阳，故夺其食即已。使之服以生铁落为饮，夫生铁落者，下气急也。"

《杂病源流犀烛·癫狂源流》："癫狂，心与肝胃病也，而必挟痰挟火。癫由心气虚，有热；狂由心家邪热，此癫狂之由。癫属腑，痰在包络，故时发时止；狂属脏，痰剧心主，故发而不止，此癫狂之属。癫之患虽本于心，大约肝病居多；狂之患故根于心，而亦因乎胃与肾，此癫狂兼致之故。"

（贺志光　凌湘力）

45. 发　癫

【概念】

发癫，是指精神抑郁，表情淡漠，沉默痴呆，语无伦次，静而少动的症状。又称"癫疾"、"文痴"、"呆病"、"花痴"等。

《内经》对发癫的症状、病因、病机及治疗均有较详细的记载。如《灵枢·癫狂篇》曰："癫疾始生，先不乐，头重痛，视举，目赤，甚作极，已而烦心。"，"得之忧饥"，"得之大恐"，"得之有所大喜"。

发癫当与郁证相鉴别，二者临床表现有相似之处，并均与五志过极，七情内伤有关。但郁证多见易怒善哭，胸胁胀痛，喉中如有异物，失眠等症状。主要表现为自我感觉异常，自制力差，但神志尚清。发癫亦见喜怒无常，多语或不语等症状，以失去自制能力，神明逆乱，神志不清为其特征。发癫还当与发狂相鉴别，参见发狂。

【鉴别】

常见证候

肝郁气滞发癫：精神抑郁，情绪不宁，沉默不语，善怒易哭，时时太息，胸胁胀闷，舌质淡红，舌苔薄白，脉弦。

痰蒙清窍发癫：精神呆滞，沉默痴呆，喃喃自语，或多疑多虑，哭笑无常，舌淡苔白腻，脉弦滑。

气虚痰结发癫：情感淡漠，不动不语，甚则呆若木鸡，目瞪如愚，傻笑自语，思维混乱，甚则妄思妄闻，自责自罪，面色萎黄，便溏溲清，气短无力，舌质淡，舌体胖，舌苔白腻，脉滑或弱而无力。

心脾两虚发癫：病程长，面色苍白无华，少动懒言，神思恍惚，心悸易惊，善悲欲哭，意志衰退，夜寐多梦，不思饮食，便溏，舌质淡，舌体胖大，边有齿痕，苔薄白，脉细弱。

鉴别分析

肝郁气滞发癫与痰蒙清窍发癫：肝郁气滞发癫多由于思虑太过，所欲不遂，所求不得，肝气被郁，失于条达，疏泄不利，气机郁滞而致。痰蒙清窍发癫，或因肝郁日久，木克脾土，脾失健运，聚湿成痰；或因饮食不节，损伤脾胃，痰邪自生，致痰浊内盛，上蒙清窍。肝郁气滞发癫以精神抑郁，时时太息，胸胁胀闷，苔薄白，脉弦为辨证要点。痰蒙清窍发癫以精神呆滞，沉默痴呆，苔白腻，脉弦滑为辨证要点。前者宜疏肝解郁，方用柴胡疏肝散加菖蒲、远志、郁金。后者宜豁痰开窍，清心安神，方用涤痰汤加天竺黄等。

气虚痰结发癫与心脾两虚发癫：气虚痰结发癫常因病久正气亏虚，脾气日衰，健运无力而痰浊益盛，痰结日深，则清窍被蒙。心脾两虚发癫多因病延日久，心脾耗伤，脾伤则气血来源不足，心伤则心神失养，神不守舍。气虚痰结发癫以感情淡漠，不动不语，甚则呆若木鸡，面色萎黄，苔白腻，脉滑或弱为辨证要点。心脾两虚发癫以神思恍惚，心悸易惊，善悲欲哭，纳呆多梦，舌淡苔薄白，脉细弱为辨证要点。前者宜益气健脾开窍，方用四君子汤合涤痰汤加减；后者宜健脾益气，养心安神，方选养心汤化裁。

本症常表现为本虚标实。早期多为邪实，晚期以本虚多见。实证包括肝气郁结，痰蒙清窍。实证日久，可发展为虚实夹杂证，表现为本虚标实，如气虚痰结证。病程迁延，邪去而正已伤，又可转化为心脾两虚证。

【文献别录】

《素问·宣明五气》："邪入于阳则狂，搏阴则为癫疾。"

《难经·二十难》："重阳者狂，重阴者癫。"

《丹溪心法·癫狂》："癫属阴……大率多因痰结于心胸间。"

《证治汇补·癫狂》："有视听言动俱妄，甚则能言平生未见闻事，及五色神鬼，此乃气血虚极，神光不足，或挟痰火，壅闭神明，非真有祟也，宜随证治之。"

《临证指南医案·癫痫》："癫由积忧积郁，病在心脾胞络，三阴蔽而不宣，故气郁则痰迷，神志为之混淆……癫之实者，以滚痰丸开痰壅闭，清心丸泄火郁勃。虚者当养神而通志，归脾枕中之类主之。"

（邱德文　凌湘力）

46. 痫

【概念】

痫，是指发作性的精神恍惚，甚则突然仆倒，昏不知人，口吐涎沫，两目上视，四肢抽搐，或口中作猪羊叫声，移时苏醒的症状。又名"癫痫"，俗称"羊痫风"。

痫，首见于《素问·大奇论》："心脉满大，痫瘛筋挛；肝脉小急，痫瘛筋挛。"后世医家对痫的病因、病机及临床特点均有较为细致的记载，如《证治准绳·癫狂痫》曰："痫病发则昏不知人，眩仆倒地，不省高下，甚而瘛疭抽掣，目上视，或口眼㖞斜，或口作六畜之声。"

痫当与中风、痉证相鉴别。三者均有突然昏倒，不醒人事。然痫仆地有声，口吐白沫，神昏片刻即醒，醒后如常人，有反复发作史。中风仆地无声，神昏须救治，醒后常有半身不遂。痉证发时多身强直兼角弓反张，不易清醒，常伴发热。临床鉴别并不困难。

【鉴别】

常见证候

痰火扰神痫：突然昏倒，四肢抽搐，口吐粘涎，气粗声高，平素情绪急躁，常因焦急郁怒诱发，心烦失眠，胁肋胀痛，咯痰胶稠，面红目赤，口苦而干，便秘，舌质红，苔黄腻，脉弦滑数。

风痰闭神痫：发作前常有头晕，恶心，胸闷，乏力，随即猝然仆倒，神志不清，抽搐，口吐白沫或流清涎，醒后疲惫不堪，发无定时，受寒则易诱发。也有仅为短暂的神志不清或精神恍惚，无抽搐，舌苔白腻，脉弦滑。

痰瘀互结痫：发作时头晕头痛，旋即尖叫一声，瘛疭抽搐，口吐涎沫，脸面口唇青紫，平素常头昏，头痛，痛有定处，或有单侧肢体抽搐，或一侧面部抽动，多继发于颅

— 77 —

脑外伤、产伤，舌质暗红或紫，有瘀斑瘀点，舌苔薄白，脉涩。

血虚神闭痫:发作前心悸头晕，随后突然昏倒，口吐白沫，平素心悸气短，失眠多梦，头昏健忘，两目干涩，唇甲淡白，或于经期前后发作频繁，舌质淡，苔薄白，脉细或细数。

肾虚髓亏痫：反复发作，数年不愈，神思恍惚，突然昏倒，四肢抽搐，口吐白沫，二便自遗，平素头昏目眩，面色晦暗，腰膝酸软，健忘失眠，甚则智力减退，或遗精阳痿早泄，或白带多，舌质淡，苔薄少，脉沉细滑。

鉴别分析

痰火扰神痫与风痰闭神痫：痰火扰神发痫多因五志过极，气郁化火，火邪煎熬津液，酿成痰热；或嗜酒肥甘，痰热内生，偶遇恼怒，肝火触动内伏之痰浊，痰随火生，上蒙心窍。风痰闭神发痫多因脾失健运，聚湿成痰；或素有伏痰，复加饮食所伤，致清阳不得上升，浊阴不得下降，痰蒙清窍。痰火扰神痫以发作时口吐粘涎，急躁易怒，心烦失眠，口苦而干，舌红苔黄腻，脉弦滑数为辨证要点。风痰闭神痫以口吐白沫或清涎，胸闷恶心，遇寒易发，舌苔白腻，脉弦滑为辨证要点。二证的区别在于有无火热之象。痰火扰神痫治以清热涤痰，方用礞石滚痰丸或龙胆泻肝汤合涤痰汤加减。风痰闭神痫治以温化风痰，方选星香二陈汤。

痰瘀互结痫：多因跌打损伤，或小儿娩时产钳伤及头颅；或久病入络，瘀血阻滞；或郁闷不畅，肝失条达，气滞血瘀，瘀阻于上，脑络闭阻而发痫。其辨证要点为：多有外伤或产伤史，发作前常头晕头痛，痛有定处，舌紫黯有瘀斑瘀点，脉涩。治以活血化瘀涤痰为主，方用通窍活血汤化裁。

血虚神闭痫与肾虚髓亏痫：血虚神闭痫常因忧思伤脾，气血生化无源，肝失所养，心血不足，神无所附而致。肾虚髓亏痫或由先天不足，自幼"胎痫"；或因痫症已久，反复发作，肾气大伤。肾主骨生髓充于脑，肾精气不足，脑失所养而发痫。血虚神闭痫以心悸气短，目干涩，舌质淡，脉细为辨证要点。肾虚髓亏痫以腰膝酸软，智力减退，健忘失眠为辨证要点。前者治宜养血柔肝，宁心安神，方用滋阴宁神汤或酸枣仁汤。后者治宜补肾填精安神，方选河车丸或左归饮加紫河车等。

痫久发不愈，多由实转虚，常见血虚或肾虚，最终多为肾虚，故治需处处顾护肾脏精血，不可过用刚燥之品，需因势利导，以柔克刚。

【文献别录】

《千金要方·痫候法》："夫痫，小儿之恶病也，或有不及求医而致者，然气发于内，必先有候，常宜审察其精神而其候也。"

《证治准绳·痫》："痫病仆时，口中作声，将醒时吐涎沫，醒后又复发，有连日发者，有一日三五发者。"

《证治汇补·痫病》："或因卒然闻惊而得，惊则神出舍空，痰涎乘间而归之。"

《临证指南医案·癫痫门》："痫证或由惊恐，或由饮食不节，或由母腹中受惊，以致脏气不平，经久失调，一触积痰，厥气内风，卒焉暴逆，莫能禁止，待其气反，然后已。"

（王齐南　凌湘力）

47. 善 惊

【概念】

善惊是指易受惊吓，或经常无故自觉惊慌，心中惕惕然不安，且不能控制的症状。又称"喜惊"、"暴惊"、"风惊"，兼有躁狂症状者也称"惊狂"。

善惊应与心悸、怔忡相鉴别：心悸是外无所惊，内无所恐，而自觉心下筑筑，跳动不宁，休作有时，不能自主。怔忡是心胸跳动无有宁时。《证治汇补》曰："怔忡者，心中惕惕然，动摇不静，其作也无时。"善惊则以胆小脆弱，易受惊吓，心中不安为特点。

【鉴别】

常见证候

心胆气虚善惊：气短乏力，语言低微，胆怯怕事，心慌易惊，少眠多梦，舌质淡，苔薄白，脉细弱。

阴血不足善惊：虚烦失眠，潮热盗汗，手足心热，遇事易惊，面色无华，爪甲苍白，舌淡或红，苔薄白，或少苔，脉细或细数。

痰火扰心善惊：心烦意乱，坐卧不宁，甚则狂躁，头昏头痛，夜寐易惊，口干口苦，舌质红，苔黄厚腻，脉滑数。

心火亢盛善惊：面红目赤，烦躁易惊，口舌生疮，渴喜冷饮，自语自笑，舌尖红，苔薄黄，脉数。

肝郁血虚善惊：胸胁胀满，情怀不舒，烦躁易怒，遇事易惊，面色爪甲苍白，舌质暗或淡，舌苔薄白，脉细弦。

鉴别分析

心胆气虚善惊：心为君主之官，神明出焉；胆为中正之官，决断出焉。心气安逸，胆气不怯。若因事有所大惊，或闻虚响，或见异相，或思想无穷，梦寐不解，致胆气受损，心神不宁，触事易惊，发则坐卧不安，心慌怕事。其临床辨证要点是：善惊兼见气短，自汗乏力，面色㿠白，脉弱等心气不足及平素胆小怕事，遇事优柔寡断等胆虚证候。治宜益气养心，化痰温胆，方选四君子汤、温胆汤。

阴血不足善惊：人之所主者心，心之所养者血，心血一虚，心神失守，易发惊骇，而心之虚，无不由于肾精之虚，阳统于阴，心本于肾，上不安者由于下，此精血互根之理。《类证治裁》："如三阴精血亏损，阴中之阳不足，而怔忡惊恐。"其临床辨证要点是：善惊兼见阴虚内热的潮热盗汗，五心烦热，入夜口渴，及血虚失荣的面色无华，爪甲苍白等症，舌淡或红，苔薄或少苔，脉细数无力。治宜滋阴养血，安神宁心，方选归芍地黄汤。本证与心胆气虚善惊虽同属虚证，但一为阳气不足，一为阴血亏损，临床表现明显不同，自易鉴别。

痰火扰心善惊：素体痰盛或暴怒伤肝，气郁化火，灼津成痰，痰火上扰，心神不安，遇事易惊。《红炉点雪》："惊者……痰因火动。"，本证与阴血不足善惊，虽均见热象，但虚实有别。其临床辨证要点是：善惊而兼性急多言，甚则躁狂，头昏头痛，口苦，舌红，苔黄厚腻，脉弦滑数等实火挟痰证候。治宜清心豁痰，方选黄连温胆汤。

心火亢盛善惊：《素问·至真要大论》："诸病胕肿，疼酸惊骇，皆属于火。"惊病在心，多因心有实火，火盛血乱，神无所舍，而发生惊搐，以小儿为多见。本证与痰火扰心善惊，均有明显的热象，但痰火扰心以痰为主，舌苔必厚腻而黄；心火亢盛则以火为主，故其临床辨证要点是：善惊而兼见口舌生疮，口渴欲冷饮，舌苔薄黄。治宜清心泻火，方选泻心导赤散。

肝郁血虚善惊：肝郁不舒，化火灼津，肝血受损，则心血亦亏，致肝不藏魂，心不主神，神魂散乱，遇事易惊。《血证论》："血家病惊"，《脉因症治》："因血虚。肝主血，无血养则不盛，故易惊"。本证与阴血不足善惊均可见面色爪甲苍白，脉细。其临床辨证要点是：兼见肝郁不舒，胸胁胀满，虚烦易怒，月经不调，舌黯或淡，苔薄白，脉细弦，与阴血不足善惊而表现阴虚内热等症不同。治宜舒肝理气，养血宁神。方选丹栀逍遥散加减。

善惊一症临床较多见，引起善惊的病因病机也多种多样，除了上述论述外，古代医书还载有"阳明厥逆，……善惊"（《素问·厥论》）；"诸水病者，卧则惊"（《素问·评热病论》）；"二阳急为惊"（《素问·大奇论》）。这里未曾论及，临床需详加辨析，审证求因，采取适当的治法。

【文献别录】

《素问玄机原病式·热类》："惊，心卒动而不宁也。火主于动，故心火热甚也。"

《证治准绳·杂病·神志门》："惊……由是观之，肝、胆、心、脾、胃皆有惊证明矣。"

《医宗必读·惊》："愚按外有危险，触之而惊，心胆强者，不能为害，心胆怯者，触而易惊。"

《寿世保元·惊悸》："惕然而惊……心下怯怯，如恐人捕，皆心虚胆怯之所致也。"

《张氏医通·神志门》："夫惊虽主于心，而肝、胆、脾、胃皆有之，惊是火热烁动其心，心动而神乱也。若因内气先虚，故触事易惊，或卒然闻响大声，目击异物，遇险临危，皆使人有惕惕之状也。惊则气乱，郁而生火生涎……，宜温胆汤加枣仁。"

《类证治裁·怔忡惊恐论治》："惊者，神气失守，由见闻夺气，而骇出暂时也。"

《血证论·惊悸》："胆气不壮，故发惊惕，桂枝龙骨牡蛎甘草汤主之。"

（贺志光　凌湘力）

48. 善　喜

【概念】

善喜，是指未遇喜乐之事，或非高兴之时，而经常无故喜笑不休的症状。又称"善笑"、"笑不休"、"喜笑不休"。

《内经》最早记载本症，《素问·调经论》说："神有余则笑不休"；《灵枢·本神》曰："心气虚则悲，实则笑不休。"指出善喜为心有实邪所致。对其病因病机及治法，后世医家多有补充，如：《素问玄机原病式·热类》说："故病笑者，火之甚也。"《类证治裁》曰："王氏，独言独笑，痰多气郁，用温胆汤，降涤扰心涎沫，数服效。"

【鉴别】

常见证候

心火炽盛善喜：时时发笑，兴奋话多，甚或狂言乱语，心烦躁动，口渴喜冷饮，口舌生疮，面赤，舌质红，苔薄黄，脉数。

痰火扰心善喜：狂笑不休，口流涎沫，烦躁口苦，怪态多端，面赤目呆，夜寐易惊，心烦易怒，舌质红，苔黄腻，脉滑数。

肝郁火旺善喜：喜怒无常，时无故发笑，胸胁胀满，嗳气太息，性急暴躁，恶梦纷纭，舌质红，苔薄黄，脉弦数。

水火不济善喜：时善喜，有时可以自控，腰膝酸软，头晕耳鸣，心悸，失眠多梦，五心烦热，遗精盗汗，舌质红，少苔，脉细数或弦细数。

气虚血瘀善喜：病程日久，微笑自语，笑而无力，笑中发呆，生活懒散，气短懒动，舌质紫黯，有瘀点，舌苔薄白，脉弦涩。

鉴别分析

心火炽盛善喜、及痰火扰心善喜与肝郁火旺善喜，心在志为喜，在声为笑。心火炽盛善喜多由五志郁而化火，心火过旺，神无所舍，则喜笑异常。痰火扰心善喜多因情志不畅，久郁伤及脾胃，运化失司，聚湿生痰，痰郁化火，上扰心窍，蒙蔽神明，失其所主而致。肝郁火旺善喜常见于所愿不遂，暴怒伤肝，疏泄失司，气机郁滞，郁久化火，肝火扰心，神魂失守，则喜笑不休，时笑时怒。心火炽盛善喜以发病急，喜笑不休，口舌生疮，口渴喜冷饮，舌红为辨证要点。痰火扰心善喜以狂笑不休，口流涎沫，舌苔黄腻，脉滑数为辨证要点。肝郁火旺善喜以喜怒无常，胸胁胀满，性急暴躁，脉弦数为辨证要点。三证均为实证，然病位不同，治法亦异。心火炽盛善喜治宜清泻心火，方用黄连解毒汤或泻心汤加减。痰火扰心善喜治宜涤痰降火，清心安神，方选加味温胆汤。肝郁火旺善喜治宜舒肝理气，清火泄热，方选泻青丸或龙胆泻肝汤。

水火不济善喜与气虚血瘀善喜：水火不济善喜多因肾水亏涸，水不济上，心火上浮，心神失守而致。气虚血瘀善喜多因病程较长，积年累月不愈，心气亏虚，瘀血内阻所致。水火不济善喜的辨证要点是：时善喜，腰膝痠软，失眠多梦，五心烦热，舌红少苔，脉细数。气虚血瘀善喜的辨证要点是：病程日久，微笑自语，笑而无力，笑中发呆，舌紫黯，有瘀点。前者治宜益肾壮水，滋阴降火，方选六味地黄汤。即王冰所谓"壮水之主，以制阳光"之意。后者治宜益气化瘀，方用补阳还五汤加减。

【文献别录】

《灵枢·本神篇》："心主脉……实则笑不休。"

《寿世保元》："喜笑不休者，心火炽盛也。"

《类证治裁》："少年情怀不遂，……独言独笑。……自属肝胆火逆，直犯膻中。"

（贺志光　凌湘力）

49.善　　悲

【概念】

善悲是指无故悲伤，悲痛，常悲伤欲哭，不能自制的症状。《灵枢·五邪》称"喜悲"。《金匮要略》称"喜悲伤欲哭。"悲伤出于心肺，《灵枢·本神》曰："心气虚则悲。"《素问·宣明五气》："精气并于肺则悲。"悲为肺之志，悲则气消，过分的悲伤最易引起其它脏腑的功能失调而产生病变。

【鉴别】

常见证候

心肺气虚善悲：善悲欲哭，情绪低落，心悸气短，动作迟缓，夜寐不佳，自汗盗汗，舌淡苔白，脉弱。

脏躁善悲：精神恍惚，心神不宁，悲忧善哭，坐卧不安，时时欠伸，甚则精神失常，大便秘结，舌红少津，脉细弦。

鉴别分析

心肺气虚善悲与脏躁善悲：皆为虚证。心肺气虚善悲多因过劳伤气，或后天生化不足致心肺气虚。肺在志为悲，肺气虚损致情绪低落，喜悲伤欲哭，心气不足则心悸气短。脏躁善悲常因思虑过度，或忧郁不解，心脾受损，心阴不足，则血不养心；脾失健运，则生化无源，致诸脏失荣。心肺气虚善悲以心悸气短，自汗盗汗为辨证要点。脏躁善悲以精神恍惚，不能自主，甚则哭笑无常为辨证要点。前者治宜补益心肺之气，方选四君子汤，或补中益气汤化裁。失眠不寐者，加夜交藤、远志；兼肺气郁结，胁肋胀满者，加柴胡、郁金。后者治宜养阴润燥，方选甘麦大枣汤加白芍、茯神、枣仁、龙齿、五味子等。

【文献别录】

《素问·至真要大论》："太阳之复，甚则入心，善忘善悲……。"

《金匮要略·妇人杂病脉证并治》："妇人脏躁，喜悲伤欲哭，如神灵所作，数欠伸，甘麦大枣汤主之。"

《素问玄机原病式·热类》："惊惑悲笑，……皆为热也。""悲，金肺之志也。金本躁，能令躁者火也。心火主于热，喜痛，故悲痛苦恼者，心神烦热躁乱，而非清净也。所以悲哭而五液俱出者，火热亢极而反兼水化制之故也。"

（贺志光　凌湘力）

50. 善　　恐

【概念】

善恐，是指未遇恐惧之事而产生恐惧之感，终日神志不安，如人将捕之的症状。

善恐之名，首见于《内经》，《素问·脏气法时论》说："肝病者，两肋下痛引少腹，……虚则目䀮䀮无所见，耳无所闻，善恐如人将捕之。"《素问·四时逆从论》："血气内却，令人善恐。"《素问·阴阳应象大论》曰："肾主耳……在志为恐，恐伤肾。"指出肝肾虚损可致善恐；反之，惊恐过度又可损伤肝肾。《素问·举痛论》曰："恐则气下。"阐明了善恐的发病机理是人在恐惧状态下，上焦的气机闭塞不畅，气迫于下焦，则下焦胀满，甚至遗尿。恐与惊相似，但惊为不自知，事出突然而受惊；恐为自知，俗称胆怯。

【鉴别】

常见证候

肾精不足善恐：心悸善恐，腰膝痠软，头脑发空，健忘，或遗精盗汗，虚烦不眠，或形寒肢冷，疲惫乏力，舌淡苔白，或舌红少苔，脉沉细弱，或细数。

气血两虚善恐：触事善恐，面色无华，身倦乏力，气短自汗，心悸，舌淡苔白，脉虚弱。

肝胆不足善恐：虚怯善恐，提心吊胆，如人将捕之，遇事数谋寡断，两胁不舒，舌淡红苔薄白，脉虚弦或弱。

鉴别分析

肾精不足善恐：肾藏精，恐为肾志，若久病精亏，或房劳过度，精气内夺，则见善恐。腰为肾之府，肾虚则腰膝痠软。精亏髓海失充，则头脑发空，健忘。偏于阴虚者，可见虚烦不眠，遗精盗汗；偏于阳虚者，可见形寒肢冷，疲惫乏力。肾精不足善恐以腰膝痠软，头空健忘为辨证要点。治宜补肾填精，方选六味地黄汤加远志，枸杞，枣仁。偏阳虚者，加鹿角，肉桂，巴戟天。

气血两虚善恐与肾精两虚善恐：气血不足善恐由于禀赋不足，素体虚弱，或久病失养，致气血亏虚。心主血，藏神，气血两虚，心失所养则善恐。以面色无华，气短心悸，触事易惊为辨证要点。气血两虚善恐与肾精不足善恐虽同属于虚证，但前者以善恐兼见肾虚证候为主，后者以善恐兼见心神失养证候为主，二者不难鉴别。由于精、气、血相互转化，故二证在临床既能单独存在，又能相互转化或交互并见。气血两虚善恐治宜补益气血，方选远志丸合八珍汤。

肝胆不足善恐：肝藏血舍魂，胆附于肝，若素体虚弱，或久病肾亏，精不化气，肝胆不足则肝不藏魂，胆失决断，遇事善恐，甚则出现如人将捕之。本证以虚怯，数谋寡断，两胁不舒为辨证要点。治宜补益肝胆，方选补胆防风汤加减。

【文献别录】

《灵枢·经脉》："肾足少阴之脉，……气不足则善恐。"

《灵枢·本神》："肝藏血，血舍魂，肝气虚则恐，实则怒。"

《诸病源候论·风病诸候》："肝虚则恐，……心肝虚而受风邪，胆气又弱，而为风所乘，恐如人捕之。"

《医宗金鉴·杂病心法要诀》："恐畏不能独自卧，胆虚气怯用仁熟，柏仁地枸味萸桂，参神菊壳酒调服。"

《张氏医通·神志门》："似惊悸而实非，忽然心中恐惧，如人将捕之状，属肾本脏，而旁及他脏，治法则有别焉。治肾伤者，宜补精髓，六味丸加枸杞，远志。治肝虚者，宜养阴血，六味丸加枣仁，龙齿。"

（贺志光　凌湘力）

51. 善　　怒

【概念】

善怒，是指无故发怒，或易于发怒，情绪急躁不能自制的症状。可表现为突然暴怒、狂怒，又称"喜怒"，"易怒"，"怒狂"。

《素问·脉解》说："少气善怒者，阳气不治，阳气不治则阳气不得出，肝气当治而未得，故善怒。"《素问·阴阳应象大论》曰："肝……在志为怒，怒伤肝。"说明善怒病位在肝，是由阳气郁遏不伸所至。

【鉴别】

常见证候

肝郁气滞善怒：急躁易怒，胸胁胀痛或串痛，善太息，心情不舒，舌淡红，苔白或黄，脉弦。

肝胆火旺善怒：烦躁易怒，头目胀痛，口苦咽干，胸胁满闷，舌红苔黄，脉弦数。

脾虚肝乘善怒：心烦易怒，身倦乏力，食少便溏，腹胀腹痛，两胁胀满，舌淡红，苔薄白，脉弦无力。

肝肾阴虚善怒：易怒，头昏耳鸣，腰膝酸软，潮热盗汗，五心烦热，胸胁不舒，舌红少苔，脉细数。

鉴别分析

肝郁气滞善怒与肝胆火旺善怒：肝郁气滞善怒常因情志失调，郁怒伤肝，木失条达，疏泄无权，气机不畅所致。肝胆火旺善怒常由肝郁气滞发展而来，由于郁久化火，肝胆火旺上逆而致。两证均为实证，区别在于有无火证。肝郁气滞善怒以胸胁胀痛，善太息，急躁易怒，脉弦为辨证要点；肝胆火旺善怒以头目胀痛，口苦咽干，脉弦数为辨证要点。前者治宜疏肝理气，方选达郁汤，解怒平肝汤，或柴胡疏肝散加减；后者治宜清泻肝胆实火，方选龙胆泻肝汤加减。

脾虚肝乘善怒与肝肾阴虚善怒：脾虚肝乘善怒缘于素体脾虚，肝木乘脾土而成土虚木贼之候；若肝木过旺又易克脾，致脾不健运而腹胀便溏。肝肾阴虚善怒：肝体阴而用阳，肝血充盈，阴能涵阳，则阴平而阳秘。乙癸同源，若肾水不足，不能涵养肝木，终致肝肾阴亏，肝阳独亢。两证均为虚证，而前者为虚实挟杂。脾虚肝乘善怒的辨证要点是：既见脾失健运的食少便溏，腹胀乏力，又见肝木横逆之两胁胀满。肝肾阴虚善怒的辨证要点是：潮热易怒，五心烦热，腰膝酸软，舌红少苔，脉细弦或细弦数。前者治以疏肝理脾，方选香砂六君子汤，痛泻要方。后者宜滋补肝肾，方选杞菊地黄汤。

【文献别录】

《素问·四时刺逆从论》："血气上逆，令人善怒。"

《素问·调经论》："肝藏血，血有余则怒。""血并于上，气并于下，心烦惋善怒。"

《素问·气交变大论》："岁木太过，民病善怒。"

《难经》："假令得肝脉，其外证：善洁，面青，善怒。"

《景岳全书·论治》："肝木之气必犯脾土，而胃气受伤，致碍饮食……此所以不必重肝，而重当在脾也。"

（贺志光　凌湘力）

52. 善　忧　思

【概念】

忧，指过度忧愁、苦闷、担心。思，指思虑过度。善忧思，是指经常思虑绵绵，忧郁不解，闷闷不乐的症状。《素问·痹论》曰："淫气忧思，痹聚在心。"《灵枢·本神》指出："愁忧者，气闭塞而不行。""脾愁忧而不解则伤意"，言忧思与心脾有密切关系，忧思日久易阻滞气机。

【鉴别】

常见证候

心脾气结善忧思：心怀不舒，终日思虑，胃脘胀闷，不欲饮食，夜难入寐，多梦易惊，舌黯苔薄白，脉弦。

肺气不足善忧思：忧思欲哭，气短懒言，自汗乏力，精神不振，意志消沉，舌淡苔薄白，脉弱。

鉴别分析

心脾气结善忧思与肺气不足善忧思：心脾气结善忧思多由于过度劳心或精神刺激，心怀不舒，所欲不遂，或疑虑难解而终日思虑，致气滞不畅。肺气不足善忧思则多因素体虚弱，生化不足，或悲伤过度，悲则气消，致肺气不足，宣肃无能，气机郁滞。二者病位不同，一在心脾，一在肺脏。心脾气结善忧思以起病缓，胃脘胀闷，不欲饮食，夜难入寐为辨证要点。肺气不足善忧思以气短乏力，舌淡脉弱为辨证要点。前者宜补益心脾，方用归脾汤加郁金，香附等；后者宜补益肺气，方选补肺汤加白术、茯苓、陈皮等。

【文献别录】

《丹溪心法》："有思虑便动，属虚。"

《杂病源流犀烛》："内经曰：肺在志为忧，又曰：忧则气沉。灵枢曰，愁忧不解则伤意，意为脾神也。又曰，忧则隔塞否闭，气脉断绝，而上下不通也。""思者，脾与心病……或有劳心思虑，损伤精神，致头眩目昏，心虚气短，惊悸烦热者，有思虑伤心，致心神不足，而不能成寐者，……有因思劳伤心脾，致健忘失事，言语颠倒如痴者。"

（贺志光　凌湘力）

53. 善　疑

【概念】

善疑，是指经常对人或事物无缘无故的产生怀疑、不信任，甚或形成一种固定观念，产生一种并不存在的幻视幻听意象。

【鉴别】

常见证候

胆热痰扰善疑：善疑敏感，心烦恍惚，失眠多梦，胆怯易惊，坐卧不安，或幻听幻视，头晕目眩，口苦咽干，胸胁满闷，大便不调，舌质红，苔黄腻，脉弦滑数。

阴虚阳亢善疑：善疑善惊，善悲欲哭，烦躁易怒，失眠，或盗汗，或遗精，潮热颧红，口燥咽干，小便短赤，舌质红而干，少苔，脉细数。

心脾两虚善疑：善疑善虑而不能自控，面色萎黄无华，多梦易醒，心悸，健忘，神疲乏力，饮食无味，舌质淡，苔薄白，脉缓无力。

心胆不宁善疑：善疑易惊，强迫思维或动作，紧张焦虑，莫能作主，心虚胆怯，虚烦不眠，头昏目眩，舌淡苔白，脉细。

肝郁血虚善疑：善疑多虑，精神抑郁，情绪不宁，头晕眼花，胁胀作痛，多太息，面白，舌淡，脉弦细。

气滞血瘀善疑：善疑，情绪不稳，哭笑无常，幻觉妄想，胸胁满闷而痛，头痛身痛，面色晦滞，舌质暗红有瘀斑，舌下静脉瘀血，脉弦涩。

鉴别分析

胆热痰扰善疑：若因情志不悦，或精神刺激，使肝气郁结，气郁生痰，痰郁化热，痰热扰及胆腑，胆失清静，勇气消减而胆怯反甚，轻则善疑敏感，心烦失眠，多梦，坐卧不安。肝胆相表里，若腑病及脏，影响肝之窍，则妄视。痰热循经上扰，则头晕目眩，口苦咽干。痰热扰胸膈则胸胁满闷，扰胃肠则大便不调。舌红苔黄腻，脉弦滑数均为痰热之象。治宜清化痰热，疏肝利胆，方选导痰汤加味。

阴虚阳亢善疑：情志内郁，耗伤脏阴，肺阴受损则善悲欲哭；肝阴受损，魂不守舍则善疑善惊；心阴受损；心神失养则心烦失眠；肾阴受损，阳气浮越，精气不守，故见遗精；阴虚无以制阳，则虚阳上亢，故见潮热，颧红，口燥咽干，烦躁易怒；阴虚生热扰下焦则小便短赤；舌质红，苔薄而干，脉细数均为阴虚阳亢之象。治宜滋阴潜阳，方选大补阴丸。

心脾两虚善疑：思虑太过暗耗心血，心脾受损，营血不足，神气失养，故见多梦易醒，心悸健忘；心主血，其华在面，今血虚不能上荣于面，故见面色萎黄无华；脾主思，脾虚则多思多虑，善疑而不能自控；脾失健运，故饮食无味；气血不足，故神疲乏力。舌淡，苔薄，脉缓无力为心脾两虚之象。治宜益气补血，健脾养心，方选归脾汤。

心胆不宁善疑：劳心日久，思伤心脾，脾失健运，积液为痰，痰浊犯胆，胆失决断之能，故思虑不能自主，反复强迫动作；心气亏虚，胆气不宁，故见紧张焦虑，善疑易惊，虚烦不眠；痰浊中阻，清阳不升，故头晕目眩。舌淡苔白，脉细为心虚痰阻之象。治宜养心安神，理气化痰，方用十味温胆汤。

肝郁血虚善疑：情志不遂、忧思郁怒等精神刺激，均可使肝失条达，气机不畅，以致肝气郁结，疏泄功能失常，故见精神抑郁，情绪不宁，胁胀作痛，喜太息。肝气郁结，郁而化热，郁热内扰，魂不守舍，故可失眠，多虑善疑。血虚则不能上荣于首，故见头晕眼花，面白。舌淡，脉弦细均为肝气郁结，血虚不足之象。治宜疏肝养血，宁心安神，方用酸枣仁汤加味。

气滞血瘀善疑：气血郁滞，阻蔽心窍，心神被扰，则见情绪不稳，哭笑无常，善疑紧张，幻觉妄想。瘀血阻滞，气滞胸阳，故胸胁满闷而痛。气滞血瘀，经络不通，故头痛身痛。面色晦滞，舌质暗红有瘀斑，舌下静脉瘀血，脉弦涩均为瘀血内阻之象。治宜活血化瘀，理气安神，方选血府逐瘀汤。

【文献别录】

《儒门事亲》"肝屡谋，胆屡不决，屈无所伸，怒无所泄，心血日涸，脾液不行，痰迷心窍，则成心风，属虚者多。"

（邹金盘）

54. 妄　　想

【概念】

妄想，是一种与客观实际不相符合的病态思维，虽缺乏事实根据，但病者坚信其正确而坚持己见。常见于癫证，狂证，百合病等精神疾患。

本症最早见于《内经》。如《灵枢·癫狂》曰："狂始发，少卧不饥，自高贤也，自辨智也，自尊贵也。"描述了狂病患者自命清高的一种妄想表现。妄想常与妄听、妄视等幻觉同时出现。

【鉴别】

常见证候

痰火内扰妄想：性情急躁易怒，行为冲动，胡言乱语，夸大妄想，或登高而歌，或弃衣而走，面红目赤，眩晕头痛，舌红苔黄腻，脉弦滑数。

痰气郁结妄想：精神抑郁，表情淡漠，寡言呆滞，活动迟缓。疑虑过度，或忿不欲生，自罪自责，倦怠乏力，纳呆便溏，舌体胖或有齿痕，苔白腻，脉滑或沉缓。

气滞血瘀妄想：情绪不稳，行为幼稚或愚蠢，胸胁满闷，周身不适，面色晦暗，妇人则经少色暗，或有痛经、经闭。舌暗少苔，脉涩或弦。

阴虚火旺妄想：情感平淡，情绪焦虑紧张，烦躁不眠，病情迁延不愈，大便干燥，小便短赤，颧红，口干耳鸣，手足心热，舌红无苔或舌绛苔剥，脉细数。

气血两虚妄想：情感淡漠，神思恍惚，反应迟钝，思维贫乏，面色无华或苍白，形寒肢冷，神疲乏力，舌质淡，苔薄白，脉沉细。

鉴别分析

痰火内扰妄想与痰气郁结妄想：二证都与痰密切相关，但前者痰火为害，邪气亢盛，后者痰郁为患，心脾两虚。前者平日痰火素盛，性情急躁，阳气偏亢，又因情志不遂，肝气郁滞，阳气暴涨，鼓动痰火二邪内扰神明，故见行为冲动，胡言乱语，夸大妄想等精神失控之症，甚则狂躁易怒，登高而歌，弃衣而走等怪异行为。肝经郁滞，痰火上扰清窍故见两胁胀痛，面红耳赤，眩晕头痛，舌红苔黄腻，脉弦滑数。后者素体禀赋不足，或劳心思虑日久，肝气郁结，伤及心脾，脾虚则运化失常，气血生化不足，心失所养，心神无主则精神抑郁，表情淡漠，活动迟缓，心烦失眠，倦怠无力。痰湿内扰，痰迷心窍，则见妄想等精神异常的表现。痰湿中阻则纳呆便溏，舌体胖或有齿痕，苔白腻，脉滑或沉缓均为脾虚失运，痰湿内阻之象。痰火内扰妄想治宜涤痰泻火、清热安神，方用滚痰丸合当归龙荟丸。痰气郁结妄想治宜疏肝健，祛湿化痰，方用温胆汤加减。

气滞血瘀妄想：情志抑郁，思虑过度，气滞血瘀，清窍失养，"脑气与脏腑气不接，如同作梦一样"（清王清任《医林改错》）。故见情绪不稳，行为幼稚或愚蠢。瘀血内阻，心神失宁故猜疑妄想。周身不适，面色晦暗，舌质暗，脉涩为气滞血瘀之象。在女子则痛经，闭经，经少色暗。治宜理气解郁，活血化瘀，方选丹栀逍遥散、癫狂梦醒汤等。

阴虚火旺妄想与气血两虚妄想：二者都见于病程日久，都有情感淡漠。但一阴一阳，较易辨别。前者阴不足则不能制心火，虚火上扰，心神失养故妄想幻觉。大便干，小便短赤，颧红，口干耳鸣，手足心热，舌红无苔，脉细数皆为阴虚火旺之象。后者久郁不解，伤及脾肾，气血两虚，故见反应迟钝，思维贫乏，妄想。面色无华或苍白，形寒肢冷，神疲乏力，舌淡苔薄白，脉沉细为脾肾虚衰，气血两虚之象。二证治法，前者宜滋阴降火，安神定志。方用大补阴丸合定志丸；后者宜健脾温阳，益气养血，方选附子理中丸合归脾汤。

总之，妄想一症，既可见于癫，也可见于狂。病在早期阴阳易辨，且多由痰作祟。病程日久，其证多虚，或阴虚，或阳虚，又多挟瘀。

【文献别录】

《素问·脏气法时论》："肝病者，两胁下痛引少腹，令人善怒，虚则目眈眈无所见，耳无所闻，善恐，如人将捕之"。

《丹溪手镜·癫狂》："视听言语皆有虚妄"。

《辨证奇闻》："发癫不识羞，见男如饴，见女甚怒，甚至赤身裸体"。

（邹金盘）

55. 妄 听 妄 视

【概念】

妄听妄视是指在没有相应的现实刺激作用感觉器官时所出现的知觉体验。即患者可听到或看见现实中并不存在的各种声音或形象。

本症早在《内经》即有记载，如《灵枢·癫狂》曰："狂，目妄见，耳妄闻。"

【鉴别】

常见证候

痰气郁结妄听妄视：情绪不稳，胸胁满闷，善太息，痰多，神志痴呆，妄听妄视，舌质淡红苔薄腻，脉弦细而滑。

痰火扰心妄听妄视：心烦，心悸，面赤，妄听妄视，胡言乱语，失眠多梦，易惊，大便干，小便黄赤，舌苔黄腻，脉滑数。

阴虚火旺妄听妄视：精神抑郁，思维迟钝，妄听妄视，惊悸恐惧，五心烦热，口干咽燥，失眠盗汗，舌红少苔，脉细数。

气血两虚妄听妄视：神疲乏力，头晕眼花，心悸失眠，妄听妄视，面色苍白无华，或月经量少，色淡质稀，舌淡而嫩，脉细无力。

热入血室妄听妄视：妇人正值经水适来或适断，寒热往来，发作有时，如疟状，口苦欲呕，胸胁苦满，夜则谵语，妄听妄视，大汗出，舌苔薄黄或焦黄而干，脉沉数有力。

鉴别分析

痰气郁结妄听妄视与痰火扰心妄听妄视：二证都与痰密切相关。然痰气郁结证是由肝气郁结，气机失畅，肝木乘土，脾虚生痰，痰气搏结所致。肝郁不舒，经气不利，故情绪不稳，胸胁满闷，善太息。木郁乘土，脾虚痰盛，痰气搏结，蒙蔽神明，故见神志痴呆，妄听妄视。舌质淡红苔薄腻，脉弦细而滑亦为痰气郁结之征。而痰火扰心证多因情志不畅，恼怒伤肝，气郁化火，灼津为痰，痰火上扰心窍所致。《素问·至真要大论》："诸躁狂越，皆属于火。"痰火上扰，则面赤，心烦，心悸。痰火入心，扰乱神明，故见妄听妄视，胡言乱语。心神不宁，则失眠多梦，易惊。火热实内结，故大便干，小便黄赤。舌苔黄腻，脉滑数为痰火之象。前者治宜理气解郁，化痰开窍，方选导痰汤加减；后者治宜涤痰清火，镇心安神，方选生铁落饮化裁。

阴虚火旺妄听妄视：多由禀赋不足，素体肾阴亏虚，或复因练功未得要领，精神紧张，追求着意，竭尽所能，暗耗精血。或癫、狂、痫发作日久，肝肾阴虚，精血不足所致。精血真阴不足，则神失养，故见精神抑郁，思维迟钝，妄听妄视。心神不宁，则惊悸恐惧。阴虚内热，且虚火上炎，故见五心烦热，失眠盗汗，口干咽燥。舌红少苔，脉细数为阴虚火旺之征。治宜滋阴降火，养血安神，方选大补阴丸加减。

气血两虚妄听妄视：多见于癫、狂、痫发作日久，中气渐衰，气血生化乏源，或久病失血耗气，后天失养，脾胃受损。气血无以上荣头目，脑神失养，故头晕眼花，神疲，妄听妄视，面色苍白无华。心血内亏，心失所养，则心悸失眠。肝血不足，则月经量少，色淡质稀。舌淡而嫩，脉细无力是气血两虚之征。治宜益气健脾，养血安神，方选归脾汤加朱砂、龙齿。

热入血室妄听妄视：常见于妇人外感热病而有经水适来适断的过程中。邪热乘血室空虚入里，血气与邪分争，故见寒热往来。血室与肝经密切相关，邪热波及肝经，经气不利，故见胸胁苦满，口苦欲呕。热入血分，血热内扰心神，故见谵语，妄听妄视，汗出。血热内搏，则见舌苔焦黄而干，脉沉数有力。治宜疏泄肝胆郁热为主，方选小柴胡汤配合刺期门法。

总之，妄听妄视多属虚实夹杂，虚为正气虚（气虚、血虚、阴虚）；实为痰、瘀内阻，认真辨识，不难鉴别。

【文献别录】

《素问玄机原病式·六气为病·热类》："火为阳，故外清明而内浊昧。其主动乱，故心火甚则肾水衰，而志不精一。虚妄见闻，而自为问答，则神志失常，如见鬼神也。"

《医学入门·癫狂》："视听言动俱妄者，谓之邪祟，甚则能言平生未见闻事及五色神鬼"。

（邹金盘）

56. 神　昏

【概念】

神昏，是指神志模糊，不省人事，甚至昏睡不醒，呼之不应的症状。又称为"昏迷"、"昏冒"、"昏蒙"、"昏愦"、"昏不识人"。《素问》称"暴不知人"、"不知与人言"等。

神昏常见于外感热病重证，内伤杂病的中风、厥证等。久病重病，精气耗竭，亦可出现神昏，病属危候。其病变主要在心，心主神明，病邪蒙蔽心窍，上扰神明以及阴虚阳脱，心神耗散，皆可使神明失用而致神昏。

神昏应与嗜睡相鉴别：神昏是神志模糊，不省人事，呼之不应；而嗜睡是神志清醒，唯精神困顿不振，时时欲睡，呼之即醒，醒后复睡。

神昏亦不同于"晕厥"，前者人事不省，时间较长，不易迅速复苏；后者突然昏倒，神识昏迷，时间较短，移时逐渐苏醒。"尸厥"、"大厥"和"煎厥"的神识不清，常以突然昏倒，不醒人事，状如昏死，经久不能苏醒为特点，故亦属神昏范畴。"气厥"、"血厥"、"痰厥"、"食厥"的神志改变多为一时之神识不清，故归属"晕厥"。

妇女"热入血室"、"子痫"以及"小儿惊风"所致之神昏，将在有关条目中介绍，不属本节讨论范围。

【鉴别】

常见证候

热陷心包神昏：高热烦躁，神昏谵语，目赤唇焦，舌强语謇，发疹发斑，四肢厥冷，溲赤便结，舌质红绛，脉洪而数。

腑热熏蒸神昏：神志不清，谵言妄语，循衣摸床，高热或日晡潮热，面红目赤，腹部胀满，按之坚硬，大便不通或热结旁流，小溲黄赤，舌苔老黄，焦燥起刺，脉洪大或沉伏有力。

热毒攻心神昏：壮热昏谵，头面红肿，咽肿喉烂，衄血便血，斑疹紫黑，疮疡或丹毒漫延，流注四窜，舌绛苔焦黄或生芒刺，脉滑而数或六脉沉细而数。

暑邪上冒神昏：猝然昏仆，身热肢厥，面色潮红，或见面垢，气粗如喘，冷汗不止，小便短赤，脉虚数而大。

湿热蒙蔽神昏：身热不扬，口苦粘腻，渴不欲饮，面目发黄，四肢困重，胸腹痞闷，下痢赤白，渐致神识昏沉，时明时昧，或昏迷不醒，舌红苔黄垢腻，脉濡细或滑数。

热盛动风神昏：高热抽搐，神识昏迷，灼热肢厥，角弓反张，颈项强直，两目上翻，面红目赤，小便短赤，大便秘结，舌质红，脉弦数。

阴虚风动神昏：时有头晕眼花，肢体麻木或震颤，进而突然昏倒，言语謇涩，半身不遂，口眼㖞斜，舌红少苔，脉弦细而数。

风痰内闭神昏：突然昏仆，不省人事，震颤抽搐，口角流涎，喉中痰鸣，口眼㖞斜，半身不遂，舌苔白腻，脉弦滑。

瘀血乘心神昏：神识不清，谵言妄语，狂躁不安，舌謇短缩，身体灼热，少腹硬满，面唇爪甲青紫，大便色黑易解，小溲尚清，舌质紫黯，脉沉涩。

阴竭阳脱神昏：昏糊不醒，汗多肢温，呼吸短促，逐渐转为面色苍白，气短息微，汗出粘冷，四肢厥逆，二便自遗，舌淡苔白，脉微欲绝，或虚细无根。

内闭外脱神昏：神志昏乱，身热蒸手，呼吸气粗，鼾声大作，目闭口开，撒手遗尿，汗出面白，四肢厥冷，舌红或淡红，脉沉伏，或虚数无力。

鉴别分析

热陷心包神昏：此证主要由温热之邪燔灼营血，内传心包所致。起病急骤，来势凶猛，病情险恶，其中尤以"逆传心包"者表现为著。根据病邪所在部位，其神昏又有"热在营分"和"热在血分"之异。临床应加以区别：①热入营分，使营阴受损，故出现身热夜甚，斑疹隐隐，舌绛无苔，脉象细数等症状。热入血分神昏，除有邪在营分的症状外，尚有吐血、衄血、尿血、蓄血以及发疹发斑，其斑色紫，形如点状等表现。②舌为心之苗，热入血分，火热炽盛，热灼津液，聚生痰浊，痰火阻于心窍，则舌强语謇；邪热闭遏于内，阳气不能外达，则四肢厥冷，而热在营分，多无这些表现。③神昏程度二者亦有差别，热在营分，仅为营热上扰，故神昏不重，或有时神志尚清。热在血分，神昏较重。热在营分，治以清营泻热，醒神开窍，方用清营汤，送服紫雪丹等。热在血分，治以凉血解毒，清心醒神，用犀角地黄汤，送服安宫牛黄丸或至宝丹。

腑热熏蒸神昏与热陷心包神昏：二者均为实证、热证，故均有实热证的一般表现，如身热面赤，烦躁多言，唇焦咽干，小便短赤，大便秘结。但病因病机各异。腑热熏蒸神昏，为热邪入里已深,与积滞相结,而成阳明腑实,燥热之气挟浊气上冲,熏蒸于上,扰及神明。热陷心包神昏,乃由温邪内陷,神明被蒙。腑热熏蒸神昏,多发于午后,或以午后为重;神昏与便秘密切相关,便秘之时,胃肠为燥实阻滞,腑气不通,浊毒之气上蒸,扰及神明,故便秘越重,神昏越重。而热陷心包神昏,则是昼轻夜重。虽然亦可出现便秘,但不是构成神昏的主要原因(主要原因是温热之邪)。此外,热陷心包神昏,有发疹发斑,舌质红绛或紫绛。而腑热熏蒸神昏,则见阳明实热之征,苔必老黄。治当苦寒夺下,泻热通便,可选用大、小承气汤。只要腑热已清,肠燥自去,邪不上冲,神乃自宁。

热毒攻心神昏与暑邪上冒神昏:病因病机及表现均不相同。热毒攻心神昏,为火毒时疫之邪,内陷走黄,扰营败血,传入心包,神机不运。其神昏程度较深,并见有毒壅上焦,毒燔气血,流注四肢,余毒伤阴等种种表现,多见于大头瘟、发颐、疔疮走黄等病。而暑邪上冒神昏,仅见于夏热炎暑,由于暑邪内袭,耗气伤津,气津暴脱,乱其神明。除神昏外,并兼见身热面垢,气粗如喘,冷汗不止,四肢厥逆,脉大而数等症。热毒攻心神昏,治在清解气分热毒,醒神开窍,可用大剂清热解毒之品,方用犀角地黄汤或清温败毒饮,送服安宫牛黄丸。余毒伤阴者,肾精被耗,元神失养,则应滋养阴液,用加减复脉汤随证化裁。暑邪上冒神昏,治以辛凉开窍,方用紫雪丹或安宫牛黄丸。

湿热蒙蔽神昏与风痰内闭神昏:两证均属实证,皆为实邪闭窍而致神昏,但病因有别。前者为湿热之邪郁阻气分不解,酿蒸痰浊,蒙蔽心窍而成;后者以风痰为患,恙由素体痰盛,又感风邪,或肝阳偏亢而生内风,风阳挟痰,内扰心窍,出现神昏。湿热蒙蔽神昏,常时清时昧,呈蒙眬状态,且伴身热不扬,肢体困顿,溲赤目黄如橘子色,或赤白下痢,里急后重,舌苔黄腻等湿热症状;风痰内闭神昏,兼见肢体震颤,抽搐或半身不遂、口吐白沫等风气内动的症状。因此,二证从病机特点,临床表现上容易鉴别。湿热蒙蔽神昏,治宜清热化湿,豁痰开窍,方选菖蒲郁金汤、苏合香丸等;风痰内闭神昏,治宜平肝熄风,涤痰开窍,方选涤痰汤、天麻钩藤饮等。

热盛动风神昏与阴虚风动神昏:皆属内风,但一为实热证,一为本虚标实证。热盛动风神昏,伴有明显高热,痉厥,角弓反张,面红目赤等症。其病机为:热邪太甚,燔灼肝经,扰及神明。而阴虚风动神昏,则以口眼㖞斜,半身不遂,语言謇涩等气血逆乱,经络阻滞的症状为主。其病机为:肝肾阴虚,虚阳妄动,上冲巅顶,扰乱神识。热盛动风神昏,治在清热熄风,醒神开窍,方用羚角钩藤汤配以紫雪丹。阴虚风动神昏,治宜育阴潜阳,平肝熄风,方选大定风珠汤,或天麻钩藤饮。

瘀血乘心神昏:辨证要点在于除有神昏之外,必有瘀血的见症,诸如口唇爪甲青紫,少腹硬满,大便色黑,小溲清长,舌质紫暗,有瘀点;有些病例,在神昏阶段尚难判定是由瘀血所致,但当黑便自下,下后神志渐清,方才证实神昏乃血结瘀阻所致。本证多为热入营血,血热互结,瘀阻于心;或产时感受邪毒,邪血相搏,瘀血不解,血瘀气逆,迫乱神明;或死血留于心孔,神机失灵。瘀热阻窍,热入血室,真心痛的神昏,均属此类。瘀热阻窍,则见谵言妄语,身体灼热;热入血室,则常常寒热如疟,经血紫黑有块;真心痛,则见心痛暴作,面青气冷。凡此种种,临证时要详加鉴别。治疗方面,当以通瘀开窍为主,酌情选用犀地清络饮、血府逐瘀汤,产后瘀血冲心,可用桃仁承气汤加减。

阴竭阳脱神昏与内闭外脱神昏:一为虚证,一为虚实夹杂证。阴竭阳脱神昏,多由失血过多,致使气随血脱;或泻下频频,脾气衰败竭绝;或大汗之后,津气内竭。内闭外脱神昏，则因邪气过盛，内蒙清窍，同时正气耗散，神不守舍。阴竭阳脱神昏，开始多有手足温暖，汗热而咸，渴欲饮冷，呼吸气粗，舌红而干，脉数无力等亡阴证，继之出现面色苍白，大汗淋漓，气短息微，脉微欲绝等亡阳证。至于亡阳导致亡阴者，一般较为少见。内闭外脱神昏，脱闭并见，除有邪热，痰浊，瘀血为患之象（身热，痰鸣，大便色黑等）外，尚有亡阴亡阳之证，可资鉴别。阴竭阳脱神昏，当回阳固脱，益气敛阴，随证选用参附汤、四逆汤、生脉散。内闭外脱神昏，则宜脱闭兼施，若闭证为主，则开闭为先，并兼扶正；脱证为重，则急当固脱，并要注意祛邪。临证之时，当应识别主从，辨证论治。

神昏一症，虽然病机复杂，表现多端，但既已昏迷之后，不外乎分辨其属于"闭证"和"脱证"。闭证是以神昏时牙关紧闭，肢强拳握，面赤气粗，痰涎壅盛等为其特点。《类证治裁》曰："如牙关紧闭，两手握固，是为闭证。"脱证是以目合口开，手撒遗尿，鼻鼾息微，汗出肢冷等为主要表现。《杂病源流犀烛》："脱绝者何，经曰：口开者心绝，手撒者脾绝，眼合者肝绝，遗尿者肾绝，声如鼾者肺绝，皆由虚极而阳脱也。"闭证必须开闭通关；脱证则要回阳固脱。两者大相径庭，不应混同。

【文献别录】

《证治要诀·湿辨中伤》："风寒暑湿，皆能中人，惟湿气积久，留滞关节。故能中，非如风寒暑湿之有暴中也。中湿之证，关节痛重，浮肿喘满，腹胀烦闷，昏不知人，宜白术酒。有破伤处，因澡浴，湿气从疮口中入，其人昏迷沉重，状类中湿，名曰破伤，宜白术酒。"

《症因脉治·瘴疟》："瘴疟之症，症发之时，神识昏迷，狂妄多言，或声音哑喑，此瘴毒疟疾之症也。瘴疟之因，山岚溪涧之间，湿毒蒸酿之处，瘴气入人脏腑，血聚上焦，败血淤于心窍，毒涎聚于肝脾，则瘴毒疟疾之症作矣。"

《杂病源流犀烛·寒病源流》："寒厥暴亡，亦积寒病也，与中寒异，盖中寒之寒，非尽积久。随中随发寒厥之寒，乃由久伏寒邪于内，而复有新寒以触之，遂厥而暴亡。故其症状，虽皆口噤，四肢强直，昏不知人，而其原，实一为即发之病，一为久而触发之病。"

《温热论》："夏月热久入血，最多蓄血一证，谵妄神昏，看法以小便清长，大便必黑为是。"

（范隆昌　凌湘力）

57. 谵　　语

【概念】

谵语是指患者在神志不清时出现胡言乱语，语无伦次，声高气粗的症状。常见于热扰心神之实证。又称为"谵言"、"谬语"、"谵妄"。

"谵语"首见于《伤寒论》，该书记载"阳明病，谵语，发潮热，反不能食者，胃中必有燥屎五六枚也，若能食者，但硬耳，宜大承气汤下之。"

谵语与"郑声"相鉴别：郑声指重病患者晚期因心气内损，精神散乱而出现的神志不清，语言重复，声音低弱，时断时续的垂危征象。二者均在神识不清的基础上发生，均有言语异常，但病因病机及临床表现不同，谵语声高气粗，胡言乱语；郑声声低语弱，时断时续。谵语多实，预后尚好，郑声多虚，预后较差。《伤寒论·辩阳明病脉证并治》谓："夫实则谵语，虚则郑声，郑声，重语也。"

谵语与"错语"相鉴别：错语为神志清醒而言语错乱，但说后又自知讲错，多为心气虚，精神不足所致，与谵语之神志不清，不能自制、自知不同。

谵语与"狂语"、"独语"相鉴别：狂语是患者狂言叫骂，喜笑不休，弃衣而走，登高而歌，语言粗鲁，失却理智。独语是喃喃自语，见人便止。二者皆属精神错乱的表现，与谵语有别。

【鉴别】

常见证候

热炽阳明谵语：神志不清，谵言妄语，高热面赤，口渴汗出，气粗如喘，小便短赤，舌红苔黄，脉洪大。

阳明腑实谵语：日晡潮热，谵语烦躁，胸闷喘满，腹满坚硬，绕脐疼痛，大便秘结，舌质红，苔黄厚而干，或灰黑干燥，脉沉实有力。

热毒攻心谵语：壮热谵语，烦躁头痛，面赤口渴，疔疮痈肿，红肿灼热，或臂、腿有红丝走窜，舌质红绛，苔黄褐干燥，脉滑数。

痢毒上攻谵语：起病急骤，高热烦渴，腹痛呕吐，昏迷谵语，下痢脓血，赤多白少或呈血水样，早期可无下痢脓血，舌红少苔，脉数。

热入营分谵语：身热夜甚，谵言妄语，烦躁不安，斑疹隐现，舌质红绛，脉细数。

热入血分谵语：高热昏谵，夜晚增剧，躁扰不宁，吐衄发斑；或潮热颧红，暮热早凉，或手足蠕动，四肢抽搐，唇萎舌缩，齿燥积垢，目陷睛迷，舌光干绛，脉象细数，或微，或弱。

湿热蒙蔽谵语：身热不扬，或高热，午后加重，时有谵语，脘腹胀满，呕恶，或身目发黄，其色鲜明，小便黄赤，舌红，苔黄腻，脉濡数。

痰火上扰谵语：面赤烦热，谵语妄动，气急呕恶，痰涎壅塞，咳吐黄痰，痰粘稠厚，小溲短赤，大便秘结，苔黄腻，脉滑数。

瘀血攻心谵语：神志不清，妄言谵语，皮肤发斑，面色紫暗，吐血衄血，身体灼热，少腹硬满，疼痛拒按，小便自利，大便色黑，舌质紫黯，有瘀点，脉沉数或沉涩。

鉴别分析

热炽阳明谵语与阳明腑实谵语：均属阳明病证，但二者有明显区别。热炽阳明谵语多由太阳之邪不解，邪热由表传里，阳明气分热盛，弥漫全身，扰及神明。阳明腑实谵语则因外邪入里，或热自内生，胃肠燥热内结，腑气不通，燥热挟浊气上攻，扰及神明，蒙蔽心窍而致。热炽阳明谵语以高热，烦渴，汗出，脉洪大为辨证要点。阳明腑实谵语以腹硬满，疼痛拒按，便秘，苔黄厚而干，脉沉实有力为辨证要点。前者治宜清气泄热，醒神开窍。方选白虎汤送服安宫牛黄丸。后者治宜攻下通里，醒神开窍，方用大承气汤。

热毒攻心谵语与痢毒上攻谵语：热毒攻心谵语多由患疔疮痈肿之后，毒邪不解，循经入里，内闭心包而致。痢毒上攻谵语由于感受湿热疫毒，蕴结肠腑，燔灼气血而成痢疾，若毒邪不能从大便排出，内结上攻，则神明被蒙，清阳被扰而谵语。热毒攻心谵语以壮热，谵语躁扰，疔疮红肿灼热为特征。痢毒上攻谵语以壮热谵语，下痢脓血为特征。两证均为实证。前者治宜清热解毒，开窍醒神。方用清瘟败毒饮加减。后者治宜清热解毒，凉血开窍，方用白头翁汤合犀角地黄汤加减。

热入营分谵语与热入血分谵语：营气通于心，心主血，藏神。因此，热在营分及热在血分均可出现谵语。然热入营分谵语，是由邪热侵入营分所致，故以斑疹隐现，舌质红绛为主要特点。热在血分谵语，多由前者进一步发展而来，故除有热在营分的表现外，尚有斑疹透露，鼻衄，吐血，血色深红，舌色深绛等症；或见手足心热，口干咽燥，唇红少津等血热伤阴之症；或见项背强直，阵阵抽搐等肝热动风之象。热入营分谵语，治在清营泄热，方用清营汤。热入血分谵语，治在清热凉血，方用犀角地黄汤。

湿热蒙蔽谵语与痰火上扰谵语：湿热蒙蔽谵语乃由湿热外袭，郁而不达；或脾虚不运，湿浊内生，湿郁化热，湿热蕴结，蒙蔽心窍。痰火上扰谵语是因素体痰盛，痰郁化热；或外感时邪，热盛于里，煎熬津液，而成痰浊，痰热交蒸，上扰神明。湿热蒙蔽谵语有湿热为患之象，临床以身热不扬，脘腹胀满，或身目发黄，其色鲜明，苔黄腻，脉滑数为辨证要点。痰火上扰谵语以面赤烦热，痰涎壅塞，苔黄腻，脉滑数为辨证要点。前者治宜清化湿热，方用菖蒲郁金汤。后者治宜清化痰热，方用清气化痰丸合至宝丹加减。

瘀血攻心谵语：本证多因邪热入血，灼血凝涩；或产时感受邪毒，邪血相搏，机窍不运所致。临床以面色紫暗，皮肤发斑，少腹硬满疼痛，大便色黑，舌质紫黯，有瘀点为辨证要点。治宜活血逐瘀。方选桃核承气汤。

谵语多见于实证、热证，当火、热、痰、瘀、毒等病邪消退至不足以扰动神明时则神志转清，谵语休止，但还可因病邪复盛而发作。本证也可因正气受损而演变为元阳厥脱证，出现郑声息微，大汗淋漓，四肢厥逆，脉微欲绝。

【文献别录】

《素问·气交变大论》："岁水太过，寒气流行，邪害心大。民病身热烦心，躁悸，阴厥，上下中寒，谵妄心痛。"

《伤寒论·辨太阳病脉证并治中》："伤寒，腹满，谵语，寸口脉浮而紧，此肝乘脾也，名曰纵，刺期门。"

《张氏医通·神志门》："谵妄，谵多言也。言为心声，由火燔而鸣，故心热者多言。……若热甚虽瘖，而神昏不清，则谵语也。"

《类证治裁·伤寒》："伤寒阳明证，……热气薰蒸，口渴谵语，此散漫之热，邪未结聚。"

《伤寒论纲目·阳明经症》："血室者，肝也。肝为藏血之脏，故称血室，女以血用事，故下血之病最多。若男子非损伤，则无下血之病。惟阳明主血所生病，其经多血多气，行身之前，邻于冲任，阳明热甚，侵及血室，血室不藏，溢出前阴，故男女俱有是症。……蓄血、便脓血，总是热入血室。"

（范隆昌　凌湘力）

58. 郑　声

【概念】

郑声，是以神志昏沉，甚或不清，语言重复，声音低弱，时断时续为特征的一种症状。

"郑声"之名，始见于《伤寒论》。后世如《伤寒明理论》、《东垣十书》、《全生集》、《普济方》等医籍均有记载。本症为疾病晚期，精神散乱的重危表现。

郑声应与谵语相鉴别：谵语是指患者在神志不清时出现胡言乱语，语无伦次，声高气粗的症状，多为实热证。郑声为疾病晚期，病情危重，精气内夺，故其声必低，其气必短，其色必萎，其神必疲，自言自语，或呼之不应，多属虚证。

【鉴别】

常见证候

亡阴郑声：重语喃喃，神识昏沉，甚或不清，眼眶深陷，皮肤干瘪，汗出而粘，呼吸短促，渴喜冷饮，四肢温暖，面色潮红，舌质红干燥无津，少苔或光剥无苔，脉细数无力或虚大数。

亡阳郑声：喃喃自语，言语重复，断断续续，精神萎靡，呼之不应，面色苍白，四肢厥冷，气短息微，冷汗淋漓，口不渴，喜热饮，舌质淡白而润，甚则青紫，脉微欲绝。

鉴别分析

亡阴郑声与亡阳郑声：亡阴郑声多因大吐，大泻，大汗，产后失血或外伤出血，或热邪久羁，以致阴精耗竭，心神散乱。亡阳郑声多因久病不愈，元气衰微，或元气大泄，亡阳暴脱，或心气耗散，真阳欲绝，或大汗淋漓，阳为汗泄，或由亡阴发展而来。亡阴郑声以四肢温暖，汗出而粘，面色潮红，渴喜冷饮，舌质红干燥无津，少苔或光剥无苔，脉细数无力或虚大数为辨证要点。亡阳郑声以冷汗淋漓，四肢厥冷，口不渴，喜热饮，面色苍白，舌淡白或青紫，脉微欲绝为辨证要点。前者治宜育阴敛阳救逆，方用生脉散加味。后者治宜回阳救逆，方用参附汤或参附龙牡汤加减。

郑声一症，虽有亡阴亡阳之别，然由于阴阳互根，阴竭则阳无所附而散越，阳亡则阴无所化而告竭，故亡阴与亡阳往往相继出现，其中亡阴导致亡阳者尤为多见。治疗时，救阴之中，当合回阳，回阳之中，需佐敛阴，只有阴阳兼顾，方能取得良好疗效。

【文献别录】

《伤寒论·辨阳明病脉症并治》："实则谵语，虚则郑声，郑声，重语也。"

《普济方·伤寒门》："郑声者重语也。正为声转也，若声重而转其本音者亦是矣。昧者不知此，妄以重为重叠之谓，与谵语混而莫辨，遂止以身热脉数，烦渴便难而多言者为谵语，以身凉脉小，自利不渴而多言者为郑声，如此则失仲景之本意矣，况仲景之书，三百九十余证，曲尽伤寒形候，未有脱落而言者。若以郑声为多言，则于三阴门中，盖须条见，所以郑声别无证治者，是不以谵语为类也。虽曰虚矣，亦止为正气。虚而不全，故使转而不正也。明者鉴此，幸祥究之。"

《景岳全书·伤寒典下》："郑声为虚，虚者神虚也。……察其果虚，最忌妄行攻伐，少有差谬，无不即死。治此者速宜察其精气，辨其阴阳，舍其外证，救其根本，稍迟犹恐不及，而况于误治乎？甚至有自利身寒，或寻衣撮空，面壁啐啐者，尤为逆候。"

（范隆昌　凌湘力）

59. 独　　语

【概念】

独语，是指神志一般清醒而喃喃自语，见人语止。

独语与"谵语"、"狂语"、"郑声"不同。谵语是神志不清，胡言乱语。狂语是由邪热、痰火而致病人狂言叫骂，喜笑不休。郑声是神志昏沉，言语无力，语声低微，不相接续。可见唯有独语患者神志清醒。

【鉴别】

常见证候

心气虚独语：喃喃独语，精神恍惚，神疲自汗，气短乏力，心悸怔忡，失眠健忘，喜悲欲哭，胸闷不适，喜静，常欲独处，面色不华，舌淡苔薄，脉细弱。

痰气郁结独语：喃喃自语，语无伦次，情志抑郁，表情呆滞，哭笑无常，善太息，胸胁胀满，不思饮食，舌苔腻，脉弦滑。

气滞血瘀独语：喃喃自语，猜疑幻听，情绪不稳，时躁时静，面色晦滞，神情呆滞，记忆力减退，头痛如刺，胸胁胀痛，舌质暗红或有瘀点瘀斑，脉弦或涩。

鉴别分析

心气虚独语：若禀赋不足，素体心气虚，或年老脏气衰弱，或暴病伤及心气，或劳心过度，积虑伤心等，心主神明功能失调，心神失养，故精神恍惚，喃喃独语，失眠健忘，喜悲欲哭，常欲独处而喜静。心气不足，鼓动无力，心失所养，故心悸怔忡，神疲自汗，气短乏力，胸闷，面色不华。舌质淡，苔薄白，脉细弱均为心气不足之象。治宜补益心气，宁心安神，方选补心汤合甘麦大枣汤化裁。

痰气郁结独语与气滞血瘀独语：二证都有气机郁滞的病机，出现胸胁胀满。但前者多是肝气郁结伤及脾土，脾失运化，使水湿停留而生痰，痰气互结阻蔽神明而致喃喃自语，或语无伦次，哭笑无常。肝气郁结，故神情呆滞，叹息稍舒。痰气犯中则不思饮食。舌苔腻，脉弦滑均为痰气郁结之象。后者多为气滞日久影响血分，使血行瘀滞。气郁脉阻，心神不宁，故喃喃自语，猜疑幻听，情绪不稳，时躁时静。瘀血内阻，气血不得上荣，故面色晦滞，神情呆滞，记忆力减退，头痛如刺。舌质黯红有瘀点瘀斑，脉弦或涩皆为肝郁气滞，血行瘀阻之象。治法：前者宜理气解郁，健脾化痰，方选顺气导痰汤合控涎丹化裁；后者宜理气解郁，活血化瘀，方用血府逐瘀汤。

总之，独语一症，多属心气虚，然而痰、气、血也常交结为患则属实，治疗以补心安神，开郁化痰为大法。

【文献别录】

《金匮要略·中风历节病脉证并治》："防己地黄汤，治病如狂状，妄行，独语不休，无寒热，其脉浮"。

(邹金盘)

60. 言语错乱

【概念】

言语错乱是指神志恍惚，语言前后颠倒错乱，或言后又自知讲错，不能自主的一种症状。又称"语言颠倒"、"错语"。

"谵语"和"狂证"也表现有言语错乱。但谵语常发生于高热之后，患者神志昏糊；而言语错乱是在无热情况下，患者神志恍惚或清醒。狂证是骂詈不避亲疏，且有弃衣登高狂越的现象，与单纯言语错乱仍有不同之处。"发狂"、"谵语"本书另列专条讨论。

【鉴别】

常见证候

心脾两虚言语错乱：言语错乱，语声低怯，默默少言，面色无华，神倦肢软，食纳不振，心悸健忘，失眠易惊，舌质淡，脉细。

肝郁气结言语错乱：言语错乱，言语不多，情绪抑郁，胸胁胀闷，善太息，夜寐梦扰，易怒，舌苔薄白，脉细弦。

瘀血扰心言语错乱：多见于妇女，言语错乱往往随行经而呈周期性发作，或伴痛经，月经失调，或见于产后恶露淋漓不尽，舌质黯滞或有瘀点，脉涩。

痰湿内阻言语错乱：言语错乱，或喃喃自语，神情呆滞，眩晕呕恶，食欲不振，胸闷腹胀，舌体胖，舌苔白厚腻，脉濡或滑。

鉴别分析

心脾两虚言语错乱：证由长期思虑过度，所愿不遂，心主神，脾主思，久思过度，心阴暗耗，脾气受损而致心脾气血两虚，神明错用，而见言语错乱。《杂病源流犀烛》："有因思劳伤心脾，致健忘失事，言语颠倒如痴者。"辨证要点：言语错乱，默默少言，伴有面色无华，失眠，惊悸，健忘，纳呆等心脾气血两虚的症状。治宜调理心脾，补气养血，方选归脾汤之类。

肝郁气结言语错乱：本证常因精神创伤，情绪刺激，使肝气失于疏泄，郁结不解，肝在志为怒，在病为语，肝郁则言语错乱。临床辨证要点：言语错乱，情志抑郁，胸闷太息，夜寐梦扰，易怒等。治宜疏肝理气散结。方用柴胡疏肝散加减。本证与心脾两虚言语错乱的病因相仿，但病机不同。心脾两虚言语错乱的病位在心脾，病机以气血两虚为主；肝郁气结言语错乱的病位在肝，病机是气机郁滞。前者属虚证，后者属实证，二者迥异。

瘀血扰心言语错乱：本证病机如《证治汇补》所云："有妇人月水崩漏过多，血气迷心，或产后恶露上冲，而言语错乱。"又《寿世保元》："血崩恶露不止，腹中血刺疼痛，血滞浮肿，血入心经，言语颠倒……。"多因瘀血内结，影响血运，心主血、主神明，瘀结则心神不宁，言语错乱，多发生于女子。临床特点：言语错乱常与经期及产后等有关，腹痛，舌瘀，脉涩为辨证要点。治疗用活血行瘀法，方选桃红四物汤、桂枝茯苓丸等。

痰湿内阻言语错乱：素体痰湿偏盛，或饮冷积湿成痰，或肝郁脾滞，聚湿酿痰，痰湿内阻清窍，神明为之扰乱，故见言语错乱。辨证要点：除言语错乱外，尚有眩晕呕恶，纳呆，胸闷腹胀，苔腻等痰湿内阻的症状。治疗宜燥湿化痰辟浊，拟用十味温胆汤加减。

言语错乱的发生与心、肝、脾三脏的关系最为密切。实证多由痰湿、瘀血、气滞阻遏心窍，神明迷乱，故令言语错乱；虚证由思虑过度，心脾气血两虚所致。根据上述病机特点及临床表现，是容易区别的。

【文献别录】

《张氏医通·神志门》："颠之为证，多因郁抑不遂，侘傺无聊所致，精神恍惚，言语错乱，或歌或笑，或悲或泣，如醉如狂，言语有头无尾，秽洁不知，经年不愈，皆由郁痰鼓塞心包，神不守舍，俗名痰迷心窍，安神豁痰为主，先以控涎丹涌出痰涎，后用安神之剂。""言语失伦，常常戏笑，不发狂者，心虚也，定志汤加姜汁、竹沥；膈间微痛者，兼有瘀血，加琥珀、郁金。"

《医家四要》："癫疾始发，志意不乐，甚则精神痴呆，言语无伦，而睡于平时，乃邪并于阴也。"

（贺志光　凌湘力）

61. 失　　语

【概念】

失语是指病人的语言交流能力受损或丧失。

《金匮要略》中"口不能言"，即失语。

失语与失音有别，前者是病人丧失语言交流能力；后者是以患者声音嘶哑为特征，重者声哑不出。

【鉴别】

常见证候

肝气郁结失语：精神抑郁，表情愁苦，突然失语，移时恢复，或心烦易怒，胸胁胀痛，妇女乳房胀痛，月经不调，食少纳呆，舌苔薄白，脉弦。

风痰闭窍失语：突然昏仆，不省人事，失语，喉中痰鸣，口角流涎，或半身不遂，舌苔白腻，脉弦滑。

瘀血阻络失语：头痛如锥刺，失语，或半身不遂，口眼㖞斜，面色晦暗，舌质紫黯有瘀斑，脉涩。

肾精不足失语：失语，头晕耳鸣，腰膝痠软，二便失禁，发白齿落，动作迟缓，舌质淡，脉沉细。

鉴别分析

肝气郁结失语与风痰闭窍失语：二者都与肝密切相关，失语一症在前者多表现为一过性，病情较轻，而后者为失语，不易恢复，为中风之风中脏腑，病情较严重。前者多有情志不悦，或精神创伤，肝失疏泄，肝气郁结不畅，故见精神抑郁，表情愁苦，甚则心烦易怒。肝气郁甚而上逆，气机逆乱，蒙蔽清窍，神明失司，故见突然失语，由于病在气逆，故可移时恢复。肝郁而致气机阻滞，经脉为之不畅，故见胸胁胀痛，妇女乳房胀痛，月经不调。肝气横逆犯脾，脾失健运而出现食少纳呆。舌苔薄白，脉弦为肝气郁结之象。后者多由素体肝阴不足，阴虚阳亢，阳亢化风，加之饮食劳倦，脾胃内伤，脾虚痰盛，或肝阳亢盛，又煎熬津液成痰而致。风痰上壅，蒙蔽清窍，神明失司，故突然昏仆，不省人事，失语。风痰上盛，故喉中痰鸣，口角流涎。风痰横窜经络，故见半身不遂。舌苔白腻，脉弦滑亦为肝风内动，风痰闭窍之象。前者治宜疏肝理气，宁心解郁，方选柴胡疏肝汤合小陷胸汤；后者治宜豁痰开窍，方选涤痰汤加味。

瘀血阻络失语：多由头部外伤后，瘀血内停；中风病气血瘀滞，络脉痹阻所致。头部瘀血，气血不通，故头痛如锥刺。神明失司，故见失语。瘀血停着，凝滞经脉，气血不利，故见半身不遂，口眼㖞斜。瘀阻日久，面部肌肤经脉失于濡养，故见面色晦暗。舌质紫黯有瘀斑，脉涩为瘀血阻络之象。治宜活血化瘀，疏通经络，方选通窍活血汤或补阳还五汤。

肾精不足失语：多见于先天不足，后天失于调养；或因亡血亡液，阴精亏损；或恣意纵欲，耗竭肾精。肾精不足，髓海空虚，神明失养，故失语，头晕耳鸣，腰膝痠软。

肾主藏精，而精血同源，肾精不足，则其华失泽，头发失精血濡养而枯白，骨之余牙齿失养而脱落。肾虚气化不利，故二便失禁。肾主作强，主伎巧，肾精不足则肢体痿弱，动作迟缓。舌质淡，脉沉细亦为肾精不足之象。治宜滋补肾精，益智填髓，方选左归丸加减。

总之，失语一症，是临床常见难治症，病程较长，用药时在上述辨证论治基础上增用活血化瘀之品，或可望提高疗效。

【文献别录】

《金匮要略·中风历节病脉证并治》："《古今录验》续命汤：治中风痱，身体不能自收持，口不能言，冒昧不知痛处，或拘急不得转侧。"

（邹金盘）

62.心　烦

【概念】

心烦，是指心中烦热郁闷之状。又名烦心。《素问·五藏生成》云："心烦头痛，病在鬲中，过在手巨阳少阴。"《素问·刺热论》："心热病者，先不乐，数日乃热，热争则卒心痛，烦闷善呕，头痛面赤无汗。"说明了心烦病位和心烦多由心热所致。

心烦与懊憹的区别是：前者心中烦热郁闷不舒；后者为心中烦热，闷乱不安，莫可言状。

心烦与烦躁的区别是：两者都有烦热不舒，但烦躁还有手足躁扰不宁的他觉症状。

【鉴别】

常见证候

心阴虚火旺心烦：心烦心悸，失眠多梦，潮热盗汗，口渴颧红，舌红少津，脉细数。

心火炽盛心烦：心烦失眠，甚则狂乱，发热口渴，口舌生疮，赤烂疼痛，面赤尿黄，大便干结，舌红苔黄，脉滑数。

血热扰神心烦：心烦心悸，或躁扰不宁，或有谵语，身热夜甚，渴不多饮，斑疹显露，舌色深绛，少津少苔，脉细数。

暑湿热郁心烦：心烦面垢，口渴身热，神疲肢重，关节痠痛，汗出不彻，舌红苔黄腻，脉滑数。

阳明病胃肠燥热心烦：心烦口渴，蒸蒸发热，腹中胀满，大便不通，或为谵语，或见发斑吐衄，口齿咽喉肿痛，舌红苔黄，脉滑数。

心阳虚阴盛心烦：心烦不得眠，心悸易惊，或躁扰不宁，夜而安静，身冷恶寒，舌淡苔薄，脉沉细。

鉴别分析

心阴虚火旺心烦与心火炽盛心烦：二证病因大致相同，多因内伤七情，五志化火，或六淫传里化火日久，或过食辛辣之品，阳热内盛所致。共同症状为：心烦口渴，舌红脉数。但心阴虚火旺，属虚证阴不制阳，虚火内动，虚火扰神，心神失养，故见潮热盗汗，颧红，失眠多梦，心悸，脉细。而心火炽盛，是实证，其火既扰心神，又循经走窍，内盛于口舌，故见发热，失眠或狂乱，面赤，大便干，口舌生疮、赤烂疼痛，脉滑数。治法：心阴虚火旺心烦用滋阴养血，补心安神法，方选天王补心丹；心火炽盛心烦用泻火清心法，方选凉膈散或导赤散。

血热扰神心烦与阳明胃肠燥热心烦：二证皆为实证、热证，都有心烦口渴，发热，谵语，斑疹吐衄等实热的症状。二者区别是：血热扰神心烦是由温热邪气，侵入营血，心神被扰，故，心烦伴心悸兼见身热夜甚，斑疹，舌深绛，少津少苔，脉细数。阳明病胃肠燥热心烦是由于热邪与燥屎内结，燥热之邪挟浊上冲心胸而致心烦，兼见蒸蒸发热，腹中胀满，大便不通，口齿咽喉肿痛。前者治宜清营透热，养阴活血，清营汤主之；后者当缓下热结，调胃承气汤主之。

暑湿热郁心烦：是由于暑湿之邪交阻内蕴，郁于经络，经气痹阻。暑热内扰则心烦，口渴，身热，神疲。湿性粘滞重着，阻碍气机，故见面垢，肢重，关节痠痛，汗出不彻。舌红苔黄腻，脉滑数为湿热之象。治宜清暑益气，除湿健脾，方用东垣清暑益气汤。

心阳虚阴盛心烦：多由久病体虚，老年脏气虚衰，或素体禀赋不足引起心阳虚，不能温化水饮所致。辨证时以心烦或躁扰不宁，身冷恶寒，脉沉细为特征。治宜温补心阳，安神除烦，方选桂枝甘草龙骨牡蛎汤，或合用干姜附子汤。

总之，心烦是自觉症状，多由热致，但也有因于寒者。可见于外感、内伤多种病症。临证首先要辨别虚实寒热，治疗时分清主次缓急。

【文献别录】

《伤寒论》："伤寒无大热，口燥渴，心烦，背微恶寒者，白虎加人参汤主之。""阳明病，不吐不下，心烦者，可与调胃承气汤。""少阴病，得之二三日以上，心中烦，不得卧，黄连阿胶汤主之。"

《类证治裁·烦躁》："伤寒热在表而烦，宜散，桂枝汤。在里而烦，宜下，承气汤。在半表半里而烦，宜和，小柴胡汤。在胸膈以上而烦，宜吐，栀子豉汤。其阴寒而烦，则有恶寒踡卧及下利厥逆、吐蛔之症，宜温，温用四逆汤，蛔用乌梅丸。""如内伤阴虚火动而烦，宜生脉散加生地黄、熟地黄、茯神、枣仁。或不得卧而烦，朱砂安神丸。"

（邹金盎）

63. 烦　躁

【概念】

烦躁是指心中烦热不安，急躁易怒，手足动作或行为举止躁动不宁。

烦躁之名始见于《内经》。烦与躁实属两证，烦是患者自觉心中烦闷不舒，情绪不安，为自觉症状。历代医籍记载的"烦满"、"心烦"、"火烦"、"虚烦"、"微烦"、"暴烦"等均属烦的范畴；躁是指患者表现出动作行为躁扰不宁或言语多而缺乏头绪，为客观表现，"躁扰"、"躁动"、"躁狂"等皆属躁的范畴。临床两者常同时并见，故称"烦躁"。若只烦不躁者，可参见"心烦"及"五心烦热"等有关条目。

【鉴别】

常见证候

表寒郁热烦躁：恶寒发热，无汗烦躁，头身疼痛，口渴，舌红苔白兼黄，脉浮紧。

少阳郁热烦躁：寒热往来，胸胁满闷，口苦，咽干，目眩，烦躁多言，惊惕不安，周身困重，不可转侧，小便不利，苔薄黄，脉弦或弦数。

阳明腑实烦躁：壮热烦躁，汗出口渴，腹硬满疼痛，呼吸气粗，小便黄赤，大便干结或热结旁流，甚则神昏谵语，喜凉恶热，舌红苔黄燥，脉洪大或滑数。

气分热盛烦躁：壮热不退，烦躁不宁，汗出，胸膈灼热，唇焦咽燥，口渴欲饮，小便黄，大便秘结，舌红少津，苔黄燥，脉洪大。

热入营血烦躁：身热夜甚，烦躁不寐，甚或发狂，斑疹透露，吐血衄血，或尿血便血，舌质红绛无苔，脉细数。

痰火内扰烦躁：身热面赤，胸闷气急，烦躁不寐，痰黄粘稠，大便秘结，小便短赤，舌质红，苔黄腻，脉滑数。

瘀血内结烦躁：心烦躁扰不宁，面唇青紫，眼窝黯黑，皮肤青紫或有瘀斑，心胸刺痛，或少腹硬满疼痛，小便自利，大便色黑易解，舌质紫暗有瘀点，脉沉涩或结代。

心血不足烦躁：心烦不寐，易惊易醒，多思善虑，心悸胆怯，头晕乏力，面色无华，舌淡苔薄白，脉细。

阴虚火旺烦躁：虚烦不寐，躁扰不宁，心悸怔忡，健忘多梦，腰膝痠软，颧红唇赤，手足心热，潮热盗汗，咽干口燥，尿黄便干，舌红少苔，脉细数。

鉴别分析

表寒郁热烦躁与少阳郁热烦躁：二证皆为外邪侵袭，热郁于内所致。但表寒郁热烦躁，乃外有风寒闭遏，内有阳热不伸，故既有发热，恶寒，身痛，无汗，脉浮紧的表寒证，又有烦躁、苔白兼黄等郁热内扰之象。而少阳郁热烦躁，证属半表半里，烦躁兼有胸胁满闷，小便不利，惊惕不安，肢体困重，不能转侧。表寒郁热烦躁，治在外解风寒，内清郁热，方用大青龙汤。少阳郁热烦躁，治在和解少阳，清热镇惊，方用柴胡加龙骨牡蛎汤。

阳明腑实烦躁、气分热盛烦躁与热入营血烦躁：均为实热之证，多见于外感热病。阳明腑实烦躁，多因热与燥屎相搏结，腑气不通所致。其辨证要点为壮热烦躁，大便秘结，腹满疼痛。气分热盛烦躁，则因燥热充斥内外而致。其辨证要点为大热，大渴，大汗，脉洪大。热入营血烦躁，常因气分病邪不解，邪热内陷营血，故有热窜血络（发疹发斑），迫血妄行（吐血，衄血，尿血，便血）等表现。其辨证要点为：烦躁不宁，斑疹透发，失血，舌质红绛。热入阳明腑实烦躁，治宜清热生津，峻下热结。方选大承气汤加减。气分热盛烦躁，治宜泄热除烦，方用白虎汤加减。热入营血烦躁，治宜透营转气，清热凉血。方用清营汤，或犀角地黄汤。

痰火内扰烦躁与瘀血内结烦躁：痰火内扰烦躁，多因痰留日久，郁而化热，或情志不遂，气郁化火，或外感时邪，化热化火，灼津炼液，聚生痰浊，痰火互结，扰及神明。瘀血内结烦躁，则因热邪羁留，深入血络，血行不畅，瘀阻心窍；或血瘀日久，郁而化热，热壅血瘀，上扰神明。二者同属实证，但临床表现各异。痰火内扰烦躁，表现为心中烦热，躁扰不宁，痰黄粘稠，气急喘满，身热面赤，舌质红，苔黄腻，脉滑数。瘀血内结烦躁，则兼见面色晦暗，面唇色青，腹部结块，硬满疼痛，皮肤青紫，或有瘀斑，舌质紫黯等症。前者治在清化热痰，方用温胆汤加黄连、黄芩之类。后者治在活血祛瘀，方用血府逐瘀汤加减。

心血不足烦躁与阴虚火旺烦躁：心血不足烦躁，多因忧思气结而伤脾，脾失健运而气血化源不足，血虚则不能养心；或因终日操劳，耗伤心脾，心脾两虚，气血不足，心失所养，神失所藏则烦躁。阴虚火旺烦躁，乃因久病伤阴，或七情内伤，或年老体衰，肾阴不足，水亏火旺，上扰心神所致。两证均为虚证，区别在于有无虚热之症状。心血不足烦躁，以面色无华，心烦不寐，心悸，舌淡苔薄白，脉细为辨证要点。阴虚火旺烦躁以明显的阴虚内热症状为特征，如潮热盗汗，颧红唇赤，口干咽燥，舌红少苔，脉细数。前者治宜补养心脾，宁心安神，方用归脾汤加阿胶等。后者治宜滋阴降火，方用知柏地黄丸。

总之，烦躁一症，不外虚实两端。属实者，多由邪热、痰火、瘀血为患；属虚者，多为心血不足，阴虚火旺。然不论虚实诸证，又多与心经有火有关。心藏神，主神明，神明被心火所扰，则烦躁不宁。《杂病源流犀烛》云："烦躁，心经火热病也。"其治疗当以清热泻火为主，火平则心神安宁，烦躁即愈。

【文献别录】

《素问·至真要大论》："少阴之胜，心下热，善饥，脐下反动，气游三焦，炎暑至，木乃津，草乃萎，呕逆躁烦，腹满痛溏泄，传为赤沃"，"少阳司天，火淫所盛，则温气流行，金政不平。民病头痛，……烦心胸中热。"

《素问·气交变大论》："岁木太过，风气流行，脾土受邪。民病飧泄食减，体重烦冤。"

《金匮要略·肺痿肺痈咳嗽病脉证并治》："肺胀，咳而上气，烦躁而喘，脉浮者，心下有水。"

《金匮要略·水气病脉证并治》："心水者，其身重而少气，不得卧，烦而躁，其人阴肿。"

《张氏医通·烦躁》："经云：气乱于心则烦，盖热客于肺则烦，入于肾则躁。大抵心火旺，则水亏金烁，惟火独炽，故肺肾合而为烦躁也。"

《杂病源流犀烛·烦躁健忘源流》："内热心烦曰烦，故烦者，但心中郁烦也。外热身躁曰躁，故躁者，并身外热躁也。内热属有根之火，其原本于热。凡但烦不躁及先烦后躁者，皆易治，外热属无根之火，其原本于寒，凡但躁不烦及先躁后烦者，皆难治。"

《类证治裁》："内热为烦，外热为躁，烦出于肺，躁出于肾，热传肺肾，则烦躁俱作。"

（范隆昌　凌湘力）

64. 嗜　　睡

【概念】

嗜睡是指不分昼夜，时时欲睡，呼之能醒，醒后复睡的症状。

本症在《内经》中称为"好卧"、"嗜卧"、"善眠"、"安卧"、"多卧"。在《伤寒论》中有"欲寐"、"多眠睡"之称。在《金匮要略》中谓之"欲卧"、"欲眠"。后世又有"喜眠"、"喜卧"、"欲眠睡"、"多睡"、"多寐"、"卧寐"等不同名称。

嗜睡不同于"神昏"，神昏是神识昏乱，不省人事。而嗜睡，神志清醒，惟精神困顿不振，时时欲睡，呼之即醒。至于大病愈后，阴阳得复，人喜恬睡，醒后清爽，与嗜睡迥异。

【鉴别】

常见证候

湿困脾阳嗜睡：日夜昏昏嗜睡，头重如裹，四肢困重，食纳减少，中脘满闷，口粘不渴，大便稀薄，或见浮肿，舌苔白腻，脉濡缓。

心脾两虚嗜睡：倦怠多寐，面色无华，纳呆泄泻，心悸气短，妇女月经不调，色淡量多，舌质淡嫩，苔白，脉细弱。

肾阳虚衰嗜睡：精神疲惫，嗜睡懒言，畏寒肢冷，健忘，腰部冷痛，身重浮肿，唇甲青紫，舌体胖，舌质紫黯或淡，苔白润，脉微细。

肾精不足嗜睡：怠惰善眠，耳鸣耳聋，善忘，思维迟钝，神情呆滞，任事精力不支，舌质淡，脉细弱。

瘀血阻窍嗜睡：头昏头痛，神倦嗜睡，病程较久，或有头部外伤病史，舌质紫黯或有瘀斑，脉涩。

鉴别分析

湿困脾阳嗜睡：本证因久处卑湿之地，或长时间冒雨涉水而感受湿邪，以致湿邪束表，阳气不宣；或过食生冷肥甘，饮酒无度，以致脾胃受戕，湿从内生，或内湿素盛，湿困脾阳所致。湿为阴邪，其性重着粘滞，湿胜阳困，气机阻滞清阳不升，清窍失养，即成嗜睡。临床以头重如裹，四肢沉重，中脘满闷，大便稀薄，苔白腻，脉濡缓为辨证要点。此即《血证论》所谓："身体沉重，倦怠嗜卧者，乃脾经有湿。"若湿留日久，寒凝成痰，痰阻清阳，则嗜睡症状更为明显，治以温中化湿，健脾醒神。方用胃苓汤加菖蒲、藿香等。

心脾两虚嗜睡：《杂病源流犀烛·不寐多寐源流》曰："多寐，心脾病也，一由心神昏浊，不能自主，一由心火虚衰，不能生土而健运。"心脾两虚嗜睡，多因病后失调，思虑过度，或饮食不节，或失血，以至心血耗伤，脾气不足，心神失养，则神志恍惚，心怯喜眠。辨证要点为：倦怠嗜睡，面色无华，心悸气短，纳呆泄泻，舌质淡嫩，脉细弱。治疗宜补益心脾，方用归脾汤。本证与湿困脾阳嗜睡不同，心脾两虚嗜睡是纯虚之证，临床表现为心脾气血皆虚弱不足的证候。湿困脾阳嗜睡为本虚标实之证，既有脾虚不运之征，又有湿阻清阳不升的证候，两者有明显的区别。

肾阳虚衰嗜睡与肾精不足嗜睡，两证均属肾虚证。但肾阳虚衰嗜睡：起因，或由病久及肾，或由病邪直犯少阴，或失治、误治，阳气屡经克伐，以致阳虚阴盛，昏沉欲睡。《类证治裁》："多寐者，阳虚阴盛之病"。辨证以畏寒蜷卧，腰冷身重浮肿，肢冷尿少或小便清长，舌体胖质淡苔白为主症。肾精不足嗜睡，多由劳伤过度，或久病迁延不愈，高年体衰，致肾精亏损不足，髓海空虚，头昏欲睡。《灵枢·海论》："髓海不足，则脑转耳鸣，胫痠眩冒，目无所见，懈怠安卧。"辨证以头眩嗜睡，神疲怠惰，耳鸣耳聋，每任事则精力不支等为主症。两证区别在于：前证以肾阳不足为主要表现，后者以阴精不足，髓海空虚为特点，虽都有肾虚证候，但侧重点不同，斯作鉴别。肾精不足嗜睡，治疗用填精补髓的方法，可选用左归丸、河车大造丸等；肾阳虚衰嗜睡治宜温补元阳，用右归丸、肾气丸等。

瘀血阻滞嗜睡：常因头部外伤，血脉瘀阻，或惊恐气郁，气机逆乱，气血失调；或痰浊入络，阻塞血络，致气血运行不畅，阳气痹阻而致嗜睡，其辨证要点为：头昏痛，嗜睡，舌紫黯有瘀斑，脉涩。治宜活血通络。方选通窍活血汤。

【文献别录】

《素问·六元正纪大论》："凡此阳明司天之政，……其病中热胀，面目浮肿，善眠……。"

《灵枢·大惑论》："人之多卧者，何气使然？岐伯曰：此人肠胃大而皮肤湿，而分肉不解焉。肠胃大则胃气留久，皮肤湿则分肉不解，其行迟。夫卫气者，昼日常行于阳，夜行于阴，故阳气尽则卧，阴气尽则寤。故胃肠大，则卫气行留久；皮肤湿，分肉不解，则行迟。留于阴也久，其气不清，则欲瞑，故多卧矣。"

《伤寒论·辨少阴病脉证并治》："少阴之为病，脉微细，但欲寐也。"

《脾胃论》："脾胃之虚，怠惰嗜卧。"

《丹溪心法》："脾胃受湿，沉困无力，怠惰好卧。"

（范隆昌　凌湘力）

65. 痴　呆

【概念】

痴呆是指智能低下，记忆、理解、判断力明显减退，神情呆滞，反应迟钝，寡言善忘，甚至生活不能自理的症状。俗称呆傻病。

痴呆之名，最早见于《景岳全书》。明代以前对痴呆的专论极少，与其有关的症状、病因病机、治疗及预后的认识散见于各家著作中。张景岳首次在《景岳全书》中立"癫狂痴呆"专论，指出"痴呆证，凡平素无痰而或以郁结，或以不遂，或以思虑，或以疑惑，或以惊恐而渐致痴呆，言辞颠倒，举动不经，或多汗，或善愁，其证则千奇万怪，无所不至，脉必或弦或数，或大或小，变易不常。"对其病因病机、病证、治疗预后诸方面均做了较详细的论述。

【鉴别】

常见证候

湿痰阻窍痴呆：智力低下，精神抑郁，表情呆钝，默默无言或喃喃自语，闭户独居，不欲见人，脘腹胀满，口多痰涎，舌苔白腻，脉沉滑或濡缓。

气郁血虚痴呆：呆滞如愚，精神恍惚，胸闷善太息，急躁易怒，虚烦不眠，舌质淡，脉细弦。

肝肾亏虚痴呆：目光晦暗，言语迟钝，四肢麻木，举动不灵，头晕目眩，耳鸣耳聋，手足心热，颧红，盗汗，舌红无苔，脉细数。

髓海不足痴呆：智能低下，呆滞愚笨，儿童伴有发育迟缓、骨软萎弱、囟门迟闭、步履艰难、发稀齿少，舌淡，脉细弱。轻者，尚能学习简单的知识，做些机械的劳动；重者全面智能缺失，生活完全不能自理，也不能自卫。

鉴别分析

湿痰阻窍痴呆与气郁血虚痴呆：前者为本虚标实证，后者为虚实挟杂证。湿痰阻窍痴呆，必见湿痰征象，如静而少言，或默默不语，头重如裹，倦怠无力，脘腹胀满，泛吐痰涎，苔白腻，脉沉滑。其临床特点是：痴呆时轻时重，不易完全恢复。气郁血虚痴呆，乃以肝气郁结，心脾血虚为主，故痴呆兼见胸闷急躁，太息，面色㿠白，神志恍惚，心神不宁，悲忧欲哭等表现。其特点是：痴呆突然发生，多与情志不畅或突受精神刺激有关。一般病情严重，但持续时间较短，经过治疗可以较快恢复。湿痰阻窍痴呆，多因水湿内蕴，湿聚成痰，上蒙清窍，致使神情呆钝。气郁血虚痴呆，多因胸怀不畅，肝郁克脾，或由大惊卒恐，气血逆乱，以致心失所养，则精神恍惚，痴呆不语。湿痰阻窍痴呆，治宜豁痰开窍，方选转呆丹或指迷汤。气郁血虚痴呆，治宜理气和血，方用逍遥散合甘麦大枣汤加减。

肝肾亏虚痴呆与髓海不足痴呆：二者皆为虚证，但病因病机不同。肝肾亏虚痴呆，每因邪气久羁，或热毒深入下焦，劫伤肝肾之阴；或年高体衰，肝肾不足，神失所养，则默默寡言，呆钝如痴。髓海不足痴呆，则多缘于先天不足，禀赋薄弱，或近亲配偶，或遗传缺陷，致使脑髓发育不良，而成痴呆。肝肾亏虚痴呆，见关节屈伸不利，四肢麻木，语言迟钝，面色憔悴，两目无神，形体消瘦，肌肤甲错等表现。若阴虚阳亢，虚阳妄动，风自内生，还可见有舌强语謇，瘛疭等内风之象。而髓海不足痴呆则见神情呆滞，齿发难发，骨软痿弱，怠惰嗜卧，舌淡脉细。此外，肝肾亏虚者，多见于大病、久病，智能低下常逐渐加重，初期记忆不佳，联想迟缓，语言颠倒，其后可致严重低能状态，或成白痴。髓海不足者，多见于小儿，智能低下开始并不明显，往往随着患儿年龄之增长，智能障碍则逐渐表现出来。肝肾亏虚痴呆，治宜滋补肝肾，佐以熄风，方用珍珠母丸加减。髓海不足痴呆，治宜填精补髓，方用左归饮，或河车大造丸等。

综上所述，痴呆一症，虽有数因，但基本上不外虚实两类。属实者，因于痰湿；属虚者，缘于阴亏、髓虚。痰湿当需涤痰开窍；阴亏则应培补真阴；髓虚给以血肉有情之品，以填精补髓。然由于本症多见于大病、久病或神志病后期，症情顽固，恢复困难，故治疗时只有在辨证的基础上采取综合治疗措施（方药、针灸、导引等），方会收到一定疗效。对于气郁而致者，尤须注意心理治疗，避免精神刺激。

【文献别录】

《景岳全书·癫狂痴呆》："痴呆证，……此其逆气在心，或肝胆二经气有不清而然，但察其形体强壮，饮食不减，别无虚脱等证，则悉宜服蛮煎治之，最稳最妙。然此证有可愈者，有不可愈者，亦在乎胃气元气之强弱，待时而复，非可急也。凡此诸证，若以大惊猝恐，一时偶伤心胆，而致失神昏乱者，此当以速扶正气为主，宜七福饮，或大补元煎主之。"

《石室秘录》："呆病如病，而默默不言，如饥而悠悠如失也，意欲颠而不能，心欲狂而不敢，有时睡数日而不醒，有时坐数日而不眠。……呆病乃抑郁不舒，治呆无奇法，治痰即治呆也。

（范隆昌　凌湘力）

66. 健 忘

【概念】

健忘，是记忆减退，善忘的一种症状。又称"喜忘"、"善忘"、"多忘"、"好忘"、"易忘"等。

本病之最早记载，见于《内经》。如《素问·五常政大论》云："太阳司天，寒气下临，心气上从……善忘。"关于病因病机，《灵枢·大惑论》谓："上气不足，下气有余，肠胃实而心肺虚，虚则营卫留于下，久之不以时上，故善忘也。"历代医家认为，本症与心脾肾三脏密切相关，多由心脾不足，肾精虚衰而起。

健忘当与痴呆相鉴别：痴呆是生性迟钝，天资不足，自幼低能，表现为神情呆钝，沉默不语，语无伦次，不明事理。健忘是神识如常，明晓事理，但善忘前事。二者有根本区别。

【鉴别】

常见证候

肾精亏虚健忘：恍惚健忘，精神呆滞，形体疲惫，早衰，毛发早白，且枯脆易脱，齿浮动摇，腰膝痠软，骨软痿弱，步履艰难，舌淡苔白，脉虚或细。

心肾不交健忘：健忘，虚烦不眠，心悸怔忡，头晕耳鸣，腰痠腿软，多梦遗精，潮热盗汗，夜间尿多，舌红少苔，或无苔，脉细数。

心脾两虚健忘：健忘，面色无华，心悸怔忡，少寐多梦，气短神怯，倦怠食少，腹胀便溏，妇女月经不调，舌淡苔白，脉细弱。

痰浊扰心健忘：健忘嗜卧，头晕目眩，胸闷不舒，呕恶，咳吐痰涎，喉中痰鸣，苔白腻，脉弦滑。

瘀血攻心健忘：突然健忘，持久难愈，舌强语謇，但欲漱水而不欲咽，面唇爪甲青紫，大便色黑，或伴肢体瘫痪，舌质紫黯有瘀斑瘀点，脉细涩或结代。

鉴别分析

肾精亏虚健忘与心肾不交健忘：肾精亏虚健忘常见于老人及儿童。《类证治裁·杂病》谓："小儿善忘者，脑未满也，老人健忘者，脑渐空也。"肾藏精，主骨生髓，通于脑，若小儿禀赋不足，元气不充，或年迈之人，五脏俱衰，肾精不足，脑海空虚，神明失聪则健忘。心肾不交健忘多因大病之后，身体亏虚；或因情志太过，气郁化火，而致心火内炽，下劫肾阴；或起居失常，房劳不节，伤及肾阴，肾阴亏耗，不能上承心火，水火不济，则心阳独亢，发为健忘。肾精亏虚健忘以早衰，健忘，齿摇发脱，骨软痿弱，腰膝痠软，脉虚或细为辨证要点。心肾不交健忘以心悸健忘，虚烦不得眠，腰膝痠软，舌红少苔，脉细数为辨证要点。前者治宜填精补髓，方用河车大造丸。后者，治宜交通心肾，方用心肾两交汤化裁。

心脾两虚健忘：多由病久失调，或思虑过度，劳倦太过，或饮食不节，损伤脾气等，以致心血耗伤，脾气亏虚。心主血而藏神，脾主运化而为气血生化之源，脾气亏虚，则生血不足，可致心血亏少；思虑劳神太过，不仅暗耗心血，且可影响脾失健运。心脾两虚，而成健忘。本证辨证要点为：健忘，心悸少寐，纳呆气短，舌质淡，脉细弱，治宜补益心脾，方用归脾汤。

痰浊扰心健忘与瘀血攻心健忘：痰浊扰心健忘常因脾失健运，湿痰内生；或喜食肥甘，聚湿为痰；或缘肝郁化火，熬精成痰；痰气上逆，扰乱神明，则时有健忘。瘀血攻心健忘多由瘀血停留，脉络阻滞，气血不行，心神失养，或瘀阻壅遏，神识受扰，使之健忘。痰浊扰心健忘的辨证要点是：健忘，头晕目弦，胸闷呕恶，咳吐痰涎，苔白腻，脉弦滑。瘀血攻心健忘的辨证要点是：突然健忘，持久难愈，口唇爪甲青紫，舌质紫黯有瘀斑瘀点，脉细涩或结代。前者治以化痰宁心，方选导痰汤加减。后者宜活血化瘀，方用血府逐瘀汤或抵挡汤。

总之，健忘一症与心、脾、肾之关系比较密切。因心藏神，主神明，肾藏精，通于脑，脾主意与思，故心脾气血不足，肾精亏虚，以及心肾不交等俱可导致健忘，治以养心安神，补益脾肾为主。

【文献别录】

《张氏医通》："健忘者，俱责之于心肾不交。"

《济生方》："盖脾主意与思，心亦主思，思虑过度，意舍不清，神宫不职，使之健忘。"

《丹溪心法》："健忘由精神短少者多，亦有痰者，此症多由思忧过度，损其心包，心致神舍不清，遇事多忘。"

《类证治裁·健忘》："健忘者，陡然忘之，尽力思索不来也。夫人之神宅于心，心之精依于肾，而脑为元神之府，精髓之海，实记忆所凭也。"

《医宗必读·健忘》："心不下交于肾，则火乱其神明；肾不上交于心，精气伏而不用。火居上则因而为痰；水居下则因而生躁，扰扰纭纭，昏而不宁，故补肾而使之时上，养心而使之善下，则神气清明，志意常治，而何健忘之有。"

（范隆昌　凌湘力）

67. 多　梦

【概念】

多梦，是指睡眠不实，睡眠中梦扰纷纭，次日头昏神疲的症状。又称"妄梦"、"喜梦"。正常人睡眠时亦偶有梦，不影响生活工作者属正常生理现象，不属本症讨论范畴。

本症与梦魇、梦呓、梦游、梦惊、不寐有别。梦魇指作恶梦而惊叫，或自觉有东西压住身体不能动弹；梦呓指说梦话；梦游指睡眠中无意识地起来活动做事；梦惊是指作恶梦而突然惊醒；不寐指睡眠时间减少，难于入寐，或寐而易醒，醒后不能再度入睡，甚或彻夜不眠。

【鉴别】

常见证候

心脾两虚多梦：失眠多梦，面色少华，心悸怔忡，遇事善忘，食纳减少，腹胀便溏，少气懒言，倦怠无力，舌质淡，苔薄白，脉濡细。

心肾不交多梦：健忘多梦，烦躁不眠，心悸，头晕耳鸣，腰膝痠软，潮热盗汗，咽干，舌红少苔或无苔，脉细数。

心胆气虚多梦：恶梦惊恐，时易惊醒，触事易惊，惊悸怔忡，舌质淡，脉细弱。

痰火内扰多梦：梦扰纷纭，头晕心悸，急躁易怒，痰多胸闷，口苦而粘，舌质红，苔黄腻，脉滑数。

鉴别分析

心脾两虚多梦：本证常因饮食失调，或劳倦耗损，或思虑劳神，或它脏病变的影响等，导致脾气亏虚，运化失常，生化无源，心神失养而多梦。临床辨证要点为：失眠多梦，面色少华，腹胀便溏，少气懒言。治宜健脾养心，方用归脾汤加减。

心肾不交多梦与心胆气虚多梦：心肾不交多梦常因劳伤心肾，以致心火不能下交于肾水，肾水不能上济于心火，水亏火旺，神不得宁，故多梦。心胆气虚多梦乃平素体弱，心胆虚怯；或暴受惊骇，情绪紧张，损及心胆，神情不安所致。心肾不交多梦以烦躁不眠，健忘多梦，腰痠膝软，舌红少苔，脉细数为辨证要点。心胆气虚多梦以恶梦惊恐，心悸胆怯为辨证要点。前者治宜滋阴降火，交通心肾，方选黄连阿胶汤加夜交藤、枣仁、合欢皮等。后者治宜益气镇惊，安神定志，方用安神定志丸或酸枣仁汤加减。

痰火内扰多梦：常因忧郁恼怒，肝失疏泄，气郁化火，灼炼津液，凝聚成痰，痰火扰乱心神而致。辨证要点为：梦扰纷纭，胸闷痰多，口苦，苔黄腻，脉滑数。治宜清热化痰，方用黄连温胆汤加竹沥等。

本症病位在心，但与五脏六腑均有关，又有虚实之别。心脾两虚多梦，心肾不交多梦及心胆气虚多梦属虚证，以调补气血阴阳为治疗大法。痰火扰心多梦属实证，以清化痰热为主，但忌清凉太过，若损伤正气，可转为心胆气虚、心脾两虚证。

【文献别录】

《素问·方盛衰论》："少气之厥，令人妄梦，其极至迷。"

《素问·脉要精微论》："阴盛则梦涉大水恐惧，阳盛则梦大火燔灼，阴阳俱盛则梦相杀毁伤，上盛则梦飞，下盛则梦堕，甚饱则梦予，甚饥则梦取，肝气盛则梦怒，肺气盛则梦哭。"

《灵枢·淫邪发梦》："肝气盛则梦怒，肺气盛则梦恐惧哭泣飞扬，心气盛则梦善哭恐畏。脾气盛则梦歌乐身体重不举，肾气盛则梦腰脊两解不属，凡此十二盛者，至而泻之立已。"

《金匮要略·五脏风寒积聚脉证并治》："邪哭使魂魄不安者，血气少也。血气少者属于心，心气虚者，其人则畏，合目欲眠，梦远行而精神离散，魂魄妄行。"

《医学入门·脏腑》："心气实则梦可扰、可惊、可怪之事，虚则魂梦飞扬。气逆于心，则梦丘山烟火。"

《杂病源流犀烛·不寐多寐源流》："凡人形接则为事，神遇则为梦。神役乎物，则魂魄因而不安，魂魄不安，则飞扬妄行，合目而多梦。又况七情扰之，六淫感之，心气一虚，随感而应。谚云：日之所接，夜之所梦，询有然也。"

《沈氏尊生书》："心胆俱怯，触事易惊，梦多不祥。"

（范隆昌　凌湘力）

68. 不　寐

【概念】

不寐，是指经常性的睡眠减少而言，或不易入睡，或寐而易醒，醒后不能再睡，甚或彻夜不眠。

本症《内经》称"目不瞑"、"不得眠"、"不得卧"；《难经》始称"不寐"；《中藏经》称"无眠"；《外台秘要》称"不眠"；《圣济总录》称"少睡"；《太平惠民和剂局方》称"少寐"；通常称为"失眠"。

凡因天时寒热不均，被褥冷暖太过，睡前饮浓茶、咖啡等兴奋性饮料，或因精神刺激，思虑太过而致偶然不能入睡者，不属病态。若因疼痛、喘咳、瘙痒等而致的不能入睡，不属本症讨论范围，可参见有关条目。

【鉴别】

常见证候

心阴亏虚不寐：不易入睡，心悸而烦，多梦健忘，潮热盗汗，手足心热，口燥咽干，舌红少津，脉细数。

心肾不交不寐：难以入睡，甚则彻夜不眠，头晕耳鸣，潮热盗汗，五心烦热，健忘多梦，腰膝痠软，遗精，舌红少苔，脉细数。

心脾两虚不寐，失眠，多梦易醒，面色少华，身体倦怠，气短懒言，心悸健忘，食少便溏，舌淡苔薄，脉细弱。

胆虚气怯不寐：恐惧不能独自睡眠，寐而易惊，如人将捕之，心憺憺然，头晕目眩，善太息，或呕苦汁，舌质胖淡，脉细弱而缓。

肝经郁热不寐：睡卧不宁，多梦易醒，烦躁易怒，胸胁胀满，善太息，口苦日赤，小便短赤，舌红苔黄，脉弦数。

痰热扰心不寐：睡卧不宁，多梦易醒，心烦不安，胸闷多痰，恶心欲呕，口苦而粘，舌红苔黄腻，脉滑数。

心火亢盛不寐：失眠多梦，胸中烦热，心悸怔忡，面赤口苦，口舌生疮，小便短赤疼痛，舌尖红，脉数有力。

余热扰膈不寐：难于入寐，坐卧不安，虚烦不宁，胸膈窒闷，嘈杂似饥，舌质红，苔薄黄，脉细数。

鉴别分析

心阴亏虚不寐与心肾不交不寐：二者皆为阴虚而致不寐，前者为心阴亏损，后者为肾阴不足。心阴亏虚不寐是心阴不足，心阳偏旺，阴不敛阳，心神不宁而致。心阴亏虚，心阳偏旺，阳不入阴，故不易入睡。其辨证要点，眠而多梦易醒，心悸健忘，口燥咽干，五心烦热，潮热盗汗，舌红少津、脉细而数。心肾不交不寐是因劳倦内伤，肾阴匮乏于下，不能上济于心，心火独亢于上，不能下交于肾，心肾水火不能相济而致。正如《古今医统》所说："有因肾水不足，真阴不升，而心火独亢，不得眠者。"其与心阴亏虚不寐的鉴别要点是，除心阴不足，心火偏旺的证候外，不寐之症多较严重，甚则辗转反侧，彻夜不眠，兼见头晕耳鸣，腰膝痠软，遗精等肾阴虚之征。心阴亏虚不寐，治疗当以滋心阴，养心神为主，方用天王补心丹加减。心肾不交不寐治疗宜滋肾水，降心火，交通心肾，方选黄连阿胶汤合交泰丸化裁，《冷庐医话》主张用半夏、夏枯草交通心肾，亦可配用。

心脾两虚不寐与胆虚气怯不寐：两证皆为虚证，前者为心脾气血不足，后者为胆气虚。心脾两虚不寐由于思虑劳倦，伤及心脾，脾气虚弱，气血生化之源不足，血不养心，以致心神不安，而成不寐。《类证治裁》："思虑伤脾，脾血亏损，经年不寐。"其辨证要点：除不寐外，尚有心悸健忘，肢倦神疲，面色少华，饮食不香等血虚症状。胆虚气怯不寐常由卒然惊恐，气陷胆伤，以致决断无权，故恐惧而不能入睡。辨证要点：惊恐而不能独自睡眠，寐而易惊醒，头晕目眩，心中惕惕然等症状。治疗原则两者亦不同，心脾两虚不寐治宜健脾益气，养血安神，方选归脾汤、八珍汤加炒枣仁、远志、夜交藤等。胆虚气怯不寐治宜温胆益气宁神，方选肝胆两益汤、无忧汤等。

肝胆郁热不寐与痰热扰心不寐：二者皆为实证、热证。前者是肝胆气郁化火，后者为痰热蕴积扰心。肝胆郁热不寐是由恼怒伤肝，肝气失其条达疏泄之职，郁久化火；或酒食不节，湿热聚于肝胆，蕴积化火。火热上炎，扰乱神明，心神不安，故睡卧不宁，多梦易醒。肝胆气郁则烦躁易怒，胸胁胀满，太息则舒；气郁化火则口苦目赤，小便黄，舌红脉数。痰热扰心不寐为脾运不健，或嗜食肥甘，聚湿酿痰，痰蕴化而为热；或热邪侵袭入里，灼津烁液，烁结为痰，痰热扰动心神所致。其不寐特点亦为睡卧不宁，多梦易醒，烦躁不安，但必兼痰热之证（胸闷多痰，恶心欲呕，脉滑而数）。其与肝胆郁热不寐之鉴别要点：肝胆郁热不寐烦躁易怒，胸胁胀满，口苦目赤，脉弦而数；痰热扰心不寐胸闷多痰，恶心欲呕，口苦而粘，脉滑而数。肝胆郁热不寐治宜清热泻火安神，方选龙胆泻肝汤、清胆竹茹汤加龙齿、珍珠母、磁石之属；痰热扰心不寐，治宜清热化痰安神，方选黄连温胆汤、导痰汤加味。

心火亢盛不寐与余热扰膈不寐：二者亦为实证、热证。前者是心火独亢，后者为病后余热未清。心火亢盛不寐是烦劳伤心，心火独盛，心神不守，故失眠多梦而见胸中烦热；心悸怔忡，火热上炎则面赤口苦，口舌生疮；心移热于小肠，则小便短赤，疼痛滞涩。余热扰膈不寐是热病后期，余热未清，热扰心神而致，故坐卧不安，失眠而心烦，胸闷、嘈杂似饥。二者当不难区分。前者治宜清心安神，方用导赤散送服朱砂安神丸。后者治疗须清热除烦，多用竹叶石膏汤、栀子豉汤。

总之，不寐一症，有虚实之异，临证首先当别虚实。凡虚证不寐者皆正气不足，不寐多为渐致，证有血虚、阴虚、气虚的不同，而以阴血虚者为常见，治疗以扶正为主，兼以安神。凡实证不寐者，多是邪扰心神，不寐多为暴起，其表现为不易入睡，卧起不安，证有郁热、心火、痰热等区分。治疗以清热泻火，清热化痰诸法，邪祛则神自安。

【文献别录】

《景岳全书·不寐》："不寐虽病有不一，然惟知邪正二字则尽之矣。盖寐本乎阴，神其主也，神安则寐，神不安则不寐。其所以不安者，一由邪之扰，一由营气不足耳。有邪者多实证，无邪者皆虚证。"

《温病条辨·下焦篇》汪按："不寐之因甚多，有阴虚不受阳纳者，有阳亢不入于阴者，有胆热者，有肝用不足者，有心气虚者，有心液虚者，有跷脉不和者，有痰饮扰心者。"

（李文瑞　高荣林）

69. 梦 游

【概念】

梦游是指在睡眠中不由自主地起床游行或从事日常活动，不易被别人唤醒，醒后对睡中行为一无所知的一种症状。

本症最早载于《内经》，称"梦游行"，后世又称为"夜游"、"睡行"等。

【鉴别】

常见证候

心气亏虚梦游：梦游，每于劳累后发作，伴有心悸、胸闷、气短、乏力、精神涣散、喜悲哭。舌淡，脉虚弱。

心肺阴虚梦游：梦游，心悸少寐，烦躁不安，坐卧不定，精神恍惚，或幻听幻视，口干，或有盗汗，大便干，小便赤，舌红少苔，脉细数。

心肾不交梦游：梦游，头晕耳鸣，心悸失眠，健忘，五心烦热，潮热盗汗，腰膝痠软，或有梦遗。舌红少苔，脉细数。

肝气郁结梦游：梦游，胸胁胀闷，善太息，急躁易怒，纳差腹胀，面赤口苦，妇人或伴月经不调。舌苔薄黄，脉弦。

痰火扰心梦游：梦游，心悸失眠，胸中躁扰烦热，痰多，色黄粘稠，脘腹胀满，口苦咽干。大便干，小便短赤，舌红苔黄厚腻，脉滑数。

痰浊阻滞梦游：梦游，胸脘满闷，呕吐痰涎，恶心纳差，眩晕心悸，形体丰腴，大便粘滞不爽，舌胖，苔腻，脉细滑。

瘀血阻滞梦游：梦游，心悸，夜卧不宁，胸中烦热，时有刺痛，面色晦滞，口渴，但欲漱水而不欲咽，唇舌紫黯，或有瘀点瘀斑，脉沉涩或结代。

鉴别分析

心气不足梦游与心肺阴虚梦游：心气不足或心阴亏耗，使心神失养，神动不安，魂魄飞扬，均会出现梦游。因劳累、思虑暗耗心血，故二证均以劳心过度后发作较多为特征。二者鉴别：心气不足梦游，因心气虚则悲，故喜悲哭，并有胸闷、气短、乏力、舌淡、脉虚弱等气虚表现。心肺阴虚梦游，病在心肺，神魄失养，故有烦躁不安、坐卧不定、精神恍惚、幻听幻视，此外尚有口干、盗汗、大便干、小便赤、舌红少苔、脉细数等阴虚内热的表现。心气不足者，治宜养心益气安神，方选养心汤。心肺阴虚者，治宜养心润肺，清热安神，方选百合地黄汤合甘麦大枣汤、天王补心丹三方化裁。

心肾不交梦游：多因年高、体弱、肾精不足，或房劳伤肾，使肾水不足，不能上济心阴，心火偏亢，不能下交于肾，使心肾不交、神魂不宁而发为梦游。心火偏旺，神室被扰，则见梦游、心悸、失眠；肾阴亏虚，头目不充，腰府失养，则见健忘、头晕耳鸣、腰膝痠软，阴虚生内热则见五心烦热、潮热盗汗，相火妄动则有梦遗。舌红少苔、脉细数均为阴虚之征。治当交通心肾，养阴清热，方选黄连阿胶汤合交泰丸。

肝气郁结梦游：多由情志不遂而致，故梦游发作特点为随情绪变化而变化，每因生气、恼怒、忧伤等情志刺激后发作加重，并兼有肝气郁结的典型表现如：胸胁胀闷、喜太息、急躁易怒等。若为妇人则或见月经不调、经前乳胀，若肝郁化火则面赤口苦，若肝郁木不疏土则纳差腹胀。治宜疏肝理气，解郁安神，方选加味逍遥散加减。

痰火扰心梦游与痰浊阻滞梦游：二者皆因痰邪作祟，上扰心神而致梦游。痰邪之源，多因饮食劳倦、情志不畅伤脾、脾失健运，水停为痰；或外邪伤肺，肺失宣肃，水道不调，聚津为痰。故二者均痰多、脘腹胀闷，其鉴别在于：痰火扰心梦游，气滞痰郁化火，或感受火热，痰火胶结，上干心神，故见胸中躁扰烦热，痰黄稠，口苦咽干。大便干，小便短赤，舌红，苔黄腻，脉滑数均为痰火内炽之象。痰浊阻滞梦游，痰浊壅盛，热象不明显，故其特点为胸脘满闷，呕吐痰涎，恶心纳差，眩晕心悸，神疲嗜卧，大便粘滞不爽，舌胖苔腻，脉细滑。痰火扰心梦游，治宜涤痰泻火安神，予礞石滚痰丸合朱砂安神丸；痰浊阻滞梦游，治宜健脾化痰，理气安神，投顺气导痰汤加远志、郁金、菖蒲、生龙牡。

瘀血阻滞梦游：常由外伤出血而致。心主血脉而藏神，瘀血内停，血脉不畅，神运失常则梦游。若瘀血日久，新血不生，神失所养，亦会加重。其辨证要点是胸中烦热刺痛，面色晦滞，口干漱水不欲咽，唇舌紫黯，或有瘀点瘀斑，脉细涩或结代。治当活血化瘀，宁心安神，血府逐瘀汤主之。

梦游属神志病变，与心的关系最为密切。同时，肝藏魂，肺藏魄，且脾虚生痰上泛，肾虚阴阳不交，故梦游亦涉及其它四脏。凡体弱、感受外邪、饮食劳倦、七情内伤等，皆可使五脏失调而为病。临证当辨虚实，实邪有气、火痰、瘀之分，虚证有气、阴不足之别，故临证应据其虚实以宁心安神为要点，辨证论治。

【文献别录】

《金匮要略·五脏风寒积聚病脉证并治》："邪哭使魂魄不安者，血气少也；血与气者属于心，心气虚者，其人则畏，合目欲眠，梦远行而精神离散，魂魄妄行。"

（刘凯军）

70. 鼾　眠

【概念】

鼾眠是指在睡眠中气道经常不畅，发出呼吸粗鸣，时断时续的一种症状。

本病首见于《伤寒论》，《杂病源流犀烛》称"鼾睡"，述为："方卧即大声鼾睡，少倾即醒。"

【鉴别】

常见证候

肺气失宣鼾眠：鼾声响亮，时断时续，夜寐不实，鼻塞流涕，咽喉堵闷或咽痒而痛，咳嗽胸憋，舌淡暗，苔薄白，脉浮。

痰热闭肺鼾眠：鼾声如雷，喉间气粗痰鸣，夜寐不实，胸胁憋闷，痰黄而粘，不易咯吐，口干汗出，身热烦躁，鼻息灼热，大便秘结，小便短赤，舌红苔黄腻，脉滑数。

脾虚湿蕴鼾眠：鼾声沉闷，呼吸如喘，夜寐不实，脘腹胀满，痰多粘腻，面色萎黄，气短乏力，神倦嗜卧，纳差恶心，大便溏结不调，舌淡胖，有齿痕，苔白腻，脉细滑。

瘀血阻滞鼾眠：鼾声大作，胸闷如窒，烦躁不宁，夜寐不宁，头部刺痛或鼻咽喉肿胀疼痛，口干但欲漱水不欲咽，舌质紫黯，或见瘀点、瘀斑，脉细涩。

鉴别分析

肺气失宣鼾眠与痰热闭肺鼾眠：病变均在肺，应予鉴别。前者多因外感六淫之邪束肺，使肺气失宣而致。因鼻为肺窍，肺失宣发则鼻窍不利，鼾声即起。证候特点为鼾声响亮，伴有鼻塞、流涕、喷嚏、咳嗽、咽喉堵闷或咽痒、脉浮等肺卫表证。治宜宣肺散邪、通窍利咽，方选苍耳子散加减。后者多由感受火热之邪，或情志不遂、气郁化火，灼津成痰，痰火胶结，闭阻肺络，气道为之不畅，呼吸不利而发鼾。证候特点为鼾声如雷，喉间痰鸣，并有痰火内炽之象如身热烦躁，痰黄而粘，不易咯吐，口干，汗出，鼻息灼热，大便秘结，小便短赤，舌红苔黄腻，脉滑数等。治当涤痰泻火，宣降肺气。轻症可选清金化痰汤，重症可用礞石滚痰丸合小陷胸汤。症因脉治有别，不难区分。

脾虚湿蕴鼾眠：多为素体脾气虚亏，或由饮食不节，嗜食肥甘醇酒厚味而内伤脾胃，脾失健运，痰湿内聚，上犯于肺，呼气不利而为鼾眠。其证候特点是鼾声沉闷，呼吸如喘；其人形体多肥胖，夜寐不实，白天嗜睡；脾失健运、痰湿内聚，故脘腹胀满，纳差恶心，痰多而粘，气血不荣则面色萎黄；气虚故气短乏力，精神疲惫；大便溏结不调、舌淡胖有齿痕、苔白腻、脉细滑均为脾虚湿盛之征。病以中焦脾土为主，治以健脾益气、燥湿化痰，方选六君子汤、补中益气汤加杏苡仁、苍术、枳实以增其力。

瘀血阻滞鼾眠：产生瘀血的原因，多由外伤造成血离经脉，或感受火毒之邪，血热毒火搏结于鼻、咽喉部，或情志失调、气机郁滞、血行不畅。瘀血阻滞，脉络不通，气失宣畅而发生鼾眠，其特点因瘀血阻滞的部位而不同，血阻于头则头刺痛，阻于鼻咽则鼻咽肿胀疼痛，阻于胸则胸闷如窒；血行不畅，心神不安则烦躁、夜卧不宁；并有口干但欲漱水不欲咽、舌质紫黯有瘀点或瘀斑、脉细涩等瘀血内停之象。治当活血化瘀通窍，方以通窍活血汤加减。若鼻、咽、喉部青紫肿胀、疮疡、溃烂者，为火毒内攻，治宜凉血解毒、化痰开窍，方选神犀丹。

肺主气，司呼吸，肺系壅滞，气道不畅，鼾声必作，故多责之于肺。外邪束肺或痰火闭肺，皆为实证，病程短，以祛邪为主，病易治。若脾虚痰湿内蕴，气道不畅鼾眠者，病程多久，虚实夹杂，治宜攻补兼施。瘀血阻滞鼾眠，初起以实证为多，治以消法。若病久瘀血不去，新血不生则虚实夹杂，治疗当辨虚实。鼾眠多伴夜寐不安，治疗当佐以安神。

【文献别录】

《诸病源候论·咽喉心胸病诸候》："鼾眠者，眠里喉咽间有声也，人喉咙气上下也。气血若调，虽瘕寐不妨宣畅；气有不和，则冲击喉咽而作声也。其有肥人眠作声者，但肥人气血沉厚，迫隘喉咽，涩而不利亦作声。"

（刘凯军）

71. 啮　齿

【概念】

啮齿，是指上下牙齿相互磨切、格格有声而言。

本症在古典医籍中，有不同的名称。《金匮要略》、《诸病源候论》称其为"齘齿"，唐宋以来，又有"齿龂"、"齧齿"（同啮齿）、"啮齿"、"嘎齿"、"咬牙"等名。

【鉴别】

常见证候

风寒束表啮齿：寒战啮齿，伴见发热恶寒，头痛，周身疼痛，无汗，舌质淡红、舌苔薄白，脉浮紧。

心脾积热啮齿：常于睡中啮齿，发热口渴思冷饮，口舌生疮、疼痛，呕吐嘈杂或食入即吐，口臭，心烦，舌质红，舌苔黄而少津，脉滑数。

食滞胃肠啮齿：睡中啮齿，胸脘痞胀疼痛，不思饮食，厌食，嗳腐，或呕吐馊食，大便不畅，便臭如败卵，或泄泻腹痛，或大便秘结，小便黄赤，舌质红，舌苔腻而微黄，脉滑而实。

蛔虫啮齿：睡中啮齿，胃脘嘈杂，腹痛时作时止，贪食，有异食怪癖，而黄肌瘦，或鼻孔作痒，白眼珠有蓝斑或蓝点，面部（侧面部及颧部）有白色虫斑，唇内有小点（呈粟粒状半透明状突起），舌尖部或舌中线两旁有浅红或鲜红色点状突起。舌质淡红，舌苔白，脉弦滑。

气血两虚啮齿：啮齿声音低微，面色㿠白，唇舌爪甲色淡无华，头目眩晕，心悸怔忡，倦怠无力，少气懒言，语言低微，或手足麻木，舌体胖，舌质淡，舌苔薄白或白，脉细弱或虚大。

阴虚动风啮齿：啮齿连声，手足蠕动，甚或瘛疭，或手足颤抖，面色憔悴，两颧嫩红，或盗汗，五心烦热，或咽干口燥，舌质红，舌苔极少或无苔，脉沉细。

热盛动风啮齿：啮齿有声，或牙关紧闭，壮热，口渴引饮，喜凉饮，大汗出，脉洪大而数，舌质红，舌苔黄而干；或角弓反张不能平卧，四肢拘挛抽搐，或腹部胀满、拒按，大便燥结不通，舌质红，舌苔黄厚而燥干，脉沉实或滑实有力而数。

鉴别分析

风寒束表啮齿与心脾积热啮齿：前者是外受风寒之邪与正气交争于表，见发热恶寒，战栗啮齿，头痛，周身疼痛，苔薄白，脉浮紧等表证；后者乃是心脾火热所致。因其阳明之脉入齿中挟口环唇，内热充络，故见牙齿磨切有声之症。兼见心烦，口臭，口渴思冷饮，舌红苔黄少津，脉滑数。两者一表一里，截然不同。风寒束表啮齿，常在醒时发作；而心脾积热啮齿，常于睡中磨牙。风寒束表啮齿，治以解表疏风散寒，常用麻黄汤加减；心胃火热啮齿，治以清泄胃火，常用清胃散。

食滞胃肠啮齿与蛔虫啮齿：多见于小儿，常于夜间发作。其不同点是：蛔虫啮齿有蛔虫证的特点，如腹痛以脐周为著，且时痛时止，贪食，有异食怪癖，面黄肌瘦，白眼珠有蓝斑、蓝点，面有白色虫斑，唇内有粟状小点等。治以驱虫为主，佐以健脾化湿法，常用追虫丸、使君子散或乌梅丸。食滞胃肠啮齿，是由饮食不洁，内伤乳食，停滞不化，气滞不行，伤及脾胃引起。其以不思饮食，食而不化，脘腹胀满，形体消瘦，大便不调为特点。治以消食导滞和中法，常以保和丸易丸方为汤剂加胡黄连内服；或服枳实导滞丸（或汤）加减。临床上，也可出现积滞与蛔虫兼见情况，可兼而治之。

阴虚动风啮齿与气血两虚啮齿：阴虚动风啮齿无论见于杂病之中或见于温病之中，皆是阴精耗伤水不涵木所致。肝主筋脉，赖肾水以滋养。年老久病、七情内伤、劳倦失度，或邪热久羁、阴液被烁，都是阴虚动风的缘由。其辨证要点应抓住两点：一是具备肝肾阴虚之证（如两目干涩，头晕耳鸣，腰痠腿软，心中憺憺大动，或颧红潮热，五心烦热，神倦脉虚，舌红苔少等）。二是除啮齿外，尚有其它动风之象（如麻木震颤，独头动摇，手足蠕动，甚或瘈疭，或见四肢挛急，角弓反张等）。常治以柔肝滋肾，育阴潜阳，熄风止痉法，方如镇肝熄风汤、大定风珠。气血两虚啮齿是因气血虚弱筋脉失于滋养而致，临床表现除啮齿症状外，气血不足的表现是辨证的主要依据（少气懒言，气微而短，面色苍白无华，唇甲色淡，眩晕，甚或瘈疭，舌质淡，脉细弱等）。气血两虚啮齿，宜治以益气养血法，方用八珍汤加减。

热盛动风啮齿，是在急性外感热病中易见的一种症状，多见于小儿。其主要特点是必兼热盛症状（壮热烦躁、口渴喜冷、面赤唇焦、大汗出、便秘溲赤；或腹脘胀满、拒按、大便燥结不通、舌质红、舌苔黄而干或黄燥而厚起芒刺、脉象弦数或洪大而数或沉实而数或滑实有力而数）。热盛动风啮齿，如因肝经热盛动风为主，轻者头目眩晕，心绪不安；重者兼见突然抽搐，口眼㖞斜，半身不遂，角弓反张，甚至昏迷，脉象为弦劲而数。若热在阳明气分，当见大热、大烦渴、大汗出、脉洪大；若热结阳明之腑，当有痞、满、燥、坚、实的表现，舌苔老黄或焦燥起刺。不论哪种情况，治疗应以急清邪热为务，热退则风熄，啮齿自止。肝热盛动风，宜平肝熄风法，选羚羊钩藤汤加减，并可参酌病情，加用安宫牛黄丸、至宝丹、紫雪丹。阳明气分热盛动风，宜清气分热以熄风，选方白虎汤加减。阳明热盛于腑动风，亟予通腑泻热，方选凉膈散或大承气汤。热盛动风啮齿，与心胃火盛啮齿不同。前者除啮齿外，尚有动风表现，而且其热象甚著，非心脾积热啮齿兼见心烦、口臭之症所能比。

啮齿一症，风寒束表、心脾积热、食滞胃肠、蛔虫、热盛动风诸证，牙齿磨切声音较强，多为实证；气血两虚、阴虚动风等证牙齿磨切声音较低微，多为虚证。

【文献别录】

《医林改错评注·半身不遂论叙》："口噤自是口噤，咬牙自是咬牙，古人以口噤咬牙混成一症，何临证粗心之甚！口噤是虚，咬牙是实。口噤是牙紧不开，咬牙是叩齿有声。"

《外感温热篇》："若咬牙啮齿者，湿热化风痉病；但咬牙者，胃热气走其络也。"

《温热经纬·疫证条辨二十八》："杂证啮齿为血虚，疫证见之为肝热，宜本方（清瘟败毒饮）增石膏、生地、丹、栀加胆草。"

（胡荫奇）

72. 善 太 息

【概念】

善太息是指患者自觉胸中憋闷，每以长声嘘气为舒的一种症状。又称"叹息"。

本症与"嗳气"不同。嗳气是指胃气上逆嘎然有声的表现；太息则是气机郁滞不利，而得长叹为快症状。

【鉴别】

常见证候

肝郁善太息：胸闷不舒，长嘘叹气，胁肋胀满，神情默然，纳少，口苦，眩晕，苔白，脉弦。

气虚善太息：常欲叹息，气短自汗，倦怠乏力，纳少，舌质淡，舌体胖，苔白，脉细。

鉴别分析

肝郁善太息与气虚善太息：前证太息由于情志所伤，所欲不遂，或强烈精神刺激，肝气郁滞，失其条达，胸中气机不利，故见胸闷抑郁，每欲叹息则胸宇得舒。临床尚有情绪低落，神情默然，胁胀纳呆等肝郁症候。治宜疏肝理气解郁，方选柴胡疏肝散、逍遥散等。气虚善太息，由劳伤过度，或久病失养，而致气虚。气虚则宗气不展，欲得叹息而后快。临床除常叹息外，还有气短自汗，神倦乏力，舌质淡，脉细等气虚证候，治宜补中益气，方选保元汤、补中益气汤等。

肝郁善太息属实证，气虚善太息属虚证。二症均见太息伴胸闷，胸闷缘于气机不利所致，惟欲太息为舒。然肝郁善太息病机为肝失条达，气机郁滞；气虚善太息为气动乏力，不能舒展。故临床表现迥然不同，两证不难鉴别。

【文献别录】

《灵枢·经脉》篇："胆足少阳之脉，……是动则病口苦，善太息，心胁痛，不能转侧。"

《灵枢·胀论》篇："胆胀者，胁下痛胀，口中苦，善太息。"

《证治准绳·杂病》："经云：黄帝曰：人之太息者何气使然。岐伯曰：思忧则心系急，心系急则气道约，约则不利，故太息以出之。"

（李　全　凌湘力）

73. 晕　厥

【概念】

晕厥是以突然昏倒，不省人事，四肢厥冷，移时方苏为特征的一种症状；醒后无失语、口眼㖞斜、半身不遂等后遗症。

《内经》中的"薄厥"以及后世的"郁冒"、"气厥"、"血厥"、"痰厥"、"食厥"、"暑厥"、"酒厥"、"昏厥"、"昏晕"、"昏仆"等皆属晕厥范畴。

晕厥与"神昏"不同，后者为持久而不易复苏的神志昏乱。晕厥与"眩晕"有别，眩晕是头晕目眩，视物旋转不定，甚则不能站立，但无神志不清。痫证之昏仆，虽然移时逐渐苏醒，但发则四肢抽搐，口眼相引，口吐涎沫，与晕厥不同，应予区分。

【鉴别】

常见证候

气虚晕厥：突然昏仆，面色㿠白，怠惰乏力，气息微弱，汗出肢冷，舌质淡，脉沉弱。

血虚晕厥：突然晕厥，面色淡白或萎黄，口唇无华，心悸，多梦失眠，头晕眼花，妇女月经不调，舌淡，脉细数无力。

血气上逆晕厥：突然昏倒，不省人事，牙关紧闭，双手握固，呼吸气粗，面赤唇紫，舌红或紫暗，脉沉弦。

阴虚肝旺晕厥：头晕目眩，五心烦热，急躁易怒，眩仆不语，面红目赤，四肢颤抖，口干，舌红少苔，脉弦细数。

痰浊上蒙晕厥：头重昏蒙，嗜睡困乏，突然晕仆，不知人事，喉有痰鸣，鼾声如锯，呕吐涎沫，四肢厥冷，苔白腻，脉弦滑。

暑邪中人晕厥：卒然昏倒，气喘不语，身热肢厥，冷汗不止，面色潮红或苍白，牙关微紧或口开，舌红而干，脉洪数或虚数而大。

鉴别分析

气虚晕厥与血虚晕厥：均为虚证，但一为气虚，一为血虚。气虚晕厥，每因元气亏耗，致使阳气消乏，宗气下陷，脾气不升，则突然昏仆；血虚晕厥，则由大崩大吐，或产后、外伤失血过多，以致气随血脱，神机不运。气虚晕厥，多诱发于烦劳过度（劳则气耗），或悲恐之时（悲则气消，恐则气下）；血虚晕厥，则多见于突然站立或坐起，或失血之后。气属阳，阳气虚弱，失于温煦，则四肢厥冷；不能卫外，则自汗出；宗气下陷，则呼吸微弱，短气不足以吸，或气息将停，醒后语声低怯；气不帅血，血脉凝涩，则面唇青紫；故四肢厥逆，汗出粘冷，气短息微，面唇青紫等症，是气虚晕厥的主要表现。血属阴，阴血不足，血不上承，则面色苍白，唇淡无华，是血虚晕厥的主要见症。二者舌脉亦不相同。气虚晕厥，治在补气回阳，方用回阳救急汤；血虚晕厥，治当益气敛阴，补养气血，方用生脉散或人参养荣汤加减。

血气上逆晕厥与阴虚肝旺晕厥：肝为刚脏，主升主动。血气上逆晕厥，每因恼怒伤肝，气机逆乱，血随气升，并走于上，扰乱神明。《素问·生气通天论》："大怒则形气绝，而血菀于上，使人薄厥。"阴虚肝旺晕厥，则由谋虑太过，忧郁不决。暗耗肝阴，或肾阴素亏，不能养肝，肝阴不足，阴不制阳，肝阳上亢，发为晕厥。前者是情志过极，气逆血升，属于实证；后者为阴虚阳亢，属于本虚标实。血气上逆晕厥，病人体质壮实，发病急骤，突然昏仆。见有牙关紧闭，胸满气急，四肢厥冷，面赤唇紫等表现。苏醒后往往哭笑无常，且情志改变之时，反复发作。而阴虚肝旺晕厥，病人体虚羸弱，平素头胀耳鸣，两目干涩，面颊潮红，盗汗遗精，每逢情绪激扰而诱发晕厥。二证之舌与脉亦不相同。血气上逆晕厥，舌红或紫暗，脉沉弦；阴虚肝旺晕厥，舌光无苔，脉弦细数。血气上逆晕厥，治在疏肝降逆，活血通瘀，方用通瘀煎合逍遥散；阴虚肝旺晕厥，治宜育阴潜阳，补益肝肾，方用知柏地黄丸。

痰浊上蒙晕厥与暑邪中人晕厥：二者均为实证，但病因病机及表现各不相同。痰浊上蒙晕厥，是由于痰湿素盛，复因恼怒，气逆痰壅，清窍被蒙。暑邪中人晕厥，则因暑邪内袭，热郁气逆，闭塞清窍，扰乱神明。痰浊上蒙晕厥，发病前多有先兆症状，如头晕目眩，如坐舟车，动则眩晕更剧，或恶心呕吐，头重如裹，继之突然昏倒，不省人事，喉间痰鸣，呼吸气粗，口角流涎，后渐苏醒，晕厥一般不重，但易反复。而暑邪中人晕厥，多在炎热酷暑之日，或高温作业之时，突然晕厥。病人牙关紧闭，身热面赤，甚则谵妄，脉洪数。若内闭外脱，还可见有面色苍白，冷汗不止，四肢厥逆，撒手口开，脉虚数大。痰浊上蒙晕厥，治宜行气豁痰，方用导痰汤。暑邪中人晕厥，治宜辛凉开窍，方用紫雪丹；内闭外脱者，当应脱闭兼治，方用生脉散合白虎汤加减。

晕厥一症，虽然见于多种证候，但总的来说，不外乎虚实二证。实证者，大凡气盛有余，气逆上冲，血随气升，或气逆挟痰，或暑邪郁冒，致使清窍闭塞，发生晕厥。虚证者，多因气血不足，清阳不展，血不上承，精明失养所致。实证则形体壮实，气壅息粗，口噤握拳，脉沉实或沉伏。虚证则体虚羸弱，目陷无光，面白息微，汗出肢冷，舌淡，脉微或细数无力。《证治汇补·厥症》："厥而口噤牙闭者，实厥也。厥而口张自汗者，虚厥也。"实证晕厥，治宜祛邪醒神开窍；虚证晕厥，治在补养气血以挽厥逆。

【文献别录】

《医贯·主客辨疑》："有人平居无疾苦，忽如死人，身不动摇，默默不知人，目闭不能开，口噤不能言，或微知人，恶闻人声，但如眩冒，移时方寤。此由出汗过多，血少气并于血，阳独上而不下，气壅塞而不行，故身如死。气过血还，阴阳复通，故移时方寤。名曰郁冒，亦名血厥，妇人多有之，宜白薇汤、仓公散。"

《景岳全书·厥逆》："酒厥之证，即经所云热厥之属也。……轻者犹自知人，重者卒而运倒，忽然昏愦，或躁烦，或不语，或痰涎如涌，或气喘发热，或咳嗽，或吐血。但察其大便干燥，脉实喜冷者，此湿热上壅之证，宜以抽薪饮之类，疾降其火。"

《证治汇补·厥症》："蛔厥者，其人素有食蛔在胃，又犯寒伤胃，或饥不得食，蛔求食而上攻，或外感证不应发汗而妄发其汗，以致胃气虚寒，虫上入膈，舌干口燥，漱水不咽，烦躁昏乱，手足厥冷，不醒人事，甚至吐蛔，宜理中安蛔汤。"

《景岳全书·厥逆》："色厥之证有二，一曰暴脱，一曰动血也。凡色厥之暴脱者，必以其人本虚，偶因奇遇而悉力勉为者有之，或因相慕日久而纵竭情欲者亦有之，故于事后则气随精去而暴脱不返，宜急掐人中，……随速用独参汤灌之，或灸气海数十壮，以复阳气，庶可挽回。"

《石室秘录》："人有小解之时，忽然昏眩而倒者，亦阴阳之气脱也。"

（范隆昌）

74. 少　气

【概念】

少气，又称"气少"，是指呼吸短促低微，语声无力的一种虚弱不足的症状。

在中医古代文献里，认为"少气"与"短气"不完全相同。如《医宗金鉴·杂病心法要诀》说："短气者，气短不能续息也；少气者，气少而不能称形也。"《杂病广要》在分析两者病机的异同时说："短气不足以息者体实，实则气盛，盛则气逆不通，故短气；又肺虚则气少不足，亦令短气。"而少气"此由脏气不足故也"。即"短气"有虚实之分，其虚者与"少气"无异，为气虚所致；其实者为"气逆不通"，可归属于"气喘"。本节拟将前者归入少气条一并讨论。

【鉴别】

常见证候

热伤气阴少气：多见于外感热病后期，热退后而少气懒言，疲乏，羸瘦，微喘，汗出，口干，溲黄，便干，苔薄少津或无苔，脉细数；或暑季伤暑，少气疲乏，身热汗多，口渴、心烦等。

脾气虚少气：少气懒言，饮食少思，倦怠，大便溏薄，面色萎黄或㿠白，舌胖嫩，脉虚或濡。

心气虚少气：少气，心悸，自汗，心神恍惚，精神疲乏，少寐或寐后易醒，舌质淡，脉虚弱。

肺气虚少气：少气、自汗，语音低微、呼吸微弱无力，动则气促、疲乏，面色㿠白，常易患感冒咳嗽，舌质淡，脉虚软。

肾不纳气少气：少气，懒言，腰膝痠软，自汗，神疲，面色淡白或㿠白，呼吸气短，动则益甚，舌淡，苔白，脉沉弱。

鉴别分析

热伤气阴少气：本证多为邪热入于肺胃，伤气耗阴所致。临证多见两种情况：一为外感解后，肺胃余热内蕴、津气受伤。如《伤寒论·辨阴阳易差后劳复病脉证并治》："伤寒解后，虚羸少气，气逆欲吐，竹叶石膏汤主之。"二是夏季为暑邪所伤，伤气耗津，症见少气，倦怠，身热不扬，烦渴喜饮，汗多，溲黄等。治以清肺胃，益气津，方选竹叶石膏汤加减；如系暑热为患，治以清暑益气，养阴生津，方选清暑益气汤。

脾气虚少气：多因素质亏弱，或久病伤脾等而脾气虚弱，运化无权，水谷不能化生精微，气无所生，故见少气，并有脾气虚弱之表现（食少，倦怠懒言，便溏等）。如《素问·脉要精微论》曰："脾脉搏坚而长，其色黄，当病少气。"脾气虚少气治以补益脾气，方选六神散或补中益气汤。

心气虚少气：心为君火，其气蕃茂一身，若因体质虚弱，或久病，或思虑伤神，劳心过度等，致心气虚弱，出现少气，见心悸、汗出、烦躁失眠等症状。治以补益心气，宁心安神，方选安神定志丸或炙甘草汤。

肺气虚少气：证由久患肺病，或久咳伤及肺气；或由先天不足，后天失调，体质羸弱，而致肺气虚弱不足。肺主气，司呼吸，肺气虚则少气息微。如《杂病广要》："肺主于气而通呼吸，脏气不足，则呼吸微弱而少气。"《杂病源流犀烛》："肺藏气，肺不足则息微少气。"辨证要点：语声低微，声短息微，动则尤甚。患者易罹患感冒咳嗽，不耐邪侵，且发病较常人为重。治疗宜补益肺气，方选补肺汤、补中益气汤合玉屏风散。

肾不纳气少气：多由久病咳喘，肺虚及肾，或劳伤肾气致肾不纳气，出现少气并见腰膝痠软，自汗，神疲，面色淡白或㿠白等肾气虚之症。其与肺气虚少气的区别为，肾不纳气少气可由肺气虚发展及肾所致，故可兼见肺气虚自汗等症。治以补肾纳气，方选都气丸。

综上可知，少气一症主要原因是"脏气不足"，大多得之于久病之后，气分大虚。临床辨证时，除必有气虚证候外，因所属脏气不同，表现也同中有异。如心气虚者多伴心悸、失眠等；脾气虚者多伴纳呆、腹胀、便溏等；肺气虚者多发生于久咳之后，常伴咳嗽等症；热伤气阴少气，常发生于热病或中暑之后；至于肾不纳气则多伴腰膝痠软等症，可资鉴别。

【文献别录】

《素问·平人气象论》："人一呼脉一动，一吸脉一动，曰少气。"

《杂病源流犀烛·少气》："少气，肺肾二经病也。……肾虚则气无所生，既不克壮气之原。肺虚则气无由藏，又不克充气之府。曰少者，犹言所剩无多，虚虚怯怯，非如短气之不相接续也，知此，则少气可得而治矣。宜四君子汤、人参黄芪汤、益气丸。"

（韩胜保）

75. 呵　欠

【概念】

张口舒气，称为呵欠。一般在疲倦欲睡或乍醒时发作，多属正常生理现象。若不拘时间，又不在困倦之时，频频呵欠，则属病理表现。

呵欠在古代医籍名"欠"。《灵枢·九针》谓"肾主欠"。《金匮要略·腹满寒疝宿食病脉证并治》云："中寒家喜欠"。后人亦称"呼欠"或"欠㰦"（音去）。

【鉴别】

常见证候

肝郁气滞呵欠：时时欠伸，抑郁少欢，精神不振，表情淡漠，胸闷胁痛，嗳气腹胀，或咽中梗塞，如有炙脔，或精神恍惚，善悲喜哭，脉弦细。

气滞血瘀呵欠：频频呵欠，胸部憋闷，或心前区刺痛，心悸气短，头晕耳鸣，记忆力减退，性情急躁，舌质红或紫暗，脉多沉涩，或见结代。

脾肾阳虚呵欠：精神疲惫，连连呵欠，伴见面色㿠白，形寒肢冷，食少腹胀，大便溏泄，夜尿增多，或小便清长，舌淡唇青，脉沉细弱。

鉴别分析

肝郁气滞呵欠与气滞血瘀呵欠：两者都有气机郁滞症状，一是气郁于肝，一是气郁及血。肝郁气滞呵欠，多因情怀抑郁，思虑不解，忧愁烦闷、肝失疏泄，气机失调而致时时欠伸。治宜疏肝理气，解郁散结，方选柴胡疏肝散加川楝子、郁金。若久郁伤神，精神恍惚，悲忧善哭，睡眠不安者，可用甘麦大枣汤加合欢皮、枣仁、茯神、龙齿。气滞血瘀呵欠，多因病久及血，脉络瘀滞，阳气被阻，不能宣发所致。症见呵欠乍作，伴胸部憋闷，或隐痛，心悸气短，口唇隐青等症状，与肝郁气滞者不同，治当理气活血，方选血府逐瘀汤加减。

脾肾阳虚呵欠：多因先天禀赋不足，或久病体虚，脾肾阳衰，中焦虚寒，阳虚阴盛，阴阳相引所致。症见神倦欠伸，形寒怯冷，脉沉细无力。治宜健脾温阳，补肾益火，方用右归丸加味。

气为血帅，血为气母，气滞则血瘀。气滞日久，每致血瘀，而血瘀亦可加重气滞。气滞属实者居多，血瘀则或有虚中挟实者，而脾肾阳虚则纯属虚证。

【文献别录】

《灵枢·口问》篇："黄帝曰：人之欠者，何气使然？岐伯答曰：卫气昼日行于阳，夜半则行于阴。阴者主夜，夜者卧。阳者主上，阴者主下……阴阳相引，故数欠"。

《张氏医通·欠嚏》："经云：'肾为欠为嚏。气郁于胃，则欠生焉。胃足阳明之脉，是动，则病振寒，善伸数欠。二阳一阴发病，主惊骇，背痛，善噫善欠。'胃为二阳，肾为一阴，以胃虚气郁于中则为噫，肾虚经郁于下则为欠。内经以欠隶属诸胃，然必由少阴经气下郁，不能上走阳明，胃气因之不舒而频呼数欠，以泄其气舒其经。若少阴气不下应，胃气虽虚，郁上泄，则但呼而不欠也"。

（董润生）

（二）头项症状

76. 头　胀

【概念】

头胀，俗称"脑胀"。

此症与头重相近。头重如有物裹之，感觉沉重；头胀则自觉发胀如裂。

头胀如偶或由睡眠不足或醉酒所致者，不是病态，非属本条所论范围。

【鉴别】

常见证候

肝火上炎头胀：常起于恼怒，头胀且痛，发热口渴口苦，头筋突起，面赤，或目赤肿痛，烦躁失眠，甚则两耳失聪，舌红苔黄，脉象弦或数。

湿阻气滞头胀：头胀沉重，如物裹头，胸闷脘满，或胀痛，腹胀泛呕，不欲饮食，肢体困重，舌苔白腻，脉濡或滑。

风热外袭头胀：头胀且痛，遇热加重，发热恶风，面赤，咽喉肿痛，口干渴，舌尖红，苔薄黄，脉浮数。

鉴别分析

肝火上炎头胀：多因恼怒或情志郁结，肝气失于畅达，郁而化火，或恣食辛辣，引动肝火上炎，扰乱清空导致头胀且痛，面赤，甚则清窍闭塞而致暴聋。并见心烦易怒，目赤肿痛，口干口苦，舌苔黄，脉象弦或数等肝火亢盛之象。治宜清肝泻火，方用龙胆泻肝汤加减。

湿阻气滞气胀：多因久处湿地，或涉水淋雨，感受湿邪，湿阻阳遏，清阳不升，浊阴不降，导致头胀。症见头胀沉重，如布帛裹扎，脘满呕恶，舌苔白腻，脉濡滑等湿阻气滞之征。治宜祛湿升清，方用苍术除湿汤或清震汤。本证与肝火上炎头胀，病因不同，临床表现迥别。前者多见肝郁化火上炎之象，本证多兼湿浊内阻气滞之征，自可鉴别。

风热外袭头胀：多由风热之邪侵袭肌表，中于阳络，导致头胀。症见头胀且痛，遇热加重，并见发热恶风，口干渴等风热之象。治宜疏风清热，方用银翘散加减。本证为外感风热之邪引起，表现为风热在表之象，与上述二证不难鉴别。

头胀一症，多属实证，常与头痛、头晕、头重并见，可与上述诸条互参。

【文献别录】

《嵩崖尊生书·头痛》："宿食不消，饱则浊气熏蒸，头胀作痛，平胃散加枳实为主"。

《临证指南医案·肝风》："脉右弦，头胀耳鸣火升，此肝阳上郁，清窍失司"。

（吕秉仁）

77. 头　　冷

【概念】

头冷，又称"脑冷"，即自觉脑户寒冷，喜戴帽或以毛巾裹头，不胜风寒。

头冷时常伴有头痛、眩晕等症，本节则讨论以头冷为主症者。

【鉴别】

常见证候

太阳伤寒头冷：头冷，伴有头项强痛，恶寒，发热，体痛，无汗，脉浮紧。

厥阴中寒头冷：头部寒冷，巅顶头痛，欲裹衣被，面色青晦，四肢厥冷，呕恶清涎痰沫，舌苔白，脉沉紧。

督脉虚寒头冷：额顶寒冷，可连脊背，得温则减，时轻时剧，经久不愈，肢冷畏寒，腰痠肢冷，面色苍白无华，舌质淡，苔白，脉沉细或沉。

鉴别分析

太阳伤寒头冷与厥阴中寒头冷：两者均为实寒。太阳伤寒头冷，为风寒外袭太阳之经，太阳主表，为一身之藩篱，且足太阳经脉从头走足，行于人身之背部。风寒之邪束表，太阳之气运行受阻，故见头冷，伴头项强痛，体痛，无汗，卫阳被郁故恶寒；寒邪袭表，正气抗邪，故见发热；脉浮紧为风寒束表之象。治宜祛风散寒，方选麻黄汤。厥阴中寒头冷，为外感寒邪，直中厥阴，或伤寒由表入里，传入厥阴，厥阴之脉会于巅顶，寒邪循经脉，上逆于巅顶，故见头冷，巅顶头痛；寒浊干胃，则呕吐清涎；寒盛阳郁，故面色青晦，四肢厥冷。治宜散寒降逆和胃，方选当归四逆汤、吴茱萸汤等。两者区别为：太阳中寒头冷，为风寒之邪在太阳之表，可见恶寒、发热等表证；而厥阴中寒头冷，为寒在厥阴之里，可见呕恶清涎痰沫之里证。

督脉虚寒头冷：常由劳伤过度、久病失养或寒湿侵淫所致。日久精血亏损，督脉失于滋养，虚寒内生，督脉经循脊背达于巅顶，督脉虚寒则阳气失于敷布，故见头冷，并连及督脉所经部位，伴有腰痛痠冷，神疲肢冷，得温则减，脉沉迟等症状。治宜温阳补虚，方选鹿茸丸。督脉虚寒头冷与前二者的区别为：前二者起病急，病程短，且太阳伤寒头冷伴有恶寒、发热等表证，厥阴中寒头冷伴呕恶清涎痰沫等里证。前二者均为实寒。而督脉虚寒头冷为虚寒，起病缓，时轻时重，病程长，常兼神疲肢冷，腰膝痠软等虚寒症状。

【文献别录】

《宣明论方·脑风证》："主风气，气循风府而上，则为脑风，项背怯寒，脑户极冷。"

（吕秉仁）

78. 头　　热

【概念】

头热，即头部自觉发热。

《素问·通评虚实论》有"头热"的记载。后世常与"面热"并提，称"头面热"。

头热与头痛、头晕、头胀可同出现，本条重点阐述以头热为主症者。至于外感热病中阳明热盛，疫毒上壅引起的红肿热痛诸证，不属本条讨论范围，详可参见"头面红肿"等有关内容。

【鉴别】

常见证候

肝火上炎头热：头热面红，心烦易怒，夜寐不安，胁痛口苦，耳鸣耳聋，舌红苔薄，脉弦有力。

肾阴不足头热：头热耳鸣，伴有眩晕，腰膝酸软，五心烦热；若阴损及阳，阴阳两虚，可见烘热面赤，汗出，四肢不温，舌红少苔，脉细数。

虚阳浮越头热：头热，面红如妆，口咽干燥，皮肤灼热，下肢厥冷，尿清长，大便溏，脉浮大无力。

鉴别分析

肝火上炎头热：多由平素情绪抑郁，或忿恚恼怒，肝气失于条达，郁而化火所致。火性上炎，故头热面红；肝火旺则心火盛，心神被扰，神不守舍，故夜寐不安，口苦；两胁乃肝之分野，肝气郁则胁痛，苔薄脉弦。治宜平肝泻火，方选龙胆泻肝汤加减。

肾阴不足头热：多由素体阴虚，或房室不节，耗伤肾阴所致。肾阴亏损，阴虚火旺，故症见头热；肾亏于下，水不涵木，肝阳上亢，故眩晕耳鸣；腰为肾府，肾亏则腰府亏虚，故腰痠；阴虚则热生于内，故五心烦热，舌红苔少，脉细数。治宜育阴潜阳，方选杞菊地黄丸加天麻、钩藤、石决明等。若妇女天癸将竭，冲任亏虚，阴虚火旺则烘热面赤，阳虚气弱则汗出，四肢不温。治宜育阴助阳，方选二加龙骨汤或二仙汤加减。《金匮要略·血痹虚劳病脉证并治》论桂枝加龙骨牡蛎汤方引《小品》云："虚弱浮热汗出者，除桂加白薇、附子各三分，故曰二加龙骨汤"。

虚阳浮越头热：多为外感热病后期，邪客少阴，阴寒内盛，阴盛格阳，虚阳浮越，故头热，面红如妆，口咽干燥，脉浮大无力；阴盛阳衰，故下肢厥冷，便溏、尿清长。治宜从阴引阳，回阳救逆，方选白通加猪胆汁汤。

头热一症的辨证要点：肝火上炎者，头热每随情绪波动而发，且性急易怒；肾阴不足者，属上盛下虚，上盛则头热眩晕，下虚则腰膝酸软，显然不同于肝火上炎之但见上盛证候；若妇女天癸将竭者，则阴损及阳，阴阳两虚，故烘热面赤，汗出，四肢不温，亦与单纯肾阴不足有别；虚阳浮越者，为真寒假热，阳气虚弱则里真寒，故便溏、尿清长，下肢厥冷；虚阳浮越于上则外假热，故头热，面红如妆。此点可与肾阴不足头热之阴虚阳亢，五心烦热相鉴。

【文献别录】

《素问·通评虚实论》："脉实满，手足寒，头热，……春秋则生，冬夏则死。"

《黄帝内经素问集注》："头热者，太阳之气发越于上也。"

《临证指南医案·暑》："头热目瞑，吸短神迷，此正虚邪痹。"

（吕秉仁）

79. 头　晕

【概念】

头晕是指视物昏花旋转，如坐舟车之状，严重者张目即觉天旋地转，不能站立，胸中上泛呕恶，甚或仆倒。

本症在古代医籍中有多种名称。《素问》有"头眩"、"掉眩"、"徇蒙招尤"之称；《灵枢》称"眩冒"、"目眩"、"眴仆"等；《金匮要略》有"冒弦"、"癫眩"之记载；《诸病源候论》称"风眩"；《太平圣惠方》称"头眩"；《三因方》称"眩晕"；《济生方》称"眩运"；清代以降，多称"眩晕"或"头晕"。

有将先眼花而致头晕者称"目眩"；先头晕而致眼花者称"巅眩"；头晕重而眼前发黑者称"眩冒"。此类命名并无本质差别，故均归于本节讨论。

【鉴别】

常见证候

肝阳上扰头晕：头晕胀痛，头重脚轻，烦躁易怒，怒则晕痛加重，面赤耳鸣，少寐多梦，口干口苦，舌红苔黄，脉象弦数。

肝阴虚阳亢头晕：头晕眼花，目涩，心烦失眠，性急易怒，多梦，或有盗汗，手足心热，口苦口干，舌红少苔，或无苔，脉细数或细弦。

心脾气血两虚头晕：头晕眼花，面色萎黄，劳心太过则加重，心悸神疲，气短乏力，失眠，纳少，便溏，面色不华，唇舌色淡，脉象细弱。

脾气虚头晕：头晕，喜卧，站立加重，劳力太过可致发病，倦怠懒言，少气无力，自汗，纳减便溏，舌淡脉细。

肾精亏虚头晕：头晕耳鸣，精神萎靡，记忆减退，目花，早衰，耳鸣，发脱，腰膝痠软，遗精阳痿，舌瘦淡红，脉象沉细，尺部细弱。

痰湿内阻头晕：头晕头重，胸膈满闷，恶心呕吐，不思饮食，肢体沉重，或有嗜睡，舌苔白腻，脉象濡滑，或弦滑。

鉴别分析

肝阳上扰头晕：《素问·至真要大论》："诸风掉眩，皆属于肝。"本证多因平素阳盛火旺，肝阳上亢；或常有郁闷恼怒，气郁化火，耗伤肝阴，阳亢上扰所致。肝阳上扰清空，则头目眩晕且作胀痛；怒则肝火益炽，故头晕头痛加重；肝火扰及心神，则烦躁易怒，少寐多梦；口苦，舌红苔黄，脉象弦数，皆肝阳上扰之征。治宜清火熄风，平肝潜阳。方以天麻钩藤饮治疗。若肝胆热甚，口鼻生疮，小便短赤，宜清泻肝胆之火，方用龙胆泻肝汤。中年以上，肝阳上扰眩晕，应警惕是否为中风之先兆，当及时防治。

肝阴虚阳亢头晕与肝阳上扰头晕：两者皆有阳亢之象，如眩晕心烦少寐，但后者偏实，前者偏虚。肝阴虚阳亢者为平素肾阴不足，或热病久病伤阴，阴津不足，水不涵木，以致肝阳上亢，以阴虚为主。阴液不足，目失濡润，故头晕而目干涩；肾阴不足，心肾不交则心烦失眠，寐中多梦；阴虚生内热，故手足心热，夜寐盗汗；舌红脉细数皆阴虚内热之象。本证以头晕目干，手足心热，舌红少苔或无苔为特点。治宜养阴平肝定眩，方用菊花芍药汤或杞菊地黄丸。

心脾气血两虚头晕与脾气亏虚头晕：二者皆为虚证，前者多为气血两虚，后者以气虚为主。心藏神而主血脉，脾统血而藏意，凡劳心太过，思虑无穷，皆可伤及心脾，耗损气血；或大病大失血之后，亦令气血不足。如"血为气配，气之所丽，以血为荣，凡吐衄崩漏产后亡阴，……此眩晕生于血虚也。"气血亏耗不能上荣头目，故头晕目花；血虚，则心悸神疲，难于入寐，面色无华，唇舌色淡，脉象细弱。头晕每因劳心太过而加剧。治宜补气血，益心脾。方用归脾汤为治。脾气亏虚头晕，多无失血，常由过度劳力，元气受伤；或平素脾胃虚弱，中气不足所致。如《灵枢·口问》所述："上气不足，脑为之不满，耳为之苦鸣，头为之苦倾，目为之眩。"气虚清阳不升，则头晕耳鸣，头倾喜卧，倦怠懒言，少气无力，纳减便溏。治宜健脾益气，方用补中益气汤主之。

肾精亏虚头晕：肾藏精生髓，为先天之本。先天不足或年老肾气衰弱，或房劳过度，肾精亏耗。脑为髓之海，肾精亏耗则髓海不足，故见头晕。《灵枢·海论》："髓海不足，则脑转耳鸣，胫痠眩冒，目无所见，懈怠安卧。"头晕经久难愈，且有神疲健忘，耳鸣目花，腰腿痠软，遗精阳痿，尺脉细弱等肾虚之象。其与肝阴虚阳亢头晕不同者，本证手足心热、心烦失眠等阴虚火旺之象不显著；其与脾气亏虚头晕之区别，在于本证有腰痠腿软，遗精阳痿等肾虚之征。本证治宜补肾填精，方用左归丸主治。若肾中元阳不足，兼有畏寒肢冷，舌淡脉沉微者，应温补肾阳，方用右归丸主治。

痰湿内阻头晕：由于饮食不节，损伤脾胃，脾失健运，水谷精微运化失常，湿聚生痰；痰湿中阻，清阳不升，浊阴不降，故头晕嗜睡，且感沉重。如《丹溪心法·头眩》说："无痰不作眩。"痰湿停滞胸脘，气机不利，则满闷呕恶，不思饮食；身重、苔腻、脉滑，皆痰湿之象。治宜祛痰化湿，方以半夏白术天麻汤为主；若兼见头目胀痛，口苦心烦，苔黄腻，脉滑数，为痰郁化热，应清热化痰，方用温胆汤加黄连、黄芩。

总之，头晕一症，属虚者多，属实者少。如肝阳上扰头晕，虽为实证，往往伴有阴伤，可于清热熄风之中兼以养阴，不可概用苦寒清泻。痰湿内阻头晕属于实证，眩晕程度较重，伴有恶心呕吐，易与其他各证鉴别。

此外，头部外伤，伤及脑髓，虽经诊治，往往遗留头晕之后遗症，临床可在上述辨证的基础上加用活血化瘀之品。至于乘坐舟车时头晕呕吐者，称为"晕车"、"晕船"，不治可愈或服止晕药则止。

【文献别录】

《素问·至真要大论》："厥阴之胜，耳鸣头眩，愦愦欲吐，胃鬲如寒，大风数举。"

《灵枢·大惑论》："邪中于项，用逢其身之虚，其入深则随眼系以入于脑，入于脑则脑转，脑转则引目系急，目系急则目眩以转矣。"

《金匮要略·痰饮咳嗽病脉证并治》："假令瘦人，脐下有悸，吐涎沫而癫眩，此水也，五苓散主之。"

《景岳全书·眩运》："无虚不作眩，当以治虚为主，而酌兼其标。"

《临证指南医案·眩晕》："肝风内沸，劫烁津液，头晕，喉舌干涸。"

（吕秉仁）

80. 头　昏

【概念】

头昏是病人特征性的主诉，指头部昏沉不适，头脑不清爽，走路不稳，甚至有失平衡之感。

头昏与眩晕、厥证、痫证、中风有所区别：头昏仅指头部昏沉不适，行走时不稳，甚至有失平衡之感。眩晕是目眩与头晕的总称，目眩即眼花或眼前发黑，视物模糊；头晕即感觉自身或外界景物旋转，站立不稳，甚则有恶心呕吐之症。厥证是以突然昏倒，不省人事，或伴有四肢逆冷，发作后一般常在短时内逐渐苏醒，醒后无偏瘫、失语、口眼㖞斜等后遗症。但特别严重的，也可一厥不复而死亡。痫证是以突然仆倒，昏不知人，口吐涎沫，两目上视，四肢抽搐，口中如作猪羊之声，移时苏醒，醒后如常人为特征。中风以猝然昏仆，不省人事，伴有口眼㖞斜，偏瘫，失语，或不见昏仆而仅以㖞僻不遂为特征。由上可见头昏既可单独作为一症，又可存在于厥证、痫证、中风患者发病早期，但各自特征和预后可资鉴别。本篇只讨论头昏症。

【鉴别】

常见证候

肝肾阴虚头昏：头昏，头晕，五心烦热，心烦失眠，腰脊痠软，或见肢体震颤、麻木，舌红苔少，脉细数。

肾精亏虚头昏：头昏，脑转耳鸣，头晕而痛，表情呆滞，健忘，动作迟缓，夜寐不安，二便失司，舌质淡，苔薄白，脉沉细。

气虚血瘀头昏：头昏，神疲乏力，面色无华，神识呆滞，肢体痿软，舌质淡暗有瘀斑，苔薄白，脉细涩。

鉴别分析

肝肾阴虚头昏与肾精亏虚头昏：两证都是虚，病位及肾。共同症状：头昏，腰脊痠软，头晕而痛。但前者由于肝阳偏亢，虚火上扰脑神，故兼见五心烦热，心烦失眠。肝肾阴虚，筋脉失养，故肢体震颤、麻木。后者多由年老肾气衰，或房劳过度，耗伤肾精，肾精亏耗，髓海不足，脑失髓充，脑神失司，故见脑转耳鸣，健忘，动作迟缓，表情呆滞。肾精不足，肾失固摄，故二便不固。舌质淡，脉沉细亦为肾精亏乏之象。治法：前者宜滋补肝肾，安神潜阳，方选镇肝熄风汤；后者宜补肾填精，方选河车大造丸。

气虚血瘀头昏：本证多见于久病、失血、头部外伤患者。气血不足，脑失所养，故头昏，神疲乏力，劳累活动后加重，或劳累即发。日久甚则神识呆滞。肌肉、筋脉失于气血充养，故见肢体痿软。舌质淡暗有瘀斑，苔薄白，脉细涩为气虚血瘀之象。治法：补益气血，健运脾胃，化瘀通络。方选补阳还五汤加减。

总之，头昏一症，以虚为多，少数虚中夹实。

（邹金盘）

81. 头　重

【概念】

头重是头部沉重的一种自觉症状，俗称"头沉"。

《灵枢·终始》篇说："病生于头者，头重。"后世皆沿用这一名称。

在临床上，头重常与头痛、头晕并见，本条只讨论以头重为主症者。

【鉴别】

常见证候

风湿犯头头重：头沉而痛，如有物裹，阴雨转甚，鼻塞恶风，身重痠困，胸闷脘满，纳呆，舌苔薄腻，脉浮缓或濡。

湿热蕴蒸头重：头部沉重，兼有胀痛，午时加剧，面赤身热，汗出热不退，或但头汗出，咽痛，肢痠困倦，心烦胸闷，不欲饮食，小便深黄，舌苔黄腻，脉滑数或濡数。

痰湿犯头头重：头重、头晕，头痛昏蒙，耳鸣嗜卧，晨起较甚，胸脘痞闷，恶心吐涎，精神不爽，舌苔白腻，脉象濡滑。

脾气虚头重：头部沉重，病程较长，或有空痛而晕，面色不华，神疲乏力，纳呆便溏，舌淡有齿痕，脉缓无力。

鉴别分析

风湿犯头头重：本证起于感受外邪，《素问·至真要大论》："太阴之胜，……湿气内郁，……头重，……。"湿为阴邪，其性粘滞沉降，风挟湿邪犯头，清窍为之阻滞，则头部沉重昏痛；邪在肌表，肺气不宣则鼻塞不畅；卫气被遏，则恶风而身重痠困；遇阴雨湿重，则病情加剧；因其病在表，则病程短暂；邪滞胸脘，则作满闷；苔薄腻，脉浮缓皆风湿在表之象。治宜祛风胜湿，方用羌活胜湿汤解表祛湿；若湿困脾胃，恶心呕吐，可加厚朴、苍术、半夏理气和胃，燥湿健脾。

湿热蕴蒸头重与风湿犯头头重：二者多由外邪引起，但后者为在表，故有恶风。前者外感湿邪化热，或夏季感受暑湿为患，或脾胃不健，湿邪内聚，郁而化热，湿热蕴蒸，清窍被遏，则头部沉重胀重而面赤。《素问·刺热论》说："脾热病者先头重，颊痛，烦心，……身热。"临床见头重胀痛，午后为剧，面赤身热，溲黄，舌苔黄腻等症。治宜清热化湿，方用清空膏治之。若热盛于湿，壮热口渴，烦躁不宁，头重而痛，应清热为主，兼以化湿，方用石膏白芷汤。

痰湿犯头头重：本证多因饮食不节，过食厚味，损伤脾胃，脾失健运，水湿不化，聚而生痰。痰湿犯头，阻遏清阳，则头部沉重，头晕耳鸣。痰湿内阻，则作痞满郁闷，呕恶吐涎，嗜睡，苔白腻，脉濡滑。其与风湿头重不同者，彼为在表而恶风，此为痰湿内阻而无表证。其与湿热头重相别者，彼见湿夹热邪而面赤身热，此则并无热象。本证以头重头晕，脘闷吐涎为特点。治宜燥湿化痰，方用二陈平胃汤，半夏白术天麻汤。

脾气虚头重与痰湿犯头头重：两者皆为内伤所致，后者乃痰湿之邪为患，属实；前者脾气亏虚，属虚。此证多因素体虚弱，脾气亏虚；或劳倦过度；或久病耗伤脾气，清阳不升，则觉头部沉重，空痛头晕；脾胃气虚，运化无力，则纳呆便溏；气血虚弱，故面色不华，舌淡有齿痕，脉缓无力。其与痰湿头重区别者，彼有痰湿之邪，而现胸脘痞闷，呕恶吐涎，苔腻脉滑；此证气虚，兼有头空痛而晕，神疲乏力，舌淡脉弱等，治宜补中益气，方用补中益气汤升举清阳。

头重一症，有虚有实，其虚者多起于过劳伤气，或久病耗伤脾气，清阳不升而觉头重。实者必有湿邪为患，湿性粘腻沉着，上犯头部则如有物裹头，头胀而沉重，往往兼有胸脘满闷，呕恶吐涎，苔腻脉滑。实证头重又有风湿、湿热、痰湿之别，只要掌握证候特征，不难鉴别。

【文献别录】

《灵枢·经脉》篇："督脉之别名曰长强，……别走太阳，入贯膂，实则脊强，虚则头重。"

《症因脉治·湿痰》："湿痰之症，身发寒热，面目浮肿，恶寒头重。身痛不能转侧，呕吐恶心，烦满不渴。"

《嵩崖尊生书·头分》："头重，……多中于气虚之人，气虚则天地郁蒸之气，升腾于上，笼结不开，虽寒天值之，亦觉温暖，故头重为湿热。"

（吕秉仁）

82. 头　　痛

【概念】

头痛在古代医书中，有"真头痛"、"脑痛"之称。如《灵枢·厥病》篇曰："真头痛，头痛甚，脑尽痛，手足寒至节，死不治。"《中藏经》云："病脑痛，其脉缓而大者，死。"可见此所谓之"真头痛"、"脑痛"，是指头痛之重危症。

另有"首风"、"脑风"、"头风"等名称，均含头痛的症状，如《素问·风论》："首风之状，头面多汗，恶风，当先风一日则病甚，头痛不以出内。"后世多将"头风"、"脑风"视为头痛之一种，《奇效良方·头痛》："凡邪令人头痛者，其邪一也，但有新久去留之分耳。……深而远者为头风，其痛作止不常，愈后遇触复发也。"

头痛可在多种急慢性疾患中出现，是临床上极为常见之症状。本条仅讨论以头痛为主之证候。

【鉴别】

常见证候

风寒犯头头痛：头痛时作，痛连项背，或有紧束感，遇风寒尤剧，恶风畏寒，骨节疼痛，口不渴，舌苔薄白，脉浮紧。

风热犯头头痛：头痛而胀，遇热加重，发热恶风，面红目赤，咽喉肿痛，口渴欲饮，舌尖红，苔薄黄，脉浮数。

风湿犯头头痛：头痛如裹，阴雨加重，胸闷不舒，脘满纳呆，肢体困重，或有溲少便溏，舌苔白腻，脉濡或滑。

肝阳上扰头痛：头痛而眩，偏于两侧或连巅顶，烦躁易怒，怒则加重，耳鸣失眠，或有胁痛，口干面红，舌红少苔，或苔薄黄，脉弦或细数。

脾气虚头痛：头部空痛，遇劳则甚，身倦无力，食欲不振，气短便溏，舌苔薄白，脉虚无力。

阴血亏虚头痛：隐隐头痛，头晕，心悸少寐，目涩昏花，面色㿠白，唇舌色淡，脉细弱。

瘀血犯头头痛：头痛经久不愈，痛处固定不移，痛如锥刺，或有头部外伤史，舌质紫，脉细或细涩。

痰浊犯头头痛：头痛昏蒙，眩晕，胸闷脘痞，呕恶痰涎，纳呆，舌苔白腻，脉弦滑。

鉴别分析

风寒犯头头痛、风热犯头头痛和风湿犯头头痛：三证皆属外感头痛。外邪之中，以风为最，《兰室秘藏·头痛门》："风从上受之，""高巅之上，惟风可到。"所以外感头痛皆有风邪为患，然风邪往往挟寒、挟热、挟湿，故其病症又各有不同。

风寒犯头头痛：为风寒之邪所致，故于吹风受寒之后发病。太阳主表，其经脉上循巅顶，下行项背；风寒外袭，循经脉上犯，阻遏清阳之气而作头痛，且痛连项背；寒主收引，故痛有紧束之感，"因寒痛者，绌急而恶寒战栗。"（《证治汇补·头痛》）寒为阴邪，得温则减，故头痛喜戴帽裹头保暖。风寒外束肌表，卫阳被遏，不得宣达，故恶风畏寒。风寒在表，尚未化热则不渴。苔薄白、脉浮紧均为风寒在表之象。其辨证要点为：形寒身冷，头部紧束作痛，得温则减，遇风寒加重。治宜疏风散寒，方用川芎茶调散。

风热犯头头痛：可由风寒不解郁而化热，或由风挟热邪中于阳络。热为阳邪，其性炎上，风热中于阳络，上扰清窍，故令头痛发胀，遇热加重，甚则头痛如裂；热炽于上则面红目赤；风热犯卫，则发热恶风；舌尖红，苔薄黄皆属风热之象。以头胀痛，遇热加重，痛甚如裂为特点。治宜疏风清热，方用防风散。若胀痛剧烈，口鼻生疮，证属内热炽盛，应清热泻火，方用黄连上清丸。

风湿犯头头痛：为风邪挟湿上犯，湿蒙清窍，故头重如裹，"因湿痛者，头重而天阴转甚。"（《证治汇补·头痛》）阴雨湿重，故头痛加剧。湿性粘腻，阻于胸中则气滞而胸闷，扰于中焦则脘满而纳呆。脾主四肢，湿困脾阳则肢体沉重。湿蕴于内，分泌清浊之功失调，则尿少便溏。舌苔白腻、脉濡滑皆为湿盛之象。其特点为头重如裹，昏沉疼痛，阴雨痛增。治宜祛风胜湿，方用羌活胜湿汤。

外感头痛迁延时日，经久不愈，或素有痰热，又当风乘凉，古人认为外邪自风府入于脑，可成为"头风痛"。其痛时作时止，一触即发，常于将风之前一日发病，及风至其痛反缓。恼怒烦劳亦可引发头痛。发病时头痛剧烈，连及眉梢，目不能开，头不能抬，头皮麻木。宜疏风止痛，内用消风散调茶服，外以透顶散嗜鼻。

肝阳上扰头痛：属于内伤头痛。由于情志不舒，怒气伤肝，肝火上扰；或肝阴不足，肝阳上亢，清窍被扰而作眩晕头痛，并且怒则加重。足厥阴肝经循胁上达巅顶，且与足少阳胆经相表里，胆经经脉循头身两侧，故肝阳头痛连及巅顶或偏两侧，或有耳鸣胁痛。肝之阳亢火旺，耗伤阴液则口干面赤，热扰心神则烦躁易怒、难寐，舌红，少苔脉细数为阳亢伤阴之象。其特点为头痛眩晕，怒则发病或加重，常兼耳鸣胁痛。治以平肝潜阳，方用天麻钩藤饮。若头痛目赤，口干口苦，尿赤便秘，苔黄，脉弦数，属肝旺火盛，当清泻肝火，以龙胆泻肝汤主治。肝阳头痛，经久不愈，其痛虽不甚剧，但缠绵不已，且现腰膝痠痛，盗汗失眠，舌红脉细，为肝病及肾，水亏火旺，宜滋养肝肾之阴，用杞菊地黄丸治之。

脾气亏虚头痛与阴血亏虚头痛：二者皆属虚证。一为久病或过劳伤及脾气，皆令脾气亏虚。气虚则清阳不升，浊阴不降，因而清窍不利，绵绵作痛，身倦无力，气短懒言，劳则加重；脾气虚不能充于上头则头脑空痛；脾气虚运化无力则食欲不振便溏。舌淡苔白脉虚无力为脾气亏虚之象。治宜补中益气，方用顺气和中汤。一为失血过多或产后失调，以致阴血不足。血虚不能上荣则头痛隐隐而作晕，面色㿠白；血不养心则心悸少寐；血虚则目涩昏花。舌淡、脉细弱为血虚之象。治宜养血为主，方用补肝养荣汤。但临床上往往气虚血虚并见，法当双补气血，方用八珍汤或归脾汤。

瘀血犯头头痛与痰湿犯头头痛：二者皆属实证。瘀血头痛多因久痛入络，血滞不行；或有外伤，如《灵枢·厥病》篇所说："头痛不可取于前者，有所击堕，恶血在于内。"败血瘀结于脉络，不通则痛。临床特点是："头痛如针刺，痛处固定，舌有瘀点等。治宜活血化瘀通络，方用血府逐瘀汤主之。痰湿头痛多因平素饮食不节，脾胃运化失调，痰浊内生，痰浊为阴邪，上蒙清窍则昏沉作痛，阻于胸脘则满闷吐涎。如《证治汇补·头痛》所说："因痰痛者，昏重而眩晕欲吐。"治宜化痰为主，方用半夏白术天麻汤。

头痛一症，有外感内伤之分。外感头痛多为新患，其病程较短，兼有表证，痛势较剧而无休止，可有风寒、风热、风湿之别。内伤头痛多为久痛，不兼表证，其病程较长，痛势较缓而时作时止，当辨虚实，因证而治。

头为诸阳之会，三阳经脉皆循行头面，厥阴经脉亦上达巅顶，古人常依据头痛部位来判断疾病部位。如太阳头痛，多在头脑后部，下连项背；阳明头痛多在前额，连及眉棱；少阳头痛多在头之两侧，并及于耳部；厥阴头痛则见于巅顶，可连及目系。还有六经皆有头痛之说，但其证型，不外上述各类，结合兼症、苔脉可以鉴别清楚。

【文献别录】

《素问·奇病论》："人有病头痛，以数岁不已，……当有所犯大寒，内至骨髓，髓者以脑为主，脑逆故令头痛，齿亦痛，病名曰厥逆。"

《伤寒论·辨厥阴病脉证并治》"干呕，吐涎沫，头痛者，吴茱萸汤主之。"

《济生方·头痛门》"凡痛者，血气俱虚，风、寒、暑、湿之邪伤于阳经，伏留不去者，名曰厥头痛。"

《兰室秘藏·头痛门》"太阴头痛必有痰，体重或腹痛，为痰癖，其脉沉缓，苍术、半夏、南星为主。少阴经头痛，三阴三阳经不流行而足寒气逆为寒厥，其脉沉细，麻黄、附子、细辛为主。厥阴头项痛，或吐痰沫厥冷，其脉浮缓，吴茱萸汤主之。"

《临症指南医案·头痛》"头形象天，必不受浊，今久痛有高突之状，似属客邪蒙蔽精华气血。……思身半以上属阳，而元首更为阳中之阳。大凡阳气先虚，清邪上入，气血瘀痹，其痛流连不息。法当宣通清阳，勿事表散。"

(吕秉仁)

83. 偏 头 痛

【概念】

偏于一侧的局部头痛，谓之偏头痛。《济生方》的"偏头风"、《儒门事亲》的"额角上痛"、《兰室秘藏》的"头半边痛"、《名医类案》的"头角痛"皆指偏头痛而言。

偏头痛往往比较顽固，不易速愈，但与一般头痛在临床上不能截然分开，鉴别时宜与"头痛"条互参。

【鉴别】

常见证候

肝阳上扰偏头痛：胀痛而眩晕，目涩耳鸣，心烦易怒，夜寐不宁，或有胁痛，口干面赤，舌红少苔，脉弦或细数。

瘀血犯头偏头痛：病程较长，痛有定处，其痛如针刺，健忘心悸，妇女有月经失调，舌质紫暗，或有紫癍，脉弦或沉涩。

寒饮内停偏头痛：昏沉而痛，胸脘满闷，呕恶吐涎，或胃痛喜温，四肢逆冷，食欲不振，舌苔白腻，脉象弦滑。

鉴别分析

肝阳上扰偏头痛：多因情志不遂，肝郁化火，日久伤阴；或因平素肝肾阴虚，肝阳独亢，上扰清窍，则作偏头痛，常随情志波动而加剧。其辨证要点为：头痛眩晕，心烦少寐，急躁易怒，胁肋胀满等。治宜养阴平肝，方用滋阴潜阳方。

瘀血犯头偏头痛与寒饮内停偏头痛：二者皆由邪阻清窍，一则为瘀血阻络，一则为痰饮停聚。瘀血犯头偏头痛，多由气郁而致血瘀；或病程较长，则久病入络，瘀阻脉络。其辨证要点为：痛处固定，痛如针刺，舌质紫黯。治宜活血通络，方用通窍活血汤加减。寒饮内停偏头痛多由于脾阳素虚，运化无力，水湿内停而为痰饮。寒饮阻塞经络，清阳不得上升，则头部昏沉而痛；痰饮阻于胸脘，则胸闷脘满，胃痛喜暖，食欲不振，恶心吐涎；脾主四肢，脾阳不振不能温达四末，则四肢逆冷。其辨证要点为：头痛昏沉，呕恶吐涎，四肢逆冷。治宜温中降逆，方用吴茱萸汤加减。

【文献别录】

《兰室秘藏·头痛门》："头半边痛者，先取手少阳阳明，后取足少阳阳明，此偏头痛也。"

《名医类案·首风》："偏头痛，五七年，大溲燥结，双目赤肿，眩晕。……诊之急数而有力，风热之甚也。此头角痛，是三焦相火之经，乃阳燥金胜也。"

《临证指南医案·头风》："右偏头痛，鼻窍流涕，仍不通爽，咽喉疳腐，瘄醒肢冷汗出。外邪头风，已留数日，其邪混处，精华气血咸为蒙闭，岂是发散清寒可解！头巅药饵，务宜清扬，当刺风池风府，投药仍以通法。"

（吕秉仁）

84. 头 皮 麻 木

【概念】

头皮麻木，是指头部皮肤不知痛痒，麻木不仁的一种症状。

古代医书中鲜有论及此症者，《医学入门》曾有："自颈以上，耳目眉棱之间，有麻痹不仁之处，……或头皮顽厚不自觉知"的论述。另见《医林绳墨·头风》亦有"头皮浮顽"之记载。

古人认为，麻与木有所区别。《医学正传》："麻者，非痒非痛，……唧唧然不知痛痒，如绳扎缚初松之状。"《医学入门》："木者，不痒不痛，按之不知，搔之不觉，如木之厚。常木为瘀血，间木为湿痰。"《丹溪心法·厥》："麻者属气虚，……木为湿痰。"将麻与木的症状、病因皆做了分辨。临床上麻与木常常并见，故通称麻木。

头痛经久不愈，有时亦可见头皮麻木之症，此已于头痛中述及。本条仅讨论以头皮麻木为主之证候。

【鉴别】

常见证候

血虚头皮麻木：头皮麻木以麻为主，面色无华，头晕心悸，唇舌爪甲无华，舌淡苔薄，脉细无力。

痰湿阻络头皮麻木：头皮麻木以木为主，眩晕，肢体倦怠，胸脘满闷，呕恶吐涎，舌苔厚腻，脉弦滑。

鉴别分析

血虚头皮麻木与痰湿阻络头皮麻木：前者多因失血过多，或脾虚生化不足，或久病血气亏损，"营气虚则不仁。"血虚则皮肤失于濡养，故见头皮麻木之症。后者多因劳倦伤脾，脾失健运，水湿内停，聚而生痰，痰湿阻于经络，影响气血运行，故出现皮肤麻木；头为诸阳之会，痰湿阻遏，清阳不升，故以头皮麻木为甚。辨证时，血虚头皮麻木，往往以麻为主，且兼有面唇爪甲无华，头晕心悸、舌质淡等血虚见症；痰湿阻络头皮麻木，往往以木为主，常伴有眩晕、肢困倦怠、呕恶、苔腻厚等湿浊内阻之症。两证一虚一实，临床表现迥然有异，容易区分。血虚头皮麻木治宜养血去风，方选四物汤配合鸡血藤、地龙、羌活等；痰湿阻络头皮麻木治宜化痰祛湿通络，可选消痰饮。两证若兼有瘀血者，兼可配合桃仁、红花等行瘀通络之品。

头皮麻木一症，历代医籍未见专门论述，本书所述血虚头皮麻木与痰湿阻络头皮麻木两证，仅举其常见证候。此外，气虚、风邪等所致头皮麻木每或有之，临证时可根据病机及证候特点，予以鉴别。

【文献别录】

《兰室秘藏·杂病门》："皮肤间麻木，乃肝气不行故也。"

《中医临证备要》："一处麻木，遇阴寒更剧，为痰瘀内阻，用白芥子研末，葱姜汁调敷。"

（吕秉仁）

85. 头　倾

【概念】

头倾，是指头倾斜低重，无力抬举的症状。

《素问·脉要精微论》："头倾视深，精神将夺矣。"《临证指南医案·虚劳》的"头垂欲俯"，即属本症。

头倾往往与头重并见，如《伤寒论·阴阳易篇》有"头重不欲举"的记载。但头重病因甚多，病情较轻；头倾则是脏气虚衰之严重病候，两者不同，应予区别。有关头重的鉴别可参见该条。

【鉴别】

常见证候

脾气亏耗头倾：头倾无力抬举，面色萎黄，形体瘦弱，神疲肢倦，气短懒言，食欲不振，大便溏薄，舌淡胖或有齿痕，脉细无力。

髓亏头倾：头倾不能上抬，耳鸣耳聋，腰膝痠软难以久立，或步行不稳，遗精阳痿，舌淡少苔，脉沉微。

鉴别分析

脾气亏耗头倾：多由饮食劳倦，或久病、大病损伤脾气所致。脾气虚则清阳不升，或头倾垂无力抬起。面色萎黄，气短懒言，体倦神疲，食欲不振，大便溏薄，舌淡胖有齿痕，脉细无力，皆为脾气亏耗之征。治宜补中益气，方用补中益气汤。

髓亏头倾：多由纵欲伤肾或年老肾精衰惫所致。肾亏则髓海不充，故头倾耳聋。腰痠腿软，不能久立，步行不稳，舌淡苔少，脉象沉微，皆为肾精衰惫之征。治宜补肾益精，方用左归丸、河车大造丸。

头倾一症，总由虚损。虚则补之，脾气亏耗者，当益脾胃以助化源；髓海不足者，当补肾精以充髓海。若头倾而天柱崩，视深而神已散，则预后不良。

【文献别录】

《灵枢·口问》篇："上气不足，脑为之不满，耳为之苦鸣，头为之苦倾，目为之眩。"

《临证指南医案·虚劳》："脉细促，三五欲歇止，头垂欲俯，著枕即气冲不续。此肾脏无根，督脉不用，虚损至此，必无挽法。"

（吕秉仁）

86. 头　摇

【概念】

头摇，是头部不自觉地摇动或摇摆不能自制的症状。俗称"摇头风"。

《灵枢·经脉》篇有"头重高摇"之记载，《医学纲目》、《医学准绳六要》等皆称"头摇"。

《金匮要略·痉湿暍病脉证并治》曾云："身热足寒，颈项强急，恶寒，时头热，面赤目赤，独头动摇，卒口噤，背反张者，痉病也。"虽有独头动摇之症，但以颈项强急、背反张为主症。本条之头摇不兼颈项强直等症，正如《杂病源流犀烛·风头旋》所述："头自摇动，别无疾痛，不自觉知。"

头摇有时可与眩晕、头重并见，但本条仅讨论以头摇为主之证。

【鉴别】

常见证候

风阳上扰头摇：头部摇动，不能自制，眩晕，肢体震颤，面红目赤，口苦咽干，舌红苔黄，脉弦数。

阴虚动风头摇：常发生于热病后期，头摇不能自制，烦热盗汗，失眠，神疲乏力，舌红少苔，脉细数。

鉴别分析

风阳上扰头摇与阴虚动风头摇：两者虽同见头摇，但有虚实之分。风阳上扰头摇，病由情志失调，或恼怒或久郁，使肝郁化火，或素体肝阳亢盛，肝为风木之脏，风性动摇，风阳上扰故头摇不能自制。阴虚动风头摇，常发生于热病后期，邪热久稽，肝肾之阴亏耗，虚风内动；亦有因素体阴虚，水不涵木，虚风上扰，而致头摇。前者为实证，后者为虚证。辨证时，前者头摇较剧，且伴眩晕、肢体震颤、面赤口苦等肝阳上亢之征；后者头摇较缓，兼有五心烦热、失眠盗汗、舌红少苔等阴虚之征。风阳上扰头摇治宜平肝熄风，方用羚角钩藤汤加地龙，全蝎等；阴虚动风头摇治宜养阴柔肝熄风，方选大定风珠汤。头摇虽概属风证，但虚实迥异，两者从病因及证候特点可资鉴别。

【文献别录】

《医学入门》："伤寒阳脉不和，则头为之摇。有心脏绝者，亦头摇；痉病风盛，则头摇。皆凶证也。""有里痛而摇头者，亦重证也。"

《嵩崖尊生书·头分》："头摇多属风，风主动摇，脉必弦或伏紧。……若头振动摇，脉沉缓或散软无力，即是肝肾二经血亏之症。"

《医学准绳六要》："头摇属风属火，年高病后辛苦人多属虚。"

（吕秉仁）

87. 项　　强

【概念】

项强，是指颈部连及背部筋脉肌肉强直，不能前俯后仰及左右运动而言。

在古代医学文献中，本症的叙述较多，《素问·至真要大论》曰："诸痉项强，皆属于湿。"《伤寒论》中则有"项背强几几"、"头项强痛"的记载。

至于小儿急惊风所引起的项强、抽搐，不属本症讨论范围。项强常与角弓反张同时出现，可参阅角弓反张条。

【鉴别】

常见证候

风寒束表项强：项强，转侧不利，头痛，身痛，恶寒发热，无汗，苔薄白，脉浮紧。

风湿犯表项强：项强，转侧不利，恶寒发热，头重如裹，肢体痠楚，关节疼痛而重着，苔白，脉浮。

邪热伤津项强：项强，甚则角弓反张，手脚挛急，高热，烦躁，甚则神昏谵语，口噤龂齿，腹满，便秘，小便短赤，舌红，苔黄燥，脉弦数。

金疮风毒项强：项强拘急，牙关紧闭，恶寒发热，头痛烦躁，甚则呈苦笑面容，四肢抽搐，角弓反张，脉象弦紧。

鉴别分析

风寒束表项强与风湿犯表项强：两者均系感受外邪引起。风寒项强者，为风寒之邪侵入太阳经脉，使气血凝滞，经络壅塞，气血失于流畅，而致筋脉拘急。风湿项强者，系风湿之邪犯表，壅滞经络，阻遏气机，使气血运行受阻而致。辨证要点是：外感风寒项强必见恶寒，无汗，头身疼痛，苔薄白，脉浮紧等风寒表证；外感风湿项强，必见头重如裹，肢体痠痛困重等湿邪重浊的特点。外感风寒项强，治宜祛风散寒，方用葛根汤加减；风湿项强治宜祛风胜湿，方用羌活胜湿汤加减。

邪热伤津项强：本证多因感受火热之邪，或因外邪化热入里，邪热燔灼肝经，耗劫阴液，使筋脉失养而致。其辨证要点是：常见于急性热病的中期阶段，必有高热，烦躁，甚则神昏谵语，便秘，溲赤等症。治宜攻下热结，急下存阴，方用增液承气汤加减。

金疮风毒项强：本证由于创伤之后，疮口未愈，感受风毒之邪，经脉阻滞，营卫不得宣通所致。其辨证要点是：发于创伤之后，伴有恶寒发热，头痛，甚则呈苦笑面容，四肢抽搐，角弓反张。治宜祛风定痉，方选玉真散化裁。

项强一症，为筋脉失养的表现，以实证为多，或为外邪阻络，或为邪热伤津，治当以祛邪为急，邪去则脉络舒通，津液复生，筋脉得养而项强自止。

【文献别录】

《医学心悟·太阳经证》"项脊者，太阳经所过之地，太阳病，则项脊强也。又问曰：仲景云结胸证，项脊强，如柔痉状，何谓也？答曰：本太阳病，为医误下，而成结胸，胸中胀痛，俯仰不舒，有似于项强，非真项强也。盖太阳项强强在项后，经脉拘挛而疼痛，胸无病也。结胸项强，强在项前，胸中俯仰不舒，项无病也。且结胸证误下而后成，太阳病初起而即见，自不同耳。"

《杂病源流犀烛·颈项病源流》："颈项强痛，肝肾膀胱病也，三经感受风寒湿邪则项强。风热胜，宜加味小柴胡汤，湿胜宜加味逍遥散。"

（苏诚练）

88. 颈　　粗

【概念】

颌下颈前结喉两侧部位的粗肿称颈粗。

颈粗历代医家均归属于瘿或瘿气一类病证范围，因其发于结喉两侧，又称"侠瘿"（《灵枢·经脉》）。《山海经》中所称的"缨"，亦即瘿。从历代记述来看，大致可分两种情况，一种是有地区性的颈粗，发于一域，老幼皆然，如《山海经》中所说的"拘缨国"，即指此而言；另一种是没有地区性的，多发于青年人，并以妇女为多见的颈粗症。前者除颈粗而外，全身症状不甚明显，而后者多兼有比较明显的全身症状，本症所述主要是指后者而言。

本症与瘰疬、失荣、发颐等发于颈部的病证而致的颈粗症状不同。瘰疬、失荣发于颈侧颐下或耳后部位，且质较硬，累累相连。发颐则发于颐下，起病急，病程短，且有红、肿、热、痛等症状。而本症则起病缓，粗肿多发于结喉两侧，质软，按之少有压痛，且可随吞咽动作而上下移动。

【鉴别】

常见证候

痰气郁结颈粗：结喉两侧或一侧漫肿，边缘不甚清楚，肤色如常，按之软，不痛，或有轻度胀感，常伴有胸闷、胁痛或胀，易怒，舌苔白或腻，脉弦或滑。

气血瘀结颈粗：颈前粗肿较大，因病积日久而质地稍硬，发胀或按之轻度疼痛，皮色不变或赤络显露，呼吸不畅，或吞咽有阻碍感觉，胸闷，胁痛，易怒，舌质暗，脉沉涩。

心肝阴虚颈粗：颈部粗肿或大或小，亦可不甚肿大，但心肝阴虚症状明显，可见心悸，心慌，心烦不眠，自汗，短气等，以及急躁易怒，头晕目眩，两目外凸而感觉干涩等表现。甚者五心烦热，面部烘热，盗汗，腰膝酸软，手指震颤或抽搐，或男子梦遗滑精，女子月经不调，舌红少苔，脉弦数或细数无力。

鉴别分析

痰气郁结颈粗与气血瘀结颈粗：前者为痰结所成，后者为血瘀所致。缘痰结血瘀形成的原因，均由于肝郁气滞。故二证都有肝气郁滞的临床表现（胸闷、胁痛、易怒、头晕等）。若为痰结者，则气机不畅，水湿不化为津液而凝聚成痰，必表现有痰结见症（颈粗漫肿、按之软、不痛或微痛、发胀、苔白或腻，脉弦或滑）。若为血瘀，必病程日久，而见瘀血凝结之征象（颈粗肿大明显，按之质硬而痛、舌紫暗或见瘀斑、脉沉涩）。痰气郁结者，宜行气涤痰而化郁结，方用四海舒郁丸、或海藻玉壶汤加减；气血瘀结者，则宜行气化瘀以消瘀结，方用活血散瘀汤。由气郁而致痰结或血瘀颈粗，临床固可见到，然临床上兼有气滞痰凝血瘀，即所谓痰瘀并作者更为常见，故行气破气、软坚祛痰、活血化瘀为常用治法，行气常用青皮、陈皮、香附、枳实、木香、香橼等药，祛瘀则选丹参、赤芍、乳香、没药、三棱、莪术、苏木、水蛭等药，软坚宜用牡蛎、瓦楞、贝母、昆布、海藻、海蛤壳之类。痰结、血瘀颈粗初得之可为实证，久则正虚邪实，攻伐之中尚须顾及正气。

心肝阴虚颈粗与痰气郁结颈粗、气血瘀结颈粗：颈粗一症，虽为痰结或血瘀所成，为有形之实邪，然临床一旦发现颈部粗肿，病已缠绵日久，正气已虚，表现为心肝阴血虚损，心阴不足则心悸、心烦、易惊、失眠、低热、自汗、短气；肝阴不足则急躁易怒、头晕目眩、两目外凸且干涩，甚至出现手足颤动、抽搐、烦热、盗汗、腰酸等症状。治宜滋阴补血而佐以软坚散结之品，方用四物汤合一贯煎，或用补肝汤加牡蛎、瓦楞子、昆布、海藻等药。

总之，颈粗一症，或为实证，或为虚实夹杂之证。痰结、血瘀所致者，初起可为实证，病久则为虚实夹杂证，心肝阴虚颈粗为虚实夹杂之证。其治疗或逐痰，或攻瘀，如《素问·至真要大论》谓："坚者削之，客者除之，……结者散之，留者攻之"，以逐其实邪，或滋养心肝之阴，以补其不足。

【文献别录】

《洞天奥旨·瘿瘤》："瘿有三种，一血瘿，一肉瘿，一气瘿。血可破，肉可割，气可刺。其实三种具宜内消，不宜外治。"

（乔国琦）

89.颈项痛

【概念】

颈项痛是指颈项部位发生疼痛的自觉症状。古人把颈项分为前后两部分，前部称颈，后部称项，因联系密切，故常相提并论。如《素问·骨空论》说："大风颈项痛，刺风府。"

颈项痛与项强常同时出现，但二者不同，项强虽可伴有疼痛，但以项部肌肉筋脉牵强板滞不舒为主。颈项痛虽然亦可见项部牵强板滞，但以疼痛为主。以项强为主者，请参见"项强"条。

【鉴别】

常见证候

风湿犯表颈项痛：其主要临床表现为颈项强痛，伴有恶寒发热，汗出热不解，头痛头重，一身尽痛，苔白脉浮。

风热挟痰颈项痛：常表现为颈项痛，发热恶寒，咽痛口渴，颈侧结核累累，色白坚肿，甚则红肿破溃，舌红苔黄，脉弦数。

扭伤颈项痛：表现为单侧颈项疼痛，有负重感，疼痛向背部放射，颈项活动时疼痛加重，甚至深呼吸、咳嗽、喷嚏均使疼痛加重。

落枕颈项痛：颈项部左右一侧或双侧疼痛，转动时疼痛加剧，疼痛可向背部或肩部放射。

鉴别分析

风湿犯表颈项痛与风热挟痰颈项痛：风湿在表颈项痛由于居处潮湿，兼感外风，风湿合邪，侵犯体表，脉络阻滞所致，所以除颈项强痛之外，尚有恶寒发热，汗出热不解，头身困重等风湿在表之证。风热挟痰颈项痛是由于外感风热，挟痰凝于颈项，脉络阻滞所致，所以除颈项痛之外，尚有发热恶寒，咽痛口渴之风热表证，及颈侧结核累累，甚至红肿破溃痰浊凝滞之证。风湿在表颈项痛与风热挟痰颈项痛虽均有颈项痛及表证，但前者颈项痛伴有项强，后者不伴项强；前者表现有风湿表证的特点，汗出热不解，头身困重，后者表现为风热表证的特点，发热重恶寒轻，咽痛口渴；前者颈项外观如常，后者颈侧结核累累，甚至红肿破溃。因此，风湿在表颈项痛与风热挟痰颈项痛临床上要从是否伴有项强、表卫症状及颈项外观三个方面加以鉴别。风湿在表颈项痛治宜祛风胜湿，疏通经络，方选羌活胜湿汤化裁。风湿挟痰颈项痛治宜清热散风，化痰通络，方选牛蒡解肌汤化裁。

扭伤颈项痛与落枕颈项痛：扭伤颈项痛是由于颈部突然后伸或长期低头牵拉，或两上肢突然上举等动作，使颈项部肌肉受伤，气血不畅，脉络阻滞所致。落枕颈项痛是由于睡眠时头部处于过高或过低等位置不当，致使颈项部肌肉被牵拉致伤，脉络不通所致。二者病因不同，但临床表现相似，均出现颈项疼痛，转动时疼痛加重，疼痛可向背部或肩部放射等，二者主要从发病原因上鉴别。推拿疗法对此二证均有较好的治疗效果。扭伤颈项痛，亦可服用舒筋活络之品，如大活络丹。落枕颈项痛亦可服用散风通络之品，如葛根汤加减。

颈项痛可见于内、外科多种疾病，共同的病机为局部脉络阻滞，治疗当以"通"为主，有外邪者当解表祛邪，有痰湿者当化痰祛湿。扭伤及落枕颈项痛以推拿疗法为佳。

【文献别录】

《黄帝素问宣明论方·厥逆证》："膺肿颈痛，胸满腹胀，上实下虚，气厥而逆，阳气有余，郁于胸也，不可针灸，宜服顺气汤、小茯苓汤主之。"

（季绍良）

90. 脑　　鸣

【概念】

脑鸣是自觉头脑中有音声鸣响的症状。

《名医类案》称"头响"，《杂病源流犀烛》称"头脑鸣响。"

古人认为，脑鸣是"雷头风"的主症，如《证治准绳杂病》云："雷头风，头痛起核块者是也。或云头如雷之鸣也。为风邪所客，风动则作声也。"此言头起核块脑有雷鸣之声，临床少见。近代有报道，系脑中生肿物而作鸣，为脑鸣之重证。

古代鲜有单论脑鸣者，常将耳鸣脑鸣并论，如《名医类案·首风》云："头响耳鸣，项疼目眩，……气挟肝火。"二者可同时并见，但又有区别。本条专论脑鸣。

【鉴别】

常见证候

髓亏脑鸣：脑鸣，头脑空痛，腰酸腿软，遗精头晕，耳鸣目眩，舌淡少苔，脉沉细弱。

心脾两虚脑鸣：脑鸣眩晕，少寐多梦，气短乏力，心悸健忘，纳呆食少，或便溏浮肿，舌质淡，苔薄白，脉濡细。

湿热蕴蒸脑鸣：脑鸣头痛，头重如裹，肢酸困倦，眩晕，呕恶纳呆，或头生肿物，尿少而黄，舌质红，苔黄腻，脉滑数。

肝气郁滞脑鸣：脑鸣每遇恼怒为甚，两胁胀痛，心烦急躁，胸闷不舒，时作太息，口苦咽干，舌尖红，苔薄白或薄黄，脉弦。

鉴别分析

髓亏脑鸣：体质素虚，年老肾衰，或纵欲伤精，久病肾亏，皆令肾精亏损，不能生髓，则脑髓空虚而作鸣。肾虚阴精不能上输于脑，则头晕目眩耳鸣；腰为肾之府，肾主骨，肾虚则腰酸腿软；肾主藏精，肾虚则精关不固而遗泄；舌红少苔乃肾精不足之象，脉沉细弱乃肾气虚衰之征。治宜滋补肾精，方用左归丸、河车大造丸。

心脾两虚脑鸣与髓亏脑鸣：二者皆为虚证。后者肾亏髓海不足，故脑鸣兼见腰酸、腿软、遗精。心脾两虚脑鸣起于劳倦过度或久病亏损，气血亏虚，不能上荣清窍，故脑鸣眩晕。血不养心故少寐多梦，心悸健忘；中气不足则气短乏力、食少纳呆、便溏；舌淡苔薄白、脉濡细皆气血不足之征。治当补益心脾，方用归脾汤加减。

肝气郁滞脑鸣与湿热蕴蒸脑鸣：二者皆为实证。后者起于过食厚味醇酒，日久湿热蕴积，上壅头部，瘀滞经络，酿成肿物，出现脑鸣。肝气郁滞脑鸣起于盛怒之后，肝气郁滞，升降失调，清窍不利，故作脑鸣。辨证时湿热蕴蒸脑鸣常有头痛逐渐加剧，固定不移、眩晕、呕恶，或头生肿物，舌苔黄腻等症；肝气郁滞脑鸣，多随恼怒而加剧，且伴胁胀、胸闷等肝郁之症，两证不难鉴别。湿热蕴蒸者治疗上可用清热化湿，解毒行瘀通络法，方用内疏黄连汤佐以活血行瘀之品，如怀疑脑生肿物时，要注意随访检查。肝气郁滞治宜疏肝解郁，方选丹栀逍遥散加减，并注意情绪变化。

近代有人将脑鸣在临床上区分为：真性脑鸣（他人亦可听到）及假性脑鸣（仅为病人主观感觉）。显然真性脑鸣预后不佳。

【文献别录】

《证治要诀·眩晕》："头上有鸟雀啾啾之声，……此头脑挟风所为也。"

《临证指南医案·肝风》："心悸荡漾，头中鸣，七八年中频发不止，起居饮食如常。此肝胆内风自动，宜镇静之品。

《杂病源流犀烛·头痛》："有头脑鸣响，状如虫蛀，名曰天蚁，宜茶末吹鼻，效。"

（吕秉仁）

91. 须 发 早 白

【概念】

须发早白，是指青少年或中年时期须发过早地变白的症状。俗谓"少白头"。

中年见少量白发，老年发白，是正常生理现象。白癜风等皮肤病生于发际内，见斑内毛发变白，均不属本症讨论范围。

【鉴别】

常见证候

肝肾亏损须发早白：须发由花白渐至全部白发，有的稀疏脱落，或见头晕眼花，耳鸣重听，腰膝痠软，夜尿频数，舌质暗红，脉沉细弱。

营血虚热须发早白：头发多呈花白，头皮有较多白屑脱落，或见身体消瘦，心悸心烦，失眠多梦，记忆力减退，舌质红，脉细数。

肝郁气滞须发早白：短时间内须发突然大量变白，情志抑郁，胸胁满闷，善太息，心烦易怒，不思饮食，舌质红，脉弦数。

鉴别分析

肝肾亏损须发早白与营血虚热须发早白：二者皆为虚证。肾藏精，其华在发，肝藏血，发为血之余。肝肾亏损须发早白，或由先天禀赋不足，肝肾素亏，或因房室不节，纵欲无度，损伤肝肾精血，须发不荣，过早地变白。营血虚热须发早白多由思虑过度，劳伤心血，血虚生热，虚热熏灼，须发失养，故变为白色。前者兼见肝肾亏损的表现，如头晕眼花，耳鸣重听，腰膝痠软，夜尿频数，舌质暗红，脉沉细弱等症；后者兼见营血虚热之征，如身体消瘦，心悸心烦，失眠，多梦，健忘，手足心热，舌红，脉细数等。凡临床兼症不明显者，可视其年龄辨证论治。如青少年须发早白，多从营血虚弱入手；中年人须发早白，常作肝肾亏损论治。肝肾亏损须发早白，治宜滋肾补肝，益精血，乌须发，方选七宝美髯丹，或用首乌延寿丹。营血虚热须发早白，治当补血养营，滋阴乌发，方选四物汤合二至丸等。

肝郁气滞须发早白：多由忧愁思虑过度，或强烈的精神创伤，肝气失其疏泄之职，气郁化热，耗伤营血，发失所养，故短时间内须发大量变白，甚则满头皆白。其临床特点是，忧思恚怒后须发在短时间内突然大量变白，兼有肝郁气滞的临床表现，如胸胁满闷胀痛，善太息，心烦易怒等。治当疏肝解郁，清热凉血，方用丹栀逍遥散加生地黄、何首乌、黑芝麻。

总之，须发早白一症有虚证，有实证，临床以虚证为多见。营血虚热须发早白多见于青少年，肝肾亏损须发早白常发生于中年人。

【文献别录】

《诸病源候论·白发候》："足少阴肾之经也，肾主骨髓，其华在发。若血气盛，则肾气强，则骨髓充满，故发润而黑；若血气虚，则肾气弱，肾气弱则骨髓枯竭，故发变白也。"

（高荣林）

92. 面 色 红

【概念】

面色红，系指患者面部之颜色红于正常人而言。通常是体内有热的象征。《灵枢·五色》篇说："以五色命脏，……赤为心"；又说："黄赤为热。"面色红与热关系密切，所以《伤寒论》中把面色红称为"热象"，又有"面赤"、"面色缘缘正赤"、"面合赤色"等记载。《证治准绳·察色要略》说："赤色属火，主热，乃手少阴心经之色。"

面色红有满面通红、两颧潮红及面红如妆等区别。至于面色焮红，局部肿痛，或"面赤斑斑如锦纹"者，不属于本篇讨论范畴。

【鉴别】

常见证候

风热外袭面色红：主要表现有面色红，发热重而恶寒轻，汗出，口微渴，咽喉红肿疼痛，舌边尖红，舌苔薄黄，脉浮数。

阳明经证面色红：主要表现有面色缘缘正赤，高热汗出，不恶寒反恶热，口渴引饮，舌红苔黄，脉洪大。

热入营血面色红：主要表现有满面通红，身热夜甚，口干但不甚渴饮，心烦不寐，斑疹隐隐，甚至吐血、衄血、便血、尿血、舌红绛，脉细数。

阴虚内热面色红：主要表现有颜面烘热，两颧潮红，形瘦盗汗，午后潮热，口燥咽干，眩晕失眠，五心烦热，舌红少苔，脉细数。

虚阳浮越面色红：主要表现有面色白而两颧泛红如妆，口咽干燥或口渴喜热饮，身热反欲盖衣被，下肢厥冷，尿清便溏，舌淡苔白，脉浮大无力。

肝火上炎面色红：主要表现有面红目赤，发热口渴，烦躁失眠，头晕胀痛，耳鸣如潮，或吐血、衄血、舌红苔黄脉弦数。

肝阳上亢面色红：主要表现有面色通红，甚至呈酒醉面容，头目胀痛，眩晕耳鸣，急躁易怒，心悸健忘，失眠多梦，腰膝痠软，头重脚轻，口苦，舌红，脉弦有力或弦细数。

【鉴别分析】

风热外袭面色红与阳明经证面色红：二者均为满面通红，但有表里之分。风热外袭面色红，由于风热袭表，肺卫受阻所致，所以兼见发热恶寒，汗出，咽喉红肿疼痛等表热证。阳明经证面色红，由于外邪入里化热，阳明热邪炽盛所致，所以出现高热汗出，不恶寒反恶热，口渴引饮。风热外袭面色红为表证，阳明经证面色红为里证，"有一分恶寒便有一分表证"，故风热外袭之恶寒，即为与阳明经证之鉴别要点。风热外袭面色红当以辛凉解表之法治之，选用银翘散加减。阳明经证面色红当以辛寒清热之法治之，选用白虎汤加减。

热入营血面色红与阳明经证面色红：二证均为外邪入里的里热证。热入营血面色红是温热之邪传入营血，心神被扰及热盛动血的表现之一，所以出现身热夜甚，斑疹隐隐，舌质红绛，脉细数，甚至出血现象。热入营血面色红与阳明经证面色红的区别在于热峰出现的时间及各自伴随的症状均有不同。前者出现发热夜甚，后者为持续高热或日晡潮热；前者口干但不甚渴引，后者则大渴引饮；前者伴皮肤斑疹或出血，后者伴大汗；前者舌质红绛，无苔或少苔，后者舌红苔黄；前者脉细数，后者脉洪大。热入营血面色红治宜清营凉血，方选清营汤或犀角地黄汤化裁。

阴虚内热面色红或虚阳浮越面色红：两者均为虚证，但病机及临床表现不同。阴虚内热面色红为阴虚不能制阳，虚火上炎所致之虚热证，所以表现为颧红，且在午后阴虚阳盛时出现，伴有潮热盗汗，五心烦热，舌红少苔，脉细数等症。虚阳浮越面色红特点是两颧绯红如妆，一般均是罹病日久，正气已衰，阳虚而阴盛，阴盛格阳，虚阳上浮所致，所以其颧红如涂油彩，浮浅游移，若病情进一步发展，会出现呼吸短促，汗出肢冷，脉微欲绝等阳气欲脱之症。正如《灵枢·五色》篇所说："赤色出两颧，大如拇指者，病虽小愈，必猝死。"阴虚内热面色红，宜以滋阴降火之法治之，方选六味地黄汤化裁。虚阳浮越面色红，治宜抑阴回阳，通达内外之法，方选通脉四逆汤。如《伤寒论·辨少阴病脉证病治》所说："少阴病，下利清谷，里寒外热，手足厥逆，脉微欲绝，身反不恶寒，其人面色赤，或腹痛，或干呕，或咽痛，或利止脉不出者，通脉四逆汤主之。"

肝火上炎面色红与肝阳上亢面色红：两者均为面红目赤，但有虚实之分。肝火上炎面色红是由于肝郁化火或热邪内扰引起肝经气火上逆之实热证，所以出现发热口渴，耳鸣如潮，或出血症状。肝阳上亢面色红是由于肝肾阴虚，肝阳失潜或气火内郁，阴津暗耗，阴不制阳引起水不涵木，肝阳偏亢之本虚标实证，所以出现腰膝酸软，头重脚轻与急躁易怒，头目胀痛，失眠多梦并见的症状。肝火上炎面色红，宜以清肝泻火之法治之，方选龙胆泻肝汤化裁。肝阳上亢面色红，宜以滋阴潜阳之法治之，方选镇肝熄风汤等。

总之，面色红有表里虚实之分。面色红以红而明润含蓄为佳，红而枯槁显露者无胃气，如《素问·五脏生成篇》："赤如衃血者死；……赤如鸡冠者生。"《素问·脉要精微论》说："赤欲如白裹朱，不欲如赭。"因此，临床上对面色红的辨证，必须紧密结合患者的症状特点全面考虑，并判断预后。

【文献别录】

《素问·刺热论》"肝热病者，左颊先赤；心热病者，颜先赤；脾热病者，鼻先赤；肺热病者，右颊先赤；肾热病者，颐先赤。"

《金匮要略·脏腑经络先后病脉并治》"色白者，亡血也，设微赤非时者死。"

《四诊抉微·望诊》“肺病见赤，心火刑金，证为难治。”

《外感温热篇》：“风温证，身热自汗，面赤神迷，身重难转侧，多眠睡，鼻鼾，语难出，脉数者，温邪内逼阳明，精液劫夺，神机不运，用石膏、知母、麦冬、半夏、竹叶、甘草之属泄热救津。

（季绍良）

93. 面　色　白

【概念】

患者面部缺乏血色而发白称为面色白，此为营血不荣于面所致，主要见于虚寒证与血虚证。《素问·五脏生成》篇：“色味当五脏；白为肺辛。”《灵枢·五色》：“白为寒。”“以五色命脏，……白为肺。”《灵枢·决气》篇：“血脱者，色白，夭然不泽。”《证治准绳·察色要略》说：“白色属肺金，主气血不足也，乃手太阴肺经之色。”这些论述基本上概括了面色白的临床意义。由于造成营血不能上荣于面的原因不同，所以面色白又有面色淡白、面色无光、面色苍白等区别。

【鉴别】

常见证候

血虚面色白：面色淡白，唇舌爪甲色淡，头晕眼花，心悸失眠，健忘多梦，手足发麻，妇女经行量少，唇舌色淡，脉细。

阳虚面色白：面色无光，倦怠无力，少气懒言，形寒肢冷，自汗，口淡不渴，或喜热饮、尿清便溏、舌淡胖、脉虚弱或沉迟无力。若兼见尿少浮肿则面白而虚浮。

寒滞肠道面色白：面色苍白，腹痛剧烈，恶寒喜暖，口淡不渴，肢冷踡卧，尿清便溏，舌淡苔白而滑润，脉沉迟。

风寒束表面色白：面色白，恶寒重，发热轻，无汗，头身疼痛或鼻塞流清涕，气喘，舌苔薄白，脉浮紧。

阳脱面色白：面色苍白，大汗淋漓，汗清稀而凉，四肢厥冷，口不渴或喜热饮，踡卧神疲，舌淡白而滑，脉微欲绝。

真热假寒面色白：面色苍白，四肢厥冷，恶热，烦渴喜冷饮，胸腹灼热，咽干口臭，甚则谵语，小便短赤，大便燥结，舌红，苔黄干，脉沉数有力。

鉴别分析

血虚面色白：多因脾胃虚弱，生化不足，或失血过多，造成血虚失荣所引起的。《金匮要略·脏腑经络先后病脉证》说：“色白者，亡血也。”此证面色淡白无华，伴有健忘，眩晕，心悸，失眠，肢麻，唇舌爪甲色淡，脉细等表现。治宜补血，方选当归补血汤加味。

阳虚面色白，缘因阳气不足，不能鼓舞血运所致。其鉴别点在于：面白无光，伴有倦怠乏力，形寒肢冷，尿清便溏等阳虚内寒的表现，治宜温补阳气，方选金匮肾气丸加减。若阳虚水湿不化，则兼见虚浮，甚则尿少浮肿，治宜温阳利水，方选济生肾气丸加减。

风寒束表面色白、寒滞肠道面色白和阳脱面色白：此三证均为白而发青，并有相同的形寒肢冷，口淡不渴等寒象，但三者病机有所不同。寒滞肠道是里寒证，寒主收引，经脉凝滞，所以兼见腹痛剧烈，尿清便溏，脉沉迟等症。风寒束表证是外寒侵袭，卫阳被郁所致，所以恶寒发热，头身疼痛，脉浮紧等症。阳脱证为阳气大虚而暴脱所致，所以兼见大汗淋漓，汗清稀而凉，踡卧神疲，脉微欲绝等症。寒滞肠道面色白，治宜温中散寒，方选附子理中汤化裁。风寒束表面色白，治宜辛温解表，方选麻黄汤化裁。阳脱面色白，治宜回阳救逆，方选四逆汤或参附汤化裁。

真热假寒面色白与寒滞肠道面色白：此二证均有面色苍白，四肢冷等寒象，但真热假寒面色白是由于内热过盛，阳气郁闭于内，不能布达于体表所致，即"阳盛格阴"之证，故除见面色苍白，手足厥冷的假象外，尚有不恶寒反恶热，烦渴喜冷饮，小便短赤，大便燥结，舌红，苔黄燥，脉沉数有力等里真热的表现，而寒滞肠道面色白则无里热证的表现。真热假寒证面色白，治宜清热生津，方选白虎汤化裁。

面色白之诊断，除以上诸项鉴别外，还需注意其光泽，白而明润含蓄为佳，白而枯槁显露者为无胃气。如《素问·五脏生成篇》所说："白如枯骨者死；……白如豕膏者生。"又如《素问·脉要精微论》："白欲如鹅羽，不欲如盐。"因此，临床上面色白的辨证，必须把颜色和光泽结合起来考虑。

【文献别录】

《金匮要略·惊悸吐衄下血胸满瘀血病脉证并治》："病人面无血色，无寒热，脉沉弦者衄；浮弱手按之绝者，下血；烦咳者，必吐血。"

《证治准绳·察色要略》："白色，……肝病见之难治。……若白而黑、白而黄，相生，吉也；若白而赤，相克，则凶矣。凡伤寒面色无神者，发汗过多，或脱血所致也。"

《四诊抉微·望诊》："肝王西方，属金而色白，白为虚为寒。有悲愁不乐，则色白，有脱血、夺气、脱津液，则色白。"

《中医临证备要》："面白如纸，则心气垂危。"

（季绍良）

94. 面 色 青

【概念】

患者面部显露青色者称为面色青。多因寒凝气滞，脉络郁阻，气血运行不畅所致。《素问·五脏生成篇》："色味当五脏：……青当肝、酸。"《灵枢·五色》篇："以五色命脏，青为肝。"《证治准绳·察色要略》："青色属木，主风，主寒，主痛，乃足厥阴肝经之色也。"造成寒凝气滞及脉络郁阻有多种原因，所以面色青又有青白、青灰、青紫等区别。

【鉴别】

常见证候

寒邪束表面色青：面色青白，恶寒发热，头痛身痛，无汗，舌苔薄白而润，脉浮紧。

寒滞肠道面色青：面色青白，腹痛急暴，得暖痛减，遇冷加重，手足逆冷，口淡不渴，小便清长，大便溏薄，舌苔白，脉沉紧。

心肾阳衰面色青：面色青灰，口唇青紫，心悸气短，胸部憋闷，畏寒肢厥或朦胧欲睡，尿少身肿，腰膝痠冷，舌质淡紫苔白滑，脉象微弱或沉细。

心血瘀阻面色青：面色青紫，胸闷心悸，心痛如刺，痛引肩背内臂，唇舌紫暗，脉细涩或结代。

热动肝风面色青：面色青紫，以眉间、鼻柱、唇周最显著，烦渴，抽搐项强，两目上翻，角弓反张，神志昏迷，舌红苔黄，脉弦数，多见于小儿。

鉴别分析

寒邪束表面色青与阴寒内结面色青：两者均表现为面色青白，但病机及伴随症状有所不同。前者是由于外感风寒，卫阳遏阻所致，所以，面色青白同时伴有恶寒发热，无汗，脉浮紧等表寒证。后者是由于外寒直中，或过食生冷，阳气耗伤，阴寒内盛，气血被阻所致，所以，面色青白同时伴有腹部急痛，肢冷口淡，尿清便溏，脉沉紧等里寒证。二者一为表寒，一为里寒，可资鉴别。前者治宜辛温解表，方选麻黄汤加味治之。后者治宜温中散寒，方选良附丸合正气天香散治之。

心肾阳衰面色青与心血瘀阻面色青：两者均有血瘀之象，但有程度和伴随症状的不同。前者由于心肾阳衰，运血无力，气虚血瘀，温煦失职，水湿不化所致，所以，面色青灰同时伴有心悸气短，胸部憋闷，形寒肢冷或朦胧欲睡，尿少浮肿，唇舌青紫，脉微弱或沉细等症。后者由于年高体弱或病久正虚，心脏脉络痹阻不通所致，心脉瘀阻情况较前者严重，所以，表现为面色青紫，心痛如刺，痛引肩背内臂，脉细涩或结代等症。前者治宜温补心肾，方选真武汤或保元汤化裁。后者治宜活血化瘀，方失笑散或丹参饮化裁。

热动肝风面色青：此证热邪亢盛，燔灼肝经，化火生风所致，所以面色青紫同时伴有高热烦渴，四肢抽搐，角弓反张，神志不清，舌红苔黄，脉弦数等症，多见于小儿。小儿高热之时，面色青紫，以眉间、鼻柱、唇周显著者，为动风之先兆。治宜清热凉肝熄风，方选羚角钩藤汤配合安宫牛黄丸治之。

面色青主寒、主痛、主瘀血、主惊风。面色青之诊断，还应注意光泽，青而明润含蓄为佳，青而枯槁显露者为胃气败伤。如《素问·五脏生成篇》："青如草兹者死；……青如翠羽者生。"《素问·脉要精微论》说："青欲如苍璧之泽，不欲如兰。"

【文献别录】

《四诊抉微·望诊》："肝旺东方，属木色青，风寒与痛，三者主病。怒亦色青，惊色相同。青而黑者，青色兼红，相生则喜。青而枯白，相克则凶。如脾病见青色，为木来克土，难治。"

（季绍良）

95. 面色黧黑

【概念】

患者面部均匀地显露晦黑的病色称为面色黧黑，亦称面色黑。面色黧黑一语见于《金匮要略》，在《中藏经》称为"面色苍黑"。此色多为阳气不足，寒湿太盛；或血运不畅，瘀血阻滞所致。《灵枢·五色》篇："五色命脏：……黑为肾。"《证治准绳·察色要略》："黑色属水，主寒，主痛，乃足少阴肾经之色也。"由此可见黑为肾色，与寒水之邪关系密切。

若因种族，禀赋差异，或日晒较多之生理性面色黑，以及妇女妊娠时发于面部的黑褐色，女劳疸之额黑，均不属于本条讨论范围。

【鉴别】

常见证候

肾阳虚面色黧黑：面色黧黑而晦暗，腰膝痠软，耳鸣耳聋，形寒肢冷，尿清便溏，或尿少，腰以下水肿，男子阳痿，妇女宫寒不孕，舌淡胖嫩，苔白，脉沉细无力，两尺尤甚。

肾精亏虚面色黧黑：面色黧黑，耳轮焦干，腰膝痠软，头晕耳鸣，遗精早泄，发脱齿摇，健忘恍惚，足痿无力，舌质红，脉细弱。

瘀血内阻面色黧黑：面色黧黑，肌肤甲错，口干但欲漱水不欲咽，毛发不荣，妇女兼有月经不调，小腹刺痛或有肿块拒按，唇青舌紫，或有瘀斑、瘀点、脉细涩或弦涩。

鉴别分析

肾阳虚面色黧黑：由于久病劳损，或房室不节，肾气虚弱，渐至肾阳不足，不能温养血脉，气血凝滞所致。所以出现腰膝痠软，耳鸣耳聋，形寒肢冷，尿少浮肿，脉沉细无力，两尺尤甚等症状。治宜用温补肾阳之法，方选右归丸化裁。若肾虚水泛，宜用温肾利水之法，方选真武汤合济生肾气丸化裁。

肾精亏虚面色黧黑：由于房劳过度，或热病伤及肝肾之阴，肾精亏损，精气不能上荣于面，所以面黧黑无泽，耳轮焦干，又见腰膝痠软，头晕耳鸣，遗精早泄，发脱齿摇，健忘足痿等肾精匮乏之症。治宜补肾益精之法，方选左归丸加紫河车等。本证与肾阳不足面色黧黑，病因有相似之处，但彼则以肾阳虚衰（腰痠肢冷，尿少浮肿，舌胖淡嫩）为主症；此则以肾精不足（头晕耳鸣失聪，遗精早泄，足痿无力）为主症，二者可资鉴别。

瘀血内阻面色黧黑：由于久病，或外伤等原因使气滞血结，或因寒凝血滞，使血行不畅；或因内出血，血不归经，瘀于脉外所致。除见面色黧黑外，尚有肌肤甲错，毛发不荣，妇女兼有月经不调，腹内肿块，唇青舌紫，或有瘀斑、瘀点，脉细涩等瘀血内阻的表现。治当活血化瘀，方选大黄䗪虫丸或膈下逐瘀汤等化裁。

面色黧黑为肾虚或瘀血内阻的表现，望诊时应注意气色是否润泽。面色黑而明润者为顺，黑如煤炱而枯槁者为逆。如《素问·五脏生成篇》："黑如炱者死，……黑如鸟羽者生。"《素问·脉要精微论》说："黑欲如重漆色，不欲如地苍。"

【文献别录】

《灵枢·经脉》篇："手少阴气绝，则脉不通，脉不通则血不流，血不流则髦色不泽。故其面黑如漆者，血先死。"

《金匮要略·痰饮咳嗽病脉证并治》："膈间支饮，其人喘满，心下痞坚，面色黧黑，其脉沉紧，得之数十日，医吐下之不愈，木防己汤主之；虚者即愈，实者三日复发，复与不愈者，宜木防己汤去石膏加茯苓芒硝汤主之。"

（季绍良）

96. 面色萎黄

【概念】

患者面部颜色比常人黄而无华者，称为面色萎黄。面色萎黄一般多主虚证和湿证。《素问·五脏生成篇》："色味当五脏：……黄为脾甘。"《灵枢·五色》篇："以五色命脏：……黄为脾。"《证治准绳·察色要略》："黄色属土，主湿，乃足太阴脾经之色。"临床上面色萎黄应与"发黄"相区分，后者指全身皮肤（面、目、身）及小便发黄，属黄疸；本症仅是面部萎黄无泽，与黄疸不同。

【鉴别】

常见证候

脾气虚面色萎黄：面色萎黄，食欲不振，纳后腹胀，倦怠乏力，少气懒言，大便溏薄，舌淡苔白，脉缓弱。

脾虚湿困面色萎黄：面色萎黄，面浮肢肿，四肢困重，食少腹胀，倦怠乏力，语声多重浊，尿少便溏，舌质淡体胖，或有齿痕，苔白润或腻，脉缓无力。

营虚面色萎黄：面色萎黄，唇舌色淡，头晕目眩，心悸失眠，肢体麻木，妇女经来量少，衍期甚或闭经，短气声低，脉细无力。

鉴别分析

脾气虚与脾虚湿困面色萎黄：前者系脾胃气虚，运化失司，气血化生不足，肌肤失养所致。后者由于脾虚，水湿停滞所致。二证均表现面色萎黄，食少腹胀，乏力便溏等脾虚的表现，但脾虚湿困面色萎黄兼有水湿阻滞，故以面浮肢肿，四肢困重，小便短少为特点。前者则无此症状。脾气虚面色萎黄治宜益气健脾，方选四君子汤加味。脾虚湿困面色萎黄治宜健脾利湿，方选藿朴夏苓汤或胃苓汤化裁。

营虚面色萎黄：本证常由失血过多，或脾胃虚弱，生化不足，或七情过伤，营血暗耗所引起，所以其面色萎黄伴有头晕目眩，心悸失眠，肢体麻木，月经量少，脉细无力等血虚肌肤失养之症状，较易鉴别。治宜益气养血，方选当归补血汤，或人参养荣汤加减。

黄为脾土之色，面色萎黄是脾虚失运，化源不足，或久病血虚失养的征象。面色萎黄之诊断还应注意色泽，如黄而枯燥无光泽者为胃气败伤，如《素问·五脏生成篇》："黄如枳实者死；……黄如蟹腹者生。"《素问·脉要精微论》："黄欲如罗裹雄黄，不欲如黄土。"

【文献别录】

《证治准绳·察色要略》："若准头、年寿、印堂有黄气明润者，病退而有喜兆也。若枯燥而夭者死。凡病欲愈目眦黄也。"

《医门法律·望色论》："盖气黄为中土之色，病人面目显黄色，而不受他色所侵则吉。面目无黄色，而惟受他色所侵则凶。"

《四诊抉微·望诊》："脾王中央，属土而色黄。黄为湿、为热、为虚，而有明暗之分。挟热则色鲜明，挟湿则色昏滞……。"

（季绍良）

97. 面 部 疼 痛

【概念】

面部疼痛系指部分或整个颜面部包括目眶、鼻颊、鼻唇沟、面颊、颌、口唇等处剧烈疼痛的症状。以半侧面部疼痛为常见。

《内经》一书有"两颌痛"、"颊痛"的记述。《医学纲目》、《薛己医案》、《普济本事方》中皆有面部疼痛的治验医案。

另外，如疳腮、骨槽风、齿痛、眼疾、鼻疾均可引致面部疼痛，但这些病症往往局部焮红肿胀，与单纯之面部疼痛不同，不在本篇讨论范畴。

【鉴别】

常见证候

风热挟痰阻络面痛：多呈发作性、烧灼性或刀割样疼痛而难忍，有时鼻旁或唇旁有触痛点，偶有触犯，则突然疼痛发作，颜面之中、下部疼痛者较多，亦可为半面上下皆痛，左右均疼痛者少见，痛时面红、出汗，遇热加重，得凉稍舒，并伴有发热、口干、溲赤、舌质红、苔黄燥、脉弦数等症状。痰火阻络则可兼见头晕、胸闷、肢麻、舌红、苔黄腻、脉滑数。

风寒挟痰阻络面痛：亦多为发作性、抽掣样疼痛，剧烈难忍，痛时面色苍白，遇冷加重，得温则减，舌质淡，苔薄白，脉紧。如为寒痰阻络可兼见面虚浮，首如裹，舌淡胖，苔白厚腻，脉濡滑。

肝郁化火面痛：面部灼热疼痛，多因情志抑郁或忧思恚怒而突发，遇热加重，口苦咽干，心烦易怒，胸闷胁满，常有叹息，手足心热，夜寐不安，尿黄赤，便燥结，舌质红、苔黄燥，脉弦数。

气虚血瘀面痛：面痛日久，疼痛持续时间长，发作性特点减弱，且痛如锥刺而难忍，痛着不移，面色晦滞；甚则肌肤甲错，有时疼痛伴随抽搐，畏风自汗，少气懒言，语声低微，舌淡白或有瘀斑瘀点，脉沉细而弱。

鉴别分析

风热挟痰阻络面痛与风寒挟痰阻络面痛：头面部乃一身阳经所会，足三阳经筋结合于顺（面颧部），手三阳经筋则会于角（侧头部）。若素体脾虚，痰湿内盛，复受风热或风寒侵袭，风邪挟痰闭阻经络，脉络不通，"不通则痛"。风为阳邪，善行而数变，风邪挟痰，忽聚忽散，因而疼痛乍作乍止。如系风热挟痰则兼见外感风热之象（面红目赤，喜冷，舌红苔黄，脉数，或伴有发热微恶风寒），治宜疏风散热，涤痰活络，用自拟"面痛Ⅰ号方"。如系风寒挟痰则兼见外感风寒之象（面不红，喜温，舌淡，苔薄白而润，脉紧或伴有发热及较重之恶寒）。治宜疏风散寒，涤痰通络，用自拟"面痛Ⅱ号方"。

肝郁化火面痛：从病因分析，肝郁化火多由忧思恚怒伤肝，木失条达，郁而化火，肝火上犯，遂致面部疼痛；且具明显肝火的症状，如目赤面红、胁痛、胀满、心烦易怒、口苦咽干，舌红苔黄燥，脉弦数等。治宜清肝泻火，通经活络，用自拟"面痛Ⅲ号方"。

气虚血瘀面痛：气虚血瘀常是面痛多年，气血亏损，病邪入血入络，脉络瘀滞，故舌淡白或有瘀斑，脉沉细而弱。治宜补气活血，化瘀通络，用自拟"面痛Ⅳ号方"。

临床上前述各证常错杂互见，治疗自当兼顾。惟疼痛日久，病邪多深入血络，必须酌入虫类搜剔之品，如全蝎、蜈蚣、僵蚕、地鳖虫等方能奏效。

【文献别录】

《证治准绳·杂病》："面痛皆属火，……暴痛多实，久痛多虚。高者抑之，郁者开之，血热者凉血，气虚者补气，不可专以苦寒泻火为事。"

《张氏医通》："有老人过劳，饥则面痛，补中益气汤加芩、栀、连翘、鼠粘、黑参。因郁结积成胃热，遂患面痛，越鞠丸加山栀、连翘、贝母、橘红之类。"

（黄柄山）

98.颜 面 红 肿

【概念】

颜面红赤肿大，甚则连及耳颊者，称为颜面红肿。

颜面红肿与颜面浮肿有别，前者面肿赤色，多局限于颜面，常兼热痛；后者除颜面浮肿外，常累及下肢或全身。颜面红肿多主热证、实证；颜面浮肿则有寒热、虚实之分。两者自不难区别。

本节所论颜面红肿，不包括单纯"鼻肿"、"唇肿"、"眼胞水肿"等，这些症状另有专条论述。

【鉴别】

常见证候

温热时毒颜面红肿：颜面部红焮肿大，咽喉肿痛，初起憎寒发热，继则恶寒罢，热势加剧，甚则神昏谵语，耳聋，口渴饮冷，舌苔黄，脉洪数。

风热上扰颜面红肿：面目红肿，或麻或痒，恶风头痛，咽痛，口微渴，舌苔薄黄，脉浮数。

误食中毒颜面红肿：面肿色赤，口干舌麻，恶心呕吐，大便秘结，或伴畏寒发热等。

鉴别分析

温热时毒颜面红肿与风热上扰颜面红肿：两者同属热证、实证，然病因病机不同。温热时毒颜面红肿，又名"大头伤寒"或"大头瘟"，好发于冬春两季。病因为感受温毒，上攻头目，而致颜面焮肿。余师愚《疫病篇》："头为诸阳之首，头面肿大，此毒火上攻。"咽喉为肺胃之门户，毒火熏蒸于肺胃，故见咽喉肿痛。风热上扰颜面红肿，一年四季均可发生，病因为风热入侵，卫气被郁，风热上扰颜面，造成面目红肿；亦有因偏嗜膏粱厚味，内有积热，复感风邪，风热相搏，上犯头面而成。温热时毒颜面红肿的辨证要点：颜面焮红肿大，同时伴有热毒充斥肺胃（咽喉肿痛、壮热、口渴、苔黄）等症状。治宜泻火解毒，方选普济消毒饮；如兼阳明腑实者，加大黄泻下实热。风热上扰颜面红肿的辨证要点：颜面红肿，但肿势不如温热时毒剧烈，局部瘙痒，如虫行皮下，发热而热势不剧。此外尚有风热郁于卫分（畏风、头痛、脉浮数）的症状，治疗宜疏风清热，方选防风通圣散加减。

误食中毒颜面红肿：病因为误食野菜或其他有毒之物，毒气入血上冒颜面，故见颜面红肿。辨证要点：除见颜面红肿外，尚有毒气入胃（口干舌麻、恶心呕吐）的症状。治疗初起宜用淡盐汤催吐，继用生甘草配绿豆烧汤频服，再服普济消毒饮加减，或用生大黄、番泻叶煎汤泻下毒物。

【文献别录】

《香岩经》："阴虚风阳浮起，面肿耳聋。""阳明燥热液虚，风阳上逆，面部热肿。"

《医宗金鉴·外科心法要诀》："面游风燥热湿成，面目浮肿痒虫行，肤起白屑而痒极，破津黄水津血疼。"

《中医诊断学》："麻风证：面部红色或白色如云状，或如块状高起，两耳胀大，而伴有眉毛脱落者是。"

"肿则为实，因风火上炎，红肿而热，或按而痛，此为邪气有余，脉必紧，证见寒热；面浮则为虚，因劳倦伤脾，脾肺阳虚，输化失常，而面目虚浮，无痛而热，此为正气不足，其形必虚软，其脉必虚弱。"

（王庆其）

99. 颜面浮肿

【概念】

颜面浮肿，指面部虚浮作肿，按之应手而起。

若面部浮肿，目下如卧蚕状，按之凹陷者，为浮肿症状之一。颜面浮肿为气虚所致的气肿，浮肿为水邪所患的水肿，两者不同，前者肿势不甚，后者肿势较剧。浮肿一症，另有专篇论述。

【鉴别】

常见证候

肺气虚弱颜面浮肿：颜面浮肿色㿠白，气喘息短，语言无力，动则气急，形寒畏风，自汗，久咳不已，舌质淡，苔薄白，脉虚弱无力。

脾阳不足颜面浮肿：颜面浮肿色萎黄，四肢不温，自觉面部发胀，倦怠乏力，食少腹胀，大便溏薄，肌肉消瘦，舌质淡嫩有齿痕，苔薄白，脉象虚弱。

鉴别分析

肺气虚弱颜面浮肿与脾阳不足颜面浮肿：二者均属气虚所致，但脏腑受损有别，肺气虚弱颜面浮肿多见于年老体弱或久咳不愈者。老年肺气虚弱不足，久咳肺气受损，治节失职，宣散肃降之令不行，肺主气，肺虚则气无所主，故面目虚浮作肿。《金匮要略·肺痿肺痈咳嗽上气病脉证治》："上气，面浮肿，肩息，其脉浮大，不治。"可见预后不良。脾阳不足颜面浮肿由于劳倦过度，饮食失节，或久泻，或其它慢性疾病，损伤脾阳，脾气虚弱，运化失职，清阳不升，发为颜面浮肿。辨证要点：肺气虚弱颜面浮肿者，面色多萎黄不泽，兼有食少腹胀，便溏脱肛，肢冷倦怠等脾虚症状，两者不难区别。治疗原则：肺气虚弱颜面浮肿者，以补肺益气为主，兼以化痰止咳，方选补肺阿胶汤加减；脾阳不足面浮者，宜健脾益气升阳，方选补中益气汤加附子、干姜等，可以收效。

颜面浮肿常为慢性病的症状之一，肿形不甚，按之应手，病机大多属肺脾阳气虚弱为患，属于气肿。但气肿也有因外邪入侵，使肺气壅塞所致者，属于实证，治疗宜宣肺降气为主。但前者较为常见，后者则属偶见。

【文献别录】

《医学心悟》："经云：足阳明之脉，络面下于鼻。凡面上浮肿而痛者，风也。书云：面肿为风，足肿为水。宜用升麻葛根汤，加白芷主之。若兼挟水湿，加入五皮饮，为至妙也。然又有黄胖面肿者，湿热也；有痿黄虚浮者，脾虚也。湿热，和中丸主之；脾虚，六君子汤主之。"

（冉先德　王庆其）

100. 面　垢

【概念】

面垢是指面色灰暗，如蒙尘垢，洗之色不去。《素问·至真要大论》云："燥淫所胜，民病面尘，身无膏泽。"

【鉴别】

常见证候

燥干清窍面垢：面垢，口鼻干燥，咽喉干燥疼痛，目赤干涩，齿龈红肿，舌红苔黄，脉细数。

暑湿蕴蒸面垢：面垢，耳聋，胸脘痞闷，呕恶，身热汗出，便溏不爽，尿短赤，舌红，苔黄腻，脉濡数。

胃热熏蒸面垢：面垢，多食善饥，渴喜冷饮，胃脘疼痛灼热，口秽，牙龈肿痛，舌红苔黄，脉滑数。

肝肾阴虚面垢：面垢，眩晕耳鸣，咽干口燥，五心烦热，腰膝痿软，形体消瘦，舌红少苔，脉细弦数。

鉴别分析

燥干清窍面垢：燥热之邪客于上焦，火热炎上，燥邪伤津，清窍为之不利，故症见面垢，口鼻干燥，咽喉干燥疼痛，目赤干涩，齿龈红肿，舌红苔黄，脉数，其病位在上，头面孔窍不利，治以轻清宣透，翘荷汤主之。

暑湿内蕴面垢：暑湿内蕴以暑湿蔓延三焦为特征，蒸于上焦，清窍不利，面垢，耳聋。蒸于中焦，故胸脘痞闷，呕恶。下侵肠道，泌别失司，清浊不分，致大便不爽而小便短赤。舌红苔腻，脉濡数为暑湿之象。治宜清宣三焦暑湿，方选三石汤。

胃热炽盛面垢：胃为燥土，"喜润恶燥"，足阳明胃经多气多血，阳明受邪最易化热。胃热循阳明经上蒸熏灼，故见面垢口秽，牙龈肿痛。邪热伤胃，气机不畅，煎灼津液，故消谷善饥，渴喜冷饮，胃脘疼痛灼热。治宜清胃泻火，方选清胃散化裁。

肝肾阴虚面垢：多由久病劳伤，或温病邪热耗伤肝肾所致。肝肾阴虚，则髓海不足。《灵枢·海论》说："髓海不足，则脑转耳鸣，胫痿眩冒，目无所见，懈怠安卧"。肝肾阴虚则内热，故见五心烦热，咽干口燥，形体消瘦，面垢由肝肾阴虚，形体颜面失养所致。治宜滋补肝肾，方用杞菊地黄丸。

面垢一症，临证首先分别虚实。实证多由燥邪、暑湿、胃热所致；虚者多是肝肾阴虚。

【文献别录】

《伤寒论·辨阳明病脉证并治》："三阳合病，腹满身重，难于转侧，口不仁面垢，谵语遗尿。发汗则谵语；下之则额上生汗，手足逆冷。若自汗出者，白虎汤主之。"

《景岳全书·暑证》："暑有八证：脉虚、自汗、身热、背寒、面垢、烦渴、手足微冷、体重是也。凡治此者，宜调理元气为主，清利次之。"

《医宗金鉴·订正伤寒论注》："阳明主面，热邪蒸越，故面垢也。"

（邹金盘）

101. 面 具 脸

【概念】

面具脸是指病人由于面肌僵硬、运动障碍而构成面容呆板，缺乏表情，形若"假面具状"。

面具脸应与面肿、面浮相鉴别：面肿是面部作肿；面浮指面部虚浮微肿；而面具脸是面肌僵硬，未见肿胀。

【鉴别】

常见证候

气血两虚面具脸：面具脸，神疲乏力，头晕眼花，面色无华，筋脉拘紧，肌肉强直，舌体胖边有齿痕，质淡，苔薄白，脉细无力。

瘀血阻络面具脸：面具脸，形体消瘦，头痛如刺，颈项强直，舌紫暗，脉细涩。

湿热阻滞面具脸：面具脸，寒战身热，骨节烦疼，渴不欲饮，四肢拘急，口噤，神昏，足冷阴缩，舌色灰滞，脉滑数。

肝肾阴虚面具脸：面具脸，头晕目眩，腰痠膝软，肢体麻木，筋脉拘紧，动作笨拙，头及四肢震颤，舌瘦暗红少苔，脉细弦。

鉴别分析

气血两虚面具脸与肝肾阴虚面具脸：《素问·至真要大论》云："诸暴强直，皆属于风"。二证都属虚，与风密切相关。然气血两虚，虚风内动；而肝肾阴虚，为肝阳上亢，风阳内动。共同症状是：面具脸，肌肉强直，头晕眼花，神疲，失眠多梦。但气血不足，肌肉筋脉失于濡养，故见面色无华，筋脉拘紧。舌体胖边有齿痕，为脾虚失运，气血生化之源不足。舌质淡，脉细无力为气血两虚之象。肝肾阴虚，则腰府筋骨失养，故见腰酸膝软，肢体麻木，筋脉拘紧。风阳内动，神明失制，故头及四肢震颤，动作笨拙。舌瘦暗红少苔，脉细弦亦为肝肾阴虚之象。治法：前者宜益气养血，熄风活络，方选定振丸化裁；后者宜滋补肝肾，育阴熄风，方选大定风珠加减。

瘀血阻络面具脸：本证多由头部外伤，或久病不愈，气血耗伤，血行不畅，瘀血内阻所致。瘀血阻于头部，故头痛如刺。瘀血内留，血行不畅，筋脉失养，故见面具脸，形体消瘦，项背强急。舌紫暗，脉细涩，均为瘀血之征。治宜活血化瘀、通络熄风，方用通窍活血汤加减。

湿热阻滞面具脸：本证由湿聚热蒸，挟风入络所致。湿热内蕴，阻碍气机，正邪交争，故见寒战身热，渴不欲饮。湿热入蒸经络，初见骨节烦疼，继则四肢拘急，面具脸，口噤，甚则神昏。足冷阴缩为湿热郁于经络，而下体兼受客寒，营气不达所致。舌色灰滞，脉滑数为湿热阻滞之象。治宜清热渗湿、化浊宣络，方用宣痹汤（苦辛通法）。

总之，面具脸一症，其病因也不外虚、实两端，虚由气血两虚，肝肾阴虚；实由瘀血阻络，湿热阻滞。然"风气内动"是病机核心。

（邹金盘）

102. 颜 面 抽 搐

【概念】

颜面抽搐，是指眼睑、嘴角及面颊肌肉的抽搐，通常仅出现于一侧。若口眼㖞斜久治不愈亦可并发颜面抽搐，但临床见症有主次之分，若以口眼㖞斜为主的，则另有专篇讨论。

【鉴别】

常见证候

肝血郁结颜面抽搐：颜面抽搐，头晕，耳鸣，急躁，或伴有哭闹，脉弦缓，舌红，苔薄白。

肝血亏虚颜面抽搐：颜面抽搐，时发时止，伴有头晕眼花，视力减退，脉弦细无力，舌红，苔少。

风邪袭络颜面抽搐：突然颜面抽搐，伴有肌肤麻木头痛，鼻塞，恶寒，流泪，脉浮，舌淡红，苔薄白。

肝风内动颜面抽搐：颜面抽搐，时感眩晕，每遇愤事抽搐加剧，脉弦细有力，舌黯红，苔薄黄偏干。

风痰入络颜面抽搐：颜面抽搐，患侧面肌发麻，伴有面部虚浮，眩晕，口角流涎，口干不欲饮，脉弦滑，舌体肥大，苔薄白腻。

鉴别分析

肝气郁结颜面抽搐与肝血亏虚颜面抽搐：两者皆呈慢性发作，肝气抑郁日久必耗肝血，肝血不足则可使肝气失调，故两者症状可以互见。但从病因及脉证上不难分辨。肝气郁结者每随情志波动而诱发，特别是与人发生口角时最易发生，常伴有郁闷寡欢或哭闹，神呆少言，头晕，耳鸣。治宜舒肝理气，常用方剂为逍遥散加味。肝血亏虚者无明显发作诱因，乃由肝血不足不能养筋所致。患者素有头晕，目眩，发作时颜面肌肉微微抽动，脉细，舌淡。治宜养血缓急，常用方剂为加味芍药甘草汤。

风邪袭络颜面抽搐与肝风内动颜面抽搐：两者皆呈突然发作，但风邪袭络者由风寒外袭，阻于阳明络脉所致。发作时伴有头痛，鼻塞，恶风寒，患侧面部有风吹样感，脉浮等，治宜疏散风寒，佐以解痉，常用方剂为菊花茶调散。肝风内动所致者，必肝气素旺，上窜化风，扰动面部络脉而形成本证。因此患者凤有头晕头痛，多发于大怒之后，颜面抽搐较剧，头痛加重，脉呈弦细有力。治宜平肝熄风，常用方剂为羚角钩藤汤，或天麻钩藤饮。

风痰入络颜面抽搐：多见于口眼㖞斜或风痰眩晕经久不愈患者。由于病久气虚，风痰久居经络，风痰相搏，络脉失去约束，遂见颜面抽搐。辨证要点为：继发于口眼㖞斜或风痰眩晕之后，面部虚浮，并有虫蚁游走感，伴有眩晕，口角流涎，口干不欲饮，舌体肥大，脉弦滑，苔润腻。治宜补气祛痰熄风，常用方剂为千缗汤合六君子汤加南星。

颜面抽搐，多与情志因素有关，女性多于男性。考经络走向，手足六阳经脉会于面，故有"面为诸阳之会"（《杂病源流犀烛》）之说，临证若能视其抽搐的部位而选用相应的归经药物，疗效更捷。

（毛德西）

103. 口眼㖞斜

【概念】

口眼㖞斜，又称"面瘫"、"吊线风"，"歪咀风"等。其症状为口目㖞斜而不能闭合。本症在《灵枢》中称"口㖞"、"僻"、"卒口僻"；《金匮要略》称"㖞僻"，《诸病源候论》则有"风口㖞候"条；到了宋代，始有"口眼㖞斜"之称（《三因极一病证方论》：明《医学纲目》则将本症称"戾"，此后各家著作多称为"口眼㖞斜"。

口眼㖞斜一症，前人多列于中风门下。因中风有中经络与中脏腑之分，风中经络则只见口眼㖞斜，而风中脏腑则口眼㖞斜多伴随有突然昏倒、不省人事等症。本文所要讨论的是中经络口眼㖞斜与中风后遗症口眼㖞斜，以及其它原因所致的口眼㖞斜，余皆不属讨论范围。

【鉴别】

常见证候

风邪外袭口眼㖞斜：突然口眼㖞斜，面部感觉异常，并兼有恶风，发热，头痛，鼻塞，颈项发紧不舒，脉浮，舌苔薄白等。

肝风内动口眼㖞斜：口眼㖞斜突然发作，面部潮红，肢体发麻，耳根胀痛，眩晕加剧，头重脚轻，脉弦数有力，舌暗红，苔黄或少苔乏津。

肝气郁结口眼㖞斜：口眼㖞斜常随精神刺激而出现，伴有太息，胸胁苦满，不欲饮食，悲痛欲哭，脉弦，苔薄白等。

气血两虚动风口眼㖞斜：口眼㖞斜，面肌松弛，眼睑无力，少气懒言，手足挛急，脉细无力，舌质淡嫩，舌苔薄白。

风痰入络口眼㖞斜：口眼㖞斜，面肌麻木，语言不清，喉中痰鸣，舌体有僵硬感，脉弦滑或弦缓，舌苔白腻。

鉴别分析

风邪外袭口眼㖞斜：由于风邪客于面部阳明脉络，使气血运行异常，脉络失荣，因而出现口眼㖞斜。但临证有风寒，风热与风湿之别。三者的共同点是突然发生口眼㖞斜，有明显的外感症状，脉浮，舌苔薄白。不同点为风寒证患侧面肌有发紧或疼痛感，皮肤发厚僵硬；风热证患侧面肌松弛，皮肤有烘热感；风湿证患侧面肌壅肿，眼睑或有浮肿。风寒证治宜疏风散寒，方选葛根汤；风热证治宜疏风散热，方选柴葛解肌汤；风湿证治宜疏风散湿，方选羌活胜湿汤。

肝风内动口眼㖞斜：肝为刚脏，体阴用阳，若恚怒气逆，肝阳化风上窜面部，损伤阳明脉络，牵动缺盆与面颊，遂出现口眼㖞斜，甚至面部肌肉抽动或肉𥆧筋惕。虽然此证与外风侵袭所致的口眼㖞斜都是突然发作，但一为内风，一为外风。内风有肝风内动之前兆（如素有眩晕、耳鸣或肢体麻木等），外风有表证可寻；内风脉必弦，外风脉多浮；内风多发生于老年人，外风以中青年为多见。治内风以"熄风"为主，治外风以"疏散"为主。故治肝风内动宜平肝熄风法，方选天麻钩藤饮或羚角钩藤汤。

肝气郁结口眼㖞斜：本症多见于精神郁闷，多愁善感的女性。发病前有明显诱因，或与他人发生口角，或独自思虑不遂，或耳闻目睹不快之事，致肝气怫郁，阳明脉络不和，出现口眼㖞斜。其临证特点为发病前精神不乐，发病后表情苦闷，神志呆滞，或哭泣有声，面肌时而抽动，经用针刺人中等穴，㖞斜或可得到纠正。治宜舒肝解郁，调和络脉，方选抑肝散。

气血两虚动风口眼㖞斜：气主煦之，血主濡之。气属阳主动，血属阴主静，气虚不能上奉于面，阴血亦难灌注阳明，面部肌肉失却气血的温养，出现口眼㖞斜。此症多见于中风后遗症，或产后及其他疾病后期。临证无寒热可察，无风象可稽，依据既往症及所伴有的少气懒言，身困嗜卧，面肌松弛，手足挛急，脉细舌淡，便可诊为气血两虚动风证。气分偏亏的宜补气活血解痉，方选补阳还五汤送服二虫散；血分偏亏的宜养血祛风，方选大秦艽汤；气血双亏的宜大补气血，方选十全大补汤，或配合针灸治疗。

风痰入络口眼㖞斜：素体气虚，伏有痰饮，或气郁扰痰，痰动生风，或偶遇风寒，风袭痰动，风痰互结，流窜经络，上扰面部，阳明络脉壅滞不利，即可发生口眼㖞斜。常见于形体肥胖，眼失神采，面色晦滞，或眼周暗滞，或眼泡虚浮，或面污垢不洁，舌体肥大，苔白滑润等。临证特点为：患侧面肌麻木，有虫行感，牙关紧；伴有头晕，目眩，呕恶，舌苔白腻，脉弦滑等。治宜化痰祛风，开窍通络，方选青州白丸子，或导痰汤加减。

口眼㖞斜的治疗，针灸具有简、便、廉、验的特点。综合古今医家所取用的处方用穴，以下述两类效果较好。①以面部六阳经脉流注的穴位为主；②面部以足阳明经与经筋的分布最广，所以前人取穴以阳明经为主。常用穴位为：颊车、地仓、水沟、下关、四白、阳白、太阳、迎香、承浆、翳风、风池、合谷、攒竹等。常用透穴为地仓透颊车，阳白透鱼腰，攒竹透睛明，迎香透四白，人中透地仓，承浆透地仓，其中以选地仓透穴为佳。

口眼㖞斜在临床上并不少见，经治疗多能痊愈。若为病久体虚，气血不足，当以益气养血，熄风活络，补泻兼施，勿过用风药，恐其辛燥伤阴。需要息风止痉的，可在辨证施治基础上，配服牵正散。若误治失治，则面部难以复原，或继发颜面肌肉痉挛、萎缩等症状。前人在长期临床实践中，观察到口眼㖞斜是中风先兆之一，因此积极治疗口眼㖞斜，不仅可以解除病人痛苦，而且对于中风的发生，有着积极的预防作用。

【文献别录】

《灵枢·经脉》："胃足阳明之脉，……是主血所生病者，……口㖞……。"

《灵枢·经筋》："足阳明之筋，……其病……，卒口僻，……。"

《诸病源候论·风病诸候》："风邪入于足阳明、手阳明之经，遇寒则筋急引颊，故使口喝僻，言语不正，而目不能平视。诊其脉，浮而迟者可治。"

《景岳全书·非风》："凡非风口眼喝斜，有寒热之辨。在经曰：'足阳明之筋引缺盆及颊，卒口僻，急者目不合，热则筋纵，目不开。颊筋有寒则急，引颊移口。有热则筋弛纵，缓不胜收，故僻。'此经以病之寒热言筋之缓急也。然而血气无亏，则虽热未必缓，虽寒未必急，亦总由血气之衰可知也。"

《医林改错·口眼喝斜辨》："或曰半身不遂，既然无风，如何口眼喝斜？余曰古人立喝斜之名，总是临症不细心审查之故。口眼喝斜，并非喝斜。因受病之半脸无气，无气则半脸缩小。一眼无气力，不能圆睁，小眼角下抽，口半边无气力不能开，咀角上抽，上下相凑，乍看似喝斜，其实并非左右之喝斜。……。"

"又曰：口眼喝斜，尽属半脸无气乎？余曰前论指兼半身不遂而言。若壮盛人，无半身不遂，忽然口眼喝斜，乃受风邪阻滞经络之症。经络为风邪阻滞，气必不上达。气不上达头面，亦能病口眼歪斜。用通经络散风之剂，一药而愈，又非治半身不遂方之所能为也。"

（毛德西）

104. 口 噤

【概念】

"口噤"是指牙关紧闭，口合不开的症状。因其以牙关咬定难开为主要表现，故又称"牙关紧急"。

古代文献中，因病因和症状表现的不同，"口噤"又有"风口噤"、"中风口噤"、"噤风"、"噤急"、"牙关噤急"、"噤口"等名称。

临床上，"口噤"应与"唇紧"、"撮口"等相区别。"唇紧"，又名"口紧"、"口唇紧缩"，是指口唇肌肉紧急，难于开合，不能进食之症。同"口噤"之以牙关紧闭为主不同；"撮口"，专指小儿由胎中受热或洗浴当风而表现为"口撮如囊口"，吮乳不得，并伴有舌强唇青、面色黄赤等症，其证治均不同于"口噤"。

【鉴别】

常见证候

风寒表证口噤：发热恶寒头痛，口噤不开，项背强急，无汗或有汗，舌苔白，脉浮紧或浮数。

里热壅盛口噤：口噤项强，角弓反张，四肢挛急，发热或壮热，面红目赤，口唇干焦，二便秘涩，舌红苔黄而燥，脉弦数或沉数有力。

阴血亏虚口噤：头晕眼花，口噤咬牙，四肢搐搦，或拘挛僵仆，心烦不宁，或有发热，形瘦，舌红无苔，脉沉细而数。

寒邪直中口噤：口噤不语，四肢战栗，身形拘紧，手足厥冷，腹痛下利，面色青紫，舌暗苔白，脉沉弦而涩。

气郁痰壅口噤：口噤牙紧，或兼晕厥，四肢抽搐，或全身僵直，喉中痰涌，呼吸喘促，舌苔薄白或白腻，脉沉弦或弦滑。

外伤风毒口噤：牙关微紧，口噤项强，四肢抽搐，呈苦笑面容，甚者角弓反张，或

155

兼寒热，苔白腻，脉弦。

鉴别分析

风寒表证口噤及里热壅盛口噤：二者均由感受外邪引起，同有发热、口噤、项强之症。但前者多因感受风寒湿邪，侵入三阳经络，引起筋急口噤，属太阳痉病。后者则因风寒入里化热或温热入里，壅盛于气分或引动肝风，引起口噤。故二者病因有寒热之殊，病位有表里之异。临床表现亦各有不同：太阳痉病必兼有恶寒、头痛、脉浮、苔白之表证，且口噤项强程度亦较里热者为轻，表现为口齿拘紧，项背强硬；而里热壅盛则口噤不开，或龄齿有声，不仅项背强急，甚者角弓反张，卧不着席，四肢挛急，并有壮热、面红目赤、口唇干焦、便秘尿赤、舌红苔黄脉数等一派实热之象，严重者可伴神昏。其治疗原则，风寒表证宜宣散外邪，可用葛根汤加减。里热壅盛者，则宜清泻里热，根据热毒之轻重及所在脏腑不同，分别选用不同的方剂。里热盛于阳明气分，或结于胃肠致腑实者，拟清热泻火攻下，用白虎汤或大承气汤加减；热毒燔灼气血或壅盛于咽喉，可用清热解毒、凉血泻火之清瘟败毒饮加减；肝经热盛动风者，多有抽搐反张之症，拟清肝泻火熄风，用龙胆泻肝汤或羚角钩藤汤加减。若神志昏迷者，又当清心熄风开窍，安宫牛黄丸之类主之。

阴血亏虚口噤与里热壅盛口噤：前证多发生在温病后期，因热邪耗伤阴津，或汗下伤阴，邪势虽退，而阴血亦虚。或杂病因失血、产后，阴虚血少，筋脉失养，故拘急为噤；里热壅盛口噤，多在温热病之极期出现，邪热鸱张，正亦未虚。故二者相比，一实一虚，绝然不同。在症状表现上，阴血亏虚之口噤动风，其程度亦不似里热壅盛者剧烈，主要表现为手足蠕动或四肢搐搦，微微而动，或后遗肢体僵仆拘挛。发热多在午后或入暮之时，并伴头晕心烦，形瘦舌红，苔少脉细数等阴血不足之象。治疗应以滋阴养血熄风为主，用大定风珠加减。

寒邪直中口噤与风寒表证口噤：二证虽同是寒邪为患，但一在于表，一中于里。故后者兼有表寒之症，而前者则一派里寒之象。除口噤不语外，寒邪直中者并见口鼻气冷，腹痛下利，手足厥冷，面色青紫，脉象沉弦等。有时因阳气不能外达，肌肤筋脉失其温煦而亦可见到身形拘紧、强硬，但同表证之项强身痛不同。在治疗上宜温中祛寒之剂，用四逆汤或大顺散加减。

气郁痰壅口噤：多见于杂病，因痰气郁结，闭塞清窍或挟风窜于经络所致。一般多因情绪激动或忧思恼怒而发。除口噤外，常伴一时性晕厥、抽搐、或僵直，故应注意与里热壅盛口噤出现昏迷症状时相鉴别。后者多在温热病中出现，昏迷严重，且伴里实热证的表现，一般不易混淆。且本证多有反复发作的病史，发作时间亦较短暂，并伴喉中痰涌，呼吸喘促，舌苔白腻等痰气内阻之症。其治应以理气开窍豁痰为法，用木香调气散或导痰汤加减。若神志不清者，先服苏合香丸以开窍醒神，后再调气化痰治本。

外伤风毒口噤：同以上诸证虽同有项强反张的抽搐之症，但其病因病史不同。多因金疮跌仆，损皮破肉；或疮疡溃后，为风毒之邪外乘，致阳明络脉拘急而发口噤。其中于风者为"破伤风"，中于湿者为"破伤湿"。虽亦可出现寒热间作之症，但整个病证同外感者不同。其面部肌肉拘挛，颜面呈典型之苦笑状。病情严重者因邪毒攻心，可致神志昏迷。同其它口噤神昏之症，从病史、病因及临床表现各方面不难区别。治宜镇痉祛风，尤其是可用虫类祛风止痉之剂，选玉真散合五虎追风散加减。

总之，"口噤"一症，多与项强、神昏、不语、抽搐、痉挛等同时出现。内伤、外感及跌仆虫兽外伤均可引起，且有寒热虚实的不同，故须从整体辨证施治。但因症情较急，首先要开其牙关，可采取必要的局部治疗。用乌梅、冰片、生南星研末擦牙，或用藜芦、郁金为末吹鼻取嚏，或配合针刺艾灸。轻者口噤即开，重者尚需按症情辨证综合施治。

【文献别录】

《秘传证治要诀·口噤》："因冒犯不正之气，忽然手足逆冷，肌肤粟起，头面青黑，精神不守或错言妄语，牙紧口噤，或头旋晕倒，昏不知人，此是卒厥。……苏合香圆灌之，候稍醒，以调气散和平胃散服。"

《湿热病篇》："湿热证，三四日即口噤，四肢牵引拘急，甚则角弓反张，此湿热侵入经络脉隧中，宜鲜地龙、秦艽、威灵仙、滑石、苍耳子、丝瓜藤、海风藤、酒炒黄连等"。

（姚乃礼）

105. 口 中 生 疮

【概念】

口中生疮简称"口疮"。

本症在《内经》中有"口糜"、"口疮"和"口疡"之称。后世根据其临床表现及病机的不同，又有"口疳"、"口舌生疮"、"口中疳疮"、"口破"，"口内糜腐"等不同称谓。但一般在习惯上将口中溃疡，范围局限，病情较轻者称为"口疮"：口中糜烂如腐、范围较大，病情较重者称为"口糜"；小儿口疮的发生如与疳积有关者称为"口疳"。小儿"鹅口疮"则在儿科另立条目专论。

此外，口角生疮称"口吻疮"，俗名"燕口"，亦称"口肥疮"。虽不属本症范畴，但其病机相关，前人多列为一类，可参阅本症辨治。

【鉴别】

常见证候

脾胃积热口疮：口、唇、舌及齿龈多处生疮，周围红肿，甚者腮舌俱肿，疼痛，影响进食，口渴饮冷，大便秘结，尿黄赤，或兼身热，舌质红，或有裂纹，苔黄，脉数有力。

阴虚火旺口疮：口疮反复发作，每因劳累或夜寐不佳而诱发，疮面黄白色，周围淡红，疼痛昼轻夜重，口干，心烦失眠，手足心热，舌红少苔，或有裂纹，脉沉细数。

脾胃气虚口疮：口疮反复发作，时轻时重，疮面色淡，疼痛较轻，纳少脘胀，大便不实，肢软神疲，短气懒言，舌质淡，边尖有齿痕，苔白，脉细弱。

鉴别分析

脾胃积热口疮与阴虚火旺口疮：两证均属热证，前者为实热，后者为虚热，临床表现迥异。脾胃积热口疮，多因饮食失节，嗜食辛辣醇酒，炙煿厚味，脾胃积热。脾开窍于口，脾胃之热上蒸于口，发生口疮。其特点是：口疮严重，多处发生，疮面色红而肿痛，兼有口渴饮冷、便秘溲黄、舌红苔黄等脾胃实热症候。阴虚火旺口疮，多因思虑劳

— 157 —

倦，心阴暗耗，或热病后期，阴分受伤，阴虚则火旺，上炎于口，发生口疮。其特点是：口疮迁延不愈，反复发作，此起彼伏，疮面色淡红，不甚肿，昼轻夜重，兼有心烦失眠、手足心热、舌红少苔等阴虚症候。两证治疗原则亦不同，脾胃积热口疮治宜清热泻火，方选凉膈散、泻黄散；阴虚火旺口疮治宜滋阴清火，切忌苦寒伤阴，如偏于心阴虚者，方选黄连阿胶鸡子黄汤；偏于肾阴虚者，方选知柏地黄汤等。

脾胃气虚口疮与阴虚火旺口疮：两证虽均为虚证，有口疮反复发作、遇劳即发的临床特点。但脾胃气虚口疮的病机要点是气虚，起由劳倦、久病等脾胃中气受损，或口疮日久灼阴耗气，脾胃气虚，阴火内生，发生口疮。其口疮表面色淡，无红肿，轻度疼痛，虽单个或数个发生，却迁延不愈，兼有纳少便溏、神倦短气、舌淡等脾胃气虚症候。而阴虚火旺口疮，其疮面淡红，尚有烦热、舌红少苔等虚火上炎之症，可作鉴别。脾胃气虚口疮治宜补中益气汤或黄芪建中汤；如气阴两虚者，可选生脉散加味。

口疮一症，有虚实之分。暴病多实火，久病多虚火，虚火又有阴虚、气虚两端。三者密切相关，实火迁延不除，必灼阴耗气，阴虚日久，必伤及气，气虚常伴阴虚症候。治疗时，实火可用苦寒直折火势。虚火则切忌苦寒，或养阴，或补气，根据证候特点，耐心调治。此外，无论虚实，在内服汤药的同时，局部可酌情外用珠黄散、锡类散等，可奏效。

【文献别录】

《证治准绳·口疮》："口疮，一曰热。经云：少阳司天，火气下临，肺气上从，口疡是也；二曰寒。经云：岁金不及，炎火乃行，复则寒雨暴至，阴厥且格，阳反上行，病口疮是也。"

《杂病源流犀烛·口齿唇舌病源流》："脏腑积热则口糜。口糜者，口疮糜烂也。心热亦口糜，口疮多赤；肺热亦口糜，口疮多白；膀胱移热于小肠亦口糜；三焦火盛亦口糜；中焦气不足，虚火上泛亦口糜；服凉药不效，阴亏火泛亦口糜；内热亦口糜"。

《诸病源候论·口吻疮候》："足太阴为脾之经，其气通于口。足阳明为胃之经，手阳明为大肠之经，此二经脉并侠於口。其府脏虚，为风邪湿热所乘，气发于脉，与津液相搏，则生疮。恒湿烂有汁，世谓之肥疮，亦名燕口。"

（姚乃礼）

106．口　　苦

【概念】

口苦一症，在《内经》归之于"胆瘅"病。《素问·奇病论》云："有病口苦，……病名曰胆瘅。……此人者，数谋虑不决，故胆虚气上溢而口为之苦。"但严格来说，"口苦"作为一个症状，而"胆瘅"是病名，二者不能混同，只能说口苦是"胆瘅"的一个主要症状。

口苦是一常见症状。因苦为火之味，而心主火，故许多涉及心胆火热病症都有口苦的表现，此处仅就其主要方面进行讨论。

【鉴别】

常见证候

邪入少阳口苦：口苦咽干、头痛目眩、寒热往来、胸胁苦满、心烦喜呕、食纳减少、小溲色黄，苔薄白或薄黄、脉浮弦有力。

肝胆郁热口苦：口苦心烦、口干欲饮、太息易怒、头晕头痛、目赤目眩、两胁胀痛、小便黄、大便偏干、舌边尖红、苔薄黄或黄腻，脉弦数。

心火上炎口苦：面赤口苦、心烦不寐、口渴饮冷、口舌生疮、小便短赤疼痛、舌尖红、脉细数。

鉴别分析

邪入少阳口苦与肝胆郁热口苦：两证均可出现口苦咽干、心烦目眩等症,但病因病机不同。前者由伤寒太阳病不解,邪传少阳,胆为少阳之府,胆热上蒸,则口苦。所谓："少阳之为病,口苦、咽干、目眩也"。《针灸甲乙经》卷九："夫胆者,中精之府；五脏取决于胆,咽为之使。……胆气上溢,而口为之苦。"后者常由情志郁结或五志过极化火,肝胆郁火内蕴,疏泄失职,胆气上溢而口苦。《杂病源流犀烛·口齿唇舌病源流》："肝移热于胆亦口苦,内经言胆瘅是也。注云,肝主谋,胆主决,或谋不决,为之急怒,则气上逆,胆汁上溢故也。"邪在少阳的临床特点除口苦外,常伴寒热往来、纳呆喜呕、胸胁苦满等症状；而肝胆郁热者,则常兼头痛眩晕、面红目赤、性急易怒、舌质偏红、脉象弦数等肝火之症。治疗原则：邪在少阳者,拟和解少阳,用小柴胡汤加减；肝胆郁热者,宜清解肝胆之郁热,一般可用龙胆泻肝汤；若痰热内扰者,可用黄连温胆汤。

肝胆郁热口苦与心火上炎口苦：两者均可见口苦心烦、口渴喜冷饮等实证、热证之象。但病位一在肝胆,一在于心。前者多由情志不遂,气郁化火,可见头晕头痛、目赤目眩、太息易怒、两胁胀痛等一派肝胆郁火内蕴之症。后者则因烦劳伤心,心火上扰神明,故见胸中烦热、心悸失眠；心火上炎则面赤口苦、口舌生疮；心火下移小肠,则小便短赤、疼痛涩滞不利。心火上炎口苦治宜清心泻火、导热下行,可用泻心汤合导赤散加减。

苦为胆味,《灵枢·四时气》篇说："胆液泄则口苦"。《灵枢·邪气藏府病形》篇："胆病者,善太息,口苦,呕宿汁,心下澹澹,恐人将捕之……。"胆汁的分泌,又与肝的疏泄有关,《素问·痿论》："肝气热,则胆泄口苦筋膜干,……。"而心属火,肝（胆）属木,二者为母子相生关系。且心主神明、肝主谋虑、胆主决断,三者协调配合。上述三证,亦可相互影响,相互兼夹。如心肝火盛、心胆郁热等,临症应予注意。

【文献别录】

《圣济总录·胆门》："治胆虚生寒,气溢胸膈,头眩口苦,常喜太息,多呕宿水,天雄丸方。

天雄炮裂去脐皮、人参、山萸、桂去粗皮各一两,黄芪锉、白茯苓去黑皮、防风去叉、柏子仁研细、山茱萸、酸枣仁炒各三分"

又 "治足少阳经不足,目眩痿厥,口苦太息,呕水多唾,沉香汤方。

沉香锉、白茯苓去黑皮、黄芪锉、白术各一两,川芎、熟干地黄切焙、五味子各三分,枳实去瓤麸炒、桂去粗皮各半两"。

《景岳全书·杂证谟》："如口苦者,未必悉由心火,……盖凡以思虑劳倦色欲过度者,多有口苦舌燥饮食无味之证。此其咎不在心脾,则在肝肾。心脾虚则肝胆邪溢而为苦,肝肾虚则真阴不足而为燥。"

（姚乃礼）

107. 口　甜

【概念】

口甜亦称"口甘"，最早见于《内经》。《素问·奇病论》云："有病口甘者，……此五气之溢也，名曰脾瘅。"但"脾瘅"是病名，而"口甜"只不过是"脾瘅"的症状之一，不能认为口甘即等于"脾瘅"。

【鉴别】

常见证候

脾胃积热口甜：口中发甜，口干欲饮，多食易饥，或唇舌生疮，大便干，溲黄，舌红苔黄而燥，脉数有力。

脾胃湿热口甜：口淡而甜，纳呆食少，胸脘痞闷，口中粘腻，肢体困倦，便溏不爽。舌红，苔黄腻，脉滑数。

脾胃气阴两虚口甜：口甜，不思饮食，口干欲饮不多，神疲乏力，脘腹作胀，大便不调，舌干稍红，苔少，脉细弱。

鉴别分析

脾胃积热口甜和脾胃湿热口甜：二者常因过食辛辣肥甘之品，滋生湿热。所谓"肥者令人内热，甘者令人中满，故其气上溢"，发为口甘；或因感受天之湿热，蕴结脾胃，与谷气相搏，上蒸而口甘。由于病因和体质的不同，又有湿、热偏重的不同，或为热结脾胃，或为湿热郁蒸。脾胃积热者，多以胃热为主，临床常兼有口渴引饮，多食易饥，或唇舌生疮，大便干结，舌红苔燥，脉数有力等实热之症；而脾胃湿热，则以脾湿为主。表现为口淡而甜，常兼有口中粘腻、胸脘痞闷、便溏不爽、舌苔黄腻等湿热之象，二者不难鉴别。在治疗上，脾胃积热者拟以清热泻火之法。轻者用泻黄散，兼有腑实者，可用大黄黄连泻心汤加减；脾胃湿热者，则当清化湿热为法，《内经》所谓"治之以兰，除陈气也"。根据症情，可选用平胃散、三仁汤、甘露消毒丹等化裁。

脾胃气阴两虚口甜：多因年老或久病，伤及脾胃，导致气阴两虚，虚热内生，脾津受灼，而为口甘。临床见口干而欲饮不多，且气短乏力，不思饮食，脘腹作胀，大便或溏或干。治疗当益气健脾和胃养阴，张石顽用补中益气去升、柴加兰香煨葛根治之。亦可用七味白术散加山药、石斛、莲子等。

口甜为脾热症状，上述三证均兼有热。但前二证为实热，后证为虚热，实热和湿热之别，已述于前。至于虚实之别，则实热者以口干喜饮，便结溲黄，舌红苔黄，脉数有力为主症，虚热者以纳少、神疲乏力，舌红少苔，脉细数为主症。治疗时，前者可用苦寒直折，后者则用补气滋阴缓调。

【文献别录】

《世医得效方》："脾冷则口甜"。

《张氏医通》："口甘，……若脉弦滑兼嘈杂属痰火，滚痰丸，此指实火而言。"

（姚乃礼）

108．口　　咸

【概念】

口咸是指口中自觉有咸味，有时或伴有咸味痰涎排出。

【鉴别】

常见证候

肾阴虚证口咸：口咸，或吐少量咸涎，伴咽干口燥，头昏耳鸣，腰膝痠软，五心烦热，夜寐不安，舌红苔薄，脉沉细而数，尺脉无力。

肾阳虚证口咸：口咸，全身倦怠，气短乏力，畏寒肢冷、腰脚痿软无力、夜间尿频，舌淡胖有齿痕，脉沉细无力。

鉴别分析

肾阴虚证口咸与肾阳虚证口咸：五脏各主五味，咸为肾之味，口咸多为肾液上乘所致。二证均属肾虚，一为阴虚，一为阳虚。病因多为劳伤于肾，或年高体衰，或久病及肾，导致下元虚衰，真阴真阳受损而成。但肾阴虚者，多因虚火上炎，煎灼肾液之故；肾阳虚者，乃因阳虚不摄，肾液上泛而致。二者同为肾虚，故皆有腰痠腿软无力，或头昏头晕等精气不足之症。但肾阴虚者，兼见阴虚火旺之耳鸣口干，五心烦热，舌质偏红，脉象细数等症；肾阳虚者，则有畏寒肢冷，神疲乏力、夜尿频数，舌质淡胖，脉象沉细等症。肾阴虚者治宜滋阴降火，壮水之主，用大补阴丸，或知柏地黄丸等；肾阳虚衰者，则当温补肾阳，益火之源，可用肾气丸合五味子加减。

【文献别录】

《血证论·口舌》"口咸是脾湿，润下作咸，脾不化水，故咸也。二陈汤加旋覆花、藿香、白芍、檀香、吴茱萸治之。胃苓汤亦治之，或六味地黄汤加旋覆花、牛膝、白茅根，从肾中化水，纳之下行，以隔治之。"

（姚乃礼）

109．口　　酸

【概念】

口酸指口中自觉有酸味，甚者闻之有酸气。

口酸与"吞酸"不同，吞酸是胃中酸水上泛，口酸则仅自觉有酸味，而无酸水泛出。详可参见"吞酸"条。

【鉴别】

常见证候

肝郁化火口酸：口酸口苦、胸胁满痛、性急易怒，或面赤眩晕、心中懊恼，大便干，小溲黄，舌苔薄黄，质偏红，脉弦稍数。

脾虚肝乘口酸：口中觉酸，或吐酸呕苦，或嗳气太息，纳谷不香，食后脘痞腹胀，倦怠乏力，大便溏薄，舌苔白，脉细弦或弦缓。

食积胃肠口酸：口中发酸，或嗳气酸腐，纳呆恶食，脘腹痞闷胀满，大便或结或溏而腐秽，或便下不爽，舌苔厚腻或黄，脉滑有力。

鉴别分析

肝郁化火口酸与脾虚肝乘口酸：肝郁化火口酸，乃属肝有实热。或因情志抑郁化火生热，或因邪热蕴于肝胆，酸为木之味，肝热上蒸故作酸。常觉口酸而苦。脾虚肝乘之口酸，则是脾虚在先，肝木乘之于后，病本在脾，属虚实夹杂之证。此即《医学正传》所谓"亦有脾胃气弱木乘土位而口酸者"。故以脾胃虚弱之症为主，口中发酸而兼有呕吐酸苦，或嗳气反酸，并见纳食欠佳，食后脘痞腹胀便溏等；木乘土位，故两胁胀痛喜太息，脉细缓而兼弦等。而肝郁化火口酸为一派肝经实热之象，如胸胁满痛、性急易怒、心烦目赤、头痛眩晕、小便黄、大便干，脉弦滑数，苔黄。前者治以疏肝清热为主，热除则酸味去，可予柴胡清肝饮，甚者用当归龙荟丸；后者则宜健脾和胃为主，兼以平肝，土旺则木不易乘，可用六君子汤合左金丸加减。

食积胃肠口酸和脾虚肝乘口酸：因同在脾胃，故其症有相类之处，如食欲不振、脘腹胀满等。但前者因饮食过量，或过食肥甘厚味之品，影响脾胃运化而致，病以实证为主。而后者则是脾胃素虚，或因久病失调，病以虚证为主，虚实相夹。食积胃肠者必有伤食病史，其症以停食及胃失和降为主，如恶食不饥、口味酸，或口气酸腐，或嗳生食气，舌苔黄厚腻，脉滑而实等。同脾虚肝乘之以脾虚为主，兼有肝旺之症不同。其治疗原则，应以消食导滞和胃降气为主，方选保和丸或木香槟榔丸治疗。

总之，口酸一症，当辨明虚实分清脏腑。属虚者多因脾土不足，而属实者多在肝胃，或因肝热，或为胃实。

【文献别录】

《血证论·口舌》"口酸是湿热，观炎天羹肉过夜则酸，便知酸是湿热所化。葛根黄芩黄连汤加防己、茵陈、木通、滑石、花粉、云苓治之，或苍术、黄柏、黄连、吴茱萸亦治之。"

（姚乃礼）

110. 口　　腻

【概念】

口腻，是指口舌粘腻，滞涩不爽，甚则食不知味。

本症在古代医学文献中多混杂于"口干不欲饮"等症中，至清代温病学派始称为"口粘"、或"口舌粘腻"等。

口腻一症，常兼有口苦、口甘、口酸、口淡等口味异常，而以口舌粘腻为主要临床表现。其它以口味异常为主者，均不属本条讨论范围，可参见有关条目。

【鉴别】

常见证候

寒湿困脾口腻：口中粘腻，口淡不渴，不思饮食，胃脘满闷，倦怠乏力，大便溏薄，小便不利，舌体胖淡，苔白腻水滑，脉濡缓。

湿热中阻口腻：口中粘腻滞涩，口气秽浊，食不知味，口干不欲饮，脘腹胀满，胃纳减少，大便溏垢，小便黄赤，舌质红，苔黄腻，脉濡数，或弦数。

痰热蕴脾口腻：口中粘腻，口渴不欲饮，胸膈满闷，心烦不宁，痰黄而粘滞不易咯出，食少纳呆，舌质红，苔黄腻，脉滑数。

鉴别分析

寒湿困脾口腻与湿热中阻口腻：二者皆是湿邪为患，但寒热性质迥异。脾主运化水湿，为胃行其津液。若气候潮湿，感冒雾露，淋雨涉水，汗出沾衣，或久居卑湿之地，则外湿侵犯人体，引动内湿；或恣食生冷瓜果及油腻肥甘之物，影响脾胃运化功能，则湿从内生，停聚为患。湿性粘滞重浊，脾胃湿浊上泛于口，而见口舌粘腻不爽。寒湿困脾口腻系患者素体脾胃虚寒，湿从寒化，脾阳被困，运化失司，故口腻较轻，口淡乏味而不渴。湿热中阻口腻多因脾胃积热，湿热上蒸于口，故口腻滞涩较重，而口气秽浊，口渴而不欲饮。其鉴别要点是：寒湿困脾之口腻较轻，口淡乏味，口中不渴，大便溏薄，舌淡苔白，脉濡而缓；湿热中阻之口腻较重，口气秽浊，味觉不佳，或苦或甘，口渴不欲饮，大便粘滞不爽，小便黄赤，舌红苔黄，脉数。前者治宜芳香化浊，健脾燥湿，方用藿香正气散、平胃散；后者治宜清热化湿，方用三仁汤、藿朴夏苓汤。若兼口甘者，湿热多在脾胃，兼以芳香辟浊醒脾，方选兰香饮子、甘露消毒丹；若兼口苦而胁痛者，湿热多涉及肝胆，可选用龙胆泻肝汤，或用连朴饮化裁。

痰热蕴脾口腻：多由脾虚不运，聚湿生痰，蕴久化热；或气郁化火，炼津为痰，痰热阻滞，而见口舌粘腻。其临床特点是：口中粘腻，口渴不欲饮，多有黄痰而不易咯出，胸膈满闷，心烦不宁，舌红苔黄腻，脉滑数。其与寒湿困脾口腻的鉴别较易，而与湿热中阻口腻颇多疑似。湿热中阻口腻，大便溏垢不爽，小便黄赤，胀满在脘腹部位，脉多濡数或弦数；痰热蕴脾口腻，多有黄稠痰液咯出，满闷部位在胸膈，脉多滑数。痰热蕴脾口腻治宜清热化痰，方选黄连温胆汤，或用清气化痰丸。

（高荣林）

111. 口　臭

【概念】

口臭是指口中出气臭秽，自觉或为他人所闻而言。

由于口臭的原因和程度不同，历代文献记载又有所谓"腥臭"、"口中胶臭"、"口气秽恶"等不同描述，均属本条讨论范围。

【鉴别】

常见证候

胃热炽盛口臭：口臭口渴饮冷，口唇红赤，口舌生疮糜烂，或牙龈赤烂肿痛，溲赤便秘，舌红苔黄、脉数有力。

痰热蕴肺口臭：口气腥臭，兼胸痛胸满，咳嗽吐浊，或咳吐脓血，咽干口苦舌燥，不欲饮水，舌苔黄腻，脉象滑数。

食滞胃肠口臭：口中酸臭，脘腹胀满，嗳气频作，不思饮食，大便或秘或利，矢气臭秽，舌苔厚腻或腐腻，脉象弦滑。

鉴别分析

胃热炽盛口臭：常在温热病或口疮、牙宣等病中出现，或素嗜辛辣厚味，致生内热，火热上蒸，其气外现。症见舌质红赤或口舌糜烂生疮，或牙龈肿痛，流脓出血，口气热臭，并见口渴饮冷，溲赤便秘，舌红苔黄等胃有实热之症。

治宜清胃泄热，可用清胃汤或升麻黄连丸加减；若兼便秘腑实，宜用凉隔散。

食滞胃肠口臭：证由饮食不节，肠胃失运，宿食停滞，遂成食积。临床特点是：口臭如酸腐，或夹有生食味，如《伤寒论》之谓"干噫食臭"；并兼有脘腹胀满，不思饮食，嗳气腐秽，舌苔垢腻等伤食之症。治疗宜消积导滞，方选保和丸、枳实导滞丸加减。

痰热蕴肺口臭：多见于肺热、肺痈等病证。由于痰热壅肺，灼伤气血，瘀结成痈，血败为脓。故症见咳吐浊痰、脓血，口气腥臭，胸满胸痛等。治宜清肺化痰辟浊，方选千金苇茎汤、泻白散加减。

口臭多因脏腑积热所致，或湿热、或食积、或痰浊，其理"亦犹阴湿留垢之臭"（《景岳全书》）。本节所述三证，皆为实证。临床辨证时，胃热炽盛口臭以口渴饮冷、口舌生疮、便秘溲黄、苔黄为主症；食滞胃肠口臭，根据伤食病史以及干噫食臭、吞酸嗳腐、脘腹胀满、舌苔腐腻等可资鉴别；痰热蕴肺口臭，以咳唾腥臭痰、胸满胸痛为主症。只要抓住不同证候特征，自可区别。

【文献别录】

《诸病源候论·口臭候》："口臭由五脏六府不调，气上胸膈，然府脏气，臊腥不同，蕴积胸膈之间而生于热，冲发于口，故令臭也。"

《儒门事亲》卷六："赵平尚家一男子，年二十余岁，病口中气出，臭如发厕，虽亲戚莫肯与对语。戴人曰，肺金本主腥，金为火所炼，火主焦臭，故如是也。久则成腐，腐者肾也，此极热，则反兼水化也。病在上宜涌之，先以茶调散涌而去其七分，夜用舟车丸、浚川散，下五、七行，比旦而臭断。呜呼！人有病口臭而终其老者，世讹以为肺系偏而与胃相通故臭，妄论也。"

《寿世保元》卷六："一男子口臭，牙龈赤烂，腿膝痿软，或用黄柏等药益甚，时或口咸，此肾经虚热，以六味丸悉愈。"

（姚乃礼）

112. 口　　淡

【概念】

口淡是指口中味觉减退，自觉口内发淡而无法尝出饮食滋味而言，又称口淡无味。一般皆伴有纳谷不香，食欲不振等症状。前人又称本症为"口不知味"。

【鉴别】

常见证候

脾胃气虚口淡：口淡，食不知味，不欲饮食，神疲短气乏力，脘痞腹胀，便溏，舌淡苔薄，脉缓弱。

湿困脾胃口淡：口淡粘腻，饮食无味，纳呆，胸脘痞闷，恶心欲吐，便溏，舌苔白腻或黄腻，脉濡。

气阴两虚口淡：口不知味，咽干口燥，纳谷不馨，精神倦怠，气短乏力，舌红苔少，脉细数无力。

鉴别分析

脾胃气虚口淡与湿困脾胃口淡：前者由饮食失节、大吐大泻、久病失养等原因，致使脾胃之气虚惫，运化转输失职，故不欲饮食，口淡无味；后者或因外湿入侵脾胃，或因饮食所伤，脾运不健，湿浊内生，湿阻中焦，故口淡粘腻，纳谷不知滋味。前者为脾虚不运，后者为湿阻不运。鉴别时，前者除口淡外，尚有神疲短气乏力、腹胀便溏、舌淡脉弱等脾虚症状；后者兼有口中粘腻、恶心胸闷，苔腻脉濡等湿阻脾胃症状，两证不难区分。脾胃虚弱者，治宜益气健脾和胃，方选香砂六君子汤加焦谷、麦芽等；湿困脾胃者，治宜芳香辟浊，化湿醒胃，方选藿朴夏苓汤、三仁汤等。

气阴两虚口淡多发于久病、热病之后，气阴不足，脾胃之气失和，故口淡不能知五谷味。同时兼有神疲乏力，气短懒言，舌红苔少，脉细无力等气阴两虚的表现。同脾胃气虚口淡虽同属虚证，但本证有舌红苔少，脉细而数等阴虚有热的特点，则可资鉴别。

人之味觉，与脾胃有关。《灵枢·脉度》所谓"脾气通于口，脾和则口能知五谷矣"。口淡无味多与脾胃失于健运有关。除上述脾胃气虚、气阴两虚或脾胃湿阻等证外，凡影响脾胃之气者，均有可能出现口淡无味的症状，如外感初起，风寒湿热之邪袭表，致脾胃之气郁滞，亦可见口淡无味、不欲饮食之症，不可以脾胃虚弱论治。

【文献别录】

《景岳全书》卷二十六："即如口淡一证，凡大劳大泻大汗大病之后，皆能令人口淡无味，亦岂皆胃火使然耶！故凡临此者，但察其无火证火脉则不宜以劳伤作内热，而妄用寒凉。"

"思虑劳倦，色欲过度者，多有口苦舌燥饮食无味之证。此其咎不在心脾，则在肝肾。"

（姚乃礼）

113. 舌 不 知 味

【概念】

舌不知味是指舌头尝不出饮食滋味而言，一般无口感异常，此又有别于口淡无味症状。

木舌亦可出现舌不知味，但患者尚有舌肿木硬，不能转动，言语謇涩，与单纯的舌不知味有别。

【鉴别】

常见证候

心血虚舌不知味：舌不知味，心悸不宁，失眠多梦，眩晕，健忘，面色淡白无华，舌质淡，脉细弱。

痰迷心窍舌不知味：舌不知味，脘闷作呕，喉有痰声，神志痴呆，甚则昏不知人，舌苔白腻。

误食中毒舌不知味：舌不知味，舌头发麻，恶心呕吐，脘腹绞痛等。

鉴别分析

心血虚舌不知味：多因久病耗损阴血，或失血过多，新血不生而致心血亏虚，血不能营养于舌而发病。其特点为舌不知味，并见心神失养和血虚的症状。心神失养症状有心悸不宁，失眠多梦，健忘等，血虚症状有眩晕，面色淡白无华，口唇色淡，舌质淡白，脉细弱。治宜养血安神，方用养心汤、归脾汤等。

痰迷心窍舌不知味：外感湿浊之邪，困阻中焦，酝酿为痰上壅心窍；或内生杂病，影响肺脾肾功能，湿浊痰饮滋生，蒙闭心窍，神志失常而发病。以舌不知味，神志异常，喉有痰声，舌苔白腻为辨证依据。治宜化痰开窍，若外感湿邪秽浊之气者，用玉枢丹，内伤杂病者可用涤痰汤。

误食中毒舌不知味：病因为误食野菜或其它有毒之物，毒物损伤舌质或毒物入血攻心，心神被扰，舌无所主而致舌不知味。辨证要点：舌不知味而有误食病史，尚有毒气入胃的症状如恶心、呕吐、胃痛等。治疗初起可用淡盐水催吐，继用生甘草合绿豆煎汤频服，并以生大黄、番泻叶煎汁服泻下毒物，毒气攻心者可服普济消毒饮加减。

舌不知味多是心主血脉和心主神志功能失调引起，因心开窍于舌、"舌为心之苗"之故。正如《灵枢·脉度》所言"心气通于舌，心和则舌能知五味矣"。但发病有虚实两端，虚则心血不足，舌体失养；实则痰浊蒙闭，心窍不通，心不主舌。此外，毒物损伤亦可致舌不知味。

【文献别录】

《灵枢·脉度》："心气通于舌，心和则舌能知五味矣。……脾气通于口，脾和则口能知五谷矣。"

（殷海波）

114．口　干　渴

【概念】

口干渴，是指口中津液不足，自觉口中干燥，而欲饮水的感觉。在古典医籍中有"口干"、"口燥"、"嗌干"、"口舌干燥"、"口舌干焦"、"思水"、"欲饮水"、"大渴"、"烦渴"、"大渴引饮"等称谓。《素问·热论》指出："伤寒五日，少阴受之，少阴脉贯肾，络于肺，系舌本，故口燥舌干而渴"。《诸病源候论》谓："手少阴心之经也，其气通于舌。足太阴脾之经也，其气通于口。府脏虚热，气乘心脾，津液竭燥，故令口舌干焦也。"

临床上，"口干"、"口燥"和"口渴"不尽相同。"口干"、"口燥"，不一定有饮水要求，而口渴则多指其有饮水欲望而言。临症时应根据口渴的具体部位、程度和全身情况综合辨析。

【鉴别】

常见证候

热炽气分口渴：口渴饮冷，高热汗出、面红目赤，烦躁，或腹部胀满疼痛，大便秘结，小便黄赤，舌苔黄燥，甚则焦黑起芒刺，脉数或沉实有力。

热入营血口渴：口渴，饮水不多，或不欲饮，午后热甚，烦躁谵语，或斑疹隐隐，舌质红绛或尖红起刺，脉象细数。

湿热蕴蒸口渴：口渴，但不欲饮，或饮而不多，胸脘痞闷，纳呆，泛恶干呕，身热心烦，肢体倦怠，大便秘或溏而不爽，小溲黄赤，或见黄疸，舌苔黄腻，脉濡而数。

水饮内停口渴：口舌干燥而不欲饮，饮后不适，或水入则吐，头晕目眩，心下满或悸动，腹满身重，或肢体浮肿，小溲不利，舌淡胖有齿痕，苔滑或腻，脉沉弦而滑。

肺燥津亏口渴：口渴咽干，鼻干唇燥，干咳无痰，心烦胁痛，肌肤干燥，大便干结，舌红苔薄而干，脉弦涩或小数。

阴虚火旺口渴：口干咽燥，夜间尤甚，虚烦失眠，头目眩晕，手足心热，或潮热骨蒸，舌红瘦苔薄，脉沉细而数。

鉴别分析

热炽气分口渴与热入营血口渴：二证虽同为里实热证，但应分辨邪热之在气在血。前者多因热邪入里，阳明气分大热。其特点为大渴引饮，兼见大热、大汗、脉洪大；阳明腑实证又必兼大便不通，脘腹胀满疼痛。而热入营血，虽亦口渴，但程度大减。且初入营分，由于热邪煎灼血中津液上蒸，虽口舌发干，反不甚觉渴。即使是口渴，饮亦不多。兼见入夜烦热，或躁动不安，斑疹隐隐，舌质红绛等热在营血的症候。对这类里热口渴证，当清其热则渴自止，不必专事生津止渴。热炽气分者，治宜清热泻火保津，方选白虎加人参汤。阳明腑实者用大、小承气汤治之。热入营血者，当清营凉血，选用清营汤，犀角地黄汤等。

湿热蕴蒸口渴：多在湿温或暑湿中出现，但杂病中亦不少见。一般湿温病证，因湿为阴邪，伤津不重，故多不渴。但湿热并重或热重于湿者，可出现口渴身热等症。其临床特点是：口渴不喜饮，或饮亦不多，或喜热饮，且伴湿邪阻滞之象，如身热不扬或午后身热，胸脘痞闷，身重头蒙，便溏不爽，苔黄腻等。治疗宜清热化湿并举，根据湿热轻重，分别施治。热重于湿者可用三石汤、连朴饮，湿热并重者可用黄芩滑石汤、甘露消毒丹加减。湿热口渴因其渴不欲饮或饮亦不多，又当同热入营血相区别。热入营血必有营分热证（如神昏谵语、斑疹、舌绛），与湿热证表现迥异。

水饮内停口渴：由于痰饮内阻，阳气不能敷布，气化不利，津液不能上承而致口渴。其特点为口舌干燥但不欲饮，或饮后不适，或水入则吐。并兼见水饮内停之腹满身重，水肿，心下悸或脐下悸动，小便不利，舌苔水滑等。治宜温阳化饮法，饮停于心下者，苓桂术甘汤主之；饮停于下焦者，可用五苓散。

肺燥津亏口渴与阴虚火旺口渴：前者为外感燥邪灼伤肺津，或久咳不止肺阴受损。肺为气道，主津液之敷布，又主皮毛，下合大肠。故其症表现为口渴，鼻干咽燥，干咳无痰，肌肤干燥，大便干结等。后者或因热病后期阴津被耗，或因慢性久病阴血亏损，阴虚生内热。故不仅口干咽燥，夜间为甚。且有失眠，头目眩晕，骨蒸潮热，五心烦热，舌红苔少乏津等阴虚火旺之症。肺燥津亏者宜清肺润燥生津，方选清燥汤或清燥救肺汤；阴虚火旺者宜养阴生津，方选六味地黄汤合增液汤。

总之，见有口渴的病证颇多，以上就其最常见的证候加以论述。临证时应着重注意欲饮与否，饮多饮少，喜温喜凉，并可参合脉证舌苔，仔细分析。辨其在气、在血，阴亏阳盛，是虚、是实以及何脏何腑，分别诊治，不可一概以里热论之。

【文献别录】

《脾胃论·脾胃盛衰论》：“饮食不节，劳役所伤，以致脾胃虚弱，乃血所生病。主口中津液不行，故口干咽干也。病人自以为渴，……当于心与小肠中以补脾胃之根蒂者，甘温之药为之主，以苦寒之药为之使，以酸味为之臣佐。……于脾胃中泻心火之亢盛，是治其本也。”

《此事难知》卷下：“六脉俱弦，指下又虚，脾胃虚弱痛也。食少而渴不已，心下痞，腹中痛，或腹中狭窄如绳索之急，小便不利，大便不调，精神短少。此药专治大渴不止，腹中窄狭，所食减少，大有神效，白茯苓、陈皮、人参、生姜、甘草。”

《景岳全书》卷二十六：“口渴口干大有不同，而人多不能辨。盖渴因火燥有余，干因津液不足。火有余者当以实热论，津液不足者当以阴虚论。……故凡于大泻之后、大汗之后、大劳之后、大病之后、新产失血之后、痈疽大溃之后、过食咸味之后，皆能作渴。凡此数者悉由亡阴亡液、水亏枯涸而然，本非热证，不得误认为火。……水亏于下者，宜补脾补肾。若阳虚而阴无以生，气虚而精无以化者，使非水火并济，则何益之有。”

《医宗己任篇·口渴》：“有一等中气虚寒，寒水泛上，逼其浮游之火于咽喉口舌之间者，渴欲引饮，但饮水不过一二口即厌，少顷复渴饮，亦不过若此。盖上焦一段欲得水救，至中焦则以水见水，正其所恶也。如面红烦躁者，理中汤送八味丸，或用附子理中加麦冬五味亦效。又有一等口欲饮水，但饮下少顷即吐，吐出少顷复求饮，药食毫不能下，此是阴盛格阳，肾经伤寒之症。仲景以白通汤加人尿胆汁，热药冷探之法，一服即愈。女人多此症。此二症俱系阴症，但一属太阴、一属少阴，不得混看。”

（姚乃礼）

115. 多　　唾

【概念】

多唾在《太平圣惠方》和《圣济总录》中称为“肾虚多唾”，自觉口中唾液较多。或有频频不自主吐唾的症状。

【鉴别】

常见证候

肾虚水泛多唾：多唾粘稠，头昏目眩，心悸气短，动则尤甚，甚则脐下悸动，舌质淡，苔白滑，脉弦滑。

脾胃虚寒多唾：多唾稠粘，脘腹痞胀，纳谷不香、少气懒言，倦怠乏力，大便溏薄，面黄少华，舌质胖淡，苔白腻，脉濡弱。

鉴别分析

肾虚水泛多唾与脾胃虚寒多唾：肾虚水泛多唾由于禀赋不足，素体虚弱，加以久病失于调理，致肾阳亏耗。肾主水，其液为唾，阳虚失其温化之职，则上泛而唾出。脾胃虚寒多唾由于恣食生冷，或过服寒凉药物，或久病失养，致脾阳不振。脾主中气，阳虚气弱，运化无权，失其摄纳之能，则上逆而唾。二者病位一在下焦，一在中州。故病在下焦的肾虚水泛多唾，以动甚则心悸气短，头昏目眩，脐下悸动为辨证要点。病在中焦的脾胃虚寒以脘腹痞满，肢倦便溏、纳谷不运、气短懒言，面黄少华为辨证要点。前者宜温阳化气利水，方用干地黄汤；后者治宜温脾扶气，方用理中汤与诃黎勒丸化裁。

总之，多唾一症，在肾为肾阳虚衰，气化不行，水邪上泛；在脾为中运不及，气不摄纳，液唾上逆。二者均以虚证为主。

（朱建贵）

116. 口 流 涎

【概念】

口流涎，或称口角流涎。在《内经》中称"涎下"，在《伤寒论》、《金匮要略》中称"口吐涎"。

小儿口中流涎，则名"滞颐"。《诸病源候论》说："滞颐之病，是小儿多涎唾流出，渍于颐下，此由脾冷液多故也。"在本书儿科症状中专门讨论。

【鉴别】

常见证候

风中经络流涎：颜面麻木，口眼喎斜，眼睑不能闭合，恶风寒，流泪，常有口角流涎，舌苔白，脉浮弦。

风痰入络流涎：口中流涎不止，半身麻木不遂，口眼喎斜。舌歪语謇，或神志不清，头目眩晕，喉中痰声漉漉，舌苔厚腻，脉象弦滑。

脾虚不敛流涎：口中流涎淋漓，纳呆食少，神怯面白，或腹胀时满，或便清泄泻，舌淡苔薄，脉弱。

肾虚不摄流涎：口涎时下，不可收持，精神迟滞，耳目失聪，腰膝痠软，头昏头晕，夜间尿频，尿后余沥不尽或失禁。舌淡胖、有齿痕，苔滑腻，脉沉细无力。

脾胃积热流涎：口中流涎，口舌疼痛或糜烂溃疡，口干口苦，便秘尿赤，心烦食减，舌尖红赤或起芒刺，舌苔黄或黄腻，脉象滑数。

鉴别分析

脾胃积热流涎和脾虚不敛流涎：二者虽均属脾，但一实一虚，病因病机却各不相同。脾胃积热多因素有蕴热或恣食膏腴，致脾胃伏火上蒸或心胃火盛，上迫廉泉，津液外溢，故见流涎。《灵枢·口问》篇说："胃中有热……故涎下。"而脾虚不敛乃因脾胃素虚或伤于饮冷；或虫积为患，耗伤脾胃，致脾气虚寒，无以输布津液，气虚不能摄精，故涎流口角。前者常见口舌生疮、舌质红赤、尖边芒刺，或唇颊糜烂，心烦不寐，便秘尿赤等实热之象。小儿，口水清稀，终日连绵不断，浸湿衣衫。并兼面白神怯、腹胀便溏等脾虚之象。治宜益气健脾，温中摄涎。方用六君子汤合甘草干姜汤加减，或用温脾丹加减。尤需注意，对脾虚不敛之证，切莫见其流涎不止，即认作痰涎为患，而一味攻逐痰涎，致成虚虚之变。诚如《幼科释谜》说，"小儿多涎，亦由脾气不足，不能四布津液而成。若不治本，补益中气，而徒去其痰涎，痰涎虽病液，亦元气所附，去之不已，遂成虚脱。"应该引以为戒。

脾虚不敛口中流涎和肾虚不摄口中流涎：二者均属于虚证，多见于年老体弱、或久病大病之后，脾肾虚衰，气虚不摄而引起。脾主津，开窍于口，主水谷精微之运化；肾主液，脉系舌本，主全身水液之气化。脾肾之气和，则津液上承，润泽于口，敷布于全身。若脾气虚衰，则脾津不敛。肾气虚衰，则津液不摄。不能气化布散全身，口失收持而涎下。二者一在于脾，一在于肾，分别兼夹脾虚和肾虚的不同症状，不难鉴别。且肾虚不摄者多见于年高之人，或先天秉赋不足。其治当以温阳益气、补肾摄津。方用肾气丸加参芪五味子益智仁等。但临床见症，脾肾二虚常有兼夹，应当注意。

风中经络流涎和风痰入络流涎：二者均与风邪有关，而见口眼㖞斜。但前者口角流涎乃因经络空虚，外风乘虚袭于手足阳明之脉，经隧不利，口㖞不能闭合，津液失于收持所致，属风中经络的轻症，以外风为主；后者多见于中风、癫疾，其病机属内风夹痰浊上扰。从症状分析，风中经络的口角流涎症情较轻，一般仅见口眼㖞斜；而风痰入络口角流涎症情较重，症见舌歪语謇、肢体麻木不遂，或痴呆、或喜笑不休，或卒然晕倒、神情恍惚，且有喉中痰涌、舌苔厚腻、脉象弦滑等一派痰浊壅盛之象。风中经络者轻浅易治，当予疏风通络，口㖞得愈，则口水自止。方用牵正散加蝉衣、荆芥、防风、蔓荆子、钩藤；风痰入络口角流涎，还当辨其虚实寒热。属虚属寒者，治宜益气化痰、熄风通络，方用六君子汤加天麻、秦艽、姜汁。夹热者治宜清热化痰、理气通络，方用导痰汤加栀子、黄芩、黄连、竹沥。本证多为本虚标实，急则治标，俟病情稳定，又需健脾、益肾，从本论治。

【文献别录】

《东医宝鉴·内景篇》："三虫之证皆口流涎也"。"小儿腹痛口中出清水者，虫痛也"。

《珍本图书集成·杂证会心录》："脾虽开窍于口，而津液则出于肾。足少阴之气上交阳明，戊癸相合而后能化水谷之精微。气不上交，则水邪反从任脉而上于廉泉，故涎下。惟补足少阴以助下焦之生气上升，则任脉下盛而上之廉泉通，则涎下于内，不下于外矣！"

（姚乃礼）

117. 口唇颤动

【概念】

口唇颤动又称"唇瞤"、"唇风"，俗称"驴嘴风"，可发生于上下唇，以下唇颤动较常见，好发于秋冬季节。

【鉴别】

常见证候

胃火挟风口唇颤动：初起嘴唇发痒，皮肤发红，局部有灼热感，继则出现嘴唇颤动，大便秘结，舌苔黄燥，脉象弦滑。

脾虚血燥口唇颤动：初起下唇发痒，色红作肿，继而口唇干裂，痛如火烧，又似无皮之状，唇颤，大便干燥，舌质红少苔，脉细数。

鉴别分析

胃火挟风口唇颤动与脾虚血燥口唇颤动：二者发病初起皆见下唇发痒，唇红作肿，但前者系胃火，后者为血燥。胃火可由外感风寒或风热失解，入里化热，热传阳明而来；亦可因素嗜辛辣厚味，胃腑蕴热而致。足阳明胃经环唇，胃经实火循经上传，与外风相合，风火相煽，故可发生口唇颤动。血燥可因感受秋季燥邪（温燥或凉燥），或误服苦寒、温燥之品，耗伤阴血化燥所致。唇为脾之华，《灵枢·五阅五使》云："口唇者，脾之官也"。唇属足太阴脾经，脾虚血燥生风，故可出现口唇抖动。二者临床皆见"热"象，但胃火为实证，血燥之"热"象，属阴血耗伤化燥所生之虚中挟实证。其口唇疼痛：胃火所致者，显肿痛，局部有灼热感；血燥所致者，口唇干裂而痛。其大便不通：胃火者，系阳明胃腑热邪炽盛，大便燥结成实。下唇挟口属足阳明胃经，上唇挟口属手阳明大肠经，故大便秘结时日越多，往往口唇瞤动、肿痛之势愈重，腑气一通，其势立减；血燥生风致瞤者，系脾津不布，手阳明大肠津液不足，大便滞涩难解，无"痞"、"满"、"燥"、"坚"、"实"等阳明腑实证表现。前者可用疏风清热、表里双解法，如双解通圣散之类，如兼大便秘结者，可用调胃承气汤；后者，当养血疏解风燥，可内服四物消风饮，外搽黄连膏、紫归油。

【文献别录】

《外科正宗·唇风》："唇风，阳明胃火上攻，其患下唇发痒作肿，破裂流水，不疼难愈。宜铜粉丸泡洗，内服六味地黄丸自愈。"

（王齐南）

118. 口唇焦裂

【概念】

口唇焦裂，《证治准绳》称"唇肿裂"；《张氏医通·唇》中有"唇裂"、"唇燥裂"之名。

另，"唇焦"与唇裂，病因病机相同，故在木节一并讨论，合称口唇焦裂。

【鉴别】

常见证候

脾胃热盛口唇焦裂：口唇红肿有裂沟，伴见大渴饮引，多食易饥，或口臭，大便秘结，舌质红，苔黄厚，脉洪大或滑数、沉实。

阴虚火旺口唇焦裂：唇赤干裂，颧红，潮热盗汗，虚烦不眠，小便黄，大便秘结，舌质红，苔少，脉象细数。

鉴别分析

脾胃热盛口唇焦裂：多因热邪入里或多食辛辣厚味等原因所致。唇为脾之外候，足阳明胃经挟口环唇，脾胃热盛，唇失滋养，故可产生口唇焦裂。临床上多伴有烦渴，易饥，口臭等阳明实热表现。治疗当清泄脾胃实热，用清凉饮或滋唇饮，使上下清凉，火热自消。《石室秘录·唇裂》论唇裂治法时说："火盛之极……大渴呼饮，虽非伤寒之证所得，……白虎汤亦可救，但过于太凉，恐伤胃气，往往有热退而生变，仍归于亡。故白虎汤不可轻投也。我有一方，名曰清凉散"。

阴虚火旺口唇焦裂：多由急性热病耗伤阴液，或五志过极，化火伤阴，或过服温燥劫阴之药，导致阴虚火旺，火炎灼口，出现口唇焦裂。并兼有颧红唇赤、潮热盗汗，虚烦不眠，舌质红，脉细数等阴虚内热之象。本证与脾胃热盛口唇焦裂，虽皆见热象，然本证为虚热，彼为实热。实热治宜清之泄之，虚火的治则，当是"壮水之主，以制阳光"，方用滋阴地黄丸。

【文献别录】

《张氏医通·唇》卷八："风客于脾经，唇燥裂无色，犀角升麻汤去白附子，加枳壳、石斛。妇人郁怒，肝脾受伤，多有此证，逍遥、归脾、小柴胡选用。"

《望诊遵经·诊唇形容条目》："唇焦者，脾蒸也；下唇焦者，小肠蒸也，热病口燥唇焦者，病在脾也；唇焦枯无泽者，脾热也。"

（王齐南）

119. 口 唇 红 肿

【概念】

口唇红肿是指口唇颜色红赤且有肿胀而言，又名唇风、茧唇。有时与唇裂并见，如《证治准绳》之谓"唇肿裂"。

【鉴别】

常见证候

胃火口唇红肿：口唇色红渐肿，口唇发热并有灼热感、大便秘结、口渴欲冷饮，舌质红，苔黄燥，脉弦数。

痰火口唇红肿：唇上初结似豆，渐大如蚕茧，坚硬疼痛，妨碍饮食，舌苔黄腻、脉滑数。

脾阴虚口唇红肿：口唇色红作肿，痛如火烧，甚有口唇干裂，饥而不欲食，大便干燥，心烦，口渴，舌红少苔，脉细数。

鉴别分析

胃火口唇红肿与胃热痰火口唇红肿：足阳明经环唇绕口，胃热循经上扰则致口唇红肿，热甚化火者，上下口唇弥漫红肿，灼热疼痛。并见胃热灼津的症状，如大便秘结，口渴欲冷饮，舌苔黄燥，治宜清胃泄火，方用清胃散；胃中积热不解，不能游溢精气，津液化生痰浊，随胃热上行，留注于唇则致唇肿。与前者比较，此当局限肿胀如蚕茧状，坚硬疼痛，两者不难区别，治宜清胃火，化痰浊，方用清胃散合二陈汤。

脾阴虚口唇红肿：脾"在窍为口，其华在唇"，《灵枢·五阅五使》亦云"口唇者，脾之官也"。脾虚不化精微，唇失所养，则干裂，阴火乘之则红肿灼热痛。同时伴见脾虚症状和阴虚内热症状。脾虚可有饥不欲食，大便干燥；阴虚内热可有心烦、口渴，舌红少苔，脉细数。治疗应滋脾润燥，养血清热，方用资生丸治疗。

口唇红肿一症，病位在于脾胃，而与"火热"薰灼有关。在胃者为实火，在脾者为虚火。

【文献别录】

《外科正宗·唇风》："阳明胃火上攻，其患下唇发痒作肿，破裂流水，不疼难愈。宜铜粉丸泡洗，内服六味地黄丸自愈。"

（刘绍能）

120. 口 唇 青 紫

【概念】

口唇青紫系指口唇失其红润光泽之感，而呈现青紫、淡紫或黯紫色而言。《金匮要略》载有"唇口青"一症，视为危候。后世医籍，较少论述此症。

【鉴别】

常见证候

脾阳虚弱口唇青紫：口唇青紫，纳少便溏，食后腹胀，手足不温，舌淡苔白，脉沉弱。

寒犯少阴口唇青紫：唇青紫黯，面色黧黑，手足冷，头眩，或动则气喘，或腰膝痠软，舌质淡黯，苔水滑，脉沉紧。

痰浊阻肺口唇青紫：口唇青紫，伴咳喘痰鸣，甚则张口抬肩，不能平卧，痰浊稠黄，或痰白清稀舌质紫黯，舌苔黄厚腻或白滑厚腻，脉滑或数。

气滞血瘀口唇青紫：口唇青紫，面色黯红或淡青，胸闷不舒或时有刺痛，或胸胁苦满，心悸、气短，舌黯有瘀斑，苔薄，脉沉涩而缓。

鉴别分析

脾阳虚弱口唇青紫与寒犯少阴口唇青紫：前者病位在脾，脾之华在唇，脾阳不振，清阳不能上荣于唇，久之可见口唇青紫。若寒犯少阴，阴寒内盛，命门火衰，阳气不运，口唇出现青紫色。二者区别，脾阳虚弱口唇青紫较寒犯少阴为轻，有腹胀、纳少、便溏、手足不温等脾阳不振之象；寒犯少阴则有手足逆冷、面色黧黑、动则气喘、舌苔水滑等阴寒内盛肾阳虚惫貌。脾阳虚弱者，治宜温运脾阳，方选附子理中汤；寒犯少阴者，治宜温肾散寒，方选四逆汤。

痰浊阻肺口唇青紫与气滞血瘀口唇青紫：两者均为实证。痰浊阻肺口唇青紫，乃因夙有咳喘痰疾，肺气不得肃降，津聚生痰；脾虚不能运化，湿停生痰。"肺为贮痰之器"，痰浊蓄留于肺，肺气阻塞，百脉不得朝布，故可见口唇青紫。以伴有咳喘痰鸣，舌苔厚腻为特点。气滞血瘀口唇青紫，多因情志所伤，气机不畅，病久由气入血，瘀血阻络，气血不能上荣，故可见口唇青紫。本症的特点为：胸闷、胸痛，或胸胁苦满，唇由淡紫转为深紫，舌黯有瘀斑、脉涩。痰浊阻肺有痰热、痰湿之分，前者苔黄腻、脉滑数，治宜清化痰热，肃肺降气，方选麻杏石甘汤加细茶，合贝母瓜蒌散；后者苔白腻、脉滑不数，治宜温化痰湿，健脾肃肺，方选苓桂术甘加姜辛半夏杏仁汤。气滞血瘀者有气滞偏重和血瘀偏重之分，前者唇淡紫，伴胸闷等，治宜行气活血，方选瓜蒌薤白半夏汤加味；后者唇深紫，必伴胸刺痛、舌黯、脉涩等，治宜活血化瘀，方选桃红四物汤合失笑散。

口唇青紫一症，多为危重之候，它是内脏阴阳气血衰弱的外在表现，因此多伴有脏腑机能衰退的症状。虚则凝滞，可形成虚中夹实证；实可损正，可变为实中有虚证。所以纯实者少，而虚实相兼之候较多。临证当权衡虚实之轻重而施治。

【文献别录】

《形色外诊简摩》："妇人临产，或难产之际，欲知生死吉凶者，但视产妇面青，唇青，舌青，口吐涎沫大出不可止者，母子俱死也。"

《四诊抉微·儿科望诊》："唇中青色，风寒相感，发惊伤脾。"

（王齐南）

121. 口唇淡白

【概念】

口唇淡白是指上下口唇缺乏血色而发白，亦有称为"唇色无华"、"唇色苍白"。口唇淡白常与面色苍白同时存在，主要见于虚寒证与血虚证，如《灵枢·五色》云："白为寒"，《灵枢·决气》亦云："血脱者，色白，夭然不泽。"

【鉴别】

常见证候

脾气虚口唇淡白：口唇淡白无华，纳食减少，腹胀，少气懒言，肢体倦怠，大便溏泄，舌淡，苔薄白，脉缓弱。

血虚口唇淡白：口唇淡白无华，面色、指甲苍白，头晕心悸，舌质淡，苔薄白，脉细弱。

阳虚口唇淡白：唇色淡白，倦怠乏力，形寒肢冷，自汗，口淡不渴，舌质淡，脉虚弱。

阴寒内盛口唇淡白：唇色淡白而发青，恶寒喜暖，肢冷蜷卧，腹痛，小便清长、大便溏薄，舌质淡，苔薄白，脉沉迟。

鉴别分析

脾气虚口唇淡白：《素问·五脏生成》指出："脾之合肉也，其荣唇也"。即脾主生化气血的功能关系到口唇色泽的变化。若饮食失调，劳累过度，或大病、久病之后失于调理，耗伤脾气，脾失健运，气血生化不足，口唇失养则淡白无华。同时伴见脾虚症状和气虚症状，脾虚则纳运失常，症见纳食减少，腹胀便溏；气虚则机能低下，症见少气懒言，肢体倦怠。治宜健脾益气，方用四君子汤加味。

血虚口唇淡白：《金匮要略·脏腑经络先后病脉证并治》言："色白者，亡血也。"即言淡白之色为血虚之征象。凡脾胃虚弱，生血不足，或失血过多，均可造成血虚失荣，出现唇色淡白，面色、舌色、指甲亦色淡而无华，伴见眩晕，心悸，脉细弱等血虚症状。治宜补血，方用四物汤加味。

阳虚口唇淡白与阴寒内盛口唇淡白：两者唇色淡白均可见寒象，如肢冷恶寒等。但前者为虚，阳气不足不能鼓舞血运所致。唇色淡白而无华，同时伴见阳虚失于濡养的症状，如倦怠乏力、自汗、脉虚弱等。治宜温补阳气，可选用右归饮、肾气丸加减；后者为实，乃阴寒内盛，血脉凝滞，气血失荣所致。其唇色淡白而发青，并见里寒症状，如腹痛、恶寒、喜暖、肢冷、脉沉迟等。治宜温中散寒，方选附子理中汤加减。

口唇淡白有虚实两端，但以虚者多。《望诊遵经》言："唇淡白者，虚也。"尤以血虚、脾虚、阳虚多见。实则为寒，多为阴寒内盛所致。

【文献别录】

《指迷论·验病》："脾肺病久则虚而唇白，脾者肺之母，母子皆虚不能相营，故曰怯。肺主唇，唇白而光泽者吉，白如枯骨者死。"

（殷海波）

— 174 —

122. 舌　　痒

【概念】

舌体的色泽和形态无明显异常，而感奇痒者称为"舌痒"。因舌体肿胀、糜烂、溃疡而引起痛痒者，则不属本症讨论范围。

【鉴别】

常见证候

心肾阴虚受风舌痒：舌尖部发痒，不红不肿，痒时彻心，心烦不安，小便清利，大便自调，舌红少苔，脉细弱或细数。

心火炽盛舌痒：舌尖或舌前半部发痒，或伴有灼痛，心中烦热，急躁易怒，口干，小便赤涩热痛，舌红尖有红刺，脉弦数。

鉴别分析

心肾阴虚受风舌痒与心火炽盛舌痒：《素问·至真要大论》："诸痛痒疮，皆属于心。"舌为心苗，手少阴心经之别系舌本，足少阴肾经之脉挟舌本，五脏之脉虽都通于舌，然其主宰者为心。心肾阴虚，心火上炎，风邪乘之，风火相搏，致舌痒难忍。病在心肾，邪为风火，治当滋阴、清火、祛风。方选地黄膏加防风、荆芥。心火炽盛舌痒，多由抑郁不遂，五志化火；或过食肥甘，贪嗜酒酪，心脾积热，心火上炎，复感风邪，风火相搏，而致舌痒。其症状特点是：舌痒伴有胸中烦热，急躁少寐，小便赤热涩痛，舌尖红有小刺等心经火盛症状。治宜清心泻火，方用八正散加黄芩、黄连。

舌痒是一种罕见症状，发痒部位多在舌尖或舌前半部。心肾阴虚受风所发为虚中挟实证候，临床所见除有明显的心肾之阴不足的表现外，辨证要点应注意舌、脉的变化。阴虚者舌质红，无苔或少苔，脉细数；心火炽盛者，仅表现为舌尖部红，舌体色泽无明显变化，脉弦数。实证运用清心泻火法，虚证治以滋阴清火法。

（董润生）

123. 舌　　裂

【概念】

舌上出现裂纹，其形状有横形、纵形、人字形、川字形、井字形等，均称为舌裂。

舌裂，唐·孙思邈又称为"舌破"，如《备急千金方·心脏脉论》说："心脏实，……肉热口开舌破。"

从临床观察来看，舌裂一般都主热证，但从苔之有无，以及所兼苔色之不同，主病差异很大。本节论舌裂主要以有苔无苔作为病证鉴别的着眼点。

【鉴别】

常见证候

阴虚津亏舌裂：舌见裂纹，无苔，舌质红绛少津，口干，消瘦，五心烦热，或见出血、发斑，脉细数。

阳明实热舌裂：舌见裂纹，苔黄糙，身热汗出，恶热烦躁，口渴引饮，大便秘结，腹满坚硬拒按，甚则谵语，循衣摸床，脉洪数或沉实。

鉴别分析

阴虚津亏舌裂与阳明实热舌裂：二证虽都可见舌裂，但一虚一实，迥然不同。阴虚津亏舌裂多发生于病之极期，常见于温热病后期，因邪热久羁，热毒燔盛，灼烁津液，阴液大伤；或因某些慢性病久延失治，脏腑亏损，伤阴耗液；或因素体阴虚，误食温燥之物，伤阴所致。凡此种种，均可形成舌裂。梁玉瑜《舌鉴辨正》说："裂纹舌血液灼枯也，内热失治邪火毒炽者有之"，"又因误食热物或误服温补辛燥药物灼伤真阴所致。"其辨证要点是：舌裂无苔，舌质深绛或光红，伴有其他阴虚内热（口干盗汗，五心烦热，脉细数）症状。至于治疗，《验舌辨证歌括》曾概括地说："舌中有槽，阴虚滋阴，有热清热。"方选增液汤滋阴清热，如伴见出血发斑之症，可与犀角地黄汤合用。

阳明实热舌裂与前者不同，此证见于外感热病过程中邪热炽盛的高峰阶段。病机为邪热内传阳明，搏结于胃肠，化燥成实，消烁津液，而致舌裂。《伤寒论》181条云："太阳病，若发汗，若下，若利小便，此亡津液，胃中干燥，因转属阳明，不更衣，内实，大便难者，此名阳明也。"说明太阳病因津伤而转属阳明，如果舌见裂纹，为阴液亏竭之征。这与单纯阴虚津亏所引起的舌裂不同，前者邪实阴伤，后者虚多邪少。本证辨证要点是：舌裂有苔，舌苔黄糙，扪之干涩少津，伴有肠胃燥热内结（便秘腹满拒按）的症状。治疗当急下存阴，釜底抽薪，方选大承气汤。

此外，尚需注意健康之人亦偶有舌裂，或与生俱来，或为时已久，但其人一切如常，则不可视为病态。此种舌裂之特点：舌质呈健康之肉红色，不胖不瘪，不老不嫩，苔薄白荣润，口中津液如常，其人毫无所苦，亦无其它不适感。

【文献别录】

《舌辨》："白苔燥裂，伤寒胸中有寒，丹田有热，所以舌上白苔因过汗伤营，舌上无津，所以燥裂，内无实热，故不黄黑，宜小柴胡加芒硝微利之。"

《神验医宗舌镜》："不论白红黄黑各舌苔中，有裂纹如川字、爻字、人字不等，或裂开直槽者，多由实热人误服温补汤，热火在脏腑相争所致，大承气汤虽能下毒而未能凉沁肠胃，宜以白虎汤与承气汤循环服。"

（王庆其）

124. 舌　　痛

【概念】

凡舌有灼痛、辣痛、麻痛、涩痛等感觉者，均称舌痛，可痛在舌尖、舌边、舌心、舌根或全舌等不同部位。

舌痛初见于《灵枢·经脉》："是主脾所生病者，舌本痛"。后世因所见既广，所分亦细，遂泛称舌痛。

舌痛若因痈肿疮毒等所致者，不属本条讨论范围，可参见"舌疮"条。

【鉴别】

常见证候

脏腑实热舌痛：舌痛较重，舌色红赤，起芒刺，苔薄黄或厚或燥，兼有口渴，口苦，心烦，易怒，不寐，尿短赤，便秘或干结，脉滑数等。

阴虚火旺舌痛：舌头灼痛或干痛，舌质光红，干燥少津，有横裂，无舌苔或有剥苔，兼有盗汗，焦躁，失眠，五心烦热，脉细数。

鉴别分析

脏腑实热舌痛：心、脾、肝、肾等多脏之经络均上连于舌，故各脏火热之邪均可上攻舌络而致舌痛，但在部位或症状上有所不同：舌尖红刺灼痛，心烦不寐属心火；舌痛在两侧（舌边）而口苦易怒者，属肝火；痛在舌中心，舌苔黄厚或兼燥，喜凉而不欲食，便秘或干结者，属胃火；舌头辣痛属肺火熏灼；麻痛头眩属痰火上攻，舌络阻痹；全舌色紫作痛为脏腑热毒。治疗时，心火舌痛宜导赤散加黄连；肝火舌痛宜龙胆泻肝汤，不效，用当归龙荟丸；胃火舌痛宜泻黄散，便干结者，选大承气汤；肺火舌痛宜泻白散加黄芩；痰火舌痛宜礞石滚痰丸；脏腑热毒上攻宜三黄汤。

阴虚火旺舌痛：舌红灼痛，多夙兴夜寐，劳伤真阴，阴伤不甚者。《舌诊研究》说"舌色红润，舌尖有突起如小刺状，可疼痛，多见于失眠及夜间劳作之人"。若阴伤较重或虚火上炎者，则如《辨舌指南》所说"燥涩为津液已耗"，"舌生横裂者，素体阴亏也"，"无苔无点而裂纹者，阴虚火炎也"。多有口干欲饮，但只喜少量频饮而不喜大量骤饮；心神失养，夜难成眠；阴虚火炎，五心烦热。治疗可用竹叶汤，配服六味地黄丸。

【文献别录】

《备急千金方·舌论》："多食甘则舌根痛而外发落。"

《医学摘粹·杂证要法》："舌之疼痛热肿专责君火之升炎"。

（孔令诩）

125. 舌 萎

【概念】

舌形敛缩，无力自由伸缩转动，甚至伸不过齿，称为"舌萎"，亦称"痿软舌"。

本症出自《灵枢·经脉》："肌肉软，则舌萎"。临证较为少见，多属危重难治之证。

本症与"舌卷"同以舌体伸缩异常为主，但本症为是舌体萎软无力转动，后者是舌体卷曲回缩难以伸长，二者概念不同，应予鉴别，详可参见"舌卷"条。

【鉴别】

常见证候

痰湿阻络舌萎：舌软无力转动，言语不利，面白唇青，胸脘痞满，呕恶痰多，肢体困重，心悸眩晕，舌淡红，苔白厚滑腻，脉沉滑。

心脾两虚舌萎：舌软无力，面色无华，唇爪淡白，心悸怔忡，失眠健忘，饮食减少，四肢倦怠，舌淡嫩，苔薄白，脉细弱。

肺热熏灼舌萎：舌干而软，干咳无痰，或痰少而粘，气逆而喘，咽干鼻燥，心烦口渴，小便短赤，大便干燥或不畅，舌质红，苔薄黄少津，脉细数。

肝肾阴虚舌萎：舌枯晦敛缩而萎，口干齿燥，昏沉嗜睡，神倦耳聋，两颧红赤，手指蠕动，甚或瘛疭，心中憺憺大动，时时欲脱，舌紫绛无苔，脉微细欲绝。

鉴别分析

痰湿阻络舌萎与心脾两虚舌萎：痰湿阻络舌萎是由于肺、脾、肾三脏功能失调，三焦气化失司，尤以脾失转输运化之权，使津液停蓄不化，聚而生湿，凝而成痰，痰气闭阻舌络，则舌之经脉失养，而成舌萎。心脾两虚舌萎是因劳倦伤脾，脾失健运，气血化源不足，久则心脾气血虚极，舌为心窍，又为脾之外候，心脾两虚，气血不足以奉养于舌，筋脉乏气之温煦，血之濡养，而为舌萎。前者舌萎略有硬感，必伴言语不利，甚而謇涩，苔必厚腻；后者舌萎软无力，言语声低，但无不利状，苔必薄白不腻。其它面色、唇爪，以及胸脘、痰涎诸方面，都有一定区别。痰湿阻络舌萎治宜燥湿健脾，涤痰开窍，方选涤痰汤；心脾两虚舌萎治宜补养心脾，方用归脾汤。

肺热熏灼舌萎与肝肾阴虚舌萎：肺热熏灼舌萎乃因燥热伤肺，或病后邪热未清，肺受热灼，阴津耗伤，津血不足以充养舌脉所致。肝肾阴虚舌萎乃为热邪久羁，劫灼肾阴，或伤精、失血之后，下焦阴精被夺，肾阴涸则肝失滋养，肝阴虚则下汲肾水，肾脉循喉咙，挟舌本；肝脉循喉咙，入颃颡，肝肾阴虚，不能上贯经脉，而致舌萎。二者皆为虚证，前者病变在上，后者病变在下。在上者轻，在下者重。在上者有干咳、气喘、鼻燥等肺热阴亏之症；在下者有嗜睡、手足蠕动、齿燥、舌绛无苔等阴竭风动之征。究其舌萎，肺热熏灼者舌干而软；肝肾阴虚者舌枯而萎，如去膜猪腰子样。前者治宜清肺养阴润燥，方用清燥救肺汤；后者治宜育液养阴，方用加减复脉汤，虚风内动明显的，可用三甲复脉汤滋阴潜阳，或大定风珠滋阴潜阳熄风。

舌萎有新久、虚实之别。新病舌萎多见于急性热病的危重阶段，久病舌萎常见于内伤杂病。上述诸证，痰湿阻络舌萎属实；心脾两虚、肺热熏灼、肝肾阴虚舌萎为虚。施治之法，实证以涤痰开窍祛邪为主，虚证以补气养血、清肺润燥、滋补肝肾扶正为要。

【文献别录】

《辨舌指南·辨舌之形容》："心清语涩，舌软无力难言者，营卫不足也。……舌萎软黄燥，腹满不得卧，将发黄也。声乱音嘶，舌萎声不得出者，因误发其汗也。舌萎，人中满，唇反者，脾经气绝也。在病后乏力之时，舌亦萎软不能言者，养胃益阴，则自复也。"

"舌痿者，舌软而不能动也。为舌神经麻痹所致。……暴痿多由于热灼，故常现于红干之舌，如深红者，宜清凉气血；紫红者，宜泄肝热，通腑气；鲜红者，宜滋阴降火。……淡白如煮熟猪肝而痿者，不论有苔无苔，皆为正败，死不可治。"

《温病条辨》下焦篇："热病经水适至，十余日不解，舌萎饮冷，心烦热，神气忽清忽乱，脉右长左沉，瘀热在里也，加减桃仁承气汤主之。"

（乔国琦）

126. 舌　　肿

【概念】

舌肿是指舌体肿大，或兼木硬、疼痛。甚至肿大满口而妨碍饮食、言语及呼吸。

本症《诸病源候论》名以"舌肿强"，《千金方》称"舌胀"，宋以后则将舌肿而木硬不舒者专名"木舌"、"木舌胀"、"木舌风"等。

古籍尚载有"重舌"（重，音 chóng）或子舌者，其定义不一，多数说是舌下肿胀突起如生一小舌，故名。舌下肿起数处如莲花者则称莲花舌。少数将舌根肿起或舌肿急症称为重舌，本书从第一种说法。

【鉴别】

常见证候

外感风寒舌肿：舌头肿痛，恶寒发热，周身肌肉疼痛，口中乏味，不思饮食，腹中冷痛泄泻，心中悸动不安，言语不清，脉象浮紧。

心经积热舌肿：常呈暴肿，舌体胀大满口，色红疼痛，甚则不能饮食言语，面色红赤，心中烦躁，坐卧不宁，夜寐不安，小便短黄，口苦，脉象数，左寸洪大。

心脾积热舌肿：舌体赤色，肿大满口，心情焦躁，手心与肌肤灼热，喜凉爽而不多饮水，怠惰乏力，小便短赤，大便秘结，脉象滑数。

脾虚寒湿舌肿：舌体肿大，边有齿痕，舌色暗淡，面色黄白，肢体沉重，怠惰乏力，腹中胀满，食后益甚，不欲饮水，小便清长，大便溏薄，脉象沉缓。

鉴别分析

外感风寒舌肿与心经积热舌肿：来势均较急骤，但心火暴盛者其势尤急，书中有一夜之间肿大满口甚至不数时而肿至不能言语的记载。外感风寒者因外邪侵袭，心脾两经受邪，心开窍于舌，脾脉连舌本，因风性善行，挟寒邪侵及于舌，寒主凝滞，致令血脉凝涩不通，形成舌体肿大。其辨证特点：一为有风寒外症，恶寒发热，肌肉疼痛，脉呈浮紧；二为血脉凝涩，其肿大之舌颜色每暗紫不红，舌体肿硬不舒，闷痛不已。心火舌肿则或有重大心事萦怀，或变故起于非常，致思虑太过，心火暴盛，上攻于舌而成。所以舌肿必伴口苦，因苦为火之味，舌肿必焮红，其痛亦如针扎火燎，令人难耐。治疗亦因之而异：风寒伤心脾舌肿须疏散心脾之邪，金沸草散水煎，半漱半咽，邪去肿自退。心经积热舌肿宜苦寒清泄心经暴盛之火，黄连一味浓煎内服，外以生蒲黄敷舌上，有火极似水现象者佐生姜从治。

心脾积热舌肿与脾虚寒湿舌肿：前者系心脾热盛，火邪上壅，故舌肿且赤。又因脾主肌肉，故手心与肌肤灼热，脾为阴土，喜燥恶湿，故热虽盛而常不喜饮水。后者则是脾虚兼挟寒湿，肿大之舌色多暗淡，边呈齿痕，淡因阳气不足，暗是血瘀不畅，齿痕更是脾气不足，故见肢体沉重，怠惰乏力，腹胀食少，大便溏薄等脾虚湿盛之象。治法心脾积热者外用蓖麻子油纸捻烧烟熏，内服导赤散、泻黄散合方。脾虚寒湿者可用六君子汤与理中汤合方。

本症若来势急骤，常会影响气道，有窒息的危险，可用三棱针于舌尖或舌边部点刺放血，挫其肿势，通利气道，使饮食及药物得下，再用冰片、麝香、百草霜等为末敷舌。

【文献别录】

《医彻·舌论》："湿热甚则舌肿大，肾液亡则舌亦肿大，若干且厚语言不清者，难治。"

"只如舌黑焦枯，或肿或刺，群工视之不辨，而知其热症，非黄连解毒，则大小承气下之也。殊不知脉虚数，或微细，胸腹无胀满，舌虽黑虽焦枯，虽肿虽生刺，乃真水衰竭，不能制火，惟以六味地黄大剂饮之。虚寒，加桂、附、五味子，则焦黑肿刺，涣若冰释。"

《望诊遵经·诊舌形容条目》："舌肿大者，或因热毒，或因药毒也；舌紫且肿厚者，酒毒上壅也；耳干舌肿，下血不止，脚浮者，六日死，足肿者，九日死，肾绝也。"

（孔令诩）

127. 舌　　胖

【概念】

舌体虚浮胖大，或边有齿痕，色淡而嫩的称舌胖。

舌胖亦称"胖大舌"、"齿痕舌"，有的书籍将其与"舌肿"（肿胀舌）合谈，但"舌肿"是指因热郁、药毒等而致舌体肿胀变大，色多深暗，质地坚硬苍老，常伴木硬、疼痛，属实；"舌胖"则是由脾之阳气虚衰，或兼寒湿而致舌体胖大、虚浮、嫩软，色淡，常有齿痕，属虚。二者舌体虽均增大，但性质不同，病因各异，应予区别。

【鉴别】

常见证候

脾虚舌胖：舌体胖大而嫩，色淡，舌边有齿痕，舌苔薄白，面白形寒，少气懒言，倦怠食少，腹满便溏，脉虚缓或迟弱。若兼有寒湿则舌体之胖大，舌质之淡嫩更显著，且更为滑润，舌苔白滑或白腻，并有泛恶欲吐，头重身肿等症状，脉濡缓或沉缓。

肾虚水泛舌胖：舌大胖嫩，色淡，边有齿痕，腰以下肿甚，小便少，形寒神疲，四肢厥冷，面色晦暗或㿠白，脉沉迟或沉细。

鉴别分析

脾虚舌胖与肾虚水泛舌胖：舌胖嫩，正如《中医诊断学·舌形》所说："嫩是舌质浮胖娇嫩，或舌尖边有齿印，不论何种苔色，其病都属虚。"两证共同点：均有舌胖嫩，色淡，边有齿痕，及形寒神疲乏力，水肿等表现。所不同的是，前者侧重于脾气虚，后者侧重于肾阳虚。辨证时，前者兼有纳呆，腹胀、便溏，呕恶等症；后者兼有腰痠肢软、四肢厥冷，腰以下肿甚，脉沉迟等症。前者较轻，后者为重。后者常由前者发展而来。脾虚舌胖，治宜健脾益气，方用理中汤、补中益气汤之类；肾虚水泛舌胖，治宜温阳利水，用金匮肾气丸、真武汤之类。应该指出的是，两证虽有区分，但临床上每多兼见，故宜灵活对待，不可胶执。

【文献别录】

《中医舌诊·肿胀舌》："舌色淡白，舌面水滑，舌体内好象潴留不少水分而肿胖的，这是脾肾阳虚，水湿上泛所致。"

《辨舌指南·辨舌之胎垢》："舌胖短而润，在晕绝并停呼吸之时。"

（孔令诩）

128. 舌　　纵

【概念】

舌体伸长吐出口外，回缩困难或不能回缩，流涎不止者，称舌纵。

舌纵初见于《灵枢·寒热病》："舌纵涎下烦悗，取足少阴"。后世则有"舌出口外"、"舌舒"、"伸舌"等名称。

舌纵应与"弄舌"相区别，"弄舌"是舌体时出口外，旋露即收，详可参见该条。

【鉴别】

常见证候

心火炽盛舌纵：舌体伸长，舌质红绛坚干，回缩困难或不能回缩，面红烦躁，口渴尿赤，脉数有力。若挟痰者，舌伸出不收，舌体胀满，兼有痰多、神志不清或喜笑无常，舌苔黄腻，脉滑数等。

肝气郁结舌纵：舌体伸长而不能收回，全身无明显症状，或出现胸胁闷胀，情志抑郁，多叹息，食欲不振等症状，脉弦。

气虚舌纵：舌体伸长，麻木不仁，舌质淡嫩痿软，回缩无力，全身倦怠乏力，少气懒言，自汗，舌苔薄白，脉象虚弱。

鉴别分析

心火炽盛舌纵：常由用心太过，心阴暗耗，心火炽盛，热郁于舌，气不得泄所致。其特点为舌质红绛坚干，时时伸出，回缩困难，曹炳章形容为"伸长收缓"，吴昆认为"舌出者，热实于内而欲吐舌泄气也，不能入者，邪气久居，舌强而不柔和也。"可以外用上好梅片五分掺舌上，以利窍、柔筋、泄气，内服泻心汤泻火热之邪。挟痰者，其舌之气血更因痰阻络道，郁而伸长，不能回收，流涎不止，舌红而舌体胀满，且痰涎上壅，塞窍而见痰多、神志不清或喜笑无常。治宜清心泻热，开窍豁痰，方选泻心汤与二陈汤合方加胆星、竹沥、僵蚕、乌药、菖蒲、生蒲黄。

肝气郁结舌纵：常由恼怒抑郁，致肝失疏泄，郁气上冲，舌长不收。辨证要点为：有明显的情绪刺激史，舌质多暗，兼有肝气郁结之胸胁闷胀，情志抑郁等，则较易辨识。治应疏肝解郁，方用逍遥散，日久而有热象者可加黄芩、栀子。

气虚舌纵：本证由气虚失养，筋脉弛缓，舌体痿软无力所致，故舌体伸长、舌质淡嫩而伴自汗、少气等气虚的全身表现。治宜补中益气，方选补中益气汤。

总之，舌纵当从舌体的形色及全身症状加以鉴别。舌体的形色方面，除共同的舌长不收之外，心火亢盛者，舌质红绛坚干；气虚者，舌质淡嫩痿软；肝气郁结者，其舌形色无明显改变。全身症状方面，心火亢盛者，伴有热扰心神的表现；肝气郁结者，伴有疏泄失职的表现；气虚者，伴有气虚等见证。临床所见，舌纵以实证为多，虚证较少。

【文献别录】

《寿世保元·口舌》："舌吐不收，名曰阳强。"

《证治汇补·口唇章》："（舌）气虚则麻纵"。

《辨舌指南·观舌总纲》："若发热口噤，临死舌出数寸者，此女劳复，阳气虚极也。阴阳易舌出数寸者，死征也。舌出数寸者，又有因产后与中毒大惊之候也，据证治之，犹可生也，小儿病舌出不能收者，心气散也，不治。"

"舌出不能收，不能语者，心绝也。"

（孔令诩）

129. 舌　卷

【概念】

凡舌头卷曲回缩，转动不灵，言语不清者称舌卷。此症或同时兼见神昏、囊缩等现象。

舌卷一症初见于《内经》，认为是由心、肝二经病变所致，《素问·诊要经终论》："厥阴终者，中热嗌干，善溺心烦，甚则舌卷卵上缩而终矣"。《素问·脉要精微论》："心脉搏坚而长，当病舌卷不能言。"

舌卷与"舌强"均有舌头板硬不灵，但后者舌强直不曲，能略伸出口外，前者舌卷曲回缩向后，常不能伸出口外，舌卷多见于急症及危笃患者，舌强则略逊之。

【鉴别】

常见证候

肝经气绝舌卷：舌卷，舌质绛干，阴囊上缩（卵缩、囊缩），心胸烦满，唇青，神昏，脉弦数等。

热陷心包舌卷：舌卷而短，舌色红绛，两颧赤，壮热神昏，四肢厥逆，大便闭结，脉洪数或弦滑而数等。

鉴别分析

肝经气绝舌卷：以舌卷与阴囊上缩并见为主要特点，可与心病舌卷相区别。《温病条辨》谓舌卷囊缩虽同属厥阴，但指出"舌属手，囊属足也。盖舌为心窍，包络代心用事，肾囊前后皆肝经所过，断不可以阴阳二厥混而为一"。此证常由里热极盛，肝阴涸竭，致肝经气绝。肝主筋，经气绝则筋亦绝，故舌卷，舌质绛而干、囊缩、唇青、转筋、神昏等症状并见，可用羚羊钩藤汤加生石决、生鳖甲、玳瑁等治之。

热陷心包舌卷：包络代心用事，小肠脉络于颧而与心为表里，故心病舌卷特点为舌卷而短，颧赤，可见于温邪内陷心包。其中自上焦肺逆传心包者，起病急，进展快，常在发病后迅速出现高热、神昏、颧赤、口噤症状，宜芳香开窍、清热解毒，用安宫牛黄丸或紫雪丹。邪入中焦，滞热上冲心包者，常见便闭，面目俱赤，舌绛苔黄，甚则肢厥，宜牛黄承气汤开窍泄热，若舌干燥起芒刺为热甚津伤，宜增液承气汤养阴润下。并可针刺复溜、液门、二间等。

总之，舌卷一症多见于危重病，尤以肝经气绝与热陷心包较为多见。前者伴阴囊上缩为特点，后者兼高热神昏为主证，临证不难区别。另外，痰热蒙蔽心窍者，因痰热上冲，阻塞心窍，除有神昏、言语不清等主要症状外，亦可出现舌卷的现象，可资鉴别时参考。

【文献别录】

《症因脉治·外感舌音不清》："风中厥阴，则舌卷而难言，……左关弦紧，……补肝散。"

《望诊遵经·诊舌形容条目》："喉痹、舌卷、口干、烦心、心痛、臂内廉痛，不可及头者，邪客于手少阳之络也。"

"语声忧惧，舌本卷缩，嗔喜无度，昏闷恍惚胀闷者，脾寒受风也。"

（孔令诩）

130. 舌　强

【概念】

舌体强硬，活动不灵，谈吐不利者谓之舌强。

本症在《内经》原名为"舌本强"。如《素问·至真要大论》："厥阴司天，风淫所胜，民病……舌本强"。后世简称"舌强"，或名"舌涩"、"舌謇"等。

舌强与"舌卷"，都有活动欠灵活的共同点，但舌强是舌体强直而硬，舌卷是舌体卷缩不灵，病因相似，表现不同。

【鉴别】

常见证候

风痰阻遏舌强：此证常见于中风患者。由于风痰所阻之部位不一，而症状轻重亦不相同。中于经络者，仅见口眼㖞斜或半身不遂，神志清楚，舌强言语不利，伸出费力或歪向一侧，脉多浮弦、紧、滑等。中于脏腑者，多突然昏倒，不省人事，喉中痰鸣如曳锯，牙关紧闭，撬开后舌亦强硬难出，吞咽不能，面赤气粗，脉弦紧。

热入心包舌强：常由温病热邪不解，内陷心包，证见壮热、神昏、谵语、舌强质绛、颧赤、白睛赤等，脉多洪大滑数。

鉴别分析

风痰阻遏舌强：古代所说之外风直中者极少见，实际绝大多数是由里热生风，挟痰气上逆，闭阻经络，干扰神明而成。故以内风为特点，中络者由于邪入较浅，故症状仅在局部：口眼㖞斜，舌强言语不畅，全身状况略似常态，治宜祛风化痰活络，用牵正散或转舌膏。中经者由于大经受阻，气血不畅，故常一侧肢体不遂，舌强难言，吐字含混不清，饮食可有咳呛现象，但神志清楚，所谓"外无六经表证，内无便尿阻隔"，治宜养血散风，可选用大秦艽汤，或平肝熄风，选用羚羊钩藤汤。中脏腑者因正气失守，邪踞要位，神明失主，故现昏迷、喉中痰鸣，牙关紧闭，若撬开其口，则见舌多强硬回缩，必要时可以箸挟出以免窒息。先宜开窍豁痰，选用苏合香丸、涤痰汤，待险期一过，可用资寿解语汤，补阳还五汤等。

热入心包舌强：温为阳邪，传变甚速，逆传心包者病起高热，迅即神昏，舌强口噤，舌质红绛，此为包络受邪，亟宜清心开窍，可选用安宫牛黄丸。若热病不退，肠胃结热，热结便闭，里热无去路，上逼心包者，舌苔多老黄，舌干而少津，质红绛，宜釜底抽薪，予牛黄承气汤等。温病久羁，潮热不退，阴液渐竭，肝风内动，症见痉厥、神昏、烦躁，舌强似短者，只可增液育阴熄风，用三甲复脉汤等。

【文献别录】

《四诊抉微·望诊》："舌红而硬强失音者，死候也"。

《张氏医通·中风门》："肥人舌根强硬，作湿痰治，瘦人舌根强硬，作心火治"。

（孔令诩）

131. 舌　歪

【概念】

张口或伸舌时，舌向一侧偏斜，名舌歪。常与"口眼㖞斜"或"偏瘫"并见。

舌歪又名"舌偏"、"舌偏斜"、"偏歪舌"等。《望诊遵经·诊舌形容条目》："舌偏语涩，口眼㖞斜，手足不遂者，偏风也。舌偏斜者，左瘫舌向左，右瘫舌向右也"。

【鉴别】

常见证候

中外风舌歪：轻者仅于伸舌时见舌体偏向一侧，而无口眼㖞斜、半身不遂等全身症状；重者舌歪与口眼㖞斜并见，弛侧面肌麻木不适，言语、饮食均觉不利，或有寒热、舌苔白或带腻，脉浮弦或浮滑等。

中内风舌歪：主要可分成风痰中经络与阴虚风动二型。风痰中经络者，卒然而发，眩晕，舌歪，口眼㖞斜，一侧肢体瘫痪，舌苔白腻，脉滑有力；阴虚风动者，眩晕耳鸣，舌歪，口眼㖞斜，舌歪而强，言謇，半身不遂，舌色红或干燥少津，脉弦滑而数。

鉴别分析

中外风舌歪与中内风舌歪：外风舌歪是因汗出当风或坐卧失所，冒冷冲寒，致风寒之邪乘腠理之开或卫气之虚而入侵，闭阻经络，滞涩气血。由于病侧肌肉失于濡养而弛缓无力，与健侧失去平衡，故舌头歪向一侧。其人平素无病，骤然而得，《医学三字经》云："人百病，首中风，骤然得，八方通"，即指外风所中。内风舌歪则是平素失于调摄，阴液暗耗，里热渐炽，或灼津为痰，遇大怒气逆挟痰上壅，或火邪太盛迫痰上扰，致闭阻舌络，滞涩舌机而成舌歪。故内风患者常有如下特点：风痰者平素多体丰痰盛，眩晕头胀，发病后舌歪并兼舌苔厚腻、舌强不利，脉常弦滑而数；阴虚风动者系阴伤火炽生风，故多属形瘦多火之人，风阳上扰，而日常每有眩晕耳鸣、口苦肢麻，发病可急可缓，急者卒然而致，亦常为舌歪与口眼㖞斜、偏瘫同见，如卒然倒仆，醒后瘫痪、舌歪。

治疗时，中外风者宜散风通络，大秦艽汤加减；中内风舌歪，属风痰者，宜祛风化痰，用牵正散；属阴虚风动者，宜平肝熄风，用羚羊角汤。

【文献别录】

《辨舌指南·辨舌之形容》："歪者斜偏一边也，痉痹与偏枯常见，当再辨其色，若色紫红势急者，由肝风发痉，宜熄风镇痉；色淡红势缓者，由中风偏枯；若舌偏歪语塞，口眼㖞斜，半身不遂者，偏风也。舌偏向左者左瘫，舌偏向右者右痪，宜补气舒筋，通络化痰。"

（孔令诩）

132. 舌　颤

【概念】

伸舌时舌体颤动不定，不能控制的称舌颤。

舌颤又称"舌战"或"战舌",《望诊遵经·望舌诊法提纲》中说:"舌战动者,病在脾。"

本症与"弄舌"不同"弄舌"是舌头常不自主的伸出口外,旋即缩回。弄舌在小儿多为疳积或胃热,在成人则可与舌颤同时出现,如酒毒之人。

【鉴别】

常见证候

肝风舌颤:见证有三:其一,伸舌时舌体翼翼扇动,并见高热、烦躁、神昏、痉厥,舌质红或紫绛,舌苔焦黑,脉多弦数。其二,舌颤并见四肢颤动拘急、行步不稳,或头痛眩晕,甚至突然昏仆等症。其三,舌现颤动,舌体萎缩,手足痿躄、局部肌肉瘦削,甚则舌强语言难出。

血虚舌颤:主要见证为舌淡红,伸舌时舌体蠕蠕微动,心悸,怔忡,失眠,多梦,健忘、食少、倦怠乏力、脉细弱等。

酒毒舌颤:主要见证为舌色紫红,舌体挺出颤动,手颤,幻觉,健忘,喜饮水,面部紫红,舌苔厚,脉滑数。

鉴别分析

肝风舌颤:一、由高热伤阴、热极生风。此系邪热燔灼,风火相扇,筋脉失养所致,故舌颤与高热烦躁、神昏惊厥等同见,来势多急,治宜清热平肝熄风,羚羊钩藤汤加减;二、由肝阳化风,为平素肝肾阴亏之人,阳化为风。故肢体麻木或四肢颤动、步履不稳,治宜滋养肝肾,三甲复脉汤加减,三、由肝肾内损而成痿躄,损及奇经,病难速愈,治宜地黄饮子、虎潜丸等。

血虚舌颤:多由久病衰耗,血虚失养所致。张景岳说:"血液枯燥故筋挛"。肝主筋,循阴器而络舌,脾统血而络舌本,心主血而开窍于舌,心脾血虚,筋络失养故舌颤。特点为:多见于久病血虚之人,舌颤微动,舌色淡红,不似肝风舌颤之舌色红而舌颤亦翼翼大动。治疗以养血柔筋、补益心脾为主,归脾汤加阿胶、白芍、木瓜。

酒毒舌颤:由饮酒太过,失于节制,年深日久,酒毒走窜经络,灼耗阴精引起。证见舌色紫红,乃酒毒内蕴之象,舌挺而颤,手麻而颤,乃液亏筋伤之征。患者多是嗜酒成癖。治疗应戒酒与服药并举,方用葛花解酲汤。

【文献别录】

《四诊抉微·望诊》:"舌红而战动难言者,此心脾虚也,汗多亡阳者有之。"

《望诊遵经·望舌诊法提纲》:"热病舌难伸出,伸则频振,语言不清者,正气虚弱之险证也。"

《形色外诊简摩·色诊》:"舌不出口,发战者,死。"

(孔令诩)

133. 弄　　舌

【概念】

舌频频伸出口外,又立即内收,上下左右伸缩不停,状如蛇舐,称为弄舌。

在古代医学文献中,弄舌又称做"吐舌"、"舒舌"、"频舐舌"。《神验医宗舌镜》:

"舌频出口时时抒舑",即指弄舌。《医宗金鉴》、《辨舌指南》把舌伸长而收缓称为"吐舌",舌微露出口而即收称为"弄舌"。对照临床,两者病机证治无明显区别,似无必要机械划分,故应统属弄舌范围。

本症多发生于小儿,成人间有发生。

【鉴别】

常见证候

心脾实热弄舌:舌伸出即收,左右吐弄,身热面赤,时时烦躁,口渴喜冷饮,唇焦口燥,口舌生疮,大便秘结或便下稠秽,舌质红,苔黄燥,脉弦数或洪数。

脾肾虚热弄舌:舌时时吐出口外,口角流涎,五心烦热,渴喜热饮,舌红苔少,脉细数。

痫证弄舌:本病呈发作性,主要临床表现为,突然仆倒,昏不知人,口吐涎沫,两目直视,四肢抽搐,摇头弄舌,醒后如常人。

鉴别分析

心脾实热弄舌与脾肾虚热弄舌:两者虽均属热证,但有虚实之别,不可不辨。心脾实热弄舌常发生于发热患儿,多由热邪蕴留心脾两经,心火亢盛,扰乱神明,引起内风;脾热盛则津液受损。心系舌本,脾络连舌,风主动摇,故弄舌为动风之征;津枯时舌亦干涩难受,故吐弄以舒缓之。曹炳章《辨舌指南》云:"心火亢盛,肾阴不能上制,所以舌往外舒;肝火助焰,风主动摇,胃热相煽,舌难存放,故舌如蛇舐,左右上下,伸缩动摇。"其辨证要点为:舌伸出即收,伸缩较快,舌红胀满,苔黄燥,并见心火上炎(身热面赤、烦躁)及脾热灼津(口干喜冷饮、便秘)的症状。治宜清心火、泻脾热。方选泻心导赤汤合泻黄散;热甚者,可用冰片少许点舌下,每能收效。脾肾虚热弄舌与前证不同,一般发生于热病后期,病邪虽去而脾肾之阴已亏;或因其他慢性病渐致脾肾虚损。阴亏液耗,舌络失其滋润,故时时舒舌以图缓解。辨证要点:舌伸长而收缓,舌不红肿,苔少,并见阴虚(五心烦热、脉细数)的症状。治宜健脾益肾、滋阴清热。方选四君子汤合知柏地黄丸,泻黄散亦可参合应用。

痫证弄舌:由情志失调,饮食失节,劳累过甚或脑部外伤等原因所致,在儿童多与先天因素有关。总属肝脾肾三脏为患,肾虚肝木失濡,体弱而用强,脾虚则痰涎内结,肝风挟痰气上逆,清窍被蒙,猝然发作,弄舌亦为风痰气逆上扰所引起。辨证时根据既往病史,呈发作性,醒后如常人等特点,不难与其他原因所致的弄舌鉴别。《辨舌指南》说:"凡弄舌摇头者,痫病也;病人喜扬目吐舌者,羊痫也。"其辨证要点是:吐弄舌,伴有痫病发作(昏仆、口吐白沫、抽搐、两目直视)的症状。治宜豁痰开窍,息风定痫。方用"定痫镇痛合剂"合"蝎蜈片"内服,有一定效果。

此外,临床上尚有"弄舌喉风"一病,由于痰热互结,挟风上扰咽喉所造成。症见咽喉肿痛,痰涎壅塞,声音嘶哑,舌出不收,时时吐弄,常欲手扪等。治宜清热解毒祛风,方选内服清咽利膈汤,外用冰硼散吹于舌上。

又,根据《小儿卫生总微论》记载,弄舌而伴见面黄肌瘦,五心烦热者,为疳证。总由饮食失调,脾胃损伤,形成积滞,日久成疳。症见形体消瘦,毛发枯焦,或腹部膨大,青筋暴露,时时弄舌。治宜健脾消疳,方选消疳理脾汤、参苓白术散等。

【文献别录】

《幼幼集成》："大病后精神困惫，饮食少思而弄舌者，凶候。盖气血两虚，精神将脱，速以十全大补汤挽救之。"

《中医临证备要》："小儿时时伸舌，上下左右，有如蛇舐，多因心胃蕴热，挟有肝风。内服清胃散，外用牛黄少许涂舌。"

《国医舌诊学》："舌伸而常舐唇口，时动不止，色紫而暗者，疫毒攻心也。"

"舌偶时伸出弄唇者，中蛇毒也。"

《小儿卫生总微论》："弄舌者，其证有二，一者心热，心系舌本，热则舌本干涩而紧，故时时吐弄舒缓之。二者脾热，脾络连舌，亦干涩而紧，时时吐弄舒缓之，皆欲饮水。因心热则发渴，脾热则津液耗，二者虽引饮相似，惟心热面赤，睡即口中气热、时时烦躁、喜冷咬牙，治宜清心经之热。脾热者，身面微黄，大便稠硬，赤黄色、治宜微导之。"

（王庆其）

134. 啮 舌

【概念】

凡不由自主地嚼咬舌头，称为啮舌。

啮舌与"弄舌"不同，弄舌是指舌在口中频频吐弄，发病时神志清楚，多发生于小儿；啮舌指自咬舌头，发病时神识昏糊，不论成人、小儿，凡抽搐动风者均可发生。

常人偶尔发生啮舌，不属病态，本篇不予讨论。

【鉴别】

常见证候

热盛动风啮舌：自咬舌头，牙关紧急，高热抽搐，手足躁扰，甚则角弓反张，舌质红，苔焦黑起刺，脉弦数。

风痰上扰啮舌：突然仆倒，昏不知人，两目上视，抽搐咬舌，甚则流出鲜血，小便失禁，旋即自行清醒，舌苔白腻，脉弦滑。

鉴别分析

热盛动风啮舌与风痰上扰啮舌：两者都因风邪为患，皆可见抽搐动风之症。但热盛动风啮舌多见于温病极期，热极生风，上扰清空，横窜经络，痉厥频作，伴见啮舌；风痰上扰啮舌多见于癫痫发作期，由于肝风挟痰，随气上逆，痰蒙清窍，风阳扰动，抽搐时常发生啮舌。二者鉴别也不难：前者啮舌常伴高热神昏发狂等肝经热盛动风之症；后者啮舌常无热抽搐，且呈发作性，醒后一如常人。热盛动风啮舌治宜清热凉肝熄风，方选羚羊钩藤汤；风痰上扰啮舌治宜祛风化痰定痫，可用"定痫镇痛合剂"合"蝎蜈片"等，收效甚佳。

【文献别录】

《中医临证备要》："自咬舌头，为'内风'证状之一。《内经》上说：'人之自啮舌者，此厥逆走上，脉气皆至也。少阴气至则啮舌，少阳气至则啮颊，阳明气至则啮唇。'用神圣复元汤加减。"

《舌鉴辨正》："黑烂自啮舌，藏府热极兼受秽毒也，患杨梅疮者多有之，他证罕见，宜三黄银花承气等剂，土茯苓作茶饮治。如不效则将如旧说所云，黑烂而频欲啮必烂至根而死也。"

（王庆其）

135. 舌　麻

【概念】

舌头有麻木感觉的，叫舌麻。亦可并见舌强的症状。

舌麻，原来单指舌头麻木不仁，而将兼有舌强症状的叫做"舌痹"。近代中医书中则将此二条混称或合并，如《中医临证备要》取"舌麻"，《简明中医辞典》留"舌痹"，《中医舌诊》则名为"舌麻痹"。

本书仍将此二者合并为舌麻。

【鉴别】

常见证候

血虚舌麻：舌淡而麻，面色苍白或萎黄，头眩，心悸，气短，失眠多梦，健忘，脉细无力。

肝风舌麻：舌麻而强，语言不利，头晕，头痛，或卒然倒仆，半身不遂，脉弦而细数。

痰阻舌麻：由于常兼有其它病因，故表现亦不一。若属风痰者，舌麻而强，头晕目眩，四肢麻木，或突然倒仆，口眼㖞斜，偏瘫，舌苔白滑或黄腻，脉浮滑或弦缓。属痰火者，舌红而麻，舌强，舌苔黄腻或黄厚而燥，头目眩晕，耳鸣口苦，烦躁易怒，大便不爽，脉弦滑而数。

鉴别分析

血虚舌麻与痰阻舌麻：《素问·逆调论》"荣气虚则不仁"，营血虚少，滋养不充，故血虚舌麻。其特点有二：一是舌麻而不强，二是具有一派血虚之见症，如面色萎黄，心悸头眩，健忘，舌淡，脉细无力等。痰阻舌麻乃痰阻机窍，络脉不通，舌机失灵，其特点亦有二：一是舌麻而强，语言不利，二是具有痰盛之见症，如头晕目眩，肢体麻木，舌苔白滑或黄腻，脉弦滑等。

血虚舌麻与肝风舌麻：血虚舌麻是由失血过多或化源不足而致营血衰少，舌肌失养，故舌麻，而于饮食、言语并无大妨碍，且有面白，虚乏，脉细等血少之征，重点在一"虚"字；肝风舌麻则系肝肾阴亏，阳亢失制，化风上扰而成。其舌麻而强，于进食、语言均有影响，且见舌红脉数，头胀痛，甚而卒然倒仆之症。故其本为阴虚而其症则由阳亢所致，重点在于"阳亢"，应据此鉴别。

肝风舌麻与痰阻舌麻：肝风舌麻重在肝阳化风，痰阻舌麻重在痰阻气滞。具体鉴别如下：肝风与风痰，此二者均为风邪为患，但风痰之风或是外风挟痰内袭，或是痰盛动风。外风挟痰者来势急，发病速；痰盛动风者平素多痰，或有体丰痰盛等象。总之，一是抓住其"痰证"，二是外风者可兼有寒热、拘急等。肝风与痰火：痰火者由素多痰湿，复感火邪或内热素盛，灼津为痰所成，痰火之邪上壅，故舌麻而强、苔厚而质绛，口苦易怒，头眩，脉弦滑数，是证具有"痰证"和"火证"的特点；肝风舌麻强，则不外阴

— 188 —

虚与阳亢之见证，如舌红而苔少，脉弦而多细数。

治疗时，血虚舌麻宜养血，用归脾汤加炮姜。肝风舌麻，应益阴平肝熄风，宜天麻钩藤饮。痰阻舌麻，风痰者宜省风汤加沉香；痰火者宜温胆汤加胆星、全蝎、天麻、黄连。

【文献别录】

《证治汇补·口唇章》："气虚则麻纵"。

《辨舌指南·观舌总纲》："如舌根黄尖白短缩，不燥硬而麻木，砍伸不能出者，肝风挟痰也，宜熄风化痰"。

《辨舌指南·辨舌证治》："舌痹者，强而麻也，乃心绪烦扰，忧思暴怒，气凝痰火而成，用荆芥、雄黄各等分，木通煎汤调下。有痰壅舌痹者，宜生矾研末掺之，或牙皂末掺之，若舌蹇语声迟重者，脾窍在舌，湿邪阻窍也，亦有舌无故常自痹者，由心血不足，不可作风热治，宜理中汤加附子、当归，或归脾汤加炮姜服之。"

（孔令诩）

136. 舌　疮

【概念】

舌疮是指舌体表面溃破，出现一个或多个细小溃疡而言。

舌疮与"舌疔"、"舌菌"（舌岩、舌疳）不同，后者是指舌上肿疡或肿物而言，不属本篇讨论范围。

【鉴别】

常见证候

心火上炎舌疮：舌体溃疡面鲜红疼痛，以舌尖部尤著，兼见面赤口渴，胸中烦热，夜寐不宁，小便赤涩，舌赤或舌尖红绛，脉数或左寸数大。

胃火炽盛舌疮：舌体疮面较大，伴见口气臭秽，渴喜冷饮，嘈杂易饥，大便秘结，舌红，舌苔黄燥或黄厚，脉滑数。

脾气虚夹热舌疮：舌体疮面反复不愈，疮口下陷，并见四肢倦怠，气短懒言，低热，舌淡，苔薄白，脉软无力或虚大而数。

血虚燥热舌疮：舌疮经久不愈，并有口干不喜饮，头晕眼花，夜眠不实，手足心热，体倦乏力，咽喉不利，舌淡，舌苔薄白或无苔，脉细数或虚弱。

肾阴虚舌疮：舌体疮面长期不愈，并有咽痛口干、耳鸣目眩、腰痠梦遗，舌红而干，脉细数。

肾阳虚舌疮：舌体疮面缠绵不愈，并有面色㿠白，腰膝痠软无力，肢冷便溏，阳痿尿频，舌淡，苔薄白，脉沉迟。

鉴别分析

心火上炎舌疮与胃火炽盛舌疮：二者均为实火所致。但前者多由劳心等精神因素造成，乃五志过极所化，虽是实火但无郁滞之征；心开窍于舌，心火上炎故易发舌疮；火扰神明，故并见胸中烦热、夜寐不宁；阳明脉络荣于面，故面红舌赤；里无郁滞舌苔仍薄。后者常因嗜饮醇酒、过食辛辣煎炙厚味致胃肠积热，化火而成。因胃主纳降，若通降失常，胃热蕴结，火邪上蒸于舌而成疮，实火兼有实滞之征；故其口疮溃面较甚，伴口气臭秽，便秘，舌苔厚腻。治法亦不同，心火亢盛重在于清，可用川连、菖蒲煎服，有小便赤涩者须兼利尿以导热下行，方用导赤散加玄参、焦山栀、川连；胃火炽盛者宜清火解毒，泻热通便，方用凉膈散加减。

脾气虚夹热舌疮与血虚燥热舌疮：前者主要是中气虚，多因饮食失节、劳倦内伤而致耗损中气，虚热内生，故见舌疮，肢体倦怠，气短懒言，疮口下陷等中气虚乏之征，治疗应温养中气为主，即所谓"甘温除热"，方用补中益气汤加麦冬、五味子。后者应抓住其血虚（口干不欲饮、体倦乏力、舌淡脉细）与燥热（手足心热，咽喉不利，脉数）两个特点，治疗以养血为主，兼清燥热，四物汤加知母、黄柏、丹皮、麦冬、五味子、茯苓、白术，或归脾汤加减。

肾阴虚舌疮与肾阳虚舌疮：久病体弱，劳伤过甚，或房室不节，均可造成肾阴或肾阳不足。肾阴不足者，阴精亏乏，相火偏盛，疮色多红赤，舌质亦红绛，常无苔而干，伴见耳鸣目眩、咽痛口干、腰痠梦遗。肾阳虚者，封藏不固，无根之火浮游于上，症见疮色淡红，舌质淡，脉象沉迟，伴见面㿠白，肢冷便溏，阳痿尿频。肾阴虚者应滋阴降火，方用知柏地黄汤，肾阳虚者应温补肾阳，镇摄浮游之火，内服黑锡丹或养正丹，外用吴茱萸捣烂醋调热敷足心。

肾阴虚舌疮与血虚燥热舌疮：前者虚在阴精亏乏，以耳鸣目眩，腰痠梦遗为特点；后者虚在营血，以唇舌色淡，倦怠乏力为主征。前者之火系阴阳失衡，相火偏盛，故见咽痛口干、梦遗；后者之热是营血虚少，燥而生热，故眠差、手足心热、咽喉不利，二者之区别主要在此。

脾气虚夹热舌疮与肾阳虚舌疮：前者虚在中气，后者虚在肾阳。故中气虚者，四肢倦怠，气短懒言，而肾阳虚者，腰膝痠软，阳痿尿频。前者之热乃中虚所生，故甘温可除；后者之火乃浮游之火，必补肾镇摄方可。

总之，舌疮一症，虚实皆有。实证者多由火盛，而以心火、胃火居多；虚证者多由阴血不足，而阳气虚者亦不乏所见。属实者宜清宜泻，属虚者宜滋宜补，当认清特点，明辨虚实，无犯实实虚虚之过。

【文献别录】

《证治准绳·口疮》："心脉布舌上，若心火炎上，熏蒸于口，则为口舌生疮，脾脉布舌下，若脾热生痰，热涎相搏，从相火上炎，亦生疮者尤多，二者之病诸寒凉剂皆可治，但有涎者兼取其涎。"

"夫火有虚实，因诸经原有热而动者谓之实，无热而动者谓之虚。实则正治，寒凉之剂是也，虚则从治，如此用温热是也。"

"圣济总录有谓元藏虚冷，上攻口疮者"。

《中国医学大辞典·舌崇》："此证舌上生疮，吐出口外，上结黄靥，难以食物，宜用冰片一分，入蚌内，立化为水，以鹅翎敷扫患处，自愈。"

（孔令诩）

137. 舌上出血

【概念】

舌上出血，亦称"舌血"，或"舌本出血"，"舌衄"。

"舌疮"、"舌痈"、"舌疔"等，均有舌上出血的见症，但"舌疮"血自疮面流出；"舌痈"、"舌疔"则是在脓已成熟，痈、疔溃破后，流脓出血，脓血并见。本节所讨论的是排除上述因素所致的出血。

【鉴别】

常见证候

心火亢盛舌衄：舌上出血不止，舌体肿胀，甚则疼痛，舌尖红绛，或起芒刺，或舌尖生糜点，兼见心烦急躁，失眠，口渴欲饮，小便赤涩，甚则时有神昏谵语，脉数有力。

肝火上炎舌衄：舌上出血，舌肿木硬，舌苔黄，舌边红绛，或起芒刺，并见头中热痛，烦热，头晕目眩，面红目赤，口苦咽干，耳鸣耳聋，胁肋灼痛，性急善怒，小便黄赤，大便干燥，甚则昏厥、脉弦数。

阴虚火炎舌衄：舌上渗血，舌红苔少，或舌体瘦瘪而红，颧红唇赤、头晕目花，口干咽燥，耳鸣健忘，虚烦少寐，腰膝酸痛，骨蒸潮热，遗精盗汗，脉细数。

脾不统血舌衄：舌上渗血，色淡质稀，舌体胖嫩，质淡苔白，面色不华，唇爪淡白，饮食减少，腹胀便溏，自汗气短，四肢倦怠，神疲懒言，或见便血，崩漏，肌衄等，脉细无力。

鉴别分析

心火亢盛舌衄与肝火上炎舌衄：舌乃心之苗，肝经络舌本。心火亢盛，循经上炎，火迫血溢；肝火内炽，循经上冲，血随火升，热迫血涌，均可出现舌衄。其病因多由五志过极，火自内发；或六淫之邪，内郁化火；或过进酒醴厚味，辛辣动火之品；过服温补药物所致。二者临床主要见症各异，鉴别点是：心火亢盛舌衄，舌上出血不止，舌体肿胀，舌尖红绛，或起芒刺，兼见心火内燔（心中烦热，面赤，口渴，小便赤涩，失眠多梦，或神昏谵语）的症状。肝火上炎舌衄，舌上出血不止，舌肿木硬，舌苔黄，舌边红绛，并见肝火上炎（面红，目赤，口苦，善怒，头痛，眩晕，耳鸣，耳聋，胁肋灼痛）的症状。前者治宜清热凉血，轻证用泻心汤，或黄连解毒汤加白茅根、生槐米；重者可选犀角地黄汤加槐米，用童便冲服；外用蒲黄散掺舌上止血。后者治宜清泻肝火，凉血止血，选用当归龙荟丸，或用龙胆泻肝汤加赭石、侧柏叶；并用木贼草，煎水漱口，外掺炒蒲黄末止血。

阴虚火炎舌衄：《素问·奇病论》云："少阴之脉，贯肾系舌本"，肾阴不足，水不制火，相火妄动，循经上炎，灼伤舌络，扰动阴血，迫血外溢，发为舌衄。张景岳云："衄血虽多由火，而唯于阴虚者为尤多。"肾阴亏损多由素体阴虚；或急性热病，灼伤真阴；或误汗、妄攻，淫欲过度，伤精，失血，亡液而致。临床征象既有形体瘦弱，头晕耳鸣，少寐健忘，腰膝酸痛，舌红少苔等肾阴亏虚之症；又有舌上渗血，颧红唇赤，五心烦热，潮热盗汗，咽干痛，脉细数等虚火上炎之候。与心火亢盛舌衄，舌体肿胀，舌尖红绛，心烦急躁，失眠，脉数有力，甚则神昏谵语等实证，迥然不同。治宜滋阴、降火、止血，可选用六味地黄汤加怀牛膝、生槐米，或以黄连阿胶汤加童便冲服，外用五倍子熬浓汁，纱布浸湿紧塞口中，或用槐米末、血余炭末吹于出血处以止血。

脾不统血舌衄：脾为统血之脏，脾健则血有所统。若其人素体虚弱，忧思郁结，劳倦过度，饮食不节，或过服寒凉，损伤脾胃，脾气虚衰，摄血无权，血从舌溢。其临床特点是：舌上渗血，血色淡红，舌体胖嫩，质淡苔白，面色不华，并有饮食减少，自汗气短，神疲懒言，四肢倦怠等一派脾气虚衰的表现。与心火亢盛、肝火上炎之舌衄，邪热炽盛，迫血妄行所致者显然不同，前者多见于久病体虚，年老体弱，妇人产后和劳倦过度，耗伤中气之人；后者多见于素体阳旺之人。一为气虚，一为血热；虚实迥异，当易鉴别。脾不统血舌衄，治宜益气摄血，方用归脾汤，外掺文蛤散以止血。

舌上出血，多由火盛动血所致。若舌衄日久不止，邪火伤阴耗气，每由实转虚，出现阴虚或气虚之证。《素问·通评虚实论》谓："邪气盛则实，精气夺则虚。"所以心火亢盛、肝火上炎舌衄为实证；阴虚火炎、脾不统血舌衄为虚证。以舌脉见症鉴别虚实，心火亢盛舌衄：舌体肿胀，舌尖红绛，或有芒刺，脉数有力；肝火上炎舌衄：舌肿木硬，舌边红绛，脉弦劲而数；阴虚火炎舌衄：舌体瘦瘪，舌红少苔，脉细数无力；脾不统血舌衄：舌体胖嫩，质淡苔白，脉沉细无力。实证施治虽宜清宜泻，因有心火、肝火之分，故有清心泻火与清肝泻火之别；虚证施治则宜滋宜补，然有肾阴不足和脾气虚衰之差，故有滋阴凉血与补脾摄血之异。

【文献别录】

《血证论·舌衄》："然口乃胃之门户，舌在口中，胃火熏之，亦能出血。……舌本乃肝脉所络，舌下渗血，肝之邪热。"

《辨舌指南·辨舌证治》："凡舌上出血，名曰舌衄，多由心脾热甚，逼血妄行。……有病愈而不止者，用煅人中白一钱，冰片五厘，研细末掺之，即止。"

《内科临证录·齿舌衄》："此案舌中齿缝并见出血，可见心肾同病。……人身阳气，为阴血之引导，阴血为阳气之依归。心营肾阴俱现不足，孤阳无所依附，浮越于上，迫血妄行，致有齿舌血溢之患。故治以养阴回阳汤，补阴敛阳，引火归原。"

（乔国琦）

138. 舌生芒刺

【概念】

舌上出现粗糙如尖刺，抚之碍手者，称为舌生芒刺。

凡舌生芒刺一般均示热证，如《温热论》说："不拘何色，舌上生芒刺者，皆是上焦热极也。"但根据临床观察，从苔之有无、苔色不同、芒刺出现的部位各异，所主的病证仍有一定的区别。本节讨论舌生芒刺的鉴别，主要以苔之有无以及所兼色泽不同为着眼点。

【鉴别】

常见证候

阳明腑实舌生芒刺：舌苔焦黄起刺，高热汗出，口舌干燥，腹部鞕满，大便不通，脉数而滑或沉迟有力。

营分热盛舌生芒刺：舌质红绛起刺，身热夜甚，肌肤灼手，烦扰不宁，时有谵语，斑疹隐隐，脉细数。

鉴别分析

阳明腑实舌生芒刺和营分热盛舌生芒刺：二证皆属热证、实证，病因均为邪热入里煎灼津液所致，但发病的部位和机转各不相同。前者因邪热入里与胃腑有形之邪相结，化燥成实，转成阳明腑实之证，病仍在气分，燥热不去，伤及阴津，故舌生芒刺为阴竭阳亢之征；后者为邪热猖獗，由气分而达于营分，郁而不解，为无形之邪热羁恋，热毒燔盛，煎灼营阴，阴津亏耗，故舌生芒刺常为热盛动血或动风痉厥之先兆。

从舌象表现来分析，二证也不难鉴别。阳明腑实舌生芒刺其舌苔焦黄，甚则焦黑燥裂起刺，舌面粗糙，芒刺附着于舌苔；营分热盛舌生芒刺则无苔或少苔，舌质呈深红绛色，甚则焦紫起刺，状如杨梅，或伴有裂纹，但粗糙程度不如前者。诚如《伤寒本旨》所说："凡舌生芒刺者，苔必焦黄或黑；无苔者，舌必深绛；其苔白或淡黄者，胃无大热，必无芒刺。"

再从其它临床表现来鉴别，阳明腑实舌生芒刺的辨证要点有痞、满、燥、实等见症；营分热盛舌生芒刺的辨证要点有营热燔灼、阴亏液耗（身热烦躁、神昏谵语、斑疹隐隐）、甚至热盛动风、动血（抽搐、出血、发斑）的症状。

若从治疗而言，二证亦迥异。阳明腑实舌生芒刺者宜急下存阴，用承气汤法。清·吴坤安《察舌辨症法》中说："如厚黄燥刺，或边黄中心焦黑起刺，脐腹胀满硬痛，乃阳明里症，承气汤下之"，若"腹无痞满硬痛之症者，不可妄投承气，是胃中津液干涸，少阴肾水不支，宜大小甘露饮下之。"营分热盛舌生芒刺者宜遵叶天士"入营犹可透热转气"之旨，用清营汤以清营泄热，使营分邪热转出气分而解。吴坤安也说："如纯红鲜红起刺，此胆火炽而营分热，急宜犀角翘皮丹等清解之"，"如不解……速宜重加鲜生地、麦冬、元参之类。"

举凡舌生芒刺高起必是邪热鸱张的现象，热邪越重，芒刺越大越多。一般可根据芒刺所生的部位，以区别五脏主病，如舌尖芒刺为心热，舌中芒刺为脾胃有热等等。

【文献别录】

《舌胎统志》："淡红舌尖生芒刺，为上受风温，治宜清散；尖生红点灰刺，为相火乘君火之位，相火宜抑，君火宜清；尖生蓓蕾响刺，蓓蕾为湿火，大黄黄连解毒汤，响刺为结胸，大小陷胸汤；若白胎黑刺，燥则为风火之变，滑则为湿热之蒸，皆宜下利，然此象属危者多。"

《四诊抉微》："舌红而有刺者，此内有停积饮食也，承气汤下之；刮其刺，得净者生，不净者死。"

《诊家直诀》："苔黑虽内热而不遽起刺，有烟瘾人，苔易燥刺，而非必内有真热。"

《辨舌指南》："舌起红紫刺，心经热极，又受疫邪熏蒸而发也。"

（王庆其）

139. 舌 生 瘀 斑

【概念】

舌上生出青而带黑的斑点，称为瘀斑。

"舌生瘀斑"一词在古代医学文献中尚未查见，于近年来的书刊中始见记载，大凡舌生瘀斑症在古代已包括在青紫舌中论述。但严格地说，舌生瘀斑较青紫舌更深暗，略带黑色；其小而成点状者叫瘀点，几个瘀点融合起来即成瘀斑。另，青紫舌主病较多，舌生瘀斑仅主瘀血一端。因此，有必要将本症专辟一节讨论。

【鉴别】

舌生瘀斑常见于瘀血证，其主要临床表现为：舌见瘀斑，瘀血停积部分有刺痛，固定不移，或有积块，肿胀压痛，脉涩等。

形成舌生瘀斑的病因有出血而致瘀停，有气滞而成血瘀，也有因舌头本身出血，久而出现瘀斑，部分可由先天生来即有此斑。临床所见，常根据瘀斑出现于舌的不同部位，辨别瘀血停留的相应部位，如舌尖瘀斑为心痹瘀阻，舌两边瘀斑为肝胆瘀阻等等。

舌生瘀斑的治疗原则是活血行瘀，如兼气滞者宜理气活血，兼气虚者宜补气活血。方剂可根据瘀血停留的部位随证选用，如王清任之通窍活血汤、膈下逐瘀汤、少腹逐瘀汤等。若生来即有瘀斑者，则不必求治。

【文献别录】

《舌鉴辨正》："生斑舌，全舌纯红而有小黑点者，脏府皆热也。"

(王庆其)

140. 舌 边 齿 痕

【概念】

舌体边缘凹凸不齐，甚则似锯齿状者，谓之"舌边齿痕"。亦称"齿痕舌"、"舌边锯痕"。

舌体较大的正常人常伴有舌边齿痕；或因齿有缺陷，高低不齐所致的舌边齿痕不属本节讨论内容。

【鉴别】

常见证候

气虚舌边齿痕：舌质浅淡，舌苔薄白，舌体胖嫩，舌边齿痕，面色不华，气短懒言，倦怠乏力，自汗，饮食减少，食后腹胀，大便溏泻，脉细弱无力。

阳虚舌边齿痕：舌质淡白，舌面湿润多津，或舌面水滑，舌体圆大胖嫩，面色苍白或青黑，神疲乏力，倦怠嗜卧，口淡不渴，纳呆食少，腹中冷痛，得温则舒，畏寒肢冷，尿清便溏，或见浮肿，脉沉微。

鉴别分析

气虚舌边齿痕与阳虚舌边齿痕：气虚者气不行水，水失运化；阳虚者不能蒸化水液，二者均会引起气化功能障碍，体内水湿潴留，浸渍于舌，以致舌体较正常者稍胖大，舌上显示湿润之象，舌体受牙齿的压迫，而出现舌边齿痕。气虚阳衰，营血生化不足，血行无力，不能上营于舌体，而致舌质淡白娇嫩。二者皆为虚证，一为气虚，一为阳虚。气虚舌边齿痕多因久病气虚，思虑过度，劳伤心脾，出现一派气虚的临床表现：气短、自汗、面色不华，稍劳或活动后加重；若脾气虚弱，则纳食减少，腹胀便溏，四肢乏力，气短懒言，脉细弱。阳虚舌边齿痕，多因先天不足或久病劳伤及年老体衰，阳气亏损。出现一派阳虚外寒（命门之火不足）的临床表现：面色青黑或㿠白，全身恶寒，腰痠膝冷，腹中冷痛、腹满喜温、神疲乏力、倦怠嗜卧、大便溏泻、脉沉迟或沉微。气虚与阳虚，虽有区别，但又有联系。张景岳云："气本属阳""气不足便是寒"。气虚进一步发展可导致阳虚。

气虚舌边齿痕，治宜大补中气，选用补中益气汤；阳虚舌边齿痕，治宜辛温补阳，方选四逆加人参汤。

总之，舌边齿痕一症，舌体多胖大，舌质多娇嫩，不论何种苔色，其病皆属虚证。《中医病理研究·舌象形成机理探讨》谓："齿印为阳虚、气虚的临床表现，多伴见于胖嫩舌与淡白舌。"

【文献别录】

《望诊遵经·诊舌形容》："舌形沿边缺陷，如锯齿者，脏气虚惫，不治之症也。"

《辨舌指南·观舌之心法》："湿热有痰之症，舌质胀大满口，边有齿印。"

《中医临证备要·舌边锯痕》："舌边缘凹凸不齐如锯齿状，为肝脏气血郁滞。"

（乔国琦）

141. 舌 红 绛

【概念】

舌色较正常之淡红为深，呈鲜红或深红，称为红绛舌。

舌红与舌绛，严格地说是两种不同的舌色，主病也有一定的区别。如《舌鉴辨正》说："色深红（即绛色）者，气血热也；色赤红（即鲜红色）者，脏腑俱热也。"但舌红与舌绛一般都主热证，二者仅在程度上有轻重之分，绛舌为红舌的进一步发展，其形成的机制及临床意义相类似，所以本节并为一类论述。

【鉴别】

常见证候

阳盛实热舌红绛：多见于温热病邪热亢盛阶段，邪盛而正未衰。主要临床表现为：舌质红绛，色泽鲜明，发热（大多为高热），心烦躁扰，甚则出现神昏谵语、斑疹隐隐，口渴饮冷，脉洪数有力。

阴虚内热舌红绛：多见于温热病及某些慢性病后期，正虚邪衰。主要临床表现为：舌质红绛，色泽晦暗，潮热面赤，心悸盗汗，五心烦热，神倦，脉细数。

鉴别分析

阳盛实热舌红绛：其成因为邪热鸱张，营热蒸腾，热灼营阴。舌质由红转绛，意味着热势逐渐严重。舌质红绛，一般认为是热入营血的标志。《辨舌指南》说："凡邪热传营，舌色必绛。绛，深红色也。心主营，主血，舌苔绛燥，邪已入营血。"其辨证要点是：舌红绛，色较鲜艳，或伴有红刺，舌面燥裂，苔色多为黄糙或焦黑，热势远比阴亏虚证为盛，可兼有口渴引饮、神昏谵语、脉洪大有力等症状。治疗宜清营凉血，方选清营汤、犀角地黄汤等。

阴虚内热舌红绛：其成因为邪热久羁，灼烁阴液；或某些慢性病久延失治，阴亏液耗；或因过用汗下、误投燥热药，以致阴液受损，虚火上炎。上述因素造成阴伤，反映于舌象，即见舌质红绛。阳盛实热舌红绛也提示有伤阴现象，但就整个病情分析，邪热亢盛是其主要矛盾，与阴虚内热舌红绛以阴虚为主者，有虚实之别。再从舌象分析，阴虚内热证的舌红绛，多晦暗无泽，一般无苔，舌面干而少津。临床上还伴有午后潮热，虽渴而不喜饮，脉细数无力等阴虚发热见症，可资鉴别。治疗应遵循"壮水之主，以制阳光"的原则。对于温病来说，"存得一分津液，便有一分生机"，方选益胃汤、加减复脉汤。若舌质红绛，舌面光滑如猪肝状，干瘪枯萎者，多示胃肾阴液即将亡竭，如《辨舌指南》说："舌虽绛而不鲜，干枯而瘪者，肾阴涸也。""若舌绛而光亮者，胃阴亡也。"亟宜大剂补阴，否则，预后大多不佳。

上述所讨论的是全舌均呈红绛色的病证鉴别，临床上有因红绛之色出现在舌的不同部位，主病也不同，亦应加以鉴别。如舌尖独绛，是心火盛，叶天士主张"用导赤散泻其腑"；舌边红绛，是肝热，可选泻青丸清泻肝火；舌根红绛，是肾火，当用知柏地黄丸滋肾清火；舌红绛而中心干，是胃火伤津，如叶天士《外感温热篇》："色绛而舌中心干者，乃心胃火燔，劫烁津液，即黄连、石膏亦可加入。"舌绛而有大红点，是热毒乘心，可选黄连解毒汤泻火解毒。

【文献别录】

《温热经纬·叶香岩外感温热篇》："纯绛鲜色者，包络受病也，宜犀角、鲜生地、连翘、郁金、石菖蒲等。"

《舌胎统志》："绛舌白胎，为饮食中风寒，或因热积凉饮，白而厚者，内夹宿食，中风寒，葛根汤，积凉饮，竹叶石膏加二陈汤；绛舌厚腻燥胎，白者为表里合邪，黄者为邪热内结，合邪黄连汤，内结解毒汤加大黄槟朴；绛舌灰黑胎，酱色胎，虽自利脉涩，亦宜下属，以得积屎为度，其胎干燥，宜凉血攻下，有干瓣裂纹芒刺者为难治，虽大凉攻下，亦恐不救。"

（王庆其）

142. 舌 淡 白

【概念】

舌质色浅淡，红少白多或纯白无红色者，称为舌淡白，也称淡白舌。

淡白舌色在临床中很常见，但在古代文献中记载不多。列专条较为详尽描述淡白舌色者，首见于清代傅松元所著的《舌胎统志》一书。傅氏将淡白舌色分成二类：一类是"较平人舌色略淡，比枯白之舌色略红润"的淡白舌；另一类是枯白舌，"连龈唇皆无血色"。建国后出版的《中医舌诊》、《舌苔图谱》等均给予专门论述。

舌淡白在内伤杂病中较为多见，外感热病后期间亦有之。无论外感或内伤疾病，凡舌见淡白色，一般多主虚证，常表示病程较长，不易迅速治愈。

在临床中,舌淡白因所兼苔色不同,主病各异,本节只就舌淡白常见病证作一讨论。

【鉴别】

常见证候

气血两虚舌淡白:舌色淡白尚润,舌体大小正常或略小,唇淡,面色无华,头晕耳鸣,神疲肢软,声低息微,心悸自汗,妇人月经量少色淡或经闭不行,脉虚细软。

脾虚寒湿舌淡白:舌色淡白湿润多津,舌体胖嫩,舌边有齿印,神色委顿,不思饮食,腹胀,泄泻清稀,水谷不化,膝冷畏寒,肢体浮肿,按之不起,脉沉迟或沉细。

鉴别分析

气血两虚与脾虚寒湿两证虽均可见舌淡白,但其病因病机不同。造成气血两虚的原因很多,如先天禀赋不足、后天失于调养、疾病久延、失血过多等。其中有气虚不能生血,或血虚而后气衰,最终至气血两虚,以致不能上荣于舌而出现舌淡白。其辨证要点为:舌色比正常人浅淡,但略带淡红,舌体与常人大小相似或稍小,舌虽润但没有过多的水分,同时伴有气血不足(头晕乏力、自汗心悸等)的症状。治疗宜气血双补,如十全大补汤之类,缓缓图功。引起脾虚寒湿证的原因,诚如《舌胎统志》所指出的:"为脱血,为虚体过食寒凉,为腹痛,为泄,为中寒,为寒湿伤。"使脾阳亏损,脾虚化源匮乏,脏腑经络无以滋荣,反映于舌,可见淡白无华;脾虚不能制水,水湿失于运化,浸润于舌,故见舌体肿大胖嫩。本证脾阳虚衰是本,寒湿潴留为标。其辨证要点为:舌淡白不红,舌体明显增大似水肿状,一般伴见滑腻苔,舌边有锯齿印,同时兼见脾阳亏损(便溏、腹胀、纳呆、肢寒)、水湿潴留(浮肿,按之良久不起)的症状。治疗宜以温脾助阳、祛寒逐湿为法。方选实脾饮、苓桂术甘汤加减。

舌淡白一症,除上述两个证较为常见外,按其色泽荣枯,临床辨证时又当详加鉴别。如舌色淡白而少津的,皆由于阳气虚损不能生化津液,或阳虚水停津液不能上承,临床上常见于腹中停水的患者,口舌反而干燥,欲饮水而饮之不多,可用补阳益气、生津润燥法治疗;若舌色淡白而舌面光滑无苔者,多属气阴两伤,甚则为阴精将败绝之征,当引起足够的重视,亟宜大补气阴,方选生脉散(人参改用西洋参)之类;又如舌色枯白无华,甚至连齿龈、口唇全无血色者,提示阳气衰败,预后不良。

【文献别录】

《临症验舌法》:"凡舌见白色而浮胖娇嫩者,肺与大肠精气虚也,补肺汤主之。"

"凡舌见白色而滑润,属大肠阳气虚者,补中益气汤送固肠散主之。"

"凡舌见白色而干燥,属肺脏火旺者,生金滋水饮加柴胡黄芩主之。"

《舌鉴辨正》:"淡白透明舌,不论老幼见此舌,即是虚寒,宜补中益气汤加姜桂附治之。风寒伤寒证均无此透明之舌,透明者全舌明净无苔,而淡白湿亮,间或稍有白浮涨,似苔却非苔也。此为虚寒舌之本色,若感寒邪者,有薄浮滑苔,故云伤寒无此舌。"

(王庆其)

143. 舌　青

【概念】

舌见青色,《舌胎统志》形容其"如水牛之舌",多因寒或瘀阻而引起。

青色舌与蓝舌相近似,《神验医宗舌镜》说:"五色有青无蓝,蓝浅而青深,故易蓝为青。"《辨舌指南》说:"蓝者,绿与青碧相合。"但青舌多主寒、主瘀,蓝舌多主湿热、肝风,且较少见,二者临床意义不同;在古代文献里,常将青舌与紫舌并为一类讨论,但根据临床观察,二者主病仍有一定区别,故另立专节论述。

【鉴别】

常见证候

寒凝阳虚舌青:主要临床表现为舌青润滑,恶寒蜷卧,四肢厥逆,口不渴,吐利腹痛,或下利清谷,或手足指甲唇青,脉来沉迟无力,甚或无脉。

瘀血阻滞舌青:主要临床表现为舌青干涩,口干漱水不欲饮,面色黧黑,口唇青紫,胸满,皮肤甲错,出血紫黑,脉迟细涩;局部可出现青紫斑块,肿块癥积,肿胀刺痛。

鉴别分析

寒凝阳虚舌青,多由寒邪直入于里,《舌胎统志》说:"青色舌……乃寒邪直中肾肝之候,竟无一舌属热之因。"寒为阴邪,阴寒内盛,阳气不能温煦,气血凝滞,故舌见青色,外感病见此,常为寒邪直中少阴、厥阴之证;或因慢性病,屡经汗下,阳气受戕,肝肾虚衰,寒从内生,舌青意味着阳气将告败绝,《神验医宗舌镜》:"若杂病见此,……真阳衰绝之候,其有可治者,或稍带微蓝,或略带蓝纹,……藏气未绝。"其辨证要点为:舌质青,舌面略润滑,并见脏腑虚寒(畏寒肢冷、手足指甲唇青、脉迟)的症状。治疗应重剂温阳祛寒,方选四逆汤、附子理中汤、吴茱萸汤等。《辨舌指南》说:"舌苔青滑,乃阴寒之象,急宜四逆、吴萸辈温之,外症若见面青唇紫、囊缩、厥逆、筋急、直视等症者,厥阴败症也,不治。"可见,舌见青色,当引起足够的重视。

瘀血阻滞舌青,主要原因有三:1. 寒邪入侵脏腑,血得寒则凝;2. 气虚或气滞不能推动血运,停而为瘀;3. 外伤或其它原因出血之后,离经之血停留体内。其辨证要点是:舌质青,舌面略干涩,或伴有灰苔,并有其它瘀血内阻(皮肤瘀斑、甲错,腹内肿块)见症,《辨舌指南》:"舌青口燥,漱水不欲咽,唇痿,胸满,无寒热,脉微大来迟,腹不满,其人自言满者,内有瘀血也。"可资我们鉴别时借鉴。治疗除活血化瘀一法外,还须根据致瘀原因而标本同治。

【文献别录】

《辨舌验证歌括》:"舌中生青紫斑,肝郁过度,治当疏泄,宜乎恬惔,随遇而安,青紫即退矣"。

《舌胎统志》:"青舌在孕妇,必子死腹中,宜平胃散加芒硝下之。"

《临症验舌法》:"凡舌见青色而坚敛苍老者,肝胆两经邪气盛也,泻火清肝饮主之(柴胡、黄芩、山栀、当归、生地、生甘草)。"

"凡见青色而浮肿娇嫩者,肝胆两经精气虚也,滋水清肝饮主之(熟地、山药、萸肉、丹皮、茯苓、泽泻、五味子、归身、柴胡、甘草、白术)。"

"凡舌见青色而干燥,属肝脏血虚火旺者,逍遥散加丹皮、山栀主之。"

"凡舌见青色而润滑,属肝脏气虚者,当归建中汤去胶饴主之。"

(王庆其)

144．舌　紫

【概念】

舌呈紫色，或色紫带绛晦然不泽，或紫中带青而滑润，均称舌紫。

舌紫易与舌绛、舌青相混淆。在古代医学文献里，有认为舌紫乃舌绛的进一步发展者；有因舌紫与舌青的主病相类似而归为一类者；也有认为青色属寒，紫色属热而辟为两类。

根据临床观察，舌紫的形成，有从舌红绛进一步发展而成的舌绛紫；有从舌淡白转变而成紫中带青的舌青紫。说明舌紫有偏绛或偏青的不同表现，二者因形成机制不同，临床意义各别。应与单纯的舌红绛、舌青相区别。

【鉴别】

常见证候

血分热毒舌紫：多见于温热病热入血分阶段。舌质紫而带绛，高热烦躁，甚或昏狂谵妄，斑疹紫黑，或吐血，衄血，脉洪数。

寒邪直中舌紫：多见于伤寒直中三阴，阴寒内盛。舌紫而带青，身寒战栗，四肢厥冷，腹痛吐利，或手、足、指甲、唇青，脉沉迟，甚或沉伏不起。

瘀血内阻舌紫：舌质紫而带灰，晦暗不泽，或腹内有结块，伴胀痛，疼痛以刺痛为主，痛处固定不移，面黯消瘦，肌肤甲错，脉细涩。

酒毒内蕴舌紫：多见于酒癖患者。舌质紫，舌体肿大，舌苔焦燥，面赤唇紫，口苦舌干，呕恶纳呆，脘腹痞胀，小便不利，脉弦数。

鉴别分析

血分热毒舌紫与寒邪直中舌紫：两证虽俱见舌紫，但　热一寒，判然有别。从病因而论：血分热毒之病因为热邪，常发生于温热病，营热不解，热邪深入血分，热深毒盛，迫血妄行，舌见紫色为血热炽盛的特征，如《舌鉴辨正》说："紫见全舌，脏腑皆热极也。"寒邪直中之病因为寒邪，本证的形成，或因素体虚寒，复感寒邪，或因伤寒失治、误治转属，如《伤寒论》云："本太阳病，医反下之，因尔腹满时痛者，属太阴也……。"寒邪直中，经血凝滞，如《素问·举痛论》："寒气入经而稽迟，泣而不行……。"舌质因见紫而带青。《伤寒舌鉴》："淡紫青筋舌，此寒邪直中厥阴，真寒证也。"《舌鉴辨正》："淡紫带青舌，青紫无苔，多水滑润而瘦小，为伤寒直中肝肾阴证。"从临床表现看：血分热毒舌紫，多由舌红绛发展而来。因此，舌紫带绛，或伴裂纹，苔焦燥起刺，同时兼见热深毒盛动血（谵妄、斑疹、吐衄）的症状；伤寒直中舌紫，多由舌淡白演变而来，所以，舌淡紫带青，舌面滑润少苔，同时伴有畏寒、四肢厥冷、脉迟等寒象。再从治疗来说：两证均属危重证，必须及时抢救。血分热毒证的治疗，诚如叶天士所说："入血犹恐耗血动血，直须凉血散血。"宜予凉血解毒，方选犀角地黄汤、神犀丹等；寒邪直中证的治疗，急宜回阳救逆法，方选四逆汤、回阳救急汤等。

瘀血内阻舌紫：其成因有二：1.素有瘀血，复又邪热内蕴，经脉瘀滞，如叶天士《温热论》云："热传营血，其人素有瘀伤宿血在胸膈中，挟热而搏，其舌色必紫而暗，扪之湿。"2.或因情志郁结，或因寒湿凝聚，使脏腑失和，气血瘀滞，日久瘀积成块，舌紫即为瘀血内阻的见症。其辨证要点是：舌呈紫色，略带灰色，晦暗无泽，舌边伴有瘀点。《通俗伤寒论》对瘀血内阻而造成舌紫的证候分析颇详："舌色见紫，总属肝脏络瘀。因热而瘀者，舌必深紫而赤，或干或焦，因寒而瘀者，舌多淡紫带青，或暗或滑。"值得借鉴。瘀血证的治疗总以活血化瘀为大法，方选膈下逐瘀汤、血府逐瘀汤之类。如有结块者，化瘀与软坚并用；兼营热者，可加丹皮、生地之属；伴气滞者，伍乌药、香附等行气之品。

酒毒内蕴舌紫：李东垣《脾胃论·酒伤病论》云："夫酒大热有毒，气味俱阳，乃无形之物也。"若长期嗜酒成癖，或恣意暴饮，酒毒、湿浊蕴积体内，脾胃受戕，严重的可导致酒毒攻心。《舌鉴》："酒毒留于心胞，伏于经络，血气不能上营于血；或酒后雄饮冰水，致令酒之余毒，冲行经络，酒味入心，汗虽已出，心包络内还有酒毒不尽，皆能令舌现紫色。"临床可见舌深紫肿大，干枯少津，舌面焦燥起刺，以及脾胃湿浊内阻（口苦、呕恶、脘部痞闷）的症状。治疗宜清热解酲，方选葛花解酲汤加黄芩、黄连等。

综上所述，舌紫一症有寒、热、瘀血、酒毒之分，根据舌色的不同表现以及临床特征，是不难区分的。又，某些患者在受医生检查时，因伸舌时间太长，且过分用力，使舌面处于紧张状态，亦可出现舌紫，缩回后即退色。因此，我们在诊察舌色时，应嘱患者平舒伸舌，勿过分用力，避免造成假象而误诊。

【文献别录】

《舌胎统志》："紫舌中央赤肿干焦者，为温热病后，余邪未尽，复伤酒肉，邪热复聚所致，最多暴死，为内闭外脱者也。见此，即宜大柴胡微利之。若烦躁厥逆脉伏，先进枳实理中，次用小承气。"

《国医舌诊学》："孕妇紫青舌，乃胎胞受热上冲所致，宜黄连解毒汤，误药则母子俱危，盖舌紫而带青为热，青舌带紫则为寒也。"

《辨舌指南》："如见舌形紫而干涩，口渴唇燥，外见少阴症，此肾阴不足，坎中水亏，宜壮水为主，六味饮、一阴煎之类。如兼谵语神昏，又当从手少阴治，微清痰火，如生地、丹参、茯苓、川贝、菖蒲、钩藤、天竺黄之类。"

"不拘伤寒杂症，如见舌色紫如猪肝，枯晦绝无津液者，此肾液已涸，痢疾见此苔，胃阴已竭必死。"

（王庆其）

145. 舌　　干

【概念】

舌上有苔，苔面缺乏津液，苔质干燥，或舌光无苔，望之枯涸，扪之燥涩，称为"舌干"。

本症与"舌光"不同，"舌光"系舌上无苔而光滑，有津或无津，舌光的辨认应结合舌质进行，本症的辨认主要看舌面津液之盈亏。

鼻塞和张口呼吸的人，舌面多干燥，应注意区别。

舌干常伴口渴，并称为"口干舌燥"，本节当与"口渴"条互参。

【鉴别】

常见证候

热盛伤津舌干：舌干，苔黄燥或焦燥起刺，壮热面赤烦躁，口渴喜冷饮，汗多，便秘溲黄，脉洪数。

阴虚津亏舌干：舌干，质红绛少苔或无苔，身热不甚，面潮红，手足心热，口干欲饮，尿短赤，神色萎靡，脉细数。

阳虚津不上承舌干：舌干，质淡，苔白，口干不欲饮，或喜热饮，面色㿠白或青灰无华，倦怠嗜卧，气短懒言，食欲不振，腹满冷痛，得温则舒，四肢厥冷，尿清便溏，浮肿，脉沉迟。

鉴别分析

热盛伤津舌干：多由外感热病过程中，邪热炽盛，灼烁津液而致舌干。《伤寒论本旨》说："干燥者，邪热伤津也。"临床表现常随热邪入侵的脏腑不同而各异，如邪热壅肺者，以壮热、咳喘、烦渴、咯痰为主症；热在气分者，以大热、大汗、大烦渴、脉洪大为主症；热结胃肠者，以潮热、便秘、腹满、脉实为主症；热在肝胆者，以黄疸、发热、胁痛、呕恶为主症；热在营血者，以身热夜甚、神昏、谵语、发斑为主症。其中舌干，是邪热伤津之征。治疗重点是清热、祛邪、保津，俾邪去津回，舌干自解。选方时根据邪热所犯部位而定，如邪热壅肺者，用麻杏石甘汤加芦根、全瓜蒌、鱼腥草等；热在气分者，用白虎加人参汤；热结胃肠者，用承气汤类；热在肝胆者，用龙胆泻肝汤；热在营血者，用清营汤、犀角地黄汤。

阴虚津亏舌干：由热病后期，邪热久羁，阴液亏耗所致；亦有慢性病，久病煎熬至阴分亏损；或五志过极化火伤阴；或嗜酒辛热食品，营阴暗耗等，阴虚火炎伤津，造成舌干。临床辨证要点：舌干少津，舌质红（或绛）少苔，兼有口渴、心烦、手足心热、面潮红、脉细数等阴虚内热之症。治疗原则是滋阴、清热、增液，如胃津匮乏者，方选益胃汤；肝肾阴虚者，青蒿鳖甲汤、六味地黄汤加麦冬、五味子等。

阳虚津不上承舌干：由慢性病失治，或迭经大吐、大泻、大汗，折伐阳气，阳气虚弱，三焦气化失司，水液代谢紊乱，津不上承而致舌干。《伤寒论本旨》："干燥者，阳气虚，不能化津上润也。"又如《辨舌指南》说："腹满，口干，舌燥者，肠间有水气也。"临床特点是：舌干苔白，渴不欲饮，或喜热饮，兼有面色㿠白或晦黯、倦怠嗜卧、四肢厥冷、尿清便溏、浮肿等阳虚症状。治疗宜温阳补气，可选四逆加人参汤；如阳虚水湿停留者，选真武汤温阳利水。

舌干一症，多为津伤之征，或邪热灼津，或阴虚津亏。而阳虚津不上承者，由气化失司所致，非津伤也。但以前二者为多见，后者较少见。三证鉴别的着眼点是：1. 舌体局部的变化：热盛伤津舌干，舌苔黄燥或焦燥起刺，舌质稍红；阴虚津亏舌干，舌质红绛，无苔或少苔；阳虚津不上承舌干，舌质淡，舌苔白或晦暗干燥。2. 口渴的程度：大凡舌干均伴口渴，但三者口渴程度不一。热盛伤津舌干，烦渴，喜冷饮；阴虚津亏舌干，口渴较甚，喜凉饮；阳虚津不上承舌干，口渴不欲饮，或饮亦不多，喜热饮。3. 兼证：热盛伤津者，多见于实热证中，邪热鸱张阶段；阴虚津亏者，多见于热病后期，或慢性病后期，表现阴虚内热之症；阳虚津不上承者，多见于杂病后期，表现阳虚气化失司之症。根据上述三个方面，不难区分。

【文献别录】

《辨舌指南·辨舌之津液》："然亦有湿邪传入气分，气不化津而反燥者。……舌上苔津液干燥，毒邪传里也。……舌苔黄燥，若足冷脉沉，非纯阳症，切忌硝黄。"

《四诊抉微·望诊》："舌至干黑而短，厥阴而热极已深，或食填中脘，膜胀所致，用大剂大承气汤下之，可救十中一二，服后粪黄热退则生，粪黑热不止者死。"

《中医临证备要·舌干》："苔腻而干，为胃津耗伤，在湿温病中，后期为多见，有厚腻粗糙，扪之如沙皮的。治宜先生津液，等待津回舌润再化其湿。"

（乔国琦）

146. 舌　　光

【概念】

舌上无苔，光滑洁净，甚则如镜面，谓之"舌光"。亦称"镜面舌"、"光滑舌"、"光莹舌"、"光剥舌"、"光红柔嫩舌"。

舌光无苔，提示证情危笃，辨证当洞察秋毫，不得有误。

【鉴别】

常见证候

胃阴干涸舌光：舌红（或绛）而光，舌面乏津，舌心尤甚，烦渴不安，不思饮食，或知饥不食，干呕作呃，或见胃脘疼痛，肌肤灼热，大便秘结，甚则噎膈，反胃，脉细数无力。

肾阴欲竭舌光：舌绛（或红）而光，其色干枯不鲜，扪之无津，舌体瘦小，咽喉干燥，面色憔悴，形体消瘦，头晕目眩，耳中蝉鸣，重听或耳聋，牙齿色如枯骨，齿摇发脱，腰膝痠软，两足痿弱，五心烦热，潮热盗汗，脉沉细数。

气阴两虚舌光：舌淡红而光、干而少津，或全无津液，兼见精神萎顿，疲倦乏力，少气懒言，语声低微，不饥不食，睡眠不实，口渴，咽干，唇燥，眼窝深陷，皮肤干燥，甚则干瘪，脉虚无力或细数无力。

气血两虚舌光：舌淡白而光，常见面色不华，唇甲淡白，头晕眼花，心悸失眠，疲倦乏力，少气懒言，语声低微，手足麻木，饮食不振，大便溏薄，脉沉细无力。

鉴别分析

胃阴干涸舌光与肾阴欲竭舌光：皆为阴液涸竭的虚证，病至为危重。乃由汗下太过，或久病失治，或温病邪热久羁，或过服温燥劫阴之药，或失血、伤精，使胃、肾阴液虚竭，不能上营于舌，以致舌绛（红）而光，干燥无津。诚如《舌鉴辨正》所说："色灼红无苔无点而胶干者，阴虚水涸也。"其鉴别要点：胃阴干涸舌光，舌色鲜明而干，尤以舌心干甚；肾阴欲竭舌光，舌色干枯不荣。前者多伴见口干唇燥，肌肤灼热，脉细数无力；后者多兼见口干咽痛，颧红，五心烦热，潮热盗汗，脉沉细而数。胃主纳，喜润恶燥，以降为和，因而胃阴不足或干涸，必影响其纳、降功能，从而可同时表现知饥不食，见食则恶，干呕作呃，或脘痛，或反胃等症。肾阴虚，则见水不济火，相火妄动，兼见头晕目眩，耳鸣耳聋，失眠遗精，面色憔悴，两足痿弱，齿摇发脱等症。胃阴干涸舌光，治宜滋养胃阴，可用益胃汤，或用炙甘草汤去姜、桂加鲜石斛、蔗浆、麦冬；肾阴欲竭舌光，治宜滋补肾阴，可选十全甘寒救补汤，或左归饮。

气阴两虚舌光与气血两虚舌光：前者常见于急性热病后期，或某些慢性、消耗性疾病过程中，伤阴耗气，使舌质失却气煦津润，故呈淡红而光。后者多由脾胃损伤，饮食不振，气血无以化生，病久而见气血两虚，舌质不得濡养，舌苔逐渐脱落，新苔不能续生，以致全舌淡白而光滑。常见于失血过多，或脾胃虚弱，生化不足，或妇人产后。以上两证虽均有气虚的临床表现，如倦怠乏力，少气懒言，语声低微，脉虚无力等症。但气阴两虚兼见津液耗伤之象，症见：口渴，咽干，唇燥，眼窝深陷，皮肤干燥，甚则干瘪，小便短少，脉数等；气血两虚则兼见血虚之征，如：面色不华，心悸头晕，唇甲淡白，脉细等。津液与血液虽同出一源，但其不足之症显然有别，临证仍当明辨。气阴两虚舌光治宜益气养阴，常用生脉散；气血两虚舌光治在健脾养胃、补气生血，方用十全甘温救补汤。

总之，不论内伤、外感，若见此舌常示胃、肾阴液涸竭，舌色多红或绛；阴亏气虚者，淡红而光，气血两虚者，舌淡白而光。上述均为危重之候，亟宜审证辨治，全力采取抢救措施，以防万一。

【文献别录】

《辨舌指南·察舌辨证之鉴别》；"若舌中忽一块如镜，无苔而深红者，此脾胃、包络津液太亏，润溉不用也。亦有瘀血在于胃中，无病或病愈而见此苔者，宜疏消瘀积，不得徒滋津液。……若包络有凝痰，命门有伏冷，则舌面时忽生一块，光平如镜。"

《温热经纬·薛生白湿热病篇》："湿热证，四五日，口大渴胸闷欲绝，干呕不止，脉细数，舌光如镜，胃液受劫，胆火上冲，宜西瓜汁金汁鲜生地汁甘蔗汁，磨服郁金木香香附乌药等味。"

（乔国琦）

147. 舌　剥

【概念】

舌苔剥落不全，剥落处光滑无苔，称为舌剥。

舌苔剥蚀与形似虫蚀之状的"虫碎舌"不同，前者为"舌苔中剥去一块如钱，或剥去数块，或满舌花剥如地图"（《中医临证备要》）；后者为"舌有红点坑烂，凸似虫蚀草者"（《国医舌诊学》）。形态不同，其临床意义亦异，舌剥多主阴虚，"虫碎舌"则主火毒炽盛，故二者应加鉴别。

根据舌苔之剥落程度，又有花剥、光剥之称，但总属舌剥的范围。

【鉴别】

常见证候

胃阴虚舌剥：舌红苔剥，口干少津，不思饮食，食不知味，或食后饱胀，或干呕作呃，甚则噎膈反胃，大便干结难下，脉细数无力。

气阴两虚舌剥：舌淡红苔剥，短气乏力倦怠，五心烦热，盗汗，口干咽燥，脉细数。

鉴别分析

胃阴虚舌剥与气阴两虚舌剥：胃阴虚舌剥多因外感热病后期，胃中余热不清，耗伤胃阴；或因久患胃病或其它慢性疾病，日久阴液亏损，胃失阴液的滋养濡润，故见舌苔剥落，甚则舌面光滑者，为"镜面舌"，是胃阴大伤之象，虑其胃阴枯竭，预后不佳。气阴两虚舌剥也大多由于外感热病后期，热邪久恋，伤阴耗气，而致气阴两虚；或暑令汗出过多，津气耗伤；某些慢性病晚期，亦可因久病而气阴俱伤，致使舌剥。

辨证要点：胃阴虚舌剥，舌质深红或光绛有裂纹，并伴有胃失和降（纳差、食后饱胀、干呕作呃）等症状；气阴两虚舌剥，舌质淡红，并伴有气虚（短气懒言、神疲乏力、自汗）阴亏（五心烦热、盗汗、口干便秘）等症状。

胃阴虚舌剥的治疗原则是滋养胃阴，常用益胃汤、沙参麦冬汤等方；气阴两虚舌剥的治疗原则是补气养阴，常用生脉散等方。

【文献别录】

《国医舌诊学》："舌中剥蚀，边有腻苔者，湿痰蕴积也。"

《中医诊断学》：舌苔"若骤然退去，不复生新苔，或如剥去，斑斑驳驳地留存，如豆腐屑铺舌上，东一点西一点，散离而不连续，都是逆证。多因误用攻伐消导药，或误用表药，致胃气胃液被伤残，故现此候。"

（王庆其）

148. 舌 苔 白

【概念】

舌上苔呈白色，称为"舌苔白"。"苔"字在古代亦写作"胎"。

《辨舌指南·白苔类诊法》云："……舌地淡红，舌苔微白，……干湿得中，不滑不燥，斯为无病之苔。"即正常人舌质淡红，舌苔微白，与病理性白苔不同，宜加以区分。另外，若舌苔白而带腻者，可参见"舌苔白腻"条。

【鉴别】

常见证候

风寒束表舌苔白：舌苔薄白，症见恶寒或恶风，头项强痛，发热，无汗，身痛，脉浮紧。

寒湿袭表舌苔白：舌苔白滑，恶寒发热，无汗，头痛头重，腰脊重痛，肢体痠楚疼痛，或一身尽痛，不能转侧，脉紧。

脾阳虚衰舌苔白：舌苔洁白，光亮少津，其形有如片片雪花布散舌上，其色比一般白苔为白，俗称"雪花苔"，并见面色少华，腹中冷痛，喜温喜按，腹满时减，食欲不振，便溏溲清，形寒肢凉，身倦乏力，气短懒言，脉迟或缓无力。

鉴别分析

风寒束表舌苔白：风寒之邪外袭肌表，由皮毛而入，邪犯太阳膀胱经，寒为阴邪，易伤阳气，故《辨舌指南》谓："舌无苔而润，或微白薄者，风寒也，外症必恶寒、发热。"其辨证要点：发热轻而恶寒重，无汗，口不渴，舌苔白润，舌质正常，头痛身疼，脉浮紧。治当辛温解表，方选麻黄汤。

寒湿袭表舌苔白：病因冒寒晓行，或远行汗出，淋受凉雨，寒湿外受，邪客肌表所致。邪未传里，故舌苔白而带滑，《辨舌指南》云："寒湿本阴邪，白为凉象，故白苔滑者，风寒与湿也。"寒湿之性重浊凝滞，故头痛头重，腰脊重痛，或一身尽痛，脉弦紧，阳气被遏不能发泄，故恶寒发热，肌表无汗。本证与风寒表证舌苔白相似，但风寒束表者，舌苔白润，兼见风寒表证，而寒湿袭表者，舌苔白滑，兼见湿郁肌表之症，治宜疏风散湿，方用羌活胜湿汤。

脾阳虚衰舌苔白：本证由久病脾阳亏损，或屡经吐下，中气大伤，或饮冷中寒，脾阳逐渐衰败，内寒凝闭中焦，既不能运化水湿，又无以输布津液，以致舌苔白净，津少光亮，形似雪花。《辨舌指南》云："舌起白苔如雪花片者，此俗名雪花苔，为脾冷而闭也。"其辨证要点：除见白苔外，并见腹中冷痛，腹满喜温，四肢发凉，形寒气怯等脾失健运、虚寒内盛之象。治宜温中健脾，甘温扶阳，方用附子理中汤化裁。

舌见白苔，一般主寒证，《伤寒论本旨》云："凡苔垢，色白者为寒，白甚者，寒甚也。"寒有表寒、里寒之分。表寒多见薄白苔；里寒苔白稍厚；如兼湿则苔白带腻；若脾阳虚衰所致的白苔，为白而净，津少光亮，形似雪花。再根据临床表现，较易区分。一般薄白苔示病情轻浅，白厚苔示里寒重，雪花苔则是脾气败绝的危笃之候。如《伤寒舌鉴》说："白胎亦有死症，不可忽视也。"

【文献别录】

《伤寒舌鉴·白胎舌总论》："干厚白胎舌，病四五日，未经发汗，邪热渐深，少有微渴，过饮生冷，停积胸中，营热胃冷，故令发热烦躁，四肢逆冷，而胎白干厚，满口白屑，宜四逆散加干姜。

《四诊抉微·望诊》："舌见白胎如煮熟之色，厚厚裹舌者，则饮冷之过也，脉不出者死，四逆汤救之。"

《温热经纬·叶香岩外感温热篇》："再舌苔白厚而干燥者，此胃燥气伤也，滋润药中加甘草，令甘守津还之意。……若白干薄者，肺津伤也，加麦冬、花露、芦根汁等轻清之品，为上者上之也。若白苔绛底者，湿遏热伏也，当先泄湿透热，防其就干也，勿忧之，再从里透于外则变润矣。"

《辨舌指南·辨舌之颜色》："满舌苔白，干胶焦燥，刮不脱或脱不净者，为里热结实也。……舌与满口生白衣如霉苔，或生糜点者，胃体腐败也、多死。"

（乔国琦）

149. 舌 苔 黄

【概念】

舌上苔呈黄色，称为"舌苔黄"，或称"舌胎黄"、"黄胎"、"黄苔"。

早在《内经》中已有"舌上黄"的记载。前人言舌诊往往舌与苔混称，所谓"舌上黄"、"舌见黄色"，实为苔的黄色，而非舌色。

临证诊察黄苔，应分清苔质的厚、薄、润、燥、腐、腻等情况。还需辨别染苔和其它假象，如食蛋黄、柿子、橘子、有色糖果等食物，及服黄连粉、中药煎剂，每使舌苔呈现黄色；季节气候的影响，夏季舌苔可见薄而淡黄；素嗜饮酒的人苔多黄浊，吸烟多的人每见黄垢中微有黑晕，均应与病理黄苔相区分。夜间在灯光下诊舌，易将黄苔看成白苔。

舌苔黄合并舌质变化的，不属本症讨论范围。

【鉴别】

常见证候

胃热炽盛舌苔黄：舌苔黄，身大热，但恶热不恶寒，汗大出，面赤心烦，渴饮不止，脉洪大。

胃肠实热舌苔黄：舌苔深黄，厚而干燥，甚或老黄焦裂起芒刺，面赤身热，日晡潮热，口渴，汗出连绵，大便秘结，或纯利稀水，腹满疼痛拒按，烦躁，谵语，甚则神志不清，或循衣摸床，脉沉有力，或滑实。

湿热壅滞舌苔黄：舌苔黄而垢浊，舌质红，身热不扬，心烦，口渴不欲饮，脘腹胀满，不思饮食，恶心呕吐，大便垢腻恶臭，脉滑数。

鉴别分析

胃热炽盛与胃肠实热舌苔黄：胃热炽盛舌苔黄为伤于寒邪，化热入里，或温病邪热入于气分，致阳明胃热炽盛，故舌苔黄。胃肠实热舌苔黄乃因阳明在经之热邪未解，传入胃腑，与肠中燥屎相搏，结于胃肠，故见舌苔深黄，厚而干燥，甚或老黄焦裂起芒刺。《中医舌诊》云："至于苔干色黄，满舌厚积，则为实热里证无疑。"二者均为邪热内犯阳明胃、肠，前者属阳明经证，以身大热，汗大出，口大渴，脉洪大为辨证要点；后者属阳明腑证，以大便秘结，或热结旁流，纯利清水，所下恶臭，且感肛门灼热，日晡潮热，腹部胀满，疼痛拒按，汗出多，时谵语，脉沉实等症为辨证关键。胃热炽盛舌苔黄，治宜清热生津，方用白虎汤；胃肠实热舌苔黄，治宜荡涤燥结，方选承气汤类。

湿热壅滞舌苔黄：证由感受湿邪，久郁入里化热，或素嗜辛热厚味之食，助湿积热，或胃中有宿食积滞，湿热秽浊之邪与胃中陈腐宿垢相结，上泛于舌，出现舌苔黄而垢浊。兼见胸闷脘痞，恶心呕吐，身热不扬，大便垢腻等湿浊内壅，脾胃升降失调之症。治宜清热化湿辟浊消积，方选枳实导滞丸、泻心汤等。

要之，黄苔为里、实、热证的表现，如《伤寒舌鉴》云："黄胎者，里证也。……阳明腑实，胃中火盛，火乘土位，故有此胎。"上述三证，一为阳明气分热证，为无形之热邪为患，其特点是舌苔黄而略干；一为传经之热邪与胃肠有形实邪相结，成阳明腑实证，其特点是舌苔黄燥而干，或焦黄起刺；一为热毒湿浊壅滞脾胃，其特点是舌苔黄而垢浊，如"土碱粉铺在舌上，色黄暗而厚"（《中医舌诊》）。三者宜从舌苔变化及证候特点鉴别，不容混淆。

此外，《舌鉴辨正》说："黄苔见于全舌，为脏腑俱热，见于某经，即某经之热，表里证均如此辨，乃不易之理也。"说明舌见黄苔，不拘于阳明热证为患，凡其他脏腑有热者，亦可出现黄苔，如《伤寒本旨》说："凡现黄苔浮薄色淡者，其热在肺，尚未入胃。"临床可根据黄苔之色泽，出现的部位，加以鉴别。如局限于舌边黄者为肝胆热甚；舌根黄者，下焦有热；舌尖黄者，上焦有热等等。

【文献别录】

《四诊抉微·望诊》："慎菴曰，予阅历尝见有姜黄色舌胎及淡松花色胎，皆津润而冷，是皆阳衰土败之征，必不可治，是又古人所未及言者，故补而录之。"

《辨舌指南》："如见舌苔白中带黄，或微黄而薄，是邪初入阳明，犹带表症，微寒恶寒，宜凉散之。如苔黄而燥，外症不恶寒，反恶热，是伤寒外邪初入阳明之里，或温热内邪欲出阳明之表，斯时胃家热而未实，宜栀豉白虎汤之类，清之可也。"

（乔国琦）

150. 舌苔灰黑

【概念】

舌上苔色呈现灰中带黑者，称为"舌苔灰黑"，或称"舌胎灰黑"、"灰苔"、"黑苔"。

严格地说，舌苔灰与舌苔黑两者的色泽、主病不尽相同。苔色呈浅黑时即为灰，苔色呈深灰时即渐黑；苔灰主病略轻，苔黑主病较重。但从病情的发展与转归而言，两者是密切相关的，故合为一处讨论。尚有服某些西药可致舌苔灰黑，停药后可消失，不属本文讨论范畴。

舌苔灰黑者，病情一般较重，临床须根据舌面润燥及全身症状进行辨别。

【鉴别】

常见证候

脾阳虚衰舌苔灰黑：舌苔灰黑而薄润，面色萎黄，饮食少思，腹中冷痛，腹满，得温则舒，口不渴，喜热饮，大便稀溏或泄泻，完谷不化，四肢不温，形寒气怯，脉沉迟。

痰饮中阻舌苔灰黑：舌苔灰黑水滑，或灰黑而腻，头晕目眩，胸腹胀满，脘部有振水音，呕吐清水痰涎，口渴不欲饮，肠鸣便溏，或形体素盛而今瘦，身重而软，倦怠困乏，甚者少腹拘急不仁，脐下动悸，小便短少，或见咳嗽，心悸，短气，脉弦滑。

湿热内蕴舌苔灰黑：舌苔灰黑，厚腻而粘，身热不扬，午后则热象明显，或寒热起伏，口苦，唇燥，面色淡黄或晦滞，胸脘痞闷，腹胀，便溏不爽，小便短黄，倦怠困重，肢体痠楚，脉沉滑。

热灼肾阴舌苔灰黑：舌苔灰黑，干燥起刺，心烦不得眠，身热面赤，咽干，口燥，消渴。或见头晕，耳鸣，耳聋，心悸，健忘，腰膝痠软，大便干燥，小便短赤，脉细数。

鉴别分析

脾阳虚衰舌苔灰黑与痰饮中阻舌苔灰黑：此二者舌苔皆有灰黑润滑之象。其中脾阳虚衰舌苔灰黑多由脾气久虚，气损及阳，或寒邪直中，或因误治，或因贪食生冷，损伤脾阳，中阳不振，阴寒内盛所致。如《辨舌指南》云："如苔灰黑而滑者，此寒水侮土，太阴中寒也。"痰饮中阻之舌苔灰黑，乃因脾阳不振，津液不能正常敷布和运行，遂聚而生湿，停而为饮，凝而为痰，寒饮痰湿停滞胃肠，寒湿壅盛所致。其鉴别要点：前者胃无浊邪，故舌苔灰黑，薄而多津，兼见脾阳不足，阳虚中寒之象，如腹中冷痛，不渴，肢寒，纳呆便溏，脉沉迟等；若脾失健运，升降无权，胃不降浊则呕吐，脾失升清而自利等。后者胃有痰饮内伏，故舌苔灰黑，厚而水滑，且伴有痰饮湿浊壅阻胃肠之症，如：胸胁胀满，脘部有振水音，口渴不欲饮，呕吐清水痰涎，肠鸣便溏，脉弦滑等。脾阳虚衰舌苔灰黑之患者，治宜温中散寒，方用附子理中汤；痰饮中阻舌苔灰黑者，治用温阳化饮，方选苓桂术甘汤等。

湿热内蕴舌苔灰黑与热灼肾阴舌苔灰黑：前者多为脾失健运，水湿内停，久郁化热，湿热蕴蒸，秽浊壅滞中焦所致。后者缘于素体阴虚，寒邪犯于少阴，从阳化热；或温病热邪深入少阴，资助心火亢盛于上，劫灼肾水令其耗竭于下，致肾水不能上济而心火愈炽，心火愈炽则肾水愈耗，终成真阴欲竭，壮火复炽之证。二者皆为实证，病因、病机不同，其临床表现亦显然有别：湿热内蕴者舌苔灰黑，厚腻而粘，兼见胸脘痞满，腹胀呕恶等湿热秽浊中阻，脾胃升降失常之症，或身热不扬，口苦唇燥，倦怠肢瘫，脉沉滑等热蒸于里，湿困脾阳之症。热灼肾阴者舌苔灰黑而干燥起刺，舌质红，且兼见心中烦热，不得眠，身热面赤，消渴，脉细数等肾阴不足，心火亢盛之症。湿热内蕴舌苔灰黑，治宜辛开芳化，化湿清热，方用三仁汤，或用黄连温胆汤。热灼肾阴舌苔灰黑，治宜滋阴补肾，清心泻火，方选黄连阿胶汤、加减复脉汤等。

总之，灰黑苔均为里证，其主病有寒、热、痰、湿之分，多见于疾病的严重阶段。如舌苔灰黑而薄，属脾阳虚衰；舌苔灰黑而干起芒刺，属热灼肾阴；舌苔灰黑水滑，属痰湿中阻；舌苔灰黑，厚腻而粘，属湿热内蕴，或湿痰兼有郁热。在伤寒病中，舌苔灰黑而滑者，常见于三阴经病，多为阳虚阴盛，水来克火之象，其证为逆；若舌苔灰黑而燥者，多见于三阳经病，每为火极似水，其证可下。分清此二者，再论其它，则鉴别不难。

【文献别录】

《伤寒舌鉴·灰黑色舌总论》："灰黑干刺舌；灰黑舌中又有干刺，可见咽干、口燥、喘满，乃邪热结于少阴，当下之。然必待其转矢气者，方可下。若下之早，令人小便难。"

《四诊抉微·望诊》："舌见灰黑色重晕，此瘟病热毒传三阴也，毒传内一次，舌即灰晕一层，毒盛故有重晕，最危之候，急宜凉膈、双解解毒，承气下之。一晕尚轻，二晕为重，三晕必死。亦有横纹二三层者，与此重晕不殊。"

"舌边灰黑而中淡紫，时时自啮舌尖为爽，乃少阴气逆上，非药可活。"

《辨舌指南·灰色类诊断鉴别法》："引《辨正》：灰黑苔干裂纹舌，此藏府热极，又因误食热物，或误服温补辛燥药，灼伤真阴所致。治宜破格十全苦寒救补汤，不次急投，服至灰黑色退，纹裂自平，则立愈。"

（乔国琦）

151. 舌苔腐垢

【概念】

舌苔腐垢，简称舌腐，是指舌苔如豆腐渣，苔质疏松而厚，揩之即去，旋即又生而言。

舌腐与"舌腻"有别，舌腻多在舌的中根部较厚，边尖部较薄，颗粒细小致密，紧贴舌面，不易刮脱。两者病因病机不同，临床应加以区别。

舌腐可见于多种疾病之中，本条所讨论的是以舌腐为主症的某些内科疾病，对于疮疡症中的脓腐苔，如肺痈及下疳结毒所见之白色脓腐苔，胃痈之黄色脓腐苔，肝痈之灰紫色脓腐苔等，皆不属本条讨论范围。

【鉴别】

常见证候

胃热痰浊上逆舌腐：舌苔质地疏松，浮于舌面，形如豆腐渣而厚腐，伴见恶心口苦，或咳吐黄痰，或脘闷纳差，脉弦滑而数。

宿食积滞舌腐：舌苔质地疏松，浮于舌面，厚腐而臭，伴见干噫食臭，嗳腐吞酸，脘闷腹胀肠鸣，纳差便溏，脉细滑而数。

鉴别分析

胃热痰浊上逆舌腐与宿食积滞舌腐：两证皆因胃失和降，胃浊上泛所致。但前者以痰浊为主，后者以停食为主。其鉴别点在于：胃热痰浊舌腐，形如豆腐渣而厚腐，伴见恶心泛吐黄痰，脘闷口苦，口粘纳呆等症；宿食积滞舌腐，厚腐而臭，伴见干噫食臭，嗳腐吞酸，腹胀肠鸣等症。均可降逆和胃。前者佐以清热化痰辟浊，方选温胆汤加味；后者佐以消食导滞，方选枳实导滞丸等。切不可用温燥表散诸剂，《辨舌指南》云："犯之必变灰暗，不可不知也。"

舌腐多为脾胃热盛，蒸腾胃浊，邪气上升而成。因胃为水谷之海，以通降为顺，若胃失和降，胃中水谷不能化为精微，反生痰浊，或食停气滞，阳旺之躯，邪从热化而生腐苔，是舌腐多属实证，而虚证少见。个别病人，因气虚不能运化，可表现为虚中夹实证。论治亦不可纯用温燥，只宜于和胃降逆之中，稍佐补气之品以调理之。

此外，舌腐在某些急性疾病中，对预后的判断有指导意义。如风温等病，苔腐而疏松不板实，渐生浮薄新苔，为向愈之兆；若胃中水谷津液悉化为浊腐，蒸腾而上，由食道上泛咽喉，满舌连及唇齿上下颚，皆见腐浊者，为预后不良之症。《医原》说："此因胃肾阴虚，中无砥柱，湿热用事，混合蒸腾，证属难治。"

【文献别录】

《察舌辨证新法·白苔类分别诊断法》："白而厚如豆腐脑铺舌，痰热症也。""白如豆腐渣堆舌，此热症误燥，腐浊积滞胃中，欲作下症也，如中心开裂，则为虚极反似实症之候，当补气，须以脉诊分别之。""白如豆腐筋堆舌，谓白苔厚而有孔，如豆腐煮熟有孔者，曰筋，谓有二、三条白者，余则红色，或圆或长，看见舌质，此胃热痰滞腐浊积聚，误燥，当下不下之候，过此不下，则无下症可见矣。"

（程昭寰　乔国琦）

152. 舌苔黄腻

【概念】

舌苔黄腻，是指舌面有一层黄色浊腻苔，其苔中心稍厚，边缘较薄，归属腻苔类。

黄腻苔，在古代医籍中记载较少。《金匮要略》虽有"黄苔"，但未明言"黄腻"。后世温病学说兴起，对黄腻苔之认识渐趋深刻。论述较详的，以《辨舌指南》为最。

嗜酒或长期吸烟的人，也可见到黄腻浊苔，但中心黄垢而微黑，参以问诊，与纯为病态之本症不难区别。

【鉴别】

常见证候

痰热闭肺舌苔黄腻：苔黄腻，咳嗽，喉中痰鸣，咯黄稠痰或痰中带血，胸膈满闷，甚者呼吸迫促，倚息不得卧，脉滑数，右寸实大。

痰热结胸舌苔黄腻：苔黄腻，面红身热，渴欲凉饮，胸脘痞鞭，按之疼痛，呕恶，大便秘结，脉滑数。

肝胆湿热舌苔黄腻：苔黄粘腻，头重身困，胸胁闷满，腹胀，纳呆厌油，口苦，甚则面目及皮肤发黄，鲜如橘子色，溲赤便秘，脉滑数或濡数。

大肠湿热舌苔黄腻：苔黄腻，腹痛下利，里急后重，大便脓血，肛门灼热，小便短赤，脉弦滑而数。

鉴别分析

痰热闭肺舌苔黄腻与痰热结胸舌苔黄腻：两者多由外邪犯肺，郁而化热，热灼肺津，炼液成痰，痰与热搏，蕴于肺络或胸膈，上蒸于舌，而见黄腻苔。或素有痰浊，蕴而化热，亦可见黄腻苔。只是由于痰热蕴结的部位不同，临床见症亦有区别。前者偏于肺，故多见肺失肃降症状，如咳嗽，咯痰，胸痛，气急等；后者偏于胸脘，故胸脘痞鞭，按之痛，呕恶，便秘等。痰热闭肺者治宜清肺化痰，方用清金化痰汤加减；痰热结胸者治宜清热化痰，宽胸开结，方用小陷胸汤加减。

肝胆湿热舌苔黄腻：多因嗜食肥甘醇酒，水谷不得消化，聚湿生热；或情志怫郁，木郁化火，均可影响肝胆疏泄功能。可见舌苔黄腻，口苦，胸满，大便秘结，小便短赤，目黄，皮肤黄，腹胀纳呆等症。临证当辨析湿重或热重。热重于湿的舌苔黄粘薄腻，黄色鲜明如橘，伴身热口渴，便秘，脉滑数等，治宜清热化湿，方选茵陈蒿汤；湿重于热的舌苔黄粘厚腻，伴头重身困，胸脘痞满，腹胀便溏，脉濡数等，治宜化湿泄浊，方选茵陈五苓散加减。

大肠湿热舌苔黄腻：乃由暴饮暴食，伤及脾胃，湿滞不运，蕴久化热；或夏秋之际，因过食生冷不洁之物，损伤脾胃，正气不支，复受暑湿之邪，内外相招，湿热下注于大肠，大肠传导失司，秽浊之气熏蒸于上，而见舌苔黄腻。兼见腹痛下利，里急后重，大便脓血，或有寒热等。治宜清热利湿，调畅气机，方用白头翁汤、木香槟榔丸。

舌苔黄腻为湿热熏蒸所致，与脾胃肝胆关系最为密切。临证须依苔质的干润与厚薄，苔色之深浅老嫩，并结合全身症状，来辨别湿热的孰重孰轻，确定湿热痰浊所稽留的脏腑，一般不易混淆。

【文献别录】

《辨舌指南·辨舌之津液》："黄苔无孔而腻，水黄苔，如鸡子黄白相间染成之状，此黄而润滑之苔，为痰饮停积，湿温正候，或为温热病而有水饮者，宜以脉参断。"

《中医舌诊·舌苔的诊察》："腻苔……多见于湿浊、痰饮、食积、顽痰等阳气被阴邪所抑的病变。凡苔厚腻而色黄，为痰热，为湿热，为暑温，为湿温，为食滞，为湿痰内结，腑气不利"。

（乔国琦）

153. 舌苔白腻

【概念】

舌苔白腻，是指舌面罩着一层白色浊腻苔，苔质致密，颗粒细小，不易刮脱。

苔白腻在《伤寒论》中未见到。考阳明篇"阳明病，胁下鞕满，不大便而呕，舌上白胎者，可与小柴胡汤"一条，指的当是白滑苔。

温病学家对白腻苔的研究开始重视。《形色外诊简摩》云："伏邪时邪皆由里发，即多夹湿，故初起舌上即有白苔，且厚而不薄，腻而不滑，或粗如积粉。"说明白腻苔在伏邪中也常见到。

白腻苔与白腐苔，虽然苔质皆较厚，但两者不同，腐苔颗粒粗大，刮之易去；腻苔颗粒细小，紧附舌面，不易揩去，以此为辨。

正常人食牛奶或豆浆后，出现舌苔白腻，属染苔、假苔，不属病态。

【鉴别】

常见证候

外感寒湿舌苔白腻：舌苔薄白腻，恶寒发热，头痛头胀如裹，身重疼痛，无汗，脉浮紧。

湿阻膜原舌苔白腻：舌苔白厚腻而干，或厚如积粉，舌质红，发热恶寒，身痛汗出，手足沉重，呕逆胀满，脉缓。

寒饮内停舌苔白腻：舌苔白腻水滑，舌质青紫，面色㿠白或晦暗，眩晕，神疲肢寒，呕恶清涎，脘腹胀满，得温则舒，口不渴，或渴不欲饮，小便少，脉沉迟。

鉴别分析

外感寒湿舌苔白腻：证由汗出受寒，或浴后当风，或涉水淋雨，或晓露夜行，感受寒湿之邪，卫阳受遏，寒冷色白，湿主腻苔，因其寒湿在表，故舌苔呈薄白腻，舌质无变化。恶寒发热，头身重痛，无汗，脉浮紧等均为风寒外束之象。《通俗伤寒论·六经舌胎》："然必白浮滑薄，其胎刮去即还者，太阳经表受寒邪也。"这里的"白浮滑薄"当是薄白腻苔，主寒湿侵袭太阳经表证。治疗宜温散寒湿，方选羌活胜湿汤。

湿阻膜原舌苔白腻：证由感受湿热病毒所致，亦或因湿浊内蕴，复感外邪而致，如薛生白说："太阴内伤，湿饮停聚，客邪再至，内外相引，故病湿热。"湿热由表入里，蕴伏于膜原之间，阳气被郁，湿浊上泛，故见舌苔白腻。其特点是：苔白腻而干厚，或白如积粉，兼有恶寒发热、身痛有汗、呕恶腹满等邪在半表半里之征。治宜化湿辟浊清热，方选达原饮或雷氏透达膜原法（《时病论》）。

寒饮内停舌苔白腻：多因脾阳不振，水饮内停所致，其舌苔白而厚腻、水滑，状如稠厚豆腐浆，舌质青紫，辨证时可见脘腹胀满，纳呆，四肢厥逆，泛吐清水痰涎，脉沉迟等饮邪内伏之征。《舌鉴辨正》："苔白厚粉湿滑腻，刮稍净，而又积如面粉发水形者，里寒湿滞也。用草果以醒脾阳，则地气上蒸，天气之白苔可除。"治宜温阳醒脾行水，方选温脾汤。

舌苔白腻一症，历代医家多认为：主湿、主痰、主寒。《辨舌指南》："白滑而腻者，湿浊与痰也，滑腻厚者，湿痰与寒也。"但邪留部位不同，主症各异。外感寒湿者，病邪在表，舌苔必薄白滑腻，兼有寒湿束表之症；湿阻膜原者，邪居半表半里，舌苔白厚腻而干，或如积粉，舌质稍红，兼有湿邪困遏，阳气不伸之症；寒饮内停者，邪伏留于脏腑，舌苔白厚腻水滑，舌质青紫，兼有停饮之症。三证根据舌苔特征及其兼症，容易鉴别。

【文献别录】

《伤寒论·辨太阳病脉证并治下》："如结胸状，饮食如故，时时下利，寸脉浮，关脉小细沉紧，名曰脏结，舌上白胎滑者，难治。"

《辨舌指南·辨舌之颜色》引马良伯之说："舌厚腻如积粉者，为粉色舌苔，旧说并以为白苔，其实粉之与白，一寒一热，殆水火之不同道。温病、热病、瘟疫、时行，并外感秽恶不正之气，内蓄伏寒伏热之势，邪热弥漫，三焦充满，每见此舌，治宜清凉泄热。粉白干燥者，则急宜大黄黄连泻心汤等，甚或硝黄下之，切忌拘执旧说，视为白苔，则大误矣。"

（程昭寰　乔国琦）

154. 牙　痛

【概念】

牙痛，是指牙齿因某种原因引起疼痛而言。

本症在《黄帝内经》中称为"齿痛"；《诸病源候论》中又把牙与齿分开而论，上面为牙，下面为齿，有"牙痛"、"齿痛"、"牙齿痛"之分；此后，古典医籍中，或称"牙痛"者，或称"齿痛"者，俱指本症。

牙痛时，往往伴有不同程度的牙龈肿痛的表现。因此，本症与牙龈肿痛有较密切的关系。

龋齿，在古典医籍中有"龋齿"、"齿龋"、"牙齿虫"、"牙虫"、"齿虫"、"齿蠹"等不同名称，其引起牙痛也较为常见。故与本症一并讨论。

【鉴别】

常见证候

风热犯齿牙痛：表现为牙齿胀痛，受热或食辛辣之物即痛甚，患处得凉则痛减，牙龈肿胀，不能咀嚼食物，或腮肿而热，口渴，舌尖红，舌苔薄白或微黄而干，脉象浮数。

风寒牙痛：表现为牙齿作痛，抽掣样感，吸受冷气则痛甚，患处得热则痛减，时恶风寒，口不渴，舌淡红，舌苔薄白，脉象浮紧或迟缓。

胃火燔龈牙痛：表现为牙齿疼痛，以胀痛感为主，牵引头脑或牙龈发红肿胀，齿缝间渗血渗脓，满面发热，口渴，时欲饮冷，口气热臭，恶热喜冷，或唇舌颊腮肿痛，大便秘结，尿黄，舌质偏红，舌干，舌苔黄，脉象洪数或滑数。

虚火灼齿牙痛，表现为牙痛隐隐而作，龈肉干燥萎缩，牙根浮动，唇赤颧红，咽干而痛，五心烦热，失眠多梦，腰脊痠痛，舌红少津，舌苔少，脉象细数。

气虚齿动牙痛：表现为牙痛隐隐，痛势绵绵，牙齿浮动，咀嚼无力，牙龈不甚红肿，或虽肿胀而不红，面色㿠白，少气懒言，语言低微，倦怠乏力，自汗心悸，头晕耳鸣，小便清而频，舌体淡胖，舌苔薄白或白，脉象虚弱或虚大。

龋齿牙痛：表现为牙齿蛀孔疼痛，时发时止，如嚼物时伤其牙，则立时作痛，舌脉如常。

鉴别分析

风热犯齿牙痛与风寒牙痛：两者虽皆因风，但寒热属性各异，病因病机不同。风热犯齿牙痛乃因风热之邪侵犯牙体所致，牙痛伴有龈肿而热、口渴，舌尖红，舌苔微黄而干。脉浮数；与风寒之邪侵犯牙体引起风寒牙痛，伴有恶风寒、口不渴，舌淡红，舌苔薄白，脉浮紧或迟缓显然有别。且两者牙痛性质及缓解疼痛方法迥异：风热犯齿牙痛为胀痛感，得热则痛剧，得凉痛减；风寒牙痛为掣痛感，得热则痛缓，得冷痛甚。风热犯齿牙痛，治以疏风清热止痛，常用银翘散加减内服，外用薄荷玄明散搽痛处。风寒牙痛，治以疏风散寒止痛，常用苏叶汤或麻黄附子细辛汤内服，外用细辛散搽牙痛处。

胃火燔龈牙痛与风寒牙痛，虽同有热象，颇为相似，然风寒牙痛兼风热表证之象，而胃火燔龈牙痛乃由素禀热体，复嗜辛辣香燥，胃腑蕴热，循经上蒸之故。其表现为牙痛兼有内热实证之象（口渴喜饮、恶热、口气热臭、便秘结、舌质红、舌苔干黄，脉滑数或洪数）。治以清泄胃热止痛之法，常用清胃散或玉女煎，以元参易熟地效尤捷。此外，胃火燔龈牙痛辨证时尚须进一步分辨在血分或在气分。如牙痛兼有红肿出血者属血分，前方可加重升麻、丹皮用量升透血分郁热；如牙痛而牙龈不肿，则偏于气分，仍同前方，须加荆芥、防风、细辛、以散气分之热。

虚火灼龈牙痛与气虚齿动牙痛：皆为虚证牙痛。虚火灼龈牙痛，由年老体虚，肾之元阴亏损，虚火上炎所致。辨证要点为：牙齿疼痛隐隐，兼有肾阴不足、虚火上炎之象（如牙根浮动、颧红咽干、腰背痠弱无力、舌红少津、苔少、脉细数）。治以滋阴补肾，常用左归丸。气虚齿动牙痛，多由劳伤过度，久病失养而耗伤元气引起。牙痛痛势绵绵，但齿不浮动，局部少见红肿，并无虚火之"热象"，而呈现一派气虚不足之征（如少气懒言、倦怠乏力、语言低怯、面色㿠白、舌体淡胖、苔白、脉虚弱或虚大），两者不难区分。治以补气缓痛法，常用补中益气汤加熟地、丹皮、茯苓、白芍。

龋齿牙痛：由平素嗜食膏粱厚味，或过食甘甜糖质，牙齿污秽，饮食余滓，积齿缝之间，以致牙体被蛀蚀。《辨证录》指出："人有多食肥甘，齿牙破损作痛……。"龋齿牙痛，早期未形成窗洞时，牙齿局部可呈墨浸状或黄褐色，此时可不疼。继而可形成深浅不同、大小不等的龋洞，洞内容易嵌塞食物。吃冷、热、酸、甜食物或吸风饮冷皆可引起疼痛。治以清热止痛法，常以外用药为主，方选川椒、烧石灰为末，蜜丸，塞于蛀孔中。

牙痛一症，表证、里证均可出现。从牙痛部位看，上牙多责之足阳明胃经，下牙多责之手阳明大肠经，因胃络脉入齿上缝，大肠络脉入齿下缝之故。临证中，按其寒热虚实在脏在经辨析，并注意其归经特点，疗效会更好。

【文献别录】

《景岳全书·齿牙》："凡火病者，必病在牙床肌肉间，或为肿痛，或为糜烂，或为臭秽脱落，或牙缝出血不止，是皆病在经络，而上牙所属足阳明也，止而不动，下牙所属手阳明也，嚼物则动而不休，此之为病，必美酒厚味膏粱甘腻过多，以致湿热蕴于肠胃而上壅于经，乃有此证。治宜戒厚味，清火邪为主。……肾虚而牙病者，其病不在经而在脏，盖齿为骨之所终，而骨则主于肾也。故曰肾衰则齿豁，精固则齿坚，至其为病，则凡齿脆不坚，或易于摇动，或疏豁，或突而不实。凡不由虫，不由火而齿为病者，必肾气之不足，此则或由先天之禀亏，或由后天之斫丧，皆能致之。是当以专补肾为主。"

《医宗金鉴·杂病心法要诀》："不甚肿痛，不怕冷热，为风牙痛，宜用温风散。……不肿痛甚，喜饮热汤，为寒牙痛，宜本方再加羌活、麻黄、川附子温而散之。二方俱服一半，含漱一半，连涎吐之自好也。……诸牙痛也。均宜一笑丸，即川椒七粒为末，巴豆一粒去皮研匀，饭为丸，绵裹咬痛处，吐涎即止，均宜用玉池散，……虫牙亦宜此咬漱。"

《医学衷中参西录·医案》："方书中治牙疼未见有用赭石、牛膝者，因愚曾病牙疼以二药治愈，后凡遇胃气不降致牙疼者，方中必用此二药。其阳明胃腑有实热者，又恒加生石膏数钱。"

（胡荫奇）

155. 牙 齿 痠 弱

【概念】

牙齿痠弱是指牙齿于咀嚼食物时痠弱无力而言。唐代《日华子诸家本草》称为"齿齼"，"齼"即"牙齿接触酸味的感觉"。《中国医学大辞典》有"齿寒"条，即"齿酸楚也"。

本症与口酸不同，后者是口中有酸味而牙无异常感觉，本症则为牙齿痠弱，咀嚼无力。

【鉴别】

常见证候

脾肾气虚牙齿痠弱：牙齿痠弱，遇冷则甚，遇热亦感不适，甚则咀嚼无力，脉沉弱，舌淡红，苔薄白。

风寒袭络牙齿痠弱：素体恶寒畏风，牙齿痠弱，遇冷见风则甚，喜食热物，恶冷食，脉弦紧，舌淡暗，苔白滑。

鉴别分析

上两证候的共同点为牙齿痠弱，咀嚼无力，时轻时重。脾肾气虚牙齿痠弱以正虚为主。齿为骨之余，肾主骨；又齿与胃关系密切，胃与脾以膜相连，脾肾气虚，齿失荣养，故痠弱无力。风寒袭络牙齿痠弱以邪客为主。风冷之邪客于齿，则痠弱无力。两者的区别是前者多见于老年人且历时较久，冷热之物皆不适宜，无明显诱发因素；后者多见于青壮年，喜热而恶冷，齿间常有风吹感。脾肾气虚牙齿痠弱，治宜健脾补肾，取核桃仁细嚼或能减轻，可用青蛾丸加减治之，风寒袭络牙齿痠弱者，治宜温经散寒，可选麻黄附子细辛汤等方治之。

（毛德西）

156. 牙 齿 浮 动

【概念】

牙齿浮动，又称牙齿动摇。手阳明之脉入下齿，足阳明之脉入上齿，齿为骨之余，寄龈以为养，所以齿动与手足阳明之脉和肾关系密切。

牙齿浮动一症，有的继现于牙龈宣露之后，有的先见齿动而后出现牙龈宣露，因此古代医籍常将两者一并讨论。但也有的仅见牙齿浮动而无牙龈宣露。本文重点讨论以牙齿浮动为主症的，若先出现牙龈宣露的，则另列专篇讨论。

【鉴别】

常见证候

胃火燔齿齿牙齿浮动：牙齿浮动，伴有牙龈红肿疼痛，或牙龈宣露，口臭，便秘，脉滑数，舌质红，苔黄白腻偏干。

阴虚齿燥牙齿浮动：牙齿浮动，牙燥隐痛，继而牙龈宣露，伴有腰痠，头晕，耳鸣，脱发，脉细数，舌体瘦薄，舌质嫩红，苔薄或少苔。

气虚牙齿浮动：牙齿浮动，伴有咀嚼无力，气短懒言，脉沉细弱，舌淡苔白。

鉴别分析

胃火燔齿齿牙齿浮动：多由饮酒过度或嗜食辛辣所致。齿龈为阳明络脉所系，若肠胃积热，上蒸于口，腐其齿龈，则伤失所固而动摇。《寿世保元·牙齿》说："土热则齿摇。"其辨证要点为牙齿浮动与牙龈红肿或宣露共见，并有阳明热证可稽（如口臭、便秘、喜凉饮、脉滑数、苔黄白腻等）。治疗宜清胃固齿，方选清胃散，或甘露饮。

阴虚齿燥牙齿浮动与气虚牙齿浮动：均为虚证牙齿浮动。但阴虚齿燥牙齿浮动多见于青壮年，或因房劳甚而伤肾精，或素有遗精之疾，致肾精不充，骨髓失养，则齿根动摇。而气虚牙齿动多见于老年人，或劳力过度者，气虚失于固摄，故牙齿浮动。辨证要点为；阴虚齿燥牙齿浮动，继而牙龈宣露，脉细数，舌嫩红，兼有肾阴不足症状（头晕、耳鸣、脱发等）；气虚牙齿浮动，牙龈淡红，很少有牙龈宣露，伴有咀嚼无力，气短懒言，脉沉细而不数。阴虚齿燥治宜滋肾固齿，方选六味地黄丸加骨碎补，或用滋阴清胃固齿丸；气虚治宜补肾固齿，方选还少丹。

牙齿浮动，与口腔卫生有着密切关系。若素不漱口，食物残渣夹于齿缝，附于齿龈，日久作热，腐蚀牙根，则齿必摇。因此，保持口腔卫生也是防治牙齿浮动的必要措施。

【文献别录】

《诸病源候论·齿动摇候》："手阳明之支脉入于齿，足阳明之脉又遍于齿，齿为骨之所终，髓之所养。经脉虚，风邪乘之，血气不能荣润，故令摇动。"

（毛德西）

157. 牙 龈 肿 痛

【概念】

牙龈肿痛是指牙床周围的组织（包括上龈、下龈）红肿疼痛而言，一般无牙龈溃烂，有溃烂则称"牙疳"，另有条目介绍。

【鉴别】

常见证候

风热牙龈肿痛：牙龈红肿疼痛，逐渐加重，伴发热，恶寒，口渴，舌尖红，苔薄黄，脉浮数。

胃火牙龈肿痛：牙龈红肿热痛甚，口渴欲冷饮，大便秘结，口气秽臭，舌质红，苔黄焦，脉滑数。

肾阴虚火旺牙龈肿痛：牙龈肿痛，色泽不鲜，疼痛程度常较轻，伴见头晕耳鸣，腰膝瘦软，五心烦热，盗汗，舌红，苔少，脉细数。

鉴别分析

风热牙龈肿痛与胃火牙龈肿痛：两者均有牙龈红肿疼痛及火热薰灼的表现，但前者为外感风热，邪毒侵袭牙龈所致，有外感风热症状，如发热，恶寒，舌尖红，脉浮数等，治宜疏风清热解毒，方用银翘散加减；后者由于过食辛辣之物，胃肠积热，热久火化，循阳明之经，郁于牙龈所致，尚伴有胃热炽盛症状，如口臭，大便秘结，渴喜冷饮，舌苔黄焦，脉滑数，治宜清胃泻火，方用清胃散。

肾阴虚火旺牙龈肿痛：多由于肾阴素亏，或病后肾阴不足，虚火上炎所致，其特点为牙龈红肿色淡，疼痛程度轻，同时伴有肾虚症状和阴虚火旺症状，肾虚则腰膝瘦软，头晕耳鸣，阴虚火旺则五心烦热、盗汗，舌红少苔，脉细数，治宜滋阴泻火，方用知柏地黄丸。

牙龈肿痛均与火热有关，但有实火与虚火之别，实火者在胃，虚火者在肾。

【文献别录】

《东垣十书·论证》："……肠胃积热，齿龈肿烂，口气臭秽，宜凉膈散加知母、石膏、升麻为佐，酒蒸大黄为君，嗜咽即愈。"

（刘绍能）

158. 牙龈溃烂

【概念】

牙龈溃烂，是指牙床周围的组织（包括上龈、下龈）破溃糜烂疼痛而言。

本症在《诸病源候论》称之为"齿漏"，其后历代医书统称"牙疳"。牙疳又分"走马牙疳"、"风热牙疳"、"青腿牙疳"等。

【鉴别】

常见证候

风热牙疳：初起牙龈红肿疼痛，发热较速，甚或寒热交作，二、三日间即见一处，或多处龈缘糜烂，容易损伤出脓血，疼痛，妨碍饮食，时流粘稠唾液，颌下有硬块按之疼痛，间有恶心呕吐，便秘，舌质红，舌苔薄黄，脉象浮数。

青腿牙疳：表现为牙龈肿胀，溃烂出脓血，甚者可穿腮破唇，同时两腿疼痛，发生肿块，形如云片，色似青黑茄子，大小不一，肌肉顽硬，行动不便。若寒湿重者，可兼见身体疼痛，无汗，四肢浮肿，尿少而清等症状。若毒火盛者，可兼见口苦、口干、口臭，舌质红，舌苔黄而干，脉象滑数。

走马牙疳：初起时，牙龈边缘或颊部硬结发红，一、二日间即腐烂，呈灰白色，随即变成黑色，流出紫色血水，气味臭恶，腐烂部不痛不痒，舌质红，舌苔黄腻，脉象数。毒火盛者，黑腐蔓延，不数日间，鼻及鼻翼两旁或腮和口唇周围出现青褐色，这是里面腐烂已深的证候。严重者唇烂齿落，腮穿腭破，鼻梁塌陷。腐烂严重者，兼有恶寒发热，饮食不进，泄泻气喘，神昏等全身症状。若黑腐易去，内见红肉而流鲜血，身热渐退，虽齿落腮穿见骨，仍有挽救希望；若正气大虚而邪毒过盛，常易导致死亡。

鉴别分析

风热牙疳：是由平素胃腑积热，复感风热之邪而发，邪毒侵袭牙龈，伤及肌膜所致。青腿牙疳，与地区、生活、饮食有关，系由时常坐卧寒冷湿地，寒湿之气滞于经脉，加之少食新鲜蔬菜、水果，过食牛羊肥腻腥膻，郁滞胃肠而为火热，上炎口腔，因而发为本病。走马牙疳，多由麻疹、痘疹、痧毒、伤寒、疟、痢疾等病余毒未清，内热炽盛，伤及牙龈引起，系一种严重的疾病。风热牙疳与走马牙疳辨证主要区别点是：风热牙疳，发热快，疼痛剧烈，牙龈虽亦腐烂，但不致于腮颊腐烂，一般都能在半个月左右渐次痊愈，仅有少数经久不愈，以致牙龈宣露，时流脓水。而走马牙疳，多见于小儿，因其发病迅速，故名为"走马"，是一种危险的口腔疾病。发病后，很快即牙龈腐烂，不数日即可腮穿唇烂，腭破齿落，腐烂部不痛不痒，严重时，尚兼寒热，预后不良。至于青腿牙疳，除牙龈腐烂外，尚兼有两腿疼痛，且有肿块，形如云片，状似青茄，肌肉顽硬，行走不便之症，其发病亦较缓慢。辨证时，与风热牙疳，走马牙疳容易区别。风热牙疳，治以疏风清热解毒法，常用清胃汤；日久不已，可加人参、黄芪；脾虚者，加服人参茯苓粥；热久津伤者，可服甘露饮，外擦人中白散于患处。青腿牙疳，治以祛寒行湿，清火解毒法，常以活络流气饮加蒲公英、马齿苋；寒湿重，腿肿甚者，加肉桂；毒火炽盛，灼伤津液者，兼服五汁饮，外用冰硼散或朱黄散擦牙龈腐烂处。

【文献别录】

《医宗金鉴·杂病心法要诀》："牙疳一病，杀人最速，虽有专科，然皆未晓累攻之法。累攻者，今日攻之，明日又攻之，以肿硬消，黑色变，臭气止为度。若不能食，或隔一日，或隔二、三日攻之，攻之后渐能食，不必戒口，任其所食。虽大便溏，仍量其轻重攻之，自见其神。若竟不思食，难任攻下，则死证也。攻药用芜荑消疳汤，即雄黄、芜荑、生大黄、芦荟、川黄连、胡黄连、黄芩也。"

（胡荫奇）

159. 牙 龈 出 血

【概念】

牙龈出血，又称齿衄，乃指牙缝或牙龈渗出血液而言。

本症在《内经》中属"血溢"、"衄血"范畴；《金匮要略》则归入"吐衄"专篇；《诸病源候论》设有"齿间血出候"；至明·《景岳全书》始有"齿衄"症名。盖足阳明胃经行于上齿，手阳明大肠经行于下齿，又肾主骨，齿为骨之余，故本症与胃，大肠及肾关系密切，但以胃经的病变为常见。

齿衄与舌衄，其血液均从口出，但舌衄之血出于舌面，舌上常有如针眼样出血点，望诊不难区别。还有"牙宣"一症，牙缝中常有血液渗出，但此症以牙龈先肿继而龈肉萎缩，牙根宣露为特点，故本节不予论述。

【鉴别】

常见证候

胃火燔龈齿衄：齿龈出血如涌，血色鲜红，兼有齿龈红肿疼痛，口气臭秽，口渴喜冷饮，便秘，脉洪数有力，舌质红赤，苔黄腻。

胃热阴虚齿衄：齿龈出血，血色淡红，兼有口渴，五心烦热，便结，脉细数无力，舌质光红少津，苔薄且干。

肾阴虚火旺齿衄：齿龈出血，血色淡红，齿摇不坚，伴潮热，盗汗，脉细数，舌红苔黄少津。

脾不统血齿衄：齿龈出血，血色潮红，龈肉色淡，全身有散在出血点或紫癜，脉象缓或濡数，舌体胖大，舌质淡，苔薄白。

鉴别分析

胃火燔龈齿衄：由于过食辛辣之物，胃肠积热，热从火化，上烁于齿，损伤血络，故见齿衄，为阳、热、实证。辨证要点为：血色鲜红，量多或如泉涌，牙龈肿痛，口渴引饮，大便秘结，脉洪数。治宜清胃泻火，方选清胃散，或通脾泻胃汤。

胃热阴虚齿衄与肾阴虚火旺齿衄：皆为虚火齿衄，血色淡红为共同点。胃阴虚火旺齿衄多因胃阴素虚，虚火浮动，上行于齿龈，耗灼胃络而形成本症。辨证要点为齿衄与龈糜同见，口干渴而饮水不多。治宜养胃阴清胃火，方选甘露饮加蒲黄以止衄；若虚火炽盛，血色较红，可用玉女煎引胃火下行，兼滋其阴。肾阴虚火旺齿衄多见于肾阴素亏，或病后肾阴不足者，牙为骨之余而属肾，肾阴虚不能制火，阴火上腾，致阴血随火浮越而引起齿衄。辨证要点为齿衄与牙齿松动相见，兼有盗汗、手足心热等肾阴不足症状，脉细数尤为其特点。治宜滋肾阴、降相火，方选知柏地黄丸加牛膝、骨碎补治之。

脾不统血齿衄：多因饮食不节，劳累过度，损伤脾胃，使中气虚馁，气不统血，血溢经外而见齿衄。辨证要点为：血色潮红，且伴有少量的皮下出血点或紫癜，兼有脾气不足症状（如面㿠神疲，四肢乏力，语音低怯，舌胖色淡等）。治宜健脾益气摄血，方选归脾汤加仙鹤草、炒侧柏叶治之。

牙龈出血一症，在临床中屡见不鲜。其中尤以胃火燔龈为多。清·唐容川《血证论》说："胃中实火，口渴龈肿，发热便闭，脉洪数。"辨证实力中肯。认证如能辨析清楚，并能循经选用引经药物，如上牙属胃加升麻，下牙属大肠加大黄，则疗效更佳。但是，如果齿衄不止，并伴有身热不休及多处出血者，则应从恶候考虑。《素问·大奇论》曰："脉至而搏，血衄身热者死"，这与现代医学中的血液病出血极为相似，切不可视为小恙而忽视之。

【文献别录】

《景岳全书·血证》："血从齿缝牙龈中出者，名为齿衄。此手足阳明二经及足少阴肾家之病。盖手阳明入下齿中，足阳明入上齿中，又肾主骨，齿者骨之所终也。此虽皆能为齿病，然血出于经，则惟阳明为最。故凡阳明火盛，则为口臭，为牙根腐烂肿痛，或血出如涌，而齿不动摇，必其人素好肥甘辛热之物，或善饮胃强者，多有阳明实热之证。"

（毛德西）

160. 牙龈萎缩

【概念】

牙龈萎缩是指龈肉日渐萎缩而言。

本症在历代医书中散见于牙龈宣露、牙齿动摇、齿龉、齿挺等病的论述中。牙龈萎缩在临床上很少单独出现，常与牙根宣露、牙齿松动，以及牙龈溃烂、牙龈出血等并见。

【鉴别】

常见证候

胃火燔龈牙龈萎缩：龈肉萎缩腐颓，牙根宣露，伴有口臭、口渴、喜凉饮，大便秘结，脉滑数，舌质红，苔黄厚。

肾阴虚牙龈萎缩：牙龈萎缩溃烂，边缘微红肿，牙根宣露，伴牙齿松动，头晕耳鸣，腰痠，手足心热，脉细数，舌红苔少。

气血两虚牙龈萎缩：牙龈萎缩，颜色淡白，牙齿松动，伴神疲无力，头昏目花，失眠多梦，脉沉细，舌质淡，苔薄白。

鉴别分析

胃火燔龈牙龈萎缩与肾阴虚牙龈萎缩：两者均为不同程度之邪火熏灼牙龈所致。盖上下牙龈属阳明胃与大肠，若过食膏粱肥甘，胃肠积热，或嗜酒食辛，热灼胃府，均可使热邪循经上损牙龈，牙龈失荣，则龈肉萎缩而根宣露。又齿为骨之余，肾主骨，若房劳过度，耗伤肾精，精血不能上溉于齿，兼以虚火上炎，致使牙龈萎缩而牙根宣露。两者相比，胃火燔龈为实证，肾阴虚为虚证。前者常先有牙龈红肿痛、出血或出脓，蒸灼日久，则使牙龈萎缩；后者多先见牙齿松动，继而牙龈萎缩溃烂。辨证要点为胃火燔龈牙龈萎缩有实火证候，如口臭，口渴喜凉饮，便秘，脉滑数有力，舌苔黄厚等。肾阴虚牙龈萎缩则有阴虚火旺现象，如头晕耳鸣，牙龈边缘微红肿，手足心热，脉细数，舌质红，少苔等。胃火燔龈牙龈萎缩治宜清胃泻火法，方选清胃散；肾阴虚牙龈萎缩治宜滋阴降火方选知柏地黄丸。

气血两虚牙龈萎缩多见于虚损之人。由于气血不足，牙龈失去濡养，兼以虚邪客于齿间而致。辨证要点为牙龈萎缩伴龈肉色白，与上二证的牙龈红肿有明显区别。另外，还有头昏目花，失眠多梦，脉细舌淡等一系列虚弱症状。治宜补气养血，方选八珍汤。

此外，牙龈萎缩一症，与口腔卫生亦有关系。口腔卫生不佳，辛辣厚味之物等不但会剥蚀龈肉，且食物残渣亦会留于齿间，腐蚀牙龈，久之则牙龈溃烂而渐萎缩。因此注意口腔卫生，少食刺激性食物，也是减少本症发生的重要条件。对于已患牙龈萎缩的人，避免房劳过度，防止耗伤肾气，也很重要。

【文献别录】

《圣济总录·口齿门》："牙齿虽为骨之所终，髓之所养，得龈肉而固济，可以坚牢，今气血不足，揩理无方，风邪袭虚，客于齿间；则令肌寒血弱，龈肉缩落，渐至宣露，永不附著齿根也。"

《医宗金鉴·外科心法要诀》："牙龈宣肿，龈肉日渐腐颓，久则削缩，以致齿牙宣露。总由胃经客热积久，外受邪风，寒凉相搏而成。有喜凉饮而恶热者，系客热遇寒凉，凝滞于龈肉之间，有喜热饮而恶凉者，系客热受邪风，稽留于龈肉之内。客热遇寒者，牙龈出血，恶热口臭，宜服清胃汤；客热受风者，牙龈恶凉，遇风痛甚，宜服独活散。"

（毛德西）

161. 牙 齿 焦 黑

【概念】

牙齿焦黑,《脉经》谓"齿焦"、"齿忽变黑"。《诸病源候论》有"牙齿历蠢候"、"齿黄黑候",历蠢者,牙齿黯黑之谓。到清代,温病学家叶天士尤重视验齿,他在《南病别鉴》中说:"齿焦无垢者死,齿焦有垢者,肾热胃劫也。《温病条辨》则把"齿黑"列为热邪深入下焦的重要指征。

牙齿焦黑与齿垢焦黑不同,后者是指附于牙齿上面的污垢而言,刮之可去。

【鉴别】

常见证候

下焦热盛牙齿焦黑:牙齿焦黑,热深不解,口干舌燥,手指蠕动,脉沉数,舌苔干而灰黑。

胃火燔齿牙齿焦黑:牙齿焦黑,上附污垢,伴咽干口渴,烦躁不眠,或腹满便秘,脉数,舌绛。

风冷客经牙齿焦黑:牙齿黄黑干燥,伴齿根浮动,腰膝痠软,脱发,脉沉弱,舌质淡黯,苔薄白。

鉴别分析

下焦热盛牙齿焦黑与胃火燔齿牙齿焦黑:两者均为热邪内竭津液所致,见于温热病后期,但前者较后者危重。下焦热盛牙齿焦黑是由于"热邪深入下焦",热深不解,津液干涸,齿失津润,故见牙齿焦黑。辨证要点为:齿焦黑无垢,伴有欲作痉厥之症,如手指蠕动,脉沉数等。治宜咸寒甘润法,二甲复脉汤主之。胃火燔齿牙齿焦黑是由于胃热伤阴耗气,齿失滋养,则齿黑。辨证要点为:齿焦有垢,伴口渴,烦躁,腹满,或便秘等。治宜清火救胃,玉女煎主之;若有腹满便秘的可用调胃承气汤治疗。

风冷客经牙齿焦黑:本症内缘髓虚血亏,不能养齿,外缘风冷入经,内外相客,齿枯无润,故令齿黄黑,正如《诸病源候论·牙齿诸病候》所说:"风冷乘其经脉,则髓骨血损,不能荣润于牙齿,故令牙齿黯黑,谓之历蠢。"辨证要点为齿色黄黑或黯黑干燥,伴牙齿浮动,兼有腰膝痠软,脱发等肾精不充症状。治宜填精除风法,方选地骨皮散治之。

牙齿焦黑,多见于温病热极伤阴期,预后不佳。《脉经》把牙齿焦黑列为死候之一,如"病人目无精光,及牙齿黑色者,不治。"病人有阴阳俱竭,其齿如熟小豆,其脉驶者死。"又说:"病人齿忽变黑者十三日死。""病人唇肿齿焦者死。"但只要我们谨守病机,积极治疗,或可冀有幸生者。

【文献别录】

《诸病源候论·牙齿诸病候》:"齿者,骨之所终,髓之所养。手阳明足阳明之脉,皆入于齿。风邪冷气,客于经脉,髓虚血弱,不能荣养于骨,枯燥无润,故令齿黄黑也。"

《南病别鉴》:"齿焦无垢者死。(齿焦肾水告涸,无垢胃液亦竭,故死。)齿焦有垢者,肾热胃劫也。有垢者,火盛而气液未竭,用调胃承气,微下胃热。)当微下之,或玉女煎,清胃救肾可也。(肾水亏者用之)"

(毛德西)

（三）四肢症状

162. 四 肢 疼 痛

【概念】

四肢疼痛是指病人上肢或下肢，或上下肢筋脉、肌肉、关节疼痛的症状。

四肢疼痛最早见于《内经》，如"肢节痛"、"骨痛"、"手臂痛"、"脚下痛"、"腰股痛"、"股、膝、髀、腨、胻、足皆痛"等。《伤寒论》、《金匮要略》则载有"历节痛"、"四肢疼"、"骨节疼痛"。后世所称"痛风"、"风腰腿疼痛"、"风走注疼痛"、"肩臂痛"、"手指痛"、"大股痛"、"足痛"、"足跟痛"、"足心痛"、"腿痛"及山岳丘陵地带的"柳拐子病"均属四肢疼痛的病症范畴。

《内经》论述的痹证，如"行痹（风痹）"、"痛痹（寒痹）"、"著痹（湿痹）"、"热痹"、"筋痹"、"脉痹"、"肌痹"、"皮痹"、"骨痹"、"周痹"、"众痹"等亦是以四肢疼痛为主证的病证。

为便于临床辨证，本篇重点叙述四肢疼痛，肩痛、臂痛、腰脊痛、膝肿痛、足痛等另立条目讨论。

【鉴别】

常见证候

风邪阻络四肢疼痛：四肢关节走注疼痛，痛无定处，而以腕、肘、膝、踝等处为多见，关节屈伸不便，或兼见寒热表证，舌苔薄白或腻，脉多浮。属行痹。

寒邪阻络四肢疼痛；四肢关节冷痛，痛处不移，形寒肢冷，局部皮肤颜色不红，遇寒加重，得温痛减，舌苔白，脉弦紧。属痛痹。

湿邪阻络四肢疼痛：关节痠楚疼痛，重着不移，或肌肤麻木不仁，日久失治则肌肉挛急，骨节变形，致成残废，苔白腻，脉濡缓。属着痹。

热邪阻络四肢疼痛：四肢关节疼痛，局部焮红肿胀，兼有发热、口渴、烦躁、舌红苔黄燥，脉数。

湿热阻络四肢疼痛：关节红肿，小溲赤浊，四肢困重疼痛，可伴有肌肤红色结节，舌红苔黄腻，脉滑或濡数。

气血亏虚四肢疼痛：关节痠痛，劳累后加重，可见肌肉瘦削，面色苍白，唇甲淡白无华，少气懒言，神疲倦怠，眩晕，畏风自汗，脉细弱，舌质淡，苔薄。兼挟瘀血则关节疼痛如锥刺，痛处不移，拒按，肌肤甲错，形体羸瘦或关节变形拘急，舌质黯而有瘀点，苔薄腻，脉细涩。兼痰浊则肢臂疼痛，身体困重，首如裹，舌质胖，苔白腻，脉弦滑。

肝肾亏虚四肢疼痛：筋骨弛缓或拘急、痠痛，头目眩晕，爪甲枯脆，腰膝痠软，耳鸣失聪，齿摇发脱，阳痿遗泄，尺脉弦细沉弱。偏阴虚则四肢关节热痛喜凉，骨痛夜甚，颧红唇赤，舌质鲜红少苔，或红绛少津。偏阳虚则兼见两足浮肿无力，大便溏泄，小溲清长，手足不温。

鉴别分析

风寒湿邪闭阻经络引起的四肢疼痛最为常见，即所谓痹证。痹者，闭也，闭阻不通则痛。《素问·痹论》："风寒湿三气杂至，合而为痹也。其风气胜者为行痹，寒气胜者为痛痹，湿气胜者为著痹也。"上肢与下肢乃手足六经循行所过，风寒湿最易侵袭，因此《济生方·诸痹门》说："皆因体虚腠理空疏，受风寒湿气而成痹也。"然因病邪偏胜不同，临证首须明辨，治法方有准绳。

先从三者病因、病机、疼痛性质及特点来区别。风邪阻络者，《诸病源候论·四支痛无常处候》说："风邪随气而行，气虚之时，邪气则胜，与正气交争相击，痛随虚而生，故无常处也"。《圣济总录·诸痹门》说："风为阳气，善行数变，故风气胜则为行痹，其证上下左右，无所留止，随其所至，气血不通是也。"疼痛常罹及多个肢体关节，游走不定。

寒邪阻络者，《圣济总录·诸痹门》说："以寒气入经而稽迟，泣而不行也。痛本于寒气偏胜，寒气偏胜，则阳气少阴气多。"疼痛较甚而有定处，必兼四肢寒冷。

湿邪阻络者，《圣济总录·诸痹门》说："地之湿气感则害人皮肉筋脉，盖湿土也，土性缓。荣卫之气，与湿俱留，所以湿盛则著而不移也，其证多汗而濡者，以阴气盛也。"疼痛重着不移，或伴麻木、痠楚。

临床上，风胜者每见表证，如恶风、发热、舌苔薄白、脉多浮紧；寒胜者每见寒证，如畏寒肢冷、小便清长、舌苔薄白，脉多沉紧；湿胜者每见湿证，如四肢困重、胸闷、舌苔白腻，脉多濡缓。

三者的病因病机不同，治则迥异。风邪偏甚，法当祛风，佐以散寒利湿，配合补血之品，盖治风先治血，血行风自灭，方用防风汤加减；寒邪偏甚，法当散寒，更须辛温补火，释其寒凝，方用乌头汤加减，或疏风活血汤、小活络丹等加减；湿邪偏甚，法当利湿，佐以祛风散寒，方用薏苡仁汤或除湿蠲痹汤加减；风寒湿三气杂至，方用三痹汤加减。

热邪及湿热闭阻经络，均可导致四肢疼痛。热邪所致者由于素体偏热，阳气偏盛，内有蕴热，虽亦感受风寒湿邪，然其临床表现与风寒湿痹不同，《金匮翼》说："脏腑经络先有蓄热，而复遇风寒湿气客之，热为寒郁，气不得通，久之寒亦化热，则痛痹燔然而闷也。"症见四肢关节焮红疼痛，法当清热，佐以祛风除湿，方用白虎加桂枝汤加减，若邪热化火，关节红肿，筋脉拘急，壮热烦渴，方用犀角汤加减。湿热所致者，则由于外感湿热病邪、或素有蕴湿复感热邪，或湿邪日久化热，湿热蕴结闭阻经络而成。法当清热燥湿，方用二妙散或当归拈痛汤加减。

热邪或湿热闭阻经络的病机为阳气多而阴气少，故临床表现的特征热象明显，与风寒湿痹的症状对照，不难鉴别。

气血亏虚无以煦濡经脉，故四肢关节疼痛，常伴有面色苍白，肌肉瘦削，神倦懒言等症。由于血随气行，气虚则血液运行不畅，经脉瘀阻，辨证必见四肢疼痛如锥刺，痛处不移，形体羸瘦，肌肤甲错，骨节顽硬，舌边瘀点，法当补气养营、活血化瘀，方用桃红饮加黄芪、党参、桂枝、川芎，酌入虫类搜剔之品，如全蝎、地龙、蜣螂、山甲、蜈蚣、乌梢蛇等，或配合大活络丹、小活络丹、麝香丸。

此外，气弱则脾失健运，不仅生化乏源，且易导致痰浊内停。辨证必见肢臂疼痛，身重，舌苔白腻，治当益气调营，涤痰通络，方用归芍六君丸配合指迷茯苓丸。

肝主筋，肾主骨，肝肾亏虚，筋骨失养，临床常表现为筋骨弛缓或拘急痠痛，腰膝痠软，治当补肝益肾，宣痹和络。方用独活寄生汤加减。

四肢疼痛的症状，外因不外乎风寒湿热，内因则与气血虚弱、肝肾亏损及瘀阻、痰浊有关，必须从病因、疼痛性质及兼证等方面详加鉴别，辨证论治，才能获得良好的疗效。

【文献别录】

《诸病源候论·四支痛无常处候》："四支痛无常处者，手足支节皆卒然而痛，不在一处，其痛处不肿，色亦不异，但肉里掣痛，如锥刀所刺，由体虚受于风邪，风邪随气而行，气虚之时，邪气则胜，与正气交争相击，痛随虚而生，故无常处也。"

《症因脉治·痹症论》："风痹之症，走注疼痛，上下左右行而不定，故名行痹。""寒痹之症，疼痛苦楚，手足拘紧，得热稍减，得寒愈甚，名曰痛痹。""湿痹之症，或一处麻痹不仁，或四肢手足不举，或半身不能转侧，或湿变为热，热变为燥，收引拘挛作痛，蜷缩难伸，名曰着痹。""热痹之症，肌肉热极，唇口干燥，筋骨痛不可按，体上如鼠走状，此内经所云，阳气多，阴气少，阳独盛，故为热痹之症。"

（黄柄山）

163. 四 肢 麻 木

【概念】

麻木是指肌肤知觉消失，不知痛痒，若见于四肢者，则称为四肢麻木。

麻木在《内经》及《金匮要略》中称"不仁"，隶属于"痹"、"中风"等病范畴。《诸病源候论》言"不仁"之状为"其状搔之皮肤，如隔衣是也。"《素问病机气宜保命集》始有麻木症名。朱丹溪云"曰麻曰木，以不仁中而分为二也。"可见麻木与不仁同义。

本文主要讨论四肢麻木，若呈半身麻木，则另作叙述。

【鉴别】

常见证候

风中经络四肢麻木：四肢麻木伴有疼痛，遇天阴寒冷加重，兼有恶风寒，手足发凉，腰膝痠沉，舌质淡黯，苔白润，脉浮或弦。

气血两虚动风四肢麻木：四肢麻木，抬举无力，面色萎黄无华，伴有气短心慌，头晕目眩，唇甲色淡等，舌质淡红，苔薄白，脉细弱。

气滞血瘀四肢麻木：四肢麻木伴有郁胀刺痛，面色晦暗，口唇发紫，舌质可见紫色瘀斑，舌苔薄偏干，脉涩。

肝阳化风四肢麻木：四肢麻木伴有震颤，并有头晕欲仆，烦躁，易怒，失眠多梦等，舌红，脉弦有力。

风痰阻络四肢麻木：四肢麻木伴有痒感，或兼见不时震颤，并有头眩，肩背沉重，或见呕恶，痰多等，舌质偏黯，苔腻，脉弦滑或濡。

湿热郁阻四肢麻木：四肢麻木伴有肢体重痛，口不甚渴，甚则两足欲踏凉地，苔黄腻，脉弦数或濡数。

鉴别分析

风中经络四肢麻木：本症由腠理疏松，风寒入袭，经脉失荣，气血不和所致。发病有明显的感受外邪史，但临证有风邪偏盛与寒邪偏盛之分。风邪偏盛的呈走窜性麻木，无固定患处，或伴有轻度的口眼㖞斜，脉多浮象，治宜祛风护卫法，方用黄芪桂枝五物汤；寒邪偏盛的麻木伴有疼痛，患处固定，手足发凉，恶寒与腰膝疫沉明显，脉多弦紧，治宜温经散寒法，方用当归四逆汤。

气血两虚动风四肢麻木：此症多发于劳倦失宜，或见于吐泻伤中，或失血过多，或生育频接，或热病久羁，或出现于其它虚损疾患之后，气血双亏，脉络空虚，风由内生，四肢无有所秉，遂可发生麻木。偏于气虚者面色㿠白，四肢软弱，抬举无力，伴有心慌气短，脉弱，舌质淡红；偏于血虚者面色无华，皮肤偏干，伴有头晕目眩，失眠健忘，脉细或兼有数象，舌质嫩红。两者的共同点是：皆为虚证，一为气虚，一为血虚，麻木而无疼痛，呈现一派虚象。气虚四肢麻木，治宜补气养血，用补中益气汤；血虚四肢麻木，治宜养血理气，方用神应养真丹；若气血虚亏无所偏重者，可用八珍汤双补气血。

气滞血瘀四肢麻木："气行则血行，气滞则血滞"，但亦有因血瘀而致气滞者。虽然气滞与血瘀常相并而见，但临证则有气滞偏重与血瘀偏重之分。气滞偏重的多责于情志失调，气机不利；血瘀偏重的多见于外伤及病久入络者。气血郁滞，填塞经络，营阴失养，卫气失温，故见四肢麻木。两者的共同点为：麻木兼刺痛，按之则舒。两者的关系是初病在气，病久入血，由气滞而发展到血瘀。辨证要点为：气滞偏重的麻木时轻时重，但少有疼痛，脉弦不柔，舌淡黯无瘀斑；血瘀偏重的麻木而兼疼痛，无有轻时，皮色发黯，口唇青紫，脉沉涩，舌质必有瘀斑。气滞者宜行气通络法，常用羌活行痹汤；血瘀者宜活血通络法，常用桃红四物汤。

风痰入络四肢麻木与肝阳化风四肢麻木：四肢麻木伴有震颤是两者的共同点。风痰入络麻木为痰饮久伏，风邪引动，风痰搏于经络而发病。辨证要点：为麻木多有痒感，并有头眩，背沉，舌苔腻等，治宜祛风化痰，方选导痰汤合玉屏风散；肝阳化风四肢麻木为肝阳素旺，又遇喜怒失宜，阳动生风发病。辨证要点：为麻木伴有明显震颤，并有头晕欲仆，烦躁易怒，脉弦有力等，治宜清肝熄风，方选羚羊钩藤汤。

湿热阻滞四肢麻木：此症由于湿热郁阻，络脉壅塞，气血不能达于肢端而致。辨证要点为：见于下肢麻木，且有灼热重痛，尤以两足灼热明显，甚则必踏凉地而缓解，脉兼数象，舌苔偏黄腻。治宜清热利湿通络，方用加味二妙散。

四肢麻木，临证四肢俱见麻木者不多，而以双上肢或双下肢或单侧肢体麻木者多见。临证鉴别要分清虚实之证，虚证麻木患肢软弱无力，实证麻木患肢疼痛郁胀，这是两者的主要区别。治疗上分清"虚者补之，实者泻之"，补法宜补气血、建中焦为主；实证有祛风、散寒、化痰、活血、行滞、熄风等。至于虚实夹杂证，则当辨别孰轻孰重，权衡缓急，辨证施治。

麻木一症，历代医家把它列为中风先兆之一。张三锡说："中年人但觉大拇指时作麻木，或不仁；或手足少力，或肌肉微掣，三年内有中风暴病。"（《中风专辑》）王清任在《医林改错》中记载的中风先兆症状，亦有肢体麻木。特别是风痰阻络与肝阳化风的麻木尤易发生中风。因此积极治疗四肢麻木，对预防中风有着十分重要的意义。

【文献别录】

《素问·逆调论》："荣气虚则不仁，卫气虚则不用，荣卫俱虚则不仁且不用。"

《丹溪心法·厥》："手足麻者属气虚。手足木者有湿痰死血。十指麻木，是胃中有湿痰死血。"

《杂病源流犀烛·麻木源流》："麻木，风虚病亦兼寒湿痰血病也。麻，非痒非痛，肌肉之内如千万小虫乱行，或遍身淫淫如虫行有声之状，按之不止，搔之愈甚，有如麻之状。木，不痒不痛，自己肌肉如人肌肉，按之不知，掐之不觉。……气虚是本，风痰是标，当先以生姜为响导，枳壳开气，半夏逐痰，防风羌活散风，木通牙皂通经络，僵蚕为治虫行之圣药。在手臂用桑枝，在股足加牛膝，待病减，用补中益气汤，多加参芪。若经年累月无一日不木，乃死血凝滞于内，而外挟风寒。阳气虚败，不能运动，先用桂附为响导，乌药木香行气，当归、阿胶、桃仁、红花活血，木通牙皂穿山甲通经络，待病减，用八珍汤大补气血，无不验。此治麻木之大法也。……而治之之法，总须以补助气血为培本之要，不可专用消散，切记切记。至人有大指次指麻木不仁者，三年内须防中风。宜一切预防，常服十全大补汤，加羌活、秦艽。"

（毛德西）

164. 四 肢 瘦 削

【概念】

四肢瘦削是指上、下肢由于某种病因引起的肌肉萎缩的症状。

《内经》有"脱肉"、"肌肉削"、"肌肉萎"、"破䐃脱肉"、"大肉陷下"的记载，即是指肘、膝、髀等高起处肌肉严重萎缩，及腿、臂、臀部肌肉明显消瘦的病证。

《素问·阴阳别论》中尚有"风消"，系指因热极生风，阴精亏损，肌肉消铄，发为全身消瘦，而不独四肢瘦削的病证。

《金匮要略》一书中亦有"消铄肌肉"的记载，乃指热盛耗伤津液而肌肉消铄。其中"酸削"是指肌肉萎缩又有痿软的症状。

瘦削与肉痿不同，瘦削专指肌肉萎缩；肉痿是以痿软无力或瘫痪为主要表现的。后世文献常论及"羸瘦"、"尪羸"，乃全身瘦削，神形俱衰之症状，不独指四肢。

【鉴别】

常见证候

脾胃虚弱四肢瘦削：多见于青少年，四肢瘦削，以肩臀部为明显，上肢无力，下肢行走如鸭步，足踝内翻或外翻，足背呈弓形，面色苍白，神疲倦怠，纳食少馨，少气懒言，语声低微，舌淡苔白边有齿痕，脉细软。

肾精亏虚四肢瘦削：多见于婴儿，肌肉瘦削，手不能举，足不能立，发育缓慢，智力低下，常伴五迟（立迟、行迟、齿迟、发迟、语迟）、五软（头项软、口软、手软、足软、肌肉软）症，舌淡苔白，脉沉细。

肝肾阴虚四肢瘦削：肌肉瘦削，四肢无力而颤抖，步履蹒跚，筋惕肉瞤，甚则语言謇涩，吞咽时见呛咳，腰痠腿软，头晕目糊，五心烦热，夜寐不安，舌红少苔，脉细数或弦细。

脾肾阳虚四肢瘦削：肌肉瘦削，四肢无力，肌冷形寒，大肉脱陷，耳鸣耳聋，腰痠腿软，遗精阳痿，溲清便溏，舌淡胖，苔薄白，脉沉迟。

气血两虚四肢瘦削：肌肉瘦削，面色苍白，神疲困惫，头晕眼花，心悸气短，自汗盗汗，纳食少进，舌淡少苔，脉微细。

鉴别分析

脾胃虚弱四肢瘦削：多因饮食不节，后天失调，脾胃虚弱，气血生化乏源，以致水谷精微不能充养四肢肌肉而造成。《素问·太阴阳明论》："四支不得禀水谷气，气日以衰，脉道不利，筋骨肌肉，皆无气以生，故不用焉。"本证常见于偏食纳呆之青少年。脾主四肢，脾运不健，不能为胃行其津液，故纳食少馨，四肢无力。中气不足，故神疲乏力，少气懒言，语声低微，舌淡苔白边有齿痕，脉细软。治宜补益中气，方用补中益气汤加减。

肾精亏虚四肢瘦削：多因先天禀赋不足，后天哺养失宜，导致肾精不足，髓海空虚，正气亏损，影响婴儿生长发育，造成四肢瘦削，五迟五软，智力低下等症。治宜补肾填精，方用加味六味地黄丸加减。

脾胃虚弱与肾精亏虚四肢瘦削二者不难鉴别，前者主要是后天失调，多发于青少年，辨证治疗着眼于脾胃；后者主要是先天不足，多发于婴儿，辨证治疗着眼于肾。但必须指出，肾精亏虚四肢瘦削，若后天调摄得当，注意护养，积极治疗，可取得较好的效果。

肝肾阴虚四肢瘦削：多因素体阴虚，或其它疾病后，重伤阴血，以致肝肾不足。肝藏血而主筋，肾藏精而主骨，肝肾阴虚则筋弱骨痿，四肢肌肉瘦削无力；肝阴不足，肝阳上亢，化风掉动，故筋惕肉瞤，四肢颤抖；足少阴肾经之脉，循喉咙、挟舌本，故肾阴亏损，造成语謇而吞咽困难；肾亏则腰府空虚，阴虚而生内热，故腰痠，五心烦热，夜寐不安，舌红苔少，脉细数。治宜滋补肝肾，育阴潜阳，方用知柏地黄丸或大补阴丸加减。若阴虚及阳，方用虎潜丸加减。

脾肾阳虚四肢瘦削：多因素体虚弱，或其它疾病后，重伤阳气，以致脾肾阳虚。脾主运化。肾主温煦。脾运失司则无以输布津液，肾阳不足则无以温腾蒸煦，津液不能滋养四肢肌肉筋骨，造成肌肉瘦削或大肉脱陷，四肢无力，耳鸣耳聋，阳痿遗精，腰痠腿软；阳虚则外寒，故形寒肢冷，溲清便溏，舌淡胖，脉沉迟。治宜温补脾肾，方用金匮肾气丸加人参、白术、淮山药等。

肝肾阴虚与脾肾阳虚四肢瘦削二证的相同点是肾亏，但一以阴虚为主，重在肝肾；一以阳虚为主，重在脾肾。且多见于青壮年。这和肾精不足四肢瘦削之禀赋不足，发于婴儿有显著区别。而脾肾阳虚与脾胃虚弱的辨证，前者可见形寒肢冷，小便清长，阳痿遗精等阳虚的表现；后者则见纳减神疲，声低懒言等气虚的表现。

气血两虚四肢瘦削：多系上述诸证的进一步发展，即气虚及血，阳虚及阴，由于阴阳互根，气血相关，后期常致气血两虚。而见肌肉瘦削，四肢无力，头晕眼花，神疲困惫，心悸气短，自汗盗汗，舌淡少苔，脉微细等症。治宜大补元气，滋养阴血，方用人参养营汤。

四肢瘦削以虚证为主，体虚则外邪易侵，往往形成虚中夹实的证候。不及时清除外邪，亦可加剧本症的发展。

此外，《素问·痿论》提出："治痿独取阳明"的治疗原则，不仅适用于针刺，对内科临床亦有指导意义。盖脾胃健则化源自足，气血旺则痿证及肌肉瘦削可愈。

【文献别录】

《中医临证备要·四肢消瘦》："四肢局部肌肉消瘦，常见于'痿证'和'鹤膝风'等……。凡重病久病，发现臀部、胫部大肉瘦削，古称'腘肉脱'，为不治证候之一。"

《中医临证备要·消瘦》："形体日渐消瘦，常见于虚损病证，因脾主肌肉，应结合主证培养中焦气血"。

"肌肉消瘦，以四肢大肉尽脱最为严重，……。妇女无病而形消骨立，《东医宝鉴》曾经特别提出，认为亦由气血不充，用人参煎汤送服谷灵丸。"

（黄柄山）

165. 四 肢 肿 胀

【概念】

四肢肿胀，是指上下肢浮肿发胀的一种症状。有的表现四肢同时肿胀；有的仅见上肢或下肢，或偏于一侧。

【鉴别】

常见证候

湿热蕴结四肢肿胀：四肢肿胀，关节肿痛，肌肤灼热，皮色发红发亮，兼见发热，畏风，口渴，烦闷不安。舌苔黄腻少津，脉滑数。

气滞肌表四肢肿胀：四肢浮肿，自觉发胀，肤色苍白，按之即起，似有弹性，或兼见胸胁胀闷，善太息等。舌质淡，苔白，脉弦。

寒湿凝滞四肢肿胀：四肢关节疼痛，痛有定处或下肢尤重，四肢肿胀，手足笨重，活动不便。舌质淡，脉濡缓。

气虚血瘀四肢肿胀：四肢肿胀，按之难起，手足清冷，或肢体麻木不仁、举动无力；或见双下肢肿胀，皮肤有紫色瘀斑；甚至可见半身不遂等。舌淡白，或有瘀斑，脉弦涩。

鉴别分析

湿热蕴结四肢肿胀与气滞肌表四肢肿胀：前者素体阳气偏盛，复受风寒湿邪侵袭，热为寒郁，久之寒亦化热而致。后者多因情志不遂，复受外邪侵袭肌表，营卫失调，气滞不畅所致。辨证要点：前者湿热郁阻络脉，气血运行不畅，凝滞经络之中，故现四肢肿胀。热为阳邪，故现关节肿痛、局部灼热红肿等。后者乃气滞肌表，郁阻经脉，营卫不通，故有肢体浮肿及发胀的感觉。因偏于气滞，故按之即起。二者兼症不同，前者兼见发热、畏风、口渴、烦闷不安等热盛的表现。后者兼有胸胁胀闷，善太息等肝气郁滞的现象。湿热蕴结之症治以清热疏风祛湿，方选白虎桂枝汤。气滞肌表者治以行气疏导，佐以温散，方选香苏葱豉汤。

寒湿凝滞四肢肿胀与气虚血瘀四肢肿胀：二者虽皆属阴证，但前者乃寒湿为患，后者则是气虚夹瘀使然。其共同之病机皆有经脉之阻滞。辨证要点，寒湿凝滞，湿浊停滞经脉之中，故见四肢肿胀，关节沉重，手足笨重。后者由于气虚血瘀，经脉不通，故见四肢肿胀，按之难起，肌肤麻木，皮肤有紫斑，其症或有朝轻暮重的特点。前者治以散寒除湿，方选乌豉汤。后者治宜益气活血化瘀，方选桃红饮加黄芪、桂枝。

总之，四肢肿胀一症，当分寒热虚实。病因虽多与风寒湿邪有关，但人体素质不同，有偏热偏寒之异，因此，临证应根据"审证求因，审因论治"的原则进行处理。

【文献别录】

《景岳全书·肿胀》："肿胀之病，原有内外之分，盖中满者谓之胀，而肌肤之胀者，亦谓之胀，若以肿言，则单言肌表，此其所以当辨也。但胀于内者，本由脏病，而肿于外者，亦无不由乎脏病，第脏气之病，各有不同。虽方书所载有湿热寒暑血气水食之辨，然余察之经旨验之病情，则惟在气水二字，足以尽之，故凡治此证者，不在气分，则在水分，能辨此二者，而知其虚实无余蕴矣。病在气分，则当以治气为主，病在水分，则当以治水为主。"

（李　全）

166. 四 肢 强 直

【概念】

四肢强直系指两种情况：一为四肢筋肉强硬，肢体伸直而不能屈曲；二为四肢关节由于某种原因而致僵硬，不能屈伸的症状。

早在《内经》一书即有"强直"的记载，其后历代文献每于热病及风病中常描述此症状，多属四肢强硬而伸直者。另有痹痛日久，筋脉失养，使关节固定，不能屈伸，常称之为四肢关节强直。本条目所讨论者，包括以上两种情况。

角弓反张系指头项强直，腰背反折、后屈而成弓形者，与四肢强直不同。

拘急指四肢拘挛、收缩，手足肌肉挛缩，难以伸屈，故与上述之强直亦不相同。

四肢抽搐，抽，收引也；搐，牵动抽缩也，故四肢抽搐系指四肢抽动，与四肢强直、肢体固定不能活动迥异。

风痰上壅一证（如痫证），在全身阵挛抽搐前，常先呈四肢强直；肝郁血虚病人（如脏躁），于激怒后，常因肝气上壅心胸而四肢强直、抽搐，此二者之鉴别分析，将在四肢抽搐条目内叙述。温热病邪常可致热动肝风，四肢抽搐、强直、角弓反张，如风温、暑温、湿温等，亦将在四肢抽搐中予以鉴别。

【鉴别】

常见证候

风寒湿阻四肢强直：多表现为痹痛日久，四肢关节强直，不能屈伸，关节固定，关节、肌肉疼痛，时有肿胀，日久可见肌肉瘦削。风气胜者，四肢走窜疼痛；寒气胜者，四肢冷痛不移；湿气胜者，重着、疫楚疼痛。舌淡白，苔白或腻，脉沉弦紧，或弦滑。

风邪入侵四肢强直：发热恶寒，头项强硬，四肢强直，骨节疼痛，甚则角弓反张、口噤不开，舌苔白腻，脉弦紧。若为风热或风邪化热，则有高热、舌红、苔黄、脉数。

湿热阻络四肢强直：多伴有湿热痹痛症状，迁延日久则四肢强直，四肢关节不得屈伸，关节红肿疼痛，足踝部肌肤可见多数结节性红斑，病人身热，肢体困重，日久可见四肢肌肉瘦削，关节嫩红肿大，舌边红体胖，苔黄腻，脉弦滑数。

痰热动风四肢强直：多突然发病，四肢过度伸直，强硬而不能屈曲，颈项强直，并可有阵阵抽搐，面红气粗或有发热，神识不清，喉有痰鸣，舌红苔黄腻，脉弦滑数。

肝阳化风四肢强直：平素即有肝阳偏亢症状，如头晕头痛，耳鸣目眩，心烦易怒，面红目赤等。偶有激发则突然舌强语蹇，神识不清，呼吸气粗，继之迅速发展为半身不遂或双侧上下肢皆过度伸直而强直，然手腕常屈曲，手指并拢，亦可有阵阵抽搐，舌红脉弦数。

肝肾亏虚四肢强直：病人头晕目眩，耳鸣如蝉，失眠健忘，心烦易怒，哭笑不能自制，神情呆滞，智能低下，如癫如痴，甚至神识不清，四肢渐次强直，吞咽打呛，下肢伸直强硬而两手屈曲，神昏而目不瞑，舌淡红，脉弦细无力，尺脉尤弱。

血瘀气滞四肢强直：多先有外伤、中毒，后遗四肢伸直强直，不能屈曲，眼开而神昏不识人，不能语言，二便失禁，日久肌肤甲错，舌淡红，可有瘀血斑点，苔薄白，脉沉细涩。日久可见面白、自汗、舌淡白等症状。

阳气虚衰四肢强直：四肢强直，面色㿠白，手足厥冷，神识不清，默默不语，目开而不识人，四肢可偶有瞤动，二便失禁，舌淡苔薄白而润，脉沉细涩结。

鉴别分析

风寒湿阻与湿热阻络四肢强直：此二者均多由外邪侵入经络致病，迁延日久肢体痹痛，经络之气血阻滞运行不畅，加之因疼痛，肢体不能活动，气血瘀滞更甚，关节周围之筋脉失养，使关节强直，不能屈伸。风寒湿邪致病者，四肢疼痛，痛势走窜或重着不移，局部虽肿胀而不红赤；湿热病邪所致者，灼热胀痛，且局部红肿或关节周围出现痛性结节性红斑。前者舌淡白、胖大、苔白腻，后者脉多滑数。前者二便正常，后者多尿黄便秘。风寒湿阻风气胜者，用疏风通经活络法，以防风汤加减；寒气胜者，用温经散寒活络法，乌头汤加减；湿气胜者，用健脾利湿通络法，薏苡仁汤加减。湿热阻络者，则用清热利湿通络法，方选加味二妙散。

风邪入侵与风寒湿阻四肢强直：前者化热不仅限于经络，还可侵入脏腑；后者多限于肌表经络。前者除四肢强直外，常兼风发热恶风寒，颈项强直，角弓反张，口噤不开，时时抽搐，甚则神昏；而后者仅有四肢关节疼痛。前者用清热熄风法，以羚羊钩藤汤或增液承气汤合玉真散加减；而后者则可用疏风、散寒、祛湿、通经活络法。（方药见前）

痰热动风与肝阳化风四肢强直：痰热动风者，多由素体湿盛，病人形肥气虚，遇有五志过极，化火动风，痰火相并上冲巅顶；肝阳化风则多素有肝阳偏亢症状，亦可由五志过极，强力举重而诱发，血之与气并走于上。此类与一般中风偏枯者不同，多罹及双侧肢体，来势凶猛，病人常头痛较重、呕吐、迅速昏迷。二者虽均可致四肢强直不能屈，然前者喉有痰鸣，舌红苔黄腻，脉弦滑数；后者面红气粗，舌红苔黄燥，脉弦数。痰热动风者，治宜涤痰泻火，凉营开窍，先用安宫牛黄丸或至宝丹，继用清气化痰丸改汤剂加减；肝阳化风者，用平肝潜阳，凉营开窍法，亦可先用安宫牛黄丸，再用羚羊钩藤汤加减。

肝肾亏虚与血瘀气滞四肢强直：前者可为年老体衰，将息失宜，阴阳失调，或肝肾之精不足，肾元不固，虚风内动所致；后者则多由头部外伤，胎产受伤，瘀血停滞，气机逆乱而成。二者四肢强直症状相似，然前者有肝肾亏虚之象；后者则有损伤、瘀血、中毒之症。前者用滋补肝肾之法，方用加味六味地黄丸合三甲复脉汤加减。而后者用益气化瘀佐以通络解毒，方选补阳还五汤加减。

阳气虚衰与血瘀气滞四肢强直：前者多由久病耗伤，阳气外泄，致筋脉失于温煦；而后者则多有外伤、中毒而致血瘀气滞，或日久气虚，筋脉失养。二者虽均有四肢强直症状，然前者具有阳虚之寒象（手足厥冷，面白舌淡，脉沉涩结）；除有血瘀见症外，后者可见气虚（面白、自汗、舌淡白）之象。前者用温阳活血化瘀法，可用桂枝加附子汤加活血化瘀药物，而后者则须用益气活血化瘀法，用补阳还五汤加减。

四肢强直一症，在鉴别上须注意两种情况，一种是风寒湿或湿热阻络之痹痛，日久则关节不能屈伸而固定；另一种情况是痰火或肝阳化风等可致四肢肌肉之强直。二者病因病机不同，治法亦异。至于风邪入侵，化热而犯脏腑，则病情危笃，故须仔细辨别。

【文献别录】

《素问·至真要大论》："诸暴强直，皆属于风。"

《景岳全书·痉证》："盖误汗者必伤血液，误下者必伤真阴，阴血受伤则血燥，血燥则筋失所滋，筋失所滋则为拘为挛，反张强直之病势所必至。"

（黄柄山）

167.四肢拘急

【概念】

四肢拘急是指手足拘紧挛急，屈伸不利的症状。

本症在《内经》中已有较多论述。如"拘急"（《六元正纪大论》）、"筋挛"（《示从容论》）、"骱急挛"（《厥论》）、"挛节"（《逆调论》）。《伤寒论》中亦有"四肢拘急"、"两胫拘挛"、"脚挛急"等记载。

拘急与强直、抽搐、振颤不同。强直为肌肉坚硬，伸直而不能屈曲。抽搐为四肢伸缩相引。振颤为四肢振颤抖动，临床应加以区别。手指挛急另立专条讨论。

【鉴别】

常见证候

风寒束表四肢拘急：四肢拘急，发热恶风寒，项背强几几，有汗或无汗，头身痛，舌苔薄白而润，脉浮紧。

寒湿蕴结四肢拘急：四肢拘急，首如裹，四肢困重，脘闷纳呆，面虚浮而晦滞，手足逆冷，或伴骨节、肌肉重着疼痛，舌淡胖，苔白腻，脉沉迟。

湿热浸淫四肢拘急：四肢拘急挛紧，身热肢困，头重如裹，脘闷纳呆，泛恶欲呕，手足心热，小溲色黄，舌质红胖大，苔黄腻，脉滑数。

热盛伤津四肢拘急：四肢拘急，甚则抽搐，发热壮盛，颈项牵强，尿短赤，便燥结，或昏狂、谵语，目上视，头动摇，唇红咽干，舌红、苔黄燥，脉弦数。

亡阳液脱四肢拘急：四肢厥冷而拘急，呕吐，泻利，漏汗不止，恶寒，舌淡白，薄白苔，脉沉或微细。

肝血亏虚四肢拘急：四肢拘急，目视昏花，头晕耳鸣，肌肤麻木，筋惕肉瞤，指甲淡白，舌质淡，脉弦细。

鉴别分析

风寒束表与热盛伤津四肢拘急：前者多因风寒之邪入侵太阳经脉，经气失宣。寒性收引故发为四肢拘急，项背强几几，头疼而关节痠痛；后者多因外感温热病邪；或五志过极，劳倦内伤，脏气不平，阳胜火旺，灼伤阴液，筋脉挛缩，甚则引动肝风抽搐不已。风寒束表四肢拘急的辨证以恶风寒、苔白润、脉浮紧为要点，治宜祛风散寒，舒筋活络。寒甚无汗，方用葛根汤，有汗则方用瓜蒌桂枝汤。热盛伤津四肢拘急的辨证以高热抽搐，神昏谵语，尿黄便干，舌红苔黄燥，脉数实为要点。治宜清温泄热，平肝熄风，方用清宫汤合羚羊钩藤汤加减。

寒湿蕴结四肢拘急与湿热浸淫四肢拘急：前者多因寒湿乘袭，或素体阳虚湿盛，寒性收引，湿性粘滞，筋脉为寒湿所侵，气血不和，故四肢拘急收引；后者多由感受湿热病毒，或脾虚湿盛，湿郁化热，湿热蕴结，筋膜干则筋急而挛。《素问·生气通天论》所谓："因于湿，首如裹；湿热不攘，大筋软短，小筋弛长，软短为拘，弛长为痿。"临床虽皆有湿象，然一偏于寒，故见面虚浮而晦滞，手足逆冷，舌质淡胖，苔白腻，脉沉迟，治宜温阳利湿，方用胃苓汤加减；一偏于热，故见手足心热，小溲色黄，舌红胖大，苔黄腻，治宜清热燥湿，方用二妙散加味。

亡阳液脱四肢拘急与肝血亏虚四肢拘急：前者多因呕吐、泻利、漏汗不止导致亡阳液脱，亡阳则筋失温煦，液脱则脉失濡养，故筋脉收引，四肢拘急；后者多因失血过甚，或脾虚不能转输水谷精微，生化无源，筋脉失充，故四肢拘急挛曲。鉴别要点，亡阳液脱为阳气衰微，其病也危，治宜回阳救逆，方用四逆汤加人参；肝血亏虚为营血不足，其来也渐，治宜补血养肝，方用四物汤加味。

拘急一症的鉴别，首先在于区分外感或内伤。外感风寒、温热、寒湿、湿热皆可致病。而内伤则多因阴血不足，或阳气衰微，应从病因及临床证候详加辨别。

【文献别录】

《诸病源候论·风四肢拘挛不得屈伸候》："此由体虚，腠理开，风邪在于筋故也。春遇痹为筋痹，则筋屈。邪客关机，则使筋挛；邪客于足太阳之络，令人肩背拘急也。足厥阴肝之经也，肝通主诸筋，王在春，其经络虚，遇风邪则伤于筋，使四肢拘挛，不得屈伸。"

《中医临证备要·四肢拘挛》："四肢拘急挛曲，不能伸直，系筋脉为病……以肝主筋，筋膜干则收缩。但心主血脉，亦有关系。心脏虚弱者往往先觉心慌气短，胸闷窒塞，即而两臂挛急。"

（黄柄山）

168. 四 肢 抽 搐

【概念】

四肢抽搐系指各种原因引起之四肢不随意抽动。抽即收也，引也；搐者牵动，抽缩也。故一切四肢不能自主控制的抽搐、牵动，或屈伸不已，均属于抽搐的范畴。

早在《内经》一书中即有"瘛疭"的记载。瘛者，筋脉拘急，屈也；疭者，筋脉弛纵，伸也。故瘛疭乃手足一屈一伸的抽动，与一般不规则抽搐不同，但亦属抽搐之一种。《内经》尚有"痉强拘瘛"、"痫瘛筋挛"、"痫眩"、"肉𥆧瘛"等有关抽搐的记载。

《伤寒论》中亦有"惊痫"、"瘛疭"的记载。后世文献中，多种病证如"痫证"、"痉证"等均以抽搐为主症。

振颤为手足振动、颤抖，以肢端为明显；强直为四肢强硬，伸直不能屈曲；拘挛与拘急指四肢拘紧挛曲，不能伸直；三者均无抽动，故不属抽搐范畴。

至于手舞足蹈一症，虽属抽搐之一种，但手足抽搐之形式似舞蹈，故另立条目讨论。

【鉴别】

常见证候

风邪闭阻四肢抽搐：四肢抽搐，发热恶寒，项背强急，筋脉拘挛，肢体痠重或疼痛，舌苔白腻或微黄，脉弦紧或数。

风痰挟瘀四肢抽搐：发作性抽搐，或口作六畜叫声，两目上视，口吐涎沫，四肢先强直痉挛，继之屈伸阵挛，二便失禁，神识不清，发作后一如常人。舌苔白腻，脉弦滑。亦可先有外伤，以后抽搐，病人可兼见头部外伤斑痕，舌具瘀血斑。

阴虚阳亢生风四肢抽搐：激怒后四肢抽搐，视物不清，腰痠腿软，麻木拘急，耳鸣眩晕，五心烦热，颧红唇赤，肌肤热夜甚，舌红少苔，脉弦细数。

热极或湿热生风四肢抽搐：四肢抽搐或瘛疭不已，壮热口渴，面红气粗，颈项强急，角弓反张，两目上视，常伴有神昏谵语，尿黄便干，舌红苔黄，脉数实。如为湿热动风，则兼见热势缠绵，首重如裹，舌红胖大，苔黄腻，脉滑数。

脾肾阳虚四肢抽搐：四肢抽动不已，形寒肢冷，面白目清，水肿，纳呆，便溏，腰痠腿软，口淡不渴，尿清长或尿少，舌质淡，体胖大，有齿痕，苔白腻，脉沉迟或沉缓。

肝郁血虚四肢抽搐：四肢抽搐，伴有手足舞动，多愁善感，多梦不寐，胸闷不舒，喜长太息，遇精神刺激则捶胸顿足，哭笑间作，或卒然仆倒，舌淡，脉弦细。

血虚生风四肢抽搐：手足徐徐抽动，体质素虚，面色苍白或萎黄，肢体麻木，筋惕肉𥆧，口唇指甲淡白，舌淡苔白，脉弦细，其手抽搐似鸡爪状，俗呼"鸡爪风"者亦属之。

中毒所致四肢抽搐：误服毒性药物，如马钱子过量，或接触化学毒品中毒，致四肢抽搐，因毒邪性质不同，抽搐及其兼证之表现亦各有异。

鉴别分析

风邪阻络与风痰挟瘀四肢抽搐：就其病因来看，风邪阻络多由外感风邪，邪闭经络，气血运行不利，或于创伤之际，风毒之邪入侵，营卫不得宣通，则筋脉失养而四肢抽搐；风痰挟瘀则多由大惊卒恐，伤及肝肾，或饮食失节，脾胃受伤，脾失健运，聚湿成痰，一旦肝失调达，阳升风动，触及积痰，肝风挟痰上壅，或有外伤瘀血，气血逆乱，精血失于敷布，则有发作性抽搐。二者临床表现不同：前者兼见风邪外感症状，发热恶寒，头身痛，或见六经形证。如为创口感受风邪，则除四肢抽搐外，可有口噤，角弓反张。后者为发作性四肢抽搐，无外感症状，发作后一如常人，二者不难区别。前者宜祛风通络、养血和营法，方用大秦艽汤加减。如为风毒之邪，可用玉真散、五虎追风散加减。肝风挟瘀者，用祛瘀、熄风法，用镇肝熄风汤合血府逐瘀汤加减。

阴虚阳亢生风与热极或湿热生风四肢抽搐：前者多由积劳久病，耗伤阴精，肝肾阴虚，筋脉失养，阴虚而不能制阳，肝阳偏亢，而肝风内动，四肢抽搐；后者多由于湿热病邪，或阳气偏亢，灼伤阴液，筋脉失养，或由于湿热入侵，多于湿温病后期，湿热挟风，风为木之气，风动而四肢抽搐。二者除均有抽搐症状外，前者具有肝肾阴虚（腰瘘腿软，视物不清，眩晕耳鸣，五心烦热，麻木拘急，舌红，脉弦细数等）症状；后者则具有热象（高热，口渴，面红目赤，尿黄便干，舌红苔黄，脉数）或湿热之特点（如身热不扬，舌红胖大，苔黄腻，脉滑数等）。前者用滋阴潜阳，平肝熄风汤，用镇肝熄风法或天麻钩藤饮加减；后者属热极生风，用清热熄风法，用羚羊钩藤汤加减，属湿热者宜清热利湿，正如《温热经纬·湿热病篇》云："此湿热侵入经络脉隧中，宜鲜地龙、秦艽、威灵仙、滑石、苍耳子、丝瓜藤、海风藤、酒炒黄连等味。"

血虚生风与肝郁血虚四肢抽搐：血虚生风之病因主要由于各种失血如崩漏、便血、或营养失调、血之生化之源不足，筋脉失养四肢抽搐；而后者则素有多愁善感，心神不宁，逢暴怒则肝气上壅，气机逆乱，四肢气血不能敷布，筋脉失养所致。从临床表现来区别二者，血虚者抽搐多逐渐发生，筋脉拘急、麻木，且有血虚（面色苍白，眩晕、口唇指甲淡白，脉细）之象；而后者则具有肝郁及心血虚之症状，如胸闷不舒，精神抑郁，善长太息，心悸健忘，不寐多梦等。前者宜养血熄风，四物汤加味；后者宜养血舒肝，补肝汤合四逆散加减。

脾肾阳虚四肢抽搐：其病因多由呕吐、下利，脾胃虚寒，阳气虚衰，经脉失于温煦而四肢抽搐，故与热极，湿热生风，肝阳化风者均不同，且其症状兼见明显之寒象（形寒肢冷、面白目清，口不渴，尿清便溏，舌淡苔白，脉沉迟等）。而与热象或湿热之象明显有别。此证治宜温阳固本，固真汤加减。

中毒所致之四肢抽搐与上述各证候不同，因中毒药品之不一，其抽搐形式及兼症亦异，且有明显药物或化学工业品接触中毒史，可资鉴别。

四肢抽搐一症，病因繁多，表现复杂，然首要辨别外感、内伤或中毒。外感者注意其病邪特点；内伤者则须注意其兼见之症状，气血阴阳偏盛或偏衰之表现；中毒者注意病史，则不难鉴别。

【文献别录】

《儒门事亲·风形·风搐反张二》："诸风掉眩，皆属肝木，曲直动摇，风之用也，阳主动，阴主静，由火盛制金，金衰不能平木，肝木茂而自病。"

《张氏医通·瘛疭》："瘛疭之证，多属心脾肝三经，若自汗少气脉急，按之则减小者，此心气之虚也，神砂妙香散。若气盛神昏，筋挛，脉满大，此心火之旺也，导赤散加芩连山栀茯神犀角。若体倦神昏不语，脉迟缓，四肢欠温者，脾虚生风也，归脾汤加钩藤羌活。若寒热往来，目上视摇头，脉弦急者，肝热生风也，加味逍遥散加桂枝。"

（黄柄山）

169. 手 舞 足 蹈

【概念】

手舞足蹈系指手足抽搐、动作增多，变化多端，不能自制，状似舞蹈而言。也可由于抽动迅速而似线引傀儡，重则面部也伴随有撅嘴、眨眼、伸舌等动作，或表现为半身舞动。

《素问·至真要大论》曰："诸风掉眩，皆属于肝"、"诸暴强直，皆属于风"，故本症在古典医籍中多隶属于肝风之中。但肝风之抽搐（或瘛疭），手足抽动呈一屈一伸，动作刻板，与手舞足蹈显然不同。临床上应加以区别。

痫证发作时亦有手足抽搐，然多先有四肢强直，以后一屈一伸，神昏僵仆，口吐白沫，可迅速清醒，并呈反复发作，发作止后则一如常人。本症则均于清醒时舞动不休，入睡后一切动作皆止。

【鉴别】

常见证候

外感风邪手舞足蹈：发热恶风寒，手足舞动多突然发生，四肢及躯干扭动，辗转反侧，抽动不宁，片刻不停。手足舞动急促，不能自制，常抓伤自己，或碰伤手足。由于手足舞动，手不能握，足不能立，步履艰难。伴见头面部，眼、鼻、口角扭动，如作"鬼脸"，进食困难，语言謇涩，入睡方止，苏醒如故。舌质红，舌苔薄白或微黄，脉浮数或数实。

肝肾阴虚手舞足蹈：手足舞动，头颈扭转，挤眉弄眼，且筋脉多拘急，面颧红赤，眩晕耳鸣，目视不明，腰痠腿软，手足心热，虚烦不寐，尿短赤，便燥结，舌红苔少，脉沉细数或弦细。

气血亏虚手舞足蹈：神疲倦怠，少气懒言，声低语怯，面色苍白，口唇及爪甲淡白，畏风自汗，渐有手舞足蹈，且逐渐加重，四肢筋脉弛缓，麻木无力，终致生活不能自理，舌淡白，脉虚，或细弱无力。

肝郁血虚手舞足蹈：多见于妇女，素有心烦易怒，精神抑郁，胸闷不舒，善长太息，多愁善感，易于激动而流泪等症状。遇有忧思恚怒则喜笑不休，或痛哭不止，手舞足蹈，感情浓郁，状如演员，乍作乍休，不寐，多梦，易惊。舌淡白，脉弦细。

肾精亏虚手舞足蹈：多见于成人，开始先有局部抽动，以后逐渐发展，终致手舞足蹈，多伴有健忘，日久则神情呆滞，沉默寡言，如癫如痴，兼见耳鸣眩晕，腰痠腿软，足胫无力，步履艰难，舌淡白，尺脉沉弱。

妇女妊娠手舞足蹈：手足舞动，头面皆可扭动，其表现与上述之各种手舞足蹈症状相同，舌淡白，脉滑或弦滑。

鉴别分析

外感风邪与肝肾阴虚手舞足蹈：从病因病机上看，外感风邪多由儿童生后失于调养，正气不足，或成人素体亏虚，加之风寒或风热从口鼻或经络入侵，日久化热，引动肝风，而引起手舞足蹈发作；肝肾阴虚者，则多由积劳久病，肝肾之阴血不足，亦可为外感热邪耗伤阴液，由于阴虚内热，或阴血不足，筋脉失养，而致筋脉拘急，继而引动肝风，头颈扭动，手舞足蹈。外感风邪者，多先有发热恶寒，头身痛，脉浮等表证，而后发生手足舞动；肝肾阴虚则由于内伤病日久，或外感热邪耗伤阴液后发生，兼有阴虚内热症状（五心烦热、潮热盗汗、虚烦不寐、口干、两颧红赤、尿短赤、舌鲜红而少苔、脉沉细数）及肝肾亏虚症状（眩晕耳鸣、目视昏花、筋脉拘急麻木、腰痠腿软、遗精早泄等），肝肾阴虚所致之手舞足蹈与外感风邪所致者均极典型。其治疗：外感风邪手舞足蹈用疏解风邪，养血熄风法，可用四物汤加味，此乃"治风先治血，血行风自灭"之意，风寒加桂枝、防风、荆芥等；风热可加菊花、黄芩、黄连等；抽动重可酌加钩藤、生龙骨、生牡蛎、地龙、全蝎、僵蚕、蜈蚣等。肝肾阴虚手舞足蹈，则须用滋补肝肾、平肝熄风法，方用杞菊地黄丸加味，如蝉蜕、地龙、全蝎等。

气血亏虚与肾精亏虚手舞足蹈：从病因上看，气血亏虚者多见于年老力衰，阴阳失调，四肢筋脉失养而肝风内动，手舞足蹈；而肾精不足多见禀赋薄弱，先天不足，或母体妊娠期失于调摄，胎儿营养不良，生后未予及时调补而肾精不足，肝精亏乏，筋失所养，致四肢舞动。气血亏虚所致者，多见于老年发病，手足逐渐发生抽搐，徐徐而动，终致四肢舞动，伴见气血亏虚之症状（面色苍白、畏风自汗、语声低微、眩晕、麻木、口唇指甲淡白、舌淡白、脉沉弦细）；而肾精不足之手舞足蹈，起病较早，多见于 30～40 岁，病人除手舞足蹈外，伴见肾精不足症状（健忘、呆痴、如癫、腰痠腿软、耳鸣眩晕等）。气血亏虚者，宜补益气血、平肝熄风，以八珍汤加平肝熄风药；而肾精不足，则用滋补肾精法，河车大造丸加味。

肝郁血虚与肝肾亏虚手舞足蹈：肝郁血虚者，从病因上看，主要为情志所伤，忧思恚怒而致肝气郁结，木不条达，肝失疏泄，兼见血虚（心及肝血虚），血虚则筋失所养，肝郁气滞，一遇激怒，则肝气上涌心胸，气血不能敷布，而引起手舞足蹈；肝肾阴虚则由外感热邪，耗伤阴精，或久病劳伤，肝肾之阴不足，乃致筋脉失养，手舞足蹈。肝郁血虚者，平日可有脏躁之病证，如《金匮要略·妇人杂病脉证并治》所云："妇人脏躁，喜悲伤，欲哭，象如神灵所作，"故病人多愁善感，易于激动，或悲伤易哭，或喜笑不休不能自制，其手足之抽动，易受他人影响，极似所模仿之各种舞动，变幻多端；肝肾阴虚者，除手足舞动外，兼见阴虚内热及肝肾亏虚之症状。前者治疗以舒肝养血，平肝熄风之法，可用逍遥散加熄风药。而后者则用滋补肝肾之法。古人云："情志所伤者，非药石所能及"，故前者尚须注意调情志。

妊娠之手舞足蹈与其他各型之区别：妊娠期间，肝肾亏虚、气血不足者，均易加重而致筋脉失养，肝风内动，手舞足蹈，其主要鉴别点在于此型仅于妊娠期发病。多见于青年初孕妇及妊娠前三个月，终止妊娠则不再发作。

在对手舞足蹈这一症状进行鉴别时，须注意病因、兼见症状及发病年龄，抓住以上三点则不难辨别。

【文献别录】

《儒门事亲·风形》："新寨马叟年五十九，因秋欠税，官杖六十，得惊气成风搐已三年矣。病大发则手足颤掉不能持物，食则令人代哺，口目张眮，唇舌嚼烂，抖擞之状，如线引傀儡，每发市人皆聚观，夜卧发热，衣被尽去，遍身燥痒，中热而反外寒，久欲自尽，手不能绳，倾产求医，至破其家而病宜坚，叟之子邑中旧小吏也，以父母病讯戴人，戴人曰：此病甚易治，若隆暑时，不过一涌再涌，夺则愈矣，今已秋寒可三之，如未，更刺腧穴必愈。先以通圣散汗之，继服涌剂，则痰一二升，至晚又下五七行，其疾小愈，待五日再一涌，出痰三四升，如鸡黄成块状，如汤热，叟以手颤不能自探，妻与代探，咽嗌肿伤，昏愦如醉，约一二时许稍稍省。又下数行，立觉足轻颤减，热亦不作，是亦能步，手能巾栉，自持匙筋，未至三涌，病去如濯，病后但觉极寒，戴人曰：当以食补之，久则自退。盖大疾之去，卫气未复，故宜以散风导气之药，切不可以热剂温之，恐反成他病也。"

（黄柄山）

170.手足厥冷

【概念】

手足厥冷，又称厥逆，是指四肢由手足冷至肘、膝的症状。一般冷至腕、踝的称手足厥冷；冷至肘、膝的称手足厥逆。手足厥冷轻者称手足清冷、手足不温。

手足厥冷，在《内经》中称"寒厥"、"四逆"。厥逆与厥则有三种含义：一是指手足厥冷；二是指卒然昏倒，不省人事的厥证；三是指六经不和的证候。至《伤寒论》问世，始有手足厥冷症名。与手足厥冷同义的还有手足逆冷、手足厥逆、手足厥寒、四逆厥、厥冷、手足寒等。"凡厥者，阴阳气不相顺接，便为厥。厥者，手足逆冷者是也。"这是张仲景对于手足厥冷发生机理的概括。后世医家对于手足厥冷的认识都是根据《伤寒论》的论述而对手足厥冷进行辨证的。

【鉴别】

常见证候

阳虚肾寒手足厥冷：简称"寒厥"。手足厥冷，甚则厥逆，形寒踡卧，腰膝冷痛，或下利清谷，或骨节疼痛，舌质淡，苔薄白而润，脉迟。

热极肢厥手足厥冷：简称"热厥"。手足厥冷，无汗高热，面赤心烦，口渴引饮，胸腹灼热，大便秘结，小便短赤，舌质红绛，苔黄厚干燥，脉沉数或滑数。

阳气郁阻手足厥冷：手足厥冷，兼见胸胁苦满，嗳气不舒，呕吐下利，或腹痛、或咳、或悸、或小便不利，苔薄白，脉弦。

血寒凝滞手足厥冷：属"寒厥"中的一种。手足厥冷，四肢发凉，形寒身痛，得热痛减，舌质淡红，苔薄白滑润，脉沉细。

痰浊内阻手足厥冷：简称"痰厥"。手足厥冷，胸脘满闷，喉间痰声漉漉，或呕吐痰涎，饥不欲食，舌苔白腻，脉沉滑有力或乍有紧时。

虫扰胆府手足厥冷：简称"蛔厥"。手足厥冷，上腹阵痛，呕吐清水或吐蛔，或有烦渴，舌质淡或黯，舌苔薄润，脉沉细或沉弦。

鉴别分析

阳虚肾寒手足厥冷：又称"阴厥"。临床有三种容易混淆的证候当分别。一为脾肾阳衰，阴寒内盛所出现的手足厥冷；一为阴寒内盛，格阳于外所出现的手足厥冷；还有一种是阴盛于下，格阳于上所出现的手足厥冷。虽然三者的手足厥冷都是由于阳气衰微，不能温运四末所致，但由于阳衰的程度不同，所以临床表现与治疗方法亦有所异。症见手足厥冷，恶寒踡卧，下利清谷，脉迟，为脾肾阳衰，阴寒内盛所致，治宜回阳救逆，方选四逆汤；若兼见身反不恶寒，面色赤，或干呕，或咽痛者，为阴盛于内，格阳于外的格阳证，即里真寒外假热，较之四逆汤证危笃，治宜逐阴回阳通脉，方选通脉四逆汤；若"少阴病，下利，脉微者，与白通汤。"服白通汤后，利下不止，肢冷更甚，脉象隐伏不见，并见干呕心烦的，为阴盛于下，格阳于上的戴阳证，方选白通加猪胆汁汤治之，即在白通汤中加苦寒反佐的猪胆汁、人尿，引阳药入于阴中，使之迅速发挥回阳救逆的作用。这个治疗方法即《内经》"热因寒用"、"甚者从之"之意。

还有一种少阴病阳虚里寒证的手足厥冷，由于阳虚不达四末，寒湿凝滞，故见症为手足发凉，身疼，骨节疼痛，脉沉而不浮，治疗可先用灸法，如灸关元、大椎以助阳消阴，然后用附子汤温阳益气，散寒化湿。

热极肢厥手足厥冷与阳虚肾寒手足厥冷：前者的手足厥冷是由于外邪化热，由表传里，里热过盛，阳气郁闭不能达于四末所形成。《伤寒论》所述的"厥深者热亦深，厥微者热亦微"，即是指此证而言。其辨证要点为手足厥冷与通体热象并见（身反恶热、口干舌燥、烦渴引饮、大便秘结、脉数有力、苔黄干燥等），与阳虚肾寒手足厥冷的通体一派寒象不同。虽然阳气衰微的格阳证与戴阳证外有热象，但面赤如胭脂，不若热邪内郁的面色赤红，干呕而烦口不渴，不若热邪内郁的口渴引饮；特别是热邪内郁的脉数有力、舌红苔黄燥少津，与格阳证、戴阳证的脉微细、舌白苔薄润迥然有别。因此治疗热极肢厥的手足厥冷，以清热泻火或通府泻下为宜，方选白虎汤或大承气汤。

阳气郁阻手足厥冷与热极肢厥手足厥冷：两者手足厥冷的发生机理都与气机郁阻有关，但前者为正（阳）气郁阻，后者为邪（热）气郁阻，阳气郁阻者为气机不宣，阳郁于里，不能通达四肢所致，多见于外感病由表传里的转化阶段。唯手足厥冷而不过肘、膝，由于阳气被郁，疏泄失和，所以会出现胸胁苦满，嗳气不舒，呕吐下利，脉弦等木郁侮土证；热极肢厥者多见于热性病的极期阶段，热邪越深伏，手足厥冷的程度越甚，具有一派实热症状，故不难与阳气郁阻的手足厥冷区别。对于阳气郁阻手足厥冷的治疗，宜疏郁通阳，宣达气机，方选四逆散治之。

血寒凝滞手足厥冷：乃由素体血虚，感受寒邪，以致血脉运行不利，寒邪凝于四肢而成。辨证要点为素体血虚（面色萎黄、唇舌色淡、脉沉细）与外寒侵淫（多发生于冬春季，或逢阴雨天加重）较突出。此证亦属寒厥范畴，但较阳虚肾寒手足厥冷为轻。彼证多见于疾病的危重期，其病在脏，此证与气温突降有明显关系，病在于经；彼证之厥冷虽得温暖而解，此证则得温而见缓；在治疗上，彼证重在回阳，此证重在温经。所以治疗此证，方选当归四逆汤温养血脉，逐寒和营。若内有外寒，兼见少腹冷痛，或干呕、吐涎沫，可加吴茱萸、生姜暖肝温胃、散寒降逆，即当归四逆加吴茱萸生姜汤。

痰浊内阻手足厥冷：乃系痰湿素盛，胸阳不得宣发所致。辨证要点为素有胸脘满闷，喉有痰声，口粘，或呕痰沫，舌苔必白腻，手足厥冷常因风寒引动或恼怒而出现，若痰浊上蒙，还会伴有头昏神迷，或狂躁不安等症。若无外因扰动，则常见手足不温，而未至厥冷。治疗宜行气解郁豁痰，方选导痰汤；若伴神迷者，可选瓜蒂散催吐，痰去气畅，则神清厥除。

虫扰胆府手足厥冷：本证由蛔虫窜扰，气机逆乱而致。蛔虫内伏，脾胃虚弱，常有腹部隐痛，手足不温等症。若蛔虫上窜，扰动脾胃，气机阻滞，使中阳不能达于四末，遂见手足厥冷，甚而冷过肘、膝。其辨证要点为手足厥冷常随上腹部剧痛而出现，伴有呕吐清水或胆汁，甚而吐蛔，面色发青，身出冷汗，脉沉细或似有似无，其手足厥冷常随腹痛缓解而回温。本证常见于儿童，成人偶或有之。治疗宜温脏安蛔，乌梅丸治之。

手足厥冷为里证之一。一般分热厥与寒厥两大类，两者相比，寒厥的厥冷程度较重，可由手足延伸到肘、膝，而热厥常不超过腕、踝关节。除厥冷的程度有差异外，其胸腹的热与凉，大便的秘结与下利，脉象的数与微，舌苔的黄与白等，都有明显的不同。

【文献别录】

《卫生宝鉴·厥逆》："阳厥手足虽冷，有时或温，手足心必暖，脉虽沉伏，按之则滑，其证或畏热，或渴欲饮水，或扬手掷足，烦躁不得眠，大便秘，小便赤。此名热厥，古人所谓阳极发厥也。治用白虎汤、大承气汤、双解散、凉膈散四方，……。阴厥四肢冷，身不热，恶心，踡足卧，或引衣被自覆，不渴或下利，或大便如常，脉沉微不数，或虽沉实，按之则迟弱，此名冷厥。治用通脉四逆汤，或当归四逆汤，或白通加猪胆汁汤"。

《类证治裁·厥症》"气自下逆上，手足冷为厥。厥者尽也，危候也，经曰下虚则厥，故阳衰于下，则为寒厥。阴衰于下，则为热厥，阴阳之气不相顺接，则病厥逆。……寒厥者，身寒面青，四肢厥冷，指甲冷，踡卧不渴，便利，脉微迟，即阴厥也。热厥者，身热面赤，四肢厥逆，指甲暖，烦渴昏冒，便短涩，脉滑数，即阳厥也"。

（毛德西）

171.肢体痿废

【概念】

肢体痿废是指四肢痿软无力。缓纵不收，甚或肌肉萎缩，出现功能障碍或功能丧失而言。《证治准绳》说："痿者手足痿软而无力，百节缓纵而不收也"。在古代文献中，《内经》称"痿躄"。痿是指肢体痿弱不用，躄指下肢软弱无力，并提出"皮痿"、"肉痿"、"筋痿"、"脉痿"、"骨痿"和五脏痿等不同名称。《金匮要略·中风历节病脉证并治》名曰"枯"。后世医家则均称"痿"。

痿证与痹证和脚气等均可引起四肢痿废，但临床表现不相同。严重的痹证，由于四肢肿胀、疼痛、变形，久则肌肉瘦削枯萎，肢体活动障碍，症状和痿证相类。但痹是由外因而起，关节疼痛或肿胀，而痿多由内因而成，无关节疼痛或肿胀。脚气虽两下肢亦缓纵痿软，不堪任地，但脚气下肢麻木、肿胀、疼痛，属于邪气实，而痿证则肢体但不任用，并无痛处，多为气血虚。"风痹痿厥四证本自不同。……夫四末之疾，动而或劲者为风，不仁或痛者为痹，弱而不用者为痿，逆而寒热者为厥。"（《儒门事亲》）

痿废一症，包括在瘫痪之内，可发于上肢，亦可发于下肢，或上下肢同时发生。若一侧上下肢瘫痪则称偏瘫、或半身不遂，可参见该条。

【鉴别】

常见证候

肺热津伤痿废：四肢痿弱无力，渐致痿废不用，可发于上下肢，尤以下肢多见，严重者可见肌肉萎缩，肢体变形。或伴有发热咳嗽，鼻干咽燥，心烦口渴，小便短赤，舌质红，舌苔黄，脉细数。

湿热侵淫痿废：初为四肢感觉异常，继而手足痿软无力，手足下垂，不堪任用，肢体困重麻木，胸脘痞闷，大便粘浊，小便赤涩热痛，舌苔黄腻，脉滑而数。

脾胃气虚痿废：四肢软弱无力，渐致缓纵不收，肌肉枯萎瘦削，伴见神疲倦怠，食少便溏，或久泻不止。面目虚浮无华，心悸失眠，舌质淡，脉细弱无力。气虚日久不愈，可发展为阳虚而出现畏寒肢冷，面色㿠白，完谷不化，小便清长等症状。

肝肾亏损痿废：双侧或一侧下肢感觉障碍，或痛觉消失，渐致下肢痿废不用，腰脊

— 238 —

痿软，头晕耳鸣，遗精滑泄，或月经不调。舌淡红少苔，脉沉细或细数。

瘀血阻滞痿废：四肢软弱无力，或麻木不仁，筋脉抽掣，甚者萎枯不用，或四肢脉络青紫，舌紫唇青或舌见瘀斑，脉涩滞。

鉴别分析

肺热津伤痿废与湿热侵淫痿废：二者都是热邪为患。肺热伤津痿废多见于急性热病之后，因肺为娇脏，不耐邪侵，尤以温热犯肺，肺热伤津，津液不足以敷布，筋脉失其润养所致。其鉴别要点为：热病后渐见四肢痿废，伴有发热咳呛，咽干口燥等肺热津亏等症。故《素问·痿论》认为："肺热叶焦，则皮毛虚弱急薄，着则生痿躄也。"湿热侵淫痿废，多因湿热之邪，直接侵淫肌肤筋脉，《素问·生气通天论》说："因于湿，首如裹，湿热不攘，大筋软短，小筋弛长，软短为拘，弛长为痿。"《素问·痿论》说："有渐于湿，以水为事，若有所留，居处相湿，肌肉濡渍，痹而不仁，发为肉痿。"或过食肥甘厚味，久嗜辛辣酒醴，生湿化热，湿郁热蒸，筋脉痹阻所致，伴见手足下垂，身热胸痞。前者治宜养肺生津，清热润燥，方选清燥救肺汤合益胃汤加减。后者治当清热利湿，方选加味二妙散化裁。

脾胃气虚痿废和肝肾亏损痿废：脾胃为后天之本，气血生化之源。《素问·痿论》说："阳明者，五藏六腑之海，主润宗筋，宗筋主束骨而利机关也。"先天禀赋不足，或后天饮食失调，或久病失养，或久泻久痢，脾胃运化机能衰退，气血生化无源，百骸溪谷皆失所养，宗筋弛缓，及致四肢痿废不用。伴见神疲气怯，面浮肢肿等气虚症状。《内经》所谓"治痿独取阳明"，正是补益后天脾胃之意。治宜健脾益气，方选补中益气汤或参苓白术散加减。由气虚进而发展为阳虚的，治宜温中益气，用附子汤加味。若兼见脾胃阴虚（口干、咽燥、舌红少津）可加沙参、麦冬、玉竹之类。肝肾亏损痿废，多由久病体虚，肝肾之阴血内耗，或纵欲无度，肝阴肾精枯涸，皆可致痿。《素问·痿论》说："思想无穷，所愿不得，意淫于外，入房太甚，宗筋弛纵，发为筋痿。……有所远行劳倦，逢大热而渴，渴则阳气内伐，内伐则热舍于肾，肾者水藏也，今水不胜火，则骨枯而髓虚，故足不任身，发为骨痿。"肝主筋为藏血之脏，肾主骨，乃藏精之所，真阴真阳所居，是以肝肾精血亏损，筋骨经脉失养，可致四肢痿废，且伴见腰脊痿软，头晕耳鸣等症。治宜补益肝肾，滋阴清热，方用虎潜丸或鹿角胶丸加味。

瘀血阻滞痿废：跌打损伤或寒凝血脉，或气虚血滞，血液循行迟缓滞塞，留滞经络筋脉，以致四肢枯萎不用。其鉴别要点在于：舌见青紫或蓝色斑点，肌肤枯燥，甚则甲错，脉迟而涩，治宜活血化瘀，桃红四物汤加黄芪、怀牛膝。

痿废一症，虚证为多，虽有实证，但亦为本虚标实。历代医家论痿，多主阴虚，治重滋阴为主，然据临床所见，阳虚者亦有之，故治痿不能固执一端。

【文献别录】

《景岳全书·痿证》："痿证之义，内经言之详矣。观所列五藏之证，皆言为热。而五藏之证又总于肺热叶焦，以致金燥水亏，乃成痿证。……则又非尽为火证，此其有余不尽之意，犹有可知。故因此而生火者有之，因此而败伤元气者亦有之。元气败伤则精虚不能灌溉，血虚不能营养者亦不少矣。若概从火论，则恐真阳亏败及土衰水涸者有不能堪。故当酌寒热之浅深，审虚实之缓急，以施治疗，庶得治痿之全矣。"

（董润生）

172. 关 节 疼 痛

【概念】

关节疼痛，是指周身一个或多个关节发生疼痛而言。关节痛最早见于《内经》称其为"肢节痛""骨痛"。《内经》所论述的痹证，如"行痹"、"痛痹"、"着痹"等，均是以关节痛为主要表现的病证，此后常根据关节疼痛部位而有不同的名称如"手指痛""足跟痛""肩臂痛"等。

【鉴别】

常见证候

风胜行痹关节疼痛：肢体关节疼痛痠楚，呈游走性，不局限于一处，关节屈伸不利，伴恶风发热，舌苔薄白，脉浮数。

寒胜痛痹关节疼痛：肢体关节疼痛剧烈，甚如刀割针刺，遇寒加重，得热则缓，痛处较为固定，日轻夜重，关节不可屈伸，关节局部不红不热，苔薄白，脉浮紧。

湿胜着痹关节疼痛：肢体关节疼痛，痛处较为固定，且有明显重着感，伴肌肤麻木不仁或患处肿胀，行动不便，得热得按则痛可稍缓，舌质淡、苔白腻，脉濡数。

湿热阻痹关节疼痛：肢体关节疼痛，痛处焮红灼热，肿胀疼痛，剧烈而拒按，日轻夜重伴发热，口渴，心烦，恶热喜冷，舌红苔黄，脉滑数。

瘀血阻络关节疼痛：肢体关节疼痛，痛如针刺，痛有定处而拒按，日轻夜重，舌质紫暗或有瘀斑，脉涩。

气血两虚关节疼痛：四肢关节痠痛，劳累后加重，可见肌肉瘦削，面色苍白，唇甲色淡无华，少气懒言，神疲倦怠，脉细弱，舌质淡苔薄。

肝肾亏虚关节疼痛：关节痠痛，不耐久立或筋骨弛缓，头晕眩晕，腰膝痠软，耳鸣，偏阴虚者，关节热痛喜凉，入夜痛甚，颧红，舌红少苔，脉细数，偏阳虚者，肢冷不温，大便溏，小便清长，两足浮肿无力。

鉴别分析

风胜行痹、寒胜痛痹与湿胜着痹关节疼痛：《素问·痹论》指出"风寒湿三气杂至，合而为痹也。其风气胜者为行痹，寒气胜者为痛痹，湿气胜者为着痹也。"即风寒湿合邪痹阻关节经络气血，导致痹证疼痛的发生，但有偏于风者、偏于寒者和偏于湿者之不同。偏于风为行痹，以关节游走性疼痛为特点，同时伴风邪袭表的症状，如恶风发热，脉浮等，治宜疏风为主，兼以散寒除湿，应用防风汤。偏于寒者为痛痹，以关节固定疼痛而喜温为特点，同时伴有寒滞经络的表现，如肢冷喜温等，治宜散寒通络为主，兼以祛风除湿，方用乌头汤加减。偏于湿者为着痹，以关节疼痛而重着痠楚为特点，同时伴有湿郁肌表的症状，如肌肤麻木等，治宜除湿通络，兼以祛风散寒，方用薏苡仁汤加减。

湿热阻痹关节疼痛：感受湿热之邪，或风寒湿痹郁久化热，则成为湿热阻痹关节疼痛，其特点为关节红肿疼痛而拒按，并见湿热内郁症状，如发热口渴，口苦，心烦，舌质红，苔黄腻，脉滑数，治宜清热除湿，宣痹通络，方用四妙丸加味。

瘀血阻络关节疼痛：常因跌仆、扭伤引起久病气血运行不畅，导致经络气血阻滞，亦可使瘀血留着关节而发生疼痛。外伤所致者，有外因可查，关节局部青紫和压痛。久病致瘀者，常在原来关节痛基础上发生疼痛性质改变，出现以刺痛为特点的关节痛，且入夜更甚，舌质紫暗。两种瘀血阻络关节疼痛，治疗均以活血化瘀，通络止痛，方用桃红四物汤、身痛逐瘀汤等加减。

气血两虚关节痛与肝肾亏虚关节痛：两者均以关节痠痛为特点，但前者为气血虚，经脉失于濡养所致，故劳则关节疼重，同时伴气血虚的表现，如面色苍白、唇甲色淡无华，少气懒言，神疲乏力，舌淡，脉细弱，治宜养血荣经，方用四物汤、八珍汤加减。后者为肝肾亏虚、筋骨失养所致关节疼痛而不耐久立为特点同时伴头晕、腰痠、耳鸣等肾虚表现，偏阴虚者，颧红，少苔，治宜滋阴补肝肾，方用左归饮加减。偏阳虚者肢冷不温，便溏溺清，两足浮肿，治宜温阳通络，滋补肝肾，方用右归饮加减。

（殷海波）

173．关节变形

【概念】

关节变形是指病变关节的正常形态发生改变，关节僵硬、强直、畸形，影响功能活动，严重者可致残。《素问·痹论》描述的"尻以代踵、脊以代头"，《备急千金要方·诸风》记载的"骨节蹉跌"，以及后世论述的"鼓槌风"等，均是指关节变形。

常见证候

气滞血瘀关节变形：关节变形，疼痛如针刺刀割，痛有定处，拒按，或伴关节肿胀，活动受限，舌质暗或有瘀点，脉细涩。

痰瘀痹阻关节变形：痹证历时长久，反复发作，骨节僵硬变形，关节疼痛剧烈，不可屈伸，或疼痛麻木，或红肿疼痛，舌质紫暗有瘀斑，脉细涩。

肝肾亏虚关节变形：痹证日久不愈，骨节疼痛，关节僵硬变形，筋脉拘急牵引，形疲乏力，盗汗，烦躁，头晕耳鸣，日晡潮热，腰膝痠软，关节可见红肿灼热，日轻夜重，舌红少苔，脉细数。

鉴别分析

气滞血瘀关节变形：多由风寒湿热之邪久羁关节，痹阻经脉，气血运行不畅，或由外力伤害引起关节损害，变形。关节除变形外，常刺痛如刀割，痛有定处，舌质黯，脉细涩。治宜活血化瘀、行气止痛，方用桃红四物汤加减。

痰瘀痹阻关节变形与肝肾亏虚关节变形：皆由痹证反复发作，日久不愈演变而成，但两者病因病机不同，症状及治疗各有其特点。前者主因正虚邪恋，瘀血阻于络脉，津凝为痰，痰瘀互结于关节而引起，故局部瘀滞症状明显，可见关节附近呈黯黑色，疼痛剧烈，停着不移，不可屈伸，舌质紫黯，脉细涩。治宜活血祛瘀，化痰通络。方选身痛逐瘀汤，大活络丹加减。后者乃由久病肝肾亏虚，肝不能主筋，肾不能养骨，关节逐渐发生形态和功能改变，出现变形，故其表现特点为：关节变形逐渐形成，同时伴有肝肾亏虚症状如头晕耳鸣，腰膝痠软，潮热盗汗等，治宜滋肾养肝为主，方用独活寄生汤。左归丸加减。

需要指出的是，先天禀赋不足，肾气未充，亦可发生关节变形，此为先天畸形。

【文献别录】

《素问·痹论》："肾痹者，善胀，尻以代踵，脊以代头。"

《备急千金要方·诸风》："夫历节风著人，久不治者，令人骨节蹉跌，……古今已来，无贵贵贱，往往苦之，此是风之毒害者也。"

（殷海波）

174．肩　　痛

【概念】

肩关节及其周围的肌肉筋骨疼痛称肩痛。肩后部疼痛往往连及胛背，称肩背痛；肩痛而影响上臂甚至肘手部位的，称肩臂痛。因其均以肩痛为主要临床表现，其他部位的疼痛是由于肩痛而引起，故可统称为肩痛。

由于肩痛往往导致上肢不同程度的功能活动障碍，勉强活动上肢则疼痛加剧。在中医古籍中，以肩部疼痛为主而功能活动正常或影响较轻者，称"肩痛"（《针灸甲乙经》）、"肩背痛"（《内经》、《针灸甲乙经》）、"肩臂痛"（《针灸甲乙经》）、"肩前臑痛"（《内经》）；若以功能活动障碍而上肢不能抬举为主要临床表现的则称为肩不举，见肩不举条。肩痛一症自《内经》始均归属于痹证范围，《针灸甲乙经》称"肩背痹痛"、"肩胛周痹"，《针灸资生经》称为"肩痛周痹"、"肩痹痛"、"肩痹"。

【鉴别】

常见症候

风寒肩痛：为肩痛比较轻者，病程较短，疼痛程度也轻，疼痛性质为钝痛或隐痛，不影响上肢的功能活动。疼痛的范围或局限于肩部，或影响肩后部而牵掣胛背，或在肩前部而影响上臂，往往项背或上臂有拘急感。肩部感觉发凉，得暖或抚摩则疼痛减轻。舌苔白，脉浮或正常。

痰湿肩痛：肩部及其周围筋肉疼痛剧烈，病程较长。肩关节功能活动虽然正常，但因疼痛剧烈而不敢活动，动则疼痛更甚，经久不愈可造成肩关节活动障碍。肩部感觉寒凉，畏冷，得暖虽疼痛可暂时减轻，逾时则疼痛、寒凉感觉仍旧。因疼痛剧烈，往往影响患者的睡眠、饮食及正常工作。常因疼痛剧烈而汗出。因病程较长，患者往往兼有气虚症状，如自汗、短气、不耐劳、易感冒等。舌质淡、苔白、脉弦或弦细。

瘀血肩痛：若因闪扭所致，则有明显外伤史。若无闪扭外伤，肩痛剧烈，疼痛性质为刺痛，虽经温经散寒、祛风湿止痛等法治疗，但获效甚微，经久不愈的，亦为瘀血肩痛。闪扭瘀血肩痛可有轻度肿胀或无肿胀，其闪扭损伤局部压痛明显。久病瘀血肩痛则无肿胀，疼痛范围比较广泛，也无明显压痛点。二者均可因疼痛而引起肩关节活动轻度障碍。

鉴别分析

风寒肩痛与痰湿肩痛：风寒肩痛为肩痛较轻者，可称为"肩痹痛"，而痰湿肩痛为肩痛较重者，且疼痛范围较风寒肩痛为广泛。可称为"肩痛周痹"。二者的病因均得之感受风寒湿邪，前者以感受风寒为主，而后者以感受寒湿为主。二者之病机各异，风寒肩痛因汗出当风，或夜卧不慎被风寒外袭，邪在肌肤，尚属浅表。但体虚之人，肌肤卫阳不固，常自汗出，易感受风寒之邪而患肩痛。《素问·五藏生成篇》云："卧而风吹之，血凝于肤者为痹"。《金匮要略·血痹虚劳病脉证并治》所谓"夫尊荣人骨弱肌肤盛，重因疲劳汗出，卧不时动摇，加被微风，遂得之。"风寒之邪袭留肌肤，经络气血为之凝涩不通，发为痹痛，其疼痛较轻而兼有麻木感。若体虚卫阳不固之肩痹痛，可用黄芪桂枝五物汤加当归、姜黄、桑枝等；若因气血不足，感受风寒之邪较重而疼痛也较明显者，可用蠲痹汤。

痰湿肩痛虽亦得之感受风寒湿邪，但以感受寒湿之邪为主，且寒湿之邪久滞筋肉之间，其疼痛症状明显且病程较长。常因久卧寒湿之处，或大汗之后浸渍冷水所得。《灵枢·周痹》云："风寒湿气客于外分肉之间，迫切而为沫，沫得寒则聚，聚则排分肉而分裂也，分裂则痛"。徐灵胎注云："《内经》中无痰字，沫即痰也。"沫即水湿，而称之谓痰。迫切而为沫，即迫切而为痰，痰湿聚于分肉之间，"排分肉而分裂"，故疼痛剧烈，称为痰湿肩痛。《内经》称此为"周痹"，《针灸资生篇》名之谓"肩痛周痹"。痰湿久居分肉之间而不出，不但疼痛剧烈，而且气血亦虚，所以治疗应以祛寒湿补气血为主，方用乌头汤加苍术、白术、茯苓、防己等。

瘀血肩痛与痰湿肩痛：闪扭瘀血肩痛有明显外伤史，起病突然，局部可有肿胀、压痛，疼痛性质也多为刺痛，影响上肢功能活动，治疗以活血祛瘀止痛为主，可用桃红四物汤加姜黄、乳香、没药、土鳖虫等。痰湿肩痛疼痛剧烈，病程较长，而无明显外伤史，局部也没有明显瘀肿。其久治不愈，也多兼有瘀血，表现为刺痛，经筋僵硬，肌肉萎缩等，苔脉无明显变化。治疗除祛寒湿补气血之外，尚需配以祛瘀血之药，如乳香、没药、穿山甲等。

肩痛一症，历来医家均归属于痹证范围，或因之风寒，或因之痰湿，或因之闪扭瘀血，临床所见绝大多数为寒证，初得之多为实证，久病则为正虚而邪实，常兼有气血肝肾不足的表现。

【文献别录】

《针灸甲乙经》："肩中热，指臂痛"。

《景岳全书》："有湿热之为病者，必见内热之证，滑数之脉，方可治以清凉，宜二妙散及加味二妙丸、当归拈痛汤之类主之。其有热甚者，如抽薪饮之类亦可暂用。"

《临证指南医案·肩臂背痛》徐灵胎评："痛定于肩背，此著痹之类，必用外治之药，以攻之提之，煎药不能取效也。"

（李玉林　王育学）

175. 肩 不 举

【概念】

肩关节功能活动障碍，上肢不能抬举称肩不举。

《灵枢·经脉》称"肩不举"，《针灸甲乙经》称"肩不举"、"手臂不可上头"，《金匮要略》称为"但臂不遂"。

肩不举与肩痛二症临床上往往同时并见，因肩痛而导致的肩关节功能活动障碍，甚至上肢不能抬举的，若治愈其肩痛则肩不能抬举一症亦随之而愈，可参见肩痛条。若因肩不能抬举而引起肩痛者，则肩关节功能活动障碍愈严重，其疼痛的程度亦愈重，必待肩关节功能恢复正常，肩痛才能随之消除。临床上二者往往很难区分。故肩不举与肩痛同时存在，可称为"肩痛不可举"、"肩重不举，臂痛"、"肩重肘臂痛，不可举"、"肩肘中痛，难屈伸，手不可举"、"肩痛不能自举"、"肩痛不可自带衣"、"肩痛欲折，臑如拔，手不能自上下"（《针灸甲乙经》）等等。

【鉴别】

常见证候

痹痛肩不举：较为严重的肩痹疼痛，经久不愈可导致肩不举。此证肩痛症状先发生，肩痛日久不除遂并发肩不能抬举。肩部常觉寒凉，畏冷，喜暖，得暖虽疼痛可暂时减轻，逾时则疼痛寒凉感觉依旧。因病程较长，往往肌肉萎缩、经筋僵硬。舌质淡、苔白，脉弦或弦细。可参见"肩痛"条。

肩凝肩不举：又称肩凝、冻结肩、漏肩风、五十肩。此证发生于老年人，尤以50岁以后多见。多发于一侧，间或有两侧同时发病者。患者常常不能叙述出明显原因，忽然感觉肩部疼痛及肩关节功能活动障碍。症状发展较为缓慢，数日或数月时间内，肩关节功能即发生严重障碍，遂致上肢不能抬举，而且疼痛亦随肩关节功能活动障碍程度的不断发展而日益加重。白天疼痛尚可忍受，入夜疼痛剧烈而影响睡眠，甚至不能入睡。越痛而肩臂越不敢抬举，肩关节越不活动，疼痛也越剧烈，甚至"近之则痛剧"，形成了恶性循环。疼痛多连及上臂以及肘手部位。日久不愈，则肩臂筋肉萎缩、僵硬，以致肩关节完全不能活动，故梳头、穿衣、脱衣均感困难。肩部发凉，手心常自汗出。脉细，舌象无明显改变，若兼有气血不足，则舌质淡白，若兼有瘀血，则舌紫黯或有瘀斑。

胸痹肩不举：此证为肩不举之较重者。患者素有胸痹证，短气、心悸、胸闷、心前区痛、甚至胸痛彻背，且多有瘀血症状表现，胸痛性质为刺痛，舌质紫黯或有瘀斑。通常发生于老年人。肩痛，同时患侧手指肿胀疼痛，肩不能举，同侧手指因疼痛、肿胀也不能屈伸。疼痛剧烈，入夜尤剧，甚至彻夜难眠。但肘关节常不受影响。患侧上肢多汗，以手部汗出较多。病久不愈，上肢肌肉萎缩，手指及指甲呈蜡黄色，强直变形（多呈屈曲状）而不能屈伸。

损伤肩不举：成人因闪扭损伤肩部筋肉，而致肩关节功能活动障碍不能抬举的，必有明显损伤史，损伤局部可有肿胀，有的也可没有肿胀形迹，局部压痛明显。发病突然，病程较短，随着闪扭损伤的痊愈，肩部功能活动也就随之而愈了。若为儿童，尤其是学龄前的5~7岁儿童，忽然患上肢不能抬举，勉强被动抬举则痛不可忍，患儿欲使病侧上肢抬举，先向患侧倾斜躯体，接着再向健侧倾斜，借躯体的左右摆动，勉强将患肢"悠起"，但上肢活动范围仍然不能达到与肩平齐。仔细诊视，可见肩部微肿，或有轻度青紫瘀血，肱骨上端有明显压痛，此为儿童肱骨上端无移位骨折的特有表现。

鉴别分析

痹痛肩不举与肩凝肩不举：痹痛肩不举虽常见于老年人，但青壮年身体虚弱者也可发生。是因为肩部感受风寒湿邪，尤其是寒湿之邪气客于经脉分肉之中，阳气为之遏阻所造成的。故肩部常觉寒凉，遇湿冷而疼痛越重，日久不愈则发生肩关节活动障碍，甚至上肢不能抬举。此证是先有肩痹疼痛症状，因病程较长，遂逐渐影响上肢使其不能抬举。治疗以温经散寒止痛为主，且病程既久，往往气滞则血瘀，常配以活血祛瘀药物，如姜黄、乳香、没药、五灵脂、桃仁、红花、土鳖虫等，可用蠲痹汤、五积散加减。若久病兼有血虚者，可用蠲痹四物汤加减。参见肩痛条中风寒肩痛与痰湿肩痛。肩凝肩不举证是 50 岁之后的老年人常见的肢体疼痛疾病之一，多无感受风寒湿邪的病史，或因偶感风寒湿邪、轻度闪扭伤而诱发。肩痛与肩关节功能活动障碍同时发生，随着肩关节功能活动障碍日益严重而疼痛程度也逐日加重，甚至影响睡眠，日常生活如梳头、穿衣、脱衣都感到困难。肩部筋肉萎缩、僵硬，肩关节活动范围日见减小，甚至上肢完全不能抬举。其疼痛以夜间为剧，以至难于忍受。温经散寒活血止痛的药物、针灸等治疗方法，虽可暂时减轻疼痛症状，但上肢功能活动恢复困难。其药物治疗同痹痛肩不举，肢体功能活动的恢复必须依靠患者忍痛作适当的自动功能活动锻炼，或进行按摩，使挛缩僵硬的肩部筋肉恢复正常，功能活动范围也就能够逐渐增加，随着肩关节功能活动的恢复，肩痛症状也就逐渐减轻以至完全消除。

肩凝肩不举与胸痹肩不举：二者症状颇为相似，常见于老年人，疼痛剧烈而牵掣整个上肢及手部，病久不愈则上肢肌肉萎缩、僵硬，二者均无明显致病原因，或仅因轻度感受风寒湿邪及轻度闪扭等原因而诱发。所不同的是胸痹肩不举伴有胸痹症状，如胸痛或胸痛掣背、心悸、短气、舌色紫黯或有瘀斑。胸痹肩不举一证，肩、手部疼痛均较严重，并且手指肿胀，往往呈蜡黄色，经久不愈则手指呈半屈曲状强直，很难恢复。治疗以活血祛瘀行气止痛为主，方用枳实薤白桂枝汤加丹参、赤芍、五灵脂、乳香、没药等，或用抵当汤加减。因二证均发生于老年人，常兼有气虚或血虚，气虚者合正元汤，血虚者合四物汤同用，以补气血之不足。

损伤肩不举：成人损伤肩不举有明显外伤史，发病突然，受损伤局部明显压痛，与痹痛肩不举、肩凝肩不举及胸痹肩不举不难进行鉴别。因损伤而瘀血内聚，治疗以活血散瘀止痛为主，方用复元活血汤、七厘散等。若儿童尤其是 5~7 岁的学龄前儿童，忽患上肢不能抬举，患儿很少叙述肩痛，家长往往在给患儿穿脱衣服时才发现上肢不能抬举，勉强被动抬举患肢则发生疼痛，患儿往往借助于躯体的左右倾斜摆动而将患肢"悠起"，是本证的典型症状表现。局部肿胀也不明显，肱骨上端压痛。此系因跌扑外伤致使肱骨上端发生无移位骨折所引起，切不可用按摩等方法进行治疗。只需加强保护患肢如用绷带将患肢悬吊于胸前，逾月自然痊愈。

【文献别录】

《针灸资生经》：肩不举"屡见将中风人，臂骨脱臼，不与肩相连接，多有治不愈者"。

《临证指南医案》："阳明脉衰，肩胛筋缓，不举而痛。治当通补脉络，莫进攻风。生黄芪、于术、当归、防风根、姜黄、桑枝。"

（李玉林　王育学）

176. 臂　痛

【概念】

臂痛是指整个上肢，即肩以下，腕以上（不包括掌、指）部位发生疼痛的症状。

本症早在《灵枢·经脉》中就有"臑臂内前廉痛厥"、"肩前臑痛"、"肩臑肘臂外皆痛"等记载。历代医书多有阐述，但总不离《灵枢·经脉》所论的手三阴、手三阳经脉循行部位所过之处气血运行不畅，经气瘀滞，脉络痹阻，不通则痛的机理。

臂痛亦可出现于某些内脏病变。如《素问·藏气法时论》曰："心病者……两臂内痛"，乃是心脉瘀阻而引起的肩臂部放射性疼痛。可参见肩不举条。

【鉴别】

常见证候

风寒湿阻臂痛：臂部肌肤、筋脉、关节疼痛，或痠胀肿麻。风胜者疼痛走窜，时上时下，苔薄白，脉浮；寒胜者疼痛较甚，局部肤冷，筋脉牵强，苔白，脉紧；湿胜者疼痛重着，局部微肿，苔白腻，脉濡；热胜者疼痛焮热，局部红肿，苔黄，脉数。

气血两虚臂痛：臂部痠痛麻木，以痠麻为主，肢体无力，肌肤不泽，并见头晕目眩，神疲乏力，纳谷少馨，舌淡苔薄，脉细弱。

瘀血阻滞臂痛：臂痛，局部肿胀，苔薄、脉弦。若久病气虚，血行瘀滞，可见局部肌肤不仁，肌肉萎缩，舌苔薄腻，或边有瘀点，脉细弦或细涩。

痰湿流注臂痛：臂痛肢重，肤胀微肿，并见形寒肢冷，眩晕泛恶，胸闷便溏，口不渴，舌淡胖，苔白腻，脉沉濡或濡缓。

鉴别分析

风寒湿阻臂痛：多因外感风寒湿邪，侵袭臂部肌肉、关节、筋脉，导致经络闭阻，气血运行不畅，不通则痛，发为痹证。《素问·痹论》曰："风寒湿三气杂至，合而为痹也。其风气胜者为行痹；寒气胜者为痛痹；湿气胜者为著痹也"。由于三气各有偏胜，故臂痛临床表现形式亦不相同。风气胜者，疼痛走窜，时上时下；寒气胜者，疼痛较重，局部肤冷，寒凝脉涩，且寒性收引，故臂部筋脉牵强；湿气胜者，痠痛重着，局部浮肿，湿为阴邪，其性粘腻，故痠甚于痛。风为阳邪，易化燥热，寒极湿遏亦可热化，或素体阳盛，均能形成热痹。热痹臂痛，疼痛焮热，局部红肿。临床当从疼痛的性质、程度、表现形式加以鉴别。风胜者，治拟祛风通络，散寒祛湿，方用防风汤加减；寒胜者，治宜散寒止痛，祛风除湿，方用乌头汤加减；湿胜者，治宜除湿通络，祛风散寒，方用羌活胜湿汤加减；热痹者，治宜清热通络，祛风胜湿，方用白虎加桂枝汤加减。

气血两虚臂痛：多因体虚久病，脾胃亏损，气血生化之源不足，无以濡养臂部肌肉、筋脉、关节，故臂部痠痛麻木，而以痠麻为主，关节筋脉无力，肌肤不泽，神疲乏力。由于气血不足，抗御外邪功能减弱，每易被风寒湿邪侵袭，故臂痛之症多见。舌淡苔薄，脉细弱。治宜补益气血，调理脾胃，方用八珍汤加减。还需指出，气血虚亏，则御邪力弱，易被风寒湿三气侵袭而挟外邪。如《济生方》说："皆因体虚，腠理空疏，受风寒湿气而成痹也"。临床治疗当予兼顾。

气血两虚臂痛与风寒湿阻臂痛的鉴别：前者属虚，必有全身虚证，重在补虚。虽外邪乘虚易入，仍应扶正祛邪。后者属实证，臂痛每单独出现，全身症状少见或不见，则以祛邪为主，故二者不难鉴别。

瘀血阻滞臂痛：多因跌扑外伤而致，臂部疼痛、肿胀，手不可近，或伴肌肉、筋脉、关节损害、撕裂，血不循经而外溢，故瘀血内积，局部肿胀青紫，不通则痛。治宜活血通络，祛瘀生新，方用桃红四物汤加减；另有风寒湿阻臂痛，病累日久，络脉闭阻，气血运行不畅，致经气痹塞，气滞则血瘀，所谓"久病必瘀"，症见肌肤不仁、不泽，肌肉萎缩，此脉络瘀阻，气血无以濡养之故。治宜行瘀活血，搜剔络道，方用桃红四物汤加乌梢蛇、全蝎、地鳖虫、地龙等虫类药物。

痰湿流注臂痛：多因脾肾阳虚，痰饮内停，流注经脉，阻遏气血运行而致臂痛。如偏于脾虚，则清阳不升，故眩晕胸闷、泛恶、便溏，舌苔白腻，脉濡缓。治宜健脾化饮，祛痰活络。方用苓桂术甘汤合指迷茯苓丸加减。若偏于肾虚，则温煦失司，故形寒肢冷，肤胀微肿，舌淡胖，脉沉濡。治宜温肾助阳，蠲饮化痰，方用金匮肾气丸合二陈汤加减。

臂痛临床治疗，在上述辨证论治的基础上，可配合横行肢臂，活血养血，和营通络之桑枝、桂枝、丝瓜络、姜黄、鸡血藤等药物。若经久不愈，则必有宿瘀留伏经隧，应采用虫类搜剔法，常能取效。

【文献别录】

《丹溪心法·痛风》："肢节肿痛，脉涩数者，此是瘀血"。

《杂病源流犀烛·肩臑肘臂腕手病源流》："至于臂则为六经分布之处，故其为病，须即病处分别之。……其所以痛者，虽不外风寒湿热，而要惟邪之所凑，其气必虚，固有由来也。……若夫臂连肩背痠痛，两手软痹，由痰饮流入四肢也。"

（黄柄山）

177. 手 指 挛 急

【概念】

手指挛急，俗称鸡爪风，是指手指挛曲难以伸直，而腕部以上活动自如者。

考《内经》中虽无手指挛急之语，但类似本症的论述颇多，如"瘛"（《素问·玉机真脏论》），"挛急"、"筋急"（《灵枢·经脉》），"拘急"、"拘强"（《素问·六元正纪大论》），"筋挛"（《灵枢·刺节真邪》）等；《诸病源候论》著有"五指筋挛不得屈伸候"专条，《证治准绳》有"挛"的证治专篇，历代著作，本症名称不一。

手指挛急是指手指的筋脉拘挛：若下肢筋脉挛急，不能屈伸者，则称为转筋、吊脚筋；若手足四肢筋脉均见挛曲难以屈伸者，则称抽筋、四肢拘挛，可参见该条论述。

【鉴别】

常见证候

血不养筋手指挛急：手指挛急兼有麻木感，面色少华，眩晕，皮肤不泽，神疲乏力，唇舌淡，苔薄白，脉弦细无力。

血燥筋伤手指挛急：手指挛急兼有灼热感，皮肤干燥，口唇皲裂，口渴欲饮，心烦，便秘，舌红津少，无苔或少苔，脉弦细数。

寒滞经脉濡手指挛急：手指挛急兼痠楚疼痛，畏寒肢冷，遇阴雨天加剧，舌黯红，苔薄白润，脉弦紧，或弦滑。

鉴别分析

血不养筋手指挛急与血燥筋伤手指挛急：两者均为阴血不足所致，但病因病机有别，症状与治疗各具特点。血不养筋多见失血之后或体质素亏，如吐血，便血，产后出血过多，生育多，营养不良等情况，由于营血亏虚，不能濡养筋脉，则筋急而拘挛。血燥筋伤多在热病后期或气郁化燥时出现，因阴血亏耗，筋膜失荣，而气郁化燥易耗阴伤筋，两者均可使筋膜干，筋膜干则筋急而挛。前者为血虚致挛，后者为血燥致挛，两者病机有所不同。血不养筋呈缓慢进展过程，多是先麻木后挛急，伴有头晕目眩，心悸怔忡，面色萎黄等；血燥筋伤则先有灼热感后出现挛急，伴有皮毛干枯，肌肤瘙痒，口渴，心烦，便秘等。血不养筋宜养血舒筋，可用朱丹溪治挛急法，方选四物汤；血燥筋伤宜润燥养血柔筋，方选养血地黄丸，或滋燥养荣汤。

寒滞经脉手指挛急：寒为阴邪，其性收引凝滞，寒犯经脉，会引起形体拘急，关节挛急，屈伸不利等症，但寒有内寒、外寒之别。凡外寒所致的手指挛急，必有明显的外因，如手指较长时间受寒冷气候的影响，或在水中作业。其特点为手指挛急兼有肿痛，寒盛的以痛为主，湿盛的以肿为主，皮肤呈苍白或乌青色，每遇天寒加剧。内寒则常因气渐虚伤及肾阳，肾阳失却温通经脉的作用，使手指关节拘急疼痛。其特点为多在慢性疾病过程中出现，症见手指挛急疼痛，夜间加剧，形寒肢冷，得温则减等。治外寒以散为主，即散寒湿、舒筋脉，寒盛痛重的选用薏苡仁汤；湿盛肿甚的选用蠲痹汤加白芥子、萆薢。治内寒以温为主，即温肾阳、舒筋脉，方选桂枝附子汤合黄芪桂枝五物汤。

手指挛急一症，还可因暴寒或情志异常而得。前者兼有手指剧痛；后者呈间歇性出现，常随精神状态的改善而缓解。暴寒而得者宜温经散寒、养血除风，方选乌头汤加减；情志异常而致者宜调达气机、养血柔筋，方选抑肝散治之。

本症虽见于手指，但多累及内脏，有的即是内脏疾病的外候。大凡寒伤筋脉的，可内入脾、肾、心，使阳气日衰；而营血不足或燥伤筋脉的，则多与心、肝、肾、肺的阴虚有密切关系。因此，手指挛急日久不瘥，标志着阴血耗竭，阳气匮乏，脏腑虚损，多为预后不良。在用中药治疗的同时，还可配合针灸治疗，以促早愈。

【文献别录】

《诸病源候论·五指筋挛不得屈伸候》："筋挛不得屈伸者，是筋急挛缩，不得伸也。筋得风热则弛纵，得风冷则挛急。"

《景岳全书·非风》："非风瘫痪等证，亦有寒热之辨。观之经曰寒则反折筋急，热则筋弛纵不收，此固其常也。然寒热皆能拘急，亦皆能弛纵，此以不可不知。如寒而拘急者，以寒盛则血凝，血凝则滞涩，滞涩则拘急，此寒伤其营也。热而拘急者，以火盛则血燥，血燥则筋枯，筋枯则拘急，此热伤其营也。"

（毛德西）

178. 手　　颤

【概念】

凡手震颤动摇，或一手独发，或两手并发者，即称手颤。

《素问·至真要大论》云："诸风掉眩，皆属于肝。"掉就是震颤，亦谓颤动、振动。《证治准绳》在诸风门内列有颤振专条；但震颤作为一个病门，始见于清代《张氏医通》。震颤包括头摇、手颤、身动摇等。本文只论述手颤，其它部位的震颤不作讨论。

本症与瘛疭同有动摇状，但瘛疭是指手足伸缩交替，抽动不已，而手颤仅有振动而无抽搐。另外，本症与手指挛急也不同，彼指手指拘急挛曲难以伸直，活动受限，而本症则是动摇不已，难以停止，两者虽然都有手部疾患，但其症状动静迥别。

【鉴别】

常见证候

肝风内动手颤：手震颤不已，伴有头晕头痛，烦躁不眠，舌红少苔，脉弦数有力，或沉细数。

风痰入络手颤：手颤兼有麻木，胸胁满闷，干呕恶心，口粘，时有烦怒，舌苔白腻，脉弦滑。

风寒袭络手颤：手颤兼有痛感，恶风寒，颈项不舒，有汗或无汗，舌苔薄白，脉浮或弦紧。

脾虚动风手颤：手颤迟缓，握力减弱，四肢困倦，或伴有腹胀泄泻，舌体胖大，舌质淡，苔薄白，脉搏沉缓无力或弦缓。

血虚风袭手颤：手颤发麻，面白无华，头眩，心悸，失眠，唇舌淡白，苔薄白，脉细无力。

阴虚风内动手颤：手指蠕动，神疲心悸，口咽发干，形体消瘦，舌红绛，少苔或无苔，脉细数。

鉴别分析

肝风内动手颤与阴虚动风手颤：前者责于肝，后者责于肝肾，肝肾同源，均居下焦。但前者为实证，后者为虚证，临证当细分之。肝风内动手颤多见于肝阳素旺之体，盖肝主筋，肝阳亢盛，阳动生风，随风而动，故见手颤。阴虚动风手颤多见于素体阴虚内热或热邪久羁下焦者，肝肾之阴被灼，阴虚不能潜阳，阳动生风，也可出现手颤。两者的区别点在于实证手颤多骤然发作，且震颤较剧，伴有头晕头痛，脉有力，舌体偏硬，舌质黯红；虚证手颤发生于热病后期者为多，震颤较缓，吴鞠通形容谓"于指但觉蠕动"（《温病条辨》），伴有精神不振，心悸，咽干口燥，脉搏细数，舌干绛少苔。实证手颤宜平肝熄风止颤，方选羚角钩藤汤，或天麻钩藤汤；虚证手颤宜滋阴熄风止颤，方选二甲复脉汤。

风痰入络手颤与风寒袭络手颤：皆由外风侵袭所引起，不同点是风痰入络手颤其经络内有深伏之痰饮，指征为形体肥胖，面部虚浮，时而指端发麻，或四肢郁胀，伸展不舒，或咽喉不爽，如有破絮附着，舌体肥大，苔白腻，发病后，手颤多兼麻木，此证多见于老年人。风寒袭络手颤系营卫不和，风寒直接客于手部所致。一般有明显的外界气候因素，起病后兼有风寒外感症状，手颤且疼，此证多见于青年人。风痰入络手颤治宜除风化痰，可选导痰汤加竹沥；风寒袭络手颤治宜祛风散寒，可选黄芪桂枝五物汤加葛根。

脾虚动风手颤与风痰入络手颤："脾为生痰之源"，脾虚湿聚，则易生痰，痰饮内伏，痰动风生，则现手颤。因此可以说，两者的病机是一致的，即脾气虚馁。但脾虚动风手颤，系土虚风木内动而手颤；风痰手颤是由于风痰互结，搏于经络，经脉失却约束所致。两者症状的区别为：脾虚动风手颤时颤时止，手不能任物，手握无力，有疲劳困乏感，并有纳差、口淡等；风痰入络手颤兼有麻木，如蚁行，手指有郁胀感，并有呕恶胸满，口粘苔腻等。脾虚动风手颤的治疗，宜健脾培土定风，可用六君子汤加钩藤、当归、白芍、防风等。

血虚风袭手颤与阴虚动风手颤：两者都是在阴血不足的基础上产生的。但两者相比，前看手颤轻，后者手颤重。前者多发生于慢性亏损疾病，后者多发生于热病后期。前者偏于心肝血虚，特点是手颤发麻，皮肤发痒，兼有头晕目眩，心悸失眠等血虚证；后者多肝肾阴虚，特点是手颤伴有明显的内热证，如口咽发干，皮肤干燥，脉细数，舌红绛，甚而舌卷。血虚风动手颤宜养血熄风止颤，方选定振丸。

手颤多发生于成年人，但小儿亦有所见，原因是由于惊恐伤肾，肾累及肝，筋脉失却任持，故手颤。临证可见手颤不休，平举更甚，有忧惧状，尺脉虚，舌红无苔。治宜补肾养肝，可选六味地黄丸合青娥丸加枸杞子、菊花、麦冬、五味子等。

常饮酒的人，易患手颤，较难治疗。

手颤虽然局限于手部，但常常是内脏病变的征象，特别是肝风内动与风痰入络相搏的手颤，多为中风的先兆。《医林改错》中列有中风未病前之形状数十条，其中就有手颤症，谓"有一手长战者，有两手长战者，有手无名指每日有一时屈而不伸者，有手大指无故自动者。"因此对手颤一症要积极治疗，防微杜渐，以防中风的发生。

【文献别录】

《证治准绳·颤振》："颤，摇也，振，动也。筋脉约束不住，而莫能任持，风之象也。《内经》云诸风掉眩，皆属肝木。肝主风，风为阳气，阳主动，此木气太过而克脾土，脾主四肢，四肢者诸阳之末，木气鼓之，故动。经谓风淫末疾者，此也。亦有头动而手足不动者，盖头乃诸阳之首，木气上冲故头独动而手足不动；散于四末，则手足动而头不动也，皆木气太过而兼火之化也。"

（毛德西）

179．朱 砂 掌

【概念】

两手掌大小鱼际处，肤色红赤，压之退色，皮肤变薄者称为"朱砂掌"。《临证会要》名"红斑掌"。

【鉴别】

常见证候

肝肾阴虚朱砂掌：手掌大小鱼际肤色鲜红，低热或午后潮热，头晕耳鸣，形体消瘦，面色灰暗，失眠多梦，口干舌燥，齿龈出血，小便黄赤，舌质红而瘦小、舌苔少或无苔，脉细数。

瘀血内阻朱砂掌：手掌大小鱼际肤色暗红，面色黧黑，两胁下癥块，质硬、刺痛，腹部青筋外露，颈项和胸部常见蛛纹血丝，齿衄或鼻衄，舌质暗红瘦小而少苔，脉沉弦或弦大。

鉴别分析

肝肾阴虚朱砂掌：湿热久羁，久郁化火，肝肾之阴亏耗；或慢性病迁延不愈，久病及肾，肾精受损，肝失濡养，肝肾阴虚而生内热，热伤血络，络损血溢致手掌发红。临床辨证时，除见朱砂掌以外，尚有头晕耳鸣，神疲消瘦，舌红瘦少苔等肝肾阴精匮乏的症状，治宜滋养肝肾阴血为主，佐以化瘀活血，方用杞菊地黄丸加醋鳖甲、生桃仁、生郁金。

瘀血内阻朱砂掌：证由七情失调，肝郁气滞；或湿热久恋肝胆，疏泄失职，日久气滞成瘀，血络凝滞，出现朱砂掌。临床特点是，掌色暗红，兼有胁下癥块，腹部青筋，颈项及胸部等处皮肤有蛛纹血丝，舌质紫暗有瘀斑等血瘀见症。而肝肾阴虚的朱砂掌，色泽略呈鲜红，兼有头晕耳鸣，舌红瘦小等肝肾虚损之症。瘀血内阻者治宜膈下逐瘀汤、大黄䗪虫丸化裁。

【文献别录】

《杂病源流犀烛·肩臑肘臂腕手病源流》："《灵枢》曰：掌中热者，腹中热，掌中寒者，腹中寒。《铜人图》曰：胃中寒，则手鱼际之络多青，胃中热，则手鱼际之络赤。"

（董润生）

180.股　阴　痛

【概念】

股阴痛系指大腿内侧发生疼痛的症状，可为单侧或为双侧，由于经脉连属关系，常可罹及外阴。

远溯《内经》即有股阴痛之记载，如《灵枢·经筋》曰："足太阴之筋……上循阴股，结于髀，聚于阴器。"又云："其病……阴股引髀而痛，阴器扭痛"。历代医案中常论及此症，临床上以股阴痛为主症的病例，并不少见。一旦患病，多极顽固，病程迁延，日久可兼见下肢肌肉痿软无力。双侧股阴痛涉及外阴者，其疼痛部位甚为特殊，形成马鞍型疼痛区。

股阴麻木与股阴疼痛不同，前者肌肤不知痛痒；后者感觉正常。但有时股阴疼痛伴有麻木，则肌肤不知痛痒。麻木甚者，自觉麻木似痛，二者鉴别则遇困难，但确定麻木与疼痛何者为先，何者为后，以及二者以何为主，自可区别对待。

【鉴别】

常见证候

湿热浸淫股阴痛：证见股阴部切割样、灼热疼痛，常可痛及外阴，兼见身热不扬，四肢困重，面黄虚浮，妇女可有赤黄带下，亦可兼见痛处红肿或外阴渗出黄水，常伴有肌肤不仁。如为双侧则形成马鞍型疼痛及麻木区，舌红胖大，苔黄腻，脉滑数。日久可足下肢痿软，尿涩痛或淋沥。

寒湿浸淫股阴痛：股阴部抽掣或拘急冷痛，兼见首如裹，四肢困重，面色晦滞，颜面虚浮，手足苍白而冷，妇女尚可见带下清稀，可伴见肌肤不仁，少数病人可于股内侧形成阴疽，亦可罹及双侧阴股，麻木疼痛，日久可见足跗肿，两下肢无力，舌体胖大，淡白或晦滞，苔白厚腻，脉沉滑缓。

气虚血瘀股阴痛：平素气虚，面色苍白，口唇指甲淡白，舌淡白，畏风自汗，少气懒言，精神疲惫，股阴刺痛，或可有麻木，肌肤苍白，汗毛脱落，或可见肌肤暗红，粗糙，可伴尿失禁，脉细涩。

肾阳虚衰股阴痛：病人多见于股阴寒痛日久，腰痠，足膝无力，股阴部抽掣冷痛，常可连及阴囊，有时遗尿或脱肛，重则下肢无力或肌肉瘦削，耳鸣失聪，尺脉弱。

鉴别分析

湿热浸淫及寒湿浸淫股阴痛：前者多为外感湿热病邪，湿热蕴结于足三阴经，经络闭阻不通而致疼痛；后者则为外感寒湿之邪，或患病日久阳气衰微，寒湿凝滞经脉，不通则痛。由于湿热及寒湿闭阻经络，皆可形成麻木。湿热浸淫者股阴部呈切割样疼痛，得凉稍舒，妇人可有赤黄带下；寒湿浸淫者股阴部呈抽掣样拘急冷痛，得温则舒，妇人带下清稀。湿热者，身热，舌红，苔黄腻，脉滑数；寒湿者，恶寒，舌淡白胖大，苔白厚腻，脉沉缓。湿热浸淫者，用清热、燥湿、活络法，方用二妙散加味，如薏米、黄芩、牛膝、萆薢、鸡血藤、丹参、川芎、地龙、泽泻、云苓等均可选用。寒湿浸淫者，用温经、利湿、活络法，方用胃苓汤或除湿汤加味，酌加桂枝、附子、地龙等。

气虚血瘀与肾阳虚衰股阴痛：气虚血瘀者，多素有气血亏虚，经脉失养而血行迟滞，造成瘀血阻滞不通；肾阳虚衰者多为久病阳气衰败，经脉失去阳气温煦，寒凝而经络闭阻。气虚血瘀者，痛如锥刺，兼见瘀血之象，股阴部可见皮肤紫暗，粗糙，且兼见气虚之象（少气懒言、语声低微、神疲倦怠、畏风自汗、面色苍白、舌淡脉虚）；而肾阳虚衰者股阴部抽掣冷痛，局部肤色苍白，得温痛减，遇冷加重，兼见肾虚之象（形寒肢冷、腰痠腿软、腰膝冷痛、耳鸣遗精、尺脉弱等症状）。二者日久皆可致肌肉瘦削或痿软。气虚血瘀者，可用补气活血化瘀法，用黄芪桂枝五物汤加味，如桃仁、红花、丹参、鸡血藤、川芎、地龙等；而肾阳虚衰者则须用温阳通络法，可用金匮肾气丸加味，如鸡血藤、丹参、红花、地龙等。

股阴痛一症，主要在于辨外感或内伤，辨湿热或寒湿，久痛则须注意为气虚血瘀抑或肾阳虚衰，然临床上常有以上各证候相兼而见者，如湿热阻络兼见瘀血；肾阳虚亦可兼见瘀血，应当仔细辨别之。

【文献别录】

《中医临证备要·股阴痛》："股阴痛，很少单独发现，如果一侧出现，痛如锥刺，不能转动，外形一无变化，按之皮肤不热，重压有固定痛点，兼有寒热往来的，须防'咬骨疽'，用万灵丹内服。日久化脓内蚀，外形仍难观察，可用长针探刺。也有生在大股外侧的，不红不热，名'附骨疽'，有漫肿现象，比较容易诊断。"

（黄柄山）

181. 腿˙肿痛

【概念】

腿肿痛是指下肢肿胀疼痛而言。古代医籍多在痹，痛风等病门中叙述。本症与仅限于膝部之肿痛有别又不同于单纯腿肿。以下所述的是髀关以下的腿肿痛症。

【鉴别】

常见证候

寒湿阻滞腿肿痛：两腿肿痛，或一侧肿痛，遇寒加剧，关节不得屈伸，皮色不变，身体沉重，恶风不欲去衣，脉弦紧或弦迟，苔白滑。

湿热阻痹腿肿痛：两腿或单腿肿痛，扪之发热，足心欲踏凉地，小便短赤，大便干，脉弦滑数，苔黄腻。

瘀血阻络腿肿痛：双侧或一侧腿肿胀痛，或肿胀刺痛，按之痛甚，皮肤失柔，或皮色黯紫，脉沉涩，舌紫黯或舌边有瘀斑。

鉴别分析

寒湿阻滞腿肿痛与湿热阻痹腿肿痛：此二证皆由外邪所致。或坐卧湿地，或冒受雨露，或水中浸渍，特别是居处潮湿，下肢易受伤害，湿侵皮肉，随机体气质之异同而变寒化热。阳虚之体则常从寒化，阴虚之体则易从热化。不论是湿寒或是湿热，皆可阻遏络脉而发生局部之肿痛。其共同点为：下肢肿痛，关节屈伸不利，舌有苔。辨证要点为寒湿阻痹腿肿痛患肢发凉，遇寒加剧，脉弦紧或弦迟，苔白腻或滑。湿热阻痹腿肿痛患肢发热，尤以足心为甚，疼痛与天气变化关系不大，脉弦滑数，苔黄腻。寒湿腿肿痛治宜除湿散寒，方选乌头汤，或除风湿羌活汤；湿热阻痹腿肿痛治宜清热祛湿，方选拈痛汤，或三妙散。

瘀血阻络腿肿痛：本症病因复杂，或因外邪留而不去，由经入络，络脉瘀滞而作肿痛，或因内伤七情，气机郁滞，血脉不畅而作肿作痛，或因跌仆闪挫亦可引起。辨证要点：为腿肿痛或肿胀刺痛，或夜间增剧，且每伴有脉涩、舌紫，患肢皮肤发紧失柔。治宜活血化瘀，方选身痛逐瘀汤。

还有一种劳伤腿肿痛，是由久行或久立伤筋，血聚下肢所引起。局部青筋突起，形如蚯蚓，颜色青紫是其特点。治宜行气和血、通畅筋脉，用当归、白芍、生地、桂枝、木瓜、黄芪、牛膝、血竭之属，重者可酌加虫类药物。

其次，腿肿痛的治疗，还可依据疼痛的部位选用引经药物，或补消兼施。对于虚中夹邪的腿肿痛，权衡正邪虚实的轻重，或先补后消，或先消后补，或补消兼施。对于慢性肿痛，正气受损者，切忌消而不补，遗留后患。

【文献别录】

《中国医学大辞典》："腿痛……在前廉者属阳明，宜白芷、升麻、干葛。在后廉者属太阳，宜羌活、防风。在外廉者属少阳，宜柴胡、羌活。在内廉者属厥阴，宜青皮、吴萸。在内前廉者属太阴，宜苍术、白芍。在内后廉者属少阴，宜独活、泽泻。"

《张氏医通》："大股痛……有湿热者，痛处必肿，而沉重不能转侧，二妙散加羌、防、升、柴、术、草之类。或除湿汤，渗湿汤选用。寒热而肿痛者，须防发痈。"

《丹溪心法》："若肢节肿痛脉涩数者，此是瘀血，宜桃仁、红花、当归、川芎及大黄微利之。"

（毛德西）

182. 膝 肿 痛

【概念】

膝肿痛是指膝部肿大疼痛而言。

"膝肿痛"早在《内经》中就有论述，在《灵枢·经脉》篇胃足阳明之脉的所生病，就载有"膝膑肿痛"症。其它各篇也有类似的描述。此后的医学著作多列入痹、痛风、鹤膝风、历节风等病门中讨论。《灵枢·杂病》篇中还有"膝中痛"症，虽与本症相似，但痛而不肿，故不予叙述。

【鉴别】

常见证候

气血两虚膝肿痛：膝部肿痛，四肢痿软无力，面色萎黄，头晕，心悸，舌质淡红或嫩红，舌苔薄白，脉沉细。

肝肾虚损膝肿痛：两膝肿大疼痛，腰痠痛，下肢肌肉消瘦，步履艰难，头晕神疲，舌体瘦或胖大，舌质淡或黯，苔薄白，脉沉细无力。

湿热阻滞膝肿痛：两膝肿大疼痛，局部扪之有热感，面色黄并浮有油垢，小便色黄，大便先干后溏，舌质嫩红，苔薄黄，脉滑数或濡数。

寒湿阻滞膝肿痛：两膝肿大，疼痛较剧，难以行走，形寒肢冷，面色白中略带青，舌质紫黯，苔白滑，脉沉紧或沉迟。

热毒蕴结膝肿痛：膝关节红肿灼痛，势如虎咬，屈伸困难，伴有身热心烦，口渴，小便短赤，大便干结，舌质赤，苔黄偏干，脉滑数。

湿毒蕴结膝肿痛：膝关节漫肿沉痛，兼有头沉身重，肢体困胀，脘腹满闷，时有呕恶，大便不实，舌质淡红或淡黯，苔白腻而润，脉沉缓或弦滑。

鉴别分析

气血两虚膝肿痛与肝肾虚损膝肿痛：膝关节为肝脾肾三经所系，肝主筋、脾主肉、肾主骨，膝为筋、肉、骨之大会。若病后虚羸，三阴俱损，外邪渐侵于内，稽留膝部，则病膝肿痛。两者均为虚证，多发生于它病之后，起病缓慢，并伴有肢体痿软，舌淡，苔薄白，脉沉细等虚证。但就病程而言，前者为早期，后者为晚期；就病势而言，前者轻，后者重；就症状而言，前者肌肉失丰，但未至削脱，后者肌肉消瘦，渐至但存皮骨；前者尚可行步，后者起步艰难。治法上两者均以补为主，以散为佐。气血两虚的宜补气血、温经脉、散风湿，方选大防风汤；肝肾虚损的宜补肝肾、填精髓、散寒湿，方选三气饮。

湿热阻滞膝肿痛与寒湿阻滞膝肿痛：两者均因风湿侵袭而致，或得之于露卧受凉，或受渍于水湿之中，随其体质强弱而转化，两者各具特点。从热化者为湿热，湿热稽留，蕴结经脉，聚于膝部，发为肿痛；从寒化者为寒湿，寒湿稽留，深伏于膝，气血阻滞，发为肿痛。两者相比，湿热者膝部扪之有热感，寒湿者膝部扪之发凉；每遇阴雨天，寒湿者疼痛加剧，而湿热者变化不显；湿热者舌苔黄腻，面有油垢，寒湿者苔白滑润，面色青白。治疗上，前者以清热渗湿，疏利关节为法，方选加味二妙散；后者以散寒温经，除湿活血为法，方选五积散，或阳和汤。

热毒蕴结膝肿痛：本症有两种情况，一为外伤所致，或跌伤，或创伤，或击伤，使局部青紫，血行迟滞，瘀热生毒，发为膝肿痛；一为风毒外侵，与血热相搏，热毒内攻，而发膝肿痛。前者有外伤史，膝关节红肿热痛，扪之灼手，按之皮软，热随痛增，痛随热剧，日久关节内积液增多，溃破后脓出如浆，或流出黄水，起病速，愈合缓；后者以膝之两旁肿痛明显，痛势如锥，手不可近，伴发热心烦，古名"膝眼风"。外伤而致的膝肿痛，治宜清热解毒、活血利关节，方选五味消毒饮合活络效灵丹，溃破后以十全大补汤双补气血；"膝眼风"则宜清热解毒，消肿止痛，方选仙方活命饮加牛膝。

湿毒蕴结膝肿痛与热毒蕴结膝肿痛：两者皆由毒邪内攻所致，所以痛势较剧。但湿为阴，热为阳，湿毒者起病缓，热毒者起病速；湿毒者膝关节漫肿不红，热毒者膝关节红肿，其它脉、舌、证也各具特点。湿毒蕴结所致者，治当利湿祛风、活血解毒，方选薏苡仁汤。

本症多见与成年人，但小儿亦有此疾，名曰"鹤膝"。盖小儿多因先天禀赋不足，肾气薄弱，阴寒凝聚于膝部不解，发为肿痛。治宜补肾壮火，前人推六味地黄丸加鹿茸、牛膝治之。此方不治风而壮肾，肾能作强，阴寒之毒自除。另外还有一膝引痛，上下不甚肿而膝微热微肿者，名"膝游风"，治宜顺气搜风、通利经络，绀珠丹主之。

前人认为，膝肿痛以"单膝生者轻，双膝生者重，若左膝方愈，复病右膝，右膝方愈，复病左膝者，名过膝风，属险。"（《中国医学大辞典》）

【文献别录】

《医门法律·风门杂法》："鹤膝风者，即风寒湿之痹于膝者也。如膝骨日大，上下肌肉日枯细者，且未可治其膝，先养血气，俾肌肉渐荣，后治其膝可也。"

《张氏医通·鹤膝风》："妇人鹤膝风证，因胎产经行失调，或郁怒亏损肝脾，而为外感所伤，或先肢体筋挛，继而膝渐大，腿渐细，如鹤膝之状。若肿高赤痛者易治，漫肿不赤痛者难治。二三月溃而脓稠者易治，半载后溃而脓清者难治。误用攻伐，复伤元气，尤为难治也。大要当固元气为主，若食少体倦者，六君子汤；晡热内热，寒热往来者，逍遥散；发热恶寒者，十全大补汤，少寐惊悸者，归脾汤；月经过期者，补中益气汤；月经先期者，加味逍遥散；肾水虚弱者，六味地黄丸；肾虚风袭者，安肾丸、肾气丸参用。凡溃后当大补脾胃。若脓出反痛，或寒热烦渴等证，皆属气血亏损，一于培补，庶保终吉。"

（毛德西）

183. 胫 瘘

【概念】

胫瘘是指小腿瘘软无力而言。

胫瘘最早见于《灵枢》，认为是"髓海不足"所引起。《素问·刺热篇》有"骱瘘"症，骱与胫同义。后世医学家多将此症列于虚劳、痿躄等病门中论述。

【鉴别】

常见证候

肾气虚胫瘘：两胫发瘘，局部有风吹样凉感，腰膝软而无力，伴面色黧黑，气短，小便频数，溺有余沥，或伴有阳痿，脉沉弱，舌质淡红，苔薄白。

肾阴虚胫瘘：两胫发瘘，且有灼热感，五心烦热，头晕耳鸣，伴面色潮红，口咽发干，夜梦遗精，脉细数，舌红少苔。

湿热下注胫瘘：两胫发瘘，且有郁胀疼痛感，扪之发热，伴面色萎黄，浮有油垢。小便短赤，脉濡数，舌苔黄腻。

鉴别分析

肾气虚胫瘘与肾阴虚胫瘘：均为肾虚胫瘘。多缘房劳过度，或年老精血衰竭，或久病体虚，耗伤肾脏气阴而致。盖肾主骨，骨生髓，精髓不能充养胫骨，故胫发瘘困。两者辨别要点为肾气虚胫痠有凉感，畏风，面色黧黑，溺有余沥，脉弱不数；肾阴虚胫痠有内灼感，五心烦热，头晕耳鸣，面色潮红，脉细数。简言之，胫痠兼有虚热象的为肾阴虚证；胫痠兼有虚寒象的为肾气虚证。肾气虚的治宜益气补肾，方选大菟丝子丸；肾阴虚的治宜育阴补肾，佐以轻泄相火，方选知柏地黄丸。

湿热下注胫痠：本证多由感受水湿之邪所致。"伤于湿者，下先受之"（《素问·太阴阳明论》）。湿浊入皮困肉，不得发越，化热伤气耗阴，使精髓难以充丰，故见胫痠。辨证要点为胫痠伴有郁胀疼痛，扪之发热，面黄如有油垢，脉濡数，舌苔黄腻。治宜清利湿热，佐以益气活血，方选当归拈痛汤。

胫痠为内伤证之一，以虚证为多，且临床多与其它虚损证候并见。治疗上只可用缓法图之，慎用攻伐之品。

【文献别录】

《灵枢·决气》："液脱者，骨属屈伸不利，色夭，脑髓消，胫痠，耳数鸣。"

《灵枢·海论》："髓海不足，则脑转耳鸣，胫痠眩冒，目无所见，懈怠安卧。"

《素问·刺热》："肾热病者，先腰痛胫痠，苦渴数饮身热，……。"

《杂病源流犀烛·虚损痨瘵源流》："如现患精浊，又兼胫痠腰背拘急，知其病在肾也。"

（毛德西）

184. 足　　热

【概念】

足热是指足部感觉发热的一种症状。

临床上单见足热者少，此症常与身热，五心烦热并存，本条只讨论以足热为主之证。

【鉴别】

常见证候

风邪犯表足热：手足发热，以背部较甚。伤于风寒者，恶风或畏寒，头身疼痛，无汗，脉浮紧，伤于风热者，恶寒轻，头痛，汗出，咽红口渴，舌苔薄黄，脉浮数。

阴虚足热：手足发热，以足心部较热，夜卧盗汗、心烦、舌红少苔，脉细数。

热毒蕴结足热：足热，足部发红肿胀，身热、口渴，小便黄赤，舌红，苔黄腻，脉滑数。

鉴别分析

风邪犯表足热与阴虚足热：外感足热乃是感受风寒或风热，风寒或风热郁于肌表引起，足热是全身恶寒发热的一部分，且以足背热为主，同时兼见外感症状，因于风寒者则恶风畏寒，头身痛、无汗出、脉浮紧，治宜疏风散寒，方用荆防败毒散；因于风热者，则恶寒轻，头痛汗出，渴饮，舌苔黄，脉浮数，治宜清热疏风方用银翘散；阴虚足热为阴虚内热的一部分，故以足心热为主，同时伴阴虚内热的表现，如五心烦热，盗汗，舌红少苔，脉细数等，治宜滋阴清热，方用知柏地黄丸。

热毒蕴结足热：热毒蕴结足部，气血壅滞而发热，常是单侧或双侧足发热，局部红肿热痛，同时伴有热毒内盛的症状，如身热、口渴小便黄，苔黄腻、脉滑数等。治宜清热解毒，方用五味消毒饮加减。

【文献别录】

《古今图书集成医部全录·四肢门·医案》："一妇人两足发热，足跟作痛，日晡热甚。余以为肝肾血虚。用加味逍遥散、六味丸五十余剂，诸证悉愈。"

（殷海波　刘绍能）

185. 足　　痛

【概念】

踝关节以下部位发生的疼痛称足痛，包括足心痛、足背痛、足趾痛等，足跟痛另列条目讨论。

【鉴别】

常见证候

风湿痹阻足痛：足部疼痛，遇阴雨寒冷加重，常见有四肢关节疼痛，肿胀，屈伸不利，下肢困重，舌苔薄白，脉濡缓。

寒湿凝滞足痛：足部疼痛，以足趾为多，走路时下肢沉困乏力，痛甚则跛行，小腿痠胀重着，肌肤冷而苍白，逐渐变为紫暗，患肢怕冷，麻木刺痛，入夜尤甚，舌淡苔白。日久不愈可成脱疽。

肝肾阴虚足痛：足心痛为多，行走不便，不耐久立，头晕耳鸣，腰膝痠软，两眼昏花、脉沉细无力。

鉴别分析

风湿痹阻足痛与寒湿凝滞足痛：风湿痹阻足痛乃由风与湿合浸淫肌肤，留滞经络而成痹证，故常伴全身关节疼痛，或肿胀变形，治宜祛风化湿，蠲痹通络，方用防风汤或蠲痹汤加减。寒湿凝滞足痛多由汗出之后冷水洗足，或久立寒湿之地，寒湿入侵所致，如《素问·太阴阳明论》言："伤于湿者，下先受之"。《素问·举痛论》也云："寒气入络而稽迟，泣而不行客于胸外则血少，客于脉中则气不通，故卒然而痛。"湿与寒合而成足痛，故其痛有湿和寒的特点，湿邪者小腿痠胀重着，下肢困重；寒凝者，肌肤冷而苍白，入夜尤甚。治宜温经散寒佐以活血通脉，方用当归四逆汤合附子汤加减治疗。

风湿痹阻和寒湿凝滞日久，均可因气血阻滞而导致血瘀，或郁久化热。挟瘀者可见局部青紫，治应配合活血化瘀，可用桃红四物汤。久郁化热者，局部焮红，灼热肿痛，口干口苦治宜清热利湿，宣通经络，方用四妙丸加味。

肝肾阴虚足痛：肝藏血，主筋；肾藏精，主骨，肝肾亏虚，骨髓失常，则发为足痛。故先天禀赋不足，或强力劳动损及筋骨，或纵欲无度，肝肾不足，可为足痛成因。其特点是足痛不耐久立，同时伴见肝肾亏虚症状，如腰膝痠软，头晕眼花等。治疗宜滋补肝肾，强筋健骨，方用虎潜丸加减。

足痛有虚实两端，虚则肝肾不足，骨髓失养，实则风寒湿痹阻，气血凝滞不通，实证日久亦可损及肝肾而为虚证。

【文献别录】

《罗氏会约医镜·论湿证》："经曰，诸湿肿满，皆属于脾土。又曰，伤于湿者，下先受之。以足居下，而多受湿，湿郁成热，湿热相搏，其痛作矣。"

《石室秘录·手足痛》："脚痛之证，最多而最难治。盖脚乃人身之下流，水湿之气一犯，则停蓄不肯去，须提其气而水湿之气始可散也。"

《东垣十书》："足痛，新病以痛风法治之，久病非脚气，以鹤膝风治之，各自有门。痛风多属血虚，然后寒湿得以侵之。"

（殷海波）

186. 转　　筋

【概念】

转筋，是以小腿肌肉（腓肠肌）的抽搐拘挛为主要表现的一种症状。转筋之轻者仅表现为手指或足趾抽搐，重者转筋入腹，腹肌疼痛。明·李梴在《医学入门》中称"脚转筋"，俗称"抽筋"。

早在《灵枢经·阴阳二十五人》就有："血气皆少则喜转筋"的记载。《金匮要略》对转筋的症状描述为"转筋之为病，其人臂脚直"。《诸病源候论》已有"霍乱转筋"的记载。

转筋与四肢抽搐不同，转筋以小腿抽搐拘挛为主，常表现一侧小腿转筋，除霍乱后期一般无神志症状。四肢抽搐属风证，四肢均有抽搐，多伴有神志症状如神志不清等。

【鉴别】

常见证候

气血不足转筋：小腿转筋，或仅见手指、足趾转筋，劳累易诱发，面色不华，气短懒言，头晕目眩，心悸不寐，乏力纳少，舌质淡，苔薄白，脉沉细无力。

肝肾不足转筋：转筋时作，多见于老年人，腰膝痿软，头晕耳鸣，健忘体痛，舌淡红，苔薄白，脉弦细。

风寒外袭转筋：转筋时作，受寒易诱发，肢节冷痛，舌质淡，苔薄白，脉弦。

寒霍乱转筋：小腿转筋，甚则转筋入腹，吐泻不止，吐泻物如米泔水，面色苍白，眼眶凹陷，手足厥冷，舌淡，苔白腻，脉沉细数。

热霍乱转筋：小腿转筋，甚则转筋入腹，吐下骤作，臭秽难闻，发热口渴，舌质红，苔黄腻，脉濡数。

鉴别分析

气血不足转筋与肝肾不足转筋：二者均属虚证，临床表现小腿转筋，以单侧小腿转筋为多见，也可仅见手指、或足趾转筋。气血不足转筋多见于素体虚弱，或久病体衰之人。《难经》说："气主煦之，血主濡之"。气血不足，筋脉失荣而致转筋，劳累后气血越虚，则易诱发转筋；气虚故见气短懒言，乏力纳少；血虚不能荣于头面故见面色不华、头晕目眩；心藏神，血虚血不养心，神不守舍，故见心悸不寐；舌质淡，脉沉细无力为气血不足之象。治宜益气养血，方用八珍汤。肝肾不足之转筋则多见于老年人，肝主筋，肝主藏血，肾主藏精，肝肾不足，精血亏虚，筋脉失养故见转筋，腰膝痿软，或见体痛；精血亏虚耳目清窍失荣故见头晕耳鸣、健忘；治宜补益肝肾，方用无比山药丸。

风寒外袭转筋与气血不足转筋：风寒外袭转筋多有肢体、尤其是双腿有感受风寒史，或居处寒冷，或涉水雨淋。寒为阴邪，其性凝滞、收引，风寒外袭，气血运行不畅，筋脉收引拘急故转筋，或见肢冷疼痛，受寒后易诱发。治宜祛风散寒，方用乌头汤加减。气血不足之转筋多兼气血亏虚之症状如气短乏力，纳少懒言，心悸不寐，与风寒外袭转筋资可鉴别。

寒霍乱转筋与热霍乱转筋：霍乱之病多由饮食不洁，秽浊疫疠之邪直伤脾胃，升降失常，清浊不分，临床表现吐泻不止，津液骤亡，筋失所养而致转筋。轻者仅见双腿，手足转筋，重者转筋入腹，腹痛拘急。寒霍乱与热霍乱均可见转筋，然寒霍乱其吐泻物如米泔水，手足厥冷，舌淡苔白腻；而热霍乱其吐泻物臭秽难闻，发热口渴，苔黄腻，脉濡数。寒霍乱治宜温补脾胃，回阳救逆，方用附子理中汤化裁。热霍乱治宜清热化湿，辟秽泻浊，方用蚕矢汤化裁。无论寒霍乱或热霍乱如吐泻不止，每致气随液脱，亡阴亡阳，病情危急，应采用中西医急救措施，如输液等。本病如查属西医之霍乱病，需立即向防疫部门报告。

【文献别录】

《金匮要略》："转筋之为病，其人臂脚直，脉上下行，微弦。转筋入腹者，鸡屎白散主之。"

《医学入门》："阳明胃与大肠以养宗筋，暴吐暴泻，津液骤亡，筋失所养，故轻者两脚转筋而已，重者遍体转筋，手足厥冷，若欲绝。"

《证治准绳》："转筋者，亦是脾胃土衰，肝木自甚，热气燥烁于筋，则筋挛而痛，亦非寒也。"

（冯兴华）

187. 足 跟 痛

【概念】

足跟痛，是指一侧或双侧足跟部发生疼痛而言。多因气血亏虚，肝肾不足足跟局部筋骨失于荣养或风湿痹阻，外伤所致。

足跟痛有时与足痛或其它关节痛并见，本条主要讨论以足跟痛为突出表现者。

【鉴别】

常见证候

气血亏虚足跟痛：足跟疼痛，历时久渐，皮不红肿，日间活动痛缓，入夜疼痛加重，神疲肢倦，面色苍白，畏风自汗，舌质淡，脉细弱。

肝肾亏虚足跟痛：足跟疼痛，不耐久立，局部皮不红肿，腰膝痠软，头晕耳鸣，两眼昏花，舌质淡，脉沉细无力。或舌质红，脉细数。

风寒湿阻足跟痛：足跟疼痛，同时伴足部或其它关节疼痛，局部肿胀，下肢困重，遇阴雨寒冷天加重，舌苔薄白，脉濡缓。

外伤所致足跟痛：有外伤史，局部时有红肿，以刺痛为主，拒按，行走时加重。

鉴别分析

气血亏虚足跟痛与肝肾亏虚足跟痛，两者均为虚证，前者由久病或大病之后，或失血之后，气血亏虚，血虚不荣所致；后者则由强力劳损筋骨或纵欲无度，肝肾不足，骨髓失养所致。前者足跟痛，历时久渐，并有气血亏虚表现，如神疲肢倦，面色苍白，畏风自汗，舌质淡，脉细弱；后者足跟痛而不耐久立，并肝肾虚损症状，如腰膝痠软，头晕眼花，耳鸣。阴虚者舌质红，脉细数；阳虚者舌质淡，脉沉细无力。气血亏虚足跟痛宜益气养血，方用十全大补汤；肝肾不足足跟痛治宜滋补肝肾，偏阴虚者，方用左归丸，偏阳虚者，方用右归丸。

风寒湿阻足跟痛：常由风寒与湿合而致病，即成为风寒湿痹足跟痛，如《素问·痹论》言："风寒湿三气杂至，合而为痹也"。足跟在下，寒湿易侵，故寒湿足跟痛多见，以足跟肿胀痠痛，遇阴雨加重，下肢困重为特点，可伴其它部位关节疼痛。治宜散寒化湿，祛风通络，选用乌头汤加减。

风寒湿阻可郁而化热，症见足跟红肿，灼热，口干口苦，苔黄腻，治宜清热利湿，宣痹通络，方用宣痹汤。

外伤所致足跟痛，可用身痛逐瘀汤治疗。

足跟痛有虚实两端，虚则气血亏虚与肝肾不足，实则为风寒湿三气杂至，痹阻局部经络，气血凝滞而为病。

【文献别录】

《医学入门》："脚跟痛有血热者，四物汤加知母、黄柏、牛膝。有痰者，五积散加木瓜，或开结导饮丸。"

（刘绍能　殷海波）

188. 足　颤

【概念】

足颤是指一足或双足震颤动摇，隶属于震颤病门。

颤即动摇，《内经》言"掉"。至清代《张氏医通》始有震颤专述，但仅有头动、手足动，而无足颤。究其因，一则颤多属风，风性就上，故手颤、头颤多而足颤少；一则足颤每与手颤并见，即手足颤动，所以足颤在古籍中论述甚少。

【鉴别】

常见证候

血虚风动足颤：足颤动，头晕目眩，爪甲不荣，面色无华，或下肢麻木，脉细，舌淡红，苔薄。

风寒湿侵足颤：足颤动且有痛感，伴有恶风寒，肢体紧困不舒，四末不温，脉弦紧，舌淡暗红，苔薄白而润。

鉴别分析

血虚风动足颤：多见于年迈之人。盖年老气血已衰，血虚不能荣养筋脉，风从内生，故可见足颤。辨证要点为足颤不能随意停止，起病缓慢，素有血虚证（头晕目眩、爪甲不荣等），或兼见血不荣筋之麻木。治疗宜养血熄风，方选定振丸。

风寒湿侵足颤：多见于青壮年。有明显的风寒湿邪侵淫因素，或躯体感受风寒，或足受水湿浸渍，风性善动，湿性就下，寒性凝涩，风寒湿三气杂至，经络受邪，气血阻滞，筋脉失荣，故出现足颤。辨证要点为起病急骤，足颤且痛，时颤时止。感受风寒的兼有风寒表证，如恶风寒，头身疼；水湿浸渍的患足颤且肿痛，皮色暗青，但躯体兼证不多。风寒所致的，治宜散寒解表，佐以通络，方选五积散；水湿所致的，治宜除湿散寒，佐以通络，方选鸡鸣散。"治风先活血，血活风自灭"，治疗风寒湿侵足颤，均宜与温经活血药相伍使用，方用当归四逆汤较宜。

足颤同其它部位震颤一样，亦为中风先兆之一。若不及时治疗，久而形成痿废，而且颤动还会向上肢及头部发展。因此治疗足颤，要掌握病机，及时果断，或可配合针灸治疗，以促使疾病早愈。

（毛德西）

189. 步 态 不 稳

【概念】

步态不稳是指病人走路不稳，或见动作不灵活，行走时两腿分得很宽；或步行时不能走直线，忽左忽右；或走路时步距短小，两上肢不作前后摆动，初走时缓慢，以后愈来愈快，呈"慌张步态"。

步态不稳与半身不遂的鉴别：前者是病人能行走，只是步态特殊。而半身不遂是指左侧或右侧上下肢瘫痪，不能随意运动，伴口眼㖞斜，多为中风后遗症。

【鉴别】

常见证候

脾肾亏虚步态不稳：步态不稳，跨步躯体前倾，足软易于跌仆，肌肉松弛，动则微有颤动，形寒怯冷，纳少腹胀便溏，舌胖淡齿痕，脉沉细弱。

肝肾阴虚步态不稳：步态不稳，步履艰难，站则摇晃欲仆，步则曲线行进，动作不协调，语言含糊不清，头晕目眩，肢体瘦削，腰膝瘘软，手足心热，舌质红，少苔或无苔，脉细数。

气郁痰阻步态不稳：步态不稳，肢冷强直，时发时止，甚则四肢震颤，行走欲仆，精神抑郁，胸闷痰多，舌淡红苔腻，脉弦滑。

鉴别分析

脾肾亏虚步态不稳与肝肾阴虚步态不稳：二者皆属虚证，前者脾肾阳虚，故步态不稳，尚见形寒怯冷，纳少腹胀便溏。脾主肌肉，脾阳虚失于温运，故肢体无力。舌胖淡，脉沉细弱也为脾肾亏虚之象。后者肝肾阴虚，筋脉失养而使运动失灵，摇晃不稳。肝肾亏虚，阴精不足，脑神失司，故可见语言含糊不清。头晕目眩，腰膝瘘软，手足心热，舌红，少苔或无苔，脉细数为肝肾阴虚之征。治法：前者宜健脾温肾，益精补脑，方选振颓汤化裁；后者宜滋补肝肾，熄风通络，方选虎潜丸加减。

气郁痰阻步态不稳：七情内伤，肝郁气滞，湿聚生痰。痰湿阻络，气机不畅，筋肉失于温养，故肢冷强直，步态不稳，气逆则发，气缓则止，甚则四肢震颤，行走欲仆。痰气上逆故胸闷痰多。舌淡苔白腻，脉弦滑皆为肝郁挟痰之象。治宜疏肝理气，解郁化痰，方选逍遥散合二陈汤加减。

总之，步态不稳一症，证有虚实。虚则以肾虚为本，或脾肾亏虚，或肝肾阴虚，而以阴虚多见；实则由肝郁痰阻。病久可见瘀象，治疗宜守方缓治。

【文献别录】

《素问·生气通天论》："阳气者，精则养神，柔则养筋。"

《证治准绳·杂病》："筋脉约束不住而莫能任持，风之象也"。"壮年鲜见，中年以后始有之，老年尤多"。

（邹金盘）

（四）背腰症状

190.背　　痛

【概念】

背痛，是指背部因某种原因引起疼痛的一种自觉症状。可引及肩、胸、心下、腰部。

本症在《素问·阴阳别论》将之归属于"风厥"，《金匮要略》归于"胸痹心痛"。

胸痹心痛虽也有背痛症状，但以胸痛为主，可见胸痛彻背，背痛彻胸。心下为胃，胃痛可引及相应的背部，但每有胃部症状。腰痛引脊上引背部，则称为腰背痛，以上症状与单纯背痛不同，应予鉴别。

【鉴别】

常见证候

寒湿侵袭背痛：背痛板滞，牵连颈项，项背强痛，肩胛不舒，或肩背重滞兼有恶寒，舌苔白腻，脉浮缓，或沉紧。

气血瘀滞背痛：睡后背部疼痛，时觉麻木，起床活动后痛减，舌淡暗或有瘀点，脉沉细或细涩。

鉴别分析

寒湿侵袭背痛：多为素体虚弱，寒湿乘袭太阳经，寒湿凝滞，经络闭阻，气血运行不畅，不通则痛，故见背部痛板滞，颈项强痛，肩胛不舒。其临床辨证要点为：背痛板滞，兼有恶寒，脉浮缓或沉紧。若肩背痛不可回顾者，此为手太阳经受邪以阴雨潮湿寒冷环境时加重。如背痛项强，腰似折，颈似拔，此足太阳经不通行。其治疗以祛风散寒为主，常选用羌活胜湿汤加减。

气血瘀滞背痛，多发于老年人或久病体弱人，气虚血少，气无力推动血行，血流不畅，气滞血凝，经络失养，则背部疼痛，如《临证指南医案·诸痛》曰："久病必入络，气血不行"，又云："络虚则痛"。其临床特点为：睡后背部疼痛，入夜痛甚，活动后减轻，其脉沉涩或沉细。其治疗以益气养血为主，佐以活络，宜用蠲痹汤，配服小活络丹，或配按摩治疗。

背痛一症，有内外两因，虚实迥异。如《医学入门·问症》曾简要记述肩背疼痛："暴痛为外感，久痛为虚损夹郁。"临床治疗，选用适宜的引经药，如防风、羌活，疗效会更好。

【文献别录】

《杂病广要·肩背痛》引《医学六要》："背痛，肥人多痰，年高必用人捶而痛快者属虚，除湿化痰兼补脾肾。醉饱后多痛欲捶，是脾不运而湿热作楚也，须节饮。瘦人多是血少阴虚，亦不禁酒及厚味而然，养血清火，四物、酒芩、连、丹皮。背痛须加羌活、防风引经，肥人少佐附子。"

（马素琴　陆寿康）

191. 背　冷

【概念】

背冷，指背部自觉冷凉感而言。本症《伤寒论》称"背恶寒"。《金匮要略》名"背寒冷"。《河间六书·强痛恶寒》篇称"背怯冷"。

【鉴别】

常见证候

风寒束表背冷：背恶寒，发热，头身痛，苔薄白，脉浮紧。

阴盛阳虚背冷：背冷喜暖，口淡不渴，面色苍白，手足逆冷，小便清长，大便稀溏，舌质淡苔白而滑润，脉沉迟。

痰饮内伏背冷：背恶寒，冷如冰，咳嗽或喘，痰多稀薄色白，头目眩晕，不欲饮水或喜热饮而不多，腹胀纳少，全身倦怠乏力，或四肢浮肿，舌苔白滑，脉沉滑。

鉴别分析

风寒束表背冷与阴盛阳虚背冷：皆因寒致病，其不同点，一为表证，一为里证，一为外寒，一为内寒。风寒束表背冷，多因外感初期，风寒侵袭肌表，寒邪外束，则见背恶寒，发热，头痛等症。而阴盛阳虚背冷，多因素体虚弱，阳气衰微，寒从内生，故见背冷，肢厥，脉沉迟等阴寒之象。临床辨证要点：风寒侵袭背冷，背恶寒，必兼有表证，如发热，头身痛，脉浮等。而阴盛阳虚背冷，背冷喜暖，得热痛减，必见有阴盛阳虚之证，如四肢厥冷，小便清长，大便稀溏，苔白滑腻，脉沉迟等。其治疗，风寒束表背冷，以解表祛风散寒为主，宜用九味羌活汤加减。阴盛阳虚背冷，宜温经助阳、祛寒化湿为法，常选用附子汤。

痰饮内伏背冷与阴盛阳虚背冷：二者皆因阳虚，均为里证。一是痰饮为患，一为寒邪致病。痰饮内伏背冷，多发于久病体弱，年老气衰之人。脾肾阳气不足，脾阳一虚，健运失司，而水湿停留，凝聚成饮，痰饮留积之处，阳气被阻遏不能展布，心之俞在背，饮留而阳气不达，则见背心一片冷痛。其临床特点为背恶寒冷如冰。《金匮要略》曰："夫心下有留饮，其人背寒冷如掌大。"可兼有脾肾阳虚症状。有脾阳虚者其治疗以健脾除饮法，可用苓桂饮合指迷茯苓丸。有肾阳虚者用金匮肾气丸合指迷茯苓丸，温肾化饮。

背冷一症，表证里证均可出现，以其部位而言，五脏六腑之俞穴皆在背，而脏腑之气血都注入俞穴，背又为诸阳经所在，故不论经络脏腑皆与背相通，其背冷多与外感风寒和脏腑阳气衰微有关，治疗要审病求因，辨证分析，方能收到好的疗效。

【文献别录】

《丹溪心法·痰》："背心一片常为冰冷，……皆痰饮所致。善治痰者，不治痰而治气，气顺则一身之津液亦随气而顺矣。"

（马素琴　陆寿康）

192. 背　　热

【概念】

背热是指背部感觉发热的一种症状。

《素问·气交变大论》云：“岁火太过，炎暑流行，肺金受邪。民病疟，……肩背热”。后世有称胸背热、项背热者。《医学入门》则称背热。

临床上单现背热者颇为少见，此症常与身热、胸热并存，本条只讨论以背热为主之证。

【鉴别】

常见证候

肺火背热：背部发热，午后加重，喉干咳嗽，咳吐黄痰，胸背胀痛，大便秘结，面赤舌红，苔黄，脉数。

阴虚背热：背有热感，晚间热增，腰背痠痛，手足心热，夜寐盗汗，舌红少苔，脉象细数。

鉴别分析

肺火背热：肺居上焦，背为肺之分野，肺火炽盛，则背部发热。热邪郁于肺中，气机不利则胸背胀痛；肺失肃降则为咳嗽，热灼肺津则喉干痰黄。午后阳气盛，热势愈甚其症亦加。肺与大肠相表里，肺热伤津则大便秘结。面赤舌红、苔黄脉数，皆热盛之象。其特点为背热而咳，胸背胀痛。治宜清降肺火，方用泻白散。

阴虚背热：阴虚背热以阴虚为主，背脊部为足太阳经所循之处，足少阴肾经与足太阳膀胱经为表里，肾阴不足，阴虚火旺，虚火循腰脊而引于背，故见腰脊背热。且兼腰背痠痛，手足心热，夜眠盗汗，舌红少苔，脉象细数。治宜滋阴清热，方用知柏地黄丸。

二者鉴别要点在于：二者虽皆有热象，但前者为虚，后者为实。肺火背热因热邪犯肺，故胸背胀痛，背热兼咳；阴虚背热多因肾阴不足，常兼腰背痠痛，手足心热。

背热之症，临床少见。古代医书鲜有记载。单发背热者，往往见于老年阴虚之患者，入夜发病，白昼可缓。发病时并不喜凉，却以温水洗浴而稍舒。

【文献别录】

《杂病证治准绳·发热》：“肺居胸背，肺热则当胸背亦热。”

《赤水玄珠·火热门》：“肩背热及足小趾外臁胫踝后皆热，足太阳。”

《医学入门》：“背热属肺，肺居上焦，故热于背。”（转引自《东医宝鉴·外形篇》）

（吕秉仁　陆寿康）

193. 腰　　痛

【概念】

腰痛是指腰部的一侧或两侧发生疼痛而言。腰在脊柱两侧，腰脊相连，故腰痛常与脊痛并见，并见者称为腰脊痛，不属本条讨论范围，可参见有关条目。

【鉴别】

常见证候

风寒湿腰痛：腰痛时轻时重，得暖则舒，遇寒冷或阴雨天气加重。因感受风邪较重者，腰痛左右不定，牵引两足，或连脊背，或关节游痛；感受寒邪较甚者，则腰痛部位固定，有冷痛之感，疼痛程度也较重，甚至不能俯仰转动，脉沉有力；感受湿邪较重者，虽疼痛不甚，但有重着酸楚感觉，舌苔多滑腻，其脉缓。

湿热阻痹腰痛：腰部疼痛较著，痛处伴有热感，热天或雨天加重，而活动后可以减轻，小便短赤，苔黄腻，脉濡数。

肾虚腰痛：双侧腰痛以痠软为主，喜揉按，腿膝无力，遇劳更甚，卧则减轻，常反复发作。偏阳虚者，伴见面色㿠白，手足不温，少气乏力，舌淡，脉沉细；偏阴虚者伴见心烦失眠，咽干口燥，手足心热，舌红少苔，脉弦细数。

瘀血阻络腰痛：腰痛如刺，固定不移，日轻夜重，拒按，舌质暗紫，脉涩，部分病人有外伤史。

鉴别分析

风寒湿腰痛与湿热阻痹腰痛：两者均为外感邪气而发病，风寒湿邪常合而致病，即成为风寒湿痹腰痛，如《素问·痹论》言："风寒湿三气杂至，合而为痹也。"其中风气胜者为行痹，腰痛并见关节游走疼痛，治宜疏风通络为主，方用羌活汤；寒气胜者为痛痹，腰部疼痛明显，固定不移，遇冷加重，并见畏寒等寒象，治宜散寒通络为主，方选姜附四物汤治疗；湿气重者为着痹，腰痛并有重着之感，治宜除湿为主，方用肾着汤。感受湿热之邪或风寒湿痹郁久化热，则成湿热阻痹腰痛，此时当有热象，如痛处灼热，小便黄赤，舌苔黄腻等，治宜清热除湿并重，方用四妙丸加味治疗。

肾虚腰痛：常因先天禀赋不足，加之劳累太过，或久病体虚，或年老体衰，或房室不节，以致肾精亏损，无以濡养筋脉而发生腰痛。如《素问·脉要精微论》言："腰者肾之府，转摇不能，肾将惫矣。"肾虚腰痛以病程长，痠痛喜揉按，腿软无力为临床特征，其中偏于阴虚者，兼见肾阴虚表现，如心烦，手足心热，舌红少苔等，治宜滋阴补肾，方用左归丸、六味地黄丸治疗；偏于阳虚者则面色㿠白，手足不温，舌淡，脉沉细，治宜温阳补肾，方用右归丸、金匮肾气丸治疗。肾虚腰痛而无明显阴阳偏虚者，治疗以补肾为主，可用青娥丸治疗。

瘀血阻络腰痛：常因跌扑外伤引起，久病气血运行不畅，导致经络气血阻滞不通，亦可使瘀血留着腰部而发生疼痛。外伤所致腰痛，常有局部青紫和压痛；久病腰痛成瘀者，常在原来腰痛基础上疼痛性质改变，而以刺痛为主，且入夜更甚，拒按，舌质紫暗。两种腰痛的治疗均应活血化瘀止痛，方用桃红四物汤、身痛逐瘀汤等治疗。

腰痛成因，有外因与内因之分，外因为风寒湿热邪气及外伤致病，属实；内因为年老、久病，耗损肾气所致，属虚。实证日久，必损及肾而成虚证，故腰痛以虚者多。正如《景岳全书·腰痛》言："腰痛之虚证十居八九"，"其有实邪而为腰痛者，亦不过十中之二三耳。"

【文献别录】

《诸病源候论·腰背痛诸候》"凡腰痛有五：一曰少阴，……二曰风痹，……三曰肾虚，……四曰臀腰，坠堕伤腰，是以痛。五曰寝卧湿地，是以痛。"

《丹溪心法·总论痛病》："腰痛主湿热，肾虚，瘀血，挫闪，有积痰。脉大者肾虚，杜仲、龟板、黄连、知母、枸杞、五味之类为末，猪脊髓丸服。脉涩者瘀血，用补阴丸，加桃仁、红花。脉缓者湿热，苍术、杜仲、黄柏、川芎之类。痰积作痛者，二陈加南星、半夏。"

（殷海波　刘绍能）

194. 腰 脊 痛

【概念】

腰脊痛，是腰脊部疼痛的症状。因腰脊相邻，其疼痛部位或以腰部正中脊部为重，或在脊柱两侧为甚，故一般称腰脊痛，或称为腰痛。

临床上许多疾病都伴有腰痛症状，涉及范围较广，本条所述是以腰脊痛症状为主者。

【鉴别】

常见证候

太阳伤寒腰脊痛：因外感风寒，发病急骤，腰脊强痛拘急，伴有头痛，项强，周身关节痛，发热，恶寒，无汗，舌苔薄白，脉浮紧。

风寒湿阻腰脊痛：腰脊痛，多为钝痛或隐痛，伴有尻尾及下肢疼痛，疼痛时轻时重，得暖则舒，遇寒冷或阴雨天气加重，寒邪较甚，则疼痛较重，部位固定，甚至不能俯仰转动，脉沉紧；湿邪较重，疼痛多有沉重酸楚感，脉缓；风邪较重，疼痛部位游走不定，脉弦。风寒湿痹腰脊痛日久不愈，往往伴有腰骶或下肢麻木，甚至肌肉萎缩。

肾虚腰脊痛：腰脊痛绵绵，劳累加重，伴有头晕耳鸣，脱发，牙齿松动，膝软，足跟痛。偏于肾阳虚者，畏冷，肢凉，喜暖，舌质淡胖嫩，脉沉细弱；肾阴虚者，五心烦热，潮热，盗汗，口干，舌红，脉沉细数。

瘀血腰脊痛：起病突然，有明显外伤史，腰痛剧烈，不能俯仰转侧，动则痛甚，若因闪扭所伤，外无肿迹可察，若因挫伤，则局部可有瘀血肿痛，舌淡红，或有瘀斑点，脉弦紧。

鉴别分析

太阳伤寒腰脊痛与风寒湿阻腰脊痛：太阳伤寒腰脊痛如《素问·热论》云："伤寒一日，巨阳受之，故头项痛，腰脊强"。风寒湿阻腰脊痛如《素问·痹论》云："风寒湿三气杂至，合而为痹也"。二者鉴别的要点在于，太阳伤寒腰脊痛是因外感风寒之邪，起病急，必有发热，恶寒表证；风寒湿阻腰脊痛是因感受风寒湿邪，起病较缓，且不具有风寒表证。太阳伤寒腰脊痛起病急，除腰脊强痛外，尚兼周身骨节疼痛，发热，恶寒，脉浮紧等表现。若治疗不当，肌表风寒之邪未去，经久可转为风寒湿阻腰脊痛。治当辛温解表，可用麻黄汤、九味羌活汤等方加减。风寒湿阻腰脊痛因风寒湿邪客袭腰部，经脉气血滞涩不通，而发为腰脊痛。若风邪为主，疼痛部位游走不定，治疗当祛风散寒除湿，可服羌活汤。寒邪为主，则腰脊痛重，部位固定不移，遇暖减轻，遇寒加剧，脉沉紧，治宜温经散寒，可用姜附汤加减。湿邪为主，腰痛沉重酸楚，其脉沉缓，即《金匮要略》所谓"肾着"，详见腰重条。风寒湿阻腰脊痛久病兼虚，气血不足，则需益肝肾、补气血，挟正祛邪，可用独活寄生汤。

肾虚腰脊痛：腰为肾之外候。《素问·脉要精微论》"腰者肾之府，转摇不能，肾将惫矣"，即指肾虚腰脊痛。肾虚腰脊痛，或因年老肾气衰减，或因起居失节，房劳过度所致。肾虚又有肾阴、肾阳之分，肾阳虚腰脊痛，则畏寒喜暖，肢凉，便溏，甚或五更泄泻，小便清长，舌淡，脉沉细，治当温补肾阳。肾阴虚腰脊痛，则五心烦热，潮热，盗汗，口干，舌红，脉细数，治当滋补肾阴。肾虚腰脊痛，可用斑龙丸。肾阳虚腰脊痛，可用右归丸；肾阴虚腰脊痛，可用左归丸。

瘀血腰痛：因闪挫而致，起病突然，有明显的外伤史。若因闪扭所致者，则称为闪腰腰痛。腰部无明显肿胀，剧烈刺痛，是因闪扭后经脉气滞不通所致，治疗应以行气止痛为主，可用立效散。若因跌扑挫伤腰痛，受损伤部位常常有不同程度的瘀血肿胀，或肤色青紫，局部压痛，活动障碍，治疗当以活血化瘀止痛为主，方用桃红四物汤加减，亦可用趁痛散。

腰脊痛一症，新病多实证，久病多虚证。《景岳全书》说："腰痛之虚证十居八九"，"其有实邪而为腰脊痛者，亦不过十中之二三耳。"腰脊痛以肾阳虚损者居多，《沈氏尊生书》云："诸般腰痛，其源皆属肾虚，若有外邪，须除其邪，如无，一于补肾而已。"

【文献别录】

《景岳全书·腰痛》："余尝治一董翁者，年逾六旬，资禀素壮，因好饮火酒，以致湿热聚于太阳，忽病腰痛不可忍，至求自尽，其甚可知。余为诊之，则六脉洪滑之甚，且小水不通而膀胱胀急。遂以大分清饮倍加黄柏龙胆草，一剂而小水顿通，小水通而腰痛如失。"

（李玉林　王育学）

195. 腰　瘘

【概念】

腰部瘘楚不适，绵绵不已，伴有腰部轻度疼痛，称腰瘘，又称腰瘘痛。《张氏医通》曰："腰痛尚有寒湿伤损之异，腰瘘悉属房劳肾虚"。

腰瘘与腰痛二者既有密切联系，又有明显的不同，腰痛则以疼痛为主要表现。

【鉴别】

常见证候

肾虚腰瘘：轻者腰部瘘楚不适，绵绵不已，遇劳加重，休息后缓解，重者尚伴有瘘困而痛，腰膝无力，肢瘘膝冷，足跟疼痛等；甚者脱发，牙齿松动，阳痿，遗精，舌质淡，脉沉细。

劳损腰瘘：腰瘘常固定于腰部某一部位，因劳累而加重，卧床休息后不能明显缓解，晨起症状较重，轻度活动后减轻；亦可伴有轻度腰痛，但全身无其他异常表现。

鉴别分析

肾虚腰瘘与劳损腰瘘主要区别在于前者必兼有肾气不足的症状表现，其原因或因年老肾气不足，或因房劳过度致使肾气斫伤。劳损腰瘘则不兼有肾虚表现，其原因则是因劳动时腰部长期固定于同一姿式，腰部肌肉长时间负担过重所致。肾虚腰瘘卧床休息后即可暂时减轻，而劳损腰瘘则于轻度活动后症状减轻。

肾虚腰痠伴有不同程度的腰部疼痛，其病情轻者，疼痛较轻，病情重者疼痛亦重。腰痠是肾气不足的主要表现之一，此外尚有肢软，脱发，牙齿松动，尺脉弱等症状，治宜温养补肾，方用青娥丸、二至丸、七宝美髯丹等。若兼有肾阳虚（畏寒，水肿，面色㿠白，五更泄泻，尿清长，短气，阳痿，舌淡胖润，脉沉迟）或肾阴虚（五心烦热，舌红少苔，口干，头晕耳鸣，盗汗，遗精，尿赤，脉细数）者，其治疗可参阅肾虚腰痛。

劳损腰痠轻者除去病因，适当进行导引、按摩、针灸及太极拳等运动即可获愈，经久不愈症状较重者，多兼有肾气不足，治同肾虚腰痠。

【文献别录】

《张氏医通》："腰痛尚有寒湿伤损之异，腰痠悉属房劳肾虚，惟有峻补，男子用青娥丸或八味丸加补骨脂、杜仲，有热去附子加五味……大便不实加肉果、补骨脂，山药粉糊代蜜"。

（李玉林　王育学）

196. 腰　　重

【概念】

腰部感觉沉重，故称腰重。《金匮要略》记载"腰中冷，如坐水中"，"腹重如带五千钱"；《诸病源候论》谓"身重腰冷"。此症大多伴有轻度腰痛。

【鉴别】

常见证候

寒湿腰重：腰及腰以下部位沉重发凉，甚者腰冷如冰，如坐冷水中，并伴有腰痛，下腹部常感沉重发胀，舌质胖淡或有齿痕，舌苔白润或滑，脉沉细或缓。

肾阳虚腰重：腰凉而重，如有冷风吹入，伴有腰酸或轻度疼痛，肢凉，畏寒，膝软，足跟疼痛，脱发，牙齿松动，腹泻，尿清长，甚者阳痿滑精，妇女月经不调，舌淡，脉沉细，以尺部为著。

表虚风湿腰重：腰冷重，一身尽重，腰肢浮肿，腰以上活动自如，腰以下屈伸不利，且四肢少力，或关节烦疼，汗出，恶风，舌淡，脉浮。

鉴别分析

寒湿腰重与肾阳虚腰重：腰重，乃因久卧寒湿之处，或冒雨着湿，或劳动汗出之后进行冷水洗浴，或没有及时更换湿衣所致。寒湿客于下焦，湿胜故体重。寒湿阴邪遏阻阳气，故常伴有腰痛。治疗以祛水湿、温中散寒为主，轻者可用薏苡仁粥，重者可用渗湿汤，或肾着汤，若兼肾阳虚者可加附子。《金匮要略心典》谓："其病不在肾之中脏，而在肾之外府，故其治法不在温肾以散寒，而在燠土以胜水"。

肾阳虚腰重，常觉腰部寒凉重坠，如冷风吹入，绵绵不休，甚者腰冷如冰，得热则减，得寒则剧。常伴有腰痛，膝软，足跟疼痛，脱发，牙齿松动，或腹泻，尿清长，或遗精，阳痿，妇女月经不调，舌淡，脉沉细。诸症表现均为肾之元气不足，命门火衰，阴寒内盛所致。治当温补肾阳，可用姜附汤加杜仲、肉桂，或用肾气丸、右归丸等方。

寒湿腰重与肾阳虚腰重鉴别的要点在于，一为外感寒湿之邪，水湿客于腰部，湿胜则重，其治在脾；一为肾阳不足，阳虚则寒，其治在肾。

寒湿腰重与表虚风湿腰重：二者均有水湿内盛的内因，又复感受外湿之邪而为病。正如《金匮要略心典》所云："土德不及而湿动于中，由是气化不速而湿浸于外"。但寒湿腰重的内湿不甚，症状表现仅"腰冷重，如坐水中"，而无水肿。表虚风湿腰重的内湿素盛，腰脚乃至阴部俱肿。寒湿腰重脉沉而无表证症状；表虚风湿腰重有脉浮、汗出、恶风，表虚之证明显可见。寒湿腰重寒湿客于腰部经脉分肉之中，多兼有腰痛；表虚风湿腰重水湿泛溢下焦，很少兼有腰痛，治疗以益气固表，健脾除湿，用防己黄芪汤加减。

【文献别录】

《古今医案按·卷七》："祝茹穹治张修甫，腰痛重坠如负千金，惟行房时不见重，服补肾等丸总不效，祝曰，腰者肾之府，肾气虚，斯病腰，然何以行房时不见重，必瘀血滞之也。……以黄柏、知母、乌药、青皮、桃仁、红花、苏木、穿山甲、木通各一钱，甘草五分，姜枣煎，二剂而愈。"

（李玉林　王育学）

197. 腰 膝 无 力

【概念】

腰膝无力即腰膝软弱无力，轻者称腰软、膝软，因二症往往同时发生，故又称为腰膝无力，重者称腰膝痿弱。腰软无力常伴有膝软无力，但膝软无力由于损伤关节所致者，与腰膝无力不同。

腰膝无力常与腰痠同时发生，称腰膝痠软或腰痠膝软。所不同的是"腰痠悉属房劳肾虚"（《张氏医通》），而腰膝无力除劳损肾虚外，寒湿、湿热等亦可导致。

【鉴别】

常见证候

肝肾虚腰膝无力：腰膝部无力或兼有腰痠、腰痛、膝冷，绵绵不已，休息后略见轻减，稍遇劳累则加重。手足清冷，畏寒，喜暖，耳聋，耳鸣，小便清长或频数，大便溏或腹泻，脱发，牙齿松动，甚者遗精，阳痿，困倦神疲，短气，舌质淡，脉沉细。

寒湿腰膝无力：腰膝部软弱无力，兼有腰凉膝冷，或腰膝痠困沉重疼痛，遇阴雨冷湿则加重，得温暖即可减轻，舌苔白，脉沉细或缓。

湿热腰膝无力：腰膝部无力，下肢痿弱，不耐久行久立，或兼膝足红肿作痛，小便短赤，大便秘结，舌红苔黄腻，脉弦数。

鉴别分析

肝肾虚腰膝无力：腰膝软弱无力是肾虚的主要表现之一。《内经》谓："肝主筋"，"肾主骨"，"腰为肾之府"，肾气不足则腰软无力、腰痠、腰痛，过劳则加重。肝肾虚则筋失所养，出现膝软无力，足痿弱不能行。临床所见多因房室失于节制，耗伤肾精肝血而造成，或因久病、大病之后，元气未复，致使肾肝不足，筋骨失养，而致腰膝无力。临床常以肾阳不足者居多，见肢凉，腰寒膝冷，耳聋，耳鸣，小便清长，大便泄泻，甚至遗精，阳痿，舌淡，脉沉细等。治当养肝血，补肾气。又因下焦肝肾不足，常可使湿邪（或寒湿、或湿热）袭居腰膝，故补肝肾方中应配以温化寒湿、或清化湿热的药物，方用续断丸或滋阴补肾丸加减。亦可常服梁公酒。

寒湿腰膝无力与湿热腰膝无力：二证感受湿邪的病因相同，但寒热性质完全不同，前者为寒，而后者为热。寒湿腰膝无力是寒湿之邪客于腰膝，以湿邪为重，《内经》云："伤于湿者，下先受之"，故阴湿寒邪多侵及身体下部之腰膝。寒湿之邪困着，阻遏阳气，可出现腰膝无力，痠楚疼痛的症状，脉沉细或缓。并多兼有腰部沉重，膝关节痠楚不适，腰膝发凉，得暖则轻减，遇阴雨冷湿则加重。此证初期多为实证，治当除湿通痹，方用除湿蠲痹汤加减。久病常兼肝肾两亏，气血不足，治宜益肝肾，补气血，强腰膝，祛寒湿，方用独活寄生汤加减。无论新久虚实，可服用五积交加酒。湿热腰膝无力多由湿热邪气流注下焦所致，常见于痿证及脚气诸病。临床表现多为湿热证候，除腰膝痿弱无力外，若兼膝足红肿，小便短赤，大便秘结，舌苔黄腻，脉数等症则为实证；若兼发热，五心烦热，盗汗，口干，舌红，脉细数等症则为虚证。实证用二妙丸、苍术散或拈痛汤加减，虚证用虎潜丸加减。

总之，肝肾不足的腰膝无力因于劳倦房室不节等所致多属虚证，寒湿腰膝无力因湿客下焦所致，多属实证，而湿热腰膝无力因湿热流注下焦所致，或为实证，或为虚证，然以虚实夹杂者居多。

【文献别录】

《脉因证治》："腰软，因肾肝伏热，治宜黄柏、防己"。"解㑊证，少气不欲言，寒不寒，热不热，壮不壮，停不停，乃精气虚而肾邪实矣，治以泽、茯疏肾实，地黄、牛膝、麦冬补精气。"

《杂病源流犀烛·解㑊证》："解㑊，肝肾虚病也。……洵由肝肾二经之虚，盖肝主筋，肾主骨，肝虚则筋软弱而无力以束，……肾虚则骨萎枯，而不能自强，……宜祥仙既济丹"（黄柏、山药、牛膝、人参、杜仲、巴戟、五味、枸杞、茯苓、茴香、苁蓉、山萸、远志、菖蒲、熟地、知母、生地、菟丝子、麦冬、黑山栀、甘菊、陈皮）。

（李玉林　王育学）

198. 腰 如 绳 束

【概念】

腰部周围如绳紧束，称腰如绳束。腰如绳束是带脉为病的临床表现之一。《沈氏尊生书》谓："带脉横围于腰，状如束带，所以总约十二经脉，及奇经中七脉者也"。故临床十二正经及奇经为病，均可影响带脉，其表现虽各不相同，但腰如绳束是其典型症状。因带脉围腰一周，故带脉为病常兼有腰痛，腰痠，腰冷重，或腰无力等症状。《傅青主女科》谓："带脉者，所以约束胞胎之系也"，故腰如绳束一症，也常见于妇科的滑胎、带下等疾病中。

【鉴别】

常见证候

带脉不利腰如绳束：患者感觉腰间如绳紧束，并伴有腰痛。除此之外，可无任何其他症状，舌脉正常。

肝经湿热腰如绳束：腰如绳束，灼痛如刺，兼有胁痛，口苦，面赤，目红，耳聋，尿赤或痛，便秘，舌苔黄厚腻，脉弦数等。

鉴别分析

带脉不利腰如绳束与肝经湿热腰如绳束二证临床不难鉴别，前者除腰部如绳紧束并兼有腰部筋肉作痛症状之外，余无它症，这是因为带脉气结不通所致。《张氏医通·诸痛门》谓："腰痛如以带束，引痛，此属带脉为病。用辛味横行而散带脉之结，甘味舒缓带脉之急，调肝散"。后者因肝经湿热侵及带脉为病，腰部如绳紧束，腰周的皮肤作痛，有烧灼感，并兼有肝经湿热证的表现，治疗当清泻肝经湿热，方用龙胆泻肝汤。

【文献别录】

《石室秘录·卷三》："腰间忽长一条肉痕如带，围至脐间，不痛不痒，久之饮食少进，气血枯槁。此乃肾经与带脉不和，又过于行房事，尽情纵欲，乃得此疾。久之带脉气虚，其血亦渐耗，颜色已黑，然虽无大病，而病实笃也。法当峻补肾水，而兼补带脉，自然身壮而形消"（熟地、山萸肉、杜仲、山药、白术、破故纸、白果肉、炒当归、白芍、车前子）。

《类经图翼·奇经八脉》：（带脉）"其为病也，腰腹纵容，如囊水之状。"

（李玉林　王育学）

199. 腰　　冷

【概念】

腰冷是指腰部感觉寒冷发凉，如束冰带，或如坐水中之症。《金匮要略》谓其"腰中冷，如坐水中"，《诸病源候论》称之"身重腰冷"。本症常伴有腰痠、腰痛等。

【鉴别】

常见证候

风寒腰冷：腰及腰以下部位发凉发紧，如束冰带，伴有腰痛，头痛，全身疼痛，无汗，舌淡苔白，脉浮紧。

寒湿腰冷：腰及腰以下部位发凉、寒冷，如坐冰水中，伴有腰部沉重疼痛，下肢浮肿，发麻发木，无汗，舌淡苔白润，脉沉弦紧。

肾阳虚衰腰冷：腰部发凉，如冷风吹入，伴腰膝痠软无力，肢冷畏寒，大便溏薄，小便清长，或阳痿遗精，或带下清冷，月经色淡量少，舌淡苔白，脉沉细弱。

鉴别分析

风寒腰冷与寒湿腰冷：二者皆为实证，乃感受外邪所引起。风寒腰冷乃因外感风寒之邪客于腰部，阻遏阳气，失于温煦。故见腰及腰以下部位发凉发紧，如束冰带。此症常是全身病症的一部分，风寒外束，凝滞经脉，不通则痛，常伴有头痛，全身疼痛，无汗。治疗以疏风散寒为主，方用荆防败毒散。寒湿腰冷于《金匮要略》称之谓"肾着"，着即附着，乃由于寒湿之邪留着于肾之外府的腰部所致，病因起于久居潮湿，或触寒冒雨，或汗后淋浴，皆可致寒湿之邪留于腰部，客于下焦，阻遏阳气而见腰及腰以下部位发凉、寒冷，如坐冰水中。寒性凝滞，湿性下注，寒湿致病而见下肢沉重疼痛，或见浮肿。《金匮要略》云："肾着之病，其人身体重，腰中冷，如坐水中，形如水状。……腰以下冷痛，腹重如带五千钱。"即针对此症而言。治疗以散寒除湿，温经通络为主，方用甘姜苓术汤。总之，风寒腰冷与寒湿腰冷皆以寒为主，前者以风邪为先导，故有全身疼痛，后者兼夹湿邪，留着趋下，故见下肢沉重疼痛。

寒湿腰冷与肾阳虚衰腰冷：二者一虚一实，一阴一阳，同属寒邪为患，前者属实，病在外府，寒湿之邪客于腰部经脉分肉之间，治以甘姜苓术汤温经散寒除湿。而肾阳虚损腰冷属虚在脏，乃肾阳不足，命门火衰，虚寒内生，肾之府失于温煦充养而为病。治以益火之源以消阴翳，方用金匮肾气丸。

【文献别录】

《诸病源候论·肾着腰痛候》："肾主腰脚，肾经虚则受风冷，内有积水，风水相搏，浸积于肾，肾气内著，不能宣通，故令腰痛，……身重腰冷，……久久变为水病，肾湿故也。"

《金匮要略心典》："肾受冷湿，着而不去，则为肾着。身重，腰中冷，如坐水中，腰下冷痛，腹重如带五千钱，皆冷湿着肾，而阳气不化之征也。……故其治法，不在温肾以散寒，而在燠土以胜水。甘、姜、苓、术，辛温甘淡，本非肾药，名肾着者，原其病也。"

（徐贵成）

200.腰背俯偻

【概念】

腰背俯偻，是指腰背伛偻屈曲下俯，舌动不利，甚者需附物而行之症。俯者，向下低头是也，一说附物而行也。偻者，吴崑谓之"曲其身也"。《素问·脉要精微论》："腰者，肾之府，转摇不能，肾将惫矣"。"膝者，筋之府，屈伸不能，行则偻附，筋将惫矣"。

【鉴别】

常见证候

宗气不足腰背俯偻：腰背屈曲下俯，气短乏力，气不得续，动则汗出，语声低怯，舌质淡红苔白，脉沉细。

精血亏虚腰背俯偻：腰背屈曲下俯，形体羸瘦，动作迟缓，健忘脱发，失眠多梦，舌淡红苔白，脉细沉。

肾气亏虚腰背俯偻：腰背屈曲下俯，下肢痿软无力，伴腰脊痠软，听力减退，小便频数而清，舌淡苔白，脉沉细。

鉴别分析

宗气不足腰背俯偻：宗气乃总合水谷精微化生的营卫之气与吸入之清气而成，积于胸中，助心以行血，助肺以司呼吸。与人体的气血运行，寒温调节，肢体活动及呼吸、声音的强弱均有密切的关系。《灵枢·邪客》："故宗气积于胸中，出于喉咙，以贯心脉，而行呼吸焉"。而《素问·脉要精微论》指出："背者，胸中之府，背曲肩随，府将坏矣"。故此宗气不足，胸中脏腑衰惫，而见背俯腰屈，不得站立，甚则附物而行。治以益气补肺为法，方用补肺汤加减。

精血亏虚腰背俯偻与肾气亏虚腰背俯偻：二者皆为虚证。脾为后天之本，司气血之生化，外充肌肉四肢。肝为藏血之脏，外合筋脉。肾为先天之本，主藏精生髓，充于骨骼。凡思虑过度，耗伤心脾，或情志过极，郁郁寡欢，暗耗肝血，或房劳过度，伤肾竭精，皆可导致精血不足，筋脉、肌肉、骨骼失于充养，府将惫矣，出现腰背俯偻，行动迟缓。而精血亏虚腰背俯偻乃有形之精血耗伤所致，常兼见头昏头晕，须发早白，未老先衰，健忘脱发，毛发干枯，失眠多梦等。"精不足者，补之以味"。治以填精养血，方用大补元煎加味。而肾气亏虚腰背俯偻则以肾虚为主，作强不能，肾府失充，常兼见腰膝痠软，耳鸣耳聋，男子阳痿遗精，女子宫寒不孕，月经失调，带下等症。治以补肾填精，壮腰健骨，方用金匮肾气丸加桑寄生、川断、怀牛膝等。

【文献别录】

《素问·脉要精微论》："夫五脏者，身之强也。头者，精明之府，头倾视深，精神将夺矣；背者，胸中之府，背曲肩随，府将坏矣；腰者，肾之府，转摇不能，肾将惫矣；膝者，筋之府，屈伸不能，行则偻附，筋将惫矣；骨者，髓之府，不能久立，行则振掉，骨将惫矣。得强则生，失强则死"。

《诸病源候论·背偻候》"肝主筋而藏血。血为阴，气为阳。阳气精则养神，柔则养筋。阴阳和同，则血气调适，其相荣养也，邪不能伤。若虚则受风，风寒搏于脊膂之筋，冷则挛急，故令背偻。"

（徐贵成）

201. 尾 闾 痛

【概念】

尾闾上连腰脊，下接尾骨，尾闾部位的疼痛称尾闾痛或尾骶痛。《灵枢·骨度》篇称尾闾为"尾骶"。《素问·刺腰痛篇》称尾闾为"尻"或"尾尻"。尾闾痛与腰痛关系较为密切，因腰痛而牵掣尾闾痛，或因尾闾痛而掣及腰痛，临床则称为腰尻痛或腰骶痛。

【鉴别】

常见证候

血瘀气滞尾闾痛：有明显挫伤史，尾闾部剧痛，疼痛掣及腰部，功能活动障碍，不能俯仰转动，行走步履困难，不能平卧及翻身。并多伴有大便秘结，食欲减退，舌黯，脉紧。

肾气亏虚尾闾痛：疼痛症状较轻，不影响功能活动，多有尾闾部痠楚不适感，因损伤而诱发者，症状较明显，疼痛以骶部为甚，或有遗尿，舌淡胖，脉沉细弱。

鉴别分析

血瘀气滞尾闾痛常见于中年体胖的妇女，有明显的跌扑挫伤史，起病突然而疼痛剧烈，尾闾部尤其是尾部压痛明显，急性期，瘀血内聚，不但疼痛剧烈，而且疼痛持续时间较长，这是因为挫伤时尾骨往往受到不同程度的损伤甚至骨折的缘故。多伴有大便秘结。治疗以活血祛瘀止痛通便为主，可用鸡鸣散，严重者用桃仁承气汤或大成汤。急性期后，尾闾部轻度疼痛，遇劳累寒冷则加重，可用坎离砂或寒痛乐等热敷。

肾气亏虚尾闾痛，往往是因先天不足，骶骨未能完全闭合，常因劳累或损伤而诱发，起病较缓慢而疼痛症状亦不甚剧，有的伴有遗尿，治疗平补肾气，用填骨万金煎。

二者鉴别的要点是，血瘀气滞尾闾痛有明显挫伤史，起病突然而疼痛较剧烈；肾气亏虚尾闾痛则无明显外伤史，或因劳累或损伤而诱发，起病较缓，疼痛亦不甚剧，伴有肾气不足的遗尿。

【文献别录】

《张氏医通·诸痛门》："尻乃足少阴与督脉所过之处，兼属厥阴，若肾虚者，六味丸加肉桂，不愈加鹿茸。肥人属湿痰，二陈合二妙。有因死血作痛者，当归、赤芍、牡丹、桃仁、延胡索、生牛膝、穿山甲、肉桂之类清理之，不应，加地龙、生附子。"

（李玉林　王育学）

（五）胸腹症状

202. 喉中痰鸣

【概念】

喉中痰鸣，是指痰涎壅盛，聚于喉间，气为痰阻，因而呼吸鸣响的症状。简称"痰鸣"、"喘鸣"。又称"痰声漉漉"。

【鉴别】

常见证候

痰壅气阻喉中痰鸣：胸膈满闷，喘急气粗，痰声漉漉，痰涎清稀，量多色白，甚则不得卧，食少腹胀，便溏乏力，舌质淡胖，边有齿痕，舌苔白腻，脉滑。

痰热阻肺喉中痰鸣：发热胸闷，气急喘促，鼻翼煽动，喉间痰鸣，声如曳锯，痰黄质稠，口渴欲饮，舌质红，苔黄腻，脉数。

痰火化风喉中痰鸣：猝然眩晕，甚则昏倒，不省人事，口眼㖞斜，四肢不举，或半身麻木，舌本强硬，喉间痰鸣，舌质红，苔黄腻，脉洪数而滑。

痰蒙清窍喉中痰鸣：眩晕头疼，胸闷不适，旋即突然昏倒，喉间痰鸣，口吐涎沫，四肢抽搐，舌质黯淡，苔厚腻，脉滑或弦。

脾肾两虚喉中痰鸣：少气懒言，呼多吸少，痰涎清稀，喉间痰鸣，腰膝瘘软，畏寒肢冷，食少便溏，舌质淡，苔白，脉弱。

鉴别分析

痰壅气阻喉中痰鸣与痰热阻肺喉中痰鸣：二证均为痰涎壅盛，上涌喉间致呼吸不利而作痰鸣。但痰壅气阻喉中痰鸣多因脾失健运，水蓄成痰，脾为生痰之源，肺为贮痰之器，喉为肺气出入之门户。痰涎壅阻，肺气不能宣降，痰气相搏则喘息痰鸣。痰热阻肺喉中痰鸣多因肺热炽盛，灼津为痰，火气炎上，痰随火升，结于胸膈，上逼咽喉则喘息痰鸣。临床鉴别要点为：痰壅气阻喉中痰鸣，其痰涎清稀，量多舌白，兼见食少腹胀，便溏乏力，舌质淡胖，边有齿痕，舌苔白腻，脉滑或细等脾虚证候。治宜健脾化痰，止咳平喘，方用二陈汤、三子养亲汤。痰热阻肺喉中痰鸣，其痰液色黄质稠，不易咯出，兼见身热烦躁，口渴欲饮，舌质红，苔黄腻，脉数等热象。治宜清热化痰，止咳平喘，方用麻杏石甘汤、定喘汤加减。

痰火化风喉中痰鸣与痰蒙清窍喉中痰鸣：二证虽同见神识模糊，甚则昏倒不省人事，喉中痰鸣漉漉。但痰火化风喉中痰鸣，多由痰郁化火，火热生风，痰火挟风上扰，蒙闭清窍，故猝然昏倒，四肢不举，口眼㖞斜，舌强不语，病属中风。《证治要诀》谓："中风之证，……或痰涎壅盛，咽喉作声。"而痰蒙清窍喉中痰鸣，多因痰浊上扰，阻塞灵窍，心神被蒙，故突然昏倒，不省人事，口吐涎沫，四肢抽搐等，病属痫证。临床鉴别要点为：痰火化风喉中痰鸣，平素常感头昏头痛，耳鸣目眩，或急躁易怒，心烦多梦。偶因恼怒或饮酒引动痰火化风，猝然发病昏仆，待清醒后，每每有半身不遂，口眼㖞斜，舌强语謇等后遗症。治宜醒神开窍，化痰清火，平肝熄风。方用至宝丹合涤痰汤、羚羊角散加减。而痰蒙清窍喉中痰鸣，则多因肝气失调，阳升风动，触及积痰，上蒙清窍所致。风痰聚散无常，故不定时或无诱因的反复发作，发作前先感头昏，胸闷，心烦，乏力，继则突然昏倒，双目上视，牙关紧闭，喉中痰鸣，口吐涎沫，肢体抽搐，待其气反则苏醒，饮食起居一如常人。治宜化痰定痫，方用定痫丸、礞石滚痰丸加减。

脾肾两虚喉中痰鸣：痰源于肾，动于脾，多因脾虚气弱，健运失司，肾气不足，气化无能，水邪上泛，聚湿为痰。痰涎上壅阻肺而致喘息痰鸣，必兼口淡无味，食少便溏，身倦乏力等脾气不足及动则气喘，腰膝酸软，畏寒肢冷，脉弱尺微等肾气不足之候。治宜补脾益肾，理肺化痰，方用金水六君煎加减。

喉中痰鸣一症，可见于多种疾病，有虚实寒热之分。必须据证审因，辨证施治。同时也常为病危的表现之一，《景岳全书·杂证谟》谓："若杂证势已至剧，而喉中痰声漉漉，随息渐盛者，此垂危之候。"

【文献别录】

《医学从众录·真中风症》："如阴脏之人，素多内寒，而风邪中之，则风水相遭，……痰声漉漉如水沸之势。"

（贺志光　凌湘力）

203. 咳　痰

【概念】

咳痰系指痰液由咳嗽而吐出，来自肺、肺系的痰液，由于咳嗽经喉、口而排出。

痰字古与澹（淡）同，即"水摇貌"（《说文》）。故体内一切停水证（如停于肠间、胸、胁、四肢）均称痰或痰饮，亦即水，水饮之意。而由肺、肺系所产生的痰液，古称"涎"、"沫"、"唾"、"浊"（《金匮要略》）。大体上清稀一点的可称涎或沫，粘稠一些的可称唾或浊。这些涎沫、唾浊同样是由于水湿不化，而成为痰液停聚于肺所造成的。后世即将涎沫、唾浊称为痰或痰饮，清稀的称为饮，粘稠的则称为痰（《医宗金鉴》）。所以痰有广义、狭义之分，广义的痰即水，痰饮即水饮；狭义之痰乃是肺、肺系的产物，稠者称为痰，稀者称为饮。本条所述仅限于由咳嗽而排出的狭义之痰，或痰饮。

【鉴别】

常见证候

肺热咳痰：咳出之痰色黄、粘稠，有块，或痰中带血。证见发热咳嗽，胸痛喘促或鼻翼煽动，面红目赤，咽喉红肿疼痛，口渴唇燥，尿短赤，大便燥结，舌红、苔黄，脉滑数或数而有力。

肺寒咳痰：咳出之痰色白清稀，患者形寒肢冷，恶寒重而发热轻，咳嗽胸痛，喘促，面色青白，亦可见面唇黧黑，咳逆倚息，短气不得卧，舌淡白或紫暗，苔白滑，脉沉弦或紧。

风邪犯肺咳痰：痰液清稀多泡沫，伴见发热恶寒，咳嗽，鼻塞流涕，咽干痒，头身痛，舌边尖红，苔薄白，脉浮紧或浮数。

阴虚肺燥咳痰：痰少粘稠难于咳出，咳痰带血或咳血。燥邪所致者，兼见发热或恶风寒，胸痛，唇焦，鼻燥，咽干，口渴；如为阴虚所致，则见手足心热，虚烦不寐，潮热盗汗，两颧红赤，舌鲜红少苔或苔黄而燥，脉浮数或沉细数。

湿邪犯肺咳痰：咳痰量多，白滑易于咳出，四肢困重无力，眩晕，嗜卧，面虚浮，脘闷纳呆，便溏，口甜粘，多见于咳嗽日久，或老年病人，舌体胖大有齿痕，色晦暗，苔白腻，脉滑缓。

湿热蕴肺咳痰：咳吐脓血痰或咳痰腥臭，高热或潮热，胸闷疼痛，转侧不利，甚则喘不能卧，有汗，口干咽燥而不渴，烦躁，舌红苔黄腻，脉滑数或数而有力。

鉴别分析

风邪犯肺咳痰与肺热咳痰、肺寒咳痰：风邪犯肺多为外感风邪，可为风热或风寒袭肺，肺为娇脏，一旦受风邪（风寒或风热）侵袭，则导致肺气失宣，水液潴留而为痰浊，引起咳痰；肺热咳痰是因外感温热之邪，或由于过食油腻肥甘，积痰蒸热所致；肺寒咳痰每由形寒饮冷，寒饮内停或素体阳虚阴盛，寒邪内伏于肺，复感风寒而发。三者临床特点各异，首先痰之性状不同：风邪犯肺为泡沫样痰；肺热咳痰则为黄色粘稠之痰；肺寒咳痰则为白色清稀之痰。风邪犯肺属表证，可见咳嗽，鼻塞流涕，咽痒，兼头痛，发热恶寒等症；若风寒犯肺，恶寒重，发热轻，无汗舌苔薄白脉浮紧；若风热犯肺则发热重，恶寒轻，咽喉红肿疼痛，恶风，有汗，舌苔薄黄，浮数。肺热咳痰主要兼见火热之象，如发热口渴，面红目赤，尿黄便干，舌红苔黄，脉数。肺寒咳痰主要兼有寒象，如形寒肢冷，面白目清，舌淡白，脉沉弦等。风热犯肺，治以桑菊饮为主方；风寒犯肺，可用金沸草散加减；肺热咳痰，宜麻杏石甘汤合泻白散加减；肺寒咳痰，当用杏苏散或华盖散加减。

阴虚肺燥咳痰与湿邪犯肺咳痰：阴虚肺燥咳痰之病因为外感或由内伤引起。外感温热之邪伤肺灼津，而致阴虚肺燥，或久咳耗伤肺阴，肺失清肃之职，肺气上逆故咳出燥痰（稠不易咳出，或带血）；湿邪犯肺之咳痰，多由脾虚引起，"脾为生痰之源，肺为贮痰之器"，脾虚不运，水湿聚而为痰，痰浊上渍于肺而致咳痰。二者临床表现：前者痰少粘稠而难于咳出，有时咳血或咳痰带血；后者痰量多、白滑易于咳出，极少见咳血。前者每兼阴虚之症状（颧红、咽干、潮热盗汗、尿黄便干、舌红少苔、脉细数等）；而后者可表现为脾虚（纳呆、便溏、无力）及湿盛（肢困、脘闷、舌胖大、苔白腻等）之证。治疗前者予清燥救肺汤、养阴清肺汤或百合固金汤加减；后者则可用二陈汤合三子养亲汤加减。

湿热蕴肺咳痰与肺热咳痰：二者病因不同，前者可由外感湿热之邪或痰热素盛，或恣食酒酪，恣啖辛辣，湿热蕴结上蒸于肺；而后者多为外感热邪引起。临床特点是：湿热所致者，吐大量脓痰或脓血痰；而热邪所致者，则吐黄痰，或粘稠有块。前者有湿热之象，如脘腹胀闷，纳呆，苔腻等；而后者常见高热，面红，目赤，尿黄便干。前者舌红、苔黄腻是其主要特点；而后者则为舌红或绛、苔黄而燥。治疗前者可用银翘散加黄芩、黄连等；后者方药同前。

总之，咳痰之鉴别主要在于痰之性状，以及兼见症状之不同。如风、寒、热、湿、燥之象等。

【文献别录】

《素问·评热病论》："劳风法在肺下，其为病也，使人强上冥视，唾出若涕，恶风而振寒，此为劳风之病。……以救俯仰。巨阳引精者三日，中年者五日，不精者七日，咳出青黄涕，其状如脓，大如弹丸，从口中若鼻中出，不出则伤肺，伤肺则死也"。

《症因脉治·外感痰证》："风痰之因，外感风邪，袭人肌表，束其内郁之火，不得发泄，外邪传里，内外熏蒸，则风痰之症作矣。风痰之脉，浮滑者多，浮数风热，浮紧风寒。若见沉滑，风邪内结，洪大易治，沉细难痊"。"湿痰之因，或坐卧卑湿，或冲风冒雨，则湿气袭人，内与身中之水液，交凝积聚。灵枢所云，风雨袭阴之虚，病起于上而成积，清湿袭阴之虚，病生于下而生聚，此即湿痰之因也。湿痰之脉，脉多浮大，浮缓兼风，浮涩主湿，浮滑湿痰，沉滑顽结"。"燥痰之因，或亢阳行役，时逢火令，燥热之气，干于肺家，为喘为咳，伤于肠胃，为痰为嗽，此外感燥痰作矣。燥痰之脉，脉必洪数，浮数伤表，沉数伤里，左脉洪数，燥伤肝胆，右脉洪数，燥伤肺胃"。

《症因脉治·内伤痰症》："燥痰之因，五志之火，时动于中，或色欲过度，真水涸竭，或膏粱积热，肠胃煎熬，熏蒸于肺，锻炼为痰，则燥痰之症作矣。燥痰之脉，右寸数大，肺家有热，右关沉数，肠胃有热，左关脉数，木火之邪，两尺沉数，肾水燥竭"。"湿痰之因，中气不足，胃阳不能消化，脾阳不能敷布，则水谷停留，为痰为饮，而湿痰之症成矣。湿痰之脉，多见沉滑，滑实顽痰，滑软虚滞，滑而不数，脾湿成痰，滑而带数，湿热所致。"

（黄柄山）

204. 咳　嗽

【概念】

咳嗽，是肺气上逆引起的一种症状。《素问·咳论》专门论述咳嗽，并且提出有"五脏六腑皆令人咳，非独肺也"的说法。咳嗽往往与上气并称，如《素问·五脏生成》称"咳嗽上气"，《金匮要略》将"咳嗽上气"连称，有时"痰饮咳嗽"连称。《金匮要略》、《汉代武威医简》又称"咳逆"、"咳逆上气"。可见汉代之前咳、咳嗽、咳逆同义，并且咳嗽与上气（喘）、痰饮二者关系尤为密切，故往往连称。《诸病源候论》将咳嗽、上气、痰饮三者明确区分开来，各立专节论述，其中"咳嗽病诸候"凡十五论指出"咳嗽者，肺感于寒，微者则成咳嗽也。"若感于温热之邪者，另立"时气咳嗽候"、"温病咳嗽候"讨论。若为内伤所致者，则有"虚劳咳嗽候"。《素问病机气宜保命集》谓："咳谓无痰而有声，肺气伤而不清也。嗽是无声而有痰，脾湿动而为痰也。咳嗽谓有痰而有声，盖因伤于肺气，动于脾湿，咳而为嗽也。"临床咳、嗽、咳嗽三者实无区分之必要，可统称之为咳嗽。

【鉴别】

常见证候

风寒束表咳嗽：症见咳嗽，鼻塞流清涕，喉痒声重，痰稀色白，头痛发热，恶寒或恶风，骨节痠痛，舌苔薄白，脉浮紧或浮缓。

风热袭肺咳嗽：症见咳嗽不爽，痰黄或黄白而稠，口干，咽痛，头痛，鼻塞，身热恶风有汗，或微恶风寒，舌苔薄黄，脉浮数。

燥邪伤肺咳嗽：症见咳嗽，痰少粘稠难出，或痰中带血丝，或干咳无痰，咳甚则胸痛，鼻燥咽干，或咽喉痒痛，形寒身热，舌尖红，苔黄，脉浮数或细数。

暑湿咳嗽：症见咳嗽，痰多而稠，胸闷，身热，汗多不解，头胀，口渴不多饮，心烦面赤，溲短而黄，舌苔薄黄质红，脉濡数。若暑多于湿，则咳声清高，身热面赤，心烦，舌红，脉数。

肺热咳嗽：症见咳而气喘，痰黄稠，甚或痰中带血，口鼻气热，口苦咽干，或觉咽痛，或胸痛胸闷，舌红苔黄，脉弦数。

肺燥咳嗽：症见干咳无痰，咳引胸疼，声音嘶哑，鼻燥咽干，舌质红，苔薄而干，脉细略数。

痰湿咳嗽：症见咳嗽，痰多色白，痰出即咳止，伴胸脘胀闷，饮食减少，或有恶心呕吐，或见面肿，舌苔白腻，脉濡滑。

脾虚咳嗽：症见咳嗽，痰多色白易咳出，面白微肿，少气体倦，怕冷，脘部闷胀，食欲不振，口淡，舌苔薄白，脉细。

肺气虚咳嗽：症见咳嗽，气短，痰清稀薄，面色㿠白，动则汗出，易感外邪，舌质淡嫩，苔薄白，脉虚无力。

肺阴虚咳嗽：症见久咳不止，痰少而粘，或痰中带血丝，形体消瘦，口燥咽干，或咳声嘶哑。若阴虚火旺者，可见潮热，盗汗，少气，胸部隐痛。舌质红少苔，脉细数。

肾阳虚咳嗽：症见咳嗽，痰清稀呈泡沫状，咳甚则遗溺，气短，劳累则加重，面白微肿，或肢体浮肿，腰痠恶寒，苔白质淡，脉沉细。

肝火犯肺咳嗽：症见咳嗽气逆，痰出不爽，或如梅核，或如败絮难以咳出，咳时面红并引及胁痛，咽喉干燥，烦躁易怒，舌边尖红，苔薄黄而干，脉弦数。

鉴别分析

风寒束表咳嗽与风热袭肺咳嗽：二证皆由感受外邪所致，故均有表证可见。风寒咳嗽，因风寒之邪束表犯肺，肺气失宣可见咳嗽；肺气不利，津液失布故痰稀色白，鼻流清涕；风寒外束，腠理闭塞，则见头疼，发热，恶风寒等。风热袭肺咳嗽为风热邪气犯肺，肺失清肃，热灼津液，故咳而不爽，痰稠而黄，并口渴，咽痛；风热上扰清空，头部气血逆乱，则头痛；正邪交争，功能亢奋，故体温升高而见发热；邪气袭表，卫外功能失常则恶风；风热之性主升发、疏泄，使腠理开泄而见汗出。此二证当以咳嗽的特点、痰的性状，及所兼的表证不同，为其鉴别要点。风寒束表咳嗽治以疏风散寒、宣肺止咳，方选杏苏散加减。风热袭肺咳嗽治以疏风解热、宣肺止咳，方选桑菊饮加减。风寒束表咳嗽有表邪未解，里热已炽，形成表有寒、里有热之寒包火证，而见咳嗽喘促，口干苦，痰黄，甚者咳引胸痛，痰色暗红，喘甚于咳者，宜用解表清热之麻杏石甘汤加味。若表邪入里化热，转为肺热咳嗽，临证均当鉴别。《症因脉治·咳嗽》有以脉来区别伤寒咳嗽化热与否，如"伤寒咳嗽之脉，若见浮紧，里未郁热。若见浮洪，肺已郁热。紧而带数，以寒包热"。风热袭肺咳嗽亦见表解或未解而肺热已炽之变。

　　燥邪伤肺咳嗽与暑湿咳嗽：二证亦均感受外邪所致，故也可见表证。但其发病均有季节性。因感邪的性质不同，临床表现也异，此可与风寒束表，风热袭肺二证相鉴别。燥邪伤肺咳嗽（此指温燥而言。凉燥谓秋凉之气，致病后治从风寒束表咳嗽）。常见于气候干燥之秋季，或过食辛燥食物所致。燥热之邪，耗伤津液，肺失清润，气机不利，而见干咳无痰，或痰少黄粘，甚则胸痛；燥热之邪损伤肺络，则痰中带血丝；燥热伤津，可见鼻燥，咽干或痛，舌干少津；燥热之邪客于肌表，卫气不固而见形寒，身热等表证。暑湿咳嗽，必在长夏暑令发病。暑湿犯肺，壅塞肺气而嗽；湿邪伤脾，脾失健运而生痰，故见痰多；因暑为阳邪，其性炎热，热重而痰黄粘；暑湿伤表，可见身体重着，汗多而身热不解，头胀，咽痛等；热伤津液而口渴，但湿蕴在里，故有时渴不多饮。燥邪伤肺咳嗽治以宣肺润燥止咳，方选桑杏汤加减。暑湿咳嗽治以清暑宣肺、化湿和脾，方选三物香薷饮合小半夏加茯苓汤。若咳声清高，无痰或痰少者，以伤于暑邪为主，湿邪较轻，治以清解暑热，方选清络饮加味。

　　肺热咳嗽与肺燥咳嗽：热为火之渐，火未有不燥者，故此二证咳嗽之病因，虽一为热邪、一为燥邪，但其症状有相似之处，故应注意鉴别。若肺为热邪所迫，肺气上逆，则咳多兼喘，胸闷或痛，并有肺热之表现。若燥邪伤肺，消灼津液，致使津液亏损，肺失滋养，气道干燥，则干咳无痰，鼻燥咽干，声音嘶哑，咳引胸疼等。肺热与肺燥咳嗽，均为咳引胸胁作痛，当据其兼证不同相鉴别。肺热咳嗽治以清肺化痰，方选泻白散加味。肺燥咳嗽治以清热润燥，生津止咳，方选清燥救肺汤加减。

　　痰饮咳嗽与脾虚咳嗽：二证均有痰湿为患之证情，但其病因病机则有不同。痰饮咳嗽是痰湿壅盛，咳由痰致，故有痰出即咳止的特点。其为痰湿壅盛与脾失健运的综合表现。脾虚咳嗽，主要是脾气虚弱，运化无权，聚湿生痰，痰湿阻肺而咳嗽，故痰多色白易咳出，此症兼有脾气虚弱的表现。痰饮咳嗽，治以健脾燥湿，化痰止咳，方选二陈汤合平胃散加减。脾虚咳嗽治以健脾益气，燥湿化痰，方选六君子汤加减。痰饮咳嗽，若痰湿蕴结化热，则见痰黄稠，苔黄腻，脉滑数等，转为痰热咳嗽，治以清热化痰，方选苇茎汤合小陷胸汤加减。若素有痰饮或水气内蓄，兼受寒邪，形成寒饮内停，或兼外邪未净之咳嗽，而见咯白色清稀痰，胸膈满闷，甚则呕逆形寒等。治以温肺化饮，方选小青龙汤加减。

　　肺气虚咳嗽与肺阴虚咳嗽：皆为虚证咳嗽。肺气虚咳嗽，多因素体阳气不足，肺气虚弱，或寒饮内停，损伤肺气，致肺的肃降功能失职，遂成咳嗽。而肺阴虚咳嗽，多因素体阴虚火旺，或痰热内阻，或热病之后肺阴耗伤，肺失清肃而咳嗽。其辨证特点，肺气虚弱必有肺的功能减弱之表现，如声低弱，气短，面色㿠白等；肺合皮毛，宣发无力，则卫外不固，故自汗畏风，易患感冒等。肺阴虚咳嗽，则因肺失滋润，而肺气上逆，故干咳少痰，咳声嘶哑，口燥咽干；阴虚火旺，则兼见午后潮热，盗汗，五心烦热等，且易动阴血，肺络伤而咳痰带血丝。肺气虚咳嗽，治以补肺益气，方选补肺汤合玉屏风散；肺阴虚咳嗽，治以养阴止咳，方选沙参麦冬汤。若阴虚火旺，痰中带血丝者，宜养阴清热，润肺止咳，方选百合固金汤。

　　肾阳虚咳嗽：多因素体阳虚或年老体弱，咳久不止，病及于肾而致。肾主骨、藏精而纳气，肾阳虚则纳气无力，故多咳而兼喘，或常先喘而引起咳嗽，呼吸困难，甚则感觉气从脐下逆奔而上，劳累后则诸症加重；肾主水，肾阳虚则水湿上泛为痰，而痰有咸味。肾司二便，肾气不固，故咳甚则遗溺。治以温补肾阳，方选肾气丸加五味子、补骨脂等。若咳喘甚，痰多味咸者当补肾化痰，方选金水六君煎。

肝火犯肺咳嗽：本证多因郁怒伤肝，肝失疏泄，肝旺侮肺，肺气上逆而致。其症状特点为肝气郁结之表现与肺气上逆之症状，以及气郁痰结之表现互见。治以舒肝解郁、行气化痰，方选逍遥散合半夏厚朴汤加减。若郁而化火，口苦痰黄，舌红，脉弦而数，宜清肝泻火，润肺化痰，方选清金化痰汤合黛蛤散。

咳嗽一症，首当鉴别其为外感咳嗽还是内伤咳嗽。一般说来，外感咳嗽多有明显的致病原因，起病较急，病程较短，其特点为必兼表证，多属实证。内伤咳嗽常无明显诱因，起病缓慢，病程较长，特别是肺阴虚和肾阳虚咳嗽，多久治不愈，或反复发作，此以虚证为多。

咳嗽之辨证，要抓住咳与痰的特点，如咳嗽白天甚者常为热、为燥，夜间甚者多为肾虚、脾虚或痰湿。辨痰方面，痰清稀者属寒属湿，粘稠者属热属燥；痰色白属风、寒、湿，色黄属热；痰多者属痰湿、脾肾虚，痰少者多为风寒束表或阴虚等。燥咳痰少难出，甚至无痰。

【文献别录】

《丹溪心法·咳嗽》："上半日多嗽者，此属胃中有火，用贝母、石膏降胃火；午后嗽多者，属阴虚，必用四物汤加炒柏、知母降火；黄昏嗽者是火气浮于肺，不宜用凉药，宜五味子、五倍子敛而降之；五更嗽多者，此胃中有食积，至此时，火气流入肺，以知母、地骨皮降肺火"。

《景岳全书·咳嗽》："咳嗽，凡遇秋冬即发者，此寒包热也。但解其寒，其热自散、宜六安煎、二陈汤、金水六君煎三方，察其虚实壮老随宜用之，如果内热甚者，不妨佐以黄芩、知母之类。"

《杂病源流犀烛·咳嗽哮喘源流》："有声无痰曰咳，非无痰，痰不易出也，病在肺，肺主声，故声先而痰后。有痰无声曰嗽，非无声，痰随嗽出，声不甚响也，病在脾，脾藏痰，故痰出而嗽止"。

（韩胜保）

205. 咳　血

【概念】

咳血是指经咳嗽而出血之谓。故多痰血相兼，或痰中带有血丝。若痰少而血多，或大量出血，则称咯血。

咳血一名出于《内经》，《丹溪心法》称："咯血"。《证治要诀》又称"嗽血"。其后，也有将咳血、嗽血、咯血细加分辨者，但无更大临床意义。应分辨者，却是医学文献中，有将咳血称作吐血的，如《金匮·惊悸吐衄下血胸满瘀血病脉证并治》："烦咳者，必吐血"。因此后世有呕血、咳血不分，统称为吐血。尽管血皆从口而出，但病位不同，名称、概念上皆须严格区分。

【鉴别】

常见证候

外感咳血：突然咳痰带血，恶寒发热，咽痒，头晕头痛，胸痛；或鼻燥，口干，舌苔薄黄，脉象浮数；或舌苔薄白，脉象浮紧。

肺热壅盛咳血：咳痰色黄带血，咯血量多，血色鲜红，口干而渴，咽干痛，多伴有发热，胸胁引痛，急躁易怒，便秘溲赤，舌质红苔黄，脉弦滑数。

瘀阻肺络咳血：咳痰带血或吐血沫，心悸，咳逆倚息不得卧，胸闷刺痛，口唇青紫，面色晦滞，目眶黧黑，舌质紫暗或有瘀斑，脉沉涩或弦迟结代。

脾肺气虚咳血：咳血久延不愈，血量较少，血色暗淡，咳嗽痰白，面色㿠白，畏冷，神倦肢乏，心悸气短，声细懒言，纳少无味，大便溏，舌淡苔薄白，脉沉细弱。

阴虚火旺咳血：干咳少痰或痰粘难以排出，咯血鲜红，血多痰少，反复咯血不已。午后颧红，低热心烦，手足心热，咽干欲饮，盗汗乏力，或有遗精多梦，或有阴股间热，腰脊痛，舌质红，少苔或无苔，脉细数，两尺脉无力。

鉴别分析

外感咳血：本证多由素体肺阴不足，虚热内蕴，若感受风热、暑热、秋燥之邪，失于清解，内外热势相助，灼伤肺络，则发生咳血；或素体肺有实热，外感风寒之邪，风寒外束，阳气被郁，内郁之阳与肺热相合，助长肺热化火，亦可灼伤肺络而咳血，此又称"寒包火证"。外感风热咳血，必有身热口渴；外感风寒咳血定见头痛恶寒，两者不难鉴别。外感风热咳血，桑杏汤主之；外感风寒咳血，麻黄人参芍药汤主之。

肺热壅盛咳血与外感风热咳血：前者多因外感六淫失于宣解，郁而化热，化火，化燥；或郁怒伤肝，肝郁化火，木火刑金；或因饮酒炙煿积热于胃，上熏于肺，以上诸因皆可致肺热壅盛，热伤肺络，火载血升，产生咳痰带血。肺热盛为主者，仅有咽干痛，口干渴，痰黄咳促等兼症；若出现急躁善怒，胸胁牵痛，口苦咽干者，则为肝火内盛。本证与外感风热咳血不同点为无恶寒发热，咽痒，脉浮等表证。治以清肺泻火，佐以止血，泻白散合十灰散主之。

肺热壅盛咳血与阴虚火旺咳血：阴虚火旺咳血多由素体阴虚，或热病后，酒色过度，致肾阴亏损，肾阴亏则火炎灼金，肺燥络损，故产生咳血。病之标在肺，本在肾。其证有肺阴虚与肾阴虚之分，皆属内伤虚损证范畴。肺阴虚为主者，仅有咳嗽气短，咽干，午后潮热，五心烦热，盗汗等表现；若兼肾阴亦不足，则有遗精多梦，腰脊痛等症；肾阴严重不足者，可有阴股间热，盗汗亦以两大腿内侧为著。本证之热为虚火，与肺热壅盛之实火不同；虚火为内伤真阴，真阴既伤，则阳无所附，虚火遂生，仅表现为低热、手足心热等，且多在午后发热；此同实火之热势高，烦渴便秘者不同。实火舌红苔黄，虚火舌红无苔；实火脉弦数有力，虚火脉细数无力，尤以两尺脉不足为肾火特征。阴虚火旺咳血，治以滋阴降火，百合固金汤主之。

脾肺气虚咳血与阴虚火旺咳血：二者皆属虚证，但前者咳血为气不摄血，后者咳血为虚火灼伤肺络。无火者咳血，血量少而色暗淡；有火者咳血，血量多而色鲜红。治疗皆用补法，前者脾肺双补，益气摄血，归脾丸加味；后者滋阴降火，宁络止血。

瘀阻肺络咳血：本证多为咳血病久，络伤血溢，肺内留瘀；或素患停痰伏饮，壅塞于肺，遂致肺内气壅血瘀，瘀阻肺络则络伤，血随痰而咳出，且多见血泡沫样痰。本证与其它各证不同点是：具有瘀血兼症，如唇紫，面色晦滞，目眶黧黑，舌生紫斑，脉弦涩等。方用金水六君煎加活血止血药治疗。

【文献别录】

《灵枢·经脉》："肾足少阴之脉，……是动则病饥不欲食，面如漆柴，咳唾则有血，喝喝而喘"。

《医学六要》："咳血非静养欲绝，不可与治，诸病皆然，此尤当慎者"。

（冷方南）

206. 短　气

【概念】

短气，是指呼吸急促，气不接续之症。

在中医古代文献中，"短气"与"少气"、"气短"三者虽同为气息不足，但又不完全相同。短气可见于多种疾病，有虚实之分。《医宗必读》谓："短气者，呼吸虽急而不能接续，似喘而无痰声，亦不抬肩，但肺壅而不下"。其虚症常兼见形瘦神疲，声低息微，头眩乏力等。实证常兼见胸腹胀满，呼吸声粗，心胸窒闷等。而"少气"或"气短"则属虚症，是指呼吸气短，语言无力。《医宗金鉴·杂病心法要诀》："短气者，气短不能续息也；少气者，气少而不能称形也"。

【鉴别】

常见证候

痰饮中阻短气：短气急促，气不得续，胸脘胀满，咳喘痰涎，呕恶纳差，苔白厚腻，脉弦滑。

气滞血瘀短气：短气胸闷，胁肋胀满，善太息，甚则胸痛及背，每于情绪波动而诱发或加重，舌暗红或紫暗，苔白，脉弦。

心脾两虚短气：短气乏力，神疲懒言，失眠多梦，面白无华，汗出，舌质淡，苔白，脉细而沉。

脾肾两虚短气：短气神疲，声低息微，体质消瘦，畏寒肢冷，大便溏薄，舌质淡，苔白，脉沉细弱。

鉴别分析

痰饮中阻短气与气滞血瘀短气：二者同属实证，由于病邪阻遏气机，升降失常，气逆于上，故见呼吸急促，声高息粗，心胸窒闷等。痰饮中阻短气其患者多为痰湿之体，或嗜食膏粱厚味，生湿化痰，阻遏气机升降，病位在肺，兼有苔腻脉滑一派痰湿之象。治宜化痰降逆，宽胸利膈，方用苏子降气汤加减。而气滞血瘀短气，则病位在肝，乃因肝郁气滞，失于条达，由气及血，血脉不利而致。故见胸胁胀满，善太息，甚则胸痛及背。治宜理气活血，疏肝解郁，方用柴胡疏肝散。

心脾两虚短气与脾肾两虚短气：二者同属虚证，正气不支，气不得续使然。心脾两虚短气病在心脾两脏。心主血脉，脾为营血化生之源，以血亏气少为主要病机。心为君主之官，脾为后天之本，以火不生土，土失健运，而致血虚气弱不能充养心脉，益于宗气。症见短气乏力，神疲懒言，面白无华。治宜养血补气，调理心脾，方用归脾汤。脾肾两虚短气，病在脾肾。脾为后天之本，主水谷精微之气，肾为先天之本，主纳气，为元气之根。先天不足，后天失养，则元气亏虚，阴阳不足，故见短气神疲，声低息微，体质消瘦等虚衰表现。治宜补益脾肾，充养气血，方用补中益气汤合金匮肾气丸加减等。

【文献别录】

《金匮要略·胸痹心痛短气病脉证并治》："平人无寒热，短气不足以息者，实也"。

《诸病源候论·短气候》："平人无寒热，短气不足以息者体实，实则气盛，盛则气逆不通故短气。又肺虚则气少不足，亦令短气，则其人气微，常如少气不足以呼吸"。

（徐贵成）

207. 气　喘

【概念】

气喘，简称喘，是以呼吸急促为特征的一个症状，严重时甚至张口抬肩，鼻翼煽动，不能平卧。常见于多种急慢性病证之过程中。

气喘在历代医籍中名称很多。如《素问》中称"喘息"、"喘逆"；《金匮要略》中称"上气"；《诸病源候论》中又称为"逆气"；《景岳全书》中则为"喘促"。

在金元以前的医学文献中喘与哮二症无严格区别，常混为一谈。但二者在病因、病机及临床表现上均有不同，故应予区分。哮有宿根，表现为发作性的痰鸣气喘，以呼吸急促，喉间哮鸣为特征；而喘则多并发于多种急慢性病证之中，虽呼吸急促，而喉间并无哮鸣声。《医学正传·哮喘》谓："大抵哮以声响名，喘以气息言。夫喘促喉中如水鸡声者，谓之哮；气促而连属不能以息者，谓之喘。"可见哮必兼喘，而喘未必兼哮。

【鉴别】

常见证候

风寒闭肺气喘：喘急胸闷，伴有咳嗽，咯痰清稀色白，初起多兼见恶寒发热，无汗，头身疼痛，口不渴，舌苔薄白，脉象浮紧。

风热犯肺气喘：喘急烦闷，伴有咳嗽，咯痰黄稠，或见发热，汗出恶风，口渴，胸痛，舌苔薄白或薄黄，脉象浮数。

表寒里热气喘：喘急胸闷，发热恶寒，头身疼痛，心烦口渴，痰稠不爽，舌苔黄白相兼，脉象浮数。

痰浊阻肺气喘：喘促气粗，痰声漉漉，伴有咳嗽痰稠，咯痰不爽，胸中窒闷，或见恶心纳呆，舌苔白腻，脉滑。

气郁伤肺气喘：喘促胸闷，咽喉如梗，胸胁胀痛，伴有精神抑郁，急躁易怒，失眠心悸，舌苔薄白，脉弦。

肺气阴两虚气喘：喘促气短，动则加重，语声低弱，自汗恶风，容易感冒，口干面红，舌质淡红，脉弱。

肾不纳气气喘：喘促日久，气息短促，呼多吸少，动则尤甚，伴有腰膝痠软，面青肢冷，舌质淡，脉沉细。

肾虚痰阻气喘：喘咳短气，呼多吸少，痰多胸闷，伴有腰痠肢冷，小便频数，舌苔白腻，脉沉细无力。

阳虚水泛气喘：喘咳气急，不能平卧，伴有心悸畏寒，腰痠肢冷，尿少水肿，舌质胖淡，苔白滑，脉象沉细。

鉴别分析

风寒闭肺气喘与风热犯肺气喘：此二证皆由外邪侵袭，均有表证可见。但风寒闭肺气喘乃由于风寒之邪侵袭皮毛，内合于肺，肺失宣降，水津不能通调输布，故见喘咳胸闷，咯痰清稀；风寒外束，肺卫郁闭，故有风寒表证。而风热犯肺气喘是由于风热之邪侵袭皮毛，内合于肺，热盛气壅，肺失宣降，热盛伤津，炼液成痰，痰热交阻所致，故见喘咳烦闷，咯痰黄稠，口渴胸痛；风热郁蒸肌表，腠理疏泄，故见风热表证。所以此二证当以痰的性状和外证表现为鉴别要点。风寒闭肺气喘，其痰清稀，兼有恶寒发热，无汗，头身疼痛，脉浮紧等表寒证；风热犯肺气喘，其痰黄稠，兼有发热，微恶风寒，汗出，脉浮数等表热证。风寒闭肺气喘治宜辛温解表，宣肺平喘，可用华盖散化裁。风热犯肺气喘治宜清热解表，宣肺平喘，方选麻杏石甘汤加味。

表寒里热气喘：由于表寒未解，肺有郁热所致，既有风寒闭肺之证候，又有心烦口渴，痰稠不爽之里热表现。治宜辛温解表，宣肺平喘，清解里热，方选华盖散加石膏、黄芩之类。

痰浊阻肺气喘与气郁伤肺气喘：此二证与风寒闭肺、风热犯肺、表寒里热三证气喘均为实证，但此二证无表证表现，故易与以上三个有表证的气喘证证相鉴别。痰浊阻肺气喘乃由于肺失输布，聚津成痰，或脾失健运，湿聚成痰，痰浊壅肺所致。其临床特点是痰多而粘，治宜祛痰降气平喘，方选三子养亲汤合二陈汤加减。气郁伤肺气喘为肝失疏泄，肝气上冲犯肺，升多降少所致。其特点是伴有咽喉如梗，胸胁胀痛等肝气郁结的表现及精神抑郁，急躁易怒等症状。宜以疏肝解郁，降气平喘为治，五磨饮子主之。

肺气阴两虚气喘与肾不纳气气喘：肺为气之主，肾为气之根，肺、肾两脏的虚弱均可出现气喘。此二证共同表现为喘促日久，动则喘息更甚，但二者又有不同：肺气阴两虚气喘乃由于气阴两伤所致，气失所立，卫外不固，所以出现语声低弱，自汗恶风，容易感冒；肺阴不足，故见口干面红。临床所见肺虚之气喘，虽多为气阴两虚，但又常以肺气虚为主，或以肺阴虚为主之别。肾不纳气气喘为肾阳不足，摄纳失司，气不归元所致，故呼多吸少，并伴有腰膝痠软，面青肢冷等肾阳不足之证。二证之鉴别在于肺气阴两虚气喘，为单纯肺虚的表现，而肾不纳气气喘，则具有肾阳不足之表现。肺气阴两虚气喘，治宜益肺定喘，可予生脉散加味。肾不纳气之气喘，治宜补肾纳气，可选用人参胡桃汤、黑锡丹等方。

肾虚痰阻气喘与阳虚水泛气喘：此二证均为虚实错杂之证，都有腰痠肢冷等肾阳不足的表现。临床表现不同之处，在于肾虚痰阻气喘兼有痰涎壅盛的症状，其病机为痰涎壅盛于上，肾气亏损于下。而阳虚水泛气喘兼有心悸，尿少，浮肿等表现，其病机为肾阳不足，水不化气，上凌心肺。肾虚痰阻气喘，治宜降逆化痰，温肾纳气，以苏子降气汤加减。阳虚水泛气喘，治宜温阳化水，方选真武汤化裁。

气喘之临床辨证，首先在于鉴别虚实。《景岳全书·喘促》谓："气喘之病，最为危候，治失其要，鲜不误人，欲辨之者，亦惟二证而已。所谓二证者，一曰实喘，一曰虚喘也"。明确指出了气喘辨别虚实之重要。实喘的共同特点是病势急，呼吸深长有余，呼出为快，气粗声高，脉数有力。虚喘的共同特点是病势缓，呼吸短促难续，深吸为快，动则喘息更甚，气怯声低，脉微弱或浮大无力。《临证指南医案·喘》云："在肺为实，在肾为虚。"所以实喘之治疗，以祛邪利气为治则，重点在肺。虚喘之治疗，以培补摄纳为治则，重点在肾。至于虚实错杂之证，则当辨别标本缓急，权衡主次，辨证论治。

【文献别录】

《圣济总录·伤寒门》："论曰伤寒喘，其证不一。有邪气在表，表未解无汗而喘者；有邪气在里，汗出不恶寒，腹满而喘者。有潮热者。有心下有水而喘者。古人治之，亦各求其本。故在表者当汗，在里者宜下，至于心下有水而喘，则又当利其小便也。"

《症因脉治·喘症论》："诸经皆令人喘，而多在肺胃二家。喘而咳逆嗽痰者，肺也；喘而呕吐者，胃也"。

《症因脉治·外感喘》："暑湿喘逆之症，烦闷口渴，喘息气粗，多言身重，汗出身仍热，此暑湿之喘症也"。

《症因脉治·内伤喘》："食积喘逆之症，胸满，胃痛腹痛，恶食饱闷，大便或结或溏，上气喘逆，喘呕嗳气，此食积喘逆症也"。

《景岳全书·喘促》："关格之证为喘者，……其病必虚里跳动而气喘不已。此之喘状多无咳嗽，但觉胸膈舂舂，似胀非胀，似短非短，微劳则喘甚，多言亦喘甚，甚至通身振振，慌张不宁，此必情欲伤阴，以致元气无根，孤阳离剧候也"。

（季绍良）

208. 哮　鸣

【概念】

哮鸣是以呼吸急促，喉中哮鸣如哨鸣音为特征的一个临床常见症状。因为哮必兼喘，所以一般也称为哮喘。

在历代医籍中，哮鸣的名称很多，《素问》中称为"喘鸣"；《金匮要略》云"喉中水鸡声"；《诸病源候论》则名为"呷嗽"；直至元朱丹溪才明确称之为"哮"；以后则有哮喘、哮吼、吼喘等名。

虽然哮鸣必兼喘，但喘未必兼哮，故哮与喘仍应区分。

【鉴别】

常见证候

寒痰阻肺哮鸣：属冷哮范畴，遇寒而发，常表现为呼吸急促，喉中哮鸣，胸膈满闷，痰白而粘，或清稀多沫，面色晦滞而青，口不渴，或渴喜热饮，舌苔白滑，脉象浮紧，或兼见恶寒，发热，无汗，头身疼痛等表证。

热痰阻肺哮鸣：属热哮范畴，遇热而发，其主要临床表现有呼吸急促，喉中哮鸣，声高气粗，烦闷不安，痰黄稠粘，咳吐不爽，面红自汗，口渴欲饮，舌质红，苔黄腻，脉滑数，或兼见发热，微恶风寒，头痛等表证。

寒热错杂哮鸣：表现为呼吸急促，喉中哮鸣，痰黄稠粘，或白粘难咯，胸闷心烦，兼见恶寒发热，无汗，头身疼痛，舌苔黄白，脉浮紧而数。

阳虚痰阻哮鸣：亦属冷哮范畴，表现为呼吸急促，喉中哮鸣，气短难续，动则尤甚，面白汗出，形寒肢冷，舌质淡白胖嫩，或淡紫，脉沉弱无力。

阴虚痰阻哮鸣：亦属热哮范畴，主要表现为呼吸急促，喉中哮鸣，痰粘而少，形瘦咽干，虚烦盗汗，舌红少津，舌苔薄黄，脉象细数。

鉴别分析

寒痰阻肺哮鸣与热痰阻肺哮鸣：此二证在哮鸣中最为常见。《证治汇补·哮病》谓："哮为痰喘之久而常发者，因内有壅塞之气，外有非时之感，膈有胶固之痰，三者相合，闭拒气道，搏击有声，发为哮病。""膈有胶固之痰"为此二证候之共同病机，但其痰的性质一寒一热，迥然不同。寒痰阻肺哮鸣，其痰色白而粘，或清稀多沫，而热痰阻肺哮鸣，其痰色黄稠粘，咳吐不爽。其次从全身症状来鉴别，寒痰阻肺哮鸣出现面色晦滞而青，口不渴，或渴喜热饮等寒象，兼表证以恶寒为主。而热痰阻肺哮鸣出现面红自汗，口渴欲饮，舌红苔黄等热象，兼表证以发热为主，而微恶风寒。前者治宜温肺散寒，化痰止哮，方选小青龙汤化裁。后者治宜宣肺清热，化痰止哮，可用越婢加半夏汤加减。

寒热错杂哮鸣：此证由热痰伏肺，或寒痰郁而化热，内伏于肺，风寒之邪外束于表所致，俗称："寒包火"。内有痰黄稠粘，或痰白粘难咯，胸中烦热之痰热证，外有恶寒发热，无汗，头身疼痛之表寒证，即表寒里热证。宜以散寒清热，宣肺化痰为治，可予定喘汤加减。

阳虚痰阻哮鸣与阴虚痰阻哮鸣：此二证均为虚中挟实，鉴别应以全身症状为重点。前者多见面白汗出，形寒肢冷，口淡不渴，气短难续，动则尤甚，尿清便溏，舌质淡白胖嫩，或淡紫，脉沉弱无力等阳虚内寒之证。后者多见形瘦咽干，潮热盗汗，五心烦热，午后颧红，舌红少津，脉象细数等阴虚之证。阳虚者痰多色白清稀，阴虚者痰多色黄稠粘。前者治宜温阳益气，佐以降气化痰，以金匮肾气丸合三子养亲汤加减。后者治宜养阴清热，降气化痰，方选麦门冬汤加味。

寒痰阻肺哮鸣与阳虚痰阻哮鸣：二者咯痰均见色白清稀，全身有明显寒象，但一为实寒，一为虚寒，必须加以区别。寒痰阻肺哮鸣，无明显的气虚表现，而阳虚痰阻哮鸣，则有气短难续，倦怠乏力，自汗，动则诸症加重，舌质淡胖，脉沉弱无力等气虚的表现。

热痰阻肺哮鸣与阴虚痰阻哮鸣：二者咯痰均见色黄粘稠，全身有明显热象，但一为实热，一为虚热，需要辨别。热痰阻肺哮鸣，无明显的阴血不足的表现，而阴虚痰阻哮鸣，则有形瘦咽干,潮热盗汗，五心烦热，颧红，舌红少津，脉象细数等阴虚内热之征。

哮鸣发作后正气必虚，故哮鸣缓解应予扶正。可从脾、肾二脏着手调治，根据"脾为后天之本""肾为先天之本"的理论，予以健脾、补肾，并兼顾宣肺。此外，还应注意饮食起居等方面的调理，从而减少发作，以冀根治。

【文献别录】

《古今医鉴·哮吼》："夫哮吼，专主于痰，宜用吐法，亦有虚不可吐者，此疾寒包热也。治法必用薄滋味，不可纯用寒凉，须常带表散。"

《医碥·喘哮》："食味酸咸太过，渗透气管，痰入结聚，一遇风寒，气郁痰壅即发，其发每在冬春"。

《类证治裁·哮症》："大率新病多实，久病多虚，喉如鼾声者虚，如水鸡者实。遇风寒而发者为冷哮，为实。伤暑热而发者为热哮，为虚。其盐哮、酒哮、糖哮皆虚哮也"。

（季绍良）

209. 胸　痛

【概念】

胸痛是指心、胸部疼痛为主的症状。临床涉及的范围相当广泛，多种病证诸如胸痹、心痛、真心痛、厥心痛、痰饮、肺痈、肺痨以及急性热病均可发生胸痛症状，有的以胸痛为其主要临床见症(如胸痹、心痛等)。按部位区分，一般认为胸属上焦，心肺二脏居于胸中，故胸痛为上焦心肺疾病的表现之一，因其多见于心脏病证，所以胸痛有时又是心痛的同义词。但胸与胃脘邻近(胸下即上脘)，在历代医籍中往往把心痛与胃脘痛混称为心痛，如《备急千金要方》所谓九种心痛(曰虫、曰注、曰气、曰悸、曰食、曰饮、曰冷、曰热、曰去来心痛)，主要是胃脘痛，这样胸痛、心痛、胃脘痛三者就混淆不清。其实胸痛可以包括心痛，即心痛是胸痛症状中的一种。胃脘痛与胸痛、心痛不能混称，诚如《临证指南医案·心痛》所云："情况似一，而症实有别……心痛与胃痛不得不各分一门"。

本文主要论述以胸痛为主要临床表现的证候，若因咳嗽，咯血等所致的胸痛，可参见有关章节。

【鉴别】

常见证候

心气亏虚胸痛：胸痛隐隐，时轻时重，时作时休，胸闷不舒，心悸，短气，自汗，倦怠，活动后加重，面色㿠白，舌质淡，脉细或虚大无力。

寒凝气滞胸痛：胸痛胀闷，疼痛时轻时重，甚至胸痛彻背，掣及左肩、臂部作痛。症状重者可有面色苍白，自汗，畏寒，四肢清冷，或厥逆，舌淡润或胖大而有齿痕，脉沉迟或结代。

心血瘀阻胸痛：胸痛剧烈，多为刺痛，固定不移，甚者突然发作，痛如刀割，冷汗自出，心悸怔忡，慌恐不宁，缓解后体倦神疲，精神萎靡，舌青紫晦暗或有瘀斑，脉沉细或涩，或结代。

气阴两虚胸痛：胸膺隐痛，绵绵不休，时轻时重，心悸不宁，失眠多梦，自汗、短气或气喘，活动后尤为明显，自觉发热，小便黄赤，舌干少津，舌红少苔，脉细或数而无力，或结代。

痰浊阻滞胸痛：胸痛，咳嗽痰多，或咳清稀痰涎，或咳痰稠粘，短气或气喘，甚者彻背而痛，不能平卧，舌苔白润或滑，脉滑。

热壅血瘀胸痛：胸痛隐隐，咳吐黄痰，或脓血，气味腥臭，口渴而不欲饮，或烦满，汗出，乍寒乍热，舌红，脉滑或滑数。

鉴别分析

心气亏虚胸痛、寒凝气滞胸痛与心血瘀阻胸痛：一为心气不足，一为心阳虚衰，一为瘀血阻络所致，前二者为虚证，而后者乃正虚邪实之证。盖心血瘀阻，可因心气虚弱，无力鼓动心血运行，或因心阳不足，寒凝气滞，致使血涩不通而成。故心气亏虚胸

— 287 —

痛、寒凝气滞胸痛均可兼见瘀血表现。所以气虚、阳虚、瘀血三者引起的胸痛，临床上往往交错互见。以心气虚弱为主的临床可见心悸，气短，自汗，舌淡，脉细等表现，其胸痛程度不剧，呈隐隐作痛，乃三证中之较轻者，治宜补益心气，方用保元汤加减。若兼血虚可加当归、阿胶，若兼瘀血可加川芎、赤芍。以寒凝气滞为主的胸痛其疼痛程度较剧，且觉胸部满闷，甚者胸痛彻背，由于胸阳不振，阳虚寒凝，气机痹阻所致。《金匮要略·胸痹心痛短气病脉证治》所谓："阳微阴弦，即胸痹而痛，所以然者，责其极虚也"，即指此证。临床可见面色㿠白，自汗，畏寒，肢冷，舌淡，脉迟等心阳虚弱的表现，治宜温通心阳，方用宽胸丸，或赤石脂丸。严重者阳虚欲脱，胸痛如割，冷汗淋漓，四肢厥逆，脉微欲绝，即《灵枢·厥论》所谓："真心痛，手足青至节，心痛甚，旦发夕死，夕发旦死"。急当回阳救逆，方用参附汤，或参附龙牡汤。以心血瘀阻为主的胸痛其疼痛性质为刺痛，且固定不移，临床可见舌紫暗或有瘀斑、脉迟涩等瘀血表现，治宜活血化瘀，方用血府逐瘀汤合失笑散加减。

痰浊阻滞胸痛与心血瘀阻胸痛：二者均为正虚邪实证，正虚乃心气之不足，或胸阳之不振，邪实乃痰浊或瘀血遏阻脉络，《素问·痹论》所谓："心痹者，脉不通"，不通则痛。痰浊为患，除胸痛而外，并兼见咳嗽，气喘，痰多，舌苔白润，脉滑等湿痰内盛的表现，与心血瘀阻胸痛的刺痛，痛处固定，舌紫，脉涩等症自易鉴别。治宜化痰通阳，方用栝蒌薤白半夏汤、枳实薤白桂枝汤。临床也有痰瘀交阻而致的胸痛，其治疗如《柳选四家医案》所记载的用栝蒌薤白半夏汤祛其痰浊，加桃仁、红花、蒲黄、瓦楞子等化其瘀血，亦即心胃同治的方法。

气阴两虚胸痛与心气亏虚胸痛：二者均为虚证。虽同见胸痛，心悸，短气，自汗等气虚症状，但后者仅心气不足，而前者为心气、心阴俱虚，故有口干少津，小便黄赤，舌红少苔，脉细数无力等阴虚的表现。治宜益气养阴，方用生脉散，炙甘草汤加减。

热壅血瘀胸痛：由于热毒伤肺、肉腐为脓而成，故除胸痛之外，必见咳吐稠痰脓血，其味腥臭，及胸中烦热，口燥咽干，舌红，脉滑数等热毒内蕴的症状，治宜清热解毒排脓，方用千金苇茎汤加银花、连翘、鱼腥草等，或用肺炎二丸加减。若病久伤阴，多兼盗汗，骨蒸，五心烦热等阴虚内热症状，治疗须配以甘寒养阴之品，如麦冬、南沙参等。若热伤血络，咯血量多，则配以止血药物，如白芨、三七等。

胸痛是临床可出现于多种病证的常见症状，有虚证，有实证，有正虚邪实证。虚证可因心气不足，心阳不振，气阴两虚所致。心血瘀阻胸痛多为本虚标实之证。而热壅血瘀胸痛初得之可为实证，久病则正虚邪实。若跌扑损伤所致瘀血胸痛，则为实证，宜活血祛瘀，方用桃仁四物汤合鸡鸣散加减。

【文献别录】

《症因脉治·胸痛》："内伤胸痛之因，七情六欲，动其心火，刑其肺金，或怫郁气逆，伤其肺道，则痰凝气结，或过饮辛热，伤其上焦，则血积于内，而闷闭胸痛矣"。

《证治准绳·胸痛》："胸痛连胁，胁支满，膺背肩胛两臂内亦痛，……其脉若洪数，宜用降火凉剂；胸痛引背，两胁满且痛引少腹……是为金邪伤肝，宜用补肝之剂；胸中痛连大腹小腹亦痛者，为肾虚，宜先取其经少阴太阳血，后用补肾之药；胸连胁肋髀膝外皆痛，为胆足少阳木所生病，详盛虚热寒陷下取之"。

（马素琴　王承德）

210. 胸　　闷

【概念】

胸闷，是指自觉胸中堵塞不畅、满闷不舒。又称胸痞、胸满、胸中痞满。

胸闷、胸满是指症状言。胸痞是指病机言，"痞者与否同，不通泰"（《丹溪心法》）之意。由于造成胸中痞满不通的原因很多，故胸闷一症可出现于多种病证之中。

临床所见胸闷也可兼有胸胀或胸痛，则称胸胀闷或胸闷痛。由于胸闷、胸胀、胸痛的原因和病机大体相似，故可同时出现于同一病证的不同发展阶段。三者比较，一般胸闷轻，胸胀重，胸痛则更重。

由于古代医籍往往将胸与胃脘部混称为心，故胸痞与心下（胃脘）痞也易混淆，应予鉴别（可参见心下痞条）。闷、痞与胀三者之间，闷、痞很少兼痛，而胀往往多兼疼痛。

【鉴别】

常见证候

风寒束肺胸闷：发热，恶寒，头痛，身疼，咳嗽或喘，胸闷不舒，舌苔白，脉浮或紧。若素有伏饮于肺，复感寒邪于外，则咳喘明显，胸闷憋气，烦躁，甚至倚息不得安卧。

邪热壅肺胸闷：发热重，微恶寒或不恶寒，口渴欲饮，上气咳逆，咳吐黄痰，喘鸣迫塞，胸闷憋气，或溲赤便干，舌红苔黄，脉数有力。

热壅血瘀胸闷：胸闷多兼胸中隐隐作痛，发热，咳嗽，吐痰黄浊腥臭，或吐脓血，咽干，口燥，不渴，舌红苔黄，脉数或滑。

心血瘀阻胸闷：胸闷憋气，以夜间为甚，或伴有胸痛隐隐，或痛引肩臂，心悸，或短气，舌紫暗或有瘀血斑点，脉细涩或结代。

肝气郁滞胸闷：胸闷不舒，常太息以呼出为快，伴有胁痛，头目眩晕，口苦，咽干，或寒热往来，急躁易怒，妇女月经不调，薄黄苔，脉弦细。

鉴别分析

风寒束肺胸闷：除胸闷不舒外，必兼发热，恶寒，脉浮紧的表寒证症状，治当辛温发散，方用麻黄汤等加减。若内有伏饮，外受风寒者，除表证外，其咳喘必甚，且痰多色白，或泡沫样痰，甚至烦躁，倚息不得卧，治以散邪蠲饮，止咳平喘，方用小青龙加石膏汤加减。

邪热壅肺胸闷：多由外感风热未解，邪热入里，壅遏肺脏所致，故见高热，烦渴，胸闷，喘急，舌红，苔黄，脉数有力等里实热证表现，治当清泄里热，方用麻杏石甘汤加减。

热壅血瘀胸闷：胸闷而痛，咳吐腥臭黄痰或吐脓血，口燥，苔黄，脉滑数等肺热壅盛血瘀成脓表现，治当清肺解毒排脓，方用千金苇茎汤加减。

心血瘀阻胸闷：心脉瘀血痹阻不通，即《内经》所谓"心痹者，脉不通"，必胸闷且岐骨后闷胀而痛，有仅瘀血而为患者，必有瘀血征象（胸痛，舌有瘀斑等），治当活血逐瘀，方用血府逐瘀汤。

肝气郁滞胸闷：因肝气郁滞不舒所致，胸闷而兼胁痛，太息，头晕目眩，口苦，咽干，性情急躁易怒，妇女月经不调，脉弦细等，均是肝气不舒的临床表现，治当疏肝解郁，方用柴胡疏肝散加减。

胸闷一症，实证多而虚证少。实证或由气滞，或由邪热，或由痰饮，或由瘀血，内阻胸膈而造成。其治疗或疏气滞，或泻实热，或涤痰饮，或祛瘀血，随证施治。

【文献别录】

《临证指南医案·胸痹》："胸痞有暴寒郁结于中者；有寒热互郁者；有气实填胸而痞者；有气衰而成虚痞者；亦有肺胃津液枯涩，因燥而痞者；亦有上焦湿浊弥漫而痞者"。

（马素琴　王承德）

211. 憋　气

【概念】

憋气是指胸中窒塞不通，憋闷不舒，呼吸不畅之症。

"憋气"与"胸闷"常同时并见，均属自觉症状，前者重，后者轻，胸闷不一定有憋气，而憋气必兼胸闷。

【鉴别】

常见证候

肝郁气滞憋气：胸中满闷，窒塞不通，情绪波动时诱发或加重，伴胁肋胀满，善太息，纳差，舌苔白，脉弦。

痰饮壅盛憋气：胸中窒塞不通，或兼胸中疼痛，呼吸不畅，咳嗽，痰多色白，或恶心呕吐，眩晕纳呆，苔白腻，脉弦滑。

心气虚损憋气：胸中憋闷，时轻时重，伴心悸气短，遇劳加重，自汗出，面色㿠白，舌淡苔白，脉沉细。

脾肾阳虚憋气：胸中憋闷，心悸气短，夜半易发，必令坐起，活动稍舒，四肢不温或下肢浮肿，舌淡暗，苔白，脉弦细而沉。

鉴别分析

肝郁气滞憋气：《素问·灵兰秘典论》："肝者将军之官，谋虑出焉"。肝为刚脏，体阴而用阳，性喜条达，最恶抑郁。稍有情志不遂，忧思恼怒，致肝气郁结不畅，失于条达之性，经气不利，胸胁为肝脉之分野，肝郁气滞必会出现胸闷憋气，窒塞不通之感，且善太息以求气滞得舒。其辨证要点是，有情志郁怒史，胸胁胀满，憋闷不舒，善太息，脉弦有力。治以疏肝理气为法，方用柴胡疏肝散。

痰饮壅盛憋气：脾为生痰之源，肺为贮痰之器。或脾失健运，湿聚成痰，或肺失宣降，聚津为痰，皆乃痰饮为患，以标实为主。阻遏胸中，气失升降，而见憋气胸闷，咳嗽白痰。急则治标，以祛痰化饮，宣痹散结为法，当以温药和之，以二陈汤合葶苈大枣泻肺汤加减。

心气虚损憋气："心者，君主之官"，心主血脉，又主神明。或因久病卧床，或大汗大下，损伤心气，或体弱多病，心虚气怯，而致心气虚损，血运无力。病之过久，由气及血，而成气虚血瘀之象。胸部憋闷，时轻时重，"劳则气耗"，过劳则心气更虚，故此遇劳加重。以虚证为主，治以补益心气为法，方用四君子汤合柏子养心丸加减。

脾肾阳虚憋气：本症与心气虚损憋气病因大致相同，皆属虚证。由心及脾，由脾及肾，脾肾阳虚，水饮内停，上凌于心，而致胸闷憋气，心悸。夜半属阴，伤阳尤甚，则夜半时分易发，强迫坐起。若稍事活动则阳气动，阴气散，而病情稍缓。治宜益气温阳，化饮利水，方用保元汤合真武汤加减。

【文献别录】

《杂病源流犀烛·胸膈脊背乳病源流》："胸者，肝之分，肺心脾肝胆肾心包七经脉俱至胸，然诸经虽能令胸满气短，而不能使之痛，惟肝独令胸痛，故属肝病"。"大约胸满不痛者为痞，满而痛者为结胸。治法虽始终略同，自有重轻之异"。

（徐贵成）

212. 心 中 懊 侬

【概念】

懊侬即自觉心中烦热、闷乱不安的症状，由于病位在胸膈心窝间，故称心中懊侬。

《素问·六元正纪大论》云："火郁之发……甚则瞀闷懊侬"。《伤寒论》称："心中懊侬"。《证治准绳·伤寒》列"懊侬"专篇论述，后世亦有将此症纳入虚烦中一并阐述者。

懊侬有时与嘈杂并见，但二者有别。前者以心中郁郁不舒为主要表现；后者则指胃脘躁扰不宁，似饥非饥，似痛非痛，得食稍安，少顷复嘈。

【鉴别】

常见证候

热扰胸膈心中懊侬：心中懊侬，烦热不宁，胸中窒塞，胃脘痞满，按之濡软，或呕逆，或少气，舌质红，苔微黄，脉沉数无力。

湿热郁蒸心中懊侬：心烦懊侬，身目发黄，鲜明如橘子色，汗出不彻，食欲不振，恶心欲吐，食后腹胀，小便短赤，舌苔黄腻，脉濡数。

阳明腑实心中懊侬：心中懊侬，烦躁不安，脘腹胀满，腹痛拒按，大便秘结，小便短赤，舌红、苔黄起刺，脉沉实有力。

热实结胸心中懊侬：心下硬满，懊侬不宁，甚则从心中至少腹硬痛拒按，午后微有潮热，口渴，便秘，或项强，或喘息，或但头汗出，苔黄厚，脉沉迟有力或沉紧。

气阴两伤心中懊侬：心胸烦闷不安，少气多汗，咽干呛咳，呕逆烦热，口干喜饮，或虚烦不得眠，舌红少苔，脉数弱无力。

阴虚火旺心中懊侬：心中烦热闷乱，五心烦热，盗汗失寐，两颧红赤，头晕耳鸣，口干咽燥，腰痠腿软，舌红无苔，脉细数。

鉴别分析

热扰胸膈心中懊侬与湿热郁蒸心中懊侬：均属实热之证，但病因病机不同。前者多因太阳病发汗吐下后，外邪传里化热，热扰胸膈，心神不宁，而出现心中懊侬不安。后者则由外邪内侵，郁而不达，中焦受阻，脾失健运，或饮食不节，损伤脾胃，湿郁化热，湿热蕴结，上蒸心胸而致。二者临床表现亦不相同。前者除有无形邪热扰及胸膈的征象外，常兼见气机不畅之象，如胸中窒塞，胃脘痞满，按之柔软。后者由于湿热交蒸，使肝胆疏泄失职，身易发黄，其它如汗出不彻，小便短赤，腹胀呕恶，尤为湿热不解的常见症状。热扰胸膈心中懊恼治宜宣郁清热，方选栀子豉汤，少气者用栀子甘草豉汤，呕逆明显的用栀子生姜豉汤。湿热郁蒸心中懊恼宜清利湿热，方用茵陈蒿汤。

阳明腑实心中懊恼与热实结胸心中懊恼：均有腹痛拒按，大便秘结，潮热，舌红，苔黄等实热症状，二者的区别是：阳明腑实是由于热邪与燥屎内结，燥热之气挟浊上冲所致，故懊恼兼见腹满不大便，日晡潮热，苔黄燥起芒刺。热实结胸乃由外邪入里，或表邪不解，误用攻下，致使邪热内陷，与宿聚之水饮互结而成，故除懊恼外兼见心下至少腹硬满疼痛，手不可近，或颈项强，但头汗出等症状，虽有便秘，但燥结较轻。前者治宜峻下通腑，大承气汤主之；后者当泻热逐水破结，大陷胸汤主之。

气阴两伤心中懊恼与阴虚火旺心中懊恼：两者均为虚证。气阴两伤多见于热病之后或余热未清而气液已伤，所以既有余热内恋之心胸烦闷不安，舌红、脉数等症，又有气阴两伤之少气多汗，咽干呛咳，口干喜饮等症。阴虚火旺为素体阴液不足，或思虑过度，气郁化火，或罹受外邪，入里化热，遂成阴虚火旺证。心烦闷乱为虚火上扰所致，与气阴两伤的心中懊恼在病机方面有相通之处。但五心烦热，盗汗，颧赤，舌红无苔，时时燥热等为阴虚火旺证的特点。前者治宜益气养阴，兼清余热竹叶石膏汤主之；后者治宜滋阴降火，知柏地黄汤主之。

总之，心中懊恼属于自觉症状，多由邪热内陷，郁而不发，结于胸膈，留于胃腑，或正虚邪恋，虚火上炎所致。临证首先要辨别虚实。大凡实证多由感受外邪，正邪相搏而成；虚证则多见于大病之后，将息失宜，或情志不节，或素体阴虚，复受外邪等使然。治疗上亦须权衡虚实，分清标本，做到攻补得宜。

【文献别录】

《医学纲目·论虚烦》："烦热怔忡，知热在心肺也，故用竹叶石膏辰砂镇坠其热，使下也。烦而下痢，知热在上也，故用栀豉汤吐之。烦而汗出不解，知表里有邪也，故用表里饮汤。脉沉口渴，手心热，知热不在表也，故用妙香丸下之。温胆酸枣，治不得眠"。

（范隆昌　马素琴）

213. 心　悸

【概念】

心悸，乃心动悸不宁，俗称心跳。《伤寒明理论·悸》载："悸者心忪是也，筑筑惕惕然动，怔怔忪忪不能自安者是矣"。

心悸，一般分惊悸和怔忡两种。前者多因惊恐、恼怒所诱发，全身情况较好，病情较轻；后者并不因受惊，而自觉心悸不安，全身情况较差，病情较重。《医学正传·怔忡惊悸健忘证》曰："夫所谓怔忡者，心中惕惕然动摇而不得安静，无时而作者是也。惊悸者，蓦然而跳跃惊动而有欲厥之状，有时而作者是也。"

【鉴别】

常见证候

心气虚心悸：心悸不宁，面色㿠白，胸满少气，神疲乏力，口唇淡白，手足不温，善欠或太息，自汗懒言，脉弱无力。

心阳虚心悸：心悸气短，少气无力，声低息短，胸中痞闷，入夜为甚，畏寒喜温，甚则肢厥，小便清长，大便不实，舌质淡，苔白湿润，脉沉微，或沉缓。

心阴虚心悸：心悸烦躁，头晕目眩，颧红耳鸣，口干咽痒，失眠多梦，低热盗汗，舌质红，少苔或光剥，脉细数。

心血虚心悸：心悸怔忡，面色不华，心烦不寐，手足乏力，精神不振，唇淡爪白，舌质淡，苔白薄，脉细而弱。

惊恐伤神心悸：心悸善惊，惕而不安，多梦易醒，面色苍白或青紫，舌质淡红，苔薄白，脉小数。

心血瘀阻心悸：胸闷心悸，短气，心痛如刺，重则痛引肩臂，面唇紫暗，四肢逆冷，口干咽燥，舌质青，或见瘀点，或紫绛，苔白或黄，脉涩结代。

痰火扰心心悸：心悸烦躁，口舌糜烂疼痛，口苦咽干，吐痰色黄，头晕失眠，或吐血、衄血，便秘溲赤。舌尖红，舌苔黄或黄腻，脉滑数，或弦数。

水气凌心心悸：心悸胸满，头目眩晕，小便短涩，舌质淡，苔水滑，脉沉弦。

鉴别分析

心气虚心悸与心阳虚心悸：两者同属心虚证，病因大致相同。一般多由老年脏气衰弱，或因久病不复，或因过汗、过下损伤气血而成。二者共同症状为：心悸，短气，自汗，活动或劳累加重。其辨证要点：心气虚心悸之主要脉症，除上述共同症状外，兼见面色㿠白，体倦乏力，舌质淡，舌体胖嫩，苔白，脉虚；心阳虚心悸之主要脉证，除上述共同症状外，兼见形寒肢冷，心胸憋闷，面色苍白，舌质淡或紫暗，脉微弱或结代。治法：前者宜养心益气兼安神定志，方用琥珀养心丹或养心汤；后者宜温补心阳，方用桂枝甘草龙骨牡蛎汤。

心阴虚心悸与心血虚心悸：两者亦同属心虚证，病因亦大致相同。一般由于阴血化生之源不足，或继发于失血之后（如产后失血过多，崩漏，外伤出血等），亦可由于过度劳神，以致营血亏虚，阴精暗耗所引起。二者的共同症状是心悸，心烦，易惊，失眠，健忘。其辨证要点：心阴虚心悸除上述症状外，兼见低热，盗汗，五心烦热，口干，舌红少津，脉细数；心血虚心悸除上述症状外，兼见眩晕，面色不华，唇舌色淡，脉细弱。治法：前者宜滋阴降火，宁心安神，方用定心汤或补元益阴汤；后者宜养心益血，安神定志，方用归脾汤或河车大造丸。

惊恐伤神心悸：此证主要由于突然惊恐，"惊则气乱"以致心神不能自主，坐卧不安而生心悸；又"恐则气下"即所谓恐伤肾，精气虚怯，以致心悸不宁。治宜镇惊安神，补心扶虚，方用桂枝去芍药加蜀漆龙骨牡蛎救逆汤。

心血瘀阻心悸：其因多由心气虚或心阳虚，血运无力所致。或七情过激，劳累受寒，以致血脉阻滞而形成心血瘀阻。其辨证要点为心悸，伴有胸胁刺痛或闷痛，并常引臂内侧疼痛，尤以左臂痛为多见，一般痛势较剧，时作时止，重者并有面唇青紫，四肢逆冷，舌质黯红或见紫色斑点，苔少，脉微细或涩。治宜行气活血，化瘀通络，方用血府逐瘀汤或冠心Ⅱ号。

痰火扰心心悸：其因多见于情志之火内发，或六淫化火内郁，或因过食辛辣，过服温补药物所致。其辨证要点为心烦而悸，急躁失眠，口舌糜烂，或舌强难言，舌红苔腻，脉数滑。治宜清热豁痰，宁心安神，方用温胆汤或加味定志丸。

水气凌心心悸：此证多由心阳虚而水饮上泛所致。其证可分为二：一是心阳虚，加之脾肺气虚，不能布散津液，留而为饮，或水气上冲。其辨证要点为心下逆满，气上冲胸，心悸气短，头目眩晕，胸中发闷，咳嗽，咯吐稀白痰，舌苔水滑，脉沉弦。治宜通阳化饮，方用苓桂术甘汤加减。另一是心阳虚，又加肾阳之虚，下焦水寒无所制伏，形成水邪上泛，其辨证要点为头眩心悸，伴有小便不利，筋惕肉瞤等证，脉沉，舌质淡，苔白滑，或见肩背痠凝，或见腹痛下利，或见肢体浮肿。治宜温阳散寒、利水消阴，方用真武汤加减。

心悸辨证，首先应注意辨别虚实。一般以虚证为主，实证则少见，但常因内虚而复加外因诱发，出现虚实并见之证。治疗一般多以补虚为主，祛邪为辅。虚证以益气、养血、滋阴、温阳为主，并可酌加宁心安神之药；实证则以清火化痰，行瘀镇惊为主。虚实兼夹者，当分清主次缓急，予以辨治。

【文献别录】

《证治汇补》："人之所主者心，心之所养者血。心血一虚，神气失守，神去则舍空，舍空则郁而停痰，痰居心位，此惊悸之所以肇端也。""有停饮水气乘心者，则胸中漉漉有声，虚气流动；水既上乘，心火恶之，故筑筑跳动，使人有怏怏之状，其脉偏弦。""有阳气内虚，心下空豁，状若惊悸，右脉大而无力者是也。""有阴气内虚，虚火妄动，心悸体瘦，五心烦热，面赤唇燥，左脉微弱，或虚大无力者是也"。

《张氏医通·悸》："悸即怔忡之谓。心下惕惕然跳，筑筑然动，怔怔忡忡，本无所惊，自心动而不宁，即所谓悸也。"

（李文瑞）

214. 心 下 悸

【概念】

心下悸是指心下胃脘部惕惕然跳动而言。

考《内经》无心下悸之名，但《素问·痹论》有"心痹者，脉不通，烦则心下鼓"句。《黄帝素问直解》云："鼓，犹动也。"可见"心下鼓"含有心下悸动之义，心下悸的记载，首见于《伤寒杂病论》，并设有"惊悸"专篇。《诸病源候论》中则有"伤寒悸候"，着重论述了《伤寒杂病论》中的"心下悸"症。成无已在《伤寒明理论》中，将"悸"列为专条论述。《证治准绳》云："悸即怔忡"。此后，历代医家把悸（包括心下悸）列于"惊悸"、"怔忡"病门中讨论。但心下悸的阐述仍未超出《伤寒杂病论》的范畴。

心下悸、心悸、脐下悸发作部位不同。本文所述心下悸，心下是指胃脘部。其它部位的悸动可参见有关各条论述。

【鉴别】

常见证候

水气凌心心下悸：心下经常跳动，多饮则甚，畏寒肢冷，头眩，呕吐，小便不利，脉弱滑，舌体胖大，苔滑白润。

心阳虚心下悸：心下悸动不宁，心胸憋闷，畏寒，肢冷，面色㿠白，或下肢浮肿，舌质淡红，脉结代。

阴虚火旺心下悸：心下悸动，时发时止，伴有五心烦热，两颧潮红，口燥咽干，脉细数，舌质红，苔少。

痰火扰神心下悸：心下悸动烦乱，易惊，口苦，失眠多梦，或呕吐痰涎，脉滑数，舌质红，苔黄腻。

鉴别分析

水气凌心心下悸与心阳虚心下悸：两者有密切关系，即水气凌心是在心阳虚弱基础上发生的。两者相比，前者偏邪盛，后者偏正虚，且可相互转化。水气凌心心下悸，是由于胃有停饮，不得布散，上凌于心所致。"心为火而恶水，水既内停，心不自安"（《伤寒明理论》）。心阳虚心下悸，是"由阳气内弱，心下空虚，正气内动，而为悸"（《伤寒明理论》）。两者辨证要点为：水气凌心心下悸，饮水悸甚，小便不利，伴有头眩，脉弦滑，舌胖大。心阳虚心下悸，以病人"叉手自冒心"、"欲得按"为特点，伴有心胸憋闷而喘，脉结代。水气凌心心下悸，治宜蠲饮通阳，方选茯苓甘草汤，或半夏麻黄丸。心阳虚心下悸，治宜温通心阳，方选桂枝甘草汤，或茯苓桂枝白术甘草汤。

阴虚火旺心下悸与痰火扰神心下悸：两者都与邪热内扰有关，脉均可见数象。但阴虚火旺心下悸，以阴虚为本，火旺为标，火为阳，阳主动，阴精乏其所承，相火妄动而见悸，其心下悸与五心烦热、脉细数并见，并有两颧潮红，舌苔少等特点。治宜滋阴降火，知柏地黄丸主之。痰火扰神心下悸，以痰为本，火为标，"痰饮停于中焦，碍其经络不得舒通，而郁火与痰相击于心下"（《证治准绳》），则见心下悸。其心下悸动烦乱，易惊，口苦，脉滑数，苔黄腻是其特点。治宜清热豁痰，导痰汤主之。

心下悸是病人的自觉症状，时轻时甚，常随神志怫郁或恼怒而加重。临床实践说明，对于心下悸的治疗，除药物及针灸外，使之精神愉快，心情舒畅，也是必不可少的因素。

【文献别录】

《金匮要略·痰饮咳嗽病脉证并治》："夫病人饮水多，必暴喘满，凡食少饮多，水停心下，甚者则悸，微者短气。"

《诸病源候论·伤寒悸候》："悸者动也，谓心下悸动也。此由伤寒病发汗已后，因又下之，内有虚热则渴，渴则饮水，水气乘心，必振寒而心下悸也。"

《张氏医通·悸》"心下悸有气虚血虚，属饮属火之殊。夫气虚者，由阳气内微，心下空虚，内动为悸。心气不定，五脏不足，甚者，忧愁悲伤不乐，忽忽喜忘，惊悸狂眩，千金定志丸、千金茯神汤，或六君子汤加菖蒲、远志。血虚者，由阴气内虚，虚火妄动，归脾汤加丹参、麦冬。停饮者，水停心下，侮其所胜，心主畏水，不能自安，故惕惕而动，半夏茯苓汤、茯苓甘草汤，或二陈汤加白术、猪苓、泽泻。有表邪挟饮，半夏麻黄丸、小青龙汤选用。火旺者，因水不能制火，故时悸时烦，跳动不宁，天王补心丹，不应，六味丸加五味、麦冬、远志。有邪气攻击而悸者，宜审其何邪而后治之。有营卫涸流，脉来结代者，必补气益血生精，炙甘草汤。因痰饮而悸，导痰汤加枣仁。有时作时止者，痰因火动也，温胆汤加川连"。

（毛德西）

215. 心 下 痞

【概念】

心下痞，是指心下胃脘部满闷不舒的症状。《伤寒论》云："但满而不痛者，此为痞。"又云："按之自濡，但气痞耳。"说明心下痞是脾胃气机失调而形成的痞塞症。

【鉴别】

常见证候

热痞：心下痞，按之濡，心烦口渴，或见吐衄，小便黄赤，舌苔薄黄，其脉关上浮。

寒热痞：心下痞，按之濡，兼见恶寒，汗出，舌苔薄白，其脉浮弱或数。

痰气痞：心下痞满，恶心呕吐，头晕目昏，大便不利，舌苔白腻，脉滑。

饮气痞：心下痞满，纳少不馨，干噫食臭，腹中作响，大便溏薄，舌苔薄白，脉沉弱。

客气上逆痞：心下痞，心烦不安，干呕食少，或兼下利，舌苔薄白，脉略弦。

鉴别分析

热痞与寒热痞：痞症多由太阳病叠经误下，脾胃受伤，遂使客气上逆，阻塞心下所致。热痞有心烦口渴，溲赤，苔黄之热证可寻；寒热痞除有热扰心下而见痞症外，必兼恶寒汗出之阳虚证。前者治宜泄热消痞，方选大黄黄连泻心汤；后者治宜清热扶阳消痞，方选附子泻心汤。

痰气痞与饮气痞：痰与饮同源，水湿所聚，稠者为痰，稀者为饮。痰与饮结于心下，胃气失于和降，清气不得上升，遂可致痞。痰气痞有恶心呕吐，苔腻；饮气痞有肠鸣，苔薄白。前者可用半夏泻心汤化痰消痞；后者可选生姜泻心汤散饮消痞。

客气上逆痞：伤寒、中风，表不解而误用下法，胃中空虚，客气上逆，心下痞硬，若误认心下痞硬为下之不尽，继而再下，则痞更甚。心烦不安，坐卧不宁是其特点。治宜缓急消痞，甘草泻心汤主之。

心下痞一症，其病机总以脾胃气机升降不和所致。常见于伤寒误下，或内伤脾胃，治法重在辛开苦降，调理脾胃，升清降浊，中气枢转，痞症自消。

【文献别录】

《景岳全书·痞满》："痞者痞塞不开之谓，满者胀满不行之谓。盖满则近胀，而痞则不必胀也。所以痞满一证，大有疑，辨则在虚实二字。凡有邪有滞而痞者，实痞也；无物无滞而痞者，虚痞也。有胀有痛而满者，实满也；无胀无痛而满者，虚满也。实痞实满者，可散可消；虚痞虚满者，非大加温补不可。此而错用，多致误人。"

（李文瑞）

216. 嗳 气

【概念】

嗳气，《素问》称"噫"。《伤寒论》中称"噫气"。《景岳全书·杂证谟》谓："噫者，饱食之息，即嗳气也"。嗳气，气味酸腐而臭者，叫嗳腐。

嗳气与呃逆不同，嗳气声音沉长，是气从胃中上逆；呃逆声音急而短促，发自喉间。

【鉴别】

常见证候

食滞胃肠嗳气：嗳气有酸腐臭味，嗳声闷浊，或恶心，嗳气不连续发作，胸脘痞闷，不思饮食，大便有酸腐臭味或秘结，舌苔厚腻，脉象滑实。

肝气犯胃嗳气：嗳气频繁，嗳声响亮，纳呆胸闷不舒，胁肋隐痛，胃脘胀痛，舌苔薄白，脉弦。

脾胃气虚嗳气：神疲乏力，嗳气断续，嗳声低弱，呕泛清水，不思饮食，便溏，面色㿠白或萎黄，舌质淡，薄白苔，脉象虚弱。

鉴别分析

食滞胃肠嗳气与肝气犯胃嗳气：二者皆为实证。前者由于饮食所伤，后者由于情志不遂。二者主要区别是兼症不同。食滞胃肠嗳气，由饮食不节，停滞胃脘，中焦气机受阻，胃气上逆，故见嗳声闷浊；而肝气犯胃嗳气，由于忧思恼怒，肝气郁结，横逆犯胃，胃气上逆，故见嗳声响亮，嗳气频繁。食滞胃肠嗳气，兼见胸脘痞闷，不思饮食，嗳气带酸臭味，大便亦有酸腐臭味等伤食证的特点。肝气犯胃嗳气，由于肝气郁结，胃失和降，故见胸闷不舒，胁肋隐痛，脉弦等症。前者治以消食导滞、理气和中法，方用保和丸。后者治以疏肝理气、降逆和胃法，方用柴胡疏肝汤。

脾胃气虚嗳气：由于素体虚弱或病后失调，脾胃气虚，纳运失常，胃气不和，故嗳气断续，嗳声低弱。本证与前述两证之鉴别是：食滞胃肠之嗳气，特点是嗳气有酸腐味；肝气犯胃之嗳气，特点是具有嗳而不畅，其声高亢，本证则嗳声低弱。此外从病史上亦可分辨，食滞者有伤食史，肝气者有情志抑郁史，本证有久病体虚史。食滞者舌苔厚腻而脉滑，肝气与脾胃虚弱者，虽皆可见舌苔薄白，但兼证与脉象不同。食滞、肝气郁为实，治以消导和中；本证则以补益脾胃为主，方用健脾散。

总之嗳气一症，有虚实之分。实者以食滞、肝郁为常见，虚者以脾胃虚弱为主。实者嗳声高亢；虚者嗳声低弱，在闻诊中即可辨清。

【文献别录】

《类证治裁·嗳气》："凡病后及老人脾胃虚弱者多有之。顾亦有肝气逆乘，嗳酸作饱，心下痞硬，噫气不除者，仲景谓胃虚，客气上升，必假重坠以镇逆(旋覆代赭汤)。亦有肺气失降而作嗳者(苏子降气汤去桂加杏仁贝母之属)。其胃虚气滞而作嗳者(十味保和汤)。……如脾肾虚寒，命门火衰，浊阴不降，致痞满嗳气者(理阴煎加减)。如胃有痰火嗳气者(星夏栀子汤)。专由脾胃阳虚，中气为阴邪阻格者，和中为要(健脾散)。"

(李　全)

217. 吞　酸

【概念】

吞酸与吐酸症状相类似，俗皆称泛酸。其病因、病机、治疗方法均不相同。"吞酸者，胃口酸水攻激于上，以致咽嗌之间，不及吐出而咽下，酸味刺心，有若吞酸之状也"（《医林绳墨》）。其"病在上脘最高之处"，若"非如吞酸之近，不在上脘而在中焦胃脘之间，时多呕恶，所吐皆酸，即名吐酸而渥渥不行者是也"（《景岳全书》）。

《脉经》称"吞酸"，《诸病源候论》称"噫酸"，《三因方》又称"咽酸"。

【鉴别】

常见证候

肝气犯胃吞酸：吞酸时作，胃中有烧灼感，反复发作，兼见胸胁不舒，口苦咽干，心烦易怒，舌苔薄黄，脉弦数。

饮食积滞吞酸：吞酸时作，胃中有烧灼感，嗳腐食臭，脘痞厌食，舌苔黄厚而腻，脉滑。

寒湿内阻吞酸：吞酸时作，兼见胸闷脘痞，不思饮食，舌苔白滑，脉象弦滑。

鉴别分析

肝气犯胃吞酸与饮食积滞吞酸：二者均有烧灼感。前者由于情志为病，后者由于饮食所伤。肝气郁结吞酸，由于恼怒伤肝，肝郁气滞，横逆犯胃，故吞酸时作，胃中有烧灼感，同时兼见胸胁不舒，心烦易怒，口苦咽干等肝气郁结的表现。饮食积滞吞酸，由于饮食不节，食积伤胃，中焦气机受阻，胃失和降，故吞酸时作，胃中有烧灼感，同时兼见嗳腐食臭，脘痞厌食，苔厚腻等伤食证的表现。肝气犯胃吞酸，治以清肝理气，和胃降逆，方用左金丸加柴胡、栀子、瓦楞子、青皮、郁金之类。饮食积滞吞酸，治以消食导滞，理气和中，方用保和丸加减。

寒湿内阻吞酸：由于过食生冷，或外受湿邪，湿阻中焦，气滞不畅，脾胃纳运失常，故见胸中痞闷，不思饮食，气机不畅，吞酸时作。其与肝气郁结吞酸，饮食积滞吞酸不难鉴别。寒湿内阻吞酸，治以养脾健胃、理气和中，方用香砂六君子汤。

【文献别录】

《沈氏尊生书·嗳气嘈杂吞酸恶心源流》："吞酸者，郁滞日久，伏于脾胃间，不能自出，又嗌不下。倘肌表复遇风寒，则内热愈郁，而酸味刺心；肌肤得温煖，则腠理开发，或得香热汤丸，则津液流通，郁热暂解"。

（李　全）

218. 呃　逆

【概念】

胃气上逆，咽喉间频频呃呃作声。《医林改错》谓："呃逆，俗称打咯忒。"

呃逆在《内经》、《伤寒论》、《金匮要略》、《诸病源候论》、《千金翼方》等书中均称为"哕"。至金元时期，《兰室秘藏》将"呕吐哕"混称。《丹溪心法》谓："凡有声有物，谓之呕吐；有声无物，谓之哕"，则哕即干呕，乃呕吐之类。故在金元之前的医籍中，呃逆与哕同义，《类经》谓"古之所谓哕者，则呃逆无疑"，金元之后哕即干呕。所以呃逆、哕（干呕）、呕吐三种症状，虽均是胃气上逆的症状，但其表现各不相同。

【鉴别】

常见证候

胃寒气逆呃逆：呃声沉缓有力，胃脘冷痛，得热则减，得寒则甚，口中和、苔白润，脉象迟缓。

胃火呃逆：呃声洪亮，冲逆而出，口臭烦渴，胃脘灼痛，小便短赤，大便秘，舌苔黄，脉象滑数。

脾肾阳虚呃逆：呃声不断，气不接续，手足不温，面色苍白，食少困倦，腰膝无力，小便清长，大便溏，舌质淡，苔白润，脉沉弱。

胃阴不足呃逆：呃声气促而不连续，口舌干燥，烦渴不安，舌质红绛，脉象细数。

鉴别分析

胃寒气逆呃逆与胃火呃逆：二者皆属实证，前者由于饮食不节，过食生冷，或外感寒邪深入胃肠，停滞于胃，胃阳被遏，纳降失常，发生胃寒呃逆，属寒实证。后者由于嗜食辛辣之品，胃腑积热，或外感热邪结于胃腑，或情志不畅，气郁化火，肝火犯胃，以致胃火上冲而为呃逆，属实热证。前者呃声沉缓有力，后者呃声响亮有力。前者因胃阳被遏，阳气受阻，故兼见胃脘痞满，得热则胃脘痞满减，得寒则痞满加重，口淡腻等胃寒兼证。后者胃火上冲，故呃声洪亮，冲逆而出。同时兼见，口臭心烦，小便短赤，大便难，舌苔黄，脉滑数。胃寒呃逆，治以温中散寒，方选丁香散。如寒重可加肉桂、吴茱萸以温阳散寒降逆止呃。如夹痰滞不化，胸闷，嗳腐，可加厚朴、枳实、陈皮等，以行气化痰消滞。胃火上冲呃逆，治以清降泄热，方选竹叶石膏汤加柿蒂，以化痰降逆。如大便秘结，可加大黄，通利大肠以使热下泄。

脾肾阳虚呃逆与胃阴不足呃逆：二者皆属虚证呃逆。前者属阳虚证，后者属阴虚证。脾肾阳虚，呃逆声低不断，气不接续；胃阴不足，呃声急促而不连续。脾肾阳虚呃逆，兼见畏寒肢冷，手足不温，小溲清长等。胃阴不足呃逆，兼见口舌干燥、烦渴不安，舌红绛等。脾肾阳虚呃逆，治以补益脾肾，和胃降逆。方用旋复代赭汤。如脾肾阳虚，畏寒肢冷，大便溏，可加附子、白术、干姜，以温阳健脾而平逆气。胃阴不足呃逆，治以生津养胃，方选益胃汤加枇杷叶、石斛、柿蒂，以降逆止呃，如胃气大虚，不思饮食，则用橘皮竹茹汤，益气和中。

总之，呃逆一证，有虚实寒热之异，实者多气痰火郁所致，虚证有脾肾阳虚与胃阴不足之别。"虚则补之，实则泻之"是其治疗原则。

【文献别录】

《景岳全书·杂证谟》："凡杂证之呃，虽由气逆，然有兼寒者，有兼热者，有因食滞而逆者，有因气滞而逆者，有因中气虚而逆者，有因阴气竭而逆者。但察其因而治其气，自无不愈。若轻易之呃、或偶然之呃，气顺则已，本不必治。惟屡呃为患及呃之甚者，必其气有大逆或脾肾元气大有亏竭而然。然实呃不难治，而惟元气败竭者乃最危之候也。"

（李　全）

219. 恶　心

【概念】

恶心，是欲吐不吐，欲罢又不止的一种症状。《诸病源候论·恶心》谓："心里淡淡然欲吐，名为恶心"。《景岳全书·杂证谟》云："虽曰恶心，而实胃口之病，非心病也。"

恶心与嗳气（噫）、干呕（哕）、呃逆、呕吐等，均是脾胃病证的常见症状，临床应予鉴别，可参见有关各条论述。

【鉴别】

常见证候

胃寒恶心：恶心或时兼胃痛，或不时泛恶清水、涎沫，得暖则感舒适，遇寒则诸症加重，且有食少，便溏，少气，困倦，舌淡，脉弱等症状。

胃热恶心：恶心，或时兼胃脘灼痛，嘈杂，吞酸，口臭，且有溲赤，便秘，舌苔黄，脉弦或滑。

胃阴虚恶心：恶心，或兼剧烈呕吐，口渴欲饮，或饮水即吐，不能食，短气，困倦，舌红少苔，脉细数。

肝胃不和恶心：恶心，或兼呕吐，胸闷，胁痛，口苦，咽干，食欲不振，或妇女月经不调，舌苔薄黄，脉弦细。

伤食恶心：恶心欲吐，嗳腐吞酸，恶闻食臭，胃脘胀满，不欲饮食，舌、脉往往正常。

鉴别分析

胃寒恶心与胃热恶心：二证一寒一热。胃寒者，或由素体中焦阳虚不足，或因过食寒凉而戕伤胃气，前者病程长而虚证明显，后者病程短而无明显虚象。恶心而常兼胃痛，胃阳不足，寒湿不化，故时泛清水、涎沫，遇寒则诸症加重，得暖则缓解。中阳不足者，则有食少，便溏，少气，困倦，舌淡，脉弱等中焦阳虚不足之症状。治当温中散寒降逆，方用附子理中汤加减，或吴茱萸汤加减。胃热恶心，或由素嗜膏粱厚味，里热内盛，或感冒暑热，外邪入里，以致胃热气逆恶心，遂有口臭，吞酸，溲赤，便秘，苔黄，脉数等热证表现。治疗里热内盛恶心可用承气汤类加减，而暑热入里恶心可用竹叶石膏汤加减。

胃阴虚恶心：恶心常伴剧烈呕吐，或出现于剧烈呕吐之后，多由于热病后期，或经大手术后，胃阴严重不足，遂致剧烈恶心呕吐，不能饮食，甚至水入即吐，口渴、舌红、脉细数，一派胃阴不足之症状明显，治疗应养胃阴、降逆气，方用益胃汤合橘皮竹茹汤加减。

肝胃不和恶心与伤食恶心：肝胃不和者，乃肝气郁滞，横逆犯胃所致，故必兼有胸闷，胁痛，口苦，咽干，脉弦等肝气郁滞症状，治当疏肝和胃，方用柴平汤，或四逆散合二陈汤加减。伤食恶心，乃暴食伤胃所致，致使胃气不降，上逆而为恶心，治当消食导滞，方用楂曲平胃散，或枳实导滞丸等方加减。

总之，"此证之因，则有寒、有食、有痰饮、有秽气、有火邪、有阴湿伤胃、或伤寒疟痢诸邪之在胃口者，皆得有之。若欲察之，但当察其虚实寒热，则尽之矣。盖实邪恶心者，邪去则止，其来速其去亦速。虚邪恶心者，必得胃气大复，其病方愈"（《景岳全书·杂证谟》）。

【文献别录】

《丹溪心法·恶心》："恶心有痰、有热、有虚，皆用生姜，随症佐药。……恶心，欲吐不吐，心中兀兀，如人畏舟船，宜大半夏汤，或小半夏茯苓汤，或理中汤加半夏亦可。又胃中有热恶心者，以二陈加生姜汁炒黄连、黄芩各一钱，最妙"。

《明医指掌》："盖恶者，畏恶也，当作出声。恶心者，想见饮食即有畏恶之心也。若作善恶之恶，则词理不通矣"（引自《杂病广要》）。

（李　全）

220．干　呕

【概念】

干呕，是指欲吐而呕，无物有声，或仅呕出少量涎沫的症状。

《金匮要略》始有"干呕"之名。但《医学入门》认为哕即干呕，"哕即干呕，声更重且长耳"。《医学举要》则曰："干呕者，其声轻小而短；哕者，其声重大而长"，指出二者症状相似，仅轻重程度不同。《金匮要略》中所谓哕症，乃后世之呃逆。

本症与呃逆、恶心、呕吐应予区分。呃逆者，呃呃连声，其声短促；恶心者，欲吐不吐，泛泛然，无物无声；呕吐者，有声有物；其与干呕之欲吐而呕，有声无物均不相同。

【鉴别】

常见证候

胃热干呕：干呕频作，其声洪亮，心下痞塞，口苦心烦，渴而欲饮，或兼有腹满作痛，大便秘结，舌质红，苔黄燥或少苔，脉实大或细数。

胃寒干呕：干呕声音低弱，偶然呕出少量涎沫，脘腹冷痛，或心下痞满，不欲饮，气短懒言，口淡不渴，大便溏，舌质淡，苔薄白，脉沉弦或细弱。

肝郁干呕：干呕声音不扬，时作时止，每随情志波动而发作，兼有胸胁烦闷，纳呆，舌质淡红，苔薄白，脉弦细。

食滞干呕：干呕食臭，欲吐不能，胸痞厌食，脘腹胀满，大便多秽臭，舌苔厚腻，脉弦滑。

鉴别分析

胃热干呕：当分虚实。外邪侵袭，由表入里，客于阳明，邪从热化，与谷气相搏，逆而上冲，胃失和降，故干呕频作，属实证。若病后余热未尽，或误用燥药，伤及胃阴，亦使胃气不得和降而上逆，造成干呕，属虚证。二者的鉴别要点：实证必见腹满便秘，口渴引饮，苔燥脉大。治宜清热通腑，和胃降逆，方用调胃承气汤加减。虚证则以舌红少苔，脉细数为依据。治宜养胃生津，和降冲气，方用竹叶石膏汤加减。

胃寒干呕：有虚实之分，实证乃外感寒邪，直中胃腑，或过食生冷，以致寒凝气滞，胃失和降，引起干呕。虚证乃脾胃素虚，或过用寒药克伐胃气，以致脾胃虚寒，升降乖常，胃气上逆而干呕。二者的鉴别要点：实证必见脘腹冷痛，苔白，脉沉弦。治宜温中散寒，和胃降逆，方用半夏干姜散加减，若吐少量涎沫，微感眩晕者，方用吴茱萸汤加减。虚证则以心下痞满，兼见不欲食，便溏，气短懒言，舌淡，脉细弱为依据。治宜补脾益胃，降逆安中，方用理中汤加丁香、茯苓、半夏之类。

肝郁干呕：多因忧思郁怒，肝气郁结，横逆犯胃，以致胃气失和而作干呕。病起于肝郁，故常随情志波动引发，肝失条达，故见胸胁烦闷，肝气犯胃，故不欲食，舌苔薄白，脉弦细。其特点为：每次发病与情志因素有关，并伴有胸胁烦闷，纳呆，郁郁不乐等症。治宜舒肝理气，和胃降逆，方用四七汤加减。

食滞干呕：多因饮食不节，过食醇酒厚味，食滞胃脘，胃气不得和降，气逆上冲，遂致干呕。辨证要点：有明显的伤食原因，症见干呕食臭，欲吐不能，脘腹胀满，大便秽臭，常呕出食物为快。治宜和胃理气，消食导滞，方用保和丸加减。

干呕主要是胃失和降，气逆上冲所致，临床当分清寒热虚实，辨证论治，但总以和胃降逆为要。

【文献别录】

《伤寒论·辨厥阴病脉证并治》："干呕，吐涎沫，头痛者，吴茱萸汤主之。"

《医学心悟》："呕者，声与物俱出。吐者，有物无声。哕者，有声无物，世俗谓之干呕。东垣以此三者，皆因脾胃虚弱，或寒气所客，或饮食所伤，以致气逆而食不得下也，香砂二陈汤主之"。

（高荣林）

221. 嘈　杂

【概念】

嘈杂又称心嘈（或嘈心），是胃脘部感觉不适的一种常见症状。《类证治裁》谓："嘈症属胃，俗云心嘈，非也。其状似饥非饥，似痛非痛，脘中懊恼不安。或兼嗳气痞闷，渐至吞酸停饮，胸前隐痛"。临床上嘈杂一症，常与嗳气、吞酸、恶心、干呕、心下痞、胃脘痛等症状同时出现。

【鉴别】

常见证候

伤食嘈杂：嘈杂吞酸，嗳腐恶心，胃中几几欲吐，恶闻食臭，脘有胀满。若予吐出则诸症悉减，或口臭，苔腻，或大便酸臭。舌苔脉象也可正常。

胃热嘈杂：嘈杂而胃中有明显辛辣感，或常有酸热感觉，口臭，吞酸，或每晨起吐酸水数口，日间正常，或便秘，舌苔黄，脉洪或滑。

胃寒嘈杂：嘈杂口泛清水而酸，或伴有胃脘疼痛，遇寒冷或进冷食则加重，若得热饮热食则减轻或缓解，脘腹痞满，或食欲不振，体乏肢困，少气，面白，舌淡，脉细。

肝胃不和嘈杂：嘈杂吞酸，胸闷脘胀，胁痛，口苦，恶心，舌苔薄黄，脉弦细。

鉴别分析

嘈杂一症是中焦脾胃病证的临床表现。饮食嘈杂：因伤食所致，必有饮食戕伤胃腑的病史，故表现为脘胀欲吐、恶闻食臭的伤食症状，若能吐出，则诸症悉减，可用消导通滞之药，方用保和丸加减。

胃热嘈杂与胃寒嘈杂：一为热证，一属寒证。胃热者，嘈杂吞酸而有辛辣感；胃寒者，嘈杂口泛清水而酸，得暖则减。胃热者，宜清中宫胃火；胃寒者，宜暖中土脾胃。前者用越鞠丸合左金丸加减；后者用香砂六君子汤加减。

肝胃不和嘈杂：肝郁不舒，横逆犯胃而致，则由于"肝木摇动中土，故中土扰扰不宁，而嘈杂如饥状，每求食以自救，苟得少食，则嘈杂少止，止则复作"（《张氏医通》），必兼肝气郁滞，如胸闷、胁痛、口苦、恶心、脉弦诸症状，治当疏肝和胃，方用逍遥散合左金丸加减，或用柴平煎加减。

【文献别录】

《丹溪心清·嘈杂》："嘈杂是痰因火动，治痰为先。姜炒黄连，入痰药，用炒山栀子、黄芩为君，南星、半夏、陈皮为佐，热多加青黛。……肥人嘈杂，二陈汤少加抚芎、苍术、白术、炒山栀子。"

《医学入门·嘈杂》："心嘈似饥又烦杂"。

《景岳全书·杂证谟》："总之，嘈杂一证多由脾气不和，或受伤脾虚而然。所以治此者，不可不先顾脾气。然古人于此，悉以痰火论治。予恐专用寒凉，则胃气虚寒不健者，反以日甚，而渐至恶心嗳气，反胃噎膈之类，将由此而起矣。"

（李　全）

222. 呕　吐

【概念】

呕、吐、干呕（金元后医籍中称为哕）均为胃气上逆所出现的症状。《内经》、《伤寒论》、《金匮要略》等书曾将三者清楚分辨。《医经溯洄集》谓："夫呕者，东垣所谓声物兼出者也。吐者，东垣所谓物出而无声者也（《东垣试效方》）。至若干呕与哕，皆声出而无物也。夫仲景以声物兼出而名为呕，以物出而名为吐，以声独出而名为干呕"。故言吐者，有吐涎、吐浊唾（即痰）、吐酸水、吐苦水等等，均不必有呕声；若言呕者，必声物俱出，而后世呕吐并称者，亦即古谓之呕，多指呕吐出胃中食物而言。至若哕（干呕），则另立专篇论述。

呕吐与恶心二者临床上往往并见，恶心可能是呕吐的早期症状，呕吐多兼有恶心，但恶心者，却未必呕吐（恶心可参见该条）。

本篇所讨论的呕吐是指呕吐出胃中食物的症状。

【鉴别】

常见证候

外邪干胃呕吐：或外感风寒，或感冒暑湿之气。外感风寒者，呕吐必兼发热、恶寒，头痛，身痛，舌苔白，脉浮紧等症状；感冒暑湿呕吐者，必见发热重，恶风或不恶风，头痛，身重，脘闷恶心，舌苔白腻或黄，脉浮而数等症状。

伤食呕吐：呕吐，脘胃胀满，嗳腐吞酸，厌闻食臭，恶食，恶心，每以呕出为快，舌苔脉象往往正常。

胃寒呕吐：若素体中焦阳虚，则饭后不久每反胃呕吐，吐出物量不多，脘胃痞闷，每兼胃痛，嗳气，畏冷，形瘦肢困，舌淡，脉弱。若因暴食生冷，则脘胃痛甚，呕吐可先出清水，后则继以所食食物，以吐出为快，苔脉往往无明显变化。

胃热呕吐：呕吐而兼吞酸、嗳腐等症状，并见口臭，脘闷，溲赤，便秘，舌苔黄或腻，脉象弦或滑有力。

胃阴虚呕吐：呕吐剧烈，先吐出食物，食物吐尽继之清水，清水吐尽继之胆汁，不能饮食，甚至水入即吐，口渴不能饮，咽干，舌红，脉象细弱。

肝胃不和呕吐：常恶心嗳气，胸闷脘痞，呕吐时作，但吐出物量不多，胸胁痛疼，口苦，苔黄，脉弦。若情绪波动时，则呕吐症状加重。

鉴别分析

外邪干胃呕吐：外邪一指寒邪袭表，一为暑湿伤卫，前者为表寒实证，后者乃表热实证。外感寒邪者，如《伤寒论·辨太阳病脉证并治》所云："或已发热，或未发热，必恶寒，体痛，呕逆，脉阴阳俱紧"，此呕逆即呕吐，乃寒邪外束肌肤，卫阳不得发越，气无从外越而上壅，"胃气得寒则逆"（《伤寒贯珠集》），治当辛温解表，外寒解则呕逆愈，方用麻黄汤等方加减。若暑湿伤卫者，则发热而微恶风寒，因湿阻中焦，故呕吐之外，必兼脘腹痞闷，纳呆，身重，肢困，或口中甜腻，或大便溏泄，舌苔腻等症状。治当疏散表邪，芳香和中化湿，方用藿香正气散加减。

胃寒呕吐与胃热呕吐：二证一寒一热。胃寒者，若素体中焦脾胃阳虚，病程长，为虚证；若因暴食生冷而重戕胃阳者，其发病急，病程短，多为实证。虚证者，形寒体瘦，胃脘疼痛，食欲减退，少气乏力，大便溏泄，舌淡，脉弱等一派脾胃虚弱之症。其呕吐量少频频，遇寒则剧，得暖则缓；实证者，胃脘疼痛剧烈，呕吐亦剧，以吐出为快，很少有其他兼症。其治疗，均以温胃散寒降逆为主，方用理中汤、附子理中汤、良附丸等加减。胃热呕吐，多得之饮食厚味，或嗜酒，湿热内蕴中焦，呕吐之外，当有吞酸，嗳腐，口臭，脘闷，便秘，苔黄等胃热表现，宜二陈汤加炒山栀、黄连、生姜。

伤食呕吐与肝胃不和呕吐：伤食者，发病急，呕吐而厌食，以吐出为快，治宜消导，方用保和丸、枳实导滞丸等加减。肝胃不和者，病程长，因肝郁不舒，横逆犯胃，呕吐恶心频频，但症状不甚剧烈，兼有胸闷，脘痞，胁痛，口苦，脉结等肝气郁滞症状，治当疏肝和胃，方用小柴胡汤合左金丸加减。

胃阴虚呕吐：每发于热病后期，胃阴不足，胃气上逆作呕；或经大手术治疗后，阴液不足，胃中虚热上逆而呕；或剧烈呕吐不愈，复伤胃阴，致使虚火上逆，呕吐愈剧，甚至滴水不入。呕吐之外，必见口干欲饮，舌红少津等症状。治疗以养胃阴降虚火为主，方用橘皮竹茹汤加黄连、竹沥等。

总之，呕吐是可以出现于多种病证之中的临床常见症状之一。其暴病多实，而久病多虚。临床所见"胃寒者十有八九，内热者十止一二"（《景岳全书》），故其治疗应以温胃止呕为常法，古称生姜是呕家圣药，多用之。此外尚有痰饮内停而致呕者，当温化寒饮，其呕自除，方用旋覆代赭汤；尚有瘀血内阻而致呕者，当以活血祛瘀为治，方用膈下逐瘀汤加减。

【文献别录】

《沈氏尊生书·呕吐哕源流》："呕苦水则由邪在胆，胆上乘胃，故逆而吐胆汁，以致所呕为苦水也（宜吴萸、黄连、干姜、茯苓、黄芩）。呕清水则渴欲饮水，水入即吐，名为水逆（宜神术丸、五苓散）。吐涎沫则以脾虚不能约束津液，故涎沫自出（宜六君子汤加益智仁、生姜，或以半夏、干姜等分为末）。……然而呕吐又有总治之法（宜白豆蔻汤）。"

《丹溪心法·呕吐》："大吐，渴饮水者即死，童便饮之，最妙。"

（韩胜保）

223. 吐 血

【概念】

吐血，是指胃、食道出血，经口吐出，多挟有食物残渣。

《素问》和《灵枢》中称呕血。《金匮》中称吐血。明代《医学入门》又分"成盆无声者，曰吐；成碗有声者，曰呕"，这种区分，并无实际意义。后世有的医家将咳血混称为吐血，更为不妥。因为吐血（呕血）者，血来自于胃或食道；咳血者，则血来自于肺或气管。吐血系血随呕吐物而出，出血量常较多，所谓"成盆"、"成碗"，且有胃气上逆呕吐表现；而咳血，则血常随痰而出，痰与血混，并有肺气上逆的咳嗽表现。咳与吐概念不同，可以鉴别。不可因血皆从口出，而予混同。

【鉴别】

常见证候

胃实热吐血：突然吐血，量多色鲜红或紫红，夹有食物残渣，吐前多伴有烦热口渴，自觉胃脘有热上冲，或胃脘疼痛，或胸脘痞闷，胃中嘈杂吞酸，或于酒食后诱发，大便秘结或解而不畅，色黑如漆，小便色赤，唇红口臭，舌质红，苔黄厚，脉滑数。

肝火犯胃吐血：吐血兼见心烦胸闷，胁痛，善怒，口苦或口酸，多恶梦，或见唇青，或频作呃逆，舌质红，苔黄，脉弦数。

胃脘血瘀吐血：吐血其色紫黑有瘀块，伴胃脘刺痛，痛处固定，拒按，面色黯黑，口渴但欲漱水不欲咽，舌有紫斑，脉弦涩。

阴虚火旺吐血：吐血反复不已，色红量多，多伴有五心烦热，口干欲饮，乏力消瘦，面赤心烦，失眠，多梦，舌红少苔，脉见细数。

心脾不足吐血：吐血缠绵不已，血色淡而不鲜，胃脘隐痛喜按，面色萎黄，气短神怯，四肢无力，惊悸少寐，饮食无味，时有大便色黑，或腹胀便溏，唇淡，舌质淡、少苔，脉沉细或细涩。

脾肾阳虚吐血：吐血反复发作，病程迁延，血色黯淡，伴见面白息微，四肢厥冷，畏寒欲寐，大便溏薄，小便清长，舌质淡、苔薄白而滑，脉沉微而迟或缓。甚则面赤如妆，喘促躁烦，但六脉细数，四肢厥逆。

鉴别分析

胃实热吐血与肝火犯胃吐血：皆属实热证，病机为"热迫血行"，正如《济生方》所说："夫血之妄行也，未有不因热之所发，盖血得热则淖溢，血气俱热血随气上，乃吐衄也"。但病因不同，前者多因平素嗜酒，或恣食辛辣煎炸肥厚之品，热蓄于胃，酒热戕胃，助火动血；或外伤暑热，扰于营血，皆可导致积热成火而迫血妄行。后者多由郁怒伤肝，肝气横逆，郁而化火，灼伤胃络；或素有胃热，复加肝郁，肝经郁火助长胃热之势，迫血妄行，均可导致吐血。《素问·举痛论》："怒则气逆，甚则呕血"，即指此证。两证的主要鉴别点是：前者，阳明实火症状（烦渴引饮、口臭、便秘、脉滑数等）突出；后者，以肝胆实火（口苦、口酸、脉弦数）和肝气横逆（胸闷胁痛、唇青、呃逆有声）为特征。治则，前者清泄胃热、凉血止血，以三黄泻心汤合四生丸为主方；后者以清肝凉血、镇肝降逆为主，方用张锡纯泻肝降胃汤。

阴虚火旺吐血与胃实热吐血、肝火吐血：三者吐血之病机均为热迫血行，但一为虚火，一为实火，虚实证候不同。虚证多病程长，具有反复不已的特点；而实证多为突发势急，病程短。虚证亦多由实证吐血反复发作不已而来，或因劳欲伤肾，酒色过度，损伤精血，致阴虚火动，虚火上浮，冲气上逆，血随虚火冲气而妄行，发生吐血。恰如《明医杂著》所云："人之一身，阴常不足，阳常有余，况节欲者少，过欲者多，精血既亏，相火必旺，火旺则阴愈消，……吐血等症作矣"。阴虚火旺吐血，多有肾阴不足的临床特征，如：潮热，盗汗，腰痠，耳鸣，梦遗，舌质红无苔，尺脉不足等。尤以舌苔、脉象、病程为鉴别要点。治疗时，胃火、肝火为实火，可用寒凉直折，而阴虚火旺吐血，为无根之虚火，不可直折，应以滋水降火为法，方选六味地黄汤加阿胶、童便。清降不可过用寒凉，应兼顾其阴分，常选玄参、麦冬、藕汁、白茅根、生侧柏叶汁、羚羊角之属，虽清降而不损阴。且本证治疗时，当注意季节变化对人体阳气升动的影响，《王旭高医案·吐血案》云："节届春分，阳气勃勃升动，血证际此，稍平复盛，良以身中之肝阳，应天时之阳气上升无制，故又忽然大吐，急当休养其阴，兼以清降，所恐火愈降而阴愈伤耳。"

心脾不足吐血与脾肾阳虚吐血：前者多因思虑过度伤脾；或劳倦不寐损伤心脾；或因呕吐不止，胃气大伤。脾主统血，脾气虚则不能统摄血液，心主血脉，心气虚则主血无权，因而发生吐血。后者则多因前者病情迁延不愈积渐而来；或因素体阳虚，或色欲劳倦过度之人，损伤脾肾之阳，阳虚则不能摄血，故可发生吐血。脾气虚不能统血之吐血与脾肾阳虚之吐血的临床表现极其相似，鉴别之处是：前者以气虚为主要见症，如气短神怯，肢倦便溏等，而后者除具前者表现外，又兼见阳虚之象，如畏寒，四肢厥冷，小便清长，脉迟等。若阳衰至极，阴寒内盛，格阳于上，则可出现头面红赤，喘促躁烦，六脉细微等格阳虚火证。前者治以归脾统血、益脾气为主，可用归脾汤；后者治当温补脾肾，固阳摄血，常用黄土汤加减。

胃脘血瘀吐血：此同胃热炽盛，肝火犯胃之吐血，皆为实证吐血，但血瘀吐血无热象。血瘀吐血可见口渴，正如《血证论·瘀血》篇所说："瘀血在里则口渴，所以然者，血与气本不相离，内有瘀血，故不得通，不能载水津上升，是以发渴，名曰血渴，瘀血去则不渴矣。"此种瘀血之渴，并非因热津伤，而是瘀血阻络津不上承，亦不比胃热炽盛之口渴引饮，而是"但欲漱水不欲咽"。血瘀吐血发生之因，多由跌扑挫胁，内脏出血，血不能随经运行，阻滞经脉损伤之处，常使吐血。《血证论·吐血》篇说："凡有所瘀，莫不壅塞气道，阻滞气机"，气机壅塞遂生气逆，故瘀血随上逆之气妄奔外溢，而发生吐血；或实热证（胃热、肝火等）吐血，过用寒凉，造成血凝，瘀阻络道；或气虚血瘀，阳虚血寒，皆可形成血瘀。血瘀吐血的临床特点是：血色紫挟有瘀块，多伴胃脘刺疼，疼处固定、拒按，面色黧晦，舌多见紫斑，脉涩。治以活血化瘀，止血降逆为主，方用化瘀止血汤。

吐血一症，胃实热吐血与肝火犯胃吐血，血色鲜红或紫红，与阴虚火旺吐血之血色无大区别，辨别要点：前者病程短，多突发暴作，而后者病程长，反复发作不已，结合临床其它兼症表现，足资鉴别。脾虚吐血与阳虚吐血，血色淡而不鲜，临床表现又与实热证迥然不同，不难鉴别。脾虚吐血，血色淡；阳虚吐血，血色黧淡，亦可区分。血瘀吐血，血色紫黑有瘀血块，不同于各种出血。

【文献别录】

《素问·至真要大论》："太阳司天，寒淫所胜，……血变于中，……民病厥心痛、呕血、血泄，鼽衄。"

《灵枢·玉版》："呕血胸满引背，脉小而疾逆也"。

（冷方南）

224. 吐　蚘

蚘即蛔，吐蚘，系指蛔虫从口中吐出。

《内经》称蛔虫为"长虫"，如《素问·咳论》曰："咳而呕，呕甚则长虫出。"《灵枢·厥论》篇又称蛔虫为"蛕"，并记载了其致病的症状。《金匮要略》有吐蚘之称。《证治准绳》称为"呕虫"。

腹内有蛔虫，若胃寒或胃热，或胃肠寒热交错等因素，则迫使蛔虫从口中吐出。《景岳全书·呕吐》曰："凡吐蚘者，必因病而吐蚘，非因蚘而致吐也，故不必治其蚘，而但治其所以吐则蚘自止矣。"

【鉴别】

常见证候

胃寒吐蛔：吐蛔，脘腹隐隐作疼，喜热畏寒，口淡，四肢不温，便溏。舌质淡苔白，脉沉迟。

胃热吐蛔：吐蛔，喜冷恶热，烦渴，消谷善饥，小便赤涩。舌红苔黄，脉洪数。

寒热交错吐蛔：吐蛔，时烦，得食则呕，或烦闷呕吐，时发时止，手足厥冷，口干苦，舌苔黄白。

鉴别分析

胃热吐蛔与胃寒吐蛔：此二证所致之吐蛔，一为胃肠热盛，蛔虫不耐其热而上窜从口而出。其症状特点为吐出蛔虫，且兼见喜冷恶热，烦渴，小便赤涩，舌红苔黄，脉洪而数等胃肠热盛之表现。一为胃寒，蛔虫不耐胃肠内寒，上窜从口而出。其症状特点为吐出蛔虫，兼见喜温恶寒，不耐寒凉生冷食物，腹痛喜按，四肢不温，大便稀溏，舌淡脉迟等胃肠寒盛之表现。胃热吐蛔，治以清胃泻火，火清则蚘自静，方选抽薪饮。胃寒吐蛔，治宜温胃散寒，胃暖则蚘自安，方选理中汤送乌梅丸。

寒热交错吐蛔：本证多为腹中有蛔虫寄生，再由于外感误下，或过食寒凉等，致使胃肠寒热交错，蛔被其扰，上窜从口而出。其症状特点为得食则呕，时烦，以及上热下寒（口干口苦，或咽喉痛，恶心欲吐，兼见泄泻肢冷等症。）或上寒下热（恶寒，恶心呕吐，舌苔白，兼见腹胀便秘，小便赤涩等症。）之寒热交错症状。治以驱寒清热，安胃制蚘，方选乌梅丸加减。

【文献别录】

《金匮要略·趺蹶手指臂肿转筋阴狐疝蚘虫病脉证治》："蚘厥者，当吐蚘，今病者静而复时烦，此为藏寒，蚘上入膈，故烦。须臾复止，得食而呕，又烦者，蚘闻食臭出，其人当自吐蚘。"

《沈氏尊生书·呕吐哕源流》："吐蚘则为胃中冷。大凡蚘见苦则安，见椒则伏，见酸则不能咬。"

（韩胜保）

225.食欲不振

【概念】

食欲不振，《内经》称不欲食。《伤寒论》称不欲饮食。后世医家则有多种称谓，如食欲差、不知饥饿、纳滞、纳呆、纳差、不思食、不能食等等。甚者恶闻食臭，见食物则恶心，乃至呕恶欲吐，则称恶食、厌食。

【鉴别】

常见证候

肝气犯胃食欲不振：不思饮食，呃逆嗳气，精神抑郁，胸胁胀闷或胀痛，脉弦。

脾胃湿热食欲不振：呕恶厌食，脘腹痞闷，渴不多饮，疲乏倦怠，肢体困重，大便溏而不爽，溲黄而短，舌红，苔黄白而腻，脉濡数或滑。

胃阴不足食欲不振：饥不欲食，口渴喜饮，唇红干燥，大便干结，小便短少，舌质红，苔少，脉细略数。

脾胃气虚食欲不振：不思饮食，食后腹胀，或进食少许即泛泛欲吐，气短懒言，倦怠少力，舌淡苔白，脉缓弱。

脾胃虚寒食欲不振：饮食无味，不知饥饿，进食稍多则脘腹闷胀欲呕，脘腹隐痛或阵痛，喜暖畏寒，按之则舒，疲倦气短，四肢不温，大便溏薄，舌淡苔白，脉沉迟。

脾肾阳虚食欲不振：不欲食，口淡，面色㿠白，气短懒言，疲乏倦怠，畏寒肢冷，腹胀或腹痛，腰痠腿软或肢体浮肿，完谷不化或五更泄泻，舌质淡舌体胖，脉沉细弱。

伤食食欲不振：厌食，嗳腐吞酸，脘腹饱胀，大便臭秽或秘结不通，舌苔厚腻，脉滑。

鉴别分析

肝气犯胃食欲不振：本证多由于情志不遂，肝气郁结犯胃所致。其特点为：不思饮食，兼见嗳气呃逆等，且其病情多与情绪变化有关。临证据其病因、病机及症状特点，以及兼见肝气郁结之表现，如精神抑郁，烦躁易怒，两胁胀痛或胸闷不舒，脉弦等症以资鉴别。治以舒肝和胃，方选逍遥散合香苏散加减。

脾胃湿热食欲不振：多因饮食不节，过食肥甘损伤脾胃，或感受湿热，蕴结中焦而脾胃纳化升降功能失职所致，其特点是：脘腹痞闷，呕恶，且厌油腻，恶闻食臭，周身倦怠，四肢沉重，大便溏而不爽等。治以清化湿热，方选三香汤加减。若舌苔腻者宜三仁汤加味。

胃阴不足食欲不振与脾胃气虚食欲不振：二证同属虚证，一为阴虚，一为气虚。胃阴不足食欲不振，多发生在外感热病后期，热邪耗伤胃阴所致，如《杂病源流犀烛·伤食不能食源流》："时病后，胃气未和，知饥不纳者，调养之。宜茯神、枣仁、川石斛、知母、鲜莲子、鲜省头草"。观其所述病因、病机及用药，均指胃阴不足而言。其症状特点为饥不欲食，兼见口渴，唇舌干燥，干呕呃逆，大便干结，舌干少津等胃阴不足的表现。脾胃气虚食欲不振，多由于饮食所伤或劳倦伤气而致。其症状特点为食欲逐渐减退，甚至不知饥饿，兼食后脘腹闷胀，食多则泛泛欲吐，气短疲倦等脾胃气虚的表现。前者治以滋阴养胃，方选益胃汤加减；后者治以健脾益气，方选异功散加减。

脾胃虚寒食欲不振与脾肾阳虚食欲不振：此二证同属虚证，均可由脾胃气虚演变而来，故皆有脾胃气虚之表现，如食后作胀，气短疲倦，懒言等。脾胃虚寒食欲不振，多因素体虚弱，饮食不节，贪凉饮冷等而致脾胃阳虚，阴寒内生，故不思饮食。其症状特点为脘腹疼痛绵绵不已，或腹疼阵作，喜按，遇寒则重，得热则缓，便溏，脉迟等。脾肾阳虚食欲不振，可因过食生冷或过用寒凉药物等伤害脾阳，脾虚日久，累及肾阳而致脾肾阳衰。其症状特点为病程长，腹中冷痛，腹满时减，得温则舒，口泛清水，气怯形寒及畏寒肢冷，腰疼腿软，或腹痛掣腰痛不适，完谷不化或五更泄泻，甚则腹满而胀。治疗：脾胃虚寒食欲不振治以温中祛寒、益气健脾，方选理中丸合良附丸加减。脾肾阳虚食欲不振，治以温补脾肾，方选二神丸加味，若兼浮肿者宜用真武汤加味。

伤食食欲不振：多有明显的伤食史，因饮食过量，或进难以消化之食物而致。《素问·痹论》曰："饮食自倍，肠胃乃伤"。《景岳全书·饮食门》云："伤食者必恶食"。其症以厌食为特点，且伴有脘腹饱胀，嗳气，大便臭秽或秘结不通，舌苔浊腻，脉滑。伤食之厌食与脾胃湿热之厌食，当根据其病因及兼证的不同进行鉴别。本病治以消食化滞，方选保和丸加减。若兼脾胃虚者宜加白术。若食滞化热者宜用枳实导滞丸。

本症病在脾胃，而脾胃为后天之本，特别是在慢性疾病中，食欲不振、食量减少将有碍身体的康复，尤其是药物治疗亦需脾胃的运化才能发挥效力，故久病凡见此症，应特别重视。

【文献别录】

《景岳全书·杂证谟》："病后胃口不开，饮食不进者，有二证，盖一以浊气未净，或余火未清，但宜以小和中饮加减主之。一以脾胃受伤，病邪虽去而中气未复，故或有数日不能食，或旬日不能开，或胸喉中若有所哽，如梅核气者，此中本无停积，但以阳气未舒，阴翳作滞，胃气太虚，不能运化而然，轻则温胃饮，甚则必加人参、附子，但使阳气得行，则胃口自开也。"

《杂病源流犀烛·伤食不能食源流》："不能食，脾胃俱虚病也，……惟审知脾胃中或有积滞，或有实火，或有寒痰，或有湿饮而元气未衰，邪气方甚者，方可稍用消导，而仍以补益为主。"

（韩胜保）

226. 善 食 易 饥

【概念】

善食易饥，是指饮食倍于平常，且有饥饿感的一种症状。在历代医籍中记载不同，《内经》称为"消谷善饥"；《伤寒论》中称为"消谷喜饥"；后世称为"多食易饥"、"多食善饥"、"能食善饥"、"好食易饥"等，但其含义大致相同。

消渴病之中消症，以善食易饥为主症，并兼见口渴、消瘦等，此为善食易饥的一个证型，并非只是消渴病之中消症。

【鉴别】

常见证候

胃火炽盛善食易饥：善食易饥，口渴，形体消瘦，大便秘结，舌苔黄燥少津，舌质红，脉滑有力。

阳明蓄血善食易饥：善食易饥，发热不恶寒，口燥咽干，但欲漱水不欲咽，善忘，少腹硬满，小便自利，大便色黑，虽硬而易解，面唇色暗，舌质红或见瘀斑，脉沉结而数。

鉴别分析

胃火炽盛善食易饥：多因外感燥热之邪，或肝郁化火犯胃等，以致胃热炽盛，热盛伤阴而致。其鉴别要点是善食易饥，并兼见口干渴，形体消瘦，大便秘结一派胃火炽盛的表现。"胃中热，则消谷，令人悬心善饥"（《灵枢·师传》）。治宜清热滋阴，方选白虎加人参汤加黄连、生地黄等。

阳明蓄血善食易饥与胃火炽盛善食易饥：阳明蓄血善食易饥，多因久有瘀血，又兼新感，热邪与瘀血交结于胃肠，以致消谷善饥，并伴见一系列瘀血表现，如喜忘，其人如狂，少腹硬满，小便自利，面唇色暗，舌有瘀斑等。如《伤寒论·辨阳明病脉证并治》曰："阳明证，其人喜忘者，必有蓄血。所以然者，本有久瘀血，故令喜忘，屎虽硬，大便反易，其色必黑者，宜抵当汤下之"。其与胃火炽盛善食易饥之鉴别要点是：阴明蓄血兼见瘀血表现，胃火炽盛兼见胃热的表现。二证均有口渴，大便干结，前者口渴为渴而不欲饮，或但欲饮水而不欲咽，后者为口渴引饮。大便干结前者为大便干，色黑而反易解，后者为大便干结。阳明蓄血善食易饥，治以攻逐蓄血，方选抵当汤或抵当丸加减。

【文献别录】

《灵枢·五邪》："阳气有余，阴气不足，则热中善饥。"

《杂病源流犀烛·诸疽源流》："力役人劳苦受伤，亦成黄胖病，俗名脱力黄，好食易饥，怠惰无力，宜沈氏双砂丸。"

（韩胜保）

227. 食 后 困 顿

【概念】

饭后困倦嗜睡，或进餐中疲困难支而停食入睡者，称食后困顿。

食后困顿，《肘后备急方》和《诸病源候论》都称为"谷劳"，《杂病源流犀烛》名为"饭醉"。

本症应和多寐症（又称嗜睡症）相区别。多寐症的特点是：不分昼夜，时时欲睡，呼之即醒，醒后复睡，不能自主。食后困顿仅在食后或进餐中困倦欲睡。

【鉴别】

常见证候

脾气虚食后困顿：食后困倦嗜睡，甚则停食入睡，倦怠乏力，头昏多汗，面色萎黄，食欲不振，食后腹胀，大便不实，舌质淡胖，脉虚弱无力。

痰湿中阻食后困顿：食后欲睡，头重身困，胸脘痞闷，精神疲惫，食少便溏，口粘不爽，形体肥胖，舌苔白腻，脉濡缓。

鉴别分析

脾气虚与痰湿中阻食后困顿：皆因脾病而起，前者因饮食失调，脾胃虚弱，运化无力，食后谷气不消，脾阳益困，清阳不升，神气不爽，故困顿欲睡，兼见脾虚气怯而致的倦怠乏力，食少便溏等症。《诸病源候论·谷劳候》谓："脾胃虚弱，不能传消谷食，使府藏气痞塞，其状令人食已则卧，支体烦重而嗜眠是也。"治宜健脾益气消食，方用香砂六君子汤加味。后者多因久处湿地，或暑月湿邪弥漫，侵犯脾土；或痰湿素盛，湿邪困于中焦，脾阳为痰湿困扰不能升清气以养神，痰饮湿浊蒙蔽，故食后困顿难支，且兼见肢体困重，脘痞口粘，苔腻，脉濡等症，治宜健脾燥湿化痰，方选不换金正气散加砂仁、草蔻。

食后困顿，病位在脾，致病之困不外脾虚与湿困。脾虚者，属正气不足，治应补益；湿困者，乃湿浊为患，治当利湿通阳。

【文献别录】

《脾胃论》："若饮食不节，损其胃气，不能克化，散于肝，归于心，溢于肺，食入则昏冒欲睡。"

（董润生）

228. 喜 食 异 物

【概念】

喜食异物是指嗜食生米、泥土、纸张、煤炭等异物的症状。又称"嗜食异物"。

【鉴别】

常见证候

疳积喜食异物：形体消瘦，面色萎黄，毛发不荣，精神萎靡，或烦躁啼哭，夜眠不宁，喜食泥土、茶盐等异物，食欲不振，腹部胀大，青筋显露，或腹凹如舟，发育迟缓，大便稀溏，或有低热，舌体瘦，舌质红少津，苔微黄而干，或腻，脉细涩，或细数，或细弱。

虫积喜食异物：腹痛绕脐，发作有时，或吐蛔虫，大便下虫，喜食生米、生肉、泥、炭之类，食欲不佳，舌质淡，苔花剥，脉缓或弦。

情志异常喜食异物：心情不舒，闷闷不乐，时哭时笑或烦躁狂言，撕咬衣物，喜食异物，食少纳呆，舌苔薄或厚，脉弦。

鉴别分析

疳积喜食异物与虫积喜食异物：多见于小儿，虽共同表现为形体消瘦，食欲不振，但疳积乃由饮食不节，饥饱无常，致脾虚运化失司，不能为胃行其津液，胃纳减退，后天生化之源不足，无以营养肌肉四肢，故身体羸瘦，腹大青筋，食少纳差，四肢乏力，大便稀溏，甚则身黄且肿，似黄疸而眼目如故，懒怠少神，好食生食，及茶叶、土、炭之类。《医学正传》："疳在脾，则体黄腹大，好食泥土，法当补脾，益黄散主之。"虫积胃肠则由饮食不洁而生虫。腹内有虫，胃肠气机不利，故腹痛阵作，心中嘈杂，喜食生冷、墙泥、茶炭、咸辣等物。《张氏医通·杂门》："人患虫积，多因饥饱失宜，中脘气虚，湿热失运，故生诸虫，……其心嘈腹痛，呕吐涎沫，面色萎黄，眼眶鼻下有黑，嗜食米纸茶叶泥炭之类"。疳积喜食异物以脾虚羸瘦为主，治宜健脾消疳，方选益黄散。虫积喜食异物则以腹痛虫积为主，治宜杀虫、驱虫，方选化虫丸、乌梅丸加减。

情志异常喜食异物：乃由过度的精神刺激，肝郁不舒，气机不利。致胸胁胀满，烦躁易怒，或易喜易惊，甚则肝不藏魂，神无所主，证见精神失常，哭笑无度，或狂言妄动，乱咬衣物，或神情痴呆，默默无言，喜食生食、纸张等，本证多有明显的精神因素和异常的情志表现，故不难区分。治宜疏肝养心，安神定志，方选逍遥散加枣仁、远志、合欢花。

【文献别录】

《景岳全书·杂证谟》："凡喜食茶叶、喜食生米者，多因胃有伏火，所以能消此物"。"凡喜食炭者，必其胃寒而湿，故喜此燥湿之物。"

（贺志光　凌湘力）

229. 反　　胃

【概念】

反胃又称'胃反'、'翻胃'，指谷食入胃，停而不化，终至反出的症状。其表现或朝食暮吐，或暮食朝吐，或食入一、二时而吐，或积至一昼夜而吐。

《内经》尚未有反胃之名，然其在有关呕、吐、哕、膈等病症的论述中，即包括反胃一症。如"饮食入而还出"，"食晬时乃出"（《灵枢·上膈》）；"盛满而上逆"（《素问·脉解》）等。《金匮要略》首载"胃反"症名。其后，历代医籍或称反胃，或称翻胃，名异实同。

【鉴别】

常见证候

脾胃虚寒反胃：食入而反出，朝食暮吐或暮食朝吐，吐出不消化食物，脘腹胀满冷痛，食少便溏，体倦乏力，四肢欠温，少气懒言，面色㿠白，舌淡苔白润，脉象浮涩或虚缓无力。

命门火衰反胃：朝食暮吐，甚则食下一日反出，完谷不化，饮食不下，泛吐清涎，澄沏清冷，形寒畏冷，腰膝冷痛，面浮足肿，腹胀飧泄，阳痿尿频，甚或二便不行，神疲欲寐，面色淡白，舌淡苔滑，脉微细沉迟。

寒饮内停反胃：胃反吐出宿谷及清水痰涎，或泛吐涎沫，脘痞少食，心悸头眩，或喘咳气逆，苔白滑腻，脉象弦滑。

痰气互结反胃：反胃吐出饮食痰涎，情志抑郁，烦躁喜怒，失眠多梦，胸膈痞满，脘腹胀满，呃逆嗳气，大便不爽，舌苔白腻，脉象沉弦。

酒积湿热反胃：心中懊憹而热，愠愠欲吐，反胃吐出宿谷酸臭，头重身困，胸脘痞闷，口干而渴，小便黄赤，舌苔黄厚而腻，脉象滑数或濡数。

瘀血阻滞反胃：食入格阻不化而反出，胸脘刺痛拒按，痛有定处，甚则吐血、便黑，大便结滞不爽，口燥咽干而渴，舌质紫暗或有瘀斑，脉象弦涩。

阴虚血燥反胃：食下涩滞，久而反出，口干心烦，心悸少寐，头晕目眩，腰痠耳鸣，形体羸瘦，肌肤枯燥，骨蒸盗汗，面色无华，大便燥结，舌红少苔，脉象细数。

气阴两虚反胃：食入反出，食欲不振，大便干结，心悸自汗，手足如灼，短气倦怠，唇干口燥，舌红无苔，或舌苔花剥，脉象虚细而数。

虫积反胃：反胃而心烦不宁，时作时止，食则吐蛔，甚则发生虫痛厥逆，面有虫斑，舌有大红点，脉乍大乍小。

鉴别分析

脾胃虚寒反胃与命门火衰反胃：二者皆属阳虚为患，然前者责之中焦脾胃，后者咎在下焦命门。脾胃虚寒反胃得之以生活调摄失慎，或忧思劳倦，或误行汗下等，损伤脾胃阳气，致使胃中虚冷，运化迟缓，水谷停留不化，宿积盛满，上逆反出。故其辨证要点在于：朝食暮吐或暮食朝吐，以吐出宿谷为快。并兼见脘腹满闷，食少便溏，面色㿠白，体倦乏力，手足不温等症。舌淡苔白润，脉浮涩或虚缓无力，也属中气虚寒之象。治当温中健脾，和胃降逆，方用补气健运汤。命门火衰反胃，多由高年阳衰，或久病不复，脾肾阳虚所致。命门真火乃三焦气化之原，故命火衰微，必然以温煦生化作用不及为其病机之主导。釜底无薪，谷入不化，久而反出，甚则食下一昼夜而吐出，吐出物澄沏清冷。阳衰则阴盛，故兼见形寒畏冷，腰膝冷痛，面足浮肿，或飧泄尿频，或二便不行等症。神疲欲寐，脉微细沉迟，舌淡苔滑，亦属阳虚阴盛之征。病责肾阳虚衰，治当补火以生土，温阳以助运，方用六味回阳饮，或金匮肾气丸。

脾胃虚寒反胃与命门火衰反胃，皆属虚寒之证。然二者相较，前者病较轻浅而责在中阳不振，后者病较深重而在命门火衰。故《景岳全书·反胃》曰："虚在下焦而朝食暮吐或食入久而反出者，其责在阴，非补命门以扶脾土之母，则火无以化，终无济也。"

寒饮内停反胃与痰气互结反胃：二者皆以痰饮为患。然前者病起于阳不化水而津留为饮；后者病机在于气郁不行而液凝为痰。寒饮内停，困遏中阳，水谷不运，脘痞少食，胃反而吐出宿谷痰涎；饮邪中阻，冲激上逆，故有头眩、心悸、喘逆等兼症；饮为阴浊之邪，故舌苔白腻，脉象弦滑。治遵《金匮要略》"病痰饮者，当以温药和之"之法，选用茯苓泽泻汤加减。痰气交阻反胃，病由郁怒难舒，气机郁滞，液凝为痰，痰气搏结，滞塞中道而成。其症吐出宿谷痰涎，胸膈痞满，呃逆嗳气，大便不爽，其脉沉弦，舌苔白腻或滑为其辨证要点。痰气互结，气郁为本，故临床常表现出情怀舒畅则诸症转轻，忧思患怒则诸证加重的特点。治当以解郁化痰为法，方选香砂宽中丸。

酒积湿热反胃与瘀血留滞反胃、二者皆属实证。酒积湿热反胃，乃由酗酒无度，湿浊内生，蕴郁化热，困遏中焦，浊热熏蒸上逆所致，吐出宿谷酸臭为其主症特点。湿热郁蒸于内，胃失和降，故兼见心中懊侬而热，口干而渴，小便黄赤，胸脘痞满，身困头重，舌红苔黄腻，脉弦数等湿热为病的重要特征。予清热利湿，解酒和胃为治，宜葛花解酲汤加减。瘀血反胃之本在于瘀阻胸脘，滞塞和降之机，食入不化，反胃吐出，甚则吐血、便血。瘀血留滞，故胸脘刺痛拒按，且有得暖稍缓，得寒加剧的特点。阴血不营，津不上承，故口咽干燥而渴，或但欲漱水不欲咽；血瘀肠燥，传导不利，故大便干燥而滞涩；舌质紫黯或有瘀斑，脉象弦涩，皆瘀血证的重要特征。治以活血化瘀，行气降逆为法，常选用桃核承气汤，韭汁为丸与服。

阴虚血燥反胃与气阴两虚反胃：皆属虚热证，为反胃重证。阴虚血燥反胃，病在下焦肝肾，多由房劳虚竭或恣食烈味，或忧思郁怒而至精血枯涸，谷道不润，食入不化，而致胃反，其主症特点为食下涩滞，久而反出，并兼见头晕目眩，口干心烦，心悸少寐，形体羸瘦，肌肤枯槁，大便燥结等阴血虚损、枯槁不荣的症状。阴血亏则热内生，故舌绛少苔，脉细数。临证辨治务在抓住引起阴血枯涸的病因、病机，干涩枯槁的病证特点，予泽枯润槁之治，常用通幽汤。气阴两虚胃反，多由热病之后，或久吐不愈，或误服温热燥烈药物，伤肺胃而耗气阴所致。胃液不足，犹釜中无水，难以熟谷，故令食入而反，食欲不振。气阴两虚，气不化液，故兼唇干口燥，大便干结，短气自汗，心悸少寐，舌红少苔或舌苔花剥，脉象虚细而数等症。治以益气养阴，降逆止呕，方用大半夏汤。

虫积反胃：虫于人体之中，因寒侵火迫则不安其位，蠢动上扰，胃失和降，食入反出，甚则吐蛔，心烦懊侬，时作时止，甚则发生虫痛而厥。《张氏医通·反胃》曰："反胃而胸中嘈杂不宁，或作或止，其人懊侬，面上有白点者，作虫积治之。"常选用连梅安蛔汤或乌梅丸。

反胃、呕吐、噎膈三症，皆有吐出食物的症状，应予鉴别。反胃多属阳虚有寒，饮食不化，其主症特点为食尚能入而经久反出，朝食暮吐或暮食朝吐。噎膈多系结气不舒，阴虚血燥，其主症特点在于吞咽困难，饮食难下，随食随吐或食后徐徐吐出。反胃之治可补可温，其治犹易。噎膈之症，其治颇难。呕吐病在上脘，责之胃不受纳；反胃病在下脘，责之脾不磨化。呕吐之症，实证居多，病发急暴，食入则吐。反胃之症，虚寒为主，病多缠绵。

【文献别录】

《备急千金要方·反胃》："寸紧尺涩，其人胸满不能食而吐，吐出者为下之，故不能食。设言未止者，此为胃反，故尺为之微涩。"

《扁鹊心书·呕吐反胃》："凡饮食失节,冷物伤脾,胃虽纳受而脾不能运,故作吐。……若伤之最重，再兼六欲七情有损者，则饮蓄于中焦，令人朝食暮吐，名曰翻胃，乃脾气太虚，不能健运也。"

《奇效良方·翻胃门》："夫反胃者，本乎胃，……多因胃气先逆，饮酒过伤，或积风寒，或因忧思悒怏，或因蓄怒抑郁，宿滞瘤癖，积聚冷痰，动扰脾胃，胃弱不能消磨谷食，遂成此证。"

（李炳文）

230. 噎　膈

【概念】

噎膈是吞咽障碍的一种临床症状。分而言之，噎指吞咽食物时梗噎不顺，膈乃膈阻不通，饮食不下。噎轻而膈重，噎是膈之始，膈为噎之渐。《千金衍义》曰："噎之与膈，本同一气，膈证之始，靡不由噎而成。"故可统称噎膈而合并论述。

本症在《内经》中称"膈"、"咽噎"、"膈塞不通"。《诸病源候论》则有"气噎"、"忧噎"、"劳噎"、"食噎"、"思噎"五噎之分。《肘后方》又有"忧膈"、"寒膈"、"热膈"、"气膈"、"恚膈"等五膈之别。

噎膈与反胃，虽均有呕吐，但概念不同。噎膈病位在食道胸膈之间，胃口之上，食物未曾入胃，以食不下或食入即吐为主症。反胃病位在胃，食已入胃，或朝食暮吐，或暮食朝吐，或食后即吐。所以赵献可在《医贯·噎膈论》中曰："噎膈，反胃……各个不同，病源迥异，治宜区别，不可不辨也。"另外，梅核气亦有咽中梗塞不顺感，但无饮食不下之苦，与此症不难辨识。

常见证候

痰气互结噎膈：吞咽梗塞，情志抑郁，失眠多梦，胸膈痞满隐痛，大便艰难，口干咽燥，形体消瘦，舌质红，苔薄腻，脉弦。

瘀血内阻噎膈：食入复出，甚则水饮难下，胸膈疼痛，体质消瘦，肌肤甲错，舌青紫，或带瘀斑，脉细涩。

气虚阳微噎膈：饮食不下，泛吐清涎，面色㿠白，虚浮，形寒神疲气短，脘腹胀满，舌淡苔白润，脉细弱。

阴虚津亏噎膈：饮食不下，吞咽梗塞，形体消瘦，皮肤干枯，心烦胃热，大便干结如羊矢，小溲短赤，舌红少津，脉弦细而数。

鉴别分析

痰气互结噎膈与瘀血内阻噎膈：二者均为实证，多由情志所伤而致。但前者属忧思伤脾，后者为恚怒伤肝。脾伤则气结，气结则湿聚，湿聚则痰生，痰气交阻，胃气不降，食道受阻，故饮食难下，致成噎膈。若因恚怒伤肝，肝气郁结，血随气滞，失于流畅，积瘀不化，阻塞食道，发为噎膈。两证均可随情绪变化而加重。鉴别要点：前者胸膈疼痛较后者为轻，瘀血内阻的舌青紫，脉涩滞与痰气交阻的苔薄腻，脉弦不涩区别较明显。治疗上，痰气互结，宜开郁润燥化痰，方用启膈散加减；瘀血内阻，宜养血活瘀开结，方用通幽汤加减。

气虚阳微噎膈与阴虚津亏噎膈：二者均为虚证，多出现于疾病的后期。前者因痰阻与血瘀日久，脾肾两亏，脾气虚则难以运化，肾阳衰则难以温化，气虚阳微不能化津，故泛吐清涎，饮食难下形成噎膈。后者由气郁化火，及久服辛辣燥热之品，消烁胃阴，或酒色过度，耗伤精血。阳明燥土不获濡润，上则食道干枯，饮食难下；下则大肠燥结，便如羊矢。鉴别要点：气虚阳微者有阳虚寒象足征，如形寒面白，泛吐清涎等。治宜温补脾肾，降逆和胃，方用补气健运汤。阴虚津亏者则有阴虚热象可稽，如皮肤干枯，舌红少津，脉细数等。治宜滋阴养血，润燥生津，方用沙参麦冬汤或五汁安中饮加味。

噎膈一症，历来被视为危重病候。患病初期多属实证，渐至由实转虚，由轻转重，实者气郁、痰凝、血瘀互为因果，结于食道；虚者不外乎气虚、阴枯。尚有虚实交错者，病情自更复杂，因此临床治疗，徒举一法往往难以奏功。当权衡虚实程度，辨证论治。另外，畅怀无忧亦是促进噎膈转愈的必不可少的因素，同时，还需忌房事，调饮食，才能更好的提高疗效。

【文献别录】

《杂病广要·膈噎》："治疗之法，调顺阴阳，化痰下气，阴阳平匀，气顺痰下，膈噎之疾，无由作矣。"

《玉机微义》："夫治此疾也，咽嗌闭塞，膈胸痞闷，似属气滞；然有服耗气药过多，中气不运而致者，当补气而自运。大便燥结如羊矢，似属血热；然服通利药过多，致血液耗竭而愈结者，当补血润血而自行。有因火逆冲上，食不得入，其脉洪大有力而数者，或痰饮阻滞而脉结涩者，当清痰泄热，其火自降。有因脾胃阳火亦衰，其脉沉细而微者，当以辛香之药温其气，仍以益阴养胃为之主，非若《局方》之惟务燥烈也。若夫不守戒忌厚味房劳之人，及年高无血者，皆不能疗也。"

（李　全）

231. 胁　痛

【概念】

两胁为足厥阴、足少阳经循行所过，故胁肋疼痛多与肝胆疾患有关。《灵枢·五邪》篇曰："邪在肝，则两胁中痛。"《素问·缪刺论》曰："邪客于足少阳之络，令人胁痛不得息。"

《金匮要略·五脏风寒积聚病脉证并治》篇称"胁下痛"。《丹台玉案》称"季肋痛"，《杂病广要》称"胠胁肋痛"，皆属胁痛范畴。

【鉴别】

常见证候

邪入少阳胁痛：胁痛，往来寒热，胸胁苦满，口苦，咽干，目眩，耳聋，不欲饮食，心烦喜呕，舌苔白滑，脉弦。

痰饮内阻胁痛：悬饮，胸肋胀痛，咳唾、转侧、呼吸时疼痛加重，气短息促，苔白，脉沉弦或沉滑。

肝郁气滞胁痛：胁痛以胀痛为主，痛无定处，疼痛每随情志的变化而增减，胸闷不舒，善太息，脘腹胀痛，饮食减少，舌苔薄，脉象弦。

瘀血阻络胁痛：胁痛如刺，痛有定处，入夜尤甚，胁肋下或有积块，舌质紫黯或有瘀斑，脉涩。

肝胆湿热胁痛：胁肋胀痛，口苦心烦，胸闷纳呆，恶心呕吐，目赤或黄疸，小溲黄，舌苔黄腻，脉弦滑。

肝阴虚胁痛：胁肋隐痛，其痛悠悠不休，口干咽燥，心中烦热，头目眩晕，或两目昏花，视物不清，舌红少苔，脉弦细而数。

鉴别分析

邪入少阳胁痛与痰饮内阻胁痛：两证一为表证，一为里证。邪犯少阳胁痛，其发病原因有二：一为风寒之邪直犯少阳经，二为由太阳传入少阳所致。少阳经脉布于两胁，寒邪外袭，少阳经气不利，邪居半表半里。《伤寒论·辨太阳病脉证并治第六》："伤寒五六日中风，往来寒热，胸胁苦满，嘿嘿不欲食，心烦喜呕，或胸中烦而不呕，或渴，或腹中痛，或胁下痞硬……"其辨证要点为胁痛、胸胁苦满、往来寒热。痰饮内阻胁痛，多因中阳素虚，复加外感寒湿，或为饮食劳伤，而使肺失通调，脾运转输无权，肾的蒸化失司，三者互为影响，水饮稽留，流注胁间，气机升降失调，故胸胁疼痛。《金匮要略·痰饮咳嗽病脉证并治》："饮后水流在胁下，咳唾引痛，谓之悬饮。"胁痛为悬饮的主要症状之一。其辨证要点有胸胁痛，气短息促，咳唾、转侧、呼吸时痛加重。邪入少阳胁痛治宜和解少阳，方选小柴胡汤加减。痰饮内阻胁痛治宜攻逐水饮，方选葶苈大枣泻肺汤、香附旋覆花汤，身体壮实者可用十枣汤。

肝郁气滞胁痛与瘀血阻络胁痛：二证皆为实证，一为气郁，一为血瘀。肝郁气滞胁痛，因情志不舒或暴怒伤肝，肝失条达，疏泄失职，而致肝气郁结。《证治汇补·胁痛》曰："因暴怒伤触，悲哀气结。"肝居胁下，其经脉布于两胁，气机郁结阻于胁络，则胁肋胀痛，其疼痛随情志的变化而有所增减。而瘀血阻络胁痛，多因平素有肝气不舒或肝气郁结，病久入络，血流不畅，则瘀血停着。《临证指南医案·胁痛》篇曰："经主气，络主血，久病血瘀。"胁络痹阻，则胸胁刺痛，固定不移。所以，二证可以从病之在气在血，疼痛性质，部位作为临床的鉴别要点。肝气郁滞胁痛以胀痛为主，疼痛游走不定，倏聚倏散，或见胸闷，善太息，情怀抑郁不舒等肝气郁结的症状；血瘀阻络胁痛，多为刺痛，痛有定处，或见积块，舌质紫黯有瘀斑等瘀血的症状。气滞与血瘀可以同时并存，《临证指南医案·胁痛》曰："久病在络，气血皆窒。"亦可以先后出现，也可有所侧重，如果胀过于痛，多偏气郁，如痛过于胀，多属血瘀。肝气郁滞胁痛治疗以疏肝理气散结为主，宜柴胡疏肝散加减，胁痛甚者加青皮、白芥子、郁金。瘀血阻络胁痛，治以活血化瘀通络为主，方选膈下逐瘀汤，或复元活血汤。

肝胆湿热胁痛与肝阴虚胁痛：一为实热证，一为阴虚证。肝胆湿热胁痛，多因湿热外侵或饮食不节，脾失健运，则生内湿，湿从热化，侵及肝胆，使肝胆失去疏泄条达之功，而引起胁痛。《杂病源流犀烛》："胠胁肋痛，肝经病也，盖肝与胆二经之脉，布胁肋，肝火盛，木气实，故流于胠胁肋间而作痛。"而肝阴虚胁痛，或因肝郁化火伤阴，或由肾阴不足波及肝阴，或因血虚不能养肝，肝阴不足，肝络失于濡养则导致胁肋隐隐作痛。《景岳全书·胁痛》篇曰："内伤虚损，胁肋疼痛者，凡房劳过度，肾虚羸弱之人，多有胸胁间隐隐作痛、此肝肾精虚。"辨证要点：肝胆湿热胁痛，临床多见胁痛剧烈，胸闷纳呆，小便黄赤，舌苔黄腻，脉弦滑或弦数；肝阴虚胁痛为胁肋隐痛，其痛悠悠不休，舌红少苔、脉弦细而数。或见有阴虚内热，或阴虚阳亢（口干咽燥、面部烘热、颧红、心中烦热、头眩耳鸣、视物昏花等）的症状。肝胆湿热胁痛治以清热利湿为主，常用龙胆泻肝汤。肝阴虚胁痛以养阴柔肝法，宜用一贯煎为主方。

胁痛一症，病因有外感、内伤之分，病证有虚实之辨，病位有气血之别。病变虽在肝胆，病机主要责之气、血两端。如《景岳全书·胁痛》云："血积有形而不移，或坚硬而拒按；气痛流行而无迹，或倏聚而倏散；若食积痰饮皆属有形之证，第详察其所因，自可辨识。"治疗时根据"通则不痛"的原则，祛除病邪，调畅气血，则自能取效。

【文献别录】

《景岳全书·胁痛》："胁痛之病本属肝胆二经、以二经之脉皆循胁肋故也，然而心肺脾胃肾与膀胱亦皆有胁痛之病，此非诸经皆有此证，但以邪在诸经，气逆不解，必以次相传，延及少阳厥阴，乃致胁肋疼痛。故凡以焦劳忧虑而致胁痛者，此心肺之所传也；以饮食劳倦而致胁痛者，此脾胃之所传也；以色欲内伤，水道壅闭而致胁痛者，此肾与膀胱之所传也。传至本经则无非肝胆之病矣。"

《证治汇补·胁痛》："因暴怒伤触，悲哀气结，饮食过度，风冷外侵，跌仆伤形，叫呼伤气，或痰积流注，或瘀血相搏，皆能为痛。至于湿热郁火，劳役房色而病者、间亦有之。"

《临证指南医案·胁痛》："杂证胁痛，皆属厥阴肝经，以肝脉布于胁肋，故仲景旋覆花汤、河间金铃子散，及先生辛温通络、甘缓理虚、温柔通补、辛泄宣瘀等法，皆治肝著胁痛之剂，可谓曲尽病情，诸法毕备矣。然其症有虚有实，有寒有热，不可概论，苟能因此扩充，再加详审，则临证自有据矣。"

（马素琴）

232. 胃 脘 痛

【概念】

胃脘痛，简称胃痛，是指上腹部近心窝处发生疼痛。

本症在《素问》中称"胃脘当心而痛"；《景岳全书》称"心腹痛"；《寿世保元》称"心胃痛"。按其病因病机，可分为虚痛、气痛、热痛、寒痛、瘀痛、食痛、虫痛等。

古代文献中所说的心痛、心下痛等，亦多包括胃脘疼痛，但本症应与真心痛相鉴别，后者疼痛常在左侧胸膺部，每突然发作，疼痛剧烈，或如锥刺，或心胸闷痛窒塞，难以忍受。疼痛可向左侧肩背或左臂内侧放射，即所谓"心痛彻背"。病情严重者则如《灵枢·厥病》篇所描述："真心痛，手足清至节，心痛甚，旦发夕死，夕发旦死。"其预后和治疗与胃脘痛截然不同，不可混为一谈。

《伤寒论》中大结胸证之心下痛与本症虽同属心下，但受邪性质和部位大小有别。大结胸疼痛部位为心下至少腹，本症只限于上腹部。前者为风寒之邪内传化热，水热互结所致，后者多见于内伤杂病。

【鉴别】

常见证候

脾胃虚寒胃痛：胃脘隐隐作痛，绵绵不绝，食少纳呆，泛吐清水，喜按喜暖，饥饿时痛甚，得食稍减，遇冷则剧，畏寒肢冷，大便稀溏，小便清长。其痛时轻时重，数年不愈，严重者可兼呕血或便血。偏于气虚者，可见面色不华，形体消瘦，倦怠乏力，食少纳呆，甚则兼见少腹坠胀，久泻不禁，脱肛。舌质淡嫩，边有齿痕，苔薄白而滑，脉沉迟或濡弱。

胃阴虚胃痛：胃脘隐隐灼痛，口干唇燥，嘈杂如饥，或饥而不欲食。可见干呕呃逆，甚则噎膈反胃，大便干燥，舌红少津，少苔或无苔，脉弦细或兼数。

肝郁气滞胃痛：胃脘胀满攻冲作痛，连及两胁，胸闷痞塞，喜长叹息，食少纳呆，嗳气泛酸，或见呕吐，大便不畅，舌苔薄白或薄黄，脉弦。

食积胃痛：胃脘胀满，疼痛拒按，嗳腐酸臭，恶闻食气，恶心呕吐，吐后痛减，大便不爽，舌苔厚腻，脉滑。

肝火犯胃胃痛：胃脘烧灼疼痛，痛势急迫，疼痛拒按，喜冷恶热，烧心泛酸，口干口苦，甚则呕吐苦水，或兼见吐血、便血，烦躁易怒，便秘溲赤，舌红苔黄，脉弦数。

瘀阻胃络胃痛：胃脘疼痛如针刺或刀割，痛有定处而拒按，可兼见吐血便黑，舌质紫黯或有瘀斑，脉涩。

寒邪犯胃胃痛：胃脘疼痛较甚，得温痛减，痛时常兼恶寒，或呕吐白沫，口不渴或喜热饮，舌苔白，脉紧。

鉴别分析

脾胃虚寒胃痛与寒邪犯胃胃痛：皆属寒证，疼痛可得热而减轻，但有虚实之别。前者多由素体气虚，或久病脾胃虚弱，中阳不振，寒从内生，胃失温养。其疼痛特点为胃

— 318 —

痛隐隐，得按则减，舌脉呈虚寒之象。治宜温养脾胃，方用黄芪建中汤加减；如中气下陷用补中益气汤；寒甚用附子理中汤；呕血、便血用归脾汤或黄土汤加减。后者多由寒从外侵，内犯脾胃，且有感受寒冷或恣食生冷的病史，胃痛暴作，病程较短。其疼痛特点为胃脘绞痛，痛势较剧，苔白脉紧，呈寒实之象。治宜温胃散寒，方用良附丸加味。

肝火犯胃胃痛与胃阴虚胃痛：皆属热证。可见口干、便秘、舌红、脉数等症。但病因病机亦有不同，前者或由肝郁气滞胃痛转化而来，多由情志不遂，肝气郁结，郁久化火，肝火犯胃；或因嗜食辛辣、肥甘厚味，及过用温热药物，蕴成内热；或感受六淫之邪，化热内传胃腑，热壅脉络，气血失调，发为胃痛。后者多由胃病迁延日久，损及阴血；或热病耗伤胃阴所致。其辨证要点，肝火犯胃胃痛因火性急迫，故胃痛发作较急，痛势甚剧，常兼口渴引饮，面红目赤，呼吸气粗等实热征象，治宜泄热解郁，方用清热解郁汤加减。胃阴虚胃痛，因阴津亏损，胃失濡养，脉络拘急不舒所致。故胃痛隐隐，痛势较缓，常兼见口干不欲饮，手足心热，舌红少苔或光红无苔，脉细等阴虚征象。治宜和胃益阴，佐以理气，方用麦门冬汤合一贯煎加减。

肝郁气滞胃痛与瘀阻胃络胃痛：皆属实证。导致气滞的原因主要是七情内伤，肝气郁结，横逆犯胃，胃失和降，气机阻滞，不通则痛，痛无定处，其特点为痛而兼胀，并伴有胸胁胀满，嗳气等症。气滞不愈，久必及血，或胃痛迁延损伤络脉，瘀血留阻。因而痛处固定不移，其特点为痛如针刺，并伴有呕血便黑，舌紫等之象。临床上应结合证情，辨证施治，肝郁气滞宜疏肝理气和胃，方用柴胡疏肝散加减；瘀血留阻宜活血化瘀通络，方用失笑散或膈下逐瘀汤加减。

食积胃痛：亦属实证，主要临床表现为胃脘胀痛，嗳气呕吐，嘈杂泛酸，多有暴饮暴食的病史。食滞与气滞胃痛的辨证要点：前者胃脘胀痛拒按，兼见恶食，嗳气腐臭或酸腐，舌苔厚腻等伤食症状。后者胃痛连及两胁，或兼胸胁胀闷不舒等气机失调症状。且胃痛每于情志不舒时发作或加重，嗳气泛酸，而无腐臭气味，亦尤厚腻古苔等。食停积胃痛，治宜消食导滞，方选保和丸加减，或用小承气汤加木香、香附以通泄胃腑。

【文献别录】

《医学正传·胃脘痛》："古方九种心痛，……详其所由，皆在胃脘，而实不在于心。"

《寿世保元》："胃脘痛者，多是纵恣口腹喜好辛酸，恣饮热酒煎煿，复食寒凉生冷，朝伤暮损，日积月深，自郁成积，自积成痰，痰火煎熬，血亦妄行，痰血相杂，妨碍升降，故胃脘疼痛，吞酸嗳气，嘈杂恶心，皆噎膈反胃之渐者也。"

《杂病源流犀烛·胃病》："胃痛，邪干胃脘病也。胃禀冲和之气，多气多血，壮者邪不能干，虚则着而为病，偏寒偏热，水停食积，皆与真气相搏而痛。惟肝气相乘为尤甚，以木性暴，且正克也。"

（毛翼楷　高荣林）

233. 脐 腹 痛

【概念】

脐腹痛，系指脐周围部位的腹部疼痛。

本症《内经》称为"环齐而痛"。《伤寒论》、《金匮要略》均称"绕脐痛"。《张氏医通》等书则称为"当脐痛"。后世称为脐腹疼痛。

脐腹痛与小腹痛、少腹痛等皆属于腹痛范围，因其疼痛发生的具体部位不同，症状名称各异：痛于脐周者，称为脐腹痛；痛处在脐下者，称为小腹痛；痛于脐下两侧者，称为少腹痛，临床宜相鉴别。妇人腹痛与胎、产、经、带有关者，请参见妇科有关条目。

【鉴别】

常见证候

寒凝积冷脐腹痛：脐腹卒然而痛，疼痛剧烈，无有休止，得温稍减，不思饮食，肠鸣腹冷，大便泄泻或秘结不通，甚则手足厥冷，舌质淡或青，苔白润，脉沉紧而迟。

脾肾阳虚脐腹痛：脐腹冷痛，其势绵绵，时轻时重，喜温喜按，遇冷加重，神疲倦怠，畏寒肢冷，大便溏薄，舌质淡，舌苔薄白，脉沉细弱。

阳明热结脐腹痛：腹痛绕脐，满硬拒按，日晡潮热，手足溅然汗出，大便秘结，或见下利稀水，小便短赤，舌质红，舌苔黄厚而燥，脉沉滑而数。

肠胃气滞脐腹痛：脐腹疼痛，胀满不舒，胀痛随矢气而稍减，或脐腹部有气瘕攻动作痛，情志不舒则疼痛加重，不欲饮食，舌苔薄白，脉弦滑。

湿热蕴结脐腹痛：脐腹疼痛，痛则欲泻，下而不爽，里急后重，大便粘稠臭秽，兼夹脓血，口苦而干，不欲饮水，舌质黯红，舌苔黄腻而厚，脉滑数。

伤食积滞脐腹痛：脐腹疼痛，嗳气泛恶，不思饮食，或大便泄泻，所下多为未消化食物，气味酸臭，泻后痛减，舌苔根部厚腻，脉滑。

蛔虫内扰脐腹痛：脐腹疼痛，阵作无时，发则疼痛剧烈，或可见腹部积块突起，痛止则一如常人，面黄形瘦，时吐清水，或寐而齘齿，或嗜食异物，或唇面有虫斑，或有便虫史，疼痛时脉弦，或沉伏。

鉴别分析

寒凝积冷脐腹痛与脾肾阳虚脐腹痛：二者皆为寒痛，而前者为实证，后者属虚证。前者多由脾胃素弱，风寒之邪侵袭脐腹，或饮食不慎，过食生冷，致寒凝积冷于肠胃，中阳被遏，气机阻滞，不通则痛。后者常因脾阳久衰，累及肾阳，或肾阳虚亏，火不生土，脾肾两虚，寒从中生而致。二者的鉴别要点是：前者脐腹疼痛暴起，痛势剧烈，痛不休止；后者脐腹疼痛渐来，其痛绵绵，时轻时重，且多兼见神疲倦怠，畏寒肢冷，大便溏薄等脾肾阳虚之象。寒凝积冷脐腹痛，治宜温中散寒，理气止痛，方选天台乌药散加干姜、肉桂之类；大便秘结不通者，可用温脾汤加减。脾肾阳虚脐腹痛，治宜补益脾肾，温阳止痛，酌用附子理中丸，或理阴煎加肉桂、白芍。

阳明热结脐腹痛与肠胃气滞脐腹痛：二者皆为实证，前者为有形之热结，后者是无形之气聚。前者系由感受外寒，入里化热，或温热之邪传中，热灼津伤，邪热与大肠之糟粕互结而致，其辨证要点为腹痛绕脐，甚则满硬而拒按，大便秘结不行，或热结旁流，臭秽异常。后者多因脾胃运化失司，气机升降受阻，气滞于内，郁结不通，不通则痛，其辨证要点为脐腹疼痛必兼胀满，甚则有气瘕攻动，得矢气下行则痛减，情志变化常致疼痛加重。两证比较，前者是热结之象，腹痛绕脐而硬满拒按，日晡潮热，手足汗出，大便秘结，或热结旁流，即阳明腑实证；而后者为气滞之候，腹痛环脐，胀满因矢气而减，甚则有气瘕攻动，疼痛与情志变化有关。阳明热结脐腹痛治以清热泻下法，酌选调胃承气汤、大承气汤、小承气汤；肠胃气滞脐腹痛治宜降气散结，调中止痛，可选用五磨饮子化裁。

湿热蕴结脐腹痛与伤食积滞脐腹痛：二者都是实证，其临床表现疑似较多，容易混淆。湿热蕴结脐腹痛为湿热下迫大肠，故脐腹绞痛，热迫则里急，湿滞必后重，大便下而不爽，臭秽粘腻，兼夹脓血。伤食积滞脐腹痛即《素问·痹论》所谓"饮食自倍，肠胃乃伤"所致。食物积滞初在胃脘，继至大肠，故脐腹疼痛，大便泄泻，而所下多夹杂未化之食物，气味酸腐，泻后积去，则疼痛稍减。二者皆有脐腹疼痛，大便不调的共同表现，但前者里急后重，多夹脓血，所下臭秽；后者泻后痛减，多夹完谷，气味酸臭。其治疗，前者清湿热，理气血以止痛为主，方用芍药汤加减；后者当消积导滞，积滞除而痛自止，可用木香槟榔丸、枳实导滞丸化裁。

蛔虫内扰脐腹痛：饮食不洁，湿热蕴积生虫，虫居腹中，虫动则痛作，虫静则痛止，故脐腹疼痛阵作，时作时止。其特点为虫积则腹见积块，虫散则积块消失；痛作则剧不可忍，痛止则一如常人。并见呕吐清水，寐而龂齿，嗜食异物，唇面虫斑，大便下虫等皆是其特殊表现。其治疗，如疼痛发作，则宜安蛔止痛，用乌梅丸加减；疼痛停止，则宜驱蛔杀虫，用化虫丸治之。

总之，脐腹痛为临床常见症状之一。辨证之法，大抵以疼痛喜按为虚，不可按为实；伴有便秘燥结者为热，兼有便溏肢冷者为寒；伤食者大便酸臭，泻下完谷；虫积者腹痛剧烈，止如常人；痛而且胀则为气滞，便下脓血多为湿热。临证抓住疼痛的性质，并与舌、脉及兼症互参，则可鉴别。

【文献别录】

《类证治裁·腹痛》："当脐疗痛，审系肝脾络血瘀结，失笑散加归须、桃仁、韭汁。若肾虚任脉为病，六味丸加龟板"。

（高荣林）

234. 小 腹 痛

【概念】

脐下正中部疼痛，谓之小腹痛。小腹痛是较常见的内科症状，多与肾、膀胱、小肠等病变有关。

在古典医籍中本症很少单立条目，而多见于"腹痛"（如《医学正传》）、"心腹痛"（如《景岳全书》）等篇目之下，或散见于癃闭、淋证等疾病之中。

《伤寒论》中所说的"少腹急结"、"少腹里急"及《金匮要略》中所说的"少腹弦急"，实则指小腹部拘急疼痛，当属于本症的范畴。而外感风寒所致的膀胱蓄水证，则以小便不利、小腹胀满为主，多无明显疼痛，不属于本症的范畴。

胞宫及冲任二脉的病变，多可见小腹疼痛，并兼见月经不调、痛经、经闭、带下等症，属于妇科范畴。《杂病源流犀烛》中所说的"冲疽"，亦"发于小腹"，"疼痛寒热"，"如掌而热"，"亦或焮赤微肿"，属于外科范畴。本篇均不作讨论。

【鉴别】

常见证候

膀胱湿热小腹痛：小腹胀满疼痛，小便量少、色赤，成血尿，尿时灼热疼痛，甚或淋闭不通，小腹拘急，口渴，便秘，舌红苔黄，脉数或细数。

膀胱阻滞小腹痛：所谓膀胱阻滞者，或湿热、（膀胱湿热小腹痛）或气滞、或瘀血、或砂石等所致。气滞者，小腹胀痛，胸胀胁痛，尿后小腹疼痛，脉弦；瘀血者，小腹痛甚，或拘急，尿血；砂石阻滞者，小腹痛，痛掣阴部，疼痛甚剧，尿血，若尿出砂石，则诸症顿愈。

肾虚寒凝小腹痛：小腹隐痛，时轻乍重，腹冷，伴腰膝冷痛，甚或其凉如冰，虽盛夏而不温，遇寒则重，得暖则舒，形寒肢凉，唇淡口红，小便清长，或余沥不尽，舌淡苔白，脉象沉细。

鉴别分析

膀胱湿热小腹痛与肾虚寒凝小腹痛：前者为热实证，后者为虚寒证。膀胱湿热者，湿热结于膀胱，其发病急，小腹胀满疼痛甚或拘急，小便赤，尿时灼痛，口渴，便秘，苔黄，脉数等，均一派热象之征，治当清利下焦膀胱湿热，湿热去则小腹疼痛亦随之而愈，方用八正散加减。肾虚寒凝者，其病因为下焦阳虚，阳虚则寒，病非得之一日，其表现为小腹隐痛，且小腹冷如冰，形寒肢凉，畏冷喜暖，小便清长或余沥不尽，舌淡，脉细等一派虚寒之象，治当温补下焦，卑使元阳充足，则虚寒除而腹痛愈，方用右归丸加减。

膀胱阻滞小腹痛：有湿热、气滞、瘀血、砂石之分，湿热者已如前述。气滞小腹痛者，则胀重于痛，以胀为主，且伴有胁肋疼，小腹疼痛多出现于排尿之后，小便排出不畅，但无明显偏热、偏寒形迹，此乃气机不畅所致，治当利气疏导，方用沉香散加减。瘀血小腹痛者，小腹胀痛，痛甚于胀，甚者痛如针刺，小腹拘急，或血尿，治当通利活血，方用桃核承气汤、或抵当汤（丸）加减。砂石阻滞小腹痛，绞痛如割，或掣及腰痛，或牵及会阴，血尿明显，治当通淋下石，方用排石汤加减。

总之，小腹痛与少腹痛二症临床往往无明显区别。小腹痛大致多与膀胱、子宫有关。临床虽有虚实寒热之辨，但终以热证、实证为多，而虚证、寒证为少。《张氏医通》云："小腹痛满有三，皆为内有留著，非虚气也。"

【文献别录】

《景岳全书·杂证谟》："下焦小腹痛者，或寒，或热，或食，或虫，或血，或气逆，皆有之。凡闭结者，利之、下之。当各求其类而治之。"

（毛翼楷　高荣林）

235. 少　腹　痛

【概念】

脐下偏左或偏右处疼痛，谓之少腹痛，多与肝经病变有关。

《伤寒论》及《金匮要略》中所说的少腹痛，实指小腹部疼痛而言，应加以注意。

在古典医籍中，本症多与小腹痛混为一谈而散见于"腹痛"篇目之下，或见于疝气等疾病之中。至于肠痈之腹痛，本节不予讨论。

【鉴别】

常见证候

寒滞肝脉少腹痛：少腹疼痛牵引睾丸，坠胀剧痛，或兼阴囊收缩，其痛为逢寒益甚，得热稍舒，常兼面色㿠白，形寒肢冷，呕吐清涎，舌苔白滑，脉沉弦或迟等症象。

肝气郁结少腹痛：少腹气滞不舒，痛引阴睾，其痛时缓时急，时作时止，每因情志激动或过劳而发；或见少腹及脐旁左右扛起，聚散无常，时觉胀痛甚则剧痛难忍，按之尤甚，每兼两胁胀痛，胸闷太息，腹痛泄泻，急躁易怒，舌苔薄白，脉弦或沉。

肠道湿热少腹痛：少腹疼痛，下痢脓血，里急后重，口渴欲饮，舌红苔腻微黄，脉滑数。

肝寒少腹痛：少腹绵绵作痛，常以左侧少腹疼痛为甚，面色㿠白，倦怠乏力，形寒畏冷，手足不温，兼见呕吐或下利，舌淡苔白，脉弦迟。

鉴别分析

寒滞肝脉少腹痛与肝寒少腹痛：二者均为寒性少腹疼痛，但有在经在脏之不同。寒滞肝脉，肝之经脉络阴器抵少腹，故其特点是少腹疼痛牵引睾丸；肝寒，其疼痛不伴有睾丸疼痛，而是兼见呕吐下利等症。前者为实寒，故疼痛较剧，按之益甚；后者是虚寒，故痛势绵绵，得按痛减。前者治宜温散肝经之寒，方用当归四逆汤加吴萸、生姜；后者治宜温散肝脏之寒，方用吴茱萸汤。

肝气郁结少腹痛与寒滞肝脉少腹痛：二者病位均在于肝经，且均为实邪所犯，故其疼痛均可牵引睾丸，且疼痛较剧。所不同者，前者为气滞，故疼痛时缓，每因情志激动而发，并多兼见两胁胀痛，胸闷太息等肝气郁滞症状；后者为寒邪所犯，故疼痛得热稍缓，且伴有面白肢冷，畏寒踡缩，舌苔白滑，脉沉迟等一派寒象。前者治宜疏肝理气，方用柴胡疏肝散与川楝子散合方；后者治宜温散肝中之寒。

肠道湿热少腹痛：肠道湿热可致右侧少腹疼痛，按之尤甚，可有下痢脓血或名为厥阴下利。其病势较急，疼痛较剧。因其为湿热交阻，致血行瘀滞，故腐为脓血，可见小便短赤，舌苔黄腻，脉滑而数等湿热症状。治宜清热利湿活血止痛，方用白头翁汤加减。

【文献别录】

《素问·玉机真脏论》："病名曰疝瘕，少腹冤热而痛，出白，一名曰蛊。"

《杂病源流犀烛》："若少腹痛，疝病为多。然有不尽由于疝者，其为症可辨。如痛而喜按，虚也；痛不可按，实也；痛而小便不利，湿也；痛而胀急，小便反利，死血也；痛连阴茎，按之则止，肝血虚也；痛如绞急，不可忍耐，小便如淋，诸药不效，酒欲过度也；痛而按之有块，时胀闷，其痛处不移，瘀血已久也。"

（毛翼楷　高荣林）

236. 腹 筋 挛 急

【概念】

腹筋挛急，是指腹部筋脉肌肉拘急挛缩，牵引不适。"挛急"一症最早见于《灵枢·经脉》"是动则病手心热，臂肘挛急。""挛急"即拘急、拘挛之意。多因六淫外邪伤及筋脉，或肝失疏泄，经脉不和所致，阴血虚衰不能养筋亦可引起。

【鉴别】

常见证候

寒湿阻滞腹筋挛急：腹部筋脉肌肉拘急挛缩或疼痛，四肢痠楚重着，或伴恶寒发热，恶心纳差，苔白腻，脉濡细或弦紧。

肝郁气滞腹筋挛急：腹部筋脉肌肉拘急挛缩，连及两胁、少腹，胸闷，善太息，纳差，苔白脉弦。

血不荣润腹筋挛急：腹部筋脉肌肉拘急挛缩，牵引不适，时作时止，面白无华，头晕心悸，失眠多梦，舌淡，苔白，脉沉细弦。

鉴别分析

寒湿阻滞腹筋挛急：寒邪凝滞，其性收引，湿邪重浊，易阻遏气机。外感寒湿，留着腹部筋脉肌肉，致筋脉不利，拘急挛缩。其寒邪甚者，苔白脉弦而紧，湿邪甚者，苔腻脉濡而缓。临床辨证要点是，起病急，有外感因素，伴四肢痠楚重着，恶寒发热，治宜散寒除湿，舒经活络，方选薏苡仁汤加减。

肝郁气滞腹筋挛急：《灵枢·九针》："肝主筋"，《素问·六节脏象论》："肝者……其充在筋。"由此可见，肝主一身之筋脉，筋脉全赖肝血之滋养，才能活动有力。如肝郁气滞，失于条达，则筋脉失充导致挛急，而见腹筋挛急，胸胁胀满，善太息。临床辨证要点是，有情志抑郁史，遇情绪波动而加重。治以疏肝解郁，理气通络，方选柴胡疏肝散合芍药甘草汤加减。

血不荣润腹筋挛急：病起于慢性消耗性疾病，或热病后期，或体质较弱，气血两亏，阴津不足，阴血不能荣润筋脉，而致腹筋挛急。临床辨证要点，腹筋挛急同时兼见面白无华，头晕心悸等阴血不足之症，病情时轻时重，治宜养血荣筋，方选芍药甘草汤、桃红四物汤加减。

【文献别录】

《杂证会心录·挛症》："拘挛属肝，肝主身之筋也。古书有风寒湿热血虚之不同，然总不外亡血，筋无荣养则尽之矣。盖阴血受伤则血燥，血燥则筋无所滋。……且精血不亏，虽有邪干，亦决无筋脉拘急之病。而病至坚强，其枯可知。治此者，必先以气血为主，若有微邪，亦不必治邪，气血复而血脉行，邪自不能留。"

（徐贵成）

237．腹中痞块

【概念】

腹中痞块即腹内肿块。

腹中痞块属于癥瘕积聚病症范围，根据肿块发生的部位及其活动与否，在《内经》中有不同的称谓。发生于腹部如心下（上脘）、脐腹、少腹的称"伏梁"（《腹中论》、《邪气脏腑病形》），若发于胁下，则称"息积"、"肥气"（《奇病论》、《邪气脏腑病形》），因这类肿块比较明显，往往"上下左右皆有根"，或"若复杯"，且推之不移，称为积或癥。若发生于少腹，称"虑（伏）瘕"、"肠覃"（《气厥论》、《水胀》），如为妇人少腹肿块，则称"瘕聚"、"石瘕"，这类肿块临床多不明显，且推之可以活动，间或也有异常肿大者，称为瘕或聚。腹中痞块可分为两类，一类是形迹明显而推之不移的积、癥，一类是形迹不甚显著而推之可移的瘕、聚。但有的积、癥初得之时也可移动，久之则质硬形迹明显而推之不移(《卫气》)。《诸病源候论·癥瘕病诸候》说："癥瘕……其病不动者，直名为癥，……瘕者假也，为虚假可动也。"一般地讲，瘕、聚病程短而易治，积、癥病程长而难医。故《金匮要略·五脏风寒积聚病脉证并治》中说："病有积、有聚，……积者脏病也，终不移；聚者腑病也，发作有时，展转痛移，为可治。"

历代医家对腹中肿块的称谓很多，如《诸病源候论》称"癖"，《备急千金方》称"坚癥积聚"，《外台秘要》称"痃癖"，《丹溪心法》与《士材三书》称"积聚痞块"。痞块与痞满不同，痞满是感觉脘腹痞闷的一种自觉症状，按之软而无形迹。

妇人癥瘕可参见其专条讨论，本篇不赘。至于小儿痞块也因其独具特点，故亦另立专条阐述。

【鉴别】

常见证候

气滞血瘀腹中痞块：痞块多发于胁下，初起软而不坚，胀痛或压痛，痛有定处。病久则痞块质硬，疼痛较重，且多为刺痛，身体消瘦困倦，面色晦黯，饮食减少，甚或肌肤甲错，舌紫青或有瘀斑，脉弦或弦细。

痰食凝结腹中痞块：痞块多发生于胃脘或脐腹部位，胃脘胀满闷痛，压痛拒按，食欲不振，或形瘦体倦，面色萎黄，短气，舌淡，脉细。

中气虚损腹中痞块：痞块居脐腹或下腹，按之软，且随体位变化或大或小，平卧时可不显著，站立时则明显可见。多为隐痛，脘腹胀满，食欲减退，大便不实。或形体消瘦，四肢倦怠，面色萎黄，舌质淡，脉细。

鉴别分析

气滞血瘀腹中痞块：有以气滞为主者，有以血瘀为主者。气滞者，痞块不甚明显，或仅可触及，胁痛胀满，或压痛，脘闷，纳呆，嗳气，恶心，口苦，眩晕，或大便不实，舌苔薄黄，其脉弦细。得之多因情志不畅，郁怒伤肝，肝气郁结所致，故其临床表现以气滞症状为多。肝气失调，或犯胃而致肝胃不和（脘闷、纳呆而兼恶心、嗳气），或乘脾而为肝脾不和（脘闷、纳呆、而兼大便不实或腹泻），但胸闷不舒，胁痛胀满，脉弦等气滞症状则为二者所必具。治疗应以疏肝解郁，行气止痛为主，佐以活血药物，当用逍遥散合金铃子散加减。病久不愈，气结不通而致瘀血凝聚，则痞块肿大明显，质地较硬，且固着不移，疼痛剧烈而多为刺痛，或面色黧黑，或肌肤甲错，舌青紫或有瘀斑，脉弦或涩，则是以瘀血为主要表现的腹中痞块。治疗当以活血祛瘀为主而佐以行气之药，方用膈下逐瘀汤合失笑散加减，或用鳖甲煎丸加减。气滞血瘀腹中痞块一证临床表现若以气滞为主，则多为痞块初起，病程短，病证轻，较为易治；若以瘀血为主，则为病积日久，病程长，病证重，较难获愈。

痰食凝结腹中痞块与气滞血瘀腹中痞块：气滞血瘀腹中痞块的形成因气滞而血瘀，瘀血聚结则痞块成形而发于胁下；痰食凝结腹中痞块形成的原因则由于冷物饮食所伤，《灵枢·百病始生》篇谓："积之始生，得寒乃生"，由于饮食生冷，"入于肠胃则䐜胀，䐜胀则肠外之汁沫（痰饮）迫聚不得散，日以成积"，即为食与痰互结而成腹中痞块。发于胃脘部位，疼痛或拒按。治疗应以攻下痰食积聚为主，方用大承气汤或太平丸加减。也有因痰食瘀血互结而成痞块者，即《灵枢·百病始生》篇所谓"汁沫（痰饮）与血相搏，则并合凝聚不得散而积成”。治疗应逐痰食，祛瘀血，痰瘀同治。《医学正传》谓："瘕有痰挟血而成窠囊者，用桃仁、红花、香附、大黄之类治之。"

中气虚损腹中痞块与痰食凝结腹中痞块：前者是由于脾气不足，运化失司，或寒凝水湿不化，痰饮蓄结于胃脘，或食滞不化，食积宿结于腹中，久之中气虚损下陷，脘腹痞块或大或小，但按之软，多呈隐痛。脘胀，纳呆，消瘦，身倦，便溏，舌淡，脉细，均为脾虚不足之临床见症，一般病程较长。治疗应以补中益气为主，方用补中益气汤加减，或用一味苍术为末内服(《普济本事方》)。而后者是因为饮食生冷所致，病程短，而多为实证，或虚实夹杂证，治疗应攻逐积聚。

腹中痞块一症，历代医书记述不但名目繁多，如《难经》中有"五积"之称（肥气、伏梁、痞气、息贲、奔豚），且临床表现相互之间也往往混淆不清，但可统称之为腹中痞块。其形成原因，《丹溪心法》谓："气不能作块成聚，块乃有形之物也，痰与食积、死血而成也"。初得之可为实证，如痰食凝结腹中痞块初起即是，但痞块一旦形成，触之有形可察，病已日久，故临床多为虚证或虚实夹杂证，其治疗不得专施攻伐，当须兼顾正气，用药遣方多与香砂六君等扶正补脾类方药间相服用。故《景岳全书·杂证谟》谓："治积之要，在知攻补之宜，而攻补之宜，当于孰缓孰急中辨之。凡积聚未久而元气未损者……速攻可也；若积聚渐久，元气日虚……当从缓治，只宜专培脾胃，以固其本。"

【文献别录】

《金匮玉函要略辑义·五脏风寒积聚病》："邵氏〈明医指掌参补〉云：痞块多在皮里膜外，并不系肠胃间，而医者往往以峻剂下之，安能使此块入肠胃，从大便出哉。吾见病未必去，而元气已耗，经年累月，遂至不治者多矣"（转引自《内科学》)。

《证治汇补·积聚》："大法咸以软之，坚以削之，惟行气开郁为主。或以所恶者攻之，或以所喜者诱之，则易愈。"

（高荣林　马素琴）

238. 腹露青筋

【概念】

腹露青筋，是指腹部皮肤青筋暴露。《内经》称为"腹筋"，如《灵枢·水胀》曰："腹胀，身皆大，大与肤胀等也，色苍黄，腹筋起，此其候也。"腹露青筋常与腹部膨胀同时出现，两者均为鼓胀的临床表现。小儿疳积腹胀亦可出现腹露青筋，不在本条讨论之列。

【鉴别】

常见证候

气滞湿阻腹露青筋：腹大胀满，青筋暴露，两胁胀痛，食欲不振，食后腹胀加重，肢体困倦，小便短少，大便溏泄，舌苔白腻，脉弦。

肝脾血瘀腹露青筋：腹大坚满，青筋暴露，胁下肿块刺痛，口干但欲漱水不欲咽，大便色黑，面色黧黑，头颈胸臂见丝纹状血痣，唇色紫暗，舌质黧紫有瘀斑，脉细涩。

脾肾阳虚腹露青筋：腹大胀满，青筋暴露，畏寒肢冷，脘闷纳呆，腰膝痠软，小便不利，大便溏，下肢浮肿，面色苍黄，舌质胖淡紫，苔白滑，脉沉细。

肝肾阴虚腹露青筋：主要表现有腹大胀满，青筋暴露，头晕目眩，心烦失眠，口燥咽干，齿鼻衄血，小便短少，面色晦暗，舌红少津，脉弦细数。

鉴别分析

气滞湿阻腹露青筋与肝脾血瘀腹露青筋：气滞湿阻腹露青筋是由于肝郁气滞，疏泄失职，横逆犯脾，脾失健运，水湿内停，湿浊壅塞，气血不畅，脉络受阻所引起。其临床表现除腹大胀满，青筋暴露外，尚有肝气郁结之两胁胀痛及脾虚湿困之食欲不振，食后腹胀加重，肢体困倦，小便短少，大便溏等表现。肝脾血瘀腹露青筋是由于瘀血阻于肝脾，脉络不通所致，本证往往由气滞湿阻发展而来，因此出现与气滞湿阻腹露青筋相同的腹大胀满，青筋暴露，小便不利，两胁作痛等症，其主要不同表现为胁下肿块刺痛，口干但欲漱水不欲咽，大便色黑，头颈胸臂出现血痣，唇色紫暗，舌质黯紫有瘀斑，脉细涩等瘀血证。气滞湿阻腹露青筋治宜疏肝健脾，利湿除满，方选柴胡疏肝散合胃苓汤加减。肝脾血瘀腹露青筋治宜活血化瘀，利水消肿，方选调营饮加减。

脾肾阳虚腹露青筋：本证由于脾肾阳虚，水湿不化，寒水为聚，脉络受阻所致，所以除腹大胀满，青筋暴露，小便不利之外，尚有脾气虚之脘闷纳呆，大便溏及肾阳虚之畏寒肢冷，腰膝痠软，下肢浮肿等表现。本证治宜温补脾肾，行气利水，方选实脾饮加减。

肝肾阴虚腹露青筋：本证往往先出现水湿阻滞之证，进而湿郁化热，肝肾阴伤。所以，临床表现除腹大胀满，青筋暴露，小便不利之外，尚有肝肾阴虚，虚热内生之头晕目眩，心烦失眠，口燥咽干，齿鼻衄血，脉弦细数等症。肝肾阴虚腹露青筋治宜滋养肝肾，利水消胀，方选一贯煎合猪苓汤化裁。

腹露青筋常在腹部鼓胀的基础上出现，各种原因造成的水湿内停，气血运行不畅，脉络瘀阻均可出现腹露青筋。因此，腹露青筋的辨证与治疗均需结合腹部及全身情况辨证论治。

【文献别录】

《景岳全书·肿胀》："肚上青筋见，泻后腹肿者死。"

《杂病源流犀烛·肿胀源流》："此鼓胀亦气分病，故与肤胀相似，惟腹有筋起为异，但肤胀病根在肺，鼓胀病根在脾，由脾阴受伤，胃虽纳谷，脾不运化，或由怒气伤肝，渐蚀其脾，脾虚之极，故阴阳不交，清浊相混，隧道不通，郁而为热，热留为湿，湿热相生，故其腹胀大，中空无物，外皮绷急，且食不能暮食也。但脐突出，肚见青筋，皮光如油，皆不治。"

（季绍良）

239. 红 丝 赤 缕

【概念】

红丝赤缕是指颈项、胸背部出现皮肤散在的暗红色充盈血络。如丝如缕，状如蜘蛛，围绕中心呈放射状，压之褪色，复之如常。

【鉴别】

常见证候

阴虚内热红丝赤缕：颈项、胸背部皮肤散见红丝赤缕，色泽鲜红，伴见朱砂掌，颧红盗汗，胸胁隐痛，头晕耳鸣，舌红或暗红，苔白，脉弦细而数。

瘀血阻络红丝赤缕：颈项、胸背部皮肤散见红丝赤缕，色泽暗红，伴见朱砂掌，腹部青筋显露，胁下癥瘕，下肢浮肿，舌暗红或紫黯，瘀点瘀斑，苔白，脉弦涩。

鉴别分析

阴虚内热红丝赤缕：病在肝肾，缘于湿热内蕴，经久不愈，耗伤肝肾之阴，或久病顽疾，下及于肾，肾阴亏虚，水不涵木，皆可致肝肾阴虚而生内热，燔灼血络，迫血妄行而致颈项胸腹红丝赤缕。临床辨证特点是，红丝赤缕色泽鲜红，兼有颧红盗汗，舌红少苔为特征，治宜滋补肝肾，凉血和血为主，方选鳖甲青蒿饮。

瘀血阻络红丝赤缕：情志不遂，肝郁气滞而血瘀，或肝肾阴虚而内热，煎熬血液而因虚成瘀，或病至后期，癥瘕已成，阻滞气血，血脉瘀阻，络脉不畅而成红丝赤缕。临床辨证特点是，红丝赤缕色泽暗红，晦滞不明快，兼有腹部青筋显露，朱砂掌，胁下癥瘕，舌黯红或紫黯，瘀点瘀斑。治宜活血通络，兼补肝肾，方选大黄䗪虫丸。

【文献别录】

《景岳全书·血证》："血有蓄而结者,宜破之逐之。以桃仁、红花、苏木、玄胡、三棱、莪术、五灵脂、大黄、芒硝之属……血有涩者宜利之,以牛膝、车前、泽泻、木通、瞿麦、益母草、滑石之属……血有虚而滞者,宜补之活之,以当归、牛膝、川芎、熟地、醇酒之属。"

（徐贵成）

240. 单 腹 胀 大

【概念】

独腹部肿大，而躯体四肢皆消瘦，称为单腹胀大。又称鼓胀、单鼓。

本症，《素问·腹中论》称为"鼓胀"。《灵枢·水胀》称"肤胀"。《诸病源候论》称"水蛊"。《仁斋直指方》又有"谷胀"、"水胀"、"气胀"、"血胀"之分。

单腹胀大与肿满有别。肿满系指水肿，其肿多从四肢目窠开始，继而及于周身。单腹胀则肿胀在腹，四肢不肿，严重时才见四肢尽肿。故《医学心悟·肿胀》说："水肿鼓胀何以别之？答曰：目窠与足先肿，后腹大者，水也；先腹大，后四肢肿者，胀也"。

单腹胀大与腹中痞块也应区别。腹中痞块是指腹内结块，或胀或痛。单腹胀大虽然腹中也可见到痞块，但经久不移，并见青筋暴露，其症状较腹中痞块为重，不过腹中出现痞块，往往是单腹胀大的先兆。《医门法律》云："凡有癥瘕积聚痞块者，即呈胀病之根，日积月累，腹大如箕，腹大如瓮，是为单腹胀"。

【鉴别】

常见证候

气滞湿阻单腹胀大：腹部膨大如鼓，皮色苍黄，胁下胀满或疼痛，饮食减少，食后胀甚，嗳气不舒，小便短少，舌苔白腻，脉沉弦。

湿热蕴结单腹胀大：腹胀大而满，腹皮紧张拒按，肌肤灼热，烦热，口苦，口臭，大便干，小便黄，面色黄晦，舌质红，舌苔黄腻或灰腻，脉弦数。

气滞血瘀单腹胀大：腹大坚满，腹壁青筋显露，胸背颈项或面部可见红斑赤缕，面色青紫，胁肋刺痛，形体瘦削，口渴欲饮，唇舌红黯不鲜或紫，脉弦细或弦涩。

脾肾阳虚单腹胀大：腹部膨大，入暮益甚，按之不坚，兼有面色晦滞，畏寒肢冷，或下肢浮肿，身倦神疲，尿少便溏，舌质淡胖，苔薄白滑，脉沉细无力。

肝肾阴虚单腹胀大：腹部胀大，甚则青筋暴露，形体消瘦，兼见面色萎黄，或面黑唇紫，口燥心烦，手足心热，尿少短黄，大便干，舌质红绛少津无苔，脉弦细数。

鉴别分析

气滞湿阻单腹胀大与湿热蕴结单腹胀大：两者皆为实证，其共同的病理基础为肝脾失调，气机不畅，水湿停留，邪壅中焦，故其见症也多相似之处。但前者是湿阻气分，以湿为主，湿邪重浊粘滞，故必兼见纳呆，食后胀甚，舌苔白腻，脉沉弦；后者为湿热互结，易耗气伤阴，故必兼见烦热，口苦，口臭，面色黄晦，小便黄，舌苔黄腻或灰腻，舌质红，脉弦数，严重时邪从火化，火扰营血，迫血妄行，可见吐、衄、便血之症。气滞湿阻单腹胀大，治以疏肝理脾，行湿除满，方选柴胡疏肝散合平胃散；湿热蕴滞单腹胀大，治以清利湿热，健脾调气，方选中满分消丸，若邪从火化，扰动营血，宜清营凉血，方选犀角地黄汤加味。

气滞血瘀单腹胀大为本虚标实的虚实夹杂证。其症缘于肝郁气滞既久，气滞则血瘀，表现为胁肋刺痛，舌紫脉涩等症。《医学入门》云："凡胀初起是气，气不走则阻塞血行，血不行，久而成水"。气滞、瘀血、水邪聚于中焦，单腹胀大益甚。治宜疏肝理气，活血化瘀，方选血府逐瘀汤加减。

脾肾阳虚单腹胀大与肝肾阴虚单腹胀大：两者皆为虚证。脾肾阳虚单腹胀大多起于脾阳不运，水湿不化，继而累及肾脏。《寓意草》云："单单腹肿，则中州久窒其四运之轴，而清者不升，浊者不降，互相结聚，牢不可破，实因脾气衰微所致"。故临床必兼见畏寒肢冷，神倦休息，尿少便溏，舌质淡胖，苔白滑，脉沉细无力。肝肾阴虚单腹胀大，多因于病久不愈，肝肾阴液不足，则阴虚火旺，故必兼见口燥，心烦，或鼻衄，齿衄，便血，舌红绛少津，脉弦细而数。脾肾阳虚单腹胀大，治予健脾温肾，化气行水，方选附子理中汤合五苓散加减。肝肾阴虚单腹胀大，治宜滋养肝肾，凉血化瘀，方选六味地黄汤加何首乌、丹参、鸡血藤、玄参、石斛等，血热妄行佐入茅根、仙鹤草。

总之，单腹胀大一症，逐渐发展而成，缘由气滞、血瘀、水停所造成，先由肝气不舒，继则脾失健运，水湿内聚，加之气滞血瘀，以致愈胀愈甚。病情一般都由实渐虚，或虚实夹杂。治疗原则，实者重在祛邪，但不忘扶正，虚者重在扶正，于扶正之中寓祛邪之品。然初起不可攻伐太过，欲速则不达，反致危殆；后期亦不可辛燥温补太甚，否则愈增其胀。《格致余论》云："医者不察病起于虚，急于作效，炫能希赏，病者苦于胀急，喜行利药以求一时之快，不知宽得一日半日，其胀愈甚，病邪甚矣"。

【文献别录】

《张氏医通·鼓胀》："夫胀皆脾胃之气虚弱，不能运化精微，致水谷聚而不散，故成胀满。饮食不节，不能调养，则清气下降，浊气填满胸腹，湿热相蒸，遂成此证。小便短涩，其病胶固，难以治疗。用半补半泻之法，健脾顺气宽中为主，不可过用猛烈，反伤脾胃，病再复胀，不可治也。宜分消汤、分消丸，随寒热虚实加减治之。……蓄血成胀，腹上青筋见，或手足有红缕赤痕，小水利，大便黑。金匮下瘀血汤，不应，或抵当丸去水蛭，加樗鸡作丸。"

《辨证录·臌胀门》："初起之时，何以知其是虫鼓与血鼓也？吾辨之于面焉，凡面色淡黄之中，而有红点或红纹者是也；更验之于腹焉，凡未饮食而作疼，既饮食而不痛者是也"。

（程昭寰）

241. 腹　满

【概念】

腹满，系指腹中有胀满之感而外无胀急之象而言。

本症首见于《素问·刺热》与《六元正纪大论》。《素问·大奇论、玉机真藏论》中的"少腹满"，《阴阳应象大论》中的"中满"，《异法方宜论》中的"满病"，以及《灵枢·邪气藏府病形》中的"腹气满"均属于腹满的范畴。《伤寒论》、《金匮要略》亦有此症名。《伤寒论》并将腹满程度较轻者称为"腹微满"，腹满而兼胀者称为"腹胀满"，兼痛者称为"腹满痛"或"腹满时痛"，兼腹部板硬者称为"腹鞕满"。

本症与心下痞、胸闷往往同时出现，易于混淆。心下痞主要表现为心下痞塞胀满不适，病变在心下胃脘部分；胸闷则主要表现为胸部憋闷难受，病变在胸廓部位，而腹满的病变部位则在胃脘以下的大腹部。

单腹胀大、腹中痞块、脐腹痛、小腹痛等，在临床表现中虽可兼有腹满，但单腹胀大与腹中痞块，腹中可扪及包块等有形之物；脐腹绞痛、小腹痛则以疼痛为主要特征。此外，妇女经、带、胎、产的病变中亦可兼有腹满症状。但均不属本症的讨论范畴，请参阅有关条目。

【鉴别】

常见证候

寒湿中阻腹满：腹部满胀，按之不减，食欲不振，恶心呕吐，头身困重，大便泄泻，或脘腹疼痛，口渴不欲饮，或身目发黄而晦暗，或白带量多，舌苔白腻，脉弦缓。

脾胃虚寒腹满：腹中满胀，乍作乍止，乍轻乍重，喜暖喜按，或进热饮、热食则舒，神疲乏力，纳谷呆滞，舌胖淡或有齿痕，苔薄白，脉迟。

湿热蕴结腹满：腹满而胀，脘痞呕恶，心中烦闷，口渴不欲多饮，时时汗出，大便溏泄，小便短赤，舌红苔黄腻，脉濡数。

食滞胃肠腹满：腹满胀痛，嗳腐吞酸，或厌闻食臭，或大便泄泻臭如败卵，舌苔厚腻，脉沉滑。

胃肠实热腹满：腹满不减，或硬痛，或绕脐疼痛，大便秘结，手足濈然汗出，潮热谵语，舌苔黄燥，或焦裂起刺，脉沉实，或迟而有力。

鉴别分析

寒湿中阻腹满与脾胃虚寒腹满：前者系寒邪直中入里，或久居卑湿之地，或进食冷饮不洁之物，内外相合，寒湿侵犯中焦，脾胃升降失调，发为腹满。后者则由于脾胃素虚，中阳不振，加以过食生冷肥甘，或过用寒凉药物，以及大病失调，久病失养，致脾胃虚寒，发为腹满。寒湿中阻腹满，因寒湿为阴邪，凝滞中焦则腹满；困阻脾胃，浊阴不降则恶心呕吐；

清阳不升则大便泄泻;气机不畅则脘腹疼痛;脾胃不得舒展则食欲不振;口渴不欲饮,舌苔白腻,脉弦缓均为寒湿内聚之征。脾胃虚寒腹满,因中虚内寒,非一日可复,故腹满乍作乍止,乍轻乍重,且得暖得按,或进热饮热食则舒;中虚则气血生化不足,故神疲乏力;化源不足则气无力提挈脏腑,故有内脏下垂;脾虚则不运,胃虚则不纳,故纳谷呆滞;舌胖淡或有齿痕,苔薄白,脉迟,均为脾胃虚寒之征。二者主要鉴别点在于:寒湿中阻之腹满,按之不减,且伴有呕恶泄泻,脘腹疼痛,舌苔厚腻等症;而脾胃虚寒之腹满,则喜热喜暖喜按,且伴有神疲乏力,内脏下垂,舌苔薄白等症。二者虽均为寒,但前者属实,后者属虚。治疗,寒湿中阻者宜温化寒湿,方选胃苓汤与厚朴温中汤合方化裁;脾胃虚寒者宜温补脾胃,方选理中汤或厚朴生姜甘草半夏人参汤。

湿热蕴结腹满与食滞胃肠腹满:湿热蕴结之腹满系感受外邪,或素嗜厚味、酒酪、五辛之品,脾胃受伤,健运失职,湿热内生不攘而致。食滞胃肠之腹满则由于饮食自倍,饥饱失宜,肠胃乃伤,难以磨谷,食谷停滞不化而成。故前者因湿热交阻于内,气机升降失职,则腹满而胀,脘痞呕恶,大便溏泄。热郁于内,则心中烦闷;湿热相兼,则口虽渴但不欲多饮;湿热互结,胶粘腻滞,虽时时汗出,而邪仍难解;湿热下注则小便短赤;舌红苔黄腻,脉濡数均为湿热之征。而后者则因宿食停滞,气机不畅,故腹满且痛且胀;饮食在胃中滞留不化,胃失和降则嗳腐吞酸,或厌闻食臭;脾不健运则大便泻臭如败卵;舌苔厚腻,脉沉滑为宿食停滞之征。二者主要鉴别点在于:湿热蕴结之腹满而胀,且脘痞呕恶,口渴不欲多饮,大便溏泄,舌苔黄腻;而食滞胃肠之腹满胀而痛,且嗳腐吞酸,口臭,厌食,大便泻臭如败卵,舌苔厚腻。湿热蕴结者,治宜化湿清热,方选王氏连朴饮;食滞胃肠者,治宜消食导滞,方选保和丸。

胃肠实热腹满:多见于外感热性病的发展过程中。由邪热入里,壅滞肠胃,与肠中糟粕互结,阻于肠道,大肠传导功能障碍而成。大肠传导受阻,胃肠气机不能顺降,故腹满不减;无形之邪热与有形之燥矢互结于内,故腹满胀痛;腑气不通,则大便秘结;四肢皆禀气于胃,热炽阳明,故手足濈然汗出;里热炽盛,扰乱神明,故潮热而谵语;舌苔黄燥或焦裂起刺,均为邪热壅盛,伤津耗液之征。临床以腹满位于整个腹部,硬胀而且痛,或绕脐疼痛,必兼大便秘结等为特点。其治疗,宜泻下热结,方选大承气汤。

总之,腹满一症,有寒、热、虚、实、食之分,临床可结合证、因、脉、治的特点,加以鉴别。

【文献别录】

《灵枢·邪气脏腑病形》:"三焦病者,腹气满。"

《证治汇补》:"气胀者,七情郁结,胸腹满闷,四肢多瘦。"

(朱建贵)

242.腹部硬满

【概念】

腹部硬满系指自觉腹中胀满,触之局部或全腹结硬或板硬。《素问·玉机真藏论》首先有"腹胀"、"腹满"的记载。

腹部硬满与腹满有别，腹部硬满是腹中胀满，按之板硬，而腹满仅有腹中胀满而触之无板硬之象。比较典型的论述见《伤寒论》"从心下至少腹鞕满而痛不可近者"。

　　腹部硬满与腹部痞块、单腹胀大均有区别，腹中硬满虽按之板硬，不一定有痞块，而腹中痞块、单腹胀大虽可兼见腹中胀满，但以痞块，或癥瘕积聚为主，各有侧重，临床须详辨细审。

【鉴别】

常见证候

　　热毒蕴结腹部硬满：局部或全腹胀满，按之结硬，兼有疼痛，发热，恶心呕吐，大便秘结，甚则神昏谵语，舌红苔黄燥，脉弦滑数。

　　饮热互结腹部硬满：从心下至少腹胀满而痛，触之板硬，手不可近，伴有发热，午后尤甚，恶心呕吐，烦躁不安，大便硬结，舌红苔黄厚腻，脉沉实有力。

　　升降失常腹部硬满：心下或全腹胀满，触之结硬，程度较轻，恶心呕吐，嗳气频作，大便不通亦无矢气，疲倦乏力，精神萎靡，舌淡红苔白厚，脉沉细。

鉴别分析

　　热毒蕴结腹部硬满与饮热互结腹部硬满：二者皆属实证，均有腹部胀满，触之板硬。前者以热邪炽盛成毒为特征。六淫外感，入里化热，或热毒之气，直中脏腑，或脏腑功能失调，邪自内生，热毒之气蕴结于里，侵蚀脏腑，阻遏气机，升降失常而发病。饮热互结腹部硬满则由于邪热入里，与腹中水饮互结而成饮热之邪，结于胸腹，阻碍气血运行，气机升降。一为热毒，一为饮热，前者无形而热甚，后者有形而阻结，均为实证。热毒蕴结治宜清热解毒，方用大柴胡汤。饮结互结治宜泻热逐饮，方选大陷胸汤。

　　升降失常腹部硬满：脾胃居中焦，任枢纽主升降，脾主升清，胃主降浊，维持气机升降调和。或饮食不节伤及脾胃，或过用泻下，损及脾胃，或久病重病，虚损脾胃，而致脾胃虚弱，清不上升而陷下，浊不下降而上逆，扰及气机，乱其枢纽。浊不降则恶心呕吐，嗳气频作，清不升则疲倦乏力，精神萎靡。治宜补泻兼施，升清降浊，方选香砂六君子汤。

【文献别录】

　　《伤寒论·辨太阳病脉证并治下》"太阳病，重发汗而复下之，不大便五六日，舌上燥而渴，日晡所小有潮热，从心下至少腹鞕满而痛不可近者，大陷胸汤主之"。

　　《本经疏要·卷三》："胀满而按之痛者为实，不痛者为虚；胀满而时能减者为寒，不减者为热。厚朴生姜甘草人参汤、大建中汤、附子粳米汤，虚而寒者之治也；大承气汤、大柴胡汤、厚朴七物汤，厚朴三物汤，实而热者之治也"。

（徐贵成）

243. 腹　　冷

【概念】

　　腹冷是自觉腹部内外有冷凉感。

　　本症在《灵枢·师传》篇中称"腹中寒"及"脐以下皮寒"。《金匮要略·腹满寒疝宿食病脉证治》中又叫做"肚中寒"。《中医临证备要》名之曰"腹皮寒"。

【鉴别】

常见证候

脾胃阳虚腹冷：脘腹中常觉发冷，或兼脘腹作疼，反酸或泛吐清水，畏寒喜暖，或大便溏泄，肢倦神疲，舌淡苔白，脉沉细。

肾阳虚腹冷：腹中发冷，五更泄泻，腰膝痠软，夜尿频频或小便余沥不禁，舌淡苔薄白，脉沉细，尺微弱。

冲任虚寒腹冷：腹中发冷，以小腹为甚，经期延后，经血量少，色淡，或挟血块，或带下清稀，或难以受孕，或两眼圈发黑，舌胖暗淡，边有齿痕，苔薄白，脉细迟。

寒滞肝脉腹冷：腹部发冷，以少腹为甚，并牵及睾丸坠胀疼痛，或阴囊收缩，受寒更甚，得热则缓，或四肢发凉，舌苔白滑，脉沉弦或迟。

鉴别分析

脾胃阳虚腹冷与肾阳虚腹冷：皆因素体阳气不足，或恣食生冷，或过用苦寒泻下药物，或病后失于调养等，损伤脾胃，中阳亏虚；或由房室不节，或大病久病将息失宜，以致下元虚惫，造成脾胃阳虚或肾阳虚衰之腹冷。前者由于脾阳不能温煦，则腹中时常发冷，喜暖畏寒；阳虚则脾失健运，胃失和降，上为泛吐清水，下为大便溏泄；脾虚化源不足，故肢倦神疲；舌淡苔白，脉沉细，为脾阳虚之征。而后者则由于肾中阳气不能蒸腾，以致腹中发冷；肾阳虚则大肠失约，膀胱气化失司，故五更泄泻，夜尿频频或小便余沥不禁；腰为肾之府，腰以下均为肾所主，肾虚则失于充养，故腰膝痠软；舌淡苔薄白，脉沉细，尺微弱，为肾阳虚衰之征。二者主要的鉴别点在于：脾胃阳虚兼有脘腹作疼，反酸或呕吐清水，畏寒喜暖，大便溏泄，肢倦神疲等，治宜温补脾胃，方选小建中汤。而肾阳虚则兼有五更泄泻，腰膝痠软，夜尿频频或小便余沥不禁等，治宜温肾壮阳，方选肾气丸与四神丸合方。

冲任虚寒腹冷与寒滞肝脉腹冷：二者虽均以下腹部发冷为主，但一在小腹，一在少腹，且产生之原因不一。冲任虚衰之腹冷为先天禀赋不足，后天发育不良，或房室过度，孕产过多，或经期冒雨涉水，冲任受损，寒凝胞宫所致。寒滞肝脉之腹冷为外受寒邪，肝经气血凝滞所致。前者因胞宫受寒，冲任不调，则腹冷而经期延后，经血量少而色淡；冲为血海，任主胞胎故难以受孕；带脉不约则带下清稀；寒邪凝滞，血不流畅，则两眼圈发黑；舌胖暗淡，边有齿痕，苔薄白，脉细迟，均为冲任虚寒之征。后者由于肝之经脉抵小腹、绕阴器，寒凝肝脉，肝气受阻，肝血滞涩，故少腹或小腹冷而睾丸坠胀疼痛，肢厥囊缩；舌苔白滑，脉沉迟弦，均为寒滞肝脉之征。二者主要鉴别点在于：冲任虚寒者，好发于妇女，除腹冷外，兼有经期延后，经血量少色淡，或挟血块，以及带下清稀，不孕等表现，治宜调补冲任，温经散寒，方用温经汤。寒滞肝脉者，多见于男性，除腹冷外，多兼睾丸的坠胀疼痛，阴囊里缩，以及全身的畏寒肢冷等表现，治宜温肝散寒，畅通气血，方用暖肝煎。

总之，腹冷一症，病变多属虚寒性质，病位多在中下二焦，中焦者累及脾胃，下焦者患至肝肾胞宫，鉴别一般不难。

【文献别录】

《症状辨证与治疗·腹冷》："小腹（脐下部分）觉冷，往往属于肾及膀胱以及胞宫的病变；脐腹周围觉冷，大多属于脾和大、小肠的病变；大腹（脐以上部分）觉冷，多属脾胃病变。"

（朱建贵）

244. 脐 下 悸 动

【概念】

脐下悸动，即少腹部惕惕然跳动的症状。

本症首见于《伤寒论》，如"脐下悸"、"脐下有悸"等。本症与气从少腹上冲症易于混淆。两者症状发作均在少腹，但脐下悸动其悸动在少腹，无上冲之势；而气从少腹上冲症是从少腹起，上冲于胸，甚至咽喉（亦称作奔豚气）。本文着重讨论脐下悸动，气从少腹上冲症另条论述。

【鉴别】

常见证候

水停下焦脐下悸动：脐下跳动，口吐涎沫，头眩，小便不利，舌质淡红，苔薄白滑润，脉沉弦。

肾不纳气脐下悸动：脐下跳动，连及脐部，伴有气喘，时太息，或尿随咳出，声低自汗，舌质淡黯，苔薄润，脉细弱。

鉴别分析

水停下焦脐下悸动：多由素体阳虚，或汗出多而伤阳，阳虚不能制水，水蓄下焦而悸动。辨证要点：上为口吐涎沫、头眩，下为脐下悸、小便不利，脉沉弦尤为下焦停水的明证。治宜化气利水，方用五苓散；若水饮内动，有欲作奔豚之势者，可用茯苓桂枝甘草大枣汤通阳降逆，培土制水。

肾不纳气脐下悸动：主要原因有二，一为肾气素亏，气不摄纳，鼓动于下；一为表证妄汗妄下，气血大亏，以致肾气不纳，动于下焦。其中辨证要点为：脐下跳动，连及脐部，并有气不接续，声低自汗，或尿随咳出等症。肾气素亏的每因劳累而作，时发时止；表证误治的有失治之过，从问诊便可得知。肾气素亏的宜补肾纳气，方选七味都气丸；表证误治的宜调和阴阳，温肾纳气，方选桂枝加桂汤。

脐下悸动一症，多责于肾气亏虚，冲脉为病。《难经·二十九难》曰"冲之为病，逆气而里急"。由于冲脉"起于气冲，并足阳明之经，夹脐上行，至胸中而散"，所以冲脉发病，从脐下动而上逆，轻者仅脐下有冲动，重者可直冲胸咽发为奔豚。可用桂苓五味甘草汤平冲降逆，另用沉香磨服治其标。

【文献别录】

《张氏医通·悸》："瘦人火水之盛，为水邪抑郁，在阴分不得升发，故于脐下作悸。及至郁发，转入于阳，与正气相击，在头为眩，在顶为颠，肾液上逆为吐涎沫。故用五苓以伐肾邪，利水道，水去火自安矣。"

（毛德西）

245. 气从少腹上冲

【概念】

气从少腹上冲，是指病人自觉有气从少腹向上攻冲，乍作乍止。因其气上冲胸咽，如豚之奔突，故又称奔豚气。

《金匮要略·奔豚气病脉证治》描述本症为："奔豚病，从少腹起，上冲咽喉，发作欲死，复还止，皆从惊恐得之"。以后，《肘后备急方》、《诸病源候论》、《备急千金方》、《外台秘要》等均有类似记述。

以下所论，仅限于有气从少腹上冲，发作后一如常人者。

【鉴别】

常见证候

气逆气从少腹上冲：临床主要表现为惊恐或激怒后突发，自觉有气从少腹上冲心胸及咽喉，发作欲死，惊悸不宁，恶闻人声，或腹痛，喘逆，呕吐，烦渴，往来寒热，气还则止，常反复发作，舌苔薄白或薄黄，脉弦紧，发作后一如常人。

水寒气从少腹上冲：病人平素多有阳虚症状，发病时先有脐下悸动，旋即有逆气从少腹上冲，形寒肢冷，舌淡白，苔白腻，脉弦紧。

鉴别分析

气逆气从少腹上冲与水寒气从少腹上冲：气逆气从少腹上冲者，多由惊恐或情志不舒、忧思恚怒引起。或卒遭惊恐，或平素肝气郁结，循经上逆，气逆不降，营卫不和所致。此证气结热聚，肝气上逆，为实证。《素问·至真要大论》："诸逆冲上，皆属于火"，亦包括此种情况。水寒气从少腹上冲者，多素体下焦有寒，或误汗而致心阳虚馁，水寒之气上犯凌心，阳衰阴乘，寒气上逆所致。此证为虚寒证。

二者临床表现不同：肝气上逆者，多素有肝郁气滞的症状（心烦易怒，精神抑郁，胸闷不舒，善长太息，胸胁满闷，口苦咽干），由于惊恐或忧思恚怒，而突然发作，气从少腹上冲胸咽；水寒气上逆者，则素有阳虚症状（形寒肢冷，面白目清，小便清长等），由于误汗伤及心阳，引起水寒之气上逆，自觉有气从少腹上冲，跃跃欲动，故脐下悸。肝气上逆者，则以平冲降逆，理气和营，清泄肝热为主，用奔豚汤加减，亦可用旋复代赭汤以降逆，益气，和胃。水寒之气上逆者，治宜温阳行水，理气降逆。脐下悸动者，可用茯苓桂枝甘草大枣汤；外兼寒邪者，用桂枝加桂汤以通阳散寒；若下焦有寒，肝气上逆，宜温阳祛寒，理气降逆，可用《千金》奔豚汤加减。

【文献别录】

《难经·五十六难》："肾之积名曰贲豚，发于少腹，上至心下，若豚状，或上或下无时。久不已，令人喘逆，骨痿少气。"

《诸病源候论·贲豚气候》："夫贲豚气者，肾之积气，起于惊恐忧思所生。若惊恐则伤神，心藏神也；忧思则伤志，肾藏志也。神志伤动，气积于肾，而气下上游走如豚之奔，故曰贲豚。其气乘心，若心中踊踊，如事所惊，如人所恐，五脏不定，食饮辄呕，气满胸中，狂痴不定，妄言妄见，此惊恐奔豚之状。若气满支心，心下闷乱，不欲闻人声，休作有时，乍瘥乍极，吸吸短气，手足厥逆，内烦结痛，温温欲呕，此忧思贲豚之状。"

（黄柄山）

246．肠　　鸣

【概念】

肠鸣，又称腹鸣，是指肠动有声而言。

本症首见于《素问·脏气法时论》。亦称为"肠中雷鸣"、"肠为之苦鸣"等。《证治准绳》、《张氏医通》、《辨证录》、《杂病源流犀烛》等对此症均有论述。

【鉴别】

常见证候

脾肾阳虚肠鸣：肠鸣泄泻，腹痛绵绵，喜温喜按，四肢不温，腰膝痠软，舌质淡红，苔白滑，脉沉弱无力。

中气不足肠鸣：肠鸣泄泻，少腹坠胀，饮食减少，少气懒言，体倦无力，或兼见脱肛，妇女见子宫脱垂，舌淡苔白，脉缓弱。

中焦寒湿肠鸣：腹中雷鸣，腹冷喜温，形寒肢冷，呕吐清水，大便稀薄夹有粘冻物，舌质淡黯，苔白腻而滑，脉沉迟或沉弦。

痰湿中阻肠鸣：肠鸣漉漉，心下逆满，起则头眩，干呕欲吐，口粘乏味，肢体沉重，舌质淡黯，苔腻，脉弦滑或沉缓。

肝脾不和肠鸣：肠鸣阵作，伴有腹痛，时而泄泻但腹痛不减，胸胁不舒，嗳气食少，舌质淡红，苔薄白，脉弦。

肠胃湿热肠鸣：肠鸣腹泻，泻下不爽，肛门灼热，大便异臭，伴有口苦口粘，小便短赤，舌红苔黄腻，脉滑数。

鉴别分析

脾肾阳虚肠鸣与中气不足肠鸣：两者皆为虚证。前者病在脾肾，后者病在脾胃；前者为阳虚，有寒象；后者为气虚，寒象不著。脾肾阳虚肠鸣乃由久病不愈，或房劳伤肾，或过用寒凉药物，损伤阳气，使脾肾阳气日趋亏耗，阳气失于温煦，大肠传导功能失调，遂见肠鸣。中气不足肠鸣乃因劳力过度，或饮食不节，损伤脾胃之气，脾虚运化失职，故见肠鸣；同时尚有"伤寒汗出解之后，胃中不和"而致者，如《灵枢·口问》篇曰："中气不足，……肠为之苦鸣"。两者的辨证要点为：脾肾阳虚肠鸣伴四肢发凉，泄泻每于黎明为甚，且有腰膝痠软等症；中气不足肠鸣伴少腹坠胀，并有少气懒言，体倦无力等中气虚弱之症，或兼见脱肛，或子宫下垂。脾肾阳虚肠鸣治宜温补脾肾之阳，方选附子理中丸；中气不足肠鸣治宜补益中气，方选补中益气汤。若伤寒汗后胃中不和，肠鸣下利者，常伴有心下痞满，干呕食臭，治宜辛开苦降，甘温益气，方选生姜泻心汤。

中焦寒湿肠鸣与痰湿中阻肠鸣：两者病变均在中焦，且都与脾虚湿聚有关，其成因均由饮食生冷或过食肥甘损伤脾气而致。脾虚则湿聚，素体禀赋不足的多从寒化而成寒湿；素体湿盛的则聚而为痰成痰湿。临床辨证要点，一为寒，一为痰。寒湿者外则形寒肢冷，内则腹冷喜温，上则呕吐清水，下则大便稀薄，治宜健脾化湿温中，方用智半汤；痰湿者肠鸣漉漉，沥沥有声，心下逆满，起则头眩，并见干呕欲吐，苔腻脉滑等，均与寒湿有别，治宜健脾化湿通阳，方用苓桂术甘汤。

肝脾不和肠鸣与脾胃湿热肠鸣：两者均与气机不舒有关。肝脾不和肠鸣乃因七情所伤，肝失条达，脾失健运，使大肠气机失调所致。其特点为肠鸣必伴腹痛，痛甚则泻，而泻后痛不缓解，且肠鸣每随情志波动而加剧，并伴有胸胁不舒、嗳气纳差、脉弦等。脾胃湿热肠鸣多见于长夏暑湿当令之时，暑湿伤及脾胃，湿热内结，影响大肠气机的传导，故见肠鸣。其特点为肠鸣腹泻，泻下不爽，肛门灼热，口苦口粘，其舌苔黄腻，脉滑数。肝脾不和肠鸣治宜舒肝健脾和中，方选痛泻要方；脾胃湿热肠鸣治宜清热理肠，方用葛根芩连汤。

肠鸣为气机不和，与脾、胃、肝、肾及大肠关系密切。盖脾主运化，胃主和降，肝主疏泄，肾主温煦，大肠又为传导之官，不但大肠功能失调可以引起肠鸣，脾胃升降失和，肝气疏泄不调，肾气虚寒不温，均可致大肠气机紊乱而发生肠鸣。肠胃虚弱的人，在外寒犯表，肺气失肃的情况下，也可由肺下移至大肠而出现肠鸣。治疗时由它脏而及大肠的，则它脏为本，大肠为标，依此立法遣药。

【文献别录】

《杂病源流犀烛·肠鸣源流》："肠鸣，大肠气虚病也。惟大肠之气先虚，故一切病俱凑之，而成是症。……其所以鸣者，一由中气虚，若用破气药，虽或暂止，亦不愈，宜补中益气汤加炮姜。一由脏寒有水，宜理中汤加肉桂、茯苓、车前。一由火欲上升，击动其水，宜二陈汤加黄连、黄芩、山栀。一由泄泻，宜升阳除湿，智半汤。一由下气，暂止复响，宜益中汤。一由疾行，如囊裹水之声，宜河间葶苈丸。其症虽不同，而其鸣或空或实，或上或下，或高或低，可按而知也"。

（陈炳焜）

（六）二阴症状

247. 腹　泻

【概念】

腹泻，又称为泄泻，在古典医籍中名目繁多，分类不一。《内经》多以泄泻症情和大便性质分类而有飧泻、洞泻、溏泻、水泻、濡泻等名称。《难经》则从脏腑立论，又有胃泻、大肠泻、小肠泻等名。后世诸家或从外感病因辨证分为湿、火、气、痰、积等腹泻；或从内伤分证，如脾虚腹泻、肾虚腹泻、肝脾不和腹泻、食积腹泻等。

在《伤寒论》、《金匮要略》二书中，将腹泻称为"利"或"下利"，腹泻完谷不化者称"下利清谷"。张仲景对痢疾也称"下利"，或为了与腹泻下利区分，有时称"下利脓血"、"热利下重"等等。腹泻和痢疾不同，正如《类证治裁·泄泻门》曰："泻由水谷不分，病在中焦，痢以血脂伤败，病在下焦，在中焦者分利脾胃之湿，在下焦者调理肝肾之伤"。若便带脓血，里急后重，古称滞下（痢疾）可参见里急后重条。

【鉴别】

常见证候

湿热腹泻：临床表现多起病较急，泻下如注，泻出黄色水便或带粘液，腥臭，腹内肠鸣作痛，肛门灼热疼痛，或伴有寒热，口干渴而不多饮，胸脘痞闷，小便赤涩，舌苔黄腻，脉滑数。

寒湿腹泻：大便清稀，不甚秽臭，腹部疼痛，喜温喜按，脘腹胀满，米谷不化，不思饮食，肢体沉重困倦，或伴有寒热头痛，小便清白，苔白腻，脉濡或缓。

食积腹泻：症见腹痛即泻，泻下痛减，少顷复又痛泻，粪便稠粘或粪水杂下，秽臭难闻，胸脘胀闷，痞塞不舒，嗳腐吞酸，腹满厌食，舌苔垢腻，脉多弦滑。

肝郁脾虚腹泻：泻前胃部微胀痛，泻下挟有未完全消化的食物，泻后痛不减或有所加重。每遇精神刺激或情绪紧张而诱发，两胁胀闷或窜痛，同时有食欲不振，吞酸，嗳气，矢气等症，舌质淡红苔白，脉弦。

热结旁流腹泻：常见大便泻下黄臭稀水或纯青稀水，绕脐疼痛，腹部拒按或按之有形，胃脘满闷，食欲不振，小便短赤，舌苔黄腻，脉沉滑。

脾虚腹泻：大便稀溏，或水泻，每食生冷油腻或较难消化食物则腹泻加重，其则完谷不化，或如鸭粪，腹部隐痛，喜热喜按，食欲不振，食后作胀；面色萎黄，体倦神疲，舌质淡胖，苔白，脉沉弱。

肾虚腹泻：黎明之前，脐周作痛，肠鸣即泻，泻后痛减，大便稀薄，多混有不消化食物，腰腹部畏寒，四肢不温，小便清长，或夜尿增多，舌质淡胖，多有齿痕，脉沉细无力。

鉴别分析

湿热腹泻与寒湿腹泻：二者同系湿邪为患，一是湿与热结，一是寒与湿合。湿热犯阳明者居多，寒湿入太阴者常见，所以湿热泻多因湿热互阻胃肠，升降传导失司，清浊交混而致泻。其腹泻特点是：泻下如注，肛门灼热，腹内鸣响作痛，腹痛即泻，泻后仍觉涩滞不爽，粪色黄褐而秽臭。《内经》所谓"暴注下迫，皆属于热"。又因湿为阴邪，其性粘腻，故见胸脘痞闷，疲困身重，不思饮食。治宜清热化湿，葛根芩连汤加木通、滑石之属。脾为太阴湿土之脏，性喜温而恶寒，喜燥而恶湿。脾为寒湿所困，升降消运失其常度，饮食不化并走大肠而作泻。其腹泻之状，肠鸣腹泻，粪质清稀不甚秽臭。因寒邪内攻，故腹痛喜热欲暖，寒湿困脾，致脘腹满闷，湿从寒化，所以口淡，不渴，舌苔白腻。与湿热泻之口渴不多饮，或渴而不欲饮，舌苔黄腻者不同。治疗应温中散寒，方选变通理中汤芳香化浊，或予藿香正气散加味。

食积腹泻和肝郁脾虚腹泻：二者都有腹痛作泻，但一为宿食积滞，一为土虚木乘作泻。食积腹泻多由饮食不节，恣食油腻生冷，损伤脾胃致运化失常，宿食停滞中焦而作泻。其辨证要点是：脘腹膜胀作痛，泻后腹痛缓解，少顷复又痛泻，泻下稀粪，臭如败卵，混有不消化之残渣。食积胃肠，滞而不化，故多见脘腹胀满，嗳腐，吞酸，厌食，舌苔垢腻。肝郁脾虚腹泻的特点是：肝气横逆，克伐脾土而致泻，以气滞为主。每由情绪紧张，精神刺激而诱发。《景岳全书·泄泻》曰："凡遇怒气便作泄泻者，必先以怒时挟食致伤脾胃，故但有所犯即随触而发，此肝脾二脏之病也，以肝木克土，脾气受伤而然。"腹泻特点：泻前肠鸣，泻后痛不减或有所加重，胁肋胀痛或窜痛，同时有食欲不振，口酸，嗳气，矢气等症。其治疗，食积腹泻以消食导滞，健脾和胃为主，保和丸加味；肝郁脾虚腹泻者，以疏肝健脾为法，痛泻要方化裁。

热结旁流腹泻：热结旁流是阳明腑实证的一种，热邪与有形之燥屎内结。临床一由外感热病而起，肠内有燥屎内结而又下利纯稀之臭水；一由少阴病邪从热化，腑气壅滞而成，腹胀满而纯利清水。其特点是：多先有闭结而续得下利，腹胀腹痛拒按，排便稀水而秽臭，有时带干结粪球，涩滞不爽，绕脐疼痛。治以泄热通腑为主，大承气汤加味。

脾虚腹泻与肾虚腹泻：《景岳全书·泄泻》："久泻无火，多因脾肾之虚寒也"。脾虚腹泻和肾虚腹泻皆为虚寒腹泻，一为脾阳虚，一为肾火衰。其不同点在于：脾主运化，升清气而输布精微。中阳素虚，或寒湿直中，脾阳运化失司，清阳不升，浊阴不降，津液糟粕并趋大肠而为泻。《素问·藏气法时论》："脾病者，……虚则腹满，肠鸣，飧泄，食不化"。所以脾虚腹泻临床多见泻下澄澈清冷，完谷不化，俨如鸭粪。脾虚者多寒，故腹痛，喜热喜按，食生冷则腹泻加重。肾虚腹泻是由于肾阳不足，命门火衰，不能蒸化所致，其腹泻特点是：黎明之前，脐周作痛，肠鸣即泻，泻后即安。大便稀薄，多见完谷，并伴有腰膝酸软，小便清长，夜尿增多等肾阳虚症状。《景岳全书·泄泻》："今肾中阳气不足则命门火衰，而阴寒独盛，故于子丑五更之后，当阳气未复，阴气盛极之时，即令人洞泄不止也"。脾虚腹泻和肾虚腹泻，既有区别又有密切联系，脾虚泄泻日久，每见由脾及肾，致脾肾阳虚。其治疗，脾虚腹泻以健脾利湿为主，方选参苓白术散加味，久泻气虚下陷，脱肛不收者，补中益气汤加收敛固涩之品。肾虚腹泻治当温肾健脾止泻，九炁丹化裁。更有食毕即肠鸣腹急作泻者，不食则无事，每食后必泻（俗称禄食泻，又名漏食泻），经年累月不愈，亦由脾肾交虚，真火不能熟腐水谷，故食下即泻，治疗宜从温肾健脾入手，四神丸合理中丸化裁。

【文献别录】

《医宗必读·泄泻》："治法有九：一曰淡渗，使湿从小便而去……。一曰升提，……升柴羌葛之类，鼓舞胃气，上腾则注下自止。又如地上淖泽，风之即干。故风药多燥，且湿为土病，风为木病，木可胜土，风亦胜湿，所谓下者举之是也。一曰清凉，热淫所至，暴注下迫，苦寒诸剂，用涤燔蒸……。一曰疏利，痰凝气滞，食积水停，皆令人泻，随证祛逐，勿使稽留……。一曰甘缓，泻利不已，急而下趋，愈趋愈下，泄何由止？甘能缓中，善禁急速……。一曰酸收，泻下有日，则气散而不收，无能统摄，注泄何时而已？酸之一味，能助收肃之权……。一曰燥脾，土德无惭，水邪不滥，故泻皆成于土湿，湿皆本于脾虚，仓廪得职，水谷善分，虚而不培，湿淫转甚……。一曰温肾，肾主二便，封藏之本，况虽属水，真阳寓焉，少火生气，火为土母，此火一衰，何以运行三焦，熟腐五谷乎？故积虚者必挟寒，脾虚者必补肾，经曰：寒者温之是也。一曰固涩，注泄日久，幽门道滑，虽投温补，未克凑功，须行涩剂，则变化不愆"。

《张聿青医案》："肾泄又名晨泄，每至黎明，辄暴迫而注者是也。然肝病亦有至晨而泄者，以寅卯属木，于旺时辄乘土位也。疑似之症，将何以辨之哉？盖肾泄是命火衰微而无抑郁之气，故暴注而不痛。肝病而木旺克土，则木气抑郁，多痛而不暴，以此为辨，可以了然"。

（董润生　高荣林）

248. 大 便 溏

【概念】

大便溏系指大便稀薄。首见于《内经》，《素问·气交变大论》："病腹满溏泄。"《奇效良方·泄泻门》："泄者，泄漏之义，时时溏泄，或作或愈；泻者，一时水去如注。"

大便溏与腹泻均有大便稀薄，易于混淆。但腹泻除大便稀薄外，定有次数增多。而大便溏仅指大便稀薄，大便次数不一定增多。

【鉴别】

常见证候

水饮内停大便溏：大便稀薄如水样，伴腹中肠鸣，有振水声，或口渴不欲饮，口中涎唾，呕恶，舌淡红苔滑，脉弦滑。

脾胃气虚大便溏：大便稀薄不成形，食后即欲大便，脘腹痞满，纳可，疲倦乏力，舌淡苔白，脉沉细。

中气下陷大便溏：大便稀薄，或有下坠不舒感，兼见面色㿠白，气短语怯，脱肛，四肢欠温，舌淡苔白，脉细弱。

肾阳衰微大便溏：大便稀薄，甚时下利清谷，畏寒肢冷，汗出，小便清长，舌淡苔白，脉沉细。

鉴别分析

水饮内停大便溏：水液的饮入、输布、排泄的代谢过程，由肺脾肾三脏共同完成。而肺失宣降，脾失运化，肾失气化，则水液代谢障碍，失于敷布，不能营养五脏六腑，而成水饮留滞胃肠，顺势趋下而致便溏。《素问·经脉别论》："饮入于胃，游溢精气，上输于脾，脾气散精，上归于肺，通调水道，下输膀胱，水精四布，五经并行，合于四时五脏阴阳，揆度以为常也。"病属本虚标实，肺脾肾虚弱，功能失调为本，水饮中阻为标，以标为主，治宜化饮和胃，方选苓桂术甘汤。

脾胃气虚大便溏与中气下陷大便溏：脾胃为后天之本，主运化水湿，脾主升则清阳发腠理，实五脏，胃主降则浊阴下肠道，通六腑。脾胃乃气机升降之枢纽，关系到气血、阴阳、津液、水谷精微的敷布与代谢。而脾胃之气又称为中气，脾胃虚弱，运化失职致水湿内停而下利肠道则便溏。因此，脾胃虚弱大便溏与中气下陷大便溏临床表现相近，除大便稀薄外，常见疲倦乏力，少气懒言之症。而中气下陷大便溏又兼见大便下坠不畅，脱肛，四肢欠温等症，可资鉴别。《灵枢·口问》："中气不足，溲便为之变，肠为之苦鸣。"前者治以健脾和胃，方选参苓白术丸，后者治以补中益气，方选补中益气丸。

肾阳衰微大便溏：肾为先天之本，主水液气化，又司二阴。因此，肾阳不足、命门火衰则不能气化水液，温煦脾阳，充养后天，厚肠道，司二阴，故见大便稀薄，甚则完谷不化，下利清谷，较之脾胃虚弱大便溏，病位深，病情重。治以温肾健脾为主，方选四神丸合理中丸加减。

【文献别录】

《景岳全书·泄泻》："肾为胃关，开窍于二阴，所以二便之开闭，皆肾脏所主，今肾中阳气不足，则命门火衰，……则令人洞泄不止也。"

（徐贵成）

249．上 吐 下 泻

【概念】

上吐下泻是指呕吐和腹泻症状同时发生或交替出现，与单纯性呕吐或腹泻有所不同。

此症在历代文献中称为霍乱，意即这种疾病起于仓卒，挥霍撩乱不安。霍乱之名首见于《内经》。《素问·六元正纪大论》："太阴所至为中满，霍乱，吐下"。又说："土郁之发……故民病心腹胀，肠鸣而为数后，甚则心痛胁膜，呕吐霍乱"。在《伤寒论》和《金匮要略》中分别载有"呕吐而利，名曰霍乱"。"驴马肉合猪肉，食之成霍乱"的条文。《诸病源候论·霍乱候》具体地描述了霍乱病的症状："其乱在于肠胃之间者，因遇饮食而变发则心腹绞痛，其有先心痛者则先吐，先腹痛者则先利，心腹并痛者则吐利俱发，挟风而实者，身发热，头痛体痛而复吐利，虚者但吐利，心腹刺痛而已"。此后历代医家，凡提到霍乱，除描述吐泻症状外，常述及心腹绞痛。所以民间又有绞肠痧之称。但必须知道，祖国医学所说的霍乱，主要是指以上吐下泻症状表现为主的胃肠道病证。而对于时疫霍乱的症状和传染性，《医林改错》和《霍乱论》中有较详细的描述。

【鉴别】

常见证候

暑湿吐泻：发病较急，卒然吐泻交作，腹部绞痛，吐物酸腐，泻下黄水样便，或带粘液，其气秽臭，烦热口渴，胸脘痞闷，或伴有发热头痛，肢体疼痛，小便黄赤，舌苔黄腻，脉多滑数。

寒湿吐泻：呕吐清水，泻下清稀，不甚秽臭，腹部疼痛，喜热喜按，脘腹胀满，口淡不渴，小便清而量少，舌苔白腻，脉多濡缓。

虚寒吐泻：上吐下泻，腹痛欲暖，面色苍白，汗出肢冷，恶寒踡卧，大便清稀，完谷不化，胀满厌食，口淡不渴，舌质淡白，舌苔白，脉细或沉迟。

食滞吐泻：呕吐酸腐，腹痛胀满，嗳气厌食，多见先吐后泻，泻下粪便酸臭，泻后痛减，稍缓又痛，舌苔厚腻，脉滑或弦滑。

时疫霍乱吐泻：起病急骤，剧烈呕吐腹泻，呕吐呈喷射状，倾口而出，大便初如泥浆，继呈米泔水样便，无粪臭，多无明显腹痛，口干而渴，双眼凹陷，皮肤苍白，冷汗如雨，口唇及爪甲青紫，小腿抽掣，脉浮或细涩。

鉴别分析

暑湿吐泻与食滞吐泻：二者的共同点均为实证吐泻，病位相同，症状类似。但病因不同，一是外感暑湿，一是内伤食积。暑湿吐泻多发于夏秋之交，暑湿交蒸，秽浊之气侵入体内，暑湿秽浊郁遏中焦，脾胃升降失常。邪气犯胃而呕吐，水湿下迫而泄泻，气机阻滞而腹痛。因暑湿交阻中州，故见烦热口渴，胸脘痞闷，舌苔黄腻。食滞吐泻，四季可见，多由饮食不节，暴饮暴食，损伤胃肠而致病。积滞阻于中焦，脾胃机能受损，升降失职，运化无权，致上吐下泻，腹痛且胀，嗳气厌食。治疗：暑湿吐泻以清暑利湿，辟秽化浊为法，燃照汤合葛根芩连汤化裁；食滞吐泻宜消食导滞，健脾利湿，平胃散合保和丸加减。

寒湿吐泻与虚寒吐泻：二者的不同点在于寒湿吐泻以外感为主，虚寒吐泻为阳虚所致。寒湿吐泻多由贪食生冷瓜果，夜卧露宿当风，寒湿之邪，侵袭胃肠，肠胃功能失常，清气不升，浊气不降，清浊交混，致上吐下泻，肠鸣腹痛而喜暖喜按。虚寒吐泻则因中焦虚寒，阴盛阳衰，寒湿凝聚，脾失健运，胃失和降而吐泻。即所谓"胃阳不伤不吐，脾阳不伤不泻"。因阴盛阳衰，故症见面白肢冷，恶寒蜷卧等虚寒症状。治疗：寒湿中阻者，以温中燥湿化浊为法，藿香正气散化裁；中阳素虚者，温中救逆，健脾利湿，方选四逆汤或理中汤加味。

时疫霍乱吐泻：霍乱吐泻按其临床症状当以寒证居多，因本病传染性强，为害甚烈。人体感受暑热疫毒之气，或恣食腐败污染之物，致使胃肠功能紊乱，清浊不分，升降失调。《内经》所谓："清浊相干，乱于肠胃，则为霍乱"。其特点是发病急骤，吐泻剧烈，全身津液损耗殆尽，故见双眼凹陷，形脱干瘪。胃与大肠属阳明，以养宗筋，因吐泻津液暴脱，致两小腿转筋。阴虚及阳，阳气渐脱，致烦躁不安，汗出如雨，身冷如冰。此症病势危急，若不急救，势若垒卵，急当回阳救逆，四逆汤加龙骨、牡蛎、山萸肉以回阳救逆，待阳回又急宜大剂生脉散之类，以养阴益气。

上吐下泻一症，致病原因不一，临床表现各异，症状有常有变。另有欲吐不吐，欲泻不能者，俗称"干霍乱"，虽不具备上吐下泻的典型症状，但挥霍撩乱，烦闷欲绝，腹部绞痛与吐泻相似，且腹痛闷乱乃急性吐泻之先兆。治当利气宣壅，辟秽解毒，行军散或玉枢丹均可选用。针灸（内关、三里、中脘、天枢等穴）亦颇有效。

【文献别录】

《备急千金要方》："原霍乱之为病也，皆因饮食，非关鬼神。夫饱食腥脍，复餐乳酪，海陆百品，无所不啖，眠卧冷席，多饮寒浆，胃中诸食结而不消，阴阳二气拥而反戾，阳气欲升，阴气欲降，阴阳乖隔，变成吐利，头痛如破，百节如解，遍体诸筋，皆为回转"。

《医学衷中参西录·霍乱门》："寇姓媪，年过六旬，孟秋下旬染霍乱，经医数人调治两日，病势垂危。其证从前吐泻交作，至此吐泻全无。奄奄一息，昏昏似睡，肢体甚凉，六脉全无。询之犹能言语，惟觉心中发热难受。此证虽身凉脉闭，而心中自觉发热，仍当以热论"。

（董润生　朱建贵）

250. 大 便 脓 血

【概念】

大便脓血，指大便白如胶冻，或红如瓜瓤，或红白相杂如鱼脑。且伴有腹痛、便频、里急后重等症状。是痢疾的主要临床表现。

痢疾一病，历代医籍论述繁多，名称不一。《素问·至真要大论》有"肠澼下脓血"的记载。《伤寒论》中有"热利下重"、"下利便脓血"等条文。《诸病源候论》有"赤白痢"、"脓血痢"等四十种病候。《济生方》曰："今之所谓痢者，古所谓滞下也。"

本症与腹泻的区别是，虽均有腹痛、便次增多，但腹泻无里急后重，便非脓血状。

痢疾虽有时可见纯血便，但与肠风、脏毒大便下血在病因、病机和症状上均有不同。肠风下血清而色鲜，肛门射血如线，或点滴不已，但无腹痛、里急后重等症状。

【鉴别】

常见证候

胃肠湿热大便脓血：起病较急，发热恶寒，腹痛腹泻，便次频繁。初呈水样便，继则脓血相杂，量少粘稠，滞下不爽，里急后重，肛门灼热，小便短赤。或伴有恶心、呕吐，或兼有胸脘痞闷，舌苔黄腻，脉多滑数。

寒湿大便脓血：下痢白多赤少，清稀而腥，或如豆汁。腹痛绵绵，喜热喜按，里急后重，不思饮食，胸痞闷而不渴，小便清白，舌苔白滑或白腻，脉多沉细。

感受疫毒大便脓血：发病急骤，病势险恶，壮热烦渴，腹痛剧烈，便下紫色脓血，或血水样便，秽臭异常，甚则神志不清，痉厥。少数患者可见厥逆喘促，口唇青紫，面色苍白等内闭外脱的危象。舌质红绛，苔多黄燥，脉洪数或滑数。

暑入厥阴大便脓血：发热烦渴，下痢血水，或赤白相兼，里急后重，甚则四肢痉挛，身发斑疹，小便短赤，舌质紫绛，苔白如霜。

下焦虚寒大便脓血：下痢稀薄，带有粘液白冻，或混有微薄血液。肛门窒塞，努挣不已，仅迸出粘积数滴。腹中隐隐作痛，喜热喜按，食少腹胀，倦怠乏力，形体消瘦，四肢不温，甚则滑脱不禁，舌质淡白，脉象沉细。

阴虚内热大便脓血：下痢赤白粘冻，虚坐努责，腹痛绵绵，午后潮热，或发热夜甚，形瘦乏力，烦渴不宁，胸中似饥，得食则胀，舌干红少苔，或见剥苔，脉细数。

时发时止大便脓血：起病缓慢，病程较久，时发时止。发作时痢下粘垢，赤多白少，状如果酱，或纯下污浊紫血，臭秽异常。腹痛隐隐，轻度里急后重。休止期常觉腹胀不适或隐痛，食欲不振，大便秘结，或便秘腹泻交替出现，日久面色萎黄，神疲体倦，形体消瘦，舌淡苔腻，脉多细弱。

饮食不进大便脓血：下痢脓血，饮食不进，恶心呕吐，胸脘痞闷，形瘦神疲，苔黄腻，脉濡数。

鉴别分析

胃肠湿热大便脓血：临床有湿偏重、热偏重、湿热并重三种情况。夏秋之交，热郁湿蒸，湿热盘踞肠道，壅滞胃腑，蒸腐脂膜，损伤血络而下痢脓血。气机郁滞，大肠传导失常，则腹痛坠胀，清浊交混，致便次频繁，下痢不爽，里急后重，肛门灼热。

胃肠湿热大便脓血多由湿、热、滞三者交阻阳明而成，有热所以便下窘迫而里急；有湿故见大便粘腻而腥臭；气滞所以欲便不得而后重。临证如热重于湿，大便赤多白少或纯下血痢者，为热盛而伤及血分，治疗重在清热解毒，白头翁汤加味；白多赤少为湿重于热，乃湿盛而伤及气分，胃苓汤加减；湿热并重，下痢赤白相杂者，治疗当以清热化湿，行血理气为法，即所谓"调气则后重自除，行血则便脓自愈"。治当清热化湿，调气行血，方用芍药汤。

痢疾初起兼有表证，见发热恶寒，头痛骨楚，表里俱病者，先散其表邪，方用荆防败毒散，喻嘉言倡"逆流挽舟"法即属此意。

感受疫毒大便脓血与暑入厥阴大便脓血：二者的共同点是病因均系疫毒为患，起病

— 343 —

急骤，下痢脓血，临床表现颇为相似。但疫毒大便脓血是感疫毒之邪，侵犯肠胃，搏结气血而致病。疫毒之邪，其性暴戾，伤人最速，故起病急骤，病情险恶。疫毒内盛，极易化火，充斥表里内外，所以一病即见壮热烦渴，恶心呕吐；毒热内陷心营，热盛动风而出现神昏痉厥，舌质红绛。本证特点是发病急骤，气营两燔症状显著。少数病人在下痢脓血之先即见壮热口渴，神昏痉厥而肠道症状可以缺如，与其他温热病颇难区别。暑入厥阴大便脓血，是暑热疫毒弥漫三焦，内陷厥阴，移毒大肠而下痢赤白相兼，里急后重，虽有腹痛，但不似疫毒之剧烈绞痛。虽有里急后重，赤白相兼，亦不似疫毒之便次频繁。如余师愚《疫证条辨》所说："疫毒移热于大肠，里急后重，赤白相兼，或下恶垢，或下紫血，虽似痢实非痢也"。而且暑入厥阴，多有烦渴多汗，头痛如劈，疫毒斑疹等暑热症状。疫毒大便脓血治疗以清热解毒为主，黄连解毒汤合白头翁汤化裁。若窍闭神昏者，加用安宫牛黄丸。暑入厥阴大便脓血以清暑泄热解毒为主，清瘟败毒饮加减。

下焦虚寒大便脓血与阴虚内热大便脓血：二者均属久痢致虚，然而久痢伤正者，有伤阴伤阳两途。伤阴者精血津液悉从痢去，多见烦躁热渴；伤阳者脾肾之阳皆由痢损，易有滑脱厥逆。其鉴别要点：虚寒大便脓血是久痢伤阳，以脾阳不振或脾肾阳虚为主证。中焦虚寒，消运无权，水谷不能正常布化，致大便稀薄而带粘冻血液，腹部隐痛而喜热喜按；脾虚下陷，固摄无权则滑脱不禁。治当温中健脾，涩肠止泻，真人养脏汤主之。阴虚内热大便脓血乃久痢伤阴，以阴虚内热为主要见症，虽有腹痛绵绵，下痢赤白粘冻，虚坐努责等类似虚寒症状，但下痢日久，阴液受损，营血亏耗，每见午后潮热，或发热夜甚，心烦口干，时有干呕，舌干红少苔，或见剥苔，脉细数，与虚寒证不同。虽为虚证，不宜温补，当以养阴、清热、化浊为法，驻车丸加味。

时发时止大便脓血：其特点是病症反复发作，迁延不愈，《赤水玄珠》："休息痢疾者，愈而又发，时作时止，积年累月，不能断根"。发作时，大便粘溏，或挟紫血而色如果酱，腐臭难闻，有轻度腹痛和里急后重。其病机变化一般不外正虚邪恋，虚实夹杂，正气因病邪久恋而日渐耗损，邪气因正气虚惫而留恋不散，日久致成气血两亏。治疗，发作期以清热化湿为主，白头翁汤加味。单味鸦胆子对本症有一定疗效。休息期以健脾益气为主，香砂六君子汤加减。

饮食不进大便脓血：下痢噤口是痢疾病程中的一个症状，下痢不食，或呕而不能食。余与其他证型无大区别。下痢而不食，说明脾胃败伤，气血生化无源，正气日衰，后果严重，所以许多医家另立病名。考其噤口之因并非一端，正如《时病论》所说："缘于脾家湿热，壅塞胃口而然；又有误服利药，犯其胃气者；或止涩太早，留邪于中者；脾胃虚寒，湿邪干犯者；气机闭塞，热邪阻隔者；秽积在下，恶气熏蒸者；肝木所胜，乘其脾胃者；又有宿食不消者，水饮停蓄者，皆能使人噤口也。"治当辨证求因，通常达变，不能徒执一法。一般初痢噤口，热瘀胃口，治宜清热、和胃、降浊为法，开噤散加减。久痢噤口胃气匮乏，治当养阴益气，六君子汤加味。

大便脓血，临证变化多端，除前述几种证型外，尚有伤寒少阴下痢脓血和伤寒厥阴下利脓血等，少阴、厥阴同属三阴范畴，少阴病的本质是心肾阳虚，虽有口渴，小便不利，但仍系阴寒在里，湿滞下焦而下利脓血，所以常有滑脱不禁，而里急后重、腹痛坠胀不甚明显。治用桃花汤以温中涩肠止痢。厥阴病的特点是厥热往复，阴阳交争，郁热奔迫大肠，损伤血络而下利脓血。厥阴主肝，肝病多气滞，所以多见胁肋胀满，腹痛坠胀，治用白头翁汤以清热解毒。

【文献别录】

《张氏医通·大小腑门》："一种阴虚痢疾，切戒攻击之药，凡见利下五色，脓血稠粘，滑泄无度，发热烦渴，脐下急痛，至夜转剧而恶食或下鲜血者，便属阴虚，急宜救热存阴为主，如驻车丸。……痢后大便秘涩，里急后重，数至圊而不能便，或少有白脓，此为气虚下陷，慎无利之，但举其阳，则阴自降矣，补中益气汤加防风……当知内经所言血温身热，乃阴虚之本证，此则兼并客邪耳。及观先辈论痢，并以白沫隶之虚寒，脓血隶之湿热。至守真乃有赤白相兼者，岂寒热俱甚于肠胃，而同为痢之说，丹溪从而和之，遂有赤痢从小肠来，白痢从大肠来，皆湿热为患。此论一出，后世咸为痢皆属热，恣用苦寒攻之，蒙害至今未已，……曷知血色鲜紫浓厚者，信乎属热，若瘀晦稀淡，或如玛瑙色者，为阳虚不能制阴而下，非温理其气，则血不清，理气如炉冶分金，最为捷法。"

（董润生）

251. 里 急 后 重

【概念】

排便前腹部疼痛，欲便而迫不及待称里急；排便时窘迫而排出不畅谓后重，二者同时并见合称里急后重，是痢疾病证中的一个主症。

里急后重一词，最早见于《难经·五十七难》谓："大瘕泄者里急后重，数至圊而不能便，茎中痛。"《伤寒论》和《金匮要略》均有下痢（下利）后重的条文。《丹溪心法》治痢十法中提到的"虚坐努责"与本症颇为相似，但不同的是虚坐努责是时时欲便，临厕时却努挣难出。多见于痢久阴血亏虚的患者，症状比里急后重更为严重，但腹痛则不甚明显。

【鉴别】

常见证候

湿热里急后重：腹部疼痛，急迫欲便，便时窘迫，肛门重坠而灼热，下痢脓血，发热口渴，胸脘痞闷，舌苔黄腻，小便短赤，脉多滑数。

气滞里急后重：多表现为腹胀痛或窜痛，甚则连及胁肋，痛即欲便，便后痛减，排便不爽，肛门坠胀，便下脓血，脉弦。

气虚里急后重：腹痛隐隐，不时欲便，临厕便下涩滞不爽，肛门重坠，甚则脱肛，神疲倦怠，少气懒言，心悸自汗，痢下白多赤少，舌质淡胖，脉细缓。

津伤血虚里急后重：腹痛绵绵，里急欲便，临厕努挣难出，或仅并出粘液数滴，肛门空坠，痢下赤白兼杂，或赤多白少，口干唇燥，午后潮热，或发热夜甚，形瘦神疲，舌红少苔，或见剥苔，脉细数。

鉴别分析

湿热里急后重与气滞里急后重：在痢疾病程中，湿热与气滞多同时存在而又相互影响。湿热之邪，壅滞肠道，气机阻滞而里急腹痛欲便；邪热入于大肠，气滞热壅，恶浊之物欲出不得，故肛门坠胀。《伤寒来苏集》卷四谓："暴注下迫属于热，热利下重乃湿热之秽气郁遏广肠，故魄门重滞而难出也。"而气机阻滞则水湿运化不畅，水湿停留，郁而化热，下迫大肠而腹痛后重。所以每见湿热气滞同时存在又各有偏重。湿热偏重者，腹痛欲便，窘迫后重，肛门灼热，脘痞胸闷，舌苔腻等症状比较突出，治以清热利湿为主，佐以调气，方选芍药汤。气滞偏重者，里急腹痛，连及胁肋，肛门下迫，排便不爽，治以理气化滞为法，木香槟榔丸加味。

气虚里急后重与津伤血虚里急后重：二者都属于虚证，多见于久痢不愈患者。"气为血帅，血为气母"，气虚可以导致血虚，而血虚也可以导致气虚，二者相互关联，而在症状和治疗上又有明显区别。阴血虚者，多由久痢伤阴，营血耗伤，而症见痢下粘稠如冻，努挣难出，心烦口干，脉来细数，治宜滋阴养血，清热止痢，方选黄连阿胶汤加当归、乌梅。气虚者，因久痢伤脾，运化失司，气血生化无源，气虚下陷，致肛门重坠，甚则脱肛不收，下痢白多赤少，食少神疲，体倦难支。《张氏医通·痢疾》曰："里急而频见污衣者，气脱也。"所以气虚里急后重，治疗以补气为主，佐以酸敛固涩，可用补中益气汤加乌梅炭之类。

里急后重是痢疾病中的一个自觉症状，有虚实之分。湿热和气滞属实证，治重清利，疏化；气虚与血虚是虚证，治重益气养血。

【文献别录】

《温热经纬·薛生白湿热病篇》："里结欲便，坐久而仍不得便者，谓之虚坐努责。凡里结属火居多，火性传送至速，郁于大肠，窘迫欲便，而便仍不舒，故痢疾门中，每用黄芩清火，甚者用大黄逐热。若痢久血虚，血不足则生内热，亦里急欲便，但久坐而不得便耳。此热由血虚所生，故治以补血为主。里结与后重不同，里结者，迫急欲便，后重者，肛门重坠，里结有虚实之分，实为火邪有余，虚为营血不足。后重有虚实之异，实为邪实下壅，虚为气虚下陷，是以治里结者，有清热养阴之异；治后重者，有行气升补之殊，虚实之辨，不可不明。"

（董润生）

252. 大便失禁

【概念】

排便不能自控，滑脱不禁，甚则便出而自不知者称为大便失禁。

大便失禁，古代医籍中尚无专文论述，或称"滑泄"；或称"大便滑脱"；或称"遗矢"，都是指大便失禁而言。若便次繁多，但自己尚能约束，或肛部手术后而大便失禁者，均不属本症讨论范围。

【鉴别】

常见证候

热毒炽盛大便失禁：多见于疫毒痢患者，起病急骤，下痢脓血鲜紫或呈血水样便，高热烦躁，口渴，甚则痉厥神昏，大便自遗，舌红苔黄，脉洪数或滑数。

脾肾阳虚大便失禁：泄痢日久，便次频繁，肛门失约，时时流出粘液便，形寒怯冷，四肢不温，食少腹胀，腰痠耳鸣，小便清长，舌淡胖，苔白或滑，脉沉细。

气虚下陷大便失禁：大便时时流出而己不知，甚至脱肛不收，形体消瘦，精神委顿，食欲呆滞，纳后脘闷，心悸气短，少气懒言，语声低微，面色㿠白，舌质淡胖，边有齿痕，脉沉细无力。

鉴别分析

热毒炽盛大便失禁：常见于疫毒痢高热神昏之时。疫疠之邪，其性暴戾，伤人最速。湿热毒疫，蕴结肠道，正气内溃，正不胜邪，热毒内陷心营，窍闭神昏，大便自遗。其临床特点参见大便脓血条，治当清热解毒，凉营开窍，方选黄连解毒汤合白头翁汤化裁。窍闭神昏加用安宫牛黄丸或至宝丹。

脾肾阳虚大便失禁与气虚下陷大便失禁：二者都是虚证，起病缓慢，病程较长，但病因病机不同，一是阳气衰微，一为中气下陷。脾肾阳虚者，多见于久泻久痢患者，或五更泄泻日久，损伤脾肾。脾阳不振，中宫虚寒，健运无权；肾阳亏虚，命门火衰，不能腐熟水谷而化精微，致久泻不止，滑脱不禁，下利清谷，四肢逆冷等脾肾阳虚症状明显。治以温补脾肾为主，佐以收涩固脱，方用六柱饮加肉桂、干姜、赤石脂。中气下陷者，常见于年老体弱，久病不愈者，脾气日衰，气虚下陷，不能固摄，致大便失禁。治宜补中益气，升举固脱，方用真人养脏汤加黄芪、干姜。

热毒炽盛大便失禁为里实热证，中气下陷与脾肾阳虚大便失禁为里虚证，阳虚者兼见寒象，气虚者尚无寒象，但气虚失治，可以发展为脾肾阳虚。

【文献别录】

《圣济总录》："大肠为传导之官，掌化糟粕，魄门为之候。若其脏寒气虚，不能收敛，致化糟粕无所制约，故遗矢不时"。

（董润生）

253.大便秘结

【概念】

大便秘结，简称便秘。又名大便不通、大便难。指粪便在肠道内滞留过久，干燥坚硬，排出困难，或排便次数少，通常在二、三天以上不大便者，称为便秘。

本症有正虚与邪实之不同，在古典医籍中名称繁多。《伤寒论》中称"大便难"、"脾约"、"不大便"、"不更衣"、"阳结"、"阴结"；宋《活人书》称"大便秘"；金元时代又有"虚秘"、"风秘"、"气秘"、"热秘"、"寒秘"、"湿秘"、"热燥"、"风燥"之分。

本症与大便艰难虽同以便下艰难为主，但二者概念不同。大便艰难系大便时艰涩不畅，虽亦可出现大便间日一次，然多大便周期正常；本症则系大便闭塞数日不通。

《伤寒论》中"大便难"系指前者；而《素问·至真要大论》中的"大便难"，以及金元时代所云"湿秘"，则属后者，应予区分。

【鉴别】

常见证候

胃肠实热便秘：相当于"热秘"，属"阳结"范畴。其主要临床表现为大便干结，数日不通，腹中胀满，疼痛拒按，面赤身热，日晡热甚，多汗，尿赤，时欲饮冷，口舌生疮，口臭，语声重浊，呼吸气粗，舌干，苔黄厚腻，或焦黄起芒刺，脉沉实或滑实。

肝脾气滞便秘：相当于"气秘"。常表现有大便多日不通，后重窘迫，欲便不得，精神抑郁，噫气频作，胸脘痞闷，胁肋膜胀，或经期乳胀，或呕吐上逆，咳嗽气喘，舌苔白腻、脉沉或弦。

脾肺气虚便秘：属"虚秘"范畴。大便燥结或软，但数日不通，有时虽有便意，但解下困难，努责不出，努则汗出气短，甚则喘促，便后虚疲至极，倦怠懒言，语声低怯，腹不胀痛，或有肛门脱垂，形寒面白，唇甲少华，舌淡嫩，苔薄白，脉虚弱。

脾肾阳虚便秘：相当于"冷秘"，属"阴结"范畴。大便秘结，兼见面色青黑，肢冷身凉，喜热畏寒，口中和，小便清长，夜间多尿，尿后余沥，舌质淡白，苔白润，脉沉迟，或反微涩。

血虚阴亏便秘：属"虚秘"范畴。可见于热病恢复期，纳少大便秘结难下，或产后，或患痈疽之后，或高年血虚之人，或胃中素多蕴热之人，大便长期干燥秘结，排便非常困难，往往数周一次，形体消瘦，咽干少津，面色不泽，心慌头晕，唇甲淡白，舌质淡或舌红少津，脉细或细数无力。

鉴别分析

胃肠实热便秘：即阳明腑实，燥屎内结。临床当区分三种情形，或伤于寒邪而化热，邪入阳明之腑；或温病传入气分，热结肠胃；或嗜食辛辣，肠胃积热，皆可致热势弥漫阳明胃腑，津耗液伤，胃肠燥热成实，出现大便秘结不下。伤寒与温病之燥屎形成，多发生于高热性疾病中，临床较易辨认。辨燥屎形成与否，须抓住以下几点：①阳明热型，日晡潮热（日晡即傍晚，阳明经主令之时）；②腹部症状，胀满疼痛拒按（呈持续性胀满疼痛拒按，燥屎不攻除，腹痛即不解）；③汗出不断（汗多使津液耗伤，胃肠不润，大便必硬，所以汗多是肠中燥屎形成的重要因素之一）；④或伴谵语（阳明腑实，肠道为燥屎所塞，腑气不通，浊毒之气上蒸，扰犯神明）。温病热入气分肠胃结实，其理亦同，不同点系感受温邪而发病，其伤津程度更为严重，热势发展更加速猛而已。素嗜辛辣厚味，肠胃积热，其大便秘结的产生，虽非为外感寒温之邪，但其积热伤津，致胃肠燥结之理则同。治则皆以开塞通闭、攻坚泄实为法。但具体运用中又有不同：伤寒攻下，在于泄实，里热未结实者，不可轻攻，故有"伤寒下不厌迟"的警语；温病攻下，在于泄热，温病最易耗伤阴液，故有"温病下不嫌早"的说法。临床可依症情轻重缓急，辨证选用三承气汤。燥实内阻而痞满较轻、燥屎内结而未甚者，用调胃承气汤润燥软坚，和胃荡实；便闭燥屎将结之际，结而未坚，投小承气汤以和下；痞满燥实坚俱在，阳明腑实重证，投大承气汤峻下之。小便数、大便硬之脾约症，用麻子仁丸润肠通便，缓下之。气分温病，热实津枯，辨证选用增液承气汤、新加黄龙汤、宣白承气汤、导赤承气汤、牛黄承气汤等方。

胃肠实热便秘与肝脾气滞便秘：皆为实证便秘。气滞便秘，多因暴忧暴怒，气机壅塞；或久坐少动，气机不畅，以及各种原因引起的胃气上逆和肺失宣降，皆可产生气机郁滞，升降失调。《素问》："诸气膹郁皆属于肺"，肺失宣降则大肠气滞，使糟粕内停，发生便秘。其辨证要点为大便数日不解并见肝失疏泄（抑郁、引息、胸胁不舒、乳胀等），胃气上逆（噫气呕恶），肺失肃降（咳逆上气）等气机升降失调表现。其舌苔白或白腻，与胃肠实热之舌苔黄厚，甚至焦褐起芒刺者不同。若气郁化火可有热象，但与阳明腑实证病因不同，不难区分。治以顺气通滞，降气通便，方选六磨汤，或赭遂攻结汤；气郁化火者，用当归龙荟丸。

脾肺气虚便秘：以脾气下陷为主，脾气陷则大肠无力传送糟粕；肺气虚则大肠津液不布，气亦不足，故糟粕滞留肠道，糟粕停于肠道既久，终必成结，难于排出。其临床特点是，虽数日大便一次，腹部却少有所苦，但全身不适，便时汗出气短作喘，便后疲乏无力；甚则肛门脱出等均较突出。其粪便形态特征，粗大而呈圆柱形，余听鸿喻其"巨粪如臂"（《清代名医医话精华·余听鸿医话》），有助于辨证。

脾肾阳虚便秘与脾肺气虚便秘：不同点是阳虚便秘有阳虚外寒（如面色青黑、肢冷身凉、畏寒、小溲清长等），痼冷沉寒的临床表现，以阳衰命门之火不足为主，多见于年老体弱之人；气虚便秘是以气虚、中气下陷为主要表现，多见于经产妇女和中气虚弱之人。一为阳衰，一为气陷，有时二者可以互有，也可由气陷发展为阳衰。两者的共同点是，皆为虚证，一为阳虚，一为气虚。肾司二便，肾阳虚衰之便秘，小便频数也是致使大肠津液不足的原因之一，辨证与治疗时，对夜间多尿，尿后余沥之症，不可轻视，临床上，往往是先见夜尿频、尿后余沥症状好转，而后方见便秘渐解。脾肺气虚便秘，治在补益脾肺，佐以润肠，常用补中益气汤加枳壳、白蜜；脾肾阳虚便秘，治在补益脾肾，温通寒凝，可用苁蓉润肠丸。

血虚阴亏便秘：为阴津、阴血有形物质的缺乏，肠道无血以滋、无津以润，粪便在肠道中涩滞难行。临床须辨别病因是津亏（如热病后、汗吐下、利小便、胃中蕴热等），还是血虚（崩漏、失血等），以及津亏（咽干少津、形体消瘦、眼窝深陷、皮肤弹力降低、舌红少苔少津液、脉细数无力）或血虚（面色不泽、心慌头晕、唇甲淡白、舌淡苔薄少）的临床表现。血虚者用益血润肠丸，养血润肠；阴亏者左归丸加首乌、火麻仁等，养阴生津，润肠通便。胃肠实热便秘，亦系肠道津亏，其因阳明实热居于肠道，消烁津液，而致津耗肠燥。此多为新病，且又在伤寒、温病过程中发生，其腹部症状明显，与血虚阴亏肠道乏津之便秘的发病缓慢、病程迁长显然有别。胃肠实热便秘，临床为一派阳热邪盛的表现，属里实热证；血虚阴亏便秘，临床为一派阴血不足的表现，一实一虚，不能混同。它同气虚、阳虚之便秘，结合兼症，也易区别。

大便秘结一症，一般认为是里证代表症状之一。如便秘兼有表证，则属表里同病，辨证时重在外邪之属寒属热。表寒而里实，当疏解表寒，兼通里实，防风通圣散主之；外感风热兼有里实，当解表清热，兼通里实，用升降散加减。尚可见寒热往来，胸闷呕恶，或心下痞硬，郁郁微烦，脉弦有力，虽亦属表里同病，但病在少阳、阳明，治宜和解攻下，大柴胡汤主之。

【文献别录】

《丹溪心法·燥结》："肠胃受风，涸燥秘涩，此证以风气蓄而得之"。

《景岳全书·秘结》："元气薄弱之人，凡患伤寒杂证，病气不足等病，而有大便不行者，但察其胸腹下焦，若绝无胀实痞塞，急坠欲解等患，此其中本无实邪，即虽十日二十日不解，亦自无妨，切不可因其不便，强为疏导。盖其胃口未开，食饮未进，则全赖中气以为捍御之本，但俟邪气渐退，胃气渐和，则自然通达，无足虑也。若肠脏本无滞碍，而强为通利，以泄胃气，遂至主不胜客者有之，邪因而陷者亦有之，此其害受于冥冥之中，而人多不知也，识之慎之"。

《张氏医通·大小府门》："有一种大便不通，腹中胀闷，求通不得，频频登厕，努力太过，虚气被挣，下注肛门，里急后重，时不可忍，气逆呕恶，渴而索水，饮食不能，呻吟不绝，欲与通利则气已下脱，欲与升提则气已上逆，呕恶难堪，人参、枳壳、当归煎服，加陈香橼皮尤效"。

（冷方南）

254. 大 便 艰 难

【概念】

大便艰难是指排便间隔时间延长，粪便艰涩难下而言。本症和大便秘结不同，其主要区别有三：本症大便尚能自行排出，只是排便困难，一般间日一次。大便秘结排便间隔时间在数天以上，不经治疗难以自行排便；本症粪便一般不太干燥，也有的患者粪便干结如枣如粟，而秘结大便必然干燥坚硬；本症虽几天不大便，但腹部少有所苦，大便秘结腹部症状比较明显。

"大便难"一词，最早见于《内经》，《素问·至真要大论》："太阴司天，湿淫所胜……大便难"。《伤寒论》中有"大便难"、"不更衣"、"不大便"和"脾约"等名称，其中有属便秘者，如阳明腑实证。但也有属于大便艰难者，后世医家对大便艰难的病因、病机亦有所阐述。

【鉴别】

常见证候

大肠热结便难：便下艰难，粪便干燥或呈颗粒状，腹部胀满，或胀痛拒按，面红耳赤，烦躁口渴，小便黄，舌干苔腻或黄糙，脉沉实有力。

湿热蕴结便难：排便困难，粪便粘浊垢腻或先硬后溏，或腹泻与便结交替出现，少腹坠胀，脘痞胸闷，身重，口苦，不渴，小便短赤，舌苔黄腻，脉滑数。

肺气虚便难：排便艰涩不爽，努挣难出，汗出气短，甚则喘促，精神疲惫，肢体倦怠，少气懒言，语声低怯，小腹空坠，或有脱肛，舌质胖嫩或边有齿痕，脉虚无力。

肝脾气滞便难：排便艰涩，窘迫后重，欲便不得，矢气较多，得矢气腹部舒松，胁肋胀痛，精神抑郁，嗳气频作，妇女则经前乳胀，脉弦或沉弦。

脾肾阳虚便难：多见于老人，排便艰难，粪便干燥或呈普通便，形寒怯冷，精神衰惫，腰膝酸软，小便清长，夜尿增多，或尿后余沥难尽，舌质淡胖，边有齿痕，舌苔白润，脉迟或沉。

阴虚血亏便难：大便艰涩难行，头晕眼花，心悸失眠，面色苍白，或午后潮热，两颧发红，口干咽燥，舌红少苔，脉细数。

鉴别分析

大肠热结便难与湿热蕴结便难：大肠热结是邪热传入阳明之腑，热结大肠，或素食辛辣，阳明积热，壅滞胃腑，耗伤津液，胃肠津枯液少，致大便艰涩难下。虽未达到实热便秘程度，但仍有燥粪内滞肠道，所以症见腹部胀满，腹痛拒按或按之有形。湿热蕴结便难，是热与湿合，阻滞胃肠，湿为粘腻之邪，最碍气机流畅，气机阻滞，升降失常，传导失司，致排便艰难。因热与湿合，故见胸闷，脘痞，身重不渴，苔腻等湿阻症状。二者虽同为实热性大便艰难，病位亦同，但病因病机不一，治疗当有区别。大肠热结者，泻热以通便，方选调胃承气汤；湿热中阻者，清热化湿以通便，小承气汤加知母、黄柏。

肺气虚便难与脾肾阳虚便难：二者都属虚证，传导功能减退，糟粕停留肠道，难以排出而腹部少有所苦。然而脾肺气虚是以气虚为主（面浮喘促、自汗恶风、食少倦怠），肺主一身之气，司肃降，与大肠为表里。脾为生化之源，主运化，布精微，脾虚则运化无力，大肠肌肉弛缓，糟粕留滞肠道。肺气不降则大肠推动无力，大便艰涩难行。脾肾阳虚便难是因命火衰微，无力蒸化，《景岳全书·杂证谟》："下焦阳虚则气不行，气不行则不能传送。"肾为阳气之根，命火所居，为机体动力之源。肾阳虚衰，阴寒内生，阳气不运，传送无力而粪便艰阻难下，所以多伴有畏寒肢冷，夜尿增多等肾阳虚证。治疗：脾肺气虚者，重在补益脾肺之气，方用补中益气汤加杏仁、蒌仁之属。叶氏治肠痹必开肺胃，即丹溪开上窍以通下窍之意；脾肾阳虚者，当温阳补肾，景岳所谓"但益其阳，阴凝自化"，方选济川煎或右归丸。

肝脾气滞便难：情志不和，郁愤忧思，肝失疏泄条达之性，肝脾之气郁结壅滞，气机闭塞，升降失调，大肠传导功能紊乱，糟粕滞涩难下。其临床特点是，后重窘迫，欲便不能，胁肋胀痛，嗳气呕逆等气机失调症状突出，与大肠热结之腹满胀疼拒按，口渴苔腻者不同。治当顺气导滞，降气通便，方选六磨饮加味。

阴虚血亏便难：热病伤阴，或久病气血未复，或产后失血过多，或误发汗利小便，或年老体弱，阴血素亏等均可造成阴虚血亏，津液枯竭，肠道无津血以养润，致大便艰涩难行。本证和脾肺气虚或脾肾阳虚便难均有不同，气虚和阳虚是脏腑功能低下，肌肉弛缓，传送无力而大便艰难，多伴有机能衰退症群（神疲倦怠、气短自汗、肢冷畏寒等）。而阴虚血亏乃有形物质不足，肠道干枯，无液以润而大便艰难，常见头晕耳鸣，口干咽燥，心悸失眠等阴血不足症状。治疗，偏血虚者宜养血润肠以通便，方选益血润肠丸加首乌、芝麻之类；偏阴虚者，当养阴生津，即"但壮其水，泾渭自通"（张景岳），益血润肠丸合增液汤化裁。

大便难一症，临床实证少见，而多为虚证。实证或由大肠实热，或由湿热蕴结，或由气滞不疏所致。而虚证或由脾肺气虚，或由脾肾阳虚，然大多是由阴虚血少、津液不足所造成。其治疗如《素问·至真要大论》说："谨守病机，各司其属，有者求之，无者求之，盛者责之，虚者责之。"

（董润生）

255. 大便下血

【概念】

临床所见无论先便后血，先血后便，或便血杂下，或单纯便血，均称大便下血。

大便下血一症，在历代医学文献中名称不同。《灵枢·百病始生》称"后血"；《素问·阴阳别论》称"便血"；《伤寒论》称"圊血"；《金匮要略》称"下血"，并依下血与排便之先后不同，提出"远血"和"近血"的名称。后世《医学入门》又有"血箭"之称，"因其便血即出有力，如箭射之远也"。《寿世保元》将大便下血，血在便前，血下如溅，血色清鲜者，叫做"肠风"。《医学入门》与《血证论》等将大便下血，浊而不清，色黯不鲜，肛门肿硬疼痛者，称为"脏毒"。

本症应与下痢脓血进行鉴别，下痢脓血之症，多呈脓血杂下，并有突出的腹痛，里急后重等表现，本症则表现为大便时血自下，而无脓样物，且无突出的腹痛及里急后重等症。

大便下血，又往往是多种肛门疾病的常见症状，凡属肛裂、痔疾、肛漏、肛痈等疾病导致的便血，皆不在本条范围内讨论。

【鉴别】

常见证候

风火熏迫大肠便血：大便下血，兼见唇干口燥，口渴饮冷，牙龈肿痛，口苦口臭，口舌生疮，大便秘结，肛门灼热，舌红苔黄，脉数有力。

胃肠湿热蕴毒便血：大便下血，兼见面目发黄，口干而苦，不欲饮食，胸脘痞闷，恶心呕吐，少食腹胀，便下不爽，气味秽臭，或见肛门肿硬疼痛，小便短赤，或混浊，舌苔黄腻，脉象滑数。

肝肾阴虚便血：大便下血，兼头晕目眩，两颧红赤，五心烦热，夜寐不安，骨蒸盗汗，梦中失精，腰痠肢倦，形体消瘦，舌质红绛，脉象细数。

脾肾阳虚便血：大便下血，脘腹隐痛，面色无华，肢倦懒言，少食便溏，甚则畏寒肢冷，小便清长，舌质淡白，脉沉细无力。

鉴别分析

风火熏迫大肠便血与胃肠湿热蕴毒便血：二者均属热证、实证，极易混淆。风火熏迫大肠便血，多因风邪侵袭阳明经脉，郁而化热，或因肝经风木之邪内乘于肠胃，风火交迫，阴络被伤，阴血不藏，发生便血。是故《中藏经》云："大肠热极则便血，又风中大肠则下血。"本类便血，大致属于后世所谓"肠风"，故临证多兼见口渴饮冷，牙龈肿痛，口苦口臭，大便燥结，苔黄，脉数等症。且因风火之证，随感随发，病程短暂，故其特点表现为大便下血，先血后便，血下如溅，质清色鲜，甚则纯下鲜血。治疗之法，总以凉血泻热、息风宁血为主，槐花散为常用之方剂。若兼见肝经风热内煽之症者（如胁腹胀满，烦躁多怒，脉象弦数等），治当清肝宁血，方用黄芩汤加柴胡、丹皮等；若兼见阳明火邪热毒炽盛、迫血妄行者（下血鲜稠，口燥唇焦，舌红苔黄，脉数有力等），治以凉血泻火，可用约营煎。

大肠湿热蕴毒便血，多由饮酒食辛，过食肥甘，湿从内生，或因久卧湿地，屡犯雾露，湿从外来，皆致湿邪蕴结体内，下注大肠，化热蕴毒，灼伤阴络，壅遏气血，而致大便下血。临证所见，本类便血多属"脏毒"之列，因其蕴毒积久而始见，故下血紫黑污浊，晦黯不鲜如黑豆汁，甚则成片块状。湿热氤氲阻滞，故临床常兼见胸脘痞满，呕恶少食，腹胀便结，苔腻，脉滑等症。湿热稽留，蕴积化毒，而致肛门肿硬疼痛。治当以清化湿热、和营解毒为主，用赤豆当归散合地榆散清热化湿、和营止血；若下血污浊之甚者，可选用黄连汤以化湿解毒。

肝肾阴虚便血与脾肾阳虚便血：二者皆属虚证，具有遇劳频发的特点。然肝肾阴虚便血，多因久病不愈，营阴内耗，或醉饱房劳，肾阴亏损，或忧思郁怒，五志化火，耗伤阴血等因素，致使肝肾阴血亏损，水亏火旺，扰动阴络而发生便血，证属虚热，与脾肾阳虚之虚寒证不同。临证多见先便后血，血色深红，点滴而下，血量不多，且于便血后体力疲乏难支，更兼口燥咽干，五心烦热，失眠多梦等阴虚火旺等表现。施治应以滋阴降火，养血宁血为主。常用方为三甲复脉汤，若心烦少寐者，则用黄连阿胶汤。脾肾阳虚便血，多由素体阳虚，劳倦过度，大病不复等因素，损伤脾胃阳气所致。脾气损则失统摄之力，肾气乏则失封藏之本，阴络血溢，发生便血。本类便血多见先便后血之"远血"，质清稀，色暗淡，或黑腻如柏油。此证亦每见于下血日久，阴损及阳，阳虚不能摄阴的病变。故临床多兼见面色淡而不泽，短气懒言，肢冷畏寒，脘腹隐痛，溲清便溏，舌淡脉微等症。治疗应以健脾温肾、益气摄血为主，选用黄土汤；若日久中气下陷，肛门脱坠，可合用补中益气汤；若便血日久，则配合固肠散固肠止血，以防滑脱。

总之，鉴别大便下血一症，除审察其病因、病机、主要兼症之外，尤当注意观察主症特点（如便血之远近、色泽、质地等），这对于判定病位，明确病性，确立治则等至关紧要。《证治汇补》曰："纯下清血者，风也。色如烟尘者，湿也。色暗者寒也。色红者热也。"《类证治裁》亦曰："其血色鲜稠为实热迫注，……色稀淡为脾胃虚寒。"故凡先血后便，血色清鲜之"近血"，病在广肠、肛门，多因风火湿热为病，属热属实，病较轻浅，治当以祛邪为主；先便后血，血色晦暗之"远血"，病在小肠和胃，多由饮食劳倦，损伤脏气，脏腑阴阳失调所致，病情深重，虚证居多，故治疗当以扶正为先。又如，血下如溅，质清色鲜，则属外风入客，或内风下乘于大肠所致的"肠风"；若血下污浊，肛门肿硬疼痛，则属蕴湿化毒，下迫大肠肛门，损伤阴络而致的"脏毒"之病。

【文献别录】

《景岳全书·杂证谟》："结阴便血者，以风寒之邪结于阴分而然，此非伤寒可比，盖在五脏留而不去，是谓结阴。阴内结不得外行，则病归阴分，故为便血。经曰，结阴者便血一升，再结二升，三结三升，正此之谓。此宜外灸中脘、气海、三里以散风邪，内以平胃地榆汤温散之剂主之。"

《血证论·便血》："余按此证，与妇人崩漏无异，……同是离经之血，下泄而出，故病情相类也。但所出之窍，各有不同，崩漏出前阴，故多治肝以和血室。便血出后阴，故兼治肺肾以固肠气。肾主下焦，主化气上升，肾足则气不下陷。肺与肠相表里，肺气敛则肠气自固。医者能知此理，而参用女子崩中之法，可以尽其调治。"

（李炳文）

256. 小 便 黄 赤

【概念】

小便黄赤，指尿液颜色呈深黄、黄赤或黄褐，甚至尿如浓茶的异常表现。

小便黄赤首见于《素问》，并又称之为"溺赤"。《灵枢·经脉》篇称"溺色黄"。《脉诀》及《医学正传》称"小便赤涩"。

本症不包括尿血所致的尿色改变。至于天然汗多、饮水不足而致小便黄赤者属正常现象，则不予讨论。

【鉴别】

常见证候

心火炽盛小便黄赤：小便短赤，排尿热涩作痛，发热面赤，心烦失眠，夜寐多梦，其或神识不清，神昏谵语，舌红，舌尖起刺，苔黄甚或焦黄，脉数。

胃肠实热小便黄赤：小便短黄，口渴欲饮，口臭，大便秘结，腹满拒按，舌红苔黄燥，脉滑数或沉实而数。

肝胆湿热小便黄赤：小便短黄或黄赤，甚者色如浓茶，口苦纳减，恶心呕吐，胁肋疼痛，常见身目发黄，或兼发热，或见寒热往来，舌红苔黄腻，脉弦数。

寒湿郁滞小便黄赤：小便黄赤如茶，但量不短少，面色晦暗，身目俱黄，神疲肢倦，纳呆腹胀，形寒畏冷，大便不实，舌淡苔白腻，脉濡缓。

膀胱湿热小便黄赤：小便短黄或短赤，常兼尿频、尿急、尿痛，或见小便不通，小腹疼痛或胀痛，口苦咽干，渴不欲多饮，舌红苔黄，脉滑数。

阴虚内热小便黄赤：小便短黄有灼涩感，头晕耳鸣，咽干，午后潮热，五心烦热，腰膝酸软，梦遗滑精，舌红少苔，脉细数。

鉴别分析

心火炽盛小便黄赤与胃肠实热小便黄赤：皆为里热实证。心火炽盛小便黄赤因于情志失调、过食辛燥火热之物，致心火炽盛或湿热之邪内陷心包，心火移热于小肠，泌别失职而小便短赤。胃肠实热小便黄赤因外邪入里化热或嗜食辛辣厚味，热毒积于肠胃，累及膀胱而致小便短赤。前者可伴见心烦易怒、舌尖红赤甚或起刺，排尿时多有热涩感；后者因胃热炽盛而伴见口臭牙痛，邪热结于大肠则有便秘、腹满疼痛拒按。心火炽盛小便黄赤治以清心泻火，方选导赤散，如神识不清者，须加以清热开窍，以清宫汤送服安宫牛黄丸。胃肠实热小便黄赤须区分热邪在胃在肠，前者以清胃散清胃泻火，后者以大、小承气汤泻热攻下。

肝胆湿热小便黄赤与寒湿郁滞小便黄赤：二证皆因肝胆受邪导致小便黄赤，并兼见身目发黄，然一为阳证，一为阴证。肝胆湿热小便黄赤因湿热内袭肝胆，或由脾胃湿热久稽移于肝胆，疏泄不畅，下注膀胱，故尿赤而短。寒湿郁滞小便黄赤因寒湿内蕴，脾阳受损，气机郁滞，湿邪受阻，故尿色暗黄。鉴别要点在于：前者属阳证，具口干口苦、胁肋疼痛、寒热往来，起病急，病程短；后者属阴证，伴有面色晦暗、神疲肢倦、纳呆腹胀等症，起病缓而病程长。肝胆湿热小便黄赤治宜清泻肝胆、泄热利湿，方选龙胆泻肝汤加减。寒湿郁滞小便黄赤治以温中健脾、祛寒化湿，茵陈术附汤加味。

膀胱湿热小便黄赤与阴虚内热小便黄赤：二者均为下焦病变。膀胱湿热小便黄赤因湿热内侵或嗜食辛热肥甘，湿热内阻，郁而化热，属实证，故有口苦咽干、渴不欲饮等兼症。阴虚内热小便黄赤因素体阴虚，久病伤阴，房室不节或过服温燥而伤阴，阴虚生内热，属虚证，故有头晕耳鸣、午后潮热、五心烦热等表现。鉴别要点在于：前者膀胱湿热蕴结，气化失司，故小便短赤兼见尿频、尿急、尿痛、小腹疼痛等症；后者尿呈短黄，仅有轻度灼热感，伴见耳鸣、五心烦热、腰膝酸软等症。膀胱湿热小便黄赤治宜清利湿热、通利小便，方选八正散。阴虚内热小便黄赤治以滋阴降火，方选知柏地黄丸。

小便黄赤为临床常见症状，可见于多种病证之中，虽非主症，但细察小便色量的变化，对辨证颇有裨益。如证属里热，常见小便黄赤，热重则为短赤或黄褐色。如尿色深如浓茶并伴身目发黄者，则应考虑到黄疸症，其尿短而热者多为肝胆湿热，反之为寒湿阻滞。此外，夏令又有湿热互结，内阻中焦，致小便黄赤，可根据身热不扬、脘痞呕恶，大便溏而不爽等表现辨之，治疗须清热化湿、理气和中，可用王氏连朴饮加减。外感风热犯肺，热结伤津，亦可导致小便黄赤，则须清热利尿，可选清燥救肺汤化裁。

《景岳全书·淋浊》："若溺之黄赤者，此固多有火证，然必赤而痛涩，及别有火脉火证，方可以火证赤浊论治。若或以劳倦过伤，或以久病，或以酒色耗伤真阴，或以素服清凉等药，愈服愈赤，愈见短少，而且无痛涩等证者，此系水亏液涸，全非赤浊之比。经曰：中气不足，溲便为之变，即此类也。但当温补下元，使之气化，水必自清，切不可因小便黄赤，一概皆从火治。"

（陈炳焜）

257. 小 便 浑 浊

【概念】

小便浑浊，简称尿浊，又叫溺浊，指尿液浑浊不清，而排尿时并无尿道涩痛的症状。尿浊而色白如泔浆者称为白浊，初尿不浑，留置稍长，沉淀呈积粉样者亦属本症。

《素问·至真要大论》称"溺白"。《诸病源候论·虚劳病诸候》称"白浊"。《丹溪心法》分为"赤、白浊"。《景岳全书》称"遗浊"、"便浊"。《类证治裁·淋浊》则称"溺浊"。《杂病源流犀烛》称"二浊"。

本症不同于小便疼痛。小便疼痛时亦常兼小便浑浊，但以排尿疼痛为主症。本症则排尿时不感尿道疼痛，或仅有轻度热涩疼痛。

小便出血致尿液浑浊者与本症性质不同，小便挟精所致尿液浑浊亦不属本症。可参阅尿血、小便挟精条。

古代医家对白浊概念理解不一。有指本症者，亦有指小便挟精者，或为此二证之总称。历代文献尚有赤浊之称，实指精浊或尿血，不在本症范围。

【鉴别】

常见证候

下焦湿热尿浊：小便浑浊如米泔，时夹滑腻之物，或小便黄赤而浑浊不清，常有尿频尿短，排尿时有热涩感，或伴轻度疼痛，兼见胸满脘闷，口渴不欲多饮，舌红苔黄腻，脉滑数或濡数。

肾阴亏虚尿浊：小便浑浊如泔浆，尿量不多，兼见头晕耳鸣耳聋，咽干，颧红盗汗，骨蒸劳热，腰膝痠软，大便干结，舌红苔薄，脉细数。

肾阳虚衰尿浊：小便浑浊，尿频数清长，伴面色淡白，精神萎靡，腰背痠冷，四肢不温，阳痿，舌淡苔白，常有齿痕，脉沉弱。

脾虚气陷尿浊：小便浑浊日久不愈，或尿时不甚浑浊而沉淀呈积粉样，尿有余沥，兼见面色萎黄，体倦神疲，纳食减少，少腹坠胀，大便溏薄，舌淡苔白，脉虚无力。

脾肾两虚尿浊：小便浑浊，尿频数清长，头晕耳鸣，面色萎黄，纳食减少，气短神疲，肌肉消瘦，四肢不温，腰腿痠软，舌淡苔白滑，脉虚缓。

鉴别分析

下焦湿热尿浊与肾阴亏虚尿浊：二者皆由膀胱蓄热，气化失司所致，但一为实热，一为虚热。下焦湿热尿浊因多食肥甘，嗜酒过度，酿湿生热；或湿热外邪注于下焦而成此证。下焦湿热影响膀胱气化，泌别失职，脂液下流，故小便浑浊如泔浆，或夹有滑腻之物；或小便短赤，伴尿频、尿急、尿痛。肾阴亏虚尿浊，因素体阴虚，或热病伤阴，阴虚内热，热移膀胱，气化失司，清浊不分，故小便浑浊如米泔，或小便黄赤，但尿频、尿痛少见。下焦湿热尿浊常兼见胸满脘闷，口渴不欲多饮，舌红苔黄腻，脉滑数或濡数等湿热内蕴之象，治宜清利湿热，泌别清浊，方选程氏萆薢分清饮。肾阴亏虚尿浊则常兼见头晕耳鸣，颧红盗汗，虚烦不寐，腰膝痠软等阴亏火旺之征，治宜滋阴降火，泌别清浊，方选知柏地黄丸加萆薢。

肾阳虚衰尿浊与脾虚气陷尿浊：二者均呈尿频量多，属虚寒证，鉴别点为：前者的病变以肾阳虚为主，因肾阳虚衰，膀胱泌别失职，脂液失约，故小便浑浊，但色淡不浓。多见于年高体弱者，常兼有面色淡白或晦黑，头晕耳鸣，精神萎靡，四肢不温，阳痿，腰膝痠软等症。后者的病变以脾气虚为主。因勉力劳累，思虑过度，饮食不节等损伤脾阳，脾虚气陷，约束无力，精微下流，故小便浑浊，排尿时虽尿液浑浊不甚，然静置后常有积粉样沉淀，劳累后症状加剧，常兼有纳减便溏，少腹坠胀，或伴脱肛等症。肾阳虚衰尿浊，治宜温肾固涩，方选右归丸加补骨脂、五味子。脾虚气陷尿浊治宜补中益气，方选保元汤酌加芡实、升麻，或用补中益气汤化裁。

脾肾两虚尿浊：脾不升清，肾失封藏，膀胱失约导致小便浑浊。其特点是：兼有脾虚气陷尿浊和肾阳虚衰尿浊的临床表现，证候较为复杂，可见体倦神疲，少腹坠胀，纳减便溏及头晕耳鸣，腰膝痠软，阳痿等症。治宜健脾补肾并重，方选补中益气汤合无比山药丸。

小便浑浊一症，虚实皆有，实证因于湿热，病在膀胱，尿浊而浓，或伴尿频、尿痛；虚证多责之脾、肾，尿浊不浓，少见尿痛。此外，尚有因少腹瘀血内结，影响膀胱气化，清浊不分而尿浊者，常伴小便疼痛，小便不通或尿血，尿液紫暗浑浊，少腹胀痛，舌黯而见瘀点。治宜温阳化瘀，方选少腹逐瘀汤加木通、金钱草。

【文献别录】

《丹溪心法·赤白浊》："胃中浊气下流，为赤白浊。用二陈加柴胡、升麻、苍术、白术。……胃中浊气下流，渗入膀胱，青黛、蛤粉"。

《医学入门·赤白浊》："赤者，血分湿热甚，心与小肠主之，导赤散、四物汤加樗白皮、青黛、滑石。白者，气分湿热微，肺与大肠主之，清心莲子饮，或五积散合四君子汤"。

《类证治裁·淋浊》："肥人多白浊，系湿痰，二术二陈汤。瘦人多赤浊，系肝火，龙胆泻肝汤"。

（陈炳焜）

258. 小 便 清 长

【概念】

小便清长，指尿液澄清而量多。《诸病源候论·小便病诸候》称之为"小便利多"。

小便频数是指小便次数增多，但尿色可清可浊，尿量可多可少，与本症不同，但二症常可并见。小便清长亦常见于下消病中，因与口渴同见，请参见口渴条。

【鉴别】

常见证候

肾阳不足小便清长：小便清长而频数，兼见面色㿠白，精神不振，腰膝痠软，形寒肢冷，气怯乏力，舌淡苔白，脉沉迟无力。

阴寒内盛小便清长：小便清长兼见畏寒肢冷，腹部冷痛，得热痛减，大便溏烂，口淡不渴，舌淡苔白，脉沉弦。

鉴别分析

肾阳不足小便清长：肾阳不足小便清长属阳虚证，为肾阳不足，封藏失职，膀胱失摄所致，故小便清长而频数，伴有头晕目眩，腰膝痠软，形寒肢冷等肾阳不足之证，治应温肾摄尿，方选缩泉丸合右归丸化裁。

阴寒内盛小便清长：本证由于寒邪直中，阴寒内盛，阳失温煦，气化失常，固摄水液失职所致，所以除见小便清长外，还有畏寒肢冷，腹部冷痛，脉象沉弦等阴盛内寒的表现。治宜温中祛寒，方选理中丸化裁。

《素问·至真要大论》说："诸病水液，澄澈清冷，皆属于寒"，可见小便清长多属寒证。但寒证需进一步辨别虚实，肾阳不足小便清长属虚证，阴寒内盛小便清长属实证。

【文献别录】

《内科临证录·问诊要略》："大热无汗尿清长者，为肾阳不固，真武汤去茯苓"。

（陈炳焜）

259. 小 便 不 利

【概念】

小便不利，指小便量少而排出困难的一种症状。

本症在《素问·厥论》中称"泾溲不利"，《标本病传论》称"小便闭"，《水热穴论》称"关门不利"。《金匮要略·水气病脉证并治》称"小便难"、"不得解"。

本症易与小便不通混淆。小便不通指膀胱中有尿液但排出困难，近于癃闭；本症则为尿少或无尿。

小便疼痛指排尿过程中尿道疼痛，与上二症均不同，但在部分患者中此三症可以并见。

【鉴别】

常见证候

肺气失宣小便不利：小便不利，眼睑浮肿，继而四肢甚至全身水肿，伴四肢痠重，发热畏风，咳嗽喘促，或兼咽喉肿痛，舌苔薄白，脉浮紧或浮数。

脾阳不振小便不利：小便短少，身肿腰以下为甚，神疲体倦，面色萎黄，头重如裹，肢体困重，脘腹胀满，纳减便溏，四末不温，舌淡胖润，苔白滑，脉沉迟无力。

肾阳虚衰小便不利：小便不利，身肿腰以下为甚，面色㿠白，喘咳痰鸣，心悸气促，形寒肢冷，腰膝痠重冷痛，舌淡胖有齿痕，苔白滑，尺脉沉弱。

湿热内阻小便不利：小便短赤不利，心烦欲呕，口苦粘腻，渴不欲饮，纳呆腹胀，大便秘结或溏垢，舌红苔黄腻，脉濡数。

气滞湿阻小便不利：小便不利，口苦咽干，胸胁不舒，纳食减少，嗳气吞酸，食后腹胀，甚则腹大而按之不坚，舌红苔薄黄，脉弦。

鉴别分析

肺气失宣小便不利：本证多因风邪袭肺，肺气失宣，不能通调水道下输膀胱而致。水湿泛溢肌肤，水肿自面目而及全身，为本证特点。本证为表实证，兼见畏风发热，骨节酸楚，咳嗽喘促，咽喉不利等症。治当宣肺行水，方选越婢加术汤。

脾阳不振小便不利与肾阳虚衰小便不利：皆为阳虚证，水湿内停均以腰以下为甚。脾阳不振小便不利多因寒湿入侵或劳倦内伤，中阳受损而致，运化无权，水湿不行则小便短少；肾阳虚衰可因久病伤阳，素体阳虚等而致，命火不足，膀胱不能气化而小便不利。脾阳不振兼见面色萎黄，纳减便溏；肾阳虚衰则有面色㿠白，气促喘咳，腰背酸痛，四肢厥冷。脾阳不振小便不利治以温运脾阳、化气行水，方选实脾饮化裁；肾阳虚衰小便不利治宜温肾助阳、化气行水，真武汤主之。

湿热内阻小便不利与气滞湿阻小便不利：相似之处在于二证俱见热象，但前者为湿热，后者为肝郁化热。湿热内阻因感受湿热之邪或水湿内停，日久化热，湿热胶结，三焦水道不通，乃见小便不利；气滞湿阻多为情志不遂，肝气郁结，气滞水道不利故小便短少。湿热内阻，蕴于中焦，而见纳呆欲呕，渴不欲饮，大便溏垢等表现；肝失疏泄，气郁化火，木横克土，故有胸胁苦满，嗳气吞酸，脉弦等见症。湿热中阻小便不利治以清利湿热，攻逐水湿，方选疏凿饮子化裁；气滞湿阻小便不利治疗须以疏肝解郁、行气利水为法，方以柴胡疏肝散合胃苓汤化裁。

小便不利与肺、脾、肾三脏关系最为密切，其实证多因感受风、寒、湿热外邪而致，虚证则以阳虚为多。此外，临床上也可见阴虚小便不利者，因肝肾阴虚，津液不能输布而致，主症为小便短少色黄，眩晕耳鸣，心烦口苦咽干，五心烦热，腰膝酸软，或见反复水肿，舌红少苔，脉细数，治以滋养肝肾、兼利小便，济生肾气丸主之。至于汗出太过，或上吐下泻，阴津耗竭而小便不利者，当从其本而治，辅以养阴增液，本篇不予讨论。

【文献别录】

《杂病源流犀烛·小便闭癃源流》："纲目曰：小便数而不利者有三，若大便泄泻，而津液涩少，一也，宜利而已；热搏下焦，津液不能行者，二也，必渗泻乃愈；若脾胃气涩，不能通调水道，下输膀胱而化者，三也，可咽气令施化而出，如茯苓琥珀散"。

（陈炳焜）

260. 小 便 不 通

【概念】

小便不通，指小便排出困难，严重者尿液点滴难出。

本症在古籍中名称不一。《素问·宣明五气论》称"癃"，《素问·至真要大论》称"不得小便"，《素问·五常政大论》称"癃闭"，《素问·痹论》称"胞痹"。《灵枢·经脉》称"闭癃"，《灵枢·本输》篇称"闭癃"、"溺闭"、"溺癃"，《灵枢·邪气脏腑病形）称"癃痨"、"痨癃"。《景岳全书·癃闭论证》称"小水不通"。《寿世保元》称"溺溲不通"。

本症与小便不利和小便疼痛应注意区别。小便不利为尿量少而不畅；小便疼痛指小便时尿道疼痛感。

【鉴别】

常见证候

下焦湿热小便不通：小便不通，常伴尿痛、尿频、尿急，可有小便灼热感，兼见口苦，渴不欲饮，大便不畅，舌质红，苔黄腻，脉沉数或濡数。

肺气壅滞小便不通：小便不通，胸闷，咳嗽气急，呼吸不畅，大便秘结，舌质红或淡红，苔白或薄黄，脉濡数。

中气不足小便不通：排尿困难，身疲气短，纳食减少，脘腹胀闷，小腹坠胀，大便稀溏，舌淡苔薄白，脉沉弱。

肾气不足小便不通：小便排出无力，尿意频频又排尿困难，腰膝疲痛，四末不温，舌质淡有齿痕，苔薄白，脉沉细而尺弱。

肝气郁结小便不通：小便不通或通而不爽，情志郁结，多烦善怒，两胁不舒，夜寐不安，多梦，口苦吞酸，舌红苔薄黄，脉弦。

溺道瘀阻小便不通：尿液不能排出，或时通时闭，小腹胀满疼痛，舌质紫黯可见瘀点，苔白或微黄，脉涩。

鉴别分析

下焦湿热小便不通与肺气壅滞小便不通：皆为实证。前者病在下焦，《诸病源候论·小便病诸候》："小便不通，由膀胱与肾俱有热故也"，湿热阻滞膀胱或移热于膀胱，湿热互结，膀胱气化失调，致小便不通。后者病本于上焦，而症现于下焦，肺为水之上源，肺气失肃，水道通调不利，累及下焦而出现小便不通。鉴别点是：下焦湿热者小便短黄，尿时灼热疼痛感，肺气壅滞者尿黄不甚，一般无灼热感；下焦湿热者主要表现下焦症状，肺气壅滞者则上下症状俱现；下焦湿热者见湿热内蕴之象，肺气壅滞者具气滞表现。治疗时，下焦湿热小便不通从下焦入手，治以清利湿热，通利小便，方选八正散；肺气壅滞小便不通则宜下病上取，以提壶揭盖法，如取嚏而探吐以开启肺气，日久酿热者予清肺饮酌加通利小便之品。

中气不足小便不通与肾气不足小便不通：均属虚证，小便困难皆为排尿无力。前者因脾气素虚，或劳倦伤脾，或饮食不调耗伤中气，气虚乏力则无力排尿；后者病在肾，可因久病损伤肾阳，或年老体衰阳气不足，或因纵欲伤肾，肾气不化排尿无力。鉴别要点为：中气不足者常见脾运不健和中气下陷的表现，排尿困难时发时止，时轻时重，每因过度伤气而加重或诱发；肾气不足者多见肾阳亏虚之象，肾虚失约尿意频频与排尿无力小便不通并见。前者治以补中益气，通利小便，方选补中益气汤加减；后者宜温阳益气，补肾利尿，方用济生肾气丸化裁。

肝气郁结小便不通：本证由于情志失调，肝失调达，疏泄不利而小便不通，具肝气郁结之见症。治宜疏肝理气，通利小便，方选沉香散或合柴胡疏肝散加减。

溺道瘀阻小便不通：本证亦属实证，因瘀血成块或砂石阻塞所致。瘀血者，可因跌打损伤，气滞血瘀，血热煎熬成瘀等多种原因引起。小便不通主要表现为小腹胀闭、疼痛不移，或见腹中肿块，舌紫暗有瘀点，脉涩等见症。治以行瘀散结、通利水道，方选代抵当丸加减。砂石者，可因湿热蕴结下焦，日久尿液煎熬成石；亦可因肝郁化火，移热下焦煎熬尿液成石；也有因嗜食肥甘，湿热内生，流注下焦煎熬尿液成石。砂石刺激尿道致刀割样绞痛，小便通则症状缓解。治疗时，肝郁气滞者可选用尿石1号，湿热内蕴者宜用尿石2号。

【文献别录】

《丹溪心法·小便不通》："小便不通，有气虚、血虚、有痰、风闭、实热。气虚用参、芪、升麻等，先服后吐，或参、芪药中探吐之。血虚四物汤先服后吐，或芎归汤中探吐亦可。痰多二陈汤先服后吐。已上皆用探吐。若痰气闭塞，二陈汤加木通、香附探吐之，以提其气，气升则水自降下，盖气承载其水也。有实热者当利之，砂糖汤调牵牛末二三分，或山栀之类。有热、有湿、有气结于下，宜清宜燥宜升"。

《辨证录·小便不通门》："人有小便不通，点滴不能出，急闷欲死，心烦意躁，口渴索饮，饮而愈急，人以为小肠之热极也，谁知是心火之亢极乎。夫心与小肠为表里，小肠热极而癃闭，乃热在心而癃闭也。盖小肠之能开合者，全责之心肾之气相通也。今心火亢热，则清气不交于小肠，惟烈火之相迫，小肠有阳无阴，何能传化乎？小肠既不能传化，膀胱何能代小肠以传化邪？况心肾之气既不入于小肠，亦何能入于膀胱，以传化夫水哉。治法泻心中之火，兼利其膀胱，则心肾气通，小便亦通矣"。

（陈炳焜）

261. 小 便 频 数

【概念】

小便频数，是指小便次数明显增加，甚则一日达数十次的一种症状，简称尿频。

《灵枢·经脉》及《金匮要略·水气病脉证并治》称本症为"小便数"。《素问·奇病论》称为"癃"。《金匮要略·消渴小便不利淋病脉证并治》称"溲数"。《脉诀·大小便病脉》又称"小便稠数"。

本症与小便清长、夜间多尿的概念有别。小便清长指小便清彻而量多；夜间多尿特指夜间小便增加。而本症特点是小便次数增加，但尿量可多可少，无昼夜之分。

《素问》所谓"癃"的含义有多种，《奇病论》："癃者，一日数十溲"，系指本症；《宣明五气篇》："膀胱不利为癃"，指小便不通。后世之"癃"多指小便不利或小便不通，应注意区分。

【鉴别】

常见证候

膀胱湿热尿频：小便频数，尿急尿痛，尿道灼热感，小便短黄浑浊，口干而粘，小腹胀满，大便秘结，或见发热恶寒，舌红苔黄腻，脉滑数。

肾阴亏虚尿频：尿频而短黄，伴眩晕耳鸣，咽干口燥，颧红唇赤，虚烦不寐，腰膝痠软，骨蒸劳热，五心烦热，盗汗，大便硬结，舌红苔少，脉细数。

肾气不固尿频：尿频而清长，或兼尿遗失禁，伴面色㿠白，头晕耳鸣，气短喘逆，腰膝无力，四肢不温，舌质淡胖，苔薄白，脉沉细弱。

肺脾气虚尿频：尿频清长，或伴遗尿失禁，兼见唇淡口和，咳吐涎沫，头眩气短，形寒神疲，纳减便溏，舌淡苔白，脉虚弱。

鉴别分析

膀胱湿热尿频与肾阴亏虚尿频：均见尿频短黄，皆为下焦之病。前者为实证，因湿热下注膀胱，气化失常而致；后者属虚证，肾阴亏虚，摄纳失职，且因阴虚生内热，影响膀胱气化而尿频。鉴别要点在于：前者尿频伴有尿急尿痛，小便灼热感，小腹不舒，尿色黄赤色深；后者伴有眩晕耳鸣，骨蒸劳热，虚烦盗汗，尿黄色浅。膀胱湿热尿频治宜清利湿热，方选八正散；肾阴亏虚尿频治以滋阴降火，方选知柏地黄丸加减。

肾气不固尿频与肺脾气虚尿频：二者皆属虚证，均与小便清长并见。肾气不固尿频因素体阳虚，久病伤阳，肾失封藏，膀胱失约而尿频；肺脾气虚尿频因过食生冷，劳累过度，寒邪伤阳，致肺脾气虚不能制下，膀胱失约则为尿频。前者伴有头晕耳鸣、腰膝痠软，四肢不温，多见于年高肾虚之人或年幼阳气未充之小儿；后者兼见咳吐涎沫、纳减便溏，常因劳累过度而诱发，多见于中年劳累之人。肾气不固尿频治以温补肾阳，方选右归丸；肺脾气虚尿频治宜温肺健脾，方以温肺汤合补中益气汤化裁。

小便频数有虚实之分，虚证以阳虚为多，尿液偏于清长；实证多因湿热，常兼尿急尿痛或排尿不适感。本症常责之肺、脾、肾三脏功能失调，可一脏单独发病，也可多脏相兼为病。此外，尚有肝气郁结而尿频者，因情志失调，肝气郁结，气机不畅，累及膀胱而尿频，特点为尿频兼有尿后似尽未尽之感，伴见胁肋不舒，少腹胀痛，眩晕头痛，口苦，烦躁易怒等症，常因情志变化而时轻时重，治宜疏肝解郁，方选逍遥散加减。

【文献别录】

《伤寒论·辨阳明病脉证并治》："太阳病，若吐若下若发汗后，微烦，小便数，大便因鞕，与小承气汤和之愈"。

《张氏医通·小便不禁》："是以老年人多频数者，是膀胱血少，阳火偏旺也，治法宜滋肾水真阴，补膀胱津液为主，而佐以收涩之剂，六味丸加麦冬、五味之类，不可用温药也"。

《血证论·便闭》："又小便数而不禁，大便反闭者，名为脾约。谓脾津下泄，无以润肠故也，仲景用脾约丸治之。丹溪谓宜清肺燥，肺清则小水有利，而脾得灌溉，宜用清燥救肺汤治之"。

（陈炳焜）

262. 尿后余沥

【概念】

尿后余沥不尽，是指小便后仍有余沥点滴不净的症状。

《内经》仅有"膀胱不利为癃，不约为遗溺"的记载。《诸病源候论》始列"虚劳小便余沥"专条，后世遂沿用其名，但亦不尽相同，如《医学入门》称"尿后余沥"，《脉诀》称"小便遗沥"。

尿后余沥与小便失禁，历代医书多混为一症。然尿后余沥系排尿后尚有余沥点滴不净；小便失禁则是尿液时时自遗，不能控制，且尿量较多。临床上宜予区分。

排尿后如挟有白色粘液滴出，乃小便挟精之症，不属本篇讨论范围。

【鉴别】

常见证候

肾虚胞寒尿后余沥：小便频数而清长，溺后遗沥不净，神疲体倦，腰背痠软，四肢不温，舌淡苔白，脉沉细，尺部尤甚。

中气不足尿后余沥：小便后余沥点滴，时作时止，遇劳即发，面色㿠白，精神困惫，纳减便溏，少腹坠胀，舌淡苔白，脉濡缓或细弱。

膀胱湿热尿后余沥：小便频数，色黄或浑浊，尿后余沥点滴不净，伴尿道灼热疼痛，舌红苔黄腻，脉濡数。

鉴别分析

肾虚胞寒尿后余沥与中气不足尿后余沥：二证均属虚证。前者多因久病或房劳过度，损伤肾气，肾虚气化不及，膀胱制约无能，致尿后余沥。后者多因饮食劳倦，中气虚弱，失于升举，致尿后余沥。鉴别要点：肾虚胞寒以小便频数清长，腰背痠软，四末不温，遇寒加剧，常见于年高者为特征，治宜温肾固涩，方用金匮肾气丸合桑螵蛸散加减；中气不足以精神困惫，纳减便溏，少腹坠胀，常见于壮年为特征，治宜补中益气，方用补中益气汤加减。

膀胱湿热尿后余沥：多因湿热蕴结下焦，气化失司，膀胱不约，致尿后余沥。辨证以尿频、尿急、尿痛，小便色黄或混浊为特征，治宜清热利湿，方用八正散加减。

尿后余沥一症，应分虚实。虚证居多，每与小便清长，夜间多尿，小便频数等症并见，治法不外温补固涩。实证每与尿频、尿急、尿痛并见，治法总宜清热利湿。至于淋证出现尿后余沥，如《罗氏会约医镜·论淋癃》所说："气淋，小便涩，常有余沥，故尿不尽"，或外伤损及膀胱，引起尿有余沥，当针对原病症治疗，原病症愈则尿有余沥自已。

【文献别录】

《诸病源候论·虚劳小便余沥候》："肾主水，劳伤之人，肾气虚弱，不能藏水，胞内虚冷，故小便后水液不止而有余沥，尺脉缓细者，小便余沥也"。

《医学入门·小便不禁》："下虚内损，则膀胱不约，便溺自遗，或尿后余沥，皆火盛水不得宁。治宜补膀胱阴血，泻火邪为主，而佐以山茱萸、牡蛎、五味子之类，不可温药"。

《张氏医通·小便不禁》："亦有小便毕，少顷将谓已尽，息再出些少者，多因从忍尿行房事而然，宜生料五苓散加阿胶，吞加减八味丸"。

（陈炳焜）

263. 小 便 失 禁

【概念】

小便失禁，是指在意识清楚的情况下小便失去控制而自行溺出的症状。

本症与遗尿概念不同。《内经》统称之为"遗溺"，自明清以后始分而论之。《类证治裁·闭癃遗尿》谓："遗尿一证，有睡中自遗；有气不摄而频数不禁者"。目前通常认为遗尿是指在正常睡眠时小便不知不觉地自行排出；小便失禁则指在意识清楚的情况下小便失去控制而自行排出。关于昏迷时的小便失禁，不在本篇讨论。

尿有余沥指排尿仍可控制，仅尿后有少量尿液自行滴出，亦不属本症范围。

【鉴别】

常见证候

肾气虚寒小便失禁：小便失禁，随时自遗，尿较频而清长，兼见面色㿠白，倦怠乏力，腰背痠楚，四肢不温，或见滑精早泄，阳事不举，舌淡胖有齿痕，苔薄白，脉沉细无力。

肺脾气虚小便失禁：小便失禁而频数，伴咳喘气怯，神疲体倦，纳减便溏，饭后腹胀，舌淡苔薄白，脉虚弱。

膀胱蓄热小便失禁：小便失禁，尿短尿黄，滴沥而出，尿道灼热刺痛，小腹重坠不适，口苦口干，舌红苔黄，脉弦数。

肝肾阴虚小便失禁：小便失禁，尿量短涩而色黄，常伴有头晕耳鸣，两颧潮红，胁肋隐痛，腰痠腿软，骨蒸盗汗，五心烦热，大便不爽，舌红少苔，脉弦细数。

鉴别分析

肾气虚寒小便失禁与肺脾气虚小便失禁：二证皆属虚证。肾气虚寒小便失禁，多因久病伤阳，命门火衰，气化无权，制约失职所致；肺脾气虚者，因久咳伤肺，肺气虚损而失治节，加之脾虚气陷，膀胱气化失常所致。前者兼见小便清长，形寒肢冷，腰背痠软，阳事不举，老人多见；后者兼见尿频而量少，由于肺气失宣，脾失健运而有咳嗽喘逆，纳减便溏，食后腹胀等症。肾气虚寒小便不禁治以温肾固涩，方选巩堤丸；肺脾气虚治宜温肺健脾，补益中气，方以补中益气汤合甘草干姜汤加减。

膀胱蓄热小便失禁与肝肾阴虚小便失禁：一为实热，一为虚热。膀胱蓄热小便失禁，湿热外邪入里，或嗜食辛热肥甘酿成湿热下注，致膀胱气化失司，约束不利；肝肾阴虚小便失禁因肝肾阴亏，阴虚生内热，虚热内扰，膀胱失约。前者为湿热内蕴之实热证，故尿赤尿黄，多伴有尿频、尿急、尿痛，滴沥而出，起病较急；后者为阴虚证，发病较慢，兼见头晕耳鸣目眩，胁肋隐痛，腰痠腿软，五心烦热等。膀胱蓄热小便失禁治宜清利湿热，方取八正散；肝肾阴虚小便失禁治以滋补肝肾，佐以固涩，方选大补阴丸加减。

小便失禁，可见于寒、热、虚、实等不同证候，临证时应细心辨析。

【文献别录】

《张氏医通·小便不禁》："小便不禁而淋沥涩痛者，此真阳不固而下渗也，固脬丸。不应，用加减桑螵蛸散。昼甚者，为阳虚，补中益气加熟附子；夜甚者，为阴虚，八味丸"。

《类证治裁·闭癃遗溺》："有因恐惧辄遗者，此心气不足，不及肝肾而然，宜归脾汤，或五君子煎"。

（陈炳焜）

264. 夜间多尿

【概念】

夜间多尿指夜间小便次数及尿量增加的症状。一般夜尿次数在二、三次以上或夜间尿量超过全日的四分之一，其甚者夜间尿量可接近或超过白昼尿量。白昼小便正常，独夜间尿多，为本症之特点，据此可别于小便频数。

【鉴别】

常见证候

肾阳虚惫夜间多尿：夜间多尿伴小便频数，尿有余沥，甚至小便失禁或遗尿，耳鸣重听，腰背痠楚，滑精早泄，舌淡胖苔薄白，脉沉细弱。

脾肾两虚夜间多尿：小便频数，夜间为多，形寒肢冷，体倦神疲，头晕耳鸣，腰膝痠软，纳减便溏或下利清谷，舌淡胖苔白，脉沉弱。

鉴别分析

肾阳虚惫夜间多尿：多因素体阳虚或年高久病，致肾阳不足，封藏失职，膀胱不约，遇夜间阴盛阳衰，摄纳无权，故尿频尿多。治当温补肾阳，佐以固涩，方用大菟丝子丸化裁。症状较轻者，则阳虚表现不明显，常见于病程短或青少年，一般责之膀胱气虚，治当益气固脬，方用桑螵蛸散加减。

脾肾两虚夜间多尿：多因命门火衰不能温煦脾阳，或脾阳虚弱不能充养肾阳，致脾肾两虚，下元温摄不固，故于夜间阴盛阳衰之时尿量增多。其与肾阳虚惫夜间多尿的鉴别要点是，肾虚的耳鸣腰痠和脾虚的形体消瘦，肢冷不温，纳减便溏同时兼见。如只从肾治之，疗效往往欠佳，必须脾肾双补、温阳固涩并投，方用固脬丸加减。

肾主水，司开合，膀胱主藏尿液，故夜间多尿责之于肾和膀胱；又昼为阳，夜为阴，夜间阴盛阳衰，因此，夜间多尿实为阳气虚弱所致。

【文献别录】

《诸病源候论·小便病诸候》："小便利多者，由膀胱虚寒，胞滑故也。肾为脏，膀胱肾之腑也，其为表里俱主水。肾气下通于阴，府既虚寒，不能温其脏，故小便白而多，其至夜尿偏甚者，则内阴气生是也"。

《罗氏会约医镜·论小便不禁》："所以少壮者，阴阳两足，夜少小便，及至老年，夜多小便者，水火俱不足也，治以八味地黄丸，去泽泻，加骨脂，即右归饮亦妙"。

（陈炳焜）

265. 遗　尿

【概念】

夜间睡眠中发生排尿，称为遗尿，儿童较多见。《素问·宣明五气》称为"遗溺"。《金匮要略·肺痿肺痈咳嗽上气病脉证并治》首次提出"遗尿"的名称。

遗尿症，如发生在中风、伤寒、温病等疾病过程中，常表示疾病深入内脏，发展到严重的阶段，但不为主症，故不在本症讨论范围。

【鉴别】

常见证候

肾阳不足遗尿：睡中遗尿或小便不禁，面色㿠白，畏寒肢冷，腰痠膝软，小溲频数清长，舌质色淡，脉沉细弱。

肾阴不足遗尿：平素尿频而少，色深而热，颧红唇赤，甚或潮热盗汗，或梦遗，舌质红、苔少，脉沉细数。

脾虚气陷遗尿：过劳则遗尿，肢倦，少气懒言，嗜卧，食少，食入即胀，或同时兼见脱肛、子宫脱垂等症，舌质淡、苔少，脉象缓弱。

肺气虚寒遗尿：遗尿伴见久咳，吐涎沫，舌质胖有齿痕，苔白，脉细缓。

鉴别分析

肾阳不足遗尿与肾阴不足遗尿：肾阳不足而遗尿者，多由先天不足，禀赋素弱，或房劳伤肾，或年高肾气已衰，或儿童督任未充，足心受寒，上述诸因，均可导致肾阳不足，下元虚寒，使闭藏失职，膀胱不约而发生遗尿。而肾阴不足者，多因伤精耗液，欲念纵生，相火妄动，而使膀胱开合失司，发生遗尿。肾阳不足遗尿与肾阴不足遗尿之主要区别：前者尿频而量多，色清白，乃肾阳虚而不化气所致；后者尿频尿少，色深而热，乃阴虚火旺所致。若以舌脉辨，阳不足者，舌淡，苔薄，脉沉细弱而无数象；阴不足则舌质红，苔少，脉细数。治法：阳不足者，温肾固摄，方选巩堤丸；阴不足者，治以滋阴降火，选用知柏地黄丸。

脾虚气陷遗尿与肺气虚寒遗尿：脾虚气陷者，多由劳累忧思过度而伤心脾，脾气下陷，或产后中气虚陷，遂发生遗尿；肺气虚寒者，则多见于肺气虚弱，治节无权，不能约束下焦而致遗尿。脾气虚与肺气虚临床表现极为相似，且多同时兼见。脾气下陷者，应着眼于肢倦，食少作胀，并见久泻，脱肛，子宫脱垂等症；而肺气虚寒者，则见咳而多涎。脾气陷者，方用固脬汤；肺气虚寒者，甘草干姜汤加人参主之。

遗尿的基本病机为膀胱失于约束。膀胱的约束，同气化功能相关，而气化功能又同心阳的温煦，肺气的宣降，肝气的疏泄，脾气的升举，尤其是和肾，督阳气的温养关系密切，所以遗尿之发生，涉及心、肺、脾、肝、肾五脏，因肾司二便开合，故又以肾为主。

本症多为虚证。《灵枢·本输》："虚则遗溺，遗溺则补之"。临床所见，亦有实证，如肝失疏泄而致遗尿，但不多见。

【文献别录】

《中国内科医鉴·遗尿》："有白虎汤证之遗尿，有甘草干姜汤证之遗尿。前者为阳之极点，后者纯粹阴证，同一遗尿也，机转正相反。……阳证之遗尿者，膀胱之知觉麻钝也。……甘草干姜汤证之遗尿，则起于紧缩力之不足，故小便出而不多"。

《仁斋直指方》："下焦蓄血，与虚劳内损，则便尿自遗而不知"。

《本草纲目·溲数遗尿》："肝实则癃闭，虚则遗尿"。

（王齐南）

266．小便疼痛

【概念】

小便疼痛，简称尿痛，指排尿时尿道发生刺痛、灼痛、涩痛、绞痛等，同时伴有小便淋漓不畅。

《素问》称小便疼痛为"淋"或"淋闷"。《金匮要略·五脏风寒积聚病脉证并治》称"淋秘"。《中藏经·论淋沥小便不利》将"淋"分为"冷、热、气、劳、膏、砂、虚、实"八种。《诸病源候论·淋病诸候》又列"石淋"、"气淋"、"膏淋"、"劳淋"、"热淋"、"血淋"、"寒淋"。《素问玄机原病式》称"小便涩痛"。《景岳全书·癃闭论治》则载有

"溺管疼痛"。

本症与小便不利、小便不通不同。小便不利指尿液减少或无尿，不一定疼痛；小便不通指尿液排出受阻，无尿痛或仅有轻度疼痛；本症则强调排尿时尿道有疼痛感，部分病例可与小便不利或小便不通并见。

小便疼痛而见尿血者，一般把尿血时伴疼痛者归属本症，无疼痛者归属尿血。同样，尿液如泔浆而排尿疼痛者属本症（为"膏淋"），无痛者属小便浑浊。

【鉴别】

常见证候

下焦湿热尿痛：多见于"石淋"、"血淋"及"膏淋"等实证。临床表现为小便热涩疼痛，尿色紫红，或小便浑浊如泔浆；或小便挟有砂石，绞痛难忍，常伴少腹拘急或腰腹绞痛，口苦口渴，纳食减少，大便不爽，舌红苔黄或黄腻，脉滑数。

心火炽盛尿痛：表现为小便热痛，尿短黄，面赤咽干，渴喜冷饮，口舌生疮，心中烦热，不寐多梦，舌尖红赤，苔黄燥，脉数。

下焦血瘀尿痛：属于"血淋"范畴。临床表现为小便刺痛或涩痛，伴小便浑浊、尿血，尿液呈紫黯或夹血块，少腹疼痛，肌肤甲错，口唇发紫，舌黯有瘀点，脉沉细涩。

肝郁气滞尿痛：临床表现为小便涩痛、刺痛，头痛目眩，口苦，胸胁胀满，少腹胀痛，妇女可见月经不调，舌质稍黯，苔薄黄，脉弦。

肾阴亏虚尿痛：可见于"血淋"、"膏淋"等虚证。临床表现为小便热痛，伴有尿血或小便浑浊，头晕耳鸣，咽干颧红，潮热盗汗，腰痠腿软，舌红苔少，脉细数。

鉴别分析

下焦湿热尿痛与心火炽盛尿痛：二者皆为里实热证，尿皆短赤。下焦湿热尿痛因多食肥甘，或嗜酒太过，酿成湿热，注于下焦；也可因感受湿热外邪而致。症见口苦口渴，胸闷脘痞，纳减，大便不爽。湿热尿痛表现主要有三种情况：①血淋：湿热下注膀胱，血热妄行致小便热涩疼痛，尿血；②膏淋：湿热下注，膀胱气化不利，清浊不分，故小便热涩疼痛而浑浊如泔浆；③石淋：湿热下注，尿液煎熬成石，故小便艰涩刺痛，挟有砂石。治疗应在清热利湿的基础上结合不同情况辨证施治。血淋宜清热利湿、凉血止血，方选小蓟饮子；膏淋宜清热利湿、分清泌浊，方取萆薢分清饮；石淋宜清热利湿、通淋排石，方选三金汤。心火炽盛尿痛因心火移热于小肠，小便热痛而短黄，常兼见口舌生疮，心烦不寐，舌尖红等症，尿痛一般较轻。治宜清心泻火，方选泻心汤合导赤散。

下焦血瘀尿痛与肝郁气滞尿痛：均为实证。下焦血瘀尿痛多因跌扑损伤，气虚血滞或寒邪入侵以致少腹瘀血内结，血不循经而尿血，膀胱气化失司则尿痛，特点为小便刺痛、涩痛，无尿道灼热感，伴有少腹胀痛，肌肤甲错，口唇紫黯，舌有瘀点，脉沉细涩等症。肝郁气滞尿痛因恼怒伤肝，肝气不疏，郁而化火，气火郁于下焦，影响膀胱气化故小便涩痛，特点为尿痛以涩痛为主，多见于壮年气盛之人，常因恼怒而诱发，伴见头痛，目眩，口苦，脘腹满闷。前者治宜化瘀通淋，方选少腹逐瘀汤酌加木通、金钱草之类。后者治以疏肝理气通淋，方选沉香散；如肝火炽盛，则宜疏肝理气、清热通淋，方选丹栀逍遥散酌加冬葵子、海金沙等。

肾阴亏虚尿痛：多由房室不节或热病伤阴，酿生内热，影响膀胱气化，致清浊不分而为"膏淋"；或阴虚火旺，迫血妄行而为"血淋"。二者均属虚证，尿痛一般较轻，虚火盛者小便有灼热感，兼见咽干颧红，潮热盗汗，头晕耳鸣等症。治宜滋阴降火，方选知柏地黄丸加减。

本症实多虚少，故常重视实证而忽视虚证。《景岳全书·淋浊》谓："然淋之初病则无不由于热剧，无容辨矣，但有久服寒凉而不愈者，又有淋久不止而痛涩皆去而膏液不已，淋如白浊者，此惟中气下陷及命门不固之证也"，此即"气淋"虚证，当责之中气不足，特点为小便涩痛有迫切感，伴见脾虚气陷之证，治宜补中益气，方选补中益气汤。本症为里症，《内科学·淋证》（全国高等医药院校试用教材）："按之临床实际，淋证畏寒发热往往与小便涩痛同时并见，乃湿热熏蒸，邪正相争所致，与一般表证发热不同，不必一见发热恶寒，即用辛散之剂，因淋证多属膀胱有热，阴液常感不足，而辛散发表，用之不当，不仅不能退热，反而劫伤营分，引起尿血加剧之弊。如淋证确由外感诱发，证见发热，恶寒，咳嗽，流涕者，自可适当配合运用疏风解表之剂表里同治"。

【文献别录】

《医宗必读·淋证》："冷淋者，寒客下焦，水道不快，先见战寒，然后成淋"。

《中医临证备要·小便刺痛》："一般外感发热和阴虚内热证中，也有尿时灼热微痛感觉，量少色黄，不作淋证看待。如高热时出现，可在处方内酌加滑石、通草，湿温证加茵陈、车前，阴虚证加生地、知母"。

（陈炳焜　冯兴华）

267. 尿　　血

【概念】

尿血，指血从小便排出，尿色因之而淡红、鲜红、红赤，甚或夹杂血块。

本症在《素问》称"溺血"、"溲血"，《金匮要略》则称"尿血"。

尿血与血淋概念不同。尿血多无疼痛，或仅有轻度胀痛及灼热感；血淋则小溲滴沥涩痛难忍。《丹溪心法·溺血》："痛者为淋，不痛者为溺血"，为二症区别要点。

【鉴别】

常见证候

膀胱湿热尿血：小便短涩带血，色鲜红或暗红，甚或夹杂血块，伴尿道刺痛或灼热感，小腹胀满不舒，间有发热，口苦咽干，舌红苔薄黄或薄腻，脉数。

肝胆湿热尿血：小便短赤带血，兼见发热口苦，渴不欲饮，纳减腹胀，恶心欲呕，胁肋疼痛，或身目发黄，舌边红，苔黄腻，脉弦数。

心火亢盛尿血：小便带血深赤伴灼热感，面赤咽干，口舌生疮，渴喜冷饮，心中烦热，夜寐不安，舌质红绛，苔黄，脉洪数。

肾阴亏损尿血：小便带血鲜红，兼见头晕耳鸣，咽干，颧红盗汗，骨蒸潮热，精神萎靡，虚烦不寐，大便干结，舌红苔少，脉细数。

脾肾两虚尿血：小便带血淡红，面色萎黄，神疲肢倦，气短乏力，头晕耳鸣，纳减便溏，腰腿痠软，舌淡苔薄白，脉濡缓。

鉴别分析

膀胱湿热尿血与肝胆湿热尿血：均为实热证，系热邪偏盛迫血妄行所致。膀胱湿热尿血多因感受湿热外邪，或恣食膏粱厚味，滋生湿热，湿邪挟热蓄于膀胱，气化失司，故见小腹胀满而尿道热痛，全身兼症较轻；肝胆湿热尿血多因肝胆湿热内盛，下注膀胱，故见发热口苦，恶心欲呕，胁肋疼痛，全身兼症较重。前者治以清热利尿、凉血止血，方用小蓟饮子；后者治以泻肝清胆、凉血止血，方用龙胆泻肝汤酌加止血之品。

心火亢盛尿血与肾阴亏损尿血：皆为热证，系火扰络损伤所致。心火亢盛尿血，多因劳神太过，心火独亢，移热小肠，灼伤脉络，故见尿色红赤；肾阴亏损尿血，多因阴虚相火妄动，灼伤脉络，故见尿色鲜红或淡红。鉴别点在于：前者常伴心烦不寐，口舌生疮，治宜清心泻火、凉营止血，方用导赤散加味；后者常伴头晕耳鸣，骨蒸潮热，治宜滋阴益肾、安络止血，方用知柏地黄丸加味。

脾肾两虚尿血：属阳气虚衰之证，多因脾不统血，肾失封藏所致，故见小便频数而清长，血色多呈淡红。临床可结合脾肾两虚的兼症，进行鉴别。治宜健脾补肾、益气固涩，方用补中益气汤合无比山药丸，酌加止血之品。

此外尚有瘀血内阻于膀胱，血不循经而尿血者，其特点为血色紫黯，常挟血块，兼见排尿不畅，轻度刺痛，小便混浊，并见瘀血兼症，治疗应分析因伤致瘀、气虚血瘀或寒凝血瘀等不同情况，采用活血祛瘀诸法。临床上，辨血尿颜色对鉴别诊断颇有帮助，如尿色紫红或鲜红者多为实热，淡红者多为气虚，鲜红而伴有骨蒸劳热者多为虚热，尿色紫黯则为血瘀。

【文献别录】

《类证治裁·溺血》："如肺肾阴虚，口干腰痠，六味丸合生脉散。小肠火盛，血渗膀胱，导赤散。肝火脉洪，不能藏血，龙胆草汤加法。胆火溺血，头痛眩晕，当归散。溺血日久，肾液虚涸，六味阿胶饮……"。

《血证论·尿血》："一内因，乃心经遗热于小肠，肝经遗热于血室。……治肝经遗热，其证少腹满，胁肋刺痛，口苦耳聋，或则寒热往来，宜龙胆泻肝汤加桃仁、丹皮、牛膝、郁金"。

"是以血尿之虚证与女子崩漏之证无异，宜用四物汤加减治之。……又有肺虚，不能节制其下，以致尿后渗血者，审系肺阴虚，则兼气逆，痰咳，口渴等证，人参清肺汤主之。若肺阴虚，不能治下，则必有遗溺足冷，水饮喘嗽之证，甘草干姜汤治之"。

（陈炳焜）

268. 尿　　脓

【概念】

尿脓是指脓随小便排出，或尿中挟有脓液，可伴尿痛，尿急，腰痛或发热。

尿脓与膏淋概念不同，虽均有尿液混浊不清，但尿脓是脓随小便排出而下沉，膏淋属淋证，尿液混浊如米泔而上浮。

【鉴别】

常见证候

热毒蕴结尿脓：脓随小便排出，或尿中挟脓，脓色黄稠，伴尿痛，尿道灼热，发热，口干口渴，大便秘结，舌红苔黄腻，脉弦滑而数。

阴虚火旺尿脓：尿中挟脓，伴小便短赤，尿频，腰膝痠软，潮热盗汗，失眠多梦，舌红苔黄，脉细而数。

鉴别分析

热毒蕴结尿脓：素体阳盛，或恣食肥甘厚味，烟酒无度，助湿生热，热毒蕴结膀胱，肉腐而成脓，随尿排出。本证辨证要点：病程短，来势急，尿脓黄稠，伴发热等全身症状。治宜清热解毒，渗利膀胱，方选黄连解毒汤合八正散加减。

阴虚火旺尿脓：素体阴虚火旺，或嗜食辛辣，或房室劳损，而耗劫真阴，阴不涵阳而火旺，热盛肉腐而化脓，从尿中排出。本证辨证要点：尿中排脓，伴潮热盗汗，五心烦热。治宜滋阴泻火，解毒排脓，方选知柏地黄丸加味。

【文献别录】

《证治准绳·淋》："心主血，气通小肠，热甚则搏于血脉，血得热则流行胞中，与溲俱下。"

（徐贵成）

269. 小 便 挟 精

【概念】

小便挟精，指尿液中混挟精液，或排尿后精液流出而言。

本症《素问·痿论》称"白淫"；《诸病源候论·虚劳病诸候》称"尿精"；《证治要诀·淋》称"精浊"和"精尿俱出"。《景岳全书》、《类证治裁》等所谓"白浊"亦包括本症在内。

本证与小便混浊不同，小便混浊指尿液混浊，其原因甚多；本症虽亦可使尿液混浊，但与通常所说的小便混浊有别。

【鉴别】

常见证候

湿热内蕴小便挟精：小便短赤或混浊，排尿不爽，有热涩感或刺痛感，尿后尿道口常有米泔样或糊状浊物，滴沥不断，茎中有痒痛感，会阴部胀痛，或伴遗精、滑精，兼有口苦口渴、胸闷脘痞，大便不爽，舌红苔黄腻，脉濡数。

阴虚火旺小便挟精：小便短黄有热感，尿液不清，或见尿后尿道口有赤色浊物滴出，常伴有梦中遗精，夜寐不安，头目晕眩，夜间咽干，颧红唇赤，五心烦热，潮热盗汗，舌红苔薄少津，脉细数。

肾虚失藏小便挟精：小便清长或频数，尿后有精丝流出，排尿不痛，常伴有遗精、滑精，兼有精神不振，面白少华，头昏目眩，耳鸣耳聋，腰背痠痛，畏寒肢冷，舌淡苔少，脉沉细。

鉴别分析

湿热内蕴小便挟精：多因嗜食肥甘，酿成中焦湿热，流注下焦，扰动精室，随尿而出。湿热熏蒸，精败而腐，阻塞窍道，故排尿不爽，排出米泔样或糊状浊物。下焦湿热，膀胱失司，故小便短赤而有热涩感，常伴口苦口渴，胸闷脘痞，大便不爽等表现。

— 369 —

本证为里热实证，特点为败精挟于尿液，小便混浊较甚，同时见有里热兼证。治疗当以清热利湿为主，方选程氏萆薢分清饮，待湿热渐解后酌加固涩之品。

阴虚火旺小便挟精与肾虚失藏小便挟精：二者皆属肾虚。阴虚火旺小便挟精主要因素体阴虚，房室不节，热病伤阴等而致相火妄动，扰动精室引起小便挟精。肾虚失藏小便挟精因久病不愈损伤正气或遗精、滑精日久，阴损及阳，致肾气不固而失封藏，精关不固，精液混入尿中而使小便挟精。鉴别要点：前者为肾阴虚，尿道口有浊物，常兼见夜寐不安，五心烦热，小便短黄等表现；后者以肾阳虚为主，尿后常有精丝流出，无尿痛，常兼见精神不振，面色少华，形寒畏冷，小便频数或清长等表现。阴虚火旺小便挟精治以滋阴降火、固肾涩精，方选知柏地黄丸或三才封髓丹酌加固涩之品；肾虚失藏小便挟精治宜补肾固精，方选大菟丝子丸或右归丸、金匮肾气丸加味。

小便挟精一症，虚实皆有，但临床所见，虚多实少。

【文献别录】

《儒门事亲·疝本肝经宜通勿塞状》："筋疝，其状阴茎肿胀，或溃或脓，或痛而里急筋缩，或茎中痛，痛极则痒，或挺纵不收，或白物如精，随溲而下，久而得于房室劳伤，及邪术所使，宜以降心之剂下之"。

《类证治裁·淋浊》："有浊在精者，由相火妄动，精离其位，不能闭藏，与溺并出，或移热膀胱，溺孔涩痛，皆白浊之因于热也。久之则有脾气下陷，土不利湿，而水道不清者；有相火已杀，心肾不交，精滑不固，而遗浊不止者，皆白浊之因于虚也。热者当辨心肾而清之，虚者常求脾肾而固之举之"。

（陈炳焜　冯兴华）

270. 血　精

【概念】

精液挟血呈红色。《诸病源候论》所谓"肾藏精，精者血之所成也。虚劳则生七伤六极，气血俱损，肾家偏虚，不能藏精，故精血俱出"。

【鉴别】

常见证候

阴虚火旺血精：精液呈鲜红色，阴部有坠胀感觉，或茎中作痛，形体消瘦，腰痠膝软，身倦神疲，或口干，烦热，舌红少苔，脉细数少力。

下焦湿热血精：精液呈红色或暗，腰痛，尿频，茎痒或痛，或会阴部坠胀抽痛，尿赤，便秘，舌苔黄，脉滑或弦数。

鉴别分析

阴虚火旺血精与下焦湿热血精二证，前者为虚证，而后者为实证。然临床所见血精一症发生的原因，多因房室不节，或久服辛燥壮阳动火之品，或忍精不泄，致使相火过炽，热扰精室，伤精耗血所致，故所发病除血精症状之外，尚兼有腰痠，神疲，烦热，口干，舌红，脉细数等阴虚火旺的症状表现。治疗当滋阴降火，佐以理血止血的三七、血余、蒲黄、琥珀、阿胶等药，轻者可用知柏地黄丸、当归六黄汤加减，重者用大补阴丸加减。后者因湿热内蕴下焦，扰动精室，致令精血俱下，临床所见必兼湿热症状，如会阴坠胀抽痛，尿频而赤，茎中痛痒，舌苔黄，脉弦数等，治应清热利湿，佐以理血之品，方用前列腺炎汤加减。

血精一症常与遗精、尿血等症状同时发生，多为虚证，而其中又以阴虚火旺者居多。既湿热蕴蓄下焦之血精证，病久亦常兼阴虚不足的表现，故常佐以滋阴的药物；病久常可致瘀血，故理血止血的药物亦应随证加减施用。若因外伤瘀血而致血精者，其阴部疼痛必剧，精液呈暗红色，或挟有血块，则当以实证论治，应以活血祛瘀为主，方用桃红四物汤加减。

【文献别录】

《世材三书·赤白浊》："曾见天癸未至，强力好淫，而所泄之精，则继之以血"。

（李玉林　王育学）

271. 精液清冷

【概念】

精液清冷，指精液稀薄清冷、量少而言。《脉经》称"精气清冷"。《医学入门》称"精冷"。《古今医鉴》称为"寒精"。《诸病源候论》载有"虚劳精少候"。精液清冷是男性不育的主要原因之一。

【鉴别】

常见证候

肾气不足精液清冷：精液稀薄量少，身体素弱或羸瘦，精神不振，面色不华，乏力短气，腰痠膝软，脱发，牙齿松动，小便频数或夜尿多，舌淡，脉细尺弱。

沉寒痼冷精液清冷：精液清稀，量少或挟有粘冻样稠块，阴部及两股常觉寒凉，手足清冷，畏寒，腰痠腰痛，身体倦困，面色㿠白，精神萎靡，尿清长，大便溏，古淡胖润或有齿痕，脉沉细微。

鉴别分析

肾气不足精液清冷与沉寒痼冷精液清冷：二证均为虚证。前者因先天不足，禀赋素弱，或久病、大病未复，或少年频犯手淫恶习，使肾气斫伤，故表现为腰痠、膝软、脱发，牙齿松动，脉细等肾气不足的见症。由于精液清冷稀少，已婚者往往是不育的主要原因。因无肾阴、肾阳偏衰的表现，治疗应以平补肾气为主，可用五子衍宗丸加减。若沉寒痼冷精液清冷则必因肾阳不足，命门火衰，阳虚则寒，出现一派清冷虚寒征象，如阴冷，肢凉，畏寒，倦卧，腰痠，便溏，甚或阳痿，舌淡胖润，六脉沉细等，治当温补肾阳，应用右归丸、斑龙丸等方加减。

精液清冷一症总因肾之精气不足而造成，或由先天禀赋不充，或由后天房室不节，补肾，节制房室为治疗精液清冷症的主要原则。肾气不足精液清冷与沉寒痼冷精液清冷是同一病证发展中的两个不同阶段，前者轻而后者重，肾气不足精液清冷日久不愈，进一步发展可成为沉寒痼冷精液清冷。前者治疗宜平补肾气，后者治疗应温补肾阳，均以温补为治，切忌寒凉伐肾的药物，并应配以填精补髓的血肉有情之品，如鹿茸、阿胶、龟板之类，所谓"精不足者，补之以味"。精不足则气不充，故补精以化气，或补气以生精，是治疗此症的常用方法。治疗时尚可配合补脾生气的人参、黄芪、黄精等药物，以后天养先天，即所谓脾肾同治。

（李玉林　王育学）

272. 不　射　精

【概念】

不射精，指每同房时不能排出精液而言。轻者可有少量精液流出，甚者则全无。此症是男性不育的原因之一。

【鉴别】

常见证候

阴虚火旺不射精：同房时无射精过程，不射精或仅有极少精液流出。阳强易举，阴茎胀痛，梦遗滑精，烦躁，口干，尿赤，便秘，舌红，脉细数。

瘀血阻滞不射精：同房时不射精，性情沉默易怒，胸闷不舒，阴部疼痛，舌紫或有瘀斑，舌苔薄，脉沉涩。

鉴别分析

阴虚火旺不射精与瘀血阻滞不射精：二证的原因均由于房室不节所致。前者由于肾阴亏损，阴虚火旺，相火妄动，遂致阳强易举甚至阳举不衰，或梦遗滑精，兼见尿赤，口干，舌红，脉细数等阴虚火旺症状，治疗当滋阴泻火，方用坎离既济汤，或知柏地黄丸加减。后者由于病积日久，气滞血瘀，瘀阻精道，故无精液排出，感觉阴部胀痛，及见胸闷，易怒，舌紫，脉沉涩等症状，乃气滞血瘀所致。"肾藏精，生髓，脑为髓海，……治脑即治心，心主血脉，脉者血之府"，故治宜活血化瘀，可选用血府逐瘀汤加蛇床子、韭菜子以振阳道。"疏其气血，令其调达，而致和平"。（《上海老中医经验选编·颜德馨医话》）

不射精一症总因房室不节损伤肾气所致。阴虚火旺者，滋阴以降火；瘀血阻滞者则本虚而标实，祛瘀血还当兼补肾气。

（李玉林　王育学）

273. 少　精

【概念】

少精是指精液稀少之症，一般指精子计数（密度）低于 2000 万/ml 而言，又称为精子减少症，是男性不育的主要原因之一。《诸病源候论》中的"虚劳少精候"描述的是精液量的减少，非专指精子计数的减少。本条可与精液清冷条互参。

【鉴别】

常见证候

肾阳虚少精：阴冷精少，精子计数下降，婚后不育，阳痿或早泄，腰膝酸软，畏寒肢冷，小溲清长，夜尿频，舌体胖质淡苔白、脉沉细或沉迟。

肾精亏虚少精：精少不育，腰膝酸软，耳鸣，盗汗，手足心热，心烦失眠，遗精，舌质红少苔或无苔，脉细数。

气血两虚少精：精少不育，面色萎黄，神疲乏力，爪甲苍白，心悸气短，失眠，遗精，舌体胖，质淡嫩，脉细弱。

湿热下注少精：精少不育、阴囊潮湿、臊臭，小便黄赤或不畅、口苦、舌红苔黄腻，脉濡数。

鉴别分析

肾阳虚少精与肾精亏虚少精：二者均为虚证，多因素体虚弱，禀赋不足，或因房室过度、或久病体弱而致病。前者多由肾气亏损，进而致命门火衰，阴寒内生，影响生精而出现该证候。肾阳不足，命火式微，难以温精生髓，致阴冷精少而不育；肾阳虚则无力作强，故阳痿；肾阳虚则摄纳无权，故早泄，夜尿频；腰为肾之外府，腰以下为肾所主，肾阳虚而肢体失于温煦，故腰膝痠软，畏寒肢冷。后者多由房劳内伤，久病及肾，或热病后期伤阴，致阴精亏损，阴虚火旺，故盗汗，手足心热；火热扰动精室则遗精；肾精亏虚，水不济火，心肾不交则心烦失眠。二证之主要鉴别点在于：前者表现均是阳气不足，功能衰退的症状，后者表现不仅有阴精亏损的症状，还有火旺的征候。前者之治疗用纯补之法，宜温肾壮阳生精，用右归丸；后者之治疗宜补中兼清之法，宜滋肾添精降火，用大补阴丸和知柏地黄丸合方化裁。

气血两虚少精：多由先天不足，后天失调，或素体气血不足、或患血证以及其他消耗性疾病日久，致心脾两虚，气不摄血，气血双亏，血不化精，虽可交合，不能嗣育。血为心所主，其华在面，神不守舍则失眠，心悸，气短，血不上荣于面则面色萎黄。血为肝所藏，其华在爪，血虚故爪甲苍白。肾主藏精，肝主藏血，乙癸同源，精血相生，血虚则精之化源不足，以致精少不育。血虚则气无所依，气血双亏，故神疲乏力。本证既无腰膝痠软，畏寒阳痿之阳虚症状，又无腰痠耳鸣，手足心热之阴精亏损表现，病位在心脾肝，并非在肾，与前两证鉴别不难，治疗可用归脾汤以气血两补。

湿热下注少精：多由饮食不节，纵饮醇酒，恣食厚味，酿湿生热，湿热流注于下而致病。肝之经脉循股阴入毛中，过阴器，湿热之邪循经下注阴器，故阴囊潮湿、臊臭。湿热郁里，欲注下焦而排泄，故小便黄赤而不畅。湿与热结，不化而蒸蕴于上，故口苦、舌红苔黄腻。脉濡主湿，数主热。前三证均为虚证，本证纯属实证。少精不独虚证可辨，实证亦不容忽视。脾肾两虚可致少精，湿热内蕴亦可影响精子的生成而致少精。虚证固宜补、实证就当泻。湿热下注，治宜清化，分消湿热，用龙胆泻肝汤化裁。

【文献别录】

《诸病源候论·虚劳病诸候》："虚劳少精候。肾主骨髓而藏于精，虚劳肾气虚弱，故精液少也。诊其脉左手尺中阴绝者，无肾脉也。若足两髀里急，主精气竭少，为劳伤所致也。"

（朱建贵）

274. 早　　泄

【概念】

每同房时，因过早射精，随后阴茎即软，不能正常进行性交，称为早泄。即《沈氏尊生书》所谓："未交即泄，或乍交即泄"。

早泄与阳痿关系至为密切，二者在病因、病机、治法等方面均有相类似之处，但临床表现不同，早泄是因过早射精从而导致阴茎萎软而不能进行性交；阳痿则是阴茎不能勃起，或勃起不坚而不能进行性交。早泄可能是阳痿的早期症状，阳痿往往是早泄进一步发展的结果。

早泄与遗精不同，遗精为不性交而精自遗泄，早泄是性交之始，其精自泄而不能进行正常性交。

【鉴别】

常见证候

肾气虚损早泄：早泄，腰痠腰痛，膝软，脱发，牙齿松动，二尺脉弱。若兼肾阳虚损则精神不振，畏寒，肢冷，短气，面色㿠白，尿清长或小便频数，便溏，舌胖润或有齿痕，脉沉等症状；若兼肾阴不足则五心烦热，盗汗，口干，头晕，耳鸣，尿黄赤，大便干，舌红少苔，脉细数无力。

肝经湿热早泄：早泄而兼有湿热表现，症见烦闷，口苦，小便黄赤，淋浊，尿痛，或阴肿，阴痒，舌苔黄，脉弦有力。

心脾亏损早泄：早泄并有心脾气血不足症状，如形体消瘦，面色不华，气短体倦，四肢困怠，心悸，短气，自汗，多梦，健忘，纳呆，便溏，舌淡，脉细。

鉴别分析

肾气虚损早泄：早泄是肾气不足的主要临床表现之一。肾藏精，为"封藏之本"，若因房室不节，色欲过度，或少年频犯手淫恶习，斫伤肾气，肾气亏损，初可早泄，甚或造成阳痿。肾之精气不足，出现腰痠或痛，膝软，脱发，牙齿松动，脉弱等症状。"精满则气壮，气壮则神旺，神旺则身健，身健而少病"（《沈氏尊生书》），因肾精耗损，则诸脏之精气亦不足，故有少气，倦怠，精神萎靡，面色无华等症状，所谓精伤则气少，气少则神衰。治当补肾强阳为主，佐以清心固涩之品。因其多为"命门火衰"所致，《景岳全书》主张温补；《格致余论》认为"阴常不足"而力主滋阴。然此症之造成，非一日之疾，多迁延日久，虽多为阳虚不足之证，用燥热强阳之品，暂可获效于一时，但终不能持久，且有耗阴之虞。而滋阴苦寒之剂，又伤肾阳，过剂有凉遏冰伏之患，故临床唯以温肾平补之剂为佳。此症患者，每同房时则疑虑恐惧感颇重，多求速效。故除药物治疗外，尚需解除患者思想顾虑，嘱其清心寡欲，节制房室，缓缓图功，方用鹿角散加减。兼阳虚者可服赞育丹或蚣蜂丸。症状较轻者，可选用平补固涩之剂，如芡实丸、锁阳丹等方加减。

肾气虚损早泄与肝经湿热早泄：早泄一症，肾气虚损，命门火衰者居多，而肝经湿热者少见。肾气虚损早泄治疗时既要温阳补肾，又要滋阴填精，《景岳全书·杂证谟》说："善补阳者，必于阴中求阳，则阳得阴助而生化无穷"。若是肝经湿热早泄，因"肝足厥阴之脉，……过阴器"，"其别者，……结于茎"（《灵枢·经脉》），肝主筋，主疏泄，而前阴为宗筋之会，肝经湿热下流阴器，疏泄失常，封藏不固，从而形成早泄。因是湿热所造成，必兼有肝经湿热症状（烦闷，口苦，小便黄赤，淋浊，阴痒，舌苔黄，脉弦或数），治当清泻肝经湿热，方用加味三才封髓丹。若湿热之证重者，亦可暂用龙胆泻肝汤，但应中病即止，不可过剂。

肾气虚损早泄与心脾亏损早泄：二者同属虚证。心脾亏损早泄多发于劳倦伤神，用心思虑过度之人，必见心脾气血不足的症状（形体消瘦，面色不华，气虚体倦，纳呆，便溏，心悸，自汗，多梦，失眠，健忘，舌淡，脉细），治当补益心脾，固精止遗，方用归脾汤加龙骨、芡实、鹿角胶等。若病久不愈，因脾之化源不足，遂导致心血、肾阴之不充，则出现心肾阴虚症状（潮热，盗汗，五心烦热，口干，腰痠，头晕目眩，耳鸣，尿黄，舌红，脉细数），治疗则应滋阴清热，补肾涩精，方用大凤髓丹加减，或用天王补心丹。若心脾亏损早泄日久不愈，导致肾气不足，出现心脾肾三脏俱虚的表现（心悸，短气，自汗，面色㿠白，体倦乏力，脘胀，纳呆，便溏，耳鸣，脱发，舌淡，脉细），治当补益心脾，益气固精，方用桑螵蛸散加减。肾气虚损早泄与心脾亏损早泄二证鉴别要点是，前者多房室不节所致，宜补肾气，后者乃积思劳倦所得，当益心脾。

早泄一症也有因惊恐伤肾，精关不固所致者；也有因情志不舒，抑郁伤肝，肝失疏达而致者。前者宜安神定志，后者当舒肝解郁。或因肾气虚损，或因心脾不足，或因肝经湿热，但总以虚证为多，实证较少。虚者补之，补虚为治疗早泄之大法，或补肝肾，或补心脾。然用药一忌燥热，二忌苦寒，惟以温肾平补一法最为得当，方无偏颇之弊。若除早泄症状外，临床无明显肝肾心脾不足症状表现的患者，则以清心固涩治疗为佳，方用秘精丸、精心丸等方加减。

【文献别录】

《石室秘录》卷一："见色倒戈者，关门不守，肾无开合之权矣。谁知皆心君之虚，而相火夺权，以致如此。……盖肾中之火虚，由心中之火先虚也，故欲补肾火者，先补心火"（方用熟地、山药、山茱萸、茯苓、肉桂、附子、人参、白术、五味子、麦冬、远志、鹿茸、巴戟天、肉苁蓉、柏子仁、砂仁、紫河车、杜仲、破故纸）。

（李玉林　王育学）

275. 遗　精

【概念】

遗精，即不性交而精自遗泄。

《素问·上古天真论》谓：男子"二八肾气盛，天癸至，精气溢泻。"《寿世保元》云："少年壮盛，鳏旷愈时，强制性欲，不自知觉，此泄如瓶之满而溢也。是以无病，不药可也。"所谓精满自溢，溢者自遗而新者自生。一般身体健康的男性，每月遗精1～2次是正常生理现象。

所谓遗精一症，是指遗精次数频繁，并出现全身症状者方为病态。历代医家均归属于"虚劳"范围。《灵枢·本神》篇称"精自下"，《金匮要略》、《诸病源候论》称"失精"。若有梦而遗者，《金匮要略》称"梦失精"，《诸病源候论》称"梦泄精"，《备急千金方》称"梦泄"。自《金匮要略》以后，历代医家均将遗精一症根据有梦或无梦大体上分为两类：有梦而遗者称梦遗，无梦而遗者称滑精。大抵有梦而遗者轻，无梦而遗者重。

【鉴别】

常见证候

精气满溢遗精：身体素壮，有梦而遗，次数多于常人，遗泄后感觉困倦神疲，舌苔脉可正常。

心火旺盛遗精：昼则心悸不宁，夜则多梦遗精，易惊，心烦，健忘，或见面赤，或兼小便黄赤，舌尖红，脉数。

心脾两虚遗精：梦遗频频，形体消瘦，困倦神疲，面色㿠白，动则气短，自汗，食欲不振。心悸，失眠，健忘，唇淡口和，舌质淡白，脉细弱。

心肾两虚遗精：多有梦而遗，腰痠或痛，精神疲倦。心悸，失眠，健忘，若兼尿黄，便干，虚热盗汗，舌红少苔，脉细而数者，为心血不足、肾阴亏乏之心肾阴虚证；若兼面色㿠白，短气，舌淡苔白，脉细弱者，则为心气不足、肾虚不固（无肾阴、肾阳偏虚之征象）之心肾气虚证。

相火妄动遗精：阳强易举，有梦而遗，或无梦滑泄；初患病时口苦，尿赤，舌苔黄，脉弦劲，乃肝经火热；进一步发展则有口干，舌红，脉数等阴虚不足的表现。

肾气不固遗精：无梦而遗，甚或稍有思念，或稍遇劳累则滑遗不禁，以至昼夜数次。形瘦神疲，头昏耳鸣，身体困倦，腰膝痠软无力，短气不足以息。若肾阳虚者，手足清冷，畏寒，倦卧，口鼻气清，舌淡，脉沉细；肾阴虚者，潮热骨蒸，盗汗，颧红，咽痛，口干，舌红少苔，脉细数无力。

湿热下注遗精：多有梦遗精，偶或无梦而滑精，时或烦热，阴部潮湿或痒，小便黄赤，舌苔厚或黄，脉滑或数。

鉴别分析

精气满溢遗精与心火旺盛遗精：二者均有梦而遗。心藏神，目有所睹，心有所思，思虑不遂而神伤，神伤于上则精摇于下，入夜多梦而遗精。精气满溢遗精者，身体素壮，除遗精次数略多于正常人外，可有体倦神疲等轻度不适感觉，可不治，或治以清心安神，方用清心丸；心火旺盛遗精者，因思慕日久伤心，心经火热焚燎，昼则心神恍惚，心悸不宁，夜则乱梦纷纭，梦遗精泄，兼有心经火热症状，如舌红，小便黄赤，脉数等。初得之虚象尚不明显，稍久必兼心血不足，出现心悸怔忡，易惊，健忘等症。故治疗宜清心泻火，安神涩精，方用二阴煎、养心汤、清心莲子饮等加减；久病当配以当归、地黄、白芍、首乌、阿胶等养阴补血之品。精气满溢遗精与心火旺盛遗精二证鉴别的要点是，均有梦而遗，前者轻而后者重，但均无虚损之明显表现，治疗时前者只宜清心，而后者须泻心火而安神涩精，兼补心血。

心火旺盛遗精与心脾两虚遗精：心火旺盛遗精由于心经火热，神不内守，思欲不遂，多梦而遗，必有心经热证表现（尿赤，舌尖红，脉数）。而心脾两虚之证，多由用心过度，思虑积伤日久，暗耗心脾，气血不足，多发生于长期从事比较繁重的脑力劳动者，多有梦而遗。《陆氏三世医验》云："因思虑太过，心血则无以养其神，而心神飞越，因有梦交之事。神不守舍，则志亦不固，而肾精为之下遗"。心之气血不足，则面色㿠白，心悸，气短，自汗，失眠，多梦，健忘。脾气虚弱则形瘦，困倦，纳呆。心脾两虚则舌淡，脉细。治当补益心脾，益气固精，方用养心汤、定心丸、妙香散等加减。二证鉴别的要点，心火旺盛者必有心经火热症状，而心脾两虚者，则兼心脾气血不足之症。治疗时前者当泻心火，后者则以补益心脾为主。

心火旺盛遗精与相火妄动遗精：心火旺盛者，乃心经热证，相火妄动者，乃肝肾有热之证。心火为君火，主静，乃无形运行之气，肝肾之火为相火，乃妄动有形之火。凡心有所感，君火一动，相火随之而妄动，故《格致余论》云："主闭藏者肾也，司疏泄者肝也，二脏皆有相火，而其系上属于心。心君火也，为物所感则易动，心动则相火亦动，动则精自走"。所以相火妄动之遗精是心火旺盛遗精进一步发展的结果，心火旺盛者病情较轻，而相火妄动者，病情为重。前者治疗宜泻心火而固阴精，后者则宜泻肝火而固精关。肝经火热明显者（阳强易举，阴部潮湿或痒、口苦，尿赤，舌苔黄，脉弦或数），宜直泻肝火，方用龙胆泻肝汤。若兼有阴虚火旺者（口干，舌红，脉细数），宜滋阴降火，方用滋阴降火汤。

相火妄动遗精与心肾两虚遗精：相火妄动遗精乃肝肾之火扰动精室所致。心肾两虚遗精可表现为心血、肾阴不足的阴虚火旺证，心血虚则心悸，失眠，多梦，健忘，肾阴虚则腰膝酸软，耳鸣，眩晕，咽干舌燥，甚或潮热，面赤，盗汗，舌红少苔，脉细。入梦则遗。或者无梦而滑精。治宜补心血滋肾阴，方用补心丹、潜阳填髓丸等加减。相火妄动遗精与心肾阴虚的阴虚火旺遗精证比较，前者轻而后者重，相火妄动遗精进一步发展，可成为心肾阴虚的阴虚火旺遗精证。心肾两虚遗精也可表现为心肾气虚证候，多由用心过度，思虑积久，初则暗耗心脾，继则心脾肾三脏俱虚，主要表现为心肾气虚之证。遗精有梦或无梦，心气虚则心悸，短气，自汗，面色㿠白，舌淡，脉细，肾气虚则腰膝酸软，体倦神疲，短气不足以息，耳鸣，脱发，甚者阳痿。治当补益心肾，止遗固精，方用桑螵蛸散加减。

肾气不固遗精：往往为无梦而遗，甚或滑泄不禁。《诸病源候论·虚劳溢精见闻精出候》云："肾藏精，今虚弱不能制于精，故因见闻而精溢出也"。或因"成婚太早，精血未满，久泄必关键不摄"（《临证指南医案》）；或因先天不足，禀赋素弱，房室不节，色欲过度；或大病久病初愈而犯房禁所致。肾藏精，为封藏之本，因肾气遭重戕，精关难以固摄而精滑无度，故见诸虚损之症。"精伤则气馁，气馁则神散"（《沈氏尊生书》），故表现为形瘦气弱，腰痠，腰痛，肢休困倦，动则短气不足以息，自汗，耳鸣，头晕，精神萎靡，脉沉细弱微等症。治当固肾涩精，方用金锁固精丸加减，重者当补肾填精，滋阴补阳，方用大造丸加减。若肾阳不足，则精滑无度，精冷，精稀，肢凉畏寒，倦卧神靡，口鼻气清，唇淡口和，舌淡胖润，六脉沉细欲绝，一派阳虚不足之象，治当温补肾阳，止遗涩精，方用家韭子丸、鹿茸益精丸、金锁正元丹等加减；若肾水不足，真阴亏损，则无故滑泄不禁、潮热骨蒸、虚烦不眠、五心烦热、骨萎无力、形体枯槁、腰痠腰痛、颧红面赤，口燥咽痛，尿赤，便干，舌红少苔，脉细数无力。《医宗金鉴·卷二十七》谓："朱震亨云：阴常不足，阳常有余，宜常养其阴，阴与阳齐，则水能制火，斯无病矣。今时之人，过欲者多，精血既亏，相火必旺，真阴愈竭，孤阳妄行，而痨瘵，潮热，盗汗，骨蒸，咳嗽，咯血，吐血等证悉作"。治当滋肾阴，降虚火，所谓"壮水之主，以制阳光"，方用六味地黄丸、知柏地黄丸等加减，重者用大补阴丸"骤补真阴，承制相火，较之六味丸功效尤捷"。

湿热下注遗精：因饮食厚味太过，"脾胃湿热，气化不清，而分注膀胱，……阴火一动，精随而出，此则不待梦而自遗"（《沈氏尊生书》），或有梦而泄。因其脾胃弱而膀胱湿热，故舌苔黄或厚而小便黄赤。叶天士曾说："遗滑之证，补涩无效者，大都由脾胃湿热所乘"（转引自中国人民解放军海军后勤部，《中医临床经验介绍》，（三），任应秋，《遗精》）。治当除湿健脾，升清降浊而遗精自止，方用加味苍白二陈汤、樗根白皮丸等加减。

总之，大抵遗精一症，"变幻虽多，不越乎有梦、无梦、湿热三者之范围而已"（《临证指南医案》）。其治疗方法，"不过分其有火无火，虚实两端而已。其有梦者，责之相火之强，当清心肝之火，病自可已。无梦者，全属肾虚不固，又当专用补涩，以固其脱"（《成方便读》），若湿热为病，当清利其湿热。

【文献别录】

《金匮要略·血痹虚劳脉证并治》："夫失精家，少腹弦急，阴头寒，目眩，发落，脉极虚芤迟，……桂枝龙骨牡蛎汤主之"。

《世医得效方·卷七》："凡病精泄不禁，自汗头眩，虚极，或寒或热，用补涩之药不效，其脉浮软而散，盖非虚也，亦非房室过度。此无他，因有所睹，心有所慕，意之所乐，欲想方兴，不遂所欲，而致斯疾。既以补药，且固不效，将何治之？缘心有爱则神不归，意有想则志不宁，当先和荣卫，荣卫和则心安，次调其脾，脾气和则志舍定，心肾交媾，精神内守，其病自愈"。

《景岳全书·杂证谟》："遗精之证有九：凡有所注恋而梦者，此精为神所动也，其因在心；有欲事不遂而梦者，此精失其位也，其因在肾；有值劳倦即遗者，此筋力有所不胜，肝脾气弱也；有因用心思索过度彻遗者，此中气不足，心脾之虚陷也；有因湿热下流或相火妄动而遗者，此脾肾之火不清也；有无故而精滑不禁者，此下元之虚，肺肾之不固也；有素禀不足而精易滑者，此先天元气之单薄也；有久服冷利等剂，以致元阳失守而滑泄者，此误药之所致也；有壮年气盛，久节房欲而遗者，此满而遗者也，……去者自去，生者自生，势出自然，固无足为意也"。

《古今医案按·遗精》："向来医书咸云，有梦而遗者，责之心火，无梦而遗者，责之肾虚，二语诚为括要。以予验之，有梦无梦皆虚也。……故治此证者，惟湿热郁滞二项，勿以虚治。而二项又各分二种。曲蘖之湿热，宜端本丸，膏粱之湿热，宜猪肚丸；积痰之郁滞，宜滚痰丸、神芎丸，伏火之郁滞，宜滋肾丸、猪苓丸"。

（李玉林　王育学）

276. 阳　痿

【概念】

阳痿，或称阳萎，又称阴萎。男性未过"八八"天癸未尽之年，阴茎不能勃起，或勃起不坚，或坚而不持久，致使不能进行性交者，称阳痿。

《内经》中的《阴阳应象大论》、《五常政大论》、《邪气脏腑病形》等篇，以及《诸病源候论》等书称为"阴痿"。《内经·经筋》篇称"阴器不用"、"不起"。《和剂局方》称"阳事不举"。《景岳全书》称为"阳痿"。若因年老性机能减退，如《阴阳应象大论》所云："年六十，阴痿"，则为正常生理现象，不属病态。

《痿论》云："思想无穷，所愿不得，意淫于外，入房太甚，宗筋弛纵，发为筋痿"。《黄帝内经素问集注》谓："前阴者，宗筋之所聚，……入房太甚则宗筋弛纵，发为阴痿"，又将阴痿称为筋痿。但筋痿是因"肝气热，……筋膜干则筋急而挛"所致，包括的范围较广。筋痿可以包括阴痿，故二者不相等同。

阳痿与早泄不同，早泄是欲同房时，阴茎能勃起，但因过早射精，射精之后因阴茎萎软遂不能进行正常性交。而阳痿是欲性交时阴茎不能勃起。二者病情比较，早泄较轻而阳痿重。阳痿是一切性机能减退疾病中，病情较重的一种，遗精、早泄等疾病日久不愈，进一步发展均可导致阳痿的发生。

【鉴别】

常见证候

元阳不足阳痿：阳痿，阴冷，腰痛，膝软，耳鸣，脱发，牙齿松动，畏寒肢冷，形体瘦弱，短气乏力，头晕目眩，面色㿠白，舌淡胖润或有齿痕，脉沉细尺弱。

心脾两虚阳痿：若心脾气虚，则心悸，短气，自汗，面色萎黄，形体瘦弱，神疲乏力，饮食减少，脘胀，便溏，舌淡，脉细；若心脾血虚，则心悸，怔忡，易惊，多梦，失眠，面色㿠白，形瘦神疲，舌淡，脉细。但一般临床所见，多为心脾气血两虚之证。

惊恐伤肾阳痿：怵惕不宁，多疑易惊，精神不振，失眠多梦，平时阴茎尚能勃起，但每同房时则焦虑不安，反致阳痿不举，舌脉往往正常。

湿热下注阳痿：阳痿而兼阴部潮湿或痒痛，小便短赤，舌苔黄或厚，脉弦或数。

鉴别分析

元阳不足阳痿：元阳又称真阳。近世多认为命门之火即真阳（《肾的研究》）。"从临床看，命门火衰的病人，其病证与肾阳不足病证多属一致……可以认为命门火就是肾阳"（《中医学基础》）。故元阳、真阳、命门火、肾阳实际上可以认为是同义词。元阳不足亦即真阳不足、肾阳不足、命门火衰。《类经图翼》："命门与肾，本同一气"。肾主二阴，《诸病源候论·虚劳阴痿候》谓："肾虚不能荣于阴器，故萎弱"，此所谓肾虚不足多指肾阳不足，亦即命门火衰，《医贯》所谓："阳事先萎者，命门火衰也"。《景岳全书·杂证谟》也认为："凡男子阳痿不起，多由命门火衰，……火衰者十居七八，而火盛者仅有之耳"。故元阳不足阳痿可见肾阳不足的表现（腰痛膝软，耳鸣，脱发，牙齿松动，畏寒，肢冷，短气，舌淡，脉沉）。其原因，或由于色欲过度，房室不节；或由于禀赋素弱，先天不足，而复犯房室之禁；或由于少年频犯手淫，斫伤肾气所致。治疗当以温补肾阳为主，方用右归丸、赞育丹等加减。然此证虽为命门火衰不足之证，但必因精伤于前，肾阴亦为之不足。《景岳全书》："精盛则阳强，精衰则阳痿"，所以严格地说，该证实为阴阳俱不足之证，不过以阳虚表现为主罢了。治疗时只宜温补而切忌燥热，燥热之剂虽可暂获一时之效，但其耗伤精血阴液，后果不佳。治疗时温补之中必兼用养阴填精补血之品，所谓"善补阳者，必于阴中求阳，则阳得阴助而生化无穷"，即是此意。故《临案指南医案》谓："盖因阳气既伤，真阴必损，若纯乎刚热燥涩之补，必有偏胜之害，每兼血肉温润之品缓调之"。

元阳不足阳痿与心脾两虚阳痿：元阳不足阳痿是肾中阳气不足，故必有肾阳虚的表现。而心脾两虚阳痿乃心脾气血不足，由于用心过度，思虑积久，耗伤心脾所致。二证均为虚证，但病因、病机不同，临床表现各异，治疗方法也不相同。前者多为禀赋不足，久病及肾，或房室劳损所伤，其病在肾。后者则因用心过度，暗耗心脾所致，《素问·阴阳别论》所谓："二阳之病发心脾，有不得隐曲"，即指此而言。心之气血不足，则表现为心悸、气短、自汗、多梦、健忘等症状，脾气不足则面色㿠白不华，身体倦怠乏力，消瘦，纳呆，便溏，唇淡，舌白，脉细。心脾气血既虚，后天化源不足，则先天肾气不充，肾之精气衰减，则肾阳无以温煦，故阳痿之症作。此时治疗宜补益心脾，若使中焦脾胃气盛，后天化源充足，则心血充、肾气盛，阳事亦兴。方用归脾汤、大补元煎等加减。

元阳不足阳痿与惊恐伤肾阳痿：二证其病均在肾，前者为肾气耗伤命火不足，病积日久，而见虚损不足之症。后者乃卒遭惊恐，《素问·金匮真言论》所谓"恐伤肾"，《内经知要》注云："恐则阳痿"，《本神篇》又谓："恐惧而不解则伤精，精伤则骨痠痿厥"，《类经》注云："痿者，阳痿之痿"。初病往往无肾气不足之症，病久则见骨痿、肢冷、遗精等虚损不足之症，进一步发展可为元阳不足之阳痿证。因为病由惊恐所得，故怵惕不宁，心悸不安，每同房时则疑虑重重，遂致阳痿不举。治疗应安神定志，方用定志丸加减。

湿热下注阳痿：其人素体肥胖多湿，加之饮食厚味，或嗜饮醇酒，致使阳明湿热内蕴，"阳明虚则宗筋纵"（《痿论》），不但阳痿不举，下肢也沉重痠软，或兼阴部出汗，痒痛，小便黄赤，舌苔黄，脉弦等下焦湿热症状。治宜清热胜湿，方用柴胡胜湿汤，龙胆泻肝汤加减。

阳痿一症虚证居多而实证为少，实证易治而虚证难愈。虚证之中又以下焦元阳不足之阳痿为多，治宜温补肾阳，兼用养阴填精补血之品，以缓图功，方能取效。至于积思日久，精血内耗，导致心脾两虚之阳痿证，则当补益心脾。湿热下注之实证，清泄湿热之剂不可久服，中病即止，否则易发生凉遏冰伏、阴寒内盛之弊。近世多用虫类药物治疗虚证之阳痿，如蜈蜂丸等，疗效尚属满意。

【文献别录】

《慎斋遗书·阳痿》："一人二十七八，奇贪鳏居，郁郁不乐，遂成痿证，终年不举。温补之药不绝，而病日甚，火升于头，不可俯，清之降之皆不效，服健中汤稍安。一日读本草，见蒺藜名一旱草，得火气而生，能通人身真阳，解心经之火郁。因用斤余，炒香，去刺为末，五日效，月余诸证皆愈"。

《沈氏尊生书·前阴后阴病源流》："失志之人，抑郁伤肝，肝木不能疏达，亦致阴痿不起。宜达郁汤，升麻、柴胡、川芎、香附、刺蒺藜、桑皮、橘叶加菖蒲、远志、枸子、菟丝子"。

《古今医案按·阳痿》："一少年新婚，欲交媾，女子阻之，乃逆其意，遂阴痿不举者五七日。"

（李玉林　王育学　冯兴华）

277. 房 事 淡 漠

【概念】

房事淡漠，即性欲低下，甚则对房帏之事毫无兴趣。

房事淡漠程度因人而异，因时而异。男子七八，天癸竭，精少，肾脏衰，女子七七，任脉虚，太冲脉衰少，天癸竭，地道不通。此年龄中人，因天癸竭，肾气虚，房事次数渐少，性欲降低，并非病态。相反，亦有虽年逾花甲，仍欲行房者，亦不足为奇。本章主要论述并非年龄、躯体、环境等因素引起之性欲低下。

【鉴别】

常见证候

痰湿中阻房事淡漠：形体肥胖，房事淡漠，平素喜食肥甘厚味之品，伴胸脘满闷，肢体沉重倦怠，嗜睡，寐中鼾声粗重，男子阳痿早泄，女子月经后期或闭经，舌体胖，苔白腻，脉弦滑。

瘀血阻络房事淡漠：性欲低下或全无，口唇紫黯，肢体麻木，或胸部刺痛，男子阳痿不育，女子月经后期有血块，或闭经，舌质紫黯，有瘀点瘀斑，苔白，脉细涩。

脾胃气虚房事淡漠：房事次数逐渐减少，直至对房事毫无兴趣，虽勉强行房，事毕则气短乏力，全身汗出，精神萎靡，伴阳痿早泄，食纳减少，多食则腹胀，大便稀薄，舌淡红，苔白、脉细弱。

肾气亏虚房事淡漠：性欲明显低下，直至全无，声色不能喜其心，形态不能动其体，甚则厌恶房事，腰膝痠软，形寒肢冷，男子阳痿，女子带下，小便清长，大便稀薄，舌淡苔白，脉沉细。

鉴别分析

痰湿中阻房事淡漠与瘀血阻络房事淡漠：二者皆属实证。病邪阻闭精窍，遏伤肾气使然。痰湿壅盛房事淡漠多因饮食不节，或素常嗜好肥甘厚味，久坐少动，而脾失健运，助湿生痰，痰湿壅盛，困遏脾肾之阳。本证辨证要点是，形体肥胖，困倦嗜睡，肢体困重，舌体胖，苔白腻，脉弦滑。治宜化痰除湿，醒脾开窍为法，方选二陈汤合加味逍遥丸。瘀血阻络房事淡漠乃因于气滞、痰浊、寒凝，阻滞气血与脉络，或因于气虚，鼓血无力而因虚致瘀。本证辨证要点是，性欲低下，口唇紫黯，舌质暗红或紫黯，瘀点瘀斑，脉细涩。治宜活血通脉，方选血府逐瘀汤。

脾胃气虚房事淡漠与肾气亏虚房事淡漠：二者皆属虚证，房事淡漠，气短乏力为其共同点。脾胃虚弱房事淡漠为病之渐，程度较轻，因丁久病体虚，或素体虚弱，汗出易感，精神萎靡，食纳减少，大便偏稀。治宜益气健脾，充补后天，方选人参归脾丸。而肾气亏虚房事淡漠为病之甚，久病及肾或房室伤肾，精血不足，命门火衰，不能振奋阳气。本证辨证要点是，房事淡漠伴腰膝痠软，阳痿早泄，女子宫寒不孕，舌淡苔白，脉沉细，治宜补肾温阳，方选右归丸。

【文献别录】

《外台秘要·虚劳阴痿方》："病源肾开窍于阴，若劳于肾，肾虚不能荣于阴气，故痿弱也"。

（徐贵成）

278. 阳　强

【概念】

阳强，指阴茎异常勃起，经数小时、数日甚至逾月不衰的症状。《诸病源候论》谓："茎长兴盛不痿"；《灵枢·经筋》称："纵挺不收"；《灵枢·经脉》篇、《针灸甲乙经》作"阴挺长"；《诸病源候论》、《备急千金要方》、《世医得效方》等谓"强中"；《医学纲目》、《类证治裁》名"阴纵"、"阴纵不收"；《杂病源流犀烛》叫作"阴挺"、"茎强"、

"茎强不痿";《石室秘录》、《本草经疏》名为"阳强不倒"。

【鉴别】

常见证候

肝经实热阳强：阴茎异常勃起，历数小时，数日甚至逾月不衰，阴茎瘀血，色紫暗，胀痛，排尿困难且感疼痛，尿色黄赤，患者常伴有恐惧感，并有食欲减退，口渴，大便秘结，舌苔黄，脉弦或兼数。

阴虚火旺阳强：患者素禀阴虚，形体消瘦，阴茎异常勃起，胀痛，数日不衰，排尿困难，尿黄，甚至不时精自出，大便秘结，口干，舌红，脉细数。

鉴别分析

肝经实热所致阳强与阴虚火旺的阳强：前者因体质素壮，性欲亢进，同房后阴茎仍异常勃起，历时日而不衰痿。除阴茎胀痛，瘀血青紫，尿痛困难等局部症状而外，必兼有口苦而渴，大便秘结，舌苔黄，脉弦数有力等症状。如《灵枢·经筋》谓：足厥阴肝"伤于热则纵挺不收"，《灵枢·经脉》："实则挺长"，《类证治裁·阳痿》谓："阴纵不收，肝之筋伤热，小柴胡汤加酒炒黄柏"，或柴胡清肝汤。若因肝火太强，阴茎异常勃起，疼痛剧烈，历数日甚至逾月不愈者，治宜泻火解毒，可用石膏、知母、元参、生地、黑豆、甘草(《类证治裁》)，或用龙胆泻肝汤直泻肝经实火。后者素本阴虚，缘由色欲过度，房室不节致肾水亏乏，相火妄动，阳强不衰，时精自出；"或因多服升阳之药，遂使阳旺而阴衰，火胜而水涸，相火无所制，使强中不得收。"(《医林绳墨》)必兼有舌红、口干、便秘、脉细数无力等症状，治宜滋阴泻火，方用石子荠苨汤。以上两证，一为实火，一为虚火；一为肝经实热有余，（口苦，舌苔黄，便秘，脉弦数有力）一为肾脏阴精不足（舌红，口干，精自出，脉细数无力），治疗一为泻有余之实热，一为滋阴降火，补阴以配阳。但阳强之症终属于火旺的标急之症，故《本草经疏·续例上》云："阳强不倒属命门火实，孤阳无阴所致，此症多不治。忌补气、温热，宜苦寒、甘寒、咸寒。"所以此症之治疗，切忌温补。

阳强一症，《诸病源候论》、《备急千金要方》、《世医得效方》等均列于消渴门，因古时多见于"服丹石"所致者，除阴茎异常勃起外，尚有明显的多饮症状。服丹石者今已少见，但可偶见于服矿物药中毒患者，则更为难治。后世医家多将阳强列入肾病门中，与遗精、阳痿等并论，认为与酒色过度有关。丹波元坚认为："消渴、强中盖是别证。"(《杂病广要》)亦有因外伤腰骶而造成阴茎勃起不衰者。

【文献别录】

《世医得效方·消渴》："强中，多因耽嗜色欲，及快意饮食，或服丹石。真气既脱，药气阴发，致烦渴引水，饮食倍常，阴气常兴，不交精出。故中焦虚热，注于下焦，三消之中，最为难治。"

《本草纲目·韭条》引夏子益奇方："玉茎强硬不痿，精流无不住，时时如针刺，捏之则痛，其病名强中，乃肾滞漏疾也。用韭子、破故纸各一两，为末，每服三钱。"

《石室秘录·男治法》："强阳不倒，此虚火炎上，而肺金之气不能下行故耳。若用黄柏、知母二味(倒阳汤)煎汤饮之，立时消散。然而自倒之后，终岁经年不能重振，亦是苦也，方用元参三两、肉桂三分、麦冬三两，水煎服即倒。……此不求倒而自倒也。"

（李玉林　王育学　冯兴华）

— 382 —

279. 阴　　冷

【概念】

阴冷，又称阴寒，系指自觉前阴寒冷。《金匮要略》称"阴头寒"，《诸病源候论》谓"虚劳阴冷"，《张氏医通》、《沈氏尊生书》等称为"阴冷"。均指男子前阴包括阴茎、阴囊自觉寒冷而言，至于《金匮要略·妇人杂病脉证并治》篇所载"妇人阴寒"，则不属本症讨论范围，可参阅妇人阴冷条。

【鉴别】

常见证候

命门火衰阴冷：阴器觉冷，病程长久，兼有腰膝无力，肢凉畏寒，甚或水肿，短气，精神倦怠，面色㿠白，五更泄泻，尿清长，阳痿，遗精，疝气，舌淡胖润或有齿痕，脉沉迟或芤。

肝经湿热阴冷：阴冷而兼汗出，阴囊湿痒，臊臭，或早泄，阳痿，烦闷，口苦，口渴，尿赤或淋浊茎痛，便干，舌苔黄，脉弦。

鉴别分析

《诸病源候论·妇人杂病诸候》云：阴冷由于"阴阳俱虚弱故也。肾主精髓，开窍于阴，今阴虚阳弱，血气不能相荣，故使阴冷也。久不已，则阴萎弱。"阴冷为肾气不足所致，然以命门火衰者多见，且是阳痿，遗精，疝气，囊缩等症的早期症状，或是伴随症状。缘其病因，多为房劳伤肾，或因失血、下利清谷等致使肾阳不足命门火衰，不能温煦阴器所造成。症状较轻者，如《金匮要略·血痹虚劳病脉证并治》所云："夫失精家，少腹弦急，阴头寒，目眩，发落，"脉芤迟，可用桂枝加龙骨牡蛎汤、或用天雄散加减，以散寒固精。肾阳不足见症明显者（肢凉畏冷，短气，腰膝无力，精神倦怠，尿清长，阳痿，遗精，舌胖润，脉沉迟）用金匮肾气丸加鹿茸，以温补肾阳。甚者阴冷如冰，寒疝囊缩，则应温阳散寒，方用十补丸、或吴茱萸汤加减。

命门火衰阴冷是由于肾之元阳不足所致，其表现是一派虚寒证，治宜温补固涩，与肝经湿热阴冷判然不同。肝经湿热阴冷则以清利肝经湿热为治，正如《张氏医通·前阴诸疾》所言："阴痿弱而两丸冷，阴汗如水，小便后有余滴臊气，尻臀并前阴冷，恶寒而喜热，膝亦冷，此肝经湿热，宜龙胆泻肝汤、柴胡胜湿汤选用"。

【文献别录】

《仁术便览·痿病》："补肝汤治前阴如冰冷，并阴汗。"（方用黄芪、人参、干葛、茯苓、猪苓、升麻、柴胡、归身、羌活、连翘、黄柏、泽泻、苍术、神曲、知母、防风、陈皮、甘草）

（李玉林　王育学）

280. 阴　　缩

【概念】

由于某种原因，致使阴茎、睾丸和阴囊内缩的症状称为阴缩。《灵枢·邪气脏腑病形》等篇称"阴缩"，《素问·热论》称"囊缩"，《灵枢·经脉》篇和《中脏经》称"卵缩"，《伤寒论》称"阴中拘挛"，《诸病源候论》称"阴挛缩"。《类证活人书》称"囊缩"、"卵缩"。迨至元明清之时，有称为"阴缩"者(《沈氏尊生书》)，有称为"囊缩"者(《永类钤方》、《古今医鉴》)，有称为"外肾缩入"者(《寿世保元》)，名称虽异，但其病因、病机相同，只是临床表现轻重程度不同而已。阴缩者，包括阴茎、睾丸及阴囊内缩，其症重；卵缩、囊缩者，其阴茎不一定内缩，则其症状较阴缩为轻。因其病因、病机、治疗方法相同，故可统称之为阴缩而一并讨论。

【鉴别】

常见证候

伤寒直中阴缩：多为卵缩、囊缩，甚或为阴缩，畏寒肢冷，甚者手足厥逆，身静倦卧，语声低微，口鼻气冷，甚至唇青，遍身疼痛且重，少腹痛甚，尿清长，甚或小便不禁，或吐清水冷涎，或下利清谷，舌淡，脉沉微而迟。

瘥后劳复阴缩：阴缩并有少腹里急，疼痛，痛引阴中拘挛，少气，身体沉重倦困，头重目眩而不欲举，腰痛，膝胫拘急，甚至畏寒，四肢逆冷，舌淡，脉沉细。

沉寒痼冷阴缩：其人夙禀阳虚。阴缩，畏寒肢冷，甚者四肢厥逆。食少，脘痛，呕吐，少腹久痛发凉，长期腹泻或五更泄泻，腰膝冷重，跟痛胫痠，小便频数，或淋漓不禁，阳痿，遗精，精冷，舌淡，脉细。

亡阳虚脱阴缩：少腹紧痛，阴茎、睾丸、阴囊均内缩。身冷鼻青，甚至面色晦黑，四肢厥逆，喝喝而喘，冷汗自出，甚者不省人事，脉微欲绝。

鉴别分析

伤寒直中阴缩：其人夙禀脾肾阳虚，感受寒邪，或大劳、重病新愈之际，若复感受寒邪，寒邪直中厥阴。足厥阴肝主筋，其脉"过阴器，抵少腹"(《灵枢·经脉》)，寒为阴邪，其性收引，厥阴受寒，寒滞经脉，肝筋失荣，故少腹拘急而痛，阴器内缩。肝之经脉"环唇内"、"络于舌本"(《灵枢·经脉》)，故寒邪直中厥阴症状严重者，阴缩并常伴有舌卷唇青。虽为外感寒邪，但因寒邪直中于里，故无发热恶寒之表证出现，全然表现为不发热，畏寒，肢冷甚至四肢厥逆，遍身疼痛，身静神清，口鼻气冷，舌淡，脉沉微而迟等一派阴寒之象。法当温散厥阴寒邪，方用当归四逆加吴茱萸生姜汤、回阳返本汤加减。

伤寒直中阴缩与沉寒痼冷阴缩：二者均发生于素体脾肾阳虚之人，但病因不同，伤寒直中阴缩得之寒邪直中厥阴，而沉寒痼冷阴缩患者，脾肾阳气久衰，加之啖食生冷，或复坐卧阴寒之地，重创已虚之脾阳，故其兼症多表现为脾阳虚之食少，腹痛，呕吐，泄泻等。前者受寒邪于外，后者形寒饮冷而伤于内。治疗方法，寒邪直中厥阴以温散厥阴寒邪为主，而沉寒痼冷阴缩重在温脾肾之阳，尤以温补脾阳为主，方用敛阳丹、固阳汤加减。

瘥后劳复阴缩与亡阳虚脱阴缩：久病、重病或伤寒重症初愈，房室不节，恣情纵欲，遂致阴缩。轻者身重，头重，腰痛，少腹里急，少气，畏寒，肢冷，舌淡，脉细。表现为气虚阳衰，治宜温阳补气，方用固阳汤。重者则阳脱欲绝，身冷、厥逆、鼻青、面黑，虚喘，冷汗自出，不省人事，脉微欲绝，急当回阳固脱，方用三仙散、回阳丹。

总之，上述四证均为阴寒虚证。伤寒直中阴缩为外感寒邪直中厥阴，起病急骤，治

— 384 —

当温散厥阴寒邪；沉寒痼冷阴缩乃久病脾肾阳虚，复受饮食冷物重创脾阳，治宜温补脾肾之阳；瘥后劳复阴缩乃久病房室不节，当以补气温阳为治；而亡阳虚脱阴缩乃危急重证，可因久病痼冷而复受寒邪，也可能发生于瘥后劳复，房室不节，急当补阳固脱，以敛逾越之阳。四者症状表现相似，虽其病因及轻重程度均有所不同，但总以温阳补虚为治疗大则，切忌寒凉之剂。

【文献别录】

《类证活人书·卷五》："两感伤寒，……少阳与厥阴俱病，则耳聋囊缩而厥。"

《古今医鉴·伤寒》："伤寒传至厥阴经，则病热极矣。……大抵热深厥亦深，则舌卷囊缩。阴寒冷极，亦见舌卷囊缩，在乎仔细消详。"

（李玉林　王育学）

281. 茎中痛痒

【概念】

阴茎中痛痒一症，可出现于多种疾病，如淋浊、癃闭、遗精、强中等都可伴有本症的发生。有的以疼痛为主，称茎中痛，有的伴有茎中发痒，则称为茎中痛痒。若只是排尿时疼痛，而痛如针刺者，称为小便疼痛，另立专条讨论。

《素问·经脉》有"阴器纽痛"、阴茎"暴痒"的记载，《诸病源候论》中有"虚劳阴痛候"，并谓"冷者唯痛，挟热则肿"。在"石淋候"中则有"茎中痛"症状的论述。因茎中痛痒可出现于多种疾病之中，可参见各有关论述。

【鉴别】

常见证候

湿热茎中痛痒：茎中痛痒兼有小便赤黄，短涩频急，有灼热感，或小便混浊，腰痛，或发热，口渴，舌苔黄腻，脉弦或数。

火热茎中痛痒：小便短赤，灼热刺痛，或兼发热，口疮，口干，舌尖红，脉数。

瘀血茎中痛痒：茎中绞痛剧烈，甚者茎中痛欲死，往往兼有尿血，腰痛，少腹拘急疼痛等症状，舌质暗有瘀点，脉沉涩，或舌脉无明显改变。

肾虚茎中痛痒：茎中痛痒不剧，时轻乍重，小便频数或余沥不尽，腰痠或痛，舌淡，脉沉细尺弱。

鉴别分析

上述四种茎中痛痒证候，湿热茎中痛痒、火热茎中痛痒、瘀血茎中痛痒属实证，而肾虚茎中痛痒为虚证。湿热茎中痛痒乃下焦湿热内蕴，下注膀胱所致。治宜清热利湿，方用八正散、寒通汤等方加减。火热茎中痛痒，乃心经火热下移小肠所致。二者同属热证，前者热在下焦膀胱，后者热在心与小肠；前者为湿热下注，茎中痛或痛痒并作，尿浊，苔黄，脉濡数，治当清利下焦湿热；后者为心经有热，必兼有口疮，舌尖红，脉数等症状，其痛痒症状往往是"茎中作痛，痛极则痒"（《沈氏尊生书》），治宜清心火而利小便，方用导赤散、清心莲子饮等方加减。瘀血茎中痛痒，则因瘀阻茎中，故疼痛甚剧或兼血尿，治疗当化其瘀血，其证自愈。"以一味牛膝煎膏，大妙"（《沈氏尊生书》），或用蒲灰散、加味桃红四物汤等方加减。至于肾虚茎中痛痒，多由房室不节，或同房时忍精不泄，损伤肾气所致，故必兼有腰痠或痛，小便余沥不尽，脉沉等肾气不足见症，其茎中痛痒不甚。治当温补肾气，方用肉苁蓉丸加菟丝子、牛膝等。

【文献别录】

《古今医药案·前阴病》："劳役过甚，饮食失节，复兼怒气，……茎中作痒，时出白津，时或痛甚，急以手紧捻乃止。此肝脾之气虚也，服地黄丸及补中益气加黄柏、山栀、茯苓、木通而愈。"

《张氏医通·遗精》："遗精茎中痒，而水道不禁，是阳虚有火，加减八味丸。"

（李玉林　王育学）

282. 睾 丸 胀 痛

【概念】

睾丸肿胀疼痛，历代医家都认为是属于狭义的疝病证的范围。疝所包括的内容相当广泛，从病因方面来说，王冰在《素问·大奇论》注中云："疝者，寒气凝结之所为也"；从症状表现来说，《诸病源候论》说："疝者，痛也"；从病变的部位来说，《类经》云："疝者，前阴少腹之病，男女五脏皆有之"。就是说，不论男女，其少腹、前阴部位因寒气凝结所发生的疼痛，统称之为疝。严用和《济生方》则把阴囊、睾丸部位的疾病同疝明确区分开来，称为"阴癩"，阴癩有四种，其中睾丸胀痛称为"卵胀"。《丹溪心法》谓："疝者，睾丸连小腹急痛也"。《医学心悟》也谓"疝者，少腹痛引睾丸也"。

从历代医家记述来看，疝有广义和狭义之分，若不论男女，其少腹、前阴部位因寒气凝结而作痛者，称为广义的疝；若由于"受热"、"受寒"、"受湿"邪（《医宗必读》）所致睾丸疼痛或肿胀者，可称为狭义之疝。《沈氏尊生书·脏腑门》谓："总之，内外邪所感，攻于脏腑则为腹中之疝，会于阴器则为睾丸之疝。"所以狭义之疝就是指睾丸胀痛而言。若一侧睾丸胀痛，俗称偏坠；若睾丸肿大显著，顽木不仁，则称癩疝，或称木肾；若卧则睾丸入腹，立则出腹入阴囊中，称狐疝；若睾丸、阴囊癩烂出脓，则称癩疝。

【鉴别】

常见证候

阴寒睾丸胀痛：睾丸疼痛剧烈，或掣引少腹，肿胀不甚明显，遇寒冷则疼痛加重，得温暖而疼痛减轻。多为一侧睾丸胀痛，或卧则上缩入腹，行立时则出腹入阴囊中。舌脉可正常，若疼痛剧烈时，可见弦紧脉。

寒湿睾丸胀痛：睾丸肿大，阴囊冰冷发硬，痛或不痛。若不痛而睾丸肿大，甚者"如升如斗"，则称为癩疝或称木肾。舌苔白腻或润，脉沉或缓。

湿热睾丸胀痛：睾丸肿胀疼痛，阴囊湿痒或出水，小便黄赤，大便秘结，舌苔黄或厚，脉弦或数。

热毒睾丸胀痛：睾丸红肿发热疼痛，疼痛剧烈，发硬，或阴囊水肿，多发生于一侧睾丸。壮热，咽痛，口渴，尿赤，舌红苔黄，脉滑数有力。

气滞睾丸胀痛：往往一侧睾丸偏坠胀痛，痛引少腹或及两胁，并兼有胸闷腹胀，口苦，舌苔黄，脉弦细。

鉴别分析

阴寒睾丸胀痛与寒湿睾丸胀痛：二者均为寒证。二者虽均"得之坐卧湿地，或寒月涉水，或值雨雪，或坐卧风冷"（《沈氏尊生书》），但前者以素体阴寒内盛而复感受寒邪，以寒邪为主，故睾丸疼痛剧烈，而肿胀较轻，往往遇寒冷或行走站立时，睾丸收引腹中而疼痛剧烈，得温暖或卧位时则睾丸复入阴囊中而疼痛轻减，所谓"热则弛纵，寒则收引"。常发生于一侧睾丸，疼痛剧烈时掣引少腹作痛，可见弦紧脉；后者由于其人素体痰湿过盛，加之久处湿卑之地，因其湿盛，故疼痛较轻，或不痛而仅有重坠感觉，但睾丸异常肿大，甚者"如升如斗"，阴囊皮厚或顽木不仁，所谓"湿盛则肿"。对此二证的治疗，因其均为寒证，"寒则热之"，以温热药驱散寒邪，是其治疗的共同之处，阴寒睾丸胀痛可用花蜘蛛、葫芦巴等药（《虫类药的应用》），或用蜘蛛散、乌头桂枝汤、当归四逆汤等方加减，去其沉寒结疝；若寒湿睾丸胀痛，则当温散寒湿，方用蠲痛丸加茯苓、苍术等药。

湿热睾丸胀痛与热毒睾丸胀痛：二者均为热证，是其共同点，但二者的病因、病机、临床表现及其治疗方法各不相同。湿热睾丸胀痛是由于患者暴怒伤肝，肝结郁热；或膏粱厚味，嗜饮醇酒，湿热内蕴，复因外感寒湿，遂致湿热壅遏肝经，下注而为睾丸胀痛。因其湿热壅郁肝经，故必兼肝经湿热的表现（阴囊湿痒，便赤，舌苔黄或腻，脉弦等）。治疗当清泄肝经湿热，方用龙胆泻肝汤合柴苓汤等方加减。热毒睾丸胀痛因其外感热毒之邪，必见毒火热盛的症状（睾丸红肿热痛，疼痛剧烈，壮热，口渴，咽痛，尿赤，舌红苔黄，脉数），常为"痄腮"患者的并发症。治疗应清热解毒，方用普济消毒饮加减。

气滞睾丸胀痛：因七情所伤，或暴怒，或郁怒，气滞肝脉，经气不舒，常见一侧睾丸偏坠胀痛，肿不明显，以坠胀为主要临床表现，同时兼有肝气郁滞的症状（口苦，胸胀闷，胁痛，脉弦）。治疗应舒肝解郁，行气止痛，方用聚香饮子、木香楝子散、荔枝散等方加减。

总之，睾丸胀痛一症历代医家均视为疝病证之一种，可称为狭义之疝。《内经》、《金匮要略》、《诸病源候论》等书提出疝是寒性疼痛性疾病，《沈氏尊生书·脏府门》谓："丹溪曰，'此病始于湿热在经。郁而至久，又感寒气外束，故痛。若只作寒论，恐为未备'"。实际上临床所见睾丸胀痛，有寒证、热证、湿证、气滞证等等，临床表现各不相同，故《医宗必读·疝气》云："寒则多痛，热则多纵，湿则肿坠，虚则亦肿坠，在血分者不移，在气分者多动"。然不论何证，其病机均与肝经有关，《医林绳墨》云："睾丸寄肾所生，属于肝而不属肾"。睾丸胀痛一症，临床所见多为实证，或正虚而邪实，虚证少见，故《普济本事方·疝气》谓："大抵此疾因虚得之，不可以虚而骤补药，经云邪之所凑，其气必虚，留而不去，其病则实。故必先涤所蓄之邪，然后补之"。

【文献别录】

《灵枢·经脉》："足厥阴……其病逆则睾肿卒痛"。

《灵枢·邪气脏腑病形》："小肠病者，小腹痛，腰脊控睾而痛。"

《医林绳墨·疝痛》："若论梦遗滑精，此肾病也；便溺赤白，此膀胱之病也；尿管痛闭，此小肠之病也。凡遇阴子之病，当从乎肝治；阴茎之病，亦从乎肝治；阴囊之病，当从乎脾治；精道有病，当从乎肾治。"

《仁斋直指方》："治法大要，以流行疏利为先，毋曰肾虚得病，不敢疏泄。盖肾为邪气所干，若不除去病根，病何由愈"。

《丹溪心法·附余》方广曰："古方用辛温以辛之，是治其标也。丹溪以为痰饮食积，死血流注，归于肝经，用辛平以豁痰，消积去瘀，是治其本也。夫疝，痛有定处，是有形之积也，非痰食血相聚而何"。

《医宗必读·疝气》："患左丸者，痛多肿少；患右丸者，痛少肿多。"

（李玉林　王育学）

283. 阴囊瘙痒

【概念】

阴囊瘙痒，是指阴囊皮肤瘙痒异常而言。本症，在古代医书上记载的症名不一，《诸病源候论》称"阴下湿痒"，《外科正宗》、《外科大成》等称"阴囊风"，《医宗金鉴·外科心法要诀》称"绣球风"。本症轻者，仅阴囊瘙痒，重者，阴囊皮肤增厚，或因搔抓而流黄水、结痂。

【鉴别】

常见证候

湿热蕴结阴囊瘙痒：初起阴部干燥痒极，喜浴热水，甚者起疙瘩，形如赤粟，麻痒异常，搔破浸淫流水，痛如火燎，舌苔黄腻，脉弦滑数。

阴虚血燥阴囊瘙痒：阴囊瘙痒，奇痒难忍，坐卧不安，阴囊皮肤粗糙变厚，搔破出血，抓痕血痂，兼见口渴，心烦，舌质红，脉细数。

下焦寒湿阴囊瘙痒：阴囊潮湿，瘙痒较轻，兼见腰膝酸软，小腹坠胀，小便不利，下肢肿胀沉重，舌苔白润，脉沉缓无力。

鉴别分析

湿热蕴结阴囊瘙痒与阴虚血燥阴囊瘙痒：二者皆奇痒难忍。前者由于素体肝经郁热，外感风湿之邪，与肝热相搏，湿热不得外泄，循肝脉下注阴囊，则瘙痒异常。治宜清泻肝胆湿热，方用龙胆泻肝汤加减。外用马齿苋洗方。后者则因肝肾阴虚，化燥生风，燥盛于内，风搏于外，阴囊皮肤不得滋养，故见瘙痒。鉴别要点：湿热蕴结之证，阴囊灼热痒痛如火燎，搔破流水，发病较急；阴虚血燥之证，阴囊奇痒时作，抓痕结有血痂，日久皮肤粗糙变厚，发病较缓。

下焦寒湿阴囊瘙痒：下焦为肝肾所居，若素体肾气不足，肝脉不调，或久居卑湿之地，或受雾露雨水所浸，寒湿之邪浸及阴囊，因而出现瘙痒。其特点为，阴囊潮湿，瘙痒较轻，或有下肢肿胀，舌苔白润等，治宜温经散寒，除湿止痒，方用五积散加减。

阴囊瘙痒，与肝肾有密切联系。治疗上不可见痒止痒，要在调理内脏阴阳气血的基础上，佐以祛风，胜湿，散寒，清热之剂，或参以外治之法，这样标本同治，方能提高疗效。

【文献别录】

《士材三书·病机沙篆》："前阴湿痒椒粉散"。（麻黄、蛇床、狗脊、猪苓、川椒、红花、当归、肉桂、轻粉为末，干掺之）。

（李　全）

284. 阴囊湿冷

【概念】

阴囊湿冷是指阴囊部位潮湿阴冷，或伴瘙痒，疼痛。本证与阴囊汗出相似，后者无阴冷感觉。

【鉴别】

常见证候

寒湿阻络阴囊湿冷：阴囊部位潮湿阴冷，喜温暖，恶寒凉，伴肢体困重，肌肉关节痠楚疼痛，无汗，苔白腻，脉弦。

湿热下注阴囊湿冷：阴囊潮湿粘腻，有腥臭气味，瘙痒异常，如虫蚀蚁啮，小便黄赤，大便干结不爽，舌红，苔黄腻，脉弦滑。

脾气虚阴囊湿冷：阴囊潮湿，阴冷汗渍，食纳欠佳，疲倦乏力，肢体困重，腹胀，舌淡红，苔白，脉沉缓。

肾气虚弱阴囊湿冷：阴囊潮湿汗渍阴冷，甚则阳痿囊缩，得温则舒，腰膝痠软，畏寒肢冷，小便清长，大便稀溏，舌淡红，苔白，脉沉细。

鉴别分析

寒湿阻络阴囊湿冷与湿热下注阴囊湿冷：二者同为实证，湿邪为患。湿邪从阴化寒，而成寒湿，湿邪下趋袭于阴位而致病。本证辨证要点是：阴囊湿冷，喜温恶寒，肢体困重，苔白腻，病在脾胃。治宜散寒除湿，方选薏苡仁汤。若湿邪从阳化热则成湿热，湿热下注，留着阴囊。本证辨证要点是：阴囊潮湿粘腻潮湿，有腥臭气味，瘙痒，苔黄腻。治宜化湿清热止痒，方选四妙丸。

脾气虚阴囊湿冷与肾气虚弱阴囊湿冷：二者皆属虚证。水液代谢敷布出肺、脾、肾三脏共同完成，肺为水之上源，主通调水道，脾主运化，乃制水之脏，肾者主水，为水之下源。肺脾肾三脏之功能不可虚衰，衰则功能减，水湿无制，气化失常而为患。湿性下趋，易留着阴囊。脾虚失运阴囊湿冷病在一个"制"字，制水无权，运化失司，湿聚于下，辨证特点是阴囊湿冷汗渍，疲倦乏力，大便稀薄。治宜益气健脾，恢复其制水功能，正本清源而病愈，方选香砂六君子汤。而肾气虚弱阴囊湿冷则病在一个"化"字，肾失气化，水液不能升腾而下趋，辨证要点是阴囊湿冷寒凉，腰膝痠软，形寒肢冷，治宜温阳补肾，化湿和中，方选金匮肾气丸合二陈汤加减治疗。

【文献别录】

《诸病源候论·虚劳病诸候》："肾主精髓，开窍于阴，今阴虚阳弱，血气不能相荣，故令阴冷也，久不已则阴痿弱。"

（徐贵成）

二、妇科症状

（一）月经病症状

285. 经色浅淡

【概念】

经色浅淡，是指月经颜色较正常浅淡而言。《丹溪心法·妇人》论及本症云："经不调而血色淡。"其后，《景岳全书·妇人规》、《证治准绳·女科》、《济阴纲目》等，对此症发病机理及治疗原则，作了较详细的阐发。

【鉴别】

常见证候

血虚经色浅淡：经色淡红，经期后延而量少，少腹绵绵而痛，面色无华，头晕目眩，心悸不寐，爪甲不荣，唇舌淡白，脉细。

气虚经色浅淡：经色淡红，质地清稀，经期提前量多，或逾期不净，或漏下淋漓，面色㿠白，气短身倦，自汗恶风，或少腹空坠，舌质淡嫩，边有齿痕，苔薄润，脉沉弱。

脾肾阳虚经色浅淡：经色黯淡，质地清稀，或挟有瘀块，经期大多错后，手足欠温，唇青面白，小腹冷痛，或伴有腰膝痠软，带下清稀，或便溏溺频，舌淡胖而嫩，苔薄白而水滑，脉沉细而迟。

脾虚痰湿经色浅淡：经来色淡质粘，经行愆期，带下稠粘，胸闷脘胀，口腻乏味，时时欲呕，或泛吐痰涎，或头晕身重，面色萎黄，舌苔白腻，脉弦滑。

鉴别分析

血虚经色浅淡与气虚经色浅淡：二者皆为虚证。气虚则无以帅血化血，血虚则无以生气涵气，故在病机上有一定的联系，然临证辨治尚有差异。血虚经色浅淡，虚重在"血"，得之孕产过频，或半产漏下，亡血失血，致使冲任血少，无余可下。其主症特点为经行后期，色淡量少，并兼见营血不足，濡养不及而致少腹绵绵而痛，爪甲不荣，唇舌淡白，脉细等症；气虚经色浅淡，虚重在"气"，得之饮食劳倦，耗伤中气。其主症特点为经期提前，色淡量多，或逾期不止，或漏下淋漓等。兼气虚不行温煦之职的症状，如面色㿠白，气短身倦，自汗恶风，少腹空坠，舌质淡嫩，边有齿痕，脉沉弱等症。血虚经色浅淡，治重养血，兼以益气，俾阴得阳升而生化无穷；气虚经色浅淡，治重益气，兼以和血，俾阳得阴助而化源不竭。血虚者，用四物汤加黄芪、桂圆肉；气虚者，用保元汤加当归、白芍；气血双虚者，宜八珍汤或人参养荣汤等。

脾肾阳虚经色浅淡与脾虚痰湿经色浅淡。前者属虚寒证，后者为本虚标实证。脾肾阳虚之成，或因脾阳先伤，穷及肾阳；或因肾阳先衰，不温中土。阳气既衰，阴血不生，冲任虚冷，故主症特点为经色黯淡，质地清稀，经行愆期，或挟瘀块。兼见阳和无力，阴寒自盛之症，故现手足欠温，唇青面白，小腹冷痛，便溏溺频，腰膝痠软等症。治当温补肾阳，补火生土，选用右归饮加茯苓、干姜；脾虚痰湿经色浅淡，多因饮食劳倦，损伤脾胃，中运不健，蕴湿生痰，下注冲任，阻滞胞脉而致。惟其胞脉不畅，则经行后期，涩滞量少，色淡质粘，中夹带浊，为其主症特点。兼见口腻乏味，泛恶纳差，头晕身重，苔腻脉滑等症。治以健脾化湿，消痰行滞为法，采用芎归二陈汤化裁。

经色浅淡一症，总以虚证、寒证为多，故治疗也总以温养为主。纵有脾虚痰湿一证，也属本虚标实，治当审其标本之缓急轻重，确定治法之先后主次。

【文献别录】

《女科经纶·月经门》：“经水不调，而水色淡白者，气虚也，宜参术黄芪香附之属，……”。“心主血，故以色红为正，虽不对期，而色正者易调。……淡白者，虚也，有挟瘀停水以混之，芎归汤加参芪白芍香附。”

《景岳全书·妇人规》：“凡血色有辨，固可以察虚实，亦可以察寒热。……色淡而少者，血之衰也，此固大概之易知者也。”

（申曼莉　华　苓）

286. 经色紫黯

【概念】

经色紫黯，是指经血颜色紫晦不鲜而言。《景岳全书·妇人规》有经色“紫而兼黑”、“沉黑色败”、“紫与黑相近”等类似记载。经色“紫”常与“红”或“黑”同时并见，无论是“紫红”或“紫黑”，都必见晦暗不泽，才能称谓“经色紫黯”。

【鉴别】

常见证候

瘀热内结经色紫黯：经色紫红而黯，质浓稠夹块，腹痛拒按，烦躁口渴，或经前低热，带下黄稠，舌质黯红，有紫斑，脉弦数而涩。

气滞血瘀经色紫黯：经血色紫而黯，有瘀块夹杂，小腹胀痛，甚则硬痛拒按，精神郁闷不乐，胸乳作胀，面色晦滞不泽，舌质紫黯，脉弦涩。

寒邪凝滞经色紫黯：经色紫黑不鲜，质薄，或有血块，小腹及腰腿痛冷，得暖则舒，舌质正常，苔白润，脉沉紧。

血虚有寒经色紫黯：经色紫黯如豆沙样，经质清稀，小腹隐痛而冷，喜按喜暖，兼见面色㿠白，头晕眼花，心悸怔忡，舌淡或黯，脉沉细。

鉴别分析

瘀热内结经色紫黯与气滞血瘀经色紫黯：二者皆为实证，"瘀"是其共同的发病机理，但二者病因不同，临床表现各异。瘀热内结经色紫黯常由经期或产后血室正开之时，外邪乘虚侵袭，入里化热，蓄于胞宫；或胞宫素有瘀血，蕴而化热所引起。气滞血瘀经色紫黯多因情怀不畅，恚怒伤肝，肝郁不达，血随气滞所致。二者除共有瘀阻胞宫症状外，前者兼有经质粘稠，身热烦躁，唇红口渴，脉数等血热见证；后者则兼有情志不舒，胸乳胀痛等肝郁气滞的表现。因前者为瘀与热结，后者为气与血结，故瘀热内结者，用桃核承气汤泻热逐瘀为主；气滞血瘀者，用血府逐瘀汤疏其气血为法。

寒邪凝滞经色紫黯与血虚有寒经色紫黯：二者均为寒证，但一虚一实。前者多因经期或产后饮食生冷，冒雨涉水，感受寒凉，或误服寒凉药物，血为寒凝所致；后者多因久病或失血等原因致阴血先伤，复于经产之时感受寒冷，寒气客于血室而成。尽管二者均有经行后期，经量涩少，清稀夹块，小腹冷痛等共同表现，但病机不同，兼症有别。"寒主收引"，故前者重在寒邪阻滞经脉，血运不畅。其腹痛多在经期或经前，呈绞痛或掣痛，喜温而畏按，尤其在行经时四肢逆冷，面色苍白是其特点。后者重在血海空虚而兼夹寒邪。故腹痛多在经后，多为隐痛，喜温喜按，兼见心悸怔忡，面色爪甲不荣等血虚之象，寒邪凝滞者，治当温经散寒，方用温经汤为主；血虚有寒者，宜养血温经，用当归生姜羊肉汤或胶艾四物汤加减治之。

经色紫黯一症，临床有寒、热、虚、实之分，鉴别的关键在于月经的性状如何。经质粘稠者多热、多实，经质清稀多寒、多虚。临证不可偏执某症就轻率地做出结论，必须结合兼证，全面分析。

【文献别录】

《济阴纲目·论经水异色》引叶氏曰："血黑属热，丹溪之论善矣。然风寒外乘者，十中常见一二，何以辨之？盖寒主引涩，小腹内必时常冷痛，经行之际，或手足厥冷，唇青面白，尺脉或迟或微或虚，或虽大而必无力。热则尺脉或洪或数或实，或虽小而必有力。于此审之，可以得其情矣。"

《景岳全书·妇人规》"……至于紫黑之辨，……盖紫与黑相近，今人但见紫色之血，不分虚实，便谓内热之甚，不知紫赤鲜红浓而成片成条者，是皆新血妄行，多由内热；紫而兼黑，或散或薄，沉黑色败者，多以真气内损，必属虚寒。"

（申曼莉　华　苓）

287. 经 质 粘 稠

【概念】

经质粘稠，是指经血质地稠厚而言。《景岳全书·妇人规》所述的经水"紫而浓"、"浓而成片"的"浓"，即指经质粘稠；《医宗金鉴·妇科心法要诀》中，有经血"色深红而稠"、"稠粘臭秽"的记载，其中的"稠"亦指本症。"经质粘稠"与"经血挟块"不同，"经血挟块"是指经血中混有凝结的血块而言。

【鉴别】

常见证候

心肝火旺经质粘稠：月经先期量多，甚或血崩，质浓稠如膏，经色鲜红，或紫红，或紫黑，并见面红目赤，心烦急躁，失眠多梦，口苦而渴，胸胁胀痛，或见经行发热，吐血，衄血，舌红苔黄，脉弦数。

湿热蕴结经质粘稠：月经先期量多，稠浊臭秽，色黯红，或经带杂下，并见面黄而垢，头胀且重，脘腹痞胀，大便粘腻，带下增多，色黄臭秽，外阴瘙痒，舌苔黄腻，脉弦滑数。

痰湿下注经质粘稠：经期延后量少，稠而色淡，平时痰多，口淡乏味，头眩呕恶，带下浓稠，苔白腻，脉弦滑。

瘀热内结经质粘稠：月经提前量多，色紫红而黯，粘稠有块，行经时小腹疼痛，拒按，或经行发热，烦躁口干，舌黯红，脉弦数而涩。

鉴别分析

心肝火旺经质粘稠与瘀热内结经质粘稠：二者均属热证，但病因及病机各不相同。心肝火旺经质粘稠多发生在阳盛之体，或素嗜辛辣厚味，热伏冲任；或因劳心过度，心阴暗耗，心阳独亢；或因情欲不遂，气郁化火；或因纵欲过度，耗伤肾阴，水火不济，致君相二火鸱张，血为热灼所致。证见月经提前，紫红而多，甚则漏下淋漓、或暴下如注，吐血，衄血，面红目赤，心烦易怒，失眠多梦，舌红，脉弦数等内火亢盛的表现。瘀热内结经质粘稠的主要成因为情志所伤，肝郁不舒，血随气滞，瘀久化热；或适值经行感受外邪，外邪乘虚入里化热，搏结冲任所致。虽亦见月经提前，量多而稠，但必见色紫黑不鲜，瘀块较多，小腹痛而拒按，舌黯红有瘀斑，可与前者区别。心肝火旺治以清热凉血为主，方用三黄四物汤或丹栀逍遥散加减；瘀热内结治以泻热逐瘀为主，用桃核承气汤化裁。

湿热蕴结经质粘稠与痰湿下注经质粘稠：二者在病因上虽有一定的联系，但在病机和临床表现上有本质区别。前者多因饮食伤脾胃，健运失职，湿蕴化热；或素嗜肥甘厚味，湿热内盛；或思虑过度，情怀不畅，肝郁脾弱，郁久化火；或经期、产后不禁房事，导致湿热蕴结胞宫，与气血相搏而发病。表现为月经先期，粘稠量多，色黯红，带下秽臭，苔黄腻，脉弦滑数。后者多因饮食劳倦，居处卑湿或冒受雨淋所致。病机重点在脾虚湿聚，痰湿阻滞。故表现为月经后错，涩少不畅，经色浅淡，带下色白气腥，苔白腻，脉弦滑。湿热蕴结治宜清利湿热为主，用龙胆泻肝汤；痰湿阻滞治当化湿祛痰，仿丹溪芎归二陈汤化裁。

经质粘稠一症，临床上热证、实证居多。辨证的关键在于观察月经的颜色，一般来说，稠而色红，或紫，或黑，属热，属实；稠而色淡，属寒，属虚。但虚实夹杂者亦不少，临证须结合脉症综合分析，才能作出正确的诊断。

【文献别录】

《医宗金鉴·妇科心法要诀·调经门》："凡血为热所化，则必稠粘臭秽；为寒所化，则必清澈臭腥。若是内溃，则所下之物杂见五色，似乎脓血。若更有脏腐败气，且时下不止而多者，是危证也，其命必倾也。"

（申曼莉）

288. 经 质 清 稀

【概念】

经质清稀，系指经血质地稀薄而言。《医宗金鉴·妇科心法要诀》中有经水"清澈"、"形清"之称。

【鉴别】

常见证候

血虚经质清稀：经色淡红而稀，经行后错，量少，或点滴即净，经后小腹绵绵作痛，面色㿠白，头晕目昏，心悸少寐，唇舌淡白，脉沉细弱。

气虚经质清稀：经质清稀而色淡，经期提前量多，或崩，或漏，少腹空坠，精神不振，气短懒言，自汗怯冷，舌质淡胖，脉沉弱或虚大无力。

寒湿凝滞经质清稀：经质稀薄而量涩少，经期后延，色紫黑不鲜，或如黑豆汁样，间夹瘀块，行经时小腹冷痛，得温则减，白带甚多，腰痠体重，或胸痞脘胀，大便溏薄，苔白腻，脉沉紧。

肝肾阴亏经质清稀：月经质稀而色鲜红，经来错后量少，或提前量多，或日久淋漓不断，面颊潮红，心悸失眠，眩晕耳鸣，腰膝痠软，舌质嫩红，脉细数无力。

脾肾阳虚经质清稀：月经逾期而至，经色淡黯或淡白似水，量少或多，经期唇青面白，手足厥冷，小腹冷痛，喜温喜按，平素面色苍白，四肢不温，腰膝冷痛，带下量多，大便溏薄，小便频数，舌质淡胖而嫩，脉沉迟弱。

鉴别分析

血虚经质清稀与气虚经质清稀：二者均为虚证，但病因病机各异。血虚经质清稀多因长期慢性失血（如月经过多，崩漏，吐血，便血等），及堕胎，小产，产后大出血耗伤阴血；或饮食素少，水谷精微不足，血的来源匮乏，致使冲任血虚，故见经色淡红而量少，质清稀，兼见心悸少寐，头晕目昏等血虚之候；气虚经质清稀除因素体脾胃馁弱，生化之源不足外，还可因劳役过度或久病耗伤正气，导致气虚不能化汁为赤；气不摄血而血妄行，故见月经浅淡而稀，经行先期量多，或逾期不止，或淋漓不断，兼见倦怠气短，自汗怯冷之气虚之征。临证必须分清主次，血虚者以养血为主，佐以益气，方用四物汤加黄芪、香附之类；气虚者宜益气调经为主，佐以养血，方用四君子汤加当归、白芍，或用补中益气汤。

寒湿凝滞经质清稀：是由久居阴湿之地；或经期冒雨涉水感受寒湿，寒湿搏结冲任，客于胞宫，凝滞经血而致的寒实证。特点是经质稀薄而色不鲜，或如黑豆汁，间夹瘀块，小腹冷痛拒按，治当温经活血，温化寒湿，方选温经汤加茯苓、干姜。

肝肾阴虚经质清稀与脾肾阳虚经质清稀：二者同为虚证，但一为阴虚，一为阳衰，一寒一热，迥然不同。前者系因禀赋阴虚，或久患热病，或房劳过度，耗伤精血，精血不充，血海空虚，出现经质清稀，色鲜红而量少。若阴虚火旺迫血妄行，可见月经提前或量多，同时见颧红口干，五心烦热，眩晕耳鸣，舌红脉数等证。而后者多因素体阳虚，或恣食生冷，或误服寒凉攻下之剂，戕伐脾胃之阳，或久泻久痢，损伤脾肾之阳，阳失温煦，血海空虚，故见经色黯淡或淡白如水，兼见面色苍白，形寒肢冷，小腹冷痛喜温喜按，舌淡脉沉弱。治疗上，前者宜滋补肝肾，方选左归饮为主；后者则温补肾阳，补火生土，方用右归饮。

总之，经质清稀一症，属虚寒者多。一般来说，稀而色红属虚热，稀而色淡属虚寒。但临证不可拘泥，应脉症合参，全面分析。

【文献别录】

《医宗金鉴·妇科心法要诀·调经门》："经水过多，清稀浅红，乃气虚不能摄血也。……若形清腥秽，乃湿瘀虚寒所化也。"

"色浅淡而清，则为不足之热也。"

（申曼莉　华　苓）

289. 经 血 夹 块

【概念】

经血夹块，是指月经中混有凝结的血块而言。历代医著对"经血夹块"一症的论述散见于"月经不调"之中，统归在"瘀血"症。应注意与"经质粘稠"及"妊娠堕胎"相鉴别。"妊娠堕胎"及"经血夹块"均可见经血中夹有凝血块，但前者必见妊娠试验"阳性"，如在临证中生育期妇女见阴道出血量多，有血块，或停经腹痛者，应除外与妊娠有关的疾病。若经血中偶有少量的瘀块，并无其他不适之感，不属病态。

【鉴别】

常见证候

气滞血瘀经血夹块：经量少而不畅，夹有血块紫黑或如烂肉，血块排出后疼痛减轻，经期不调，经前或经期少腹胀痛而拒按，面色晦黯，甚则青紫，肌肤甲错。平素精神抑郁，胸胁、乳房作胀，不思饮食，舌暗淡，脉弦涩。

寒凝血瘀经血夹块：经行量少，色黯红或黯黑，经质清稀，夹有血块色紫黯，经前或经期小腹绞痛而冷，得温可减，经期多后延。若面色苍白，畏寒肢冷，白带清稀，脉沉紧者，为寒实证；若月经量少而淡，腹痛喜温喜按，脉沉迟无力者，为虚寒证。

气虚经血夹块：月经量多，或崩或漏，淋漓不止，色淡红而清稀，间夹少量小血块色浅淡，小腹时感空坠，经后小腹绵绵作痛，或只胀不痛，经期错乱。平时面色㿠白，少气懒言，时有自汗，饮食减少，舌淡嫩，脉沉微或细弱。

血热经血夹块：经来量多，色紫红，质粘稠而有血块色紫黑而明亮，面红唇干，心烦口渴，急躁易怒，舌苔薄黄，脉滑数有力，此为虚热证；若经量少而红，质稀夹块，两颧红赤，手心灼热，或潮热盗汗，舌质或嫩红少津，或光红无苔，脉细数无力，为虚热证。

鉴别分析

气滞血瘀经血夹块与寒凝血瘀经血夹块：《寿世保元·血气论》说："盖气者，血之帅也，气行则血行，气止则血止；气温则血滑，气寒则血凝；气有一息之不运，血有一息之不行。"《医林改错》又有"血受寒则凝结成块"之说。说明"瘀"的形成与气滞和寒凝的关系最为密切。因此，气滞血瘀经血夹块和寒凝血瘀经血夹块二者虽然病因、病机不同，但具有一定的内在联系。若患怒伤肝，气郁不达，血不能随气以行，则滞而为瘀。若素体阳虚，经行或产后恶血未尽之时，外感寒凉，内伤饮冷，寒邪搏于冲任，皆可致血随寒凝，结成瘀块。前者是血为气滞，后者血为寒凝。故临床上前者以肝郁气滞，瘀血内停的表现为主，如精神抑郁，胸乳发胀，食欲不振，面色晦滞，唇舌发青，或有瘀斑，脉涩。其月经特点是：经血中瘀块较多，块大如烂肉样，经水迟至，色紫黑，腹痛较重而拒按，血块排出后痛势略减。寒凝血瘀经血夹块的特点除了经行后错，量少不畅外，还表现为经色黯红而清稀，瘀块晦黯无泽。兼见腹部绞痛或冷痛，喜暖怕冷，手足欠温等阴寒内盛、阳气不能温煦之症；若阳虚不能化气生血、行血及温煦胞宫，则可见经色浅淡，腹痛喜暖喜按，脉沉迟无力等症。气滞血瘀者，当行气解郁，活血化瘀，用桃红四物汤加香附、郁金、乌药、木香。寒凝血瘀者，以温经散寒，活血调经为主。寒实证用少腹逐瘀汤主之；虚寒者，温经汤化裁。

　　气虚经血夹块与血热经血夹块：二者的病因、病机截然不同。前者因劳倦过度，或大病、久病耗伤正气，气虚无力运血，血行滞涩，瘀而成块。临床特点为：经色淡红量多，或淋漓不止，内夹少量小血块，小腹空痛，或经后小腹隐痛不舒。血热经血夹块或外感热邪，或素食辛辣食物，或过服暖宫之药，或七情过极，五志化火，导致热伏血海，血受热灼，流行不畅而致瘀。血分热盛则见经色紫红而量多，经质粘稠而夹块，瘀块鲜明，唇红口干，面赤心烦，急躁多怒等；阴虚内热者，见经量少而质稀夹块，颧红盗汗，五心烦热等。气虚者宜益气活血调经，圣愈汤加香附；血热者宜清热凉血调经，四物汤加黄芩、黄连、香附；阴虚有热者宜养阴清热，宜一阴煎化裁。

　　经血夹块一症，属"血瘀"范畴。临床上以气滞血瘀、寒凝血滞、血热兼瘀比较多见，气虚成块者较少。辨证的关键，首先要分清瘀块的色泽是鲜明还是晦黯。其次，须从月经的色、量、质及兼症方面进行综合分析，唯此才能辨别其寒热虚实的属性。

　　【文献别录】

　　《女科经纶·月经门》引朱丹溪曰："经水者，阴血也。阴必从阳，故其色红，禀火色，血为其配，气热则热，气寒则寒，气滞则滞，为气之配，因气而行，见有成块者，气之凝也……今人见紫黑成块作痛，率指为风冷乘之，用温热剂，祸不旋踵。"

（申曼莉　华　苓）

290. 月 经 提 前

　　【概念】

　　月经提前，是指月经周期提前七天以上，甚至一月两次而言。每次只提前三、五天，或偶尔提前一次，下次仍按期而至，并无其它明显症状，均不作"月经提前"论。在中医文献中尚有称为"经早""月经前期""经水先期"的。本症最早见于《金匮要略·妇人杂病脉证并治》中，即有"经水一月再见"的记载。但明代以前，本症均未作独立的论述，与月经后期、经期延长、月经量少等合称"月经不调"。至明代《万氏女科》始逐一论述。

　　本症以周期提前为特点，若合并月经量多或经期延长，应注意与"崩漏"鉴别。若周期提前十多天一行，应注意与"经间期出血"鉴别。

　　【鉴别】

常见证候

血热月经提前：月经提前，量多，色鲜红，或紫红，质粘稠，或有臭秽之气，面红唇赤，心烦口干，喜冷怕热，便秘溲赤，舌质红，苔黄，脉数或滑数。

阴虚血热月经提前：月经提前量少，色红无块，质稠，两颧潮红，手足心热，心烦不寐，咽干口燥，舌红少苔，脉细数。

肝郁化热月经提前：月经提前，量或多或少，经色深红或紫红，质稠，排出不畅，或有血块，兼有行经时乳房、胸胁、小腹胀痛，或精神抑郁，心烦易怒，口苦咽干，舌红苔薄黄，脉弦数。

脾气虚弱月经提前：月经提前，经量或多或少，色淡质清稀，面色萎黄或㿠白，神疲乏力，或倦怠嗜卧，气短懒言，小腹空痛，或纳少便溏，脘闷腹胀，舌淡苔薄白，脉细弱。

肾气不固月经提前：月经提前，量或多或少，色暗淡，质清稀，伴精神不振，腰膝痠软，夜尿频，舌黯淡苔白润，脉沉细。

瘀血阻滞月经提前：月经提前，量少或淋漓不畅，色黯有块，小腹满痛拒按，血块排出后疼痛减轻，舌质黯红或有瘀斑，脉沉涩或弦涩。

鉴别分析

血热月经提前、阴虚血热月经提前与肝郁化热月经提前：其病因病机主要是热邪扰动血海，迫血妄行所致，但引起热邪的原因各异又有虚实不同。有因素体阳盛，或嗜食辛辣，或过服辛热助阳之品，或常在高温环境工作，以致热扰血海，冲任不固，经血妄行；有因素体阴虚，或久病失养，或多产房劳损伤阴血，阴液亏虚，虚热内生，热扰血海；有因情志不畅，肝郁化火，木火妄动，疏泄过度，扰及冲任，冲任不固，血遂妄行者。其证候特点为：血热月经提前，出血量多，色深红，质粘稠，便秘溲赤，舌质红，脉滑数，为里热证，治宜清热凉血，方用清经散；阴虚血热月经提前，量少色红，心烦不寐，手足心热，舌干红少苔，脉细数，为里热虚证，治宜滋阴清热，方用两地汤；肝郁化热月经提前，月经特点与血热证颇似，但本证必见乳房、胸胁、小腹胀痛，口苦咽干，脉弦数等症状，治宜疏肝解郁，清热凉血，方用丹栀逍遥散。

脾气虚弱月经提前与肾气不固月经提前：二者均为虚证，但一责之于先天，一责之于后天。脾气虚弱月经提前多因体质素虚，或饮食失节，或劳倦过度，或思虑过度，损伤脾气，中气虚弱，不能摄血归源，致冲任不固，经血妄溢，常见于生育期妇女。临床特点为：月经量多色淡，质稀，兼见面色萎黄，小腹空痛，神疲乏力，纳少便溏，舌淡，脉细弱。治宜补脾益气，摄血固冲，方用补中益气汤。肾气不固月经提前多见于青年肾气未充，或绝经前肾气渐衰，或多次流产损伤肾气，使肾气不固，扃闭失司，冲任不固，经血妄溢，常见于青春期，或绝经期妇女。临床上，月经特点与脾气虚弱证相似，但兼症各异，见腰膝痠软，小便清长，舌黯淡，脉沉细，治宜补肾固冲，方选归肾丸加减。

瘀血停滞月经提前：多由经期、产后，余血未尽，或因六淫所伤，或因七情过极，邪与瘀血相结，瘀滞冲任，瘀血停滞，新血不安而妄行，主要表现为经色紫黯有块，小腹胀痛拒按，舌黯，脉涩，而无乳胀胁痛等肝郁气滞的表现，可与之鉴别，治宜活血化瘀，调经固冲，方用桃红四物汤加减。

【文献别录】

《傅青主女科·调经》："夫同是先期之来，何以分虚实之异？……，先期者火气之冲，多寡者水气之验，故先期而来多者，火热而水有余也；先期而来少者，火热而水不足也。倘一见先期之来，俱以为有余之热，但泄火而不补水，或水火两泄之，有不更增其病者乎。"

《景岳全书·妇人规》："凡血热者，多有先期而至，然必察其阴气之虚实。若形色多赤，或紫而浓，或去多，其脉洪滑，其脏气饮食喜冷畏热，皆火之类也。""先期而至，虽曰有火，若虚而挟火，则所重在虚，当以养营安血为主。矧亦有无火而先期者，则或补中气，或固命门，皆不宜过用寒凉也。"

《医学心悟·月经不调》："方书以赶前为热，退后为寒，其理近似，然亦不可尽拘也。假如脏腑空虚，经水淋漓不断，频频数见，岂可便断为热？又如内热血枯，经脉迟滞不来，岂可便断为寒？必须察其兼证，如果脉数内热，唇焦口燥，畏热喜冷，斯为有热；如果脉迟腹冷，唇淡，口和，喜热，畏寒，斯为有寒。阳脏、阴脏，于斯而别。"

（许润三　华　苓）

291.月 经 后 错

【概念】

月经后错，是指月经周期后延七天以上，甚至四、五十天一行而言。如每次只延长三、五天，或偶然后延一次，下次仍如期而来，又无其它所苦，均不作"后错"论。在中医文献中有称为"经迟"、"月经落后"、"经水后期"及"经行后期"的。本症最早见于《金匮要略·妇人杂病脉证并治》中"温经汤"方下，即有"至期不来"的记载。其后《备急千金要方》、《圣济总录》、《丹溪心法》等对其病因、病机、及治法和方药均有论述。

本症应与妊娠之"停经"及"胎漏"等鉴别，配合必要的现代检测手段加以鉴别。

【鉴别】

常见证候

冲任血虚月经后错：月经后错，量少，色淡红，伴面色苍白，头晕心慌，舌质淡，脉细弱。

冲任虚寒月经后错：月经延后，量少，质稀，经色黯黑，或混有小血块，腹痛喜按，得热痛减，畏寒肢冷，面色晦黯，舌淡润，脉沉迟无力。

阴虚月经后错：月经后错，量少，经色深红或黯红，质粘稠，或有小血块，兼潮热颧红，盗汗骨蒸，或五心烦热，或头晕耳鸣，或咽干口燥，或心烦失眠，舌光红无苔或少苔，脉细数。

冲任寒凝月经后错：月经后延，血量涩少，经色紫黯夹块，小腹冷痛拒按，得热则缓，面色青黯，形体壮实，舌紫黯，脉沉紧或沉迟有力。

肝郁气结月经后错：月经后错，经色紫红夹块，小腹胀痛，胸胁乳房作胀，舌黯淡，脉弦或涩。

痰湿阻滞月经后错：经期退后，色淡而粘，体质肥胖，胸闷倦怠，纳少痰多，心悸气短，平时白带量多，舌淡苔腻，脉濡细。

鉴别分析

冲任血虚月经后错、冲任虚寒月经后错与阴虚月经后错：皆为虚证但虚的程度不同，病因病机各有差异。血虚者，多因久病体虚，或长期慢性失血，或产孕过多，耗伤精血，或脾胃虚弱，生化之源不足，营血亏少，冲任血虚，血海到期不能盈满而溢，经水因而后至；虚寒者多因素体阳虚，或因生育及其它慢性疾病，导致肾阳亏弱，冲任虚寒，故月经周期延期；阴虚者多因素体阴虚，或久病伤阴，或情志过极，或房室不节，阴津暗耗，水亏血少，冲任不充，而月经后错。血虚者病变多在肝脾，虚寒及阴虚者病变多在肝肾，但一寒一热，有本质的不同。其症状特点为：冲任血虚月经后错，量少，色淡，舌质淡，脉细弱，治宜补血益气，方用党参补血汤。冲任虚寒月经后错，虽月经量少，舌质淡润，类似血虚月经后错，但它兼有血质清稀，经色黯黑，腹痛绵绵，畏寒肢冷，面色晦黯，脉象沉迟无力等阳虚内寒见症，可与之鉴别。治宜补阳散寒，方用仙桂散。阴虚月经后错，虽然也有月经量少，色黯有血块等症状，似虚寒者，但因热致病，故必见潮热颧红，五心烦热，咽干口燥，舌红少苔，脉细数等阴虚内热的兼症，治宜滋肾养阴，方用加减一阴煎。

冲任寒凝月经后错、肝气郁结月经后错与痰湿阻滞月经后错：均为实证。冲任寒凝月经后错，或因经期贪食生冷，或淋雨、涉水，或坐卧湿地，寒凉客于冲任，气血运行不畅，因此月经后错不行。其临床表现为：小腹疼痛拒按，经血挟有血块，血块排出后疼痛减轻，与虚寒证之腹痛喜按不同。治宜温经行滞，方用温经汤：肝气郁结月经后错，多因情志郁结，气滞血凝所致，故表现为：月经后错，经色紫红有块，少腹胀痛，胸乳作胀，其腹痛不拒按，可与寒凝证鉴别，治宜开郁行气，活血化瘀，方用理气温经汤；痰湿阻滞月经后错，则或因脾虚不运，或因过食肥甘，或因素体肥胖，聚湿生痰，痰湿阻滞，冲任气血运行受阻而月经后错，症见：月经色淡质粘，形体肥胖，胸闷纳差，白带量多，治宜燥湿化痰，活血调经，方用六君子加归芎汤。

【文献别录】

《景岳全书·妇人规》："凡血寒者，经必后期而至。然血何以寒？亦惟阳气不足，则寒从中生而生化失期，是即所谓寒也。""凡阳气不足，血寒经迟者，色多不鲜，或色见沉黑，或涩滞而少；其脉或微或细，或沉迟弦涩；其脏气形气必恶寒喜暖。凡此者皆无火之证。"

"血热者，经期常早，此营血流利及未甚亏者多有之，其有阴火内烁，血本热而亦每过期者，此水亏血少，燥涩而然，治宜清火滋阴，以加味四物汤、加减一阴煎、滋阴八味丸之类主之。"

《圣济总录·妇人血气门》："凡月水不利，有因风冷伤于经络，血气得冷则涩而不利者；有因心气抑滞，血气郁结，不能宣流者，二者当审定而疗之。"

《丹溪心法·经病》："经水过期紫黑有块，亦血热也，必作痛，四物加香附、黄连。"

（许润三　华　苓）

292. 经行先后无定期

【概念】

经行先后无定期，指月经不按周期来潮，时或提前时或错后，在七天以上，没有一定规律。又称"经乱"。如仅提前或错后三、五天，不作本症论。在中医文献中又有"经水先后无定期"、"经行先后无定期"等称谓。最早见于《圣济总录·妇人血气门》称为"经水不定"。此后，《景岳全书》、《傅青主女科》等对此均有详细的论述。如伴经期延长，月经量多，应与"崩漏"相鉴别。

【鉴别】

常见证候

肝郁肾虚经行先后无定期：经期有时赶前，有时错后，血量或多或少，经前或月经刚来时乳房胀痛，或小腹胀痛，连及两胁，腰部酸胀，脉沉弱兼弦。

心脾虚弱经行先后无定期：经期先后无定，量少色淡，头晕心悸，神疲乏力，大便易溏，舌淡苔薄，脉虚细。

鉴别分析

肝郁肾虚经行先后无定期：由于肝郁肾虚，疏泄闭藏失职，导致冲任气血功能紊乱，而发本症。证见乳胀，胁胀，腹胀，腰酸等症，但经期应在正常范围，其月经量即使时有增多，但亦不至于大下如崩，此是与"血崩"的主要鉴别点。治宜疏肝补肾，方用定经汤，或益肾调肝汤。

心脾虚弱经行先后无定期：由于心脾两虚，气血不足，冲任失盈，故经来愆期，先后无定。鉴别要点在于经量少而色淡，无胀痛，兼见头晕神疲，纳少便溏，治宜补益心脾，方用归脾汤。

【文献别录】

《景岳全书·妇人规》："凡欲念不遂，沉思积郁，心脾气结，致伤冲任之源，而肾气日消，轻则或早或迟，重则渐成枯闭，此宜兼治心脾肾。"

《傅青主女科·调经》："妇人有经来断续，或前或后无定期，人以为气血之虚也，谁知是肝气之郁结乎！夫经水出诸肾，而肝为肾之子，肝郁则肾亦郁矣。肾郁而气必不宣，前后之或断或续，正肾气之或通或闭耳。或曰肝气郁而肾气不应，未必至于此。殊不知子母关切，子病而母必有顾复之情，肝郁而肾不无缱绻之谊。肝气之或开或闭，即肾气之或去或留，相因而致，又何疑焉。治法宜舒肝，即开肾之郁也。肝肾之郁既开，而经水自有一定之来期矣。方用定经汤。"

（许润三　华　苓）

293. 月 经 过 多

【概念】

月经过多，指月经量较正常增多，而周期基本正常。又称"经水过多"。本症最早见于《金匮要略·妇人杂病脉证并治》在"温经汤"下，提出："兼取崩中去血，或月水来过多，及至期不来。"《丹溪心法》、《证治准绳》、《傅青主女科》、《医宗金鉴》等均有详细的论述。

本症的突出特点是"量多"，与临床上说的"崩"症概念不同，后者是在非经期内的阴道大出血，而前者的月经周期正常，经量虽多，但不若"崩"症来势凶猛。然"月经过多"迁延不愈，也可逐渐发展为"崩"。

【鉴别】

常见证候

肝肾阴虚月经过多：月经量多，或伴周期提前，经色鲜红，质较稀，形体消瘦，面颊时有烘热，五心烦热，眩晕耳鸣，潮热盗汗，腰膝痿软，两目干涩，大便偏干，舌嫩红少苔，脉细数。

肝火偏亢月经过多：经量过多，或提前，或经期延长，经色鲜红或紫黑，质浓稠有瘀块，面赤心烦，急躁易怒，胸闷乳胀，头晕头痛，夜寐多梦，口苦口干，大便干结，小便短赤，舌红苔黄，脉弦数。

脾气虚弱月经过多：月经量多，或先期，或经期延长，经色淡红而清稀，小腹空坠，或经后少腹疼痛，且喜揉按，面色㿠白，体倦神疲，气短懒言，自汗恶风，食少便溏，甚则泄泻，面浮肢肿，平时白带较多，舌胖淡，边有齿痕，脉沉弱。

冲任虚寒月经过多：月经量多，色黯淡而清稀，或如黑豆汁，或夹有瘀块，或引起错后，或逾期不止，经期少腹冷痛，喜温喜按，平时精神委顿，面色苍白或晦黯，四肢欠温，腰膝痿冷，带下清稀，便溏，尿频，舌淡黯，脉沉迟而弱。

湿热下注月经过多：月经量多，经行提前，色深红或紫黑，有臭气，质浓稠而间杂带浊，外阴瘙痒，行经前后带下增多，或黄或赤，或呈黄绿色，稠浊而臭秽，并见面垢身重，胸脘痞闷，食少腹胀，大便垢腻，小便短赤，舌红苔黄腻，脉滑数。

瘀血阻滞月经过多：经行量多，色紫黑，有血块，或小腹疼痛拒按，血块排出后疼痛减轻，舌紫黯，或有瘀斑，脉细涩。

鉴别分析

肝肾阴虚月经过多与肝火偏亢月经过多：二者皆为热迫血行，肝不藏血而致，然虚实迥异。前者为虚，后者为实。肝肾阴虚月经过多，是由素体阴虚阳旺，或产育过多，或纵欲过度，或久病失养，引起肝肾虚损，精亏血耗，水不济火，迫血妄行，此属虚热，重在阴亏。肝火偏亢月经过多，系情志不遂，肝郁化火，或暴怒伤肝，肝火偏亢，迫血妄行，此属实热证，重在肝火。因此，肝肾阴虚月经过多表现为：颧红潮热，盗汗失眠，五心烦热，舌嫩红，脉细数等阴虚火旺之象。其特点为，月经先期量多，色红质清稀，腹痛不明显；而肝火偏亢月经过多的临床特点为：经色紫黑或鲜红，经质粘稠，间夹瘀块，伴经行乳胀，少腹胀痛，急躁易怒，头晕头痛，心烦口苦，脉弦数等症状。治疗上，肝肾阴虚者，以滋补肝肾，凉血固经为主，用六味地黄汤加枸杞子、旱莲草，或用两地汤化裁；肝火偏亢者，以清热凉血，舒肝解郁为主，方用丹栀逍遥散加减。

脾虚气弱月经过多与冲任虚寒月经过多：二者皆属虚证，前者重在脾虚、气虚；后者重在肾虚、阳虚。脾虚月经过多，由素体中气不足，或饮食失调，或忧思伤脾，劳力伤气，使脾虚失摄，冲任不固，血不归经所致。临床特点为：月经提前量多色淡，小腹空坠，脉细弱，或细数无力。平时带下量多，稀薄。冲任虚寒月经过多，因早婚早育，或多产房劳，或因经期过食生冷，冒雨涉水，寒邪搏于冲任，或素禀阳虚，胞宫虚寒，冲任失固而致。临床特点为：经色清稀淡黯，中夹瘀块，少腹冷痛喜按。并见面色苍白，形寒肢冷，带下清稀，大便溏稀，夜尿频数，舌淡黯，脉沉迟等阳虚症状。脾虚气弱者，治宜补益中气，升提固摄，用补中益气汤、归脾汤、或举元煎化裁。冲任虚寒者，治宜温经散寒，养血固冲，用温经汤加减。

湿热下注月经过多：湿热的产生不外两途，一是直接感受外界湿毒引起，二是脏腑的功能失调湿从内生。一般多由饮食劳倦伤脾，中运不健，湿浊内聚，蕴而化热；或恣食肥甘厚味，湿热内蕴；或忧思恼怒，伤及肝脾，郁火内炽，运化失司，湿热互结；或经期、产后不禁房事，秽浊湿毒乘虚内侵，以致湿热蕴蒸，冲任受灼，迫血妄行，而见本证。临床有湿偏重和热偏重之分。鉴别点是：湿偏重的经色红夹有粘液，带下或白或微黄，胸脘痞闷，身重面浮，苔白腻或薄黄腻，脉濡滑；热偏重者，经色紫黑，浓稠而臭秽难闻，带下黄稠或黄绿色，口苦而咽干，小便短赤，大便垢腻，苔黄腻，脉滑数。与肝火偏亢者月经过多的鉴别在本证为经带混杂，其气臭秽，阴部瘙痒难忍，等湿热浸淫下焦特有的证候，治疗应以清利湿热为主，可用龙胆泻肝汤化裁。

瘀血阻滞月经过多：多因素多忧郁，或经产之时，感受外邪，壅遏经脉，气滞血瘀，冲任阻滞，血不归经所致。临床特点是：月经量多，色紫黯有血块，腹痛拒按，血块排出后疼痛减轻，舌紫黯，脉细涩。治宜活血化瘀，安冲止血，方用失笑散加减。

月经过多一症，以肝肾阴虚、脾气虚弱、冲任虚寒所致者多见，而肝火偏亢、湿热下注、瘀血阻滞较少见。辨证时必须把月经的特点、舌脉及兼症有机的结合起来，才能做到辨证无误。此外，本症的治疗不可过早使用收涩止血剂，以防留邪养患。

【文献别录】

《丹溪心法·妇人》："痰多占住血海地位，因而下多者，目必渐昏。肥人如此，用南星、苍术、川芎、香附，作丸子服之。"

《傅青主女科·调经》："妇人有经水过多，行后复行，面色萎黄，身体倦怠，而困乏愈甚者，人以为血热有余之故，谁知是血虚而不归经乎！……血不归经，虽衰而经亦不少，……惟经多是血之虚，故再行而不胜其困乏，血损精散，骨中髓空，所以不能色华于面也。治法宜大补血而引之归经。"

（申曼莉　华　苓）

294．月经过少

【概念】

月经过少，是指经血排出量明显减少，甚至点滴即净；或行经时间过短，不足两天，经量也因而减少。本症最早见于《金匮要略》称"经水不利"；《诸病源候论》称"月候不利"；《丹溪心法》、《证治准绳》皆谓"经水涩少"；《妇人良方》和《女科经纶》又有"月水不利"之称。月经正常的妇女，偶有一次经量减少，不能诊断为"月经过少"。如初潮即现月经过少，应考虑是否"子宫发育不良"。生育期妇女平素月经正常，突然出现经量减少，应除外妊娠。更年期妇女若出现经量渐次减少，是"绝经"的征兆，亦不可作"月经过少"论。

【鉴别】

常见证候

血虚月经过少：经血量少，甚至点滴即止，血色淡红质稀无块，或淡如黄水，经期延后，经后少腹绵绵作痛，喜得揉按，面色苍白，头晕眼花，心悸耳鸣，健忘少寐，唇甲色淡，皮肤干燥，舌质淡，脉沉细无力。若内生虚热，则见颧红，潮热盗汗，五心烦热，舌红，脉细数。

脾胃虚弱月经过少：经行量少或点滴而下，经色淡红质稀，经期错后，面色萎黄，气短自汗，声音低怯，口淡无味，食少便溏，或略现浮肿，带下清稀量多，唇舌淡白，脉濡弱。

血瘀月经过少：经来涩少，经色紫黯，质粘稠夹块，少腹刺痛拒按，经期错后，面色晦滞，肌腹甲错，经前乳房作胀，舌质紫黯，或有瘀斑，脉沉涩。

肾气虚月经过少：月经量少，色淡红或黯红，质稀薄，经后少腹疼痛，周期不准，面色不荣，眩晕耳鸣，腰痠肢软，小便频数，或夜尿频多，或性欲淡漠，舌淡红，脉沉细无力。

寒客胞宫月经过少：经来涩少，或一见即无，色淡红或黯黑，质稀薄，或夹瘀块，少腹冷痛，得温则舒，经期后延，四肢清冷，带下清稀量多，舌淡黯，苔白，脉沉紧。

痰湿阻滞月经过少：经行后期量少，色淡稠粘，或混有粘液，体形肥胖，头眩而重，四肢痠困，胸闷脘痞，时欲呕恶，口中淡腻，食欲欠佳，大便溏薄，白带多而稠浊腥秽，苔白腻，脉弦滑。

鉴别分析

血虚月经过少与肾气虚月经过少：二者都是虚证，但病因、病机及临床表现各异。血虚月经过少多由长期慢性失血，或孕育过多，或脾胃素弱，不能奉心化赤为血，致使冲任血海不满，无余可下，则经来量少，甚或点滴即无。其临床表现呈血虚不荣之象，如面色苍白，头晕眼花，心悸耳鸣，唇舌爪甲淡白，经色淡黄而稀等。治以养血为主，可用四物加葵花汤；若虚热内扰，则见心烦潮热，颧红盗汗等，可用地骨皮饮养血清热。肾气虚月经过少的产生，是由先天禀赋不足，或多产多孕，或房事不节，精血亏耗，血海不得满盈而致。肾水不足则经血少，命火不足则经色浅淡而稀，并见眩晕耳鸣，腰膝痠软，小便频数，性欲低下等。由于精血二者是相互滋生的，故肾虚和血虚也可互为因果。肾虚不得化精则血愈少；血虚不能充养肾精则肾更虚。因此在治疗上，益肾更宜顾及养血，治当补肾养血调经，可用当归地黄饮加减。

脾胃虚弱月经过少与痰湿阻滞月经过少：二者一虚一实，但在病机上密切相关。脾胃为后天之本，气血生化之源。《女科经纶·月经门》说："妇人经血，由于饮食五味，水谷之精气所化。"若因饮食不节，或思虑劳倦过度，损伤脾胃，或因误服攻伐之药伤其中气，均可导致气血生化不足，血海不得充盈，犹如水之无源，故经来涩少，甚或点滴即止，面色不华，唇舌淡白，倦怠少气，经色淡红质稀等，皆气血不足之征。脾气不健，则口淡无味，食少便溏，带下稀白。治以益气健脾和胃，方选参苓白术散加当归、川芎。痰湿阻滞月经过少的成因也与脾胃有关，脾气虚弱，运化失司，湿聚生痰，痰湿下注冲任，壅塞胞宫，阻滞经脉，故见月经滞下量少之症。且本证多见于体形肥胖，痰浊素盛的女性。其临床特点是：经来后期，色淡而浓稠，并常见有粘液夹杂其间，平时白带多而稠浊，此与脾胃虚弱经少之月经色淡质清，白带稀薄等有明显的区别。兼症则以头眩而重，胸闷恶心，口中淡腻，舌苔白腻等较为突出。治当以健脾化湿祛痰为主，方用苍附导痰汤或芎归二陈汤加减。

血瘀月经过少与寒客胞宫月经过少：血瘀月经过少的形成一由情志忧患，肝气抑郁，气机不利，血为气滞，冲任受阻而成；一由经期或产后余血未净，外受寒凉，或内伤生冷，血为寒凝；或误服寒凉收涩之剂，余血内留，壅阻胞脉，冲任受阻而成。其临床主要特点是：经前少腹憋胀而痛，有欲行而不行之感，经来后痛势稍缓，但量少淋漓不畅，夹有较多的紫黑血块，少腹疼痛拒按，面色晦黯，舌质紫黯或有瘀斑，脉沉涩等。寒客胞宫月经过少是由过食生冷或冷水洗浴，或冒雨涉水，或过服苦寒药物，致寒邪客于胞宫，血为寒凝，胞脉阻滞所致，为寒实证。其特点为：少腹冷痛，得温则减，经血中混有少量血块，且经质稀薄，舌质淡黯。此外，患者平时喜暖畏寒，带下清稀，脉沉紧等均可与血瘀月经过少相鉴别。前者重在"瘀"，后者重在"寒"。血瘀者，治宜活血化瘀，行气调经，牛膝散主之；寒客胞宫者，治宜温经散寒，活血调经，方选温经汤化裁。

月经过少的发生，不外虚实两端。虚者来源不足，血海空虚，无余可下；实者胞脉不利，血海受阻，经行不畅。故治疗本症首辨虚实，"实者泻之，虚者补之。"切不可一概误为实证，妄用攻逐破血之剂而犯虚虚之戒。

【文献别录】

《济阴纲目·调经门》："脉经曰：有一妇女来诊，言经水少，不如前者何也？师曰：曾更下利，若汗出小便利者可。何以故？师曰：亡其津液，故令经水反少。"

《女科经纶·月经门》："脉经曰：尺脉滑，血气实，妇人经脉不利；尺脉来而断绝者，月水不利；寸关如故，尺脉绝不至者，月水不利，当患少腹痛；肝脉沉，月水不利，主腰腹痛。"

《万氏女科·经水多少》："瘦人经水来少者，则其血虚血少也，四物加人参汤主之。""肥人经水来少者，则其痰凝经隧，用二陈加芎归汤主之。"

（申曼莉　华　苓）

295. 经 期 延 长

【概念】

经气延长，是指月经周期正常，但行经时间超过七天以上，甚或淋漓半月方止者。本症最早见于《诸病源候论》称之为"月水不断"。此后，《圣济总录》、《校注妇人良方》、《女科经纶》等，均有记载。本症又称"月水不绝"、"经事延长"等。若淋漓超过半月，甚至达20多天，但下次月经仍如期而至，称"经漏"；若终月淋漓不净或经血非时而下，日久不净，则为"漏下"。均不属本症讨论的范畴，临证时应注意与之鉴别。

【鉴别】

常见证候

气虚经期延长：月经来潮持续七天以上，量少色淡，质清稀或有水迹，面色㿠白，神疲倦怠，肢软无力，或头晕眼花，或心悸少寐，或纳少便溏，舌淡苔薄白，脉细弱。

脾肾阳虚经期延长：月经持续七天以上，色黯淡质稀，形寒肢冷，神疲体倦，气短懒言，食少纳呆，腰膝痠冷，便溏溲频，舌淡胖，脉沉细或沉缓。

阴虚血热经期延长：月经淋漓过期不止，量少，色红，质稠，伴颧红，潮热心烦，咽干口燥，舌红少津，脉细数。

湿热蕴结经期延长：经血淋漓过期不净，量少，色黯如酱，混杂粘液，气味秽臭，身热起伏，腰腹胀痛，平素带下量多，色黄秽臭，舌红，苔黄腻，脉濡数。

气滞血瘀经期延长：月经延期淋漓不净，色黯有块，小腹疼痛拒按，舌紫黯或有瘀斑，脉弦涩。

鉴别分析

气虚经期延长与脾肾阳虚经期延长：二者皆为虚证，且无热象。均表现为冲任不固的症状，但病因、病机不同。一为气虚，一为阳衰。气虚经期延长多因素体脾虚气弱，或劳倦过度，伤及中土，以致气虚失固，冲任失约，而发月经延长。其辨证特点为：必有经血色淡，质稀或有水迹，纳少便溏，面色㿠白，肢软乏力。在治疗上，治宜健脾益气，温经止血，方选举元煎加炒艾叶、炮姜炭、益母草、乌贼骨；脾肾阳虚经期延长多因饮食劳倦，房事不节，经行产后失于调养，伤及脾肾。脾肾阳气不充，血海失摄，则发血下延长。辨证特点是：血色黯淡，质稀薄，腰膝痠冷，形寒肢冷，脉沉弱等，治疗上拟健脾补肾，温经止血，方用禹余粮丸。

阴虚血热经期延长与湿热蕴结经期延长：二者均属热证，但一为虚证，一为实证。阴虚血热经期延长多因素体阴虚，或多产房劳，或久病失血，以致阴血不足，阴虚内热，热伏冲任，扰动血海，血海不宁而致本症。临床表现为月经延长，血色鲜红，量少质稠，伴颧红，潮热心烦，咽干口燥，舌红脉细数；湿热蕴结经期延长多由于经行产后，手术损伤，胞室空虚，摄生不慎，湿热内侵，蕴结胞脉，扰动血海，血海不宁而发本症。证见经血色黯如败酱，混杂粘液，气味秽臭，伴身热起伏，腰腹胀痛，平素带下量多，色黄臭秽，舌红苔黄腻，脉濡数。治疗上，前者宜用滋阴清热，止血调经，方选两地汤合二至丸，后者法拟清热利湿，调经止血，方用四妙散加败酱、双花、茜草、坤草、炒贯众。

气滞血瘀经期延长：多因情志不畅，气郁血滞，或经行产后感受寒邪，寒凝气滞，气血运行不畅，瘀血阻滞，脉络壅阻，瘀血不去，新血不得归经。证见：经期延长，血色紫黯而有血块，少腹拒按，舌紫黯或有瘀斑，脉涩。治宜活血化瘀，调经止血，方用四物汤合失笑散。

【文献别录】

《妇人大全良方·调经门》："妇人月水不断，淋漓腹痛，或因劳损气血而伤冲任，或因经行热合阴阳，以致外邪客于胞内，滞于血海故也。但调养元气，而病邪自愈。若攻其邪则元气反伤矣。"

《女科经纶·月经门》："或因冲任气虚不能约制，或劳伤气血，外邪客胞而外感有余，有余不足当参以人之强弱考虑。"

《妇科玉尺·月经》："经来数十日不止者，血热也。"

（华 苓）

296. 闭　　经

【概念】

闭经，是指女子年满18周岁月经尚未初潮，或月经周期建立后停经三个月以上者（已除外早孕）。前者称原发性闭经，后者称继发性闭经。生理性闭经，多见于青春期前、妊娠、哺乳及绝经后期，以及少见的居经、避年及暗经等，均不属闭经的范畴。至于如"石女"或"五不女"之属于先天性生殖器官发育异常或后天器质性损伤而无月经者，（如先天性无子宫、无卵巢，或卵巢后天损坏，或垂体肿瘤，或子宫颈、阴道及处女膜等处先天性缺陷或后天性损伤造成粘连闭锁，经血不能外溢等），非药物治疗所能奏效的闭经，均不在此论述。本症最早见于《黄帝内经》称为"女子不月"，"月事不来"，"血枯"。此后，在《金匮要略》、《诸病源候论》、《景岳全书》等历代医书中均有记载，称为"月水不通"，"经水断绝"。

【鉴别】

常见证候

肾气亏虚闭经：月经超期未至，或初潮较迟，量少，色红或褐，渐至闭经，一般无白带，无腹胀痛，腰背酸痛，四肢不温，头晕耳鸣，面色黯淡或有褐斑，舌质正常或稍淡，脉沉细无力。

气血虚弱闭经：月经大多后期而至，量少而渐至闭经，无腹痛，头晕心悸，或食欲不振，神疲乏力，面色萎黄，舌正常或淡，脉细弱无力。但也有少数患者，除闭经主症外，并不伴有其它见症。

气滞血瘀闭经：月经数月不通，小腹胀痛或拒按，精神抑郁，胸闷胁痛，性急易怒，舌边紫黯或有瘀点，脉沉弦。

痰湿阻滞闭经：经水逐渐减少以至闭经，形体日见肥胖，腰酸浮肿，带下较多，胸闷恶心，心悸气短，纳谷少馨，乏力倦怠，面色㿠白，舌淡胖或舌苔白腻，脉沉濡或细滑。

阴虚血燥闭经：经血由少而渐至闭经，兼见五心烦热，两颧潮红，交睫盗汗，或骨蒸劳热，或咳嗽唾血，舌红苔少，脉细数。

鉴别分析

肾气亏虚闭经与气血虚弱闭经：皆为虚证，但病因、病机不同。肾气亏虚闭经，多由先天肾气不足，冲任空虚；或产后出血过多，致精血亏损，经闭不行，病情较为深重。而气血虚弱闭经，则多由脾虚、失血、虫积，营血内亏，或严重营养不良而引起。病情较轻。二者的鉴别要点是：肾气亏虚闭经，表现为月经超龄未至，或初潮年龄较迟，或有产后大出血的病史，常伴腰背酸痛，头晕耳鸣，面色黯淡，脉沉细等肾阳虚弱，精血不足的兼证。气血虚弱闭经，则多由月经后错、月经量少逐渐演变而成，与肾气亏虚的病史不同，临床不难区分。肾气亏虚闭经，治宜温补肾阳，调理冲任，方用温肾通经汤；如月经行后，可用补肾养血汤继续治疗，以巩固疗效。气血虚弱闭经，治宜益气养血通经，方用养血通经汤。待月经来潮后，续用滋血汤调之。

气滞血瘀闭经：多由精神刺激，或生活改变，导致肝气郁结，冲任气血失于畅通。

症见经闭不行，小腹胀痛或拒按，据此可与肾气亏虚闭经、气血虚弱闭经的无腹痛作鉴别。治宜舒肝理气，活血通经，方用四逆散加丹参、茺蔚子、月季花。俟月经来潮后，再用人参养荣丸、八珍益母丸补益气血以善其后。

痰湿阻滞闭经：多因脾肾阳虚，痰湿阻滞于冲任，阻遏血脉流通，而致月经不行。临床特点是：患者闭经后，形体日见肥胖，与肾气亏虚、气血虚弱、气滞血瘀之闭经患者的体形不同。且有浮肿，乏力，胸闷纳呆，带下量多，苔白腻等痰湿内盛之证。治宜温肾补脾，祛痰利湿，行气通经，方用鹿角霜饮重剂服之。

阴虚血燥闭经：多因素体阴虚，或失血阴亏，或久病营血亏耗，或劳瘵骨蒸，或辛燥伤阴，阴虚生热，燥灼营阴，血海干涸，发为闭经。临床上兼见五心烦热，颧红盗汗，舌红少苔，脉细数等阴虚症状。治以养阴清热调经，方选瓜石汤。

总之，闭经在临床上虽有虚、实之分，但病因多端，机理复杂，故在诊断上须通过有关检查，排除生理性闭经，找出引起闭经的原因。若因它病或器质性原因引起的闭经，则又当先治它病或在判断病势的基础上采用相应的治疗方法，切不可不分情况以通为快。补不可滋滞，泻不可峻攻，须在调理气血中寓以补泻，或先补后攻，或攻补兼施，因势利导。

【文献别录】

《兰室秘藏·妇人门》："妇人脾胃久虚，或形羸气血俱虚，而致经水断绝不行。或病中消胃热，善食渐瘦，津液不生。夫经者血脉津液所化，津液既绝，为热所灼，肌肉消瘦，时见渴燥，血海枯竭，病名曰血枯经绝。宜泻胃之燥热，补益气血，经自行矣。……或因劳心，心火上行，月事不来，安心和血泻火，经自行矣。故《内经》云：月事不来者，胞脉闭也。胞脉者，属心而络于胞中，今气上迫肺，心气不得下通，故月事不来也。"

《济阴纲目·经闭门》引朱丹溪云："经不通，或因堕胎及多产伤血，或因久患潮热销血，或因久发盗汗耗血，或因脾胃不和饮食少进而不生血，或因痢疾失血。治宜生血行血，除热调和之剂，随证用之。或因七情伤心，心气停结，故血闭而不行，宜调心气，通心经，使血生而经自行矣。"

（许润三　华　苓）

297. 闭 经 溢 乳

【概念】

闭经溢乳是指非妊娠期却见乳房分泌乳样液体并伴有闭经，或停止哺乳（半年后）仍长期持续溢乳的症状。应注意与"乳泣"鉴别，"乳泣"是指妊娠期乳汁自出者。

【鉴别】

常见证候

肝郁化火闭经溢乳：闭经兼见乳头溢乳色白，量或多或少，或乳房作胀或乳痛，伴精神抑郁，心烦易怒，胸闷不舒，口苦咽干，小便黄，舌红苔黄，脉弦滑数。

脾胃气虚闭经溢乳：闭经兼见乳头溢乳，质稀色白，乳房柔软，伴面色无华，神疲倦怠，气短乏力，纳谷不香，舌淡红，苔白，脉细滑或缓。

鉴别分析

肝郁化火闭经溢乳：本证属实证。多因情志抑郁，或忧思恼怒，郁久不解，肝气不舒，郁而化热。郁热在上，乳头属肝，热伤乳络，迫乳外出；气结在下，阻滞冲任，血滞不行而发闭经。临床上兼见乳房胀痛，精神抑郁，心烦易怒，舌红苔黄，脉弦滑数等症。治以疏肝清热，解郁调经，方用丹栀逍遥散加龙胆草、仙鹤草、川牛膝。

脾胃气虚闭经溢乳：本证属虚证。多因脾胃素虚，或思虑过度，或饮食不节伤脾，脾胃互为表里，同为气血生化之源。乳房属胃，乳汁由血所化，赖气以行。脾胃气虚，上不能固摄乳汁，而发溢乳；下不能荣养冲任，血海空虚，以致经闭不行。临床表现为乳汁清稀，乳房柔软，面色无华，神疲乏力，纳谷不香，舌淡，脉细。治宜益气固摄，养血调经，方用人参养营汤加减。

总之，本症有虚实之异，实者乳房胀痛，乳汁浓稠；虚者，乳房柔软，乳汁稀薄。临证不难鉴别。本症在临床上多见于"高泌乳素血症"，应结合现代医学的检查，注意除外乳房的恶性疾患，根据证情分别施治。

（华　苓）

298. 崩　漏

【概念】

崩漏，是指经血非时暴下不止或淋漓不尽，前者称崩中，后者称漏下，崩与漏的临床表现虽然不同，但病因病机相同，且在病机发展的过程中，常可相互转化，如崩中稍缓，可变成漏；若久漏不止，亦能成崩。更由于本症出血量时多时少，常不固定，因此，崩与漏，不易截然划分，在临床上常"崩漏"并称。

有关崩漏的范围，至今有不同的看法，传统认为凡阴道下血症，血势如崩似漏的，如：冲任失调性子宫出血，月经过多，五色带，胎漏，产后血晕，恶露不尽，堕胎或堕胎不全，癥瘕，外伤及全身出血性疾病等所出现的阴道出血，都属崩漏范畴。近代之论崩漏，多趋向于冲任失调性子宫出血。应结合现代医学的检查手段加以区别。

崩漏在《内经》中即有论述，历代医家对此症论述颇多，如《金匮要略》、《诸病源候论》、《丹溪心法》、《景岳全书》、《傅青主女科》等均有详细的论述，值得珍视。

崩漏属月经周期、经期、经量异常的一类病症。但与月经先期、月经先后无定期、经期延长、月经量多等在发病机理、临床表现、病的程度等方面却各有不同，临证时当参照有关条目予以鉴别。

【鉴别】

常见证候

肾阴虚崩漏：经乱无期，出血量多，或淋漓不尽，血色鲜红，质稠，偶有血块，伴腰膝痠软，头晕耳鸣，五心烦热，口干不欲饮，舌质红或淡，脉细数。

肾阳虚崩漏：经来无期，出血量多，或淋漓不断，色淡红，质稀，无块，或面生黄褐斑，形寒肢冷，身体较胖，腰痛，舌胖淡或有齿痕，脉沉弱或虚数。

脾气虚崩漏：经血非时而至，出血量多，色淡质稀，无块，面色㿠浮，神疲纳少，下腹坠胀，或大便不实，舌淡，脉细弱或虚数。

血瘀崩漏：经血非时而下，量多，或淋漓不止，经色紫黯，夹有瘀块，小腹疼痛拒按，瘀块排出后疼痛减轻，舌质紫黯或边尖有瘀点，脉沉涩或弦滑。但对一些出血时间长，久漏不止的患者，虽无上述血瘀证候也应考虑为血瘀所致。

血热崩漏：经血非时突然大下，或淋漓又增多，血色鲜红或深红，质或稠，或有血块，口渴烦热，或有少腹疼痛，小便黄，大便干结，苔黄或黄腻，脉洪数。

鉴别分析

肾阴虚崩漏与肾阳虚崩漏：皆为虚证，但病因、病机不同。肾阴虚崩漏，多因素体阴虚，或因早婚、房劳、多产损伤肾阴；或久病失血伤阴，以致虚火内动，冲任失守，发生崩漏。而肾阳虚崩漏，则多原于素体阳虚，或青春期肾气不足，或因患阴虚证过服甘寒之剂，伤及肾阳，阳虚则冲任之气不固，致成崩漏。其辨证特点是：肾阴虚崩漏，必见血色鲜红，质稠，脉细数等；而肾阳虚崩漏，则见血色淡红，质稀，体胖，脉沉弱等候。若出血多时可见数脉，但阳虚之数脉，数而无力，或脉来沉微；阴虚之数，脉数而有力，兼有细滑。在崩漏症中，数脉见于虚证尤多。故景岳云："数脉之病，惟损最多，愈虚则愈数，愈数则愈危，岂数皆热病乎，若以虚数作热数，则万无不败者矣。"由此可见，崩漏症见有数脉者，不能单凭其脉来认证，必须以脉力和脉形来分证。至于治疗，肾阴虚崩漏，治宜滋补肾阴，佐以凉血止血，常用滋阴止血方，血止后可用滋肾调周方；肾阳虚崩漏，治宜温补肾阳，以益气止血，方选温阳止血方，血止后用温肾调周方。

脾气虚崩漏与肾阳虚崩漏：二者均为虚证。其不同点是肾阳虚崩漏有阳气虚衰的临床表现，如面部生黄褐斑，形寒肢冷，体质较胖，腰部冷痛等症状，并多见于青年人。脾虚崩漏，是以脾虚，中气下陷为主要表现。如面色㿠浮，神疲纳少，下腹胀坠等症状，常见于中年妇女和过劳伤气之人。一为阳衰，一为气虚，但在个别人身上，可以是二者兼而有之，也可由气陷发展为阳衰。鉴于临床上肾阳虚和脾气虚症状错综复杂，常混合出现，故临证时必须合参，治疗时益气药与温阳药配合应用。两证的共同点是：皆为虚证，无热崩漏，一为阳虚，一为气虚，阳与气皆主功能活动，所以二者都表现为冲任固守功能不足。脾气虚崩漏，治宜补脾益气，兼以止血，用益气止血方，血止后改用补脾调周方。

血瘀崩漏与血热崩漏：二者皆为实证，但其病因及病机各不同。血瘀崩漏多由血瘀为患，瘀血不去，致使新血不得归经，故经血淋漓不止，其症状特点有三：（1）经夹有大、中、小不等之瘀血块；（2）小腹疼痛拒按，瘀块排出后疼痛减轻；（3）小量出血，日久不止，辨证用药疗效不显著者。凡具有上述（1）、（2）或（3）特点者，即可诊为血瘀证。再则本证多是在其它证候的过程中发生，故不是崩漏的全过程，而是崩漏过程中的某一阶段。血热崩漏，多因素体阳盛，过服辛辣助阳之品，或肝郁化火，感受热邪、湿热，热伏冲任，热迫经血妄行，而发崩漏。临床表现为：出血量多，色鲜红质稠，伴口渴烦热，便干溲赤，舌红苔黄，脉滑数等实热证的表现。治疗上，血瘀崩漏，当活血化瘀，兼以益气，化瘀止血汤主之。待血止后再依其脏腑虚实辨证施治，调整周期。血热崩漏，治以泻热凉血，止血调经，方用清热固经汤，血止后辨证调周期。

"崩漏"症的发生原因，一般认为是冲任损伤，制约经血的机能失常所致。如《诸病源候论·妇人杂病诸候》说："崩中之状，是伤损冲任之脉。冲任之脉，皆起于胞内，为经脉之海，劳伤过度，冲任气虚，不能约制经血。"引起冲任损伤的原因多为肾虚、脾虚、血热、血瘀四证。其治疗，一般分为两个阶段，即出血阶段止血治疗，血止后调整周期治疗。前者应注意辨证求因，审因论治，不可专事固涩；后者需重在补肾，因本症之由，其本在肾，但要结合求因，不能一味补肾。

【文献别录】

《医宗金鉴·妇科心法要诀》："妇人经行之后，淋沥不止，名曰经漏。经血忽然大下不止，名为经崩。若其色紫黯成块，腹胁胀痛者，属热瘀。若日久不止，及出血过多而无块痛者，多系损伤任、冲二经所致。更有忧思伤脾，脾虚不能摄血者；有中气下陷，不能固血者；有暴怒伤肝，肝不藏血而血妄行者。临证之时，须详审其因，而细细辨之。虚者补之，瘀者消之，热者清之，治之得法，自无不愈。"

《女科经纶·崩带门》引方约之语："血属阴，静则循经荣内，动则错经妄行。故七情过极，则五志亢甚，经血暴下，久而不止，谓之崩中。治法初用止血，以塞其流；中用清热凉血，以澄其源；末用补血，以复其旧。若止塞其流，不澄其源，则滔天之势不能遏；若止澄其源，而不复旧，则孤阳之浮无以止，不可不审也。"

（许润三　华　苓）

299. 崩　　中

【概念】

崩中，是指经血非时暴下不止，为月经病之重症。若因器质性病变，或胎、产、杂病引起的阴道大出血，不属本症范畴。有关"崩"的记载，最早见于《素问·阴阳别论》"阴虚阳搏谓之崩"。此后，历代医家多有论述，如《诸病源候论》、《景岳全书》对此均有详细的论述。本症又可称为"血崩"，与"漏下"的区别在于出血量的多寡和势态，临床上不难区别。但"崩中"和"漏下"常是相兼而病，统称"崩漏"，二者可以互参。

【鉴别】

常见证候

血热崩中：经血非时而大下，量多色鲜红或紫红，质粘稠，伴烦热口渴，溲黄便干，舌红，苔黄或黄腻，脉洪数。

脾气虚崩中：经血非时而至，量多色淡质稀而有水印，伴神疲气短，面色㿠白，或面浮肢肿，或饮食不佳，舌淡苔薄白，脉弱或沉弱。

肾阳虚崩中：经乱无期，出血量多，或停经数月而又暴下不止，色淡红或黯淡，质清稀，伴面色晦黯，腰膝痠软，畏寒肢冷，舌淡嫩，苔薄，脉沉弱。

肝肾阴亏崩中：经血非时而下，量多势急，血色鲜红质稠，伴头晕耳鸣，视物昏花，心烦潮热，舌红，脉细数。

血瘀崩中：经血非时而下，或停闭日久又突然暴崩下血，色紫黑有血块，小腹疼痛，舌质紫黯，苔薄，脉涩。

鉴别分析

血热崩中与肝肾阴亏崩中：二者均为有热之崩中，但一为实热，一为虚热。病因病机各不相同。血热崩中多因素体阳盛，或过食辛辣助阳之品，或肝郁化火致使热伏血海，热迫血妄行而致。临证多见血色鲜红量多，质粘稠，伴烦热口渴，便干溲赤，舌红苔黄，脉洪数等内热亢盛的症状。治以清热调经凉血止血，方用清热固经汤加大小蓟、仙鹤草、侧柏炭、沙参；肝肾阴亏崩中多因素体禀赋不足，或早婚多产耗伤经血，或久病伤肾，以致肾精暗耗，肝失濡养，肝肾亏虚，冲任受损，经血失约妄行而发崩中之症。其月经表现与血热证类似，但兼症不同，常出现头晕耳鸣，视物昏花，心烦潮热等阴虚的表现。治宜滋补肝肾，止血调经，方用上下相滋汤去牛膝，加仙鹤草、乌贼骨。

脾气虚崩中与肾阳虚崩中：二者皆为虚证，但病因病机不同。脾气虚崩中多因饮食劳倦，忧思过度，损伤脾气，脾虚气陷，统摄无权，冲任失固，不能制约经血，而发崩中。临床表现除经色淡而质薄外，兼见气短神疲，面色㿠白，面浮肢肿，手足不温等脾气虚症状。治宜补气摄血，止血调经，方用固本止崩汤去当归，加升麻、山药、大枣、乌贼骨；肾阳虚崩中多因先天禀赋不足，或多产房劳，损伤肾气，封藏失职，或不当之手术，损伤胞宫、冲任，冲任失固，不能制约经血而成本症。临床症状兼见畏寒肢冷，面色晦黯，腰膝痠软等肾阳虚的表现，治宜温肾固冲，止血调经，方用右归丸去当归，肉桂，加覆盆子、赤石脂。

血瘀崩中：本证多因七情所伤，冲任郁滞，或反复发作，瘀血内滞为患。瘀血不去，则新血不得归经。若肝脾失和，统摄无力，则血崩而下。但同前述之脾肾虚证不同，虽亦有气血虚损之症，但必见瘀血之征，可见血色紫黯有块，小腹疼痛拒按，血块排出后疼痛减轻，且以调补之剂疗效不显。治当活血化瘀，兼以益气止血为法。血瘀证常是崩中的一个阶段或一个过程，待血止之后，还当辨证求本。

总之，崩中为妇科急症之一，因急性大量失血，临床上可出现唇舌淡白，脉细数等气血虚弱之症。辨证的关键在经血的色、质及临床兼症。并应根据证情分阶段治疗。暴崩之作，急当益气固脱止血，血止后则应谨守病机，审证求因，以治其本。

【文献别录】

《诸病源候论·妇人杂病诸候》："崩中者，……脏腑俱伤，而冲任之气虚，不能约制其经血，故忽然暴下，谓之崩中"。

《女科经纶·崩带门》引方约之语："血属阴，静则循经荣内，动则错经妄行。故七情过极，则五志亢甚，经血暴下，久而不止，谓之崩中。治法初用止血，以塞其流；中用清热凉血，以澄其源；末用补血，以复其旧。若止塞其流，不澄其源，则滔天之势不能遏；若止澄其源，而不复其旧，则孤阳之浮无以止，不可不审也。"

《薛氏医案·女科撮要》："其为患因脾胃虚损，不能摄血归源；或因肝经有火，血得热而下行；或因肝经有风，血得风而妄行；或因怒动肝火，血热而沸腾；或因脾经郁结，血伤而不归经；或因悲哀太过，胞络伤而下漏。"

（华　苓　许润三）

300. 漏　下

【概念】

漏下，是指经血非时而下，淋漓不止达数十天甚至数月不止而言，又称"经漏"。与"崩中"的区别在于出血量的不同，但二者常可相互转化。本症最早见于《金匮要略），如说"妇人有漏下者"。此后，历代医家论述颇多，如《景岳全书》、《女科证治约旨》等均有详细的记载。漏下，既有带经时间延长又有周期紊乱，故可与"经期延长"及"月经提前"、"月经错后"相鉴别。

【鉴别】

常见证候

阴虚血热漏下：经血非时而下，量少淋漓，血色鲜红而质稠，伴心烦潮热，小便黄少，或大便燥结，苔薄黄，脉细数。

气血虚弱漏下：经血非时而下，淋漓不断，血色浅淡质稀，伴神疲倦卧，肢软无力，面色无华，头晕耳鸣，舌淡苔薄，脉细弱。

气滞血瘀漏下：经血非时而下，时下时止，或淋漓不止，经色紫黑有块，伴小腹疼痛，胸胁胀满，精神抑郁，舌黯脉涩。

鉴别分析

阴虚血热漏下与气血虚弱漏下：二者皆为虚证，但一为热证，一为寒证。阴虚血热漏下多因素体阴虚，或久病失血伤阴，阴虚失守，虚火动血，冲任失固，经血失约而妄行，导致漏下之症。兼见心烦潮热，便秘溲黄，舌红脉细数等阴虚有热的症状。治宜滋阴清热，止血调经，方用保阴煎加阿胶、茜草炭、仙鹤草。气血虚弱漏下多因或饮食劳倦，耗伤中气；或孕产过频，亡血失血，导致气血大虚，气虚失统，血虚失养，气血同病，多脏受累，引起漏下不止。见经血色淡，质稀，神疲倦息，面色无华，头晕耳鸣，舌淡脉细等证。治以益气养血，止血调经，方选归脾汤合四物汤加炒艾叶、茜草炭、乌贼骨。

气滞血瘀漏下：多因七情所伤，冲任瘀滞；或经期产后余血未净，复感外邪，以致成瘀；瘀阻冲任，血不归经，而发漏下。本证应注意同上述阴虚血热和气血虚弱二证鉴别，因漏下日久，必致气血亦虚，但本证必有瘀血为患，证候特点为经血时下时止，或淋漓不止，血色紫黑有块，小腹疼痛，胸胁胀满等证。治宜活血化瘀，止血调经，方用四物汤合失笑散加三七粉、茜草炭、乌贼骨。若瘀血不去，则新血难安。

"崩"与"漏"为症，虽以虚、热、瘀等不同病机多见，但其发病常非单一原因，即或是单一原因引起，也经常在发病过程中相互转化，出现气血同病，多脏受累，虚实夹杂，因果相干，其势反复。"崩"与"漏"病本在肾，病位在冲任，变化在气血，表现为子宫非时下血，或为崩，或为漏，或崩漏互见。临证常须采用多种措施，综合治疗，才易奏效。

【文献别录】

《景岳全书·妇人规》："崩漏不止，经乱之甚者也，盖乱则或前或后，漏则不时妄行，由漏而淋，由淋而崩，总因血病，而但以其微甚耳。"

《医宗金鉴·妇科心法要诀》："妇人经行之后，淋漓不止，名曰经漏，经血忽然大下不止，名曰经崩。若其色紫黑成块，腹胁胀痛者，属热瘀；若日久不止，及出血过多而无块痛者，多系损伤任、冲二经所致；更有忧思伤脾，脾虚不能摄血者；有中气下陷，中气不能固血者；有暴怒伤肝，肝不藏血而血妄行者，临证之时，需详审其因，而细细辨之。虚者补之，瘀者消之，热者清之，治之得法，自无不愈"。

（华　苓）

301. 经间期出血

【概念】

经间期出血，是指在两次月经之间，出现的周期性少量子宫出血。历代医籍中未列专门病症记载，相当于现代医学之排卵期出血，结合测基础体温（BBT）不难诊断。

【鉴别】

常见证候

阴虚阳盛经间期出血：经间期阴道少量出血，色鲜红，质粘稠无块，或颧红潮热，或咽干口燥，或腰腿痠软，夜寐不安，便艰溲黄，舌红苔少，脉细数。

肝郁化火经间期出血：经间期阴道少量出血，色紫红，粘稠有块，伴烦躁易怒，胸胁胀闷，小腹胀痛，或口苦咽干，舌红苔薄黄，脉弦数。

湿热留滞经间期出血：经间期出血，量或多或少，质粘稠无块，胸闷纳呆，腰骶痠楚，下腹胀痛，平素带下量多，色黄稠有臭味，舌红苔黄腻，脉濡数或滑数。

气滞血瘀经间期出血：经间期阴道少量出血，色紫黑有血块，少腹胀痛或刺痛，胸闷烦躁，舌黯有瘀斑，脉细弦。

鉴别分析

阴虚阳盛经间期出血与肝郁化火经间期出血：二者皆为热证，但一为虚证，一为实证，病机及临床症状不同。阴虚阳盛经间期出血多因禀赋素弱，肾阴不足，或多产房劳，耗损精血，以致阴液亏虚，虚火内生，值经间阳气内动之期，阴不敛阳，内动之阳气与虚火并扰血海，冲任失固，则出现经间期出血。临床上定见出血色鲜红，质稠无块，兼颧红潮热，咽干口燥，腰腿痠软，便坚溲黄，舌红少苔，脉细数等症；肝郁化火经间期出血多有素性抑郁，或气恼时作，致情怀不畅，恚怒伤肝，肝气郁结化火，值经间期阳气内动引发木火，扰动血海，灼伤阴络，多表现为血色紫黯而有血块，伴烦躁易怒，胸胁胀闷，口苦咽干，脉弦数等症状。在治疗上，前者拟予滋阴清热，凉血止血为法，方用两地汤；后者法宜舒肝清热，凉血止血，拟方丹栀逍遥散去当归，加茜草炭、大小蓟。

湿热留滞经间期出血与气滞血瘀经间期出血：二者皆为实证。但湿热留滞经间期出血多因经期产后，或流产手术时，胞脉空虚，湿热之邪乘虚内侵，或因情怀不畅，心肝气郁，横侮中土，脾失运化，水谷精微不能化生精血，反聚而生湿，肝热脾湿相合，酿生湿热，留滞冲任胞脉，乘经间阳气内动之机作祟，损伤冲任而发本症。临床多有房室不洁或人流手术史，经血色黯红质粘腻，胸闷纳呆，腰骶痠楚，带下异常，舌红苔黄腻，脉濡数或滑数。气滞血瘀经间期出血多因体质羸弱，经产留瘀，瘀阻胞脉；或七情内伤，气滞冲任，久而成瘀，适值经间，阳气内动，瘀血与之相搏，胞络伤损，以致出血。临证多见经间出血色紫黑有块，少腹胀痛或刺痛，胸闷烦躁，舌黯有瘀，脉细弦。治疗上，湿热留滞经间期出血多以清热利湿，凉血止血为法，方用八正散去大黄、滑石，加生地、山药；气滞血瘀经间期出血拟予活血化瘀，理气止血为法，方用逐瘀止血汤加减。

（华 苓）

302. 经来骤止

【概念】

经来骤止，指妇女在行经期间，大多在月经周期的第一、二天，由于某种原因而致月经突然停止，又称"月水行止"、"经脉顿然不行"。最早见于《金匮要略》称为"经水适断"。此后，《景岳全书》、《妇人大全良方》对本症均有论述。本症与"闭经"、"激经"的概念不同。经来骤止是经水正行时突然中断，而"闭经"是经候当至不至，数月不行。"激经"虽然在月经周期的第一、二天有少量的出血，但有妊娠表现与理化检查可鉴，与本症有明显的区别。妇女行经期间，经水忽来忽断，断而又来；或产后恶露骤停者，都不属本症的讨论范畴。

【鉴别】

常见证候

热入血室经来骤止：月经骤止，小腹或胸胁硬满，发热恶寒，或寒热往来，口苦咽干，舌质偏红，脉弦数。

寒邪凝滞经来骤止：经血忽断，小腹绞痛，或冷痛拒按，四肢欠温，舌质正常，苔白润，脉沉紧。

瘀血阻滞经来骤止：经血骤然停止，腰腹胀痛或刺痛，按之痛甚，舌多紫黯，脉沉涩。

肝气郁结经来骤止：经血突然中断，两胁及少腹胀痛，舌质正常，苔薄白，脉沉弦。

鉴别分析

热入血室经来骤止：多因行经期间，感受风寒或湿热之邪，外邪乘虚入于血室，与经血相搏，致经血断止。证见发热恶寒，或往来寒热，胁下硬满，腹中刺痛。治疗可针刺期门，以泻其邪，并用小柴胡汤疏解血室之热。

寒气凝滞经来骤止与瘀血阻滞经来骤止：二者均为实证，病因、病机既有联系，又有区别。《景岳全书·妇人规》说："凡经行之际，大忌寒凉等药，饮食亦然。"《诸病源候论·妇人杂病诸候》说："血得冷则壅滞。"若月经正行而过食生冷或服寒凉药物，寒客胞宫；或经期冒雨、涉水，寒气乘虚陷入冲脉，则经血遂止。小腹绞痛，得温则减，伴见面白唇青，肢冷背寒，脉沉紧。病机所重在"寒"，《医药顾问大全》称之"寒入血室"。治宜温阳行血调经，桂枝桃仁汤或温经汤化裁。瘀血阻滞月经骤止的原因，与经期起居不慎，寒凝血滞有关，病机所重在"瘀"。腹痛较重，呈胀痛或刺痛，拒按，并见面色黯滞，舌质紫黯，脉涩。治当化瘀通经为法，少腹逐瘀汤加减。

肝气郁结经来骤止：本证由情志不遂，肝气抑郁，气结血滞，导致经血不得下行的结果。且多发生在经水正行时，除月经骤停外，还兼见胸胁乳房发胀，少腹胀痛，嗳气呃逆，饮食少思等肝气不舒之证。治宜行气舒肝为主，乌药散化裁。

经来骤止一症，临床以实证较多，尤其是热入血室引起者更为多见。关于热入血室的治疗，历代医家多主张以仲景小柴胡汤清解邪热为主，而叶天士则认为不能拘泥小柴胡汤一方，他曾提出用陶氏小柴胡汤，或桂枝桃花汤加减治疗，确是临证心得之谈。

【文献别录】

《王渭川妇科治疗经验》:"大致在月经正行、或刚行之际,遇到高热都可发生停经的趋势,古人称为热入血室。但是在行经之际,人下冷水,也能临时停经,也可称为寒入血室,这是古人没有考虑的问题。也有遇到非常恐怖,也会停经的。如苏联斯大林格勒之战和我国武汉大水时防洪,都造成全城妇女临时停经。"

(申曼莉　华　苓)

303. 经前面部粉刺

【概念】

经前面部粉刺,指每届经前面部起碎疙瘩,多为红色丘疹,经后即隐退的症状。亦称"经前面部痤疮",多发生于青春期。本症在历代医籍中未见专论记载。

【鉴别】

常见证候

肝经湿热经前面部粉刺:经前面部起碎疙瘩,少数有痒痛,可挤出乳白色液体,甚则化脓成疔,或月经先期,或黄带绵绵,或脘闷纳少,或口干作腻,舌红苔薄黄,脉濡细或细滑。

肝经郁火经前面部粉刺:经前面部出现丘疹或黄白色小脓疱,伴乳房胀痛,情绪急躁,大便干燥,或经行不畅,舌质偏红,脉弦数。

肺热经前面部粉刺:经前面部出现红色丘疹,甚则色赤肿痛,伴干咳无痰,咽痛口干,或两颧潮红,舌红苔薄白少津,脉细数。

鉴别分析

肝经湿热经前面部粉刺与肝经郁火经前面部粉刺:皆为肝经热证,只是前者有湿邪兼夹的情况,多因素喜糖类、辛辣、肉食之品,肝热脾湿相并,搏于血分,于经前冲气旺盛而上逆之时,发为本症。后者系由肝气郁结,郁久化热,熏蒸肌肤所致。临床特点是:除上述局部症状外,肝经湿热证可见黄带绵绵,或月经先期,或胸闷纳少等肝脾湿热症状。治宜清热利湿,方用龙胆泻肝汤加减;肝经郁火证常见乳房胀痛,情绪急躁,大便干燥,脉弦数症状。治宜清火解郁,方用丹栀逍遥散加减。

肺热经前面部粉刺:《医宗金鉴·外科心法要诀》"肺风粉刺"记载:"此证由肺经血热而成,每发于面鼻,起碎疙瘩,形如黍屑,色赤肿痛,破出白粉汁,日久皆成白屑,形如黍米白屑。"其临床证候,除局部症状外,兼见干咳无痰,或两颧潮红,或大便干燥等肺热津伤之证。治宜清泻肺热,佐以解毒,方用枇杷清肺饮去人参加当归、赤芍、生苡米、野菊花,并外敷颠倒散。

总之,本症的辨证,除局部症状外,必须结合全身伴有的见症,才能分别出证候的病位与性质。

(许润三)

304. 经前乳胀

【概念】

经前乳胀，是指每届经前 3～7 天或正值经期出现乳房胀满疼痛，或乳头痒痛，而经后消失的症状。根据其临床特点，现代医学将其归于"经前期紧张综合征"的范畴。

【鉴别】

常见证候

肝郁气滞经前乳胀：经前乳房作胀，甚则不能触衣，经行即消，月经后期，量少，经行少腹胀痛，精神抑郁，心情烦躁，胸闷胁胀，苔薄，脉弦。

肝郁化火经前乳胀：经前乳房膨大胀痛，痛不可及，或触之有块，口干欲饮，烦躁易怒，月经先期，量多色红，经期少腹胀痛，平时带下黄稠且臭，舌红苔薄黄而糙，脉弦数。

肝郁肾虚经前乳胀：经前胸闷乳胀，触之柔软无块，月经初潮较迟，经行后期，量少，小腹冷痛，面色灰暗，性欲淡漠，舌淡苔薄白，脉沉弦。

肝郁脾虚经前乳胀：经前胸闷乳胀，食欲不振，泛泛欲吐，腹胀跗肿，月经量多色淡，舌胖淡苔薄白，脉弦细。

肝郁阴虚经前乳胀：经前胸胁胀痛，或乳头胀痛，头晕目眩，夜寐不安，心烦易怒，月经先期，量多或少，色深红，有紫血块，舌红少苔，脉弦细而数。

鉴别分析

肝郁气滞经前乳胀与肝郁化火经前乳胀：二者均与肝郁气滞有关。多因素性忧郁，恚怒忧思伤肝乘脾，疏泄失常。盖乳房属胃，乳头属肝，若肝郁气滞，乳络失养，加之经前阴血下注，冲任脉盛，气冲而血流急，经脉壅滞，两因相感，气结血滞益甚，乳络阻滞不畅，发为乳胀。经后，气血冲任渐至通调平和，乳胀渐缓或消失。临床兼见精神抑郁，胸闷胁胀等症状。若肝郁日久，郁而化火，则出现口干欲饮，月经先期，量多色红，平时带下色黄等热象。二者不难区别。在治疗上，肝郁气滞经前乳胀，宜疏肝理气，活血通络，方用柴胡疏肝散加味。肝郁化火经前乳胀，宜疏肝清热，通络消胀，方用丹栀逍遥散加味。

肝郁肾亏经前乳胀与肝郁阴虚经前乳胀：肝郁为二者的共同特点，但病因病机各异。前者缘于平素体虚或肾气不足，冲任亏损，加之情志不畅，肝气郁结，故经前乳胀，触之柔软无块，月经量少，治宜调肝益肾，方用定经汤加鹿角霜、香附。后者多由肾水亏虚，水不涵木，肝郁气滞所致。其临床症状，除胸闷乳胀外，多有经来提前，色红夹有紫血块，头晕目眩等肾阴不足的症状。治宜疏肝补肾，方用逍遥散合六味地黄丸。

肝郁脾虚经前乳胀：缘于脾胃素虚，或饮食不节，或思虑过度，或素性忧郁或郁怒伤肝，导致肝郁脾虚，水湿滞留，络脉不和，故在经前冲气旺盛之际出现胸闷乳胀，伴纳呆泛呕，腹胀跗肿等症状。治宜健脾利湿，理气行滞，方用逍遥散合参苓白术散。

经前乳胀与肝郁不舒，冲任之气机不利有关。但其中有兼肾气不足、肝肾阴虚、脾虚湿阻等不同，临证时应参照月经情况和全身情况加以鉴别。

《上海老中医经验选编·经前乳胀的临证经验》：“肝郁血虚型经前乳胀：临经前乳胀，头晕目眩，面色萎黄，精神疲怠，经水时常落后，量少色淡，脉象细弦。舌绛少苔。

肝郁冲任虚寒型经前乳胀：临经前乳胀，腰痛神疲，小腹有寒冷感，脉象细迟，舌淡苔薄白。”

（林育樵　华　苓）

305．经前不寐

【概念】

经前不寐，是指平时睡眠正常，但每值经前即出现失眠，甚至通宵不寐，经后又恢复正常者。

【鉴别】

常见证候

阴虚火旺经前不寐：经前心烦失眠，头晕目眩，口干咽燥，腰膝痠软，月经先期，量少色红，舌尖偏红，苔薄，脉细数。

心肝火旺经前不寐：经前失眠，甚至通宵不寐，心烦易怒，口苦咽干，头痛头晕，乳头胀痛，月经先期，量多色黯，舌尖红刺，苔薄黄，脉弦滑。

心脾两虚经前不寐：经前不寐，夜梦纷纭，心悸怔忡，面色无华，或面浮肢肿，神疲乏力，月经先期，量多色淡，舌淡胖，苔薄腻，脉细而软。

鉴别分析

阴虚火旺经前不寐与心肝火旺经前不寐：二者均属火热为患，但前者为虚证，后者为实证。阴虚火旺经前不寐多因素体阴虚，或多产房劳，或失血亡血导致阴血亏虚，正值经前冲任脉盛，虚火随冲气上扰心神，则发经前不寐，以心烦失眠，口干咽燥，脉细数为其特点。心肝火旺经前不寐多因素性抑郁，或大怒伤肝，导致肝郁气滞，肝郁化火，正值经前冲任之气旺盛，火气上冲，热扰心神而经前不寐，以彻夜不寐，心烦易怒，乳头作胀，脉弦滑为特点。治疗方面，阴虚火旺证治宜养阴清心安神，方用黄连阿胶鸡子黄汤加味，或天王补心丹加减；心肝火旺证治宜清肝泻火安神，方选龙胆泻肝汤加味。

心脾两虚经前不寐：缘由素体气血亏虚，或经前思虑过度，劳伤心脾所致。临床表现为经前失眠，夜梦纷纭，心悸怔忡，面色无华。治宜健脾养血安神，方用归脾汤。

【文献别录】

《刘奉五妇科经验·经前期紧张症五例》：“经前冲任脉盛，气充而血流急，多易导致经脉壅滞不通，易于诱发上述症状，而经血一来，冲任气血通调，症状自除。”

（林育樵　华　苓）

306. 经 行 发 热

【概念】

经行发热，是妇女每值经期或经前出现发热，经后则退的症状。经行时偶然一次发热者，不属本症讨论范畴。《济阴纲目》称"经病发热"。本症首见于《陈素庵妇科补解》，《医宗金鉴》、《妇科要旨》等均有论述。

【鉴别】

常见证候

肝郁化火经行发热：经前或经期低热，经后即退，月经先期，量多色紫质稠，或行经时间延长，胸闷胁胀，心烦，头晕，或面红目赤，或口苦咽干，舌质偏红，苔薄或黄腻，脉弦数。

阴虚火旺经行发热：平时低热缠绵，经行热势升高，月经大多超前，量少色黯红，心中烦热，口干咽燥，头晕目眩，形体消瘦，舌红苔薄，脉细数。

外感风寒经行发热：每届经前或经期，发热恶寒，周身疼痛，头痛鼻塞，月经量少色淡，小腹隐痛，舌淡苔薄白，脉浮缓或浮滑。

外感风热经行发热：每届经前或经期，发热不恶寒，鼻流清涕，头痛且胀，口渴咽痛，月经先期而至，经量稍多，色红，舌红苔薄黄，脉浮数。

胞宫瘀血经行发热：经前或经期低热，月经量少，色褐质稠，少腹疼痛拒按，或痛如针刺，或腰强难以转侧，面色黯黑，失眠多梦，口干不欲饮，舌黯红或有瘀斑，脉弦涩。

气血两虚经行发热：经行微热，月经先期，量多色淡，心悸少寐，面目虚浮，头晕眼花，倦怠神疲，舌胖嫩，苔薄，脉细略数。

鉴别分析

肝郁化火经行发热与胞宫瘀血经行发热：二者均为实热证。但病因、病机有所不同。肝郁化火经行发热多因内伤七情，肝失条达，郁久化火，复值经期冲气旺盛，气火内燔，而发本症。其临床表现，多在经前或经期发热，伴有胸胁胀痛，心烦头晕，舌质偏红，脉弦数等，治宜疏肝解郁，清热调经，方用丹栀逍遥散加减。胞宫瘀血经行发热多因产后恶露未净，或经血未尽，外感六淫或内伤七情，致瘀血滞于胞宫，久而化热，行经之际，气血乖违，营卫失和而引发本症。多见经行低热，月经量少，色褐质稠，少腹疼痛拒按等。治宜活血化瘀，清热调经，方用莪术汤加减。

外感风寒经行发热与外感风热经行发热：二者均属为风邪乘袭而致。多因素禀气弱，经行之际，气血更虚，外邪乘虚而入引起发热。前者为风寒之邪引起，故临床表现为风寒表证，如发热恶寒，头身痛，鼻塞等，治宜祛风调经，方用桂枝四物汤加荆芥；后者为感受风热之邪，故出现发热不恶寒，头胀痛，鼻流清涕，口渴咽干等风热表证的症状，治宜清热调经，方用银翘散加减。

阴虚火旺经行发热与气血两虚经行发热：二者皆为虚证。阴虚火旺经行发热，多因素体阴虚，或经行过多，或大病久病耗伤阴血，致阴血不足而生内热，经行之际，血注胞宫，营阴愈虚，而发本症。证见低热绵绵，午后较甚，形体消瘦，口干咽燥，心中烦热，舌红少苔，脉细数。治宜滋阴清热调经，方用加味地骨皮饮；气血两虚经行发热常因素体亏虚，或劳倦思虑伤脾，或久病失养，气血虚弱，经行之时，气随血泄，其气亦虚，气血阴阳失调，而令发热。证见经行低热，面目虚浮，头晕目花，心悸怔忡，月经色淡，舌胖苔薄，脉细等症状。治宜益气养血，方用八珍汤加减。

经行发热，一般属于内伤者多，即使有外感表证，也是在内伤的基础上，风邪乘虚而入所致。其主要病机是营卫气血失调，因此，治疗应慎守病机，以调气血，和营卫为主。本症还应注意饮食、精神方面的调养，气血充实，精力充沛，自无发热之患。

【文献别录】

《医宗金鉴·妇科心法要诀》："经行发热时潮热，经前血热经后虚，发热无时察客热，潮热午后审阴虚。"

《济阴纲目·论往来寒热》："经水适来适断，或有往来寒热者，先服小柴胡，以去其寒热，后以四物汤和之。"

《济阴纲目·论经病发热》："经前潮热，血虚有滞，逍遥散加牡丹皮、桃仁、元胡索。经后潮热者，血虚有热，逍遥散去柴胡换地骨皮加生地黄。"

（林育樵　华　苓）

307. 经 行 头 痛

【概念】

经行头痛，是指每逢经期或月经前后出现头痛的症状。若偶然发生一次经期头痛，不属本症讨论的范畴。本症散见于"月经不调"中，《张氏医通》有"经行辄头痛"的记载。现代医学将之归属于"经前期紧张综合征"的范畴。

【鉴别分析】

常见证候

血瘀经行头痛：经前或经期头痛如锥刺，痛有定处，经行不爽，量少有瘀块，少腹疼痛，舌黯或边有瘀点，苔薄腻，脉弦紧。

肝阳上亢经行头痛：经前或经期头痛，甚或巅顶掣痛，头晕目眩，目胀，心烦易怒，睡眠不安，腰痠耳鸣，或胁痛口苦，月经先期，量多色鲜，舌质偏紫红，苔薄白或薄黄，脉细弦。

血虚经行头痛：经期或经后头空痛，牵掣眼眶、眉棱骨，伴头晕目眩，怕光喜静，心悸少寐，口干咽燥，不思饮食，面色萎黄，月经量少，色淡红，舌淡、苔薄中剥，脉细。

痰湿经行头痛：经前或经行头痛头重，胀闷不清，呕恶痰多，胸胁满闷，形体肥胖，肢体胀满，经血清淡或夹有粘液，大便溏薄，舌胖苔白腻，脉弦滑。

鉴别分析

血瘀经行头痛与痰湿经行头痛：二者均为实证。但病因、病机不同。血瘀经行头痛多因经行之期，遇寒饮冷，血为寒凝；或七情内伤，气机郁结；或跌仆外伤，以致瘀血内阻。经行以通畅为顺，若瘀血不去，则脉络不通，以致清阳不升，遂致头痛。其特点为头痛如锥刺，痛有定处，经行不爽，量少有瘀块，少腹疼痛。经畅后头痛及腹痛均见缓解，舌黯有瘀，脉弦紧，治宜活血化瘀，方用血府逐瘀汤或通窍活血汤。痰湿经行头痛多因平素脾胃虚弱，中气不运，水湿不化，痰湿内聚，经前冲脉血盛，气机失宣，清阳不升，浊阴不降，闭塞清窍，引发本症，表现为头重痛，胀闷不清，呕恶痰多，形体肥胖，肢体胀满，经血清淡或夹有粘液，舌胖苔白腻，脉弦滑。治宜化痰降逆止痛，方用半夏白术天麻汤加减。

肝阳上亢经行头痛与血虚经行头痛：二者均为虚证，一为虚热证，一为虚寒证。肝阳上亢经行头痛多因素体肝阴或肾阴不足，阴不济阳，虚热内生；或情志所伤，肝失调达，郁久化火，经前冲气偏旺，冲脉附于肝，冲气夹肝气上逆，气火上扰而发本证，其特征为经前或经期头胀痛，心烦易怒，睡眠不安，腰疫耳鸣，月经提前，量多，舌偏紫红，脉细弦。治宜滋阴清热，平肝潜阳，方用天麻钩藤饮加减。若兼面红目赤，口苦咽干，偏头痛，头筋暴起，耳聋耳鸣，烦躁易怒，溲赤便秘，舌红脉弦数有力者，为肝阳化火证。宜泻肝清热，方用龙胆泻肝汤。血虚经行头痛多因素体虚弱，或脾虚化源不足，或失血伤精，致精血亏虚，血虚不能养脑，脑髓不足，逢经行阴血下注胞宫，精血益虚，脑失所养引发本证。其特点为经期或经后有空痛，痛牵及眼眶，伴心悸少寐，头晕目眩，面色无华，月经量少，色淡，舌淡，脉细弱无力。治宜养血益气，方用加味四物汤。

【文献别录】

《中国妇科病学·经行头痛》："感冒性者，恶寒发热，无汗，脉紧。内热者，面赤心烦，口渴，唇紫，脉数。血虚者，心跳气短，自汗，脉弱。治法：感冒者，用加味菊花散。内热者，用玉女煎。血虚者，用当归补血汤或人参养荣汤。"

（华　苓　林育樵）

308. 经 行 眩 晕

【概念】

经行眩晕，指每逢行经出现头目晕眩，视物昏花的症状，其特点为周期性发作。在《陈素庵妇科补解》中称"经行头重目暗"。

【鉴别】

常见证候

血虚经行眩晕：经行或经后头晕目眩，经行量少，经期后延，色淡红质稀，伴体倦乏力，面色萎黄或无华，心悸少寐，舌淡苔薄，脉细弱。

阴虚阳亢经行眩晕：经行头晕目眩，耳鸣，甚则天旋地转，经行量少，色红，烦躁易怒，口干咽燥，舌红苔黄，脉弦细数。

脾虚夹湿经行眩晕：经行前后，头晕而沉重，平时带下量多。胸闷欲呕，纳少便溏，苔白腻，脉濡滑。

鉴别分析

血虚经行眩晕与脾虚夹湿经行眩晕：前者为虚证，后者为虚实夹杂证。血虚经行眩晕多因素体血虚，大病失血，或脾虚化源不足，营血不足，经行则气血下注，其血更虚，不能上荣头目而发本证。临床上兼见体倦乏力，面色萎黄，心悸少寐等血虚的症状。治以补益心脾，益气生血，方用归脾汤加枸杞、首乌。脾虚夹湿经行眩晕缘于素体肥胖痰盛之体，或脾虚运化失司，痰湿内生，阻遏清阳，经期气血下注，气虚益甚，清阳不升，痰浊上扰清窍则发眩晕之症。临床上除脾气虚弱的症状外，还见头晕，头重，胸闷欲呕，带下量多，苔腻脉滑等湿重的症状，治宜健脾除湿化痰，方用半夏白术天麻汤加蔓荆子。

阴虚阳亢经行眩晕：多因素体肝肾不足，精血亏少，或多产房劳，阴精暗耗，经行阴精更虚，阴不敛阳，肝阳上亢，导致眩晕。证见眩晕耳鸣，月经量少，色红，伴烦躁易怒，舌红脉细等症状，治宜滋阴潜阳，方用天麻钩藤饮。

（华　苓）

309. 经 行 口 糜

【概念】

经行口糜是指伴随月经周期反复出现口舌生疮，糜烂的症状。

【鉴别】

常见证候

胃热熏蒸经行口糜：经前或经期出现口糜，口臭，月经量多，色深红，质稠，口干欲饮，面部痤疮，尿黄，便干，或脘腹胀满，舌红苔黄，脉数。

阴虚火旺经行口糜：经行口糜，溃烂疼痛，口燥咽干，月经量少，色红，伴五心烦热，失眠多梦，尿黄少，舌红少苔，脉细数。

鉴别分析

胃热熏蒸经行口糜与阴虚火旺经行口糜：二者皆为热证，但一为实证，一为虚症，病因、病机各不相同。胃热熏蒸经行口糜多因嗜食辛辣香燥之物，膏粱厚味，肠胃蕴热，足阳明胃经与冲脉相通，经前冲脉之气旺盛，胃热夹冲气上逆，熏蒸而发口糜。临床上表现为内热炽盛的症状如口干欲饮，面部痤疮，尿黄便干，月经量多，色红质粘稠等。治以清胃泻热，方用凉膈散加减。阴虚火旺经行口糜常由于素体阴虚，或思虑劳倦，或多产房劳耗伤阴血，阴虚火旺，虚火乘心，适值经期阴血下注，则虚火益盛，火性上炎而发口糜。证见口燥咽干，五心烦热，失眠多梦，月经量少色红，舌红少苔等阴虚内热的症状。治疗拟予滋阴清热，方用玉女煎加减。

总之，本症总因于热，病位在口舌，病本在心或胃，病性有虚实之分，治疗宜清热为主。同时，应注意饮食调理，摒除不良的饮食习惯。

（华　苓）

310. 经 行 身 痛

【概念】

经行身痛，是指伴随月经周期出现的身体或肢节疼痛，经后消失的症状。亦称"经行遍身痛"。"痹症"之身痛不属于本症讨论的范畴。本症最早见于《女科百问》称为"经水欲行，先身体疼痛"。此后，在《古今医鉴》、《医宗金鉴》均对本症有一定的论述。

【鉴别】

常见证候

血虚经行身痛：经行遍身痠痛麻木，月经量多色淡，面色萎黄，小腹隐痛，头晕目眩，舌淡，苔薄，脉细。

外感风寒经行身痛：经行遍身骨节痠痛，恶寒发热，鼻塞头痛，无汗，月经量少不畅，小腹冷痛，舌淡，苔薄白，脉浮细而紧，若恶风有汗，则脉浮细而缓。

血瘀经行身痛：经行周身关节疼痛不适，得热则缓，遇寒则重，伴经期推迟，腹痛，经行有块，量少，平时肢体麻木或痠软无力，舌紫黯，脉沉涩或弦紧。

鉴别分析

血虚经行身痛与血瘀经行身痛：二者虽然一虚一实，但二者之间又相互联系，以虚为本。血虚经行身痛多因素体血虚，或大病久病，失血伤津致使血虚筋脉失养，经行时期阴血下注，肢体百骸愈乏营血灌溉充养，而引发疼痛。其临床特点为：经行遍身疼痛，面黄无华，头晕目眩，舌淡脉细。治宜养血和络，方用独活寄生汤。血瘀经行身痛由于素体气血不足，营卫失调，经期产后寒湿之邪乘虚内袭，稽留于经络关节之间，寒凝血瘀，适值经期气血欲下注胞宫，而经脉阻滞，不通则痛，故经行身痛，得热则舒，伴月经后错，量少有块，少腹疼痛，舌黯脉涩。治以养血活血，散寒止痛，方用身痛逐瘀汤。

外感风寒经行身痛：素体气血不足，营卫失调，经期卫阳不固，风寒乘虚袭于经络之间而致。临床表现为经行身痛伴有风寒表证。如无汗恶风，发热等。脉浮细而紧者，治宜养血解表，方用麻黄四物汤；若自汗恶风，脉浮细而缓者，治宜养血和营，方用桂枝四物汤。

【文献别录】

《医宗金鉴·妇科心法要诀》："经来时身体痛疼，若有表证者，酌用麻黄四物、桂枝四物等汤发之；若无表证者，乃血脉壅阻也，……，若经行后或血去过多者，乃血虚不荣也。"

《简明中医妇科学·经行身痛》："……又有因为气血已虚，身体虚弱，在月经来潮的时期，风湿疼痛，乘虚发作……。"

（林育樵　华　苓）

311. 经 行 身 痒

【概念】

经行身痒，是指每逢经行前后或月经期出现皮肤瘙痒的症状。本症历代医家论述较少，多作为月经病的伴随症状出现，但临床上多有发生。应注意与"皮肤瘙痒症"相鉴别，后者的发生与月经无关，多与季节有关，临床上不难区别。

【鉴别】

常见证候

血虚经行身痒：每逢经期身痒即作，瘙痒难忍，入夜尤甚，月经后错，量少色淡，伴皮肤干燥，面色不华，舌淡苔薄，脉细。

风热经行身痒：经行身痒难耐，遇热尤甚，月经提前，量多色红，伴口干喜冷饮，尿黄便坚，舌红苔黄，脉浮数。

风寒经行身痒：每值经期身痒即作，遇冷或遇风尤甚，经行不畅，量少色黯有块，少腹疼痛，舌淡苔薄白，脉迟或缓。

鉴别分析

血虚经行身痒与风寒经行身痒：二者均为无热之身痒，一为虚证，一为实证。血虚经行身痒多因素体阴血亏虚，或多产房劳，营血不足，经行时期阴血下注，阴血益虚，血虚生风，肌肤失养，而发身痒之症。其特点为经行身痒，日轻夜重，月经量少色淡，伴面色不华等血虚症状。治宜养血疏风，方用当归饮子加减；风寒经行身痒多因素体虚弱，营卫失调，行经时阴血下注血海，脉道空虚，风寒之邪乘虚而入，与经血相搏而发本证。证见身痒遇风遇寒加重，并见经行不畅，量少色黯，少腹疼痛等寒凝的症状，治宜疏风散寒，调和营卫，方用荆防四物汤加减。

风热经行身痒：多因素体阳盛，或过食辛辣厚味之品，血分蕴热，经行时期气血俱虚，风邪乘虚而入，风热相搏于肌肤而发本证，临床特点为身痒难耐，遇热尤甚，兼见月经量多提前，口干喜饮，尿黄便坚等热盛的表现。治宜清热凉血，疏风止痒，方用消风散化裁。

总之，经行身痒一症，多因气血不足，营卫不和所致，治疗应以养血疏风润燥为主，切忌辛温香燥之品，以免更伤阴血。

【文献别录】

《女科百问·第四十六问》："身瘙痒者，是体虚受风，风入腠理与血气相搏而俱往来在皮肤之间，邪气散而不能冲击为痛，故但瘙痒也。"

（毕 岑）

312. 经 行 瘩 瘤

【概念】

经行瘩瘤：是指每值经行前后或经期皮肤瘙痒，周身瘾疹，或起疹块的症状，又称"经行瘾疹"、"经行风疹块"。古医籍对此无详细的论述。本症与风疹病毒引起的"风疹块"不同，临证应加以区别。

【鉴别】

常见证候

血虚经行瘩瘤：经行身痒，或瘾疹频发，瘙痒难忍，昼轻夜甚，月经后错，量少，皮肤干燥，面色无华，舌淡红苔薄，脉细。

风热经行瘩瘤：经行皮肤起疹块、风团，色焮红，奇痒不堪，搔之皮肤起痕，遇热尤甚，月经提前，量多色红，口干喜饮，尿黄便坚，舌红苔黄，脉浮数。

鉴别分析

血虚经行瘩瘤：素体阴血不足，或多产，或慢性失血，导致营阴不足。经行时期阴血下注血海，阴血愈虚，血虚生风，肌肤失养，经行遂发疹块作痒。特点为瘙痒昼轻夜甚，月经后期，量少，皮肤干燥等，治宜养血疏风止痒，方选当归饮子化裁。

风热经行瘰瘤：缘于素体阳虚，或过食辛辣助阳之品，血分蕴热，经行时期阴血下行，阴血愈虚，风邪内客，风热相搏，郁于肌肤，而发风疹作痒。兼见月经提前，量多色红，口干喜饮，舌红苔黄，脉数等。法宜清热凉血，散风止痒，方用消风散加减。

本症缘于素体本虚，风邪内扰，郁于肌肤而发病，治疗应以养血疏风为主。同时，妇女在经期应慎起居，调饮食。

（华　芩）

313. 经 行 腹 痛

【概念】

经行腹痛，是指妇女正值经期或经行前后，出现周期性的小腹疼痛难忍的症状，又称"痛经"。其痛或引腰骶，甚则剧痛可至昏厥。如果经期仅感小腹或腰部轻微胀痛，属正常现象，不属"经行腹痛"范围。本症最早见于《金匮要略》，此后，《诸病源候论》、《丹溪心法》、《景岳全书》等对此均有详细的论述。

【鉴别】

常见证候

肝郁气滞经行腹痛：经前或经行小腹坠胀而痛，经量或多或少，血色或红或紫，或夹有血块，经行不畅，胁痛乳胀，烦躁胸闷，舌质正常或紫黯，脉弦；若肝郁化热，则见目赤口苦，眩晕，胸胁闷胀，月经色紫而粘稠，便秘溲赤，舌黯红，脉细数或弦数。

胞宫血瘀经行腹痛：经行小腹剧痛，痛引腰骶，经行不畅，经色紫黯有块，瘀块下后腹痛减轻，舌黯有瘀斑，脉沉迟而涩。

寒湿凝滞经行腹痛：经前或经期小腹冷痛，得热则减，形寒肢冷，月经后期，经量少，涩滞不爽，经色黯红或夹有血块，大便多溏，带下绵绵，舌黯或有瘀斑，苔白腻而滑，脉沉紧或沉迟。

湿热蕴结经行腹痛：经前或经期少腹刺痛或有灼热感，且拒按，月经提前或先后不定期，经色紫红秽臭，质粘稠，平时低热起伏，黄白带下，大便干或不爽，小便短赤，舌红苔黄腻，脉滑数。

气血两虚经行腹痛：经期或经后腹痛绵绵，喜按喜温，月经量少，色淡质稀，面白或萎黄，头晕心悸，倦怠无力，舌淡苔薄白，脉细无力。

冲任虚寒经行腹痛：经期或经后小腹冷痛，得热痛减，遇寒加剧，经期愆后，量少色淡，带下清稀，腰脊痠痛，背寒肢冷，小便清长，舌淡嫩，苔薄白，脉沉细。

肝肾阴虚经行腹痛：经期或经后小腹隐隐作痛，月经量少，色淡红，腰膝痠软，头晕耳鸣，舌红嫩少苔，脉沉细数。

鉴别分析

肝郁气滞经行腹痛与胞宫血瘀经行腹痛：两者皆为实证，肝郁气滞经行腹痛，多由于七情所伤，肝气不舒，气机不利，血因气滞，阻于胞宫引起。其特点为：经前或经期小腹胀痛，伴胸闷乳胀，经后逐渐消失。治疗以舒肝理气止痛为法，一般选用柴胡舒肝散、或加味乌药汤；若肝郁化火则用宣郁通经汤。胞宫血瘀经行腹痛，多由于素性抑郁，复为情志所伤，气郁日久，血脉瘀滞，或有血瘀痼疾，致使经血瘀滞引起。其特点为：腹痛剧烈，持续时间较长，经色紫黯，经行不畅，血块下后疼痛减轻，唇舌紫黯。治以活血化瘀，兼以理气，方用琥珀散，若少腹冷痛则选用少腹逐瘀汤为佳。

湿热蕴结经行腹痛：其发病原因或由于情志不遂致使肝郁脾虚，肝郁生热，脾虚生湿，湿热蕴结；或因平素嗜食辛辣厚味，湿热内生；或经期房事不慎，感受湿热之邪，湿热蕴结胞宫，气血运行不畅，以致瘀血滞于胞宫而作痛。本证鉴别要点在于除经行腹痛外，平时兼有低热起伏，带下黄浊，尿赤或频数，舌红，脉数等一系列湿热症候，治当清热利湿止痛，方用丹栀逍遥散加炒苡仁、败酱草等。

寒湿凝滞经行腹痛与冲任虚寒经行腹痛：二者均为寒性腹痛，但一虚一实。寒湿凝滞经行腹痛属实证，主要因经期冒雨、涉水；或经水临行贪食生冷；或久处湿地，外伤风冷寒湿，寒湿之邪客以冲任而引起。一般在经前或经期小腹冷痛，经色黯红而有血块，舌苔白腻，舌质黯。治宜温经散寒，理气行血，方用《证治准绳》吴茱萸汤去荆芥、防风，加半夏、茯苓。冲任虚寒经行腹痛为虚证，系由禀赋不足，肾阳不足，冲任虚寒引起。其痛在经期或经后，伴月经量少色淡，经期错后，舌淡嫩，脉沉弱。治宜温经止痛，方用当归四逆汤去木通，加肉桂、干姜。

肝肾阴虚经行腹痛与气血两虚经行腹痛：两者同为虚证。肝肾阴虚经行腹痛多因禀赋不足，肝肾素弱，或房事不节，阴精暗耗，经后血海更虚，胞脉失养所致。临床表现为：经后小腹隐痛，周期延后，月经量少，腰膝酸软，头晕耳鸣，舌红少苔，脉细数。治宜补益肝肾，理气止痛，方用归芍地黄汤或一贯煎加减。气血两虚经行腹痛，多由素体虚弱，或大病久病之后，气血虚弱，运行无力所致。临床表现为经期或经后小腹隐痛，月经量或多或少，色淡质稀，面色萎黄，精神倦怠，舌淡脉细弱等症状。治宜补气养血，方用当归建中汤或三才大补丸。

由于经行腹痛在具体的患者身上的表现不尽相同，故临证时应从疼痛的部位、时间、性质，结合兼证等进行综合分析。

附：腹痛的鉴别要点

辨部位：少腹痛多为气滞，往往痛连胸胁；小腹痛多为血瘀，痛多连及腰骶部。至于全腹疼痛多属脾胃不和。

辨时间：经前、经期腹痛多属实证，经后作痛多属虚证。

辨疼痛的性质：痛而坠，或时痛时止，或胀甚于痛者属气滞；痛无休止，或痛而下瘀，瘀下则痛减是血瘀。掣痛而拒按属实属热；隐痛而喜按属虚；绞痛属寒；刺痛属热属瘀。

【文献别录】

《医宗金鉴·妇科心法要诀》："凡经来腹痛，在经后痛，则为气血虚弱；经前痛，则为气血凝滞。若因气滞血者，则多胀满。因血滞气者，则多疼痛。更当审其凝滞作胀之故，或因虚、因实、因寒、因热而分治之也。"

《章次公医案·痛经》："麻黄之治痛经，以子宫痉挛为当，如炎症则无效。"

（林育樵）

314. 经 行 腰 痛

【概念】

经行腰痛，是指经期腰部作痛，经后疼痛消失的症状。

【鉴别】

常见证候

血虚气滞经行腰痛：经行时期腰部作痛，少腹坠胀，经量不多，行之不畅，苔薄，脉弦细。

肝肾亏损经行腰痛：行经时腰痛如折，卧床休息后疼痛逐渐减轻，经期后错，量少色淡，腰膝痠软，舌淡苔白，脉沉细尺弱。

鉴别分析

血虚气滞经行腰痛：缘于素体虚弱，或情志不畅，或大病久病失养，导致血虚气滞，筋脉拘急，经行时期冲脉气盛，气血失和故发经期腰痛。证见腰部疼痛，少腹胀急不适，经行不畅量少，治宜养血调气，佐以补肾，方用宽带汤去麦冬、莲子、肉苁蓉加元胡、香附、甘草。

肝肾亏损经行腰痛：缘由素体阴虚，或多产房劳，或郁怒伤肝，或失血亡血，导致肝肾不足，精血亏虚。证见腰痛如折，月经量少色淡，治宜补益肝肾，方用加味青娥丸。

【文献别录】

《中医临证备要》："经期腰部痠痛，多由体虚，肝肾不足，调经方内加杜仲、续断，予以兼顾，不作主证治疗。"

(林育樵)

315. 经 行 呕 吐

【概念】

经行呕吐，是指每于行经时期发生呕吐，经后自然缓解的症状，又称"经来呕吐"，"经来饮食后即吐"。若月经期间偶然发生一、二次呕吐者，则不作病态。本症历代医家未作专论，多见于月经病中论述。

【鉴别】

常见证候

肝气犯胃经行呕吐：经行之际，吞酸嗳气，呕吐频频，心烦易怒，纳呆神疲，经前胸闷乳胀，月经量少，色红夹块，舌红苔薄白，脉弦滑。

脾胃虚弱经行呕吐：经行之际，呕吐食物，食少腹胀，大便泄泻，月经先期，量多色淡，偏寒者，呕吐多为清水，面色㿠白，四肢不温，舌淡嫩，脉沉细；偏热者，多为干呕，口燥咽干，胃中嘈杂，舌红苔光剥少津，脉细数。

痰饮伏胃经行呕吐：经行之际，呕吐痰涎，兼有胃脘痞满，口粘纳呆，饮水即吐，或头晕目眩，月经后错，量少色淡，舌淡红，苔白腻，脉滑。

鉴别分析

肝气犯胃经行呕吐与痰饮伏胃经行呕吐：同为实邪所致。前者为素性抑郁，复为情志所伤，肝气郁结，经期气血下注胞宫，冲任气盛，冲气上逆，伴随肝气横逆犯胃，胃失和降，而引起。辨证要点为：呕吐频频，吞酸嗳气，经前乳胀，烦躁易怒。治宜舒肝和胃，理气止呕，方选四七汤合左金丸；后者多因久病或劳倦所伤，脾失运化，水湿不行，痰饮内伏，阻遏胃气导致本证。多见呕吐痰涎，饮水即吐，口粘纳呆。治宜健脾和胃，化痰止呕，方选旋覆代赭汤加味。

脾胃虚弱经行呕吐：多因饮食劳倦所伤，脾胃久虚不复，运化失常，经行气血下注，中气愈虚，致使清气下陷，浊气上逆，而发生呕吐，其辨证要点是：呕吐食物与大便泄泻并见。治宜养胃止呕，方选香砂六君子汤；偏寒者，治宜温胃健脾止呕，方选理中汤加豆蔻、砂仁；偏热者，治宜清热和胃止呕，方选橘皮竹茹汤。

【文献别录】

《医宗金鉴·妇科心法要诀》："经行呕吐，是胃弱也。若呕出涎饮，则是伤饮。若吐出食物，则是伤食。然伤食者多痛而吐食，伤饮者，不痛而呕饮也。"

（林育樵　华　苓）

316. 经 行 泄 泻

【概念】

经行泄泻，是指每逢经期或经前大便溏泻或水泻，经后则愈，呈周期性发作。又称"经来泄泻"。本症一般可持续数年，很难自愈，对身体健康有一定的影响。若因饮食不节而发生经期泄泻，或与月经周期无关的泄泻，均不属本症的范畴。经行泄泻最早见于《陈素庵妇科补解》。《医宗金鉴》对此作了详细论述。

【鉴别】

常见证候

脾气虚弱经行泄泻：经行时大便溏薄，次数增加，或有少腹胀痛，月经先期，量多色淡，面色萎黄，面目与四肢虚浮肿胀，口淡乏味，饮食减少，带下绵绵，舌胖淡，苔薄腻，脉濡。

脾肾阳虚经行泄泻：经行大便溏薄或如水样，少腹冷痛且坠，面色苍白或晦黯，形寒肢冷，月经后期，量少，腰痠腿软，小便清长，带下清稀，舌淡胖，苔薄，脉沉细。

肝木犯胃经行泄泻：经前即有泄泻，痛则欲泻，泻后痛减，胸胁胀满，嗳气少食，恶心呕吐，经前乳胀，经期小腹胀痛，苔薄腻，脉弦或濡。

鉴别分析

脾气虚弱经行泄泻与脾肾阳虚经行泄泻：二者同为虚证。脾气虚弱经行泄泻系由素体脾气虚弱，经行时脾血下注冲脉，脾气更虚，清气下陷，湿浊不化，水湿内聚，渗于肠胃而发泄泻。而脾肾阳虚经行泄泻多因素体先天不足，或多产房劳，克伐肾气；或泄泻日久，脾虚及肾，导致脾肾阳虚，经行则肾气更虚，开合失司而发本症。两证的鉴别要点：主要从脾虚的腹胀浮肿，带下绵绵，脾肾阳虚的少腹冷痛，腰膝痠软，带下清稀来区分。前者治宜健脾益气，温中止泻，方用香砂六君子汤；后者治宜益气温肾，健脾止泻，方用附子理中汤加泽泻、胡芦巴。

肝木犯脾经行泄泻：由于素体脾虚，郁怒伤肝，肝木偏亢，肝气横逆，克伐脾土所致。其特点为痛则欲泻，泻后痛减，经前乳胀，胸胁胀闷。治宜疏肝和脾，扶土抑木，方用痛泻要方加香附、砂仁。

【文献别录】

《沈氏女科辑要笺正·经行声哑及目暗、泄泻、带下等证》："……所谓肝木侮土者，则左脉当弦，而右脉当弱。宜扶土而柔肝。亦有左关反软，而右关反劲者，则所谓木乘土位，肝尤横而土得益衰，宜参芪升陷，而参用柔驯肝木之法。"

《时氏医书丛刊·中国妇科学》："经行泄泻：治疗：兼寒者，香砂胃苓汤；兼热者，葛根芩连汤；兼虚者，参苓白术散；兼实者，枳实导滞汤。"

《叶天士女科全书》："经来之时，五更泄泻，如乳儿尿，此乃肾虚，不必治脾，宜服理中汤七剂。"

（林育樵　华　苓）

317. 经 行 吐 衄

【概念】

经行吐衄，是指月经前后或经期发生的周期性、规律性的口鼻出血，或眼耳出血的症状而言。多数患者伴有月经量减少，甚至经闭不行。又称"经逆"、"逆经"、"倒经"，与西医的"代偿性月经"相似。既往月经正常的妇女，偶尔在行经前后发生一、二次吐血或衄血，不应作"经行吐衄"而论。

【鉴别】

常见证候

肝郁化火经行吐衄：经前或经期发生吐衄，口苦咽干，面红目赤，头晕而胀，烦躁易怒，夜寐不安，胸胁及乳房胀痛，经行先后无定期，经来不畅，色红量少，少腹胀痛，小便黄赤，舌红苔黄，脉弦数。

胃火血热经行吐衄：经前或经期吐衄，口渴口臭，喜冷恶热，牙龈肿痛或溃烂出血，经行先期，色红或紫，量多质粘，便干溲赤，舌红苔黄，脉洪数。

阴虚肺燥经行吐衄：经期或经后吐衄，量少色红，平时头晕耳鸣，咽干鼻燥，干咳音哑，午后潮热，颧赤盗汗，月经量少，色红无块，舌质嫩红而干，舌苔花剥或无苔，脉细数无力。

脾不统血经行吐衄：经期或经后口鼻出血，色淡红质稀薄，面色㿠白，倦怠嗜卧，气短懒言，食少腹胀，大便溏泻，带下绵绵，质稀色白，经行量多，或崩或漏，经色浅淡，质地清稀，舌胖淡边有齿痕，脉细弱或虚大无力。

鉴别分析

肝郁化火经行吐衄与胃火血热经行吐衄：《灵枢·百病始生》说："阳络伤则血外溢，血外溢则衄血。"以上两种证候均属火热上冲，损伤阳络的"实证"、"热证"。故临床上皆在经前或经期血海满盈时发生吐衄，出血量多，色红质粘为其共同特点。然二者病因、病机尚有不同之处。肝经郁火经行吐衄多由恚怒伤肝，气郁化火，肝火扰动，阴血失藏所致；胃火血热经行吐衄多因恣食辛辣炙煿厚味，致使胃中积热，胃火上冲而引起。故前者兼见头晕目眩，面红目赤，烦躁易怒，口苦咽干，胸胁胀痛等症。由于肝之疏泄失职，血海蓄溢失常，所以经行先后无定期，经来涩滞不爽，经行少腹及乳房胀痛等肝郁症状为其主要特征；后者则以齿痛龈肿，口渴，口臭，便秘，月经量多等胃火内炽表现为其辨证要点。因皆属"实"、"热"证，治疗总以清热凉血，顺经止血为法。肝郁化火经行吐衄，治宜清肝解郁，降逆止血，方用丹栀逍遥散加减；胃火血热经行吐衄，治宜清胃泻火，凉血止血，根据证情可选用犀角地黄汤或麦门冬汤加减，或四生丸加黄芩、黄连等。

阴虚肺燥经行吐衄与脾不统血经行吐衄：二者皆为虚证，但一热一寒。阴虚肺燥经行吐衄经常由于素体阴虚，产育过多，房劳过度等多种原因引起精亏血耗，阴虚火旺，灼伤肺津，损伤阳络而成，证属虚热。以出血量少，而色红为其特点，兼有干咳音哑，鼻燥咽干，潮热盗汗，舌红少津等阴虚肺燥的症状。脾不统血经行吐衄则由饮食劳倦，损伤脾胃，中气不足，脾失统血之权所致。表现为出血色淡，质地清稀，兼见倦怠懒言，不思饮食，腹胀便溏，经色浅淡，清稀量多，舌淡等脾虚的症状。阴虚肺燥证治宜养阴润肺，清热凉血，方用沙参麦冬汤加味；脾不统血证治宜健脾益气，引血归经，方用归脾汤加减。

经行吐衄一症，多因血热气逆所致，脾不统血引起的较为少见。临证应从出血的量、色、质，并结合兼证进行鉴别分析。至于吐衄发生在经前、经期或经后，则不必过于拘泥。但据证观察，本症发生在经前者居多。治疗应本《内经》"热者清之"、"逆者平之"的原则，以清热凉血降逆为主。

【文献别录】

《医宗金鉴·妇科心法要诀》："妇女经血逆行，上为吐血，衄血，及错行，下为崩血者，皆因热盛也，伤阴络则下行为崩，伤阳络则上行为吐衄也，若去血过多，则热随血去，当以补为主，如血少热尚未减，虽虚仍当以清为主也。"

（申曼莉　华　苓）

318. 经行便血

【概念】

经行便血，是指妇女在经期或经前出现大便下血，经后即愈，呈周期性发作的症状。其它与月经周期无关的大便下血，如内科、肛肠疾病的大便下血不属本症讨论的范畴。

《竹林女科证治》有"差经"一症，指月经来潮时血从大小便俱出的病症；《竹林女科秘方考》又有"错经"之名，指经行吐衄和经行大小便下血的病症；《秘传内府经验女科》称之谓"踵经"；《养儿宝》称"蹉经"；《妇科指归》称"蹉理症"；《女科备考》称"蹉缠"。

【鉴别】

常见证候

胃肠积热经行便血：经前或经期大便下血，色深红或鲜红，或面赤唇干，咽燥口苦，口臭，经来量少，色紫红，质粘稠，甚或经闭不行，便干溲黄，舌红苔黄，脉滑数。

脾不统血经行便血：经期大便下血，血色暗淡，肢倦神疲，少气懒言，面色无华，心悸少寐，或食少便溏，四肢欠温，经行提前而量多，经色暗淡，舌淡或有齿痕，脉细缓无力。

鉴别分析

胃肠积热经行便血：属实热证。多因嗜食辛辣炙煿，燥血动火之物，热郁阳明，损伤肠络，冲为血海，隶于阳明，月经将潮之际，胞中气血俱盛，遂引动肠中伏热，迫血下行，引起便血。便血多发生在经前一二日；血为热灼，故便血与经血皆呈紫红或鲜红，质粘稠；血失于后阴，则经行量少，甚则经闭；阳明郁热内盛，故有面赤口燥，便干溲赤，舌红苔黄，脉弦数之兼证。治当清热凉血，调经止血，方用约营煎。

脾不统血经行便血：属虚寒证。多因久患便血，中气受损；或因饮食劳倦，或七情内伤损伤中气引起。气为血帅，气虚则无力统摄血行，再值月经来潮，气随血泄，胃肠之气益虚，阴血失守，因而便血。故本证多发生在经后，且血色暗淡而量多，兼见肢倦神疲，少气懒言，食少便溏等脾虚气弱之症。治当补气摄血，选用归脾汤或黄土汤加减。

【文献别录】

《傅青主女科·调经》："妇人有行经之前一日大便先出血者，人以为血崩之症，谁知是经流于大肠乎！夫大肠与行经之路，各有分别，何以能入乎其中？不知胞胎之系，上通心而下通肾，心肾不交，两无所归，而心肾二经之气，不来照摄，听其自便，所以血不走小肠而走大肠也。……必大补其心与肾，使心肾之气交，而胞胎之气自不散，则大肠之血自不妄行，而经自顺矣。"

（李炳文）

319. 经 行 浮 肿

【概念】

经行浮肿：是指妇女经行前或经期发生面目及四肢浮肿，经行后自行消失的症状。又称"经来遍身浮肿"、"经来浮肿"。如浮肿与月经周期无关者，则不属本症讨论的范围。

【鉴别】

常见证候

脾肾阳虚经行浮肿：经行面目浮肿，四肢肿胀，按之凹陷不起，形寒肢冷，腰膝痠软，大便溏薄，小便清白量少，经行量少色淡，舌淡胖，苔薄而滑，脉沉细无力。

脾虚湿滞经行浮肿：每届经前面浮肢肿，按之凹陷，食欲不振，泛泛欲呕，脘腹膨胀，大便多而不实，舌胖淡，苔薄腻，脉濡。

气滞血瘀经行浮肿：经前或经期肢体肿胀不适，乏力，按之随手即起，月经后错，色暗有块，伴经行腹痛，胸脘胁肋闷胀，善叹息，舌紫黯，脉弦紧。

鉴别分析

脾肾阳虚经行浮肿与脾虚湿滞经行浮肿：二者均为虚证之浮肿，但病因、病机各异。脾肾阳虚经行浮肿多因素体阳虚，或劳倦伤脾，或房劳多产伤肾，导致脾肾阳虚，水湿内停，经行之际，气血下注，气随血下，脾肾之阳气益虚，脾不能运湿，肾不能温化水湿，水湿泛溢肌肤而致经行浮肿。辨证要点为：面浮肢肿，形寒肢冷，大便溏薄，小便清，腰膝痠软，脉沉细无力。治宜温肾健脾，益气消肿，方用金匮肾气丸加味。脾虚湿滞经行浮肿多由于素体脾气虚弱，湿浊内蕴，经行之际，气随血下泄，脾气益虚，不能运化水湿，外散肌肤所致。其临床表现为：经行面浮跗肿，但较脾肾阳虚证轻，兼见纳呆欲呕，脘腹胀满等脾虚的症状，治宜益气健脾，化湿消肿，方用参苓白术散加减。

气滞血瘀经行浮肿：多因素性抑郁，或为七情所伤，气机不畅，血行受阻，气滞血瘀，遏阻隧道，经行以气血通畅为顺，气滞不行，发为浮肿，属实证。其特点为经前或经期浮肿，按之即起，伴经行不畅，色暗有块，经行腹痛，胸胁胀满等症状。治宜理气活血，佐以消肿，方用八物汤加泽兰、茯苓、泽泻。

总之，经行浮肿一症与脾、肾二脏关系密切，且以虚证居多，治疗多以温补取效；以内实者，每多虚实夹杂，治疗当经前调理与经期治疗相结合。

【文献别录】

《中医妇科临床手册·经行浮肿》："气滞湿阻型主症：经前面部及四肢肿胀，经行不爽，少腹胀痛。苔薄腻或白腻，脉濡细或弦细。治法：健脾化湿，理气消肿。处方：导滞通经汤合四物汤加减。"

（林育樵　华　苓）

320. 经 行 抽 搐

【概念】

经行抽搐，是指妇女行经时发生肢体抽搐，经后自愈的症状。与月经周期无关的肢体抽搐不属本症讨论的范围。

【鉴别】

常见证候

血虚经行抽搐：经行肢体抽搐，程度较轻，伴有麻木，经后恢复正常，其月经量多，色淡，面色苍白，舌淡，脉细弱或细滑无力。

肝郁血虚经行抽搐：经期情绪激动，心中烦乱，睡眠不安，继而四肢抽搐，发作时间较长，发病后头晕乏力、肢软，大便多秘结，舌黯红或稍淡，苔少，脉细弦。

风痰经行抽搐：经期胸闷恶心，头晕目眩，继而四肢抽搐，不省人事，舌苔白腻或薄腻，脉弦滑。

鉴别分析

血虚经行抽搐与肝郁血虚经行抽搐：前者系因素体血虚，加以经期失血，肝血益虚，筋失所养所致；而后者则缘于忧思抑郁，肝气郁滞，郁久伤及阴血，以致筋脉失养，发生抽搐。辨证要点为：血虚经行抽搐，证见肢体抽搐，麻木，抽搐时间较短，并兼见面色苍白，舌质淡，脉细软无力等血虚的症状。治宜补养阴血，方用八珍汤加磁石、龙齿，经后服十全大补丸调摄。肝郁血虚，经行抽搐，一般在发病前多有神志的异常改变，如心中烦乱，睡眠不安等；发病时四肢抽搐，时间较长，发病后头晕、肢软，患者多有脏躁病史。治宜解郁疏肝，扶脾养血，方用甘麦大枣汤合逍遥散加枳实、丹参，经后用归脾丸调理。

风痰经行抽搐：多因素有风痰，经期正气较虚，风痰内扰，壅塞经络所致。证见经前胸闷恶心，头晕目眩，全身疲劳，继则四肢抽搐，不省人事，舌苔白腻，脉弦滑，治宜熄风涤痰，镇心开窍，方用定痫丸加胆星、清半夏、僵蚕、钩藤。

关于经行抽搐的辨证，一般而论，面色苍白无华者，多属血虚证；素有忧思抑郁，抽搐前神志有异常改变的，则多是肝郁血虚证；若抽搐前胸闷恶心，头晕头痛的为风痰证。治法总以少用温燥之品为宜，以免重伤阴血。

（许润三）

321. 经行情志异常

【概念】

经行情志异常，是指每逢月经期出现周期性的情志异常改变（如烦躁易怒，悲伤啼哭，或情志抑郁，喃喃自语，甚或狂躁不安），而经后又复如常人的症状，又称"周期性情志异常"。本症早在《陈素庵妇科补解》中即有记载。

【鉴别】

常见证候

心血不足经行情志异常：经期出现心中懊侬，神情呆滞，精神恍惚，或语言错乱，月经后错，量少色淡，面色少华，失眠健忘，倦怠懒言，舌淡脉细。

肝郁气滞经行情志异常：经前即神情不宁，烦躁易怒，不能自制，甚则怒而发狂，月经后逐渐减轻或如常人，月经量多，色红，经期提前，平时沉默寡言，胸胁胀闷，烦躁头痛，口苦唇干，舌红苔薄黄，脉弦数。

痰火上扰经行情志异常：经行狂躁不安，语无伦次，精神不宁，意识不清，平时带下量多色黄稠、心胸烦闷，饮食少思，夜卧不宁，大便干结，舌红苔黄腻，脉弦滑数。

鉴别分析

心血不足经行情志异常：多因素体脾胃虚弱，或思虑劳倦伤脾，脾虚生化乏源，精血亏少，心血不足，心失所养，神不守舍，经期气血下行，心血愈虚，遂发本症。其辨证特点是：除精神症状外，兼见月经后错，量少色淡，精神萎靡，面色无华气血不足的兼症。治宜养血安神，方用甘麦大枣汤合养心汤加龙骨。

肝郁气滞经行情志异常与痰火上扰经行情志异常：二者均为实证，但病因、病机各不相同。前者多因素性抑郁，恚怒伤肝，情志失调，肝气郁结，郁而化火。冲脉隶属阳明附于肝，经前冲气旺盛，肝火夹冲气上逆，扰乱心神引发精神症状。兼见月经提前，量多色红，胸胁胀闷，烦躁口苦，平时沉默寡言，舌红脉弦数等肝郁有热的症状。治宜清肝解郁，镇静安神，方选丹栀逍遥散加减；后者由于素体痰盛，或肝郁犯脾，脾失健运，痰湿内生，郁久化热，经期冲气偏盛，痰火夹冲气上扰清窍，而发本症。临床上表现为：烦躁不安，精神不宁，意识不清，心胸烦闷，饮食少思，平时带下量多色黄稠，舌红苔黄腻等痰火内盛的症状。法宜清热涤痰，镇心开窍，方用温胆汤加菖蒲、郁金；或用生铁落饮。

总之，本症多因情志不遂，或惊惧、烦恼所致，除药物治疗外，应加强心理劝导。

【文献别录】

《陈素庵妇科补解·经行发狂谵语方论》："经正行发狂谵语，忽不知人，与产后发狂相似，缘此妇素系气血两虚，多怒而动肝火，今行经去血过多，风热乘之，客热与内火并而相搏，心神昏闷，是以登高而歌，弃衣而走，妄言谵语，如见鬼神，治宜清心神，凉血清热为主，有痰兼豁痰，有食兼消食。宜用金石清心饮。"

（华 苓）

322. 经 断 复 行

【概念】

经断复行，是指老年妇女月经已断绝一年以上，忽然又再行经的症状，俗称"倒开花"。《医宗金鉴》称"经断复来"，《傅青主女科》谓"年老经水复行"。临证时应当注意肿瘤引起的出血，结合现代医学的检测手段进行鉴别。本症最早见于《妇人大全良方》，此后各家对此均有详细的论述。

【鉴别】

常见证候

肝肾阴虚经断复行：断经数年，忽然经血来潮，量少，色鲜红，面颊时有烘热或潮红，眩晕耳鸣，或手足心热，心烦失眠，唇红口燥，舌嫩红，脉细数。

肝郁化火经断复行：经血忽来，量较多，色紫红或紫黑，质浓稠或夹有血块，心烦易怒，乳房胀痛，寐少梦多，舌红，苔薄白或微黄，脉弦数。

脾气虚弱经断复行：经血色淡，量少，面色㿠白，肢体困倦，口淡无味，食少，或见浮肿，舌胖淡，脉沉弱。

湿毒下注经断复行：经血忽来，色暗红而浓，甚至五色杂见，奇臭难闻，口苦而粘，溲赤便秘，苔黄腻，脉弦细而滑。

鉴别分析

肝肾阴虚经断复行与肝郁化火经断复行：二者虽都是火迫血溢，但一虚一实，迥然有别。肝肾阴虚经断复行多因素禀阴虚，或房劳过度，阴不制阳，肝失所藏；或年高体衰，肝肾阴精本亏，复因纵欲伤精，引动相火内发，火迫血行所致。本证常见于性交之后，特点是：经血忽来，量或多或少，色红质粘，并见头晕耳鸣，颧红盗汗，五心烦热，失眠多梦等症，其脉必数而无力。治以滋补肝肾，凉血固经为主，方用益阴煎，或知柏地黄汤加龟板、女贞子、旱莲草之类；肝郁化火经断复行则由于郁怒伤肝，气郁化火，迫血妄行所致。多见于平素性情暴躁的妇女，特点是：经血量较多，色紫红而稠，夹有血块，兼见胸乳胀痛，烦躁易怒，口苦，舌红苔黄，脉必数而有力。治以疏肝解郁，清热凉血，丹栀逍遥散化裁。

脾气虚弱经断复行：由于脾气素虚，或饮食不节，或忧思过度等原因损伤脾气，以致脾虚气陷，不能统摄营血而成。临床特点为：出血色淡而稀，肢倦神疲，食少腹胀，足胫浮肿，舌淡。治当健脾益气摄血，可用归脾汤加伏龙肝。

湿毒下注经断复行：多因多产胞室虚弱，或经行感受湿热之邪，或洗浴不洁，湿毒秽浊之气乘虚侵入，以致湿毒内蕴，流注下焦，冲任受灼，迫血妄行而致。特点是：血色暗红而污浊，且往往五色杂下，臭不可闻。治当清热利湿解毒，方用胜湿丸。

总之，经断复行一症，临床因虚、因火者多，且多属虚火。然因实、因寒者也有所见。辨证的关键在于出血的色、质，并结合兼症综合分析，才不致有误。特别是部分宫颈癌肿患者，常有经断复行之症，应注意及时行妇科检查，以明确诊断。

【文献别录】

《傅青主女科·调经》："妇人有年五十外或六七十岁忽然行经者，或下紫血块，或如红血淋，人谓老妇行经，是还少之象，谁知是血崩之渐乎！夫妇人至七七之外，天癸已竭，又不服济阴补阳之药，如何能精满化经，一如少妇。然经不宜行而行者，乃肝不藏脾不统之故也，非精过泄而动命门之火，即气郁甚而发龙雷之炎，二火交发，而血乃奔矣，有似行经而实非经也。此等之症，非大补肝脾之气与血，而血安能骤止。"

（申曼莉）

323．经断前后诸症

【概念】

经断前后诸症是指妇女在围绝经期伴随出现的一系列症状和体征，如月经紊乱，眩晕耳鸣，潮热汗出，烦躁易怒，或面目四肢浮肿，或尿频失禁等。又称"经断前后证候"。上述症状可三三两两的出现，表现有轻有重，变化多端。其症状持续的时间可长可短。

【鉴别】

常见证候

肝肾阴虚经断前后诸症：月经推迟，稀发或闭经，平时带下量少，阴道干涩，潮热汗出，五心烦热，失眠多梦，腰膝酸软，心烦易怒，头晕耳鸣，胁痛口苦，甚或情志异常，舌红少苔，脉细弦数。

脾肾阳虚经断前后诸症：月经紊乱，或闭经，面色晦黯，精神萎靡，气短懒言，食欲不振，形寒肢冷，腰膝酸软，浮肿便溏，舌胖淡，苔薄白，脉沉细无力。

心脾两虚经断前后诸症：月经紊乱，或崩或漏，烘热汗出，或怕冷，心悸气短，健忘失眠，面色萎黄，或虚浮，脘腹作胀，纳少便溏，舌淡苔薄，脉细。

心肾不交经断前后诸症：月经紊乱，或闭经，心悸怔忡，失眠健忘，潮热汗出，心烦不宁，舌红少苔，脉沉细数。

鉴别分析

肝肾阴虚经断前后诸症与心肾不交经断前后诸症：二者皆为偏阴虚之证，但病机不同。肝肾阴虚证多因经孕产乳，耗伤精血，天癸渐竭，阴精不复，肾阴日虚，肝肾同源，肾水枯竭，肝血不充，肝木失养，肝阳上亢而发本证。临床特点为：经乱不调，潮热汗出，头晕耳鸣，记忆力下降，腰膝酸软，情志不畅，烦躁易怒，胁痛口苦，舌红脉细弦等症状，治宜滋补肝肾，育阴潜阳，方用一贯煎加减；心肾不交证系由于产乳过重，精血耗伤，天癸将竭，肾阴不足，不能上济于心，致心肾不交，水火不济，而发本证。除月经紊乱外，还见心悸怔忡，失眠多梦，健忘，注意力不集中等症状。治宜滋肾补心，交通心肾，方用补心丹。

脾肾阳虚经断前后诸症与心脾两虚经断前后诸症：二者均为偏阳虚的证候，一责之于脾肾，一责之于心脾。前者多因素体阳虚，接近绝经期，肾气渐虚，若过服寒凉或房室所伤，致使肾阳虚惫，不能温煦脾阳，脾失健运，生化无权引发本证，证见月经稀发，腰膝瘦软，浮肿便溏，形寒肢冷，舌淡，脉沉细无力等脾肾阳虚的症状。治宜温肾扶阳，佐以健脾，方用右归丸合理中汤；后者多因绝经前后肾气已衰，若思虑过度，或劳倦过度，损伤心脾，暗耗心血，脾失健运，血虚不复，心无所主，而致心脾两虚。证见月经紊乱，或崩或漏，潮热汗出，心悸气短，体倦乏力，食少便溏，四肢虚浮等症状。治宜补益心脾，方用归脾汤加减。

总之，本症以肾虚为发病之本，兼及脾、肝、心。治疗着重补肾滋肾，并根据其所联系的脏腑加以调摄。用药不可过用辛燥、苦寒之品，以免劫阴伤津。

（华　苓）

（二）带下病症状

324. 白　带

【概念】

在正常情况下，妇女阴道内有少量白色粘液，无臭气，亦无局部刺激症状，起润滑和保护阴道表面作用。正如王孟英说："带下女子生而即有，津津常润，本非病也。"若粘液增多，绵绵如带，并有临床其它症状者，称为白带。至于妊娠初期或月经前后白带增多，均属正常生理现象，不作病症论。

【鉴别】

常见证候

脾气虚白带：白带多，质粘，无特殊臭气，终日淋漓不断，纳谷少馨，神疲乏力，四肢痪软，劳累后白带更多，或伴有浮肿，或伴有腹胀，舌淡，苔白或腻，脉缓弱。

肾阳虚白带：白带清稀如水，量多如注，无臭气，小腹和四肢发冷，腰瘦腿软，头晕眼花，小便清长，舌质淡，苔薄白，脉象微弱。

湿热白带：带下色乳白，呈凝乳块状，或豆腐渣状，气味腥秽，外阴异常搔痒，或兼阴道刺痛，苔薄白或黄腻，脉象濡数。

痰湿白带：白带多，质稠粘，痰多，恶心纳差，胸闷腹胀，口淡而腻，舌苔白腻，脉象沉滑。

鉴别分析

脾气虚白带与肾阳虚白带：皆为虚证、寒证，常见于身体虚弱患者。前者多因脾气虚弱，带脉约束无力，阴液不守而引起；后者多由肾阳不足，带脉约束功能减弱，任脉不固，阴精下滑所致。其辨证要点为：脾气虚白带证，其带下绵绵，质粘，劳累后更甚，每兼有浮肿或腹胀等脾虚症状；肾阳虚白带证，其带下如注，量比脾虚证多，质比脾虚证稀，并兼见腰痠腿软，头晕眼花等肾虚症状。但脾虚白带与肾虚白带常会混合出现，也可互相转化。且带下日久过多，即使是湿热实证，亦易损伤脾肾而见脾虚或肾虚的脉证。故治疗带证，常在辨证用药的基础上，兼用少量的补脾药或补肾药。脾虚白带，治宜健脾益气，升阳除湿，方用完带汤或补脾止带汤。肾虚白带，治宜温肾健脾，固涩止带，方用内补丸或补肾止带汤。

湿热白带与痰湿白带：其病因主要是"湿"。湿邪侵入带脉后，若湿从热化，秽浊下流，而为湿热白带。若湿聚为痰，痰浊下注，而成痰湿白带。湿热白带，症见白带量多，呈凝乳块状，外阴异常搔痒；痰湿白带，症见形体肥胖，白带多，质稠粘。湿热白带，治宜清热除湿，方用止带汤；痰湿白带，治宜化痰燥湿，扶脾温肾，方用六君子汤加鹿角霜、当归、益母草。

【文献别录】

《诸病源候论·妇人杂病诸候》："劳伤血气，损动冲脉任脉。冲任之脉，皆起于胞内，为经脉之海，手太阳小肠之经也，手少阴心之经也，此二经主下为月水，若经脉伤损，冲任气虚，不能约制经血，则血与秽液相兼，而成带下。然五脏皆禀血气，其色则随脏不同，肺脏之色白，带下白者，肺脏虚损，故带下而挟白色。"

《女科经纶·带下门》引缪仲淳语："白带多是脾虚，肝气郁则脾受伤，脾伤则湿土之气下陷，是脾精不守，不能输为荣血，而下白滑之物，皆由肝木郁于地中使然。法当开提肝气，补助脾元。盖以白带多属气虚，故健脾补气要法也"。

（许润三　蔡玉华）

325. 黄　带

【概念】

妇女阴道中排出一种黄色粘液，稠粘而淋漓不断，间或微有腥臭，称为黄带。

【鉴别】

常见证候

湿热黄带：带下量多，色黄绿如脓，有臭气，外阴搔痒，或有刺痛感，每逢经期症状加重；或带下稠粘如脓，有秽臭气，小腹坠痛，小便觉热，舌苔薄黄，舌质红或正常，脉濡数。

气虚黄带：黄带日久不止，量多而稀薄，色浅黄无臭气，月经周期不准，经期多延长，腰痠腿软，食欲不振，面部及下肢或见浮肿，舌苔薄白，脉虚缓。

鉴别分析

湿热黄带与气虚黄带：湿热黄带，多缘脾湿下注，郁久化热，湿热蕴结任脉，或感染病虫，虫蚀阴中所致；气虚黄带则因黄带日久不愈，脾气益虚而引起。其辨证要点为：湿热黄带，带下色深，质稠气臭，兼有小腹坠痛或阴道刺痛，小便觉热，苔黄，脉数等；而气虚黄带则带下色浅，质稀无臭，并兼有腰痠腿软，纳少浮肿等症状。湿热黄带治在清热利湿，排脓止带，方用加味排脓汤，如外阴搔痒加白鲜皮、鬼箭羽，兼用蛇床子散煎水熏洗阴部；气虚黄带治在补脾益气，升阳止带，方用补中益气汤加山茱萸。

【文献别录】

《诸病源候论·妇人杂病诸候》："劳伤血气，损动冲脉任脉，若经脉伤损，冲任气虚，不能约制经血，则血与秽液相兼而成带下。然五脏皆禀血气，其色则随脏不同，脾脏之色黄，带下黄者，是脾脏虚损，故带下而挟黄色"。

《傅青主女科·带下》："夫湿者，土之气，实水之侵；热者，火之气，实木之生。水色本黑，火色本红，今湿与热合，欲化红而不能，欲返黑而不得，煎熬成汁，因变为黄色矣。此乃不从水火之化，而从湿化也。所以世之人有以黄带为脾之湿热，单去治脾而不得痊者，是不知真水、真火合成丹邪、元邪，绕于任脉、胞胎之间，而化此黔色也。单治脾何能痊乎！法宜补任脉之虚，而清肾火之炎，则庶几矣。"

（许润三　蔡玉华）

326.赤　白　带

【概念】

妇女阴道中排出一种赤白相杂的粘液，连绵不绝，称为赤白带。若时而排出赤色粘液，时而又排出白色粘液者，亦称赤白带。

【鉴别】

常见证候

湿热赤白带：带下赤白相杂，质粘气秽，量多，绵绵不断，外阴湿痒，甚或肿痛，少腹坠胀而痛，小便赤涩，或频数而痛，胸闷心烦，口干，口苦，舌苔滑腻而黄，脉滑数。

肝郁湿热赤白带：白带量多，稠粘而有腥臭，时夹血液，或阴部刺痒，少腹胀痛，心烦易怒，头晕，胁胀，舌边红苔黄，脉弦滑。

虚热赤白带：白带多，质稀薄，有时混有血液，阴部干涩灼热，有瘙痒感，头晕耳鸣，心悸而烦，口苦咽干，小便色黄，腰痠，舌红苔少或呈花剥，脉细数无力。

虚寒赤白带：赤白带下不止，脐腹冷痛，形寒肢冷，多伴不孕，舌淡苔薄，脉沉迟。

鉴别分析

湿热赤白带与肝郁湿热赤白带：此二者皆属湿热，但病因病机有异。湿热赤白带，多由湿热久结带脉，损伤阴络所致；而肝郁湿热赤白带，乃由肝经湿热下注，浸淫带脉，伤及血分之故。辨证要点为：湿热赤白带，质粘气秽，外阴湿痒，甚或肿痛，小便赤涩，或频数而痛；肝郁湿热赤白带，白带量多，有时混有血液，质粘气臭，少腹胀痛，兼有头晕，易怒，胁胀等肝郁见证。二证区别在于湿热赤白带，为单纯湿热证，而肝郁湿热赤白带，则兼有肝郁证。前者治宜清热除湿，方用加味三补丸；后者治宜疏肝泻火，方用加减龙胆泻肝汤。

虚热赤白带：乃由阴虚内热，扰动冲任，损伤血络所致。辨证特点为：白带多，质稀薄，有时挟有血液，阴部干涩灼热，并伴有头晕耳鸣、舌红苔少，脉细数等肾阴虚见证。治宜滋阴清热，方用知柏地黄丸加三七粉、椿根皮。

虚寒赤白带：素禀肾元不足，下焦虚寒，带脉失约，任脉不固，精血滑泄，而致带下赤白，辨证特点为：赤白带下不止，并伴有脐腹冷痛，形寒肢冷，舌淡苔薄，脉沉迟等肾阳虚见证。治宜温肾固涩，可用鹿角胶丸。因行经之时，风冷入胞，寒凝浊淤，损伤胞络，致成赤白带下，证见赤白带下不止，小腹绞痛，阴中寒冷，舌质淡红，苔薄白，脉沉紧。治宜助阳祛风散寒，方药用助阳祛风补带汤加红葵花。

虚热赤白带、虚寒赤白带属虚，湿热赤白带、肝郁湿热赤白带属实，从带下的颜色、气味、粘稠度方面，结合兼证，不难鉴别。

【文献别录】

《女科经纶·带下门》引严用和曰："妇人赤白带下，此由劳伤冲任，风冷据于胞络。妇人平居，血欲常多，气欲常少，而疾不生。或气倍于血，气倍生寒，血不化赤，遂成白带。若气平血少，血少生热，血不化红，遂成赤带。寒热交并，赤白俱下。其脉右尺浮，浮为阳，阳绝者无子，若足冷带下，轻则漏下，甚则崩中，皆心不荣血，肝不藏血所致"。引戴复庵曰："赤白带下，皆因七情内伤，或下元虚冷，感非一端。大率下白带多，间有下赤带者，并宜顺气散，吞镇灵丹，佐艾附丸；带下不止，成尪羸者，四物加牡蛎，下固肠丸"。

《医部全录·妇科·妇人带下门》："下焦虚损，督任有亏，则中焦气血乘虚而袭之，陷于带脉之下，气病为白，血病为赤，名曰赤白带下也。东垣曰：白葵花治白带，红葵花治赤带"。引王肯堂曰："带下之证有三：未嫁之女，月经初下，止而即浴之以冷水，或热而扇或当风，此室女病带之由也。有家之妇，阴阳过多，即伤胞络，风邪乘虚而入，胞经触冷，遂使秽液与血水相连而下。产后带下，由亡血失气，伤动胞络，门开而外风袭，肌体虚而冷风入，风与热气相连，故成液而下。冷则多白，热则多赤，冷热相交，则赤白俱下"。

（许润三　蔡玉华）

327．五　色　带

【概念】

五色带，是指妇女阴道流出的分泌物，呈数种颜色而言。分泌物或如稀水，或如米汤，或呈血水，或呈脓样，且气味恶臭难闻，这是与其他带下症的主要区别。此种带下，常是子宫或子宫颈或输卵管恶性病变的一个特征，临床应予重视。

【鉴别】

常见证候

气郁五色带：带下颜色或白或红，气味腥臭，小腹疼痛，精神郁闷，头胀胁疼，或胸闷少食，舌质有时略青，苔白，脉多弦涩。

湿热五色带：带下色质不一，量或少或多，气味恶臭难闻，常觉头晕乏力，身体消瘦，有时低热，口中粘腻，舌苔腻而微黄，脉弦滑而数。

阴虚五色带：带下赤多白少，恶臭更甚，小腹疼痛，其痛放射至大腿部或背部，伴有发热，小便频数刺痛，舌质暗红，苔薄黄，脉细数。

虚寒五色带：五色带下，缠绵日久，量多稀薄，其气腐臭，腰痠腿软，时而腹痛，肌肉消瘦，头目眩晕，身倦神疲，舌淡苔少，脉虚细。

鉴别分析

气郁五色带：多系气郁不舒，肝脾郁结，聚湿停瘀，积久化热，损伤任带二脉所引起。其辨证要点为：白带腥臭，质稠，有时如水样，或带血液，并兼见胸闷胁痛，小腹疼痛，脉弦涩等气郁症状。治疗应理气活血，佐以祛湿清热，方用加减逍遥散。

湿热五色带：多系任、带脉虚，久积湿热所致。其临床特点是：白带如水样，或如米汤，或带血液，有时分泌物呈脓样，其气恶臭，并伴有头晕乏力，形体消瘦，低热，舌苔黄腻，脉象滑数等湿热和阴虚见症。治疗应重在清利湿热，兼事养阴，用知柏地黄丸加蜀羊泉、白花蛇舌草、半枝莲。

阴虚五色带：多系湿热五色带进一步的发展，阴液耗伤所致。证候特点为：血性分泌物增多，白带时下，气味恶臭更甚，小腹疼痛，其痛向腿部或背部放射，并见发热不退，尿频尿痛，脉象细数等阴虚症状。治宜清热坚阴为主，兼以调理肝肾，用六味地黄汤加当归、白芍、蜀羊泉、白花蛇舌草、半枝莲。

虚寒五色带：多由带下日久，阴精先虚，继而阴损及阳所致。其临床表现为：带下色白或赤，或数色并见，量多稀薄，有腐臭，腹痛更为严重，面色㿠白，身倦神疲，舌淡少苔，脉象虚细等。治宜温补固涩，兼养气血，方用左归丸去牛膝加党参、黄芪、当归、三七粉。

总之，五色带应分辨虚实，虚证多是阴阳亏损或气血不足，实证多是气郁或湿热下注。久治不愈则实证可以转为虚证，局部虚弱也有可能导致全身虚弱。本证的治疗除针对病因用药外，尚需要用健脾补肾法以固本。根据文献报道和个人临床体会，五色带不论哪一证，在辨证用药的基础上，都可以加入蜀羊泉、白花蛇舌草、半枝莲三味中药。或加用犀黄丸（成药）与汤药同服，疗效更佳。

【文献别录】

《诸病源候论·妇人杂病诸候》："带下病者，由劳伤血气，损伤冲脉任脉，致令其血与秽液兼带而下也。冲任之脉，为经脉之海，经血之行，内荣五脏，五脏之色，随脏不同，伤损经血，或冷或热，而五脏俱虚损者，故其色随秽液而下，为带五色俱下"。

《济阴纲目·赤白带下门》："妇人带下，其名有五，因经行产后，风邪入胞门，传于脏腑而致之。若伤足厥阴肝经，色如青泥；伤手少阴心经，色如红津；伤手太阴肺经，形如白涕；伤足太阴脾经，黄如烂瓜；伤足少阴肾经，黑如衃血。人有带脉，横于腰间，如束带之状，病生于此，故名为带。"

（许润三　蔡玉华）

（三）妊娠病证状

328. 妊娠呕吐

【概念】

妊娠呕吐，是指妊娠期恶心呕吐，恶闻食气，食入即吐，或吐不能食而言，一般见于妊娠早期。轻者往往至妊娠二、三月后，自然消失；重者频频呕吐，或不食亦吐，可持续到妊娠后期。呕吐之物，多为食物、痰涎，或为清水、酸水、黄绿苦水，甚则混血如同酱色。严重者，可危及胎儿与孕妇。

本症，《诸病源候论》、《经效产宝》、《妇人大全良方》均称为"妊娠恶阻"，亦称"妊娠阻病"，《坤元是宝》称"病食"，俗称"病儿"。

本症应与妊娠期因患黄疸、感冒、春温、暑温、湿温等疾病所引起的呕吐相区别，后者不在本文讨论范畴。

【鉴别】

常见证候

胃气虚妊娠呕吐：素体虚弱，妊娠初期，呕不能食，或食入即吐，脘闷腹胀，精神倦怠，乏力思睡，舌淡苔白，脉滑无力。

胃寒妊娠呕吐：妊娠早期，呕吐不食，或吐清水，中脘作痛，喜热饮食，体倦畏寒，肢冷倦卧，面色青白，舌质淡，苔白滑，脉沉迟。

胃热妊娠呕吐：受孕之后，恶心呕吐，心烦口渴，颜面潮红，喜冷饮，便秘，舌质红，苔黄而干，脉滑数。

痰滞妊娠呕吐：妊娠二、三月，呕吐痰涎或粘沫，头晕目眩，恶心，胸膈满闷，不思饮食，心悸气促，口中淡腻，舌质淡，苔白腻，脉滑。

肝热妊娠呕吐：妊娠早期，呕吐酸水或苦水，食入即吐，头目眩晕，口臭口苦，胸闷胁痛，嗳气，舌质红，苔正常或微黄，脉弦滑而数。

鉴别分析

胃气虚妊娠呕吐与胃寒妊娠呕吐：前者属气虚，后者属阳虚。脾胃之气虚与阳虚，均能使脾之健运失职，升降无权，清阳不升，浊阴不降，而致呕吐。但胃气虚妊娠呕吐，多因素体脾胃虚弱，受孕之后，经闭血海不泻，冲脉气盛，冲脉隶于阳明，其气上逆犯胃，胃失和降，上逆则呕；胃寒妊娠呕吐，则因平素中阳不振，脾胃虚寒，孕后胞门闭塞，脏气内阻，寒饮逆上则致呕吐。其临床特点：胃气虚呕吐，食入即吐，呕吐频繁；胃寒之呕，遇寒加剧，并常泛清水。其兼证，胃气虚妊娠呕吐，多表现脾胃气虚，运化力弱（脘腹胀满，精神倦怠，懒言思睡，舌淡，脉滑无力）的症状；胃寒妊娠呕吐，则多见阳虚外寒（面色青白，体倦畏寒，肢冷倦卧，喜热恶寒）及阴寒内滞（中脘作痛，喜热饮食，脉沉迟）的症状。治疗原则：虚者补之，寒者热之。胃气虚者，宜补胃和中，降逆止呕，方用半夏茯苓汤，保生汤；胃寒者，治当温胃散寒，降逆止呕，方用人参丁香散，寒甚用干姜人参半夏丸。

痰滞妊娠呕吐：其人素有痰饮停滞中脘，气机升降受阻，复因冲脉之气挟痰饮上逆以致呕吐。其呕吐物以痰涎、粘沫为多。且常兼饮邪上凌心肺（心悸气短）、湿困中州（胸满脘闷，口中淡腻，不思饮食）等痰饮内停的症状。治当化痰除湿，降逆止呕，常用二陈汤加枳壳。痰滞妊娠呕吐，又有夹热与夹寒之分。夹热者，常见呕吐苦水，头晕心烦，口干而腻，舌红，苔黄腻，脉滑数等湿热之象；夹寒者，常兼面色苍白，呕吐清水，以晨起为重，口淡无味，舌淡，苔白腻，脉沉无力等虚寒之候。故夹热者，治以清热化痰，降逆止呕，方用芦根汤；夹寒者，治宜温化寒痰，降逆止呕，方用茯苓丸。

胃热妊娠呕吐与肝热妊娠呕吐：均因火热上逆所致。即《内经》曰："诸逆冲上，皆属于火。"而其不同处有三：其一，病所不同。胃热者，其病在胃；而肝热者，"胃本不呕，肝胆贼之则呕。"其二，临床表现亦不相同。胃热者，必兼胃火内灼（口渴喜冷饮，心烦，大便秘结，舌质红）及胃火上升（颜面潮红）等症状；肝热者，则兼肝气郁结（胸胁满痛，心烦易怒，嗳气）及肝经郁热（头晕目眩，口苦口臭，舌红）之候。其三，病因相异。胃热者多因平素胃有积热，或素嗜辛辣厚味，热蕴中焦，以致胃失和降；肝热者多因平素性躁多怒，肝郁化热，孕后血聚养胎，肝血愈虚，肝火更旺，且冲脉气盛，孕后冲气挟肝火上逆犯胃，胃失和降所致。故其治疗，胃热妊娠呕吐，宜清胃泄热，降逆止呕，方选苏叶黄连汤加竹茹、半夏、麦冬；肝热妊娠呕吐，则应清肝泄热，降逆止呕，可用芩连竹茹汤。

由于频频呕吐，吐不能食，以致水饮不进，常常使胃液消乏，胃失濡养，其逆愈甚。往往出现干呕口渴，唇燥口干，小便短少，大便燥结，舌红少津，舌苔光剥，脉细数等胃阴亏虚的症状。此时，宜滋阴益胃，方用麦门冬汤。若气阴两亏，出现精神萎靡，双目无神，四肢乏力，气短懒言等，宜益气养阴，和胃止呕，方用生脉散合增液汤加竹茹、芦根。

呕吐是胃失和降的主要临床表现之一。妊娠呕吐有虚实寒热之不同。胃虚者，因气虚不能纳谷，食则即吐；胃寒者，因阳虚不能腐熟水谷，多吐完谷及清水，遇寒加重；胃热者，其呕势较剧；痰滞者，喜吐痰涎粘沫；肝热者多呕酸吐苦。从脉象辨之，胃虚多滑而无力；胃寒则多沉迟；痰滞脉滑；胃热者滑而数；肝热则弦滑而数。临证须脉症互参，才能鉴别清楚。

【文献别录】

《景岳全书·妇人规》："凡恶阻，多由胃虚气滞，然亦有素本不虚，而忽受胎妊，则冲任上壅，气不下行，故为呕逆等证。"

《妇人大全良方·妊娠恶阻方论第二》："李莪翁先生云：若左脉弱而呕，服诸药不止者，当服理血归原药则愈。经云：'无阴则呕是也'。"又："治妊娠恶阻，呕吐不止，头痛，全不入食，服诸药无效者，用此药理血归原则愈。人参 甘草 川芎 当归 京芍药 丁香 白茯苓 白术 陈皮 苦梗 枳壳 半夏 生姜 枣"

（郭志强　王秀云）

329. 妊 娠 心 烦

【概念】

妊娠心烦，是指孕妇心惊胆怯，烦闷不安，抑郁易怒而言。《诸病源候论》："以其妊娠而烦，故谓之子烦也。"《医学心悟》说："子烦之候，不善调摄，则胎动不安矣，慎之。"如怀孕初期，微觉烦热，为常有现象，不属子烦症。

妊娠心烦的诊断，须是"孕妇别无他热，惟时时心烦者。"若因他病而烦热者，则当别论。

【鉴别】

常见证候

阴虚火旺妊娠心烦：妊娠五六月，心中烦闷，坐卧不宁，或五心烦热，或午后潮热，咽燥口干，但不欲多饮，小便短黄，舌质红，苔薄黄而干，或无苔，脉细数而滑。

痰火内扰妊娠心烦：孕妇烦闷不安，心悸胆怯，头重眩晕，或中脘满闷，口粘恶食，时有泛恶，呕吐痰涎，苔黄腻，脉滑数。

肝郁化火妊娠心烦：妊娠数月，心惊胆怯，烦闷不安，精神抑郁易怒，两胁胀痛，善太息，舌质红，苔薄黄少津，脉弦滑而数。

鉴别分析

阴虚火旺妊娠心烦与肝郁化火妊娠心烦：同有热象，皆因热扰心神，神明不安所致。故均表现为心惊胆怯，烦闷不安，舌质红，苔薄黄而干，脉数等症。惟病因、病机相异。阴虚火旺妊娠心烦，多由阴血素虚，孕后阴血聚养胎元，阴血愈虚，阴虚则内热，虚热上扰神明，以致烦闷不安，此系虚热；而肝郁化火妊娠心烦，多由忿怒忧思，肝郁气滞，郁久化热，木火上逆，扰及心神，引起烦闷，此系郁热。辨证要点是：阴虚火旺妊娠心烦，常见五心烦热，午后潮热，咽燥口干，但不欲多饮；肝郁化火妊娠心烦，则必见肝气郁滞之候，如两胁胀痛，胸闷，善太息，精神抑郁易怒等。从脉象分辨，阴虚者其脉小而细；肝郁者其脉必弦。若兼见舌光无苔，或花剥苔等阴虚之征，更有益于鉴别。阴虚火旺妊娠心烦的治法，宜滋阴清热，除烦安神，方用人参麦冬散；肝郁化火妊娠心烦的治法，宜疏肝解郁，清热除烦，方用丹栀逍遥散加减。

痰火内扰妊娠心烦：多因痰饮内停，孕后阳气偏盛，痰热相搏，上冲于心而致。症见头重眩晕，心烦胸闷，呕吐恶食，苔黄腻，脉滑。《太平圣惠方·治痰热诸方》曰："上焦痰热，头旋目运，心神烦躁，不下饮食"。《沈氏女科辑要·子烦》则曰："因痰者，胸中必满"。治宜泻火涤痰，除烦安神，方用竹沥汤加浙贝、天竺黄。

妊娠心烦一症，李太素曾明确指出："由受胎后，血热于心，心气不清，故人郁闷撩乱不宁。因妊娠而烦，故曰子烦。非子在腹中烦也"。孕妇热扰心神的原因，不外乎阴虚，痰火，肝热三者，应根据临床表现，加以鉴别。

【文献别录】

《普济方·妊娠诸疾门》："夫妊娠虚烦懊热者，以阳气偏甚，热气独作，心下懊闷，头痛面赤，小便黄涩，甚则淋痛是也。病源又谓之子烦"。

又："孕妇七八个月，伤暑伤热，以致子烦。胎气迫上，咽喉窒碍，心腹胀满，下坠似痢，每登厕，坐时一炊久，忽而气下，方得大便一通。世俗率用痢药，不知病在胎热子烦。用小柴胡汤下黄连阿胶丸。"

《医学心悟·妇人门》："若脾胃虚弱，呕吐食少心烦者，用六君子汤。"

《张氏医通·妇人门》："妊娠若烦闷，头目皆重，是心肺虚热。"

（郭志强）

330. 妊 娠 咳 嗽

【概念】

妊娠期，咳嗽不已，称为"妊娠咳嗽"，亦称"子嗽"。本症名首见于《诸病源候论》。

若久咳不已，或咳嗽剧烈，常可损伤胎气，引起小产，或发展成为痨嗽（抱儿痨）。

【鉴别】

常见证候

风寒妊娠咳嗽：妊娠期咳嗽痰白而稀，兼见喉痒声浊，鼻塞流涕，头痛，四肢痠楚，恶寒发热，无汗，舌苔薄白，脉浮滑。

风热妊娠咳嗽：妊娠期咳嗽痰黄而粘稠，咳嗽不爽，身热，恶风，或头痛，有汗，口干咽痛，苔薄黄，脉浮数。

燥热妊娠咳嗽：妊娠期干咳无痰，或咳嗽少痰，咯痰不爽，或痰中带血，兼有鼻燥咽干，或咽喉痒痛，形寒身热，舌尖红，苔薄黄，脉浮数或滑数。

阴虚妊娠咳嗽：妊娠期干咳无痰，日久不止，或呛咳带血，咽干口燥，音哑，两颧发红，午后潮热，舌质红，苔薄黄而干，脉虚细数。

脾虚痰湿妊娠咳嗽：妊娠期咳嗽痰多，色白易咯出，胸脘痞闷，食少，便溏，苔白腻，脉濡滑。

肺肾气虚妊娠咳嗽：妊娠期咳嗽气促，咯痰不爽，动则气短，咳则小便自溢，咽干，耳鸣，头晕，腰痠，舌红无苔，脉细数。

鉴别分析

风寒妊娠咳嗽与风热妊娠咳嗽：此二者皆由外邪侵袭，内合于肺所致，均有表证。但风寒妊娠咳嗽由于风寒袭肺，肺失宣降所致，故咳嗽痰白而清稀。风热妊娠咳嗽是由风热袭肺，热邪伤津所致，故咳嗽痰黄而粘稠。此二证当以痰的性状和寒热表现为鉴别要点。风寒妊娠咳嗽，兼有恶寒重，发热轻，无汗，头身疼痛，苔薄白，脉浮滑等表寒证；风热妊娠咳嗽，兼有发热，微恶风寒，汗出，口干，咽痛，苔薄黄，脉浮数等表热证。治疗方法，风寒妊娠咳嗽宜疏风散寒，宣肺止咳，常用杏苏散或止嗽散加减；风热妊娠咳嗽，宜疏风清热，宣肺止咳，常用桑菊饮加减。

燥热妊娠咳嗽与阴虚妊娠咳嗽：同有热象，颇为疑似，然燥热妊娠咳嗽常见于气候干燥的秋季，系秋燥之邪伤肺所引起，多属实证；而阴虚妊娠咳嗽，乃由素禀阴虚之体，孕后阴血下聚养胎，阴虚尤甚，阴虚火旺，灼肺伤津，肺失濡润，清肃失职而引起，属于虚证。其证候特点是：燥热妊娠咳嗽见于秋季，兼有鼻燥，咽干，或咽喉痒痛，形寒身热，舌尖红，苔薄黄，脉浮数或滑数；阴虚妊娠咳嗽，病程较长，干咳无痰，且阴虚内热症状明显，舌质红，脉细数等。治疗方法，燥热妊娠咳嗽，宜清热润燥，化痰止咳，方用桑杏汤或清燥救肺汤加减；阴虚妊娠咳嗽，宜滋养肺阴，止咳安胎，方用百合固金汤或补肺阿胶汤加减。

脾虚痰湿妊娠咳嗽与肺肾气虚妊娠咳嗽：前者为本虚标实之证，后者则纯属虚证。脾虚痰湿妊娠咳嗽，多因脾虚生湿，湿聚为痰，痰湿上聚于肺，肺失肃降而致。肺肾气虚妊娠咳嗽，多由素体虚弱，肾虚不能纳气，肺虚不能降气，升降失常而引起。其临床特点为：脾虚痰湿妊娠咳嗽，痰多色白而粘，并有胸脘痞满，纳少便溏等脾虚湿阻症状；肺肾气虚妊娠咳嗽，咳嗽气促，咯痰不爽，咳则小便自溢，或见腰酸，耳鸣等。治疗方法，脾虚痰湿妊娠咳嗽，宜健脾祛湿，化痰止咳，方用二陈平胃汤，或六君子汤加减；肺肾气虚妊娠咳嗽，宜益肾补肺，止咳宁嗽，方用参麦地黄丸，或补中益气汤及都气丸加减。

妊娠咳嗽发生的原因，一般多由于肺气偏虚，怀孕之后，聚血养胎，阴虚动火，火邪刑金，灼伤肺阴；或孕后阴虚火动，复感风邪，肺失清肃而致。治疗与非孕之时，无甚不同，无非慎用滑利降气之药，免伤其胎。在固其胎元的同时，兼治其嗽。

【文献别录】

《张氏医通·胎前·咳嗽》："妊妇咳嗽，悉以安胎为主，风邪伤肺，香苏散；寒邪伤肺，小建中汤；若肺胃气虚，异功散；脾肺气虚，六君子加当归；久嗽不愈者，多因脾肺气虚，腠理不密，复感外邪，或因肺虚阴火上炎所致；有外邪者，内补当归建中汤加细辛；阴火炎者，六味丸加麦冬、五味"。

《妇科经纶·胎前证下》：引朱丹溪曰："胎前咳嗽，由津血聚养胎元，肺乏濡润，又兼郁火上炎所致，法当润肺为主，天冬汤主之。"

《济阴纲目·胎前门下·咳嗽》："一妊妇因怒咳嗽吐痰，两胁作痛，此肝火伤肺金，以小柴胡汤加山栀、枳壳、白术、茯苓，治之而愈，但欲作呕，此肝侮脾也，用六君子加升麻柴胡而愈。"

（苏诚练）

331. 妊娠音哑

【概念】

妊娠期，出现声音嘶哑，甚则不能出声，称为妊娠音哑。

本症，在《素问》中称为"瘖"；在《女科经纶》中称为"妊娠不语"、"妊娠子瘖"、"妊娠舌瘖"；在《类证治裁》、《济阴纲目》及《医学心悟》中均称为"子瘖"；近代中医妇科著作则多称为"妊娠失音"及"子瘖"等。

【鉴别】

常见证候

风寒妊娠音哑：妊娠期间，卒然声音不扬，甚则嘶哑，并兼有咳嗽，鼻塞流涕，恶寒发热，苔薄白，脉浮滑等。

痰热妊娠音哑：妊娠期间，声音重浊不扬，或不能出声，喉间有痰，咯痰黄稠，咽干或痛，便秘溲赤，苔黄腻，脉滑数。

肺阴虚妊娠音哑：妊娠期间，声音逐渐嘶哑，口干咽燥，或咳嗽气短，舌红少津，脉细数。

肾阴虚妊娠音哑：妊娠期间，声音逐渐嘶哑，甚则不能出声，至傍晚加重，有时颧红，头晕，目眩，耳鸣，咽干，腰膝痠软，舌红或有裂纹，苔花剥，脉细数。

鉴别分析

风寒妊娠音哑与痰热妊娠音哑：两者均属外感实证。但风寒妊娠音哑，是由于风寒袭肺，肺气失宣，寒气客于会厌，开合不利，致音不能出；痰热妊娠音哑，多为外感风热之邪，上犯于肺，灼液为痰，或风寒不解，郁而化热，津液被灼成痰，以致痰热交阻，壅遏于肺，而成妊娠音哑。其辨证要点是：风寒妊娠音哑，卒然声音不扬，甚则嘶哑，咳痰清稀，并有鼻塞流涕，恶寒发热等表证。治宜疏风散寒，宣肺利咽，方用金沸草散或三拗汤加桔梗、蝉衣、前胡、象贝母。痰热妊娠音哑，声音重浊不扬，咳痰黄稠，且兼见咽喉干痛，苔黄腻，脉滑数等痰热内盛之征。治宜清化痰热，宣肺利咽，方用清咽宁肺汤加杏仁、蝉衣、天竺黄。如风寒外束，邪热内郁，症见卒然声哑，口干咽痛，恶寒鼻塞者，此即所谓"寒包热"，治宜宣肺散寒，兼清里热，用麻杏石甘汤加桔梗、知母、蝉衣、木蝴蝶等。如妊娠九月，声音重浊低微，或不能出声，面色如常，身体壮实，喉间有痰，咳咯不爽，胸闷不舒，大便不畅，苔黄腻，脉滑数，证属胎气充实者，则用瘦胎挞气散为主。

肺阴虚妊娠音哑与肾阴虚妊娠音哑：两者皆属虚证，但病因、病机各异。肺阴虚妊娠音哑，多因肺脏素有燥热，阴液耗伤，孕后血养胎元，则阴血更亏，肺失濡养，致声道燥涩，发音不利，而渐成妊娠音哑。肾阴虚妊娠音哑，多因身体素弱，或病后精虚，或操劳过度，以致肾精耗伤。盖声出于肺，根于肾，而发于舌本。肾阴益亏，不能上荣舌本而致妊娠音哑。其辨证要点为：肺阴虚妊娠音哑，兼有久咳不已，潮热盗汗，午后颧红等，治宜滋养肺阴，方用养金汤加减；肾阴虚妊娠音哑，兼见咽燥，耳鸣，目眩，腰痠膝软，手足心热等，治宜滋养肾阴，方用都气丸加减。

【文献别录】

《张氏医通·胎前·不语》："不语者，多为痰闭心窍，亦有哑胎，不须服药。岐伯曰，人有重身九月而瘖，此胞络之脉绝也。胞络者，系于肾，少阴之脉，贯肾系舌本，故不能言，无治也，当十月复。凡患此者，浓煎生脉散，空心服地黄丸，助肺肾之气以养胎。若与通声开发之药，误矣。"

（苏诚练）

332.妊娠肿胀

【概念】

妊娠肿胀，简称"子肿"，是指妊娠三四月始，发生足面浮肿，渐及下肢，甚则遍身俱肿的症状。若"妊至八九月而始脚肿，尚是常事。其证本轻，既不上升大剧，则娩后自消，固不必治。非若妊身三四月而即肿可比。"（《沈氏女科辑要笺正·妊娠肿胀》）

本症，《产乳集》称为"子气"，《经效产宝》称为"妊娠肿满"、《妇人大全良方》称之"胎肿"，《本草纲目》谓之"妊娠水肿"，又称"妊娠浮肿"，《证治准绳》称为"胎水肿满"等。俗称"琉璃胎"。《医宗金鉴》综前贤论述，根据肿胀发生的妊月、范围、程度及性质，分为"子气"、"子肿"、"皱脚"及"脆脚"等。

本症与"胎水肿满"，同为妊娠期间发生的肿胀。二者均可出现遍身俱肿，但本症以肢体肿胀为著；而后者则以腹大异常，喘逆不安最为突出，故另立专节论述。

妇人先病水肿、水胀，而后妊娠者，不属本症讨论范围。

【鉴别】

常见证候

脾虚湿泛妊娠肿胀：妊娠数月，面目虚浮，四肢浮肿，渐及遍身悉肿，肤色淡黄，肿处皮薄光亮，按之凹陷，良久不起，气短乏力，四肢不温，口淡乏味，食欲不振，或大便溏薄，舌质淡，苔薄白而润，脉缓滑无力。

肾虚水泛妊娠肿胀：妊娠五六月始，面浮肢肿，肿处皮薄光亮，按之如泥，面色晦黯，心悸气短，下肢逆冷，腰痠腿软，舌质淡，苔白或白腻而润，脉象沉迟。

气滞妊娠肿胀：妊娠三四月后，肢体肿胀，多自脚始，渐及于腿，肿胀之处，皮色不变，按之凹陷，抬指即复，胸闷胁胀，头眩，心烦易怒，食少，苔白腻，脉弦滑。

鉴别分析

脾虚湿泛妊娠肿胀与肾虚水泛妊娠肿胀：皆因水湿为患，故其肿胀特点，均见所肿之处皮薄光亮，按之凹陷，良久不起。然脾虚湿泛妊娠肿胀系由脾胃素弱，因妊重虚，或妊娠早期，饮食不节，呕吐泄泻损伤脾胃，或恣食生冷损及脾阳，脾虚不能运化水湿，复因胎体阻遏气机升降，水湿停聚，浸渍于四肢肌肤，引发为肿胀；肾虚水泛妊娠肿胀，"良由真阴凝聚，以养胎元，肾家阳气不能敷布，则水道泛滥莫制。"（《沈氏女科辑要笺正·妊娠肿胀》）。肾为胃关，肾虚关门不利而水聚为肿。故脾虚为病，重在中虚运化无权，必兼中气不足，脾阳不振（气短乏力，肤色淡黄，四肢不温，大便溏薄，舌质淡，脉缓滑无力）及湿困脾土（口淡乏味、食欲不振，苔白而润）等症状。肾虚为病，重在阳虚气化失常，必兼下元不足（面色晦黯，腰痠腿软，下肢逆冷，脉沉迟）的表现。论其治疗，脾虚湿泛妊娠肿胀宜健脾利水，常用白术散；若下部肿甚者，以补中益气汤加茯苓；若因饮食不节，呕吐泄泻所致者，宜用六君子汤；若四肢胀急，小便不利者，用木通散。肾虚水泛妊娠肿胀，当益火以消阴，化气以行水，治宜温肾利水，方用真武汤。

气滞妊娠肿胀：因妊娠三、四月后，胎体长大，有碍气机升降，复因肝气郁滞，气机升降失常，阳气不升，浊阴聚而不散所致。其肿胀特点为：肿胀之处，皮色不变，按之虽亦凹陷，但指起即复；与脾虚、肾虚妊娠肿胀之皮薄光亮，按之凹陷，良久不起明显不同。其肿多限于下肢，常兼肝郁气滞（胸闷胁胀，头眩，心烦多怒，脉弦滑）的临床表现。治宜理气行滞，化气利水，常用天仙藤散。

临证常有气滞而挟湿与脾虚兼气滞的妊娠肿胀。前者系因木郁而土不运，脾虚而不能运湿所致；后者则因土虚而木郁，气滞水道不利而致。气滞挟湿者，治以疏肝理气，佐以健脾利湿，方用天仙藤散合四苓散；脾虚气滞者，治宜健脾化湿，佐以理气行滞，方用白术散加陈皮、枳壳。

【文献别录】

《普济方·妊娠诸疾门》："妊娠自三月成胎之后，两足自脚面渐肿至腿膝以下，行步艰辛，以至喘闷、饮食不美，似水气状，至于脚指间有黄水出者，谓之子气。直至分娩方消。此由妇人素有风气，或冲任经有血风。……虑将产之际费力，有不测之忧，故不可不治于未产之前也。"

《沈氏女科辑要笺正·妊娠肿胀》："更有痰滞一证，痰虽水类，然凝聚质厚，不能遍及皮肤。惟壅滞气道，使气不宣通，亦能作肿。其皮色不变，故用理气药不应，加化痰之品，自然获效。"

（郭志强）

333. 妊 娠 眩 晕

【概念】

妊娠眩晕，是指妊娠后期所发生的头目眩晕等症状而言，又称"子眩"、"子晕"。

本症与素有眩晕者不尽相同。妊娠恶阻有时亦可引起眩晕，但不属本症范围。

【鉴别】

常见证候

阴虚阳亢妊娠眩晕：妊娠五、六月后，头晕目眩，耳鸣，心烦急躁，心悸失眠，腰脊痠痛，两腿痠软，或时有面色潮红，舌质红，少苔或无苔，脉弦细而滑。

气血两虚妊娠眩晕：妊娠后期，头晕目眩，动作时加重，心悸气短，语音低微，心悸少寐，神疲纳呆，皮肤不润，面色苍白，唇淡，舌质淡，苔薄白，脉细滑无力。

脾虚痰湿妊娠眩晕：妊娠后期，头目眩晕，头重，胸脘满闷，恶心纳少，面浮肢肿，倦怠困重，小便短少，大便溏，舌质淡，苔白腻，脉滑无力。

鉴别分析

阴虚阳亢妊娠眩晕与脾虚痰湿妊娠眩晕：均为虚中挟实、本虚标实之证。然前者为阴虚，后者属阳虚。其标实者，前者为阳亢；后者为痰湿。临床以阴虚阳亢者为多见。盖因妊娠之后，阴血聚以养胎，肝肾阴虚，水不涵木，木少滋荣，肝阳偏亢，上扰清窍而致眩晕；脾虚痰湿眩晕，则因脾胃素虚，至妊娠后期，胞宫逐渐增大，影响气机升降，使脾运不健，湿聚生痰，痰气交阻，清阳不升，浊气不降而引起眩晕。其辨证要点为：阴虚阳亢眩晕者，症见头目眩晕，并兼有肝肾阴虚（腰脊痠痛，两腿痠软，耳鸣，少苔或无苔）及肝阳上亢（心烦急躁，面色潮红，舌质红，脉弦细）等症；而脾虚痰湿眩晕者，头目眩晕并感头重，且兼有脾阳不振，痰湿内停（胸脘满闷，恶心纳少，面浮肢肿，倦怠困重，小便短少，大便溏，舌质淡，苔白腻，脉滑无力）之候。阴虚阳亢眩晕者，治以滋阴平肝，方用杞菊地黄汤，或用一贯煎加黄芩、钩藤、石决明。病情重者，加用生龙骨、生牡蛎、知母、黄柏；脾虚痰湿眩晕者，则宜健脾化痰，理气除湿，方用六君子汤，或二陈汤。

气血两虚妊娠眩晕：此为虚证。《景岳全书·眩运篇》说："无虚不作眩"。多因脾胃素虚，化源不足，孕后赖气血养胎，致气血益虚，不能上奉，因而引起眩晕，耳鸣。治宜益气养血，方用归脾汤或八珍汤。

妊娠眩晕一症，以阴虚阳亢者居多，若病情发展，常常出现头痛，手足面目浮肿，视物昏花，尿少，甚则恶心呕吐等症状，此为肝风欲动之候，若不及时治疗，甚则发生子痫，所以对妊娠眩晕一症，应及早治疗，以免贻误病情。

【文献别录】

《普济方·妊娠诸疾门》："夫妊娠头眩目晕，视物不见，颐项肿核者，盖因胎气有伤肝脏，热毒上攻，太阳穴痛，呕逆，背项拘急，致令眼晕生花，若加涎壅，危在片时，急煎消风散服之。"

又曰："天门冬饮子，治妊娠肝经风热，上攻眼目，带吊失明，……盖此证为怀身多居密室火阁，衣着裀褥厚盖，伏热在里，或服补药，因食热物太过，致令胎热肝脏壅极，风冲入脑所致。"

《叶氏女科证治·安胎》："妊娠七八月，忽然卒倒，僵仆不省人事，顷刻即醒，名曰子晕，宜葛根汤；亦有血虚，阴火炎上，鼓动其痰，而眩晕者，宜葛根四物汤；亦有气血两虚，而眩晕者，宜八珍汤。"

（郭志强　王秀云）

334. 妊 娠 痉 厥

【概念】

妊娠后期，或正值分娩时，或分娩后，忽然神志丧失，颈项强直，牙关紧闭，口流白沫，手足抽搐，须臾抽搐停止，渐渐醒转，但醒后仍可再发，这种症状称为"妊娠痉厥"。又称"子痫"，"妊娠痫证"或"子冒"。亦有称"痉"、"痓"、"风痉"、"厥"、"中风"、"瘛疭"的。严重者，发作频频，甚至昏迷不醒，可以引起孕妇和胎儿死亡。但在发病以前，一般都有头痛、头晕、眼花、胸闷、呕吐等先兆，可供早期诊断和及早预防。本症讨论以临床常见的先兆子痫为主。

【鉴别】

常见证候

阴虚肝旺妊娠痉厥：妊娠后期，头痛头胀，头晕眼花，视力模糊，或有恶心，心悸气短，手肢发麻，面目及下肢微有浮肿等子痫先兆。病发时卒然昏仆，抽搐，口流白沫，舌红或绛，脉弦劲而数。

脾虚肝旺妊娠痉厥：妊娠后期，水肿逐渐加剧，尿少，胸闷恶心，纳差，并见头痛头重，头晕眼花等子痫先兆。病发时突然仆倒，不省人事，手足抽搐，口流白沫，舌质淡胖，苔薄或腻，脉虚弦而滑。

鉴别分析

阴虚肝旺妊娠痉厥与脾虚肝旺妊娠痉厥：两者皆由肝阳上亢所致，但引起肝阳上亢的原因不同。前者多因肾阴素亏，孕后血养胎元，阴液益虚，水不涵木，肝失所养，以致肝阳上亢；后者则系脾虚不运，水湿停聚，发为水肿，留滞经络，精血输送受阻，脾不散精，肝乏濡养，以致肝阳上亢。临床特征以头痛头晕，头胀或头重眼花为主证。惟兼证各异。阴虚肝旺妊娠痉厥，必兼舌红而绛，脉弦劲而数；脾虚肝旺妊娠痉厥，必兼肢体水肿，胸闷恶心。这是本症的辨证要点。阴虚肝旺而见子痫先兆者，治宜育阴潜阳，平肝熄风，方用羚羊钩藤汤。若病情进一步发展而出现抽搐或昏迷即为子痫，可用羚羊钩藤汤加莲子心、菖蒲以清心开窍，并可选用：①安宫牛黄丸，每日2丸，用凉开水调匀，分2~4次鼻饲或口服；②紫雪丹，每日3次，每次1~3克，凉开水调匀，鼻饲或口服；③至宝丹，每日2丸，用凉开水调化，分2~4次鼻饲或口服。脾虚肝旺而见子痫先兆者，治宜健脾利湿，平肝潜阳，方用加减羚羊角散或当归芍药散加羚羊角粉、葛根、桑寄生。若病情未及时控制，发生抽搐和昏迷者，即为子痫，方用加减羚羊角散去葛根、川芎，另加苏合香丸，每日2次，每次1丸，鼻饲。

妊娠痉厥之临床辨证，首先要鉴别阴虚肝旺或脾虚肝旺。亦有少数患者并无明显先兆征象，而突然发为子痫的。治疗原则，阴虚肝旺，以养血育阴为主，重点在肾；脾虚肝旺，以健脾利湿为主，重点在脾。

妊娠水肿，先兆子痫和妊娠痉厥，三种病证之间的病因病机，存在着内在的联系。如脾虚水湿不运，溢而为肿，继则土湿木郁，肝郁化火，灼伤阴津，阴虚阳亢，遂致眩晕，进而肝风内动，酿成妊娠痉厥。因此应重视三症之间的相互关系，及时治疗水肿，或先兆子痫，是防止发生妊娠痉厥的关键。

《诸病源候论·妇人妊娠病诸候》："体虚受风，而伤太阳之经，停滞经络，后复遇寒湿相搏，发则口噤背强，名之为痉。妊娠而发者，闷冒不识人，须臾醒，醒复发，亦是风伤太阳之经作痉也，亦名子痫，亦名子冒也。"

《杏轩医案》："子痫疾作之由，因子在母腹，阴虚火炽，经脉空疏，精不养神，柔不养筋，而如厥如痫，神魂失守，手足抽掣。"

《沈氏女科辑要·妊妇似风》："妊妇卒倒不语，或口眼㖞斜，或手足瘛疭，皆名中风。或腰背反张，时昏时醒，名为痉，又名子痫。"

（许润三）

335. 妊 娠 瘙 痒

【概念】

妊娠瘙痒，是指妊娠期间出现皮肤发痒而欲搔抓的一种症状。若仅限于一处瘙痒，如女阴、肛门等处，或先有水疱，丘疹等，而后皮肤瘙痒者，则不属本条讨论范围，应参看皮肤症状的有关条目。

【鉴别】

常见证候

血虚风燥妊娠瘙痒：妊娠期间，皮肤瘙痒，甚则遍及全身，皮肤干燥，可见抓痕及血痂，面色萎黄，心悸失眠，头晕眼花，舌淡，苔白，脉滑细。

肝胆湿热妊娠瘙痒：妊娠中、晚期，皮肤瘙痒，甚则遍及全身，皮肤发黄，可见抓痕及血痂，面目发黄，胸胁胀闷，烦躁易怒，口苦咽干，纳呆呕恶，尿黄，便溏，舌红，苔黄腻，脉滑数或弦数。

鉴别分析

血虚风燥妊娠瘙痒：因素体血虚，孕后阴血下聚养胎，阴血益虚，血虚风燥，肌肤失养所致。其辨证要点为：皮肤干燥，甚则脱屑，并伴有面色萎黄，心悸失眠，头晕眼花等血虚之症。治宜养血润燥，方用当归饮子。

肝胆湿热妊娠瘙痒：因素性抑郁，肝郁脾虚，孕后胎体渐长，气机升降失调，气滞湿郁，郁久化热，薰蒸肝胆，胆汁不循常道，浸淫肌肤而致。其辨证要点为：皮肤及面目发黄，并伴有胸胁胀闷，烦躁易怒，口苦咽干，纳呆呕恶，尿黄，便溏等肝郁脾虚，湿热内盛之象。治宜清利肝胆湿热，方用茵陈蒿汤加味，或用龙胆泻肝汤。本症因湿热内盛，与血搏结成瘀，阻滞冲任，常可损伤胎元，故应治病与安胎并举，酌加养血活血，祛瘀安胎之品，如当归、川芎、益母草、黄芩、白术，以保证胎儿发育。

【文献别录】

《叶氏女科证治·安胎》："妊娠遍身瘙痒，名曰风痹，此皮中有风也。不必服药，宜用樟脑调烧酒擦之。"

（王秀云）

336. 妊娠发疹

【概念】

妊娠发疹，是指妊娠期间皮肤出现斑丘疹或疱疹，累堆成块，伴有瘙痒的症状而言。

本症与妊娠瘙痒的区别是：本症是皮肤有斑丘疹或疱疹，伴有瘙痒；妊娠瘙痒是无原发皮肤损害，而自觉瘙痒，搔抓之后出现皮肤抓痕，血痂。

【鉴别】

常见证候

血虚妊娠发疹：妊娠期间，皮肤出现斑丘疹或疱疹，剧烈瘙痒，入夜尤甚，肌肤少泽，面色萎黄，头晕眼花，心悸失眠，食少乏力，舌淡，苔白，脉沉细。

风热妊娠发疹：妊娠期间，皮肤出现斑丘疹，始见于面部，迅速扩展至全身，伴有发热，头痛，咳嗽，咽痛，流涕，舌红，苔薄黄，脉浮数。

鉴别分析

血虚妊娠发疹：素体血虚，孕后血聚养胎，阴血益虚，血虚生风，遂发疹并伴瘙痒。其来势慢，日久不愈，疹块色淡，多在肢体部先出现，由局部发展到全身。并伴有血虚的症状，如肌肤少泽，面色萎黄，头晕眼花，心悸失眠，食少乏力等。治宜养血润燥，并佐以健脾益气，以滋化源，方用当归饮子加味。

风热妊娠发疹：因妊娠期间感受风热之邪所致。风热之邪，郁于肌腠，壅于皮肤而发疹并伴瘙痒。其来势急，消退快，疹块色淡红，因风邪从上受之，故发疹先从头面上部开始，继而扩展至全身。其临床表现还伴有风热表证：如发热，头痛，咳嗽，咽痛，流涕等。治宜疏风清热，方用消风散加大青叶、黄芩。

外感风热所致的妊娠发疹，包括西医学中妊娠期感染风疹病毒引起的急性传染病，常可引起流产和死胎，胎儿畸形的发生率较高，故应通过实验室检查来进一步确诊，如为风疹病毒感染，以终止妊娠为宜。

【文献别录】

《胎产新书·女科秘要》："胎前遍体瘙痒，出风疹。此皮中有风，不可服药，宜用樟脑调烧酒，擦之即愈。"

（王秀云）

337. 妊娠头痛

【概念】

妊娠期间，出现头痛，称为"妊娠头痛"。头痛有外感与内伤之别，外感引起的头痛可见于妊娠各期，内伤头痛多见于妊娠中、晚期，且常与头晕并见，本文讨论以头痛为主症者。

【鉴别】

常见证候

气血两虚妊娠头痛：妊娠中、晚期，头痛隐隐，或头脑空痛，头晕眼花，心悸气短，神疲乏力，面色苍白或萎黄，舌淡，脉细弱。

肝阳上亢妊娠头痛：妊娠中、晚期，头痛而胀，头晕目眩，面红，口干苦，烦躁易怒，失眠多梦，耳鸣，舌红，苔少，脉弦。

痰湿阻滞妊娠头痛：妊娠中、晚期，头痛昏重，头晕目眩，胸脘满闷，呕恶纳呆，面浮肢肿，倦怠嗜卧，舌淡，苔白腻，脉弦滑而缓。

风寒妊娠头痛：妊娠期间，头痛连及项背，畏风恶寒，骨节痠痛，舌苔薄白，脉浮紧。

风热妊娠头痛：妊娠期间，头痛而胀，发热恶风，面红目赤，咽喉肿痛，口渴，舌红，苔薄黄，脉浮数。

风湿妊娠头痛：妊娠期间，头痛头重如裹，脘闷纳呆，肢体困重，或溲少便溏，苔白腻，脉濡或滑。

鉴别分析

气血两虚妊娠头痛与肝阳上亢妊娠头痛：二者一为"虚"证，一为"本虚标实"证，病因病机明显不同。前者为素体气血两虚，孕后阴血下聚养胎，故气血愈虚，气虚清阳不升，血虚则不能上荣，故见头痛隐隐，或头脑空痛；气血不足，则形神失养，故见头晕眼花，心悸气短，神疲乏力，面色苍白等症。治宜益气养血，方用八珍汤或十全大补汤。后者为素体阴虚，肝阳偏亢，孕后阴血下聚养胎，阴血益虚，阴不潜阳，肝阳上亢，上扰清窍，发为头目胀痛；兼有肝肾阴虚，肝阳上亢的表现：头晕目眩，面红口干苦，烦躁易怒，失眠多梦，耳鸣等。本症常由"妊娠眩晕"发展而来，为肝阳亢极，肝风欲动之候，如不及时控制病情，可导致肝风内动，子痫发作，出现昏仆抽搐等，危及母子生命。治宜育阴潜阳，平肝熄风，方用天麻钩藤饮。

痰湿阻滞妊娠头痛：本症由素体脾虚，痰湿内生，孕后胎体渐长，影响气机升降，痰湿中阻，清阳不升，发为头痛昏重；兼有痰湿阻滞的表现：头晕目眩，胸脘满闷，呕恶纳呆，面浮肢肿，倦怠嗜卧等。本症若兼有痰火上蒙，火盛风动，则可导致子痫发作，为危重之症。治宜祛湿化痰熄风，方用半夏白术天麻汤，加僵蚕、蔓荆子、石决明等。

风寒妊娠头痛、风热妊娠头痛与风湿妊娠头痛：三者均为妊娠期感受外邪而致的头痛，其共同特点为必兼有表证。外邪之中，以风为最，巅高之上，惟风可到，然风邪往往夹寒、夹热、夹湿犯表，故其证各有不同。外感风寒者，因风寒之邪循太阳经上犯，清阳之气被遏所致。其临床特点为：头痛连及项背，畏风恶寒，骨节痠痛，苔薄白，脉浮紧。治宜疏风散寒，方用芎芷汤或四味紫苏和胎饮加羌活、藁本、川芎、防风、葱白、生姜。外感风热者，可由风寒不解，郁而化热或风热之邪中于阳络，上扰清窍所致。其临床特点为：头痛而胀，发热恶风，面红目赤，咽喉肿痛，口渴，舌红，苔薄黄，脉浮数。治宜疏风散热，方用柴胡散。外感风湿者，为风挟湿邪上犯，清窍为湿邪所蒙而致。其临床特点为：头痛头重如裹，脘闷纳呆，肢体困重，或溲少便溏，苔白腻，脉濡或滑。治宜疏风祛湿，方用羌活胜湿汤加减。

《万氏妇人科》云："妊娠伤寒，专以清热和胎为主，各随六经所见，表里之证治之。务宜谨慎，不可以常病伤寒同治，以致损胎，误其子母性命也。"由此可见，治疗外感所致妊娠头痛，要注意安胎，凡药中有犯胎者，则不可用也。

【文献别录】

《妇人大全良方·卷之十四》："论曰：夫冬时严寒，人体虚，为寒所伤，即成病为伤寒。轻者淅淅恶寒，翕翕发热，微咳鼻塞，数日乃止；重者头痛体痛，先寒后热，久而不愈则伤胎。凡妊妇伤寒，仲景无治法，用药宜有避忌，不可与寻常妇人一概治之也。"

《叶氏女科证治·安胎》："妊娠头痛，此风邪入脑，阳气衰也。宜芎芷汤。川芎、白芷、白菊花、甘草、白芍、茯苓、藁本、石膏、姜三片，水煎服，如不效加细辛。"

（王秀云）

338. 妊 娠 消 渴

【概念】

妊娠期间，以口渴多饮为主要表现者，称为"妊娠消渴"，或称"妊娠口渴"。

本症，《叶氏女科证治》称为"妊娠消渴"。《妇人大全良方》称为"妊娠烦躁口干"，《普济方》称为"妊娠烦渴"，可见"烦"与"渴"二症常同时出现。《妇人大全良方》指出本症"与子烦大同小异，其方亦可就子烦中通用。"本症与子烦应有区别，本症是指妊娠期间口渴喜饮，多因热伤津液所致；子烦是指妊娠期间，烦闷不安，郁郁不乐，多因火热乘心所致。

【鉴别】

常见证候

胃火炽盛妊娠消渴：妊娠期间，口渴喜冷饮，消谷善饥，面红唇赤，烦躁，口臭，大便秘结，小便黄赤，舌红，苔黄燥，脉滑数。

胃阴亏虚妊娠消渴：妊娠期间，口渴喜饮，唇燥咽干，或善食易饥，大便干结，舌红少津，苔少或薄白而干，脉滑细数。

肝郁化火妊娠消渴：妊娠期间，口渴喜冷饮，口苦咽干，面红目赤，烦躁易怒，胸胁胀闷，舌红，苔黄，脉弦数。

鉴别分析

胃火炽盛妊娠消渴与胃阴亏虚妊娠消渴：二者虽同为胃热之证，但有虚实之分。胃火炽盛者因孕后外感燥热之邪，或肝郁化火犯胃，胃热炽盛，热盛伤阴，津液亏虚所致。其临床特点为：口渴喜冷饮，消谷善饥，面红唇赤，烦躁口臭，大便秘结，小便黄赤，舌红，苔黄燥，脉滑数。胃阴亏虚者因素体阴虚，孕后阴血下聚养胎，阴血益感不足，阴虚火旺，灼烁津液所致。其临床特点为：口渴喜饮，唇燥咽干，或善食易饥，大便干结，舌红少苔，脉细数。前者治宜清胃泻火，佐以安胎，方用息焚安胎汤或竹叶石膏汤加味。后者治宜滋阴生津，佐以安胎，方用润燥安胎汤或人参黄芪散。

肝郁化火妊娠消渴：因素性抑郁，肝郁气滞，孕后胎体渐大，影响气机升降，气滞更甚，郁而化火，灼伤津液，而致妊娠消渴。其临床特点为：口渴喜冷饮，口苦咽干，面红目赤，烦躁易怒，胸胁胀闷。治宜疏肝清热，生津止渴，方用丹栀逍遥散加麦冬、知母。

【文献别录】

《妇人大全良方·卷之十三》："夫足太阴，脾之经也，其气通于口。手少阴，心之经也，其气通于舌。若妊娠之人，脏腑气虚，荣卫不理，阴阳隔绝，热气乘于心脾，津液枯少，故令心烦而口干也。"

《傅青主女科·下卷》："妇人怀妊有口渴汗出，大饮冷水，而烦躁发狂，腰腹疼痛，以致胎欲堕者，人莫不谓火盛之极也，抑知是何经之火盛乎？此乃胃火炎炽，煎熬胞胎之水，以致胞胎之水涸，胎失所养，故动而不安耳。"

《叶氏女科证治·安胎》："妊娠消渴，此乃血少，三焦火胜而然。"

（王秀云）

339. 妊娠下肢抽筋

【概念】

妊娠下肢抽筋，是指妊娠后期小腿或足部抽痛而言。其抽痛常在夜间和睡眠时加剧，它是妊娠后期常见的并发症之一。

【鉴别】

常见证候

血虚妊娠下肢抽筋：妊娠后期，时常下肢抽筋疼痛，抽时动弹不得，入睡后尤甚，或心悸失眠，或多梦易醒，舌质正常或稍淡，脉虚滑。

寒凝妊娠下肢抽筋：妊娠后期，时有小腿抽痛，遇寒加重，得热则舒，或畏寒，或四肢不温，舌苔白滑，脉细滑。

鉴别分析

血虚妊娠下肢抽筋：由于孕后精血养胎，筋失血养所致。辨证要点是：妊娠后经常小腿肚或足背部抽筋疼痛，夜间和睡眠时尤甚，舌质多淡，脉细滑无力。治宜养血舒筋，方用芍药甘草汤加味。

寒凝妊娠下肢抽筋：由于寒遏经络，下肢血脉运行不畅而致。临床表现是：小腿或足部抽筋疼痛，遇寒加重，得热则舒，或形寒肢冷，苔白润，脉细滑。治宜温经散寒，活血舒筋，方用桂枝汤加味。

【文献别录】

《校注妇人良方·妊娠门》："妊妇四肢不能伸，服祛风燥血之剂，遗尿痰甚，四肢抽搐，余谓肝火血燥，用八珍汤，加炒黑黄芩为主，佐以钩藤汤而安。后因怒，前症复作，小便下血，寒热少寐，饮食少思，用钩藤散加山栀、柴胡而血止；用加味逍遥散，寒热退而得寐；用六君子汤加芍药、钩藤，饮食进而渐安。"

（许润三）

340. 妊娠心腹胀满

【概念】

妊娠心腹胀满，是指妊娠期心腹部胀满，甚则呼吸不畅，两胁疼痛而言。

本症，在《太平圣惠方》称"妊娠心腹胀痛"，《妇人大全良方》称"子悬"，《证治准绳》称"胎上逼心"，《景岳全书》称"胎气上逼"，《沈氏女科辑要》则称"子上撞心"。

妊娠心腹胀满与胎水过多，均以胸腹胀满为主，甚则气促。但妊娠心腹胀满是由于气逆上冲心胸所致；而胎水过多，乃由胞中蓄水引起。前者，病在气；后者，病在水。病因不同，治法亦异。

【鉴别】

常见证候

肺胃热盛妊娠心腹胀满：妊娠期中，胸膈痞闷胀满，呼吸短促，甚则喘急不安，口渴，心烦少眠，溲赤，便秘，舌质红，苔黄腻，脉洪数。

肝郁妊娠心腹胀满：妊娠七八月，胸膈胀满，两胁胀痛，呼吸不利，有气阻闷塞感，烦躁易怒，善太息，苔薄黄，脉弦滑。

脾虚气滞妊娠心腹胀满：怀孕后期，心腹胀满，呼吸不畅，或头重眩晕，体倦思卧，四肢乏力，不思饮食，苔薄白，脉虚弦。

鉴别分析

肺胃热盛妊娠心腹胀满：多由素体阳盛，肺胃积热，孕后阴血聚以养胎，其热益甚，上凑心胸，遂致胀满痞闷，呼吸迫促，甚则喘急不安。其辨证特点是：禀厚质壮，脉来洪数，并见口渴，心烦少眠，溲赤，舌红，苔黄等内热之象。治宜清泻肺胃，理气安胎，方用紫苏饮加黄芩、栀子。

肝郁妊娠心腹胀满：多由平素血虚，肝失所养，孕后阴亏于下，气浮于上，复因郁怒伤肝，肝气郁滞，不得条达，逆冲心胸，遂致心腹胀满。临床特点是：胸闷胁痛，烦急易怒，善太息，脉弦，左关弦洪。治宜疏肝解郁，方用丹栀逍遥散加绿萼梅、沉香粉。

脾虚气滞妊娠心腹胀满：多由脾胃素虚，妊娠后期，胎体增大而有碍气机升降，遂致心腹胀满。临床特点是：头重眩晕，体倦思卧，四肢乏力，不思饮食，舌质淡，脉虚滑。治宜理气健脾，方用紫苏饮加砂仁、厚朴花。

妊娠心腹胀满一症，总因气逆上冲心胸所致。而以肺胃积热、肝郁者居多，脾虚气滞亦间或有之。《张氏医通·妇人门》说："大抵胎气逆上，皆属火旺，急用芩术香附之类，不可服大寒之药，反致他变"。此乃治标用药之要，俟标病解除，需养血育阴以培其本。

【文献别录】

《太平圣惠方·治妊娠心腹胀满诸方》："夫妊娠心腹胀满者，由腹内夙有寒气，致令停饮。妊娠重因触冷饮发动，与气相干，故令心腹胀满也。"

《沈氏女科辑要·子悬》："怀妊九月，偶因劳动，遂觉腹痛，胎渐升至胸中，气塞不通，忽然狂叫咬人，数人扶持不住，病名子上撞心，即子悬之最重者。用旋覆代赭汤去参、枣。"

（郭志强　王秀云）

341. 妊娠小便不通

【概念】

妊娠小便不通，是指妊娠七、八个月，膀胱受压所致小便不通者。

本症，《金匮要略》称"转胞"，《针灸甲乙经》称"胞转"，《诸病源候论》称"妊娠小便不利"，《校注妇人良方》称"转脬"，《本草纲目》称"妊娠尿难"。

本症与妊娠小便淋痛症状有类同点，也有不同之处。如《证治要诀》说："子淋与转胞相类，但小便频数，点滴而痛，为子淋；频数出少而不痛，为转胞，间有微痛，终是与淋不同。"说明疼痛与否，是二者的主要区别。

【鉴别】

常见证候

脾气虚妊娠小便不通：妊娠七八月，小便不通，或频而量少，小腹胀急，心悸气短，神疲乏力，头重目眩，舌淡，苔薄，脉虚缓而滑。

肾阳虚妊娠小便不通：妊娠后期，小便频数，滴沥不利，继则闭而不通，小腹胀急，四肢浮肿，面色晦黯，体倦畏寒，头晕，腰腿痠软，舌质淡，苔薄白而润，脉沉迟或沉滑无力。

气滞妊娠小便不通：妊娠七八月，突然小便不通，小腹胀急作痛，胸闷胁胀，心烦易怒，善太息，舌苔正常，脉沉弦而滑。

湿热妊娠小便不通：妊娠后期，小便短黄，继而不通，小腹作胀，饮食如故，头重眩胀，大便干燥，或泻而不爽，舌质红，苔黄而腻，脉滑数。

鉴别分析

脾气虚妊娠小便不通：胎居母腹，赖气以载胎。《女科经纶》引赵养葵说："由中气虚怯，不能举胎，胎压其胞，胞系了戾，小便不通。"辨证可见，小便不出或出而甚少，小腹胀急，坐卧不宁。且伴有面色㿠白，心悸气短，神疲乏力，头重目眩，舌淡脉虚等脾气虚症状。治宜补气升提，方用益气导溺汤，或补中益气汤加茯苓、车前子。若气血两虚者，治当佐以养血，方用举胎四物汤加乌药。

肾阳虚妊娠小便不通：胎系于肾，若妊妇禀素虚弱，肾虚系胎无力，胎压其胞，致令胞系了戾，膀胱气化功能失职，则小便滴沥，或闭而不通，小腹胀急作痛。常兼见面色晦黯，四肢浮肿，体倦畏寒，腰腿痠软，脉沉等肾阳不振的症状。治宜温补肾阳，化气行水，方用肾气丸加减。

气滞妊娠小便不通：多由忧郁多怒，气滞水气内停，致使胞系了戾，小便不通，小腹胀急。其辨证要点是：突然小便不通，并见胸闷胁胀，烦急易怒，脉沉弦而滑等气滞症状。治宜调气行水，方用畅达散，或用琥珀、沉香研末服。

湿热妊娠小便不通：多因下焦湿热，蕴于膀胱，或者小肠有热，传于脬。《太平圣惠方·治妇人脬转诸方》说："由脬为热所迫，或忍小便，俱令水气逼迫于脬，屈辟不得充张，外水应入不得入，内溲应出不得出，内外壅滞，胀满不通，故为脬转。"其辨证要点是：小便短黄，继而闭塞不通，饮食如故。如《张氏医通·妇人门》所说："此小便难者，膀胱热郁，气结成燥，病在下焦，所以饮食如故。"并见头重眩胀，胸闷心烦，便干或泻而不爽，苔黄腻，脉滑数等湿热郁滞表现。治宜清热利湿，方用当归贝母苦参丸，或清胞饮。

妊娠小便不通，古人认为由于胎压膀胱，胞系了戾所致。辨证应分虚实。治疗时，不可拘泥于小便不通，概用通利。若尿闭时间长，腹部胀痛难忍者，宜急用导尿法。

【文献别录】

《丹溪心法·淋》："胞转证脐下急痛，小便不通，凡强忍小便，或尿急疾走，或饱食忍尿，饮食走马，忍尿入房，使水气上逆，气迫于胞，故屈戾而不得舒张也，胞落则殂。"

《医学心悟·妇人门》："然亦有阳亢阴消，孤阳无阴，不能化气者，必须补其真阴，古方用滋肾丸，予尝用六味加车前、牛膝收功。……大抵右尺偏旺，左尺偏弱，脉细数而无力者，其水虚也；左尺偏旺，右尺偏弱，脉虚而无力者，真火虚也。火虚者，腹中阴冷，喜热，畏寒，小便滴沥而清白；水虚者，腹中烦热，喜冷，畏热，小便滴出如黄柏。"

（郭志强）

342. 妊 娠 尿 痛

【概念】

妊娠期出现小便频数，淋漓疼痛，称为"妊娠尿痛"，亦称"子淋"。

本症，《诸病源候论》称"子淋"，《太平圣惠方》称"妊娠小便淋涩"，《产科百问》谓之"妊娠小便淋"。

本症与转胞不同。《沈氏女科辑要笺正·子淋转胞》说："小便频数，不爽且痛，乃谓之淋……转胞亦是小溲频数，不能畅达，但不必热，不必痛，则胎长压塞膀胱之旁，府气不能自如。"又说："子淋与转胞，必不可尽认作同是一病。"

【鉴别】

常见证候

实热妊娠尿痛：妊娠期，小便频数，尿意急迫，短赤灼热，艰涩疼痛，伴口苦，口渴，且喜饮冷，口舌生疮，大便干结，舌质红，苔黄偏干，脉滑数。

虚热妊娠尿痛：妊娠期，小便频数窘涩，点滴而下，色黄灼痛，体瘦颧红，咽燥口干，心烦不宁，舌质嫩红，苔少或无苔，脉细数。

湿热妊娠尿痛：妊娠期，小便涩痛，频数量少，色赤灼热，面色垢黄，肢体倦怠，口苦，心烦，渴不多饮，大便不爽，舌质红，苔黄厚而燥，脉滑数。

气虚妊娠尿痛：妊娠期间，小便滴沥涩痛，色淡黄，或欲解不能，或溲出不禁，常溺后痛甚，小腹坠胀，体倦乏力，舌淡，苔薄白，脉虚滑。

鉴别分析

实热妊娠尿痛与湿热妊娠尿痛：均为实证，热证。故同见小便频数，短赤灼痛，口苦，舌红，苔黄而干，脉滑数之象。但其病因、病机有别：实热尿痛，多因素本阳盛，孕后阴血聚下养胎，不能上济心火，心火偏亢，邪热移于小肠，或奉养太厚，喜食炙煿辛热之物，以致内热下注膀胱，灼伤津液所致；湿热尿痛则因护摄不慎，湿热内侵，蕴结膀胱，气化失司所致。其辨证要点是，实热妊娠尿痛，必有火热内炽的临床表现（如口舌生疮，渴喜饮冷，大便秘结等）；而湿热尿痛，则具湿热之象（如面色垢黄，肢体倦怠，大便不爽，渴不多饮等）。实热尿痛，治宜清热泻火通淋，方用导赤散，大便燥结用地肤大黄汤去通草；湿热尿痛，治宜清热利湿通淋，方用五苓散。若兼头昏耳鸣，胸闷胁胀，烦急善怒者，为肝经郁热，或肝经湿热。肝经郁热尿痛者，治宜清肝泻热，解郁通淋，方用丹栀逍遥散加黄芩、冬葵子、车前子；肝经湿热尿痛者，若尿中混有血液，为血淋，乃热入血分，迫血妄行之故，加用凉血止血之品。

虚热妊娠尿痛与实热妊娠尿痛：虽皆因热成淋，但有虚实之异，病因，病机亦各不同。前者多因素体阴虚，孕后血聚养胎，其阴愈虚，阴亏肾水不足，孛为火灼，故小便淋痛；后者缘由素体阳盛，或过食肥甘辛燥之物，引动心火，移热于小肠，传入膀胱，灼伤津液所致。其辨证要点为：前者有阴虚内热，如体瘦，颧红，咽燥口干，饮而不多等；后者则是火热内炽之候，如渴喜冷饮，大便秘结等。从舌脉辨之，虚热者，其舌嫩红，少苔或无苔，脉象细而数；实热者，其舌红，苔黄而干，其脉滑数有力。虚热尿痛，治宜滋阴清热通淋，方用子淋汤，或知柏地黄丸。

气虚妊娠尿痛：多因中气素虚，妊娠数月，胎体长大，气虚无力举胎，胎坠压迫膀胱，水行不利，而为尿痛。其辨证要点为：小便涩痛，而无热淋之溲赤，灼热之症，而见中气不足，小腹坠胀，体倦乏力，溺后痛甚，或小便欲解不能，或溲出失禁之候。治宜益气止淋，方用益气止淋汤。

妊娠尿痛，热证居多，但有虚热，实热之分。又有因气虚而尿痛者。临证应仔细辨别，切不可执"痛则不通"之论，而一概予以通利之法。处方遣药，亦须慎用滑利之品，以防伤胎。

【文献别录】

《女科经纶·胎前证上》引万密斋曰："子淋之病，须分二证：一则妊母自病；一则子为母病。然妊母自病，又分二证：或服食辛热，因生内热者；或自汗自利，津液燥者。其子为母病，亦分二证：或胎气热壅者，或胎形迫塞者。证既不同，治亦有别。大抵热则清之，燥则润之，壅则通之，塞则行之，此治之之法也"。

《妇科玉尺·胎前》："妊娠因酒色过度，内伤胞门，或饮食积热，以致水道秘塞，小便淋沥而痛者，名曰子淋，宜安荣散。"

（郭志强）

343. 妊 娠 尿 血

【概念】

妊娠尿血是指妊娠期小便带血的症状而言。

尿血与血淋，同是尿中带血，而以有无疼痛相区别。如《杂病源流犀烛·五淋二浊源流》所说："其分辨处，则以痛不痛为断，盖痛则为血淋；不痛则为尿血也。"尿血虽亦间或有轻微胀痛之感，但不如血淋之滴沥涩痛，痛苦难忍可比。本症与胎漏，均为无痛性出血，但胎漏由阴道下血，且无时频出；尿血则自尿道下血，仅见于溺时。临证当明辨血出自何处，小便时有无涩痛，为辨别提供依据。

【鉴别】

常见证候

心火亢盛妊娠尿血：妊娠期间，小便带血，其色鲜红，心烦口渴，夜寐不安，口舌生疮，小便热赤，舌尖红，苔薄黄，脉滑数。

阴虚火旺妊娠尿血：妊娠期尿血，头晕目眩，耳鸣，腰痠腿软，神疲，舌质嫩红，无苔，脉象细数，两尺脉弱。

肝经郁热妊娠尿血：妊娠期尿血，心烦口渴，寒热往来，胸胁乳房胀痛，急躁易怒，不思饮食，叹息，舌红，脉弦数。

鉴别分析

心火亢盛妊娠尿血：常因素体阳盛，心火偏亢，受孕之后，阴血聚以养胎，不能上承于心，心火亢盛，下移小肠，渗于膀胱，热扰血分，逼血流溢。辨证要点是：尿中带血，其色鲜红，并见心火亢盛（如心烦口渴，夜寐不安，口舌生疮，舌尖红，脉滑数）、热移小肠（如小便热赤）等症状。治疗应清心泻火，凉血止血，常用导赤散。

阴虚火旺妊娠尿血与肝经郁热妊娠尿血：二证病因、病机各不相同。阴虚火旺者，多因肾阴不足，水不济火，相火妄动，热灼脉络，以致小便带血；肝经郁热者，则缘素性抑郁，复以恚怒火动，扰于血分，迫血妄行，渗溢膀胱而尿血。其辨证要点：阴虚火旺者，常兼肾阴亏虚，相火偏亢，上扰清窍之候（如头晕耳鸣，腰痠腿软，神疲，舌质嫩红、无苔等）。治宜滋阴清热，凉血止血，方用知柏地黄汤去丹皮，加藕节、琥珀末；肝经郁热者，必兼肝郁气滞之象（如胸胁乳房胀痛，烦急易怒，精神抑郁，叹息，不思饮食等）。治宜舒肝解郁，凉血止血，方选丹栀逍遥散加减，兼服六味地黄丸。

妊娠尿血之症，总由热扰血分，逼血流溢，下出膀胱所致。然其热有虚实之不同。心火亢盛及肝经郁热者为实证，阴虚火旺属虚证。临床兼证，各不相同，详辨舌质脉象甚为紧要。心火亢盛者，舌质红多见于舌尖，常伴口舌糜烂，其脉细数有力；阴虚火旺者，舌红而质嫩，常无苔或花剥，脉细数而两尺无力；肝经郁热者，舌红，脉弦数，堪资鉴别。

【文献别录】

《校注妇人良方·妊娠疾病门》：妊娠尿血，"因劳动火者，宜补中益气汤。若因厚味积热，宜用加味清胃散。若因肝经血热，宜用加味逍遥散。"

《妇人大全良方·妊娠门》："论妊娠尿血者，由劳伤经络，有热在内，热乘于血，血得热则流溢，渗入胞，故令尿血也。"

（郭志强　王秀云）

344. 胎水肿满

【概念】

胎水肿满，是指妊娠五、六月以后，胎水过多，腹大异常，胸膈胀满，喘急不安等症状而言。《妇科玉尺·胎前》说："若不早治，生子手足必然软短，形体残疾，或水下即死。"说明本症常常发生畸胎或死胎。

本症，《诸病源候论》谓之"妊娠肿满"，又称"子满"；《妇人大全良方》称为"胎水肿满"；《济阴纲目》称"胎水"；《医宗金鉴·妇科心法要诀》则将本症列为"妊娠肿胀"。然胎水肿满与"妊娠肿胀"不同，后者全身肿胀，而胎水肿满者胎水过多，腹大异常，或伴有全身肿胀，故不可混称。

【鉴别】

常见证候

脾气亏虚胎水肿满：妊娠五、六月后，胎水过多，腹部迅速增大，手足面目浮肿，小便短少，重则胸闷气喘，不能平卧，舌质淡，苔薄白而润，脉沉细而滑。

脾肾阳虚胎水肿满：妊娠五、六月后，胎水过多，腹部异常增大，气促心悸，遍身俱肿，腰脊痠痛，两膝软弱，肢冷畏寒，或大便溏薄，面色晦黯或苍黄，舌质淡，苔薄白而滑，脉沉弦滑。

鉴别分析

脾气亏虚胎水肿满与脾肾阳虚胎水肿满：均为阳虚之证。脾气亏虚胎水肿满，多因脾胃素虚，或饮食不节，恣食生冷，损伤脾阳，或因泄泻下痢，耗损脾胃，或因寒热疟疾，烦渴引饮太过，湿渍脾胃，中阳不运，致水湿停聚胎中；脾肾阳虚胎水肿满，则因平素脾肾之阳不足，或房室不节，肾气内伤，肾阳衰微，不能温煦脾土，或脾虚益甚，导致肾阳亦衰，脾肾阳虚，水湿停聚，开合不利，因而水蓄胞中。其临床表现：腹部增大之快与妊月不符，胸闷气喘，四肢浮肿，均为共有的症状。但脾气亏虚胎水肿满，必见脾胃虚弱，中阳不振的证候，如四肢无力，不思饮食，面色淡黄等；而脾肾阳虚胎水肿满，必兼肾阳虚衰的证候，如肢冷畏寒，腰脊痠痛，两膝软弱，面色晦黯等。脾气亏虚胎水肿满，治宜健脾利湿，轻者用黄芪赤昆汤，喘促不得平卧者，可用千金鲤鱼汤与四君子汤、全生白术散加减；脾肾阳虚胎水肿满，治宜温肾健脾，理气行水，方用千金鲤鱼汤加桂枝、紫苏、砂仁，或实脾饮加减。

【文献别录】

《女科经纶·胎前证上》引齐仲甫曰："子满，若水停不去，浸渍其胎，则令胎坏。如脉浮腹满兼喘者，胎未坏也。"

《张氏医通·妇人门》："妊娠通身浮肿，胸胁不分，或心腹急胀，名曰胎水，千金鲤鱼汤。有妊娠腹胀，服前汤三五剂，大小便皆下恶水，肿消胀去，遂下死胎。"

（郭志强　王秀云）

345. 妊 娠 腹 痛

【概念】

妊娠腹痛，是指孕妇发生小腹部疼痛，时作时止而言。如不及时调治，往往会引起"胎动不安"，甚至下血坠胎，或"小产"。

本症，《金匮要略》称为"胞阻"，《本草纲目》谓之"胎痛"，《张氏医通》称之"痛胎"。妊娠期间所发生的腹痛，古人分为小腹痛，心腹痛，胁腹痛，胸腹痛等。《医宗金鉴·妇科心法要诀》说："孕妇腹痛，名为胞阻。须审其痛，或上在心腹之间者，多属食滞作痛；或下在腰腹之间者，多属胎气不安作痛。"本症显然应指后者。它如泄泻、下痢、癥瘕等引起的腹痛，或伴有阴道下血的腹痛，均不在本症讨论范围。

【鉴别】

常见证候

虚寒妊娠腹痛：妊娠后，小腹冷痛，得热痛减，形寒肢冷，腹胀纳差，舌质淡，苔薄白而滑，脉弦或细弱。

血虚妊娠腹痛：妊娠后，小腹绵绵作痛，按之痛缓，头晕目眩，心悸怔忡，口干不欲多饮，面色萎黄，舌淡红，苔薄白，脉细弦滑。

气虚妊娠腹痛：妊娠数月，小腹疼痛下坠，时作时止，甚则日发数十次，心慌气短，不耐劳作，稍劳腹痛即发，舌质淡，脉滑无力。

风寒妊娠腹痛：妊娠小腹冷痛，恶寒发热，头痛身疼，口淡食少，舌质正常，苔薄白，脉浮而滑或浮紧。

气滞妊娠腹痛：妊娠数月，小腹胀痛，胸闷胁胀或痛，性急易怒，时时嗳气，不欲饮食，苔薄白，脉弦滑。

鉴别分析

虚寒妊娠腹痛与风寒妊娠腹痛：均因寒凝血泣，阻痹胞脉所致。所不同者，前者寒由内生，多因素体阳虚，孕后胎系于肾，肾阳愈虚，阳虚生内寒，寒凝胞阻而致腹痛。后者寒从外乘，客于胞宫，胞络不通，故卒然而痛。其辨证要点为：虚寒腹痛，当见小腹冷痛，得热痛减，形寒肢冷，腹胀纳差，苔白滑等症；风寒腹痛，必见发热恶寒，头痛身疼，脉浮等寒邪侵袭之候。其治疗，前者宜暖宫散寒止痛，方用艾附暖宫丸；后者宜祛风散寒止痛，方用桂枝汤加艾叶、苏梗、葱白。

血虚妊娠腹痛与气虚妊娠腹痛：均属"虚证"。血虚者，多因素体血亏，孕后血聚养胎，阴血更加不足，血少胞脉不荣则痛。气虚者，则因中气不足，气虚运行无力，血行迟滞，而致腹痛。前者因血少而气不行，后者因气虚而血流不畅。其辨证要点为：血虚者，腹痛缓缓；气虚者，腹痛下坠。临床兼证，前者常见血虚失养（面色萎黄，头晕目眩，心悸怔忡，舌淡红，脉细）等症。而后者多兼中气不足（心慌气短，不耐劳作，舌淡，脉滑无力）等症。血虚者，治宜养血止痛，方用胶艾汤；气虚者，治宜益气止痛，方用加味黄芪汤。若血虚兼湿者，证见水湿泛溢，及脾不运化、脾虚湿停的临床表现，则宜养血利湿止痛，方用当归芍药散。

气滞妊娠腹痛：属"实证"。肝为血海，孕后血聚养胎，肝血虚而肝气易郁，肝郁则气滞，气滞则血行不畅，阻滞胞脉而引起腹痛。其辨证要点为：小腹胀痛，它与寒凝之冷痛，气虚之坠痛，血虚之绵绵作痛不难区别。其临床表现必兼腹胀胁痛，性急易怒，时时嗳气，脉弦等气郁不舒之象。治疗宜养血调肝，理气止痛，方用逍遥散加乌药、香附。

妊娠腹痛的原因，一般是由于气血运行不畅，胞脉阻滞所致。而引起胞脉阻痹的原因，以寒凝气滞为多。若腹痛剧烈，大汗淋漓，应立即施以急救，以免贻误病情。

【文献别录】

《金匮要略·妇人妊娠病脉证治》："怀妊六、七月，脉弦发热，其胎愈胀，腹痛喜寒者，小腹如扇。所以然者，子脏开故也。当以附子汤温其脏。"

《妇科玉尺·胎前》："妊娠初时，即常患腹痛者，此由血热之故，名曰痛胎。一时不易愈，祇宜时服凉血药稍解之，宜栀芩汤。"

《血证论·血中瘀证治》："孕妇少腹痛，仍分水分、血分两端。在水分者，膀胱之气不能化水，则子脏胀满，水不得泄，必见小便短涩，胀喘诸证。审是热结不行者，导赤散加山栀、防己以清之；审系寒结而阳气不化者，五苓散主之，取其水利，则小腹痛自止，橘核丸加茯苓亦治之。在血分者，胞为肝肾所司，肝阳不达于胞中，则胞血凝滞而痛，四物汤加艾叶、香附、阿胶、茴香。肾阳不达于胞室，则胎冷痛，上连腰脊，四物汤加杜仲、故纸、台乌、艾叶，此名胞阻。谓胞中阴血与阳气阻隔也。重则用肾气丸，轻则用胶艾四物汤。"

《傅青主女科·妊娠》："妊娠少腹作痛，胎动不安，如有下坠之状，人只知带脉无力也，谁知是脾胃之亏乎！"

（郭志强）

346. 胎　　漏

【概念】

胎漏，是指妊娠前半期，阴道不时少量出血，或点滴不止，或时有时无的症状。若下血不止，常可导致堕胎、小产。《本草纲目》说："下血不止，血尽子死。"因此，重视胎漏的诊治，是防止发生流产的关键。

本症，在古典医籍中，名称不一，《金匮要略》谓之"妊娠下血"，《妇人大全良方》称之"胞漏"，《太平圣惠方》谓之"胎漏"，《本草纲目》称为"漏胎"。

本症与"胎动不安"之不同在于后者在下血同时伴有腹痛。

【鉴别】

常见证候

气虚胎漏：妊娠期阴道少量下血，色淡红，质稀，或下黄水，面色㿠白，精神倦怠，怕冷，气短，舌质淡，或有齿痕，苔薄白，脉滑而弱。

血虚胎漏：妊娠期阴道少量下血，色淡，面色淡黄，头晕目眩，心悸少寐，大便干燥，舌质淡红，苔薄黄或无苔，脉滑而细。

肾气虚胎漏：妊娠期阴道少量下血，色淡，质稀，腿软乏力，头晕耳鸣，小便频数，舌淡，苔白滑，脉滑或沉弱，两尺尤弱。

血热胎漏：妊娠期阴道下血，血色鲜红，面红唇赤，心烦失眠，大便干燥，小便短赤，舌质红，苔黄少津，脉滑而数。

虚热胎漏：妊娠期阴道少量下血，色红，头目眩晕，心悸少寐，口燥咽干，饮水不多，两颧潮红，午后发热，掌心灼热，舌红无苔，脉细数，两尺尤细。

外伤胎漏：妊娠期外伤后阴道少量下血，神疲乏力，舌淡，苔正常，脉滑无力。

鉴别分析

气虚胎漏与血虚胎漏：皆为虚证胎漏。但病因、病机不同。气虚胎漏，多因素体虚弱，或脾胃素虚，中气不足，或孕后罹疾，损伤正气，以致气虚下陷，荫胎之血无所凭依，冲任失守则胎漏生矣；而血虚胎漏，则多因素体血虚，或孕后恶阻较重，以致脾胃受损，化源不足而血少，血少则胎失所养，冲任不固，遂致胎漏。其辨证要点是：气虚胎漏，其漏量少，血淡红，质稀，或下黄水，并见面色㿠白，精神倦怠，怕冷，舌淡，脉弱等症状；血虚胎漏，则必见面色淡黄，头晕目眩，心悸少寐，舌质淡红，脉细等血

— 461 —

虚不荣的症状。至于治疗，气虚者，宜补益中气，固冲安胎，常用补中益气汤，或举元煎加阿胶、艾叶；血虚者，宜养血安胎，方用胎元饮或胶艾汤。

肾气虚胎漏：多缘禀赋素弱，先天不足，肾气虚怯，冲任不固，而发生胎漏下血。然亦有房事不节，损伤肾气，以致冲任不固，先漏而后堕者。其辨证要点为：必见乏力，头晕耳鸣，尺脉细弱等症状。治宜补肾固冲，止血安胎，寿胎丸主之。

血热胎漏与虚热胎漏：皆因热伏冲任，扰动血海，迫血妄行所致。但病因不同，又有虚实之别。前者属实证，多因体素阳盛，孕后阴血养胎，阳气益盛，或母体罹患温热之疾，邪热内伤胎元；而后者为虚证，多缘肾阴不足，阴虚而生内热。其辨证要点为：血热胎漏，是因"胎气有热而不安者，其证必多烦热，或渴，或燥，或上下不清，或漏血溺赤，或六脉滑数等症。"(《景岳全书·妇人规》)。而虚热胎漏者，必见头目眩晕，心悸少寐，咽干口燥，欲饮不多，及午后潮热，掌心灼热，舌红无苔，脉细数等症状。血热胎漏者，宜清热凉血，止血安胎，常用保阴煎加侧柏炭；虚热胎漏者，宜滋阴清热安胎，常用阿胶地黄汤。血热若兼口苦咽干，胸闷胁胀，心烦多怒，脉弦数而滑者，其热缘由肝郁化火所致。治宜舒肝解郁，清热凉血，方用丹栀逍遥散。

外伤胎漏：多系跌仆、触撞、坠落、闪挫，或劳累过度，损伤胎气，以致胎漏下血。此类胎漏要详询病史，即可明了，进而脉证合参，辨证不难。治疗补气养血，止血安胎，方用圣愈汤合寿胎丸。

胎漏一症，总因冲任不固，不能制约其经血，以致荫胎之血下漏。究其原因，有气虚、血虚、肾虚、血热、虚热及外伤诸端。临床鉴别时，要详审病因，细辨脉证，还应与激经相鉴别。激经，又称"妊娠经来"、"盛胎"、"垢胎"。其临床特点是：在妊娠初期，月经仍按期来潮，但来亦必少，且"饮食精神如故，六脉和缓，滑大无病"。对孕妇、胎儿无明显损害，属一种生理现象，到妊娠四、五个月后自行停止，不必用药。而"胎漏下血"乃不时而来，且多有全身见症，又易堕胎、小产，不可忽视。

【文献别录】

《金匮要略·妇人妊娠病脉证治》："妇人宿有癥病，经断未及三月，而得漏下不止，胎动在脐上者，此为癥痼害。妊娠六月动者，前三月经水利时，胎也。下血者，后断三月衃也。所以血不止者，其癥不去故也。当下其癥，桂枝茯苓丸主之。"

《校注妇人良方·妊娠疾病门》："妊娠下血，发热作渴，食少体倦，属脾气虚而肝火所侮。用四君子加柴胡、山栀。"

《张氏医通·妇人门》："胎漏黄浆，或如豆汁，若肝脾湿热，用升阳除湿汤；肝脾风热，加味逍遥散；肝脾郁结，加味归脾汤；……肝经风热，防风黄芩作丸服；风入肠胃，胃风汤。"

又："暴下水者，其胎必下。若徐徐而下者，可用补气安胎药主之。"

（郭志强）

347. 胎 动 不 安

【概念】

胎动不安，是指妊娠期间，自觉胎动下坠，出现腹痛腰痠，下腹坠胀，伴阴道少量出血而言。若小腹坠痛及腰痠加重，阴道流血增多，易致"堕胎"、"小产"或"胎死腹中"。因此，胎动不安常为堕胎、小产之先兆。

【鉴别】

常见证候

气虚胎动不安：妊娠胎动下坠，腹痛腰痠，阴道不时有少量出血，色淡质稀，或下黄水，面色㿠白，精神疲倦，气短懒言，畏寒，舌质淡，苔薄白，脉滑无力或沉弱。

血虚胎动不安：妊娠腰痠腹痛，阴道不时下血，面色萎黄，头晕心悸，神疲乏力，皮肤不润，舌质淡红，苔薄或无苔，脉滑而细。

肾阳虚胎动不安：妊娠小腹疼痛下坠，腰痠腰痛，阴道下血，四肢不温，两腿软弱，尿频或失禁，舌质淡，苔薄白，脉沉细而滑。

血热胎动不安：妊娠期，阴道不时下血，色鲜红，腰痠，小腹坠痛，口干咽燥，渴喜饮冷，小便短赤，大便秘结，舌质红，苔薄黄而干，脉滑数有力。

气滞胎动不安：妊娠期间，胎动下坠，腰痠，腹痛腹胀，阴道下血，精神抑郁，心烦易怒，胁肋胀痛，嗳气食少，舌质红，苔薄黄，脉弦滑。

外伤胎动不安：妊娠期间，跌仆闪挫，或劳力过度，继发胎动下坠，腰痠痛，腹胀或痛，下血色红，神疲乏力，舌质正常，脉滑无力。

鉴别分析

气虚胎动不安与血虚胎动不安：均为虚证。气虚者，多因孕妇体质羸弱，或脾胃素虚，中气不足，或孕后罹疾，损伤正气，气虚不能载胎、护胎，以致冲任不固，胎动不安；血虚者，多由素体血亏，或孕后患病，损伤阴血，冲任不足，无以荫胎，以致胎动不安。其辨证要点为：气虚胎动不安，必兼面色㿠白，气短懒言，畏寒，舌淡，脉弱等，治宜补气安胎，佐以养血，方用举元煎加味；血虚胎动不安，必兼头晕心悸，面色萎黄，皮肤不润，脉细等，治宜养血益气，佐以补肾安胎，方用胎元饮。《格致余论》说："阳施阴化，胎孕乃成，气血虚损，不足营养，其胎自坠。"临床上，气血两虚胎动不安者，亦较常见。治宜益气养血安胎，方用安胎饮。

肾阳虚胎动不安：多因禀赋素弱，先天不足，或房室不节，耗伤肾气，或屡孕屡堕，损及下元，以致冲任不固，胎动下坠。辨证要点在于腰痠疼痛，两腿软弱。《妇科玉尺·胎前》说："妊娠腰痛，最为紧要，盖以胞胎系于腰，故腰疼痠急，胞欲脱肾，必将产也。"但肾虚胎动不安，尚有阴虚、阳虚之别。肾阴虚者，应有阴虚内热之象，如面色潮红，潮热盗汗，手足心热，口干不欲饮，舌红而干，脉细数等。治宜滋阴补肾，固冲安胎，方用寿胎丸加熟地、女贞子、山萸肉、地骨皮；肾阳虚者，应有元阳不振之象，如四肢不温，面如积尘，尿频或失禁，舌质淡，脉沉细，两尺尤弱等。治宜温补肾阳，固冲安胎，方用补肾安胎饮。

血热胎动不安：多因素体阳盛，怀孕后阴血聚以养胎，阳气愈亢，阳盛则热，热扰血海，损动胎元，或孕后过食辛热之品，或外感邪热，阳盛血热，热扰冲任，以致胎动不安。辨证要点为：小腹胀痛，腰痛痠楚，口干咽燥，渴喜冷饮，下血鲜红。治宜清热凉血安胎，方用保阴煎。

气滞胎动不安：多因孕后患怒伤肝，肝气郁滞而致胎动不安。辨证要点为：必见肝郁气滞证候，如精神抑郁，心烦易怒，胁肋胀痛，嗳气食少，脉弦滑等，治宜舒肝理气安胎，方用顺气饮子。

外伤胎动不安：多因跌仆、挫闪、触撞，或持重涉远，损伤冲任，气血紊乱，不能载胎、养胎，以致胎动不安，腰痠腹痛，阴道下血。治宜益气养血，固肾安胎，方用圣愈汤合寿胎丸，或用佛手散治之。

应该注意，胎动不安、胎漏、妊娠腹痛三者，关系极为密切。妊娠腹痛若继而腰痠、阴道下血；或者胎漏兼见小腹下坠疼痛、腰痠者，均属胎动不安。因此，妊娠腹痛与胎漏，乃是胎动不安之轻症；胎动不安，则是妊娠腹痛及胎漏之重症。

【文献别录】

《景岳全书·妇人规》："胎气有寒而不安者，其证或吞酸吐酸，或呕恶胀满，或喜热畏凉，或下寒泄泻，或脉多沉细，或绝无火证而胎动不安者，皆属阳虚寒证，但温其中而胎自安矣。宜用温胃饮、理阴煎之类加减主之。亦当以平素之脏气，察其何如，酌而用之。"

（郭志强）

348. 滑　胎

【概念】

滑胎是指连续发生三次以上的堕胎或小产而言。亦称"数堕胎"。《医宗金鉴·妇科心法要诀》云："若怀胎三、五、七月，无故而胎自堕，至下次受孕，亦复如是。数数堕胎，则谓之滑胎。"甚者，屡孕屡堕，而终不能正产。

本症相当于西医学的习惯性流产，亦即反复自然流产。但有些古代医著所言滑胎，是指临产催生易产的方法，不是"滑胎"症。在《医宗金鉴·妇科心法要诀》及《叶氏女科证治》等将"数堕胎"称为"滑胎。"不可不明矣。

【鉴别】

常见证候

肾气亏虚滑胎：屡孕屡堕，腰痠膝软，头晕耳鸣，精神萎靡，夜尿频多，受孕之后，小腹疼痛下坠或阴道流血少量，舌质淡，苔白，脉沉细或滑细，两尺尤弱。

气血两虚滑胎：屡孕屡堕，头晕眼花，倦怠乏力，心悸气短，面色苍白，受孕之后小腹疼痛下坠或阴道流血少量，舌质淡，苔白，脉细弱或滑弱。

血瘀滑胎：屡孕屡堕，受孕之后小腹胀痛或下坠，或阴道流血少量，腰痠，或口干不欲饮，舌质淡黯或紫黯，舌下脉络怒张，脉滑或弦滑。

相火偏旺滑胎：多次堕胎，形瘦色枯，两颧红赤，五心烦热，口干喜饮，腰痠痛，阴道流血，舌淡红赤，苔少，脉滑数或尺部虚大。

鉴别分析

肾气亏虚滑胎与气血两虚滑胎：二者均为虚证。胞脉者系于肾，肾气足则胎固，肾气虚则胎失所系。若先天禀赋不足，肾气虚弱，或房室不节，耗伤肾气，以致肾气亏虚，冲任不固，胎失所系，而致屡孕屡堕，遂为滑胎。其临床特点为：必兼有肾气亏虚的症状，如腰痠膝软，头晕耳鸣，精神萎靡，尿频，尺脉弱等。治宜补肾固冲安胎，方用千金保孕丸合寿胎丸加减。临证时若偏于肾阴虚者，则必兼见阴虚火旺之征，如颧红唇赤，五心烦热，口干喜饮等，若偏于肾阳虚者必兼见阳虚外寒之象，如形寒喜暖，四肢不温，大便溏薄等，至于治疗，可在前方基础上分别加滋阴清热，或温补肾阳的药物。

而气血两虚滑胎多因素体虚弱，或饮食、劳倦伤脾，气血化源不足，以致冲任不足，不能载胎养胎，故屡孕屡堕而致滑胎。其临床特点为：必兼有气血亏虚的症状，如头晕眼花，倦怠乏力，心悸气短，面色苍白等。治宜健脾益气，养血安胎，方用补中益气汤加味，或用泰山磐石散。

血瘀滑胎：本症多由孕妇素体脾肾气虚，气血运行乏力而致血瘀；或素体湿热内盛，湿热与血搏结成瘀，造成瘀血内阻，冲任胞宫气血运行不畅，不能滋养胎儿而致滑胎，甚或胎死宫内。临床表现为孕后腹胀腹痛下坠，腰酸，阴道流血，或口干不欲饮，舌质黯，舌下脉络怒张，脉弦滑。

相火偏旺滑胎：多因七情怫郁，郁而化火；或房室不节，欲火内炽，火愈炎而水愈涸，譬之风吹则水竭而未枯，胎何能安？临床症状兼见五心烦热，两颧红赤，舌红，脉数等，治宜滋阴降火安胎，方选保阴煎。

滑胎一症，病因复杂，主要以临床症、舌、脉表现作为诊断和辨证的依据，同时可借助有关实验室检查及妇科检查等查找原因，以便有针对性的治疗，提高疗效。"虚则补之"是滑胎一症的主要治疗原则。在未孕前应补肾健脾，益气养血，调补冲任为主；有孕之后，即使没有症状，亦应保胎治疗，服药应超过以往堕胎月份，无胎漏，胎动不安症状时，方可停药观察，孕期还要调情志，慎起居，禁房事，避劳累。

【文献别录】

《景岳全书·妇人规》："夫胎以阳生阴长，气行血随，营卫调和，则及期而产。若或滋养一有不利，则枝枯而果落，藤萎而花坠。……凡妊娠之数见堕胎者，必以气脉亏损而然。而亏损之由，有禀质之素弱者，有年力之衰残者，有忧怒劳苦而困其精力者，有色欲不慎而盗损其生气者，此外如跌仆、饮食之类，皆能伤其气脉。"

（王秀云　郭志强）

349. 胎萎不长

【概念】

妊娠四、五月后，妊娠腹形小于相应妊娠月份，胎儿存活而生长迟缓者，称为"胎萎不长"。

本症首见于《诸病源候论》，称为"妊娠胎萎燥"；《妇人大全良方》称为"妊娠胎不长"。

"胎萎不长"应与"胎死不下"区别，本症为腹形虽小，但胎儿存活，胎动存在，而生长发育迟缓为主要特征；孕期胎死腹中不下，则胎动停止，腹部不再增大，反而缩小。通过临床症状及理化检查可以明确诊断。

【鉴别】

常见证候

肾气亏虚胎萎不长：妊娠腹形小于妊娠月份，胎儿存活，腰膝酸软，头晕耳鸣，或形寒畏冷，手足欠温，神疲乏力，舌淡，苔白，脉沉细。

气血两虚胎萎不长：妊娠腹形小于妊娠月份，胎儿存活，头晕眼花，心悸气短，倦怠懒言，面色苍白或萎黄，舌淡，苔薄白，脉细弱。

阴虚血热胎萎不长：妊娠腹形小于妊娠月份，胎儿存活，颧赤唇红，咽干喜饮，手足心热，烦躁不安，舌红，苔少，脉细数。

气滞血瘀胎萎不长：妊娠腹形小于妊娠月份，胎儿存活，胸胁胀闷，或有腹部胀痛或刺痛，肌肤干燥或甲错，口干不欲饮，舌黯红或有瘀斑瘀点，苔薄白，脉沉弦或涩。

鉴别分析

肾气亏虚胎萎不长与气血两虚胎萎不长：二者同为虚证。肾气亏虚胎萎不长，因素禀肾虚，或房室不节，损伤肾气，肾气虚弱，精血不足，胎失滋养，而致胎萎不长；气血虚弱胎萎不长，因素体气血不足，或胎漏下血日久，耗伤气血，冲任气血不足，胎失濡养，而致胎萎不长。肾气亏虚者，腰膝痠软明显，且伴有头晕耳鸣，神疲乏力等肾虚证候，肾虚阳气不足，则见形寒畏冷，手足不温等症状；气血两虚胎萎不长，有头晕眼花，心悸气短，倦怠懒言，面色苍白或萎黄等气血不足之表现。在治疗上，前者宜补肾益气，方用寿胎丸加党参、熟地、枸杞子；后者宜补气养血，方用八珍汤或胎元饮。

阴虚血热胎萎不长：多由孕妇素体阴虚，或久病失血伤阴，或孕后过食辛辣及辛热药物，以致热邪灼伤阴血，胎为热邪所伤，又失阴血的濡养，因而导致胎萎不长。其临床特点是：颧赤唇红，咽干喜饮，手足心热，烦躁不安，舌红，脉细数。治宜滋阴清热，养血育胎，方用保阴煎加枸杞子、女贞子。

气滞血瘀胎萎不长：因素性抑郁，孕后情志不遂，气滞血瘀，冲任不畅，胎元失养，故使胎萎不长。其临床特点是：胸胁胀闷，腹部或有胀痛及刺痛，肌肤干燥或甲错，口干不欲饮，舌质黯，脉沉弦或涩。治宜理气活血，佐以养血安胎，方用益母丸。

胎之在胞，全赖血气以养。《胎产心法》云："凡长养万物，莫不由土，故胎元生发虽主乎肾肝，而长养实关乎脾土。"故治疗宜重在补脾胃，益气血，养胎元。

【文献别录】

《景岳全书·妇人规》："胎不长者，亦惟血气之不足耳。故于受胎之后而漏血不止者有之，血不归胎也；妇人中年血气衰败者有之，泉源日涸也；妇人多脾胃病者有之，仓廪薄则化源亏而冲任穷也；妇人多郁怒者有之，肝气逆则血有不调，而胎失所养也。或以血气寒而不长者，阳气衰则生气少也；或以血热而不长者，火邪盛而真阴损也。"

（袁正洋　王秀云）

350. 胎 死 不 下

【概念】

胎儿死于胞中，历时过久，不能自行产出者，称为"胎死不下"。本症可发生于妊娠期，也可发生于临产时。如在妊娠期，则胎动停止，腹部不再增大，反而缩小，或伴有阴道流血，量或多或少。如临产时胎死腹中，又称"死产"，若阵痛中断，久产不下，亦属"胎死不下"。

本症确诊后应及时处理，若死胎稽留过久，则易导致凝血功能障碍，危及产妇生命。

【鉴别】

常见证候

气血两虚胎死不下：胎死胞中不下，小腹隐痛，或有冷感，或阴道流血，色淡质稀，头晕眼花，心悸气短，神疲乏力，面色苍白，舌淡，苔白，脉细弱。

气滞血瘀胎死不下：胎死胞中不下，小腹胀痛或刺痛，或阴道流血，紫暗有块，肌肤干燥或甲错，舌紫黯，苔白，脉沉弦或涩。

湿阻气滞胎死不下：胎死胞中不下，小腹冷痛，或阴道流血，黯淡质稀，或阴中流出粘腻黄汁，胸腹满闷，呕恶食少，畏寒肢冷，倦怠嗜睡，浮肿便溏，舌淡，苔白厚腻，脉缓滑无力或弦滑。

鉴别分析

气血两虚胎死不下：因孕妇素体虚弱，气血不足，冲任空虚，胎失载养，致使胎死胞中；又因气虚不运，血虚不润，死胎难以产出，遂成胎死不下。其临床特点：症见头晕眼花，心悸气短，神疲乏力，面色苍白等气血虚弱之表现。治宜益气养血，活血下胎，方用救母丹。

气滞血瘀胎死不下与湿阻气滞胎死不下：二者病因病机不同。前者多因素性抑郁，气滞血瘀，或跌仆外伤，瘀阻冲任，损及胎元，致胎死胞中；复因瘀血内阻，气机不畅，碍胎排出，故而胎死不下。后者多因脾虚，化源不足，胎失所养，以致胎死胞中；脾虚失运，湿浊内停，壅塞胞脉，阻滞气机，碍胎排出，则胎死不下。二者的辨证要点为：前者为实证，可见小腹胀痛或刺痛，阴道流血，紫暗有块，肌肤干燥或甲错；后者为虚中挟实之证，可见小腹冷痛，阴道流血，暗淡质稀，或阴中流出粘腻黄汁，胸腹满闷，畏寒肢冷，倦怠嗜睡，浮肿便溏等。前者宜行气活血，祛瘀下胎，方用脱花煎加芒硝；后者宜健脾除湿，行气下胎，方用平胃散加芒硝、牛膝。

《胎产心法》云："然下胎最宜谨慎，必先验明产母面亦舌青，腹中阴冷重坠，口秽气喘的确，方可用下。"故在下死胎前，应对胎儿之生死作出明确的诊断。治疗大法应以下胎为主。下死胎时，如伴有阴道流血量多，而死胎依然不能排除者，或药物治疗无效时，应该及时进行中西医结合治疗，尽快去除死胎，以免重伤气血，变生它证。

【文献别录】

《景岳全书·妇人规》："凡子死腹中者，多以触伤，或犯禁忌，或以胎气薄弱，不成而殒，或以胞破血干，持久困败。但察产母，腹胀舌黑者，其子已死。若非产期，而觉腹中阴冷重坠，或为呕恶，或秽气上冲，而舌见青黑者，皆子死之证。宜速用下死胎方下之。"

（袁正洋　王秀云）

351. 胎 位 不 正

【概念】

胎位不正，是指妊娠后期，胎儿在母腹内位置不正常而言，亦称"胎位异常"。常见的有臀位、横位和枕后位等。古称"倒产"、"横产"、"偏产"。

胎位不正是引起难产原因之一，故在怀孕六、七个月以后，如发现有胎位异常情况，应设法及时纠正，以免分娩时发生难产。

【鉴别】

常见证候

气滞胎位不正：妊娠后期，胎位异常，形体多黄瘦，面部隐隐带青，或胸闷，上腹部胀满不舒，或一侧胀满较剧，甚至胸腹胀痛，呼吸急促，舌苔薄白，脉细滑或兼弦。

脾湿胎位不正：妊娠后期，胎位异常，身体较胖，但肌肉不结实，身重力弱，不耐繁劳，或脘闷纳少，或食欲不振，或见浮肿，舌质胖淡，脉滑或兼濡。

气血两虚胎位不正：妊娠后期，胎位异常，肌肉消瘦，或体胖而不结实，少气乏力，易感疲劳，面色苍白，唇舌淡白，脉细滑而弱。

鉴别分析

气滞胎位不正与脾湿胎位不正：前者多由气机郁滞，胎儿转位受阻而引起；后者则多缘脾虚湿停，影响胎儿转位所致。气滞胎位不正，可见形体黄瘦，面部隐隐发青，或腹部胀满不舒，胸闷等；脾湿胎位不正则见形体肥胖，身重力弱，或兼见浮肿，四肢困倦等。气滞胎位不正，治宜理气行滞，养血转胎，方用保产无忧方；脾湿胎位不正，治宜健脾利湿，养血补肾转胎，方用加味当归芍药散。

气血两虚胎位不正：系因体质虚弱，气血不足，无力转位所致。其辨证要点是以形体消瘦，唇舌淡白，少气乏力，不耐劳累为主要表现。治宜益气养血转胎，方用八珍汤加川断、枳壳，或用转胎汤亦可。

胎位不正，根据临床辨证是以气滞、脾湿居多，但有相当一部份病人，除胎位不正的主症外，其它症状并不明显，很难判断是气滞还是脾湿所致。临床体会尽管无证可辨，其治疗仍可选用保产无忧方或加味当归芍药散，常能收到满意效果。盖两方都具有理气、祛湿、养血的功能，但前方偏重理气，后方着重调血。因此可作为气滞胎位不正、脾湿胎位不正的通治方。

【文献别录】

《傅青主女科·产前后方症宜忌》："横产者，儿居母腹，头上足下，产时则头向下，产母若用力逼之，胎转至半而横，当令产母安然仰卧，令其自顺。……当归、紫苏各三钱，长流水煎服即下。"

（许润三）

352. 过 期 不 产

【概念】

妇人平素月经周期正常，妊娠足月而超过预产期两周以上尚未临产者，称为"过期不产"。本症名见于《济阴纲目》，《诸病源候论》称为"过年不产"。

《女科经纶》云："妊娠十月而产，其常也。""然虽孕中失血，胎虽不堕，气血亦亏，多致逾月不产"。

【鉴别】

常见证候

气血两虚过期不产：妊娠足月，逾期半月未产，头晕眼花，心悸气短，神疲乏力，面色苍白，舌淡，苔薄白，脉细弱。

气滞血瘀过期不产：妊娠足月，逾期半月未产，胸腹胀闷不舒，烦躁易怒，舌质紫黯或有瘀点，脉沉弦或涩。

鉴别分析

气血两虚过期不产：因素体气血虚弱，血虚则胞胎濡养不足，不能滑利；气虚则胞脉运行不利，无力送胎下行，以致逾期不产。其辨证要点为：其人体质虚弱，并有头晕眼花，心悸气短，倦怠懒言，面色苍白等气血两虚的表现。治宜补气养血，引胎下行，方用八珍汤加牛膝、枳壳。

气滞血瘀过期不产：因素多抑郁，孕后气机不利，气滞血瘀，胞脉壅阻，碍胎下行，而致逾期不产。其辨证要点为：胸腹胀闷不舒，烦躁易怒，舌紫黯有瘀点，脉沉弦或涩。治宜行气活血，促胎产出，方用催生安胎救命散或补血行滞汤。

过期不产常可导致难产，还可影响胎儿、婴儿预后。故确诊过期妊娠后，应当辨清虚实，按照"虚者补之"，"实者攻之"的原则，调理气血，促胎娩出。还应结合现代医学检查，必要时行手术助产。

【文献别录】

《诸病源候论·妊娠过年久不产候》："过年不产，由挟寒冷宿血在胞而有胎，则冷血相搏，令胎不长，产不以时。若其胎在胞，日月虽多，其胎翳小，转动劳羸，是挟于病，必过时乃产。"

（王秀云）

353. 伪　　胎

【概念】

停经数月，腹部异常增大，伴有阴道反复流血，或挟有水泡状物，称为"伪胎"，前人多称"鬼胎"。

本症首见于《诸病源候论》，后世医家也多有论述。多数医家论述的"鬼胎"，属于癥瘕类。《女科经纶》引虞天民云："所谓鬼胎者，伪胎也。非实有鬼神交接成胎也。……乃本妇自己之血液淫精，结聚成块。血随气结而不散，以致胸腹胀满，俨若胎孕耳。"还有的医家对鬼胎的描述相当于西医学的葡萄胎，如《肖山竹林寺妇科秘方考》云："月经不来，二三月至七八月，腹大如孕，一日血崩下血泡，内有物如虾蟆子，昏迷不省人事。"

【鉴别】

常见证候

气血两虚伪胎：停经后阴道不规则流血，量或多或少，色淡，质稀，或挟有水泡状物，腹大异常，时有腹部隐痛，无胎心胎动，神疲乏力，头晕眼花，心悸气短，面色苍白，舌淡，苔薄白，脉细弱。

气滞血瘀伪胎：停经后阴道不规则流血，量或多或少，色紫黯，有块，或挟有水泡状物，腹大异常，时有腹部胀痛，拒按，无胎心胎动，胸胁胀闷，烦躁易怒，舌紫黯或有瘀点，脉沉弦或涩。

寒湿凝滞伪胎：停经后阴道不规则流血，量少，色黯有块，或挟有水泡状物，腹大异常，小腹冷痛，无胎心胎动，形寒肢冷，舌淡，苔白腻，脉沉迟或紧。

痰浊凝滞伪胎：停经后阴道不规则流血，量少，色黯，或挟有水泡状物，腹大异常，无胎心胎动，形体肥胖，胸脘满闷，呕恶痰多，舌淡，苔腻，脉滑。

鉴别分析

气血两虚伪胎：多由素体虚弱，气血不足，孕后情志不遂，血随气结而不散，冲任滞逆，胞中壅瘀，瘀伤胞脉，胎失所养，故发为伪胎。《女科经纶》云："薛立斋曰：鬼胎证，因七情相干，脾肺亏虚，气血虚弱，行失常道，冲任乖违致之，乃元气不足，病气有余也。"其临床特点为：除停经后腹部异常增大，无胎心胎动，阴道反复流血，或挟有水泡状物外，还必兼有气血虚弱的表现：如阴道流血色淡，质稀，腹部隐痛，神疲乏力，头晕眼花，心悸气短，面色苍白等。此为虚中挟实之证，欲去其滞，不宜猛攻，临证应视其正气之强弱，病证之轻重，而议其治法。宜攻补兼施，补中行滞。治宜益气养血，活血下胎，方用救母丹加枳壳、牛膝。

气滞血瘀伪胎与寒湿凝滞伪胎：二者同为实证，其病因病机亦有所不同。一由素性抑郁，孕后情志不遂，肝郁气滞，气血瘀结，冲任不畅，瘀血结聚胞中，瘀伤胞脉，瘀血伤胎所致；一由孕妇久居寒湿之地，或孕后感寒饮冷，寒湿客于冲任，与血搏结，凝滞胞宫，瘀伤胞脉，寒湿瘀浊伤胎所致。二者同有停经后腹部增大，无胎心胎动，阴道反复流血，或挟有水泡状物的症状。其鉴别要点为：气滞血瘀者其阴道流血量或多或少，色紫黯有块，时有腹部胀痛，拒按，胸胁胀闷，烦躁易怒；寒湿凝滞者其阴道流血量少，色黯有块，少腹冷痛，形寒肢冷。二者治法不同，前者宜行气活血，祛瘀下胎，方用雄黄丸，或用荡鬼汤。后者宜散寒除湿，祛瘀下胎，方用芫花散加牛膝、枳壳。

痰浊凝滞伪胎：多由孕妇素体肥胖，或恣食厚味，或脾虚不运，聚湿成痰，痰浊内停，冲任不畅，痰浊气血瘀滞胞宫，瘀伤胞脉，痰浊瘀血伤胎所致。其临床特点为：停经后腹部异常增大，无胎心胎动，阴道不规则流血，量少，色黯，或挟有水泡状物，其人多形体肥胖，胸脘满闷，呕恶痰多。治宜化痰除湿，祛瘀下胎，方用平胃散或苍附导痰丸加牛膝、大黄。

临床遇此症，多以癥瘕论治，总以活血祛瘀，攻下鬼伪为宜。应该结合现代医学方法进行诊断，如妊娠免疫试验、B超等，治疗时可配合清宫，化疗，以防恶变，并应随访和避孕二年。

【文献别录】

《胎产心法·鬼胎论》："鬼胎者，伪胎也，……此子宫真气不全，精血虽凝，而阳虚阴不能化，终不成形，每至产时下血块血胞。"

《景岳全书·妇人规》："妇人有鬼胎之说，岂虚无之鬼气，果能袭人胞宫而遂得成形者乎？此不过由本妇之气质。盖或以邪思蓄注，血随气结而不散，或以冲任滞逆，脉道壅瘀而不行，是皆内因之病，而必非外来之邪。盖即血癥气瘕之类耳，当即以癥瘕之法治之。"

又"凡鬼胎之病，必以血气不足而兼凝滞者多有之。但见经候不调而预为调补，则必无是病。若其既病则亦当以调补元气为主，而继以去积之药，乃可也。"

（袁正洋　王秀云）

354. 停经腹痛下血

【概念】

停经腹痛下血，是指妇女停经后出现一侧下腹部疼痛，不规则少量阴道流血，甚至昏厥与休克的症状。它是"异位妊娠"的主要临床表现。"异位妊娠"是指孕卵在子宫体腔以外的部位着床发育。按其着床部位不同，有输卵管妊娠、卵巢妊娠、腹腔妊娠、宫颈妊娠、子宫残角妊娠等，其中以输卵管妊娠最常见，约占 90%～95%，故本文以其为例论述。

中医学中无"异位妊娠"的病名记载，按其临床症状，在"妊娠腹痛"、"癥瘕"等病证中有类似症状的描述。由于输卵管妊娠破裂后，可造成急性腹腔内出血，发病急，病情重，处理不当可危及生命，是妇产科常见急腹症之一。以往此症一经确诊，立即手术治疗，自六十年代以来，采用中医中药等非手术疗法，取得了良好的疗效。

临床时须详细询问病史，并应结合西医学方法进行检查，如妇科检查、尿妊娠免疫试验、超声、后穹窿穿刺、腹腔镜等协助诊断。

【鉴别】

常见证候

未破损期异位妊娠：指输卵管妊娠尚未破损者。停经后可有早孕反应，或下腹一侧隐痛，或不规则少量阴道流血，双合诊检查可触及一侧附件区有较软的包块，或仅有增厚感，有压痛，尿妊娠免疫试验阳性，脉弦滑。

破损期异位妊娠：指输卵管妊娠破裂或流产者。临床有休克型（气随血脱）、不稳定型（气虚血瘀）、包块型（瘀血内阻）。以下分别述之。

气随血脱异位妊娠：指输卵管妊娠破损后引起急性大量内出血，临床有休克征象者。突发下腹剧痛，面色苍白，四肢厥逆，或冷汗淋漓，恶心呕吐，烦躁不安，或表情淡漠，甚则昏迷，血压下降或不稳定，脉微欲绝或细数无力。结合西医学检查，符合异位妊娠，腹腔内出血，失血性休克。

气虚血瘀异位妊娠：指输卵管妊娠破损后时间不长，病情不够稳定，有再次发生内出血可能者。腹痛拒按，腹部有压痛及反跳痛，但逐渐减轻，可触及界限不清的包块，阴道流血，面色苍白，头晕肢软乏力，血压平稳，脉沉细。结合西医学检查，符合异位妊娠，腹腔内出血，但内出血不多，或内出血较多，有过休克征象，经急救后平稳者。

瘀血内阻异位妊娠：指输卵管妊娠破损时间较长，腹腔内血液已形成血肿包块者。腹腔内血肿包块形成，下腹疼痛逐渐减轻，可时有坠胀或便意感，阴道流血逐渐停止，脉细涩。

鉴别分析

未破损期异位妊娠与破损期异位妊娠：异位妊娠的发病为少腹宿有瘀滞，冲任不畅；或脾肾气虚，运血无力，血行瘀滞，使孕卵不能及时运达胞宫所致。未破损期与破损期是病程发展的不同阶段，临床表现亦不同。未破损期临床症状多不明显。停经后可有早孕反应，因孕卵于输卵管内着床发育，气机阻滞，血行不畅，故患侧有包块或增厚，有压痛，及下腹患侧隐痛。治宜活血化瘀，消癥杀胚，方用宫外孕Ⅱ号方。如包块继续长大，妊娠试验持续阳性，杀胚无效时，可考虑手术治疗。破损期输卵管妊娠由于孕卵在输卵管内发育，胀破脉络，络伤而阴血溢于少腹，故出现血虚、厥脱、血瘀等一系列证候，临床应按其症状轻重，病情缓急，病程长短等辨证治疗。常见证候分述如下：

气随血脱异位妊娠：因孕卵停滞胞宫之外，胀破脉络，络伤血溢于少腹，阴血暴亡，气随血脱。其主要表现为：突发下腹剧痛，面色苍白，四肢厥逆，或冷汗淋漓，恶心呕吐，烦躁不安，或表情淡漠，甚则昏迷，血压下降或不稳定。此为阴血暴亡，阳气暴脱之证，急宜益气固脱，方用生脉散。四肢厥逆者用独参汤或参附汤回阳救逆。待病情缓解后，则以活血化瘀为主，方用宫外孕Ⅰ号方加减。同时应吸氧、输液，必要时输血，如仍不能控制者，应立即手术治疗。

气虚血瘀异位妊娠：因孕卵停滞胞宫之外，胀破脉络，络伤而血溢于少腹，气随血脱，气虚运血无力，瘀血内停。其主要表现为：腹痛拒按，腹部有压痛及反跳痛，可触及界限不清的包块，少量阴道流血，并兼有气血虚弱之证：面色苍白，头晕肢软乏力。治宜活血化瘀，益气养血，方用宫外孕Ⅰ号方加党参、黄芪、当归。因病情尚不稳定，应严密观察，并做好抢救休克的准备。

瘀血内阻异位妊娠：因络伤血溢少腹，日久瘀结成块，阻碍气机所致。其临床表现为：腹腔内血肿包块形成，下腹疼痛逐渐减轻，可时有下腹坠胀或便意感，阴道出血逐渐停止。治宜破瘀消癥，方用宫外孕Ⅱ号方加减。

总之，异位妊娠主要是"少腹血瘀"之实证，治疗始终以活血化瘀为主。在治疗过程中常出现兼证，如腑实证，表现为腹胀便秘，胃脘不适等，宜辨证用药。

【文献别录】

《中西医结合治疗子宫外孕·治疗方法》："子宫外孕新鲜破损时出现的一系列症状体征如：闭经，突然少腹剧痛和拒按，少量不规则阴道出血或淋漓不断，血色暗红，腹腔内有大量游动性血液及凝血块，后期腹腔、盆腔内有血肿包块等，都是由于瘀血内停，气机阻滞所致。根据八纲辨证，本证属于少腹血瘀形成不通则痛的实证，因之将祛瘀、活血、止痛作为子宫外孕的主要治法。"

（袁正洋　王秀云）

（四）临产病症状

355. 胞衣先破

【概念】

妊娠足月，临产前或临产早期腹痛刚作，胞衣破裂，羊水外流，而胎儿久不产者，称为"胞衣先破"。亦称"胞浆先破"，俗称"沥浆生"、"沥胞生"。《张氏医通》称："若胞水破，儿未下，无正产之兆者，谓之试水。"

胞衣先破时，羊水可一次大量排出，继以少量持续或间断排出。临证时应注意与尿失禁，阴道溢液区别。通过病史、产科检查及实验室检查等不难区别。

【鉴别】

常见证候

气血两虚胞衣先破：临产前或刚临产，胞衣先破，羊水流尽，产道干涩，腹不痛或阵痛微弱，产程过长，神疲乏力，心悸气短，面色苍白，舌淡，苔薄白，脉虚大或细弱。

气滞血瘀胞衣先破：临产前或刚临产，胞衣先破，羊水流尽，产道干涩，阵痛难忍，产程过长，烦躁不安，胸闷脘胀，时欲呕恶，面色紫黯，舌黯红，苔薄白，脉弦大或至数不匀。

鉴别分析

气血两虚胞衣先破：多由产妇素体虚弱，气血不足，冲任、胞宫失养，胞衣薄脆，儿身转动，触之而破；或临产时用力过早、过猛而破。羊水流尽，产道干涩；冲任气血不足，胞宫无力运胎，故腹不痛或阵痛微弱，产程过长。气血不足，则见神疲乏力，心悸气短，面色苍白，舌淡，苔白，脉虚大或细弱。治宜补气养血，润胎催产，方用蔡松汀难产方或当归补血汤。

气滞血瘀胞衣先破：多由产妇素多忧郁，气机不利，冲任、胞宫瘀滞，胞衣薄脆，儿身转动，触破胞衣；或临产时用力过早、过猛而破；或检查不慎，损伤胞衣而破。羊水流尽，产道干涩；冲任不畅，胞宫瘀滞，故见阵痛难忍，产程过长。气滞血瘀，则见烦躁不安，胸闷脘胀，面色紫黯，舌黯红，苔白，脉弦大或至数不匀。治宜行气化瘀，滑胎催产，方用济生汤。

胞衣先破，可因胞浆先干而导致难产，且易感染邪毒，个别可发生脐带脱垂，故临证时当密切观察，产妇宜卧床休息，并注意外阴清洁，防止邪毒乘虚入胞。

【文献别录】

《女科正宗》："如浆水干而不下者，滋润为主；污血阻滞者，逐瘀为主。如坐草用力太早，胞水干者，滑胎散、神应散，连进三服，如鱼得水，产自顺矣。"

《济阳纲目》："大全云：治胞浆先破，恶水来多，胎干不得下，须先与四物汤，补养血气，次煎浓葱汤，放冷，令坐婆洗产户，须是款曲洗，令气上下通畅，更用酥油滑石末涂产户里，次服神妙乳朱丹，或葵子如圣散。"

（王秀云）

356. 难　　产

【概念】

妊娠足月临产时，胎儿不能顺利娩出者，称为"难产"。历代文献关于难产的论述颇多，《诸病源候论》称之为"产难"；杨子建《十产论》中记有伤产、横产、倒产、偏产、碍产、盘肠产等，均属难产范围。难产有产道异常，产力异常，胎儿、胎位异常等原因，本文只讨论产力异常引起的难产，因产道异常、胎儿及胎位异常引起的难产，均非药物所能解决，须及时手术助产为宜。

【鉴别】

常见证候

气血两虚难产：产时阵痛微弱，宫缩不强，产程过长，神疲乏力，心悸气短，面色苍白，努责无力，舌淡，苔白，脉虚大或细弱。

气滞血瘀难产：临产时腰腹持续胀痛，疼痛剧烈，宫缩无规律，无推力，久产不下，精神紧张，烦躁不安，胸闷脘胀，时欲呕恶，舌紫黯，苔白，脉弦大或紧。

鉴别分析

气血两虚难产：孕妇素体虚弱，气血不足，或临产用力太早，耗气伤津，气血虚弱，冲任不足，胞宫无力运胎，以致难产。其临床特点为：阵痛微弱，努责无力，并兼见气血虚弱之虚证征象，如神疲乏力，心悸气短，面色苍白等。治宜补气养血，润胎催产，方用送子丹。

气滞血瘀难产：孕妇素多忧郁，或安逸过度，气血运行不畅；或临产忧惧紧张，气结血滞；或产时感寒，寒凝血滞，气机不利，皆使冲任不畅，胞宫瘀滞，不能运胎外出，以致难产。其临床特点为：腰腹持续胀痛，疼痛剧烈，久产不下，并兼见气滞血瘀之实证征象，如烦躁不安，胸闷脘胀，时欲呕恶等。治宜行气化瘀，滑胎催产，方用催生立应散或陈氏七圣散。

【文献别录】

《保产要旨》："难产之故有八：有因子横子逆而难产者，有因胞水沥干而难产者，有因女子短小或年长遣嫁、交骨不开而难产者，……有因体肥脂厚、平素逸而难产者，有因子壮大而难产者，有因气虚不运而难产者。"

《济阴纲目》"大全云：妇人以血为主，惟气顺则血和，胎安则产顺，今富贵之家，过于安逸以致气滞而胎不转，或为交合，使精血聚于胞中，皆致产难，若腹或痛或止，名曰弄胎，稳婆不悟，入手试水，致胞破浆干，儿难转身，亦难生矣。凡产直候痛极，儿逼产门，方可坐草。"

（袁正洋　王秀云）

357. 胞 衣 不 下

【概念】

胞衣，又称胎衣、胎盘。胎儿娩出后，胎盘经过较长时间不能娩出者，称为"胞衣不下"，又称"息胞"。

【鉴别】

常见证候

气虚胞衣不下：产儿后胞衣久不下，少腹微胀，按之有块不硬，阴道流血量多，色淡，面色苍白，眼花，心慌气短，唇甲黯淡或发绀，舌淡苔薄，脉虚弱。

血瘀胞衣不下：产儿后胞衣久不下，小腹疼痛，坚硬有块而拒按，阴道流血量多，色暗有块，面色紫黯，自觉腹满，上冲心胸，舌质紫，脉细涩。

寒凝胞衣不下：产儿后胞衣久不下，小腹冷痛而拒按，阴道流血较少，其色或淡或暗，面色青白，形寒肢冷，舌质淡，苔薄白，脉沉迟或紧。

鉴别分析

气虚胞衣不下：多由产妇禀赋素弱，元气不足，或产程过长，用力过度，分娩后气血双虚，无力送出胞衣所致。证见胞衣不下，少腹微胀，按之有块不硬，阴道流血量多，面色苍白，头晕眼花，心慌气短，舌质淡，苔薄白，脉虚弱等。治宜益气养血，佐以祛瘀，方用补中益气汤加益母草；如伤血过多，气血双虚者可用八珍汤加益母草。

寒凝胞衣不下与血瘀胞衣不下：同为实证，都有小腹疼痛而拒按的表现，但前者为外寒乘虚客于胞宫，致令气血凝滞，胞衣不能及时排出；后者则是瘀血阻滞胞衣，胀滞不出。两证的区别为：前者小腹冷痛，或痛时欲呕；后者小腹满痛，或上冲心胸。前者面色青白，舌淡，脉沉迟或紧；后者面色紫黯，舌紫，脉细涩。寒凝胞衣不下，宜温经散寒，方选黑神散去炒黑豆，加牛膝、枳壳；血瘀胞衣不下，宜活血化瘀，方用牛膝散去朴硝，加益母草、枳壳。

产后胞衣不下，临床以气虚与寒凝两证最为多见，而血瘀类型最为严重。《产育保庆集》说："母生子讫，血流入衣中，衣为血所胀，故不得下，治之稍缓，胀满腹中，上冲心胸，疼痛喘急者，难治。"自采用新法接生以后，该证已属少见。

【文献别录】

《景岳全书·妇人规》："恶露流入胞中，胀满不出者，盖儿既脱，胞带必下坠，故胞在腹中形如仰叶，仰则盛聚血水，而胀碍难出。惟老成稳婆多有识者，但以手指顶其胞底，以使血散，或以指摸上口，攀开一角，使恶露倾泻，则腹空自落矣。……若血渗胞中，停蓄既久，而为胀为痛，或喘或急，则非逐血破血不可也，宜速用夺命丹，或用失笑散，以热酒调服，使血散胀消，其衣自下。若气血兼虚者，亦惟决津煎为善。"

（李维贤　王秀云）

（五）产后病症状

358. 产 后 腹 痛

【概念】

产妇分娩后所出现的小腹疼痛，称为产后腹痛。亦名"儿枕痛"。

《医宗金鉴·妇科心法要诀》把产后伤食所罹致的腹痛，亦归列于产后腹痛，然考其病因与产后无关，且疼痛部位在胃脘，故不属本症讨论范围。

【鉴别】

常见证候

血虚产后腹痛：小腹绵绵作痛，腹部柔软喜按，恶露色淡量少，头晕心慌，腰骶坠胀，舌质淡红，脉象细弱。

血瘀产后腹痛：小腹疼痛拒按，恶露少而不畅，色暗有块，舌质黯红，舌边紫，脉象细涩。

寒凝产后腹痛：小腹冷痛拒按，时觉抽掣，得温痛缓，恶露下而不畅，面色青白，四肢不温，舌质黯淡，苔白滑，脉象沉迟或弦紧。

鉴别分析

血虚产后腹痛：多由素体血虚，或产后失血过多，血海陡虚，胞宫挛缩而引起。其辨证要点是：小腹绵绵作痛，痛而喜按，伴有头晕耳鸣，腰骶坠胀，舌淡，脉虚等症。治宜养血和营止痛，方选当归建中汤、当归生姜羊肉汤或八珍益母汤。

血瘀产后腹痛与寒凝产后腹痛：虽然同为实证，具有小腹疼痛拒按，恶露少而不畅的共同特点，但病因、病机不同。血瘀产后腹痛，一般多由瘀血滞留，胞宫收缩受阻而引起。寒凝产后腹痛，则多由产时受寒，胞脉瘀阻所致。其临床鉴别要点是：血瘀产后腹痛，多为小腹疼痛拒按，且疼痛较剧；寒凝产后腹痛，多为抽掣作痛，扪之小腹冷，得温则痛缓。另外，前者兼见舌质黯红，舌边紫，脉细涩；后者兼见四肢不温，舌质黯淡，苔白滑，脉象沉迟或紧等。《金匮要略·产后病脉证并治》还载有试验性的治疗鉴别诊断法，即："产妇腹痛，法当与枳实芍药散；假令不愈者，此为腹中有干血着脐下，宜下瘀血汤主之。"这一宝贵经验，今天仍有很高的实用价值。血瘀产后腹痛，治宜活血化瘀，方用生化汤合失笑散。寒凝产后腹痛，治宜温经散寒，方用香桂散或温经汤。

产后腹痛，临床分辨虚实最为要紧。《景岳全书·妇人规》说："产后腹痛，最当辨察虚实，血有留瘀而痛者，实痛也。无血而痛者，虚痛也。大都痛而且胀，或上冲胸胁，或拒按而手不可近者，皆实痛也，宜行之散之。若无胀满，或喜揉按，或喜热熨，或得食稍缓者，皆属虚痛，不可妄用推逐等剂。"诚为经验之谈。

【文献别录】

《校注妇人良方·产后门》："产后腹痛，或因外感五邪，内伤六淫，或瘀血壅滞所致，当审其因而治之。"

（李维贤）

359. 恶露不下

【概念】

胎儿娩出后，胞宫内的瘀血和浊液留滞不下，或虽下甚少，或伴有小腹疼痛，称为"恶露不下"，或称"恶露不行"。

本症，《经效产宝》称"产后余血不尽"；《妇人大全良方》称"恶露不下"，《沈氏女科辑要》称"恶露不来"。

恶露不下停蓄体内，严重者可导致"三冲"急证，不可轻视。

【鉴别】

常见证候

气滞恶露不下：产后恶露不下，或虽下不畅，小腹胀痛，胸胁胀满，脘闷食少，舌淡红，脉沉弦。

血瘀恶露不下：产后恶露所下极少，色紫暗，夹有血块，腹痛拒按，或痛处有块，舌质紫，苔薄白，脉沉细或沉涩。

寒凝恶露不下：产后恶露不下，小腹冷痛，喜热熨，肢冷，唇淡口和，舌淡苔白，脉沉迟。

气血两虚恶露不下：产后恶露虽下而忽然终止，自觉小腹坠胀，头晕耳鸣，心悸气短，神疲倦怠，舌淡苔白，脉细弱。

鉴别分析

气滞恶露不下与血瘀恶露不下：同为实证，前者由气滞引起，后者因血瘀而致。气滞恶露不下，多因临产情志不遂，或过分忧惧，使气机不舒，气滞则血结，恶露因而不下，以小腹胀痛，胸胁胀满为特点。治宜行气活血，方选香艾芎归饮加减。血瘀恶露不下，系恶血留滞，瘀阻胞宫所致，故其特点为小腹疼痛拒按，或痛处有块等。治宜活血祛瘀，方选生化汤化裁。

血瘀恶露不下与寒凝恶露不下：二者均为血分实证，但病因、病机不同。前者是单纯性的胞宫恶血留滞，以瘀为主；后者是风冷之邪搏结血分，致宫内恶血凝滞，故以寒象为主。后者的辨别要点是小腹冷痛，得温可减，畏寒肢冷，脉迟。治疗重在温经散寒，但应结合兼证分别处治，伴恶寒发热等表证者，用熟料五积散发之；若兼腹痛呕吐，或咳逆者，用大温经汤散之；若腹部冷痛者，用香桂散温之；若四肢厥冷，唇淡口和，偏实者用少腹逐瘀汤温而行之，偏虚者则用当归生姜羊肉汤温而补之。

气血两虚恶露不下：多因身体素虚，气血不足；或因滞产、难产耗伤气血，致气虚血少，无血可下。其辨证要点是小腹微胀而痛不甚，兼见头晕耳鸣，心悸气短，神疲肢倦，舌淡，脉细弱等，与上述实证迥异，不难鉴别。治疗当益气补血，轻者用圣愈汤，重者用十全大补汤、归脾汤等。

产后恶露不下，若逆而上行，则会引起败血冲心、败血冲肺、败血冲胃，即"产后三冲"，属危重证候，应予及时抢救。

【文献别录】

《名医类案·滑伯仁案》："一产妇恶露不行，脐腹痛，头痛身寒热，众皆以为感寒，温以姜附，益大热，手足搐搦，投姜附后始搐搦，由燥剂搏血而风生，语评目揮。诊其脉，弦而洪数。面赤目闭，语喃喃不可辨，舌黑如焙，燥无津润，胸腹按之不胜手。盖燥剂搏其血，内热而风生，血蓄而为痛也。此等案宜细心熟玩，若是虚寒，手足岂不厥冷，况有舌黑，腹不胜按在三四日者乎，又况面赤洪数之脉耶。曰：此产后热入血室，因而生风。即先为清热降火，治风凉血。两服颇爽。继以琥珀牛黄等，稍解人事。后以张从正三和散，行血破瘀，三四服，恶露大下如初，时产已十日矣，于是诸症悉平。"

(李维贤)

360. 恶 露 不 断

【概念】

产后由阴道排出的瘀浊败血，称为恶露，一般应在产后 20 天左右排尽。若持续 3 周以上，仍淋漓不净者，称为"恶露不断"，又称"恶露不绝"。

【鉴别】

常见证候

气虚恶露不断：恶露过期不止，量多，色淡，质稀，无臭味，小腹坠胀，精神疲乏，或汗出，畏寒，舌质淡或胖，脉缓弱。

血瘀恶露不断：恶露日久不止，色紫黯，间有血块，或如烂肉样，小腹疼痛拒按，或按之有块，舌质黯或边有瘀点，脉沉细或沉涩。

血热恶露不断：恶露淋漓不绝，色鲜红，质稠粘，或有臭味，腹痛拒按，或低热起伏，或口干咽燥，舌质红，苔少，脉细数或滑数。

阴虚恶露不断：恶露淋漓不尽，色红质稀，腰痠，头晕耳鸣，或潮热盗汗，舌红，苔少或光剥，脉细数。

鉴别分析

气虚恶露不断与血瘀恶露不断：前者多缘素体虚弱，或孕期脾虚，中气不足，或产时失血耗气，或产程过长，或产后过劳，耗损正气，致气虚不能摄血，冲任不固，胞宫收缩无力而引起；后者则多因胞宫瘀血留滞，或产后受寒，寒与血搏，恶血内留，使新血不得归经，而致恶露不绝。两者在一定条件下可以相互转化。若宫缩无力可以导致瘀血留滞，瘀血留滞也可引起宫缩无力。因此，在临床上常可虚实互见。辨证要点是：如恶露量多色淡，小腹坠胀不痛，脉缓弱者为气虚；若恶露色污浊，或形色如烂肉，小腹疼痛拒按，或按之有块者为血瘀。治疗方法，气虚恶露不断宜益气摄血，方用益气缩宫汤，或补中益气汤加艾叶、乌贼骨。血瘀恶露不断宜活血祛瘀，方用缩宫逐瘀汤或生化汤加茜草、三七。若两证夹杂出现，其治法也随证变化。

血热恶露不断与阴虚恶露不断：两者都具热象，但虚实有别。前者多由产时邪毒内侵胞宫，与血相搏，蕴而化热，迫血下行所致；后者多由素体阴虚，虚热内炽，血不内藏引起。临床表现为：血热恶露不断，血色鲜红或紫红，质稠，有腥臭气，腹痛拒按，脉滑数，为实热证；阴虚恶露不断，色红质稀，腰痠，无腹痛，脉细数，为虚热证。小腹有无压痛，气味臭否是两者辨别的主要依据。其治疗，血热恶露不断宜清热凉血，方用清宫饮；阴虚恶露不断宜养阴清热，方用加减保阴煎。

总之，本症之虚证、实证、热证，须从小腹痛与不痛，恶露有无臭气来区分。至于治疗，虽然气虚应补气摄血，血瘀当活血祛瘀，血热宜清热凉血，阴虚必养阴清热，但由于产后胞宫易因虚致瘀，又易因瘀致虚，因此，治法也应虚实兼顾。

本症的病因病机及辨证施治与产后血崩基本一致。但产后血崩发病较早，病情急重；本症则至少要在产后三周以上才能成立，病情也较缓和。

【文献别录】

《医宗金鉴·妇科心法要诀》："产后恶露，乃裹儿污血，产时当随胎而下。若日久不断，时时淋漓者，或因冲任虚损，血不收摄；或因瘀行不尽，停留腹内，随化随行者。当审其血之色，或污浊不明，或浅淡不鲜，或臭、或腥、或秽，辨其为实、为虚，而攻补之。虚宜十全大补汤加阿胶、续断，以补而固之。瘀宜佛手散，以补而行之。"

（许润三　李维贤）

361. 产后血崩

【概念】

妇人分娩后，突然阴道大量出血，称为产后血崩。本症多见于产后两小时内。如短时间内大量失血，可以发生"产后血晕"（即头晕眼黑，手足厥冷，神识昏迷等），这是产后病的一种危急病症，故必须给予足够的重视。

由于胎盘滞留或胎盘残留，以及软产道损伤造成的产后大出血，均不属本症讨论的范围。

【鉴别】

常见证候

气虚产后血崩：胎盘娩出不久，产道骤然下血如崩，无腹痛，腹诊子宫软而大，头晕眼花，面色苍白，心悸，气短不能言，肢冷汗出，或两目视物模糊，舌质淡，脉虚数或微细。

血瘀产后血崩：胎盘娩出后，阴道出血较多，有血块，小腹阵疼拒按，按之有硬块，舌质淡或有瘀点，脉细数或沉涩。

鉴别分析

气虚产后血崩：多缘产妇素体虚弱，或产程过长，产时疲劳过度，致气虚不能摄血而引起。临床特点是：多在胎盘娩出后出血，呈阵发性，由于出血时子宫松弛，有时血液不向外流而积于子宫腔内，此时子宫体积继续增大而变软，如压迫子宫时便有大量血块自阴道排出。舌质淡，脉虚数，腹诊子宫回缩不良，软而大。治宜补气摄血，应急投独参汤。如证见汗多粘冷，烦躁不安，呼吸快，四肢厥逆，脉微欲绝，则应急投参附汤加童便；证轻者，可给益气救脱汤以峻补元气，止血固脱。

血瘀产后血崩：多缘宫腔瘀血滞留，使新血不得归经所致。临床表现为：产后阴道出血较多，时下血块，阵痛拒按，小腹有硬块，甚至心下急满，腹痛甚者可以导致人事不省，脉多细数。治宜祛瘀止血，佐以益气，方用加味失笑散加三七粉。

总之，本症有虚实两证，虚为气虚，子宫出血量多，脉虚数，子宫软；实为血瘀，子宫出血较少，呈持续性，有时下大血块，子宫硬。产后血崩，证情危急，应予积极抢救，必要时可先输血补液，同时根据具体病情辨证治疗。待血止之后，再予补益气血，以复其源。

【文献别录】

《医宗金鉴·妇科心法要诀》："产后阴血已亡，更患崩证，则是血脱气陷，其病非轻，当峻补之。宜用十全大补汤加阿胶、升麻、续断、枣仁、山萸、炮姜炭，以升补其脱陷可也。若因暴怒伤肝血妄行者，宜逍遥散加黑栀、生地、白茅根，以清之。若因内有停瘀者，必多小腹胀痛，当用佛手散、失笑散，以补而逐之。"

（许润三）

362. 产 后 眩 晕

【概念】

产后忽然头晕目眩，不能起坐，或心中满闷，恶心呕吐，或痰涌气急，甚则神识昏迷，不省人事，称为"产后眩晕"。《金匮要略》称"郁冒"。后世称"血晕"、"血运"、"血厥"。本症乃产后危证之一，如不及时抢救，易致暴脱，故应引起重视。

【鉴别】

常见证候

血虚产后眩晕：恶露过多，时时昏晕，面色苍白，心悸愦闷，恶心呕吐，甚至昏不知人；气随血脱，则眼闭口开，手撒肢冷，冷汗淋漓，舌淡无苔，脉微细或浮大而虚。

血瘀产后眩晕：恶露过少或不下，少腹阵痛拒按，甚至心下急满，气粗喘促，或痰涎上涌；突然神昏口噤，不省人事，两手握拳，牙关紧闭，面色紫黯，舌唇发紫，脉涩。

鉴别分析

血虚产后眩晕：平素血虚气弱，复因产后失血过多，或过度劳倦，以致营血下夺，孤阳上冒而致眩晕，甚则气随血脱，出现脱证。《石室秘录·血运》说："产后血燥而运，不省人事，此呼吸危亡时也。盖因亡血过多，旧血既出，新血不能骤生，阴阳不能接续，以致如此。"其特点为，产后失血过多，未能复原，始则眩晕，渐至出现脱证。气脱者，面白，冷汗淋漓，脉微欲绝，宜回阳固脱，方用独参汤或参附汤。血脱者，不省人事，面色苍白，脉浮大而虚，宜养血固脱，方用当归补血汤。气血两脱者，宜气血双补，方用救运至圣丹或白薇汤。

血瘀产后眩晕：多因产后恶露不下，瘀血内壅，上攻心胸，扰乱心神所致。辨证要点为：产后恶露过少，少腹阵痛拒按，舌紫，脉涩，或有牙关紧闭，两手握拳等闭证表现。治宜活血化瘀，方用清魂散合失笑散。若挟有寒滞，见四肢及少腹发冷，便溏，宜温经散寒，方用黑神散。挟有热结者，则面红心烦，大便秘结，舌赤苔黄，脉数，宜清热化瘀，方用清晕汤冷服。挟风者，则头晕而痛，微有寒热，脉浮缓，宜活血祛风，方用加味荆芥散。偏于气郁者，则胸胁满闷，善太息，脉弦，宜开郁散结，方用逍遥散去芍药，加郁金、香附。挟痰者，则痰涎上涌，气粗喘促，宜祛痰活瘀，方用二味参苏饮合二陈汤。

产后血虚眩晕与产后血瘀眩晕的鉴别要点是：前者恶露必多，后者恶露必少；前者属虚，昏迷时则见脱证；后者属实，昏迷时则见闭证。需要指出的是，产后眩晕虽有虚实之分，惟虚者为真虚，实者却为假实。《杂证会心录》说："产后血晕，有虚实之各异。实者瘀血之假实；而虚者气血之真虚也。"此论对辨证论治有重要意义。

【文献别录】

《诸病源候论·产后血运闷候》："运闷之状，心烦气欲绝是也。亦有去血过多，亦有下血极少，皆令运。若产后去血过多，血虚气极，如此而运闷者，但烦闷而已；若下血过少，而气逆者，则血随气上掩于心，亦令运闷，则烦闷而心满急。二者为异。"

《女科经纶·产后证上》："产后血晕之属有余也，败血入肝，恶露上攻，此瘀血为患。当用行血逐瘀之药。……产后血晕之属于不足也，阴血暴亡，虚火上升，皆由腹中空虚所致。当用补血滋阴降火之药，但滋阴不可用地芍，降火不可用苦寒。"

（李维贤）

363. 产后多汗

【概念】

新产气血较虚，腠理不密，故进食或睡眠时，汗出较多，常在分娩7~10天后自然减少或停止，这是产后正常的生理现象。如汗出过多或日久不止者，则为"产后多汗"，或称"产后自汗、盗汗"。

【鉴别】

常见证候

气虚产后多汗：产后汗出恶风，动则更甚，四肢不温，面色㿠白，心慌气短，倦怠乏力，舌淡胖，苔薄白，脉濡或细弱。

阴虚产后多汗：产后睡中汗出，醒来自止，面色潮红，头晕耳鸣，口干不欲饮，五心烦热，腰膝痠软，舌红无苔或苔薄，脉细数无力。

鉴别分析

气虚产后多汗与阴虚产后多汗：两者虽皆因虚，但寒热属性各异，病因病机不同。气虚产后多汗，多为素体虚弱，复因产时气血耗伤太多，肺气益虚，卫阳不固，腠理不密所致。如《校注妇人良方·产后门》说："产后汗不止者，皆由阳气频虚，腠理不密，而津液妄泄也。"而阴虚产后多汗，则缘素体营阴虚弱，产后失血，阴血益亏，阴虚内热，迫汗外泄而引起。如《女科经纶》说："产后去血过多，则阴不维阳，阴虚而阳无所附，周身汗出不止。"辨证要点为：气虚产后多汗，自汗伴有恶风，并见乏力，心慌气短，面色㿠白，舌淡脉濡等症；与阴虚产后多汗，伴有面色潮红，头晕耳鸣，口干舌燥，舌红，脉细数无力显然有别。且二者出汗性质及出汗情况迥异：气虚产后多汗，多为自汗，动则加剧，静则好转，治宜补气固表，御风止汗，方用玉屏风散或牡蛎散加当归、生白芍；阴虚产后多汗，常是盗汗，即睡中不觉而汗出，醒后即止，治宜益气养阴，生津敛汗，方用生脉散加百合、生地、生白芍、糯稻根。

【文献别录】

《医宗金鉴·妇科心法要诀·产后门》："产后血去过多则阴虚，阴虚则阳盛。若微微自汗，是营卫调和，故虽汗无妨。若周身无汗，独头汗出者，乃阴虚阳气上越之象也。若头身俱大汗不止，则恐有亡阳之虑也。"

《傅青主女科·产后诸症治法》："产后睡中汗出，醒来即止，犹盗瞰人睡，而谓之盗汗，非汗自至之比。《杂症论》云：'自汗阳亏，盗汗阴虚'。然当归六黄汤又非产后盗汗方也，惟兼气血而调治之，乃为得耳。"

（许润三）

364. 产 后 发 热

【概念】

产褥期内出现发热持续不退，并伴有其它症状者，称为产后发热。

早在《素问·通评虚实论》中就有"乳而病热"、"乳子中风热"的记载；迨至汉代，《金匮要略·妇人产后病脉证治》则有产后发热的证治。产后一、二日，由于阴血骤虚而出现的轻微发热，属生理现象，不需治疗。

【鉴别】

常见证候

风邪犯表产后发热：产后发热恶寒，头疼身痛，腰背痠楚，口干不渴，无汗或自汗，舌苔薄白，脉浮。

邪毒炽盛产后发热：产后发热，微恶寒，汗出，头痛，面红，口干，饮水不多，小腹疼痛或拒按，恶露秽臭，舌质稍红，苔薄黄，脉滑数。

气虚产后发热：产后身热不甚，动则热增，头晕目眩，心慌气短，语声低怯，身体倦怠，或自汗出，舌质胖淡，苔薄白，脉浮数无力。

血虚产后发热：产后发热夜甚，两颧时赤，或有盗汗，头晕目眩，心悸失眠，纳差，舌质淡苔少，脉细数。

伤食产后发热：产后发热不扬，恶食嗳腐，恶心呕吐，脘腹胀满，大便异臭，舌苔多厚腻，脉滑。

血瘀产后发热：产后时有低热，恶露较少，色紫暗或夹血块，少腹阵痛拒按，口燥不欲饮，舌紫，苔薄，脉涩或细弱。

蒸乳产后发热：产后二、三日内忽然发热，乳房胀满疼痛但不红肿，性急易怒，舌质淡红，脉弦滑或弦数。

鉴别分析

风邪犯表产后发热与邪毒炽盛产后发热：皆为实证，且起病急而热势甚。但两者病因与证候有别，故治亦不同。风邪犯表发热乃因产后感受风邪，营卫失和，故恶寒发热，头疼，身痛，腰痠背楚，脉浮。而邪毒炽盛发热乃因产后血室正开，邪毒乘虚内侵，或会阴裂伤，感受邪毒化脓而引起。证见发热恶寒，汗出，头痛，面红，口干，渴不多饮，小腹疼痛或拒按，恶露气臭，舌红苔黄，脉数。两者相比，前者病邪偏于表，后者邪毒炽于内，故治疗风邪犯表产后发热宜解之散之，方选竹叶汤加减；治疗邪毒炽盛产后发热宜清之泄之，方选抽薪饮加枳壳。

气虚产后发热与血虚产后发热：同属产后虚热，但患者之体质与病因、症状有明显区别。气虚发热见于气虚阳虚之体，复因产后操劳过早，损伤中气，虚阳外浮，故见发热；血虚发热见于血虚阴虚之体，由于产时出血过多，阴不维阳，故见发热。两者的鉴别要点为：气虚发热者热势不甚，烦劳则增，伴有气短，身困，自汗，舌质胖淡等症，血虚发热者入夜热增，伴有颧赤，盗汗，心悸，脉细数等症。气虚发热治宜甘温除热，方选补中益气汤加五味子；血虚发热治宜养血清热，方选丹栀逍遥散加白薇、党参。

血瘀产后发热与蒸乳产后发热：同属内瘀发热。但前者因恶露不下，瘀血阻滞，营卫不和所致；后者因阳明气滞，乳脉不通，乳汁停滞引起。所以，虽然两者均见发热，但病因不同。血瘀发热，症见恶露不下，少腹痛而拒按，舌紫，脉涩。蒸乳发热，症见乳汁不下，乳房胀痛，脉弦滑。血瘀者宜活血散瘀，可用生化汤加丹参、红花、益母草；蒸乳者宜养血通乳，可用四物汤加王不留行、通草、漏芦等。

伤食产后发热：乃因产后饮食不节，食停胃脘所致。其特点为：热势不扬，时作时止，伴有嗳腐时呕，脘腹胀满，大便异臭，舌苔厚腻而黄。治宜健脾和胃，化滞消食，方选保和丸加味。

产后发热，证因复杂。临床辨证，要根据产后的生理特点，即虚中夹瘀，瘀中有虚，然后视其邪气之盛衰来确定证候的性质。

【文献别录】

《女科经纶·产后证下》引郭稽中曰："产后乍寒乍热者何？答曰：阴阳不和，败血不散，能令乍寒乍热也。产后血气虚损，阴阳不和，阴胜则乍寒，阳胜则乍热，阴阳相乘，则或寒或热。产因劳伤脏腑，血弱不得宣越，故令败血不散。入于肺则热，入于脾则寒。医人误作疟治，则谬矣。阴阳不和，宜增损四物汤；败血不散，宜夺命丹。又问二者何以别之？曰：时有刺痛者，败血也；但寒热无它证者，阴阳不和也。"

（李维贤）

365.产后发痉

【概念】

新产后，如发生手足抽搐，项背强直，甚至口噤、角弓反张者，称为产后发痉。《金匮要略》在新产妇人三病中称作"病痉"，《千金要方》则称"褥风"。名称虽异，所指则同。还有产创感染邪毒而发痉者，名为"产后破伤风"，亦附于本条论述。

【鉴别】

常见证候

血虚产后发痉：产后骤然口噤不开，项背强直，四肢抽搐，甚则角弓反张，面色苍白，舌淡，苔少，脉细。

风寒产后发痉：产后初起发热恶寒，头疼身痛，无汗，继而四肢抽搐，项背强直，口噤，角弓反张，苔薄白，脉浮弦。

邪毒炽盛产后发痉：产后初起发热恶寒，头项强痛，牙关紧闭，口角搐动，面呈苦笑，继而项背强直，角弓反张，或发热神昏，舌质青黯，苔薄白，脉弦劲。

鉴别分析

血虚产后发痉：多由产后出血过多，复大汗出，伤其津液，血少津枯，筋脉失养，肝风内动而致痉。辨证要点为：产后失血过多，并伴汗出，旋而出现四肢抽搐，项背强直与角弓反张，据此即可诊为产后血虚发痉。治宜养血止痉，方选十全大补汤加减。

风寒产后发痉：乃因产后血虚感受风寒之邪所致。本症有明显的感受风寒史，初起必见表证，如发热恶寒，头疼身痛，无汗等，继而出现四肢抽搐，项背强直，口噤，角弓反张等症，若无感受风寒史，则不宜诊为本症。治疗宜祛风解表，发汗止痉，方选葛根汤加花粉。

邪毒炽盛产后发痉：乃因产创伤口不洁，感染邪毒，窜入经脉为患。辨证要点为：牙关紧闭，并呈苦笑面容，舌质青黯，脉弦有力。治则宜祛风解毒，理血止痉，方选止痉愈风散。

产后发痉一症，总以血虚为本，风邪相搏为标。而风邪又有外风、内风之不同。所以治则不外养血祛风两途。关键在于早治，若延误时日，多至危候而难救。

【文献别录】

《医宗金鉴·妇科心法要诀》："产后血去太多，阳气炽盛，筋无所养，必致瘛疭抽搐，发热恶寒，心烦口渴，不宜作风治，惟当气血兼补，用八珍汤加丹皮、生地、钩藤治之。若无力抽搐，戴眼反折，大汗不止者，则为不治之证，故曰命将休也。"

（李维贤）

366. 产后大便难

【概念】

产后大便难，是指产后出现大便艰涩，数日不解或难以排出，常伴有腹胀或腹痛之症。本症首见于《金匮要略·妇人产后病脉证并治》，是妇人产后常见的三种病证（病痉、郁冒、大便难）之一。故《张氏医通·产后大便秘结》说："产后去血过多，大肠干涸，每至三五日而大便始通，此其常也。"本症应与大便秘结等相互参看。

【鉴别】

常见证候

血虚津亏产后大便难：产后数日，甚或旬日不解大便，腹微胀，无痛楚，或无任何自觉腹部不适症状，或伴有一般产后表现，如体质虚弱，自汗等，舌红，苔燥少津液，脉细数无力。

阳明腑实产后大便难：产后大便秘结，脘腹痞满胀痛，拒按，或发热，口渴，小便黄，舌苔黄，脉数。

脾肺气虚产后大便难：产后数日，不解大便，或努责难出，精疲乏力，气短汗多，舌淡，苔薄白，脉沉弱。

鉴别分析

血虚津亏产后大便难与阳明腑实产后大便难：二证同表现为产后大便困难，但前者为虚证，后者为本虚而标实证。血虚津亏者，因产后失血过多，或因大汗、呕吐亡其津液所致。故《景岳全书》说："产后大便秘结，以其失血之津液不足而然"。《金匮要略》谓"亡津液胃燥，故大便难"，此处胃包括大肠而言。"大肠少津液之润，是以便结不解"（《杂证会心录》）。治当养血滋阴，润肠通便，方用济川煎加减，或八珍汤加桃仁、杏仁、何首乌等。阳明腑实者，虽有阳明腑实燥热之临床见症，如发热，口渴，腹痛，拒按，舌苔黄等，但实属产后血虚津亏，治宜滋阴通便，方可用增液承气汤加减。

脾肺气虚产后大便难：素体气虚，因产失血耗气，致脾肺之气益虚，气虚则大肠传送无力所致。其临床特点为神疲乏力，气短汗多。治宜补脾益肺，润肠通便，方用润燥汤。

产后血气即虚，津液方乏。大便难一症，总因虚者为多，而实者少见。所以用药宜滋润温通，切忌苦寒峻下，非不得已而下之者，十去其七，衰其大半即可。然后改用补气养血，滋润温通之剂，以复其本原。

【文献别录】

《寿世保元·产后》："产后大便不通，因去血过多，大便干涸，或血虚火燥干涸，不可计其日期，饮食数，多用药通之润之。必待腹满觉胀，自欲去而不能者，乃结在直肠，宜用猪胆汁润之。若用苦寒药润通，反伤中焦元气，或愈加难通，或通而泻不能止，必成败症"。

（李维贤　王秀云）

367．产后小便难

【概念】

产后小便点滴而下，甚或闭塞不通，小腹胀急疼痛者，称为"产后小便难"。本症在历代医籍中记载颇多。《诸病源候论》专立"产后小便不通"与"产后大小便不通"候；《张氏医通》、《女科经纶》、《沈氏女科辑要笺正》等则有"产后小便不通"症治；《证治准绳》、《济阴纲目》则将"产后大小便不通"合并论述。

【鉴别】

常见证候

气虚产后小便难：产后小便不通，小腹胀急，精神萎靡，气短懒言，面色㿠白，苔薄白，脉缓弱。

肾气虚产后小便难：产后小便不通，小腹胀满，腰膝痠软，坐卧不宁，面色晦黯，舌质淡，苔白，脉沉细。

气滞产后小便难：产后小便不通，小腹胀痛，神情抑郁，或胸胁烦满，舌苔薄白，脉弦。

血瘀产后小便难：产后小便不通，小腹胀痛或刺痛，乍寒乍热，舌黯，苔薄白，脉沉涩。

鉴别分析

气虚产后小便难与肾气虚产后小便难：两者皆为虚证。但气虚产后小便难，多由体质素弱，产时失血过多，气随血耗，以致脾肺气虚，不能通调水道，下输膀胱而引起；肾气虚产后小便难，则由产时损伤肾气，或素体肾气亏损，膀胱气化不利而引起。辨证要点是：气虚产后小便难，常见小腹胀满，且有气短懒言，神疲乏力，面色㿠白等兼症；而肾气虚产后小便难，常见少腹胀急，且有腰膝痠软，面色晦黯，脉沉迟等兼症。治疗，气虚产后小便难，治疗宜健脾益气，宣肺行水，方用补气通脬饮加桔梗、杏仁，或补中益气汤加肉桂、通草；肾气虚产后小便难，宜温补肾阳，化气行水，方用济生肾气丸。

气滞产后小便难：为实证。多因精神刺激，情志不畅，肝气郁结，气机阻滞，清浊升降失调，膀胱气化不利所致。临床特点为：有精神刺激史，可见精神抑郁，烦躁易怒，胁肋作胀，少腹胀痛，苔薄白，脉弦等症。治宜疏肝理气，化气行水，方用木通散加乌药、益母草；体弱者，用逍遥散去煨姜、薄荷，加乌药、枳壳、车前子、益母草。

血瘀产后小便难：多因滞产，膀胱受压过久，气血运行不畅，膀胱气化不利所致。临床特点为：有滞产史，可见小腹胀痛或刺痛，乍寒乍热，舌黯，脉沉涩。治宜活血化瘀，化气行水，方用加味四物汤或用生化汤加牛膝、瞿麦、滑石、木通。

【文献别录】

《女科经纶·产后证下》引产孕集曰："产后小便不通，腹胀如鼓，闷乱不醒，盖缘未产前内积冷气，遂致产时尿胞运动，用盐于脐中填平，用葱白捣一指厚，安盐上，以其烂饼上灸之，觉热气入腹内，即时便通，神验。"

《顾膺陀妇科集·产后类》："产后小便不通，多因胎前感受寒气，致尿后尿胞运动不顺，小便不通，腹胀如鼓，闷乱不醒。施治之法，因气虚不能运化者，宜加味四君子汤；恶露不利，小便难而大便泄者，宜五苓散倍肉桂加桃仁；二便俱秘，恶露不行者，宜先通恶露，用四物汤加蓬莪、山楂；因气闭不通者，用炒盐加麝香二厘，填脐中，外用葱白十余根，作一束，切如半指厚，置盐脐上，将艾灸之，觉热气入腹难忍，方止，小便即通。惟因气虚源涸，及热结膀胱者，此法忌用。"

（苏诚练　王秀云）

368. 产后小便频数与失禁

【概念】

产后小便频数，是指产后小便次数增多，甚至日夜可达数十次；产后小便失禁，是指产后小便淋漓，不能自止，或小便自遗，不能约束。

两者症状虽有不同，但其原因基本相同，故合并叙述。

【鉴别】

常见证候

气虚产后小便频数与失禁：产后小便频数或不禁，小腹坠胀，气短懒言，面色㿠白，四肢乏力，舌淡少苔，脉细弱。

肾阴虚产后小便频数与失禁：小便频数，尿量不多，形体瘦弱，腰膝痠软，手足心热，午后潮热，两颧发红，舌光红，脉细数。

肾阳虚产后小便频数与失禁：小便频数不禁，尿量较多，夜间尤甚，兼有面色黧黑，精神衰疲，四肢不温，或下肢浮肿，舌淡苔白，脉微弱。

外伤产后小便频数与失禁：产时损伤膀胱，小便淋漓不断，间或挟有血液，舌苔薄白，脉缓。

鉴别分析

气虚产后小便频数与失禁：多因产妇素体虚弱，肺气不足，产后耗损气血，使肺气更虚，不能制约水道而成此症。《金匮要略·肺痿肺痈咳嗽上气病脉证并治》篇中所说："肺痿……遗尿，小便频，以上虚不能制下也"，说明肺气虚则不足以制下，是以膀胱失约。其辨证特点是：小便频数不禁，劳倦后症情加重，气短懒言，面色㿠白，四肢乏力。其治疗以补气固摄为主，方用补中益气汤加山茱萸、益智仁。

肾阴虚产后小便频数与失禁和肾阳虚产后小便频数与失禁：两者皆为虚证，但病因、病机不同。肾阴虚产后小便频数与失禁者，多因素体阴精不足，产时复伤阴血，阴液益虚，或湿热蕴结下焦，迁延不愈，肾阴受损，膀胱积热，而成本症；而肾阳虚产后小便频数与失禁，则多缘于肾阳素虚，命门火衰，产后复伤气血，以致肾气不固，膀胱失约。其辨证特点是：肾阴虚产后小便频数与失禁，尿频而尿量不多，且必有手足心热，午后潮热，两颧发红，舌尖红，脉细数等阴虚内热之征；而肾阳虚产后小便频数与失禁，则见小便频数不禁，尿量较多，且夜间尿频尤甚是其特点，并有面色灰黧，四肢不温，舌淡白，脉细弱等兼症。治疗方面，肾阴虚产后小便频数与失禁，治宜滋肾降火，方选知柏地黄丸或左归饮。若阴虚及阳，可用左归丸滋阴济阳，益精填髓。肾阳虚产后小便频数与失禁，治宜补肾固脬，方用右归丸或金匮肾气丸加桑螵蛸、覆盆子、补骨脂。如虚甚而小便自遗者，可改用桑螵蛸散。

外伤产后小便频数与失禁：系因分娩时外伤膀胱引起。其临床特点为：有外伤史，小便淋漓不断，或混有血液。治宜补气固脬为主，方用黄芪当归散。

产后小便频数与失禁，不论内伤与外伤，总系膀胱失于制约所致，其病位在膀胱。然膀胱与肾为表里，肺又为水上之源，故病变又与肺肾有着密切关系。在肺多为气虚，在肾多为阴亏或阳虚，抓住这一关键，鉴别自然不难。

【文献别录】

《张氏医通·产后》："产后小便数，乃气虚不能制水，补中益气加车前、茯苓。若膀胱阴虚而小便淋漓，生料六味合生脉散，滋其化源，须大剂煎成，隔汤顿热，续续进之。产后遗尿不知，乃气虚不能统血也，补中益气汤。若新产廷孔未敛，溺出不知，此恒有之，至六七朝自止，不必治也。"

（苏诚练）

369. 产后小便淋痛

【概念】

产后尿频，尿急，淋漓涩痛者称为"产后小便淋痛"。

本症，《诸病源候论》称为"产后淋"。产后小便淋痛与产后小便难不同。《万氏妇人科》云："不通者属气虚不通，淋属内热涩痛，以此别之"。

【鉴别】

常见证候

阴虚津亏产后小便淋痛：产后小便频数，淋漓涩痛，量少色黄，午后潮热，五心烦热，唇干颧赤，口渴喜饮，大便干结，舌红，苔少而干，脉细数。

心火亢盛产后小便淋痛：产后小便频数，淋漓涩痛，量少色黄，面赤心烦，口渴喜饮，甚者口舌生疮，舌红，苔黄，脉滑数。

下焦湿热产后小便淋痛：产后小便频数，灼热刺痛，尿黄或赤，甚则腰痛，身热口渴，不喜多饮，脘闷食少，舌红，苔黄腻，脉滑数。

鉴别分析

阴虚津亏产后小便淋痛：《经效产宝》云："产后患淋，因虚损后有热气客于胞中，内虚则起数，热则小便涩痛，故谓之淋。"此症因产耗血伤津，阴虚火旺，下移膀胱，膀胱气化不利，故产后小便淋漓涩痛。其临床特点为：午后潮热，五心烦热，唇干颧赤，口渴喜饮，大便干结。治宜滋阴生津，清热通淋，方用知柏地黄丸。

心火亢盛产后小便淋痛与下焦湿热产后小便淋漓：均为实证、热证。同见产后小便频数，淋漓涩痛，口渴，舌红，苔黄，脉滑数之象。但其病因、病机不同。心火亢盛产后小便淋痛，多因素体阳盛，或产后过食辛热之品，热蕴于内，引动心火，心火偏亢，移热小肠，下注膀胱，灼伤津液，膀胱气化不利所致；下焦湿热产后小便淋痛，则因产后摄生不慎，感受湿热之邪，或饮食不节，损伤脾胃，致湿邪内蕴，日久化热，湿热蕴结下焦，灼伤膀胱，气化不利所致。其辨证要点为：前者必有心火亢盛的表现：如面赤心烦，口渴喜饮，甚者口舌生疮；后者则有湿热内盛的表现：如身热口渴，不喜多饮，舌苔黄腻，湿热伤肾则见腰痛，湿邪困脾则脘闷食少。在治疗上，前者宜清心泻火通淋，方用加味导赤散；后者宜清热利湿通淋，方用茅根汤。若热伤阴络，尿中带血，宜酌加大蓟、小蓟、侧柏叶以凉血止血。

产后患淋者，盖由火热蕴结膀胱，气化不利所致，虚热者滋阴清热通淋，实热者清热泻火通淋，总以清热为主，不可过利小便，以防重伤津液。

【文献别录】

《经效产宝·产后淋病》："论曰：产后患淋，因虚损后有热气客于胞中，内虚则起数，热则小便涩痛，故谓之淋，又有因产损血气，血气虚则挟热，热搏于血，血即流渗于胞中，故血随小便出。为血淋者，如雨之淋也。"

《万氏妇人科·产后淋》："此亦血去阳虚生内热症也。盖肾为至阴，主行水道，去血过多，真阴亏损，一水不足，二火更甚，故生内热，小便成淋而涩痛也，加味导赤散主之。"

（袁正洋　王秀云）

370. 乳 汁 不 行

【概念】

产后乳汁甚少或全无，称为乳汁不行，亦称"缺乳"。

本病不仅出现于产后，整个哺乳期均可出现。哺乳期由于再度妊娠而出现的缺乳，或妇人先天无乳，皆不能作乳汁不行论，故不属本症讨论范围。

【鉴别】

常见证候

气血两虚乳汁不行：产后乳汁不行或甚少，乳房无胀痛感，面色苍黄，皮肤干燥，食少便溏，畏寒神疲，头晕耳鸣，心悸气短，腰痠腿软，或溲频便干，舌淡少苔，脉虚细。

肝郁气滞乳汁不行：产后乳汁忽然不行，乳房胀闷微痛，精神抑郁，胸胁不舒，胃脘胀满，食欲减退，舌质淡红，苔薄黄，脉沉弦。

血瘀乳汁不行：产后乳汁不行或全无，乳房硬痛而拒按，胸闷嗳气，或伴少腹胀痛，恶露量少，色暗有块，面色略带青紫，舌略呈青色，脉沉涩。

鉴别分析

气血两虚乳汁不行：产妇脾胃素虚，气血化源不足，从而导致乳汁分泌减少，或分娩失血过多，气随血耗，亦可影响乳汁的化生，造成缺乳。亦有因产乳过众，气血津液极度匮乏，身体尪赢，营阴枯涸而无乳者。本证的临床表现特点是：乳汁不行，乳房无胀痛感，有全身性气血虚弱证候。治疗以补气养血为主，佐以通络下乳，方选通乳丹。

肝郁气滞乳汁不行与血瘀乳汁不行：同为实证。肝郁气滞乳汁不行，多因产后情志抑郁，肝失条达，气机不畅，乳络涩滞而致。《儒门事亲·乳汁不下》说："或因啼哭，悲怒郁结，气溢闭塞，以致乳脉不行。"血瘀乳汁不行，多因产后气血瘀阻，经络壅滞，阻碍乳汁化生，所以缺乳。前者多由七情等精神刺激所致，病变在气分；后者病由气血瘀滞，病变在血分。一为气机不畅，乳络涩滞；一为血脉壅闭，化乳受阻。前者乳房胀甚于痛，后者乳房硬痛而拒按。前者伴有肝郁气滞的兼证如精神抑郁，胸胁不舒等；后者则有血瘀的兼证如少腹痛，恶露有块，面微紫，舌略青等。肝郁气滞乳汁不行，治宜疏肝理气，通络下乳，方选解肝煎加漏芦、通草、花粉、王不留行。血瘀乳汁不行，治宜活血化瘀，通络下乳，方选生化汤合涌泉散，酌加木通、甲珠等药。

乳汁不行，临证辨别虚实最为要紧。一般以乳房有无胀痛为认证要领。若乳房柔软无胀痛感，多属气血俱虚；若乳房硬痛拒按，或有身热，多属气血瘀滞。前者多伴有气血虚弱的全身症状，后者则多有气血瘀滞的临床表现，治疗当遵"虚者补之，实者泻之"的原则，若能配合针灸治疗，效果更佳。

【文献别录】

《女科经纶·产后证下》引大全曰："妇人乳汁，气血所化。不行者，由气血虚弱经络不调所致。或谓产后必有乳，乳虽胀而产后臂作者，此年少之人，初经产，乳有风热，须服清利之药则乳行。若累经产而无乳者，亡津液故也，须服滋益之药助之。若有乳不甚多者，须服通经之药，仍以羹臛引之。盖妇人之乳，资以冲脉与胃经通故也。有屡经产而乳汁常多者，亦妇人血气不衰使然。若妇人素有疾在冲任经者，乳汁少而色黄，生子亦怯弱多疾。"

（李维贤）

371．产后乳汁自漏

【概念】

产妇乳汁不经婴儿吮吸而自然流出者，称为乳汁自漏，俗称"漏奶"。如产妇体质壮实，乳房饱满而乳汁溢出者，乃气血旺盛，乳汁充沛，不属病态，勿须治疗。

【鉴别】

常见证候

气虚产后乳汁自漏：产后乳汁终日自漏，量少质稀，乳房柔软无胀满感，面色苍白，皮肤不润，心慌气短，神疲乏力，舌淡，脉细弱。

肝郁产后乳汁自漏：产后乳汁不断自行漏出，量少质浓，两乳胀硬疼痛，精神郁闷，性急易怒，或脘胀纳少，舌质淡红或偏黯红，脉弦涩。

肝热产后乳汁自漏：产后乳汁绵绵流出，量较多，质浓，或见乳房胀痛，口苦咽干，心烦易怒，多梦纷纭，头胀目眩，便秘尿黄，舌质红，苔薄黄，脉弦数或细数。

鉴别分析

气虚产后乳汁自漏与肝郁产后乳汁自漏：前者属虚，后者属实。虚者，因产后失养或伤血过多，导致气血虚弱，胃气不固，乳汁失约所致；实者，多由怒气伤肝，肝气横逆犯胃，胃气不和，失于摄纳引起。辨证要点为：虚者，乳房柔软，乳汁清稀，量少，且见气血两虚之象。如面色苍白，心慌气短，舌淡，脉细弱；实者，乳房胀硬，乳汁较浓，量少，必见形气俱实之征。如体质壮健，精神郁闷，性急易怒，舌质正常或偏暗红，脉弦涩。治法应本"虚者补之，实者泻之"的原则，虚证宜补气养血，佐以固摄，方用益气收乳汤；实证宜舒肝养血，方用通肝收乳汤。

肝热产后乳汁自漏与肝郁产后乳汁自漏：虽同有乳房胀痛等肝郁之象，颇为疑似，然肝郁产后乳汁自漏并无"热"象,而呈现一派气郁络阻之征。如乳房胀满,但漏出量较少,精神郁闷,性急易怒。肝热产后乳汁自漏乃由郁怒伤肝,肝火亢盛,疏泄太过,迫乳外溢之故。其表现为乳汁自漏兼有内热实证,辨证要点为:乳汁较浓,量多,或乳房胀痛(但触之较柔软),口苦咽干,心烦易怒,多梦纷纭,头胀目眩,舌红,苔黄,脉弦数。治以疏肝解郁,清热之法,常用丹栀逍遥散加丝瓜络。如兼有阴虚表现者,则用滋肾清肝饮。

乳汁为血所化生,赖气以运行及制约,故乳汁的多少和排出情况均与人体的血气有密切关系。但乳房属胃,乳头属肝,肝气条达,胃气健强,则乳汁蓄泄有时,故乳汁的蓄泄又受肝、胃功能的影响。产后血气虚弱,固摄无权;或郁怒伤肝,肝横犯胃,胃气虚弱;或因怒伤肝,肝火亢盛,疏泄太过,皆可引起乳汁自漏。其治疗,除辨证论治用药而外,均宜佐养血、滋阴、酸收之品。尚需注意饮食调理,保持心情舒畅。

【文献别录】

《女科经纶·产后证下》引大全曰:"产后乳汁自出,胃气虚也,宜补药以止之。若未产而乳自出者,谓之乳泣,生子多不育。若产妇劳役,乳汁涌下,此阳气虚而厥也,独参汤补之。"

(许润三)

372. 产后浮肿

【概念】

产后浮肿,是指妇女产后面目或四肢浮肿。亦有妊娠浮肿因失治而延至产后者。

产后浮肿,由于妇女生理上的特点,其病机和证治与内科杂病浮肿略有不同,故列专条讨论。

【鉴别】

常见证候

气血两虚产后浮肿:产后全身浮肿,面色萎黄,口唇色淡,指甲苍白,头晕眼花,心悸气短,神疲乏力,舌淡,苔薄白,脉细弱无力。

气滞血瘀产后浮肿:产后肿胀先见于足部,渐至腿腹,胸脘胀闷,神情抑郁,少腹疼痛拒按,恶露量少,色黯红,舌质紫黯,苔薄白,脉沉涩。

脾阳虚产后浮肿:产后面目四肢浮肿,肤色淡黄,神疲乏力,四肢不温,口淡无味,食欲不振,腹胀便溏,舌体胖,有齿痕,苔薄白润,脉缓滑无力。

肾阳虚产后浮肿:产后全身浮肿,腰以下为甚,按之凹陷,面色晦暗,心悸气短,四肢逆冷,腰痛腿痠,舌淡,苔白润,脉沉迟。

湿热下注产后浮肿:产后下肢浮肿,身重困倦,胸闷脘胀,小便黄赤,尿频涩痛,纳呆,腰部痠胀,苔黄腻,脉濡滑。

鉴别分析

气血两虚产后浮肿:多由产时失血过多,正气耗损所致。其临床特点是:患者除全身浮肿外,必见面色萎黄,爪甲苍白,心悸气短,头晕眼花等气血两虚之证。治当益气养血,佐以利水消肿,方用八珍汤加桂枝、益母草等。

脾阳虚产后浮肿与肾阳虚产后浮肿：两者均为虚证。脾阳虚产后浮肿，多由于脾气素虚，或过食生冷损伤脾阳，运化无权，水湿停聚，或妊娠水肿因循失治，水湿滞留不去而产生；肾阳虚产后浮肿，多因产后肾气衰弱，不能温化水液，或产前即有肾虚浮肿，失于治疗所引起。如《沈氏女科辑要笺正·妊娠肿胀》所说："妊身发肿，良由真阴凝聚以养胎元，肾家阳气不能敷布，则水道泛溢莫测。"其临床特点为：脾阳虚产后浮肿，主要表现为面目手足或四肢浮肿，且纳呆腹胀；肾阳虚产后浮肿，浮肿以腰以下为甚，兼见面色晦黯，腰痛腿痠等症。其治疗原则，脾阳虚产后浮肿宜健脾利水，方用实脾饮合白术散加减；肾阳虚产后浮肿宜温肾行水，方用真武汤合苓桂术甘汤加减。

气滞血瘀产后浮肿与湿热下注产后浮肿：两者皆属实证，但病因、病机有所不同。气滞血瘀产后浮肿，多因素多忧郁，气机不畅，瘀血内停所致；湿热下注产后浮肿，多因湿热素盛，或感湿热邪毒，蕴结下焦而致病。其临床特点是，气滞血瘀者，其肿先见于足部，渐至腿腹，且有肝气郁结和瘀血内停的症状；湿热下注者，证见身重困倦，小便黄赤，尿频，尿痛等症状。其治疗原则，气滞血瘀宜行气化瘀，方用小调经散加减；湿热下注宜清热利湿消肿，方用八正散或当归拈痛汤加减。

【文献别录】

《沈氏女科辑要·浮肿》："产后浮肿，先要分水病、气病，水病皮薄色白而亮，如裹水之状；气病皮厚色不变。经云：肾者，胃之关也。关门不利，聚水生病。盖产后肾气必损，胃底阳微不能蒸布津液，通调水道，此聚水之由也，宜肾气丸。是证皮薄色白可证。人身营卫之气，通则平，滞则胀。顽痰、瘀血，皆能阻滞气道作肿。是证皮厚色不变，以脉弦者为痰；脉细而或芤者，为血分证，分别论治用药。更有一种血虚而致气滞者，其肿不甚，色带淡黄，宜归身为君，佐以白术、陈皮、茯苓之类。"

（苏诚练）

373. 产 后 腰 痛

【概念】

孕妇分娩后，出现腰痛者，称为产后腰痛。

本症，首见于《诸病源候论》。由于产后腰痛的病因及治疗与内科杂证腰痛不同，故后世医家列专篇论述。

【鉴别】

常见证候

肾亏血虚产后腰痛：产后腰痛绵绵，胫膝痠软，甚则足跟亦痛，头晕耳鸣，两眼干涩，手足麻木，舌淡，脉沉细。

寒湿阻络产后腰痛：产后腰痛，转侧不利，遇寒加重，腰腹冷，肢节痠楚，舌淡胖，有齿痕苔白，滑而腻，脉沉缓。

血瘀产后腰痛：产后腰痛如锥刺，痛有定处，活动后稍舒，舌质黯，脉弦涩。

鉴别分析

肾亏血虚产后腰痛：多由产时劳伤肾气，损伤脉络，复因失血过多，致使肾亏血虚。腰为肾之府，肾虚失养，则腰痛绵绵。并伴见胫膝痠软，甚则足跟亦痛，头晕耳鸣，两眼干涩等症。治宜补益肾气，方用六味地黄汤加杜仲、牛膝、枸杞子。若偏肾阳虚者，兼见畏寒肢冷，小便清长，大便溏薄等，治宜温补肾阳，方用右归丸，或用青娥丸。若偏肾阴虚者，兼见五心烦热，潮热盗汗，咽干尿赤、大便秘结等，治宜滋补肾阴，方用左归丸。

寒湿阻络产后腰痛与血瘀产后腰痛：前者多由产后气血不足，寒湿之邪乘虚侵入，邪遏经脉所致。如《诸病源候论》曰："肾主腰脚，而妇人以肾系胞，重则劳伤肾气，损动胞络，虚未平复，而风冷客之，冷气乘腰者，则令腰痛也。"后者多由产后恶露去少，瘀血乘虚流注腰部，败血阻滞经络，或起居不慎，闪挫腰部，气血运行受阻所致。寒湿阻络产后腰痛，具有明显寒湿阻络的特点，如腰身冷重转侧不利，遇寒加重，肢节痠楚等；血瘀产后腰痛，则有瘀血留着的表现，如腰痛如锥刺，痛有定处，活动后稍舒，舌质黯，脉弦涩等。前者治宜祛风散寒，温阳利湿，方用甘草干姜茯苓白术汤，或用独活寄生汤；后者治宜活血化瘀，方用身痛逐瘀汤，或用五香连翘汤。

【文献别录】

《女科经纶·产后证上》："胞胎系于肾，腰者肾之外候，产后劳伤肾气，损动胞络，属虚者居多，虽有风冷滞血，亦必兼补真气为要。"

《妇人大全良方·产后门》："产后恶露方行，忽然渐少，断绝不来，腰中重痛，下注两股，痛如锥刀，刺痛入骨中。此由血滞于经络。不即通之，有大痛处必作痈疽，宜桃仁汤。恐作痈者，预服五香连翘汤。"

（李维贤　王秀云）

374. 产 后 身 痛

【概念】

产后身痛，是指产褥期出现肢体或关节疼痛的症状。

本症是分娩后的常见症状之一，古代医籍论述颇多，《经效产宝》称为"产后遍身疼痛"。由于产后的体质变化，使本症具有多虚夹瘀的特点，因此不能按一般杂证处治，故专列条目讨论。

【鉴别】

常见证候

血虚产后身痛：产后遍身痠痛，诸关节紧皱且活动不利，面色苍白，头晕目花，心悸怔忡，体倦乏力，恶露量多，色淡质稀，舌质淡红，苔薄白，脉虚细。

血瘀产后身痛：产后遍身疼痛，呈胀痛或掣痛或针刺样疼痛，面紫唇暗，恶露量少，色暗，质粘有块，或伴少腹痛，拒按，舌边略青，苔薄，脉弦涩。

风寒产后身痛：产后遍身疼痛，项背不舒，恶寒拘急，饮食减少，时有咳嗽咯痰，恶露减少，少腹时痛，舌质淡，苔薄润，脉浮紧。

鉴别分析

血虚产后身痛与血瘀产后身痛：血虚夹瘀是产后的生理特点，但有血虚、血瘀偏重之不同，所以临证表现亦异。血虚偏重者，责于血不养筋，筋脉失柔；血瘀偏重者，责于血络闭阻，筋脉不通。两者的辨证要点为：前者呈痠痛，关节紧皱不利，并有血虚见症（如头晕目花，心悸怔忡，恶露色淡质稀，舌淡脉虚等）；后者呈胀痛或掣痛或刺痛，并有血瘀见症（如面紫唇黯，恶露质粘有块，舌边青，脉涩等）。因此在治疗上，血虚者宜养血温经止痛，方选趁痛散加减；血瘀者宜活血通络止痛，方选身痛逐瘀汤加减。

风寒产后身痛：产后百节开张，血脉流散，防护不密，颇易受风寒侵袭。若风寒流窜经络，遂而出现遍身疼痛。其特点为：身痛腰痛，项背不舒，风邪盛者痛处不定，寒邪盛者身痛拘急，并有恶寒喜复衣被，舌苔薄白润，脉浮等症状。治宜祛风散寒，温经止痛，方选五积散效佳。

产后身痛，切忌发汗。误汗则易出现筋脉动惕，手足厥冷，或变生它病。即便挟有风寒或伤食，需用五积散治疗，亦必须"衰其大半而止"，不可尽剂，以防伤正。

【文献别录】

《杂证会心录》："产后血泄过多，气因血耗，不能逐瘀下出，反流注经络，阻塞关节。斯时恶寒发热，或肿或痛。医家不明其故，概以风寒停滞目之。药非表散，即是消导，岂知血因散而益亏，气因消而益弱，变证多端，而病势危矣。余每遇此症，急进十全大补汤大培气血俾脉中脉外，营卫之气，得以通畅流行，而在经在络，蓄积之瘀，不待攻逐而从外自走。……若一味逐瘀，不救根本，……未有能生者也。……内经曰：'营气不从，逆于肉理'。今瘀不从，而血逆于腠理者，其为营气不从，乃此证之确据乎。"

（李维贤）

375. 产 后 胁 痛

【概念】

孕妇分娩后，如出现一侧或两侧胁肋部疼痛，即称产后胁痛。

本症，《诸病源候论》称为"产后两胁腹满痛"，《万氏妇人科》称为"产后胁痛"

【鉴别】

常见证候

血虚产后胁痛：两胁肋隐隐作痛，劳累更剧，头晕眼花，心悸失眠，面色苍白或萎黄，恶露量多，舌淡苔白，脉虚细。

气滞产后胁痛：胁肋胀痛，或窜痛，脘满胸闷，噫气太息，口中乏味，不欲食，精神抑郁，或烦躁，舌淡苔薄腻，脉沉弦。

血瘀产后胁痛：胁肋掣痛或刺痛，面微紫，恶露量少，色黯有块，舌略青，脉弦涩。

鉴别分析

血虚产后胁痛：多由产时失血过多，或恶露经久不断，肝血不足，经脉失养所致。临床表现的特点是：胁痛隐隐，劳累加重；伴有头晕眼花，面苍白或萎黄，恶露量多，脉虚细等血虚的见症。治宜补血养营，方选四物汤加香附、橘络。

气滞产后胁痛与血瘀产后胁痛：一由情志不遂，肝失条达，气机不舒所致；一由冲任瘀阻，肝经血行不畅为患。鉴别要点为：前者，其痛或胀或窜，或偏于右胁，并伴有精神抑郁或烦躁，善太息，胸闷脘满，脉沉弦等气滞的见症。治宜实脾疏肝，方选四君子汤加柴胡、青皮。后者，疼痛多为掣痛或刺痛，或偏于左胁，并伴有面微紫，恶露少，色暗有块，舌略青，脉弦涩等血瘀的见症。治宜活血化瘀，方选延胡索散加减。

产后胁痛，最当辨察虚实，一般喜按者为虚，拒按者为实；深呼吸不痛者为虚，痛甚者为实。

【文献别录】

《妇人大全良方·产后门》："论曰：产后两胁肋满气痛，由膀胱宿有停水，因产后恶露下不尽，水壅痞与气相搏，积在膀胱，故令胁肋胀满。气与水相激，故令痛也。"

《万氏妇人科·产后胁痛》："此亦败血流入肝经厥阴之脉，循行胁肋，故为胁痛。症有虚实，宜分治之，不可误也。如胁下胀，手不可按，是瘀血也，宜去其血，芎归泻肝汤主之……如胁下痛，喜人按，其气闪动肋骨，状若奔豚者，此去血太多，肝脏虚也，当归地黄汤主之"。

（李维贤　王秀云）

（六）其它症状

376. 不　孕

【概念】

生育期的妇女，婚后有正常性生活，男方生殖功能正常，未避孕同居两年以上而未能受孕；或曾有过妊娠而又间隔两年以上，未避孕而未再受孕均称为不孕。前者称为原发不孕，后者称为继发不孕。

本症之原发不孕，《备急千金要方》称为"全不产"，《脉经》称"无子"。继发不孕，《备急千金要方》称为"断绪"。

【鉴别】

常见证候

肾阳虚不孕：月经量少，血色暗淡，经期后延或闭经，小腹冷，性欲淡漠，腰痠腿软，或小便清长，舌淡，苔白润，脉沉迟。

气血两虚不孕：月经量少或量多，色淡，经期多后延，面色萎黄，或有黑斑，头晕目眩，形体瘦弱，乏力，舌质淡，苔薄白，脉沉细。

阴虚血热不孕：月经先期，量多色红，或月经后期，量少色紫，面赤唇红，头晕耳鸣，失眠，口干咽燥，或心烦，或潮热盗汗，或有流产史，舌红，苔薄黄，脉数。

肝郁气滞不孕：经期先后无定，量多少不一，色紫或有小血块，或痛经，经前乳房胀痛，急躁易怒，舌质淡红或黯红，苔白或微腻，脉弦细。

痰湿阻滞不孕：形体肥胖，肢体多毛，经闭不行，或月经不调，白带多，头眩心悸，乏力，面肢浮肿，胸闷纳少，苔白腻，脉濡滑。

血瘀湿热不孕：少腹一侧或双侧疼痛，临经更甚，或有低热，月经周期失调，或经血淋漓不断，夹有血块，经色紫暗。腰痠带多，目眶暗黑。舌质红，苔薄黄，脉沉弦或滑数。

鉴别分析

肾阳虚不孕与气血两虚不孕：两者皆属虚证，但病因病机不同。肾阳虚不孕多由素体虚弱，肾阳气不足，冲任虚衰，不能摄精所致。《女科经纶·嗣育》说："妇人所以无子，由冲任不足，肾气虚寒故也。《素问·上古天真论》谓：'女子二七，天癸至，任脉通，太冲脉盛，阴阳和，故能有子。'若冲任不足，肾气虚寒，不能系胞，故令无子。亦有本于夫病妇疢者，当原所因调之。"其辨证要点是：小腹冷感，性欲减退，经行量少，色淡，经期后延，或经闭不行，腰痠腿软，或小便清长等。治宜温阳补肾，调养冲任，方用毓麟珠。气血两虚不孕，多由素体羸弱，或失血过多，或脾胃两虚，以致阴虚血少，冲任亏损，不能摄精成孕。《丹溪心法·妇人》："人之育胎，阳精之施也，阴血能摄之，精成其子，血成其胞，胎孕乃成，今妇人无子，率由血少，不足以摄精也。"其辨证要点是：面色萎黄，形体瘦弱，乏力，头晕目眩，月经量少色淡，周期延长，舌质淡，苔薄，脉沉细。治宜益气补血，滋肾养精，方用养精种玉汤加党参、首乌。

阴虚血热不孕与肝郁气滞不孕：两者皆属虚实挟杂证。阴虚血热不孕，多由素体阴虚，或肺痨久病，或温病伤阴，胞宫积热所致。《女科经纶·嗣育》说："妇人久无子者，冲任脉中伏热也。夫不孕由于血少，血少则热，其原必起于真阴不足，真阴不足，则阳胜而内热，内热则荣血枯，故不孕，益阴除热，则血旺易孕矣。"其辨证要点是：头晕，耳鸣，口干咽燥，面赤颧红，月经先期，量多色红，或月经后期，量少，色暗，或潮热，盗汗，舌红，苔薄。治宜养阴清热，方用清血养阴汤，或清骨滋肾汤。肝气郁滞不孕，多由情志不畅，肝失条达，气血不和，胞脉不畅所致。《济阴纲目·求子门》说："凡妇人无子，多因七情所伤，致使血衰气盛，经水不调，或前或后，或多或少，或色淡如水，或紫如血块，或崩漏带下，或肚腹疼痛，或子宫虚冷，不能受孕。"其辨证要点是：月经量多少不一，色紫有块，或痛经，经前乳房胀痛，急躁易怒，经期延迟或先后无定。治宜舒肝解郁，养血益脾，方用开郁种玉汤。

痰湿阻滞不孕与血瘀湿热不孕：两者皆属于实证，但病因、病机不同。痰湿阻滞不孕，多由体质肥胖，痰湿内生，气机不畅，冲任受阻，影响受精而不孕。《丹溪心法·子嗣》："若是肥盛妇人，禀受甚厚，恣于酒食之人，经水不调，不能成孕，谓之躯脂满溢，闭塞子宫。宜行湿燥痰。"其辨证要点是：形体肥胖，经闭或月经不调，白带增多，苔白腻，脉滑。治宜燥湿化痰，佐以理气，方用启宫丸加鹿角霜、当归。血瘀湿热不孕，多由经期或产褥期摄生不慎，邪毒侵入胞宫，气血失畅，湿热蕴结所致。其辨证要点是：少腹疼痛，经前尤甚，低热，经期不调，或月经淋漓不断，腰骶痠痛，带下色黄而有秽气，或少腹部有压痛。治宜清热解毒，活血化瘀，方用清热化瘀汤或朴硝盐胞汤加减。

【文献别录】

《女科证治准绳·胎前门》："胎前之道，始于求子，求子之法，莫先调经，每见妇人之无子者，其经必或前或后，或多或少，或将行作痛，或行后作痛，或紫或黑，或淡或凝而不调，不调则气血乖争不能成孕矣。"

《济阴纲目·求子门》："丹溪曰妇人无子者，多由血少不能摄精。俗医悉谓子宫虚冷，投以辛热之药，煎熬脏腑，血气沸腾，祸不旋踵。或有服艾者，不知艾性至热，入火炙则下行，入药服则上行，多服则致毒，咎将莫挽。……若是瘦怯性急之人，经水不调，不能成胎，谓之子宫干涩，无血不能摄受精气，宜凉血降火，或四物汤加香附、黄芩、柴胡，养血养阴等药。"

《辨证录·求嗣》："凡男不能生子有六病，女不能生子有十病。六病维何：一精寒，二气衰，三痰多，四相火盛，五精稀少，六气郁。……妇女十病维何：一胞胎冷，二脾胃寒，三带脉急，四肝气郁，五痰气盛，六相火旺，七肾水亏，八任督病，九膀胱气化不行，十气血虚而不能摄精。"

（苏诚练　蔡玉华）

377. 癥　瘕

【概念】

癥瘕是女性盆腔内生殖系统发生肿块的一种疾患。由于其生长部位不同，名称亦有所不同，古人对肿块生于胞宫者称为"石瘕"，生于胞脉者称为"肠覃"。前者多发生于30 岁左右的妇女，后者可发生于任何年龄，但以 20～50 岁者较多。

【鉴别】

常见证候

血瘀癥瘕：胞宫逐渐增大，发硬，一般无触痛，经血量多，有血块，经期延长或淋漓不断（如肿块生在胞宫外面，多无明显症状），周期不准，白带增多，有时为血性或脓样，有臭味，患者不易受孕，即或受孕亦易流产，舌质正常或暗红，脉弦细。

痰湿癥瘕：腹部肿块，多以下腹部一侧向上增大，呈球形，可移动，无触痛，肿块大小不一，最大者个别可达足月孕大小，小者仅在妇科检查时才能发现，月经大多正常。脉象及舌质变化不明显。

鉴别分析

血瘀癥瘕：多由肝脾不和，冲任失调，气血凝聚于胞宫或胞门而形成。其临床特点是：肿块坚硬，固定不移，月经过多，有血块，经期延长或经行淋漓不断，周期不准，白带增多，有不孕史或流产史。如病程中，反复多量出血，可出现气血两虚见症。治宜活血化瘀为主，佐以理气软坚，用桂枝茯苓丸加莪术、炙山甲或酒大黄、䗪虫，亦可用石瘕汤。在月经期出血量多时，可先服用丹七饮，待出血停止，血虚症状纠正后，再用化瘀消癥之剂。

痰湿癥瘕：本症的成因及证候与血瘀癥瘕不同。肿块系由肝脾失调，冲任气郁不和，以致痰湿聚结于胞脉而引起。其肿块初起如鸡蛋，仅在妇科检查时可发现，以后则逐渐增大如怀孕之状。肿块按之较软，能移动。由于肿块所在部位在"胞脉"。不是在胞宫内或胞门，所以月经无变化。治宜温化痰湿，用桂枝茯苓丸加王不留行、生苡仁，亦可用肠覃饮。

本症相当于现代医学的女性生殖系统肿瘤、盆腔炎性包块、子宫内膜异位症等。《诸病源候论·癥瘕病诸候》云："癥者，由寒温失节，致腑脏之气虚弱，而食饮不消，聚结在内染渐生长块段，盘牢不移动者，是癥也，言其形状可微验也。若积引岁月，人即柴瘦，腹转大，遂致死。诊其脉弦而伏，其癥不转动者必死。"因此不能"积引岁月"，而应以预防为主，定期进行妇科检查，普查普治，早发现，早诊断，早治疗，以此提高治愈率，提高生存率，保障广大妇女的身心健康。

【文献别录】

《素问·骨空论》："任脉为病，男子内结七疝，女子带下瘕聚。"

《灵枢·水胀》："肠覃何如……寒气客于肠外，与卫气相搏，气不得荣，因有所系，癖而内著，恶气乃起，瘜肉乃生。其始生也，大如鸡卵，稍以益大，至其成也，如怀子之状，久者离岁，按之则坚，推之则移，月事以时下，此其候也。石瘕何如……石瘕生于胞中，寒气客于子门，子门闭塞，气不得通，恶血当泻不泻，衃以留止，日以益大，状如怀子，月事不以时下。皆生于女子，可导而下。"

《医宗金鉴·妇科心法要诀·癥瘕积痞痃癖疝诸证》："凡治诸癥积，宜先审身形之壮弱，病势之缓急而治之。如人虚，则气血衰弱，不任攻伐，病势虽盛，当先扶正，而后治其病；若形证俱实，宜先攻其病也。经云：'大积大聚，衰其大半而止'，盖恐过于攻伐，伤其气血也。"

（许润三　蔡玉华）

378. 妇人腹痛

妇人腹痛是指妇女不在行经、妊娠及产后期间发生小腹或少腹疼痛，甚则痛连腰骶者而言。亦称"妇人腹中痛"。

【鉴别】

常见证候

肾阳虚衰妇人腹痛：小腹或少腹冷痛下坠，喜温喜按，带下量多，色白清稀，头晕耳鸣，腰膝痠软，畏寒肢冷，小便频数，夜尿量多，大便溏薄，舌质淡，苔白滑，脉沉细。

血虚失荣妇人腹痛：小腹或少腹隐痛或空痛，喜按，头晕眼花，心悸少寐，带下量少，色白或黄，大便燥结，面色萎黄，舌质淡，苔少，脉细无力。

热毒壅盛妇人腹痛：小腹、少腹疼痛拒按，带下量多，色黄或白，或赤白相兼，质稠秽臭，高热恶寒或不恶寒，头痛，无汗或微汗，口干喜饮，恶心纳差，小便短少黄赤，大便燥结或溏而不爽，舌质红，苔黄腻，脉滑数或洪数。

湿热瘀结妇人腹痛：小腹、少腹疼痛拒按，有灼热感，或有结块，带下量多，黄稠，有臭味，低热起伏，神疲肢软，腰骶胀痛，小便黄赤短少，大便燥结或不爽，舌质红，苔多黄腻，脉弦滑数。

气滞血瘀妇人腹痛：小腹或少腹胀痛，拒按，腰骶痠楚，当经期或劳累后其症状加重，或带下量多，色黄或白，胸胁乳房胀痛，或脘腹胀满，烦躁易怒，时欲太息，舌质稍黯或有紫点，脉弦涩或弦细。

寒湿凝滞妇人腹痛：小腹冷痛，痛处不移，拒按，得温痛减，带下量多，色白质稀，形寒肢冷，面色青白，舌淡黯，苔白腻，脉沉紧。

鉴别分析

肾阳虚衰妇人腹痛与血虚失荣妇人腹痛：两者均属虚证，但病因病机不同。肾阳虚衰妇人腹痛是由禀赋肾气不足，或房事过度，或多次坠胎，命门火衰；经期摄生不慎，感受风寒，寒邪入里，损伤肾阳，冲任失于温煦，胞脉虚寒，血行迟滞，而致腹痛。血虚失荣妇人腹痛是由素禀体弱，血虚气弱，或忧思太过，或饮食不节，劳役过度，损伤脾胃，化源不足，营血衰少，或产多乳众，大病久病，耗伤血气，以致血虚气弱，冲任胞脉失于濡养，气弱运血无力，血行迟滞，而致腹痛。辨证要点是：肾阳虚衰妇人腹痛，小腹或少腹冷痛下坠，喜按喜温，带下量多，色白清稀，头晕耳鸣，腰膝痠软，小便频数，夜尿量多，大便溏薄。治宜温肾助阳，暖宫止痛，方用温胞饮加艾叶、香附。血虚失荣妇人腹痛，小腹或少腹隐痛或空痛，喜按，头晕眼花，心悸小寐，带下量少，大便燥结，面色萎黄。治宜补血养营和中止痛，方用当归建中汤加黄芪、首乌。

热毒壅盛妇人腹痛、湿热瘀结妇人腹痛、气滞血瘀妇人腹痛，寒湿凝滞妇人腹痛均属实证，且多见，尤以气滞血瘀妇人腹痛为常见。其病因病机各异。

热毒壅盛妇人腹痛：病势急，病情重，属妇科之危、急、重症。其病因病机为正值经行或产后，血室正开，热毒之邪乘虚而入，与血相搏，邪正交争，致令发热。《医宗金鉴·妇科心法要诀》："妇人产后经行之时，脏气虚，或被风冷相干，或饮食生冷，以致内与血相搏结，遂成血瘕"。又云："妇人产后经行之时，伤于风冷，则血室之内必有瘀血停留，……其人必面色萎黄，脐腹胀痛，内热晡热"。辨证要点是：小腹少腹痛，拒按，高热恶寒或不恶寒，头痛，带下量多，色黄或白，或赤白相兼，质稠秽臭，口干舌燥喜饮，小便短少黄赤，大便燥结或不爽，舌质红，苔黄腻，脉滑数或洪数。治宜清热解毒，活血化瘀，止痛，方药用银翘红藤解毒汤。

湿热瘀结妇人腹痛与气滞血瘀妇人腹痛：两者均属实证、瘀证，但病因病机不同。前者多由宿有湿热内蕴，流注下焦，阻滞气血，瘀积冲任；或经期产后余血未尽，感受湿热之邪，湿热与血搏结，瘀阻冲任，胞脉血行不畅，不通则痛；或因热毒炽盛时，治疗不当或治不及时，以致余邪未清，正气未复，遂见低热起伏，腹痛腰痠。后者多由素性抑郁，或忿怒过度，肝失条达，气机不利，气滞而血瘀，冲任阻滞，胞脉血行不畅，不通则痛，以致腹痛。辨证要点是：湿热瘀结妇人腹痛，小腹或少腹疼痛拒按，有灼热感，伴腰骶胀痛，低热起伏，带下量多，黄稠有臭味，小便短黄，舌质红，苔黄腻。治宜清热除湿，化瘀止痛，方药用棱莪消积汤，或清热调血汤加败酱草、薏苡仁、土茯苓。气滞血瘀妇人腹痛，小腹或少腹胀痛，拒按，胸胁乳房胀痛，脘腹胀满，烦躁易怒，时欲太息，舌质稍黯或有紫点，脉弦。治宜行气活血，化瘀止痛，方药用牡丹散。

寒湿凝滞妇人腹痛与肾阳虚衰妇人腹痛：两者同属寒证，前者为实寒，后者为虚寒，病因病机不同，治则、方药均各异。肾阳虚衰妇人腹痛如前已述。寒湿凝滞妇人腹痛，多由经期产后，余血未尽，冒雨涉水，感寒饮冷，或久居寒湿之地，寒湿伤及冲任、胞脉，血为寒湿所凝，瘀阻经脉，血行不畅，不通则痛。辨证要点是：小腹冷痛，痛处不移，拒按，得温痛减，形寒肢冷，面色青白，舌淡，苔白腻，脉沉紧。治宜散寒除湿，行气化瘀止痛，方药用少腹逐瘀汤加苍术、茯苓、香附、白术，除湿行气等药。

妇人腹痛一症，病情复杂，当先察其体质之盛衰，虚实寒热之不同，辨而治之。本症相当于现代医学的盆腔炎症、子宫颈炎症、子宫肥大症及盆腔瘀血症等引起的腹痛，还当与子宫外孕、肠痈之腹痛鉴别，以免延误病情。

【文献别录】

《诸病源候论·妇人杂病诸候》："腹痛者，由脏腑虚弱，风冷邪气乘之，邪气与正气相击，则腹痛也。"

"小腹痛者，此由胞络之间，宿有风冷搏于血气，停结小腹，因风虚发动，与血相击故痛。"

《妇人大全良方》："夫妇人小腹疼痛者，此由胞络之间夙有风冷，搏于血气，停结小腹，因风虚发动与血相击，故痛也。"

《校注妇人良方》："妇人小腹疼痛，由胞络受冷搏于血气，结于小腹，因虚发动故痛也。愚按前症若气寒血结，用威灵仙散；气滞血凝，用当归散；肝经血虚，用四物汤，加参、术、柴胡；肝经湿热，用龙胆泻肝汤；肝脾气虚，用六君子汤加柴胡、芍药；肝脾虚寒，用六君子汤加柴胡、肉桂；若兼呕吐，加木香；四肢逆冷，再加炮姜。"

（蔡玉华）

379. 脏　躁

【概念】

妇女精神抑郁，心中烦乱，无故悲伤欲哭，或哭笑无常，呵欠频作者，称为脏躁。若发生在妊娠期，称"孕悲"；发生在产后，称"产后脏躁"。

本症首见于《金匮要略》，仲景云："妇人脏躁，喜悲伤欲哭，象如神灵所作，数欠伸……"。

【鉴别】

常见证候

肝郁气滞脏躁：精神抑郁，喜悲伤欲哭，不能自制，胸闷不舒，善太息，心烦不宁，两胁胀痛，或有月经不调，舌质淡红，苔薄白，脉弦。

痰热郁结脏躁：喜悲伤欲哭，甚则哭笑无常，胸中窒闷，咯黄痰，心烦口苦，渴不欲饮，小便黄，大便干，舌质红，苔黄腻，脉滑数。

阴虚阳亢脏躁：喜悲伤欲哭，或善惊多疑，心烦失眠，午后面部烘热，头晕目眩，口燥咽干，小便短赤，舌质红，苔薄白而干，脉细而数。

心肾不交脏躁：喜悲伤欲哭，或哭笑无常，呵欠频作，心悸少寐，头晕耳鸣，潮热盗汗，手足心热，腰膝酸软，口干不欲饮，便秘溲赤，舌质红，苔少，脉弦细数。

鉴别分析

肝郁气滞脏躁与痰热郁结脏躁：二者皆属实证，但病因病机有别。前者多由情志抑郁，肝脏疏泄失职，影响神志所致，故喜悲伤欲哭，兼见肝郁气滞之证（胸闷不舒，善太息，两胁胀痛，脉弦）；后者多由气郁日久，郁而化火，炼津成痰，痰热郁结，影响心神所致，故喜悲伤欲哭，常有哭笑无常，兼见痰热郁结之证（胸中窒闷，咳咯黄痰，心烦口苦，渴不欲饮，便干溲赤，舌红，苔黄腻，脉滑数）。前者以肝气不舒为主，后者以痰热郁结为主。两者相较，后者较重，多有哭笑无常。其治疗，肝郁气滞脏躁，治宜舒肝理气，养心安神，方用逍遥散合甘麦大枣汤；痰热郁结脏躁，治宜清热化痰，舒肝理气，用温胆汤加疏肝理气药治之。

阴虚阳亢脏躁，多由素体阴虚，阴不制阳，虚阳上亢，影响心神所致，故喜悲伤欲哭，善惊多疑，兼见头晕目眩，午后面部烘热，心烦失眠，口燥咽干，小便短赤，舌红，脉细数等阴虚阳亢之征。其与肝郁气滞脏躁、痰热郁结脏躁的鉴别在于：阴虚阳亢脏躁属虚证，本于阴虚，阴不敛阳，虚火上炎，影响心神，故其表现为一派本虚标实之象；而肝郁气滞脏躁、痰热郁结脏躁则皆为实证。阴虚阳亢脏躁，治宜滋阴清热，养心安神，方用百合地黄汤合甘麦大枣汤加味。

心肾不交脏躁：为虚证。或因素体阴虚，或病后伤阴，产后失血过多，房事不节，或年老肾虚，精血不足，心肾阴虚，以致心火不能下交于肾水，肾水不能上济于心火，水亏火旺，扰乱神明，而发脏躁，喜悲伤欲哭，或哭笑无常，呵欠频作，少寐心悸，兼见头晕耳鸣，腰膝痠软，潮热盗汗，手足心热，口干而不欲饮，舌质红，少苔，脉弦细数等肾阴不足，心火偏亢之征，也是与阴虚阳亢脏躁之别。治宜交通心肾，滋阴清热，养心安神，方药用天王补心丹。

脏躁一症，相当于现代医学的癔病。治疗时当先分别虚实。实证或由肝气不舒，或因痰热郁结。以气郁为主者，精神抑郁，胸闷胁胀；以痰热为主者，胸闷，咳咯黄痰，心烦口苦。虚证为阴虚阳亢，心肾不交。阴虚阳亢必见虚烦潮热，口燥咽干等症；心肾不交必见心悸少寐，头晕耳鸣，腰膝痠软等心肾阴虚之症。临床从虚实、气郁、痰热入手，自能分辨清楚。

【文献别录】

《女科经纶·胎前证下》："无故悲伤属肺病，脏躁者，肺之脏躁也。胎前气血壅养胎元，则津液不能充润，而肺为之燥，肺燥当补母，故有甘草大枣以补脾，若立斋用八珍汤补养气血，真佐前人未尽。"

《女科要旨》："妇人脏躁，脏属阴，阴虚而火乘之则为躁，不必拟于何脏，而既已成躁，则病证皆同。但是其悲伤欲哭，象如神灵所作，现出心病，又见其数欠善伸，现出肾病。所以然者，五志生火，动必关心，阴脏既伤，穷必及肾也。以甘麦大枣汤主之，此为妇人脏躁而出其方治也。"

《医宗金鉴·订正金匮要略》："脏，心脏也。心静则神藏，若为七情所伤，则心不得静，而神躁扰不宁也。故喜悲伤欲哭，是神不能主情也，象如神灵所凭，是心不能神明也，即今之失志癫狂病也。"

《金匮要略心典》："脏躁，沈氏所谓子宫血虚，受风化热者是也。血虚脏躁，则内火扰而神不宁，悲伤欲哭，有如神灵，而实为虚病。……数欠伸者，经云：肾为欠为嚏，又肾病者，善伸数欠，颜黑，盖五志生火，动必关心，藏阴既伤，穷必及肾也。小麦为肝之谷，而善养心气，甘草、大枣甘润生阴，所以滋脏气而止其躁也。"

（苏诚练　蔡玉华）

380. 阴　　挺

【概念】

阴挺，即子宫脱垂，是指子宫从正常位置沿阴道下降，甚至脱出于阴道口外，或阴道前、后壁同时有不同程度的膨出，甚至脱出阴道口外的症状。

本症首见于《诸病源候论》，称"阴挺出下脱"，"产后阴下脱"；《千金方》称"阴脱"、"阴癫"、"阴菌"、"阴痔"；《三因极一病证方论》称"阴下脱"；《校注妇人良方》称"阴挺下脱"；《叶天士女科》称"子宫脱出"。由于多发生于产后，故亦有"产肠不收"之称。

【鉴别】

常见证候

气虚阴挺：有物自阴道脱出，卧或收入，劳累加剧，下腹重坠，腰部疫胀，神疲乏力，或小便频数，白带增多，舌质淡，苔薄，脉虚细。

肾气虚阴挺：阴中有物脱出，少腹下坠，小便频数，腰疫腿软，头晕耳鸣，舌质淡红，脉沉细。

气血两虚阴挺：子宫脱出，面色萎黄，皮肤干燥，头眩脑响，耳鸣眼花，腰疫骨楚，大便干燥，舌质偏淡，脉虚细数。

湿热阴挺：子宫突出阴道口外，灼热肿痛，或溃烂流黄水，小腹坠痛，带多色黄，心烦口渴，或小便热赤，次频而痛，或大便秘结，舌苔黄腻，脉多滑数。

鉴别分析

气虚阴挺与气血两虚阴挺：两者皆属虚证，但病因、病机有所不同。气虚阴挺，多由素体虚弱，中气不足，或分娩时用力过度，或产后劳力过早，导致气虚下陷，使维系子宫的胞络松弛，不能固摄宫体，致子宫位置下移；气血两虚阴挺，则系产后出血过多，气随血脱，子宫失于摄纳而引起。其辨证要点：气虚阴挺，常兼见少腹下坠，神疲乏力，小便频数等症；气血两虚阴挺，则兼见面色萎黄，皮肤干燥，大便燥结，舌质略淡等症。气虚阴挺，治拟补气升陷，方用补中益气汤，加枳壳，益母草；气血两虚阴挺，宜培补气血，方用十全大补汤，去肉桂，加鹿角霜。

肾气虚阴挺：多由早婚多产，肾气亏损，带脉失约，胞无所系，或产时处理不当，损伤胞络，无力系胞而致。本症以经常腰疫脚软，腹坠尿频为辨证要点。治宜补肾养阴，温阳益气，方用大补元煎，加鹿茸粉、益母草。

湿热阴挺：为本虚标实证。多由气虚下陷或肾虚不固，导致子宫长期脱出于阴道口外，受到衣裤摩擦和感染，故表面溃烂，黄水淋漓。治宜清利湿热，佐以升提，方用龙胆泻肝汤，去木通，加生黄芪。

本症亦可应用外治法：①枳壳60克，煎汤乘热先薰后洗外阴部，每日1～2次。②乌梅15克、五倍子9克、石榴皮9克，用法同上。③苦参12克、蛇床子15克、生黄柏9克、白芷9克、枯矾6克，用法同上。

【文献别录】

《诸病源候论·阴挺出下脱候》："胞络伤损，子脏虚冷，气下冲则令阴挺出，谓之下脱，亦有因产而用力偃气而阴下脱者，诊其少阴脉浮动，浮则为虚，动则为悸。故脱也。"产后阴下脱候："产而阴脱者，由宿有虚冷，因产用力过度，其气下冲则阴下脱也。"

《景岳全书·妇人规·前阴类》："妇人阴中突出如菌如芝，或挺出数寸，谓之阴挺。此或因胞络伤损，或因分娩过劳，或因郁热下坠，或因气虚下脱。大都此证当以升补元气、固涩真阴为主。如阴虚滑脱者，宜固阴煎、秘元煎；气虚陷下者，补中益气汤、十全大补汤；因分娩过劳，气陷者，寿脾煎、归脾汤；郁热下坠者，龙胆泻肝汤、加味逍遥散。"

《医宗金鉴妇科心法要诀·前阴诸证》："妇人阴挺，或因胞络损伤，或因分娩用力太过，或因气虚下陷，湿热下注，阴中突出一物如蛇，或如菌如鸡冠者，即古之癫疝类也。属热者，必肿痛小便赤数，宜龙胆泻肝汤；属虚者，必重坠小便清长，宜补中益气汤加青皮、枝子外用蛇床子、乌梅、熬水薰洗之。更以猪油调藜芦末敷之，无不愈者。"

（苏诚练　蔡玉华）

381. 外 阴 肿 痛

【概念】

妇人外阴部及外阴一侧或两侧，肿胀疼痛甚则蕴而化脓者称为"外阴肿痛"。

本症始见于《诸病源候论》，称为"阴肿"，《济阴纲目》称"阴户肿痛"，《医宗金鉴·妇科心法要诀》称"子户肿胀"，"玉门肿胀"。

【鉴别】

常见证候

湿重于热阴肿：外阴部肿胀，色不红或微红，轻度疼痛，白带多，或脘闷纳少，舌苔正常或白腻，脉象正常或濡数。

热重于湿阴肿：外阴部红肿热痛，行动不便，坐则疼痛更甚，黄带多，小便黄赤，舌苔黄腻，脉弦数。

外伤阴肿：外阴红肿热痛，或局部血肿，有外伤史，舌质淡红或稍黯，脉细滑或弦滑。

鉴别分析

湿重于热阴肿与热重于湿阴肿：皆系湿热下注阴户为患。由于"湿"与"热"程度的差异，湿热症情的轻重和兼症亦不相同。湿重于热者以局部肿胀为主，皮色不红或微红，或伴有轻度疼痛，白带多，治宜利湿清热，方用生薏仁饮，外用冲和膏局敷，或用朴硝30克，马齿苋30克，煎水薰洗。热重于湿者以局部红肿热痛为主，行动困难，黄带多，小便黄赤，治宜清热利湿，方用龙胆泻肝汤合五味消毒饮加减，外用金黄散局敷，或用朴硝30克、生大黄15克、黄柏10克、马齿苋30克煎汤薰洗。如已成脓，则宜托里排脓，清热利湿，方用透脓散合二妙散。

外伤阴肿：系起居不慎，跌仆闪挫，致气血紊乱，血不循经而离走，瘀血停滞，而致外阴红肿热痛，或局部血肿，甚则疼痛难忍，不能行走，治宜活血化瘀，消肿止痛，方药用血府逐瘀汤加三七。若瘀血肿块增长趋势较快者，可考虑配合穿刺抽血后压迫止血，或手术切开血肿后清创止血。

本症相当于现代医学的外阴炎、前庭大腺炎、前庭大腺囊肿、外阴血肿。

【文献别录】

《诸病源候论·阴肿候》："阴肿者，是虚损受风邪所为，胞经虚而有风邪客之，风气乘于阴，与血气相搏，令气血否涩，腠理壅闭，不得泄越，故令阴肿也。"

《济阴纲目·产后门》："阴户肿痛不闭者，逍遥散十全大补汤；肿消不闭者，补中益气汤；肿痛者，加山栀牡丹皮；湿痒出血又痛者，忧思过也，归脾汤加柴胡山栀牡丹皮芍药生甘草。溃烂者，逍遥散。"

《医宗金鉴·妇科心法要诀》："妇人子户肿胀坠痛，及两胯疼痛者，谓之㿗疝。乃肝心二经火盛，湿热下流所致，宜服龙胆泻肝汤。……若因中气素虚，下陷重坠者，用补中益气汤以升举之。外用蕲艾、防风、大戟熬汤熏洗，更以枳实、陈皮二味为末，炒热腾之，其肿自消，痛自定也。"

（许润三　蔡玉华）

382. 阴 疮

【概念】

妇人阴户溃烂成疮，局部肿痛，结块，脓水淋漓，甚则溃疡如虫蚀者，称为阴疮。

本症首见于《金匮要略·妇人杂病脉证并治》篇："少阴脉滑而数者，阴中即生疮"。本症在古典医籍中，名称不一，如"阴蚀"、"阴䘌"、"阴蚀疮"、"阴茧"等。

【鉴别】

常见证候

肝胆湿热阴疮：起病较急，前阴有多个大小不等之疮，灼热疼痛，并有黄色秽浊之物，常伴有目涩不爽，耳鸣耳聋，口苦咽干，胁肋胀痛，带下色黄腥臭，小便黄浊，大便不畅，舌苔黄腻，脉弦数。

脾胃积热阴疮：发病较急，阴疮灼热疼痛较剧，亦可见到大小不等之口疮，热痛亦甚，常伴有口干口臭，渴欲饮冷，牙龈肿痛，心中烦热，面红目赤，溲赤便干，舌红苔黄，脉洪数或滑数。

肝肾阴虚阴疮：起病较缓，阴疮时轻时重，缠绵不愈，常伴有头晕目眩，两目干涩，视物不清，颧红口干，烦热盗汗，耳鸣耳聋，腰膝瘘软，月经不调，舌红少苔，脉沉细数。

外伤邪毒阴疮：先有阴部破损，后可破损处生疮，疮处肿胀发热，疼痛较剧，时流脓血水，甚则形成瘘管，或见发热身疼，口干口苦，舌红苔薄黄，脉滑数。

鉴别分析

肝胆湿热阴疮与脾胃积热阴疮：均属实证。肝之经脉下络阴器，肝胆湿热下注，蕴滞不解，腐剥前阴，故而生疮，并有黄色秽浊物渗出，及带下色黄腥臭，小便黄浊等症状。肝脉布胁而上达咽喉，并连目系，故可兼见咽干，目涩，口苦，胁肋胀痛等症。治宜清利肝胆湿热，方用龙胆泻肝汤加减。脾胃积热阴疮与肝胆湿热阴疮有别，此是热邪为患，而彼则既有热邪又有湿阻。《素问·厥论》云："前阴者，宗筋之所聚，太阴阳明之所合也。"故前阴之疾，亦可因脾胃受病而导致。脾开窍于口，阳明胃脉挟口环唇，脾胃之疾亦可累及于口。今脾胃积热，下蚀于阴则生疮，上灼于口亦可生疮，且灼热疼痛尤较明显。它如口干口臭，渴欲饮冷，牙龈肿痛等脾胃积热症状亦常出现。治宜清胃养阴，方用玉女煎加减。

肝肾阴虚阴疮：此为虚证。肾开窍于二阴，肝之经脉下络阴器，肝肾阴虚，内热熏灼，亦可发生阴疮。病程缠绵，久经不愈，这是本症的主要特征。由于肝肾阴虚，精血不足，虚火上炎，故见头晕目涩，五心烦热，颧红咽干等症状。治宜补益肝肾，滋阴清热，方用知柏地黄丸加味。

外伤邪毒阴疮：多因阴痒抓搔，或乘骑不慎，或粗暴性交等，致使女阴破损，邪毒自破损处内侵，发为阴疮。其临床特点为：先有阴部破损，后生阴疮。轻者仅局部生疮，重者可伴有发热寒战等全身症状；若日久不愈，阴疮蚀浸周围健康肌肤，可形成瘘管。治宜清热解毒，利湿化浊，方用蛇床子方煎汤外洗；阴部红肿热痛，有秽浊之物渗出者，方用青白散研末外敷；内服五味消毒饮合二妙散。

本症相当于现代医学的非特异性外阴溃疡、前庭大腺脓肿破溃、外阴肿瘤等病症。若迁延时日，疮面坚硬肿疼，边界不整齐，臭水淋漓，多属恶候。《外科正宗》云："阴中腐烂，攻刺疼痛，臭水淋漓，口干发热，形削不食，非药能愈，总归一死。"因此须详细询问病史，认真检查，以明确诊断。

【文献别录】

《诸病源候论·妇人杂病诸候》："阴疮者，由三虫九虫，动作侵食所为也。诸虫在人肠胃之间，若脏腑调和，血气充实，不能为害，若劳伤经络，肠胃虚损，则动作侵食于阴，轻者或痒或痛，重者生疮也。诊其少阴之脉，滑而数者，阴中生疮也。"

《女科证治准绳·阴蚀》："凡妇人少阴脉数而滑者，阴中必生疮，名曰䘌疮，或痛或痒，如虫行状，淋露脓汁，阴蚀几尽者，此皆由心神烦郁，胃气虚弱，致气血留滞。故经云：诸痛痒疮，皆属于心。又云：阳明主肌肉，痛痒皆属于心。治之当补心养胃，外以熏洗、坐导药治之乃可"。

（林育樵　蔡玉华）

383．阴　　痛

【概念】

女子阴中或阴户作痛，或阴器时时抽掣疼痛，甚至连及小腹、两乳，或阴道干涩作痛者，称"阴痛"。若阴内掣痛，甚至牵引少腹，上连两乳疼痛者，称"吊阴痛"，若因新婚初合阴阳而疼痛者，称"小户嫁痛"，或"新室嫁孔痛"。

本症最早见晋代《肘后备急方》称"阴中痛"，《诸病源候论》称"阴痛"并立有"阴痛候"，《备急千金要方》提出"嫁痛"、"小户嫁痛"、"玉门疼痛"，并载有五首方剂，《竹林女科证治·调经门》提出"吊阴痛"，其特征是"经来有两条筋，从阴吊至乳而乳痛不可忍"。

【鉴别】

常见证候

肝肾阴虚阴痛：阴中抽掣疼痛，有干涩灼热感，带下量少色黄或无，头晕耳鸣，腰痠腿软，夜寐不熟，五心烦热，两目干涩，或烘热汗出，神倦乏力，口干咽燥，大便难行，小便黄少，舌质略红，苔薄黄，脉细数。

气虚下陷阴痛：阴户坠痛，带下量多色白质稀，头晕纳差，神倦肢疲，气短懒言，面色少华，舌质淡或淡红，苔薄白，脉沉细弱。

肝郁气滞阴痛：阴中掣痛，或阴部胀痛，连及少腹，甚则两胁，乳房牵引作痛，烦躁易怒，胸闷太息，或精神抑郁，舌质黯红，苔薄，脉弦。

肝经湿热阴痛：阴部疼痛，带下量多，色黄如脓，粘稠秽臭，头晕目眩，胸闷烦躁，口苦咽干，渴喜冷饮，小便黄少，大便秘结，舌质红，苔黄腻，脉弦滑数。

寒滞肝脉阴痛：阴部拘急抽掣，痛不可忍，甚则痛剧不能近衣被，畏寒肢冷，周身关节疼痛，舌质黯，苔白或白腻，脉沉细。

鉴别分析

肝肾阴虚阴痛与气虚下陷阴痛：两者均属虚证，但病因病机有所不同。前者多因禀赋不足，房劳多产，或房事不节，精血耗伤，损伤肝肾，肝脉绕阴器，肾之筋结于阴器，阴部筋脉失养；或七七之年，肾阴亏虚，天癸竭绝，冲任脉衰，阴血不足，不能濡润阴户，涵养脉络，相火偏旺，又更伤阴灼络，以致阴部抽掣疼痛。后者多因素体虚弱，脾运不佳，中气不足，或劳倦过度，或产后体弱，操劳过早或过度，以致气虚下陷，宗筋弛纵，以致气虚阴户坠痛。辨证要点：肝肾阴虚阴痛，阴中抽掣疼痛，有干涩灼热感，兼见肝肾阴虚之证，带下量少色黄或无，头晕耳鸣，腰痠腿软，五心烦热，口干咽燥，舌质偏红，苔薄黄，脉细数。气虚下陷阴痛，阴户坠痛，兼见气虚之证，带下量多，色白质稀，神倦肢疲，气短懒言，面色少华，舌质淡或淡红，苔薄白，脉沉细弱。其治疗：肝肾阴虚阴痛，宜滋养肝肾，缓急止痛，方药用左归饮或知柏地黄汤加白芍、延胡索。气虚下陷阴痛，宜补中益气，升阳止痛，方药用补中益气汤加当归、延胡索。

肝郁气滞阴痛与肝经湿热阴痛：两者均属实证，但病因病机有别。前者是因情志抑郁，或忿怒过度，而致肝郁气滞，足厥阴脉络绕阴器，少腹又是肝经循行之部位，乳头属肝，冲为血海，需得肝血以充盈，而冲任经脉出于会阴循毛际上行，肝郁气滞，失于条达，脉络不畅，气血运行受阻，而致阴部疼痛，甚至牵引少腹、乳房。后者是由烦躁郁怒，伤损肝脾，肝郁化热，脾虚失运聚湿，湿与热互结，流注下焦，或湿热之邪直犯下焦，而致阴部疼痛。《女科经纶·杂证门》即谓："妇人阴中肿痛属肝经湿热"。辨证要点：肝郁气滞阴痛，阴中掣痛，或阴部胀痛，连及小腹，甚则两胁、乳房牵引作痛，烦躁易怒，胸闷太息，舌质黯红，苔薄，脉弦。肝经湿热阴痛，阴部疼痛，带下量多，色黄如脓，粘稠秽臭，头晕目眩，口苦咽干，渴喜冷饮，舌质红，苔黄腻，脉弦滑数。因此在治疗上，肝郁气滞阴痛，宜疏肝解郁，理气止痛，方药用逍遥散加川楝子、香附、延胡索。肝经湿热阴痛，宜泻肝清热，除湿止痛，方药用龙胆泻肝汤加黄柏、郁金，或易黄汤加败酱草。

寒滞肝脉阴痛：其病因为久居寒湿之地，寒邪入侵，或经期、产后胞脉空虚，风、冷、寒邪乘虚入侵，客于下焦，与气血相搏，肝之经脉为之壅闭，而致阴痛。辨证要点：阴部拘急抽掣痛不可忍，甚则不能近衣被，畏寒肢冷，周身关节疼痛，舌质黯，苔白或白腻。治疗宜温经散寒，行滞止痛。方药用川楝汤去槟榔、泽泻，或用祛风定痛汤，并外用艾叶、防风等煎水薰洗。

【文献别录】

《诸病源候论·阴痛候》："阴痛之病，由胞络伤损，致脏虚受风邪……其风邪乘气冲击而痛者，无疮但疼痛而已。"

《中医大辞典》："阴痛，病名，出《诸病源候论》卷四十，又名阴中痛。包括小户嫁痛，多因郁热损伤肝脾，脾虚聚湿，湿热下注；或中气下陷，或风邪客于下焦，与气血相搏，肝肾经

— 505 —

络为之壅闭。症见阴痛，甚则痛极难忍。湿热下注者，并见肿胀疼痛，带多色黄，治宜和肝理脾，清热除湿。方用丹栀逍遥散加味，外以四物汤料合乳香捣饼纳阴中；中气下陷者，兼见阴户坠痛，气短懒言，治宜补中益气，方用补中益气汤；风邪壅滞者，兼见肿胀痛甚，治宜祛风散瘀，方用菖蒲散，外用艾叶、防风、大戟水煎熏洗。"

（蔡玉华）

384. 阴　　吹

【概念】

妇人阴户中时时排气，簌簌有声，状如矢气者，名阴吹。

本症首载于汉代《金匮要略·妇人杂病脉证并治》。仲景云："胃气下泄，阴吹而正喧，此谷气之实也，膏发煎导之"。《中国医学百科全书·中医妇科学》"阴吹"中引《医学顾问大全·妇人科》云："谷气不能上升清道，复不能循经下走后阴，阴阳乖僻，遂使阴户出声，如谷道转矢气状，是谓'阴吹病'"。

【鉴别】

常见证候

胃燥津亏阴吹：阴吹簌簌有声，口燥咽干，大便燥结，腹部胀满，小便黄少，舌质红，苔黄，脉滑数。

气虚阴吹：阴吹声音低沉，时断时续，时甚时微，头晕神疲，四肢乏力，气短懒言，胃脘痞闷，或有小腹下坠，面色㿠白，舌质淡，苔白，脉细弱。

痰湿阴吹：阴吹如转矢气，带下量多，色白质稀无味，胸闷脘痞，口腻痰多，心悸气短，舌质淡，苔白腻，脉细滑。

气郁阴吹：阴吹有声，时轻时重，精神忧郁，烦躁易怒，胸胁胀闷，少腹作胀，嗳气食少，时欲叹息，夜寐不安，舌质淡红，苔薄白，脉细弦或弦涩。

鉴别分析

胃燥津亏阴吹与气郁阴吹：两者病因病机各不相同。胃燥津亏阴吹，是由素体阳盛，或外感热邪，或过食辛辣助阳之品，热盛灼津，致阳明阴液不足，胃燥便坚，谷道欠通，腹部胀满，谷气反其常道，逼走前阴而致阴吹簌簌有声。气郁阴吹，是因素性抑郁，或暴怒伤肝，肝气不舒，气机紊乱，痞塞中焦，脾胃升降失常，谷气不循常道，从前阴而出，故令阴吹有声，时轻时重。辨证要点：胃燥津亏阴吹，是由热结肠胃，灼伤津液而致，故可见口燥咽干，大便燥结，腹部胀满，舌质红，苔黄，脉滑数等肠胃燥热之症，治宜清热润燥，理气导滞，方药用麻子仁丸，或猪膏发煎。而气郁阴吹，是因肝气不舒，疏泄失调，横侮中土，升降失常所致，故可兼见精神忧郁，烦躁易怒，胸胁胀闷，时欲叹息，小腹作胀等肝气不舒之症，并可兼见嗳气食少肝气犯胃之症。其舌质淡红，苔薄白，脉细弦，或弦涩，亦为肝郁气滞之象。治宜疏肝理脾，开郁行气，方用逍遥散加枳壳、合欢皮、丹参、莲子心、茯神等，或四逆散加瓜蒌仁、桃仁，或柴胡舒肝散加减。

气虚阴吹与痰湿阴吹：前者属虚证，后者属虚中挟实证。气虚阴吹，是由多产或素体虚弱，或劳倦伤脾，脾失健运，气血大虚，致中气下陷，运行无力，腑气失循常道，从前阴而出，而致阴吹。其声音低沉，时断时续，时甚时微。痰湿阴吹，是因素体肥胖，痰湿内盛，或过食肥甘,脾失健运,痰湿内生,或脾胃虚弱,素有痰饮蓄积痰湿蕴积中焦,浊邪相干,阻于谷道,腑气失循常道,从前阴而出,而致阴吹,辨证要点:气虚阴吹,头晕神疲,四肢乏力,气短懒言,面色㿠白,或少腹下坠,舌质淡,苔白,脉细弱等脾气虚之征。治宜健脾益气,升清降浊,方药用补中益气汤加枳壳、香附以加强调气及降浊之功;或用十全大补汤加升麻少许。正如《医宗金鉴·妇科心法要诀》云:"若气血大虚,中气下陷者,宜十全大补汤加升麻、柴胡以升提之。"痰湿阴吹可见胸闷脘痞,口腻痰多,心悸气短,带下量多,色白质稀无味,及舌质淡,苔白腻,脉细滑痰湿内停之征。治宜健脾温中,燥湿化痰,方药用橘半桂苓枳姜汤加白术、薏苡仁以加强健脾化浊。

阴吹之症常为肠胃燥化,腑气欠通;或中气不足,谷道欠利;或因肝气郁结,气机逆乱;或因饮邪盘踞中焦,清气失于升发,下走为患。治当辨别虚实。分别采用润燥、补中、疏肝、化饮等法。本症多见于经产体弱之妇,而室女体健者较为少见,因患该病"多隐忍不宣,以故各书不载",所以求医者,远较实际患病者为少。随着人们卫生、生活水平的提高,优生优育及计划生育工作的开展,因生产过多引起的阴吹症明显减少。对阴吹症,首先应明确诊断,区分是功能性的还是器质性的,如先天畸形,肛门与阴道均开口于阴道前庭,故肛门矢气亦从前阴排出。严重的产伤:直肠阴道瘘,直肠之气可以从前阴出。Ⅲ度会阴裂伤,因直肠与阴道裂成一个通道,气与便皆从一处出。以上均应行相应的手术治疗。有精神情志障碍者,除应用疏肝理气,宁心安神之治法外,尚须注意心理疏导,身心同治。因此在治疗上需针对具体病因,方能提高疗效。

【文献别录】

《金匮要略心典》:"阴吹,阴中出声,如大便矢气之状,连续不绝,故曰正喧。谷气实者,大便结而不通,是以阳明下行之气,不得从其故道,而乃别走旁窍也。"

《女科经纶》引李时珍曰:"妇人胃气泄,阴吹正喧,宜猪膏煎乱发化服,病从小便而去"。引程云来曰:"经曰,胃满则肠虚,肠满则胃虚,更虚更实,则气得上下,今胃中谷气实,则肠胃虚,虚则气不得上下,而肾又不能为胃关,其气但走胞门而出于阴户,膏发煎者,导小便药也,使其气以化小便,则不为阴吹之证实"。

《医宗金鉴·妇科心法要诀》:"妇人阴吹者,阴中时时气出有声,如谷道转矢气状。若气血大虚,中气下陷者,宜十全大补汤加升麻、柴胡,以升提之。"

《沈氏女科辑要笺正》:"王孟英按:阴吹亦妇人恒有之事,别无所苦者,亦不为病,况属隐微之候,故医亦不知耳。俗传产后未弥月而啖葱者,必患此,惟吹之太喧,而大便坚燥,乃称为病。然仲圣但润其阳明之燥,则腑气自通,仍不必治其吹也。"

《温病条辨》云:"饮家阴吹,脉弦而迟,不得固执《金匮》法,当反用之,橘半桂苓枳姜汤主之"。

(蔡玉华)

385. 阴　痒

【概念】

阴痒,是指外阴或阴道瘙痒的症状,甚则痒痛难忍,坐卧不宁。亦称"阴门搔痒"、"阴䘌"等。患者常伴有不同程度的带下。

本症首见于《肘后备急方·卷五》："阴痒汁出，……"，"阴痒生疮……"。《诸病源候论》有"阴痒候"。

【鉴别】

常见证候

湿热下注阴痒：阴部瘙痒，甚至奇痒难忍，黄带如脓，其气腥臭，心烦难寐，口苦而腻，胸胁苦闷，小便短数，舌苔黄腻，脉弦滑。

肝肾阴虚阴痒：阴部干涩灼热，有瘙痒感，夜间加剧，带下量少色黄，或如血样，眩晕耳鸣，腰痠腿软，或时有烘热汗出，舌质红，苔少，脉弦细或细数无力。

鉴别分析

湿热下注阴痒与肝肾阴虚阴痒：两者皆属热证，但虚实有别，治法迥异。前者多因湿热下注，犯扰肝经，或洗浴不洁，感染病虫，虫蚀阴中所致，属于实热证。后者多由久病或年老体衰，或房劳多产，致肝肾阴虚，精血亏弱，阴器失于滋养，血燥生风而引起，属于虚热证。辨证要点为：湿热下注阴痒，证见阴部奇痒难忍，带下量多，色黄如脓。治宜清利湿热，兼以杀虫，方用龙胆泻肝汤加白鲜皮、鹤虱，外用蛇床子散蒸汤洗浴。肝肾阴虚阴痒，证见阴部干涩灼热，夜间痒甚，带下量少色黄，或如血样。治宜滋阴降火，润燥疏风，方用知柏地黄丸加当归、白鲜皮。

总之，阴痒的辨证，首先要明辨虚实。一般而论，实证常带下量多，色黄或白，且阴痒较甚，多见于青、中年妇女；虚证每带下量少，色黄或赤，阴部干涩灼热，并每多见于绝经期后的妇女。

阴痒与带下常同时或先后发生，故本症常与带下病合并论治。

【文献别录】

《诸病源候论阴痒候》："妇人阴痒是虫食所为，三虫九虫，在肠胃之间，因脏虚虫动，作食于阴，其虫作势，微则痒，重者乃痛。"

《沈氏女科辑要笺正》引叶天士治疗阴痒一案："有妇阴中极痒难忍……治皆无效，至苏就叶天士诊，……叶用蛇床子煎汤洗，内服龟鹿二仙胶，四日而愈"；其"笺正"评曰："此湿热下注，甚则有虫，叶氏此法，蛇床子汤外洗，尚是尽人所能，其内服二仙胶者，必其人真阴素虚，清气下陷，而稍夹湿热，故用药如此。若湿火偏盛，则非龟鹿所宜，药岂一端，各有所由。"

《医宗金鉴·妇科心法要诀》："妇人阴痒，多由湿热生虫。甚则肢体倦怠，小便淋漓，宜服逍遥散，龙胆泻肝汤。外以桃仁研膏，合雄黄末，鸡肝切片，蘸药纳户中。其虫一闻肝腥，皆钻肝内吮食，将肝提出，其病即愈。"

《妇科病方歌》："阴户发痒肝风扬，僵蚕三钱急煎汤，连服三剂不间断，管叫病愈永安康。""阴户痒痛久不痊，我有一方服即安，生熟白芍各二两，管叫服后即安然。"

（许润三　蔡玉华）

386. 女 阴 白 斑

【概念】

女阴白斑，是指女阴部皮肤、粘膜失去正常色泽，不同程度地变白、粗糙、甚至逐渐萎缩，或伴有阴部奇痒、疼痛和其它症象。其病变区域可在大小阴唇、阴蒂部，也可蔓延至会阴、肛门及阴股部。

祖国医学虽无"女阴白斑"的病名记载，但从临床症状来看，可归于"阴痒"、"阴肿"、"阴疮"、"阴痛"的范畴。国家技术监督局 1997-03-04 发布的《中华人民共和国国家标准》中的《中医临床诊疗术语》定名为"阴燥"。

【鉴别】

常见证候

肝经湿热女阴白斑：阴部红肿而痒，皮肤色素减退，或伴湿疹，黄带多，或口苦溲赤，舌苔黄腻或薄黄，脉弦细或弦滑。

脾湿下注女阴白斑：女阴皮肤发白，增生肥厚，溃疡流水，疼痛，白带多，舌苔多白腻，脉濡细。

血虚肝旺女阴白斑：女阴刺痛，奇痒难忍，夜间尤甚，外阴皮肤干燥变白，失去弹性，头晕目眩，月经量少，苔薄白，舌质偏淡，脉弦而虚。

肝肾阴虚女阴白斑：女阴刺痒萎缩，色白，腰膝酸软，或头晕目眩，急躁失眠，舌质红，苔薄，脉细数。

肾阳虚衰女阴白斑：女阴干枯色白，有裂纹，甚至萎缩，弹性消失，局部瘙痒或刺痛，月经量少或闭经，少腹冷痛，腰酸乏力，脉沉细尺弱。

鉴别分析

肝经湿热女阴白斑与脾湿下注女阴白斑：皆因湿邪所侵为患。肝经湿热女阴白斑，缘由七情所伤，肝经湿热流注下焦，浸渍女阴所致。本症多见于女阴白斑的初期，阴部红肿而痒，皮肤色素减退，或伴有湿疹，黄带多，口苦溲赤，舌苔黄腻或薄黄，脉弦滑等。治宜清肝泻火，和血利湿，方用龙胆泻肝汤加减。脾湿下注女阴白斑，由脾虚不能运化水湿，湿郁化热，湿热下注，浸渍女阴，且脾虚不能发挥其滋、濡、润的作用，引起女阴皮肤发白，增生肥厚，溃疡流水疼痛，白带多，舌苔白腻，脉濡细。治宜清利湿热，健脾止痒，方用萆薢渗湿汤。

血虚肝旺女阴白斑与肝肾阴虚女阴白斑：同为虚证。多患于病久不愈，以致阴亏血虚，肌肤失去濡养所致。前者偏重于血虚风燥，临床特点为：女阴皮肤干燥变白，失去弹性，并兼有血虚肝旺的见证（如头晕目眩，月经量少，苔薄，舌质偏淡，脉弦而虚）。治以养血活血，清肝祛风，方用四物汤加白蒺藜、鸡血藤、川断、紫草、百部。后者偏重于阴精不足，临床特点为：外阴刺痒，萎缩色白，兼有肝肾阴虚的见证（如腰膝酸软，头晕目眩，急躁失眠，舌质红，脉细数）。治宜滋补肝肾，和血润肤，方用杞菊地黄丸加当归、赤芍。

肾阳虚衰女阴白斑：缘由肾阳虚衰，精气不能充养阴器而致女阴皮肤干燥萎缩变白。其临床多见于女阴白斑久不愈者，呈现干枯变白有裂纹，甚至萎缩，弹性消失，性生活困难，局部瘙痒或刺痛，月经量少或闭经，少腹冷痛，腰酸无力，尺脉弱。治宜温肾助阳，祛风止痒，方用右归饮加蛇床子、仙灵脾、威灵仙。

女阴白斑的病变虽在会阴部位，但根据中医学的整体观念及"审证求因"的辨证方法，结合临床实践，多与肝、脾、肾三脏功能失调，以及冲、任、督三脉气血运行失常有关。初期症状，多呈红肿刺痒，以脾经湿热下注、肝经湿热为常见，渐至血虚肝旺、肝肾阴虚、肾虚阳衰。后期呈现女阴干裂萎缩，有虫爬感，局部阵阵剧痒，或针刺样疼痛。治疗应在辨证的基础上，配合外用药物，如用白斑熏洗方熏洗外阴，女阴白斑膏外敷局部，或配合针灸治疗等，效果更好。

（林育樵　蔡玉华）

387. 妇人阴冷

【概念】

妇人自觉外阴及阴中寒冷，甚则冷及少腹、尻股之间者，称"阴冷"。《金匮要略·妇人杂病脉证并治》谓之"阴寒"。《妇人大全良方》中又有"玉门冷"、"妇人子门冷"之称。

本症每可导致不孕。《医宗金鉴·妇科心法要诀》云："妇人阴冷，皆由风寒乘虚客于子脏，久之血凝气滞，多变他证，且难于受孕"。

【鉴别】

常见证候

肾阳虚衰阴冷：外阴及阴户寒冷，甚则小腹、少腹冷痛，形寒肢冷，小便清长，腰脊痠楚，甚则腰尻寒冷，神疲体软，纳少便溏，舌质淡胖，苔薄白，脉沉缓。

肝气郁结阴冷：外阴及阴中寒冷，经前乳房胀痛，两胁胀痛，胸闷太息，甚则神情淡漠，或懊㤅莫名，舌质稍黯，苔薄，脉弦。

肝经湿热阴冷：外阴及阴中寒冷，带下频频，色白或黄，或时感阴痒，小便黄赤短少，大便秘结，舌质红或黯红，苔黄腻，脉弦数。

风寒外袭阴冷：外阴及阴户寒冷，甚则两胯冷痛，遍身关节冷痛，得温则舒，舌质淡红苔薄白，脉沉紧。

痰湿下流阴冷：外阴及阴户寒冷，形体肥胖，嗜睡乏力，精神倦怠，纳差便溏，舌质淡胖，苔白腻，脉濡滑。

鉴别分析

肾阳虚衰阴冷：为虚寒证，由禀赋不足，或体虚劳损脏腑，下元虚寒，冲任胞中失于温煦所致。如《校注妇人良方》薛己云："妇人阴中寒冷，小便澄清，腹中亦冷，饮食少思，大便不实，下元虚冷"。故其辨证要点为：外阴及阴户寒冷，甚则小腹、少腹寒冷，兼见小便清长，腰背痠楚，神疲体软，纳少便溏等肾阳虚衰症状。治宜温补肾阳，方药用肾气丸。

肝气郁结阴冷与肝经湿热阴冷：两者均为实证，病因均为气血受阻不能循经下荣阴部所致。但病机各不同，前者是由七情所伤，外阴为肝之分野，情志不舒，气机不畅，气血失和，脉络受阻，气血不能循经下荣阴部所致；后者是由肝经湿热内壅，肝脉循阴器抵小腹，湿热阻碍气血循经下荣阴部，以致阴冷。故其辨证要点：肝气郁结阴冷，兼见经前乳房胀痛，两胁胀痛，胸闷太息，甚则神情淡漠，或懊㤅莫名等肝郁症状。治宜疏肝解郁，方用清肝解郁汤加柴胡、川楝子。若肝郁化火，烦躁易怒者，加丹皮、薄荷；大便干结者，加桃仁、大黄；乳房胀痛重者，酌加夏枯草、皂角刺、穿山甲。肝经湿热阴冷，兼见带下频频，色白或黄，或时感阴痒，小便黄赤短少，大便秘结，苔黄厚腻，脉弦数等肝经湿热症状。治宜清热化湿，方药用柴胡胜湿汤去升麻、麻黄根、五味子，加炒栀子、木通，或用龙胆泻肝汤。

风寒外袭阴冷与痰湿下流阴冷：前者为实寒证，后者为虚实夹杂证。病因病机不同。风寒外袭阴冷，是因经期、产后血室正开，风寒之邪袭于子脏，或因经期、产后正气不足，风寒之邪乘虚外袭，积于外阴，寒凝气滞，外阴痹阻，遂致阴冷。痰湿下流阴冷，是因形体肥胖，脾虚气弱，健运失司，气化无权，痰湿内蕴，流注下焦，积于子门，阳气不得敷布所致。其辨证要点：风寒外袭阴冷，症见外阴及阴户寒冷，甚则两胯冷痛，并兼见遍身关节冷痛，得温则舒，舌质淡红，苔薄白，脉沉紧等风寒症状。治宜温经散寒，方用陈自明治阴冷方去地骨皮，加桂枝。痰湿下流阴冷，症见外阴及阴户寒冷，并兼见形体肥胖，嗜睡乏力，精神倦怠，纳差便溏，舌质淡胖，苔白腻，脉濡滑等脾虚痰湿症状。治宜燥湿化痰，方药用苍莎导痰丸，或苍附导痰丸合阴冷方。

本症的证候，有虚证：肾阳虚衰；有实证：肝经郁结、肝经湿热、风寒外袭；有本虚标实之虚实夹杂证。因此，治疗时不能见阴冷一概予温阳之品，而犯虚虚实实之戒，当辨别虚实，分清寒热，分别论治，必要时还需药物治疗与心理疏导相结合，疗效更为满意。

【文献别录】

《诸病源候论·阴冷候》："胞络劳伤，子脏虚损，风冷客之，冷乘于阴，故令冷也"。

《妇人大全良方·妇人阴冷方论》："妇人胞络劳伤，子脏虚损，风冷客之，冷乘于阴，故令冷也。五加皮浸酒方。以生绢袋盛，用酒十五升，渍二宿，每服温一中盏，空心、晚食前各一服。……疗妇人子门冷，坐药法：蛇床子四分、吴茱萸六分，麝香少许，为细末，炼蜜圆如酸枣大，以棉裹内阴中，下恶物为度"。

《校注妇人良方·妇人阴冷方论》："阴冷属肝经有湿热，外乘风冷所致。若小便涩滞，或小腹疠痛，用龙胆泻肝汤，若内热寒热，或经候不调，用加味逍遥散；若寒热体倦，饮食少思，用加味四君子汤；若郁怒发热，少寐懒食，用加味归脾汤"。

《景岳全书·妇人规》："妇人阴冷，有寒证有热证，寒由阳虚，真寒证也；热由湿热，假寒证也。假寒者，必有热证，如小便涩数黄赤，大便燥结，烦渴之类是也。真寒者，小便清利，阳虚畏寒者是也。真寒者，宜补其阳，如理阴煎、十补丸……。假寒者，当清其火，宜龙胆泻肝汤、加味逍遥散。肝肾虚寒者，宜暖肝煎、镇阴煎、大营煎。脾胃虚寒者，宜理中汤、理阴煎、寿脾煎之类主之"。

（蔡玉华）

388. 交 接 出 血

【概念】

交接出血，指女子每逢性交即发生阴道流血而言。

早在《备急千金要方》中已有"女人交接辄血出"的记载，至《妇人大全良方》始名"交接出血"。《女科备要》称"交结出血"；《傅青主女科》又称"交感血出"。

新婚女子偶发性交出血，不属病态。妇女孕期的交接出血又当别论，不属本症的讨论范畴。

【鉴别】

常见证候

肝肾阴虚交接出血：血色鲜红，腰痠耳鸣，两颧红赤，失眠多梦，五心烦热，唇红口干，舌质嫩红，脉细数。

冲任湿热交接出血：血色紫红，平时带多色黄，或赤白夹杂，有时可见少量赤带，或伴腰骶痠痛，便溏溲赤，舌苔多黄腻，脉滑数或濡数。

脾气虚弱交接出血：血色淡红，肢倦乏力，气短懒言，食后腹胀，大便时溏，或伴浮肿，白带较多，舌淡，脉沉弱。

鉴别分析

肝肾阴虚交接出血：《景岳全书·妇人规》说："凡妇人交接即出血者，多由阴气薄弱，肾元不固，或阴分有火而然。"本证多见于高龄妇女，其阴精本已匮乏，若复房事重竭其精，必致相火妄动，血失所藏而见交接血出。其临床特点是：除交接出血外，兼见头晕耳鸣，两目干涩，失眠多梦，五心烦热，舌嫩红，脉细数等，治当滋阴降火，方选知柏地黄汤加味。

冲任湿热交接出血与脾气虚弱交接出血：前者常见于患有黄带症的妇女。多因经期或产后不注意卫生，或不禁房事，致湿毒乘虚侵袭胞宫；或脾气不运，水湿下陷于肾，湿热灼伤络脉而致。病机重在湿与热结。湿热下注冲任，带脉失约，则带下黄赤，秽浊而臭，这是区别于它证的显著特点。脾气虚弱交接出血的成因，主要是饮食劳倦损伤脾气，病机的重点是脾虚气陷，统摄失司。临床除交接出血，血色淡红外，还兼见神疲肢倦，食少腹胀，短气懒动，舌淡脉虚。冲任湿热者，清利湿热为主，用清热止血方；脾气虚弱者，健脾益气为主，归脾汤加三七粉。

交接出血一症，临床常见于患带下症的妇女，《备急千金要方》、《妇人大全良方》、《女科证治准绳》曾有交接它物而引起交接出血的记载，临床确有所见。因此，临证尤需问明原因，并注意检查局部有无损伤及其它病变。若见反复多次出血，甚至终年累月不愈者，必须结合妇科检查，排除女性生殖器恶性病变。

【文献别录】

《校注妇人良方·众疾门》："妇人交接出血作痛，发热口渴欲呕，或用寒凉之药，前症益甚，不时作呕，饮食少思，形体日瘦。余曰：症属肝火，而药复伤脾所致也。先用六君加山栀、柴胡，脾胃健而诸症愈。又用加味逍遥散而形气复。"

《景岳全书·妇人规》："若脾虚气陷，不能摄血者，宜补中益气汤，或补阴益气煎；若脾肾虚弱，阴气不固者，宜寿脾煎、归脾汤；若肝肾阴虚不守者，宜固阴煎；若阴火动血者，宜保阴煎。"

（申曼莉　蔡玉华）

389. 上环后阴道异常出血

【概念】

带环后阴道异常出血，是指生育期妇女因宫腔放置节育器后，出现月经量增多，经期延长，月经先期，或阴道不规则出血而言。这是应用宫内节育器的副作用之一。

本症根据其特点，属"漏下"、"月经不调"等病症范畴。

【鉴别】

常见证候

肝郁血热带环后阴道异常出血：月经量多，或时多时少，淋漓不净，经期延长，或有不规则阴道出血，经色鲜红，质粘稠，或黯红，有血块，性急易怒，或精神抑郁，经前乳胀痛，或伴小腹胀痛，胸胁胀满，舌质红，苔黄，脉弦数或弦滑。

阴虚血热带环后阴道异常出血：经行初期量多，或淋漓不净，经期延长，或有阴道不规则出血，经色鲜红，质薄，或夹有血块，经期或经后小腹隐隐疼痛，腰膝瘦软，头晕耳鸣，心烦不寐，手脚心热，口干喜饮，舌质红，少苔，脉细数。

气虚带环后阴道异常出血：月经或先期而行，或经前有阴道点滴出血，经行初期量多，色淡红，后期量少，淋漓日久，色加深，或有小血块，小腹空坠，神疲乏力，心悸气短，舌质淡，苔薄白，脉细弱。

鉴别分析

肝郁血热带环后阴道异常出血与阴虚血热带环后阴道异常出血：前者属实证，后者属虚证。前者是因素有情志不舒，肝气郁结，久而化热，热伏冲任，宫腔放置节育器，损伤冲任、胞脉，瘀热阻滞，冲任不固，经血妄行。或因放环时消毒不严，或经期、性生活不洁，以致邪毒内侵日久化热，热扰冲任，而导致本证的发生。阴虚血热带环后阴道异常出血，是由素体阴亏，或孕堕众多，致精血损耗，阴亏血少，热扰冲任，环卧宫内，损伤胞络，瘀热内阻，迫血妄行，胞络受损，不能收摄，血不归经，而致本症的发生。辨证要点：肝郁血热带环后阴道异常出血，经色鲜红，质粘稠，或黯红，有血块，出血时多时少，兼见性急易怒，或精神抑郁，经前乳房胀痛，或伴小腹胀痛，胸胁胀满，舌质红，苔黄，脉弦滑数等肝郁症状。治宜解郁清热，凉血止血，方药用加味逍遥散，加地榆、侧柏叶、贯仲炭、蒲黄、茜草根、三七。阴虚血热带环后阴道异常出血，经色鲜红，质薄，或夹有小血块，兼见经期或经后小腹隐隐疼痛，腰膝瘦软，头晕耳鸣，心烦不寐，手脚心热，口干喜饮，舌质红，少苔，脉细数等阴虚症状。治宜滋阴清热，止血固冲，方药用两地汤或六味地黄丸，加女贞子、旱莲草、贯仲炭、蒲黄、茜草根、三七。

气虚带环后阴道异常出血：属虚证。由素体虚弱，或思虑不解，或饮食劳倦伤脾，中气不振，脾失统摄，经行不固，宫内置环后，冲任损伤，不能固摄经血，出血日久，气随血脱，更加加重气虚，而致本证。辨证要点：月经或先期而行，或经前点滴出血，经行初期量多，经色淡红，后期量少，淋漓日久，色加深或有小血块，兼见小腹空坠，神疲乏力，心悸气短，舌质淡，苔薄白，脉细弱等气虚症状。如《诸病源候论》云："冲任之脉，皆起于胞内，为经脉之海，劳伤过度，冲任气虚，不能统制经血，……，而有瘀血在内，遂淋漓不断。"治宜益气摄血，固冲，方药用补中益气汤，升麻改用升麻炭，加乌贼骨、牡蛎、茜草根、蒲黄、三七。

总之，本症的病机主要是环置宫腔，因环的机械性刺激，使胞络受损，气血失和，导致胞脉瘀阻，新血不循常道，溢于脉外而发。现代医学认为主要是节育器在宫腔内的机械性压迫刺激使子宫内膜损伤，节育器在宫腔内引起异物反应等。这些因素导致子宫内膜纤溶活性增强以及前列腺素、组织胺、肝素等释放，干扰子宫内膜的正常凝血过程而导致异常子宫出血。因此治疗时应遵循辨证求因、审因论治的原则，并辨明虚实寒热，适时治疗，避免导致贫血而影响妇女身心健康，以提高宫内节育器的正常安全使用率。

（蔡玉华）

390．人工流产术后阴道异常出血

【概念】

人工流产术后阴道异常出血是指人工流产后阴道出血量多如月经量，或持续淋漓不净达10天以上，或有腰腹痛伴血崩量多，或伴有发热、腹痛而言。

【鉴别】

常见证候

气血两虚阴道异常出血：阴道出血量时多时少，或淋漓不净，色淡或黯红，小腹胀坠，或伴有腰痛，疲乏无力，纳差头晕，心悸，汗出，夜寐欠佳，舌质淡，边有齿痕，苔薄白，脉沉细弱。

瘀阻胞宫阴道异常出血：阴道出血量时多时少，或淋漓不净，色紫黑，有血块，腰、腹阵发性疼痛伴阴道出血量增多，甚则血崩，腰骶痠胀，口干不欲饮，舌质紫暗，脉细涩。

湿热壅滞阴道异常出血：阴道出血量时多时少，色黯红，质粘稠，有臭味，小腹疼痛重，发热头昏，腰痠坠痛，纳差，口粘无味，小便短赤，舌质红或有紫点，苔黄腻，脉滑数。

鉴别分析

气血两虚阴道异常出血：属虚证，由素体虚弱，或人流手术后未注意休息，过于劳累，或因妊娠月份较大等，致使气血两虚，气不摄血，而致人流术后出血量多，出血时间延长10天以上。辨证要点：阴道出血时多时少，或淋漓不净，色淡或黯红，兼见小腹胀坠，腰痠，疲乏无力，头晕纳差，心悸，汗出，夜寐不佳，舌质淡，边有齿痕，苔薄白，脉沉细弱等气血两虚症状。治宜益气养血，固冲止血，方药用归脾汤加减，酌加阿胶（烊化）、炙升麻、艾叶炭、桑寄生、乌贼骨、煅龙牡、山楂炭、陈皮、首乌、白芍、麦芽等。

瘀阻胞宫阴道异常出血与湿热壅滞阴道异常出血：两者均属实证。前者是因人工流产不全时，子宫体过度屈曲，致胚胎或绒毛组织，或胎盘组织，或部分胎儿残留，瘀结占据血室，瘀阻胞宫，新血不得归经而致出血不止。正如《内经》云："人有所堕坠，恶血留内。"后者是因素有生殖器炎症，或术中感染，未及时治疗，或流产后过早恢复性生活，使湿热之邪入侵，壅阻冲任胞宫而发本症。辨证要点：瘀阻胞宫阴道异常出血，阴道出血量时多时少，或淋漓不净，色紫黑，有血块，或见腰、腹阵发性疼痛伴阴道出血量增多，甚则血崩。兼见腰骶痠胀，口干不欲饮，舌质紫暗，脉细涩等血瘀症状。治宜逐瘀固冲，辅以益气养血，方药用生化汤加坤草、枳壳、山楂、赤芍、川牛膝、川续断、党参、黄芪。湿热壅滞人工流产术后阴道异常出血，阴道出血量时多时少，色暗红，质粘稠，有臭味，小腹疼痛重，发热头昏，腰痠坠痛，兼见纳差，口粘无味，小便短赤，舌质红或有紫点，苔黄腻，脉滑数等湿热症状。治宜清热解毒，祛湿逐瘀，方药用清宫汤加减。

本症属人工流产术后的近期并发症之一。须辨清病因，辨别虚实、或虚实兼夹。也可参考崩漏、产后恶露不净、妇人腹痛的证候治之。如出血过多时，还应鉴别有无宫壁肌层损伤，在药物治疗的同时，还须给予必要的心理疏导。更重要的是要做好避孕及绝育宣教工作，尽可能避免人工流产手术。

（蔡玉华）

391. 流产后闭经

【概念】

流产后闭经，是指流产后（已排除继续妊娠及再次妊娠者）月经停闭不行者而言。是流产后的并发症之一。

【鉴别】

常见证候

气血两虚流产后闭经：症见月经不行，小腹柔软，无胀痛，无白带，头晕目眩，失眠心悸，面色萎黄，纳差消瘦，舌淡胖，脉细无力。

瘀血凝滞流产后闭经：症见经水不行，多有周期性下腹疼痛或胀痛，少腹拒按，白带少，舌淡紫或黯，脉细或弦。

肝气郁结流产后闭经：症见月经闭止，常有周期性腹痛，下腹作胀或胀痛，或两乳或两胁作胀，精神抑郁，脘闷纳少，舌苔薄白，脉弦。

证候分析

气血两虚流产后闭经：多由流产时胞宫损伤严重，冲任气血不足所致。其辨证要点是：经闭不行，无白带，小腹无胀无痛，或伴面色萎黄，舌质淡胖等。治宜补脾益肾，养血调经，方用加减右归丸。

瘀血凝滞流产后闭经与肝气郁结流产后闭经：前者多因流产后，胞宫瘀滞，造成冲任失调所致；后者多由患者在流产时精神过度紧张，肝郁不舒，致冲任气滞，血不畅行引起。辨证要点为：瘀血凝滞闭经则有小腹疼痛或胀痛，少腹拒按明显，治宜活血通经，方用桃红四物汤加桂枝、蟅虫、香附、益母草；肝气郁结闭经，下腹作胀或胀痛，或少腹疼痛，或乳房发胀，治宜疏肝解郁，养血通经，方用柴附汤。

本症是由流产或手术（自然流产清宫术或人工流产手术）直接损伤胞宫及冲任功能而引起，它与一般闭经病因不同。临床首先要分辨虚实，并要注意有无虚实兼夹的情况。一般而论，小腹无胀痛者为虚，有疼痛或胀痛者属实。治法应本着虚者补之，实者通之的原则。但又必须做到补中有通，通中有补，不可一概峻补，或一律通破，否则反致燥精伤血。总之，无论何种方法治疗，均应佐以补肾或活血之品为宜。

（许润三）

三、儿 科 症 状

392. 初 生 不 啼

【概念】

初生不啼，系指婴儿出生后，虽有体温而迟迟不出现啼哭及呼吸，或呼吸断续、微弱而无啼哭的症状。

本症出明·寇平《全幼心鉴》。历代医籍中皆有关于本症之记载，如元·朱震亨《幼科全书》中称之为"闷脐生"，清·吴谦等编《医宗金鉴》称之为"草迷"，清·陈复正《幼幼集成》称为"梦生"。

初生不啼的原因，《备急千金要方》认为："儿生不作声，此由难产，少气故也。"《小儿卫生总微论方》认为："儿生下气欲绝不能啼者，必是难产或骨寒所致。"《医宗金鉴·幼科杂病心法要诀》认为："多因临产难生育，或值严寒气所逼，气闭不通声不出，奄奄呼吸命须臾。"清·夏禹铸《幼科铁镜》则认为："啼哭声从肺里来，无声肺绝实哀哉。"

啼哭是婴儿本能之一，是生命存在的一种表示，一般婴儿娩出呼吸与啼哭相伴而发，初生不啼哭则多同时伴有窒息存在，预示有生命危急的可能，多为肺气将绝之兆。

【鉴别】

常见证候

青紫窒息不啼（轻症）：皮肤呈青紫色，呼吸微弱或断续，四肢屈曲有动作，及有皱眉活动。

苍白窒息不啼（重症）：皮肤呈苍白色，呼吸消失或偶见微弱呼吸动作，肢体柔软松弛，手足逆冷。

鉴别分析

青紫窒息不啼：肺主气而司呼吸，肺气不足，不能温脏腑行气血，气血不畅，经脉阻滞，故皮肤呈青紫色。呼吸微弱或断续，则为肺气虚衰之象。四肢屈曲有动作则表明阳气虚衰不能布达四肢，荣养经脉，故筋脉挛缩而屈曲，此证阳气虚衰但未完全衰竭，故四肢屈曲而有动作。

苍白窒息不啼：呼吸消失或偶见微弱呼吸动作，为呼吸衰竭肺气将绝之兆，皮肤苍白，手足逆冷，则为阳气暴脱之危急证候。总之二者之病机虽皆与肺气虚弱有关，但轻重有别。前者肺气虚衰，尚未衰竭,证候较轻,而后者则属肺气将绝,阳气将脱之危证。

【文献别录】

《幼科全书》:"小儿初生下气绝不能啼者，必因难产，或因骨寒所致。……万氏曰:"俗名闷脐生，即瘄生。"

《幼幼集成·初诞救护》:"小儿初生，或不能发声，谓之梦生。"

（吕敏华）

393. 初 生 不 乳

【概念】

初生不乳是指婴儿出生后，哺乳时不吮乳而言。

关于初生不乳的病因病机，《备急千金要方》认为是腹中有痰癖之故;《小儿卫生总微论方》认为是由难产、伤风、中寒所引起;《幼科全书》认为是因为恶血秽露入腹，胎中受寒等原因所致。《医宗金鉴》则认为是儿生后腹中脐粪未下，或其母过食寒凉,胎受其气所致。

【鉴别】

常见证候

胃有秽浊不乳:面赤唇红，气息短促，肚腹胀满，二便通而不进乳水，频作呕吐,吐量不多，吐物为粘液兼棕红色血样成分。指纹红紫。

脏有伏寒不乳:面色苍白或青紫，口鼻气冷，四肢不温，啼哭无力，神情淡漠而不乳，苔白，指纹淡或隐约不显露，或见面色苍白，四肢欠温，啼哭不休而不乳。

元气虚弱不乳:面色苍黄，呼吸气弱，合目少神，哭声短小，四肢少力，反应迟钝而不乳，苔薄白，指纹紫。

鉴别分析

胃有秽浊不乳:是因分娩过程中，婴儿吞咽羊水、恶血，秽浊之邪郁滞胃肠，浊气扰胃，令胃气机升降失调，气郁不降则肚腹胀满，气息短促，浊气上逆则呕吐不止，哺乳不进。秽浊化热则面赤唇红，气息短促，指纹红紫。羊水秽物咽下使胃腑失其和降，故吐物有棕红色血样成分。治宜逐秽通腑，方用一捻金或沆瀣丹。

脏有伏寒不乳:多因孕母过食生冷或寒凉药品，寒气入胞伤胎;或产时，产后中寒;或产房寒冷;或产后保温欠当等，以致寒邪中儿脾胃，寒客中州，阳气不振，或脾肾阳虚，不能温脏腑，煦肌腠，行气血，故表现面色苍白或青紫，口鼻气冷，四肢不温，阳衰气弱则啼哭无力，反应迟钝，神情淡漠，脾失运化，摄纳无权，故不乳，寒凝气滞络脉收引，则腹痛啼哭不休而不进乳水。治宜健脾温中散寒，方用理中汤，或匀气散加减。

元气虚弱不乳:多因先天精气不足，胎期患病，致胎儿脏腑畸形，或难产早产等损伤脏气，致元气虚弱而使受纳运化气机不振而不乳。治宜益气补虚，振奋元气，方用保元汤。

【文献别录】

《备急千金要方·初生出腹》:"哺乳不进者，腹中皆有痰癖也。"

《小儿卫生总微论方·初生不乳论》："不饮乳及不小便者，此因难产，或包裹举迟中寒，或被风邪微干，伤动脏气所致。"

《幼科全书》："凡小儿初生时即不吃乳者，此由拭口不净，恶移入腹，致令儿腹满气短，不能吃乳；或有呕吐，乳不得下；或胎中受寒，令儿腹痛，亦不吃乳。"

《医宗金鉴·幼科杂病心法要诀》："不乳，谓初生胞胎不吮乳也。其故有二，不可不辨：儿生腹中脐粪未下，能令小儿腹满气短，呕吐不乳，当用一捻金治之，若儿母过食寒凉，胎受其气，儿必腹痛多啼，面色青白，宜匀气散主之；若四肢厥逆者，理中汤主之。"

（吕敏华）

394. 初生目赤烂

【概念】

初生目赤烂，是指小儿出生后，目胞肿胀，睑弦赤烂，白睛红赤，眵泪封眼的症状。

本病中医古籍记载较多，《小儿卫生总微论方》称之为"胎赤眼"，《圣济总录》称"胎赤"。

【鉴别】

常见证候

肺脾积热目赤烂：小儿初生，睑肿弦烂，白睛红赤，眵生不多，目睛净明，无寒热，舌质红，苔薄白，指纹红紫。

火毒攻目目赤烂：小儿初生，睑肿如蚌，脓多封眼，睑弦赤烂，白睛红赤，或见寒热，舌质红苔黄白腻，指纹紫滞。

鉴别分析

肺脾积热目赤烂与火毒攻目目赤烂：皆为小儿初生目赤烂的常见证候，二者均以睑缘肿烂、白睛红赤为主要表现，因其发病迅速，症见肿、赤、烂，故病属实证、热证。但二证在临床上有轻重之别。肺脾积热目赤烂为轻症，其症仅有白睛红赤，睑肿弦烂，不发寒热，并且目净睛明，一般无眵，或眵生不多。故其虽有积热，但热象不重。一般多采用外洗治疗即可。火毒攻目目赤烂为重症，症见发热，睑弦赤烂，脓眵封眼，舌质红，苔黄等毒热之候，此多为风热时邪，或天行时疫，攻目化火所致。故其治疗当以清热泻火为主。有寒热者，用泻肺饮，以泻肺胃心经之火热，兼以疏风解毒；若寒已化热，或但热不寒者，用泻心汤加减，以泻心胃之热，或用生地汤加生石膏、黄芩，以助清热之力；伴有白睛出血者，选清瘟败毒饮清气凉血解毒，或选用凉膈连翘散釜底抽薪，泻热降火，凉血止血。

【文献别录】

《小儿卫生总微论方·胎中病论》："儿自生下至开眼以后，眼两眦及眼眶赤烂，名曰胎赤眼。此因儿生时稍难，留滞时久，或不慎照顾，致恶血入于儿眼。又或生下时，揩拭儿眼边恶血不尽，亦令入儿眼，溃泡以生是病。不急治之，则至长不差。"

《圣济总录·眼目门》："目胎赤者，缘在胎时，母嗜五辛及饵热药，传移胞脏，内禀邪热，及至生长，两目赤烂，至大不差，故名胎赤。又人初生，洗目不净，秽汁渍坏者，亦有之，但内外之治小异也。"

《证治准绳·幼科》："纯阳之子，始生旬月，忽两目俱红，弦烂涩痒成翳，此因在胎为母感受风热，传入心肝而得。"

《诸病源候论·小儿杂病诸候》："风邪客于睑眦之间，与气血相搏，挟热即生疮。浸渍缘目，赤而有汁，时差时发。世云小儿初生之时，洗浴儿不净，使秽露津液，浸渍眼睑睫眦，后遇风邪，发即目赤烂生疮，喜难差，差后还发成疹，世人谓之胎赤。"

（李　建　吕敏华）

395. 初生腹泻

【概念】

临床以大便稀薄或如水样，次数多于正常新生儿者，即为初生腹泻。

初生婴儿，由于胃的受纳，脾的运化功能与各个时期的区别，以及摄入乳汁品种的不同，因此，正常大便的性状，每日次数也有差别。但若每日大便达十次以上，且伴发热或肢冷，纳呆或拒乳，烦躁不安，腹胀啼哭，大便呈水样，便可诊断。

【鉴别】

常见证候

风寒腹泻：泄泻清稀多沫，臭味不大，肠鸣腹痛，小便清长，或恶寒，鼻塞，流涕，舌苔薄白，指纹淡红。

湿热腹泻：泄泻稀薄或粘稠，色黄或绿，气味秽臭，烦躁，小便短赤，或发热，苔黄，指纹深红或紫。

伤食腹泻：泄泻次数不多，大便气味腥酸，肚腹胀满，吮乳减少，或拒乳，口中发热，苔黄而厚，指纹暗红。

虚寒腹泻：泻下清稀或久泻不止，水谷不化，腹痛肠鸣，面白无华，哭声低沉，睡卧露睛，四肢不温，舌淡苔白，指纹色淡或隐伏不露。

鉴别分析

风寒腹泻与湿热腹泻：一为寒泻，一为热泻，其病因病机不同，表现各异。风寒腹泻为感受风寒之邪，其症状特点为泄泻清稀，臭味不大，肠鸣腹痛，兼见鼻塞，流涕，苔薄白，指纹淡红。治则疏风散寒，化湿祛邪，方用藿香正气散。湿热腹泻为感受外邪，或奶头、乳汁不洁，湿热秽毒损伤脾胃，下迫大肠，其症状特点为泻下稀薄或粘稠，色黄或绿，气味秽臭，小便短赤，或发热，苔黄，指纹深红或紫。治则清热利湿，方用葛根芩连汤。

伤食腹泻与湿热腹泻：二者均见大便秽臭，苔黄，但其病因病机不同，临床表现有别。湿热腹泻为湿热秽毒之邪损伤脾胃而致，其泻下日十余次，臭味虽大，但无败卵之异臭。伤食腹泻为乳食不节，损伤脾胃，其症状特点为腹痛腹胀，泻下臭如败卵，吮乳减少，或拒乳，苔黄而厚，指纹暗红。治则消乳和中，方用消乳丸。

虚寒腹泻与风寒腹泻：二者均因寒而泻，但病因病机不同。风寒腹泻为外寒所致，属实证，虚寒腹泻属虚证，为禀赋不足，胎寒怯弱，或过用苦寒攻伐之药致脾阳不足，寒湿内停，清浊不分。其症状特点为泻下清稀，或久泻不止，水谷不化，腹痛肠鸣，面白肢冷，舌淡苔白，指纹色淡或隐伏不露。治则温中散寒，补脾益胃，方选理中丸，七味白术散。

总之，新生儿腹泻，要辨清寒热虚实。本症虽有感受外邪，内伤饮食，脾胃虚寒之分，但因患儿脏腑幼嫩，神气怯弱，对证候的反应不够突出，且病情传变迅速，幻变多端，因此辨证应从寒热两大类证入手。如表现身热，哭声有力，大便色黄，溺短，苔黄腻者为热，表现肢凉，啼哭声无力，大便清稀，溺清长，舌淡苔薄白者为寒。

【文献别录】

《小儿药证直诀》："初生三日内吐泻壮热，不思乳食，大便乳食不消，或白色，是伤食，当下之，后和胃，……初生三日以上至十日吐泻身温凉，……大便青白色，乳食不消，此上实下虚也。"

《证治准绳》"小儿初生三日内，吐泻壮热，……是伤寒。"

《素问·举痛论》"寒邪客于小肠，小肠不得成聚，故后泄腹痛矣。"

（樊惠兰　吕敏华）

396. 脐　　湿

【概念】

脐带脱落前后，脐部湿润浸淫久而不干，称为脐湿。

在中医文献中，多是脐湿概括在脐疮中论述，如隋、唐时代的《诸病源候论》、《备急千金要方》，宋、明时代的《圣济总录》、《育婴家秘》，以及其后的《医宗金鉴》、《幼科指南》等。但也有采用分别论述的，如《太平圣惠方》、《证治准绳》、《幼科释谜》等。也有纳入脐风中叙述者，如《保婴撮要》、《婴童百问》、《景岳全书》等。

脐湿在《颅囟经》中称"脐中不干"。

【鉴别】

常见证候

湿热浸淫脐湿：脐带脱落以后，脐部创面湿润，浸渍不干，或微见红肿。

热毒壅结脐湿：脐部红肿热痛，甚则糜烂，脓水流溢。

鉴别分析

脐湿湿热浸淫与热毒壅结脐湿：二者是一个疾病的两个阶段，前者为后者的初起阶段，后者则是前者的发展和加重。二者均由断脐后护理不当所致。湿热浸淫脐湿为水湿或尿湿浸渍，见脐部创面湿润，浸渍不干，治宜收敛固涩，外治为主，用掺脐散干撒脐部。热毒壅结脐湿为水湿、邪毒相聚，气血凝滞，化瘀生腐，见脐部红、肿、热、痛，甚则糜烂，脓水外溢，治宜清热解毒，内外合治，内服药可选犀角消毒饮，外治调敷金黄散。

总之，新生儿断脐后，应严格无菌操作。断脐后应保持脐部干燥，防止尿液浸渍。脐带脱落前后发现有渗液者，应早做处理。

【文献别录】

《太平圣惠方·治小儿脐肿湿久不差诸方》"夫小儿脐湿者，亦由断脐之后，洗浴伤于湿气，水入脐口，致令肿湿，经久不干也。"

《证治准绳·幼科》"婴儿脐中肿湿经久不差若至百日即危急，宜速疗之……"

（樊惠兰　吕敏华）

397. 脐 疮

【概念】

脐疮是指小儿脐带脱落前，脐部为邪毒感染红肿热痛，或有脓水溢出者而言。若脐周红肿，发生于脐带脱落后，则称为落脐疮。

严格而论，本症初起脐部湿润浸淫之时，可称为脐湿，而脐周红肿热痛成脓之时，方可称为脐疮。此为一个疾病的两个阶段中不同证候的表现。在古医籍中，脐湿脐疮多在一篇中论述，本条只讨论脐疮。

【鉴别】

常见证候

毒热内盛脐疮：小儿脐部红肿热痛，化腐成脓，甚则糜烂，伴见壮热，烦急，啼哭，口干，唇红。舌红苔黄厚，指纹紫滞。

气血不足脐疮：脐部溃烂，脓血外溢，久不收口，脐周色暗或紫红，伴见低热，汗出，面色萎黄，不欲吮乳，腹胀，舌淡红，或暗红，苔少，指纹淡红。

鉴别分析

脐疮的发生乃因断脐之后，洗浴不慎，致脐伤湿，或水入脐中，或因脐带护理不当，致脐带被衣服磨擦，或暴力牵拉而过早脱落，使水湿邪毒侵入，或因尿布湿渍，久渍脐部，致使脐湿润不干，湿邪蕴毒，壅滞脐周，化热生腐而致脐疮。本节介绍的毒热内盛脐疮与气血不足脐疮，一为实，一为虚。实者，脐周红肿热痛，壮热，唇红，舌红等为实热之征；虚者，脐周紫暗，久不收口及面黄汗出，纳少，舌淡等皆为气血不足之象。其治疗，毒热内盛脐疮当治以清热解毒，疏风散邪，可选用五味消毒饮加减；气血不足脐疮，可治以益气养血，解毒生肌，方用解毒内托汤。二者均可配合外治法，如冰硼散，渗脐散等。

【文献别录】

《诸病源候论·脐疮候》："脐疮由初生断脐，洗浴不即拭燥，湿气在脐中，因解脱遇风，风湿相搏，故脐疮久不瘥也。"

《证治准绳·生下胎疾》："因浴儿水入脐中，或湿褓袍，致脐中受湿，肿烂成疮。"

《证治准绳·脐风》："肿湿经久不干，为脐湿，风湿相搏，令脐生疮久不差，为脐疮。"

（李　建　吕敏华）

398. 脐 出 血

【概念】

脐出血，是指从小儿脐带创口处渗血，或脐底部渗血。

脐出血可单独存在，也可与身体其它部位的出血如呕血、咳血、便血等同时存在。

【鉴别】

常见证候

脐结松脱脐出血：血自脐部创口渗出，一般出血不多，并且小儿无其它不适。

胎热内盛脐出血：脐部出血，伴见面赤唇红，烦躁不安，尿黄，舌质红，苔白黄，指纹紫滞。

胎寒不足脐出血：脐部渗血，伴见面色不华，哭声细弱，唇淡，舌淡，指纹淡红或不显。

鉴别分析

脐结松脱脐出血：多因断脐时留端过短，致扎脐线结脱落；或断脐时，打结过松，结扎不牢，致脐结脱失；也可由于断脐时，脐带粗大，待其结扎后脐带结干缩，致脐结变松脱落。脐出血亦可因扎脐线过细，结扎时用力过紧，勒伤脐带血管，致使血自断端创口流出。此皆与断脐时结扎有关，临证查出原因，消毒后，重新结扎脐带结，即可止住脐出血。

胎热内盛脐出血与胎寒不足脐出血：二者皆有脐出血，但症状不同。胎热内盛症见面红，唇赤，烦躁，舌红者为血热，多因孕母饮食不节，情志内伤，或服药不当，病患失治，致使热毒蕴积传入胞胎，令儿受邪，结于大肠，脐属大肠，小儿出生后，胎毒妄动，迫血离经，血外溢由脐而出，则生脐血。胎寒不足症见面黄不华，哭声低弱，唇舌俱淡，此因小儿禀赋不足、气不摄血，胎中受寒，或先天禀受精气不足，早产儿元阴元阳衰弱，由先天累及后天，致中气不足，血失统摄，离经外溢而发生脐血。从治疗而言：胎热内盛者，宜清热凉血止血，热清则血宁，血宁则出血自止，可选用犀角地黄汤加减。胎寒不足者，则宜健脾益气，脾健气旺则血自归经，可选用归脾汤或保元汤加减。

【文献别录】

《辨证录》："夫脐之所以出血者，乃大小肠之火也。"

《万氏家传幼科指南心法·胎疾》："生下忽然肿胀，脐间血水淋漓。断脐将息大失宜，客水邪风侵入……。"

（李　建　吕敏华）

399. 小 儿 脐 突

【概念】

小儿脐突，又名脐疝，是指因小肠或腹腔脂膜突入脐中，致使脐部突出而肿大光浮的一种症状。

本病属先天发育缺陷。女婴患此症者多于男婴。

【鉴别】

常见证候

胎禀亏虚小儿脐突：小儿啼哭，咳嗽，或腹部用力（如排大便）时，脐部呈半球状，或囊状突起，虚大光浮，大小不一，以指按之，肿物可推回腹内，待再次啼哭等时，脐突复出，舌淡红，苔薄白，指纹淡红。

胎热小儿脐突：小儿啼哭，睡卧不宁，烦急，脐肿，虚大光浮。舌质红，苔白，指纹紫。

鉴别分析

胎禀功虚小儿脐突与胎热小儿脐突：小儿脐突发生的主要病因为先天不足，脐部薄弱，但临床脐突的发生，有因胎热所致，有无热因用力而为。胎热者，必见热象，如舌质红，指纹紫，烦急，夜寐不宁，啼哭躁扰。故治疗当以清热宁心为主，可选用犀角消毒散或导赤散加减治疗，也可配合二豆散外敷，可使脐突自消。但临床更多的脐突患儿为无热证候。因其先天发育不足，脐孔闭合未全，加之腹壁肌肉薄嫩松弛，当小儿啼哭或腹部用力时，致使小肠脂膜突入脐中。其轻者，随年龄增长和腹壁的发育，则脐孔闭合而愈。略重者可用纱布卷成硬卷，固定在脐部以抵制脐突出，使脐部组织逐步生长修复愈合。脐突大于 2 厘米并且年龄在 2 岁以上者，可考虑手术修补。

【文献别录】

《幼幼集成·胎病论》："脐突者，小儿多啼所致也。脐之下为气海，啼哭不止，则触动气海，气动于中，则脐突于外。其状突出光浮，如吹起者，捏之则微有声。"

《医宗金鉴·幼科心法要诀》："婴儿热在腹中，无所发泄，故频频伸引，睡卧不宁努胀，其气冲入脐间，所以脐忽肿赤虚大光浮，名曰脐突。此乃胎热所致，非断脐不利之过也。"

（李　建　吕敏华）

400. 胎　毒

【概念】

小儿在胎育时期，禀受母体内蕴之毒邪，出生后而发病的称之为胎毒。本症多由于其母在妊娠期间，失于自身调养或过食辛热之物，邪热之毒，隐于胞胎，损伤胎气，而结为胎毒。

【鉴别】

常见证候

胎毒发热：遍身壮热，口闭面赤，呼吸气热，眼胞浮肿，气急喘满，啼叫惊烦，小便短赤，大便秘结。

胎毒发寒：面色青白，昏昏多睡，呢乳泻白，呼吸气冷，身起寒栗，曲足握拳，腹痛啼叫不休，或口噤不开。

胎毒发搐：频频作搐，身热面青，牙关紧闭，气逆痰鸣，腰直身僵，双目上视，啼声不出。

胎毒发黄：面目及全身皆黄如金色，身热，小便如栀汁，乳食不思，啼哭不止。

鉴别分析

胎毒发热：亦称"胎热"。发病的原因有二：一为母亲怀孕期间，过食辛热炙煿的食物，辛热之气遗于胎儿；二为母患热病，失于清解，致使邪热之毒侵入胞胎。辨证要点为：小儿出生以后，即见遍身壮热，口闭面赤，呼吸气热；若邪热郁于肺胃，则见气急喘满；若热毒化火，传入心包，则见啼叫惊烦，小便短赤，大便秘结。如不及时治疗，即可出现丹毒赤游，或湿疮奶癣，重舌木舌，鹅口口疮等。治疗之法，宜清热解毒，代表方剂为集成沆瀣丹。

胎毒发寒：亦称"胎寒"。发病原因有三：一为母亲怀孕期间，过食生冷肥甘，寒凉之气遗于胎儿；二为母感寒邪，未经调治，寒邪侵入胞胎；三为母患热病，过服凉药，内伤胎儿。辨证要点为：小儿生后，面色青白，昏昏多睡，呃乳泻白；如若再感寒邪，外寒引动内寒，即可见呼吸气冷，身起寒栗，时发战栗，曲足握拳，腹痛啼叫不休，或口噤不开。如不及时治疗，即可出现慢惊，慢脾风，盘肠内吊等。治疗之法，宜温中散寒，代表方剂为指迷七气汤。

胎毒发搐：亦称"胎搐"、"胎惊"、"胎痫"。发病之因，多为母亲怀孕期间，暴怒惊恐，传于胎儿。辨证要点为：小儿生后，频频作搐，牙关紧闭，腰直身僵，双目上视，啼声不出，多难救治。如因热盛生风，必见身热面赤，啼哭不止。治疗之法，宜镇惊通络，代表方剂为天麻丸。

胎毒发黄：亦称"胎黄"（详见小儿发黄篇）。

胎毒之原，责之于先天，它可导致婴幼儿多种疾病因此早期诊治胎毒，对于保护婴幼儿的身体健康，促进生长发育，具有积极的意义。

【文献别录】

《幼幼集成·胎病论》："胎毒者，即父母命门相火之毒也。命门者，男子以藏精，女子以系胞，道家谓之下丹田也。夫二五之精，妙合而凝，纯粹之精，熔液而成胎，淫佚之火，蓄之则为胎毒矣。盖人生而静，天之性也；感物而动，人之欲也；成胎之后，其母之关系尤紧。凡思虑火起于心；恚怒火生于肝；悲哀火郁于肺；甘肥火积于脾；淫纵火发于肾，五欲之火隐于母胞，遂结为胎毒。凡胎毒之发，如虫疥流丹，湿疮痈疖结核，重舌木舌，鹅口口疮，与夫胎热胎暴，胎搐胎黄之类是也。若夫七日之脐风，百日之痰嗽，半岁之真搐，一周之流丹，此又毒之至酷至烈，而不可解者也。"

（卢　志）

401. 胎　弱

【概念】

胎弱，一般是指小儿在母体孕育期间，因先天禀受不足，致出生后智能低下，肢体软弱等发育障碍的症状。

子在母腹，而胎瘘不长者，有的医家也称"胎弱"，但与此症不同，非本条讨论范围。

【鉴别】

常见证候

心气不足胎弱：小儿初生，面色昏黯，肌肤灰白无血色，困卧悸动不安，或面色青紫，四肢逆冷。

肝气不足胎弱：小儿初生，面青无华，目开不合，哭声缓慢，手足搐搦，筋衰无力，爪甲薄而软，或爪甲脆裂变形，枯无光泽。

脾气不足胎弱：小儿初生，面色苍黄，口唇色泽枯萎不华，肌肤瘦弱无力，手足如削，不欲吮乳，哭声低微，大便稀溏，乳食不化。

肺气不足胎弱：小儿初生，面色㿠白，呼吸气短，浅而间断，哭声柔弱，状若呻吟，体温偏低，恶寒怕冷，肌肤薄弱，皮肤弛缓，肤色灰白，毛髮不生。

肾气不足胎弱：小儿初生，面黑不荣，目中白睛多，骨节软弱，头缝开解，鸡胸龟背，四肢无力，毛发不荣。

鉴别分析

胎弱诸症，均属虚证，其发病原因有三：其一，父母暮年得子，精气已衰；其二，母体多孕多产，体质已虚；其三，母久病体弱。成胎之际，元精已虚，受胎之后，气血供养亦差，致使胎儿先天禀赋不足，生后懦弱。由于体内各脏腑功能盛衰的不同，因而表现的症状也就有所差异。一般常有以下区别：

心气不足胎弱：因心主神明、血脉，其华在面。故心气不足则小儿困卧，悸动不安，面色昏黯无光彩；如果心气虚衰，脉道不通，可见面色发绀，四肢逆冷。

肝气不足胎弱：肝主筋，开窍于目，其华在爪。故肝气不足，小儿常见面青无华，目开不合，手足搐搦，筋衰无力，爪甲薄而软，或脆裂变形，枯无光泽。

脾气不足胎弱：脾主运化输布精微，在体合肉，开窍于口。故脾气不足的辨证要点为：面色苍黄，口唇色泽枯萎不华，肌肤瘦弱，手足如削，如运化失常，则见不欲吮乳，哭声低微，大便稀溏，乳食不化。

肺气不足胎弱：肺为娇脏，主气，司呼吸。故肺气不足的辨证要点为：呼吸气短，浅而间断，哭声柔弱，状若呻吟，肺主皮毛，煦泽肌肤，肺气虚，则见肌肤薄弱，皮肤弛缓，毛髮不生。

肾气不足胎弱：肾为先天之本，主骨髓，其华在发。故肾气不足的辨证要点为：骨节软弱，头缝开解，鸡胸龟背，四肢无力，毛发不荣。

小儿生长发育，全赖先天肾气，而先天之精，又赖水谷精微的充养，因此胎弱的治疗，当保先天肾气，补后天脾气。临床见证，如以肝、肾、心气不足为主，法当滋阴补肾，代表方剂为六味地黄丸；若以脾气，肺气不足为主，法当补气健脾，代表方剂为参苓白术散。

总之，胎弱患儿，临证宜辨其何脏之不足，俾随证调摄或能助其发育。因此症患儿体质柔弱，虽能维持最低限度的生活，但由于自身缺乏对外界环境的适应能力，故成活率较低。

【文献别录】

《婴童百问·胎疾》："胎弱则生下面无精光，肌肉薄，大便白水，身无血色，时时哽气多哕，目无精采，亦当浴体法治之。"

《幼科发挥·胎疾》："胎弱者，禀受于气之不足也。子于父母，一体而分，如受肺之气为皮毛，肺气不足，则皮脆薄怯寒，毛发不生；受心之气为血脉，心气不足，则血不华色，而无光彩；受脾之气为肉，脾气不足，则肌肉不生，手足如削；受肝之气为筋，肝气不足，则筋不束骨，机关不利；受肾之气为骨，肾气不足，则骨软。此胎禀之病，当随其藏气求之，肝肾心气不足，宜六味地黄丸主之；脾肺不足者，宜参苓白术散主之。子之羸弱，皆父母精血之弱也，所谓父强母弱，生女必羸，父弱母强，生男必弱者是也。故儿有头破，颅解，神慢，气少，项软，头倾，手足痿弱，齿生不齐，发生不黑，行走坐立，要人扶掖，皆胎禀不足也。并宜六味地黄丸主之。"

（卢　志）

402. 囟门下陷

【概念】

囟门下陷，即囟陷。《育婴家秘》说："囟陷者，谓囟门陷下成坑也。"

小儿在生后六个月内，前囟微陷，不作病态。若因脾胃虚弱，饮食减少，形瘦皮薄，而见囟门露见者，也非囟陷。若因胎禀不足或久泻慢惊之后，囟门下陷显著，甚至如坑者，则为囟陷。如枕部同时下陷则谓之枕陷，其症尤为严重。

【鉴别】

常见证候

脾肾阳虚脑髓失充囟陷：小儿囟门显著下陷，或如坑状，面色萎黄，神少气短，形体羸弱，不思饮食，四肢逆冷，或兼便溏，舌质淡白，脉沉缓无力，指纹淡滞。

气液耗损真气下陷囟陷：囟门下陷，甚则如坑，泻痢暴作，或久泻不愈，身热尿频，渴饮水浆，目眶凹陷，形体干瘦，舌红无津，脉沉细数，指纹紫滞。

鉴别分析

脾肾阳虚脑髓失充囟陷：多见于先天胎禀肾阳虚弱，或病久伤阳，或过用寒凉攻伐之患儿，以致脾肾阳虚脑髓失充，除见囟门低陷外，并见面色㿠白，神气惨淡，气短，食少便溏，四肢不温，甚至枕部也见下陷，舌质淡白，脉沉缓无力，指纹淡滞等阳虚之证。治宜培元固肾，温阳益髓，方用固真汤，并用乌附膏外敷囟陷处。

气液耗损真气下陷囟陷：多见于病久阴伤，或暴泻伤及气血津液的婴儿，诚如《育婴家秘》所说："大病之后，津液不足，真气下陷成坑窟。"故并见有目眶凹陷，皮肤干燥灼热，舌红无津，指纹紫滞等症状。宜急扶元气，举陷救津，可选用调元汤加升麻。

【文献别录】

《小儿卫生总微论方》："又有囟陷者，或因泻痢，或小便频数，或曾服用清药以利小便，或本怯气弱，或别病缠绵，皆使脏虚而不能上荣于囟，故令囟陷也。"

（俞景茂）

403. 囟门凸起

【概念】

囟门凸起，即小儿囟门处皮肤高出头皮，呈凸起之状者。按囟门凸起的程度，一般又可将其称谓"囟肿"或"囟填"。囟门肿起，突出不著者称为"囟肿"；若囟门肿起突出，隆起如堆者，称为"囟填"，但也有不加分辨者。

【鉴别】

常见证候

火毒上攻囟门凸起：囟门高肿，如物堆朵，按之浮软，囟门皮肤色红，毛发短黄，头痛口干，或骨蒸自汗，面赤唇红，或发热惊厥，胸高气促，小便短赤，舌质红绛，苔黄无津，脉多浮数，指纹紫滞。

寒气凝聚囟门凸起：囟门肿突，按之牢韧坚硬，囟门皮肤色白，面色㿠白，手足冷，或头大异常，头缝裂开，或似搐非搐，手足瘛疭，舌质淡白，苔白滑，脉象沉迟，指纹淡青。

鉴别分析

囟门凸起一症，鉴别要点在于分辨其寒热虚实。《幼幼集成·卷四》说："寒气冲上而肿者，则牢韧坚硬；热气冲上而肿者，则柔软红色。"此见颇得要领。凡火毒上攻而囟门凸起者，多见于婴幼儿感受时邪病毒等疾患，因其火热炎上，上攻颅脑，故出现囟门填凸㶜热，一般兼见头痛口干，面赤唇红，发热喘逆等里热炽盛之证。治宜疏风散火，清热解毒，可用大连翘饮，兼服化毒丹。寒气凝聚囟门凸起，多见于小儿禀素虚寒之体，由于脾胃阳虚，气血失其温运，以致阴寒之气凝聚于上，故囟肿硬而无热，一般兼有面白，手足冷，时瘛疭，食少便溏等阳虚证候，也可见于形瘦头大，头缝开解之解颅患儿。治宜温中祛寒，可用理中汤。

【文献别录】

《诸病源候论·囟填候》："小儿囟填，由乳哺不时，饥饱不节，或热或寒，乘于脾胃，致脏腑不调，其气上冲所为也。其状囟张，如物填其上，汗出毛发黄而短者是也。若寒气上冲，即牢韧；热气上冲，即柔软。又小儿胁下有积，又气满而体热，热气乘于脏，脏气上冲脑囟，亦致囟填。又咳且啼而气乘脏上冲，亦病也。啼甚久，其气未定，因而乳之，亦令囟填。所以然者，方啼之时，阴阳气逆上冲故也。"

《幼幼集成·头项囟证治》："囟肿者……，更有因包裹严密，盖复过厚，阳气不得外出，亦令赤肿。"

（俞景茂）

404. 囟 门 不 合

【概念】

囟门不合，又称"囟开不合"、"囟解"、"解颅"，是指小儿到一定年龄，囟门应合不合，头缝开解，以致囟门较正常为大而言。

足月分娩的新生儿，前囟的斜径约2.5厘米。正常小儿的颅骨缝，大都在出生后六个月时开始骨化，后囟在二至四个月闭合，前囟在一岁至一岁半时闭合，如延迟闭合，则属本症。

【鉴别】

常见证候

肾虚髓弱囟门不合：前囟宽大，颅缝裂开，头额青脉暴露，面色㿠白，神情迟钝，甚者头颅日渐胖大白亮（二、三岁幼孩大如八、九岁时），体瘦颈细项软，其头偏倒，并常见眼珠下垂，白睛特别显露，目无神采，舌质淡白，脉象沉细无力，指纹淡滞；若因病后髓热而囟门不合，则可兼见手足心热，烦躁不安，口干舌红，脉细数，指纹紫滞。

脾虚失调囟门不合：前囟宽大，边缘软化，颅骨缝增宽，头呈方形，面色萎黄，纳呆乏力，形体消瘦，肌肉松弛，头发干枯成束，夜间汗多，体重不增或渐减，以及语迟，夜盲，舌质淡，脉细弱无力，指纹淡。

鉴别分析

肾虚髓弱囟门不合：小儿囟门不合，一般均见由头大异常，头皮光急，青筋暴露，形体消瘦，智力迟钝等症。然肾虚髓弱之囟门不合，多因先天胎赋不足。《幼幼集成·卷四》谓："解颅者……是由禀气不足，先天肾元大亏。肾主脑髓，肾亏则脑髓不足，故颅为之开解。"故生后囟门逾期不合，反而逐渐加宽开解，头颅明显增大，以致头皮光急，青筋暴露，眼楞紧小，目珠下垂呈日落状，白多黑少；由于肾阳不振，浊阴不降，饮邪上犯于脑，以致胃气逆上，故常兼见呕吐。也有因病后肾虚，水不胜火，火气上蒸，其髓则热，髓热而解，故囟门应合不合，或合后又复开解，逐渐膨大而成此症，常有阴虚火旺之兼症。治则总以补肾益髓为要，因先天胎禀不足者，法当兼以温阳，常用补肾地黄丸；因病后肾虚髓热者，法当兼以滋阴，常用河车大造丸；还均可用封囟散摊贴外治。因病在脑髓，犹树病根，故小儿患此，症属危重。

脾虚失调囟门不合：多因乳食不节，喂养不当，日照不足，营养失调，或其他疾病导致气液消耗过度，脾胃功能失调，生化无源，骨骼失养以致囟门不合。诚如《小儿卫生总微方论》所说："囟门者系于脾胃"，故临床见有腹部胀大，青筋暴露，或腹凹如舟，饮食异常等疳积特征，且头缝开解之程度较肾虚髓弱之囟门不合为微。其治疗重在调理脾胃，滋养气血精髓，可参照疳症调治。一般二、三岁时，头缝及前囟可完全闭合。

【文献别录】

《活幼心书·解颅》："有解颅一症，其囟缝不合，此肾气不足。肾主骨而脑为髓海，肾气不足则脑髓不满，故不合也，名曰解颅。"

《万氏家传幼科发挥·肾所生病》："解颅者有二：或生下之后，夹缝四破，头皮光急，日渐长大，眼楞紧小，此髓热也。又有生下五六个月后，囟门已合而复开者。此等天数难参，肾肝风热之病，宜加味泻青丸主之。"

（俞景茂）

405. 急　惊

【概念】

急惊，又称"急惊风"，或名"惊厥"，俗名"抽风"。是小儿常见的一种抽搐症状，且常伴有神志不清。

"惊风"始见于隋·巢元方《诸病源候论》，此后，《小儿药证直诀》分急惊、慢惊二症，急惊多属阳热实证，慢惊多属虚证或虚实兼见，并有急惊转为慢惊之说。

急惊症状有搐、搦、掣、颤、反、引、窜、视，称之为"惊风八候"。搐，即肘臂伸缩；搦，即十指开合；掣，即肩头相扑；颤，即手足动摇；反，即身向后仰；引，即手若开弓；窜，即两目上翻；视，即直视目不转睛。这是前人对惊风症状的概括。

【鉴别】

常见证候

外感惊风：惊厥抽搐，身热无汗，头痛咳嗽，流涕咽红，烦躁不安，舌苔薄白，脉浮数。

暑热惊风：昏迷抽搐，壮热头痛，口渴自汗，呕吐项强，舌红绛，苔薄黄腻，脉弦数。

痰热惊风：突然惊厥，身热面赤，烦躁口渴，气粗痰鸣，牙关紧急，二便秘涩，舌质红，苔黄而厚，脉弦滑数。

食滞惊风：面青惊厥，纳呆呕吐，腹胀作痛，便闭或便下酸臭，面黄神呆，或喉间痰鸣，舌苔垢厚而黄，脉滑大而数。

惊恐惊风：多不发热或发低热，面青手足不温，时时惊惕，睡眠不安，或昏睡不醒，醒时惊啼，手足抽搐，舌苔薄白，指纹青。

鉴别分析

外感惊风：乃因小儿肌肤薄弱，腠理不密，感受外邪，入里化热，热盛生痰，聚于肺胃，郁极化火，火盛动风而作急惊。故起病急，抽搐较剧，兼有发热无汗，头痛咳嗽，流涕咽红，苔薄白，脉浮数等。治以疏风清热，熄风化痰，方用清热镇惊汤，牛黄千金散。

暑热惊风：由于素体气阴不足，感受暑热，燔灼气营，热陷厥阴，内闭神明而现惊风。病发于夏季，证见高热，昏迷，抽风，舌红绛，脉弦数，治以清营泻热，开窍熄风，方用清营汤加丹皮、钩藤、羚羊角、安宫牛黄丸，或紫雪丹。

痰热惊风与食滞惊风：两者均与乳食不节，或过食肥甘有关。但前者是由于食滞生痰，痰热壅塞气道，蕴结胸膈肠胃所致，后者则因食滞不化，壅塞不消，郁而化热，引动肝风而发病。临证鉴别要点为：前者突然抽搐，气粗痰鸣，牙关紧急，苔黄而厚，后者面青惊厥，有腹满胀痛，便下酸臭等食滞症状。前者治宜清热化痰，平肝熄风。方用羚羊钩藤汤，牛黄抱龙丸。后者治宜消食导滞，佐以镇惊，方用保和丸与玉枢丹。

惊恐惊风：由于小儿神气怯弱，元气未充，乍见异物，乍闻异声，或不慎跌仆，猝受惊恐，惊则伤神气乱，恐则伤志气下，气血阴阳紊乱，神志不宁，惊风由生。证见面青，手足不温，时时惕动，惊恐不安，舌苔如常，指纹青。治以镇惊安神，方用远志丸、琥珀抱龙丸。

惊风是儿科常见的危重病症，临床上应对与惊风相似的某些症状加以鉴别。例如痫证：发作时突然昏倒，抽搐时口吐白沫，二便失禁，抽后神苏一若常人，每日数发或数日一发。脐风：多发于新生儿，一般在三朝之内、七日之外即不属此证。虫证：蛔扰攻痛，虽见两目直视，口噤不言，手足不温，但多不发热，不抽搐，以腹痛为主。天钓：主要表现两目翻腾，头目仰视。内钓：以内脏抽掣，腹痛多啼为特征。天钓为热属阳，内钓为寒属阴，《幼幼近编》指出："天钓为心肺积热，内钓属脾胃虚寒"。天钓和内钓为惊风的两种特殊证型，均属惊风范畴。

惊风预兆：惊风虽然以惊厥抽搐为主症，但在临床上尚有许多征象，也属于动风或抽风的先兆。《医林改错论抽风不是风》中云："凡将欲抽风之前，必先见抽风之症。"常见的如：弄舌，吐舌，舌斜，舌卷囊缩，口撮，口噤，口斜，不能吃乳，咬牙龂齿，牙关紧闭，摇头，颈项强直，鼻孔煽动，昏睡露睛，眼神惊恐，惕动不安，哭叫无泪，发上逆，面青，指纹青，山根青，太阳穴青筋暴露，大便绿色。其它如撮空理线，循衣摸床均为风象，此等症不必全见，但见一、二即是风证。

【文献别录】

《素问·大奇论》："心脉满大，痫瘛筋挛，肝脉小急，痫瘛筋挛，肝脉骛暴，有所惊骇。"

《诸病源候论》："小儿惊者，由血气不和，热实在内，心神不定，所以发惊。"

《小儿药证直诀》："小儿急惊者，本因热生于心，身热面赤引饮，口中气热，大小便黄赤，剧则抽也。盖热甚则风生，风属肝，此阳盛阴虚也。"

《幼科证治准绳·惊搐》："急惊之候，亦曰真搐，牙关紧急，壮热涎潮，窜视反张，搐搦颤动唇口，眉眼眨引频并，口中气冷，脸赤唇红，大小便黄赤，其脉浮数浮洪。此内挟实热，外感风邪，心家受热积惊，肝家生风发搐，肝风心火二脏交争，血乱气并，痰涎壅盛，百脉凝滞，关窍不通，风气蓄盛，无所发泄，故暴烈也。又有搐搦反张斜视，而牙关不紧，口无痰涎而气热，未可直指以为惊风，恐是伤风伤寒夹食夹惊疹痘等证，此即钱氏假搐之说，又各依本证施治矣。"

《幼幼集成·大惊卒恐》："张景岳曰，小儿忽被大惊，最伤心胆之气。内经口问篇曰，大惊卒恐，则气血分离，阴阳破散，经络厥绝，脉道不通，阴阳相逆，经脉空虚，气血不次，乃失其常，此内经概言受惊之病有如此。"

（宋祚民　吕敏华）

406. 慢　惊

【概念】

慢惊，又称"慢惊风"，是以抽搐无力，抽动缓慢，或小抽动为特征。

本症是区别于阳热实证的急惊风而言。慢惊风之名始创于宋代钱乙《小儿药证直诀》，后世医家亦多有论述。本症多发于大吐大泻或热病之后，因津液受伤，脾胃虚损，土虚木旺，肝失所养，虚风内动而致。若久吐久泻，脾胃大伤，中土虚弱，进而导致脾肾阳衰，成为危重之慢脾风症。本症病变主要在脾、肾、肝三脏。

本症虽属虚属寒者多，但亦有因邪恋不解迁延不愈属于虚中夹实者。正如《医宗金鉴·幼科杂病心法要诀》所云："慢惊夹热或夹痰，身热心烦口溢涎。"

【鉴别】

常见证候

肝肾阴虚慢惊：抽搦无力，时抽时止，或手足颤动，身有低热，形体消瘦，面色潮红，或虚烦不眠，手足心热，唇干舌燥，舌红少苔，脉弦细数。

脾胃阳虚慢惊：时作抽搐，或目睛上视，嗜睡露睛，或昏睡不醒，面色萎黄，四肢不温，大便溏薄，舌淡苔白，脉象沉弱。

脾肾阳虚慢惊：摇动瘛疭，手足蠕动，精神萎弱，昏睡不醒，面色晦黄，囟陷冷汗，四肢厥冷，大便清稀，呼吸微弱，舌淡苔白，脉沉微弱。

鉴别分析

肝肾阴虚慢惊：因急惊不愈转为慢惊，或热病之后阴液耗伤，阴虚血少。阴伤则血不荣筋，液少则脉络滞涩；肾阴不足则水不涵木，肝血亏虚则筋脉拘急，虚风内动而作慢惊。除手足颤动，抽搦乏力外，兼有手足心热，唇干舌燥，舌红少苔，脉弦细数等。治宜育阴潜阳，柔肝熄风，方用大定风珠。

脾胃阳虚慢惊：多因大吐大泻，或峻药攻伐太过，或过用寒凉，伤及脾阳，或禀赋不足，脾胃素虚，营养失调致使中阳不足，脾胃虚弱。脾虚则肝旺，土弱则木侮，致使肝风内动。证见时作抽搐，面色萎黄，嗜睡露睛，四肢不温，脉沉弱。治宜温中散寒，健脾缓肝，方用缓肝理脾汤。

脾肾阳虚慢惊：又称"慢脾风"。由于大病久病之后，或长期吐泻，脾胃受伤，阳气受损，脾阳虚衰而损及肾阳，以致肾阳衰竭。证见手足蠕动，呼吸微弱，四肢厥逆，囟陷冷汗，脉沉微弱，证属阳气衰微，应以温补脾肾，益气防脱，方用固真汤。

【文献别录】

《小儿药证直诀·慢惊》："因病后或吐泻，脾胃虚损，遍身冷，口鼻气出亦冷，手足时瘈疭，昏睡露睛，此乏阳也。"

《幼科释谜·慢惊风》："虞抟曰：慢惊者，因吐泻日久，中气大虚而得。盖脾虚则生风，风盛则筋急。"

《福幼篇》："慢惊之症，缘于小儿吐泻之为多，或久疟久痢，或痘后疹后，或因风寒饮食积滞，过用攻伐伤脾，或禀赋本虚，或误服凉药，或因急惊而用药攻降太甚，或失于调理，皆可致此症也。"

《临证指南医案·惊》："总因小儿阴气未充，外感之风湿风热风火，以及寒邪化热，并燥火诸症，最易伤阴，阴伤则血不荣筋，液伤则脉络滞涩，热盛亦能使内之木火风相继而起。"

（宋祚民　吕敏华）

407. 小 儿 啼 哭

【概念】

小儿啼哭，简称儿啼，是指新生儿或婴儿因多种原因引起的啼哭过频而言，多见于半岁以下的乳婴儿。若小儿入夜啼哭不安，或每夜定时啼哭，甚则通宵达旦，但白天如常者，称为"夜啼"。二者病因病机相类，故一并讨论。

本症包括《诸病源候论》的"躯啼"、"夜啼"，《颅囟经》的"惊啼"，《小儿药证直诀》的"胃啼"，《幼幼集成》的"拗哭"等。

由于啼哭是新生儿的一种本能反映，新生儿乃致婴儿常以啼哭表达要求或痛苦，故应排除因喂养不当，护理不善而引起的啼哭。此类啼哭主要表现为哺乳饮水或更换潮湿尿布衣着后，抱起亲呷或恢复原有习惯后，啼哭即停，哭时声调一致，并经详细诊察，而无异常者，不属本症讨论范围。因重舌、马牙、板牙、螳螂子、口疮、寒疝、癫痫等引起的啼哭，可参见有关条目。

【鉴别】

常见证候

脾经虚寒啼哭：夜间啼哭不歇，或曲腰而啼，啼而无泪，哭声时高时低，声常不扬，喜伏卧，面青手腹俱冷，食少便溏，唇舌淡白，脉象沉细，指纹淡红沉滞。

心经积热啼哭：夜间啼哭，哭声有力，喜仰卧，见灯光则啼哭愈甚，烦躁，小便短赤，大便秘结，面赤唇红，舌尖红，苔薄，脉数有力，指纹色紫。

心虚禀弱啼哭：夜间啼哭，哭声无力，低沉而细，伴虚烦惊惕不安，消瘦，低热，唇舌淡红或见樱红，舌尖红少苔或无苔，脉虚数，指纹淡红。

受惊恐惧啼哭：夜间啼哭，多泪，睡中惊惕易醒，振动不安，忽而啼叫，口出白沫，唇与面色乍青乍白，紧偎母怀，大便青绿色，舌苔多无明显异常，脉象夜间可现弦急而数，指纹青紫。

伤食积滞啼哭：哭声嘹亮，时哭时止，腹痛拒按，呕吐乳片，不欲吮乳，大便或秘，或泻下酸臭不化之乳食，舌质淡红，苔白厚，指纹紫滞。

鉴别分析

脾经虚寒啼哭与心经积热啼哭：两者虽均为夜啼，但寒热虚实各异。脾经虚寒啼哭多因护理不当，腹部中寒，寒邪内侵，脾寒乃生，故曲腰而啼；阴盛于夜，至夜则阴极发躁，寒邪凝滞，气机不通，故入夜则腹痛而啼，常伴有面色青白，手冷，食少便溏，唇舌淡白，脉象沉细，指纹沉伏色淡滞等症。心经积热啼哭每因乳母或乳儿平日恣食辛香燥热炙煿动火之食物，或多服温热之药物，火伏热郁，积热上炎。心主火属阳，至夜则阴盛而阳衰，阳衰则无力与邪热相搏，正不胜邪，邪热乘心，心神不宁而致夜间啼哭，常伴有烦躁不宁，见灯火则啼哭愈甚，面赤唇红，身热，尿赤，大便秘结，舌尖红，苔薄，脉数无力，指纹紫滞之症。由于病机有别，故治则也异。脾经虚寒啼哭治以温脾散寒，可用钩藤饮；心经积热啼哭治以清心导赤，常用导赤散。

心经积热啼哭与心虚禀弱啼哭：病位虽同在心，心藏神，神安则脏和，故小儿昼得精神安而夜能稳睡，若心气不和，或心失所养，皆可因精神不得安宁而啼哭。然心经积热啼哭为实热扰心，而心虚禀弱啼哭属血少心神失养之故，常见于病后体弱及禀赋不足之儿，伴虚烦不寐，惊惕不安，面白少华，唇舌淡白，少苔或无苔。若兼有虚火者，则见唇樱红，舌尖红，脉虚数等，治宜养血安神，可用安神丸。

心虚禀弱啼哭与受惊恐惧啼哭：二者虽均有心悸脉数之症，但受惊恐惧啼哭，因醒时恐怖，寝则惊惕，振动不宁，忽而惊叫，惊悸尤著，且啼哭多泪，一有音响，即欲紧偎母怀，或作惊跳，面色乍青乍白，脉时数时不数，而唇舌多无异常。治宜镇惊安神，常用朱砂安神丸。

伤乳积滞啼哭：乃乳食壅积，损伤脾胃，导致脾胃不和，气机不利而腹痛，因痛而啼哭。故哭声响亮，时缓时剧，时止时作，白天亦然，兼见乳积之症。治宜消乳导滞，可用消乳丸，积去乳消，气和痛止，啼哭亦停。

形成小儿啼哭的原因很多，轻重不一，甚至有时为严重疾病的早期反映，鉴别之要诚如《幼科释谜》所说："务观其势，各究其情，勿云常事，任彼涕淋。"但临床常遇原因欠明，一时难以鉴别者，可试服蝉花散，或甘麦大枣汤。

【文献别录】

《儒门事亲·小儿悲哭不止》："夫小儿悲哭，弥日不休，两手脉弦而紧。戴人曰：心火甚而乘肺，肺不受其屈，故哭。肺主悲，王太仆云：心烁则痛甚，故烁甚悲亦甚。令浴以温汤，渍形以发汗也。肺主皮毛，汗出则肺热散矣。浴止而啼亦止，乃命服凉膈散，加当归、桔梗，以竹叶、生姜、朴硝同煎服，泻膈中之邪热。"

《医学入门·胎惊夜啼》：上夜惊啼多痰热，仰身有汗赤面颊；下夜曲腰必虚寒，甚则内钓手足掣；客忤中恶哭黄昏；饮乳方啼烂口舌。"

《幼科释迷·啼哭原由症治》：儿啼，只宜轻手扶抱，任其自哭自止，切不可勉强按住，或令吮乳止之。若无他病，亦不必服药。"

（俞景茂）

408. 小儿发黄

【概念】

小儿发黄，是指小儿出生以后，全身皮肤、面目及小便均出现黄色的症状。

古人对本症的名称记载较多，如《诸病源候论》称"胎疸"；《婴童百问》称"胎黄"。

小儿初生以后2到5天，面目及全身皮肤发黄，有的黄色轻微，有的黄色较重，若精神、食欲、睡眠均正常者，属生理性发黄，不作论述。小儿百日以上至半岁，不因病变，又无其它症状，唯肌肤、面目微黄，这是胃热的表现，亦不属本症范围。

【鉴别】

常见证候

湿热发黄：面目及皮肤发黄，黄色鲜明呈橘子色，汗与小便俱如栀子水，染物呈黄色，发热口渴而欲饮水，腹部胀满，大便灰白或秘结，精神倦怠，不思乳食，舌苔黄腻，指纹紫滞。

寒湿发黄：面目及皮肤发黄，黄色晦暗无华，或黄色如烟熏而暗，精神疲倦，喜卧嗜睡，不思乳食，脘腹胀满，大便灰白或溏薄，小便短赤，舌苔白腻，指纹淡红。

鉴别分析

湿热发黄与寒湿发黄：发黄都与湿邪有关，若母体素蕴湿热之毒，遗于胎儿，或出生以后，感受湿热，蕴结脾胃，熏蒸肝胆，致使胆液外泄，溢于肌肤，则发为身黄。此为"阳黄"。若小儿禀赋不足，脾胃阳气虚弱，湿浊不运，内从寒化，或阳黄迁延失治，阳气受损，寒湿内阻，则身亦发黄，此为"阴黄"。两者鉴别要点为：阳黄色鲜明，如橘子色，伴有身热，口渴，胸闷腹满，大便秘结，舌苔黄腻等实热症状；阴黄色晦暗，如烟熏，伴有畏寒肢凉，食欲不振，大便溏薄，舌苔白腻等虚寒症状。阳黄之治有热重、湿重之分，热邪偏重的，法当清热利湿，佐以泄下，使黄从里解，代表方剂为茵陈蒿汤；湿邪偏重的，法当利湿化浊，佐以清热，使黄从小便解，代表方剂为茵陈五苓散。阴黄之治有脾胃虚寒和脾肾阳虚的不同，它们的鉴别点是，腹胀少食，畏寒便溏，属脾胃虚寒，法当温脾利湿，代表方剂为茵陈理中汤；若见形寒肢凉，大便灰白，小便自利，则属肾阳虚弱，法当温肾利湿，代表方剂为茵陈四逆汤。

湿热发黄与生理发黄亦有异同之处，须加以鉴别。它们的共同点为：①两目发黄；②全身皮肤发黄。不同点为：①湿热发黄无有定时，生理发黄多在初生之后2到5天内；②湿热发黄色深而不能自退，生理发黄色浅而可以自退；③湿热发黄，伴有发热、口渴，便秘溲赤，指纹紫滞等实热症状，而生理发黄不伴有其它症状。

另外，若小儿出生后不久即见身黄，色如烟熏，持续不退，日渐加重，迁延4到5

个月不愈，伴有面色无华，不思乳食，腹胀气促，大便灰白等，此为阴黄，与胎禀有关。临床见此，较为难治。

【文献别录】

《诸病源候论·小儿杂病诸候》："小儿在胎，其母脏气有热，熏蒸于胎，至生下小儿，体皆黄，谓之胎疸也。"

《小儿药证直诀·黄相似》："又有自生而身黄者，胎疸也。"

《婴童百问·胎疾》："胎黄候，则小儿生下，遍体面目皆黄，状如金色，身上壮热，大便不通，小便如栀子汁，乳食不思，啼叫不止，皆因母受热而传于胎也。凡有此证，乳母可服生地黄汤，仍忌热毒之物。"

（卢　志）

409. 小 儿 发 热

【概念】

小儿发热，是指小儿体温异常升高，并伴有其它症状者。婴幼儿体温可在一定范围内有短暂的波动，如全身情况良好，没有其它症状，可不考虑病态。

本症在古典医籍中名称繁多。如《诸病源候论·小儿杂病诸候》载有"温壮候"、"壮热候"、"伤寒候"、"温病候"、"寒热往来候"等；《圣济总录·小儿门》载有"小儿温壮"、"小儿壮热"、"小儿潮热、"小儿风热"、"小儿热渴"等。本篇仅从常见的小儿发热症状加以鉴别。

【鉴别】

常见证候

外感风寒发热：婴幼儿则见喜人怀抱，畏缩恶风寒，不欲露头面，其面色白；小儿则见恶寒发热，无汗，头痛身痛，项背拘急，咳嗽，鼻塞流涕，小便清利，舌苔薄白，脉浮紧，指纹浮露色红。

外感风温发热：婴幼儿多见喜人怀抱，畏缩恶风，口鼻气粗，吮乳口热，自汗出；小儿多见发热重，恶寒轻，恶风，自汗出，头痛咳嗽，口干口渴，鼻塞流涕，鼻孔有热感，咳痰不爽，咽喉疼痛，小便黄，舌苔薄黄，脉浮数，指纹浮露色红紫。

外感暑邪发热：又有"中暑"与"伤暑"的不同。中暑发热，其症突然高热，汗出，头痛头重，四肢倦怠，嗜睡，烦渴引饮，甚则项强，抽搐，神识昏迷，四肢厥逆，舌苔薄白微黄，脉洪滑，指纹浮露色红紫达於气关；伤暑发热，其症发热而微恶风寒，无汗，口渴，或渴而不欲饮水，身体拘急，四肢痠痛，倦怠嗜睡，舌苔薄白，脉浮数，指纹浮露色红。

阳明热盛发热：壮热不休，扬手掷足，揭衣去被，渴饮冷水（婴幼儿吮乳不休，是口渴的现象），大汗出，脉滑数，指纹沉滞色红紫。

阳明腑实发热：午后潮热，大便不通，腹满而痛，手足濈然汗出，舌苔焦黄起刺，脉沉迟而滑，指纹郁滞色红紫。

邪入营分发热：壮热不休，入夜更甚，口不甚渴，心烦躁扰，夜不成寐，斑疹隐隐，有时谵语，脉象细数，舌质红绛，指纹紫滞。

邪入血分发热：高热神昏，夜晚更甚，躁扰不安，甚则发狂，斑疹透露，吐血、衄血，或便血，溲血，脉象细数，舌质深绛，指纹紫滞透关射甲。

鉴别分析

外感风寒发热与外感风温发热：二者均属表证。外感风寒发热，为风寒侵袭肌表，寒为阴邪，其气凝闭，卫外之阳被遏，故见恶寒发热，无汗，头痛，甚则四肢痠楚，项背拘急；外感风温发热，为风温侵袭肌表，风为阳邪，其性疏泄，易伤阴津，故见发热汗出，咽喉疼痛，口干口渴，指纹红紫等症。外感风寒，必先伤及皮毛，皮毛与肺相合，故见肺气不利；外感风温，温邪上受，首先犯肺。可见外感风寒与外感风温都与肺脏有密切关系，所以均见喉痒，咳嗽，鼻塞，流涕等症状，但风温不似风寒严重，且鼻孔有热感，或黄粘稠涕，咯痰不爽利，或觉咽喉梗痛，口干口渴而欲饮水等。治疗之法，风寒发热，治宜辛温解表，代表方剂为葱豉汤、杏苏散；风温发热，治宜辛凉解表，代表方剂为桑菊饮、银翘散。

外感暑邪发热：是小儿夏季常见的证候，又分"中暑"和"伤暑"。中暑属阳，伤暑属阴。中暑致病之因，多为小儿脏腑娇嫩，形气未充，夏令受暑，汗出必多，阴液阳气，易随汗泄，且暑为火热之邪，最易伤气，因此发病初起多径入阳明。其症状突然高热，汗出，烦渴引饮，头痛头重，四肢倦怠，甚则项强，抽搐，神昏，肢厥等。伤暑致病之因，由于暑夏玄府开豁，腠理不密，加之小儿畏暑贪凉，以致寒邪袭于肌表。其症发热恶寒，无汗，身体拘急，四肢痠痛等。二者的症状鉴别点为：①中暑单发热不恶寒；伤暑则发热恶寒。②中暑汗出，烦渴；伤暑无汗，或渴而不欲饮水。治疗之法，中暑伤津而邪热不甚的宜清暑热，益元气，代表方剂为王氏清暑益气汤，若胃热偏甚者宜辛凉清热，可用白虎汤，或白虎加人参汤；伤暑宜祛暑解表，代表方剂为新加香薷饮。

阳明热盛发热与阳明腑实发热：二者均属里热实证。其因由外感邪热传里不解，阳明热炽所致。临床见症为壮热汗出，口渴引饮，舌苔薄黄，脉象滑数或洪大，此为表邪入里，邪热炽盛之经证发热；若胃中热盛，消耗津液，肠中糟粕与热搏结而成燥屎，则见大便秘结，此时热势蒸蒸，日晡更甚，严重者出现腹满而痛，手足濈然汗出，烦躁不安，神昏谵语，舌苔黄厚而糙，或生芒刺等，此为腑实发热。经证与腑证，其主要鉴别点在于肠中有无燥屎。它们的热型特点是：经证发热，体温逐渐升高；腑实发热，发热盛衰有定时，一般在午后四时左右热势增高，故又称"日晡发热"。且经证伴有口渴欲冷饮；腑实伴有大便秘结，腹满而痛。治疗之法，经证发热宜辛凉清热，代表方剂为白虎汤；腑实发热宜苦寒清降，代表方剂为大承气汤。

邪入营分发热与邪入血分发热：二者均属里热证。由于邪在气分，其毒不解，患儿正气虚弱，津液亏乏，邪热乘虚内陷营分，营阴耗损则入夜热甚；营热蒸腾，则见舌绛，口不甚渴，或斑疹隐隐；邪热入营，心神被扰，则见烦躁，夜不成寐，甚或有时谵语。此与阳明腑实证之热盛神昏谵语，可从大便是否秘结，腹部有无痞硬，舌上有无苔垢等进行鉴别。如果营分之邪不解，热邪必深入血分。邪入血分，除具有热入营分的心烦，不寐，身热入夜更甚，口不甚渴等症外，一般还见有吐血，衄血，或便血，溲血，以及斑疹透露，舌色深绛，或躁扰发狂等。治疗之法，热在营分，治宜清营泄热，代表方剂为清营汤，热在血分，治宜清热凉血，代表方剂为犀角地黄汤。

【文献别录】

《小儿药证直诀·风温潮热壮热相似》："潮热者，时间发热，过时即退，来自依时发热，此欲发惊也。壮热者，一向热而不已，甚则发惊痫也。风热者，身热而口中气热，有风证。温壮者，但温而不热也。"

《幼科发挥·诸热》："肝热者，目中青，手寻衣领，及乱捻物，泻青丸、当归龙荟丸主之。"

"心热者，目中赤，视其睡，口中气温，合面睡，或仰睡，上窜咬牙，宜导赤散、黄连安神丸主之。"

"脾热者，目中黄，弄舌，泻黄散、茵陈五苓散主之。"

"肺热者，目中混白，手掐眉目面鼻，甘桔汤、木通散主之。"

"肾热者，目无精光，畏明，脊骨重，目中白睛多，其颅即解，地黄丸主之。"

（卢　志）

410. 小 儿 低 热

【概念】

小儿低热，是指小儿体温波动在 37.5℃～38℃ 之间而言。常伴有纳呆，乏力，神疲等症状。一般热程多持续在两周以上。

本症，在《诸病源候论》中称"温壮"，《证治准绳·幼科》解释谓："但温温然不甚盛是温壮也。"古代医籍很少把小儿低热列为专条论述，但近年来小儿低热并不乏见，为便于临证鉴别，故作专文讨论。

【鉴别】

常见证候

邪留肺卫低热：长期低热，温温然其势不盛，一般多在 37℃～38℃ 左右，兼见微恶风寒，鼻塞流涕，干咳少痰，舌红，苔薄白，脉数或浮，指纹浮红。

湿热蕴结低热：低热缠绵，虽得汗暂解但继而复热，且午后明显，头身困重，兼见纳呆呕恶，渴不欲饮，便溏尿少，舌红，苔腻，脉濡数，指纹隐隐内伏。

食滞脾胃低热：身热不扬，午后较著，夜卧不安，脘腹胀满，嗳腐，不思饮食，恶心欲呕，大便溏薄臭秽或秘结，舌苔厚腻，脉滑数。

疳积低热：低热不退，体质羸瘦，毛发枯槁，目无光彩，喜睡懒言，口馋善饥或不食呕恶，大便或秘或溏，腹胀可触及痞块，舌淡红，苔薄白，脉细无力，指纹浮露，色淡细滞。

气虚低热：低热多汗，活动加甚，倦怠乏力，少气懒言，动则气促，面色萎黄，食欲不振，舌胖嫩，边有齿痕，少苔，脉弱或浮大，指纹淡红而浮。

阴虚低热：午后身热，或骨蒸潮热，颧赤盗汗，口燥咽干，口渴饮水不多，大便偏干，轻者只感面部烘热，舌质红，少苔或无苔，脉细数。

鉴别分析

邪留肺卫低热与湿热蕴结低热：均与外感邪气有关，但邪留部位不同，所以表现亦异。前者多由外感风邪失治，以致余邪留滞肺卫，郁而作热；后者多因感受暑湿之气，蕴结三焦，熏蒸而作热。前者多见于冬春季节，后者好发于夏秋之时。其辨证关键为：

邪留肺卫低热，温温然其势不盛，微恶风寒，兼有鼻塞流涕，干咳少痰，指纹浮而红等；湿热蕴结低热，缠绵日久，出汗暂缓但继而复热，头身困重，伴有纳呆呕恶，便溏尿少，指纹隐伏等。前者治宜疏风解表，可选用银翘散；后者治宜清化湿热，方用甘露消毒丹加减。

食滞脾胃低热与疳积低热：二证皆属虚实夹杂证候。但前者为实中夹虚，后者为虚中夹实。食滞脾胃低热，常因乳食不节，或多食生冷肥甘，致脾胃升降失调，运化失职，食滞不化，郁而作热；疳积低热，则系喂养不当，断乳过早，偏食异嗜，过食肥甘，或素禀脾胃虚弱，健运失职，乳食内积，久之成疳，耗伤气阴而发热。临证鉴别：前者身热不扬，午后较甚，夜卧不安，并有腹胀，嗳腐，大便臭秽，苔垢腻等食滞症状；后者低热不退，兼有发枯，羸瘦，无神，腹有痞块等疳积症状。在治疗上，前者宜消食导滞，健脾和胃，方选保和丸加减；后者宜消疳健脾，养胃和中，方选消疳理脾汤加减。

气虚低热与阴虚低热：均属虚热范畴，但阴阳性质不同。气虚低热，多系素体虚弱，脾气虚损，中气下陷，清阳不升，郁而发热；阴虚发热，多因热病伤阴，消耗津液，阴不敛阳而发热。或素体阴虚，每遇外因扰动而生内热。气虚之热，倦怠懒言，动则全身发热，并有气虚之脉证；阴虚之热，午后明显，多伴有五心烦热，颧赤盗汗，口咽干燥，脉细数。前者治宜益气健脾，甘温除热，常用方为补中益气汤；后者治宜养阴清热，常用方为秦艽鳖甲散，或清骨散等。

【文献别录】

《小儿药证直诀·卷上》："温壮者，但温而不热也。"

《幼科证治准绳·发热》："温壮与壮热相类而有小异。一向热不止是壮热也，但温温然不甚盛是温壮也。"

《蒲辅周医疗经验》："外感发热病，治疗失当，将息失宜，或体质素虚，往往导致低烧。""久患内伤低烧有气虚、血虚之分，属气分者多，而属血分者少。"

（吕敏华）

411. 小儿手足心热

【概念】

手足心热，是指手心、足心部位的发热。这种发热在婴幼儿常为抚触所查觉，而年龄稍大一点的患儿也可自诉。

本症在《内经》、《难经》中称为"掌中热"、"足下热"；《伤寒论》中称为"足心热"；《诸病源候论》称为"手掌心热"，而后世医家则以"手足心热"相称。

本症与"手足微温"、"手足烦热"、"四肢烦热"等症状，虽同有"手足热"之意，但病变部位，发热程度不同。本文仅就手足心局部的发热，进行讨论。

本症与"五心烦热"亦有相同之处，但"五心烦热"还包括了胸前心窝处的发热，常为成年患者的自觉症状，故本条不予论述。

【鉴别】

常见证候

疳积脾虚手足心热：手足心热，形体羸瘦，面色萎黄，皮毛憔悴，困倦喜卧，乳食懒进、脘腹胀满，颊赤烦躁，日晡潮热，骨蒸盗汗，夜睡不宁，大便溏薄或干结，小便黄浊如米泔，舌质红少苔，脉细数，指纹淡滞。

血虚阴亏手足心热：手足心热，精神萎靡，形体消瘦，咳嗽少痰，目眩耳鸣，口干咽燥，午后潮热，颧红盗汗，心烦不寐，小便频数，大便秘结，舌质红少津，舌面光净少苔，脉细数无力。

鉴别分析

疳积脾虚手足心热与血虚阴亏手足心热：同属于虚热。疳积脾虚手足心热形成的原因，一是饮食不节，恣食肥甘，损伤脾胃，运化失常，形成积滞，积滞日久，水谷精微无从吸收，形成疳积而发热；二是由其它疾病转化成疳，如吐泻、痢疾、寄生虫病等，损伤气血，耗散津液，使中焦纳运失调，日久形成疳证，为虚中夹实证。血虚阴亏手足心热的致病原因，多由禀素虚弱，或大病、热病之后，失于调理，阴血耗伤，正气未复，各个脏器失于阴血的濡养，形成阴亏内热虚证。两证的鉴别：一要询问病史，前者初期多实证，渐至虚证显露；后者由它病损伤阴津发展而来。二要辨别症状，前者有明显的脾胃积滞症状，如脘腹胀满，大便有不消化食物，小便如米泔，或食异物，如土块、煤渣等。后者呈现一派阴血不足，内热燔灼之象，如潮热、颧红、咽干、干咳、脉细数等。根据病史与脉症，二者不难区别。由于二者的临床表现各具特点，所以在治疗上也不相同。疳积脾虚手足心热，初期病在积滞，着重消积，可选用消疳理脾汤、肥儿丸等，然后选用参苓白术散健脾益气。若体质虽虚，积滞未化，出现虚实夹杂之证，法当攻补兼施，可用清热甘露饮，抑肝扶脾汤等；若呈现纯虚证，宜用益气养阴法，方选补肺散、鳖甲散、人参养荣汤等。血虚阴亏手足心热，可依据手足心热的兼证分别治之。若干咳，食少，便干明显的，为肺胃阴虚，可选用沙参麦冬汤滋养肺胃之阴；若神烦，少寐突出的，为心阴不足，可用酸枣仁汤养阴安神；若耳鸣、目眩、甚或筋脉拘挛的，为肝肾阴虚，当滋养肝肾，方用知柏地黄汤等。

小儿手足心热，在用药物治疗的同时，还要注意饮食调养。即是疳积脾虚的患儿，也要补充一定数量的富有营养的食品。古人有"养正则积自除"之说，确为经验之谈。另外，还要让患儿多晒阳光，呼吸新鲜空气，促进体质的复康。

【文献别录】

《难经·十六难》："假令得心脉，其外证面赤，口干，喜笑；其内证脐上有动气，按之牢若痛；其病烦心，心痛，掌中热而哕。有是者心也，无是者非也。"

《保婴金镜录》："小儿胸腹膨胀，发热顿闷，脉纹如环珠，以手按腹即哭，此属脾胃虚，而饮食停滞也。"

（肖淑琴）

412. 夏 季 热

【概念】

夏季热，为婴幼儿时期一种特有的疾病，尤以 1～2 岁的小儿发病最多，临床以长期发热，口渴多饮，多尿，汗闭或少汗为主要症状。因其发生于夏季，故名夏季热。

【鉴别】

常见证候

暑伤肺胃夏季热：发热持续不退，热势多午后增高，或稽留不退，气候愈热，发热越高，口渴引饮，皮肤干燥灼热，无汗或少汗，小便频数而清长或淡黄，精神烦躁不宁，唇红干燥，舌质较红，舌苔薄腻或薄黄，脉数。

上盛下虚夏季热：精神萎靡，虚烦不安，面色苍白，下肢清冷，食欲不振，小便澄清，频数无度，大便稀溏，身热不退，朝盛暮衰，口渴多饮，舌淡苔黄，脉沉数无力。

鉴别分析

暑伤肺胃夏季热：多见于疾病初期或中期。系由患儿禀赋不足，冒受暑气，蕴于肺胃，灼伤阴津，津伤而内热炽盛，暑气熏蒸，故长期发热，口渴引饮，烦躁不安。气候愈热，不耐暑气，故发热愈高。肺津伤则化源不足，水液无以敷布，故肌肤灼热，无汗或少汗。暑伤气，则气不化水，频频渴饮，而水液下趋膀胱，出现尿多而清长。口唇干燥，舌质红，均为肺阴津液被灼之象。舌苔薄黄，脉数，亦为暑气所伤之证。治以清暑益气，方用王氏清暑益气汤，竹叶石膏汤等。

上盛下虚夏季热：多见体禀虚弱，病势缠绵的后期，虚实并见，虚多于实。系由患儿脾胃素亏，脾土虚败，或病后损及脾阳，脾土虚败，故精神萎靡，面色苍白，食欲不振，下肢清冷，大便稀溏；阴寒盛于下，水不化气，肾不摄水，直趋于下，而小便澄清，频数无度。但本病究属暑气为患，阴液必耗，心火易旺，故见身热不退，朝盛暮衰，虚烦不安，口渴多饮，皮肤灼热无汗，苔薄黄，脉沉数无力等。此即元阳虚于下，邪热淫于上的上盛下虚证。治以温下清上，寒温并用，方用温下清上汤。

总之，夏季热多发生在婴幼儿时期，此时阴气未充，阳气又未盛，调节机能未臻完善，兼之病儿体虚不足，入夏以后，不能适应外界炎热气候的熏蒸，从而发生本病。所以本病不同于一般的外感温热病，发热虽高，多无头痛，身痛，恶寒，恶风等表证；病程虽长，亦无化火入营入血产生神昏，惊厥之证。

【文献别录】

《金匮要略·痉湿暍病脉证并治》："太阳中热者，暍是也。汗出恶寒，身热而渴，白虎加人参汤主之。"

《金匮要略心典》："中暍即中暑，暑亦六淫之一。"

（韩　斐）

413.小儿乳蛾

【概念】

小儿咽部赤肿，形状如蚕蛾或乳头，故名乳蛾。发于一侧者名单蛾，发生于两侧者名双蛾。急性发作者称为风热乳蛾；慢性发作者称为虚火乳蛾、木蛾、石蛾、死蛾。如已化脓则称为喉痈。

乳蛾最早的记述，见于《儒门事亲·卷三·喉舌缓急砭药不同解二十一》"单乳蛾、双乳蛾……结薄于喉之两旁，近处肿胀，以其形似，是谓乳蛾。一为单，二为双也。"为后世所习用。

【鉴别】

常见证候

风热外袭乳蛾：发热，微恶风寒，头痛，咽痛，咽异物感，吞咽不利，乳蛾红肿，无明显脓点，舌边尖红，苔薄白，脉浮数。

肺胃热盛乳蛾：壮热，烦躁，口渴多饮，咽痛剧烈，吞咽困难，乳蛾明显红肿或有黄白色脓点，易拭去，口臭，大便秘结，小便黄赤，舌质红，苔黄，脉洪数。

虚火上炎乳蛾：有急性乳蛾反复发作史，咽喉干燥，微痛，早轻暮重，过量发音或食辛辣后加重，乳蛾肿大暗红，表面不平，吞咽有异物感，或有午后低热，舌质红苔少，脉细而数。

鉴别分析

风热外袭乳蛾与肺胃热盛乳蛾：均为实热证，见乳蛾红肿，疼痛，吞咽不利，或有黄白脓点。风热外袭乳蛾是风热邪毒从口鼻侵入，而咽喉为肺胃之门，故首先袭于咽喉；或风热袭肺，循经上犯，结聚咽喉，气血壅滞而发病；肺胃热盛乳蛾是由于平素嗜食辛热炙煿，肺胃蕴热，或外感风热，邪毒传里致肺胃热盛，火热上攻咽喉，搏结于喉核，灼腐肌膜而发本症。临证鉴别的要点是：风热外袭乳蛾偏重表热，见发热，微恶风寒，头痛，流涕，舌边尖红，苔薄白，脉浮数等表证；而肺胃热盛乳蛾偏重里热，见壮热，烦躁，口渴多饮，口臭，大便秘结，小便黄赤，舌质红苔黄，脉洪数等里热证。治疗风热外袭乳蛾宜辛凉疏风清热，利咽消肿，方用银翘散加减，肺胃热盛乳蛾宜苦寒泄热解毒，消肿利咽，方用清咽利膈汤加减，或凉膈散。

虚火上炎乳蛾：属虚热证，素由风热乳蛾失治，邪热伤阴；或素体阴虚，反复感邪，余邪滞留，病久肺肾阴虚，虚火上炎所致，故见咽微痛，咽喉干燥，乳蛾暗红，表面不平，以及午后低热，舌质红苔少，脉细数等证。治宜养阴清肺，降火利咽，方用养阴清肺汤加减。

【文献别录】

《证治准绳·幼科咽喉》"一小儿喉间肿痛，发热咳嗽，大便秘结，此肝与大肠有热也，先用牛蒡子汤加硝黄一服，大便随通，乃去硝黄，再剂顿愈。审其母有肝火发热，用柴胡清肝散，母子并服而愈。"

（韩　斐）

414. 小 儿 音 哑

【概念】

小儿音哑是指小儿声音不扬，甚至嘶哑失音的症状。又称喉暗。

【鉴别】

常见证候

风热侵犯小儿音哑：声音嘶哑，喉内不适，干痒而咳，咽喉灼热微痛，喉部红肿，声带色淡红，兼见发热，头痛，鼻塞涕黄，舌红，苔薄白或薄黄，脉浮数。

风寒侵犯小儿音哑：卒然声音不扬或嘶哑，咽喉微痛，吞咽不利，喉痒，咳嗽声重，痰少而稀，喉部微红肿，声带淡红或带紫色而肿胀，兼见恶寒发热，鼻塞涕清，头身重，无汗，口不渴，舌苔薄白，脉浮紧。

肺胃蕴热小儿音哑：声音嘶哑，咳嗽时作，咯痰黄稠，咳痰后声嘶稍减轻，喉间灼热焮痛，咳时喉痛尤甚，自觉气热冲喉，吞咽不舒，喉部声带鲜红而肿，甚则暗红肿甚，声带闭合不良，附有粘液，咽后壁有白瘰赤豆，或兼有壮热，口渴引饮，大便秘结，小便黄，舌质红，苔黄厚，脉洪数。

肺肾阴虚小儿音哑：声音不扬，沙哑粗沉，日渐增甚，用声多则声嘶加重，经久不愈，咽喉干痒不适，时作"吭喀"清嗓之音，干咳痰少而粘，喉部肌膜少津乏泽，微红微肿，声带暗红肥肿，声户闭合不良，兼有口干少饮，虚烦多梦，乏力气短，腰膝痠软，舌红或淡，脉细数。

鉴别分析

风热侵犯小儿音哑与风寒侵袭小儿音哑：均由外邪而致病，临床除音哑外，还兼见外感表证。但风热侵犯小儿音哑，系风热邪毒由口鼻而入，内伤于肺，肺气不宣，邪热上结于喉咙，气血壅滞，脉络痹阻，以致喉部肌膜红肿，声门开合不利而致音哑，风热壅肺，肺失宣降，是以喉内不适，干痒而咳，声出不利，音低而粗。病初起邪热不甚，则咽喉只有灼热感或微痛，声带色暗红。风热之邪在肺卫，正邪交争，则发热恶寒。风热上犯，故头痛，鼻塞。风寒侵袭小儿音哑，系风寒外袭，肺气壅遏，气机不利，风寒之邪凝聚于喉，致声门开合不利，声音不扬，甚则音哑。气血遇寒则凝滞，故见喉部微红肿，声带色淡红带紫而肿胀，气血凝滞，脉络不通，则咽喉微痛，吞咽不利。风寒郁肺，肺失清降，肺气上逆，则咳嗽声重。肺开窍于鼻，寒邪犯肺，则鼻塞流清涕。肺合皮毛，风寒客于皮毛，寒为阴邪，其气凝闭，卫外之阳被郁，不得宣泄，故见恶寒，发热，无汗，头痛身痛，口不渴等风寒表证。治疗，风热侵犯宜疏风清热，消肿开音，方用银翘散加减；风寒侵袭宜疏散风寒宣肺开音，方用三拗汤加味。

肺胃蕴热小儿音哑系因平素嗜食肥甘，或护理不当，衣被太厚，或由外邪化热入里致肺胃蕴热，热灼津为痰。痰热互结，循经上犯，留滞喉厌，蒸灼气血，阻滞脉络，声门不利，以致声音嘶哑，喉间灼痛；气热冲喉，吞咽不舒；痰热阻肺，肺失清肃，故咳嗽时作，咯痰黄稠。痰结声户，咳引痰出，声门稍利，故咳嗽后声嘶减轻，火热灼盛，燔血为瘀，则声带鲜红或暗红肿甚，闭合不良。肺胃痰热，煎炼津液，故口渴口苦，大便秘结。热充胃腑，胃纳失调，故纳呆食减。若肺胃之热由风热传里而成，则可见身热头痛。治疗宜泄热解毒，化痰利咽喉，方用清咽利膈汤加减。

肺肾阴虚小儿音哑：系由素体阴虚，或久病失养，以致肺肾阴亏，肺金清肃不行，肾阴无以上承，则喉失濡养；又阴虚生内热，虚火上炎，蒸灼于喉，而致声户开合不利，则见声音低沉费力，甚则声音嘶哑，讲话多则气阴耗伤，故用声多则声嘶加重，喉部微痛，干痒不适，干咳痰少，乃虚火客于喉咙所致，虚火灼烁津液而成痰，故见声带及喉间常有少许痰涎附于其上，通过"吭喀"清嗓后，将其附着之痰涎清除，故喉间自觉舒适，颧红唇赤，头晕耳鸣，虚烦失眠，腰膝痠软，手足心热等均属肺肾阴虚，虚火内扰之象。治疗宜滋养肺肾，降火开音，方用百合固金汤。

【文献别录】

《古今医统·声音候》："肺者属金，主清肃，外司皮腠，风寒外感者，热郁于内，则肺金不清，咳嗽而声哑。"

《仁斋直指方》："心为声音之主，肺为声音之门，肾为声音之根。"

《古今医统》："凡病人久嗽音哑，乃元气不足、肺气不滋。"

（韩　斐）

415. 小 儿 口 疮

【概念】

口疮，是泛指口腔内唇、龈、舌、颊、上腭等粘膜上出现淡黄色或白色的小溃疡。

口疮之名，最早见于《素问·气交变大论》，篇中有云"民病口疮"。因其发病的部位不同，又有口疮与燕口疮之别，如《小儿卫生总微论方·唇口病论》中说："风毒湿热，随其虚处所着，搏于血气，则生疮疡……若发于唇里，连两颊生疮者，名曰口疮；若发于口吻两角生疮者，名曰燕口。"

本症与鹅口疮、口糜应注意区别。鹅口疮，是指新生儿时期口腔及舌上白屑，或白膜满布为特征；口糜，是指满口糜烂，色红疼痛之症。

【鉴别】

常见证候

心脾积热口疮：溃疡周围鲜红，疼痛较甚，饮食困难，口臭流涎，甚或发热，心烦不安，口渴欲饮，小便短赤，大便干结，舌红，苔黄脉滑数。

虚火上浮口疮：溃疡较少，周围淡红或淡白，疼痛较轻，兼见神疲，颧红，口干不渴，舌淡红，苔少，脉细数。

鉴别分析

心脾积热口疮与虚火上炎口疮：口疮之症均为火热之象，但临证亦有虚实之分，当详加辨别。心脾积热口疮，多因婴儿胎中有热，或过食肥甘厚味，乳食积滞，起居失宜，致心脾蕴热。盖手少阴心经通于舌，足太阴通于口，其热循经上行，熏蒸口舌，则见口疮，且溃疡周围鲜红，疼痛较甚，饮食困难。脾胃积热则口臭流涎，大便干结；心火上扰或下移则见心烦不安，小便短赤；发热，口渴欲饮，舌红，苔黄，脉滑数均为内热之象。治以清热泻火，方用清热泻脾散。虚火上炎口疮，是由于小儿禀赋虚弱，或久患热病，或久泻不止，脾肾虚损，阴液亏耗，以致水不制火，虚火上炎而成口疮，且溃疡较少，周围淡红或淡白，疼痛较轻。神疲颧红，口干不渴，舌淡红，苔少，脉细数均为脾肾不足之象。治以滋阴降火，方用知柏地黄丸。

总之小儿口疮辨证，主要从二方面入手，一是仔细观察口疮的特点，二是全身其它的症状，二者结合，辨别虚实，分而治之。

【文献别录】

《诸病源候论·口疮候》"小儿口疮，由血气盛，兼将养过温，心有客热熏上焦，令口生疮也。"

《幼幼集成·口疮证治》"口疮者，满口赤烂。此因胎禀本厚，养育过温，心脾积热，熏蒸于口，以成口疮。内服沉瀜丹，外以地鸡擂水搽疮上。……口疮服凉药不效，乃肝脾之气不足，虚火泛上而无制，宜理中汤收其浮游之火，外以上桂末吹之。若吐泻后口中生疮，亦为虚火，理中汤。昧者以为口疮悉为实热，概用寒凉，必不救。"

（韩　斐）

416. 小 儿 鹅 口

【概念】

小儿鹅口，是儿科常见的口腔疾患，常发于初生儿，尤以早产儿，体质虚弱久病的婴幼儿最为多见，由于患儿口腔及舌上布满白斑，很象鹅口，所以称为鹅口疮。俗称"雪口"。

【鉴别】

常见证候

心脾积热鹅口：小儿口腔及舌面满布白斑，状如积雪，面赤唇红，口臭流涎，烦躁不宁，叫扰啼哭，大便秘结，小便短赤，舌质红，苔白腻，指纹紫滞。

脾肾阴虚鹅口：口腔、两颊、舌上满口雪白，体弱无力，面白颧红，口干不欲饮水，或大便溏泻，舌质淡，苔薄白，指纹淡红隐隐不显。

鉴别分析

心脾积热鹅口与脾肾阴虚鹅口：两者皆因火热上炎所致，但虚实各异。心脾积热鹅口，多因胎儿禀受母体热毒之气，或因外感温热之邪，其热蕴积于心脾，舌乃心之苗，口为脾之窍，心脾火热亢盛，循足太阴及少阴之脉络上行，熏灼于口舌，而见鹅口，属实热。脾肾阴虚之鹅口，乃因小儿先天禀赋不足，或因久病护理失宜，以致肾阴脾津两亏，水少不能制火，阴虚火旺，虚火上炎，出现鹅口。临床表现，心脾积热之鹅口，其口内白屑稍厚而多重叠，状如凝固乳块，互相粘连，不易清除，擦后复生，白屑周围有红晕，其色较深。若布满全口，上延鼻道，下及咽喉，壅塞气道，可导致呼吸不利，吮乳困难。脾肾阴虚之鹅口，口内白屑略薄，颜色亦淡，形状如霜，周围红晕不显著，疼痛亦轻微。前者多伴有口臭流涎，后者口鼻流涎者少。心脾积热为热毒蕴蒸，故兼见面赤唇红，或叫扰啼哭，烦躁不安，大便秘结。而脾肾阴虚为无根之火，虚火上浮，故见两颧红赤，面色白，体弱神倦，大便反溏。

本症临床表现轻重不一，轻者可用外治法，取清洁纱布或棉花，蘸冷开水先拭净口内白点，然后敷以冰硼散，每日3至5次。重者内外合治，心脾积热者，清热泻火，代表方剂为清热泻脾散。如大便秘结不通，可加服沆瀣丹以通下泄热。脾肾阴虚者，治宜滋水制火，引火归元，代表方剂为六味地黄丸加肉桂。

【文献别录】

《备急千金要方·初生出腹第二》："凡小儿初出腹有鹅口者，其舌上有白屑如米；剧者，鼻中亦有之。此由儿在胞胎中受谷气盛故也。或妊娠时嗜糯米使之然。治之之法，以发缠筋头，沾井花水撩拭之。三日如此，便脱去也；如不脱，可煮栗荴汁令浓，以绵缠筋头拭之。若春夏无栗荴，可煮栗木皮，如用井花水法。"

《婴童百问·口疮·鹅口·重腭》："巢氏云：鹅口候者，小儿初生，口里白屑满口舌上，如鹅之口，故曰鹅口也。此乃胎热而心脾最盛，熏发于口也。葛氏用发缠指头，蘸井花水揩拭之，睡时以黄丹煅出火气，掺于舌上。"

《外科正宗·鹅口疮》："鹅口疮，皆心、脾二经胎热上攻，致满口皆生白斑雪片；甚则咽间叠叠肿起，致难乳哺，多生啼叫。以青纱一条裹筋头上，蘸新汲水揩去白胎，以净为度，重手出血不妨，随以冰硼散搽之，内服凉膈之药。"

（卢　志）

417.小儿流涎

【概念】

小儿流涎，是指儿童口涎不自觉地从口内流溢出来的一种病症，因涎水留滞于颐下（面颊、腮部），故又称"滞颐"，俗称"流口水"。

《诸病源候论·小儿杂病候四·滞颐候》"滞颐之病，是小儿多涎唾流出，渍于颐下……。"这是小儿流涎最早的文献记载。《疡医大全·小儿口水门主论》称为小儿口水。

另4～6个月婴儿口涎增多，是吞咽障碍或闭口不全所致，或乳牙初生时常有生理性滞颐不属于本文范畴；若口腔肿痛糜烂，或因虫证、口疮、软瘫、痴呆、舞蹈病、癫痫等疾病而涎出过多者，当治其病源，不属本条讨论范围。

【鉴别】

常见证候

脾胃积热流涎：患儿终日涎水流淌，质粘稠，进食时则更多，颐间红赤或口舌生疮，口臭唇红，小便短赤，大便干结或臭秽，口渴多饮，烦躁不宁，舌红苔黄，脉滑数，指纹紫滞。

脾胃虚寒流涎：口水清彻，色白不稠，时多时少，断断续续，面黄神倦，形体消瘦，四肢欠温，食欲不振，小便清长，大便不实，唇舌色淡，苔白，脉沉弱无力或迟，指纹淡红，或隐而不显。

鉴别分析

脾胃积热流涎与脾胃虚寒流涎：二证虽均为流涎，但一为积热，一为虚寒，是辨证之关键。脾胃炽热，热则胃缓，胃缓则廉泉开，廉泉开则不能制约其津液，故流涎不止。内热炽盛，消烁津液，流出之涎粘稠，口渴思饮，小便短赤，大便干结或臭秽，热灼肉腐则口舌生疮。治宜清胃热以泻脾之法，方用清热泻脾散。脾胃虚寒流涎系由中阳不振，健运失常，统摄无权，不能收摄津液，则流涎不止，涎水清彻，色白不稠，面色苍白，四肢欠温，食欲不振，小便清长，大便不实等均为中焦虚寒之象。治以温中补脾之法，方用温脾散，或六君子汤加木香。

【文献别录】

《太平圣惠方·治小儿多涎诸方》："夫小儿多涎者，风热壅结，在于脾藏积聚成涎也。若涎多，即乳食不下，涎沫结实，而生壮热也。"

《婴童百问》"巢氏云小儿滞颐者，涎流出而渍于颐间也。此由脾冷涎多故也。脾之液为涎，脾胃虚冷不能收制其津液，故流出渍于颐也，张氏温脾丹主之，一法百药煎含咽，其涎自不出，亦截流也。益黄散亦治此证，温脾散亦可服。

《寿世保元》"一论滞颐，乃涎流出而渍于颐间也。涎者脾之液，脾胃虚冷，故涎自流，不能收约，法当温脾为主，宜服温脾丸。"

（韩　斐）

418. 鼻翼煽动

【概念】

鼻翼煽动，是指鼻孔两翼因呼吸急促而煽动的症状。

本症《幼科发挥》称"鼻张"，《广温疫论》称"鼻孔扇张"，《疫痧草》称"鼻搨"，《温热经纬》称"鼻掀"，《郁谢麻科合璧》则称"鼻孔作煽"。多见于痰热上壅，肺气膹郁，或见于肺气化源欲绝之危证。

【鉴别】

常见证候

风温袭肺鼻煽：鼻翼微煽，咳嗽气粗，身热恶风，微汗口渴，舌质红，舌苔薄白或微黄，脉浮数，指纹紫红。

痰热闭肺鼻煽：气急鼻煽，喘促胸高胁陷，抬肩身摇，喉中痰鸣，高热、口燥唇干，甚则口周色青，便秘尿黄，舌红苔黄，脉弦滑数，或指纹青紫直透命关。

肺肾两伤鼻煽：鼻翼微煽，喘喝气短，呼吸浅促，面色苍白或晦暗，精神萎弱，口周青，甚则头身汗出如油，四肢不温，舌淡红或焦红，脉沉细而数。

鉴别分析

风温袭肺鼻煽，由于风温袭肺，风热之邪上壅，肺受热迫，肺气失于宣达，清肃之令不行而致，故以咳重气粗，鼻翼微煽，恶风微汗，口微渴，痰不多为其辨证要点。痰热闭肺鼻煽，由于火热灼肺，炼液成痰，痰热壅塞气道，气机不利，肺气胀满，膹郁上逆所致，故其辨证要点为鼻煽较剧，痰鸣迫促，胸高胁陷，口燥唇干，便秘尿黄，甚则口唇青紫。肺肾两伤鼻煽与前二者不同，此乃正气衰败，肺之化源欲绝，肾虚摄纳无权，肺肾之气俱衰所致，故其辨证要点为鼻翼煽动微弱，呼吸浅促，喘喝气短，面色苍白，四肢不温，口周青，爪甲紫。正如《幼幼集成·哮喘证治》中说："又有虚败之证，忽然张口大喘，入少出多，而气息往来无滞，此肾不纳气，浮散于外。"

总之，鼻煽一症的辨治，首应区分虚实。鼻翼微煽，但咳不喘，多为风温袭肺的实证；鼻煽气急，病情急暴，气促声粗，息高痰鸣，多为痰热闭肺的实证；鼻翼煽动微弱，气弱息微，喘喝无力，多为肺肾两伤虚危之证。正如《厘正按摩要术》所言："鼻煽有虚实新久之分，不可概言肺绝。若初病即鼻煽，多有邪热风火，壅塞肺气使然；若久病鼻煽喘汗为肺绝。"

风温袭肺治以清热宣肺，方用桑菊饮，或桑杏汤；痰热闭肺治以清热化痰，宣降肺气，方用麻杏石甘汤合苏葶丸，如热盛津伤者则用沙参麦冬汤，或酌加人工牛黄、羚羊角等；肺肾两伤，气阴不足者，治以益气养阴，方用生脉散加味，如真阳虚衰欲脱者，则用参附汤加磁石、生牡蛎。

【文献别录】

《医宗金鉴·幼科杂病心法要诀》："马脾风俗传之名，即暴喘是也。因寒邪客于肺俞，寒化为热，闭于肺经，故胸高气促，肺胀喘满，两胁煽动，陷下作坑，鼻窍煽张，神气闷乱。初遇之急服五虎汤，继用一捻金下之，倘得气开，其喘自止。"

《广瘟疫论·卷三》："鼻孔煽张有三：一痰壅于肺，气出入有声，喘咳胸满，不渴，宜瓜蒌贝母桑皮苏子泻肺，肺气通自愈；一热郁于肺，气出入多热，有微表束其郁热，古人独主越婢汤，盖散其外束，清其内郁也，用于时疫中以葛根易麻黄，或葛根黄芩黄连汤亦可；一肾气虚而上逆，气出入皆微，多死，此必得之屡经汗下，或兼多汗，心悸耳聋，急宜大剂六味合生脉散加牛膝、枸杞，或可百救一二。"

（宋祚民　吕敏华）

419. 小儿风疹附奶麻

【概念】

小儿风疹，是一种症状轻微的发疹性传染病，多见于五岁以下小儿。

风疹又称"风痧"，《金匮要略》中称"瘾疹"，《麻科活人全书》称"风瘾"。

疹，包括麻疹、风疹、奶麻和疿痧等多种出疹性疾患，是儿科四大症之一。本篇仅以小儿风疹作鉴别，并附婴幼儿奶麻，其余请参阅"小儿麻疹"、"小儿疿痧"诸条。

【鉴别】

常见证候

卫分邪热风疹：初起恶风发热，发热一般不高，发热1至2天，即全身出现疹点，首先见于头面、躯干，随即遍及四肢，大多在一天以内即布满全身，疹色浅红，疹点细小稀疏，并有痒感，耳后及枕骨部有筋核肿大，伴有咳嗽，喷嚏，流涕，咽痛，目赤等，舌苔薄白，指纹红紫，脉象浮数。

气分邪热风疹：发热较高，疹色鲜红，疹点较密，口渴欲饮，烦躁不安，大便干燥，小便黄赤，舌苔薄黄，脉数有力，指纹红紫透达气关。

鉴别分析

卫分邪热风疹：主要由于外感时邪，与气血相搏，郁于肌腠，发于皮肤所致，但由于邪毒较轻，一般只伤及卫分。其症状鉴别点是：发热之初，或一、二日内即出现疹点，疹出甚快，通常在24小时内出齐。其疹型是细小疏散粒状红点，颜色淡红，状如痧，先于头面，次及于躯干、四肢，以达全身，手足心无疹。疹出一、二日即依出疹先后逐渐消退，出疹的同时皮肤有瘙痒感，疹退后无脱屑及斑痕，且全身症状轻微，可见耳后有筋核肿大。

气分邪热风疹：由于热毒炽盛，热邪传入气分，此时症状逐渐加重。其鉴别点是：发热较高，因热盛于内，透发于外，疹色由淡红转为鲜红，疹型由细小疏散变为稠密，且伴有口渴欲饮，烦躁不安，大便干燥，小便短赤等。

治则，初起邪在卫分，法宜疏风解表，清热解毒，代表方剂为加味消毒饮；如果热邪伤于气分，法宜清热解毒，佐以凉血，代表方剂透疹凉解汤。

小儿风疹，病儿在发热期间，精神、食欲无大影响，且出疹迅速，收没快，病程较短，所以一般一周即可痊愈。

附　婴幼儿奶麻

婴幼儿奶麻，是一种急性发疹性传染病，病因病机大致与风疹相同，唯临床症状有差异，其症状鉴别点：①发病年龄：奶麻患儿的发病年龄比风疹患儿的发病年龄小，多见于周岁以内婴儿；②疹型：奶麻比风疹细碎而稠密；③疹色：风疹呈淡红色，奶麻呈玫瑰色，周围有浅色红晕；④出疹同时，风疹皮肤有痒感，奶麻无痒感；⑤出疹时间：风疹是发热同时即见疹点，奶麻是热退后始见疹点；⑥出疹程序：先发于颈部、面部、躯干、四肢、手足心无疹。治疗方法、与风疹相似。

【文献别录】

《金匮要略·水气病脉证并治》："风气相搏，风强则为瘾疹。"

《诸病源候论·风瘙隐胗候》："小儿因汗，解脱衣裳，风入腠理，与气血相搏，结聚起相连成隐胗，风气只在腠理浮浅，其势微，故不肿不痛，但成隐胗，瘙痒耳。"

《幼幼集成·斑疹瘾疹证治》："其红点发于皮肤之内不出者，属少阴君火，谓之疹。其证发于胸腹手足稀而少者，此由无根失守之火，聚于胸中，上蒸于肺，隐于皮肤而成小疹，其状如蚊迹蚤斑而非锦纹也。"

"瘾疹多属于脾，以其隐隐在皮肤之间，发而多痒，或不红者，俗人名为风丹。"

《麻科活人全书·正麻奶麻风瘾不同》："奶麻者，小儿初生未满月时，遍身红点，斑驳如朱，皆由儿在母胎中，受有热毒所致，故生下发见于皮肤，不可认作时行麻疹，妄用汤剂。"

"风瘾者，亦有似于麻疹，乃发在幼孩甫生一月、半周、一岁之间，时值天气炎热，感风热而作。此不由于胎毒，乃皮肤小疾，感风热客于脾肺二家所致，不在正麻之列。"

（卢 志）

420. 麻 疹

【概念】

麻疹，是指传染时邪厉毒，以致发热3～4日后，遍体出现红色疹点，稍见隆起，扪之碍手，状如麻粒而言。其中尤以颊粘膜出现麻疹粘膜斑为其特征。多见于半岁以上的婴幼儿。

古代所谓之"斑"，《小儿药证直诀》所称之"疮疹"，《小儿斑疹备急方论》所称之"斑疹"，以及《小儿痘疹方论》所称之"痘疹"，均包括本症。至元《麻证新书》始定名为麻疹。

由于地区不同，江浙一带，将麻疹称"痧子"或"瘄子"，华北称"疹子"或"糠疹"，华南多称"麻子"等。

【鉴别】

常见证候

麻疹发病过程，一般经过初热期、见形期、收没期三个阶段。其险逆证的变化，又多见于见形期，现分别阐述之。

麻毒时邪由里出表（初热期）：发热，微恶寒，鼻塞流涕，喷嚏咳嗽，眼睑红赤，两目怕光，眼泪汪汪，倦怠思睡，唇腮较赤，颊粘膜接近下第一臼齿处，可见针尖大小的灰白点，围以红晕之麻疹粘膜斑，小便短黄，舌苔白薄或微黄，脉微数，指纹红赤而浮露。

疹毒外达肺部蕴热（见形期）：壮热烦渴，咳嗽加剧，烦躁或嗜睡，或伴心跳，目赤多眵，疹点先从耳后、发际及颈部出现，渐及额部颜面、胸腹四肢，最后见于手心足心；疹色鲜红或暗红，稍觉隆起，扪之碍手，舌质红赤，苔黄腻，或黄燥，脉浮数或洪数，指纹紫滞。

邪透疹没肺胃阴伤（收没期）：疹点依次隐没，发热渐退，胃纳转佳，精神渐复，约四、五天后皮肤上有糠状脱屑，留下棕色的斑痕，逐渐消失，舌质红，苔薄腻，脉虚数，指纹淡紫。

邪毒炽盛闭肺内陷（陷逆证）：疹出不畅，或暴出即没，或疹色紫暗，稠稀不匀，并见壮热咳剧，气急痰鸣，鼻煽胸高，口唇青紫，可达命关，或疹色紫黑，形成斑块，或疹点黯淡不红，或疹点凹陷，或神昏谵语，痉厥抽搐等。

鉴别分析

麻毒时邪由里出表、疹毒外达肺部蕴热与邪透疹没肺胃阴伤：三证为麻疹顺证，从初热、见形到没收的三个阶段，为期各约三天。麻毒时邪由里出表的证候，见于麻疹初起，多由感染时毒，邪伤肺卫，除口腔出现麻疹粘膜斑外，尚有卫分症状，如发热、微恶寒、鼻塞、流涕、喷嚏、咳嗽等，治宜疏风清热，方用银翘散，或宣毒发表汤；疹毒外达肺部蕴热的证候，见于麻疹中期，因正邪交争，内热炽盛，故见壮热、烦渴、咳剧，并开始由上而下，由阳面至阴面出现皮疹，疹色先鲜红后黯红，颗粒细而均匀，先稀后密，舌质红赤，苔黄，脉洪数，指纹紫滞等气分实热之征，治宜清热解毒，疏风透疹，方用清解透表汤；邪透疹没肺胃阴伤的证候，见于麻疹末期，因疹毒已透发，故疹点依次隐没，发热渐退，胃纳转佳，精神渐复，是为邪退正复之象，治宜滋养阴液，清化余邪，方用沙参麦冬汤。

邪毒炽盛闭肺内陷与麻毒时邪由里出表、疹毒外达肺部蕴热、邪透疹没肺胃阴伤：前证是麻疹病程中出现的险逆证候，较后三证之麻疹顺证为重笃危险，必须注意从以下几个方面加以鉴别：

1. 体质：顺证多见于发育正常，身体健壮之小儿；而险逆证多见于年龄较小，体质较弱，发育欠佳之小儿。

2. 精神：病程中神识清楚是为顺证；若目闭不开，迷迷嗜睡，乃显示病趋严重：如神志昏糊，不省人事，不啼不哭，则有逆传心包之虞。

3. 体温：发热不高，皮肤微汗润泽是为顺证；若体温升高过剧，热盛变生喘咳痉厥；或体温不升，脉微肢厥，疹难外达，亦属邪陷正虚之险逆证。

4. 呼吸：咳嗽轻微，呼吸稍粗是为顺证；若气急喘促，咳呛频频，鼻翼煽动、乃是邪毒闭肺，并发肺炎喘咳之逆证。反之，呼吸微弱少力，面色㿠白，脉细无序，恐有邪陷正衰厥脱之险。诚如《疹科纂要》所说："麻未出时，发热喘促者险。"

5. 舌苔：初热时苔现薄白，舌边尖微红，见形后苔转微黄，舌质转红，舌苔与证候相合是为顺证；若苔面干燥无津，舌质紫绛，甚或灰黑焦裂起刺，显示热毒炽盛，津液枯涸，有邪深陷营，真阴欲竭之变端。

6. 脉象：初热脉现浮数，见形后脉现滑数，但不洪不滑实，是为顺证；若沉迟细涩，乃阳证见阴脉，故危。

7. 麻疹出没：发热三、四日后，逐渐外达，布齐收没，不疾不徐，是为顺证；如当出不透，或现而不畅，或一出即隐，或应收不回等，乃属热毒亢盛，或正不胜邪之逆证。

8．发疹顺序和疏密：先由耳后、发际、颈项、额部、颜面、肩背等阳部渐次出现，继而胸腹四肢、手心、足心等阴部均见疹点，即所谓"先起于阳，后归于阴"为顺候；由疏到密，以阳部密，阴部疏为顺候。收没应由上而下，逐渐见回。若胸腹见疹，颜面不露，以及两足见疹，腹部隐约，上身无点，均为毒炽气虚，阳气内郁，难以上升，为逆险之象。

9．疹点之色泽形态：红活润泽，颗粒分明，点形尖耸，突于皮肤，一日三潮，潮来红润，潮退稍淡，此乃气血充足，热毒易达的吉顺征象；若颗粒难分，繁密成片，疹形平坦，色呈紫癍，为热毒亢盛，势防邪陷，丛生变证。故《麻科活人全书》说："似锦而明矣，不药而愈；如煤之黑兮，百无一痊。"此外，如疹点隐而不显，色淡红，或干枯晦暗，是气血亏乏，正虚邪陷，也为险证。

此外，麻疹在见形前易与风热感冒相混淆，透疹以后应与其他发疹证候相鉴别，现分析如下：

麻疹初起有发热，咳嗽，喷嚏等类似感冒的表现，但麻疹发热，早轻晚重，或一日数潮，或热退后复升，且高于初热，身虽热但两手足梢及耳轮发凉，眼胞肿而泪汪汪，鼻喷嚏而涕浊浊。《幼科证治准绳》说："以火照之，遍身如涂朱之状，此疹将出之状。"《麻科活人全书》说："认麻须细看两耳根下，颈项连耳之间，以及脊背以下至腰间，必有三、五红点，此即麻之报标，如无红点以为证佐，则当以别证施治。"若口腔出现麻疹粘膜斑，则更是早期鉴别诊断的依据。此外，对于是否在流行季节和曾否患过麻疹，以及有无与麻疹患者接触，均可作为早期鉴别的参考。

小儿风疹、奶麻、丹痧均现发疹，易与麻疹发疹混淆，所不同者，风疹全身症状较轻，出疹前口内无麻疹粘膜斑，发热当天或一天即可出现疹点，色呈淡红，细小稀疏，搔痒异常，先见于头面部，第二天见于躯干及四肢，仅2～3天即消退，疹回以后既不脱屑，也无斑痕，耳后、颈后及枕后臖核常肿大，按之疼痛，可在出疹前一天出现，持续2～7天或更长。奶麻多发于哺乳期婴幼儿，疹形与麻疹相似，但以热退疹出为特征，且起病急骤，体温较高，持续3～4天后，自行退热，除饮食欠佳外，精神尚好，热退后全身出现玫瑰红色较细碎而稠密的疹点，面部较少，常见于躯干，尤以腰臀部为多，一天内迅速出齐，一、二天退尽而愈，退后不留色痕，亦无脱屑。丹痧一般起病半日至一天即行透疹，疹退后有明显的皮肤脱屑，并见咽喉肿痛，或伴腐烂，尤以口唇周围无痧，呈苍白口环，舌质红绛起刺，状如杨梅，皮肤皱折处呈线状疹为特征。

麻疹有常有变，有重有轻，有顺有逆，且易与其他发疹性疾病相混淆。鉴别要点在于以病程日期分证候阶段，以症状轻重辨顺逆安危，以特有见症与其他外感病、发疹性疾病相区别。

【文献别录】

《医宗金鉴·幼科杂病心法要诀·瘟疫门》："痧白疹红如肤粟，癍红如豆片连连，红轻赤重黑多死，淡红稀暗是阴斑。"

《幼科释谜·麻疹》："麻疹浮小，而有头粒，非如发斑，成片一色，方其初起，必先发热，都似伤寒而有分别。鼻流清涕，咳嗽嚏泄，眼胞微肿，泪汪盈睫，或呕或利，红及腮颊，此麻疹候，汗下不必。"

《幼科证治准绳·麻疹》："麻疹浮少而有头粒，随出即收，不结脓疱……出轻而日数少者名奶疹子，出稍重而日数稍多者，名正疹子，初出亦与痘疮相似，但痘发于脏，麻发于腑。脏属阴，其病本深，故难出难收而药于温平为宜；腑属阳，其病本浅，故易出易收而药于清凉为宜。"

（俞景茂）

421. 小 儿 丹 痧

【概念】

丹痧，是指发热，身出痧疹，其色鲜红如涂丹，伴咽喉肿痛，或腐烂的病症。

由于本症除全身丹痧外，并有咽喉肿痛起腐且有传染性，故前人又有"烂喉痧"、"烂喉丹痧"、"疫喉痧疹"等之称。

丹痧的记载，最早见于叶天士的"喉痧医案"，案中云："有烂喉痧一证，可冬春之际，不分老幼，遍相传染，发则壮热烦渴，痧密肌红，宛如锦纹，咽喉痛疼肿烂……。"此后《喉痧正的》中讲到："其琐碎小粒者为痧，红晕如尘沙而起，……其成片如云头突起者为痦，或隐在皮肤之间。"清代以前，痧于疹不分。本文只讨论"丹痧"，"疹"另立专条述之。

【鉴别】

常见证候

疫毒侵袭肺胃丹痧：初起憎寒发热，或热不甚，头痛，咽红喉梗，或有咳嗽呕恶，继则壮热烦渴，咽喉梗痛红肿，甚或起腐，颈项胸背肌腠丹疹隐隐，苔薄白，或薄黄，舌质红，脉浮数。

疫毒燔灼气营丹痧：壮热有汗不解，咽喉红肿起腐，丹痧遍布全身，其状遍身点驳似朱红，烦躁口渴，或渴不欲饮，甚则神昏谵语，或见惊搐，舌红苔黄，或舌红绛而干，或舌赤起刺如杨梅，脉数或洪数。

肺胃阴伤余热丹痧：壮热已除，或午后低热，咽喉肿痛腐烂减轻，不思饮食，丹痧渐退，皮肤脱屑，喉痧既愈之后，周身肤脱如麸，舌红或绛而干，少苔或无苔，脉细数。

鉴别分析

疫毒侵袭肺胃丹痧：多因感受疫疠之邪，从口鼻皮毛内犯肺胃。咽喉为肺胃之门户，肺胃受邪，郁而化火，火热内炽，故见憎寒发热，头痛呕恶，咽喉红肿疼痛，甚或起腐，丹痧隐隐，舌红苔黄等。其辨证要点为：具有部分表证，咽喉肿痛，甚而起腐，丹痧隐隐可见。治宜宣透为主，当用解肌散表之法，使邪有外透之机，此即《内经》"火郁发之"之意，方选银翘散，或解肌透痧汤；若咽喉肿痛甚者，可用清咽汤，或玉钥匙吹喉。

疫毒燔灼气营丹痧：此时表邪已解，而疫毒化火入里，热毒攻冲咽喉，证见壮热烦渴，咽喉红肿起腐，舌红苔黄。治宜清气泄热，可用清心凉膈散；咽喉肿痛腐烂者，可外用锡类散吹喉，去腐生新；若气热亢盛，壮热烦渴而汗出溱溱，营血热炽而丹痧密布且舌绛而干，舌起红刺，急需凉营透气，清热凉血，方选凉营清气汤、犀角地黄汤；若大便燥结不通，可加大黄、玄明粉下之；若邪毒攻心，神志昏迷不醒者，可用局方至宝丹、安宫牛黄丸清热开窍之品。

肺胃阴伤余热丹痧：为阴虚有热之候，临床特点为：壮热已除，或惟午后有热，咽喉肿痛腐烂减轻，丹痧渐退，皮肤脱屑。此时恶候虽减，余热未尽而阴液耗伤，出现午后低热，舌红而干，脉细数等一派阴虚内热之象。治宜甘寒养阴，清泄余热，方用清咽养营汤。

【文献别录】

《喉痧正的》："喉痧一症，由于时行疫疬与风温热之邪煽烁蒸腾为患，一经触发，热若燎原。"

《疫痧草》："疫痧之毒，有感发，有传染，又有郁蒸之气，霾雾之施，其人正气适亏，口鼻吸受其毒而发者为感发，家有疫痧，人吸受病人之毒而发者为传染。""吉凶：视其喉，喉烂宜浅不宜深也；观其神，神气宜清不宜昏；按其脉，脉宜浮数有神，不宜沉细无力；察其痧，痧宜颗粒分明而缓达透表，不宜赤如红纸而急现隐约也。"

《疫喉浅论》："以三焦相火为发源，以肺胃二经为战场，以吸受疫疬之气为贼渠。"

（梅马力　俞景茂）

422．小儿水痘

【概念】

水痘，是小儿常见的一种急性发疹性传染病。由于疱疹内含水液，形如豆粒，故名水痘。又称"水花"、"水疮"。多见于十岁以下的小儿。

痘是儿科四大症之一，包括天花、水痘等疾患。由于普种牛痘，天花早已绝迹，本书不再列入。本条仅从水痘的症状鉴别加以论述。

【鉴别】

常见证候

外感风热水痘：水痘出如露珠，水疱浆液清莹明亮，四周淡红，色不明显，伴有头痛，发热，鼻塞流涕，咳嗽喷嚏，舌苔薄白，脉浮数，指纹红紫。

毒热炽盛水痘：痘形大而密，根盘明显，周围有胭脂色红晕，痘色紫黯，疱浆混浊，且伴有壮热烦躁，口渴唇红，口舌生疮，小便短赤，舌苔黄干而厚，脉象滑数，指纹紫滞。

鉴别分析

外感风热水痘：乃因外感风热时邪，内蕴湿热之气，留于脾肺二经，病邪外泄，发于肌表所致。初起多见肺卫症状。鉴别之点为：①热型：发热恶风，热度不高；②出疹时间：发热当天，或发热一、二天后，出现疹点；③出疹部位：头部、面部、发际、躯干较多，四肢较少，手足心更少；④痘形：初起如米粒大小之红疹，摸之稍觉碍手，疹点出现后，疹的中央有一小水泡，迅速扩大，大者如豌豆，小者如米粒，大小不一，略呈圆形或椭圆形，痘疹皮薄而软，触之易破；⑤痘色：顶色清莹明亮，含透明澄清液体，不化脓，根脚周围有红晕，但不明显，而且边缘散漫；⑥痘痂形：数天后疱疹见干，它的中央先行凹陷，然后结成痂盖，结痂快，痂块薄，经数日至二、三周方尽脱落，落痂后皮肤不留斑痕；⑦出疹程序：起病后三、五日内，新皮疹陆续出现，有时分批而出，因此常见丘疹、疱疹、痂盖同时存在；⑧全身症状：鼻塞流涕，咳嗽喷嚏，舌苔薄白，脉浮数，指纹红紫。

毒热炽盛水痘：因小儿禀赋虚弱，或素有湿热蕴郁，或病后失于调治，以致病邪深入，可由卫分转入气分，但很少窜入营分、血分。邪入阳明气分，则见痘大而密，根盘明显，周围有胭脂色红晕，疱疹色紫而黯，疱浆混浊。其鉴别之点为：①痘顶尖而碍手，根盘虽较明显，周围有胭脂色红晕，但痘脚斜散而皱，不收束；②疱疹虽紫黯，而疱浆混浊，但灌浆后即见结痂，痂黄而薄，或中央厚边薄，落痂后不留斑痕；③丘疹、疱疹、痂盖同时并存；④全身症状，壮热烦渴，唇红面赤，口舌生疮，小便短赤，舌苔黄厚，脉滑数，指纹紫滞。

治疗之法，外感风热水痘，邪在卫分，法宜疏风清热，代表方剂为银翘散；毒热炽盛水痘，邪在气分，法当清热解毒，代表方剂为腊梅解毒汤；如皮肤赤痒湿烂，可用绵茧散撒布，以收敛燥湿，促其愈合。

小儿水痘传染性强，一经感染，极易发病。但病情比较轻微，如能及时治疗，护理得当，一般六、七天即可痊愈，且发病一次以后，终身不复感染。

【文献别录】

《景岳全书·麻疹诠》："凡出水痘先十数点，一日后其顶尖上有水泡，二日、三日又出渐多，四日浑身作痒，疮头皆破，微加壮热即收矣。但有此疾，须忌发物，七、八日乃痊。"

"水痘亦有类伤寒之状，身热二三日而出者，或咳嗽，面赤，眼光如水，或喷嚏，或流涕，但与正痘不同，易出亦易靥，治而清热解毒为主。"

《医宗金鉴·痘疹心法要诀·痘中杂证》："水痘发于脾肺二经，由湿热而成也。初起与大痘相似，面赤唇红，眼光如水，咳嗽喷嚏，唾涕稠粘，身热二、三日而始出，其形尖圆而大，内含清水，易胀易靥，不作脓浆。"

《幼幼集成·水痘露丹证》："水痘似正痘，外候面红唇赤，眼光如水，咳嗽喷嚏，涕唾稠粘，身热二三日而出，明净如水泡，形如小豆，皮薄，痂结中心，圆晕更少，易出易靥，温之则痂难落而成烂疮，切忌姜椒辣物，并沐浴冷水，犯之则成姜疥水肿。自始至终，惟小麦汤为佳。"

（卢　志）

423.小 儿 丹 毒

【概念】

小儿丹毒，是指皮肤发红，赤若涂丹的症状，多见于婴幼儿。

古人对丹毒记载颇详，例如《颅囟经》载丹毒一十六种；《诸病源候论》记载丹毒三十种；《圣济总录》记载丹毒二十五种，再加小儿游肿赤痛，总共三十余种；如今常用"丹毒"、"赤游丹"、"赤游风"等名称。

此外，初生儿因胎脂脱落，与外界环境接触，皮肤颜色红赤，但无任何症状；又初生儿因皮肤嫩薄，局部感受邪毒，呈现红赤，但吮乳如常，精神好，称"胎赤"，均不属本症范围。

【鉴别】

常见证候

毒热蕴滞丹毒：初起恶寒发热，头痛，身痛，两目生眵，惊搐多啼，便秘尿赤，继而出现皮肤小片红斑，很快蔓延，色泽鲜红明亮，稍高出皮肤表面，境界清楚，压之皮肤红色减退，放手仍复灼红，触之灼热疼痛，苔薄黄或黄腻，脉象数或滑数，指纹浮紫。

毒热炽盛丹毒：壮热不休，烦躁多啼，唇焦口干，胸腹胀满，甚则神识昏迷，气促鼻煽，二目直视，红斑肿胀，迅速蔓延，灼热鲜红，疼痛难忍，或伴瘀点、紫癜、水疱等。偶见化脓坏死，溃烂流水，舌质红，舌苔黄，脉象洪数，指纹紫滞。

胎毒蕴结丹毒：病发生于新生儿，红斑从脐部开始，向外遍游全身，可发生皮肤坏死，伴有发热，烦躁，呕吐，神昏等，舌苔黄，脉象数，指纹紫滞。

鉴别分析

毒热蕴滞丹毒与毒热炽盛丹毒：丹毒发病之因，大多由于小儿胎中毒火内伏，或生后皮肤损伤，护理不当，为外风邪毒所侵，风毒发于腠理，热毒搏于血分，蒸发肌表，而发此病。毒热蕴滞丹毒与毒热炽盛丹毒，二者均为实证热证，只是病情由表及里，由轻转重，毒火日渐炽盛所至。前者多见恶寒轻，发热重，头痛身痛，两目生眵，皮肤红斑，迅速向周围蔓延，色泽鲜红明亮，稍高出皮肤表面，皮肤僵硬，触之灼热疼痛。若丹毒发于头部，为邪尚在表，治法宜清热解毒，代表方剂为普济消毒饮；若丹毒发于胸背部，为邪侵肝经，治宜疏肝清热解毒，方用龙胆泻肝汤；若丹毒发于下肢，为湿热下注，法宜清热利湿解毒，方用萆薢渗湿汤合五神汤。后者为毒热炽盛，邪毒入里，营阴损伤，症见皮肤紫红，伴有瘀点，皮肤僵硬，肿势更甚，灼热疼痛难忍，拒按拒摸。严重时结毒化脓，溃烂流水，并伴有壮热不休，烦躁多啼、神识昏迷，全身抽搐等。治法清热解毒，凉血泻火，代表方剂清营汤合黄连解毒汤。更甚者可用清瘟败毒饮。若见神昏抽搐者，加服紫雪丹，或安宫牛黄丸。无论病情轻重，都可用如意金黄散适量，以大青叶煎水调敷患处。

胎毒蕴结丹毒：此症发生于新生儿，红斑往往游走不定，多有皮肤坏死，伴高热烦躁，呕吐，抽搐等严重的全身症状，治法宜凉血泻火解毒，可用黄连解毒汤加味，邪毒内攻者，治宜清心开窍，凉血解毒，用黄连解毒汤合犀角地黄汤。

丹毒多发于婴幼儿，发病急，传变速，对小儿危害严重，因此，对此症不可掉以轻心。

【文献别录】

《诸病源候论·丹毒病诸候》："丹者，人身体忽然焮赤，如丹涂之状，故谓之丹。或发手足，或发腹上，如手掌大，皆风热恶毒，所为重者，亦有疽之类。不急治，则痛不可堪，久乃坏烂，去脓血数升。若发于节间，使流之四肢，毒入肠则杀人，小儿得之最忌。"

《幼科证治准绳·疮疡》："小儿丹毒乃热毒之气极，与血相搏，而风乘之，故赤肿及游走遍身者，又名赤游风，入肾入腹，则杀人也。大抵丹毒虽有多种，病源则一。"

（卢　志）

424. 顿　咳

【概念】

顿咳是指感染时行疫疠之气而引起的病症，临床以阵发性痉挛性咳嗽，咳而伴有特殊的鸡鸣样吼声，最后倾吐痰沫为特征。因其为有阵发性、痉挛性咳嗽而命名为顿咳；由于病程可持续 2~3 个月以上而难以痊愈，故又称为百日咳；其咳时，颈项伸引，形如鹭鸶，故又称鹭鸶咳；因其有传染性，又称天哮呛、疫咳；此外尚有顿嗽、鸡咳等名称。本症多见于 5 岁以下小儿，冬春季节易罹患，一般病程有初咳、痉咳、恢复三期。

《本草纲目拾遗》鹭鸶条下描述本症时指出："顿咳从少腹下逆上而咳，连咳数十声，少住又作，甚或咳发必呕，牵掣两胁，涕泪皆出，连月不愈。"《幼科全书》中，"咳久连声不已，且口鼻俱出血"等，都是对本症不同于一般咳嗽的描述。

【鉴别】

常见证候

风寒痰阻顿咳：咳嗽剧作，痰液稀薄，咳时涕泪俱出，面红睑浮，咳声连续不断，咳后有鸡鸣样回声，唇淡，舌苔薄润，脉浮紧，指纹淡红。

痰热阻肺顿咳：咳嗽剧作，咳时面赤握拳，弯腰曲背，目睛红赤，涕泪皆出，痰液粘稠，咳后有鸡鸣样回声，甚则乳食痰饮随咳倾出，或咯血，或鼻衄，舌苔黄偏干，脉滑数，指纹紫滞。

肺脾两虚顿咳：咳嗽较缓，咳声无力，痰稀而少，气短声怯，面白唇淡，食少纳呆，大便溏薄，舌淡红少苔，脉细无力，指纹淡。

鉴别分析

风寒痰组顿咳与痰热阻肺顿咳：两者均为外邪束肺所致。肺主气，喜清肃，风邪外束，使肺失清肃，气逆而咳，与寒痰相结则为风寒之痰，与热痰相聚则为风热之痰。两者临床表现的主要区别为：风寒痰阻顿咳，痰液稀薄，舌苔薄滑；痰热阻肺顿咳，痰液粘稠，舌苔黄干，甚则咯血，鼻衄。前者治宜温肺化痰，顺气降逆，方选小青龙汤加味；后者治宜清热化痰，泻肺止咳，方选桑白皮汤合补肺阿胶汤加减。

肺脾两虚顿咳：咳嗽日久，损伤肺脾之气，肺气虚失于肃降，脾气虚失于运化，所以表现为咳声无力，食少纳呆。它如气短声怯，面白唇淡，大便溏薄，脉细无力，均为肺脾气虚之象。治宜益肺健脾，方选人参五味子汤；若咳久伤及肺脾之阴，表现为干咳少痰，手足心热，颧赤盗汗，脉细数无力者，法当滋阴润肺，方用沙参麦冬汤，或麦门冬汤加减。

此外，本病症尚需与感冒咳嗽、肺炎喘嗽及气管异物相鉴别。因上述三病症均可引起阵咳，但感冒咳嗽与肺炎咳嗽剧咳可在一起病即出现，咳后无鸡鸣样回声，夜间加重不著，常伴有发热恶寒，鼻塞流涕，咳喘气促等症；气管异物则有误吸异物史，突然发病，咳嗽无日轻夜重之规律，咳后无鸡鸣样回声，胸透常可发现部分肺不张等。

【文献别录】

《素问·咳论》："胃咳之状，咳而呕吐，……肾咳之状，咳则腰背相引而痛，甚则咳涎，……久咳不已，三焦受之，此皆聚于胃，关于肺，使人多涕而浮肿气逆也。"

《小儿药证直诀·咳嗽》："有肺气虚者，咳而哽气，时时长出气，喉中有声，此久病也，以阿胶散补之。"

《温病条辨·解儿难》："凡小儿连咳数十声不能回转，半日方回如鸡声者，千金苇茎汤合葶苈大枣泻肺汤主之。"

（俞景茂　薛秀平）

425．痄　腮

【概念】

痄腮，是指感受时邪疫毒，以致发热，腮部肿胀疼痛的症状，又名"腮肿"、"含腮疮"、"蛤蟆瘟"、"鳗鲡瘟"等。

痄腮发作轻者，表现为耳下腮部一侧肿胀，或两侧齐发，按之柔软，咀嚼食物不便，发作重者常伴有发热畏寒，烦躁口渴，纳差，精神不振等全身症状，但"此症永不成脓，过一候自然消散。"

发颐亦有腮部肿胀，但一般仅限于一侧，如不及时治疗可以化脓。颈耳部瘰疬，其肿块大多在下颌部或耳前部，边缘清楚，较硬，能活动，往往伴有咽喉肿痛，耳聘等。两者均不属于本条讨论范围。

【鉴别】

常见证候

风热上犯痄腮：主要表现为畏寒发热，头痛轻咳，耳下腮部痠痛，张口及咀嚼不便，继之一侧或两侧腮部肿胀疼痛，边缘不清，舌苔薄白微黄，脉象浮数。

热毒炽盛痄腮：主要临床为恶寒高热，头痛，烦躁口渴，食欲不振，或伴有呕吐，腮部漫肿，灼热疼痛，坚硬拒按，咽喉红肿，吞咽咀嚼不便，大便干结，小便短赤，舌质红，苔薄腻而黄，脉滑数。

邪毒内陷心肝：腮部尚未肿大或腮肿5～7天后，突然壮热，头痛项强，呕吐，嗜睡，昏迷，抽搐，舌红绛，脉数。

邪毒引睾窜腹：腮部肿甚或肿胀初消，一侧或两侧睾丸肿胀疼痛，或少腹弦急隐痛，伴发热，舌红，脉数。

鉴别分析

风热上犯痄腮与热毒炽盛痄腮：都因感受风温病毒所致，均见有腮部肿胀痠痛灼热等症，然两者有轻重表里之别。风热痄腮具有明显的畏寒发热，头痛轻咳，苔白或薄黄，脉浮数等风热表证，治宜疏风散结，清热消肿，方选银翘散加减，外用如意金黄散涂腮肿部。热毒炽盛痄腮较风热上犯痄腮病情为重，除出现腮部漫肿灼热疼痛外，并见高热头痛，烦躁口渴，咽喉红肿，大便干结，小便短赤，舌苔薄腻而黄，脉滑数等热毒炽盛的气分实热证，治宜清热解毒，软坚消肿，方选普济消毒饮加减，外涂如意金黄散、青黛散等。

邪毒内陷心肝与邪毒引睾窜腹：均因邪毒炽盛与正气不足，导致邪毒内攻，若内陷心肝则神明受累肝风引动，出现神昏抽搐之症，治宜清热解毒，熄风镇痉，方用普济消毒饮合紫雪散、至宝丹。若引睾窜腹，男孩则见睾丸肿胀疼痛，女孩则见少腹疼痛，治宜清泻肝火，疏肝散邪，方用龙胆泻肝汤加减。

【文献别录】

《疡科心得集·辨鸬鹚瘟耳根痈异证同治论》："夫鸬鹚瘟者，因一时风温偶袭少阳，络脉失和，生于耳后，或发于左，或发于右，或左右齐发。初起形如鸡卵，色白濡肿，项若有脓，按不引指，但痠不痛，微寒微热；重者或憎寒壮热，口干舌腻。初时则宜疏解，热甚即用清泄，或夹肝阳上逆，即用熄风和阳，此证永不成脓，过一候自能消退。"

《外科全生集·发颐遮腮》："患生于腮，有双有单。一曰遮腮，一曰发颐，当宜别治。腮内痠痛是遮腮，取嫩膏敷上，次日全愈。倘病仍两腮发肿，不痠痛者是发颐，宜服表风散毒之剂，当用白芷、天麻、防风、荆芥各一钱，陈酒煎半碗，送服醒消丸三钱而愈。"

（俞景茂）

426. 小儿木舌

【概念】

木舌是指舌体肿大木硬、活动不灵的症状而言。又名"木胀舌"、"木风舌"、"死舌"。是新生儿常见的舌症之一。

【鉴别】

常见证候

心脾壅热木舌：舌体肿大，板硬麻木，不能转动，妨碍乳食，同时伴有发热面赤，唇红口干，烦躁啼哭，小便短赤，大便臭秽，舌质红，苔黄厚，指纹紫滞等。若舌体渐渐肿大满口，色紫如猪肝，啼叫无声，不通饮食，则为危象。

阴虚津亏木舌：舌叶肿胀木硬，不能转动，吮乳受阻，甚则塞满口中，气不得息，兼见潮热颧红，口干心烦，睡则盗汗，手足心热，小便短少，大便干结，舌质红少津，舌面光少苔，指纹红暗。

鉴别分析

心脾壅热木舌：即心脾实热之证。舌为心之苗，脾脉系舌本，心脾火热太盛，循经上行，壅滞于舌，而为本证。故张介宾云："舌者心之苗，脾之脉络所系，心脾壅热上冲，故令舌肿。渐渐胀大，塞满口中，名曰木舌"。火热上炎，则见面红，唇赤；心火内炽，或移热于小肠，则见烦躁不宁，小便短赤，舌质红；脾经热壅，故有口干多饮，大便燥结臭秽，舌苔黄厚。治以清心导热，解毒消肿，内服沆瀣丹，或泻心导赤汤，外用川硝散敷之。

阴虚津亏木舌：属虚热之证。多因素体阴虚，或由心脾壅热不去，日久津伤，证从实热转为虚热。虚火上炎，则见面颧潮红，烦躁不宁，舌质红黯少津，舌体板硬不灵；虚热骨蒸，则见潮热盗汗，五心烦热；津亏肠燥而致大便干结，小便短赤，舌光少苔。治以滋阴降火，内服六味地黄丸，外敷黄柏末。

木舌之症有轻、重之分。轻者，仅因津液干燥而成，每每吃乳或饮水后，即可不药自愈。重者，若舌见糜烂没有出血，或舌上无涎，形如干橘核，或啼叫无声，面色频变而惊痛者，均属难治之列。

【文献别录】

《诸病源候论·唇口病诸候》："手少阴为心之经，其气通于舌。足太阴脾之经，其气通于口，太阴之脉，起于足大指，入连舌本，心脾虚为风热所乘，邪随脉至舌，热气留心、血气壅涩，故舌肿，舌肿脉胀急，则舌肿强。"

《幼幼集成·卷四》："木舌者，心脾积热之气上冲，故令舌肿，渐渐长大，充满口中，若不急救，必致害人。"

（肖淑琴）

427. 小 儿 重 舌

【概念】

重舌，是指舌下近舌根处肿起，形似舌下又生一小舌，故称"重舌"，又称"子舌"。

重舌须与"舌垫"、"莲花细舌"、"卷舌痈"相鉴别。后者虽也舌下肿起，但其形状不似舌形。"舌垫"为舌下忽高肿起核，似物垫于舌下。"莲花细舌"是指舌下生峰（有三峰、五峰、七峰者），尖似莲花之状而名。"卷舌痈"在《焦氏喉科枕秘》中记载为："生舌下，或左右，或正中，形如圆眼，或如枣核……"。故应予区分。

【鉴别】

常见证候

心脾积热重舌：舌下连根处红肿胀突，形如小舌模样，轻者毫无痛苦，重则疼痛，烦躁啼哭，甚至局部溃烂，或伴有发热面赤，口干，唇齿红肿，舌上生疮，口内灼热糜烂，小便短赤，大便臭秽，舌尖红，指纹紫滞等。

虚火上炎重舌：舌根下肿突，形似生一小舌，兼见面白颧红，倦怠懒言，口干不渴，或低热盗汗，五心烦热，大便干燥或稀溏，舌质淡或红少津等。

鉴别分析

心脾积热重舌：即心脾实热之证。多因妊母喜食辛辣厚味，或误服温药，以致胎禀过热；或生后养育过温，喂养不当，而致乳食积滞，脾胃功能失调，积热于内，热邪循经上行，复感邪毒，内外合邪，熏蒸于口舌，以致舌根下复生一小舌，口不能出声，饮食难下。火热炎上，则面红，唇赤；心火内炽，则烦躁不宁，小便短赤，舌尖红；脾胃实热，故有口干喜饮，大便臭秽等症。辨证有轻、重之分，轻者可不药自愈；重者必须急治。治以清热，泻心，解毒，内服清热饮，外敷凉心散治之。

虚火上炎重舌：多因素体阴虚，或热病后期，阴液亏损，水不制火，虚火上炎为病。阴虚生内热，故可见五心烦热，虚烦不宁，面白颧红，舌红少津等阴虚火旺之象。治疗宜滋养肾阴为主，用知柏地黄丸加减。

总之，前者为实热，病在心脾；后者为虚火，病责于肾，临床抓住其病因病机特点，结合临床表现，不难鉴别。

【文献别录】

《幼幼集成·舌病证治》："重舌者，心脾有热。盖脾之大络出于舌下，有热则气血俱盛，附舌根下忽重生一舌而短小。内服沆瀣丹，外以针砭去恶血，用蒲黄、黄柏末敷之"。

（肖淑琴）

428. 小 儿 异 嗜

【概念】

小儿异嗜又称"异食癖"、"嗜异"、"嗜食"等，是指小儿在开始能够主动选择食物时，有意识地挑选非食物性异物，如煤渣、土块、墙泥、头发、指甲、砂石、肥皂、油漆等，进行难以控制地咀嚼与吞食。

中医古代文献对本症未作专题论述，但对本症的症状描述散见于疳积、虫症等病证中。如宋·钱乙《小儿药症直诀·诸疳》说："脾疳，体黄腹大，食泥土，当补脾，益黄散主之。"清·沈金鳌《幼科释谜·疳病》说："爱吃生米面、炭砖瓦，是脾胃疳。"明·龚廷贤《寿世保元·诸虫》说："或好食生米，或好食墙泥，或食茶炭咸辣等物者，是虫积。"

本症多见于幼儿，学龄儿童亦可见到。1岁以内婴儿尚不能主动择食，咬食异物不应诊为异嗜。

【鉴别】

常见证候

热毒蕴肠异嗜：嗜食生米、茶叶、煤渣、火柴等物，面色青黄黯黑，消谷善饥，口干多饮，或口气热臭，牙龈肿痛，大便干结，烦躁不宁，舌红，苔黄，脉数。

脾胃虚寒异嗜：嗜食泥炭等异物，面色萎黄无华，毛发稀疏，形体消瘦，不思饮食，食而不化，大便溏薄，夹有不消化食物残渣，四肢无力，精神疲惫，甚则面浮肢肿，小便不利，唇舌色淡，苔白滑或腻，脉细弱。

诸虫积滞异嗜：食欲异常，或有偏食，爱吃泥土、生米等异物，嗜咬爪甲，面色苍黄无华，甚则虚浮，或有虫斑，形体消瘦，生长落后，肚腹胀大，腹痛时作，大便不调，或有虫体排出，烦躁易怒，舌淡红，苔黄或腻，脉弦细，大便检查常可找到钩虫、蛔虫等寄生虫卵。

情志异常异嗜：嗜咬指甲、衣领、衣被等物，面色萎黄，食少纳呆，多哭少笑，表情淡漠，情志抑郁，胸闷善叹息，烦躁易怒，舌淡苔白，脉弦。

鉴别分析

热毒蕴胃异嗜与脾胃虚寒异嗜：两者均是脾胃为病，但前者为实为热，后者为虚为寒，病因病机不同，表现各异；前者多因饮食不节，过食肥甘厚味，损伤胃之受纳腐熟功能，食积于胃，日久郁而化火。胃有伏火，则消谷善饥，饥不择食，嗜食异物。若异物不洁，甚则有毒，日久则热毒互结，蕴于脾胃，故有面色青黄黯黑；胃中有热，耗伤阴液，则有口干多饮，大便干结；胃热熏蒸于上，有口气热臭，牙龈肿痛；热扰心神，则有烦躁不宁，舌红，苔黄糙，脉细数，均为热毒蕴胃之象。治宜清胃解毒，方用泻黄散，或清脾养胃汤。后者多因非母乳喂养，且喂养不当，伤及脾胃；或因父母溺爱，过食肥甘厚味，小儿脾胃娇嫩，不能腐熟消化，渐成积滞，日久成疳，或由于慢性腹泻，久咳不愈，影响脾胃运化，而成疳积。《灵枢·脉度》说："脾气通于口，脾和，则口能知五味矣。"脾气不和，则口不知五味，不思饮食，而异嗜，脾胃虚损，运化失健，气血无以化生，以致某些必须微量元素缺乏，故有面色萎黄无华，形体消瘦，精神疲惫，四肢无力，唇舌色淡，脉细弱。脾虚不能腐熟水谷，则有大便溏薄，夹有不消化食物残渣，甚则脾阳虚不能温化水湿，水湿停滞，甚则面浮肿，小便不利，治宜益气健脾，和中消积，方用香砂六君子汤加味或用资生健脾丸。

诸虫积滞异嗜与脾胃虚寒异嗜：虫积异嗜在病程中亦可出现面色萎黄无华，甚则虚浮，消瘦，大便不调等脾胃虚弱之象，但两者病因不同。前者由于小儿感染诸虫后，虫积于内，损伤脾胃，扰乱气血，汲取营养，气血不荣，造成小儿食欲异常。后者多由饮食、久病损伤脾胃。虫积体内，亦可损伤脾胃，日久出现脾胃虚弱气血不荣之象，但虫积异嗜常有腹痛时作，大便或有虫体排出，大便检查常可找到钩虫、蛔虫等寄生虫卵，故虫积异嗜以驱虫消积为主，继以调理脾胃，方用集圣丸，体质弱不耐攻伐者可用肥儿丸。而脾胃虚弱异嗜以补气健脾为主。

情志异常异嗜：多由于儿时家庭不幸或父母疏于教养，心理失常，则嗜咬异物，日久成癖。心智不慧，则表现为表情淡漠，面色萎黄呆滞；情志抑郁，肝气郁结，气机失于条达，则有胸闷善叹息，烦躁易怒。治宜疏肝理脾，养心益智，方用柴胡疏肝散加减，并配合心理疏导，纠正不良习惯。

小儿异嗜当辨虚实、寒热、虫积、情志。由于小儿易虚易实，临床常虚实并见，寒热错杂。如热毒蕴胃，久则胃阴亏虚，由实转虚；脾胃虚寒，积滞不消，日久化热，则见虚中夹实；虫积日久，可致脾胃虚弱；情志郁久可化火伤胃，故当"间者并行"。

【文献别录】

《景岳全书·饮食门》"凡喜食茶叶，喜食生米者，多因胃有伏火，所以能消此物。余尝以清火滋阴之药治愈此者数人。盖察其脉证有火象，故随用随效也。""又有喜食炭者，必有胃寒而湿，故喜此燥涩之物，亦当详察脉证，宜以健脾温胃为主。"

（李　岚　俞景茂）

429. 小儿舔舌（弄舌）

【概念】

小儿舔舌是指自觉或不自觉地用舌头舔口唇的一种症状。若将舌头频频吐出掉弄如蛇丝称弄舌，为惊风之兆；舌舒长收缓而吐出口外，名吐舌，是心气将绝的危证；附舌根而重生一物，形如舌而短小者，名重舌，为有血瘀毒肿之象，应注意鉴别。

【鉴别】

常见证候

脾经伏热舔舌：时时用舌舔口唇，唇口干燥，唇色稍红或稍黯，舌体觉胀大，面色黄，五心烦热，便秘，舌质红，苔薄黄少津，脉数。

脾虚津乏舔舌：时舔口唇，口渴多饮，唇色淡，形瘦，便溏，舌红少津，苔薄白，脉数无力。

鉴别分析

脾经伏热舔舌与脾虚津乏舔舌二症，均与脾经相关，因足太阴之脉连舌本，散舌下，脾开窍于口，脾主唇四白，故舔舌一症与脾关系密切。若伏热所致者，则唇口干燥，唇色黯红，兼见五心烦热，便秘诸症，可与益黄散清伏热，散伏火；若因脾虚津乏所致者，兼见口渴饮水，唇淡形瘦，可与白术散平热生津，健脾升清。

【文献别录】

《幼幼集成·舌病证治》："弄舌者，脾脏虚热，令舌络紧，时时舔舌，妄人称为蛇丝惊者是也，切勿以寒凉攻下治之，少与泻黄散服之。"

《诚书·治舌》："出长收短名曰舒（舌），热在心脾；微露即收，舌干肿涩，名曰弄（舌）……附舌根而重生一物，形如舌而短小者，名曰重（舌）……若初则无肿，渐渐粗大塞满口中，名曰木（舌）"。

（俞景茂）

430. 小 儿 多 汗

【概念】

小儿多汗是指小儿在安静状态下不因玩耍劳累、天气炎热、衣着过暖、或服用发汗药后等因素而出现汗出异常的症状。若时时汗出，不分寤寐者称之为"自汗"；若睡时汗出，醒后汗止者称之为"盗汗"。小儿形气未充，腠理不密，常自汗、盗汗并见，故统称为汗证。由于多汗小儿大多体质虚弱，故又称为"虚汗"。根据汗出部位的不同，可分为全身汗、头汗、胸汗、半身出汗、手足汗等。若时时冷汗微出，发根如贯珠，面额上溅溅然者，称为"惊汗"；若大汗不止，或汗出如油，肢冷息微者，称为"脱汗"；热病中出现全身寒战，继之周身汗出而热退身凉者，称为"战汗"。均不属本条论述范围。

【鉴别】

常见证候

表虚不固多汗：自汗为主或伴盗汗，汗出遍身或以头部、胸部为多，稍动即汗，平时易感冒，神倦乏力，面色少华，肢端欠温，舌质淡红，或舌边齿印，苔薄滑，脉浮无力。

营卫不和多汗：自汗为主，遍身汗出，或半身汗出，微恶风寒，或伴有低热，或感冒初愈，或温热病后精神倦怠，胃纳不振，舌质淡红，苔薄白，脉缓。

阴血亏虚多汗：盗汗为主，汗出较多，形体消瘦，心烦不寐，口干唇燥，手足心热，或伴潮热，舌苔剥脱，脉细数。

脾胃积热多汗：自汗、盗汗，头额、心胸、四肢多汗，面黄肌瘦，口臭，腹胀腹痛，或肚腹胀大，大便秘结或溏薄，小便或黄或如米泔，惊睡不宁，舌苔黄腻，脉滑。

鉴别分析

表虚不固多汗与营卫不和多汗：二者均可出现多汗之证。然前者属虚证，多见于体质素虚之人，肺脾气虚，表气不固使然。临床上除见有动则汗出，汗出溱溱，或上半身，或遍身汗出外，尚有平素易罹感冒，面色少华，倦怠乏力，肢端欠温等肺脾气虚之症。后者则多见于病后失调，或过用发汗药，损伤卫阳，营卫失和而汗出频频，属表有余邪之证。故除见有自汗出外，还可见微恶风寒，鼻塞流涕，或身有微热等风邪束表之证候。治疗上前者以益气固表为主，以玉屏风散合牡蛎散化裁，后者则调和营卫，解肌透邪，方选桂枝汤方为代表。

阴血亏虚多汗与脾胃积热多汗：阴血不足多汗因大病、久病之后，或先天不足，阴血亏虚，心液失藏而见多汗之症，属于虚证。阴虚生内热，虚热内扰，亦可蒸迫津液外泄而汗出。临床上除见有盗汗外，尚有形体消瘦、口唇干燥等阴血不足之象及心烦不寐，手足心热，潮热阵作等虚热内扰之证。脾胃积热多汗多因小儿恣食肥甘，郁而化热，湿浊蕴结，迫津外越而见蒸蒸汗出，属实证。其汗出频频，汗温肤热，或遍身汗出，或头项汗多，或胸部汗多。若热盛阳明则兼见烦渴引饮，若食滞内热则兼见腹胀腹痛、口臭纳呆等症。治疗上，前者以滋阴养心敛汗为主，方选生脉散合牡蛎散加减；后者以清热理脾，消积导滞为主，方选曲麦枳术丸化裁。

【文献别录】

《诸病源候论·头身喜汗出候》："小儿有血气未实者，肤腠则疏，若厚衣、温卧、脏腑生热，蒸发腠理，津液泄越，故令头身喜汗也。"

《徐大椿医书全集·杂病证治》："手足汗者，手足为诸阳之本，生于脾胃，湿热熏蒸则津液旁达而手足汗出也，宜渗湿固中"。

《幼科折衷》"有睡中汗自出者，曰盗汗，此阳虚所致，久不已，令人羸脊枯瘦，心气不足，津液妄出故也。"

（蔡炎辉　俞景茂）

431. 小儿痴呆

【概念】

小儿痴呆是指小儿痴愚、呆傻，智慧不聪的症候。轻者智力低下，反应迟钝呆滞；重者智力缺陷，生活不能自理。本症有因先天禀赋不足，大脑发育不全，生下即痴；有因后天调养失当，难产、产伤、颅脑外伤、罹患脑炎、脑膜炎、中毒等疾病，因病而后遗。痴呆患儿往往有语言、动作、坐、立、行等发育迟缓，及头项、手、足软弱等兼证，与成年人痴呆之精神异常迥然有别。本症在古代文献中散在于"语迟"、"五软"之中，至清·陈士铎《辨证录》始见此症名。

【鉴别】

常见证候

肝肾亏虚痴呆：智力低下，筋骨痿软，发育迟缓，以动作发育迟延为主。抬头、坐、立、行、萌生乳牙均延迟，面色无华，目无神采，囟门宽大，或容貌痴愚，张口伸舌，口角流涎，舌质淡红，苔薄，脉细。

心血亏虚痴呆：智力迟缓，神情呆钝，语言不清，言语延迟，发稀面白，唇甲色淡，舌质淡，苔少，脉缓弱。

髓亏痴呆：智力缺陷，动作无主，言语无序，难解人意，生活不能自理，甚或饥饱不知，二便自遗，面色晦黯，肢软无力，舌质淡，苔少，脉沉细。

瘀阻脑络痴呆：多有产伤，难产史或颅脑外伤史，神情麻木，反应迟钝，时作惊跳，肌肉萎软，关节僵硬，蹲坐困难，或动作迟延，或癫痫时作，舌质晦黯，脉涩。

痰蒙清窍痴呆：多见于脑炎、脑膜炎或中毒后遗症。病前智力正常，病后智能低下。失聪失语，反应迟钝，肢体强直，吞咽困难，喉间痰鸣，或癫痫时发，舌苔白腻，脉滑。

鉴别分析

肝肾亏虚痴呆与心血亏虚痴呆：二者皆为先天性痴呆。肾主骨，肝主筋，脑髓由肾所生。肝肾不足，髓海失养，筋骨痿软而不健，故以动作发育迟延之痴呆责之于肝肾亏虚。心主神明，开窍于舌，言为心声，心血不足，神气不明则言语举止笨拙，故以语言发育延迟之痴呆责之于心血不足，前者除智力呆钝外，尚可见抬头、坐、立、行走，乳牙萌发明显延迟，囟门宽大，目无神采等。后者则见语言发育不能，或言语不清，神情呆钝；同时还可见发稀面白，唇舌色淡等心血不足之征。治疗上前者以补肾地黄丸滋补肝肾，强筋壮骨；后者以菖蒲丸合人参养荣丸补血养心，益智开窍。

肝肾亏虚痴呆与精乏髓枯痴呆：二者虽同属先天性痴呆，但病情轻重有别。前者以智力低下，发育迟缓为主，生活尚能自理，病情较轻。后者以智力缺陷，难解人意，生活不能自理，病情较重。除见有神情痴愚呆笨外，其动作无主，语言无序，甚或饥饱不知，二便不晓。在治疗方面，前者以补肾地黄丸滋补肝肾，强筋壮骨，后者以河车大造丸填精生髓，补肾益智。

肝肾亏虚痴呆与瘀血阻络痴呆：前者属先天不足，禀赋虚弱，肝肾亏虚，脑髓失养。后者为难产或产伤后，或颅脑外伤，损伤血脉，瘀血在内，阻滞脑络，脑失所养，前者多表现有抬头、坐、立、行走等动作发育延迟或软弱等不足的症候，后者则多表现有关节僵硬，步履艰难，时作惊跳或发癫痫等有余的症候，且多有难产、产伤或颅脑外伤等病史。治疗上前者以补肾地黄丸滋补肝肾，强筋壮骨。后者以通窍活血汤活血化瘀、通络开窍。

瘀阻脑络痴呆与痰蒙清窍痴呆：二者皆为后天性痴呆，但其发病经过有所不同，前者病发于分娩时产伤、窒息、颅内出血或颅脑外伤等疾病损伤血脉，瘀血内停，阻滞脑络，脑髓失养而呈痴呆之候。后者则多发生于脑炎、脑膜炎及中毒后遗症，痰浊内留，上蒙清窍，精明之府受损，脑海失养而成痴呆。治疗上前者宜活血祛瘀，通络开窍，通窍活血汤主之；后者宜涤痰泄浊，开窍安神，涤痰汤主之。

【文献别录】

《慈幼新书·语迟》"言，心声也，母有惊邪，儿感其气，心神不守，舌本不通，菖蒲丸主之"。

《婴童类萃·语迟》"肾经之脉络于肺，而系于舌本，行血气，通阴阳，伏行而于骨髓也，肾禀胎气不足，水不能上升，以沃心阳，通条肺气。经云，肺主声，心为言，舌乃心之苗，心肺失调，致舌本强，故不能发而为言也。"

（蔡炎辉　俞景茂）

432. 小儿消渴

【概念】

小儿消渴是指小儿多食易饥、口渴多饮的症候。"消"指消谷善饥，形体日渐消瘦；"渴"指口渴多饮，常出现在西医学中所称的糖尿病、尿崩症、夏季热等疾病中。本症古代文献中常称为"消瘅"、"风消"、"消中"、"肺消"、"膈消"、"三消"等。若因热病汗出而口渴多饮，或因腹泻伤津脱液而渴饮，或因它病日久而形体消瘦，均不属本条论述范围。

【鉴别】

常见证候

肺热津伤消渴：口渴多饮，咽干口燥，尿频量多，或伴有遗尿，尿黄味甜，舌尖边红，苔薄白，脉洪数或细数。

胃热阴伤消渴：多食易饥，形体消瘦，口渴多饮，大便干燥、尿多而甜，或见口臭、口苦，牙龈肿痛，舌红苔黄燥，脉滑实有力。

肾阴亏虚消渴：小便频数，口渴不饮，尿如脂膏或尿清如水，口干舌燥，形体羸瘦，腰膝酸软，甚或面色黧黑，肌肤甲错，舌红少苔，脉沉细无力。

阴虚阳浮消渴：尿量频多，烦渴面红，头痛恶心，口有异味，形瘦骨立，唇红口干，呼吸深快，或神识昏蒙，四肢厥冷，舌质红绛，苔灰或焦黑，脉微数。

暑伤肺胃消渴：夏季长期发热，无汗，口渴多饮，多尿，入秋渐解，舌红，苔薄腻，脉细数。

鉴别分析

肺热津伤消渴与胃热阴伤消渴：二者皆可出现口渴多饮，但在病位上一是在肺，属上焦，一是在胃，属中焦；前者燥热灼伤，肺津不布，故以口渴多饮，咽干口燥为主要症状，其特点是口渴持续时间长，口渴必饮，得水暂缓，稍时复渴，不分昼夜。而后者胃热炽盛，燥热伤阴，以多食易饥为主要症状，其特点是食量甚多，仅解一时之饥，片刻复饥，且饮食不养肌肤而见形体消瘦，同时尚可见口苦、口臭等胃中积热之症。治疗上前者以清金润肺，生津止渴为要，方选消渴方合二冬汤化裁。后者以清泻胃火，养阴增液为法，以玉女煎、白虎加人参汤、增液汤等化裁。

胃热阴伤消渴与肾阴亏虚消渴：二者均可见口渴多饮，小便频数之症候。然前者病情较轻，病程较短，病位在中焦，以多食善饥为主要症候，偏于实证。后者病情较重，病程较长，病位在下焦，以小便量多频数，浑如脂膏，经久不减为主要症候，并可见形体羸瘦，甚或面色黧黑，肌肤甲错，或腰膝酸软，或耳聋目盲，以虚证为主。在治疗上前者宜清胃泻火，养阴保津，方选玉女煎加减，后者以滋补肾阴，固本益元为主，方选六味地黄丸化裁。

肺热津伤消渴与夏季热暑伤肺胃口渴多饮：二者虽都可出现口渴多尿，但夏季热是小儿形气未充，入夏以后不能适应外界炎热气候而引起，具有很明显的季节性，它以夏季长期发热为主要症状，初起口渴不甚明显，病延日久，气温升高则体温也升高，口渴愈甚，饮水愈多则小便愈多，色清而长，无甜味。而肺热津伤之消渴，发病无明显季节性，一般无发热，且可见消谷善饥，尿多而甜等肺热津伤之候。治疗上肺热津伤之消渴以清金润肺，生津止渴为要，消渴方合二冬汤主之。夏季热之暑伤肺胃者宜清暑益气，养阴生津，王氏清暑益气汤主之。

肾阴亏虚消渴：若化验检查血糖尿糖升高者，当属糖尿病之消渴，若血糖尿糖正常且尿比重偏低者当属尿崩症之消渴，治疗上皆以滋阴补肾，固摄下元为法。然尿崩症属肾虚下元不固，或脑神病变及肾，肾之气化失司，水津直趋膀胱而下泄，以尿多如崩为其主症，因其尿多而致烦渴多饮、口干咽燥，尿愈多则口愈渴，如充分饮水则烦渴自止，尿虽如崩，但其色清如水而不甜，且无多食善饥之症。糖尿病之消渴，病程较长，小便量多浑浊，甚则如脂膏，其味甘甜，且多有消谷善饥之候，二者不难区别。

【文献别录】

《幼科铁镜》"三消之症，实热者少，虚热者多，不足之症。一始心肺消渴，或脾胃消中，或肾水消浊，传染日久，则肠胃合消，五脏干燥，精神疲怠，以致消渴四肢"。

（蔡炎辉　俞景茂）

433. 小 儿 肥 胖

【概念】

小儿肥胖是指小儿体内脂肪积聚过多，体重超过同性别、同年龄儿童标准体重20％以上的症状。肥胖症可分为原发性和继发性两类。原发性肥胖又称单纯性肥胖，多与遗传及饮食过量有关；继发性肥胖又称症状性肥胖，多继发于皮质醇增多症、垂体及下丘脑病变、甲状腺功能减退症、胰岛性肥胖、肝糖原累积症等疾病。本条主要讨论单纯性肥胖。本症男孩多于女孩，最易发病年龄为 5～8 岁及青春期。

中医对肥胖的记载较早，《灵枢·卫气失常》说："人有肥有膏有肉……䐃肉坚，皮满者，肥。䐃肉不坚，皮缓者，膏。……膏者，多气而皮纵缓，故能纵腹垂腴。"近年来，由于优裕的生活，家长的呵护，肥胖儿童逐年增多。这些肥胖儿，不仅皮下脂肪堆积严重，而且内脏器官细胞也趋脂肪化，从而影响小儿的性发育。

小儿肥胖须与正常的超重相鉴别，小儿骨骼肌肉发育极佳，体内脂肪组织并不多，为发育良好的超重现象，不应诊为肥胖。

【鉴别】

常见证候

肺气虚肥胖：体胖肌松，面色少华，自汗气短，倦怠乏力，懒言少动，稍动即喘，反复感冒，纳呆腹胀，大便稀溏，舌淡红，苔薄白，脉细弱。

痰浊中阻肥胖：身体肥胖，肢体困重，胸闷气短，纳呆泛恶，痰多而稀，色白多沫，头晕而胀，倦怠嗜睡，大便溏薄，舌体胖而有齿痕，苔白厚腻，脉沉滑。

胃肠实热肥胖：形体肥胖，面色红润，多食善饥，烦渴喜饮，齿龈肿痛，口舌生疮，口气热臭，大便秘结或不畅，小便量少，舌红，苔黄腻，脉滑数有力。

脾肾阳虚肥胖：形体肥胖，面色㿠白虚浮，神疲乏力，形寒肢冷，肢体困重，大便溏薄，甚则完谷不化，夜间多尿，舌质淡胖，苔白，脉沉细无力。

痰瘀互结肥胖：形体肥胖，胸背部较著，满月脸，面色黧黑，胸痛胁胀，烦躁易怒，食欲亢进，舌质紫黯，舌边尖有瘀点和瘀斑，脉弦或细涩。

鉴别分析

肺气虚肥胖与痰浊中阻肥胖：两者均可见纳呆困倦，大便溏薄的脾为湿困之征。但前者脾气虚弱，水谷运化失健，而致脾为湿困，且兼见肺气虚之象；而后者为实，多由于小儿素体多痰湿或过食肥甘，蕴生痰浊，脾胃为痰浊所困，痰浊之象较著。肺脾气虚肥胖多由于小儿娇嫩，肺脾不足，或由于小儿不喜运动，好静多卧坐，久坐则伤气。肺虚则不能通调水道，脾虚则不能化生精血，输布精微，而变生膏脂，蓄于肌肤而发胖；

肺气不足，藩篱不固，故肌松易感；肺主皮毛，卫气不固则有自汗出；气虚则倦怠乏力，动则气喘，短气懒言；脾气虚，则运化失司，故有纳呆腹胀，大便稀溏，舌淡红，苔薄白，脉细弱。治宜健脾益气，祛风利湿，方用六君子汤合玉屏风散加减。痰湿中阻肥胖，多由于小儿父母肥胖，禀受父母遗传，肥人素体多痰湿，或由于后天恣食肥甘厚味，小儿脾胃薄弱，不能运消，酿生痰湿，蕴阻肌肤，凝为膏脂而肥胖；湿性粘滞，则有肢体困重，胸闷气短，纳呆泛恶；痰浊中阻，则有痰多色白而稀；痰浊蒙蔽清窍，则有头晕而胀，嗜睡。舌体胖嫩有齿痕，舌苔滑腻，脉沉滑均为痰浊内阻之象。治宜理脾行气，化浊涤痰，方用温胆汤加减。

脾肾阳虚肥胖与肺脾气虚肥胖：两者均为虚证，都与脾失运化有密切关系，但前者多由于病久脾肾阳虚，不能化气行水，水湿蕴积肌肤，则形体虚胖；阳虚不能温煦肢体，则形寒肢冷；阳虚湿盛，水湿下注则大便溏薄；舌淡胖，脉沉细无力均为脾肾阳虚之象。治宜健脾益肾，温阳利水，方用苓桂术甘汤加减。而肺脾气虚，则多见气虚之征，治宜健脾益气，祛风利湿，方用六君子汤加味。

痰瘀互结肥胖与痰浊中阻肥胖：两者均可见痰浊内阻之象，但前者多由于病后痰邪留于经隧，气血运行不畅，气滞则血瘀，或由于药物（肾上腺皮质激素等）副作用致痰湿与瘀血互结，肥胖表现为胸背部较著，满月脸；气滞血瘀，则有胸胁胀痛，面色黧黑，舌质紫黯，舌边尖有瘀点、瘀斑，脉弦或细涩。治宜化瘀祛痰，消脂利湿。方用二陈汤合桃红四物汤加减。

胃肠实热肥胖：多由于父母溺爱，过食肥甘厚味，小儿脾胃较薄弱，不能腐熟，日久郁而化热，膏脂积聚体内，渐而发胖；胃有实热，则消谷善饥，烦渴喜饮；胃热熏蒸于上，则有齿龈肿痛，口舌生疮，口气热臭；肠中热结，则大便秘结或不畅；热灼津伤，则有小便量少；舌红，苔黄腻，脉滑数有力均为胃肠实热之征。治宜清热泻火通腑，方用增液承气汤加减。

小儿肥胖当查明原因、节制饮食、少食肥甘、增加活动量、配合药物治疗，方能起到事半功倍之效。

【文献别录】

《四川中医》1992；（5）：14 "儿童肥胖应属肾实热结、痰湿内蕴，临床上并无肺失清肃、脾虚不运、肾虚等表现。"

《中西医结合临床儿科学》："本病为虚实相兼，本虚标实之证。在本以脾气亏虚为主，可见倦怠乏力，懒言少动，神疲眠多等症。在标以痰湿、瘀血蓄积或腑实为主，表现为形体肥胖、食欲亢盛、大便秘结等症。"

（李　岚　俞景茂）

434. 小儿性早熟

【概念】

小儿性早熟是指女童小于 8 岁、男童小于 10 岁出现青春期发育征。女童出现乳房、外生殖器发育，月经来潮，子宫及卵巢增大；男童出现阴茎、睾丸发育，有喉结，声粗，并且均可有骨龄提前及身高增长加速。本症女童较男童多见，二者之比为 5:1。

性早熟在中医古代文献中未见有详细记载。根据临床症状，散见于"小儿阳亢"、"小儿相火旺"、"乳疬"等论述中。

现代将性早熟分为真性性早熟和假性性早熟。真性性早熟表现为第二性征提前出现及性腺提前发育，按病因又可分为原因不明的特发性性早熟及由颅内肿瘤、原发性甲状腺功能减低引起的性早熟；假性性早熟仅表现为乳房早发育、阴毛早出现等，但无性腺早发育，多因卵巢肿瘤、先天性肾上腺皮质增生症引起。由外源性含激素的药物所致者不属本条范围。

性早熟须与小儿肥胖相鉴别。肥胖小儿由于脂肪堆积亦可出现乳房增大，但其并无青春期发育征的出现。

【鉴别】

常见证候

相火偏旺性早熟：女童双侧乳房增大，乳头色素沉着，月经提前来潮，白带增多；男童生殖器增大，有阴茎勃起，伴有五心烦热，两颧潮红，口渴盗汗，大便秘结，舌红，苔少，脉细数。

肝经湿热性早熟：女童月经来潮，阴道分泌物增多，色黄或白，味腥臭，双乳增大，触之疼痛，小阴唇色素沉着；男童有阴茎勃起，甚则遗精，声音低沉，喉结出现，面部痤疮，伴有急躁易怒，夜寐不安，口苦咽干，小便短赤，舌红，苔黄腻，脉弦数。

肝郁气滞性早熟：乳房提前发育，胀痛明显，阴毛提前出现，伴有精神抑郁，胸闷叹息，甚则烦躁易怒，食少纳呆，舌淡红，苔薄白，脉弦。

脾虚痰湿性早熟：乳房结块肿大，有压痛，白带增多，伴有面色少华，倦怠无力，形体虚胖，胸闷泛恶，少动懒言，舌淡胖，苔白腻，脉濡细。

鉴别分析

相火偏旺性早熟与肝经湿热性早熟：两者均表现出口干烦热，舌红脉数等热象，但前者为虚，病位在肾，阴虚之象较著；后者为实，病位在肝，湿热之象较著。前者多由于患儿素体阴虚，又由于父母溺爱，恣食肥甘厚腻及补益之品，培补太过，化燥伤阴，肾阴耗伤，阴阳平衡失调，阴不能制阳，则相火偏亢，天癸提早发动，故可提前出现乳房增大，月经来潮，生殖器增大，阴茎勃起等第二性征；肾阴亏虚，虚热内炎，故伴有两颧潮红，盗汗，五心烦热，舌红少苔，脉细数等症。治宜滋补肾阴，清泻相火，方用知柏地黄丸加减。后者多由于患儿饮食不节，恣食厚腻补益之品，食而难消，酿成湿热。由于足厥阴肝经，绕阴器，抵少腹，布于胁肋，故肝经湿热，亦可致天癸早至，出现双乳增大，月经来潮，男孩阴茎勃起，甚则遗精等早熟之症；肝经湿热蕴结，向上熏蒸，则有面部痤疮，口苦咽干，舌红，苔黄腻；湿热下注，则有带下多而黄臭，小便短赤；湿热内扰，肝失疏泄，则有急躁易怒，夜寐不安。治宜清热利湿，舒肝泄火，方用龙胆泻肝汤加减。

肝郁气滞性早熟与肝经湿热性早熟：两者病位均在肝，均为实证，但前者多因情志抑郁，而致肝失疏泄，肝气郁结，则见单纯乳房发育或阴毛出现，而并无性腺发育；肝气郁结，疏泄无权，气机阻滞，故还伴有精神抑郁，胸闷叹息；郁久化热，则有急躁易怒。后者多见湿郁肝经诸症。肝郁气滞性早熟多为轻证，治宜疏肝解郁，理气散结，方用逍遥散加减，肝郁化热者，用丹栀逍遥散加减。后者肝经湿热之象较著，且有性腺提前发育，青春期征象较明显，以清热利湿，舒肝泄火为治。

脾虚痰湿性早熟与肝经湿热性早熟：两者均有痰湿之象，但前者为虚为寒，后者为实为热。前者多由于父母过于溺爱，过食肥甘厚腻，损伤脾胃，或由于素体脾弱，脾失健运，导致水湿内停，聚而成痰，故见乳房结块肿大；水湿下注，则有白带色白而稀；脾为湿困，则有形体虚胖，胸闷泛恶，少气懒言等症。治宜健脾益气，化痰利湿，方用六君子汤加味。后者则青春期发育征象明显，且伴有急躁易怒，夜寐不安，口苦咽干，小便短赤等肝经郁热之象。治宜清热利湿，舒肝泄火，方用龙胆泻肝汤加减。

本症宜分清虚实。虚者在肾在脾。素体阴虚，饮食内伤者，易化燥伤阴，致相火偏亢；脾胃虚弱，运化失健，致水湿停滞，痰浊内生。实者在肝。素体强壮，情志不舒或饮食不当，轻者肝失疏泄，致肝郁气滞；重者酿生湿热，致肝经湿热。虚者补其不足，清其虚火、痰浊；实者清泄其火。虚实夹杂者消补兼施、标本兼顾。

【文献别录】

《陕西中医》1998；19（2）：51："将本病分为肾虚相火偏亢及胃强脾弱湿热下注两型。"

《福建医药杂志》1998，20（3）：88～89："儿童为稚阴稚阳之体，在受内外环境因素改变下，肾之阴阳失衡，性发育提前出现，会出现肾阴不足，相火偏旺一系列症候，肾阴不足导致肝阴不足，肝阳上亢，既有肝肾阴虚火旺的表现，又兼有胸闷，体胖，乏力，苔白腻，舌质暗红的痰热互结诸证。"

《浙江中医杂志》1998；33（5）：222～223："推其病机，既有阴虚火旺，又有脾肾两虚，更有痰湿凝滞，或见瘀滞脉络，尚有先天不足又呈后天失调等因素，病机迥异，治法自然有别。"

（李　岚　俞景茂）

435. 小儿腹痛

【概念】

腹痛是指以腹部胃脘以下，脐的两旁及耻骨以上部位发生疼痛为主的症状。这里主要探讨小儿胃肠功能失调所致的功能性腹痛。外科急腹症、如阑尾炎、肠梗阻、肠套叠等，过敏性紫癜性腹痛，虫积腹痛等都不属本症讨论范围。

腹痛始见于《内经》，《素问·举痛论》说："厥气客于阴股，寒气上及少腹，血泣在下相引，故腹痛引阴股。"《幼科铁镜·辨腹痛》说："腹痛……其因不一，有寒痛、热痛、伤食痛、积滞痛、气不和而痛、脾虚而痛、肝木乘脾而痛、蛔动而痛。"《诸病源候论·小儿杂病诸候》说："小儿腹痛，多由冷热不调，冷热之气，与脏腑相击，故痛也。其热而痛者，则面赤或壮热，四肢烦，手足心热是也。冷而痛者，面色或青或白，甚者及至面黑，唇口、爪皆青是也。"《小儿卫生总微论方·心腹痛论》说："更有一证，发则腹中撮痛。干啼无泪，腰曲背弓，上唇干，额上有汗，此名盘肠内吊之痛，亦由冷气入脏所为也。"

【鉴别】

常见证候

寒凝腹痛：突然腹痛，阵阵发作，痛处喜暖，得温则舒，遇寒痛甚，肠鸣漉漉，或兼吐泻。痛甚者，额冷汗出，面白唇紫，手足发凉，舌淡红，苔白滑，脉弦紧。

食积腹痛：脘腹胀满疼痛，按之痛甚，不思乳食，嗳腐吞酸，或腹痛欲泻，时有呕吐，吐物酸馊，吐泻后觉舒，夜卧不安，时时啼哭，苔厚腻，脉滑。

实热腹痛：腹痛胀满，疼痛拒按，面唇红赤，烦躁哭闹，口渴饮冷，大便干结，小便短赤，舌红，苔黄燥，脉滑数有力。

虚寒腹痛：腹痛绵绵，时作时止，喜温喜按，面色㿠白，手足不温，神倦纳少，或食后作胀，大便稀溏，舌淡苔白，脉沉细无力。

气滞腹痛：脘腹胀痛，走窜攻冲，痛无定处，痛引两胁或小腹，嗳气或矢气则痛减，舌淡，苔薄白，脉弦。

血瘀腹痛：腹痛经久不愈，痛如锥刺，固定不移，或腹部触之有包块，按之痛甚，舌紫黯或有瘀点、瘀斑，脉沉涩。

鉴别分析

寒凝腹痛与虚寒腹痛：腹痛都因寒而作，痛而喜按，但前者为实，后者为虚。前者由于感受风冷寒邪，搏结肠间，或由于饮食当风，或过食生冷，使中阳受遏，以致寒凝气滞，寒主收引，不通则痛，故有腹部疼痛，阵阵发作；得温则寒气散，阳气暂通，故有痛处喜暖，得温则舒；寒伤脾胃，运化失常，故有肠鸣漉漉，或兼吐泻；遇寒则气血更凝，故有遇寒痛甚，额冷汗出，面色苍白，唇色紫暗，手足发凉；舌淡红，苔多白滑，脉沉弦紧为寒凝之象。治宜温中散寒，理气止痛，方用养脏散加减。后者由于小儿素体中气不足，脾阳不振，或病后体弱，脾胃虚寒，或过食寒凉，脾阳受损，不能温运水谷，以致寒湿停滞，气机不畅，故有腹痛绵绵，时作时止，痛处喜温喜按；脾阳不振，水谷运化失司，气血不足，失于温养，故有面色㿠白，神倦纳少，手足清冷，或食后作胀，大便稀溏，唇舌淡白，脉沉细。治宜健脾温中止痛，方用小建中汤合理中丸加减。

食积腹痛与实热腹痛：两者均为实证，都有脘腹胀痛，疼痛拒按。前者由于乳食不节，饱食过度，或摄入肥甘炙煿等难消之物，致使乳食壅滞肠中，气机壅塞不通，故有脘腹胀满，疼痛拒按；乳食停滞，化腐作酸，故有不思乳食，嗳腐吞酸；积滞中阻，脾胃升降失常，故有呕吐腹泻；吐泻之后，积滞暂去，故吐泻后觉舒；食积胃肠，胃不和则寐不安，故夜卧不安，时时啼哭；苔厚腻，脉滑为食积之象。治宜消积导滞止痛，方用香砂平胃散加减。后者多由于积滞不化，郁久化为燥屎，或感受暑热之邪，热结肠胃而致腑气不通，故腹痛胀满，疼痛拒按；郁热上蒸，故面唇红赤；热扰神明，则烦躁哭闹；热郁津伤，则口渴饮冷，大便干结，小便短赤；舌红，苔黄燥，脉滑数有力均为热结肠腑之象。治宜泄热通腑止痛，方用增液承气汤加减。

气滞腹痛与血瘀腹痛：气滞与血瘀关系密切，"气为血之帅，血为气之母"，气滞可致血瘀，血瘀亦可致气滞，但两者又有有形无形之别。气滞腹痛以胀痛，痛无定处为特点，血瘀腹痛以刺痛，痛有定处为特点。前者多由于情志不畅，肝木乘脾，或因过食产气食物，气滞于肠，气机不畅，故脘腹胀痛，走窜攻冲，痛引两胁，或痛引小腹；气从体内排出，通则不痛，故嗳气或矢气则痛减。治宜疏肝理气止痛，方用四逆散加味。后者多由于小儿腹部受伤，或手术后，致经络损伤，气血凝滞，故有腹痛经久不愈，痛如锥刺，固定不移；瘀结粘连，凝于一处，难以消散，故腹部触之有包块；且兼有舌紫暗或有瘀点、瘀斑，脉涩等血瘀之象。治宜活血化瘀止痛，方用少腹逐瘀汤加减。

腹痛临床较多见，尤其要注意功能性腹痛与外科急腹症等相鉴别，以免延误治疗。功能性腹痛要分清寒热虚实。一般，腹痛喜温喜按者多为虚为寒，拒按者为实；发病急者为实，病久者多为虚；大便酸臭为积滞，秘结为实热，溏薄为虚寒。

【文献别录】

《幼幼集成·腹痛证治》："凡病心腹痛者，有上、中、下焦之别。上焦者痛在膈上，此胃脘痛也；中焦者痛在中脘，脾胃间病也；下焦者痛在脐下，肝肾病也。然有虚实之分，不可不辨。"

《古今医统·幼幼汇集》："小儿腹痛之病，诚为急切，凡初生二、三个月及一周之内，多有腹痛之患，无故啼哭不已，或夜间啼哭之甚，多是腹痛之故。大都不外寒热二因。"

（李　岚　俞景茂）

436. 小 儿 腹 泻

【概念】

本症是指小儿大便次数增多，便质稀薄甚至如水样，或完谷不化的症状。一般不挟有脓血，也无明显的里急后重。

本症在古典医书中名称繁多，如《内经》称"濡泄"、"飧泄"、"洞泄"，《诸病源候论·小儿杂病诸候》称"下利"、"洞泄"、"注下"、"久利"、"冷利"等，今统称泄泻。《证治准绳·幼科》将"泻"分为九型，对证候的描述较为详细，其认识亦有很大进步。

【鉴别】

常见证候

风寒腹泻：泄泻清稀多沫，臭味不大，肠鸣腹痛，或见恶寒发热，鼻塞流清涕，轻咳，口不渴，舌苔薄白，脉浮，指纹红。

湿热腹泻：发热或不发热，泻下稀薄或粘稠，色黄或绿，日十余次，兼见口渴心烦，小便短赤，苔黄腻，脉滑数，指纹深红或紫滞。

伤食腹泻：腹痛胀满，大便粘滞，泻下腐臭如败卵，痛则欲泻，泻后痛减，口臭纳呆，常伴呕吐，舌苔黄厚或垢腻，脉滑，指纹暗红而伏。

脾虚腹泻：久泻不愈，或时泻时止，大便稀薄，水谷不化，每于食后作泻，面色萎黄，不思饮食，神疲倦怠，睡时露睛，舌质淡，苔薄白而润，脉沉无力，指纹隐伏不露，或淡红。

鉴别分析

风寒腹泻与湿热腹泻：一为寒泻，一为热泻，其病因病机不同，表现各异。风寒泻为感受风寒之邪所致，《素问·举痛论》指出："寒气客于小肠，小肠不得成聚，故后泄腹痛矣。"其特点为：泄泻清稀，臭味不大，肠鸣腹痛，并可兼见鼻塞，流清涕，口不渴，苔薄白，脉浮等风寒表证。治以疏风散寒，化湿祛邪，方用藿香正气散加减；湿热泻为感受暑湿之邪，损伤脾胃，下迫大肠，而致泄泻。其特点为：泻下稀薄或粘稠，臭

— 569 —

味较大，甚则暴注下迫，并可兼见口渴而所欲不多，小便短赤，苔黄腻，脉滑数等湿热俱盛的症状，治以清热利湿，方用葛根芩连汤加味。

伤食腹泻与湿热腹泻：二者均见大便秽臭，苔黄或腻，脉滑或数等实热证的表现，但其病因病机不同，临床症状有别。伤食泻的病因为乳食不节，损伤脾胃。《素问·痹论》指出："饮食自倍，肠胃乃伤。"脾胃受伤，不能腐熟水谷，则水反为湿，谷反为滞，水谷不分，并走大肠，而成食积泄泻。一般多有饮食不节之因，且无明显的季节性。湿热泻多为暑湿或湿热之邪致病，夏秋发病较多。《明医杂著》说："夏秋之间，湿热大行，暴注下泄，脾喜燥恶湿，湿阻中焦，外湿与内湿相结下迫大肠则泄泻作也。"伤食泻因乳食停滞不化，以致腐浊壅积肠中，故其特点为腹痛胀满，痛则欲泻，泻后痛减，泻下臭如败卵，并可见口臭纳呆，苔黄腻而垢等肠胃积滞的症状；湿热泻则因湿热蕴蓄，而致大便泄泻稀粘，或暴注下迫，多则每日一、二十次，臭味虽大，但无败卵之异臭，同时兼见小便短赤，舌苔黄腻等症状。伤食泻治以消食导滞和胃，方用保和丸加减。

风寒泻、湿热泻、伤食泻与脾虚腹泻：风寒泻、湿热泻、伤食泻皆为实证，病程较短。而脾虚泻为泄泻虚证，一般病程较长，多由禀赋素弱，脾气不足，或病后失调，或寒凉之药攻伐太过，致使脾胃虚弱，运化失常，清浊不分，而致泄泻。其特点为：大便稀或水谷不化，泄泻次数较少，并可兼见形体消瘦，食欲不振，面色苍白或萎黄，神疲乏力，舌质淡，脉沉乏力等脾虚气弱之症，治以健脾止泻，方用参苓白术散加减。

总之，泄泻一证，要分清寒热虚实。实泻泻下澄澈清冷，小便清白，舌淡苔薄白；热泻暴注下迫，泻下色黄臭秽灼肛，小便短赤，脉数有力，舌苔黄腻；虚泻病程多长，泻下完谷不化，但次数较少，形体消瘦，脉弱无力；实泻病程较短，泄泻次数较多而形体壮实，脘腹胀满，腹痛拒按，脉实有力。小儿易虚易实，临床常虚实兼杂，寒热错综，故必须脉证合参，仔细辨析。

【文献别录】

《幼科全书》："凡泄泻皆属湿。"

《幼科发挥·泄泻》："泄泻有三，寒热积也。寒泻者不渴……热泻者有渴……积泻者面黄，所下酸臭食也。""治泻大法，不问寒热，先服理中丸，理中者，理中气也。治泄不利小便，非其治也，五苓散主之。更不止，胃气下陷也，补中益气汤，清气上升则不泻矣。又不止者，此滑泻也，宜涩之，豆蔻丸主之，此祖传之秘法也。"

《证治准绳·幼科》："论泻之源，有冷泻、热泻、伤食泻、水泻、积泻、惊泻、风泻、脏寒泻、疳积酿泻，种种不同……。"

（吕敏华）

437. 小儿呕吐

【概念】

呕吐是儿科常见症状之一。古人常以有物有声谓之呕，有物无声谓之吐，但小儿呕吐很难截然分开，故一般多称呕吐。引起呕吐的疾病很多，本条主要指中焦脾胃失调引起的呕吐。若因传染病、梗阻、畸形、寄生虫等引起者，不属本条范围。

婴儿溢乳与呕吐相近，但见哺乳后不久乳汁从口角溢出，而无其它症状，不属病态，随年龄增长会日渐消失。

【鉴别】

常见证候

乳食积滞呕吐：食已即吐，吐物气味酸臭，吐后胃脘较前舒适，脘腹胀满，厌食纳呆，大便酸腥秽臭，或秘结难下，舌苔厚腻而垢，脉象滑数。

脾胃湿热呕吐：食入即吐，食入腹胀，多伴有发热口渴喜饮，大便秘结或尿赤，舌苔黄腻，脉象弦数。

胃气虚弱呕吐：吐出清水，食久方吐，食欲差，囟门多凹陷，手足不温，面黄带白，神情淡漠，倦怠嗜睡，舌淡苔薄，脉细无力。

胃阴不足呕吐：干呕恶心，吐物不多，唇红舌干，手足心热，或日晡潮热，大便干结，小便短赤，舌质红，苔少，脉细数。

脾肾阳虚呕吐：多见朝食暮吐，吐出奶瓣或宿食，面色㿠白，四肢清冷，腹部隐痛喜按，倦卧少动，大便稀薄，舌质淡，苔薄滑润，指纹淡青。

外邪客胃呕吐：呕吐食物或奶瓣，吐量多，呈喷射状，伴恶寒发热，或壮热烦躁，口渴或不渴，汗出较多，面色红赤，舌质红，苔薄白或薄黄，脉浮或洪大。

惊恐呕吐：暴受惊恐，呕吐清涎，面色忽青忽白，心神烦乱，睡卧不安，惊惕啼哭，舌质红，苔薄白，脉时数时缓。

鉴别分析

乳食积滞呕吐与脾胃湿热呕吐：均为实证呕吐，皆有食入即吐，脘腹胀满，苔腻等症状。但致因不同，因此证治亦异。乳食积滞呕吐乃因饮食不节，过食肥干厚味，或恣食生冷瓜果，使脾胃损伤，乳食停滞，胃气失于和降而见呕吐症状。脾胃湿热呕吐多因内伤饮食，外受风邪，内外相招，湿聚生热，湿热郁蒸，胃气上逆而出现呕吐。两者的区别在于：前者所吐之物，酸臭异常，吐后胃脘舒适，并有大便异臭，厌食等伤食症状；后者吐物或有酸臭气味，吐后脘胀胁痛不减等湿热郁蒸症状。乳食积滞者宜消食化积，和胃止呕，保和丸加减主之；脾胃湿热者治宜清热化湿、降逆止呕，黄连温胆汤加减治之。

胃气虚弱呕吐与胃阴不足呕吐：属虚性呕吐，前者为气虚，后者为阴虚，病均在胃。胃气虚弱呕吐责于先天禀赋不足，胃气虚弱，或误用消导攻伐之品，损伤胃气，胃虚不能纳谷，故见呕吐症状。胃阴不足呕吐常见于热病后期，胃阴受损，虚热上扰，胃失和降而出现呕吐症状。辨证要点为：胃气虚弱者呕吐清水，不酸不腐；胃阴不足者吐物不多，口苦而粘。另外，气虚的囟门凹陷，手足不温，与阴虚的唇红舌干，手足心热有显著不同。因此临证鉴别较易。前者治宜养胃气，降逆止呕，五味异功散主之；后者治宜滋胃阴，清热止呕，竹叶石膏汤主之。

脾胃阳虚呕吐：由于先天禀赋虚弱，或暴受寒冷，留而不去，伤及脾胃之阳，阳虚不能温化水谷，乳食停滞而不运，故食后良久吐出。其特点为：朝食暮吐，吐出不消化之奶瓣或食物，并有四肢清冷，大便稀薄，指纹淡青，舌苔滑润等阳虚症状。较其它证候之呕吐重笃。治宜温中扶阳，降逆止呕。丁萸理中汤加减治之。

外邪客胃呕吐：风寒或暑湿之邪客于胃腑，使胃气失于通降之性，亦是小儿呕吐症的常见原因。其呕吐呈喷射状，起病急，有明显外因可查，风寒客胃呕吐多见于冬春，暑湿客胃呕吐则见于长夏。两者的症候区别是：风寒客胃呕吐物无秽浊气味，口不渴，饮水即吐，伴恶寒发热，脉浮等；暑湿客胃呕吐吐物有秽浊气味，口渴饮水，伴壮热烦躁，脉洪大等。由于两者性质不同，因此治法亦异。风寒客胃呕吐治宜祛风散寒，和胃止呕，参苏饮主之；暑湿客胃呕吐治宜清暑化湿，和胃止呕，藿连汤主之。

惊恐呕吐：多发生在暴受惊恐以后，心虚胆怯，惊则气乱，恐则气下，气机逆乱，肝逆犯胃而致呕吐时作，治宜镇惊止呕，方用定吐丸。

小儿呕吐的辨证，首先要分清虚实寒热。大凡虚证起病缓慢，实证起病急骤；寒证朝食暮吐，热证食而即吐；实证热证有饮食内伤，客邪犯胃之因，虚证寒证多见于禀赋不足或慢性虚损之体。前人对小儿呕吐的治疗，特别强调节食，《幼幼集成·呕吐证治》曰："凡治小儿呕吐，先宜节其乳食。节者，减少之谓也。"呕吐频繁者，应予以禁食。中药服用也以少量多次分服为宜。若不能服用中药，可用针灸或推拿疗法，其效亦佳。

【文献别录】

《婴童百问·呕证吐乳证》："凡小儿乳哺，不宜过饱，若满则溢，故令呕吐。胃中纳乳，如器之盛物，杯卮之小，不可容巨碗之物，雨骤则沼溢，酒暴则卮翻，理之必然。"

《幼科金针》："脾气不足，不能运化水谷，停痰留饮，积于中脘，得热则上炎而呕，遇寒则凝塞而吐。"

（汪月琴　俞景茂）

438. 小 儿 厌 食

【概念】

小儿厌食是指小儿较长时期见食不贪，食欲不振，甚则拒食的一种常见病证。

厌食与疳积不同。厌食患儿一般精神状态均较正常，病程长者，虽然可出现面色少华、形体消瘦等症状，但与疳证的性情急躁或精神萎靡等一系列证候有所区别。厌食往往不是一个独立的病证，而是常常发生于其它疾病的过程中，或疾病之后。因此，临床上要互相参考。

【鉴别】

常见证候

脾运失健厌食：不思纳食，食不知味，拒进饮食，形体偏瘦，常伴嗳气泛恶，胸闷脘痞，大便不畅，苔薄白或薄腻，脉尚有力。

脾胃气虚厌食：不思进食，拒食，面色少华，精神不振，食少便溏或大便中夹有不消化残渣，容易出汗，易患外感，舌淡，体胖嫩，苔薄白，脉无力。

胃阴亏虚厌食：口干多饮而不喜进食，面色萎黄，皮肤干燥，缺乏润泽，大便偏干，小便黄短，舌偏红少津，苔少或花剥，部分患儿烦闹少寐，手足心热。

鉴别分析

脾运失健厌食和脾气虚厌食：二者虽均为厌食，但前者偏于实证，后者偏于虚证。脾运失健厌食，常因饮食喂养不当或湿浊困遏脾气，脾阳失于舒展，运化失职，脾胃受戕未著，故虚象不显，仅见胃纳不佳。运化失职，胃气上逆而见嗳气泛恶，胸闷脘痞，大便不畅。治宜和脾助运，方用不换金正气散。脾胃气虚厌食往往病程较长，厌食日久或素体不足，脾气虚弱，运化无力，故见厌食，形体虽偏瘦，但尚未至疳证消瘦阶段，脾虚症状尚不显著，仍以饮食不思，运化失常等脾胃症状为主。治宜补脾益气，方用异功散加味。

胃阴亏虚厌食：由素体阴虚或罹患热病之后，或嗜食辛燥伤阴所致，胃之阴津已伤，故受纳失职，纳谷呆钝；欲饮水自解，故食少饮多。其他症状亦因胃阴不足而致。部分患儿有烦躁少寐，手足心热，大便干结等症，系阴伤内热之象。治疗宜养胃益阴为主，方用养胃增液汤加减。

【文献别录】

《医宗金鉴·幼科心法要诀》："乳滞之儿……但脏腑娇嫩，不可过攻，惟宜调和脾胃为上。"

《证治准绳·腹痛》："按之痛者为积滞，不痛者为里虚。"

《幼幼集成·伤食证治》："乳食食滞，中焦不化而成病者……便宜损之，损之者，谓姑止之勿与食也，使其自运。"

（韩　斐）

439. 积　滞

【概念】

小儿内伤乳食，停聚胃脘，积久不化，以致气滞不行，称为积滞。

本症，《小儿药证直诀》称"癖"，以后历代医家又载有"食滞"、"乳滞"、"不乳食"、"宿食"、"食积"、"乳积"等名称。

癖，历代医家论述较多，概念不同，如《小儿药证直诀·腹中有癖》云："小儿病癖，由乳食不消，伏在腹中。"《婴童百问·腹中有癖》则云："癖者，血膜包水，侧僻于胁旁，时时作痛也。"可见癖的含义较广。本篇只讨论由乳食不节所致的积滞症状，对癖证不作论述。

【鉴别】

常见证候

乳食不节积滞：此症又有伤食、伤乳之分。伤乳积滞：呕吐乳片，口中有乳酸味，不欲吮乳，腹部胀满。伤食积滞：呕吐食物，腹痛拒按，嗳腐吞酸，不思饮食，夜卧不安，手足心热，或大便秘结，或便下酸臭，舌苔厚腻，脉滑数，指纹紫滞。

过食生冷积滞：面色苍白，四肢逆冷，呕吐食物，嗳腐吞酸，不思饮食，脘胀腹痛，痛则欲泻，泻后痛止，便稀似水，腥臭异常，舌苔白腻，脉象沉迟，指纹红滞。

脾胃虚弱积滞：面色苍黄，体倦无力，恶心呕吐，食则胀饱，腹满喜按，大便不化，舌苔白腻，脉象沉滑，指纹青淡。

鉴别分析

乳食不节和过食生冷积滞：两者都由饮食不节，停聚胃脘所致，但虚实各异。乳食不节积滞，多因小儿喂乳量多、过频或过食肥甘油腻，不能运化，滞留胃脘，此属实热证。过食生冷积滞，多因小儿过食生冷瓜果，不能运化，寒邪凝结胃脘，此属虚中挟实证。它们共同的辨证要点为：①不思乳食；②腹满而痛；③恶心呕吐；④嗳腐吞酸。乳食不节积滞的症状特点为腹痛拒按，午后潮热，夜卧不安，或有呓语，或大便秘结，或便下酸臭，舌苔厚腻，脉象滑数，指纹紫滞。治则：食滞宜消食导滞，方选木香大安丸；伤乳宜消导宿乳，方选消乳丸。过食生冷积滞的症状特点为腹痛绵绵，痛则欲泻，泻后痛减，便似清水，腥臭异常，舌苔白腻，脉象沉迟，指纹红滞。治宜温中止泄，方选理中汤，止泻可用诃子散。

脾胃虚弱积滞：属虚证。发病原因有二，一为小儿禀赋不足，脾气虚弱；二为久病元气耗伤，脾胃失调。其辨证要点为：①体倦无力；②不思乳食；③食则胀饱；④恶心呕吐；⑤腹满而痛。其疼痛特点为绵绵作痛，痛处喜按，得温痛减；并见大便不化，舌苔白腻，脉象沉滑，指纹青淡。治宜健脾养胃，兼消食导滞，方选人参启脾丸。

积滞一症，缘由小儿乳食无节，恣食肥甘生冷和一切难于消化的食物所引起。其病机乃是食积中脘损伤脾胃。因此，临床见症往往是虚中夹实或实中有虚，故必须结合病儿的体质和病情，分别采取先消后补或先补后消，或消补兼施等法，方为全策。

【文献别录】

《小儿药证直诀·腹中有癖》："小儿病癖，由乳食不消，伏在腹中，乍凉乍热，饮水或喘嗽，与潮热相类，不早治，必成疳。以其有癖，则令儿不食，致脾胃虚而热发，故引饮水过多，即荡涤肠胃，亡失津液，脾胃不能传化水谷，其脉沉细，益不食，脾胃虚衰，四肢不举，诸邪遂生，鲜不瘦而成疳矣。"

《婴童百问·积滞》："小儿有积滞，面目黄肿，肚热胀痛，复睡多困，酷啼不食，或大肠闭涩，小便如油，或便利无禁，粪白酸臭，此皆积滞也。然有乳积、食积，须当明辨之。吐乳、泻乳，其气酸臭，此由啼叫未已，便用乳儿，停滞不化而得之，是为乳积。肚硬带热，渴泻或呕，此由饮食无度，多餐过饱，饱后即睡得之，是为食积。腹痛啼叫，利如蟹渤，此由触忤其气，荣卫不和，淹延日久得之，是为气积。合用木香丸主之，槟榔丸亦可用，大小便闭者、神芎丸妙甚，更用推气丸佳，冷症下积丸，五珍丸亦可用。"

（卢　志）

440. 疳　积

【概念】

疳积，是指小儿形体羸瘦，毛发干枯，头大颈细，腹胀肚大，大便不调的症状而言。

《古今医鉴》说："病夫诸疳者，谓肥甘饮食之所致也，……。"

本证在古典医籍中，名称繁多，《医宗金鉴》有脾疳，心疳，肺疳，胃疳、肝疳等名称。现多以"疳积"统称之。

【鉴别】

常见证候

脾胃损伤疳积：面色黄白无华，形体羸瘦、毛发干枯，精神不振，饮食懒进、腹胀肚大，或食则呕吐，手足心热、焦急易哭，心烦口渴，夜眠不宁，大便溏泻或大便秘结，小便黄浊、或如米泔，舌苔浊腻，脉象濡细而滑或兼数，指纹淡滞。

病后失调疳积：面色萎黄，形容憔悴，毛发枯槁，精神萎靡，不思饮食、食不消化，脘腹胀满，四肢不温，睡卧不宁，合目露睛，时有啼哭，哭声不扬，唇舌色淡，脉细无力，指纹色淡。

鉴别分析

脾胃损伤疳积和病后失调疳积：两者虽皆为疳积，但病因病机不同，虚实各异。前者由于饮食失节、或暴饮暴食，致使脾胃运化功能受损。脾胃为仓廪之官，主受纳运化水谷，其化生之精微，以濡养脏府，充身泽毛。如恣食肥甘或啖生冷无度，损伤脾胃，使其运化职能失调，则水谷之精微来源匮乏，从而导致气血不足，脏腑肌肤失于濡养，因而出现面黄羸瘦，毛发干枯等症状。后者多因病后失于调养，或吐泻日久，或用药攻伐太过，气阴大伤，津液干涸，脾胃虚弱，失于滋养，而出现面色萎黄，形容憔悴，羸瘦如柴等症状。

二者皆为虚证，但脾胃损伤疳积是虚中夹实，因积滞日久化热，热蕴津伤，脾主湿、脾伤而湿不运，故出现湿热伤阴之象，其手足心热、心烦口渴、腹胀硬拒按，苔黄腻，小便黄浊，或如米泔为辨证要点。病后失调疳积乃属纯虚证，由于脾胃虚弱，饮食不得充养肌肤，气液日渐消耗，以致气阴两伤，失于荣润，故精神萎靡，四肢不温，合目露睛，毛发枯槁，虽有脘腹胀满，但多软而不硬，且喜揉按为特点。治则应根据体质和具体情况，分别采取先消后补，或先补后消，或消补兼施等法。如初期实象显著者，用消疳理脾汤加减；积滞化热者，用香连导滞汤；虚实兼见者，可用肥儿丸加减。病后失调，脾胃虚弱者，治以扶脾养胃为主，可用参苓白术散加减，或用人参启脾丸健脾理气消疳。

总之，本症表现虽多，但其主要病机是脾胃损伤、运化功能迟滞，水谷精微不能充养，气液匮乏，气血不荣所致。脾胃为后天之本，脾胃受损即可导致其它脏府功能失调，而出现疳证的症状：如面目爪甲青，眼眵泪涩难睁等为肝疳；面红目脉络赤，时时惊烦，口舌生疮等为心疳；面白气逆咳嗽，鼻颊生疮等为肺疳；面色黑黯，骨瘦如柴，足冷腹痛泄泻等为肾疳。还有诸如疳泻，疳肿胀，疳发热，疳痢，蛔疳以及鼻疳、牙疳等。分证虽多其根本在脾。在治疗各种疳证时，首先要顾及脾土的健运，这是治疳的关键。

【文献别录】

《幼幼集成·诸疳证治》："凡病疳而形不魁者，气衰也。色不华者，血弱也。气衰血弱，知其脾胃必伤。有因幼少乳食，肠胃未坚，食物太早，耗伤真气而成者；有因肥甘肆进，饮食过餐，积滞日久，面黄肌削而成者；有因乳母寒热不调，或喜怒房劳之后乳哺而成者；有二三岁后、谷肉果菜恣其饮啖，因而停滞中焦，食久成积，积久成疳。复有因取积太过，耗损胃气，或因大病之后，吐泻疟痢，乳食减少，以致脾胃失养，二者虽所因不同，然皆总归于虚也。"

（周润芝）

441. 小 儿 尿 频

【概念】

小儿尿频，是指小便次数明显增多，小便间隔时间缩短，甚则一日达数十次为主要特征的一种症状。又有"淋证"、"溲数"、"小便数"、"小便频数"之称。本症女孩多于男孩。

根据本症的临床表现，属于中医学中"淋证"、"小便数"等范畴。《小儿卫生总微论方·五淋论》说："小便有滴沥者，有不通者，由小肠与膀胱有热，二经俱主水，水入小肠，传于膀胱循水道出而小便也，热气乘之，则水耗少而引涩，故滴沥而下也。"《诸病源候论·小便数候》说："小便数者，膀胱与肾俱有客热之故也。肾与膀胱为表里，俱主水，肾气下通于阴，此二经既受客热，则水行涩，故小便不快而起数也。"

现代医学认为尿频涉及的疾病较多，常见的有尿路感染、泌尿系结石以及神经性尿频。尿路感染有急、慢性之分，急性有尿频、尿急、尿痛、下腹部疼痛，伴有发热、寒战、呕吐等症，且新生儿、婴幼儿与儿童表现各不相同，尿常规检查有致病菌生长。急性尿路感染6个月不愈转为慢性，常反复发作，严重影响小儿的生长发育。由结石引起者有尿路感染的症状外，还可见小便带血，尿道刺痛，尿中有砂石，甚则腰腹部绞痛或排尿中断。神经性尿频的特点是患儿在白昼尿频尿急，尿量少而不痛，入睡后尿频消失，又无尿床现象。亦有因蛲虫刺激、尿崩症、消渴等引起的尿频，不在本条讨论。

尿频与遗尿不同，遗尿为3岁以上小儿睡中小便自遗，醒后方觉的一种疾病，而尿频则在入睡后症状消失。1岁以内婴儿因脏腑之气未充，气化功能尚未完善，小便次数较多，无尿急及其他所苦，则不为病态。

【鉴别】

常见证候

膀胱湿热尿频：小便频数短赤，尿道灼热疼痛，尿液淋沥混浊，小腹坠胀，腰部痠痛，甚则尿中带血，有砂石，婴幼儿则哭闹不安，伴有畏寒发热，口干而粘，舌红，苔黄腻，脉滑数。

肝胆湿热尿频：小便频急短赤，尿道刺痛，伴有寒热往来，口苦烦躁，纳呆呕恶，腰痠胁痛，舌红苔黄，脉弦数。

肺气虚尿频：小便次数增多，数分钟或十多分钟即小便一次，甚则小便点滴而下，不能自控，尿少色清，伴有面色少华，肌松易感，消瘦乏力，纳呆便溏，舌淡，苔白，脉缓弱。

脾肾两虚尿频：小便频数，淋沥不尽，伴有面白虚浮，精神倦怠，纳少便溏，甚则畏寒怕冷，手足不温，或有方颅，鸡胸，步履不稳，舌淡，苔白，脉沉细无力。

肾阴虚尿频：小便频数，尿色较深，尿道口稍红，伴有五心烦热，颧红唇赤，口糜舌疮，盗汗便秘，舌红，苔薄黄，脉细数。

鉴别分析

膀胱湿热尿频与肝胆湿热尿频：两者皆为实证，均有小便频数短赤、尿道灼痛等湿热之象。前者多由于小儿失于调护，感染湿热邪毒，或由于内伏湿热，蕴于膀胱，湿阻热郁，气化失司，膀胱失约，水道不利，以致尿出不畅，故有小便频数短赤；湿热蕴于水道，则有尿道灼热疼痛，尿液淋沥混浊，小腹坠胀，腰部痠痛；热郁化火，灼伤脉络，煎液成石，故甚则可见尿中带血，有砂石；湿热郁蒸，营卫失和，则有畏寒发热；热灼伤津液，扰及心神，则有口干而粘，哭闹不安；舌红，苔黄腻，脉滑数均为湿热内蕴之象。治宜清热利湿，方用八正散加减。有结石者治以清热利湿排石，方用石韦散加减。后者多由于湿热之邪蕴结肝胆，肝失疏泄，湿热下注，气化失常，故小便频急短赤，尿道刺痛等症；肝胆郁热，故有寒热往来，口苦烦躁，纳呆呕恶，腰痠胁痛等少阳经证；舌红苔黄，脉弦数均为肝胆郁热之象。治宜清利肝胆湿热，方用龙胆泻肝汤加减。

肾阴虚尿频与膀胱湿热尿频：两者皆有热象，均为下焦为病。前者为虚热证，后者为实热证。前者多由于患病日久，尿频反复发作，湿热留恋，耗伤肾阴，或素体阴亏，虚火内生，热迫膀胱，故有小便频数，尿色较深，尿道口稍红；阴虚而生内热，故有五心烦热，颧红唇赤，口糜舌疮，盗汗便秘，舌红，苔薄黄，脉细数等症。治宜滋阴清热，益肾缩泉，方用知柏地黄丸加减。而后者起病较急，湿热之象较著，故以清热利湿为治，方用八正散加减。

肝胆湿热尿频与肾阴亏损尿频：两者均有尿频，口干烦热，舌红脉数等热象，但前者为实，病在肝胆，湿热之象较著，伴有寒热往来，口苦纳呆，呕恶胁痛等少阳经证，治宜清利肝胆湿热，方用龙胆泻肝汤加减。后者为虚，病在肾，阴虚之象较著，故伴有五心烦热，颧红唇赤，口糜舌疮，盗汗便秘等症，治宜滋阴清热，益肾缩泉，方用知柏地黄丸加减。

肺脾气虚尿频与脾肾两虚尿频：两者都为虚证，均可见体倦便溏等脾虚之象。前者多由于小儿反复感冒，或长期厌食，致肺脾气虚，中气下陷，不能固涩膀胱，故有小便次数增多，数分钟或十多分钟即小便一次，甚则小便点滴而下，不能自控，尿少色清；肺气不足，藩篱不固，故肌松易感；脾运不健，气血化生不足，无以荣养，故面色少华，消瘦乏力，纳呆便溏，舌淡，苔白，脉缓弱。治宜补肺健脾，益气缩泉，方用补中益气汤合缩泉丸。后者多由于急性泌尿系感染反复发作，迁延不愈，或由于小儿先天不足，后天失养，而致脾肾两虚，肾气虚则膀胱失约，故小便频数，淋沥不尽；脾虚失运，故面白虚浮，精神倦怠，纳少便溏；脾肾阳虚，无以温养，则畏寒怕冷，手足不温；肾主骨生髓，肾虚则骨失所养，故有方颅，鸡胸，步履不稳；舌淡，苔白，脉沉细无力为脾肾不足之象。治宜健脾益肾，固涩下元，方用桑螵蛸散加减。

脾肾两虚尿频与肾阴亏损尿频：两者都为虚证，病位在肾，但前者为阳虚内寒，后者为阴虚内热。故脾肾两虚尿频有面白虚浮，精神倦怠，纳少便溏，甚则畏寒怕冷，手足不温，或有方颅，鸡胸，步履不稳等症。以健脾益肾，固涩下元为治，方用桑螵蛸散加减。而肾阴亏损尿频则有尿色较深，尿道口稍红，五心烦热，颧红唇赤，盗汗便秘等症。以滋阴清热，益肾缩泉为治，方用知柏地黄丸加减。

小儿尿频要分清寒热虚实。病初多为实，病久多为虚；实者多因湿热，虚者多责之于肺、脾、肾三脏不足。药物治疗的同时，还需配合精神调养，避免精神刺激。急性感染者应及时治疗，以免迁延不已而成慢性；慢性者要标本兼顾，补虚与祛邪兼顾。

【文献别录】

《罗氏会约医镜》："小儿之多小便，由阳气尚微，不能约束，宜于温补，不治亦不足虑。至于气脱而遗，无所知晓，大非吉兆，以参、芪、熟地、归、术、桂、附大剂为主，加以固涩之味为佐，则犹可有愈者。但凡论小便频数者，切勿以热拟，热必小便赤涩而痛。纵有短少而艰涩者，是肾水将竭，及气虚不传送故也。此际用凉、用利，则速其危矣。"

《明医杂著·小便不禁》："小便不禁或频数，古方多以为寒，而用温涩之药，殊不知属热者，盖膀胱火邪妄动，水不得宁，故不能禁而频数也。"

（李　岚　俞景茂）

442. 小儿尿白

【概念】

小儿尿白，也称尿浊。是指小便混浊，色白如疳浆，尿时无疼痛，小便常规化验无异常的一种病症。多见于乳食积滞，肥甘过度之幼儿。在冬天寒冷季节易被家长发现，尿常规化验提示有草酸钙、磷酸钙结晶。若因肾炎、肾病综合证、糖尿病乳糜尿所致的尿白，则不属本条范围。

【鉴别】

常见证候

乳食积滞尿白：尿白如米泔样，不思乳食，或呕吐馊食，腹部胀实，夜睡不安，口臭苔腻，脉滑有力。

湿热下注尿白：尿白混浊，尿时有阻滞及灼热感，口苦，苔薄腻，脉滑数。

脾虚气陷尿白：尿色混浊如白浆，少腹坠胀，尿意不畅，食少便溏，神倦气短，面色无华，舌淡苔白，脉细软。

鉴别分析

乳食积滞尿白与湿热下注尿白：乳食积滞者多有伤食史，平时肥甘过度偏食明显，因脾胃失健，积滞不化，清浊不分而致尿白。湿热下注者多酿湿生热。蕴结下焦，而致尿白。轻症只需将饮食略加调节，荤素调匀，勿肥甘过度，一旦胃肠积滞消失，尿液即清，不治而愈。若乳食有节后仍未见消失，可用保和丸消积行滞。湿热下注尿白者多因心脾胃湿热素盛，日久蕴结下焦而致尿白，可用导赤散或萆薢分清饮加减清热利湿，通利膀胱。

脾虚气陷尿白：此证以虚为主，脾虚则不能运化精微，气陷则升降失常，故见少腹坠胀，食少便溏，面色无华诸兼症，可用补中益气汤补虚升清。

总之小儿尿白乃水谷精微下泄之状。实者因积滞不化，湿热下注；虚者因运化失常，气虚下陷之故。实者当清利，虚者宜补益。

【文献别录】

《诚书·沧溲白》："当其病未形而小便先为色变者，或一载前，或数月前，或数日前有黄色恶臭，有浑浊若汁，有淋闭溺楚，有便在地逾越成五色，有溺毕肠头结白黳，女子如带下者。"

（俞景茂）

443. 初生儿大便不通

【概念】

初生儿大便不通，又名"锁肛"。是指小儿出生后二、三日内不排粪便而言。婴儿出生后，若因禁食或肛门内合等引起的大便不通，则应作别论，本文不予论述。

【鉴别】

常见证候

胎热壅结大便不通：婴儿出生后，二、三日不排粪便，不食乳，烦扰多啼，哭声洪亮，面赤唇燥，肚腹胀满，小便短赤，指纹紫滞。

胎禀不足大便不通：婴儿出生后，二、三日无粪便，神疲气怯，哭声低微，面色㿠白，指纹隐淡。

鉴别分析

上述两证都有大便不通，哭闹不安的症状。但引起大便不通的原因不同，所以证治也有区别。胎热壅结大便不通，多因胎热壅结肠胃气滞不行，或因分娩时，胎儿吸入秽浊之物，使大肠传导失职。胎禀不足大便不通，乃因母体虚弱，婴儿禀赋不足，气血亏虚，肠道无所濡润，气机滞而不行，故致大便不通。两者的鉴别要点为：前者面赤唇燥，哭声洪亮，肚腹胀满，指纹紫滞，为热证实证。治宜清热散结通下，方用一捻金。后者面色㿠白，哭声低微，神疲气怯，指纹隐淡，为虚证。治宜培补元气，温通导便，方用独参汤。

【文献别录】

《婴童百问·大便不通》："小儿大肠热，乃是肺家有热在里，流入大肠，以致秘结不通，乃实热也。"

《幼幼集成·大便不通》："然有实闭，有虚闭，最宜详审。"

（温振英）

444. 初生儿小便不通

【概念】

婴儿出生不久，即有小便排出。若出生后两天内仍无小便排出者，称为初生儿小便不通。至于初生儿因尿道畸形、无孔，或喂养不当，缺少水分等原因造成的小便不通，则不属本篇讨论范围。

【鉴别】

常见证候

热结膀胱小便不通：小便不通，小腹胀满，烦躁多啼，口干唇赤，舌红，脉数，指纹紫滞。

元气虚弱小便不通：小便不通，小腹作胀，神形怯弱，哭声低微，面色㿠白，唇淡舌润，苔薄脉细，指纹淡红。

鉴别分析

上述两种证候，虽然均有小便不通、小腹胀满、哭啼不安的症状，但前者为实，后者为虚。前者乃因胎热蕴结膀胱，使气化不得宣通，水道不利所致。所以有烦躁多啼，哭声响亮，口干唇赤，指纹紫滞等阳证热证的表现。而后者乃由先天禀赋不足，肾气虚弱，气化功能失调，引起小便不通。所以表现为虚证寒证，如神怯面白，哭声低微，指纹淡红等。热结膀胱所致者治宜清热利尿，方用八正散；元气虚弱所致者治宜温补利水，方用春泽汤。

初生儿小便不通，若经治疗仍然无效，甚至胸腹胀满，喘促气急，或引起抽搐昏迷者，则多属尿路畸形，浊毒内蓄之危证，应尽快进行外科检查治疗。

【文献别录】

《幼科证治准绳·初生门》："小儿初生不尿者，多因在胎时，母恣食唊，热毒之气流入胎中，儿饮其血，是以生而脐腹肿胀。如觉脐四旁有青黑气色及口撮，即不可救也。"

《幼科释谜·大小二便》："小便不通，有阴阳二症。阴闭者，为冷湿乘虚入里，因而不通。……阳闭者，因暴热所逼，涩而不通。又有癃闭，乃内脏气虚，受热壅滞，宣化不行，非涩非痛，但闭不通，腹胀紧满。"

《幼幼集成·小便不利证治》："小便不通，乃因脏气虚，受热壅滞，气化不行，非塞非痛，但闭而不通，腹胀紧满，宜五苓散加车前、灯芯。

（温振英）

445.小儿多动

【概念】

小儿多动是指小儿活动过多，躁动不安的一种症状，常与注意力不集中，精神涣散，记忆力减退，冲动任性等同时出现。

【鉴别】

常见证候

肾虚肝旺小儿多动：多动多语，烦躁易急，冲动任性，难以自抑，神思涣散，注意力不能集中，动作笨拙不灵，指甲头发不荣，五心烦热或两颧发红，舌红，苔少或无苔，脉细数或弦细而数。

痰火扰心小儿多动：多动多语，烦急多怒，冲动任性难以制约，神思涣散，注意力不能集中，胸闷纳呆，痰多口苦，口渴，便干溺赤，苔黄腻，脉滑数。

心脾气虚小儿多动：神思涣散，注意力不集中，神疲乏力，食纳不佳，形体消瘦或虚胖，多动而不暴戾，多语而少激昂，健忘失眠，多梦，语言迟钝、舌淡，苔少或苔薄白，脉虚弱。

鉴别分析

肾虚肝旺小儿多动系因先天不足或后天体弱多病，调护失宜，导致肾之阴精不足，阴虚则无以制阳，而出现一系列"阳躁"的症状，多动多语，精神亢奋，语言高昂，烦急善动等。肝肾同源，肾阴不足则水不涵木，肝阳亢旺而出现魂失所藏之症，如神荡无主，夜寐不安，梦游梦呓，少于谋虑，性情急躁易怒冲动。治疗宜滋肾阴潜肝阳，宁神益智，方用左归饮加减。

痰火扰心小儿多动系因小儿胎热较重，寒热调护失宜，或过饮水浆，或恣食肥甘厚味，而蕴生湿热。湿热内蕴，化为痰火。湿热与痰弥漫脏腑三焦，阻滞胸膈，上扰心神，心失所主，故神思涣散，注意力不能集中，烦躁不宁，多动多语，冲动任性，难以制约。痰热胶结阻滞中焦则见胸闷纳呆。湿热流注下焦则大便秘结或溏而不爽，小便黄赤短少。治疗宜清热利湿，化痰宁心，安神定志，方用黄连温胆汤。

心脾气虚小儿多动系由患儿禀赋不足，伤食或病后失于调摄，致脾气虚弱，心气耗损。脾虚则静谧不足而思虑不周，言语冒失，兴趣多变，虽能自悟而不能自制。心气不足则见心悸健忘，神疲乏力，时自汗出，惕然而惊等证。言为心声，心气不足，神窍不利则可见口吃，语言迟缓。脾虚运化失职则见面色萎黄，纳呆腹泻等症。治疗宜养心健脾，益气宁神，方用归脾汤合甘麦大枣汤。

小儿多动总由阴阳失调，阴虚阳亢或虚阳浮跃，以及脏腑功能不足，主要是心脾肝肾失常所致。故治疗以平衡阴阳、调理心肝脾肾功能为主，辅以开窍安神法。

（韩　斐）

446. 小 儿 抽 动

【概念】

小儿抽动是指多组肌肉相继或同时出现抽搐，并且由于喉部的抽动而出现发声异常的一种病症。本症与突发抽搐的急惊风及由虚极而致的慢惊风均有区别。

【鉴别】

常见证候

肝风痰热小儿抽动：头面躯干不同部位的肌肉抽动，摇头伸颈，耸肩挺胸，鼓肚，扬手蹬足，张口歪嘴，皱眉眨眼，肢体震颤，行路不稳，口出奇异之声，或喉中痰鸣，烦躁易急，睡眠不安，舌红。苔黄腻，脉弦数。

脾虚肝亢小儿抽动：肌肉抽动无力，时发时止，时轻时重，噘嘴，口唇蠕动，四肢抽动，挺胸鼓肚，精神倦怠，面色萎黄，食欲不振，睡时露睛，形疲性急，喉中怪声连连，声低力弱，或口出秽语，大便溏薄，舌质淡，苔薄白，脉细弱无力。

阴虚风动小儿抽动：形体憔悴，精神疲惫，二颧潮红，五心烦热，大便秘结，挤眼弄眉，甩手耸肩，踮脚抖腿，蹬足，腰部肌肉抽动，喉中吭吭出声，性情急躁，口出秽语，睡眠不安，舌红绛，状如草莓，苔光剥，脉细无力。

鉴别分析

肝风痰热小儿抽动系由小儿情志不遂，木失条达，郁而化火生风，肝亢风动则抽动不已，皱眉眨眼，张口努嘴，缩鼻，摇头，耸肩，四肢震颤等怪象百出。肝在声为呼，肝亢风动则喊叫不已，火热盛极，灼液成痰，痰热内扰心神则烦躁易急，睡眠不安。治疗宜平肝熄风，化痰清热，方用泻青丸合礞石滚痰丸加减。

脾虚肝亢小儿抽动系由小儿脾常不足，易为饮食所伤，或过食生冷或过食肥甘厚味，致脾失健运，痰湿内生，脾虚则肝亢故见噘嘴，口唇蠕动，四肢抽动，挺胸鼓肚。脾为生痰之源，肺为储痰之器，肝亢风动，挟所生之痰上扰清窍则秽语。其它食欲不振，睡时露睛，形疲性急，大便溏薄均为脾虚之象。治疗宜扶土抑木，缓肝理脾，方用十味温胆汤加味。

阴虚风动小儿抽动系由抽动日久或热病伤阴，阴血内耗，水不涵木，阴虚风动，而见挤眼弄眉，甩手耸肩、踮脚、抖腿、蹬足、腰部肌肉抽动。阴虚喉失濡养，喉中不适则喉中吭吭。精神疲惫、形体憔悴，五心烦热，二颧潮红，睡眠不安等均为阴虚失养及阴虚火旺之象。治疗宜滋水涵木，育阴潜阳，方用三甲复脉汤加减。

小儿抽动总属风、痰为患，与肝关系密切，故辨证论治以平肝熄风化痰为基本法则。

（韩　斐）

447. 小儿心悸

【概述】

心悸是自觉心中跳动，心慌不安而不能自主的一种病证，多发生于能主诉自觉症状的较大儿童。在婴幼儿则可见心前区明显搏动，甚至其动应衣，脉来数疾促急等。

心悸包括惊悸与怔忡，因惊而悸者谓之惊悸，无所触动而悸者谓之怔忡，怔忡多伴惊悸、惊悸日久可发展为怔忡，故临床上往往心悸、怔忡并称。

【鉴别】

常见证候

心气亏虚小儿心悸：心悸怔忡，动则尤甚，胆小易惊，神疲乏力，自汗懒言，面色无华，或诉头晕，或作叹息，舌淡，苔白，脉数，弱或沉、迟，虚里搏动弱。

心阳亏虚小儿心悸：心悸不安，动则更甚，胸闷气短，形寒肢冷，反复感冒，自汗肤凉，面色苍白，纳少便溏，舌淡苔白，脉沉细、结代、虚弱，虚里搏动微弱。

心血亏虚小儿心悸：心悸怔忡，动则尤甚，夜眠不宁，纳少偏食，面色无华，神倦乏力，或头晕眼花，舌淡红苔薄白，脉细弱，虚里搏动微弱。

心阴亏虚小儿心悸：心悸不宁，颧红唇赤，低热久恋，掌心灼热，烦躁哭闹不安，少寐多梦，盗汗淋漓，大便秘结，舌红苔薄黄，脉细数或结代，虚里搏动微弱，或起落无序。

气阴两虚小儿心悸：心悸怔忡，胸闷气短，倦怠乏力，面色不华，自汗盗汗，睡时露睛，面颧暗红，舌红苔花剥，脉细数或结代，虚里搏动或显或弱，或起落无序。

心胆虚怯小儿心悸：心悸，善惊易恐，坐卧不安，睡中易醒，饮食少思，苔薄白或如常，脉弦或虚数，虚里搏动明显，或起落无序。

热毒侵及小儿心悸：心悸多啼，经常感冒，咳嗽咽红，乳蛾肿大，反复发热，夜汗淋漓，乏力倦怠，脉数，或结、促、代，虚里搏动微弱或应衣，或起落无序。

水饮凌心小儿心悸：心悸气促、渴不欲饮，小便不利，下肢浮肿，形寒肢冷，眩晕呕吐，泛涎多唾，舌淡苔滑，脉弦滑或沉细，虚里搏动明显。

心血瘀阻小儿心悸：心悸怔忡，胸闷不舒，善叹息，心痛阵作，痛如针刺，口唇指（趾）甲青紫，指（趾）如杵状，舌紫暗或有瘀斑，脉涩或结代，虚里搏动明显，起落无序。

鉴别分析

心气亏虚与心阳亏虚小儿心悸同属心虚病变，是病情轻重的两个阶段，心气虚是病之初，而心阳虚是心气虚的进一步发展，所以临床均可见心悸不安、气短，动则更甚。心气亏虚小儿心悸还可兼见神疲乏力，自汗懒言，面色无华，舌淡苔白等气虚证。心阳亏虚小儿心悸多由气虚及阳，肢体失于温煦，阳气无力抗邪，故经常感冒，形寒肢冷，自汗肤凉，面色苍白，食少便溏，舌淡苔白，脉沉细。治疗：心气亏虚者宜养心益气，安神定悸，方用四君子汤加减；心阳亏虚者宜温补心阳，安神定悸，方用黄芪建中汤加减。

心血亏虚和心阴亏虚小儿心悸亦同属心虚病变，是病情轻重两个不同的阶段，心阴虚是心血虚的进一步发展，所以临床二者均见心悸怔忡，失眠多梦，健忘等证。此外心血亏虚还兼见血不上荣之象，面色淡黄不华，口唇苍白，头晕眼花，目眩耳鸣，舌质淡苔白等象；而心阴亏虚则兼见虚火循少阴经脉上炎之象如：颧红唇赤，低热盗汗，烦躁不安以及咽干舌痛，舌红苔薄黄，脉细数等。治疗：心血亏虚者宜补血养心，益气定悸，方用归脾汤加减；心阴亏虚者宜滋养心阴，安神定悸，方用加减复脉汤。

气阴两虚小儿心悸系心气亏虚，兼有心阴亏虚。气虚则气短乏力，自汗脉数；阴虚则颧红盗汗；气阴两虚则睡时露睛，苔花剥，脉细数，心失所养故悸动不安。治疗宜益气养阴，宁心复脉，方用炙甘草汤加减。

心胆虚怯小儿心悸系因小儿胆怯易惊，骤遇惊恐，常可导致心神的病变，而出现心悸不安，善惊易恐，坐卧不安，多梦易醒。且能影响食欲，出现饮食少思。治宜镇惊定志，养心安神，方用安神定志丸加减。

热毒侵心小儿心悸常因外感风热邪毒引起。由于小儿脏腑娇嫩，邪毒乘虚而入，内舍于心，以致悸动不安，故初起可有风热表证，或病程中因外感而心悸加重。邪毒侵心，心脉受损，心气不足而见倦怠乏力。治宜清热解毒，扶心复脉，方用银翘散加减。

水饮凌心小儿心悸系肺脾肾三脏功能失调，影响到水液的正常散布和运行，则聚而生湿，变而为饮。饮凌于心则悸，犯于肺则咳，上扰清阳则眩晕、昏冒，溢于肌肤可见水肿，凝结于里则腹痛，流行于四肢则四肢沉重，内犯胃肠则吐泻。治宜振奋心阳，化气行水，方用苓桂术甘汤。

心血瘀阻小儿心悸可有两方面的原因所致：一是由于外感六淫之邪搏于血脉，内及于心，心气被抑，而致血瘀，流行不畅，以致悸动不安；一是由心阳不振，气衰血涩，流行不畅，以致悸动不安。一般有瘀血内阻的患儿，舌质多呈紫暗色，肌肤甲错，痛处不移等症。治宜活血化瘀，理气通络，方用血府逐瘀汤或桃仁红花煎加减。

【文献别录】

《小儿药证直诀·五脏所生》："心主惊，实则叫哭发热，饮水而摇，虚则卧而悸动不安。"

《证治准绳·幼科》："人身有九藏，心藏神肝藏魂，二经皆主于血，血亏则神魂失守，而生惊悸也……惊者心卒动而恐怖也，悸者心跳动而怔忡也，二者因心血虚少，故健忘之证随之。"

（韩　斐）

448. 小 儿 痞 块

【概念】

小儿痞块是指胁下可按到的肿块而言，局部有时疼痛。

在古代医籍中多称"癖积"。《诸病源候论》谓之"癖"，《幼幼集成》称"癖积"，《医宗金鉴》称"癖疾"。一般多称"痞块"、"痞积"。

痞块是小儿脾胃功能失调的一种症状，与小儿的疳积，成人的癥瘕相近，本文仅述小儿痞块，其他疾病所表现的肿块，可参见有关条目。

【鉴别】

常见证候

脾胃气虚痞块：胁下痞块始则柔软，渐增大变硬，时发疼痛，纳少便溏，或完谷不化，面色青黄，舌质淡胖，苔白滑，脉沉濡弱。

脾胃阴虚痞块：胁下痞块时痛，午后潮热，面颊红赤，手足心热，烦急惊啼，纳少运迟，形体羸瘦，便干溲黄，舌红苔少，脉细数有力。

疟久痞块：寒热往来，呕吐黄水，头晕身倦，面黄腹胀，胁下痞块，舌质胖嫩，尖边红绛，苔黄薄腻，脉弦兼数。

鉴别分析

脾胃气虚痞块与脾胃阴虚痞块：均属由虚致实，痞块渐至形成。但前者为气虚，多由过食寒凉饮食，损伤中气，水湿不运，痰湿凝聚而成。后者为阴虚，乃因热病伤阴，阴津被热邪煎灼，聚而不散所致。其辨证要点为：脾胃气虚痞块呈气虚象，如纳少便溏，体倦乏力，手足不温，舌质胖淡，脉沉弱等；脾胃阴虚痞块呈阴虚内热象，如手足心热，面颊红赤，皮肤干燥，舌红少苔，脉细数等。因此在治疗上，气虚宜补益脾胃，除湿消痞，方选异功散加味；阴虚宜滋脾养胃，消痞软坚，方选沙参麦冬汤加炙鳖甲、丹参、牡蛎等。

疟久痞块：因水谷停聚搏水湿，三焦气机运化不畅，水湿与气血搏结而成。《幼幼集成》说："癖者，血膜裹水则癖，胁旁时时作痛，时发潮热，或寒热往来似疟，故疟家多有此症。"其鉴别要点为：寒热往来，呕吐黄水，头晕腹胀，脉弦滑数。体虚者宜选用消癖丸补益脾胃，行气化瘀；体壮者宜选用赭石换癖丸软坚消癖，行气化瘀。

痞块患儿，虚者居多，古方治癖，多以巴豆、硝、黄攻下，此非常法，初起体壮气实者短时或可用之，若攻伐太过，则伤脾阳，阳虚气陷难以调治。痞块之由，来之饮食者，应调和脾胃为宜，佐用行气化瘀以消痞块，或兼用红花膏活血化瘀软坚消痞。

【文献别录】

《诸病源候论·癥瘕癖结候》："五脏不和，三焦不调，有寒冷之气客之，则令乳哺不消化，结聚成癥癖也。其状，按之不动，有形段者癥也；推之浮移者瘕也；其弦急牢强，或在左，或在右，癖也。皆由冷气痰水食饮结聚所成，故云癥瘕癖结也。"

《外台秘要·卷十二》："五脏调和则荣卫气理，荣卫气理则津液通流，虽复多饮水浆，亦不能为病。若摄养乖方，则三焦痞隔，三焦痞隔则则肠胃不能宣行，因饮水浆便令停滞不散，更遇寒气积聚而成癖。癖者、谓僻侧在于两胁之间，有时而痛也。"

《医宗金鉴·幼科杂病心法要诀·癖疾》："癖疾过食肠胃满，浊液外溢被寒凝，潮热饮冷肌削瘦，腹满硬块面黄青。"

（滕宣光）

449. 小 儿 痿 证

【概念】

小儿痿证，是指小儿四肢软弱，不能随意运动的病证，临床以下肢为多见。

小儿痿证，在《素问·痿论》中称"痿躄"；后世有称"软脚瘟"、"软风"者。由于它具有传染性，故又有"痿疫"之称。近代医家认为《医林改错》中的"小儿半身不遂"颇类此证。

本证多见于 5 岁以下小儿，以 1～2 岁发病率最高，多流行于夏秋季节。本证与成人的"肢体痿废"在年龄与发病季节上，均有明显不同。

【鉴别】

常见证候

由于本证的病程具有由表入里，由实至虚，由轻到重的发展经过，所以证候分类上有一定的联贯性，现按其病程的进展分类如下。

一、湿热初侵，邪犯肺胃：肢体肌肉疼痛，屈伸困难，皮肤感觉过敏，不喜抚抱，甚则颈项强直，常有发热汗出，咳嗽流涕，恶心呕吐，烦躁或嗜睡，便溏溲黄，苔薄腻，脉濡数。

二、湿热阻络，气虚血瘀：以四肢瘫痪为主，尤以下肢不对称瘫痪为多见。发热渐退，肢体软弱无力，皮肤欠温，或口眼㖞斜，舌质红，苔腻，脉细滑。

三、邪去正虚，肝肾亏损：瘫痪日久，肌肉萎缩，皮肤发凉，甚或出现各种畸形，具有瘫、萎、软、松、冷、变形的特点。舌淡红，少苔或无苔，脉沉细弱。

鉴别分析

湿热初侵，邪犯肺胃：乃因外感风湿热疫毒，内伤生冷不洁之物而致。肺为清肃之脏，主一身之皮毛，疫毒外袭，肺气郁闭，营卫不和，故见发热咳嗽等表证；秽浊之气内伤脾胃，使清气不升，浊气不降，故有呕吐便溏等里证。疫毒流注经络，使气血不得宣通，湿热不攘，筋脉拘急，故见肢体疼痛，皮肤感觉过敏，甚则颈项强直。疫毒初犯，病属实证，治宜祛风解表，清热利湿，佐以通络。方选葛根黄芩黄连汤合甘露消毒丹加味。

湿热初犯，此时变证最多。若风邪偏盛，湿泛为痰，风痰内窜，蒙蔽清窍，则可见神昏惊厥，当急投清肝熄风，涤痰开窍之剂，可选羚羊钩藤汤合菖蒲郁金汤，甚或送服至宝丹；若痰阻气道，证见呼吸促迫，吞咽困难，烦渴不安者，急进清热宣肺，豁痰平喘剂，方用五虎汤加味。尚有少数患儿，初起即见昏痉喘厥，此为风痰交炽，邪盛正虚，应按暴脱证急治之。

湿热阻络，气虚血滞：由于正气无力达邪，或失治误治，使湿热之邪深入经络，郁结阳明。阳明主润宗筋，主束骨而利关节。湿热内郁不解，必致胃气匮乏，四肢无所禀受，则宗筋松弛而无力束骨，故见肌肉松弛，肢体瘫痪。湿性重浊而性趋下，所以尤以下肢瘫痪为常见。治宜清热利湿，益气活血，方用三妙丸合补阳还五汤，若口眼㖞斜者，加用牵正散。

邪去正虚，肝肾亏损：瘫痪日久，邪虽去而正气不复，尤以精血两伤，肝肾亏损为重。肝主筋，肾主骨，精血不能润养筋骨，故见肢体变形，肌肉失去濡润滋养，则萎缩而不知所用。治宜补益肝肾，温通络脉，方用地黄饮子加味。若阴阳两虚，气血大伤者，则需大补气血，滋填肝肾，可用十全大补汤合虎潜丸化裁。

小儿痿证，在用药物治疗的同时，应注意加强营养，积极进行肢体功能锻炼，并配合针灸、推拿疗法，以促早愈。

【文献别录】

《医林改错·论小儿半身不遂》："小儿自周岁至童年皆有。突然患此症者少，多半由伤寒、瘟疫、痘疹、吐泄等症，病后元气渐亏，面色青白，渐渐手足不动，甚至手足筋挛，周身如泥塑，皆是气不达于四肢。"

《类经·十七卷·痿证》："治痿者当取阳明，又必察其所受之经而兼治之也。如筋痿者取阳明厥阴之荥俞，脉痿者取阳明少阴之荥俞，肉痿、骨痿其治皆然。"

（梅马力）

450. 小儿紫癜

【概念】

紫癜，是指皮肤出现大小不等的紫点或斑块而言。以抚之不碍手，按之不褪色为特征。紫癜为现代医学病名，中医文献中没有紫癜这一名称，但对皮肤出现紫色斑点的症状描述却很多，一般见于"血症"、"斑疹"、"斑毒"等门类中。

引起紫癜的原因很多，但以邪热、气虚、血瘀三者为主，而三者又往往互相影响，互为因果，相互转化。

【鉴别】

常见证候

阴虚血热紫癜：癜色紫红或鲜红，多见于腿胫部，或见鼻衄、齿衄，伴有低热或高热，夜间盗汗，颧红唇赤，舌红少苔，脉弦细数。

脾虚血弱紫癜：紫癜以腿胫较多，颜色淡紫或青黯成片，伴有气短自汗，神疲食少，面色萎黄，舌淡嫩少苔，脉沉细弱。

湿热风毒紫癜：下肢或臀部出现紫红或黯紫瘀癜、大小不等、时显时隐、或眼睑微肿，身热、关节肿痛，如兼见丘疹或云头成片，则皮肤作痒；或见腹痛，便血，尿血，舌质红，苔黄厚腻，脉浮滑数。

瘀血阻络紫癜：瘀斑色紫而暗，抚之硬结或有痛感，腹部阵痛或腹中积块，或有关节肿痛，舌质色紫，舌光有瘀点，脉弦或涩。

鉴别分析

阴虚血热紫癜与脾虚血弱紫癜：同属虚证。但前者为阴虚内热，热迫血络，血液离经外溢肌表而致。故癜色紫红而鲜，衄血亦多鲜红；由于热灼阴伤，故颧红唇赤、盗汗、舌红少苔，脉弦细数。后者为气虚血弱，脾失统摄，血不归经，外渗肌表而致。故癜色浅淡，或瘀暗成片，或鼻有血迹，齿缝渗黄色血水；气虚卫外不固，故动则汗出，身倦乏力，脾虚不运，故面色暗黄，纳食减少，舌淡嫩，脉细弱。

湿热风毒紫癜：多因内蕴湿热与外来风毒相搏，致使营卫失调，络脉不和，血溢脉外而成。证见癜色紫暗或呈青紫色，状如葡萄，大小形态不一，或融合成片，时显时隐，或瘀滞不褪。由于风湿合邪，外伤肌腠关节，故兼见身热，眼睑微肿，身出丘疹而瘙痒，关节肿痛。

瘀血阻络紫癜：或因气虚、或因气滞、湿阻，致使血运不畅、瘀阻脉络。气血郁滞则斑色紫暗，抚之硬结；血脉不通则痛，湿浊瘀阻关节，则关节肿胀作痛；腹中积块乃气血瘀结所致。舌质色紫、舌光瘀点、脉弦或涩，皆为血脉瘀阻之象。

阴虚血热紫癜，治以凉血清营，滋阴降火，方用犀角地黄汤，或育血 1 号；脾虚血弱紫癜，治以益气摄血，方用归脾汤，或育血 2 号；如长期不愈当补益精血，加龟板、阿胶、鹿角霜等血肉有情之品；湿热风毒紫癜，治以疏风化湿，和血化瘀，方用连翘败毒散加减，或疏风化湿和血汤；瘀血阻络紫癜，治当消瘀止血，佐以益气或行血之品，方用桃红四物汤加减。

【文献别录】

《诸病源候论·小儿杂病诸候·患斑毒病候》："斑毒之病，是热气入胃，而胃主肌肉，其热挟毒，蕴积于胃，毒气熏发于肌肉，状如蚊蚤所啮，赤斑起，周匝遍体。"

（宋祚民　吕敏华）

451. 小儿蛲虫症

【概念】

小儿蛲虫症，是指蛲虫寄生在肠道下端，常于夜间从肛门爬出而引起的疾病。

蛲虫俗称"线虫"，在古典医籍中记载比较统一。自隋代《诸病源候论》以后，历代医家都以"蛲虫"命名，只有宋代医家有"肾虫"的记载。目前临床上均称"蛲虫"。本篇着重介绍蛲虫在肠道内寄生所引起的症状及鉴别。

【鉴别】

常见证候

脾胃虚弱蛲虫扰动症：脾胃虚弱蛲虫易于滋生，下乘大肠、谷道、肛门，而见肛门奇痒，夜间尤甚，睡眠不安，脐腹隐痛，纳食呆少烦躁不安、夜惊等。

气血损伤蛲虫扰动症：蛲虫病久，扰乱脾胃运化，引起食少纳呆，恶心呕吐诸症。久之气血损伤，而见肌肤消瘦，面唇淡白，夜卧不安，脱肛等。

鉴别分析

脾胃虚弱蛲虫扰动症与气血虚损蛲虫症，同属虚症，前者因为脾胃虚弱，至使蛲虫易于滋生，虫生过多，下乘大肠、肛门。蛲虫扰动而见夜间肛门周围奇痒，往往波及会阴及臀部，女孩因蛲虫爬向前阴而见阴痒；后者因为蛲虫病久，脾胃运化失常，荣养不足，损伤气血，而见面黄肌瘦，纳食呆少，小儿体重不增或减轻，脂肪减少，肌肉松弛，面色苍白，甚而中气不足，脱肛等。两症同时伴有蛲虫症的共同特点，脐腹隐隐作痛，乍痛乍止，来去无定，痛时伴肠鸣，吐涎，或遗尿，或尿频尿急，睡时磨牙，嗜食异物，面部可见白斑，巩膜蓝斑，唇内有粟粒状颗粒，以及舌两边及舌尖部有乳头状斑点等。治疗当采取内治与外治相结合，以杀虫驱虫为主要治法，只要蛲虫被驱除，其他症状可逐渐缓解，常用方剂有内服蛲虫散，外用百部或大蒜煎水灌肠，或用胡粉散外搽肛门等。

【文献别录】

《诸病源候论·蛲虫候》："蛲虫犹是九虫内之一虫也。形甚小，如今之蜗虫状。亦因脏腑虚弱而致，发动甚者，则成痔瘘……诸疮。"

（卢　志）

452. 小儿蛔虫症

【概念】

小儿蛔虫症，是指蛔虫在肠道内寄生所引起的疾患。

本症，在古典医籍中，名称繁多，最早见于《素问·咳论篇》称"长虫"。《灵枢·厥病论》篇称"蛟蛕"。《伤寒论·厥阴病脉证并治篇》称"蛔"。《诸病源候论·蚘虫候》称"蚘虫"。说明古代医家很早对蛔虫症就有了认识。本篇着重介绍蛔虫在肠道内寄生所引起的症状及鉴别。

【鉴别】

常见证候

胃肠湿热蛔虫扰动症：腹痛时作，纳食呆少，食则吐蛔，身热面赤，心烦口渴，小便黄赤，大便秘结，舌红脉弦数。

脾胃不调蛔虫扰动症：腹痛绵绵，喜温喜按，时觉恶心，痛时口吐涎沫，或吐蛔，或便蛔，手足不温，畏寒神怯，面色苍白，小便清长，大便溏薄，舌质胖淡，脉象细弱。

蛔虫扰动穿肠入胆症：突然胁腹剧烈疼痛，痛引肩背，面色㿠白，冷汗淋漓，四肢逆冷，噁心呕吐，甚则吐蛔，舌苔薄白，脉象沉弦或沉伏。

蛔虫扰动梗阻肠道症：腹部阵发性、或间歇性剧烈疼痛，反复恶心呕吐，甚或吐蛔，大便不通，无矢气，腹部攻撑，并有虫瘕，舌苔薄腻或黄腻，脉象弦。

鉴别分析

蛔虫症是儿科常见的肠道寄生虫病，它的发病原因，主要是由于饮食不洁，生吃未洗净的瓜果、蔬菜，及未煮熟而带有虫卵的食物。《杂病证治准绳·虫篇》中指出："食瓜果与畜兽内脏遗留诸虫子类而生。"明确指出是因食进"虫子"而发病。且春夏气候温暖，湿度适宜，虫卵易于成熟，感染机会较多，也是蛔虫症的多发季节，所以古人又有蛔虫由湿热郁蒸而生的说法。然而人体内寄生少数蛔虫，不一定产生症状，只有人体在胃肠内蕴湿热，蛔虫滋生数量增多；或脏腑气弱，脾胃不调，偏寒偏热之时，虫不安定而搔扰肠胃引起症状，其胃肠湿热蛔虫扰动症和脾胃不调蛔虫扰动症两者鉴别要点为：胃肠湿热蛔虫扰动症其病因为，肝胃热盛，虫不安位，上窜乱动，症见腹痛，身热面赤，心烦口渴，尿赤便秘，舌红脉弦数等；脾胃不调蛔虫扰动症，其病因为中阳不足，寒从内生，蛔虫畏寒，四出窜动，症见腹痛绵绵，吐蛔便蛔，畏寒神怯，手足不温，面色苍白，小便清长，大便溏薄，舌质胖淡，脉象细弱等。两者的共有症状为：腹痛多在脐周，时轻时重，时缓时急，轻时隐隐作痛，重时疼痛较剧，常于食后发作，呕吐蛔虫，夜间磨牙，经常鼻痒，或食欲反常，喜食异物，一般都有排虫史，望诊可见面部白斑，巩膜蓝斑，唇内有粟状颗粒，以及舌边缘及舌尖有乳头状斑点等。治疗之法当以安蛔驱虫为主，兼健脾养胃，胃肠湿热蛔虫症，治宜清热安蛔、方用连梅安蛔汤；脾胃不调蛔虫症，治宜温虫安蛔，方用理中安蛔汤。

蛔虫扰动梗阻肠道症：蛔虫在肠道内滋生过多，或驱虫不当激惹群虫致使虫体扭结成团，蛔虫阻塞肠间，肠道不通而梗阻。气机被阻，不通则痛，其症状鉴别点为：①阵发性腹部剧烈绞痛，乍痛乍止，反复发作；②腹部触之有索条状物，疼痛时更明显，喜揉按，揉之可改变形状；③恶心呕吐，甚或吐蛔；④腹部胀满，大便不通。治疗之法宜通里攻下，行气散结，佐以安蛔驱蛔，常用方剂为硝菔通结汤，如较长时间症状尚不缓解，当考虑手术治疗。

蛔虫扰动穿肠入胆症：蛔虫在肠道内又有钻窜的习性，若因驱蛔不当，或患儿身热等刺激，致使蛔虫乱钻，也可并发胆道蛔虫症。其症状鉴别点为：①突然剧烈腹痛，反复发作，时痛时止；②疼痛部位在上脘偏右，不喜按压；③面色㿠白，冷汗淋漓，手足逆冷，神识昏迷，甚或出现惊厥。治疗之法宜舒肝利胆安蛔理气止痛，症状缓解后再用驱蛔通下，常用方剂舒肝利胆可用大柴胡汤加乌梅、川楝子、元胡、金钱草等，安蛔可用乌梅丸，驱蛔可用胆道驱蛔汤。当临床症状消失，还应继续服用利胆排虫方一周左右以排出钻入胆道的残留蛔虫。

蛔虫症在我国分布地区较广，多见于不懂卫生知识的小儿。轻者可引起小儿营养不良，消化功能紊乱，重者甚至危及生命，因此注意饮食卫生，搞好粪便管理，对预防蛔虫症有重要意义。

【文献别录】

《幼幼集成·虫痛证治》："经曰：肠中有虫瘕蛲蛕，皆不可取以小针。又曰：饮食者，皆入于胃，胃中有热则虫动，虫动则胃缓，胃缓则涎出。夫虫痛者，蛔虫也，盖由小儿脾胃虚弱，多食甘肥生冷，留而为积，积化为虫，动则腹痛，发则肿聚一块，痛有来去，乍作乍止，呕恶吐涎，口出清水，久而不治。其虫长至一尺，则贯胃伤心杀人矣。外证面白唇红，六脉洪大，是其候也。内有虫，必口馋好甜，或喜食泥土茶叶火炭之类，宜攻去之，用槟榔丸。

小儿虫痛，凡脾胃怯弱者，多有此证，其攻虫取积之法，却又未可常用，及取虫之后，速宜调补脾胃。或集成肥儿丸，或乌梅丸，或六君子汤多服之，以杜虫之复生。"

《医宗必读·心腹诸痛》："虫痛面上白斑，唇红能食，或食后即痛，或痛后即能食，或口中沫出。"

《医学三字经·心腹痛胸痹》："一虫痛，乌梅丸。虫痛，时痛时止，唇舌上有白花点，得食愈痛，虫为厥阴风木之化，宜乌梅丸。"

（卢 志）

453. 小 儿 浮 肿

【概念】

小儿浮肿，是指小儿体内水湿潴留，泛溢于肌肤，引起头面、四肢、腹背甚至全身浮肿的症状。

浮肿，在《内经》中论述较详。《素问·阴阳别论》说："三阴结谓之水。"《灵枢·水胀》篇则说："水始起也，目窠上微肿，如新卧起之状。"《素问·汤液醪醴论》提出了"平治于权衡，去菀陈莝……，开鬼门，洁净府"的治法。《金匮要略》则将浮肿分为"风水"、"皮水"、"正水"、"石水"及五脏水等。直至朱丹溪才将浮肿归纳为"阳水"、"阴水"两大类。前人对小儿浮肿的认识，亦不出上述范围，但多为"气肿"、"水肿"两类。

【鉴别】

常见证候

风水相搏浮肿：起病急骤，发热恶风，咳嗽，初起眼睑浮肿，继而四肢、全身浮肿，小便黄赤，苔薄腻，脉浮数。

湿热壅盛浮肿：遍身浮肿，皮色润泽光亮，胸腹胀满，烦热口渴，小便短赤，大便干燥，苔黄腻，脉滑数。

脾阳不振浮肿：周身浮肿，按之凹陷不起，面色㿠白，身重懒动，脘闷纳呆，便溏溲少，舌淡，苔白滑，脉濡缓。

肾阳衰微浮肿：面浮身肿，腰以下肿甚，按之凹陷不起，形寒肢冷，腰膝痠软，小便短少，舌质淡而肿，苔白腻，脉沉细而迟。

鉴别分析

风水相搏浮肿：多因小儿机体柔弱，气血未充，风邪乘虚而入，客于肌表，与体内水气相搏而致。风为阳邪，其性上行，故初见眼睑浮肿；风水郁闭于肌腠，故四肢、全身肿胀；风邪外袭，肺失宣肃，不能通调水道，下输膀胱，故发热恶风，咳嗽，浮肿，小便不利。治宜疏风解表，宣肺行水，方选越婢加术汤或麻黄连翘赤小豆汤加减。

湿热壅盛浮肿：多因小儿脏腑未坚，饮食不节，积食酿湿，湿热壅滞，中焦气机升降失调，三焦气化不利，气不化水，水溢四肢而致。故见遍身浮肿，色泽光亮，皮肤胀急；湿热内蕴，故有烦热口渴，小便短赤；湿阻气机，故胸腹胀满，苔黄腻，脉滑数。治宜淡渗利水，分利湿热，方选五苓散合五皮饮加减，或疏凿饮子加减。

湿热壅盛浮肿与风水相搏浮肿：二者皆属阳水实证。一为湿热壅滞中焦，三焦气化不利，气不化水，水湿泛滥，发为浮肿，故见胸腹胀满，苔黄腻，脉滑数等症；一为风邪外感，风水相搏，水湿溢于肌肤，肺失宣肃，水道不通，膀胱不利，发为浮肿，故见发热恶风，咳嗽，苔薄，脉浮数等表证。二者以此为辨。

脾阳不振浮肿：多因小儿后天失调，饮食不节，嗜食生冷，损伤脾阳，脾不制水，水湿浸渍，发为浮肿。即《素问·至真要大论》所说："诸湿肿满，皆属于脾"。其临床特点为：周身浮肿，按之凹陷不易恢复，面色㿠白，身重懒动，胸闷纳呆，便溏溲少，舌淡，苔白滑，脉濡缓。治宜温运脾阳，化湿行水，方选实脾饮加减。

肾阳衰微浮肿：多因小儿禀赋不足，后天失调，或病累日久，以致肾阳衰弱，无以温煦蒸腾，以致气不行水，发为浮肿。《诸病源候论·卷二十一》说："肾主水，肺主气，肾虚不能制水，故水妄行。"肾阳衰微，则膀胱开阖失司，水道不利，故见面浮身肿，腰以下为甚，按之没指。它如形寒肢冷，腰膝酸软，脉沉细而迟，亦是肾阳虚的明证，治宜温补肾阳，化气行水，方选真武汤或金匮肾气丸加减。

肾阳衰微浮肿与脾阳不振浮肿：二者均属阴水虚证。前者因肾阳不能温化水液，使水聚而为浮肿，临证必有寒象，如形寒肢冷，脉迟等；后者因脾阳不能运化水湿，水湿泛滥发为浮肿，身重便溏为其特点。二者之间，肾阳衰微浮肿较重，而脾阳不振浮肿较轻。且脾阳不振日久往往累及肾阳，肾阳衰微又每兼见脾阳不足，故两者有互为因果的关系。

小儿浮肿，首先要分清阴阳虚实，阳水属实，病邪较浅，多为身半以上浮肿，皮色润泽光亮，按之即起，治当发汗、利小便；阴水属虚，病邪较深，正气已虚，多为身半以下浮肿，皮色灰滞，按之凹陷没指，治当扶正利水。若正气尚实，能耐攻逐者，可先攻后补。然小儿禀赋未充，脏腑娇嫩，攻伐必须谨慎。否则，常致虚虚之弊而难以挽救。

【文献别录】

《幼科发挥·肿病》："小儿病嗽病疟病疮后肿者，皆虚肿也。"

"如受风雨水湿之气而肿者，实肿也，通用胃苓丸主之。此家传之法也。"

"小儿诸肿，不问虚实，并用胃苓丸五皮汤主之。此家传也。"

"如因喘嗽面目浮肿者，宜消肿，葶苈丸主之。"

"如无他病浮肿者，视其肿起之处治之。如自面起，上半身先肿者，此风肿也，宜五皮汤加紫苏叶防风主之。如从足起，下半身先肿者，此湿肿也，宜五苓散加防己木通主之。"

（周润芝）

454. 小 儿 遗 尿

【概念】

小儿遗尿，是三岁以上小儿，每于睡眠中小便自遗醒后方觉的症状，又称"尿床"。三周岁以下的婴幼儿由于智力发育未臻完善，正常的排尿习惯尚未养成，因而未能自主排尿，年长儿由于贪玩少睡，精神过于疲劳；或蛲虫夜间爬出肛门外产卵，刺激尿道口而致偶然遗尿者，不属本条范围。此外遗尿与小便失禁应相鉴别。小便失禁是指在意识清楚的情况下小便失去控制而自行排出，遗尿则在寐中遗出而不觉。

早在《灵枢经》中就有"膀胱不约为遗溺"的论述，《诸病源候论·小便病诸候》也说："膀胱为津液之腑，腑既虚冷，阳气衰弱，不能约于水，故令遗尿也。"

常见证候

肾阳虚弱遗尿：夜尿频多，每晚必遗。患儿发育迟缓，面色㿠白肢冷恶寒，腰膝酸软，脉沉迟无力。

脾肺气虚遗尿：小便频数，尿量不多，睡中遗尿，气短声怯，动则汗出，易于感冒，食少便溏，舌质淡无华，脉细弱。

肝经郁热遗尿：睡中遗尿，小便黄臊，手足心热，面赤唇红，夜间龅齿，或惊惕不安，舌苔薄黄，脉滑数。

鉴别分析

肾阳虚弱遗尿与脾肺气虚遗尿：两者同属虚证，与气虚不摄或阳虚失于温化有关。肾阳虚弱遗尿，主要见于先天禀赋不足的患儿，由于下焦元阳虚衰，命火不能蒸腾水液，鼓动气化，约束膀胱，故夜间遗尿。脾肺气虚遗尿，多见于后天调摄失当，或久患咳喘，吐泻等患儿，由于宗气受损，气虚升举无权，水失其制，故出现遗尿症。临证鉴别的要点是，肾阳虚弱必有寒证，如肢冷恶寒，脉迟无力，每遇寒冷加重等；脾肺气虚则有宗气不足之证，如动则汗出，气短声怯，食少便溏等，无明显寒象，易与肾阳虚弱相区别。治疗以补为主，前者宜温补肾阳，佐以固摄，桑螵蛸散合巩堤丸加减；后者宜健脾益肺，佐以固涩，补中益气汤合缩泉丸化裁。

肝经郁热遗尿：由于湿热内蕴，侵犯肝经，或肝失疏泄，郁而化火，影响膀胱不藏，也可出现遗尿，但此类较为少见。患儿小便多臊臭，遗尿量少而色黄，伴有手足心热，夜间惊惕不安，舌苔黄，脉滑数等，与上述两种证候有明显区别，因此不难分辨。治宜泄肝清热，方选龙胆泻肝汤加减。

【文献别录】

《幼科释谜·大小两便》引刘完素之语："遗尿不禁者，为冷。肾主水，膀胱为津液之府，肾与膀胱俱虚，而冷气乘之，故不能拘制其水，出而不禁，谓之遗尿；睡中自出者，名尿床。此皆肾与膀胱俱虚，而挟冷所致也。以鸡肠散主之。亦有热客于肾部，干于足厥阴之经，延孔郁结极甚，而气血不能宣通，则萎痹而神无所用，故液渗入膀胱。而旋溺遗失，不能收禁也。"

（钱　琳　俞景茂）

455. 小 儿 五 软

【概念】

五软是指头项、口、手、足、肌肉失去正常发育而呈痿软无力等症状而言。俗称"软瘫"；《古今医统》又名"胎怯"。

本症在宋代以前多与迟症并论，《婴童百问》首将头软、项软、手软、脚软、肌肉软名为五软。嗣后，一般将头软、项软并称为"头项软"，又将口软列为五软之一；也有将手软、足软并称为"手足软"，而将身体软列为五软之一者。由于五软诸症往往互见，所以又把诸软统称为"弱症"，"软症"。

【鉴别】

常见证候

胎禀怯弱肾阳虚衰五软：小儿出生后，渐见头项软弱倾斜，东倒西歪，遍身羸弱，足软迟缓，不能站立，兼见口软唇薄，不能咀嚼，口常流涎，手软下垂，不能握举，肌肉松弛，活动无力，唇淡苔少，脉沉细尺弱，指纹淡。

后天失调脾气虚馁五软：小儿病后，渐见肢体软弱，形体瘦怯，肉少皮宽。食少不化，吃食不长肌肉，手软不能握举，舌出口而懒于言，口开不合，咬嚼乏力，发育迟缓；五岁小儿不能站立行走，神情呆滞，智力迟钝，面色萎黄，不耐寒暑，以及头项软弱，唇白苔滑，脉沉无力，指纹淡。

鉴别分析

胎禀怯弱肾阳虚衰五软：系先天胎禀不足所致。有因其母血气弱而孕者；或其父母酒色过度，元气虚弱者；或年老而复得子；有服堕胎之剂不去而竟成胎者；有早产者。上述诸因皆可致胎元耗伤，筋骨痿弱，而使头项、手、足、口、肌肉痿软。尤以项软不能支，足软不能立为主症。病机当责之肝肾，因肝主筋，肾主骨，肝肾不足则筋骨不支；又项为督脉及足太阳经所过，督脉空虚，精髓不足，膀胱经脉失养，以致头项软弱不正。治宜温阳益气，填精补髓，方用补肾地黄汤，或补天大造丸。

后天失调脾气虚馁五软：多见于吐泻久病，或肾疳，或慢脾风后；也有因护理不当，乳食、阳光不足而致者。以手足软、口软、肌肉软为主症，病机当责之于脾胃。盖胃为水谷之海，五脏六腑之化源，脾胃失调，脏气失其所禀，四肢无所主，故手软而懒于抬，足软而艰于步，肌瘦皮宽；清阳之气不升，故头不举，项软难收；又口为脾之窍，上下齿属手足阳明，足太阴脾经连舌本，散舌下，脾胃虚，舌不能藏而舒出，口软不收而成五软。治宜补中益气，升举清阳，可用补中益气汤，或扶元散。倘得脾胃一旺，则脏气有所禀，诸软之症可图。

【文献别录】

《幼科证治准绳·五软》："肝受热风天柱倒，但将凉药与维持，贴须性热筋方缓，立见温和请莫疑，吐泻项软唯调气，伤寒柱倒不须医。"

《幼科铁镜·天柱骨倒》："天柱骨倒，乃项软也。由真气虚弱，客邪入腑，传于筋骨，项则软垂下无力，治宜祛风散；或吐久泻久病久而软者，治宜六君子汤加肉桂。手软者，宜用薏苡仁、当归、秦艽、枣仁、防风、羌活、荆芥，等分服之。足软者，治宜六味地黄加牛膝、五加皮、鹿茸等分服之。"

（俞景茂）

456. 小 儿 五 硬

【概念】

小儿五硬是指头项、手足、胸膈、肌肉等部位板硬不灵，难以屈伸俯仰的症状而言。

在古代文献中，小儿五硬的内容不尽一致。如古代《古今医统》说："头硬不能俯视，气壅胸膈，手足心冷如冰而硬，名曰五硬。"《幼科铁镜》系指肝受风邪，头项手足强直如木的病症。《幼幼集成》则把手硬、脚硬、腰硬、肉硬、颈硬名为五硬。

本症多见于二周岁以内的婴幼儿，若不及早治疗或治疗不当，往往成为痼疾或危及生命。

【鉴别】

常见证候

胎寒五硬：新生儿体质虚弱，全身冰冷，肢体不温，僵卧少动，仰头呼吸，气息微弱，哭声低怯无力，不能吮乳，局部皮肤板硬，唇舌淡白或稍紫红偏暗，苔薄白，脉沉微，指纹色淡沉滞。

风寒五硬：头项强硬，难以转动，手足强直冰凉而硬，仰头呼吸，面青气冷，气壅疼痛，连及胸膈，舌质淡，苔白，脉象沉数，指纹淡滞不显。

血瘀五硬：肌肤硬紧，其色暗红或紫暗，面色晦暗，手足佝僵，唇干色青，舌青紫，苔光，脉沉微。

鉴别分析

胎寒五硬与风寒五硬：二证多因儿体阳虚，复感寒邪而致。胎寒五硬多见于早产、体弱之新生儿，因先天胎禀不足，真阳大虚，气血失充；或因气候寒冷，护理不当，保暖较差；或生后感受它病，阳气更为虚衰，寒凝血涩，气血运行不畅，阳气不能温煦肌肤，营于四末，故见肌肤不温，板硬不灵，难以屈伸俯仰；兼见哭声细小无力，气息微弱，活动力差，不会吮乳等阳虚气弱血凝的证候。治宜益气温阳，可用参附汤，并要做好保暖复温护理。风寒凝结五硬，主要因风寒郁闭，阳气不得宣通，气血不荣，以致头项、胸膈、肌肉、手足失却温养，故呈现板硬不灵，难以屈伸俯仰。治以祛风散寒为主，兼以调理气血，宜小续命汤，轻者可用乌药顺气散。

血瘀五硬：本证多因胎寒、风寒五硬日渐加重而成。硬处范围逐渐扩大，颜色也因血滞成瘀而暗红或青紫，若硬处发亮，压之有凹陷者，乃气阳大伤，水湿停滞，治以温经通阳，活血化瘀，方用当归四逆汤。

【文献别录】

《医学纲目·小儿部·五硬五软》："五硬即痉之属，经所谓（诸）暴强直，皆属于风是也。五软即痿之属。"

（俞景茂）

457．小儿鸡胸龟背

【概念】

小儿鸡胸是指胸前高耸，形如鸡之胸廓畸形而言；由于其胸廓又象龟壳之凸起，故又名"龟胸"。

龟背是指小儿背脊屈曲且突，形如龟之背脊畸形而言，又称"隆背"，俗称"驼背"。由于二症在病因及症状上有一定的关联，故合并一条鉴别。

【鉴别】

常见证候

肺积痰热鸡胸：除胸廓向前外突，前后直径增加，变成畸形外，兼见咳嗽喘息，胸高胀满，痰涎上涌，面红唇赤，自汗形瘦，毛发稀黄，舌红苔黄少津，脉数，指纹淡。

胎禀怯弱鸡胸龟背：小儿生下即有胸背畸形，并随着年龄长大，畸形日益明显，行必伛偻，能俯不能仰，生长发育迟缓，形瘦食少，不耐寒暑，舌淡苔薄，脉虚数，指纹淡滞。

邪客脊骨龟背：脊膂不能支持擎举，脊柱疼痛强直，抬肩挺胸，渐至背脊弯曲，背高如龟，晚期可出现驼背畸形，舌淡红或鲜红，苔白或少津；脉沉细数，指纹淡紫或紫滞。

鉴别分析

肺积痰热鸡胸与脾虚骨弱鸡胸：二证均因后天失调所致。然肺积痰热鸡胸，主要由于小儿饮食不节，食滞生痰，痰热不解，又加风邪所伤，攻于胸膈，遂成本病。临床每见咳嗽喘息，胸高胀满，痰涎涌盛，面红唇赤，日久身体渐见羸瘦。治宜开通气机，清热化痰，可选用宽气饮，再以百合丹，俟痰热清除，则胸部胀满得解，再进行补益调治，使胸廓渐收。而脾虚骨弱鸡胸，主要由于乳母体弱多病，小儿饮食营养失宜，居室卑湿黑暗，日光不足，以致生长发育迟缓，骨骼软弱，肌肉松弛，遂使胸廓畸形而成鸡胸。每见面色苍白，头大额方，下肢弯曲等症，治宜益脾补肾，壮骨培元，可用扶元散补益气血，俟脾气得复，再用补肾地黄丸，使骨骼得滋，鸡胸可痊。

脾虚骨弱鸡胸与胎禀怯弱鸡胸龟背：前证多因后天失调，后证多因禀父母精髓不足，元阳亏损或孕期母体虚弱多病，或因早产，或因其它因素损伤胎元，故儿生下之后即见胸腔剑肋外突，渐如鸡的胸廓，胸椎渐次骨节浮露，骨痿不能支持，弯曲隆突，其腰如弓。因此证原于先天，故重在调益母体，既生之后，往往成为终身痼疾。治疗以补肾为主，宜补天大造丸，并外灸肺腧、心腧、膈腧。

邪客脊骨龟背与胎禀怯弱鸡胸龟背：二证都有龟背见症，然胎禀怯弱鸡胸龟背，多见于先天，而邪客脊骨龟背多成于后天。或因婴儿骨软，强令独坐，又被风邪干袭，与血气相搏侵入骨髓，壅滞不散，致背高隆起，如龟背之状；或因痨瘵之邪客于脊背，渐见骨蒸潮热，形羸盗汗，舌红，脉细数之阴虚痨瘵之症，并伴有脊椎疼痛强直，脊柱向后突出，形成驼背等。因风寒客脊者，宜先疏风祛寒，可内服松蕊丹，外用灸法；若阴虚痨瘵者，可参照骨痨调治。

【文献别录】

《婴童百问·龟背龟胸鹤膝行迟》："圣惠论，龟背者，小儿初生，未满半周，强令早坐，遂使客风吹脊，故令背高如龟之状也，有灸法可疗。"

《幼科铁镜·龟胸》："龟胸……或乳母过食辛辣，夏哺热乳，亦成此症，治宜宽气化痰丸。"

《幼幼集成·龟胸龟背证治》："予按龟胸有治，龟背乃不治之症。前人证治犹有未善。虽曰客风入骨，坐早劳伤。咳嗽肺虚，然未窥其病源，无非以现在者言之也。凡小儿禀受真元足者，尝见其赤身裸体，当风露坐，半周之后，坐以座栏。从未闻有客风入骨，坐早劳伤嗽久而病龟背之说。此证盖由禀父母精血不足，元阳亏损者多有之。

（俞景茂）

四、外科症状

458. 头皮疖肿

【概念】

头皮疖肿，是指头皮生疖，肿痛、色红、灼热的症状。发于夏天的称暑疖，或热疖，常发于小儿，若治疗、护理不当，可形成蝼蛄疖，俗称蟮拱头。

【鉴别】

常见证候

暑毒头皮疖肿：多发于暑日，疖形椭圆或如鸡卵，或如梅李，相连3～5枚，或蜿蜒色白濡肿，按之波动，溃破脓出，其口不敛，日久头皮窜空，如蝼蛄窜穴之状。其轻者随见脓头，自溃流脓而愈。重者可时破时溃，缠绵难愈。舌红，苔稍黄腻，脉数。

湿热头皮疖肿：疖生于头皮，初起肿突，而无根脚，有轻微疼痛，数日后见软，脓成起皮，破后脓出而愈。亦有同时发生几个果核大小的红色疖肿，稍痛，头白，不日即消退，舌红，脉弦有力或滑数。

鉴别分析

暑毒头皮疖肿，系暑日感受暑热，搏结于肌肤而成，即所谓暑疖。如余毒未清，护理不当，疮口过小，脓流出不畅，则暑毒不得外泄，酿成重症，缠绵难愈；而湿热头皮疖肿，多由素体湿热偏盛，阳气偏亢，或过食肥甘，湿热之邪搏结于肌肤之间，时轻时重，因而头皮肿痛时愈时发。其临床表现不同，暑毒头皮疖肿多见于小儿，轻者如一般热疖，重者则可多数疖肿连在一起，头皮窜空；而湿热头皮疖肿，多为热疖散发于头皮或头面部，此起彼伏，亦有少数疖肿连在一起成为蝼蛄疖者。治则：湿热疖，肿脓液已经形成，则须引流通畅，用太乙膏掺九一丹外贴，脓尽改用生肌散；暑毒头皮疖肿可内服清热利湿药，方用防风通圣散加减，重者外用千捶膏贴敷。"蝼蛄疖"外贴千捶膏亦有较好的疗效。

【文献别录】

《中医临证备要·头面证状·热疖》："多发于头面，并以夏季及小儿患此为多。主要由于感受暑热，不能外泄，阻于肌肤之间而成，故也叫'暑疖'。初起局部皮肤潮红，次日肿痛，但无根脚，范围有限，随见脓头，自溃流脓即愈。"

（姚高陞）

459. 口 颊 溃 烂

【概念】

口颊溃烂，是指口腔前庭之侧壁糜烂破溃的症状。

本症，在古医籍记载有"口疳"、"脾瘅"、"骨槽风"、"走马疳"等。发于小儿口颊的鹅口疮，不属本条讨论范围。

【鉴别】

常见证候

实火上炎口颊溃烂：口颊出现烂斑及腐点，色艳红，重者可致腮肿。口干而苦，头痛目赤，渴喜冷饮，大便秘结，小溲赤少，舌质红，苔黄干，脉数实。

虚火上炎口颊溃烂：口颊出现白色烂斑及白点，周边淡红，甚者可陷露龟纹。咽干咽痛，头昏目眩，耳鸣，心烦不眠，手足心热，舌质嫩红，脉细数。

风热痰盛口颊溃烂：初起腮颊肿硬透红，继则颊溃穿腮，脓水稠黄，渐转稀薄，脓水淋漓，终至死骨脱出而愈。全身可见发热，恶心，呕吐，便秘，舌苔黄腻，脉浮数。

风寒肾虚口颊溃烂：颊溃穿腮，肿硬不消，经年流脓，死骨不得脱出，并见寒热交作，舌苔薄白，脉沉紧。

余毒上攻口颊溃烂：多发于儿童。颊腐燋肿，穿腮破唇，鼻塌落齿，颜面畸形。恶寒发热，神昏谵妄，饮食不进，便秘或溏泻，舌质红绛，苔黄糙，脉洪数。

鉴别分析

实火上炎口颊溃烂与虚火上炎口颊溃烂：均为火邪为患，但证分虚实。实火因过食膏粱厚味，醇酒辛辣炙煿，以致脾胃积热。其辨证要点为：颊部出现红色烂斑腐点，较重者可致腮肿头痛，目赤，溲赤便秘，舌质红、苔黄干，脉数实。治宜凉膈清热，通腑解毒，方选凉膈散；外用冰硼散、青黛散。虚火多因肾阴亏虚，水不制火，阴火上炎所致。其辨证要点为：颊部出现白色烂斑腐点，周边淡红，甚者陷露龟纹，头昏目眩，舌质嫩红，脉虚数。治宜滋阴降火，方选知柏地黄丸；外用养阴生肌散。

风热痰盛口颊溃烂与风寒肾虚口颊溃烂：两证均为风邪所致，但前者系风邪挟热，病在肠胃；后者乃风寒相结，病在于肾。前者多因外感风热之邪与阳明积热相搏，灼津成痰，热痰壅盛，蕴蒸于上，气血凝滞而成。其辨证要点为：初起腮肿透红，继则溃烂穿腮，脓水稠黄，渐转稀薄，脓水淋漓，舌苔黄腻，脉浮数。治宜祛风清热，化痰消肿，调补气血，方选牛蒡解肌汤合八珍汤；外治：脓多用五五丹，脓少用九一丹，脓尽死骨脱出者掺生肌散，外敷生肌玉红膏。后者多因素体肾亏，风寒乘虚侵袭而致。其辨证要点为：颊部肿硬，经年流脓，死骨迟迟不得脱出，全身可见寒热交作，舌苔薄白，脉沉紧。治宜滋补肝肾，散寒化瘀，益气养血，方选阳和汤合人参养荣汤，或配合小金丹。外治：先用五五丹药线提毒去腐，再用生肌散收口；如疮口过小，脓出不爽，可用七仙条粘附在药线上，插入疮口以化腐蚀管，或采用病灶清除术。

余毒上攻口颊溃烂：多因疟痢、伤寒、麻疹、天花等病后，肺肾阴亏，余毒上攻，肝胃火炽所致。辨证要点：先从牙龈溃烂迅即颊腐燋肿，穿腮破唇，鼻塌落齿，全身可见恶寒发热，神昏谵妄，舌质红绛，苔黄糙，脉洪数。治宜凉血、清热、解毒，方选犀角地黄汤、黄连解毒汤、五味消毒饮；大便秘结者加生大黄、玄明粉以泻火清热；大便溏泻加地榆炭、制大黄以清肠胃；神昏谵妄，可另服安宫牛黄丸、紫雪丹等。外治同风热痰盛口颊溃烂。

【文献别录】

《杂病源流犀烛·口齿唇舌病源流》："人之口破，皆由于火，而火必有虚实之分，色淡色红之别。虚火血色淡白，斑点细陷，露龟纹，脉虚不渴，此由思烦太甚，多醒少睡，虚火动而发也，宜四物汤，加知、柏、丹皮、肉桂以为引导。实火色红，而满口烂斑，甚者腮舌俱肿，脉实口干，此由饮酒厚味，心火妄动而发也，宜凉膈散，外敷赴筵散。"

（陈淑长）

460. 颈后生痈

【概念】

颈后生痈多发生于颈后发际部位，多见皮肤色红，皮温升高，渐渐形成多个脓头，破溃后可见蜂窝状。一般称为"脑疽"。发于颈后正中称"对口"，偏左或偏右称"偏口"，临床上常称谓"有头疽"。

历代医籍中，有多种症名，如：《医宗金鉴·外科心法要诀》中记载："偏脑疽生于颈后入发际内傍开一寸半，属膀胱经。""脑后发在玉枕骨之下。"《洞天奥旨》记载："对口发者，发于风府、哑门之穴也，正对于前唇口，故以对口名之。"

【鉴别】

常见证候

湿热蕴蒸颈后生痈：局部红肿高突，灼热疼痛，溃后状如蜂窝，脓黄稠，腐肉易脱，全身有恶寒发热，头痛，纳食不香。成脓期，则有"有头疽"。肿痛高烧，口干渴，大便秘结，小便黄，苔黄腻，脉洪数。

阴虚火毒颈后生痈：局部疮色紫暗，过候不脓，溃后，腐肉难脱，脓水稀少或带血水。疼痛剧烈，全身伴有壮热，唇燥口干，大便秘，小便赤，舌质红，脉细数。

气血亏虚颈后生痈：疮形平塌散漫，化脓迟，且腐肉难脱，脓液清稀，全身发热不高，或见潮热，面色苍白，舌质淡，苔少，脉细数无力。

鉴别分析

湿热蕴蒸颈后生痈：多由恣食肥甘，湿毒上壅，以致湿热交蒸，气血壅滞，毒邪凝聚而成。《外科正宗·脑疽论》："得于湿热交蒸，从外感受者轻……。"说明此证属阳，属实，顺证者多，预后佳。初期治疗宜清热消肿，方用仙方活命饮。溃脓期可加用泻热解毒之剂，方用黄连解毒汤。

阴虚火毒颈后生痈与气血亏虚颈后生痈：两者均表现为虚证，难溃难敛，易成内陷，但前者病机为阴虚火炽不得外泄，后者则为气血两亏，正不胜邪。因而在治疗上前者用养阴生津，清热托毒，方用竹叶黄芪汤，后者则宜扶正托毒，方用托里消毒散。

总之，三种证候中，湿热蕴蒸易治，阴虚火毒颈后生痈多见于消渴患者，最易内陷，气血亏虚颈后生痈，只要补托及时，则可转阴为阳。

《灵枢·痈疽》："阳气大发，消脑留顶，名曰脑烁，其色不乐，项痛而如刺以针，烦心者死不可治。"

（姚高陞）

461. 颈 间 生 疮

【概念】

一般认为"前曰颈，后曰项"，本条只讨论颈部疮疡。瘿、瘤、瘰疬不属本节讨论范围，详见该条。

【鉴别】

常见证候

肝胃积热颈间生疮：初起颈旁结一硬块，形如鸡卵，色白或微红，漫肿坚硬，焮热疼痛，寒热交作，头痛项强，苔黄腻，脉滑数。如治疗及时，亦可热退肿消；若7～10日后发热不退，皮色渐红，肿痛增剧，痛如鸡啄，便欲成脓。溃破后，脓出黄白稠厚，肿退脓减，后即收口而愈。

肺胃火热颈间生疮：初起红肿绕喉，根脚散漫，坚硬灼热疼痛，壮热口渴，头痛项强，舌质红苔黄腻，脉弦滑数。肿势可延及颈部两侧，甚至上及腮颊，下至胸前，可肿连咽喉，并发喉风、重舌，以致汤水难下；或痰多气促，发痉发厥。经治疗根盘渐收，肿势渐消，容易溃脓，或溃脓以后，脓出黄稠，热退肿消，均属轻症；若根脚不收，漫肿平塌，色转暗红，难于溃脓者，或溃脓后，脓出稀薄，疮口有空壳，向内穿溃咽喉者，属重症，收口亦慢。

肝郁血瘀颈间生疮：颈项两旁（或左、或右），结块如桃李，或如鸡卵，逐渐增大，坚硬如石，皮色不变，牵筋疼痛，并无焮热，难消难溃，既溃难敛。

肝郁痰凝颈间生疮：初起于颈部或耳之前后，生一肿核，形如栗子，顶突根深，按之不硬，推之不动，皮色不变，不热，不痛。经过半载一年，肿块逐渐长大，隐隐作痛，局部出现紫色斑点，不久即趋溃烂，溃破后只流血水，其味臭秽，虽腐溃而坚硬不消，相反愈肿愈坚，疮口渐大，凹凸不平，形如岩石，或疮口出血如喷射状。此时疼痛彻心引脑，夜不安寐，胸闷烦躁，面色无华，形体瘦削，重则渐致气血衰竭。

鉴别分析

肝胃积热颈间生疮与肺胃火热颈间生疮：均因感风温之邪，同属实证。但发病部位和病情轻重各有不同。肝胃积热颈间生疮，多由外感风温之邪挟痰阻于少阳络脉。肺胃火热颈间生疮，多由温邪化热火毒循经上壅，故起于结喉，症势较迅猛而险恶。辨证要点：前者症见颈部两侧结块，形如鸡卵，微红，漫肿坚硬，焮热疼痛，寒热交作，苔黄腻，脉滑数；后者症见红肿绕喉，根脚散漫，坚硬灼热疼痛，壮热口渴，苔黄腻舌质红，脉弦滑数。肝胃积热，治宜散风清热，消肿解毒，可用银翘散，或牛蒡解肌汤；肺胃火热，治宜散风清热，泻火解毒，可用普济消毒饮加大黄，若气喘痰壅发厥，可加鲜竹沥、萝卜汁等清化痰火。两证成脓时，均作前法佐以透托，加山甲、皂角刺，或并用透脓散，溃后一般不需服药。外治：未溃时用金黄膏，成脓时切开排脓，溃破后脓多者可用五五丹，脓尽时可用生肌玉红膏。

肝郁血瘀颈间生疮与肝郁痰凝颈间生疮：两证均有肝郁气滞，病位及初起症状相似，但肝郁血瘀颈间生疮，多因肝气郁结，气血凝滞经络所致；而肝郁痰凝颈间生疮，多因忧思恚怒，气郁血逆，挟痰火凝结于少阳、阳明二经所致。辨证要点：肝郁血瘀颈间生疮起病较快，初起即有隐痛，治疗应分虚实：体实者宜舒肝解郁，行瘀散结，可用舒肝溃坚汤；体虚者宜温补气血，可用十全大补汤。未溃者外用阳和解凝膏；已溃者外用生肌玉红膏。肝郁痰凝颈间生疮起病缓慢，初起不痛，日久始觉疼痛。初期治宜清肝解郁，化痰消坚，可用逍遥散加丹皮、山栀、海藻、昆布；日久不消，气血并损，治宜益气养营，宁心安神，开郁散结，可内服和营散坚丸，外用太乙膏，出现紫斑改用红灵丹油膏；溃后时流血水，气血衰竭，治宜补养气血为主，可内服归脾汤，或香贝养营汤，外用海浮散掺生肌玉红膏敷贴。此外，无论未溃、已溃，均可用小金丹、醒消丸配合服用。

【文献别录】

《外科大成·颈项部》："锁喉毒，颈项忽然肿痛，如失枕之状，久则红绕肩背，坚硬难消。由肥人善饮，风热外侵所致。治宜清暑疏风。""结喉痈，生于嗌外正中，一名猛疽，属任脉及手太阳少阴三经，由忧愤所致。宜黄连消毒饮、卫生散。《灵枢经》云，'脓不泻则塞咽，半日死'，故宜针之出毒，服补托之剂，虽溃通，流出汤水者亦愈，一灸少海穴七壮。"

（陈淑长）

462. 瘰 疬

【概念】

瘰疬，是指发生在颈侧耳后皮里膜外，累累如串珠的肿块。大者属瘰，小者属疬，俗称"疬子筋"，临床上称"瘰疬"。后期往往延及颌下、缺盆、腋下等处。

瘰疬之名，早见于《灵枢·寒热》篇："寒热瘰疬在于颈腋者。"《医学入门》更明确指出："生颈前项侧，结核如绿豆，如银杏，曰瘰疬。"因状态不同，而有"马刀疬"、"马挂铃"等名称。或从形成瘰疬的病因、病机分为"痰核"、"气疬"、"筋疬"等。溃后常此愈彼起，则称"鼠瘘"或"鼠疮"。

【鉴别】

常见证候

痰凝气滞瘰疬：初起于耳后、项侧，结核如豆，或指头大小，一枚或三五枚不等，皮色不变，按之坚硬，推之可动，并不发寒热。日久则渐渐增大，窜生，相互粘连，推之不移，且觉疼痛，苔白，脉弦。

肝肾阴虚瘰疬：结核互相粘连，推之不动，破溃后久不收口，脓水淋漓、清稀，午后发热，心烦，食少，倦怠，或伴咳嗽，盗汗，耳鸣，妇女月经量少，舌质红，脉细数。

鉴别分析

痰凝气滞瘰疬：古人云："无痰不成核。"然痰核之起，多因于郁。颈侧乃少阳所主，少阳气多血少，若情志不舒，则肝郁脾损，酿湿生痰，阻滞筋脉致成结核。辨证特点：肤色不变，痛不明显，推之易动，而无寒热。治当理气化痰。方用内消瘰疬丸。

若肤色焮红，灼热疼痛，身发寒热，脉来弦数，则系风热毒气内侵，治当疏风清热泻火，方用小柴胡汤加银花、连翘等。

肝肾阴虚瘰疬：多缘肾水不足，精血亏损，水不涵木，虚火内动，灼津为痰，痰火结聚而引起。此证与痰凝气滞瘰疬虽同源于"痰"，但前者为痰凝气滞，属实证，常兼有风热毒气内侵的气分症状；后者为肝肾阴虚，属虚证，常伴有骨蒸劳热的血分症状。后者治当滋肾健脾，方用养阴煎（经验方）。

（姚高陞）

463. 缺 盆 溃 烂

【概念】

缺盆溃烂，是指锁骨上部凹陷处破溃之症。

本症，古医籍中记载有"缺盆疽"、"锁骨疽"、"蠹疽"、"马刀瘰疬"等，因缺盆处多气少血，故疮口缠绵难敛。马刀瘰疬证治可参考颈侧结核条。

【鉴别】

常见证候

湿热蕴结缺盆溃烂：疮口腐烂鲜红，根盘大小不一，脓出稠厚，渐转稀薄。腐肉难脱者，疮口敛合较迟。全身可见寒热，拘急不舒，食少，胸腹胀闷，尿短涩，舌苔黄，脉数。

气血亏虚缺盆溃烂：疮口只流血水，其气臭秽，周边坚硬不消，愈肿愈坚，疮口渐大，凹凸不平，形如岩石，此时疼痛彻心引脑，或疮口出血如喷射状。夜不安寐，胸闷烦躁，面色无华，形体消瘦，舌质淡、苔薄，脉细弱，终至气竭而不救。

鉴别分析

湿热蕴结缺盆溃烂与气血亏虚缺盆溃烂：二者病因及各期症状迥异，临床易于鉴别。湿热蕴结缺盆溃烂多因胃与三焦积热，热积湿聚，致使营卫不和，经络阻塞，气血凝滞而成。治宜清热解毒，活血行瘀，利湿消肿，可用仙方活命饮加车前子、六一散；脓流不畅加透脓散；脓泄过多，宜补益气血，可用八珍汤。外治：脓多者用五五丹，脓少者用九一丹，脓尽者用生肌散，外贴生肌玉红膏。气血亏虚缺盆溃烂多系身患癥积重症，耗伤气血，气血亏虚所致。治宜补养气血，方用归脾汤，或香贝养营汤，并配合小金丹、醒消丸。外治：疮口中掺海浮散，外贴生肌玉红膏。

【文献别录】

《外科大成·胸部》："缺盆疽，生于缺盆陷中，一名锁骨疽……。此症失治，则溃而难敛，又名蠹疽。"

（陈淑长）

464. 腋窝红肿

【概念】

腋窝红肿指腋部红肿之症。

本症，古医籍中载有："腋痈"、"夹肢痈"、"夹痈"、"胛痈"，以及"黯疔"等名。其皮色发红，属阳证。其余如"腋疽"、"米疽"以及"马刀瘰疬"等症，皮色不红乃为腋窝部之阴证，故不属本症讨论。

【鉴别】

常见证候

肝郁血热腋窝红肿：初起腋窝皮肉间突然肿胀不适，光软无头；继则结块，表面嫩红，灼热疼痛。日后逐渐扩大，高肿坚硬。轻者无全身症状，重者可有恶寒发热，头痛泛恶，舌苔黄腻，脉洪数。约一周至两周成脓，此时肿势高突，范围可达 2～3 寸，疼痛加剧，痛如鸡啄，臂肘难举，全身发热持续不退。

火毒凝滞腋窝红肿：初起腋窝皮肤上有粟米样小颗粒，或痒或麻，以后渐渐红肿热痛，根深坚硬，势如钉头，重者可见恶寒发热。肿势逐渐增大，四周浸润明显，范围不超过 2 寸，疼痛增剧，壮热口渴，二便不利，舌苔黄腻，脉数实。如顶高根软，是为脓成，乃属黯疔之类。

鉴别分析

肝郁血热腋窝红肿与火毒凝滞腋窝红肿：前者为热邪所致，后者系火毒为患，同属阳证。肝郁血热腋窝红肿乃因肝郁气滞，气血不和，经络阻隔，壅遏化热于肌肤之间所致。辨证要点：腋窝红肿热痛，肿势高突，范围可达 2～3 寸，全身可见恶寒发热，头痛泛恶，舌苔黄腻，脉洪数。初期治宜清肝解郁，活血行瘀，可用柴胡清肝汤加减。火毒凝滞腋窝红肿多因恣食膏粱厚味，醇酒辛辣炙煿，以致脏腑蕴热，火毒结聚，复感四时不正之气，或抓破染毒等。内外合邪，火毒蕴蒸肌肤，以致气血凝滞，发为本症。辨证要点：腋部红肿热痛，根深坚硬，势如钉头，范围不超过 2 寸，全身可见发热口渴，二便不利，舌苔黄腻，脉数实。初期治宜清热解毒，可用加减消毒散合黄连解毒汤化裁。

【文献别录】

《外科大成·腋部》："黯疔，生腋下，坚硬无头，四肢拘急，寒热大作。"

《医宗金鉴·外科心法要诀·腋痈》："此证一名夹肢痈，发于腋际，即俗名肐肢窝也，属肝、脾血热兼忿怒而成。"

《杂病源流犀烛·腋肢胁肋疮疡源流》："然腋肢胁肋之病，虽其故皆由气血食痰，而其位实属于肝，……马刀，本发腋下，坚而不溃，……而腋下所发，有与马刀相似，虽坚而色赤，为米疽者，治之用砭石，……内疚疽，亦发腋下。"

（陈淑长）

465. 肩背痈肿

【概念】

肩背痈肿是指肩背处红肿热痛，光软无头，甚则溃脓之症。肩，为手足三阳交会之所。背，属督脉膀胱经。古医籍中记载的"搭背"、"发背"，与该症虽同属阳证，但病因、治疗均有不同，故"发背"、"搭背"不在本条讨论。

【鉴别】

常见证候

火毒凝结肩背痈肿：肩背部随处可生，初起局部突然肿胀不适，光软无头，表皮㿠红（少数病例初起皮色不红，而到酿脓期才转为红色），灼热疼痛，逐渐扩大变为高肿坚硬。此证轻者无全身症状，经治疗后肿硬变软而消散；重者可有恶寒发热，头痛泛恶，舌苔黄，脉洪数。成脓期约7天左右，即使体质较差，气虚不易托毒外出成脓，亦不会超过两周。当化脓时局部肿势高突，疼痛加剧，痛如鸡啄，全身则有发热持续不退等现象。若局部按之中软应指者，为脓成。常易在皮肤最薄处自行破溃，溃后流出脓液，多为稠厚黄白色，亦有夹赤紫色血块的。若溃后排脓透畅，则局部肿消痛止，全身症状也随之消失，再经10天左右收口而愈。若溃后溃脓面仍四周坚硬，或脓水稀薄，疮面新肉不生，应考虑是否疮口过小，排脓不畅，或体质虚弱影响新肉生长，以致不能收口。

暑湿蕴结肩背痈肿：发于夏、秋季节，发生部位背部多于肩部。初起背有红晕，继则肿痛，局部各期症状与上证略同，但全身可出现发热无时，昼夜不止，头目眩晕，口舌干苦，心烦，背热，肢体倦怠，舌苔黄腻，脉滑数或洪数。

瘀血凝结肩背痈肿：发生部位肩部多于背部。初起局部结块㿠痛，发热形寒，肿痛增剧，便欲成脓。局部各期症状和全身症状与火毒凝结证相同。

鉴别分析

火毒凝结肩背痈肿、暑湿蕴结肩背痈肿与瘀血凝结肩背痈肿，均因邪热阻于皮肉之间，气机运行失常，血行不畅，营卫不和，聚而成形，发为痈肿。

但是导致以上三证气血不畅的原因，各有不同。火毒凝结肩背痈肿，多因过食膏粱厚味，六腑积热，湿热火毒蕴结，营气不从，营卫稽留，气血壅遏不行。辨证要点：局部㿠热灼痛明显，全身有恶寒发热，头痛泛恶，舌苔黄，脉洪数。初期治宜清热解毒，可用仙方活命饮。

湿热蕴结肩背痈肿，多因夏、秋气候炎热，或在酷热的太阳下暴晒，感受暑毒，加之汗泄不畅，暑湿蕴于肌肤，或因抓痒破伤皮肤，感染毒气，以致营气不从，毒气稽留，气血壅遏不行。辨证要点：发病于夏、秋季节，发热无时，昼夜不止，头目眩晕，舌干口苦，心烦，背热，肢体倦怠，舌苔黄腻，脉滑数或洪数。初期治宜清暑化湿，可选用加味清暑汤。

血瘀凝结肩背痈肿，多因肩负重担，瘀血凝结，血瘀气滞，气血不畅；或感染毒气以致营气不从，卫气稽留，气血壅遏不行。辨证要点：局部结肿明显，肿块变软较前两证缓慢，全身症状不明显。治疗同火毒凝结肩背痈肿，可加重活血，软坚之品。

（陈淑长）

466.指头疔肿

【概念】

指头疔肿，是指手指头肿胀疼痛之症，多属于疔疮疾患，如蛇头疔、沿爪疔、蛇背疔、蛇眼疔、螺疔、蛀节疔、代指等，均属火毒之证。它如患于手大指的调疽，别指的瘭疽，则属于脱疽之类。

【鉴别】

常见证候

脏腑火毒指头疔肿：初起指头麻木作痒，继则焮红肿痛，无头者较多，有头者较少。肿势逐渐扩大，疼痛剧烈而呈搏动性，肘部及腋部可触及臖核。此时全身症状逐渐出现，如恶寒发热，饮食减少，睡眠不安等。

外感邪毒指头疔肿：初起指甲旁焮热肿痛，逐渐扩大时，是为脓成。一般无全身症状。

火毒蕴结指头疔肿：多见于有足趾脱疽病史者。初起手指色白，发凉，麻痛（活动时疼痛明显，休息片刻痛止），日久周围皮肤肿胀青紫，痛如火灼，夜间痛甚。

鉴别分析

脏腑火毒指头疔肿与外感邪毒指头疔肿：脏腑火毒指头疔肿，乃脏腑火毒凝结，热毒之气攻于手指所致。辨证要点：初起指头麻木作痒，继则焮热疼痛，其痛连心。肿势逐渐扩大，疼痛剧烈而呈搏动性，肘部及膝部可触及臖核，并可见全身症状。治宜清热解毒，内服可用五味消毒饮合黄连解毒汤加减。外治可用金黄散外敷。外感邪毒指头疔肿，多因剪指甲损伤皮肉，或针尖、竹、木、鱼骨等刺伤，感染毒气所致。辨证要点：初起指甲旁焮热疼痛，逐渐扩大，一般无全身症状出现。治宜清热解毒，可用五味消毒饮；脓成者，用透脓散。外治法同上。

脏腑火毒指头疔肿与火毒蕴结指头疔肿：二者均由火毒而生，但前者系实热证，病程较短，多见于阳盛之体，脏腑热毒积聚，火毒凝结所致。而后者病程较长，罹病原因大致为：久受寒湿，寒凝络痹，以致血行不畅，阳气内郁，寒湿郁久化热；或过食膏粱厚味，辛辣炙煿，以致火毒内生；或过服温肾壮阳药物，或房劳过度，邪火伤阴，水亏无以制火。辨证要点：手指肿胀青紫，痛如火灼，夜间痛甚。治宜通络活血，养阴清热，可用脱疽二号，外治可用冲和膏。

【文献别录】

《外科大成·手部》："调疽生于手大指，若生于别指指头，则又名瘭疽、敦疽也。初发如粟如豆，渐大如桃如李，青紫麻木，痒痛彻心，俱由肺经积热所致。四日宜刺，得脓血者生，黑血者死，若黑色无脓不痛者，则又名断指也。治宜截之，与脱疽同治。"

《医宗金鉴·外科心法要诀·手部》："蛇头疔疮紫硬疼，天蛇毒疼闷肿红，二证俱兼脾经火，看生何指辨专经。""蛇眼疔在甲旁生，甲后名为蛇背疔，蛀节疔生中节骨，蛇腹指内鱼肚形，泥鳅疽生遍指肿，牵引肘臂热焮疼。看生何指分经络，总由脏腑火毒成。""代指每生指甲身，先肿焮热痛应心，轻溃微脓重脱甲，经脉血热是其因。"

（陈淑长）

467. 乳 房 胀 痛

【概念】

乳房胀痛即乳部发胀疼痛之症。

本条只讨论单纯性乳房胀痛；它如乳中结核、乳房疮疡等所引起的胀痛，不属本症讨论范围。

【鉴别】

常见证候

痰气郁结乳房胀痛：多见哺乳期肥胖妇女。乳汁难下，乳房胀坠疼痛，脘腹闷胀不舒，吞酸嗳气，舌苔腻，脉滑。

肝郁气滞乳房胀痛：每月呈周期性乳房胀痛，可见一侧或两侧，外侧较明显；经前胀痛显著，经后减轻或消失。胸膈痞满，两胁及小腹胀痛。哺乳者可见乳汁不下，乳房胀大，舌苔薄黄或白，脉弦。

气血虚弱乳房胀痛：乳房时发胀，疼痛，无明显规律。面色苍白，头晕心悸，气短乏力，舌质淡嫩，脉细弱。

鉴别分析

痰气郁结乳房胀痛、肝郁气滞乳房胀痛与气血虚弱乳房胀痛，三证病因皆源于气。痰气郁结乳房胀痛，乃因湿盛生痰，痰凝气阻所致。辨证要点：乳汁难下，乳房胀坠疼痛，常伴有脘腹闷胀，吞酸嗳气，苔腻，脉滑。治宜和胃理气，通乳止痛，可用越鞠丸加减。肝郁气滞乳房胀痛乃因情志抑郁，肝气不舒所致。辨证要点：乳房周期性胀痛，胸胀，小腹胀痛，苔薄黄或白，脉弦。治宜疏肝理气，可用疏肝解郁方，或柴胡疏肝散。气血虚弱乳房胀痛，乃因气血不足，肝胃失调，气机不畅所致。辨证要点：乳房时时发胀，疼痛，规律不明显，面色苍白，头晕心悸，气短乏力，舌质淡嫩，脉细弱。治宜补养气血，可用八珍汤。

临床上，尚可见哺乳期妇女因乳汁旺盛，婴儿未能吮尽，余乳停蓄，乳胀疼痛，或因断乳时乳房胀痛，牵引胸胁，但无其它不适者，当节乳。可用焦麦芽、焦山楂，或回乳四物汤。

【文献别录】

《杂病源流犀烛·胸膈脊背乳病源流》："然女子乳病，最重者莫如乳悬。因产后瘀血上攻，忽两乳伸长，细小如肠一般垂下，直过小腹，痛不可忍，此危症也，亦奇症也。遍考古法，急用川芎、当归各一斤，浓煎汤，不时温服。"

《类证治裁·乳证》："乳症多主肝胃心脾，以乳头属肝经，乳房属胃经。……乳汁为气血所化，而源出于胃，实水谷精华也。"

（陈淑长）

468. 乳 房 肿 块

【概念】

乳房肿块，是指乳房有大小不等的结块，状如核仁，推之可动的症状。

本症在《疡医大全》中称："奶痨"，《外科启玄》中称："乳核"，《医宗金鉴》称"乳中结核"。

"乳衄"、"乳岩"虽也有乳中肿块的表现，但从临床实践看，应予区分。然乳中肿块不愈，日久亦可转化，变生"乳岩"。至若"乳痈"、"乳疽"，初期乳中硬结，局部红肿热痛，发热恶寒，则又当别论。

【鉴别】

常见证候

肝气郁结乳房肿块：多为单个，按之如梅李核，边缘清楚，质地韧实，表面光滑，推之能移，兼见性情急躁，胸胁胀痛，舌苔薄，脉弦。

气滞血瘀乳房肿块：乳房肿块多双侧，大小不等，呈结节状，刺痛不移，质稍硬，随月经来潮而症状增减，舌质黯，舌苔白，脉弦细。

痰气交阻乳房肿块：好发于乳内侧上方，核如梅李，初硬而不坚，推之可动，日久核大而痛，皮红发热溃破，流出败絮状脓液，兼见午后潮热，五心烦热，颧红盗汗，腰膝痠软，舌红苔腻，脉细数。

鉴别分析

肝气郁结乳房肿块：多因情志不舒，肝失疏泄，气机不畅，以致单侧乳房肿块，局部不痛，推之能动，质较韧实，每随情绪波动而有所增减。肝为刚脏，其脉布于两胁，气郁不达，故烦躁易怒，胸胁胀痛。治宜疏肝解郁，方选逍遥散加夏枯草、生牡蛎等。

气滞血瘀乳房肿块：多因肝郁气滞日久，气滞则血瘀，气血瘀阻，乳部结核质坚，刺痛不移，且常双侧出现。此与肝气郁结单侧乳房肿块，质坚韧，局部不痛有别。气滞血瘀，肝血不足，冲任失调，故每值月经来潮，则乳核增大，月经过后气血渐复，则乳核稍小，舌质暗，苔薄，脉弦细。治宜疏肝理气，活血化瘀，方选血府逐瘀汤，或小金丹加减。

痰气交阻乳房肿块：多因饮食不节，脾胃受损，运化不健，湿聚成痰，痰凝气滞，肝络失宣，故乳房肿块。日久则气郁化火，导致肝肾阴虚，阴虚火旺，灼伤络脉，故溃破流脓，兼见午后潮热，五心烦热，盗汗，腰痠。初期治宜理气化痰，散结消肿。方选四海舒郁丸合二陈汤加减；若因肝肾阴虚，阴虚火旺，煎熬津液，化生痰浊，痰阻络脉，致成乳房肿块，当养阴益肾，清肝泄热，方选清肝解郁汤。

乳房肿块与肝胃二经关系密切，若肝气疏泄条达，脾胃升降无碍，则无气聚结块之弊。临床辨证，乳块无溃者，属实，多从肝经气滞或气滞血瘀论治；乳块已溃者，多属本虚标实，当从痰热凝聚与肝肾阴虚论治。

【文献别录】

《景岳全书·外科钤》："若肝火血虚而结核不消者，四物汤加柴胡、升麻。若肝脾气血俱虚而结核者，四君子加芎、归、柴胡、升麻。郁结伤脾而结核者，归脾汤兼神效瓜蒌散。"

《外科启玄·乳痈》："如妇人年五十以外，气血衰败，常时郁闷，乳中结核，天阴作痛，名曰乳核。"

《医宗金鉴·外科心法要诀·胸乳部》："乳中结核梅李形，按之不移色不红，时时隐痛劳岩渐，证由肝脾郁结成。"

（姚高陞）

469. 乳 房 红 肿

【概念】

乳房红肿，是指乳房红肿疼痛，是妇女乳房疾患的常见症状之一。

本症常见于"乳痈"、"乳发"、"乳疬"等病，属阳证。在阴证中，有时也可见到乳房红肿，如"乳岩"、"乳痰"等，但只有在阴证转阳时才会出现。对此，本文不作讨论。

【鉴别】

常见证候

血瘀乳房红肿：乳房内先有硬结疼痛，继而红肿，间有恶寒身热，舌质淡暗，苔薄白，脉弦涩或数。

乳积乳房红肿：先有乳房胀硬，继而灼热焮红肿疼，常伴有恶寒身热，口渴，烦躁，厌食，舌质红，苔黄或腻，脉弦数。

气郁乳房红肿：乳房肿胀不甚，色不焮红，结块久不消散，身有微热，胁痛，纳谷不香，舌质淡，苔白或微黄，脉弦。

火毒乳房红肿：乳房焮红，肿胀疼痛，伴有寒战高烧，口渴引饮，便秘溲赤，舌质红赤，苔薄黄而干，脉滑数。

鉴别分析

血瘀乳房红肿与气郁乳房红肿：起病或因外伤，或因挤压，或因七情内伤，均可使乳络不和。甚则败血瘀积，引起乳房红肿疼痛。其不同点为：血瘀所致者，乳房呈暗红色，肿疼有定处，呈刺痛；气郁所致者，乳房漫肿疼痛，呈胀疼，波及全部乳房。前者治宜活血化瘀消肿，方选复元活血汤加减；后者治宜疏肝理气消肿，方选柴胡清肝汤加味。

乳积乳房红肿：本症多见于产后哺乳期。成因有二：一是乳头畸形，阳明郁热，化火成毒；二是肝郁气滞，乳汁不通，郁久成毒。乳房属足阳明胃经，乳头属足厥阴肝经，乳汁的分泌必赖胃之和降与肝之疏泄，若胃失和降，则乳汁壅塞不通；肝失疏泄，则乳络郁闭不泄。乳汁久积必致红肿疼痛。辨证要点为：乳房先胀硬而后肿疼，色焮红，常伴有口渴、烦躁、厌食等肝胃郁热症状。治宜疏肝和胃，清热通络，方用瓜蒌牛蒡汤。

火毒乳房红肿：为感受时邪火毒而致。火毒内蕴，结而不发，必使乳房焮红肿疼。其辨证要点为：病势迅猛，很快波及全部乳房，并伴有全身火毒症状，如寒战高烧，口渴引饮，舌红苔黄，脉数有力等。治宜泻火解毒凉血，方选五味消毒饮加味。

乳房红肿一症为实证、阳证，时邪火毒所致者热疼红肿为甚；血瘀、乳积所致者肿疼明显，而热势较轻；气郁所致者以胀疼为主，热象甚微。因此，治疗上宜清、宜消、宜散。关键在于早治，若治不及时，待乳房溃破，更为棘手。

【文献别录】

《女科经纶·乳证》："《圣济总录》曰，足阳明之脉，自缺盆下于乳，又冲脉者，起于气街，并足阳明经，夹脐上行，至胸中而散。妇人以冲任为本，若失于将理，冲任不和，阳明经热，或为风邪所客，则气壅不散，结聚乳间，或硬或肿，疼痛有核，皮肤焮肿，寒热往来，谓之乳痈。风多则硬肿色白，热多则焮肿色赤，不治则血不流通，气为壅滞，与乳内津液相搏，腐化为脓，宜速下乳汁，导其壅塞，散其风热，则病可愈。"

（姚高陞）

470. 乳 头 破 裂

【概念】

乳头破裂，亦称乳头皲裂，系指乳头及乳晕部发生裂伤或糜烂而言。产妇哺乳期多见。

此症在文献中，称为"奶头风"，如《疡科心得集》中说："奶头风者，乳头干燥而裂，痛如刀割，或揩之出血，或流粘水，或结黄脂。"

【鉴别】

常见证候

肝郁化火乳头破裂：乳头表面皮肤剥脱，有大小不等的裂口，甚则沿乳头基部（乳颈）发生裂痕很深的环状裂口，吸吮时，痛如刀割。乳头及乳晕部可有湿烂，脂水淋漓，瘙痒难忍，苔白或黄腻，脉弦滑或数。

阴虚血热乳头破裂：乳头裂口干燥，疼痛，揩之出血，或形成干痂，伴有烦热，盗汗，口渴思饮，舌质红，脉细数。

鉴别分析

肝郁化火乳头破裂与阴虚血热乳头破裂：二证皆有共同的诱因，如：乳妇乳头皮肤柔嫩，或乳妇乳头平坦、缩陷、乳小，或乳汁分泌不足，不耐婴儿吸吮所致。但其病机有所不同。

肝郁化火乳头破裂，因乳头属肝，乳房属胃，故乳病当责之于肝。暴怒伤肝，则肝气郁结，聚而成火，气郁则湿生，因而火与湿俱，其特点是乳头湿烂破裂而痒。临床多见于体肥湿盛之妇，治宜清肝泻热，方用龙胆泻肝汤，外用黄连膏。

阴虚血热乳头破裂，因肝体阴而用阳，此证为素体阴虚，兼之产时失血，产后授乳，失血耗津，以致血虚生风所致。其特点是燥裂而痛，揩之出血。治宜滋阴清热，方用当归六黄汤加减。

两者一虚一实，需要仔细辨别。

【文献别录】

《疡科心得集》："乳头风，乳头干燥而裂，……此由暴怒抑郁，肝经火邪施泄所致。"

（姚高陞）

471. 脐 漏

【概念】

脐漏，是指肚脐溃破，经久不愈，内生窦管，脓液淋沥状似滴漏而言。又名漏脐疮。

《外科真诠》认为，本症多为先患脐痈，久而不愈所致。

【鉴别】

常见证候

脾胃湿热脐漏：脐中时出黄色粘液，不痛而痒，腹胀，饮食减少，恶心，倦怠，尿少而黄，舌苔黄腻，脉濡数。

气血两虚脐漏：脐中脓水清稀，不痛不痒，面色苍白，头晕心悸，气短乏力，舌质淡嫩，脉细弱。

鉴别分析

脾胃湿热脐漏，乃因脐部被水湿所浸，以致水湿浸入脐眼，内合脾胃，郁而化热，湿热浸润，出现肚脐时流黄色粘液。气血两虚脐漏，多由肚脐漏液日久，损伤气血所致。以脓水清稀，不痛不痒为特点。前者为实，后者为虚。湿热脐漏日久不愈，则转化为气血两虚脐漏。湿热宜清热燥湿健脾，内服平胃散加茯苓，外用三妙散；气血两虚宜补益气血，内服托里散，外用八宝珍珠散。

脐漏多发生于小儿，尤以新生儿为常见。或因尿液，汗水浸湿；或因浴水所浸，或脐痂脱落后，护理不周，又被衣物磨擦，局部皮肤破损，以致水湿浸入脐眼，出现脐漏流水。脐漏日久不愈，或成脓漏，甚则引起抽风而死亡。因此，应及早治疗。对新生儿要加强护理，注意清洁卫生，预防脐漏的发生。

(陈淑长)

472. 脐 内 出 血

【概念】

脐出内血，即指自肚脐中出血的症状。肚脐发生疮疡，脓液中带血，不属本条讨论。

【鉴别】

常见证候

血热妄行脐内出血：多在婴儿出生后第一周，脐带脱落前后脐部有血渗出。一般无其他全身症状。

肾火偏亢脐内出血：肚脐时有渗血。全身症状可有眩晕，头胀，视物不明，耳鸣，咽干口燥，五心烦热，性欲亢进，遗精早泄，失眠，腰膝瘦痛，舌红少津，脉弦细无力。

鉴别分析

血热妄行脐内出血，乃儿之乳母失于调摄，血被热耗，乳汁败坏，以致乳儿血热妄行。可重新处理脐带以止血；乳母宜注意饮食调养，预慎七情六淫，厚味炙煿，则儿可安。

肾火偏亢脐内出血，发生于成人，乃素有肾水亏损者，或肝肾阴虚，致肾火偏亢，阴虚内热。脐名神阙，属任脉，热扰冲任迫血妄行，血从脐出。辨证要点：眩晕，视物不清，耳鸣，五心烦热，性欲亢进，遗精早泄，失眠，腰膝瘦痛，舌红少津，脉弦细无力。治宜滋补肾阴，可用知柏地黄丸、左归饮。

【文献别录】

《疡医大全·脐中出血门主论》："脐中出血，乃肾火外越也。以六味地黄加骨碎补一钱饮之即愈。六味汤滋其水，则火自熄焰矣。骨碎补功能止窍，补骨中之漏，故加入相宜耳。"

（陈淑长）

473. 鼠蹊肿痛

【概念】

鼠蹊肿痛，即大腿根部与腹部连接处肿痛之症。

本症，古医籍有"流注"、"鱼口"、"便毒"、"横痃"、"石疽"等记载。

疝气不属本条讨论范围。

【鉴别】

常见证候

暑湿流注鼠蹊肿痛：初起时恶寒发热，一侧腹股沟肿痛，但无明显肿块；继则患侧漫肿无头，下肢屈而难伸，约7天左右肿块渐显，此时壮热持续不退，约经1个月左右成脓。舌苔白腻，脉滑数。

余毒流注鼠蹊肿痛：一般症状同前，但发病暴急，并有身热，口渴，舌苔黄腻，脉洪数。热盛者，亦可出现神昏谵语，胸胁疼痛，咳喘痰血等症。

瘀血流注鼠蹊肿痛：初起全身症状不显，腹股沟肿痛成块，皮色微红或呈青紫，触之稍感微热，患侧下肢屈而难伸，舌质黯紫，脉涩。

寒凝气滞鼠蹊肿痛：初起一侧腹股沟肿块如桃李或如鸡卵，逐渐增大，坚硬如石，皮色不变，牵筋疼痛，难消难溃，溃后难敛，舌苔薄白，脉沉。

热毒壅盛鼠蹊肿痛：初起一侧腹股沟突然肿胀不适，光软无头，很快结块疼痛，表皮可见焮红或不红。后渐趋扩大，高肿坚硬，轻者可无全身症状，重者有恶寒发热，头痛泛恶，舌苔黄腻，脉洪数。过7~14天，肿势高突，疼痛加剧，痛如鸡啄，全身发热持续不退，局部按之应指者，为脓成。

鉴别分析

暑湿流注鼠蹊肿痛、余毒流注鼠蹊肿痛与瘀血流注鼠蹊肿痛，均为发生于肌肉深部的脓疡，漫肿疼痛，皮色多如常，患侧下肢屈而难伸，但病因和证治各异。暑湿流注鼠蹊肿痛，多由夏秋季节，先受暑湿，继而寒邪外袭，客于营卫之间，致使湿痰内阻，流溢于肌肉之间所致。辨证要点：初起恶寒发热，成脓期肿痛加剧，壮热，舌苔白腻，脉滑数。初期治宜辛温发汗，可用荆防败毒散，或保安万灵丹。表邪渐解，宜清暑化湿，方用大豆卷、炒牛蒡、炒山栀、鲜藿香、鲜佩兰、银花、连翘、赤芍、陈皮、赤苓、生苡米、紫花地丁、桑枝、滑石，合用醒消丸。如在其它季节发病的，乃因湿痰流注所致，治宜上方去藿香，加半夏、厚朴，燥湿化痰。外治法：可用太乙膏外敷。余毒流注鼠蹊肿痛，多因先患疔疮、伤寒，毒气走散，或外感风寒，表散后余邪未尽，余毒流走经络所致。辨证要点：发病暴急，并有身热，口渴等症，舌苔黄腻，脉洪数。重者可出现神昏谵语，胸胁疼痛，咳喘痰血。治宜清热解毒，凉血祛瘀，可用黄连解毒汤合犀角地黄汤，无神昏去犀角，加银花、连翘、丝瓜络、桑枝等，若见烦躁、壮热、神昏，宜解毒清心，加用安宫牛黄丸或紫雪丹，若见咳喘痰血，宜祛痰平喘，清热止血，可加用贝母、花粉、鲜竹沥、鲜茅芦根。外治同前证。瘀血流注鼠蹊肿痛，系因劳累过度，筋脉受伤，或跌打损伤，瘀血停留，或产后恶露未尽，瘀血停滞，与湿毒相搏而成。辨证要点：初起全身症状不显，鼠蹊肿痛成块，皮色微红或见青紫，触之稍感微热，舌质紫黯，脉涩。治宜和营祛瘀为主，由阴伤引起者，宜化瘀通络，方用归尾、桃仁、泽兰、赤芍、防己、牛膝、赤豆、银花、连翘、丝瓜络、桑枝，合用醒消丸；由跌打损伤引起者，宜和营逐瘀，可用活血散瘀汤加三七研末吞服；发于恶露停滞者，宜和营通滞，可用通经导滞汤。外治法同前。

寒凝气滞鼠蹊肿痛，多因寒邪深袭，阳气运行受阻，血流不畅，瘀血凝结而成。辨证要点：鼠蹊结块，坚硬如石，皮色不变，并无焮热，牵筋疼痛。体实者，宜散寒止痛，和营行瘀，可用没药丸。病久体虚，宜温补气血，可用十全大补汤。外治，隔姜（蒜）灸。

热毒壅聚鼠蹊肿痛，多因湿热火毒蕴结，致使营卫不和，经络阻塞，气血凝滞而成。辨证要点：鼠蹊突然肿胀不适，光软无头，很快结块，表皮灼热疼痛，高肿坚硬，恶寒发热，头痛泛恶，舌苔黄腻，脉洪数。治宜清热解毒，和营化湿，可用黄连解毒汤合仙方活命饮加减。外治，可用金黄散，或玉露散。

【文献别录】

《外科正宗·鱼口便毒论》："夫鱼便者，左为鱼口，右为便毒。……生于两胯合缝之间结肿是也。……初起结肿，不红微热，行走稍便，无寒热交作者为轻。已成红赤，肿痛，发热焮痛，举动艰辛，至夜尤甚者易。"

（陈淑长）

474. 阴茎溃烂

【概念】

阴茎溃烂，是指阴茎破溃糜烂痛痒之症。

本症，在古医籍内有"阴疮"、"阴湿疮"、"阴蚀疮"、"疳疮"、"下暗疮"、"妬精疮"、"耻疮"，以及"下疳"、"臊疳"、"瘙疳"、"蛀梗"等名称。

本症以其形殊位异之特点，又细分多症。《外科证治全书》："下疳一症，属肝肾督三经之病，诸书分下疳（生马口下）、蛀疳（生玉茎上）、袖口疳（茎上生疮，外皮肿胀包裹）、蜡烛笑（疳久偏溃）……，根疳（马口傍，有孔如梭眼，眼内作痒，捻之有微脓出）……。"现代医籍中之梅毒发于阴茎、龟头、包皮者，亦称下疳，属本症之范畴。

【鉴别】

常见证候

肝经湿热阴茎溃烂：阴茎肿痛，溃烂，疮口色红，破溃流水，头晕目眩，口苦咽干，大便干，小便涩，舌苔黄腻，脉弦滑。

肝肾实火阴茎溃烂：阴茎嫩肿作痛，疮口鲜红，脓汁稠黄，口干舌燥，大便秘结，小便赤少，舌边尖红，苔黄少津，脉弦数。

肾虚风湿阴茎溃烂：阴茎瘙痒溃破，状如芥癣，浸淫汁出，舌苔白腻，脉沉。

肝肾虚热阴茎溃烂：阴茎糜烂，滋水渗出，疮面扁平，或呈菜花样，甚则阴茎烂掉。腹股沟可触及坚硬如石之肿块，形神困顿，眩晕，头胀，视物不清，耳鸣，咽干，口燥，五心烦热，失眠，腰膝痠痛，舌红少津，脉弦细无力。

鉴别分析

肝经湿热阴茎溃烂与肝肾实火阴茎溃烂：同属热证，前者系肝经湿热，后者是肝肾实火，病因、病机不同。肝经湿热阴茎溃烂多因肝郁化热，肝经聚湿，湿热互结，流注于下所致。而肝肾实火阴茎溃烂，则因七情过极，肝阳化火，或肝经蕴热，或久旷房室，肝肾蕴热所致。辨证要点：肝经湿热阴茎溃烂，破溃流水，大便干，小便涩，苔黄而腻，脉弦滑，乃热中挟湿之证。治宜泻肝利湿，可用龙胆泻肝汤，外用金黄散。肝肾实火阴茎溃烂，嫩肿作痛，脓汁稠黄。大便秘结，小便赤少，苔黄少津，脉弦数，乃实热之证。治宜清热泻火，凉血解毒，可用凉血解毒丸，外用二黄粉。

肝经湿热阴茎溃烂与肾虚风湿阴茎溃烂：两证虽同为湿证，但前者属实，后者属虚。肾虚风湿阴茎溃烂，乃肾气素虚，湿邪下注，偶感风邪，风湿相搏为患。二者不难鉴别。肾虚风湿阴茎溃烂，治宜补肾利湿，养血驱风，可用活血驱风散，蒺藜散，外用青黛散。

肾虚风湿阴茎溃烂与肝肾虚热阴茎溃烂：肾虚风湿阴茎溃烂为肾阳虚风湿相搏致病，而肝肾虚热阴茎溃烂乃因肾阴素亏，或忧思郁怒，相火内灼，肝经火燥，火邪郁结而致。肝肾虚热阴茎溃烂治宜滋阴降火，补益肝肾，可用知柏地黄丸，或大补阴丸，外用海浮散、桃仁散。

【文献别录】

《外科正宗·下疳论》："初起肿痛发热，小水涩滞，肝经湿热也，宜泻肝渗湿。肿痛坚硬，嫩发寒热，口燥咽干，大便秘者，通利二便，玉茎肿痛，小便如淋，自汗盗汗，时或尿血，清心滋肾。茎窍作痒，时出白浊，发热口干，津液少者，益肾清心。溃后肿痛，小便赤涩，日则安静，夜则疼甚，滋阴泻火。溃烂不已，肿硬又作，疼痛日深，秽气不回，清肝解毒。"

（陈淑长）

475. 臀部痈肿

【概念】

臀部痈肿，是指臀部痈肿疼痛，又称臀痈。多见于骶骨两侧隆起的臀大肌较厚处，属足太阳膀胱经。本经多血少气，臀肉厚实，故痛深而阔，溃后多有腐肉。

【鉴别】

常见证候

火毒蕴结臀部痈肿：臀部一侧红肿热痛，红肿以中心部为甚，四周较淡，边界不清，病变区逐渐扩大而有硬结，数日后皮肤溃烂，随即变成色黑腐溃，或中软不溃；溃后一般脓出黄稠，但有的伴有大块腐肉脱落，以致疮口深凹而形成空腔，收口甚慢。本证初起即有恶寒发热，头痛，骨节疫痛，胃纳不佳，苔黄，脉数等。

邪热结聚臀部痈肿：臀肉局部硬块坚巨，红热不显，有压痛，进展较缓，溃后收口亦慢。全身症状不明显，舌脉如常。

鉴别分析

火毒蕴结臀部痈肿与邪热结聚臀部痈肿，均为气血壅遏不行所致，但两证病因、病机不同。火毒蕴结臀部痈肿，因恣食膏粱厚味，六腑积热，湿热火毒蕴结，营气不从，营卫稽留，气血壅遏不行，形成局部肿胀；热盛则肉腐，肉腐而化脓。邪热结聚臀部痈肿，乃因外感六淫，或外伤感染，致营卫不和，邪热结聚，气血壅遏而成。辨证要点：火毒蕴结臀部痈肿，来势急，痈深而阔，容易腐烂，收口慢，全身症状明显。初起治宜清热解毒，和营化湿，内服黄芪内消汤，外用金黄膏。脓势已成，治宜托里透脓，可用托里消毒散，溃后一般不必内服药物。体质虚弱收口缓慢者，治宜调补气血，可用十全大补汤。外治，脓多用五五丹，脓少用九一丹，脓尽时用生肌玉红膏。邪热结聚臀部痈肿，病势缓，红肿不显，硬块坚巨疼痛，无明显全身症状。初起治宜活血解毒，和营化湿，可用仙方活命饮加桃仁、红花、泽兰，减少清热解毒之药。脓成不溃者治宜调补气血，可用十全大补汤，溃后外用九一丹，脓尽用生肌玉红膏。创口久溃不敛者，内服十全大补汤。

【文献别录】

《外科大成·臀痈》："此症，自里至表者十有八九，从六淫外感入里百中一二，故治宜外发，庶免内攻。"

（陈淑长）

476．下肢生疽

【概念】

下肢生疽，是指发生于股、胫、膝、踝处的，早期肿痛，无红热，后期溃破的症状。

本症在古代医籍记载中，有"附骨疽"、"咬骨疽"、"多骨疽"、"朽骨疽"、"股胫疽"、"穿踝疽"，近代有"附骨痰"、"鹤膝流痰"、"穿拐痰"等称谓，发生在下肢骨及关节属阴证疾患者，均属本症讨论范围。

【鉴别】

常见证候

湿热阻滞下肢生疽：多见于儿童。发病部位以胫骨为最多，其次为股骨。起病急，先有全身不适，寒战，高热，口干，小便黄，舌苔黄腻，脉滑数。发病处漫肿无头，皮色不变；继则患肢疼痛彻骨，而后出现皮肤微红，微热。患处溃破后出脓，初多稠厚，渐转稀薄，脓水淋漓，不易收口而成漏管。在患处常可摸到骨骼粗大，高低不平，疮口朽骨流出。

风寒湿凝滞下肢生疽：多发于儿童。发病部位同前，初起即有恶寒，发热（亦有少数病例初无寒热），舌苔白腻，脉紧数或迟紧。患肢筋骨隐隐作痛，不红不热；继则痛如锥刺，如皮色泛红，即可溃破，舌苔转黄腻，脉滑数。

肾精亏虚下肢生疽：多发于儿童及青年，患者常有肺痨史。初起外部无明显病变，仅觉患处隐隐疼痛；继则关节活动障碍，病变后期肿处溃破，时流稀脓，久则疮口凹陷，周围皮肤紫胀，形成漏管，不易收口，患肢肌肉萎缩。病久可见全身症状：气血两亏者日渐消瘦，精神委顿，面色无华，畏寒心悸，失眠，盗汗，舌淡红，苔薄白，脉细或虚大；阴虚火旺者午后潮热，口燥，咽干，食欲减退，或咳嗽痰血，舌红少苔，脉细数。

鉴别分析

湿热阻滞下肢生疽与风寒湿凝滞下肢生疽，均为附骨深部溃脓，毒气深沉，但两者病因及早期症状各有不同。湿热阻滞下肢生疽多因疔疮、或伤寒、麻疹等病后，余邪未清，湿热内盛，其毒深窜于里，留于筋骨，以致经络被阻，气血不和；或由于外来跌打损伤，局部骨骼受损，又因感受毒邪，瘀积化热，以致经络阻塞，凝滞筋骨而生本症。而风寒湿凝滞下肢生疽多平素体虚者，卫气不固，或因露卧风冷，或因浴后乘凉等，以致风寒湿邪乘虚侵袭，阻于筋骨之间，气不宣行，阴血凝滞而成。辨证要点：湿热阻滞下肢生疽，初起患肢疼痛彻骨，1～2日内即不能活动，而后出现皮肤微红，微热，肿和骨胀均明显，化脓时间约4个月左右。治宜清热化湿，行瘀通络，可用仙方活命饮合五神汤加减，另吞醒消丸。风寒湿阻滞下肢生疽，初起患肢筋骨隐痛，不红不热，肿和骨胀均不明显；继则痛如锥刺，患肢不能屈伸转动，化脓时间约1～3个月。初起具有表证者，治宜解表发汗，可用荆防败毒散；无表证者，宜温经散寒，祛风化湿，可服独活寄生汤。

湿热阻滞下肢生疽和风寒湿凝滞下肢生疽与肾精亏损下肢生疽相比较，三者虽同属阴疽，但病因、症状以及预后均有不同。前两证，乃由湿热余毒或风寒湿邪以致筋骨间气血凝滞，大多发于长骨，很少见于关节，且起病快，初起即有寒热，或局部肿胀，或疼痛甚剧，化脓亦较快。而后证，多因先天不足，加之儿童骨骼柔嫩，或有损伤，则气血失和，痰浊凝聚留于骨骼而致；青年人多因房劳过度，或带下，或遗精，以致肾精亏损乃本证之因，虽亦大多附骨而生，但好发于骨关节间。辨证要点：初起局部症状与全身症状均不明显；化脓时间更为缓慢，约半年至1年以上。溃后脓水清稀，每夹有豆腐脑样物。初起治宜益肝肾，补气血，温经通络，散寒化瘀，可用阳和汤；中期治宜扶正托毒，可用托里散；后期气血两亏者治宜补气养血，可用人参养荣汤，或十全大补汤；阴虚火旺者，治宜养阴清热，可用大补阴丸合清骨散。

【文献别录】

《外科正宗·多骨疽》："多骨疽者，由疮溃久不收口，乃气血不能运行至此，骨无荣养所致。细骨由毒气结聚化成，大骨由受胎时精血交错而结，日后必成此疽也。"

《外科正宗·穿踝疽》："穿踝疽，乃足三阴湿热下流停滞而成，……有头者属阳，易破；无头者属阴，难溃。"

《外科大成·股部》："附骨疽，生大腿外侧。咬骨疽，生大腿内侧。肿下而坚者，发于筋，乃阴寒入骨之病也。"

《疮疡大全·附骨疽门主论》："冯鲁瞻曰：一切附骨疽症皆起于肾，肾主骨，治宜温补肾气，骨得阳和则肿硬自能水解矣。"

（陈淑长）

477. 臁　疮

【概念】

臁疮，是指生于下肢臁骨内外侧的疮疡，长期不愈的症状。中医称小腿胫骨为臁骨，疮面生于小腿内侧者，称为里臁疮；生于小腿外侧者，称为外臁疮，均可称为臁疮，俗称"老烂腿。"

裙风、裤口（裙边疮即裤口风疮《疡医大全》）与臁疮相近似，在古代文献里多并为一类。但二者在病因及证候上都不尽相同。

【鉴别】

常见证候

湿热下注臁疮：初起局部红肿，疼痛，继而溃破，浸淫瘙痒，脓水淋漓，后期疮口边缘硬而隆起，久不愈合。严重者可有恶寒发热，口干尿黄，舌苔黄腻，脉滑数。

脾虚湿盛臁疮：疮口肉色灰白，脓水淋漓而清稀，朝宽暮肿，肢体倦怠，不思饮食，头晕口干。舌质淡，苔白，脉缓。

血瘀气滞臁疮：局部皮肤颜色紫暗，青筋显露，溃烂浸淫，刺痛，下肢沉重麻木，行走时更甚，舌质紫，苔薄，脉弦涩。

肝肾阴虚臁疮：局部不痛或微痛；颜色暗红，伴有低热，或午后发热，不思饮食，失眠多梦，舌质红，苔薄，脉数。

鉴别分析

湿热下注臁疮与脾虚湿盛臁疮：湿热下注臁疮，多因外受水湿浸淫，入里郁而化热，湿热侵入阳明经脉，阳明多气多血，气血受湿热熏蒸，则皮肉溃烂而成臁疮。脾虚湿盛臁疮，则多因劳力过度伤及中气，或久经站立，过负重物，使脾气受损，湿邪留滞，肌肤失养而成臁疮。两者辨证要点为：湿热下注所致者，局部热赤肿烂，痒甚，苔黄腻，脉滑数；脾虚湿盛而致者，局部肉色灰白，脓水清稀，苔薄白，脉缓。前者治宜清热解毒，方用仙方活命饮，佐以槟榔等；后者治宜健脾化湿，方用四君子汤合二妙丸。

血瘀气滞臁疮与肝肾阴虚臁疮：前者为实证，后者为虚证。两者共同点为病程长，局部颜色发暗，但其病因及症状有明显区别。血瘀气滞臁疮，乃由气滞血瘀，外受水湿浸淫，或蚊虫叮咬，局部溃破，或撞损皮肤，络脉阻滞，以致下肢臁骨处溃烂滋水；肝肾阴虚臁疮，多罹患于热病之后，或房劳过度损耗肾精，致下肢肌肉渐渐剥损，加之阴火下流而成。鉴别要点为：血瘀气滞者，下肢青筋暴露，胀痛明显，舌紫脉涩；肝肾阴虚者，伴低热，消瘦，舌质嫩红，脉细数，前者治宜活血理气，方用木瓜槟榔散；后者治宜滋阴降火，方用六味地黄丸。

臁疮有内外之分。大凡外臁属足三阳经，多属湿热疾患，治之较易；内臁属足三阴经，多属阴虚火旺而致，治之较难。若以疮色言，红肿焮痛者易治，黑黯漫肿者难疗。治外侧多用清渗之剂，治内侧多用滋补之剂。一清一补，迥然有别。

【文献别录】

《洞天奥旨·内外臁疮》："久犯房事，以致皮黑肉烂，臭秽难当，若夫妇人女子经期血散，亦往往肉黑肌坏，故经年累月而不愈也。所以男妇苟生内外臁疮，必当节欲慎房，始易奏功耳。"

（姚高陞）

478. 足 趾 发 黑

【概念】

足趾发黑，是指足趾之皮肤或深及肌肉发黑的症状。轻则深红色，重者紫黑色，破后成溃疡。干者无渗水，湿者渗出污血水，疼痛剧烈，奇臭难闻。《灵枢·痈疽》称为"脱痈"，后世称"脱疽"。

【鉴别】

常见证候

瘀血阻滞足趾发黑：起病突然，有明显外伤史，根据其外伤的程度，瘀血紫黑及疼痛肿胀的情况也有轻重不同。无明显全身症状可辨，舌、脉正常。

寒湿下注足趾发黑：初起，轻者足趾暗红，肿胀，发凉，疼痛，跛行。重者肤色紫黑，疼痛剧烈，手足冰冷，趺阳脉沉伏。肌肤溃烂，但流血水，气味秽臭，痛如刀割，常抱足抵胸而坐，昼夜难眠。舌淡润，脉沉微。

湿毒下注足趾发黑：足趾及下趾皆肿痛，足趾紫黑。湿烂渗水，清稀秽臭，剧痛难忍，病损处与正常肌肤之间无明显界线可分，重者可迅速向上蔓延，舌红苔黄腻，脉沉。

肝肾阴虚足趾发黑：足趾紫黑干枯，病损处与正常肌肤界线分明，疼痛，舌红少苔，脉细。

鉴别分析

瘀血阻滞足趾发黑：瘀血肿胀明显，疼痛剧烈，由于其为压砸损伤所致，治疗应予活血祛瘀止痛为主，可将葱炒熟捣烂熨敷之或刺放其瘀血，则疼痛、肿胀可立消其大半。

寒湿下注足趾发黑与湿毒下注足趾发黑、肝肾阴虚足趾发黑：三证共同点均为足趾发黑而奇痛难忍，其初始病因多有长期感受寒凉的病史，多发生于中年以后的男性。寒湿下注者，缘由阴寒湿毒久伏于内，血脉瘀阻，故见一派寒湿表现（患肢发凉，甚者手足冰冷，脓水清稀，舌润，脉伏）治当温经去湿，可用阳和汤加减。湿毒下注者，缘由寒湿久蕴，湿毒内聚，血脉瘀阻不通，故溃烂湿胀，汁水清稀，患处与正常肌肤界线不清，舌红苔黄腻，治当清利湿毒，方用四妙勇安汤加减。肝肾阴虚者，则足趾紫黑干枯，界线分明，舌红少苔，脉细，当配以大剂养阴补肾之药物，方用左归丸加减。

足趾发黑除损伤瘀血者外，寒湿、湿毒、阴虚三证多见于脱疽，或见于外伤后感染所致者。《外科证治全生集》说："脱骨疽发于足趾，渐上至膝，色黑，痛不可忍"。自《内经》之后历代医家，均视为外科难治之症，故内治为主，尚须配以外治，甚者割去患趾、患肢，或可根除。其患病原因，《疡科心得集》说："此由膏粱厚味，醇酒炙煿，积毒所致，或因房术涩精，丹石补药，销烁肾水，房劳过度，气竭精枯而成，……皆肾水亏涸而不能制火也。"故临床以虚证居多，实证少见。

《灵枢·痈疽》："发于足指（趾），名曰脱痈，其状赤黑，死不治，不赤黑，不死。不衰，急斩之，不则死矣。"

（姚高陞）

479. 足 趾 溃 烂

【概念】

足趾溃烂，是指足趾破溃之症。

本症，古医籍中有"脱疽"、"敦疽"、"甲疽"等名称。大趾溃烂称脱疽，余趾溃烂称敦疽，均由内因所致。甲疽俗称嵌爪，多因外伤所致。

【鉴别】

常见证候

火毒蕴结足趾溃烂：足趾紫黯或色黑，皮肤破溃，疮口时流血水，腐肉不鲜，痛如火灼，夜间痛甚，彻夜难眠，常抱膝而坐。严重者腐烂漫延，可五趾相传，甚至上攻脚面，渐见肢节坏死，自行脱落，久久不敛。

外感邪毒足趾溃烂：多见足大趾内侧。甲向内嵌，甲房肿胀溃烂，胬肉高突，疼痛流水，继则化脓腐溃，或脓水侵入趾甲之下。

鉴别分析

火毒蕴结足趾溃烂：主要原因是：久受寒湿，或严寒涉水，寒湿下受，以致寒凝络痹，血行不畅，阳气不能下达，寒湿郁久化热，热盛肉腐；或过食膏粱厚味，辛辣炙煿，以致肠胃机能失调，火毒内生；或过服温肾壮阳药物，房劳过度，以致邪火灼阴，水亏不能制火。以上三者成因虽异，但均导致火毒蕴结，经脉阻塞，气血凝滞而发病。辨证要点：疮口时流脓水，腐肉不鲜，痛如火灼，夜间痛甚，甚则腐肉漫延，五趾相传；或肢节坏死，自行脱落。治宜活血、解毒、通络，可用脱疽三号，外用生肌玉红膏；若疮口紫黑，出水无脓者，宜补益气血，托毒消肿，可用托里消毒散加生地、牛膝；若久溃不敛，气血两虚者，宜调补气血，用人参养荣汤。

外感邪毒足趾溃烂：多因修趾甲损伤皮肉；或趾甲过长，侵入肌肉；或靴鞋狭小，久受挤压，均使局部气血运行失常，而又感染毒气所致。辨证要点：多见足大趾内侧，甲旁肿胀溃烂，胬肉高突，化脓腐溃。治宜清热解毒，可用五味消毒饮；外用平胬丹，腐蚀平胬，或手术处理。

【文献别录】

《灵枢·痈疽》："发于足指（证），名曰脱痈。其状赤黑，死不治。不赤黑，不死。不衰，急斩之，不则死矣。"

《外科大成·脱疽》："生于足大指，亦生于手大指，……由膏粱之变及丹石热药之所致。此毒积于骨髓，不紫黑者生，未过节者可治。若黑漫五指，上传足跗，形枯筋练，疼痛气秽者死。是症也，在肉则割之，在指则截之，欲其筋随骨出，以泄其毒，亦无痛苦，若待毒筋内断，骨虽去而仍溃者，亦不治也。"

《外科大成·甲疽》："因剪甲伤肌，或甲长侵肉，致使气血阻遏而不通，久之腐溃面

— 617 —

生疮泡；或胬肉裹上，指甲肿痛者，此肌肉之病，不循经络，亦不形于诊也。"

（陈淑长）

480. 丹　　毒

【概念】

丹毒，是以皮肤或粘膜发红，如丹涂之色为其特点，且灼热，疼痛。《外科大成》说："丹毒者，为肌表忽然变赤，如丹涂之状也。"由于发生的部位不同，所以有："抱头火丹"、"流火"、"内丹"、"赤游丹"等。

此症最早的记载，见于《内经》，称为"丹熛"。孙思邈《备急千金要方》称为"天火"。

【鉴别】

常见证候

湿热化火丹毒（流火）：临床表现为发热恶寒，周身疼痛，局部皮肤焮红，肿疼灼热，境界明显，常好发生于下肢，患侧胯间臖核亦可肿痛，经多次反复发作，可造成皮肤增厚、肿胀，即所谓"象皮腿"，苔黄腻，脉滑数。

风热化火丹毒（抱头火丹）：多发生于颜面部皮肤（开始或接近于耳，或接近于鼻），焮红灼热，很快蔓延至正面部或头部，皮肤光泽紧张，有时出现小水泡，眼睑、耳翼、口唇肿胀，全身伴有寒战高烧，头疼，口渴，恶心，呕吐，甚至神志不清，谵语，苔黄腻，脉浮数。

肝胆湿热丹毒（内丹）：一般多生于腹部及腰部，局部皮肤红赤、灼痛，寒热，口苦，胁痛，小便短赤，苔黄腻，脉弦滑。

胎热丹毒（俗称游火）：多发于婴儿。形如云片，上起风粟作痒而痛，或发于手足，或发于头面，胸背，患儿烦躁，腹胀，发热，常发于一处后，又向他处蔓延，有时在很短时间即可蔓延到全身。

鉴别分析

湿热化火丹毒：多因脚气，皮肤破损，感染毒气，湿热化火所致，治以清热，解毒，利湿为法。用黄连解毒汤合三妙丸。反复发作，局部皮肤肿硬，色暗而粗糙者，需加用通脉活血之品。

风热化火丹毒：多由外感风热失治化火，火毒蕴结，风火相煽所致，临床特点为：发病快，症状重，处理不当往往会毒邪内陷入营，神昏谵语。治疗用清火解毒法，方用普济消毒饮，内陷心营用安宫牛黄丸，或犀角地黄汤。

肝胆湿热丹毒：发于腰胯，腹部，为肝胆湿热蕴结化火所致，治疗以清利肝胆湿热为主，方用龙胆泻肝汤。

胎热丹毒：为胚胎期间，母体嗜食辛辣炙煿之品，或感受毒邪而遗热于胎儿所致。临床特点为多生于婴儿，发病迅猛，变化快，合并症多。治疗用犀角地黄汤随证加减。

总之，丹毒均系火热毒邪郁于血分，发于肌肤而成，临床上都是营卫失调，气血凝滞，毒邪壅聚，蒸腾于外的表现。故要抓住火热毒邪和气血郁滞的关键而进行鉴别。

【文献别录】

《医宗金鉴·外科心法要诀·肾气游风》："此证多生于肾虚之人。腿肚红肿，形如云片，游走不定，痛如火烘，由肾火内蕴，外受风邪，膀胱气滞而成也。"

（姚高陞）

481. 皮 肤 红 线

【概念】

皮肤红线，是指在前臂或小腿内侧，出现一条纵行红线，向肢体近端蔓延走窜。在上肢的，多停止于肘部或腋部；在下肢的，多停于腘窝或胯间。红丝走窜亦间有生于口唇者，红丝入喉则难治。

皮肤红线在临床上可称为"红丝疔"、"血丝疔"、"红线疔"，属疔疮范畴。《外科大成·红丝疮》所述红丝疮与红丝走窜证候虽有差异，但治法类同。

【鉴别】

常见证候

毒热郁滞皮肤红线：红线较细，其远端破溃或红肿热痛，无全身症状。

火毒炽盛皮肤红线：红线较粗，伴有恶寒发热，头痛，食欲不振，周身无力，苔黄，脉数。

毒入血分皮肤红线：红线发后 7 至 10 天，红线渐向躯干蔓延，伴有寒战，高热，头痛，胸闷烦躁，恶心，呕吐，舌硬口干，便秘或腹泻，舌质绛，苔黄糙，脉洪数或弦滑。

鉴别分析

毒热郁滞皮肤红线与火毒炽盛皮肤红线：均由火热之毒为病，但其病因不同。毒热郁滞，多自感受四时不正之疫气，或昆虫叮咬，经抓破染毒，毒气客于肌肉所生。治宜清热解毒，可用五味消毒饮。火毒炽盛，因恣食膏粱厚味，醇酒辛辣炙煿，以致脏腑蓄热，火毒结聚，蕴蒸皮肤，气血凝滞。治宜清火解毒，可用黄连解毒汤加竹叶、石膏、连翘。

毒入血分皮肤红线：因毒热郁滞及火毒炽盛失于治疗，未能控制毒势；或因挤压碰伤，造成毒邪扩散；或误进辛热之药，更增火势，以致火毒炽张，机体正不胜邪，从而疔毒走散，入于血分，内攻脏腑。急宜凉血，清热，解毒，可用犀角地黄汤，黄连解毒汤，五味消毒饮合并使用。

以上三证皮肤红线，均可外用金黄散、二黄粉，或以刀尖或三棱针沿红丝行径，寸寸挑断，并用拇指和食指，轻捏针破处周围皮肤，令其出血排毒，可达速效。

【文献别录】

《辨证录·疔疮门》："大约疔生足上，红线由足而入脐；疔生手上，红线由手而入心；疔生唇面，红线由唇而至喉。如见此红线之丝，在其红线尽处，用针刺出毒血，以免毒攻心……。"

（陈淑长）

482. 痰核流注

【概念】

痰核流注是指因湿痰流聚于皮下，身体各部位发生有大小不等、多少不一之结块。

本症不红不热、不硬不痛，如同果核般软滑，推之不移，一般不会化脓溃破。痰核大多生于颈项，下颌部，亦可见于四肢、肩背。

【鉴别】

常见证候

脾虚痰湿痰核流注：皮下结核，不红不热，很少疼痛或有胀感，触之先软且活动，多生于颈项；或生于手臂、肩背者，可有微痛，但肿不红；或生于腋下者，结核坚硬如石。无明显全身症状，舌淡苔白腻，脉滑。

风痰郁结痰核流注：局部症状同前证，尚可见头痛，眩晕，目闭不欲开，懒言，身重体倦，胸闷恶心，或两颊青黄，或吐痰涎，舌苔白滑，脉弦滑。

湿热郁结痰核流注：局部症状同前证，尚可有小便短赤，舌苔黄腻，脉濡数等热象。

鉴别分析

脾虚痰湿痰核流注、风痰郁结痰核流注和湿热郁结痰核流注：三证局部症状相同。脾虚痰湿痰核流注一般无明显全身症状，多因脾虚不运，湿痰流聚而致皮下生核，治宜健脾利湿，化痰软坚；生于颈项者，可用海带丸，甚者加昆布，或与消核丸合用；生于手臂、肩背者，可用二陈汤加防风、酒黄芩、连翘、川芎、皂角刺、苍术；生于腋下者，可用消解散。风痰郁结痰核流注与湿热郁结痰核流注，均有明显全身症状。辨证要点：风痰郁结痰核流注，头痛，眩晕，目闭不欲开，懒言、身重体倦，胸闷恶心，或两颊青黄，或吐痰涎。治宜祛风化痰，消结软坚，可用消风化痰汤；湿热郁结痰核流注，小便短赤，舌苔黄腻，脉濡数。治宜燥湿化痰，消结软坚，可用加味小胃丹、竹沥达痰丸。

【文献别录】

《医学入门·脑颈部》："痰核在颈全不痛，在臂或痛亦不红，遍身结块多痰注，湿痰下体却宜通。凡遍身有块多是痰注，但在上体多兼风热，在下体多兼湿热，宜加味小胃丹、竹沥达痰丸，量体虚实服之，通用海带丸。"

《杂病源流犀烛·颈项病源流》："痰核者，湿痰流聚成块，……亦有胸中胃脘至咽门，窄狭如线疼痛，及手足俱有核如胡桃者。亦有咽喉结核肿痛，颈项不得回转，两腋下块如石硬者。亦有风痰郁结而成核者，亦有酒怒气发，肿痛溃脓，痰核生于腋下，久不能瘥者。亦有生于耳后连项下，三五成簇，不红不肿，不作脓者。亦有项后少阳经中疙瘩，赤硬肿痛者。亦有痰核红肿寒热，状如瘰疬者。亦有枕后生痰，正则为脑，侧则为痹者。"

（陈淑长）

483. 无 名 肿 毒

【概念】

无名肿毒,是指体表任何部位均可发生的肿毒。《医学入门·无名肿毒》"……非痈、非疽、非疮、非癣,状如恶疮,或瘥或剧,即名无名肿毒。"

【鉴别】

常见证候

风寒外侵无名肿毒:局部漫肿,无根无头,触之坚硬,色白不热,时时隐痛。全身可见恶寒发热,舌苔白,脉紧数或迟紧。溃破后脓水清稀,不易收敛。

热毒壅聚无名肿毒:局部红肿,境界分明,灼热疼痛。全身伴有身热,口渴,苔黄,脉数。肿未消时,可出现脓头而溃破,溃后脓出稠黄,脓尽即愈。

鉴别分析

风寒外侵无名肿毒与热毒壅聚无名肿毒:前者属阴证,后者属阳证,病因证治均异,临床上易于鉴别。风寒外侵无名肿毒,乃因风寒外邪袭表,经脉凝滞而成。辨证要点:局部漫肿坚硬,无头无根,不红不热,时时隐痛。全身可见恶寒发热,舌苔白,脉紧数或紧迟。溃后脓水清稀难敛。初起有表证者,治宜解表发汗,可用荆防败毒散。溃后气血两虚者,治宜调补气血,可用八珍汤。

热毒壅聚无名肿毒,多因过食膏粱厚味,内郁湿热火毒,复外感六淫之邪,或外来伤害,感受毒气,邪毒壅聚,致使营卫不和,经络阻塞,气血凝滞而成。辨证要点:局部红肿热痛明显,有脓头,溃破后脓出稠黄,脓尽即愈。全身可有身热,口渴,苔黄,脉数等。治宜散风清热,行瘀活血,可用仙方活命饮。

【文献别录】

《外科大成·无名肿毒》:"无名肿毒者,以随处而生,不按穴次,不可以命名也。"

(陈淑长)

五、肛肠科症状

484. 便 血

【概念】

凡血从肛门内排出体外即为便血，又称大便下血。无论下血在便前或便后，单纯下血或血与大便混杂而下，无论色鲜红或暗黑，均属于便血范畴。

早在《五十二病方》中就有便血一症的记载，其曰："痔……后而溃出血""痔有空（孔）而栾，血出者。"《素问·阴阳别论》首先提出便血之症名，其曰："结阴者，便血一升，再结二升，三结三升。"《三因极一病证方论》曰："病者大便下血，或清或溃，或鲜或黑，或在便前或在便后，或与泄物并下……故曰便血。"在中医古籍中本症还有"泻血"、"血便""圊血""后血""下血""血箭"等别称。又有根据出血部位不同将便血分为"近血"与"远血"；根据血色不同将便血分为"肠风"与"脏毒"者。

便血是肛肠疾病最常见的症状，如《外台秘要》云："内痔每便即有血……"。但便血又往往是多种内科疾病的常见症状。本条只局限于对肛门肠道出血所致便血的讨论，其病理变化为肠道脉络受损，血溢脉外，顺肠而下，成为便血。

【鉴别】

常见证候

实热便血：便血多急性发作，色鲜红或暗红有块，或血水样便，口渴引饮，烦热面赤，或发热，或腹胀腹痛，或大便秘结，肛门灼热，小便短赤，舌红，苔黄，脉滑数。

湿热便血：便血鲜红或暗红，或色如烟尘，挟杂污浊粘液，或先血后便，大便不爽，或伴腹胀满闷，口苦，舌红，苔黄腻，脉濡数。

虚寒便血：便血色暗红或紫暗，甚呈黑色，伴腹痛隐隐，喜温喜按，或神疲乏力，怯寒肢冷，食少便溏，舌淡，苔薄白，脉沉迟无力。

虚热便血：便血量少色红，出血势缓，乍出乍止，或点滴而下，或血射如箭，病程较长，伴两颧红赤，咽干口燥，五心烦热，夜寐不安，形体消瘦，甚或骨蒸盗汗，头晕耳鸣，腰腿痠软，唇舌红绛，少苔或无苔，脉细数。

气血两虚便血：便血色淡质薄，经久不止，或突然大量出血，面色苍白或萎黄，伴头晕眼花，神疲乏力，短气懒言，心悸失眠，食欲不振，脘腹不舒，肛门下坠，舌质淡，薄苔白，脉细缓无力。

鉴别分析

实热便血与湿热便血：二者均属热证、实证，极易混淆。实热便血多源于饮食失节，恣食辛辣香燥之物，日久肠道燥热内生，灼伤肠道络脉，迫血妄行；或因感受外界火热之毒邪，内结于肠道，灼伤络脉，血溢脉外。故见大便带血，血色鲜红；伴口干舌燥，大便干结，肛门灼热，舌质红，苔黄，脉数等热毒内盛症状。治以清热解毒，凉血止血。方选槐花散加减。湿热便血亦可由外感及内伤所致。或因感受外界湿热之邪，留滞肠内；或因饮食不节，恣食肥甘醇酒厚味之物，以致脾胃运化失常，聚湿生热，湿热内蕴，损伤肠道络脉，血溢脉外，而致便血，但大便中血与粘液污浊相混，且伴有腹胀满闷，大便不爽，舌质红，苔黄腻，脉濡数等湿热内蕴之象。治以清热除湿，凉血止血。方选地榆散合赤小豆当归散加减。若血下污浊，舌红，苔黄腻，脉浮数为脏毒。

虚寒便血、虚热便血与气血两虚便血：三者均属虚证，但有气血阴阳之不同。虚寒便血多因素体阳虚，或久病重病，伤及脾胃，或恣食生冷，损伤脾阳，致中阳不运，统血无权，血渗肠道而见便血。因阳虚寒凝，故见腹痛不适，喜温喜按，血色紫黯；脾阳不振，运化无力，清浊相混故见大便稀溏。怯寒肢冷，舌淡，苔薄白，脉沉迟乃阳虚内寒之象。治宜温阳健脾，固涩止血，方选黄土汤加减。虚热便血多因素体阴虚，或痨病日久伤阴，阴虚火旺，虚火内灼，灼伤阴络，故见便血。因肝肾阴虚，精血不足，故见形体消瘦；虚火上炎，则两颧潮红；伴五心烦热，骨蒸盗汗，唇舌红绛，脉细数等阴虚之象。治宜滋阴降火，养血止血，方选六味地黄丸加味。气血两虚便血，治宜益气补血，摄血止血，方选八珍汤加味。若失血气虚阳欲脱，用独参汤，或参附汤，以益气回阳固脱；气虚下陷，肛坠明显，用补中益气汤加地榆炭、炒蒲黄；若血虚为主，用四物汤加黄芪、阿胶、地榆炭。

便血的辨证论治，应根据血之颜色、血量、性状、与大便之关系，及病之新久，并结合全身情况和病史，分清病位之所在、病性之寒热虚实、病情之缓急，以"急则治标，缓则治本"，或标本同治的原则论治。

便血的病机多为虚实夹杂。如实热证与湿热证虽都为实证，但便血能导致阴血的丢失，故存在着虚的一面；虚寒证与气血两虚证虽属虚证，但肛肠疾病的局部特点是有气血瘀滞及湿热风燥等邪气的郁滞，而虚中夹实。治疗实证，不能一味攻伐，滥用寒凉，而应注意适当补虚；虚证则在补益升提的同时，佐以清热利湿，理气和血，所谓"虚实兼顾"，"标本同治"。

【文献别录】

《诸病源候论·大便下血候》："此由五脏损伤所为，脏气即伤，则风邪易入，热气在内，亦大便下鲜血而腹痛。冷气在内，亦大便血下其色如豆汁。"

《证治汇补》："纯下清血者，风也；色如烟尘者，湿也；色暗者寒也；鲜红者热也。"

（李华山）

485. 脱　肛

【概念】

脱肛即肛门脱出，是指肛管、直肠、甚至部分乙状结肠移位下降，由肛门脱出的一种症状。有经常脱出者，有因大便、因咳、因用力而脱出者。

本症在《五十二病方》中称之为"人州出"，其云："人州出不可入者（州者，窍也）"可用"倒县（悬）其人，以寒水［潎］其心腹，入矣"的还纳方法。脱肛症名见于《神农本草经》。《证治要诀》记载了脱肛后发生绞窄、坏死、脱落的情况，并命名为"截肠"，书中说："大肠头出寸余，痛苦，直候干，自退落，去又出，名截肠。"《外科大成》指出截肠为脱肛的一种特殊类型。

【鉴别】

常见证候

脾气下陷脱肛：肛门脱出，咳时或大便时脱出，需用手按揉方能送回，肛头色淡无红肿疼痛，面色白，口唇淡，气短，舌质淡，少苔，脉虚弱。

肾阳虚脱肛：肛门脱出，伴见头昏眼花，健忘，五更溏泻，或有遗精阳痿，腰膝痠软，全身畏寒，小溲频数，舌体胖嫩，苔少而润，脉沉细弱。

湿热蕴结脱肛：肛门脱出，红肿疼痛，或口渴便燥，或便脓血粘液，肛门下坠，面赤唇红，舌质红，苔黄，脉弦数。

鉴别分析

脾气下陷脱肛与肾阳虚脱肛：多见于老年元气不足，或妇女分娩过多，产时元气大伤，不能收摄；或久泻久痢脾肾两衰，大肠之气不固；或久咳伤及肺气，气虚不能下约魄门；或小儿气血未充，易于嚎哭，耗伤正气等，均可令肺脾气虚，元气下陷，不能摄纳，致肛门无力收摄而下脱，正如《类证治裁·脱肛》中所说："脱肛，元气下陷症也，惟气虚不能禁固，故凡产后及久痢，用力多，老人病衰，幼儿气血不充，多有之。"症情严重者，妇女也有前后阴并脱的。脾气虚陷与肾阳虚脱肛的鉴别点，须抓住前者仅有气虚表现，如气短、面白、唇淡等；而后者则出现肾虚的症状，如腰膝痠软，阳痿，五更泻，溲频等，且兼见阳虚表现，如全身畏寒等。脾气下陷者，治以益气升陷，固涩收脱，方用补中益气汤；肾阳虚者，治疗应温补肾阳，益气、升提、固摄，方用附桂地黄丸加党参、黄芪、升麻、柴胡、诃子、五倍子。

湿热蕴结脱肛：本症多由素嗜膏粱厚味，湿热蕴蓄肠胃，或嗜酒蕴热积湿，下迫肛门；或长期大便秘结；或久泻久痢；或醉饱入房忍泄，欲火下乘大肠，导致肛门脱出。脱出之肛门其色绯红，或有出血，下坠疼痛，皆为火热之象。其人口渴，舌质红，苔黄，脉弦数等全身实热或湿热表现，同无热之脾气下陷与肾阳虚衰之脱肛不难鉴别。虚证脱肛，脱出之肛门无红肿热痛，全身呈一派里虚寒，或脾气不足之征；本证脱肛，其人多壮实；虚证脱肛，其人形体多虚弱。从大便久泻或干结方面亦可协助辨证：本证，大便系燥结，往往因大便干结不下，用力努责而致肛门脱出；而虚证，则多因久泻久痢，或产后，或大便本无燥结，因脾气下陷，肛门肌肉松弛，或肾阳虚，关门不固而脱出。湿热蕴结脱肛，治以清热利湿，散火通便，方选约营煎。

【文献别录】

《诸病源候论·脱肛候》："脱肛者，肛门脱出也，多因久痢后大肠虚冷所为。肛门为大肠之候，大肠虚而伤于寒，痢而用气喎，其气下冲，则肛门脱出，因谓脱肛也。"

《医学正传·痔漏》："属气血虚与热，气虚参、芪、升麻、川芎，血虚四物汤，热加黄柏。外以五倍子为末，托而上之，一次未收，至五次、七次必收。"

《临证指南医案·脱肛》："有因酒湿伤脾，色欲伤肾而脱者，有因肾气本虚，关门不固而脱者，有因湿热下坠而脱者，又肛门为大肠之使，大肠受寒受热，皆能脱肛，老人气血已衰，小儿气血未旺，皆易脱肛。"

（伍锐敏　冷方南）

486. 肛　裂

【概念】

肛裂，是指肛管的皮肤全层裂开，久不愈合，形成慢性溃疡的症状，又称肛门裂口。裂口好发于肛管的前后正中，两侧较少，女性及青壮年居多。肛裂常与疼痛、便血症状并见。

本症在早期中医文献中的论述多散见于痔漏之中，如《诸病源候论》曰："肛边生疮，痒而复痛出血者，脉痔也"《疮疡经验全书》称"钩肠痔"，"裂口痔"等，《马氏痔瘘科七十二种》提出"裂肛痔"，后世亦称"裂"或"肛裂"。肛裂久不愈合可在肛缘形成"哨兵痔"，乃是继发症状，与痔的性质不同。

肛门皲裂多发生于肛门皮缘，表浅而疼痛，流血不甚，多能自愈，应加区别。

【鉴别】

常见证候

燥火内结肛裂：肛门裂口新鲜，大便秘结坚硬，便时肛门剧痛，如刀割火灼，便后稍有减轻，继则持续疼痛数小时，甚至整日，鲜血随粪便点滴而下，常因疼痛坐卧不安，心烦意乱，口苦咽干，不敢进食，舌苔黄燥，脉数。

湿热蕴结肛裂：肛门裂口，大便不畅或初硬后溏，便时肛门疼痛，滴血色暗，平时肛门坠胀，时有粘便排出，甚者裂口内有少量脓汁，伴发热恶寒，食欲不振，舌苔黄腻，脉细数。

血虚肠燥肛裂：肛门裂口日久，创面暗红，伴有哨兵痔，便时肛门疼痛，便后出血不多，大便燥结，不易排出，口舌干燥，心烦失眠，午后潮热，舌红，少苔，脉细数。

鉴别分析

燥火内结肛裂：多由感受风火燥热之邪，或嗜食辛甘厚味，以致燥火结于胃肠，灼津伤液，粪便坚硬干结，难于排出，强努则伤损肛门皮肤，形成肛裂。裂口因便秘反复加深，久不愈合，伴剧裂疼痛，鲜血点滴为其特点。治宜泻火清热，润肠通便，方用栀子金花丸。外用祛毒汤坐浴，敷生肌玉红膏。

湿热蕴结肛裂：多由感受湿热，醇酒肥甘，以致湿热蕴结胃肠，下注肛门而成。症见肛门坠痛，流血，裂口有少量脓汁，肛缘常有潮湿感，不时发痒为其特点。治宜清化湿热，润肠通便，方用内疏黄连汤，外用祛毒汤熏洗坐浴，敷生肌玉红膏，或四黄膏。

湿热蕴结肛裂与燥火内结肛裂，二者均有热迫肛门之感。然一为湿热下注，故便带粘液，肛门坠胀；一为燥火内结，故便结而硬，鲜血点滴，疼痛剧烈。

血虚肠燥肛裂：多由老人阴虚，产后血少，或患怒伤肝，气郁化火，血虚生燥，以致津涸肠枯，肛门皮肤失于濡养，便秘燥结，擦破肛管皮肤而成。症见便时疼痛，血不多，大便干结如羊粪，伴口舌干燥，心烦失眠为其特点。治宜凉血养血，润燥通便，方

— 625 —

用麻仁丸，或济川煎，外敷生肌玉红膏。

血虚肠燥肛裂与燥火内结肛裂，二者均有大便干燥秘结。但一为津血衰少，肠道干燥失润，多见于老年人，或产后，属虚证。一为实热燥火，粪块硬结，多见于阳盛之体，属实证。当予分辨。

肛裂一症，总不离燥结二字，临床当辨虚实，不可一概以实证论治。初起若能保持大便通畅，每日熏洗坐浴，外用生肌玉红膏等，多能及时治愈。若反复发作，久不愈合，形成陈旧性创面，或继发皮下肛瘘、哨兵痔及肛门狭窄等，则当采用手术疗法。

【文献别录】

《外科大成·下部后》："钩肠痔：肛门内外有痔，摺缝破烂，便如羊粪，粪后出血，秽臭大痛者……"

《医宗金鉴·外科心法要诀》："肛门围绕，折缝破裂，便结者，火燥也。初俱服止痛如神汤消解之。"

（周济民）

487. 肛　　漏

【概念】

肛漏，又称肛瘘或痔瘘。是指肛门直肠周围痈肿成脓破溃后，创口久不愈合，或愈而复发，形成瘘管，脓血污物不时由瘘口流出，淋漓不断的症状。凡诸疮破溃孔窍不合，内生管道，脓水不断者，皆曰漏。漏可发生在人体许多部位，位于肛门直肠部者，称为肛漏。肛漏一般由内口、管道（瘘管）和外口三部分组成，亦有仅有内口或外口者。内口位于肛门内，多见于肛门后正中齿线处；外口位于肛门周围皮肤上，有一个或多个。

本症首见于《山海经·中山经》："食者不痈，可以为瘘。"《淮南子》、《庄子》、《韩非子》皆称为"瘘"。《周易》则称为"漏"。《内经》则"瘘"、"漏"并用。古人依据本症脓血污水，不时淋漓而下，如破顶之屋，雨水时漏，而命名漏或瘘。长沙马王堆出土的《足臂十一脉灸经》写为"癟"。《神农本草经》称"痔瘘"，《疮疡经验全书》称"漏疮"。肛漏之名则始于清·《外证医案汇编》。民间因此症以肛门孔窍中不时流漏脓血粪水，故称为"偷粪老鼠疮"，考古代文献常将久不愈合的疮疡称"鼠疮"，似同出一源。

本症讨论的是生于肛门直肠周围的漏症，其它部位的漏症非本条讨论范围。但对于肛漏穿阴而形成的肛门阴道漏或肛门尿道漏，因与肛漏关系密切，亦列入本症一并讨论。

【鉴别】

常见证候

实热肛漏：肛门漏管，局部可扪及硬索状物，外口高突，红肿热痛明显，脓汁稠厚腥臭，色黄鲜明，易散易消，发作期常伴形寒发热，口渴舌燥，大便秘结，小便短赤，舌红苔黄，脉洪数。

虚热肛漏：肛门漏管，局部无硬索状物扪及，红肿热痛不甚，脓汁清稀，色如粉浆，臭腥晦暗，淋漓不断，疮口凹陷，常见败絮状物污染皮肤，伴有潮热颧赤，倦怠食少，盗汗或劳咳咯血，舌红少苔，脉象细数。

虚寒肛漏，漏下日久不断，疮口平塌不起，周围皮肤发青，脓水清稀淋漓，不红不热，四周坚硬如石或柔软如绵，全身疲乏无力，少气懒言，面色㿠白，形寒肢冷，舌淡脉虚。

鉴别分析

实热肛漏：多由风热燥火郁结或嗜食醇酒厚味，实热内蕴于广肠肛门周围，形成肛痛，破溃而成。发作时来势急暴，破溃亦速，红肿热痛，脓黄稠厚，发热恶寒，便秘溲赤，是其特点。治宜清泻实热，消痈排脓，方用内疏黄连汤，但要注意勿过施寒凉，致伤元阳，热象退后，即当托里，使疮口渐收，方用黄连闭管丸。

虚热肛漏：多由劳伤忧思，房劳过度，肺痨下传广肠肛门而发。来势缓慢，日久不溃，溃后脓清如米糜粉浆而淋漓不断，疮口长期不收，伴劳嗽咯血，盗汗潮热，脉细数，是其特点。治宜清虚热，滋阴排脓，方用清骨散、知柏地黄丸加象牙粉、穿山甲、全蝎等。

虚寒肛漏：多由漏下日久，损伤气血，误投寒凉，伤及阳气，损及脾胃，致阴寒凝滞广肠肛门而成。漏下经年不断，脓水清冷或粪水相混，四周坚硬如石或按之如绵，形寒肢冷，少气无力，倦怠懒言，是其特点。治宜补益气血，和阴济阳，方用十全大补丸、金匮肾气丸。

肛漏穿肠通阴，形成肛门阴道漏或肛门尿道漏，症见阴道或尿道内有脓水污物排出，尿频、尿急、尿痛，或带下色黄腥臭，当辨明虚实寒热，审证论治。

肛漏的治疗需内外兼治，并施以手术。明《古今医统大全》收载的《永类钤方》肛瘘挂线术，治疗肛漏尤为巧妙而安全，无致大便失禁之弊。

【文献别录】

《诸病源候论》："但瘘病之生，或因寒暑不调，故血气壅结所作，或由饮食乖节，狼鼠之精，入于府藏，毒流经脉，变化而生，皆能使血脉结聚，寒热相交，久则成脓而溃漏也。"

《外科大成》："肾俞漏，生肾俞穴；瓜穰漏，形如出水西瓜穰之类。肾囊漏，漏管通入于囊也。缠肠漏，为其管盘绕于肛门也。屈曲漏，为其管曲屈不直，难以下药至底也。串臀漏、蜂窝漏，二症若皮硬，色黑，必内有重管。虽以挂线依次穿治，未免为多事。通肠漏，惟以此漏挂线易于除根。"

（周济民　李华山）

488. 肛 门 疼 痛

【概念】

肛门疼痛又称肛门痛、魄门痛，是指肛门及其周围以疼痛为主的一种症状。根据疼痛与大便的关系，可分为排便时肛门疼痛与平时肛门疼痛。根据疼痛性质又可分为裂痛、灼痛、胀痛、刺痛、啄痛。多种肛门直肠疾病都可引起肛门疼痛。

本症在《五十二病方》中即有记载。《太平圣惠方》云："治五痔下血疼痛，里急不可忍。"《兰室秘藏》说："治痔疾，若破谓之大漏，大便秘涩，必作大痛。"

【鉴别】

常见证候

实热肛门疼痛：肛门灼痛，遇冷则减，皮色焮红，按之痛剧，伴全身不适，寒热交作，大便秘结，小便短赤，舌红，苔黄腻，脉弦滑数。

湿热肛门疼痛：肛门灼痛或生痛成瘘，里急后重，直肠胀痛或坠胀不适，粪便夹有脓血、粘液，腹泻或便秘，口渴不多饮，苔黄腻，脉滑数。

气滞肛门疼痛：肛门疼痛，多为胀痛，痛有定处或攻窜无常，喜则痛缓怒而则痛甚，舌暗，脉弦。

血瘀肛门疼痛：肛门疼痛剧烈，痛有定处，或如针刺，或血瘀成痔，或结为肿瘤，常伴腹胀不适，消化不良，心情郁闷，下腹胀痛，舌暗红有瘀斑，脉涩。

虚寒肛门疼痛：患处冷痛，皮肤不红不热，或苍白或紫暗，喜温喜按，按之痛减，舌淡，脉细弱。

虚热肛门疼痛：肛门疼痛隐隐，或时轻时重，伴有虚热，或不发热，全身倦怠，或潮热盗汗，舌质红，少苔，脉细数。

鉴别分析

实热肛门疼痛与湿热肛门疼痛：二者皆属实证、热证，由外感风湿燥热之邪，或过食辛辣肥甘醇酒，致实热、或湿热内生，下注肛门，经络阻滞，气血凝聚，不通则痛。实热肛门疼痛，多由外感风热燥火实邪，以肛门灼痛，遇冷则减为其特点，治宜清热解毒，方选黄连解毒汤出入。而湿热肛门疼痛，多由外感湿热之邪，肛门多为坠痛、胀痛，并伴里急后重，大便脓血，胸脘痞闷，口干口苦，舌红苔黄腻，脉滑数等湿热蕴结之候，治宜清热利湿，方选龙胆泻肝汤加减。

气滞肛门疼痛与血瘀肛门疼痛：多由七情郁结，肝气不舒，或寒湿凝滞，气机失调，血瘀不行，停滞郁结于肛门直肠作痛。气滞肛门疼痛，多为胀痛，常随情志变化，治宜疏肝理气，方选逍遥散加减。而血瘀肛门疼痛，多为刺痛，痛有定处而拒按，治宜活血化瘀，方选血府逐瘀汤加减。

虚寒肛门疼痛与虚热肛门疼痛：二者皆为虚证，但寒热迥异，不难鉴别。

总之，肛门疼痛一症，有虚实寒热之辨，气滞血瘀之分。虚证肛门疼痛，多为隐隐作痛，伴有坠胀，而实证肛门疼痛，多为持续性胀痛、刺痛、跳痛、灼痛。气滞者胀痛，痛无定处，血瘀者刺痛，痛有定处。临证之时，结合他症，不难鉴别。

【文献别录】

《诸病源候论·痔病诸候》："肛边生疮，痒而复痛出血者，脉痔也。"

《外科启玄·脏毒痔疮》："钩肠痛似攒"

（李华山）

489. 肛 门 流 脓

【概念】

肛门流脓，是指脓液或脓水、脓血由肛内排出，或由肛周溃口、瘘口溢出。

本症首见于《医宗金鉴》，其曰："破溃而出脓血，黄水浸淫，淋沥久不止者……"。
《疡科选粹》云："痔疮绵延不愈……涓涓流水如甘而稀。"

【鉴别】

常见证候

湿热蕴阻肛门流脓：脓出黄稠臭秽量多，伴有发热，口苦，身重体倦，食欲不振，小便短赤，苔黄或腻，脉弦或数。

气血虚衰肛门流脓：脓出稀薄不臭，或微带臭味，伴有低热，面色萎黄，神疲纳呆，自汗盗汗，舌质淡红，脉濡细。

鉴别分析

湿热蕴阻肛门流脓：多由饮食辛辣肥甘，或外感湿热之邪，湿热毒邪蕴积，气血壅遏，脓成溃破流溢。治宜清热利湿，方选萆薢渗湿汤或龙胆泻肝汤加减。

气血虚衰肛门流脓：多见于素体虚弱，大病久病之后，或脾虚湿阻，下注肛门，浸淫流溢，治宜益气养血，方选八珍汤或十全大补汤加减。

【文献别录】

《医门补要》："盖劳碌忍饥，或负重远行，及病后辛苦太早，皆伤元气，气伤则湿聚，湿聚则生热，热性上炎，湿性下注，渗入大肠而成漏，时流脓水。"

《太平圣惠方·治瘘痔诸方》："夫痔瘘者，由诸痔毒气，结聚肛边，穿穴之后，疮口不合，时有脓血"

《外科大成·下部后》："悬胆痔，生于脏内，悬于肛外，时流脓水。""脏痈痔，肛门肿如馒头，两边合紧，外坚而内溃，脓水常流。"

《奇效良方·肠辟痔漏门》："破溃而出脓血，黄水浸淫。"

（李华山）

490. 肛门瘙痒

【概念】

肛门瘙痒，即肛门周围皮肤顽固瘙痒，经久不愈的症状。

本症在《诸病源候论》中称"谷道痒"、"风痒"，《五十二病方》则称"朐痒"。后世医书称"肛门痒"等。

痔、瘘、肛裂、肛门疮毒、癣、疣、蛔虫、蛲虫等多种疾病都可以继发肛门瘙痒。本条讨论的重点是原发于肛门皮肤的顽固瘙痒症，不包括其它多种疾病继发的肛门瘙痒。

【鉴别】

常见证候

风热郁结肛门瘙痒：肛门瘙痒，灼热坠胀，如火烤虫咬，瘙痒难忍。甚至皮肤抓破出血裂口，心烦如焚，夜不能寐，口苦咽干，便秘溲赤，痛苦不堪，精神不振，焦躁易怒，舌边红苔薄腻，脉微数。

风湿挟热肛门瘙痒：肛门奇痒，渗出潮湿，经活动磨擦则痛更甚，肛门下坠不适，困倦身重，食少腹胀，夜卧不安，舌苔厚腻，脉濡滑。

血虚生风肛门瘙痒：肛门奇痒，皮肤干燥，失去光泽及弹性，皲裂如蛛网，累及阴囊或阴唇，伴有口舌干燥，消瘦，夜不能寐，舌红，脉细数。

鉴别分析

风热郁结肛门瘙痒：多由风邪化热袭肺，肺热下移大肠肛门而成。以肛门瘙痒伴有灼热，如火烤虫咬，心烦如焚，便秘溲赤，口苦咽干为特征。治宜疏风清热，通便泻火，方用龙胆泻肝汤加桑叶、乌稍蛇、苦参、大黄等。

风湿挟热肛门瘙痒：多由风邪挟湿热郁阻肛门皮肤而成。以肛门瘙痒伴有渗出潮湿，肛门下坠不适，困倦身重，舌苔厚腻为特征。治宜疏风清热，健脾除湿，方用消风散加土茯苓、白鲜皮、地肤子等。

血虚生风肛门瘙痒：多由血虚生风化燥，肛门皮肤失养而成。以肛门奇痒无度，心烦不安，皮肤干裂，失去光泽、弹性为特征。治宜养血熄风，滋阴润燥，方用当归饮子，祛风换肌丸。

肛门瘙痒不外乎风，但有风热、风湿、血虚生风之别，临床辨证又需分清虚实，虚者多为阴虚血亏，实者多为风热湿邪郁阻。

【文献别录】

《医宗金鉴·外科心法要诀·臀部》："此症一名风疳，生于臀腿之间，形如黍豆，色红作痒，甚则焮痛，延及谷道，势如火燎。由暑令坐日晒几凳，或久坐阴湿之地，以致暑湿热毒，凝滞肌肉而成。"

（周济民）

491. 肛门重坠

【概念】

肛门重坠，是指患者自觉肛门局部下坠、重坠的一种症状。又名肛门下坠、肛门坠重。轻者只是局部胀满、下坠；重者里急后重，频频蹲厕，但便后重坠依然。

本症与里急后重症状相似，欲便而迫不及待称里急，排便时窘迫而排出不畅谓后重，但里急后重往往发生于大便时，本症为肛门持续坠重，与大便无关。

【鉴别】

常见证候

湿热下注肛门重坠：肛门下坠不适，排便次数增多，泻物色黄而臭或赤白相间，有时则欲便不解，伴胸脘满闷，口干口苦，小便短赤，苔腻微黄，脉滑数。

气滞血瘀肛门重坠：肛门坠胀，疼痛不适，或肛周生痔，按之质硬，大便不畅，有粘液血便，色暗或有血块，舌质紫暗有瘀斑，脉弦或涩。

肝气郁结肛门重坠：肛内胀满下坠，排便不畅，伴有精神抑郁，善疑多虑，或胸脘胁痛，脘腹胀闷，善叹息，口干苦，纳少，或心神不宁，悲忧善哭，苔薄白或黄，脉弦细。

中气下陷肛门重坠：肛门重坠，朝轻暮重，或下腹坠痛，肛门脱出，伴神疲乏力，纳少便溏，舌淡，苔薄，脉细弱。

鉴别分析

湿热下注肛门重坠：多见于久泻久痢之后，或肛肠手术之后，肠道湿热未清，或肛肠积滞，气机不畅，故肛门坠胀，里急后重，便次增多，夹有赤白粘冻。湿热阻滞气机。故胸脘满闷；湿热上蒸，则口干口苦；湿热下注，则小便短赤。舌苔黄腻，脉滑数，亦湿热之象。治宜清热利湿，方选秦艽苍术汤加减。

气滞血瘀肛门重坠：多见于肛肠手术之后，或痔发肿痛，症见肛门坠重。气滞则大便不畅，脉弦；血瘀则便血色暗，或有血块，舌质紫黯，有瘀斑，脉涩。治宜行气活血，方选止痛如神汤，或血府逐瘀汤加减。

肝气郁结肛门重坠：多由郁怒不畅，肝失调达，气失疏泄，而致肝气郁结。情感不遂，肝郁抑脾，营血渐耗，心脉失养，神失所藏，自觉肛门坠胀不适，排便不畅，伴有精神抑郁，胸胁胀满，善叹息等肝气不舒之证。治宜疏肝理气解郁，方选柴胡疏肝散或甘麦大枣汤加味。

中气下陷肛门重坠：多由素体虚弱，或久泻久痢之后，或小儿气血未充，年老气血衰退，以致中气不足，气虚下陷，肛门下坠不适，兼见神疲乏力，纳少便溏，舌淡、苔薄，脉细弱等中气不足之证，治宜补中益气，方选补中益气汤加减。

（李华山）

492. 肛门肿胀

【概念】

肛门肿胀，是指肛门皮肤水肿，或肛门周围所生肿起，患者自觉发胀的一种症状。有的肛门全周肿胀，有的肛门一侧肿胀，多于脱肛不回时发生，或见于痔、漏手术后。

本症与肛门重坠、疼痛常合并发生。

【鉴别】

常见证候

湿热蕴结肛门肿胀：肛门肿胀，皮色发红光亮，灼热疼痛拒按，或粘液渗出，兼见发热，烦闷不安，口干口渴，大便不爽，小便短赤，舌红，苔黄腻，脉濡数。

气滞血瘀肛门肿胀：肛门肿胀，攻窜无常，时作时止，或皮色紫暗，有瘀斑，疼痛如刺，痛处不移，舌质暗红，或有瘀斑，苔薄，脉弦或细涩。

鉴别分析

湿热蕴结肛门肿胀：因湿热下注，经络阻塞，气血凝滞所致，故见肛门肿胀，伴湿热下注之征，如肛门潮湿，粘液渗出，大便不爽，小便短赤，舌红，苔黄腻，脉濡数等。治宜清热利湿，活血消肿，方选止痛如神汤加减。

气滞血瘀肛门肿胀：多见于痔、漏手术后，或肛门肿胀日久，气滞血瘀所致。偏于气滞者以肛门作胀，攻窜无常，时作时止为其特点；偏于血瘀者以肛门水肿，伴有疼痛如刺，固定不移，或肛周皮肤紫暗有瘀斑特征。治宜行气活血，方选血府逐瘀汤，或桃红四物汤加减。

【文献别录】

《外科大成·痔疮》："气壮痔，肛门侧边有形无痔，遇劳苦气怒酒色则发，发则肿胀形若桃核。"

（李华山）

493. 肛周痈肿

【概念】

肛周痈肿，简称肛痈。是指肛门直肠周围热毒蕴积，形成脓肿，甚致溃而成漏的症状。

《灵枢·痈疽》将肛痈称为"锐疽"，《疮疡经验全书》称为"脏毒"、"穿裆发"，《医宗金鉴》分为"坐马痈"、"下马痈"、"上马痈"等，《外科正宗》谓之"悬痈"。

痈者壅也。毒气壅结于人体内外皆可成痈。本症讨论的是毒气壅结肛门直肠周围形成的痈肿，发生在其它部位的痈肿及肛门周围的疖疮、疔疮等非本症讨论的范围。

【鉴别】

常见证候

实热蕴积肛周痈肿：发病急聚，肛周突然出现形如桃李的肿物，红肿热痛，拒按，继则迅速肿胀突起，多数5～7日成脓，自溃或切开后脓多稠厚，色呈黄绿，夹有血液，伴有发热恶寒，大便秘结，小便短赤，口渴喜饮，舌红苔黄，脉滑数洪大。

虚热结聚肛周痈肿：起病缓慢，病程迁延，肛周肿物红肿不甚，疼痛轻微，稍有低热，约经10～30余日成脓，自溃或切开后脓清色白，晦暗臭腥，如米粥粉浆，淋漓不断，夹有败絮状物，疮口平塌，伴有潮热盗汗，疲倦食少，劳嗽咯血，脉细数无力。

寒邪凝滞肛周痈肿：起病经年累月，肛周肿物形成缓慢，不红不热，按之坚硬如石，自溃后脓清如污水，不时而下，伴有形寒肢冷，倦怠食少，少气懒言，脉沉紧。

鉴别分析

实热蕴结肛周痈肿与虚热结聚肛周痈肿：实热蕴结者，多由感受风火湿热毒气，醇酒厚味，致实热蕴结肛门直肠周围而成。其特点是：起病急，来势凶猛，肿胀高突，焮红剧痛，成脓速，溃后易散，脓汁稠厚色黄绿，便秘溲赤，寒热交作，舌红苔黄，脉滑数洪大。治宜清泻实热毒气，初起宜宣散，求其内消，内服内消散、双解复生散，外敷如意金黄散，并用艾柱内灸。成脓当托里透脓，使热毒随脓血外泄，不可包脓养疮，致毒气攻心，内服透脓散、托里消毒散，外敷太乙膏。一旦脓成，按之波动明显，则当施以刀针，切开排脓。而虚热结聚肛周痈肿，多由肺痨日久，下传肛门直肠周围，或房劳过度，肝肾阴亏，思虑忧郁，伤及心脾，致热毒乘虚结聚肛周而成。起病缓，病程长，疡肿不高，皮红不著，疼痛不剧，发热不甚，脓成迟，溃后脓清稀色白，如米粥粉浆，潮热盗汗，痨嗽咯血，消瘦颧赤，脉细数是其特点。治宜清虚热，散毒气，固肺肾。脓未成当托里透脓，内服托里消毒散，外敷太乙膏。脓已成当切开排脓，兼服清骨散、知柏地黄丸之类，养阴固本。

寒邪凝滞肛周痈肿：多由忧伤脾，房劳伤肾，先致元阳受损，寒邪阴毒凝滞肛周而成。发病经年累月，肿物形成缓慢，不红不热，按之坚硬如石，溃后脓清如污水，形寒肢冷，倦怠少气，脉沉紧是其特点。治宜祛寒散结，温阳固本，内服阳和汤，外用桂麝散。

总之，肛周痈肿由热毒邪气所致者临床多见。亦有因寒邪阴毒凝滞而成者。实热、寒邪凝滞迁延日久，可由实转虚，而成虚热、虚寒之证。

【文献别录】

《奇效良方》："若夫肠头成块者，湿也。作痛者，风也。脓血溃出者，热盛血腐也。溃成黄水者，湿热风燥也。大便闭作大痛者，风热淤滞，气逼大肠而作也。"

《外科正宗·卷三·脏毒论》："初起肿痛，红色光亮，疼痛有时，肛门不坠，便和者易。已成焮赤肿痛，发热不渴，小便不数，展转自便者顺。已溃脓稠，色鲜不臭，焮肿渐消，疼痛渐减，能食者顺。溃后脓水渐止，新肉易生，不疼多痒，疮口易开者顺。初起坚硬漫肿，内脏闭痛，小便频数，大便秘结者险。已成疼痛日甚，肿连小腹，肛门闭紧，下气不通者重。已溃臭水淋漓，疼痛不减，肿仍不消，身热唇焦者逆。"

（周济民　李华山）

494. 肛周疮毒

【概念】

肛周疮毒，是指肛门附近肿溃疮疡之症状。

本症在古医籍中因肿溃部位不同，记载的症名颇多，如生于肛门内外的肛门痈，称脏毒、偷粪鼠、盘肛痈；生于会阴穴的称悬痈；生于尾脊穴高骨上的称鹳口疽；生于尾骨略上部位的称坐马痈；生于肾囊两旁，大腿根近股缝的称跨马痈等。这些病症，在病因、证治方面大致相似，且溃后久不收口，均能成漏或虽敛易于复发。肛漏证治参见肛漏条。

【鉴别】

常见证候

热毒湿注肛周疮毒：患部结肿局限，高突，焮红疼痛，形如桃李，按之可觉肤热明显，约5~7天成脓。溃后脓出黄绿稠厚臭秽，疮口形凸而实。全身可见寒热交作，大便秘结，小溲短赤，苔黄腻，脉弦滑而数。

肺脾肾虚肛周疮毒：患部结肿平塌，皮色暗红或不红，按之不热，疼痛轻微，约10~20天成脓。溃后脓出淡白稀薄不臭，疮口凹陷而呈空壳状。一般身不发热，或略有虚热，苔薄腻，脉弦细，或濡缓。如属肺虚者，兼见咳嗽咯血，骨蒸盗汗；脾虚者，兼见神疲纳呆，大便溏薄；肾虚者，兼见腰痛遗精，耳鸣失寐等。

鉴别分析

热毒湿注肛周疮毒与肺脾肾虚肛周疮毒：均由湿热下注所致，肛门为足太阳膀胱经所主，湿邪热毒易聚于膀胱，病发于肛周，但二者有实虚之分。热毒湿注肛周疮毒多因醇酒厚味，湿浊不化，以致经络阻隔，瘀血凝滞而生，或由内痔、肛裂诱发，乃实热之证。辨证要点：患部结肿局限，高突，焮红疼痛，按之肤热，约5~7天成脓。溃后脓出黄绿稠厚臭秽，疮口呈凸形而结实，全身可见寒热交作，便秘溲赤等。治宜清热利湿，凉血解毒，未溃可用凉血地黄汤去升麻、荆芥，合三妙丸。溃后可用外治，脓多者用五五丹药条引流。肺脾肾虚肛周疮毒，多因肺脾肾亏，湿热乘虚下注，以致经络阻隔，瘀血凝滞而成，或因麻疹、伤寒病后并发，乃虚热之证。辨证要点：患部结肿平塌，皮色暗红或不红，触之不热，疼痛轻微，约10~20天成脓。溃后脓出淡白稀薄不臭，疮口凹陷而呈空壳状，一般身不发热或略有虚热。治宜滋阴利湿，兼清虚热，可用滋阴除湿汤。若肺虚者，加沙参、麦冬；脾虚者，加龟板，鳖甲。溃后治宜补益气血，可用八珍汤。

【文献别录】

《外科大成·鹳口疽》："生于尻尾高骨尖处，一名锐疽。《灵枢》云，发于尻，初如鱼肫，久若鹳嘴，由督脉经湿痰流结所致。朝寒暮热，夜重日轻，溃出稀脓，或流鲜血，少壮尤可，老弱难医。"

（陈淑长）

495．肛门生痔

【概念】

肛门生痔，是指直肠末端与肛门处血脉瘀结，形成小肉突起，伴有出血、疼痛、脱出的症状。

《医学纲目·痔漏》谓："如大泽之中有小山突出为痔。人于九窍中，凡有小肉突出皆曰痔，不独于肛门边生也。"故有鼻痔、耳痔等数种。本条讨论的是生于肛门直肠末端的痔。

【鉴别】

常见证候

风火燥结肛门生痔：便时有物脱出肛边，滴血或血流如箭，大便干燥秘结，数日一行，形如羊粪，排出困难，伴有口舌干燥，心烦头昏，腹胀不适，小便短赤，舌红少津，苔黄燥，脉浮数或洪。

湿热蕴结肛门生痔：便时有物脱出，滴血，肛门坠胀或灼热，大便排出不畅，里急后重，常伴腹胀纳呆，身重困倦，舌红苔黄腻，脉滑数。

气血瘀结肛门生痔：便时有物脱出，出血较多，肛门坠痛，内外痔块混合肿大，大便排出困难，不易排净，腹胀，舌质紫黯，脉弦。

气虚下陷肛门生痔：便时有物脱出，便后需用手送还，出血时出时止，肛门下坠，大便排出无力，伴有气短倦怠，食少懒言，面色㿠白，舌淡苔白，脉虚。

鉴别分析

风火燥结肛门生痔：多由感受风火燥热之邪，结于直肠肛门而成。故生痔后出血较多，常见滴血或射血，易于肿胀热痛，大便燥结。张仲景说："有热者必痔"，即指此类。治宜疏风泻火，润燥凉血，方尾防风秦艽汤，肿胀热痛时，可用止痛如神汤。

湿热蕴结肛门生痔：多由饮食不节，多食厚味，醇酒辛辣，致湿热内生，蕴结大肠，血脉失调，瘀结为痔。故《素问·生气通天论》说："因而饱食，筋脉横解，肠澼为痔。"痔发之后，肛门坠胀或灼热，脱出，流血，大便排出不畅，常有后坠感，腹胀纳呆，身重困倦，舌红苔黄腻，脉滑数，是其特点。治宜清热利湿，祛瘀消结，方用槐角丸、脏连丸、赤小豆当归散。热重于湿，肛门灼热疼痛者，已字汤颇有良效。

气血瘀结肛门生痔：多由久坐久站，负重远行，妇女妊娠后子宫压迫直肠肛门，或肝气郁结，致直肠肛门部气血瘀结，突起成痔。正如《外科正宗》所说："夫痔者，乃素积湿热，过食炙煿，或因久坐而血脉不行，又因七情而过伤生冷，以及担轻负重，竭力远行，气血纵横，经络交错，又或酒色过度，脾胃受伤，以致浊气瘀血，流注肛门，俱能发痔。"其特点是，常见于久坐久站之人，肛门直肠部内外痔混合，肿块较大，或有血栓形成，疼痛剧烈，伴腹满胀痛，舌质紫黯等。治宜理气活血，消肿化瘀，方用凉血地黄汤、桃核承气汤。

气虚下陷肛门生痔：多由出血日久，伤及气血，久泻久痢，损及脾胃，房劳过度，耗其肾气，以及年老体弱，中气不足，不能固摄，致肛门生痔。其特点是劳累或便后痔即脱出，需用手托送方可还纳，流血时作时止，日久则气亏血弱，面色无华，气短懒言，四肢无力，舌淡脉虚。治宜益气养血，固摄脾肾，方用提肛散、黄土汤、补中益气汤。

痔的分类繁多，各据临床所见而命名。《五十二病方》分"牡痔"、"牝痔"、"脉痔"、"血痔"。《诸病源候论》分"牡痔"、"牝痔"、"脉痔"、"血痔"、"肠痔"。《外台秘要》归纳为外痔、内痔二种。后世则有二十五痔，七十二痔等名目。临床应辨证论治。因于风火燥结者，宣散泻火；因于湿热蕴结者，疏利湿热；因于气血瘀结者，活血化瘀；因于气虚下陷者，补中升提。对出血、脱出严重者，又当内外兼治，施以枯痔、结扎、消痔手术，方可断根。

痔脱出与直肠脱出常被混淆而统称为脱肛。但痔脱出乃血脉瘀结而成的瘤体脱出，而直肠脱出则是直肠粘膜或直肠本身的脱出。必须细心观察，加以区别。

【文献别录】

《奇效良方·肠癖痔漏门》："且夫痔与漏，初致之由虽同，所患之病实异。初生肛边，成后不破者曰痔。破溃而出脓血，黄水浸淫，淋沥久不止者，曰漏也。"

《普济方·痔漏门》："盖热则血伤，血伤则经滞，经滞则气不周行，气与血俱滞，乘虚而坠入大肠，此其所以为痔也。"

（周济民　李华山）

496. 肛 门 生 疣

【概念】

肛门生疣，是指生于肛门部的小赘生物，呈淡红色或污灰色，小如黍米，大如拳头，表面光滑或粗糙，形如帽针尖式花蕊状。又称"疣目"、"臊疣"、或"鼠乳痔"。

《五十二病方》已有"疣"的记载。《灵枢·经脉》中称"虚则生疣"。

【鉴别】

常见证候

湿热下注：肛门潮湿，疣赘表面糜烂，渗液较多，味臭，疣基底部潮红，大便粘滞不爽，舌质淡，苔腻，脉滑数。

风热郁毒：肛门痒痛剧烈，疣赘暗红色，有脓性分泌物，遇热加重，舌红苔黄，脉数。

肝郁血虚：肛门疣赘呈淡灰色，痒甚，夜间尤重，心烦口苦，胁胀，肌肤干燥，女子月经不调，男子寐少，脉弦细。

气滞血瘀：患部疣赘丛生，色红，刺痛，时有瘙痒，妇女经闭、痛经，舌质黯红或有瘀斑瘀点，脉涩。

肝肾阴虚：肛门皮肤干燥，疣赘干瘪，头晕目眩，腰膝痠软，五心烦热，舌红少苔，脉细数。

鉴别分析

湿热下注生疣：多由饮食不节，湿热内生，侵及肠胃，湿性重浊，流注肛门，浸淫皮肤而成，以患部糜烂、渗液多，大便粘滞，舌苔黄腻为其特点。治宜清热利湿，祛风止痛，方选普济消毒饮加减。

风热郁毒生疣：多因素体虚弱，腠理不严，风热之邪外客，久则化毒，热毒搏于经络而生疣。以患部痒痛，脓性分泌物，遇热加重，舌红，苔黄，脉数为特征。治宜清热解毒，疏风止痒，方选凉血消风散加减。

肝郁血虚生疣：多因情志不舒，肝气郁结，复因血虚，气郁血虚，搏于腠理而生疣。故以疣赘夜间痒甚，心烦口苦，胁胀，肌肤干燥，脉弦细为辨证要点。治宜疏肝敛阴，养血消风，方选逍遥散加减。

气滞血瘀生疣：因风热毒邪侵袭，或因湿热之邪下注，或因肝郁血虚，气机受阻，血行不畅，气滞血瘀，结于局部而生疣。以疣赘丛生，刺痛，舌有瘀斑，脉涩为其特点。治宜活血化瘀，行气止痛，方选血府逐瘀汤加减。

肝肾阴虚生疣：疣赘日久不愈，伤及气血，损及肝肾阴血而致肝肾阴虚，症见疣形干瘪，皮肤干燥，腰膝痠软，脉细数为其特点。治宜滋补肝肾，养阴润燥，方选杞菊地黄丸加减。

本症的辨证，首辨虚实。形体健壮，大便秘结，小便短赤，肛门痒痛，脉弦数者为实证。形体瘦弱，面色无华，短气少苔，病程绵长，脉细沉者为虚证，其次辨其形症，包括辨肛门潮湿与辨疣赘。肛门局部潮湿，分泌物多者为湿热下注；局部干涩，分泌物少者多为血虚；疣赘潮湿，表面有糜烂及渗液，多为湿热；疣赘干燥，色苍白，多为肝肾阴虚；疣赘暗红，底部潮红，伴有糜烂、肛门痒痛，多为风热郁毒。

【文献别录】

《外科正宗》："枯筋箭，乃忧郁伤肝，肝失荣养，以至筋气外发。初起如赤豆大，枯点微高，日久破裂，攒出筋头，蓬松枯槁……宜用丝线齐根系紧，七日后其患自落，以珍珠散掺之，其疮自收。"

（李华山）

497. 直 肠 息 肉

【概念】

直肠息肉是直肠粘膜或粘膜下腺体局限性增生而形成的赘生物。一般把单个发生的息肉称为单发息肉；散在发生的少量息肉称为多发性息肉；许多息肉积聚在一起或布满直、结肠，甚至波及小肠者，称为息肉病。古代医家把能脱出肛门外的息肉又称为"息肉痔"、"樱桃痔"等。

《灵枢·水胀》最早提出了息肉的命名："寒气客于肠外，与卫气相搏，气不得荣，因有所系，癖而内著，恶气乃起，息肉乃生。"《疮疡经验全书·痔漏症并图说》曰："樱桃痔，形如樱。”《外科启玄·脏毒痔疮漏疮》中载有"垂珠痔"。《外科大成·下部后》称"悬胆痔"。《说文解字》曰："息，寄肉也。"寄居在人体组织上的多出肿物就是息肉。直肠息肉多数发生于直肠，也可发生在乙状结肠或整个大肠，甚至漫及全消化道。

【鉴别】

常见证候

寒湿内生直肠息肉：大便时肛门内有息肉样肿物脱出，或镜检时可见直肠粘膜上有大小不等，数目不定之息肉，有蒂或无蒂，表面光滑，伴肛门坠胀不适，大便溏薄或呈粘液便，色如蛋清，食少乏力，腹痛隐隐，痛后即泻，泻后痛减，舌质淡，苔薄白，脉沉迟。

湿热下注直肠息肉：大便时肛门内有息肉样肿物脱出，或镜下可见直肠息肉，有蒂或无蒂，表面暗红，附有血液或粘液，息肉组织松脆，大便常带脓血色暗晦，里急后重，大便不爽，舌质红，苔黄腻，脉滑数。

鉴别分析

寒湿内生直肠息肉：因寒气客于肠外，或脾气内虚，寒湿内生，瘀结肠道，治宜祛寒利湿，化瘀散结，方用理中汤合痛泻要方加减。

湿热下注直肠息肉：因湿热下迫大肠，以致肠道气机不利，日久经络阻滞，瘀血浊气凝聚而成。治宜清热利湿，软坚散结，方用白头翁汤合赤石脂禹余粮汤加减。

【文献别录】

《外科大成·下部后》："悬胆痔，生于脏内，悬于肛外，时流脓水，便痛出血……"

《医宗金鉴·外科心法要诀》："顶大蒂小者，用药线勒广痔根，每日紧线，其痔枯落随以月白珍珠散撒之收口；亦有顶小蒂大者，用枯痔散枯之。"

（李华山）

498.大便变形

【概念】

大便变形，是指大便形状发生改变，变细变扁而言。常与大便艰难，肛门直肠狭窄并见。大便艰难是指患者排便困难，努挣方出，属自觉症状，大便形状未必发生改变，而肛门狭窄则是指医者检查时所见，肛门直肠窄小，通过困难，属他觉症状，必伴有大便形状的改变。

【鉴别】

常见证候

湿热蕴结大便变形：大便变形，成形大便时细或扁，肛门坚硬如石，或大便粘液脓血，里急后重，肛门坠胀，便意频繁，伴脘腹胀满，纳差食少，舌质红，苔黄或腻，脉滑数。

气血两虚大便变形：大便细或扁，排便困难，或大便次数多，形如果酱，肛门下坠，伴形体消瘦，周身困乏，面色黄白，心悸气短，食少纳呆，舌质淡，苔白，脉细弱。

鉴别分析

湿热蕴结大便变形：多因饮食不节，过食辛燥而酿生湿热，或外感六淫，湿热邪毒壅积，而致经络阻塞，气滞血瘀。以大便变形，肛门坚硬如石，或大便粘液脓血，其味腥臭，伴里急后重，肛门坠胀，脘腹胀满，舌红，苔黄腻，脉滑数为特征，治宜清热利湿，解毒化瘀。方用白头翁汤加减。

气血两虚大便变形：因忧思郁结，七情内伤日久，耗伤气血，肛肠失养。大便细或扁，排便困难，或大便次数多，形如果酱，肛门下坠，伴形体消瘦，周身困乏，舌淡，苔白，脉细弱。治宜益气养血。方用八珍汤或保元汤加减。

【文献别录】

《外科大成·痔漏》："锁肛痔，肛门内外如竹节紧锁，形如海蜇，里急后重，便粪细而带扁。"

（李华山）

六、皮肤科症状

499.头皮脱屑

【概念】

头皮脱屑，是指头皮上脱落皮肤残片而言。其状如糠秕，干燥或油腻，弥漫散在，脱而又生。

《外科正宗·白屑风》说："白屑风多生于头、面、耳、项发中，初起微痒，久则渐生白屑，叠叠飞起，脱之又生。"白屑风是一种病，包含本症在内。

头皮水疱或脓疱溃破后形成的痂皮脱屑，与本症迥然有别；正常人头皮有少量细碎脱屑，俗称"脱头皮"，属生理现象。均不在本条讨论范围。

【鉴别】

常见证候

风热化燥头皮脱屑：头皮脱落灰白色糠秕状干燥脱屑，脱屑处皮肤有圆形或椭圆形斑片，表面呈淡红色或白色。常伴有身热不适，头皮痒，口干舌燥等轻微全身症状，苔薄微黄，脉浮或微数。

湿热生风头皮脱屑：头皮脱落细薄油腻皮屑，粘着发间，脱屑处皮肤有边界不清的红斑，头发光亮油腻。常伴有口干粘而不欲饮，小便短赤等，苔白腻，脉滑或微数。

血热化燥头皮脱屑：脱屑堆叠，脱屑处皮肤潮红，搔之有血渍，头皮瘙痒。兼有口干欲饮，大便干燥，小便黄，舌质红，苔薄黄或少苔少津，脉弦数。

毒邪浸淫头皮脱屑：脱屑细小，色灰白，头皮奇痒，头发干燥易折，脱屑处皮肤有鲜红的圆形斑块。本症多见于儿童，很少伴有全身症状。

鉴别分析

风热化燥头皮脱屑与湿热生风头皮脱屑：前者由于肌热当风，风邪侵入，郁久化燥所致。脱下的皮屑干燥细碎，头发亦干燥易落，常伴有身热等轻微的全身症状。后者由于内蕴湿热，久郁生风发于头皮所致。脱下的皮屑油腻细薄，头发光亮，头发易落，头油较多，伴有口中粘腻，小便黄等湿热症状。风热化燥头皮脱屑，治宜疏风润燥法，可选消风散化裁；湿热生风头皮脱屑，法宜祛湿清热驱风法，常用升降散与龙胆泻肝汤化裁。

血热化燥头皮脱屑与毒邪浸淫头皮脱屑：前者常见于阳热偏盛之体，营血伏热，热邪耗阴伤血，化燥生风，因而脱屑。临床特点为脱屑堆叠，脱之又生，皮肤潮红，头皮搔痒，舌红，苔黄，脉弦滑。后者多见于儿童，由于毒邪侵入毛孔，侵蚀皮肤所致。临床特点为皮屑细小灰白色，头发干燥易折断，头皮奇痒，很少有全身症状。血热化燥头皮脱屑，治以凉血润燥法，常用凉血四物汤加味；毒邪浸淫头皮脱屑，治以祛风解毒法，常用祛风换肌丸内服，外用一扫光涂之。

头皮脱屑多属实证、热证。其中风热化燥脱屑及毒邪浸淫脱屑主要是感受六淫邪气所致，湿热生风脱屑及血热化燥脱屑主要是体内脏腑气血功能失调引起，因此在治疗上，前二者以祛邪为主，后二者以调理脏腑气血功能为主。

【文献别录】

《医宗金鉴·外科心法要诀·头部》："此证初生发内，延及面目、耳项燥痒，日久飞起白屑，脱去又生。由肌热当风，风邪侵入毛孔，郁久燥血，肌肤失养，化成燥证也"。

（李　林）

500．头面瘙痒

【概念】

头面瘙痒是指皮肤痒感局限于头、面、颈部，初起并无原发皮损。

头面瘙痒是一个症状，古代医籍中记载的"白屑风"、"油风"、"面游风"等疾病均包括本症。

另有"身痒"、"风瘙痒"等症与头部瘙痒的发病部位，病因病机均不同，应予以鉴别。

【鉴别】

常见证候

风热上扰头面瘙痒：头面颈部痒若虫行，抓破结痂，或见细碎白屑。自觉头面部灼热，口干，无明显全身症状。舌质淡红苔薄白，脉浮数。

血热风燥头面瘙痒：瘙痒局限于头皮，伴有毛发干焦，成片脱落。心烦口渴，失眠。舌质红苔薄黄，脉弦数。

虫毒侵袭头面瘙痒：多见于儿童，头皮瘙痒无度，搔抓后兼见粟疹血痂，头皮上可见针尖大小白色虫卵。多无全身症状。舌质淡红苔薄白，脉平或数。

鉴别分析

风热上扰头面瘙痒与血热风燥头部瘙痒：均与风邪相关。风性主动，善行数变，易侵犯上部和肌表。前者为劳作后头面汗出，腠理开泄，风邪乘虚而入，蕴热于肌肤。所以头面颈部瘙痒阵作，如虫行其间；风盛则燥，故见头皮细碎鳞屑；后者多少壮之体，素体内热，伏于营血，血热生风化燥，头皮失养，则瘙痒不止，毛发干焦，成片脱落，心火亢盛则心烦口渴，失眠，舌质红苔薄黄、脉弦数。风热上扰头部瘙痒，治宜疏风清热法，方用消风散化裁；血热风燥头部瘙痒，治宜凉血疏风润燥法，方选神应养真丹化裁。

虫毒侵袭头面瘙痒：与毒邪相关。小儿机体卫外不固，腠理不密，加之起居不洁，蕴酿虫毒，袭扰头皮。本症特点为头皮奇痒无比，头发上能找到白色虫卵及黑色虫体。治宜杀虫解毒止痒法，一般以外治法为主，先剪掉头发，再用百部、明矾煎汤外洗即可除病。

以上三证，均为实证。若久病未治，可演变为虚证。

【文献别录】

《医宗金鉴·外科心法要诀·白屑风》："此证初生发内，延及面目，耳项燥痒，日久飞起白屑，脱去又生。由肌热当风，风邪侵入毛孔，郁久燥血肌肤失养，化成燥证也。"

（刘瓦利）

501. 头 白 秃

【概念】

头白秃，是指头皮生长白痂，久则毛发折断或脱落的症状。

历代文献有"白秃疮"、"癞头疮"、"白鬎鬁"等名称。

【鉴别】

常见证候

风热挟毒头白秃：初起头皮生有灰白色脱屑斑，小者如豆，大者如钱，日久蔓延扩大成片，毛发干枯断折，参差不齐，易于拔掉而不痛，毛发根部有白色鞘围绕，自觉搔痒，多发于儿童，成年后可自愈，新发可再生，不留疤痕。

湿热挟毒头白秃：初起在毛发根部起小丘疹或小脓疱，溢黄水，形成碟形黄痂，边缘翘起，中央凹下，中心贯穿头发，有鼠臭味，黄痂脱落后留小疤，疤上呈永久性脱发，好发儿童，亦可发于成人。

鉴别分析

风热挟毒头白秃与湿热挟毒头白秃：虽均与毒邪有关，但前者以风热为主，多因腠理开泄，感染风热毒邪，结聚不散以致气血不调，皮肤毛发失养而成，皮疹表面为灰白色脱屑斑，日久融合成片，无碟形黄痂，毛发干枯，有断发，毛发根部有白色鞘围绕，愈合不留疤痕。而后者以湿热为主，多因胎毒湿热上袭或脾胃湿热蕴蒸，上攻头皮所致，皮疹表面有碟形黄痂，中央凹下，贯穿毛发，有鼠臭味，黄痂脱落后，毛发脱落，头皮发亮，呈永久性瘢痕。前者治宜疏风清热，内服防风通圣丸，外用雄黄膏，雄柳膏。后者一般不须内服药物，局部用雄黄膏，雄柳膏，即可治愈。

总之，二者虽均属热毒而致，然风热挟毒头白秃色白无气味，毛发只有折断而无脱发，一般到成年时多可自愈。湿热挟毒头白秃，色黄而有臭味，愈后留永久性瘢痕，亦可发于成人。

【文献别录】

《外科大成·秃疮》："秃疮生白痂成个而不相连。若癞疮则生黄痂成片有脓为异耳。夫头为诸阳之首，而疮亦属火，乃二阳相灼所致"。

（钱文燕　张志礼）

502. 毛 发 变 异

【概念】

毛发变异，是指毛发的色泽、形态发生异常变化而言，如发白、发黄、毛发焦枯等。

本症在古典医籍中每有记载，诸如"发鬓颁白"（《素问·上古天真论》）、"鬓色不泽"、"发无泽"、"毛焦"（《灵枢·经脉》）、"白发"、"发黄"、"须黄"（《诸病源候论·毛发病诸候》）等。为了便于临证鉴别，将其归于一处，统称"毛发变异"。

毛发变异是一种病理表现。若因年龄或种族关系而见的白发、黄发、卷发等属生理现象，不属本文讨论范围。

【鉴别】

常见证候

精血亏虚毛发变异：多见于中壮年人。临床表现为须发细弱，枯黄不泽，头顶及两鬓部日渐稀落，兼见头晕目花，面色憔悴，腰膝酸软，手足心热，或有盗汗、遗精，女子月经不调，舌红少苔，脉虚细数。

气血两虚毛发变异：多见于久病或产后。临床表现为毛发苍白或萎黄，干燥易折，头发均匀稀疏脱落，小儿毛发焦悴黄软蓬乱，伴有面唇苍白，心悸，少气乏力，语音低微，纳呆，消瘦，舌淡红，苔少，脉细弱。

血热化燥毛发变异：多见于青少年。临床表现为头发早白，散在于黑发之中，或一束白发日渐增多，一般无明显自觉症状，舌尖红，苔薄黄，脉弦数。

鉴别分析

精血亏虚毛发变异与气血两虚毛发变异：这二种毛发变异与精、气、血有着密切关系。肝藏血，肾藏精，精血互生，肝肾相互滋养。若久病营阴内耗，肝血不足，或房劳过度，肾精亏损，均可导致肝肾阴虚，精血亏损，不能荣养滋润，故引起毛发变异。若因饮食调摄不周，损伤脾胃，以致气血化生不足，或久病耗伤气血，或产后失血过多，亦可使气血虚弱不能养发，而引起毛发变异。鉴别要点为：这二种毛发有变白、发黄、焦枯等共同点。然前者毛发变异多从根部开始，无断发现象，且多从头顶或两鬓部发生，并伴有肝肾阴虚脉症，后者毛发变异常从末端开始，毛发稀疏，毛糙而有分叉，干燥易折，兼见气血虚弱脉症。精血亏虚毛发变异，治以滋补肝肾之法，可选用首乌延寿丹，若因房劳过度所致者，可试服还元秋石丸。气血两虚毛发变异，治以补益气血之法，常服方如八珍汤，十全大补丸，亦可内服四物坎离丸。若鬓发黄燥或黄白不泽者，可选用菊花散洗之，巫云散涂之。

血热化燥毛发变异：青少年血气方刚，阳热偏颇，热盛燥血伤营，毛发不得充养，故发早白。证候特点为：发白而不细软，成束发生，或夹杂于黑发之中，末端无分叉，舌质红，脉弦数。治以凉血清热法，可服乌发丸等。

上述三证，前二证属虚，宜滋补，后者属实当清凉。《医学入门》指出："乌须必因证用药，若不顾脏腑，专务须发而妄投丸散，是剖腹而藏珠也。"这对本症的辨证论治具有一定的指导意义。本症病因复杂，治疗方法虽多，但收效缓慢。特别是"少白头"，往往无任何全身症状，治疗更为棘手，值得我们深入研究。

【文献别录】

《灵枢·经脉》："手太阴气绝则皮毛焦，太阴者，行气温于皮毛者也，故气不荣则皮毛焦，皮毛焦则津液去皮节，津液去皮节者则爪枯毛折，……手少阴气绝则脉不通，脉不通则血不流，血不流则髦色不泽……。"

《诸病源候论·毛发病诸候》："足少阴肾之经也，肾主骨髓，其华在发。若血气盛，则肾气强，肾气强则骨髓充满，故发润而黑；若血气虚，则肾气弱，肾气弱则骨髓枯竭，故发变白也。……足少阴之经血，外养于发，血气盛，发则润黑；虚竭者，不能荣发，故令发变黄。……足少阳之经血，外荣于须，血气盛，须则美而长；若虚少不足，不能荣润于外，故令须黄。"

（李　林）

503. 脱　　发

【概念】

脱发，在《内经》中称为"发堕"。《诸病源候论》依据临床表现，辟为二候：须发秃落候和鬼舐头候；同时另列赤秃、白秃所致脱发，以资鉴别。明清医家对片状脱发，称为"油风"，设有专条论述，为后世防治本症提供了宝贵经验。

临床观察，脱发一症可见于多种疾病，本文专就以脱发为主症者进行讨论，其它疾病所致的脱发不予论述。

【鉴别】

常见证候

血热生风脱发：头发突然成片脱落，头皮光亮，局部微痒，一般无全身症状，或见心烦口渴，便秘溲黄，舌红，苔薄黄，脉弦滑数。

阴血亏虚脱发：头发油亮光泽屑多，经常脱落，日久头顶或两额角处逐渐稀疏，头痒，或兼有耳鸣，腰痠肢乏，舌红，苔少，脉细数。

气血两虚脱发：头发细软干燥少华，头发呈均匀脱落，日渐稀疏，少气乏力，语声低微，面色苍白，心悸怔忡，肢体麻木，舌质淡，少苔，脉细弱。

瘀血阻滞脱发：头发部分或全部脱落，或须眉俱落，日久不长，常有头痛，口渴漱水不欲咽，面色晦暗，口唇红紫，舌质黯有瘀斑，脉细涩。

鉴别分析

血热生风脱发：多因精神刺激，心绪烦扰，心火亢盛，血热生风，风动发落。辨证要点为：起病突然，呈圆形或椭圆形脱落，头皮光亮无自觉症状，并见舌红，脉弦滑等。治疗以凉血清热消风为法，方选乌发丸，或酌情加生地、丹皮等药。

阴血亏虚脱发与气血两虚脱发：这两种脱发均属虚证，临床上需仔细分辨。从病因而论，阴血亏虚脱发，多因肝肾虚亏，阴血不足；发为血之余，血虚不能荣养毛发则脱落；或因肌肤腠理不密，汗出当风，风邪乘虚而入，风盛血燥，发失所养而脱落。气血两虚脱发，由于久病或产后等原因，气血渐虚，不能荣润，故须发脱落。从临床表现来比较：①毛发的性状均纤细柔弱，阴血亏损者毛发油亮光泽明显，无断发现象；气血两虚者毛发干焦无泽，常有断发残存。②脱发的部位，阴血亏虚者，多发生在头顶或两额角，头皮油脂多，或脱屑发痒；气血两虚者，全头皮毛发稀疏散在，偶见经常磨擦处如枕后部位头发脱失显著。③均发病缓慢，病程较长。阴血亏损者，多见于壮年人，经常脱发，渐成秃顶；气血两虚者，可见于任何年龄，每于久病或产后开始脱发，日渐稀疏。④阴血亏损脱发，常有头皮痒；气血两虚脱发，无自觉症状。有的患者亦会出现各种兼症，可以帮助辨证。如头晕耳鸣，腰疫肢乏，舌红苔净，脉细数等为肝肾虚弱、阴血亏损；若面无华色，心悸气短，舌淡苔少，脉细弱属气血两虚。从治疗来说，阴血亏虚脱发以滋补肝肾、养血祛风为大法，方选神应养真丹加减；气血两虚脱发治宜大补气血，酌情选用人参养荣丸、十全大补汤、补中益气汤、八珍益母丸等。

瘀血阻滞脱发：由于瘀血不去，新血不生，血不养发而脱发。《医林改错》云："皮里肉外血瘀，阻塞血路，新血不能养发，故发脱落。"临床上主要依据以下三点进行辨证：①若见面色晦暗，口唇紫红，口渴但欲饮不欲咽，舌黯有瘀斑，脉细涩，便可确认为瘀血症。②根据王清任氏"无病脱发，亦是血瘀"之论，凡查无明显病因，又非血热、阴亏、气血虚弱所致者，则辨为瘀血阻滞脱发。3 脱发日久，经多方治疗不效，可按瘀血论治。治疗应遵循"血实宜决之"的原则，拟活血化瘀法，方选通窍活血汤加减。

【文献别录】

《诸病源候论·鬼舐头候》："人有风邪在头，有偏虚处，则发秃落。"

（李　林）

504. 面 部 脱 屑

【概念】

面部脱屑，是指颜面部位皮肤残片脱落，状如糠秕样细碎白屑，或为淡黄色油腻痂垢，常伴有瘙痒。

历代医籍文献中记载的"白屑风"、"面游风"、"眉风癣"等病均包括本症。

脱屑可见于全身皮肤，本条仅讨论面部脱屑，头皮脱屑及周身脱屑另立专条讨论。

【鉴别】

常见证候

血热风燥面部脱屑：颜面潮红，以眉弓、鼻唇沟、耳前后为主，为弥漫均匀的粉末状白屑，干燥瘙痒，重者搔破津血。口干思饮。舌质红，苔薄黄，脉弦。

脾胃湿热面部脱屑：面部油腻性脱屑，甚者流滋结痂，基底潮红，双耳廓可见皲裂。大便秘结，小便短赤。舌质红苔黄腻，脉弦滑或滑数。

阴虚血燥面部脱屑：颜面皮肤干燥，覆以紧密的白屑细碎，基底呈暗红色或暗褐色，反复不愈，搔痒不止。肌肤不泽，口干心烦。舌质红苔少，脉细。

鉴别分析

血热风燥面部脱屑与阴亏血燥面部脱屑：此二证均表现为面部皮肤干燥脱屑，然前者由于素体阳盛，热伏营血，生风化燥，其面部脱屑特点为白色细碎鳞屑，易于脱落，基底潮红，灼热瘙痒，病程相对较短；后者为肝肾不足，阴血虚亏，面部皮肤失于濡养，故表现为面部皮损干燥、肥厚，脱屑附着紧密，基底色暗，瘙痒搔抓不止，经久不愈。前者为实证，治宜凉血清热消风，方用凉血消风散化裁；后者为虚证，治宜滋阴养血润燥，方用当归饮子化裁。

脾胃湿热面部脱屑：发病原因多由过食辛辣厚味，炙煿油腻之品，致使脾胃湿热内蕴，不得疏泄，上蒸于面。其面部脱屑特点为油腻性痂垢，痂下皮肤潮红湿润，伴有溲赤便秘，舌质红苔黄腻、脉弦滑为辨证要点。治疗宜清热除湿解毒，方用防风通圣丸化裁。

【文献别录】

《医宗金鉴·外科心法要诀·面游风》："此证生于面上，初发面目浮肿，痒若虫行，肌肤干燥，时起白屑。次后极痒，抓破，热湿盛者津黄水，风燥盛者津血，痛楚难堪。由平素血燥，过食辛辣厚味，以致阳明胃经湿热受风而成。"

（刘瓦利）

505. 粉　刺

【概念】

粉刺，凡指发于颜面和胸背部的毛囊性红色丘疹，或黑头粉刺，脓疱，结节，囊肿等。

《内经》中称痤。《素问·生气通天论》说："汗出见湿，乃生痤痱"，"劳汗当风，寒薄为皶，郁乃痤"。隋代《诸病源候论》称为"面皰"。清代《外科大成》又称为"酒刺"，《医宗金鉴》则直称为"肺风粉刺"。

【鉴别】

常见证候

肺经郁热粉刺：颜面部有与毛囊一致的丘疹，形如粟米大小，可挤出白粉色油状物质，皮疹以鼻周围较多，亦可见于前额，间或有黑头粉刺，有轻度发痒，常伴有口鼻干燥，大便干，舌质微红，苔薄白或薄黄，脉浮滑。

胃肠积热粉刺：颜面有散在毛囊性丘疹，如粟米大小，能挤出白粉色油状物质，间有黑头粉刺，以口周较多，亦可见于背部前胸，面部出油较多，毛孔哆开，常伴有多食，口臭，口干，舌燥喜冷饮，大便秘结，舌质红，苔腻，脉沉滑而有力。

血热粉刺：颜面两颊有散在潮红色丘疹如米粒大小，以口鼻周围及两眉间皮疹较多，面部常有毛细血管扩张，遇热或情绪激动时面部明显潮红，自觉有灼热，妇女在月经前后皮疹常常增多，大便干燥，小便黄赤，舌尖红苔薄，脉细滑数。

毒热粉刺：面部有散在米粒大丘疹，丘疹顶端常有小脓疱，或周围轻度发红，自觉疼痛，脓疱此起彼落，反复不断，脓疱消退后皮肤表面可遗留凹陷性小瘢痕，形如橘皮。胸背常被累及。大便干燥或秘结，数日不行，小便黄赤，舌质红，苔黄燥，脉弦滑或数。

湿毒血瘀粉刺：面部胸背除米粒大丘疹外，常发生黄豆大或樱桃大之结节或囊肿，皮肤表面高低不平，重者感染成脓疱，局部红肿疼痛，并可有头痛，身热等全身不适，颜面皮肤出油较多，胸背常有同样损害，舌质黯红，苔黄或白，脉缓或沉涩。

鉴别分析

肺经郁热粉刺、胃肠积热粉刺与血热粉刺：虽均属热证，但前二者以气分热为主，后者以血分热为主。前二者皮损表现基本一致，只是肺经郁热粉刺鼻周多见，胃肠积热粉刺口周多见，且病因病机与兼症亦不尽同。肺经郁热粉刺多因肺经有热，外受风邪，使肺热郁积肌肤不得宣泄而致，故有口鼻干燥，苔薄脉浮之见症。治宜清泄肺热，方用枇杷清肺饮，外用颠倒散水调敷。而胃肠积热粉刺系因饮食不节，过食炙煿及膏粱厚味，使阳明燥结，脾胃积热，郁于肌肤所致。故常有多食，口臭，恶热，口渴喜冷饮，大便燥结等症状。治宜清阳明腑热。方用调胃承气汤，外用颠倒散水调敷。血热粉刺多因情志内伤，气机郁滞，郁久化热，热伏营血而发。症状特点为：颜面有散在红丘疹，以口鼻周围及两眉间皮疹较多，面颊常伴有毛细血管扩张，面部潮红明显。治宜凉血清热，方用桃红四物汤与凉血五花汤合方加减。

毒热粉刺与湿毒血瘀粉刺：虽均为感受邪毒有关，但毒热粉刺以毒热为主，多因肺胃蕴热上蒸，复感外界毒邪，致使毒热互结，蕴于肌肤腠理之间所致。故其症状特点为：面部有散在丘疹，以小脓疱为主，周围常有红晕，自觉疼痛，严重时可焮红肿疼，伴有发热，舌红苔黄燥，脉滑数。治宜清热解毒，方用五味消毒饮，或用连翘败毒丸加减。湿毒血瘀粉刺多因素体蕴湿，郁于肌肤，复感外界毒邪而致湿毒凝聚，阻滞经络，气血不和而成。症状特点除丘疹，脓疱外，常以结节囊肿为主，皮肤出油较多，治愈后常留疤痕。治宜除湿解毒，活血化瘀，方用除湿解毒汤。对结节，囊肿亦可配合散结灵，大黄䗪虫丸等。

【文献别录】

《医宗金鉴·外科心法要诀·肺风粉刺》："此证由肺经血热而成。每发于两鼻，起碎疙瘩，形如黍屑，色赤肿痛，破出白粉汁，日久皆成白屑，形如黍米白屑。"

（钱文燕　张志礼）

506. 红 鼻 子

【概念】

红鼻子，是指鼻子表面发红，有时在鼻周围可有红色丘疹或脓疱，严重时鼻子肥大，顶端可形成结节。

本症在《内经》中称"皶"，《医宗金鉴》中称为"酒皶鼻"，《疡医大全》中称为"赤鼻"。

由于面部红肿而引起的鼻子发红不属本症讨论范围。

【鉴别】

常见证候

肺胃热盛红鼻：鼻端潮红充血，用手指压迫红色迅速退去，手指抬起，旋又复见，并有口鼻发干，大便秘结，舌质红，苔薄黄，脉弦滑。

毒热蕴结红鼻：除鼻端潮红外，局部常有肿胀，顶端有脓疱，疼痛，有时引起鼻周围红肿疼痛，并多有鼻热口渴，便干溲黄，舌红苔黄，脉浮滑或滑数。

血热红鼻：鼻端潮红，口鼻周围有散发红色丘疹，面颊部有毛细血管扩张，大便秘结，妇女可有月经不调，舌质红，苔薄黄或白，脉弦滑。

气滞血瘀红鼻：鼻端暗红，肥大浸润，可有毛细血管扩张，表面皮肤增厚，毛孔扩大，甚者表面可呈结节状增殖，舌质黯红，苔黄腻，脉弦缓。

鉴别分析

肺胃热盛红鼻与毒热蕴结红鼻：二者皆因热毒上攻所致。肺胃蕴热盛红鼻，多因饮酒或过食辛辣之物，使热伏于胃，上蒸于肺，薰蒸鼻端而发。鼻端潮红充血，压之退色，为其特点。治宜清热凉血，方用枇杷清肺饮。而毒热蕴结红鼻，多因肺胃积热，复感毒邪所致。除鼻端潮红外，鼻部常有脓疱，肿胀疼痛，甚则周身壮热，治宜清热凉血解毒，方用五味消毒饮加减。

血热红鼻与气滞血瘀红鼻：二者虽皆缘于血热，但前者多因冲任失调，血热郁滞肌肤所致，鼻周围有散发红丘疹，面颊部有毛细血管扩张，妇女可有月经不调。治宜凉血清热，调和冲任。方用凉血五花汤加减。气滞血瘀红鼻则因冲任不调或肺胃郁热，外感寒邪，使内热不得宣泄，蕴结于鼻部，致局部气血瘀滞而成。《内经》所载"劳汗当风，寒薄为皶"，即指此症而言。特点为鼻端暗红，肥大，浸润明显，表面皮肤增厚，毛孔扩大，并有结节状增殖。治宜活血化瘀，软坚散结，方用桃红四物汤加减。

【文献别录】

《诸病源候论·酒皶候》："此有饮酒，热势冲面，而遇风冷之气相搏所生，故令鼻面生皶，赤疱币币然也"。

（钱文燕　张志礼）

507. 蝶 形 红 斑

【概念】

蝶形红斑，系指以鼻梁为中心，在面颊两侧对称分布，状似蝶形的红色、暗红色皮损。

古代医籍中，无蝶形红斑的明确记载。但从临床表现看，蝶形红斑常累及内脏器官，似属中医的"阴阳毒"，及"痹证"、"水肿"、"心悸"、"胁痛"等范畴，本条仅讨论以蝶形红斑为主症者。皮肤红斑，皮肤紫斑，另立专条讨论。

【鉴别】

常见证候

毒热炽盛蝶形红斑：面部鲜红色蝶形斑片，皮肤其他部位可有瘀点、瘀斑，高热，或持续不退，关节疼痛，全身乏力，烦躁，甚则神昏谵语，抽搐，口渴，大便干结，小溲短赤，舌质红绛或紫暗，苔黄燥而干，脉弦滑或洪数。

阴虚内热蝶形红斑：蝶形红斑色暗不鲜，低热持续不退，口干唇燥，头昏乏力，耳鸣目眩，月经不调，大便不畅，小溲短赤，舌质红，苔薄黄，脉细数。

脾肾不足蝶形红斑：局部红斑已不明显，面色㿠白，神萎倦怠，形寒肢冷，下肢浮肿，严重者伴胸水、腹水，尿少，头发稀疏妇人月经量少或闭经，或小便不利，舌质淡胖，边有齿痕，苔薄白或白腻，脉象濡细或沉细。

风湿热痹阻蝶形红斑：红斑呈水肿性颜色鲜艳，发热，多个关节疼痛，屈伸不利，甚至痛不可触，伴咽干，口渴，烦闷不安，大便干，溲赤，舌红尖有刺，苔黄糙，脉滑数。

气滞血瘀蝶形红斑：红斑颜色紫暗，或皮肤有瘀斑、紫癜，胁肋疼痛，右胁为甚，纳呆腹胀，嗳气泛恶，头晕失眠，肝脾肿大，妇人经色紫暗，有血块或闭经，舌紫暗或见瘀斑，脉弦或细数。

鉴别分析

毒热炽盛蝶形红斑与阴虚内热蝶形红斑：二者均属虚证，发病与先天禀赋不足，阴阳失调，气血耗伤，肝肾亏损有关。前者多兼外感毒邪，郁久化热，热毒炽盛，燔灼营血而致。为一派毒热炽盛的标实之象，其面部红斑鲜红色，高热，烦躁，舌质红绛，脉洪数为辨证要点。治宜凉血护阴，清热解毒，方选犀角地黄汤化裁。阴虚内热蝶形红斑，多因素体阴虚，或热病日久，耗伤阴液，阴虚火旺，蒸灼肌肤，见其面部斑片暗红，持续低热，五心烦热，头昏目眩，舌质红，脉细数为辨证要点。治宜滋阴降火，活血通络，方选知柏地黄丸化裁。

脾肾不足蝶形红斑：发病多因素体虚弱，并兼外邪侵袭，饮食起居失常，或劳倦内伤等，致使肝肾阳气不足，肌肤失其温煦，临床见红斑已不明显，面色㿠白，畏寒肢冷，腰膝冷痛，下肢浮肿，小便不利，久泻不止。浮肿，舌胖淡，边有齿痕，脉濡细或沉细为辨证要点。治宜温肾壮阳，健脾利水，方用金匮肾气丸，或真武汤加减。

风湿热痹阻蝶形红斑：发病与素体虚弱，感受风湿热邪，致使肌肉、关节、经络痹阻而形成。其临床特点见面部鲜红蝶形红斑，发热，关节及肌肉疼痛，屈伸不利，甚至痛不可触。治宜祛风除湿清热，活血通络止痛，方用独活寄生汤合宣痹汤化裁。

气滞血瘀蝶形红斑：多因情志不遂，外邪侵袭，导致肝气郁结，气滞血瘀，其临床特点为红斑呈暗紫色，或皮肤有瘀斑、紫癜，胸胁疼痛，性情急躁。月经不调，或闭经。治宜柔肝理气，活血化瘀，方用逍遥散化裁。

蝶形红斑一症，虽有毒热炽盛，风湿痹阻证，但应注意其本为虚，虚中夹实，本虚标实。阴虚内热则属虚证，治疗时切记虚为病本，治宜扶正祛邪，标本兼顾。

【文献别录】

《金匮要略·百合狐惑阴阳毒病脉证并治》："阳毒之为病，面赤斑斑如锦文，咽喉痛"。"阴毒之为病，面目青，身痛如被杖，咽喉痛。"

（王　萍　张志礼）

508. 口 唇 湿 烂

【概念】

口唇湿烂，是指口唇糜烂的症状而言，常同时见有口唇肿胀，干燥，裂口，脱屑，结痂等症。与文献中所记载的"唇风"、"紧唇"、及"瀋唇"相类似。

【鉴别】

常见证候

脾胃湿热口唇湿烂：多见于下唇，肿胀稍红，表面有污黄色痂皮，或层层鳞屑剥脱，痂脱落后留下光滑发亮的红色底面，其上又不断有新痂形成，可出现裂口，有烧灼感，触痛，反复不愈，舌红苔薄黄，脉沉弦。

脾胃蕴湿口唇湿烂：唇缘肿胀湿烂，其底不红，渗液较多，干后结痂，裂口，脱屑，时轻时重，有微痒痛感，舌胖淡，苔白微腻，脉沉缓。

气滞血瘀口唇湿烂：口唇部皮肤增厚，呈暗紫红色，或淡红色，有时表面可有萎缩，常附着有菲薄脱屑，面颊、鼻、背可出现同样斑块，发生在面颊皮损可见毛细血管扩张，舌黯红，苔薄白，脉沉细。

血虚风燥口唇湿烂：口唇缘部有圆形皮损，边缘稍隆起，色稍淡而有光泽，亦可有湿烂，口内颊粘膜可见有网状白膜，间或发木、发痒，无全身症状，舌质红，苔薄，脉濡细。

鉴别分析

脾胃湿热口唇湿烂与脾胃蕴湿口唇湿烂：此二者均与脾胃蕴湿有关，但前者是脾胃蕴湿久而化热，湿热熏蒸所致，故常带有明显热象，如自觉有烧灼感，触痛，局部损害常发红，表面常结有黄痂，舌红苔黄等。治宜清热除湿，方用清热除湿汤加减。而后者则是脾胃蕴湿不化，湿邪困脾，运化失职，发于唇部而致湿烂。多见唇缘部肿胀湿烂，基底不红，渗出较多，结痂为灰白色，舌胖淡有齿痕，脉沉缓，治宜健脾利湿，方用除湿胃苓汤加减。

气滞血瘀口唇湿烂与血虚风燥口唇湿烂：二者均与血分有关。但前者由于气机不舒，血随气结，口唇失于营养所致。后者则多见于胃阴素虚之体，营阴不足，血虚生风，化燥灼唇，故见口唇湿烂。前者口唇湿烂的特点是：唇缘部呈暗红色，皮肤肥厚浸润斑块，表面有脱屑裂口，或见萎缩，同时面颊、鼻、背也可有同样皮损。治宜益气活血化瘀，软坚散结，方用桃红四物汤加减。后者口唇湿烂的特点为：唇缘部色淡或发白，表面亦可湿烂，脱屑，但常光滑，波及口颊粘膜，常有痒感，一般无全身症状。治宜养血滋阴润燥，方用滋阴除湿汤。

【文献别录】

《诸病源候论·口吻疮候》："足太阴为脾之经，其气通于口，足阳明为胃之经，手阳明为大肠之经，此二经脉并侠于口。其府脏虚，为风邪湿热所乘，气发于脉，与津液相搏则生疮，恒湿有汁，世谓之肥疮，亦名燕口"。

《外科大成·唇部》："唇风生下唇，发痒不痛，肿裂流水，由胃火上攻也"。

（钱文燕　张志礼）

509. 唇　　肿

【概念】

唇肿系指口唇部肿胀而言。文献中有"唇风"，"唇疽"等记载，其描述与本症相似。

【鉴别】

常见证候

风热唇肿：发病急骤，唇肿灼热，色红，表面无脱屑，按之稍软，多有痒感，或伴有发热恶寒，咽喉肿痛，或呕吐，遇热遇风加重，舌苔薄白或黄，脉浮数。

风湿唇肿：发病较缓，唇肿色淡，摸之稍硬，多无自觉症状，口不渴，或腹泻，舌体胖，苔白，脉浮缓。

气滞血瘀唇肿：唇肿反复发作，迁延日久，漫肿而较硬，表面时有干燥脱屑，苔薄白，舌质紫暗，有时伴瘀血斑，脉涩或细缓。

鉴别分析

风热唇肿与风湿唇肿：二者都与感受风邪有关。但前者是因肺经蕴热，复感风邪，风热搏结而发，后者则因脾虚湿聚，风邪外袭，风湿蕴阻而致。由于热与湿的性质不同，所以临床见证亦各具特点。风热者，发病急骤，局部灼热，色红而有痒感，消退亦快；而风湿者，发病缓慢，局部皮肤色淡，发硬。在治疗上，前者宜宣肺清热疏风，方选荆防方，后者宜健脾燥湿疏风，方用健脾除湿汤。

气滞血瘀唇肿：多因情志所伤，经脉阻滞，气血瘀结，肌肤失养所致。临床特点为：发病缓慢，迁延日久，局部皮肤色暗红，表面时有干燥脱屑，治宜活血通络，行气解郁，方选活血散瘀汤。

总之，唇肿属实证者多。局部红肿，发病迅速的多为风热，发病缓慢，局部色暗或淡，则为气滞血瘀，或风湿所致。结合脉证，不难区别。

【文献别录】

《外科正宗·唇风》："唇风阳明胃火上攻，其患下唇发痒作肿，破裂流水，不疼难愈"。

（秦汉琨　张志礼）

510. 手 足 紫 绀

【概念】

手足紫绀，是指四肢末端皮肤间歇性变白、青紫的症状，常伴有指趾厥冷、麻木、疼痛等。

本症在临床中多见，中医学文献中虽未见明确记载，但其发病特点及病因病机与"手足厥冷"、"厥逆"、"四肢逆冷"等症均有相似之处。如《素问·厥论》曰"气因于中，阳气衰，不能渗营其经络，阳气日损，阴气独在，故手足为之寒也。"

【鉴别】

常见证候

阳虚寒凝手足紫绀：四肢末端发白，冰冷，紫绀色青，麻木疼痛，遇冷则加重，得温缓解，四肢冷痛，腰膝酸软，小便清长，大便溏薄，舌质淡苔白，脉沉。

气郁阻络手足紫绀：遇精神刺激则见双手指苍白、青紫，继而潮红，手指肿胀，刺痛，伴有心烦，急躁易怒，两胁胀痛，舌质红苔薄黄，脉弦。

气虚血瘀手足紫绀：手足指趾青紫发绀，持续发作，麻木，疼痛，肢端发凉，日久则变细发僵，面色㿠白，气短乏力，舌质淡，有瘀斑，脉沉细涩。

鉴别分析

气郁阻络手足紫绀与气虚血瘀手足紫绀：从病因病机分析，前者为情志不遂，肝郁气滞，疏泄失常，经脉不畅，阳失温煦，指端苍白，发凉；血滞络脉，则皮肤青紫，发红，疼痛。其主要病机为气郁。后者为阳气不足，气虚则无以运行血液，络脉不充，血行滞涩，肢端肌肤失养，则手足不温，颜色青紫，日久则血瘀阻络，不通则痛，指端变细发僵。前者治宜疏肝解郁，宣达气机，方用柴胡疏肝散化裁；后者治宜益气养血，活血通络，方用玉屏风散合当归四逆散化裁。

阳虚寒凝手足紫绀：病因病机为素体脾肾阳虚，阳虚则阴寒内盛，"寒多则凝泣，凝泣则青黑"，阳气不能温煦，寒凝血脉，故四末不温，苍白青紫，遇热则阳气来复，症状缓解。腰膝酸软，小便清长，大便溏薄等，亦为脾肾阳虚之征。治宜温阳散寒，通经活络，方用真武汤合桃红饮化裁。

【文献别录】

《诸病源候论·虚劳四肢逆冷候》："经脉所行，皆起于手足。虚劳则血气衰损，不能温其四肢，故四肢逆冷也。"

（刘瓦利）

511. 手足脱屑

【概念】

手足脱屑，是指皮肤脱屑仅局限于手足部位的症状，其脱屑特点为点状、小片状，或伴干燥、皲裂，或潮红、浸润，常有瘙痒感。

历代医籍中记载的"掌心风"、"燥痛疮"、"鹅掌风"、"皲裂疮"等均包括本症。如《医宗金鉴·外科心法要诀》曰："无故掌心燥痒起皮，甚则枯裂微痛者，名掌心风，由脾胃有热，血燥生风，血不能荣养皮肤而成。"

其它部位的皮肤脱屑，不属本症讨论范围。

【鉴别】

常见证候

风湿蕴肤手足脱屑：手足皮肤瘙痒，搔之叠起白屑，间起红粟，浸淫汁出，舌质淡红苔白腻，脉浮滑。

血虚风燥手足脱屑：手足皮肤脱屑肥厚，干枯拆裂，纹理深宽，坚韧如胼胝，口干少津，舌质淡苔少，脉细。

虫毒侵袭手足脱屑：脱屑为点、片状，常发于单侧手足，瘙痒如虫行，久则粗糙枯裂，匡廓分明，形若鹅掌。

鉴别分析

风湿蕴肤手足脱屑与血虚风燥手足脱屑：均与风邪相关。前者为外风挟湿致病，有如《诸病源候论》所云："风湿之气，折于血气，结聚所生。"风湿二邪相合，搏于肌肤，风盛则叠起白屑，瘙痒时作，湿盛则间起红粟，浸淫汁出；后者为内风所致，阴血不足，化燥生风，不能荣养肌肤，如《外科正宗》云："手足破裂，破裂者干枯之象，气血不能荣养故也。"所以见皮肤干燥脱屑，肥厚皲裂。血虚则口干少津。风湿蕴肤手足脱屑为实证，治宜祛风除湿，方用当归拈痛汤化裁；血虚风燥手足皲裂为虚证，治宜养血祛风润燥，方用当归饮子化裁。

虫毒侵袭手足脱屑，原由卫气不固，腠理虚疏，手足触摸不洁之物，虫毒邪气浸染皮表，故皮损脱屑呈点、片状，痒如虫行，匡廓分明。治宜祛风解毒杀虫，内服方用祛风地黄丸，外用醋泡方浸泡。

【文献别录】

《诸病源候论·疥病诸候》："肤腠虚，风湿搏于血气，则生病疥。若湿气少，风气多者，其病则干燥但痒，搔之白屑出。干枯拆痛。此虫毒气浅在皮肤，故名燥病疥也。"

（刘瓦利）

512. 掌跖发疱

【概念】

掌跖发疱，系指手掌足跖出现密集的大小不等的脓疱，或水疱而言。

本症初起掌跖有烧灼感，或痒感，随之出现似针尖大小的脓疱，或水疱，有的脓疱融合成片，表面糜烂，或干燥脱屑，有的水疱疱壁较厚，也可融合成大疱，不易破。脓疱、水疱均可反复发作。《外科正宗》中之"田螺疱"，《医宗金鉴》中之"臭田螺"，均属此症范围。

【鉴别】

常见证候

湿热蕴结发疱：掌跖部位发生密集的似针尖大小之水疱，或脓疱，而以水疱为主，有的可融合成片，破溃后表面湿烂，干燥后大片脱屑，疱疹可此起彼伏。

毒热炽盛发疱：皮疹初起可于手指、手掌，或足跖部位发生皮色潮红，表面迅速产生密集的似针尖大小脓疱，以后可融合成片。病情严重者可泛发在全身其他部位。同时伴有发热恶寒，口干，便秘溲赤等症状，舌质红，苔黄，脉洪数或细数。

脾虚湿盛发疱：手足掌跖起深在性水疱，或聚集成群，或融合成大疱，疱壁较厚，不易破，自觉剧痒，皮肤一般不红，水疱内容色白，若水疱破裂，可露出糜烂的底面，若水疱干燥吸收表面可有脱屑。常伴有乏力困倦，腹胀便溏等症状，舌体胖，舌苔多腻，脉缓。

湿毒浸淫发疱：常在手掌鱼际部位，或足跖脚弓部位，发生浅在性水疱或小脓疱，剧烈瘙痒，遇热加重，破后流津水，并逐渐向四周扩大，以后水疱或脓疱干燥表面可成角化脱屑，常同时伴有指趾间湿烂或灰甲。

鉴别分析

湿热蕴结发疱与毒热炽盛发疱：二者皆因湿热内蕴而发病。但前者多因湿热困脾，脾失健运，水湿郁于肌肤所致。而后者则多为湿热蕴久成毒，或兼感毒邪，致使湿毒凝滞，与热互结，造成毒热炽盛，或气血两燔之势。临床特点，两者虽均发生水疱，脓疱，但前者以水疱为主，后者以脓疱为主，前者多限局于手掌足跖为多，而后者则可泛发全身其他部位，前者一般无明显全身症状，后者常伴有发热恶寒等全身不适，前者发病缓慢，后者常可暴发。临床治疗，前者用清热利湿法，常用清热除湿汤，后者则宜用清热凉血，解毒除湿法，常用解毒凉血汤。

脾虚湿盛发疱与湿毒浸淫发疱：前者多因饮食失节，伤及脾胃，脾失健运，湿邪郁于肌肤腠里之间，不得发泄而成。而后者多因久居湿地，或淋雨，涉水，水中作业等水湿浸渍而发。故前者发病较缓慢，为深在性水疱，或聚集成群，或融合成大疱，疱壁较厚，不易破，治以健脾除湿，常用方为健脾除湿汤。而后者常发生在掌鱼际部，或足跖脚弓部位，皮疹多为浅在性小水疱，易破，常用方为解毒除湿汤加减。

【文献别录】

《外科正宗》："田螺泡多生手足，忽如火燃，随生紫白黄泡，此脾经风湿攻注，不久渐大，胀痛不安。线针挑破泄去毒水，太乙膏盖。挑破又生者，内服解毒泻脾汤可愈。"

（秦汉琨　张志礼）

513. 指甲变异

【概念】

指甲变异，是指指甲或趾甲在形状、硬度、厚薄、颜色等方面发生的变化而言。

本症在古典医籍中有多种名称。如《黄帝内经》中的"爪枯"；《诸病源候论》中的"甲疽"；《外科证治全书》中的"鹅爪"、"倒甲"、"油灰指甲"，以及后世医家所称的"反甲"、"甲剥离"、"油炸甲"、"钩甲"、"球拍甲"、"匙形甲"等，均属本症范畴。

【鉴别】

常见证候

风湿指甲变异：常见指甲枯厚，初起指（趾）甲远端，或侧缘，少数从甲根处有发痒感觉，日久表面高低不平，甲板下发生污黄色斑，逐渐增厚，或蛀空而残缺不全。以甲缘处增厚尤甚，失去原有光泽而呈灰白色，甲质变脆，呈粉状脱落，或缺损。发展缓慢，多数人伴有足丫湿气，常无全身症状。

肝郁血虚指甲变异：指甲剥离，多发于手指甲，初起从指甲游离缘处发白变空，向甲根部逐渐蔓延，呈灰白色，并较正常指甲变软，缺乏光泽，单发或多发于手指，少发于足趾，常无全身症状。

血瘀指甲变异：指甲钩状，甲板逐渐增厚呈山尖状，可达蚕豆样大小，表面粗糙呈黑色，黑灰色，或黑绿色，随甲板增长，向前，或向旁边弯曲呈钩状，甚则形如鹰爪，甲板不透明，失去光泽，多有外伤诱因，少有全身症状。

气血两虚指甲变异：常见指甲勺形，多发于手指甲，少数发于趾甲，甲板变薄发软，周边卷起，中央凹下，甚则如匙状，常伴有心悸气短，头晕失眠，动则汗出，面色㿠白等，舌质淡白，脉象细弱。

脾胃不足指甲变异：指甲扁平，甲板逐渐变为扁平状，有交叉线划成的纹理，如网球拍状，顶端宽而扁，甲沟肿胀，远端指节异常变短，舌脉如常。

鉴别分析

风湿指甲变异与血虚指甲变异：二者共同特点都有指甲增厚，但前者多由于久居湿地，水浆浸渍或湿毒外浸，郁于肌肤而成。湿性重浊滞腻，缠绵不解，故发病缓慢，治愈亦难，并多伴有足丫湿气。其指（趾）甲损害，多由远端甲缘或侧缘开始，逐渐失去光泽，前缘增厚，逐渐向后蔓延。因受湿邪阻遏，使气血不荣，故甲板变脆，或有黄垢，呈褐色，或灰白色混浊，表面凸凹不平，渐成粉状脱落或缺损。治宜除湿祛风，方选醋泡方泡洗，一般不需内治。后者多发生于外伤之后，或由先天禀赋，使瘀血阻滞络脉，不能荣养于甲，爪甲得不到濡煦，故渐呈钩状。但其甲板增厚多从中心向上，呈山尖状，可厚达一厘米左右，尖端呈鹰爪状向前钩曲，表面呈黑色，青黑色，或灰黑色，很少脆裂或粉状。治宜活血化瘀为主，方选复元活血汤。

脾胃不足指甲变异与气血两虚指甲变异：二者共同特点均有甲板变薄发软。但前者多发生于婴幼儿，多有吸吮，或咬嚼拇指的不良习惯，致使气血不能循行畅达，以致甲板失养，而呈扁平状，远端指节变短。故本证最多见于拇指，食指亦有发生者。若改变其不良习惯，加强饮食调养，自可使气血畅达而逐渐痊愈；后者则多发于大病之后，身体羸弱，或脾胃素虚，偏嗜五味，或饥馑交迫之人，使爪甲失养，故甲板变薄发软，四边翘起，中央凹下，呈匙状，多伴有心悸气短，头晕失眠，动则汗出，面色㿠白等症状。治宜补益气血，荣润爪甲，方选十全大补丸。

肝郁血虚指甲变异：本证多由失血过多，营血亏损，或素禀肝血不足，使肝经血燥，以致不能荣润爪甲。特点是指甲从游离缘处与甲床分离，无痒痛感。初起多为指甲变薄，或变软，逐渐灰白发空，缺乏光泽，与指甲枯厚较易相混。不过后者主要是指甲变厚，后期虽可变空，但仔细观察，亦不难鉴别。本证治当滋养肝血，荣润爪甲，方选加味逍遥丸。

【文献别录】

《素问·五脏生成论》："多食辛，则筋急而爪枯。"

《诸病源候论·手足逆胪候》："手足爪甲际皮剥起，谓之逆胪。风邪入于腠理，血气不和故也。"

《诸病源候论·甲疽候》："甲疽之状，疮皮厚甲错剥起是也。其疮亦痒痛，常欲抓搔之汁出，其初皆是风邪折于血气所生、而里亦有虫。"

《外科证治全书·卷三》："倒甲，爪甲忽然倒生肉内，刺痛如锥，食葵叶即愈。"

《外科证治全书·卷三》："鹅爪风，即油灰指甲，用白凤仙花捣涂指甲上，日日易之，待凤仙过时，灰甲即好。"

（李博鉴　刘瓦利）

514. 指（趾）缝湿烂

【概念】

指（趾）缝湿烂，是指手指间、或足趾间的皮肤发生水疱，破溃渗出，表皮损伤而言。

古代文献中记载的"臭田螺"与"田螺泡"均包括本症。如《外科正宗》云："田螺泡多生手足，忽如火燃，随生紫白黄泡，此脾经风湿攻注，不久渐大，胀痛不安"。其生于手指足趾间者，即为指（趾）缝湿烂。

【鉴别】

常见证候

湿热内蕴指（趾）缝湿烂：开始指（趾）间皮肤潮红，发生针尖至米粒大的水疱，或水疱剧烈瘙痒，搓之破溃出水，底面鲜红湿烂，渗出液较粘稠，此起彼伏，经年不愈，自觉心烦不适，亦可有大便干，小便黄赤，舌质红苔黄腻，脉弦滑。

湿毒浸淫指（趾）缝湿烂：指（趾）间皮肤浸白，或起水疱，多发生在两指（趾）根连接处，表面湿烂，剧痒，脱皮后底面呈红色，渗出不止，渗出液呈淡红色，较清亮，干燥后常有脱屑，一般无全身症状，舌质微红，舌苔白腻，脉缓。

脾虚湿蕴指（趾）缝湿烂：指（趾）缝起大小不等的深在性水疱，常波及指（趾）及掌跖，水疱壁较厚，剧痒，皮肤表面常呈正常皮色，疱破后指（趾）缝可发生湿烂，脓水淋漓，渗液稀薄，常浸淫成片，干燥后可结成小的点状痂皮，可伴腹胀，便溏，面色黄，手足多汗，肢肿等症状，舌苔白腻，脉缓。

鉴别分析

湿热内蕴指（趾）缝湿烂：多由于饮食失节，或过食腥荤生湿动风之品，伤及脾胃，脾失健运，发于肌肤，使皮肤湿烂。故其皮损特点是，先皮肤潮红，后表面起小水疱，而后湿烂渗出，底面鲜红，常伴有明显热象。治以清热除湿法，常用清热除湿汤，或用马齿苋煎水浸渍，外用祛湿散以甘草油调敷。

湿毒浸淫指（趾）缝湿烂：系由湿邪内蕴，复因水中作业，或久弄水浆，使湿毒蕴结肌肤而致。皮损特点为：先有皮肤浸白或起水疱，后发生脱皮湿烂，渗水不已，干燥后常有脱屑。治以除湿解毒为主，方用除湿解毒汤，外用苍肤洗剂浸渍，后用松花粉30克，加雄黄解毒散30克，混匀外扑。

脾虚湿蕴指（趾）缝湿烂：多由于素体脾虚，运化失职，湿从内生，不得宣泄，蕴蒸于皮肤而发。皮损特点为：常在指（趾）缝、手指、足趾，或掌跖发生深在性水疱，或大疱，其痒难忍，疱壁较厚，皮色正常，疱破后湿烂面色淡红，亦可结痂而愈。治以健脾除湿为主，常用除湿胃苓汤，其外治与湿热内蕴湿烂相同。

【文献别录】

《外科启玄·水渍手丫烂疮》："辛苦之人，久弄水浆，不得停息，致令手丫湿烂。如车镰匠及染匠等之类多，水浸洗数次自效。

《外科大成·病疮》："生于手足，形如茱萸，相对痒痛，破流黄汁浸淫，时瘥时发，由风湿客于肌腠也，以杀虫为主，用藜芦膏敷之。"

（张志礼　秦汉琨）

515. 肌肤麻木

【概念】

肌肤麻木，简称"麻木"。是指肌肤出现限局性的片状、条索状知觉障碍而言。"麻"是指肌肉之内，如虫乱行，按之不止；"木"是指皮肤无痒痛觉，按之不知，掐之不觉。

本症在古典医籍中名称繁多。《黄帝内经》称之为"不仁"；《诸病源候论》除称为"不仁"外，亦称"顽痹"、"顽木"、"针刺不痛"；《寿世保元》称为"麻痹"。后世亦有称为"顽麻"者。

本条只讨论肌肤限局性片状、条索状麻木。至于颜面麻木、口舌麻木、四肢麻木、半身麻木等，则不属本条讨论范围。

【鉴别】

常见证候

风湿疠气麻木：手足发麻，肌肤出现限局性麻木斑块，亦可有红斑或白斑，局部无痛、冷、热感，皮肤干燥无汗，毛发脱落，起糠状细薄白屑，日久可伴肌肉萎缩，筋脉挛急，呈"鹰爪形手"，眉毛脱落，鼻梁崩塌等症。舌红苔白腻或黄腻，脉象弦数或滑数。

痰湿阻滞麻木：肌肤麻木不仁，伴有邻近关节疼痛，手足沉重，活动不便。若以手击麻木之处，可暂时轻快。脉象濡缓，舌苔白腻。

气血两虚麻木：肌肤麻木不仁呈阵发性，每于活动后加剧，休息后可暂时缓解。局部皮肤发凉，喜温近暖，时有蚁行感或刺痛，多见于更年期妇女的上肢内侧，伴有经血不调，或崩中漏下。舌质淡，脉细无力。

瘀血阻滞麻木：肌肤麻木不仁，好发于腰胯、股外侧等处受挤压部位皮肤，定处不移，入夜尤甚。严重者针之不疼，掐之不觉。舌质黯红，或有瘀点，瘀斑，脉象涩滞。

鉴别分析

风湿疠气麻木与痰湿阻滞麻木：二者均为湿邪阻滞于肌肤之中而发病。风湿疠气麻木，多由体虚之人，外受疠气（风、湿、虫），或接近病者衣物，用具等，感受毒邪，内侵血脉而成。此由疠气阻遏肌肤，使气血运行不畅，故斑内肌肤麻木不仁，使其痛觉、触觉、温觉均变迟钝，甚至丧失。肌肤失于濡养，气血不能荣润，腠理开泄障碍，故可出现肌肤干燥无汗，起白色糠状鳞屑，甚至指、趾肌肉萎缩，呈现"鹰爪形手"，日久并可出现眉毛脱落，鼻柱崩塌，声音嘶哑等症。治宜祛风化湿，活血杀虫，方选保安万灵丹，神应消风散，磨风散交替服用。湿痰阻滞麻木，多由于嗜饮茶酒五辛，或油腻腥荤，或恣食生冷，损伤脾阳，湿从内生；复因地居卑湿，坐卧湿地，水湿浸渍等，使内外湿邪凝聚于肌肤之中，荣卫气血不能畅达而致。其临床表现为肌体沉重笨拙，麻木常有定处，肌肤色泽可无改变，麻木之处以手击之，或反复摩擦，则阳气来复，可暂有轻快之感。治宜化痰除湿，通经活络，方选通络二陈汤。

气血两虚麻木与瘀血阻滞麻木：二者均可发生于肢体或躯干处的肌肤，呈限局性片状或条索状麻木。气血两虚麻木，多由久病失养，七情内伤，或妇人崩中漏下，或男子失精等所造成。《素问·逆调论》说："荣气虚则不仁，卫气虚则不用，荣卫俱虚则不仁且不用。"故治宜补养气血，温阳通络，方选黄芪桂枝五物汤。瘀血阻滞麻木，多由跌仆损伤，七情内郁，使气血瘀滞经脉，荣卫滞留而不行所致，如腰胯之处，两股外侧，常受挤压，气血易于受阻，故常为发病之处。夜卧之时，阳入于阴，气血运行缓慢，故入夜为甚。治宜活血化瘀，通行经络，方选血府逐瘀汤。

总之，肌肤麻木一症，虽同为知觉障碍，但由于其病因，病机和兼症的不同，临床表现和治法亦有差异，故应仔细辨别，认真掌握其症状特点。除药物治疗之外，配合针灸，效果更好。

【文献别录】

《金匮要略·中风历节病脉证并治》："邪在于络，肌肤不仁，邪在于经，即重不胜。"

《诸病源候论·风不仁候》："风不仁者，由荣气虚，卫气实，风寒入于肌肉，使血气行不宣流。其状，搔之皮肤如隔衣是也。"

《诸病源候论·乌癞候》："凡癞病，皆是恶风及犯触忌害所得。初觉皮毛变异，或淫淫苦痒如虫行……手足顽痹，针刺不痛"。

《类证治裁·麻木》："麻木，营卫滞而不行之症。如人坐久，压著一边，亦为麻木。东垣以为气不行，当补肺气；丹溪以麻为气虚，木为湿痰败血，于不仁中，确分为二。盖麻虽不关痛痒，只气虚而风痰凑之，如风翔浪沸；木则肌肉顽痹，湿痰挟败血，阻滞阳气，不能遍运，为病较甚，俱分久暂治之。治麻以气虚为本，风痰为标。"

（李博鉴）

516. 肌 肤 疼 痛

【概念】

肌肤疼痛，是指周身肌肉、皮肤疼痛无力，痠楚不仁，活动受限，兼见皮肤红斑、水肿的症状。

肌肤疼痛，又称肌痹。最早见于《内经》，如《素问·长刺节论》曰："病在肌肤，肌肤尽痛，名曰肌痹。"

【鉴别】

常见证候

毒热炽盛肌肤疼痛：肌肤疼痛无力，壮热恶寒，颜面、眼睑红肿，骨节痠痛，咽干口苦，烦躁，纳呆，舌质红绛，苔黄腻，脉弦滑数。

心脾两虚肌肤疼痛：四肢肌肉痠痛，萎软无力，面色萎黄、心慌气短，纳少便溏，舌质淡苔少，脉细弱。

脾肾阳虚肌肤疼痛：肌肉萎缩，关节疼痛，面色晦暗，肢端皮肤紫绀发凉，久站行走艰难。舌质胖淡，脉沉细无力。

鉴别分析

毒热炽盛肌肤疼痛：此为风温毒邪侵犯肺胃二经，蕴阻肌肤之间。肺主皮毛，脾主肌肉，外邪淤积化热，毒热炽盛，燔及营血，故表现为壮热恶寒，颜面眼睑红肿，肌肤疼痛无力。舌质红绛苔黄腻，脉弦滑数亦为气血两燔之证。毒热炽盛肌肤疼痛以邪实为主，治宜清热解毒，凉血护阴，方选清瘟败毒饮化裁。

心脾两虚肌肤疼痛与脾肾阳虚肌肤疼痛：二者均以本虚为主。前者为心脾两虚，兼感毒邪，则肌肤筋脉失于濡养，致四肢肌肤痠痛，萎软无力。心气虚则心慌气短；脾气虚则面色萎黄，纳少便溏。后者为脾肾阳虚，卫阳不固。肾为先天之本，脾为后天之本，先后天不足，风寒湿邪易乘虚而入，阻滞经脉，气血运行不畅，而致肌肉萎缩，关节疼痛，肢体痿弱不用。脾肾阳虚，肌肤失于温养，则肢端皮肤紫绀发凉，舌胖淡，脉沉细无力。心脾两虚肌肤疼痛，治宜补益心脾，方用归脾汤，或八珍汤化裁；脾肾阳虚肌肤疼痛，治宜健脾益气，温肾壮阳，方用金匮肾气丸，或右归丸加减。

肌肤疼痛：外因风寒湿热诸邪外袭肌腠，内因肺肾功能失调，尤以脾脏为主，《素问·痹论》曰："肌痹不已，复感于邪，内舍于脾"。

【文献别录】

《医宗金鉴·痹入藏府证》："久病肌痹，复感于邪，而见呕涎，心下痞硬，四肢解堕之证，是邪内传于脾，则为脾痹也。"

（刘瓦利）

517. 皮肤瘙痒

【概念】

皮肤瘙痒，是皮肤产生痒感而欲搔抓，但又无原发皮肤损害的一种自觉症状。如《外科证治全书·卷四》云："遍身瘙痒，并无疮疥，搔之不止。"

本症，在《诸病源候论》称"风瘙痒"、"风痒"；《外科证治全书》称"痒风"；《幼科全书》称"身痒"。若仅限于一处瘙痒，如阴囊、女阴、肛门等处，或先有原发皮损如丘疹、水疱等，而后皮肤瘙痒者，均不属本条讨论范围。

【鉴别】

常见证候

血热皮肤瘙痒：多发生于青壮年人，皮肤瘙痒，搔破呈条状血痕，夏重冬轻，或遇热尤甚，得寒则解。伴有口干心烦，舌绛或舌尖红，苔薄黄，脉象弦数或滑数。

血虚皮肤瘙痒：多见于老年人，秋冬尤剧，春夏转轻。证见皮肤干燥，遍布抓痕，经常搔抓处可呈苔藓样改变，皮肤脱屑如糠秕状，或遍布血痂。伴有面色无华，心悸失眠，头晕眼花等症，舌淡苔净，脉象弦细。

风湿皮肤瘙痒：皮肤瘙痒，搔抓后起水疱、丘疹、流水，或皮肤湿烂，多见于青壮年，夏秋季节为甚，舌苔白腻或薄黄腻，脉象滑数。

风盛皮肤瘙痒：多发于春季，周身皮肤瘙痒，痒无定处，日久不愈，皮肤可变肥厚呈苔藓化，状如牛领之皮。舌红苔薄黄，脉象弦细。

风寒皮肤瘙痒：多发于冬季，皮肤瘙痒常在头面、前胸、颈周、双手等暴露部位，遇寒则甚，逢暖或汗出则减。舌淡苔白，脉象浮缓或浮紧。

鉴别分析

血虚皮肤瘙痒与风寒皮肤瘙痒：二者均属阴证。血虚皮肤瘙痒，多发于老年人，由于气血两虚，血不养肤，血虚风燥，故皮肤干燥脱屑，如糠似秕。搔之不断，则遍布血痂抓痕。经年累月，皮肤呈苔藓样改变。血虚皮肤瘙痒，以血虚为本，内风使然，补其气血自能使内风摒除，瘙痒得解，治宜养血润燥，祛风止痒，方选养血润肤饮。风寒皮肤瘙痒多因体内阳气不足，不能抗御外寒，再加之外受风寒之邪，故多见于冬季，发于头面、颈周、双手等暴露部位，逢暖或汗出，则风寒暂去，故瘙痒缓解。风寒皮肤瘙痒，以外因为主，故多见于暴露部分，治宜驱风散寒，方选桂枝麻黄各半汤。

血热皮肤瘙痒与风盛皮肤瘙痒：二者均为阳证。但血热皮肤瘙痒多因心绪烦躁，或过食辛香炙煿之物，导致血热风生，故作瘙痒。青壮年血气方盛者多患之，搔破则血痕累累。夏季阳气正旺，外热与内热相合，则瘙痒更甚，得寒则解。故本证关键在于血热，治宜凉血清热，消风止痒，方选止痒熄风汤。风盛皮肤瘙痒，因肌肤腠理不密，外受风邪，郁久化热，浸淫皮肤而作痒。春季风木当令，故多易发。其特点为痒无定处，搔抓不止，皮肤肥厚苔藓化，或状如牛领之皮。治宜搜风清热，败毒止痒，方选乌蛇驱风汤。总之，二者均为阳证，前者多由血热，系内因为主；后者多由风邪，乃外因使然。

风湿皮肤瘙痒：多因恣食肥甘厚味，辛香炙煿，使体内蕴湿，复感风邪，则风湿相搏为患。风盛则痒，故搔抓不止；湿盛则起水疱、丘疹，流水或糜烂。治宜散风除湿止痒，方选全虫方。

此外，湿热黄疸等疾均可周身作痒。凡皮肤瘙痒之症，均忌用热水及肥皂洗浴。瘙痒时，可外擦苦参酒、三石水；皮肤干燥发痒者，可外用润肤膏等。

【文献别录】

《诸病源候论·风瘙痒候》："此由游风在于皮肤，逢寒则身体疼痛，遇热则瘙痒。"

《诸病源候论·风身体如虫行候》："夫人虚，风邪中于荣卫，溢于皮肤之间，与虚热并，故游奕遍体，状若虫行也。"

《诸病源候论·风痒候》："邪气客于肌，则令肌肉虚，真气散去，又被寒搏皮肤，皮外发，腠理闭，毫毛淫，邪与卫气相搏，阳胜则热，阴胜则寒，寒则表虚，虚则邪气往来，故肉痒也。凡痒之类，逢热则痒，逢寒则痛。"

（李博鉴）

518. 皮 肤 脱 屑

【概念】

脱屑，又称皮屑或鳞屑，是指皮肤表面脱落的残片而言。其形状不同，有如糠粃、鳞片等；颜色各异，常见者有白色、银白、浅褐等；性质有的干燥，有的油腻。在正常情况下，脱屑是皮肤新陈代谢的自然产物，少量脱屑属生理现象，不能与病理性脱屑混同。

脱屑可见于全身各处，本文只讨论躯干四肢的皮肤脱屑，头皮脱屑另立专条论述。另外，痂皮的来源、成分与脱屑不尽一致，亦不属本条讨论范围。

【鉴别】

常见证候

血热风燥脱屑：鳞屑干燥呈白色，叠出不穷，鳞屑覆盖在红斑疹之上，兼有心烦，口渴，大便干燥，小便短黄，舌质红，苔薄黄，脉微数等。

血虚风燥脱屑：鳞屑干燥呈白色，细小，层层脱落，鳞屑附于浅红色斑片之上，皮肤干燥，有时头晕目眩，面色㿠白，舌质淡，苔薄，脉沉细。

风热外袭脱屑：鳞屑呈糠粃状，附于黄红色圆形或椭圆形斑疹上，多见于胸背部；亦可见白粉状鳞屑，附于淡红色圆形斑块上。无明显全身症状，或初起感周身不适，发热，咽干。舌红，苔薄黄，脉微数。

风湿蕴肤脱屑：鳞屑细薄，油腻状，附于边界不清的斑片上，多见于胸背、腋下及鼠蹊等处，一般无明显的全身症状，舌质正常，苔薄，脉濡缓。

毒热炽盛脱屑：全身皮肤潮红，表面有大片皮屑呈叶状脱落，手足部位脱屑犹如脱手套、脱袜子一样，常伴高烧，头痛，恶心烦躁，口干渴饮。舌红，苔黄燥，脉洪数。

鉴别分析

血热风燥脱屑与血虚风燥脱屑：此二证常见于白疕。其病因病机均与风燥有关，但二者有血热、血虚之别。血热风燥脱屑系因素体阳热偏盛，血热外壅肌肤，热盛生风化燥，肌肤失养而发病；血虚风燥脱屑由病久不退，血虚生风化燥，肌肤失润所致。二证的共同点是脱屑均表现有燥象，如脱屑质地干燥，叠出不穷，层层脱落。不同点是：血热风燥脱屑除有一派热象（如心烦，口渴饮冷，大便干燥，小便短黄，舌红，苔黄，脉微数）外，其脱屑发展很快，不断有新的斑疹出现，斑疹呈鲜红色，揭去鳞屑则有点状出血现象；血虚风燥脱屑除有阴血亏虚表现（如头晕目眩，面色不华，咽干口渴不欲饮，舌淡，苔少或净，脉沉细）外，其脱屑病程较长，发展缓慢，一般无新起皮疹，斑疹色淡红或黯红色。治疗方面血热风燥脱屑，以凉血清热为法，常选用土茯苓丸，或克银一号方；血虚风燥脱屑，以养血滋阴润燥为法，常选用养血润肤饮，或克银二号方。

　　风热外袭脱屑与风湿蕴肤脱屑：此二证均有风邪所致，但病因病机尚有区别。风热外袭脱屑是由于血热受风，以致营卫失和，闭塞肌腠所致。临床特点是：鳞屑细碎色白，呈糠秕状，附于淡红色或黄红色斑疹（呈椭圆形长轴与皮纹一致）之上，有时兼见有表热之象（如周身不适，轻度发热，舌红，苔薄，脉浮数），治以散风清热凉血法，常用方为消风散加减。风湿蕴肤脱屑，因湿邪内蕴，外受于风，风湿相搏，阻于肌肤而成。鳞屑多附于边界不清的斑片之上。治以祛风除湿法，常用方为疏风除湿汤。二者主要区别在于前者有热，后者有湿，虽同有风之见症，但湿热之别显而易见。

　　毒热炽盛脱屑：本证由于内热偏盛，复受药毒，毒热内蕴，迫及营血，外壅肌肤而为患；更有甚者，毒热化火，灼伤阴液，毒火内陷，攻伐脏腑。本证在临床上不难辨认：①多有用药（内服或外用）史，发病突然。②脱屑呈叶状，层层剥脱，甚或手足部呈手套、袜状脱落。当毒热炽盛脱屑为正盛邪实阶段时，皮肤潮红，脱屑不甚广泛。兼见发烧、头痛、口渴饮凉、舌红、脉数有力等症。以治标为主，法宜清营解毒，常用方为清瘟败毒饮加减；若病情进一步发展，阴伤毒陷，皮屑大量剥脱，而且出现高烧，神昏，烦躁，舌红绛，苔净，脉沉细，则以治本为主，法拟滋阴增液，清热解毒，方用增液解毒汤。

　　总之，皮肤脱屑应注意其性状，如干燥者多属风、热、毒、血虚；油腻者多与湿有关；糠秕状、云母状者病情较轻；大如叶片或手套样者病情危重。

【文献别录】

《诸病源候论·干癣候》："干癣但有匡廓，皮枯索痒，搔之白屑出是也。皆是风湿邪气，客于腠理，复值寒湿，与血气相搏所生。"

（李　林　刘瓦利）

519. 皮肤皲裂

【概念】

皮肤皲裂，是指皮肤表面出现大小不等，深浅不一的裂隙而言，简称"皲裂"。

《诸病源候论》称为"皲裂"、"肉裂"、"坼裂"；《素问病机气宜保命集》称"皴揭"；《外科启玄》称"皴裂"、"皱裂"；《中医临证备要》称为"干裂"、"燥裂"。今亦有"裂口"、"龟裂"、"裂隙"、"折裂"等称，均属本症范围。

由外伤所致的皮肤裂口，不属本症讨论范围。

【鉴别】

常见证候

血虚风燥皲裂：皮损常发生于手掌，手背，指尖，足跟等处，呈线状或沟状裂隙，轻者自觉皮肤干燥不适，重者可伴表面出血和疼痛，裂隙长短不一，深浅亦有差异，裂隙常发生在肥厚坚硬之皮上，病程缓慢，寒冷季节加剧，气候转暖时，可减轻或自愈，舌质淡白，脉细弱。

血热风燥皲裂：皲裂多发生于肘、膝关节伸侧，腰背，臀部。初起为红斑，逐渐扩大融合，呈大斑块状，表面常有银白色鳞屑，常伴有瘙痒，病程日久，可发生皮肤裂隙，较大而深，自觉疼痛，甚则出血，舌红绛少苔，脉细数。

脾虚湿蕴皲裂：皲裂多对称发生于手掌心，足跖，手背，耳后，乳房下，阴囊，腹股沟等处，初起为红斑，丘疹，水疱，瘙痒，日久皮损变暗肥厚，表面干燥脱屑，皲裂处痛痒相兼，舌质暗红，舌苔光剥，脉弦细。

湿毒浸淫皲裂：开始多发生于单侧，后可见于双侧手背，手掌，足掌，趾缝，足跟，足侧，初起瘙痒脱屑，逐渐融合成片，皮肤增厚裂口，有时可伴有灰指甲，舌红苔白腻，脉滑数。

鉴别分析

血虚风燥皲裂与血热风燥皲裂：二者发生均可累及四肢，但血虚风燥皲裂，多见于以撑船，推车，打鱼，木工，瓦工等为职业之人。因其经常摩擦，破伤，浸渍，触冒风寒，耗伤阴血，血虚生风所致。故其皮损特点为：皲裂多发生于手足掌跖，足侧，手背，指节，指尖等，可单发或多发，多呈线状或沟状裂隙，裂隙常发生在易摩擦的皮肤肥厚处，治宜养血、熄风、润燥之法，方选当归饮子，外涂润肌膏。血热风燥皲裂，多因素禀血热之体，外受风热或多食辛香炙煿、腥发动风之品，使热邪蕴结于血分，从而使皮肤干燥裂口，甚则出血疼痛。以肘，膝，腰，背等为多发之处。皮损基底鲜红或暗红，上覆银白鳞屑，搔破出血。治宜凉血润燥，方选克银二号方，外用红粉膏。

脾虚湿蕴皲裂与湿毒浸淫皲裂：二者虽均可累及手足，但脾虚湿蕴皲裂，多因于饮食失当，致使脾湿内蕴，复由外界水湿浸渍或雨后湿蒸，使内外湿邪相合，郁结肌肤，从而使皮肤失养而致皲裂。其皮损特点为：初发多有渗出，糜烂，水疱等，可对称发生于任何部位，治宜健脾、除湿、止痒，方选健脾除湿汤，外涂湿毒膏，祛湿散。湿毒浸淫皲裂，多由水浆浸渍、汗出沾衣，使湿毒之邪郁于皮肤所致，皮损好发于趾缝，足侧，足跟，手背，掌心等部位，可单发或多发，可以不对称，初起可见散在瘙痒性水疱，干燥后脱屑，融合成片，呈钱币形或多环形，经久搔抓，则角化肥厚，皲裂之处，有细薄脱屑，裂隙较深，触之疼痛，冬季加重，治宜清热除湿，解毒止痒，方选萆薢渗湿汤，外用醋泡方。

【文献别录】

《诸病源候论·手足皲裂候》："皲裂者，肌肉破也。言冬时触冒风寒，手足破，故谓之皲裂。"

《诸病源候论·肉裂候》："肉裂者，皮急肉坼破也。由腠理虚，风邪乘之，与血相冲击，随所击处而肉坼裂也。"

《外科启玄·麻裂疮口》："辛苦贫寒之人，不顾风雨，冬月间手足皴裂成疮，裂口出血，肿痛难忍。外用萝卜汁煎洗裂口，次以腊羊脂燃油，滴入裂口即愈。"

（李博鉴）

520. 皮 肤 风 疹

【概念】

皮肤风疹，是指高出皮肤的斑丘疹，常堆累成块，融连成片。由于本症多骤然发生或迅速消退而不留任何痕迹，俗称"风疙瘩"。

本症，《素问·四时刺逆从论》称为"隐疹"；《诸病源候论》则分为"白疹"与"赤疹"，并提出"瘖瘟"之称；至《备急千金要方》始有"风疹"之名。宋《三因极一病证方论》又区分为"白者为婆膜，赤者为血风"。

若疹色鲜红如涂丹者，谓之丹毒，另列专条论述。

【鉴别】

常见证候

风热蕴肤皮肤风疹：皮疹呈红色或粉红色，堆连成片，迅速泛发于周身，局部有灼热感，遇热加剧，得冷缓解，或兼有风热表证，舌质红，苔薄黄，脉数浮。若风热挟湿者，皮疹形似豆瓣，周边红晕，疹豆中间有小水疱，偶见大疱，瘙痒甚，抓破后有脂水渗出。

风寒束表皮肤风疹：皮疹为粉白色或瓷白色，大小不等，或融合成片，常以身体暴露部位症状突出，遇冷加剧，得暖则缓，或兼见风寒表证，苔白，脉浮紧。

血热皮肤风疹：突然起疹，色鲜红，散在发生并迅速融合成片，搔痒甚，或先感皮肤灼热刺痒，抓之随起红色或紫红色条索状疹块，舌红，苔少，脉数。

血瘀皮肤风疹：皮疹色暗红色，呈块状，多见于臀部、腰围等容易受压处，兼见面色晦黯，口唇色略紫红，舌质有瘀斑，脉涩。

胃肠积热皮肤风疹：皮疹色红发痒，如粟粒大小，或成块连片，状如云头。发病急骤，兼见脘腹不适，腹胀便秘，小便短赤，舌质红，苔黄厚，脉滑数有力。

气血两虚皮肤风疹：皮疹色淡，时发时退，年长日久，出没不已，或劳累后加重，兼见面色苍白，心悸气短，神疲乏力，食欲不振，舌质淡，脉沉细无力。

鉴别分析

风热皮肤风疹与风寒皮肤风疹：外受风邪为二者致病的共同原因。风热皮肤风疹，为风热之邪，郁于肌腠，壅于皮肤而发；风寒皮肤风疹，为风寒之邪，郁闭腠理，不得透达而发。其鉴别要点为：风热皮肤风疹呈红色或粉红色，可迅速蔓延全身，且遇热剧而得冷解。风寒皮肤风疹呈粉白色或瓷白色，以皮肤暴露部位明显，遇热轻而遇冷剧。前者治宜疏风清热，方用消风清热饮；若风热挟湿，疹豆中有小水疱者，可用祛风胜湿汤治之。后者治宜疏风散寒，方用桂枝麻黄各半汤；若有恶风，自汗，脉浮缓的表虚证者，当益气固表而疏风，方用固卫御风汤。

血热皮肤风疹与血瘀皮肤风疹：病在血分，但病因病机不同。前者多因五志化火，使血热生风，伤及血络所致；或内服某些药物，药毒浸淫，血热壅肤而发。后者多见于风邪未经疏泄，久郁搏于营血，血瘀经滞引起。辨证要点为：前者斑丘疹色鲜红，或抓后随起红色条索状皮疹，周身均可发生；后者疹色黯红，每成块状，多见于身体受压部位。血热皮肤风疹，治宜清热凉血，消风止痒，方选消风散化裁。血瘀皮肤风疹，治宜活血通络，消风止痒，方选活血祛风汤，或通经逐瘀汤。

胃肠积热皮肤风疹：多因饮食失节，或吃鱼虾等食物，使肠胃积热，内不得疏泄，外不得宣通，郁于皮肤腠理之间而发。证见疹块色红，堆累成片，兼有肠胃积热症状。治宜通腑泻热，疏风解表，常用方为防风通圣散。

气血两虚皮肤风疹：常见于脾胃虚弱患者，每因气血不足，复感风邪，郁于腠理，不得透达所致。发病缓慢，疹块色淡，日久不愈，劳累后加重。并伴有气血两虚的症状。治宜养血祛风，益气固表，常用当归饮子加味治之。

中医学认为，皮肤风疹多从"风"起。外风所致者起病急骤，内因生风所致者起病较缓。但临证又有虚实之别。体质壮者多为实证易治，体质弱者多为虚证难愈。故临床当结合脉证与体质情况鉴别之。

【文献别录】

《外科大成·瘾疹》："瘾疹者，生小粒瘔于皮肤之中，憎寒发热，遍身搔痒。经云，劳汗当风，寒薄为皶，郁乃痤。热微色赤，热甚色黑。由痰热在肺，治宜清肺除痰解表，如消毒饮子；有可下者，大柴胡汤；虚者补中益气汤，或总以加味羌活散治之。"

《医宗金鉴·外科心法要诀·瘔瘤》："此证俗名鬼饭疙瘩。由汗出受风，或露卧乘凉，风邪多中表虚之人。初起皮肤作痒，次发扁疙瘩，形如豆瓣，堆累成片。"

（李　林）

521. 皮 肤 水 疱

【概念】

水疱，指发生在皮肤表面的水疱而言。其小如针尖，大如棋子，可单发散在，亦可集簇出现；疱壁可薄可厚，呈隆起状，内容清亮、或混浊液体。

水疱是皮肤科常见症状之一。由于皮肤病病种不同，水疱的表现形式亦有区别。中医根据水疱的部位、色泽，及疱内液体的性质进行辨证，并认为其病因与湿有密切关系。

【鉴别】

常见证候

风湿蕴肤水疱：水疱小如针尖，状如粟米，清亮隆起，散在发生，或拥簇成片，出汗多的部位较多，或可伴有风团，多数有瘙痒，一般无全身症状。舌质正常，苔少，脉浮数。

寒湿凝滞水疱：水疱色白，周边红紫，多发生在暗红色，或青紫色肿块上，破后渗液清稀，亦可形成糜烂、溃疡，经久不愈合，常见于手足、面颊、耳廓等处，局部皮肤发凉，遇热后可有灼热、痒痛难忍等感觉。舌质淡，苔白，脉沉迟。

湿热蕴结水疱：水疱大小不一，疱色红润，光亮饱满，周边有红晕，破后脂水流溢，形成潮红糜烂面，或干燥结痂。水疱往往发生在红斑上，或在红斑中心，亦可在红斑边缘起水疱；严重者可有发热，周身不适等症状。舌质红，苔黄腻，脉濡或滑数。

脾虚湿泛水疱：水疱大如棋子，或如鸡蛋，甚至更大。疱液初起澄清，以后则混浊，或成血性内容液。疱壁薄而松弛易破，破后疱面浅淡。兼有面色㿠白，肢体困倦，纳呆，便溏等症。舌体胖，舌质淡，苔厚腻，脉濡缓。

虫毒蕴肤水疱：水疱小如芥子，大如黄豆，边界清楚，略隆起，疱液初起清彻，日久则混浊。散在发生，逐渐扩展成群，常因奇痒而搔抓，抓后水疱可融合，甚或红肿焮疼。

鉴别分析

风湿蕴肤水疱与寒湿凝滞水疱：二者发病与季节有明显关系。前者以春夏秋季多见，此时天气温暖，腠理疏松，风湿易浸淫肌肤，郁而不发，引起水疱；后者常发于冬季，严冬时节，寒邪侵肤，经络气血运行受阻，水湿与寒邪搏结，凝滞于肌肤，而生水疱。临床特点为：风湿蕴肤水疱发无定处，疱色微红，破后渗液较少，好发于出汗多的部位；寒湿凝滞水疱多发生在手足、面颊、耳廓等处，水疱色白，破后易糜烂、溃疡，不易愈合。风湿蕴肤水疱可见皮肤潮红，或兼有风团，伴有不同程度的搔痒；寒湿凝滞水疱的皮损初起呈苍白色，旋即红紫，或有青紫肿块，遇热后麻、痒、胀、痛明显。在治疗上，风湿蕴肤水疱，宜祛风除湿，佐以清热，方选祛风胜湿汤加减；寒湿凝滞水疱，当温化寒湿，佐以通络活血，方投当归四逆汤或桂枝加当归汤化裁。

湿热蕴结水疱与脾虚湿泛水疱：在病因病机方面，湿热蕴结水疱，常因脾湿心火偏盛，或受水湿浸渍，相互搏结，蕴于肌肤而发病。起病急，表现有热象；脾虚湿泛水疱，由于脾胃虚弱，运化失职，津液不能输布，聚生水湿，日渐外发肌肤而致。故起病缓，表现有湿象，热象不明显。临床特点为：湿热蕴结水疱多为小水疱，常充盈饱满，疱壁紧张光亮，周边有红晕，破后结痂快，常在红斑上起水疱；脾虚湿泛水疱多为大疱，疱壁薄而松弛易破，大疱周边不红晕，破后疱面不易愈合，结痂慢，常在正常皮肤上起水疱。治疗上，湿热蕴结水疱以治标为先，或标本兼顾，以利湿清热为大法，方选龙胆泻肝汤化裁；脾虚湿泛水疱以治本为主，调胃健脾除湿为大法，方选除湿胃苓汤加减。

虫毒蕴肤水疱：临床特点是水疱小而群集，其发生部位随病种而异（或见于指趾间，或见于阴股部，或在虫咬处发生），常伴有奇痒。中医以外治见长，如雄黄膏，或百部酒外擦，有杀虫止痒，收湿敛干之效。

在上述各种水疱中，脾虚湿泛水疱属虚证，以健脾除湿为治疗大法；其余四种水疱属实证或虚实挟杂证，主要是外湿与其它邪气相兼为患，或毒邪浸淫肌肤引起，以祛湿为大法，并依据临床表现，审证求因，辨证论治。

【文献别录】

《幼幼集成·水痘露丹证治》："小儿生后，百日内外，半岁以上，忽然眼胞红肿，面青黯色，夜间烦啼，脸如胭脂，此因伏热在内，发之于外。初则满面如水痘，脚微红而不壮，出没无定，次至颈项，赤如丹砂，名为露丹，以三解散疏散之。"

（李　林）

522. 皮 肤 脓 疱

【概念】

皮肤脓疱，是指皮肤表面发生内含脓液，高起膨隆的小疱而言。脓疱呈黄色，或乳白色，有的初发即为脓疱，有的则从水疱变化而来；单发散在，或遍布周身；脓疱深者壁厚，浅者壁薄；破溃后，脓液溢出干涸，形成脓痂。

本症，在《诸病源候论》中称为"疱疮"，形容其"发于皮肤，头作瘭浆，戴白脓"；明《外科正宗》有"脓疱"的记载。《外科启玄》则分"春脓疱"、"秋脓疱"，提示本症有好发季节。

【鉴别】

常见证候

热毒炽盛脓疱：脓疱呈豆状，疱壁薄色黄，周围红晕，破溃后溢出粘稠脓液，易干涸，形成黄厚脓痂，常有接触感染之特点，严重者壮热，头痛，咽干，口渴欲冷饮，大便秘结，小便短黄，舌质红，苔黄燥，脉滑数。

湿毒蕴结脓疱：初起为水疱，迅速变化成脓疱，或水疱、脓疱同时出现，集簇成群，疱壁薄呈乳白色，破溃后糜烂，脂水脓液交结，形成薄脓痂，伴有微热，口干不欲饮，舌质红，苔薄黄或根部稍腻，脉数或滑数。

湿热内蕴脓疱：脓疱表浅，小如粟粒，成批出现，反复发作，脓液浅黄，干涸后结成浆痂。若疱壁较厚不易破溃，可自觉胀痛。多见于素体肥胖，汗多之人，常有肌肤热，舌红，苔黄或腻，脉濡。

营血郁热脓疱：脓疱表浅，如米粒大小，发于红斑之上，脓液混有血液而略呈粉红色，干涸后易结成脓血痂，一般无明显全身症状，舌红或黯红，苔少，脉弦涩。

鉴别分析

热毒炽盛脓疱与湿毒蕴结脓疱：二者虽皆因邪侵，但病因病机不同。前者乃因毒热之邪浸淫肌肤所致，脓疱伴有一派毒热症状（如壮热，头痛，口渴饮冷，大便秘结，小便短赤，舌红，苔黄燥，脉滑数），后者为湿毒凝结，浸淫肌肤所致，兼有湿象（如口干不欲饮，苔腻，脉濡）。二者发病过程也不同，热毒炽盛脓疱初发即为脓疱，湿毒蕴结脓疱初起常为水疱，以后转化为脓疱，或水疱、脓疱同时出现，杂集成群。脓疱本身亦有区别：热毒炽盛脓疱，多为绿豆或黄豆大，疱壁薄色黄，周围红晕明显，疱液流溢它处常可引起新脓疱；湿毒凝蕴脓疱，多为粟粒大小，疱壁薄，常发生大片潮红的皮肤上，疱破后常形成大面积糜烂，渗出不已，缠绵不易干涸。治疗原则，均以解毒为主，但热毒炽盛脓疱，当拟清热解毒法，常用五神汤与黄连解毒汤化裁，湿毒蕴结脓疱，当拟除湿解毒，常用除湿解毒汤化裁。二证均可外用祛湿散，麻油调敷患处，以清热收湿解毒。

湿热蕴结脓疱与营血郁热脓疱：此二证病因皆缘于内。湿热蕴结脓疱多由肺经蕴热，脾经有湿，二气交感，蕴结肌肤所致。营血郁热脓疱，常见于阳热偏盛之体，由于恣食辛辣香燥腥发之品，致使血热外壅，脉络失和，营血郁热于肌腠而生脓疱。在辨证上，湿热蕴结脓疱，常见于素体肥胖之人，常有汗多，肌肤热；营血郁热脓疱，素禀内热，常见大便秘结，口干喜冷饮。前者治宜健脾祛湿清热，常用清脾除湿饮；后者治宜活血清热解肌，常用仙方活命饮化裁。

脓疱一症，以外邪浸淫者居多，临床上以前两证候最为常见，治疗虽以祛邪解毒为主，但要时时注意保护胃气。《临证指南医案·疮疡》云："大凡疡症虽发于表，而病根则在于里……概用苦寒攻逐，名为清火解毒，实则败胃戕生，迨至胃气一败，则变症蜂起矣。"后两证候系体内脏腑气血功能失调引起，治疗应重在调理脏腑，疏畅气机。

【文献别录】

《外科大成》："黄水疱于头面、耳项，忽生黄粟，破流脂水，顷刻沿开，多生痛痒。"

（李　林　刘瓦利）

523. 皮 肤 粟 疹

【概念】

皮肤粟疹，是指高出皮面，心实饱满的小疹而言。犹如粟米撒于皮肤上，单发散在，或集簇成群，抚之碍手。

本症是皮肤科常见症之一。《素问·至真要大论》："少阴之复，热气大行，病痱疹。"其"疹"，似包括本症在内。《外科启玄》曾指出："疹者，隐也，隐而现，现而隐，有头粒而更（碍）手。"

皮肤粟疹，与一般的风疹，及儿科中的"疹子"（俗称"痧子"），温病中的"赤疹"、"白疹"不同，故后者不属讨论范围。

【鉴别】

常见证候

毒热浸淫粟疹：粟疹初起色红，大小如针头，或如粟米，周围焮红，中心有一根毛发贯穿，以后顶端红肿，出现小脓头，伴有发热，口渴，大便干，小便短黄，舌红，苔薄黄，脉滑数。

痰热阴虚粟疹：粟疹如粟粒大，圆形，质地坚实，表面光滑，色潮红，日久为红褐色，伴有轻微灼热感，潮热，盗汗，腰痠背痛，少眠，舌红少津，苔黄或腻，脉细数。

风湿瘀阻粟疹：粟疹紫红色，扁平或多角形，表面有光泽，以后逐渐融合成片，呈苔藓状，瘙痒明显，舌红，苔薄黄或微腻，脉弦滑。

湿热壅滞粟疹：粟疹色正常或浅红，往往与水疱、红斑杂相混错，集簇成群，瘙痒，身热，口渴，或渴不欲饮，小便短黄，舌红，苔黄腻，脉弦滑数。

血热郁肤粟疹：粟疹色鲜红，如针头，或粟米大小，稀疏散在，或密集成片，常与红斑、水疱同时出现，皮肤灼热潮红，可伴有发热，口渴，头痛，舌红，苔薄少，脉滑数。

肺胃热盛粟疹：粟疹好发颜面，如粟米或绿豆大小，正常皮色，或微红有黑头，用手挤压出乳白色粉刺，皮肤油亮，身热不适，口干渴饮，大便干，舌红，苔薄黄，脉滑数。

鉴别分析

毒热浸淫粟疹：系属温热毒邪，蕴集玄府而成。粟疹特点是，中心有一根毛发贯穿，色红，有小脓头，容易与其他粟疹鉴别。治以清热解毒法，方选解毒清热汤内服，外用毛疮洗方洗之。

痰热阴虚粟疹与风湿瘀阻粟疹：此二证多发生于成年人。前者主要好发于颜面，由于肺肾阴虚，阴虚生内热，热灼津液为痰，痰热交凝，上蕴于面，阻于肌腠所致；后者好发于四肢或躯干，也可发生于口腔、口唇等处，乃因风湿侵袭，失于疏散，阻于肌腠，气滞血瘀引起。二者病程缓慢。鉴别要点为：痰热阴虚粟疹呈圆形，粟粒大，坚硬，色潮红，融合成堤状，伴有阴虚内热脉症；风湿瘀阻粟疹扁平，多角形，紫红色，表面有光泽，伴剧烈搔痒。在治疗方面，痰热阴虚粟疹，法宜补肺益肾，清热化痰，佐以软坚，方用增液汤与芩部丹化裁；风湿瘀阻粟疹，法宜搜风清热解毒，佐以活血，方用乌蛇驱风汤加桃仁、红花、茜草等药。

湿热壅滞粟疹与血热郁肤粟疹：此二证均与体质有关。前者由于禀素湿热内蕴，复受外界湿热邪气浸淫，或吃鱼虾海味及辛辣等物，使内外湿热搏结，壅阻肌肤引起。后者因禀性阳热偏盛，内服或外用药物不当，药毒内侵，以致营血蕴热，血热壅郁肌肤所致。二证的粟疹均为针头或粟米大小，同时相杂小疱及红斑，单从皮疹方面很难鉴别，临证应从以下几方面区别之：湿热壅滞粟疹，发无定处，周身均可发生，但以四肢屈侧多见；与受潮湿有关，起病缓慢，吃鱼虾等物加重，常反复发作，瘙痒明显。血热郁肤粟疹，常对称发生，口腔粘膜及手足掌跖多见；有明显的用药史，发病突然，停药后皮疹可逐渐减轻，病程较短，微痒，皮肤灼热尤为突出。湿热壅滞粟疹，治以利湿清热法，常用龙胆泻肝汤化裁；血热郁肤粟疹，治以凉血清热法，可选用皮炎汤治之。

肺胃热盛粟疹：是男女青春期好发的一类粟疹。系由肺胃有热，上蒸于面，血热郁滞而成。临床特点为：粟疹色微红，有黑头，可挤出粉刺，愈后可有小的凹陷性疤痕；好发于颜面，亦可见于胸背部。治以清泻肺胃郁热，方投枇杷清肺饮加减，外用颠倒散涂之。

皮肤粟疹，常单独出现，或可与其它皮肤症状同时并见，有些粟疹长久不变，有的则发展成水疱、脓疱。因此，在掌握粟疹常见证候的同时，还要注意粟疹的不同发展阶段及其变化情况，这对提高辨证论治水平有所裨益。

【文献别录】

《寿世保元》："古谓麻即疹也。疹出如麻成朵，痘出如豆成粒，皆象其形而名也。夫胎毒一也。痘出于五脏，脏属阴，阴主血，故痘有形而有汁，其症寒热备有也。疹出于六腑，腑属阳，阳主气，故疹有形而无浆，其形多实热而无寒也。"

（李　林）

524.皮肤糜烂

【概念】

皮肤糜烂，是指表皮水疱、脓疱因搔抓或摩擦后，破溃而渗出脂液形成的皮肤湿烂而言。因其皮肤损害表浅，故愈后不留瘢痕。本症与损害较深，愈后留有瘢痕的皮肤溃疡不同，因此后者不属本症讨论范围。

【鉴别】

常见证候

湿毒浸淫糜烂：糜烂面鲜红，湿润，有淡黄色清亮之脂水渗溢，流至它处可发生新疱疹，干燥后形成褐黄色脓痂，一般无全身症状，有时可见发热、恶寒等症状，舌质红，苔黄或黄腻，脉滑数。

脾湿内蕴糜烂：糜烂面色淡或微红，潮湿，脂水淋漓，渗液较稀，浸淫成片，干燥后可结成痂皮；兼有胃脘不适，纳呆，面色萎黄，或可见肢肿，便溏，舌淡，苔白或腻，脉缓。

阴虚湿阻糜烂：糜烂面色淡或暗红，渗水不多而持日较长，痂皮反复出现，皮肤干燥，或有脱屑，口干渴而不思饮，舌质红绛少津，苔净或根部稍腻，脉细滑或弦细。

鉴别分析

湿毒浸淫糜烂与脾湿内蕴糜烂：二者均与湿邪有关，但发病机理不同，故二证临床表现及治法有别。湿毒浸淫糜烂，乃由外湿与毒邪搏结，浸淫肌肤引起。多在夏秋季节湿毒较重之时发生，多见于小儿。皮损特点为：糜烂面鲜红，湿润，接触后易扩散。治以祛湿解毒法，方选除湿解毒汤加减。脾湿内蕴糜烂，系脾运失健，湿从内生，内湿蕴蒸，外发肌肤所致。皮损特点为：糜烂面色较淡，湿润，渗出较多且稀薄，发无定处。常兼有脾胃虚弱诸症，如面色萎黄，胃脘不适，纳呆，肢肿，便溏等。治以健脾除湿法，常用除湿胃苓汤化裁。

阴虚湿阻糜烂：多由于水疱破溃后，经久不愈，渗水伤阴耗液，阴伤而湿不去所致。皮损特点为：糜烂面色暗红，渗水少而不易干燥，同时在其它部位尚有水疱存在。兼有口干渴而不思饮等全身症状，舌红绛少津，苔净或根部稍腻，脉细滑。治以滋阴除湿法，常用方为滋阴除湿汤。

皮肤糜烂是皮肤病的一种常见症状。病因总与湿有关。治疗上以除湿为原则，但要根据证之虚实，或配解毒急治其标，或配健脾缓图其本，或滋阴与除湿并用。

【文献别录】

《外科正宗·杂疮毒门》："遗毒乃未生前在于胞胎禀受，因父母杨梅疮后余毒未尽，精血孕成。故既生之后，热汤洗浴，烘薰衣物，外热触动，内毒必发于肌肤之表，先出红点，次成烂斑，甚者口角、谷道、眼眶、鼻、面皮肉俱坏，多妨乳哺，啼叫不安。"

（李　林）

525. 皮 肤 萎 缩

【概念】

皮肤萎缩，是指皮肤较正常变薄，光亮，其表面纹理消失或异于正常而言。古典医籍中对此无明确记载。《素问·痿论》中"肺热叶焦，则皮毛虚弱急薄"之描述，似与本症相似。

生理和病理变化均可导致皮肤萎缩。本文主要论述病理改变所致者，若因衰老、妊娠等生理变化引起的皮肤萎缩不在此赘述。

【鉴别】

常见证候

毒邪浸淫萎缩：开始时为界线清楚的红色斑疹，绿豆至蚕豆大，中央迅速凹陷萎缩，表面浅红发亮，正常纹理消失，或残存轻度皱纹，以颜面多见，胸背、肩部可散发；初起可有发热，头痛，口渴，大便干，小便短赤，舌红，苔黄，脉数等症。

寒凝血瘀萎缩：萎缩多呈带状，开始在手足背，然后逐渐扩展到前臂或下肢胫前部，其皮肤薄，光滑，凹陷，色浅灰或灰暗，摸之较硬，兼见四肢不温，尺肤寒凉，舌淡紫或黯红，苔薄白，脉沉迟。

气血两虚萎缩：多见于一侧面部皮肤萎缩，可累及肌肉甚至骨。患侧皮肤塌陷，较健侧明显变薄，失去正常纹理，无明显自觉症状，若侵犯面积扩大，患侧可较健侧缩小，常兼有纳呆，便溏，面色不华，舌淡，苔薄腻，脉细弱等症。

肝肾阴虚萎缩：面部皮肤薄，呈线条形萎缩，皮肤松弛，皱纹消失，而容易起大的皱折，表面干燥，有轻度脱屑，色灰褐或褐红，多见于中年人，其面似老年，易伴发老年性雀斑和血管瘤，男性毛发稀疏，女性出现胡须，舌体瘦干，红而少津，脉沉细。

鉴别分析

毒邪浸淫萎缩与寒凝血瘀萎缩：两证与感受外邪关系较为密切。前者所受之毒邪，包括日光毒热，梅毒和疠气等，局部皮肤受其毒邪浸淫，渐至萎缩。因此辨别本证时应联系病因，抓住萎缩皮损多呈圆形，色浅红发亮，正常纹理消失，或有轻度皱纹等特征。初期往往有毒热脉症，亦可佐证。其治疗以解毒祛邪为大法，但无具体专方专药，应随证求因而治之。寒凝血瘀萎缩，系寒邪外袭，络脉涩滞，气血不得畅行，瘀于局部皮肤所致。故本证萎缩始于四肢末端，逐渐向上发展扩延，萎缩面呈带状，光滑，色淡或灰暗，摸之较硬，且有四肢不温，尺肤寒凉，舌淡，脉沉迟等阴寒之象，可资鉴别。其治疗以温经散寒，活血通络为法，可选用当归四逆汤。

气血两虚萎缩与肝肾阴虚萎缩：此二证均以脏腑功能失调为突出，发病缓慢。气血两虚萎缩乃由于气血化源不足，环流贯注不畅，皮肤失于濡养，而发生萎缩。辨证要点为：萎缩可累及肌肉甚至骨，患处塌陷，萎缩处色淡，失去正常纹理，若发生于面部，则口、眼、鼻歪斜。可有脾胃虚弱之兼见脉症。治以补益脾胃法，可选补中益气丸、十全大补丸等药，缓缓图治。肝肾阴虚萎缩多见于中青年患者。盖肾藏精，肝藏血，肝肾乙癸同源，精血相互化生。若久病缠绵，或形乐志苦，繁劳负重，以致肝肾亏虚，精血不足，肌肤失于滋养，故皮肤日渐萎缩。辨证要点为：皮肤薄呈线条形，皱纹消失，由于皮肤变松弛，故而容易起大的皱折，多而深，色灰褐或褐红，皮肤干燥有细碎脱屑，表现出未老先衰状态。治宜滋补肝肾，方用六味地黄丸。

皮肤萎缩多是由于先天或后天的某种因素所造成的一种皮肤退行性改变，一般治疗比较困难。只能审证求因，缓缓图治，否则会欲速而不达。此外，临床上也会遇到经 X 光线治疗，或由于某种疾病或外伤等引起的皮肤瘢痕性萎缩，均应与上述常见证候相鉴别。

【文献别录】

《类经·痿证》："肺痿者，皮毛痿也。盖热乘肺金，在内则为叶焦，在外则皮毛虚弱而为急薄。若热气留著不去，而及于筋脉骨肉，则病生痿躄。"

（李　林）

526. 皮 肤 瘢 痕

【概念】

皮肤瘢痕，简称"瘢痕"。是指皮肤损伤愈合后组织增生，皮肉高突不平，呈蜈蚣状而言。

本症可以发生在全身皮肤任何部位，好发于胸背部有破伤或受压迫的皮肤处，极少发于健康皮肤。后世有因其形状而名为"锯痕症"、"蟹足肿"等。古籍中记载的"肉龟疮"类似本症，但亦有医家不同意此看法，尚待进一步研究。

【鉴别】

常见证候

瘀血阻滞瘢痕：瘢痕多发生于金、刀、水、火之伤愈合后三至六个月间，皮损逐渐高出皮面，且较原损伤之面积稍大，呈鲜红或暗红色，表面光滑，触之坚韧或有弹性，间有树根状增生，形似蟹足或蜈蚣，自觉痒痛相兼，无全身症状。发展缓慢，到一定限度后，常会停止扩大，极少数日久可自行消退。

湿热蕴结瘢痕：瘢痕多发于金、刀、水、火、疔、疖、痈、疽以及预防注射之后。皮损与伤口范围一致，高出皮面，范围不再扩大，肥厚发硬，表面皱褶，颜色淡红或正常，自觉瘙痒，阴天尤甚，搔破后有少量渗液，边缘呈蟹足状或树根样，多无周身症状。

鉴别分析

二者均与先天禀赋有关，由金、刀、水、火外伤，或过度压迫摩擦而诱发，致使气血凝聚或湿热搏结而成。二者皮损相似而又有区别。由瘀血阻滞而成者，色多鲜红或暗红，触之坚韧或有弹性，发展缓慢而逐渐扩大，常超过原损伤范围，局部气血阻滞不能畅达，故多有痒痛感觉，舌质多见紫暗，或有瘀斑；由湿热蕴结而致瘢痕者，多素禀湿热之体，复由外伤之后，湿热阻滞气血运行，酿成瘢痕，故其颜色亦多淡红或呈正常肤色，瘢痕多与创口一致，发展不明显，触之较硬，自觉瘙痒，阴天尤甚。仔细观察，二者是不难鉴别的。前者因瘀血阻滞，故治宜活血化瘀，软坚散结，方选桃红四物汤加味，送服大黄䗪虫丸；后者因湿热搏结，以致气血瘀滞，故治以清化湿热，佐以活血软坚，方选清气化痰丸，送服小金丹。

除内服药外，初起之时，均可外用黑布膏；胬肉高起时，可用白降丹外涂，再敷以黑布膏。

【文献别录】

《中国医学大辞典·肉龟疮》："此症由心肾二经受邪所致，生于胸背两肋间，俨如龟形，头尾四足皆俱，皮色不红，高起二寸，疼痛难忍，宜内服荆防败毒散加天花粉、乳香、没药，外用神针针头尾，（俟服药后方去针）以艾灸四足三十八壮即愈。"

（李博鉴）

527. 皮 肤 结 节

【概念】

皮肤结节，是指发于皮肤，高出皮面，或隐没皮内，质地坚硬，圆形或类圆形的肿块而言。其大小，深浅，表面颜色，破溃与否，皆因病因而异。切诊比望诊更易分辨本症。

《灵枢·寒热》中记述"瘰疬"，从"小者为瘰，大者为疬，连续如贯珠"的描述来看，似属本症的原始记载；"结核"，在《备急千金要方》中作为一个病名出现，在《景岳全书》中则是一个症状。《外科大成》描述："结核生于皮里膜外，如果中之核，坚而不痛。"此外，尚有称"痰核"者。瘰疬，结核，痰核等包括病名和症状二层含义，从后一层含义讲，可属本症范畴。为了便于讨论，统一取名为"皮肤结节"。

皮肤肿瘤、瘢痕、疣等，虽与本症有类似之处，但是其病因迥异，临床表现不同，故均不属本症讨论范围。

【鉴别】

常见证候

痰火郁结结节：初起一个，或数个豆大结节，肤色不变，触之坚硬，推之移动，不痛，无寒热，日渐增大，微觉疼痛，相互粘着后，推之不动，瘰瘰如珠，历历可数；日久皮肤深红，质地渐软，破溃后流出稀薄脓液，久不收口。初起时自觉症状不明显，日久则兼见午后潮热，食欲不振，肌肉消瘦，皮肤失润，舌红或红绛，苔少，脉沉细而数。

痰湿流注结节：结节初起散在稀疏，芝麻大小，以后逐渐增大如黄豆，圆形或半圆形，密集成群，或散发孤立，浅褐色，质地较硬，表面粗糙，剧烈搔痒，或兼有腹泻，便溏，纳呆，舌质淡，舌体胖有齿痕，脉弦滑或濡。

气血瘀滞结节：结节呈圆形，或椭圆形，蚕豆，或樱桃大，初起表面色鲜红，渐次变暗红，或紫红色，略高出皮肤，自觉疼痛，触之痛甚，一般不化脓，不破溃，可伴有局部肿胀，发烧，咽痛，关节疼痛，舌红，苔少，脉弦涩或沉弦。

寒湿阻络结节：结节初起不红不肿，以后逐渐扩大色红，多发于四肢，呈带状分布，数量逐渐增多，日久破溃流出稀薄淡黄色脓液，结节之间有条索状硬结，兼见手足不温，肤色不泽，舌淡，苔白腻，脉沉紧或弦滑。

疫气浸淫结节：新生的结节色浅红，黄色，或正常肤色，陈旧的结节色深红，或红褐色，晚期颜面满布大小不等的结节，凹凸不平，多伴有冷热痛痒感觉减退或部分消失，舌红，苔少，脉细数。

鉴别分析

痰火郁结结节与痰湿流注结节：二者皆与痰有关，而病因病机却有差异。前者因肺肾阴虚，虚火内灼成痰，痰火凝结而发。火性炎上，痰随火势，故结节多发于颈项，腋下等处。后者由脾气虚弱，运化失司，水湿停积，聚而生痰，痰湿流注，聚于肌肤而发病。湿性重浊，痰湿交结，重浊下坠，故结节以下肢最为常见。结节的鉴别要点为：痰火郁结结节，望之瘰瘰如珠，历历可数，肤色不变，日久色深红；触之坚硬移动，日久变软，可破溃，流溢清稀脓液，久不收口。痰湿流注结节，望之初期为散在稀疏的小颗粒，以后密集成群，或散发孤立存在，浅褐色，剧烈痛痒，表面粗糙障手，不破溃。这两种结节病程长，发展缓慢。但痰火郁结结节表现出阴虚内热证（如午后潮热，肌肉消瘦，舌红或红绛，苔净，脉沉细数），而痰湿流注结节则见脾气虚弱证（纳呆，腹胀便溏，舌淡胖，苔腻，脉濡）。故在治疗上，痰火郁结结节，治以滋阴降火化痰法，常用滋阴降火汤与消核散合方；痰湿流注结节，治以健脾燥湿化痰法，常用二陈汤与海藻玉壶汤化裁。

气血瘀滞结节：本症好发于小腿，由于内有湿热，下注于血脉经络之中，致气血运行不畅，气滞则血瘀，瘀滞经脉而成。结节因发生部位不同而有差异：发于小腿伸侧者，结节呈红或鲜红色，较小较浅，数量较多，不破溃，消退后易复发；发于小腿屈侧者，结节呈暗红色，较大较深，数量较少，可破溃，经久不愈。发于小腿伸侧者，多为急性发病，春季多发；发于小腿屈侧者，呈慢性经过，冬重夏轻。治疗以通络祛瘀，行气活血为大法，常用方为通络活血方。小腿伸侧为足三阳经所布行，其证偏实热，故可佐以生地、丹皮、大青叶、银花等药以凉血清热；小腿屈侧为足三阴经所布行，其证偏虚寒，尤其在结节破溃后，应加党参、炙黄芪、熟地以培补气血。

寒湿阻络结节与疫气浸淫结节：二证均为外邪内侵所致。寒湿阻络结节多由皮肤破伤，寒湿邪气乘隙入侵，凝滞经脉引起，故结节多见于手足、小腿等暴露部位，因寒湿凝滞经脉，则结节间可见条索状硬结。疫气浸淫结节乃因素体虚弱，偶受疫气相染，内侵血脉，其结节多见于面部。这两种结节各有特点：寒湿阻络结节，初起不红不肿，以后结节扩大，色紫暗，仍无疼痛，破溃后溢出稀薄脂液，很难收口，多沿四肢呈带状分布；疫气浸淫结节，新生者色浅红或红黄色，陈旧者色深红或红褐色，后期往往使颜面凹凸不平，伴有手足麻木不温。寒湿阻络结节，治宜散寒祛湿，补气养血，常用方为滋荣散坚汤；疫气浸淫结节，治宜益气驱风，活血杀虫，常用神应消风散合磨风丸内服，外用苦参汤洗之。

结节是皮肤科主要症状之一，不少皮肤病以结节为主症，但在有些疾病中，结节与粟疹、红斑等症相兼出现。只要抓住上述各种结节常见证的主要特点，不难鉴别。结节的治法尽管各不相同，但《素问·至真要大论》"结者散之"，"坚者软之"的大法，则有普遍指导意义，临证当遵循之。

【文献别录】

《医宗金鉴·外科心法要诀》："结核即同果核形，皮里膜外结凝成，或由风火气郁致，或因怒火湿痰生。"

（李　林）

528. 皮肤肥厚

【概念】

皮肤肥厚，系指皮肤表面限局性变厚干燥而言。

本症在古典医籍中有类似记载，如《素问·阴阳别论》中之"索泽"，即皮肤粗糙干枯无津；《诸病源候论》中之"胼胝"；《外科正宗》中的"皴痛"等，均属本症范畴。至于全身较大面积的增厚，变硬，则与本症不同。

【鉴别】

常见证候

脾虚血燥皮肤肥厚：皮肤粗糙肥厚，有明显瘙痒，皮肤呈暗红色或褐色，多发生于手掌，有时表面脱屑，或轻度渗出，舌质淡，舌体胖，苔白，脉沉缓或滑。

血虚风燥皮肤肥厚：皮肤呈斑块状，粗糙肥厚，多发生在颈部两侧，或眼睑部，呈淡褐色，不定时瘙痒，伴有心悸怔忡，健忘失眠，舌质淡，脉沉细。

风湿蕴肤皮肤肥厚：皮损颜色稍黑，呈斑块状或融合成片，表面粗糙肥厚，多发生在四肢伸侧，或可见于其它部位，有阵发性瘙痒，夜间尤甚，舌苔薄或白腻，脉濡缓。

气滞血瘀皮肤肥厚：皮肤色暗红，或紫红，表面增厚明显，皮嵴皮沟著明，搔抓后可有轻度渗血，多发生在皮肤受压迫部位，常伴有心烦易怒，精神抑郁，失眠多梦，眩晕，心悸，舌边尖红，或有瘀斑，脉涩。

鉴别分析

脾虚血燥皮肤肥厚与血虚风燥皮肤肥厚：两者虽皆属虚证，但前者多因禀赋不足，脾失健运，蕴湿不化，郁而化燥，肌肤失养而发病，后者多因血虚化燥生风，郁于肌肤腠理之间，使皮肤失养而变肥厚。前者皮肤瘙痒明显，表面呈暗红色，一般有脱屑，有时可有渗出，舌质淡，舌体肥大。后者皮损瘙痒不定时，且皮损色淡，好发生在颈侧或头面，伴有心悸，气短等。脾虚血燥治宜健脾燥湿，养血润肤，常用方为健脾润肤汤加减；血虚风燥，治宜养血疏风，润肤止痒，常用方为养血润肤汤加减。

风湿蕴肤皮肤肥厚与气滞血瘀皮肤肥厚：两者皆属实证，但皮损表现各有差异。前者多因风湿之邪郁于肌肤，不得疏泄所致。其皮损呈斑块状，或融合成片，多发生于四肢，有阵发性剧痒。治宜祛风利湿止痒为主，常用全虫方加减。后者多因气血郁滞，凝滞于肌肤而发病。其皮损表现为色暗紫红，粗糙肥厚，多发生于容易压迫部位，舌质黯或有瘀斑，脉涩而不利。治宜舒肝理气，活血化瘀，常用活血润肤汤加减。

【文献别录】

《诸病源候论·摄领疮候》："摄领疮，如癣之类，生于颈上痒痛，衣领拂着即剧，云是衣领揩所作，故名摄领疮也。"

《外科正宗·顽癣》："牛皮癣，如牛项之皮，顽硬且坚，抓之如朽木。"

（秦汉琨　张志礼）

529. 皮 肤 红 斑

【概念】

皮肤红斑，简称"红斑"。凡皮肤上出现圆形、椭圆形、或不规则形的红色改变，平摊于皮肤上，抚之不碍手者，均可称为红斑。

本症，依病因、病机可分为"阳斑"、"阴斑"两大类。叶天士又另立"虚斑"一名。初为本症，后转成紫斑者，可按皮肤紫斑处理。

【鉴别】

常见证候

阴虚火旺红斑：斑色鲜红如妆，呈钱币形或蝴蝶形，对称分布于面颊、颧部，或鼻两侧、耳、口、唇、头皮、手背等处。兼有五心烦热，咽干口燥，头昏耳鸣，目眩发落，午后潮热，腰痠腿软，失眠盗汗，关节痠痛，大便不润，小便色黄，舌红少苔无津，脉象细数无力等。

脾不统血红斑：常见有双小腿出现针尖至榆钱大小淡红色斑点，病程长，反复发作，兼有面色㿠白，神疲乏力，食欲不振，腹胀便溏、下肢浮肿、或衄血，便血，妇人崩中漏下，舌质淡，苔薄白，脉濡弱。

血热风燥红斑：发病较急，多见于肘膝关节伸侧、头皮、躯干，初起见红色或鲜红斑点，可逐渐扩大成片，其上叠起银白鳞屑，层层剥离，剥之出血，多有瘙痒，伴有心烦易怒，口干舌燥，大便干结，小便黄赤，舌红苔黄，脉弦滑数。

风邪外袭红斑：多发于春秋季节。初起于胸背、上肢，或腹部，先有一个母斑，逐渐增多，中有细碎白屑如糠，历数日后，于颈至膝可猝发多数玫瑰红色斑片，大小不一，对称分布，可有瘙痒，常伴心烦口渴，性情急躁，大便偏干，小便色黄，舌红苔薄黄，脉象弦数。

风热伤营红斑：斑色暗红或鲜红，好发于春秋季节，在颜面、手足背多见有蚕豆大小红斑，中心凹陷，四周隆起呈堤状，中心可有水疱，形似猫眼。初起身热头痛，口干咽痛，大便多偏干，小便色黄，舌红绛苔薄黄，脉弦滑数。

湿热阻络红斑：常发生于胫前，偶见于两股及上臂。色泽鲜红，伴有梅核大小硬结，自觉灼热疼痛，触之尤甚，腿足浮肿，行走不利，口中粘腻，腹胀纳呆，大便大爽，小便黄赤，妇人带下色黄腥臭，舌苔黄腻，脉滑数有力。

鉴别分析

脾不统血红斑与阴虚火旺红斑：均为虚证，故可称为"阴斑"。但二者病因、病机不同。脾不统血红斑，多因饮食不节，寒温不适，劳倦思虑，或病后调养不善等，使脾气损伤，统摄无权，致血不归经而外溢成斑。临床可见面色无华，气短倦怠，便溏殪泄，腹胀纳呆等脾虚清阳不升症状；又可见衄血、便血、妇人崩中漏下等脾不统血症状。其斑色淡红，舌质淡为其辨证要点，治宜补脾益气，引血归经，方选归脾汤。阴虚火旺红斑虽亦属"阴斑"，多因禀赋不足，五志化火，耗灼营血，脉络不和，或烈日暴晒，热毒入里，燔灼营血，瘀阻经脉，外发为斑。特点为面部多见鲜红斑片，并有五心烦热，两颧发红，目眩发落，头昏耳鸣，舌红苔少，脉细数等阴虚火旺征象。治宜滋阴降火，佐以活血通络，方选知柏地黄汤化裁。

血热风燥红斑：可因心绪烦扰，饮食失节，过食腥发动风之品，外可由风邪燥热客于肌肤，内外合邪，热壅血络，则发为鲜红斑点或斑片。鉴别要点为：发病急骤，红斑呈点状，上覆银白鳞角，剥之出血。治宜凉血清热，解毒止痒，方选土茯苓汤。

风邪外袭红斑：多因素有血热内蕴，外感风邪，内外合邪，则发红斑。其辨证要点为：红斑始发于胸背、前臂等处，以后逐渐增多，可发展到颈至膝，色泽呈玫瑰红色，上有细薄糠样白屑，红斑如指甲大小，圆形或椭圆形，中心可呈淡黄褐色，有细小皱纹，皮损长轴多与皮肤纹理一致。治以凉血消风，清热止痒，方选凉血消风散。

风热伤营红斑：多因血热，内有蕴湿，复感风热之邪，致使营卫失和，郁于肌肤，或由饮食失节，食入禁忌之物而诱发。其临床特点为：初起外感风热，不久于面部或手足背部有黄豆至蚕豆大小近圆形鲜红斑，边缘轻隆起呈堤状，中心略凹下，有水疱，新旧红斑可重复出现，自觉疼痛或微痒，治宜清热散风，活血消斑，方选升麻消毒饮。

湿热阻络红斑：素有湿蕴之体，郁久化热，湿热下注，凝滞血脉，阻隔经络，则瘀滞为斑，可因于地居卑湿，坐卧湿地，雨后湿蒸，或饮食失节，损伤脾胃，以致酿成内湿。湿蕴生热而下注，发为鲜红斑片。伴有梅核大小硬结，硬结疼痛拒按，自觉灼热，腿足浮肿，甚则屈伸不利，治宜除湿活血通络为主，方选通络活血方化裁。

红斑可见于多种证候，压之退色者，多属血分有热；发于头面者，多挟风兼火；发于下肢者，多挟湿邪；发痒者，多挟风；兼脱屑者，多属于燥，斑色红润者，病多浅而易治；斑色紫红，黑红，暗红光泽者，病邪入深而难疗。

【文献别录】

《金匮要略·百合狐惑阴阳毒病脉证治》："阳毒之为病，面赤斑斑如锦纹，咽喉痛，唾脓血。五日可治，七日不可治，升麻鳖甲汤主之。"

《诸病源候论·圆癣候》："圆癣之状，作圆文隐起，四畔赤，亦痒痛是也。"

《诸病源候论·赤疵候》："面及身体皮肉变赤，与肉色不同，或如手大，或如钱大，亦不痒痛，谓之赤疵。此亦是风邪搏于皮肤，血气不和所生也。"

《外科理例·卷七》："一人患斑，色赤紫，焮痛发热，喜冷，脉沉实，以防风通圣散一剂顿退，又以荆防败毒散加芩、连四剂而痊愈。"

（李博鉴）

530. 皮 肤 紫 斑

【概念】

皮肤紫斑，简称"紫斑"、或"紫癜"。皮肤上出现点状或片状的紫色改变，平摊于皮肤之上，抚之不碍手者，统称为紫斑。

本症在古典医籍中名称繁多。秦汉时期统称为"衄"；隋唐时称为"斑毒"；明清时称为"紫斑"。依据病因、病机可分为"阳斑"、"阴斑"两大类；依发病部位及颜色差异，亦有不同名称。如《外科正宗》有"青紫斑"、"紫癜"；《医宗金鉴》有"青腿牙疳"之名；《医林改错》有"紫印"，"青记"等。

【鉴别】

常见证候

血热妄行紫斑：以青少年为多见，骤然发病，紫斑发无定处，以双小腿伸侧多见，对称出现，时有轻度瘙痒，压之不退色，有时可轻度隆出皮肤表面，呈粟粒、榆钱至钱币大小，或可联接成片。约2～3周后消失，常可复发，分批出现。伴有身热心烦，咽痛口渴，疲乏无力，舌红苔薄黄，脉滑数或细数。严重者，可周身遍布青紫斑块，两腿青肿，牙龈糜烂，出血不止。

湿热下注紫斑：常见于青年女性，多见于两小腿或股部，呈紫色或紫红色，伴有梅核大小硬结，触之疼痛，周围可有轻度肿胀，硬结消退后多不留痕迹。或见关节疼痛，肢体重滞，屈伸不利，口中粘腻，大便不爽，妇人带下粘腻腥臭，舌红苔黄腻，脉滑数。

脾不摄血紫斑：病程长，反复发作，皮损紫暗平塌，伴面色萎黄，或苍白无华，食少倦怠，短气懒言，亦可兼有衄血，便血，妇人崩中漏下，舌淡白，脉细弱，关脉尤甚。

脾肾阳虚紫斑：紫斑反复出现，以双下肢为多见，紫斑如榆钱，或粟粒大小，色淡而互不融合，伴肢冷恶寒，大便溏薄，五更泄泻，面色萎黄，四末不温，腹部隐痛，喜温喜按，口中和，小便清长，每因寒冷或劳累后加剧，舌质淡，脉沉细。

瘀血阻滞紫斑：自幼或青春期开始发病，有家族病史，进展缓慢，呈紫色，紫褐色，青紫色斑片，常无全身症状，皮损表面平滑，可发于胸、背、腰、腹、四肢、颧、颞、前额或眼睑，紫斑上可多毛或无毛，舌有瘀斑，脉涩，或舌脉如常人。

寒凝血瘀紫斑：紫斑好发于面部、鼻部、耳廓、手足背，多见于青年女性，冬重夏轻，舌质淡，有瘀斑，脉沉细迟。

鉴别分析

血热妄行紫斑与湿热下注紫斑：均属"阳斑"范畴。前者多因食入腥发动风之品，如鱼、虾、牛奶、鸡蛋等品，其禀赋不耐，或素有血分蕴热，血热壅盛，兼感风邪，风邪与血热相搏，迫血妄行，则血溢络脉，瘀滞凝聚而发为紫斑。其辨证要点为：起病突然，紫斑多见于双胫，可微突出皮肤表面，自觉微痒，压之不退色，分批出现，以青少年为多见。伴有咽痛口渴，心烦，舌红绛，苔薄黄等血热证，治以清热凉血，活血消斑，方选凉血五根汤。若由阳明积热，迫血妄行者，邪热伤络，血溢脉外，周身可见青紫斑块，下肢青肿，牙龈糜烂，出血不止，急宜清胃解毒，凉血化斑，方选消斑青黛饮。湿热下注紫斑，由湿热阻于络脉，使气血循行不畅而发，可见有结节如梅核大小，新起者嫩红灼痛，瘀久则发青紫斑块。治以除湿活血通络为主，方选通络活血方化裁。

脾不摄血紫斑：以脾气不足为主，气虚不摄，则脾失统血之能，血不归经则外溢成斑。凡劳倦思虑，久病体弱，均是其诱因。证见面色不华，短气倦怠，食少纳呆，舌淡脉细。治宜补脾益气，引血归经，方选归脾汤。

脾肾阳虚紫斑：脾肾阳虚，火不生土，则运化无权，失其统摄之能，以致血溢成斑。阳虚则无以温煦形体，故畏寒肢冷，四末不温；脾阳虚衰则运化失司，故完谷不化；肾阳虚则水不化气，脾阳虚则土不能制水，故浮肿；阳虚则少气懒言，神疲舌淡而脉细，治宜温阳健脾，补火生土，方选十四味建中汤，或附子理中丸化裁。

寒凝血瘀紫斑：素体阳虚之人，若寒邪外侵，内滞于血络，亦可发为紫斑。其辨证要点为：紫斑多发于手、足、颜面、耳廓等处，天寒病甚，转暖则愈。除紫斑外，局部多感疼痛。治宜温经散寒，活血化瘀，方选当归四逆汤加减。

瘀血阻滞紫斑，紫斑多自出生，或青春期后始发，无明显诱因。如《医林改错·卷上》曰："脸如打伤血印，色紫成片，或满脸皆紫，皆血瘀所致，……紫癜、紫印、青记，自古无良方者，不知病源也"。治宜活血化瘀，疏通经络，方选通窍活血汤。

紫斑一症，是皮肤发斑的常见症状之一。总括其要，不外"阳斑"与"阴斑"两大类。其治疗多用活血化瘀法取效。阳斑治法，多以凉血，清热，利湿，逐瘀为主；阴斑治法，多用温肾，暖脾，益气，摄血，佐以化瘀。瘀血阻滞紫斑，可按其瘀血阻滞病机，选用不同的活血化瘀方药。

【文献别录】

《医宗金鉴·外科心法要诀》："军中凡病腿肿色青者，其上必发牙疳；凡病牙疳腐血者，其下必发青腿；二者相因而至。推其原，皆因上为阳火炎炽，下为阴寒闭郁，以至阴阳上下不交，各自为寒为热，各为凝结而生此证也。"

（李博鉴）

531. 皮 肤 白 斑

【概念】

皮肤白斑，亦作"白癜"。指皮肤出现点、片状白色改变的症状而言。

本症《诸病源候论》中称"白驳"、"白癜"；《圣济总录》称"驳白"（即驳白）、"斑白"、"斑驳"；后世称"花斑"、"紫白癜"等。

【鉴别】

常见证候

气血失和白斑：皮肤突发圆形白斑，逐渐扩展，边缘肤色加深，中心或可有褐色斑点，日晒后灼热发红，斑内毛发可以变白，好发于面、颈、脐周、前阴等，进展缓慢，或伴有情志抑郁，或烦躁易怒，失眠多梦，胁肋胀满，女子月事不调等症，舌质或有瘀斑，舌苔薄白，脉弦微涩。

暑湿袭表白斑：多在夏令，发于颈、腋、胸、背、四肢伸侧，呈白色或灰白色斑点或斑片，近圆形，西瓜子大小，表面微亮，微有痒感，搔抓后可有细屑如糠，舌脉多如常人。

虫积白斑：多见于儿童面部，初起大小不等，呈圆形或椭圆形，白色或灰白色，边缘不明显，表面略干燥，有少量灰白色的细糠样鳞屑，时有轻度瘙痒，常伴有面色萎黄，形体消瘦，脐腹疼痛，大便不调，舌苔花剥，脉象细滑。

鉴别分析

气血失和白斑：凡七情内伤，均可使气机失调，或复感风邪，搏于肌肤，使气血凝滞，毛窍闭塞发为本症。其辨证要点为：皮肤突然出现白斑，逐渐扩大，大小不等，颜色乳白，中心可有点状肤色加深。边缘不整，但境界清晰，白斑周围肤色往往深于正常皮肤，表面无鳞屑，轻者可用祛风和血法，方选白癜风丸；或用调和气血法，方选逍遥散；若舌有瘀斑，脉微涩者，治宜活血化瘀法，方选通窍活血汤。

暑湿袭表白斑：夏月暑气当令，湿热交蒸，侵袭肌腠，郁而不泄，发为白斑。其辨证要点为：白斑近圆形，呈西瓜子大小，表面有细糠样白屑，多发于颈、腋、胸、背、四肢伸侧，表面微亮。用清暑祛湿法，可不用内服药，外涂汗斑擦剂。

虫积白斑：饮食不洁，则虫积内生，气血暗耗，不能上荣于面，肌肤失于濡养，故面色萎黄而起白斑。辨证要点为：多发于少年儿童，白斑好发于面部，白色或灰白色，境界不鲜明，大小如钱币，圆形或椭圆，上覆细薄糠状干燥鳞屑。治宜驱虫理脾法，方选肥儿丸，外擦苦参酒。

【文献别录】

《圣济总录·卷十八》："论曰白癜风之状，皮肤皱起，生白斑点是也。由肺热壅热，风邪乘之，风热相并，传流荣卫，壅滞肌肉，久不消散故成此也。"

（李博鉴）

532. 皮 肤 褐 斑

【概念】

皮肤褐斑，即指皮肤出现点状或片状的褐色斑，不高出表皮，抚之不碍手之症。

本症在《外科正宗》中称"黧黑斑"；《医宗金鉴》称"黧黑𪒟黯"，后世又有"黄褐斑"、"肝斑"、"妊娠斑"、"蝴蝶斑"等称。

妇人妊娠期间，面部亦可生褐斑，分娩后多可自行消退，不属病态。

【鉴别】

常见证候

肝郁气滞皮肤褐斑：皮肤见浅褐、深褐色点状或片状斑，境界清晰，边缘不整，以颜面、目周，鼻周多见。伴有两胁胀痛，烦躁易怒，嗳气，纳谷不馨，舌苔薄黄，脉弦数。

湿热内蕴皮肤褐斑：褐色斑点，斑片见于前额、颜面、口唇、鼻部，境界不清，自边缘向中心其色逐渐加深，伴身重胸闷，渴不欲饮，舌苔黄腻，脉滑数。

阴虚火旺皮肤褐斑：褐斑多见于鼻、额、面颊部，色淡褐或深褐色，呈点状或片状，大小不定，境界清楚，边缘不整，伴有头晕耳鸣，五心烦热，心悸失眠，腰痠腿软，舌红少苔，脉细数。

鉴别分析

肝郁气滞皮肤褐斑：常因情志抑郁，肝失疏泄，气郁化火，上犯头面，营气阻遏而发为褐斑。肝开窍于目，故以目周为多见，伴有胁痛，烦躁，嗳气，脉弦等肝气郁滞症状。治宜疏肝理气，解郁清热，方选丹栀逍遥散，或柴胡疏肝散；若肝火上炎，褐斑较深，头痛，口苦者，宜清肝泻火，方选龙胆泻肝汤加减。

湿热内蕴皮肤褐斑：常因饮食不节，过食油腻，饮酒及辛辣炙煿之品，以致脾胃受损，湿热中阻，湿遏热伏，熏蒸头面，发为褐斑。褐斑多从目周，向口唇、鼻部逐渐加深，并可见于前额。治宜清化湿热，宣通气机，方选甘露消毒丹加减。

阴虚火旺皮肤褐斑：常因忧心思虑，或房劳不节，以致心肾阴虚，虚火上炎，营气被扰，发为褐斑，其斑以鼻、额、面颊多见，褐色较淡，兼有腰痠腿软，头晕耳鸣，五心烦热，舌红少苔，脉象细数等阴虚火旺之证，治宜滋阴降火。肾阴虚为主者，方选知柏地黄丸加减；心阴虚为主者，方选黄连阿胶汤加减。

皮肤褐斑一症，临床多以热象为主，但有虚实之分。阴虚火旺者属虚火；肝郁气滞化火，湿热内蕴者，均属实火。其证候与肝、脾、心肾有关，应注意辨审。

【文献别录】

《外科正宗·女人面生黧黑斑》："黧黑斑者，水亏不能制火，血弱不能华肉，以致火燥结成黑斑，色枯不泽……"。

《医宗金鉴·面部》："此证一名黧黑斑。初起色如尘垢，日久黑似煤形，枯暗不泽，大小不一，小者如粟粒，赤豆，大者似莲子，芡实，或长，或斜，或圆，与皮肤相平。由忧思抑郁，血弱不华，火燥结滞而生于面上，妇女多有之。"

（李博鉴）

533.皮肤黑斑

【概念】

凡皮肤上出现点状、网状、片状、地图状的黑斑，平齐于皮肤，抚之不碍手者，统称皮肤黑斑。

本症在《诸病源候论》中称"面黯䵟"；《外科证治全书》称"面尘"；《外科大成》称"黯䵟"。

"皮肤褐斑",亦属皮肤颜色呈黑褐色改变,但"黑斑"色深而浓,"褐斑"色浅而淡,故应予分别。

【鉴别】

常见证候

肝郁气滞皮肤黑斑:黑色斑片对称分布于颜面、前额、两颧,亦可累及上唇,界限明显,压之不退色,可伴有胁肋胀痛,烦躁易怒等症状,舌红苔白,脉弦。

瘀血阻络皮肤黑斑:黑斑多发于单侧眼睑、颧、颞或颜面,边缘色淡而中心深,并可累及白睛;或初生儿腰背,臀部,呈蓝色斑片,常无自觉症状,或舌边有瘀点,舌苔薄,脉细缓。

脾气虚皮肤黑斑:黑斑见于面颊、前额、耳后、前臂、腋窝,成片出现,伴有纳呆神疲,腹胀便溏,舌质淡,边有齿痕,薄白苔,脉濡弱。

肾阴虚皮肤黑斑:黑斑多见于面颊、前额、颈、手背、前臂、脐等处,如针尖、粟粒大小,可伴有腰膝痠软,耳鸣头昏,五心烦热,遗精早泄等症状,舌红少苔,脉细数。

鉴别分析

肝郁气滞皮肤黑斑与瘀血阻络皮肤黑斑:二者一为气滞,一属血瘀,气滞可导致血瘀,血瘀必兼气滞,故二者可互相影响。临床所见气滞者较轻,血瘀者较甚。肝郁气滞皮肤黑斑,多分布于目周及背部,且伴有肝气郁结的症状,如胁痛,烦躁易怒等。治宜舒肝解郁,和营化斑,方选逍遥散加减。瘀血阻络皮肤黑斑,多分布于单侧眼睑、颧、颞部,边淡中深。亦可见于气血未充,禀赋不足的幼儿(初生儿腰背,臀部蓝黑色斑片,大都随小儿生长而自行消退,亦有遗留者,一般无碍健康,故不需治疗)。治宜活血化瘀,通经活络,方选通窍活血汤加减。

脾气虚皮肤黑斑与肾阴虚皮肤黑斑:均为黑色、灰黑色斑点或斑片。其鉴别要点为:前者兼见纳呆腹胀,便溏等。治宜健脾益气,养血消斑,方选加味归脾汤;后者兼见头晕耳鸣,五心烦热,遗精早泄等。治宜滋阴补肾,降火消斑,方选知柏地黄丸加减。

【文献别录】

《灵枢·五色》:"黑色出于庭,大如拇指,必不病而卒死"。

《诸病源候论·面皯黯候》"人面皮上,或有如乌麻,或如雀卵上之色是也。此由风邪客于皮肤,痰饮渍于脏腑,故生皯黯"。

(李博鉴)

534. 肌肤甲错

【概念】

肌肤甲错,是指人体皮肤发生限局或广泛的干燥粗糙,触之棘手,形似鱼鳞、蟾皮的变化。

古代医学文献对本症记载甚多。《金匮要略》名"肌肤甲错";《诸病源候论》称"蛇身"、"蛇体"、"蛇皮"、"蛇鳞";后世依其症状有"蛇胎"、"蟾皮症"、"蛤蟆皮"等异名。

凡因皮肤痂皮、脱屑、肥厚、皲裂、粟粒疹而致粗糙者,另立专条讨论。

【鉴别】

常见证候

血虚风燥甲错：皮肤逐渐变成灰色，干燥粗糙，状如蛇皮，或蜥蜴皮，甚如鳄鱼皮，鳞屑与皮肤粘连紧密，呈污秽或灰白色片状，四周向上翘起，鳞屑间有白色沟纹，呈网状，抚之棘手。以四肢伸侧为甚，亦可泛发全身，但面部很少被侵犯。夏季可暂时缓解，冬令加重，偶有痒感，近关节处皮肤可发生裂隙而疼痛。常伴有口干咽燥，汗液减少，舌淡少津，苔薄白，脉沉细无力。本证属"蛇身"、"蛇胎"、"蛇皮"、"蛇鳞"、"蛇体"范畴。

血热风燥甲错：皮损初起为粟粒大小干燥坚硬的丘疹，中有毳毛穿过，触之棘手，以后融合成片，基底潮红，多发于肘膝伸侧，甚者波及全身，皮肤干燥脱屑，伴有掌跖角化及皲裂，指甲增厚，轻度瘙痒，病程较缓慢，舌质红，脉细数。

湿热阻络甲错：皮损多对称分布于颈项、耳后、颜面、鼻周，甚至可达四肢及胸背中线，亦可明显地单侧分布，夏重冬轻，自觉瘙痒，早期为坚硬的毛囊性丘疹，触之棘手，肤色如常，而后其表面覆以油腻性灰褐色痂皮，数年后转暗，融合成疣状，常伴有恶臭，舌质红有瘀斑，苔黄腻，脉象滑数。

津液亏虚甲错：皮肤广泛性粗糙，颈后、躯干、肘膝处有密集的毛囊性角化性丘疹，形似蟾皮，触之坚硬棘手，有刀锉感。常伴有二目干涩，视物昏花；此外亦有腹壁，腰臀处皮肤有与毛囊一致的褐色小片状角化性皮损，有中心固着，边缘略翘起，似乔麦皮大小的鳞屑，发展缓慢，冬重夏轻，舌淡少津，脉沉细无力。本证属"蟾皮症"、"蛇鳞"、"蛤蟆皮"范畴。

鉴别分析

血虚风燥甲错与津液亏虚甲错：二者均为虚证。血虚风燥甲错自幼发生，多由于先天禀赋不足，后天脾气失养，使肌肤不得濡养，而成肌肤甲错。其皮肤有褐色小片状鳞屑，状如蛇皮或鱼鳞，干燥粗糙，好发于四肢伸侧。夏季炎热较轻，冬日天寒则重。治宜养血润肤，滋阴生津，方选养血润肤饮。津液亏虚甲错多由饥饱劳碌，思虑过度或五味偏嗜，伤及脾土，脾伤则津液敷布受碍，不能达于肌肤，故皮肤粗糙，或见密集的毛囊角化性丘疹，触之坚硬如刀锉，外观形似蟾皮。治宜助脾养胃，养血润燥，方选加味苍术膏。

血热风燥甲错与湿热阻络甲错：血热风燥甲错多发于青年，素禀血热之体，缘由心绪烦扰，五志化火，血热化燥生风所致。其皮肤有潮红瘙痒，硬如刀锉为其特点。治宜清热凉血，消风润燥，方选凉血润燥饮。湿热阻络甲错，常因恣食辛香炙煿，肥甘厚味，使湿热内蕴，络脉阻遏，肌肤失养，而致皮肤甲错。皮肤不红，表面粗糙，并附有污秽状鳞屑，似疣状增生，为其特点。治宜清热除湿，活血通络，方选除湿胃苓汤，送服大黄䗪虫丸。

【文献别录】

《金匮要略·血痹虚劳病脉证并治》："五劳虚极羸瘦，腹满，不能饮食，食伤、忧伤、饮伤、房室伤、饥伤、劳伤、经络营卫气伤，内有干血，肌肤甲错，两目黯黑。缓中补虚，大黄䗪虫丸主之。"

（李博鉴）

535. 皮肤疣赘

【概念】

皮肤疣赘，是指皮肤表面的小赘生物而言，可发于身体各部位，小如黍米，大如黄豆，表面光滑或粗糙，形如帽针头，或花蕊，呈正常肤色，或黄白色。

本症，古代称"鼠乳"、"枯筋箭"；俗称"瘊子"、"扁瘊"，是青年人常见的皮肤病症之一。

【鉴别】

常见证候

血虚风燥疣赘：皮损为粟米，或黄豆大，圆形或不整形的赘生物，正常肤色，质坚，表面粗糙不平而带刺，好发于手足背，掌蹠部，或头面部，一般无自觉症状，较大者可有疼痛感。

风热蕴肤疣赘：皮损为帽针头或绿豆大，扁平坚韧丘疹，正常肤色，或淡褐色，表面光滑，好发于面颊及手背，有轻微痒感。

风热疫毒疣赘：皮损为绿豆大，或豌豆大，半球形隆起的丘疹，中央有脐窝，表面光泽，形如"鼠乳"，成散在出现，或数个一群，刺破可挤出白色乳酪样物。

气血瘀滞疣赘：皮损呈黄豆至蚕豆大坚实的斑块，中央呈白黄色硬结，压迫时有明显疼痛，好发于手足底或手掌部。

鉴别分析

风热蕴肤疣赘与风热疫毒疣赘：均因外感风热所致，但风热蕴肤疣赘的皮损特点为：略高出皮面的扁平光滑坚实的丘疹，好发于颜面及手背；而风热疫毒疣赘的皮损特点为：半球形隆起的坚实丘疹，表面光亮，中央有脐窝，可发生于任何部位。治疗上均宜清解热毒。方用去疣三号方；外治法则不同，风热蕴肤疣赘用疣洗方外洗，而风热疫毒疣赘应在皮肤消毒后，用三棱针挑刺疣体，挤出白色小体，再用雄黄解毒散外搽。

血虚风燥疣赘与气血瘀滞疣赘：病均在血分。但前者系肝虚血燥，筋气不荣所致，后者则由脚热着水，感受风寒，气滞血凝所致。一为血燥，一为血凝。血虚风燥疣赘呈圆形或不整形赘生物，质坚，表面粗糙带刺，形如花蕊；气血瘀滞疣赘如黄豆或蚕豆大，坚实，好发于足底手掌。治疗上前者宜滋肾水生肝血，润燥消风，方用归芍地黄汤加减，并可采用鸦胆子仁捣碎如泥外敷，三、五日换一次，或用黑拔膏棍加温，热滴疣上，三、五日换一次；气血瘀滞疣赘宜活血软坚，方用去疣四号方，外治法同前。

【文献别录】

《诸病源候论·卷三十一》："疣目者，人手足边忽生如豆，或如结筋，或五个，或十个，相连肌里，粗强于肉，谓之疣目。此亦是风邪搏于肌肉而变生也。"

《外科正宗·卷四》："枯筋箭，乃忧郁伤肝，肝无荣养，以致筋气外发。"

（钱文燕　张志礼）

536. 白 疕

【概念】

白疕，是皮肤上起白色厚屑，伴有瘙痒的一种顽固性皮肤损害。《医宗金鉴》称白疕，"形如疹疥，色白而痒，搔起白皮。"《外科证治全书》则称疕风，"皮肤燥痒起如疹疥而色白，搔之屑起，渐至肢体枯燥，折裂血出痛楚。""干癣"、"疕风"等均与白疕同义。

【鉴别】

常见证候

血热白疕：皮疹发生发展迅速，多呈点滴状，红斑或斑丘疹，表面鳞屑呈多层性，搔之表层易剥离，底层附着较紧，强行剥离后底面有点状出血，搔痒较明显，常伴有心烦，口渴，便干，溲黄，舌质红，舌苔白或黄，脉弦滑或弦数。

血虚白疕：皮疹发展较慢，多为淡红色斑块，有明显浸润，表面鳞屑不多，附着较紧，新发皮疹较少，舌质淡，或有白苔，脉沉缓或细缓。

血瘀白疕：皮损较厚，顽硬且坚，抓之如朽木，皮疹多呈暗红色斑块，有的皮疹互相融合呈地图状，表面鳞屑呈大片，附着亦紧，病程较长，大片融合之皮疹常有裂口，或疼痛，舌质紫暗，或有瘀点，瘀斑，苔少，脉涩或细缓。

湿热白疕：皮疹多呈深红色斑块，大小不等，表面鳞屑呈油腻状，或结成厚痂，鳞屑下有轻度渗出，或表面湿润，有时可起脓疱，甚者融合成片。多发于四肢、手足掌蹠、躯干及绉折部位，舌苔白腻或黄腻，脉沉缓或沉弦。

毒热蕴结白疕：皮疹发展迅速常互相融合，泛发全身，皮肤变为弥漫性潮红，大量细小糠状脱屑，或成大片落叶性脱屑，自觉灼热痒痛，可伴有身热恶寒，便干溲黄，舌质绛，苔黄或黄腻，脉弦滑或弦数。

寒湿阻络白疕：皮损可为大片暗红色斑，亦可为点滴状损害，表面鳞屑不多，或结成较厚的痂性鳞屑，常合并有关节疼痛，指趾小关节多被侵犯，寒冷季节加重，有时可造成关节畸形，舌质淡，苔少，脉多沉缓或沉细。

鉴别分析

血热白疕与毒热蕴结白疕：均有蕴热之因，同见皮肤起红斑表面有银白色鳞屑之症。但血热白疕多因心肝二经蕴热，郁于血分，蒸灼肌肤所致。皮损特点为发病迅速，基底红较明显，表面鳞屑多，剥离后有出血点。治宜清营，凉血活血为主，方用凉血活血汤加减。而毒热蕴结白疕多因素体内蕴湿热，郁久化毒，或兼感外界毒邪而致毒热炽盛所发。皮损特点为皮肤弥漫潮红，灼热，表面大量脱屑。治宜清热凉血，解毒除湿为主，方用解毒清营汤加减。

血虚白疕与血瘀白疕：同属虚中夹瘀证，但血虚白疕多因阴血虚亏或毒热郁久耗伤阴血，使肌肤失养所致。皮疹特点为颜色多淡红，成浸润斑块，表面鳞屑干燥薄少，治宜养血滋阴润肤，方用养血润肤饮加减。而血瘀白疕多因气血虚弱，气不行血使气血凝结，肌肤失养引起。皮损特点为大片肥厚斑块，色多暗红，鳞屑较厚附着较紧，病程较长，故治宜活血化瘀行气，方用活血散瘀汤加减。

湿热白疕与寒湿阻络白疕：虽同为湿邪致病，但湿热白疕多由体内素有蕴湿，郁久化热，湿热蕴结成毒发于肌肤所致。皮损特点多为深红色斑块，鳞屑为油腻状，或结成厚痂，鳞屑下常有轻度渗出，或起脓疱。可发于手足掌蹠，或泛发全身。治宜清热除湿解毒之法，方用清热除湿汤加减。而寒湿阻络白疕则多因寒湿之邪痹阻经络，使气血凝滞不和而发。皮损色多暗红，特点为常合并关节损害，以手足小关节肿、痛、变形为常见。治宜温经散寒，除湿通络之法，方用独活寄生汤加减。

【文献别录】

《诸病源候论·干癣候》："干癣但有匡廓，皮枯索痒，搔之白屑出是也。"

（钱文燕　张志礼）

537. 痱　子

【概念】

痱子症状，为皮肤上出现的小红丘疹或水疱。常于炎夏暑热之际，或高温作业下发生。《素问·生气通天论》称"疿"。疿与痱同，故后世亦称痱子，或谓之疿疮。

【鉴别】

常见证候

湿热壅盛痱子：皮肤突然出现多数红疹，如针头，或粟粒大小，周边红晕，甚者簇集融合成片，皮肤潮红，刺痒，烦热无汗，舌红，苔薄黄或稍腻，脉濡数。

暑湿内蕴痱子：皮肤迅速出现多数小水疱，色白明亮，如芥子，或针头大小，周边无红晕，散在或簇集发生，无明显自觉症状，舌质红或正常，苔腻，脉濡缓。

鉴别分析

炎夏季节，暑热湿邪当令，若调摄不慎，外邪袭表，腠理闭塞，玄府不通，使汗液失于排泄；或因高温作业，周围环境湿气较大，湿热交蒸，汗出不畅；或由高热汗出，淋受水湿，毛孔闭郁，皆可形成痱子。总之，其病因病机不离湿和热。根据临床观察，大致分为上述二证。湿热壅盛痱子的特点是热重于湿，暑湿内蕴痱子的特点是湿重于热（暑）。鉴别要点为：前者为红疹，周围红晕，刺痒甚；后者为小水疱，周边无红晕，疱壁薄色白晶莹明亮，以手轻按易破，留有菲薄细碎鳞屑。湿热壅盛痱子，治以清热利湿宣透法，可选黄芩汤与薏苡竹叶散化裁，用六一散加枯矾外擦；暑湿内蕴痱子，治以解暑祛湿利尿法，常选用清暑汤或氤氲汤加减，外用鸡苏散加冰片外敷。若有小脓疱出现，可用青黛散外掺患处。

本症多见于小儿，或肥胖成人，好发于肘窝腋下、颈项、躯干、鼠蹊、妇女乳房下及小儿头面等多汗部位。辨证关键在于仔细察视皮疹的色泽形态。在急性发作期，除予以辨证论治外，应积极采取其它措施（如通风降温、衣着宽大，适当服些清凉饮料等）以提高疗效，缩短病程，减少痛苦。

【文献别录】

《外科大成·痱》："痱者先如水泡作痒，次变脓泡作疼。经云，汗出见风，乃生痤痱。由肺热脾湿所致，宜凉血消风散。"

（李　林）

538. 猫 眼 疮

【概念】

猫眼疮，是指肤生红斑，形如猫眼，光彩闪烁而无脓血的一种症状，好发于春、秋季节交替之时，少数发于冬季。

本症在古代医籍中亦有"雁疮"、"寒疮"之称，如《外科大成》曰"寒疮形如猫眼，有光彩而无脓血，多生身面，冬则近胫，由脾经湿热所致。"

【鉴别】

常见证候

风寒阻络猫眼疮：每于冬季寒气侵袭之时发病，斑疹颜色紫黯，形如冻疮，好发于手足暴露部位，气候转暖则斑疹顿消，伴有四末不温，关节疼痛，舌质淡红，苔薄白，脉浮紧。

湿热毒蕴猫眼疮：四肢泛发红斑，水疱，甚则浸淫湿烂，口糜，二阴疱疹湿烂，灼热痒痛，伴发热恶寒，口干咽痛，骨节痠楚，舌质红，苔黄腻，脉滑数。

风热蕴肤猫眼疮：斑疹发于春秋交替之际，疹色红灼热，好发于颜面，四肢，或发无定处，瘙痒明显，舌质红，苔薄白，脉浮数。

鉴别分析

风寒阻络猫眼疮与风热蕴肤猫眼疮：二证均因正气不足，卫外失固，腠理不密，风寒热邪乘虚入侵而发疹。前者于严冬时节，风寒外束阻络，气血凝泣，运行不畅，则表现斑疹颜色紫黯，四末不温，寒气盛则关节疼痛，六气转暖，风寒之邪势弱则斑疹自退。后者于春秋交季之时，风热合邪搏结肌肤。热盛则皮疹色红灼热；风盛则斑疹发无定处，瘙痒明显。舌质红，苔薄白，脉浮数均为风热之征。风寒阻络猫眼疮，治宜散寒祛风，方用当归四逆汤化裁，风热蕴肤猫眼疮，治宜疏风清热，方用银翘散合清营汤化裁。

湿热毒蕴猫眼疮：其病因为平素嗜食甘肥，辛辣厚味，伤及脾胃，脾失健运则生湿化热酿毒，湿热毒蕴而发此证，如《疮疡经验全书·寒疮》曰："此乃脾家湿热所化"，故表现为四肢泛发红斑，水疱，浸淫湿烂，湿热上壅则口糜，湿热下注则二阴疱疹湿烂，灼热痒痛，湿热蕴毒阻遏经络则发热恶寒，咽痛，骨节痠楚。湿热蕴毒猫眼疮为皮科重证，治宜清热除湿，解毒清营，方用解肌渗湿汤合清瘟败毒饮化裁；外用九华粉洗剂涂搽。

【文献别录】

《医宗金鉴·外科心法要诀》："此证一名寒疮，每生于面及遍身，由脾经久郁湿热，复被外寒凝结而成。初起形如猫眼，光彩闪烁，无脓无血，但痛痒不常，久则近胫。宜服清肌渗湿汤，外敷真君妙贴散，兼多食鸡、鱼、蒜、韭，忌食鲇鱼、蟹、虾而愈。"

（刘瓦利）

539.天　疱　疮

【概念】

天疱疮，系指在皮肤或粘膜上起大小水疱而言。水疱可小如芡实，大如核桃；疱壁可较厚而紧张，亦可较薄而松弛，极易扩展和破裂；水疱可发生在红斑上，亦可发生于正常皮肤上。

《外科正宗》之"天泡"，《外科大成》之"天疱疮"，《医宗金鉴》之"火赤疮"，均属本症范围。

【鉴别】

常见证候

毒热炽盛天疱疮：发病急骤，水疱迅速扩展，或新疱不断出现，疱破后底面鲜红，或浆液渗出不止，或有脓液，常伴身热口渴，烦躁不安，便干溲赤，舌质红绛，苔黄或少苔，脉弦滑或数。

心火脾湿天疱疮：四肢躯干发生水疱，常伴有口舌糜烂，或口内有红斑及水疱，自觉心烦口渴，身重体倦，小便短赤，舌尖红，苔白，脉滑数。

湿热熏蒸天疱疮：四肢躯干发生大疱，破后糜烂面大，表皮大片剥落，渗出多，或湿痂结成片，伴口渴不欲饮，纳呆腹胀，胸胁不舒，舌质红，苔黄腻，脉滑数。

脾虚湿盛天疱疮：头面胸背发疱多，发病较缓，皮肤红斑，水疱较少，或结痂较厚，倦怠乏力，或腹胀便溏，舌质淡，苔白，脉缓。

气阴两虚天疱疮：病程日久，新发水疱较少，渗出不多，可有少量结痂，伴口干舌燥，倦怠无力，气短懒言，五心烦热，舌质嫩红或淡红，少苔或见剥苔，脉沉细。

鉴别分析

毒热炽盛天疱疮、心火脾湿天疱疮和湿热熏蒸天疱疮：同属实证、热证。但毒热炽盛天疱疮以毒热为主，毒热之邪来势凶猛，故发病急骤，水疱迅速扩展，新疱不断出现，疱破后浆液渗出多，或有脓液；毒热之邪入于营血，故糜烂面鲜红，烦躁不安，舌质红绛。治宜清热解毒，凉血利湿，方用解毒凉血汤加减。心火脾湿天疱疮属心经有热，脾经有湿，湿热互结所致，故见四肢躯干水疱，并见口舌糜烂，或口内红斑明显，小便短赤，舌尖红，脉滑数。治宜泻心凉血，清脾除湿，方用清脾除湿饮加减。湿热熏蒸天疱疮，则以湿热为主，湿热之邪蕴结于皮肤，故见大水疱多，糜烂面大，渗出多，湿热蕴阻中焦，故纳呆腹胀，口渴不欲饮，胸胁不舒。治宜清热利湿，方用茵陈五苓散加减。

脾虚湿盛天疱疮，为虚中挟实证。以脾气虚弱为主，故见倦怠乏力，或腹胀便溏；脾虚不能运化水湿，则湿邪留滞，外越皮肤故渗出，且结痂较厚。治宜健脾除湿，方用健脾除湿汤加减。

气阴两虚天疱疮，则为虚证。病程日久，灼津耗气，故见口干舌燥，倦怠无力，气短懒言，五心烦热，新发水疱较少，渗出不多，或少量结痂，舌质嫩红或淡红，少苔或见剥苔，脉沉细。治宜益气养阴，方用参苓白术散合六味地黄丸加减；若有余毒未尽者，则用解毒养阴汤加减。

【文献别录】

《外科正宗·杂疮毒门》："天泡者，乃心火妄动，脾湿随之，有身体上下不同，寒热天时微异。"

《外科大成》："天疱疮者，初来白色燎浆水泡，小如芡实，大如棋子，延及遍身，疼痛难忍。"

《医宗金鉴·外科心法要诀》："初起小如芡实，大如棋子，燎浆水疱，色赤者为火赤疮；若顶白根赤，名天疱疮。俱延及遍身，焮热疼痛，未破不坚，疱破毒水津烂不臭，上体多生者，属风热盛，宜服解毒泻心汤；下体多生者，属湿热盛，宜服清脾除湿饮。"

（邓丙戌　张志礼）

540. 湿　疮

【概念】

湿疮是指肤生红斑皮疹，浸淫流汁，脱屑瘙痒的一种症状。

本症在古代医籍中，根据其症状特征及发病部位有诸多名称，如皮疹泛发周身者称"浸淫疮"，发于婴儿的称"胎癥疮"，发于耳部的称"旋耳疮"，发于下肢的称"湿毒疮"，发于阴囊的称"肾囊风"等。

【鉴别】

常见证候

湿热浸淫湿疮：周身散在红粟，水窠，焮红灼热，瘙痒无度，抓破流水，浸淫漫延，重则黄水淫溢，破烂成片，小便短赤，大便干燥，舌质红，苔黄腻，脉滑数。

脾虚湿盛湿疮：皮肤起水疱，色黯淡不红，状如钱币，瘙痒流汁，面色萎黄，食少便溏，小便清长，舌质淡，苔薄白或白腻，脉沉缓。

湿热下注湿疮：下肢及足部起红斑水疱，瘙痒不止，脂水淋漓，或外阴起红粟，浸淫湿烂，痒痛难忍，夜眠不安，舌质淡红，苔白腻，脉滑数。

血瘀风燥湿疮：皮损浸润肥厚，色晦暗，粗糙脱屑，干燥拆裂，好发于手足掌跖部位，坚韧如胼胝，病程日久，反复不愈，舌质黯或有瘀斑，脉细涩。

鉴别分析

湿疮之症，内因禀赋不耐，腠理虚疏；外因风、湿、热诸邪侵犯肌肤。

湿热浸淫湿疮与湿热下注湿疮：二证均由湿热合邪致病。前者为素有内热，复感湿邪，内外合邪，客于肌肤腠理，故遍生水窠，浸淫漫延，舌质红，苔黄腻，脉滑数。热重于湿则肌肤兼起红晕，焮红灼热，溲赤便黄。后者为湿热蕴结，湿重于热，湿性重浊，易流注于下，则皮疹好发于下肢及阴部，脂水淋漓，湿烂瘙痒。湿性粘滞，故本证病史与前者相比，相对较长。湿热浸淫湿疮，治宜清热除湿解毒，方用龙胆泻肝汤化裁；湿热下注湿疮治宜除湿清热，方用除湿胃苓汤化裁。此二证均可外用黄柏、苦参煎水湿敷后，外涂湿疹膏。

脾虚湿盛湿疮：素体脾胃虚弱，或饮食不节，伤及脾胃，脾失健运，湿从内生。《内经》曰："诸湿肿满，皆属于脾"。所以证见肤生水疱，状如钱币，瘙痒流汁。脾气虚不能运化水谷精微滋润周身，则见面色萎黄，食少便溏。治宜健脾除湿，方用香砂六君子汤或参苓白术散化裁，皮损处可涂搽湿毒膏。

血瘀风燥湿疮：其病因为皮疹渗水日久，伤及津液，或久服苦寒燥湿之剂，伤阴耗血，阴血不足则血行缓慢而凝滞，化生瘀血；肝主风，肝失血养则风从内生，风胜则燥，肌肤失养则皮损色黯，浸润肥厚，干燥拆裂。治宜活血疏风，方用活血疏风汤化裁，皮损外涂薄肤膏。

【文献别录】

《诸病源候论·疮病诸候》："夫内热外虚，为风湿所乘，则生疮。所以然者，肺主气，候于皮毛，脾主肌肉，气虚则肤腠开，为风湿所乘；内热则脾气温，脾气温则肌肉生热也，湿热相搏，故头面身体皆生疮。"

《医宗金鉴·外科心法要诀·浸淫疮》："此证初生如疥，搔痒无时，蔓延不止，抓津黄水，浸淫成片，由心火脾湿受风而成。经云：岁火太过，甚则身热，肌肤浸淫。"

（刘瓦利）

541. 带 状 疱 疹

【概念】

带状疱疹，系指发生在躯干皮肤，大小不等的疱疹。

本症单侧发作。初起，局部皮肤感烧灼刺痛，旋即发红，出现米粒或豌豆大的水疱，累累如串珠，常呈条带状排列，疱液先为透明，后转混浊。

本症在古典医籍中名称不一，《外科大成》称"缠腰火丹"，《外科启玄》称"蜘蛛疮"，后世称之为"串腰龙"。

【鉴别】

常见证候

湿热壅滞带状疱疹：初起局部灼热刺痛，皮损呈鲜红色，水疱之壁较紧，或见大疱，血疱，常伴有身热恶寒，口苦咽干，口渴，烦躁易怒，食欲不佳，小便赤，大便干结或不畅，舌质红，苔薄黄或腻，脉弦滑微数。

热毒灼营带状疱疹：病势急剧，发热壮盛，皮肤出现痘疮样水疱，遍及全身，痒痛相兼，兼见心烦口渴，舌质红绛，苔黄厚，脉多滑数。

脾虚湿盛带状疱疹：病势较缓，局部皮损呈淡红色或黄白色，水疱壁松弛，或湿烂，疼痛稍轻，口不渴，不思饮食，或食后腹胀，大便时溏，舌体胖，苔白厚或白腻，脉缓或滑。

气虚血瘀带状疱疹：皮疹色深红，水疱不丰满，或皮疹消退后持久性针刺样窜痛，久不消失，多见于老年体弱者，舌质暗，苔薄白，脉多沉细或沉缓。

鉴别分析

湿热壅滞带状疱疹与热毒灼营带状疱疹：同属实证、热证。但湿热壅滞带状疱疹，多因心肝二经火盛，脾肺二经湿郁所致。其特点是皮损色呈鲜红，疱壁较紧张，灼热刺痛，舌质红，苔薄黄腻。治宜清热除湿止痛，方用龙胆泻肝汤加减。而热毒灼营带状疱疹，多因热毒炽盛，燔灼营血所致，其特点为病势较急，高热烦渴，皮损虽多见于腰部，但亦可波及它处，水疱往往化脓，周围有红晕，舌质红绛，苔黄厚。治宜清热解毒凉血，方用清营汤加减。

脾虚湿盛带状疱疹与气滞血瘀带状疱疹：同属虚证，但脾虚湿盛者，多因素体蕴湿不化，或过食醇酒厚味，内湿停滞，其特点是皮损色淡，水疱湿烂，舌质淡，舌体胖，苔白腻。治宜健脾燥湿行水，方用除湿胃苓汤加减。气虚血瘀者，多因气虚不能行水，血瘀湿聚所致，其特点是水疱稀少，不丰满，或无皮疹，而伴有久不消失的刺痛，舌质常黯淡。治宜益气活血化瘀，方用益气活血散瘀汤。

【文献别录】

《医宗金鉴·外科心法要诀·腰部》，"缠腰火丹蛇串名，干湿红黄似珠形，肝心脾肺风热湿，缠腰已遍不能生"。

（秦汉琨　张志礼）

542. 阴部水疱

【概念】

阴部水疱，系指发生在阴部的疱疹而言。

本症初起为红色小丘疹，自觉瘙痒，或灼热，丘疹迅速变成小水疱，3～5 天后可形成脓疱，或发生糜烂，破溃，伴有不同程度的痛痒。

本症属文献中"热疮"、"阴疮"和"疳疮"的范畴。

【鉴别】

常见证候

湿热下注阴部水疱：阴部水疱，溃烂较重，痒痛交作，小便黄赤，舌质红，苔黄腻，脉弦滑数。

血热染毒阴部水疱：阴部水疱，患处潮红，糜烂，破溃，表面有腥臭脓液，自觉剧痛，可伴发热，心烦口干，舌质红，苔黄，脉弦数。

气虚湿毒阴部水疱：阴部水疱反复发作，或皮疹消退较慢，兼有面色萎黄，气短懒言，肢体倦怠，舌质淡，苔白，脉沉缓。

肝肾阴虚阴部水疱：病程日久，水疱仍反复发作，伴有头晕目眩，口干咽燥，腰膝痠软，心烦寐少，舌质嫩红，脉细弱。

鉴别分析

湿热下注阴部水疱与血热染毒阴部水疱：二者皆属实证、热证。但前者因湿热之邪蕴于肝胆，阴部染毒，致湿热下注而成，故见阴部水疱，溃烂较重，痒痛交作，小便黄赤，舌质红，苔黄腻，脉弦滑数等。后者则因血分蕴热，兼感毒邪，热毒互结所致，故见患处潮红，溃烂，表面有腥臭脓液，自觉剧痛，心烦，舌质红，苔黄，脉弦数等。前者治宜清热利湿解毒，方用龙胆泻肝汤加减；后者治宜清热凉血解毒，方用解毒凉血汤、五味消毒饮、凉血五根汤合方加减。

气虚湿毒阴部水疱：属虚中挟实证。湿毒凝聚于阴部，毒邪未去，而正气已伤。气虚不能托毒外出，故水疱消退较慢，时轻时重，反复不断，并有面色萎黄，气短懒言，肢体倦怠，舌质淡，苔白，脉沉缓等症。治宜益气解毒，方用托里消毒散加减。

肝肾阴虚阴部水疱：以正虚为主。病程日久，伤及肝肾，故见腰膝痠软，头晕目眩，口干咽燥，心烦寐少，舌质嫩红，脉细弱。湿毒蕴结不化，故水疱仍反复发作。治宜滋补肝肾，清解湿毒，方用解毒养阴汤，或二至丸合草薢渗湿汤加减。

【文献别录】

《诸病源候论·热病热疮候》："人脏腑虚实不调，则生于客热。表有风湿，与热气相搏，则身体生疮，痒痛而脓汁出，甚者一瘥一剧，此风热所为也。"

（邓丙戌　张志礼）

543. 外 阴 疣 赘

【概念】

外阴疣赘，系指在阴部发生的乳头状、菜花状赘生物而言。

本症初起为较小的淡红色疣状丘疹，逐渐增大增多，或融合成片，可成菜花样，或乳头样，表面粗糙，为白色，污灰色，或淡红色，有时表面呈湿润状。男性多发于冠状沟、包皮内板及尿道口等处，女性多发于大小阴唇、阴道及宫颈等处。本症属文献中的"疣目"、"枯筋箭"和"臊瘊"的范畴。

【鉴别】

常见证候

湿热疫毒外阴疣赘：外阴疣赘呈菜花状，色淡红，或表面有湿润糜烂面，或有臭秽脓液，便干，溲赤，舌质红，苔黄腻，脉弦滑。

湿毒凝聚外阴疣赘：阴部疣赘日久，或反复发作，疣体较大，表面灰白色，或有污秽分泌物，发出奇臭，舌质暗，苔白，脉沉缓。

鉴别分析

湿热疫毒外阴疣赘与湿毒凝聚外阴疣赘：二者均与湿毒有关。但前者兼有热邪，多为平素过食肥甘辛辣，致湿热内蕴，复感毒邪，湿热挟毒下注阴部所致；而后者则为疣赘日久，或反复发作，致局部气血瘀滞所形成。前者的特点为病程较短，疣体较小，色淡红，表面有糜烂或脓液；后者的特点为病程较长，或反复发作，疣体较大，或融合成片，色灰白，或有污秽分泌物，伴奇臭。前者治宜清热利湿解毒，方用龙胆泻肝汤合紫蓝方加减；后者治宜除湿解毒，软坚散结，方用土槐饮合活血散瘀汤加减。

【文献别录】

《外科正宗·杂疮毒门》："枯筋箭，初起如赤豆大，枯点微高，日久破裂，钻出筋头，鬈松枯槁"。

（邓丙戌　张志礼）

544. 体　　臭

【概念】

体臭，是指身体某一部位发出一种特殊的臭气而言。以腋下、足部为多见，夏季出汗多时更为明显。

本症在《诸病源候论》称为"体气"，《外科正宗》称"狐气"，《外科大成》称"腋气"。

【鉴别】

常见证候

胎毒内蕴体臭：腋部发出一种特殊的刺鼻臭味，夏季更甚，可伴汗液色黄，有的外阴、肛门、乳房亦散发臭味，或伴有油耳耵。常发于青壮年，女性多见。

湿热蕴蒸体臭：足部、腋下、乳房下、股根部等发出难闻臭气，尤以盛夏暑湿之时为著。一般冬季汗少时减轻，伴身热，汗出，心烦，舌质红，苔黄腻，脉滑数。亦多发于青壮年。

鉴别分析

胎毒内蕴体臭：本证受禀于父母，因气血不和，精液杂秽所致。临床特点是：青年发病，腋下发出特殊臭味，夏季为著，家族中有同样症状。常伴黄汗，重者乳房下、股根部、阴部等处也散发臭气，部分伴油耳耵。治疗可选用密陀僧散外搽。

湿热蕴蒸体臭：多由素体蕴湿，郁久化热，或因外受酷暑湿热之邪，加之洗浴不勤，湿热薰蒸肌肤所致，故见汗多，尤以双足为重，汗液常有特殊臭味，伴发热，口苦，纳呆，小便黄，苔黄，脉滑数。治宜清热利湿，芳香化浊为法，方用三妙丸合三仁汤化裁。

【文献别录】

《诸病源候论·瘿瘤等病诸候》："人有体气不和，使精液杂秽，故令身体臭也。""腋下常湿，乃臭生疮，谓之漏液。"

《外科正宗》："狐气一名狐腋，此因父母有所传染……腋下多有稷纹数孔，出此气味。"

(王　萍　张志礼)

545. 尿 道 溢 脓

【概念】

尿道溢脓，系指尿道口有脓液溢流而言。

本症为尿道口红肿，并且流脓，多伴有尿疼、尿频、尿急，并可有全身不适。

文献中记载的"精浊"、"白浊"与本症相类似。

【鉴别】

常见证候

湿热疫毒尿道溢脓：尿道口发红肿胀，溢脓黄稠，量较多，小便频急，混浊如脂，灼热疼痛，或伴有发热，舌质红，苔黄腻，脉滑数。

肝气郁结尿道溢脓：少腹胀痛，小便涩滞刺疼，尿道溢脓，可伴抑郁多怒，胸胁胀满，月经不调，舌质黯或带青，脉沉弦。

脾肾两虚尿道溢脓：尿道脓液溢出，小便不畅，或淋沥不尽，遇劳即发，伴精神萎靡，腰膝痠软，畏寒肢冷，舌质淡，脉沉细弱。

阴虚内热尿道溢脓：尿道溢脓，小便时有赤涩，淋沥不止，病程日久不愈，伴两颧潮红，五心烦热，舌质嫩红，脉沉细而数。

鉴别分析

湿热疫毒尿道溢脓与肝气郁结尿道溢脓：二者均为实证。但前者以湿热兼感毒邪为主，湿热下注，故尿道口发红肿胀，小便混浊如脂，自觉灼热疼痛；兼感毒邪，故尿道口溢脓黄稠且量多，可有发热。后者则为肝气郁结所致，肝经经脉循行少腹及阴器，肝郁气滞疏泄不利则小便涩滞，少腹胀痛，并可有胸胁胀满、抑郁多怒。舌质黯或带青，脉沉弦。前者治宜清热利湿，解毒止痛，方用萆薢分清饮加减，后者治宜舒肝解郁，理气疏导，方用沉香散合柴胡疏肝散加减。

脾肾两虚尿道溢脓和阴虚内热尿道溢脓：二者均属虚证。但前者为阳气虚衰肾失封藏，脾失健运所致，脾肾阳虚则水湿运化失常，故见小便点滴不畅，淋沥不断，阳气不足则小便困难，排尿无力，遇劳即发，且有精神萎靡，畏寒肢冷，舌质淡，脉虚弱。治宜温补脾肾，方用无比山药丸合肾气丸加减。后者则为阴虚内热余邪未尽所致，肾阴不足，虚火妄动则见小便时有赤涩，淋沥不尽，排尿刺疼，且伴两颧潮红，五心烦热，舌质嫩红，脉细数。治宜滋阴泻火，方用知柏地黄丸加减。

【文献别录】

《证治要诀·白浊》："如白浊甚，下淀如泥，或稠粘如胶，频逆而涩痛异常，此非是热淋，此是精浊窒塞窍道而结"。

（邓丙戌　张志礼）

546. 杨 梅 疮

【概念】

杨梅疮亦称霉疮，多由不洁性交传染。始发为杨梅疳疮，中期出现杨梅疮，后期可传入脏腑。杨梅疮是指阴部、躯干、掌跖或泛发全身，先后出现形态多样的皮肤损害，常见的有红斑、玫瑰疹、湿烂、疣状增生、蛎壳状等。颜色呈玫瑰色、铜红色或褐红色，因形似杨梅而得名。一般不伴痛痒，血清梅毒反应强阳性，父母患霉疮可遗毒胎儿。

《本草纲目》中记载："杨梅疮，古方不载，亦无病者，近时起于岭南，传及四方。"明·陈司成著《霉疮秘录》记载："霉疮一症……细考经书，古未言得，究其根源，始于午会之末，起于岭南之地，至使蔓延通国，流祸甚广。"

本症，皮疹表现多样，易与临床常见病混淆，需仔细辨认。

【鉴别】

常见证候

胎毒内蕴杨梅疮　多发于出生时或出生后 6 周。发于婴儿时，乳不能进，二便不通，体弱瘦小，头面皮肤皱纹很多呈老人貌。往往全身对称分布紫铜色斑片、大疱，口腔有糜烂、溃疡。2～3 岁以后，可出现复发性杨梅疮，可见脓疱性丘疹或肛周或皱折部位出现湿性大丘疹（扁平湿疣）。晚期胎毒杨梅疮可见有门齿稀疏，短平，第 1 对上门齿切缘中部呈半月状凹陷，耳听力不好（神经性耳聋），小腿胫骨向前呈弓形弯曲（军刀胫）。眼睛羞明流泪，角膜混浊浸润，甚至失明。

湿热下注杨梅疮：大多生于前后阴，亦可见于口唇、乳房、眼睑等处。初起为粟米大疬或硬块，四周焮肿，亮如水晶，破后成溃疡呈紫红色，四周坚硬隆起，无痒痛感，伴口中粘腻，小便黄。舌质红苔黄腻，脉弦滑。

毒热炽盛杨梅疮：生疮前先有发热、头痛、骨节酸痛、咽痛等症，2～3天后，出现全身性发斑，皮疹形态各异，颜色玫瑰红或铜红色，手足心发疹明显，伴心烦急，口干渴，舌质红，苔薄黄，脉数。

毒邪流窜杨梅疮：发无定处，随处可生，侵犯皮肤，可有结节或硬结肿块溃烂，后流出树胶样分泌物，亦可侵及脏腑而危及生命。可伴有全身不适，头痛，头昏，胸闷，心悸，肢体麻木，走路不稳，视物模糊等。舌质黯绛或瘀斑，苔白黄腻，脉弦或涩。

鉴别分析

胎毒内蕴杨梅疮与毒邪流窜杨梅疮：两者虽均与毒邪有关，但前者为胎胞禀受，因父母患杨梅疮，遗毒于胎儿，精血孕育而成。出生后内毒必发于肌肤之表，故见红斑，溃烂。日久则鼻塌、膝肿、耳聋、失明。后者毒邪内蕴日久，耗气伤津，外发皮肤则见皮肤结节肿块、溃烂、鼻唇损坏，毒邪侵蚀脏腑可出现头痛、头昏、心悸、肢体麻木等症状。胎毒内蕴杨梅疮治宜清血解毒、活血通络法，可选土茯苓或土革薢乳汁调服。毒邪流窜杨梅疮宜扶正祛邪、除湿解毒、攻补兼施法，可选九龙丹合地黄饮子化裁。

湿热下注杨梅疮与毒热炽盛杨梅疮：两者虽均与房事不洁，感受毒热之邪有关，但前者以内蕴湿热兼感毒邪为主，湿热下注，则二阴部发生硬结湿烂、溃疡等，伴口中粘腻，小便黄等湿热症状。后者因感受毒热之邪，毒热入里化火，外攻肌肤所致，故皮疹泛发，形态各异，伴心烦急，口干渴，小便黄，大便干等毒热炽盛症状。湿热下注杨梅疮，治宜清热利湿解毒法，可选龙胆泻肝汤化裁。毒热炽盛杨梅疮，治宜泻火解毒消斑法，可选黄连解毒汤合五味消毒饮化裁。

【文献别录】

《外科正宗·外科心法要诀·卷七十三》："夫杨梅者，总由湿热邪火所犯，……气化乃脾肺受毒。"

《医宗金鉴》："此症一名广疮，因其毒出自岭南；一名时疮，此时气乖变，邪气凑袭之故；一名棉花疮，因其缠绵不已也；一名翻花杨梅，因窠粒破烂，肉反突于外，如黄蜡色；一名天泡疮，因其夹湿而生白疱也；有形如赤豆嵌于肉内，坚硬如铁，名杨梅痘，有形如风疹作痒，名杨梅疹，先起红晕后发斑点者，名杨梅斑；色红作痒，其圈大小不一，二三相套，因食秽毒之物入大肠而发，名杨梅圈。"

（王　萍　张志礼）

七、耳鼻喉科症状

547. 耳聋、耳鸣

【概念】

耳聋，是指耳的听觉失聪，不能听到外界声响而言。轻者，听而不真，称为重听；重者，不闻外声，则为全聋。《杂病源流犀烛》说："耳聋者，音声闭隔，竟一无所闻者也，亦有不至无闻，但闻之不真者，名为重听。"

耳鸣，是指耳内如有鸣声，故名。《外科证治全书》云："耳鸣者，耳中有声，或若蝉鸣，或若钟鸣，或若火熇熇然，或若流水声，或若簸米声，或睡着如打战鼓，如风入耳。"

在古典医籍中，耳聋名称繁多，如对耳聋已有粗略的划分，称"耳聋"、"暴聋"。《素问·生气通天论》又称"耳闭不可以听"。后世按病因病机不同，分为久聋、卒聋、暴聋、劳聋、风聋、虚聋、毒聋、厥聋、气聋、湿聋、风热耳聋、肝火耳聋、痰火耳聋、气虚耳聋、血虚耳聋、肾虚耳聋等，而《景岳全书·杂证谟》归纳为五，"曰火闭、曰气闭、曰邪闭、曰窍闭、曰虚闭。"

耳鸣、耳聋二症，关系甚为密切，因耳鸣为耳聋之渐，耳聋为耳鸣之甚，两者不可绝对划分，故本文合并论述。

有关"聤耳"、"耳痛"、"耵聍"所致耳鸣、耳聋，不属本症讨论范围。

【鉴别】

常见证候

风热袭肺耳聋：主要临床表现为一侧或双侧耳聋，耳鸣如刮风样，并有耳闭胀闷感。伴鼻塞、涕多、头痛、发热，舌质红，苔薄，脉浮数。

肝火耳聋：耳聋耳鸣，突然发作，甚至全聋，耳鸣声如钟，或如风雷声，或如潮水声，伴有耳胀痛、耳闭、口苦咽干，面红目赤，大便燥，小便黄，舌红苔黄，脉弦数。

肝阳上亢耳聋：耳鸣耳聋，眩晕胀痛，伴有面红目赤，失眠健忘，咽干口燥，腰膝瘦软，舌红少津，脉弦细而数。

肝血不足耳聋：耳鸣如蝉，时轻时重，耳失聪敏，伴有眩晕，夜寐多梦，目干，视物模糊，舌质淡，脉细。

肾阴虚耳聋：耳聋，逐渐加重，病程往往较长，鸣如蝉声，音低而微，伴有头晕目眩，失眠遗精，口咽发干，五心烦热，盗汗，腰膝痠痛，舌红苔薄，脉细数。

肾气不足耳聋：耳聋耳鸣，日久不愈，伴有畏寒肢冷，腰膝痠软，遗精阳痿，尿多清长，倦怠乏力，纳少便清，面色㿠白，舌质淡，苔薄白，脉细弱。

心肾不交耳聋：耳鸣重听，虚烦失眠，心悸健忘，腰膝痠软，潮热盗汗，小便短赤，舌红少苔，脉细数。

脾胃虚弱耳聋：耳聋耳鸣，劳倦加重，伴有倦怠乏力，纳少，食后腹胀，面色萎黄，便溏，舌苔薄白，脉虚弱。

痰火耳聋：两耳轰鸣，听音不清，耳闭堵闷，头昏而重，胸脘满闷，咳嗽痰多，二便不畅，舌质红，苔黄腻，脉弦滑。

气滞血瘀耳聋：多因肝火上犯，或外伤所致，耳聋耳鸣，突然发生，伴头晕头痛，心烦急躁，胸胁胀满，舌苔薄，脉弦细。

鉴别分析

风热袭肺耳聋：系因外感风热，或风寒郁久化热所致，肺之络会于耳中，肺受风热，久而化火上犯，以致窍与络俱闭，窍闭则鼻塞不通，络闭则耳聋无闻。初起多有鼻塞，涕多，耳痛，及耳堵闷感，兼发热、头痛等表症。其耳聋的特点，低音听力差，自己听自己说话声音大，耳鸣音为刮风样。鼓膜多为红色，或中耳有积液。治宜宣泄肺气，佐以清解之法，方选桑菊饮。

肝火耳聋与肝阳上亢耳聋：二者虽同属肝胆病变，但有虚实之异。肝火耳聋，为肝胆之气随经上逆，犯于清道，多属实证，具有耳聋重，全不能听，发展迅速，鸣声宏大的特点。肝阳上亢耳聋，系因肝肾阴虚，肝阳上亢所致，为本虚标实，发病缓慢，耳聋耳鸣的程度时轻时重，兼见两目干涩，口燥咽干，头胀而晕等症。前者治宜清肝泻火为主，方选当归龙荟丸；后者治宜滋阴潜阳，方选天麻钩藤饮。

肝血不足耳聋：因血液生化不足，或失血过多，或久病耗伤阴血，以致肝失藏血之职，症见耳鸣如蝉，听觉欠聪，劳累或午后加重，治宜滋补肝血，方选补肝汤，或四物汤加丹皮、栀子。

肾阴虚耳聋与肾气不足耳聋：二者同属肾虚，但有阴虚与阳虚之别，其共有见症为：耳聋逐渐加重，耳鸣如蝉鸣，夜卧甚。二者鉴别点在于：肾阴不足耳聋兼五心烦热，口干心烦等症，肾气不足耳聋，伴畏寒肢冷，阳痿等症。前者治宜滋补肾阴，纳气潜阳，方选耳聋左慈丸；后者治宜温肾壮阳，方选肉苁蓉丸。

心肾不交耳聋：心肾为水火之脏，水火相济，心肾相交。水火失调，则心肾不交，其临床特点是，耳鸣声微，寐差则耳鸣加重，耳聋明显。治宜滋阴降火，交通心肾，引火归元，方选补心丹或交泰丸。

脾胃虚弱耳聋：脾胃为气血生化之源，脾胃虚弱或脾阳不振，则清气不能上升，浊阴阻滞耳部经脉。其临床特点是：耳聋耳鸣，过劳加剧，伴有倦怠乏力，腹胀便溏等症。治宜补中益气，方选补中益气汤。

痰火耳聋：《古今医统》云："耳聋证，乃气道不通，痰火郁结，壅塞而成聋也。"其临床特点是：耳聋多兼有闭塞感，养见胸脘闷满，头昏头重等症。治宜清火化痰，和胃降浊，方选二陈汤加味。

气滞血瘀耳聋：因情志不遂或外伤，气血瘀滞，以致肝气郁结，疏泄失职，气滞则血凝。其临床特点，多兼有全身血瘀气滞之症。治宜行气活血化瘀，方选通窍活血汤。

耳聋耳鸣的辨证，归纳起来，首先宜分虚实，实证则耳聋暴发，耳鸣声响大，多呈低音调，虚证则听觉逐渐下降，耳鸣呈高音调，如蝉鸣。实者暴聋多因风、热、湿邪所致，虚者渐聋多因脏腑虚损而成。一般而言，虚证多而实证少，暴病者易治，久病者难医。

【文献别录】

《诸病源候论·耳病诸候》："足少阴肾之经，宗脉之所聚，其气通于耳。劳伤于肾，宗脉虚损，气血不足，故为劳聋。劳聋为病，因劳则甚，有时将适得所，气血平和，其聋则轻。"

（李书良）

548. 耳 胀 闷

【概念】

耳胀闷指耳内作胀，堵塞感。新病者多胀，时有疼痛；久病者以压迫、堵闷为主，听力减退。

本症见于"风聋"、"卒聋"、"耳胀闭"等病，可与"耳鸣、耳聋"、"耳痛"等症互参。

【鉴别】

常见证候

风寒袭肺耳胀闷：耳内闭塞，闷胀不适，听力减退，耳鸣呈低音调，鼻塞清涕，恶寒发热，无汗，舌苔薄白，脉浮。

风热犯肺耳胀闷：耳内作胀，或有耳痛，耳鸣如刮风样，听觉减退，鼻塞涕黄，咽干作痛，咳嗽痰黄，发热恶风，汗出，舌苔薄黄，脉浮数。

肝胆湿热耳胀闷：耳内胀闷压迫感，耳痛重，听觉减退，耳鸣声响大，头晕头痛，口苦咽干，两胁胀闷，舌苔黄腻，脉弦数。

脾气虚弱耳胀闷：耳内堵闷感，听觉减退，耳鸣呈低调，持续不断，时轻时重，鼻流粘涕，鼻通气差，食欲欠佳，倦怠无力，腹胀便溏，舌质淡，边有齿痕，苔腻，脉濡细。

肝肾阴虚耳胀闷：耳堵闷，耳聋，多呈混合性聋，耳鸣如蝉，时轻时重，头晕眼花，记忆减退，腰膝瘦软，手足心热，咽干，舌红苔少，脉细弱。

肾阳亏虚耳胀闷：耳堵闷，耳聋，耳鸣声细，伴畏寒肢冷，面色㿠白，小便清长，舌淡苔白，脉沉细无力。

气滞血瘀耳胀闷：耳内如有物阻隔，日久不愈，听音不清，耳内蝉鸣，舌质暗，苔薄，脉弦细。

鉴别分析

风寒袭肺耳胀闷与风热犯肺耳胀闷：二者均为风邪侵袭，肺失宣降，鼻窍不利，邪气沿络入耳而为病，但前者为风寒所致，肺气失宣，耳胀闷轻，鼓膜稍红，兼风寒表证，如恶寒发热，无汗，鼻塞流涕，治宜疏风散寒通窍，方选六味汤加辛夷、白芷。后者为风热上扰，或风寒郁久化热，所致，耳胀闷重，且有疼痛，鼓膜充血明显，或有积液，兼风热表证，如发热恶风，咽干作痛，鼻塞涕黄，咳嗽痰黄，治宜疏风清热，泻肺通窍，方选银翘散加桑白皮、车前草、辛夷、白芷。

肝胆湿热耳胀闷：因肝胆湿热蕴结，循经上犯于耳所致，耳内压迫疼痛明显，鼓膜充血，内有积液，鼻涕黄稠，口苦咽干，胸胁胀闷，治宜清利肝胆湿热，解毒通窍，方选龙胆泻肝汤。

脾气虚弱耳胀闷：脾虚则气血无以化生，耳失濡养，清气不升，湿浊易于停滞，耳脉阻塞，故耳堵闷日久，低调耳鸣，鼓膜内陷，或鼓室积液，不易吸收，倦怠无力，食少便溏，治宜健脾益气，利湿通窍，方选参苓白术散加车前草、苍耳子。

肝肾阴虚耳胀闷与肾阳亏虚耳胀闷：二者同为虚证，但有阴虚、阳虚之别。共见耳堵闷日久，听力逐渐减退，多呈混合性聋，耳鸣如蝉，鼓膜内陷，光锥消失，色泽混浊，或有斑块。但肝肾阴虚者伴头晕目眩，手足心热，咽干舌燥等虚火上炎之症，治宜滋补肝肾，方选六味地黄丸加桑椹子、女贞子、旱莲草。肾阳亏虚者伴畏寒肢冷，面色㿠白等虚寒之症，治宜温补肾阳，方选肉苁蓉丸。

气滞血瘀耳胀闷：久病正气虚损，无力抗邪，则邪毒滞留耳窍，阻塞经络气血，日久不愈，耳内堵闷，如有物阻隔，听音不清，鼓膜内陷增厚，或有灰白色沉积斑，或积液质稠，不易流动，伴舌质暗，脉弦细等血瘀之症，治宜行气活血通窍，方选通窍活血汤。

耳胀闷一症，当辨新久、虚实，新病者多实，为风寒、风热、肝胆湿热所致，耳内胀闷作痛，听外音阻隔而听自声增强，鼓膜充血、积液；久病者多虚，或虚中挟实，为脾、肝、肾虚、气滞血瘀所致，耳内堵塞、压迫感，耳聋耳鸣，鼓膜内陷、增厚为主。

（李书良　张红激）

549. 耳　痒

【概念】

耳部包括耳廓和外耳道作痒者，谓之耳痒。本症与耳内流脓、皮肤搔痒、皮肤湿烂、旋耳疮等症状有关，可互参之。

【鉴别】

常见证候

风热湿毒耳痒：耳部作痒难忍，痒甚则耳廓周围皮肤发红灼热，时流黄水，甚则经久不愈，搔痒不止而出血，疼痛。小儿多有发热、烦躁等症状，舌苔黄腻，脉数有力。

血虚风燥耳痒：耳廓皮肤增厚，干裂，粗糙，作痒不止，有干痂和脱屑，伴见面黄肌瘦，食欲不振，身倦乏力，舌淡，脉虚细等。甚者可蔓延至外耳道。

脾虚湿浊耳痒：耳部湿痒，时轻时重，日久不愈，流水较多，伴面黄倦怠，食少便溏，舌边有齿痕，脉细弱。

肾虚火旺耳痒：外耳道奇痒难忍，但耳廓可不痒。或流黄水，或如风吹，并时兼耳痛。若加搔抓刺激，则耳中结痂，粗糙干厚。常伴腰痠乏力，耳鸣眩晕，脉细数，舌质红。

鉴别分析

风热湿毒耳痒：因风热湿毒外邪蕴结于耳，气血郁滞不通所致。风盛则作痒不止，湿热甚则耳道潮湿、红热，时流黄水；火毒盛则发热、烦躁。治以祛风清热，除湿解毒，方用龙胆泻肝汤加防风、苍耳草、地肤子、白鲜皮。

血虚风燥耳痒：多由风热湿毒耳痒经久不已而致。风热湿毒久蕴，伤及气血脏腑，气虚血少，风燥自生，耳窍肌肤失养，局部干厚发裂粗糙，作痒不止，并有干痂脱屑。湿邪久困，影响脾胃功能，运化失司，生化无源，而见面黄肌瘦，食欲不振，乏力，舌淡，脉虚细诸虚证。治以养血祛风，健脾和胃，方用四物汤合六君子汤加蝉衣、防风、地肤子等。

上述二证尚须采用外治法，前者以三黄洗剂或蒲公英煎水外搽，后者以三石散、碧玉散外搽为宜。

脾虚湿浊耳痒：由脾气虚弱，运化失健，清浊不分，湿浊之邪上犯耳窍，表现为日久不愈，湿烂明显，流水不易干燥。气虚不运故倦怠，食少，清气不升故便溏。治以益气健脾，利湿止痒，方用参苓白术散加减。

肾虚火旺耳痒：由先天肾亏或劳伤肾元所致。肾开窍于耳，肾精虚亏，元气不足，阴虚火旺上扰于耳，故见耳内作痒不止。且火盛可致痛、流水，肾虚则腰酸乏力、耳鸣、眩晕、脉细数、舌红。治以补肾降火，方用六味地黄汤加麦冬、五味子、肉桂。

耳痒，多属风、火之证。风热湿毒为病则属实证，血虚风燥、脾虚湿浊、肾虚火旺所致者为虚证，或虚实挟杂。风热湿毒证除耳痒外，多见耳道潮湿、红热，局部症状较剧，且时发热烦躁，脉数，苔黄腻，兼湿热之象。血虚风燥者则不然，其耳窍局部以干痂脱屑、皮肤干糙发裂为特征，见燥证表现，并有脾虚血少之虚象。脾虚湿浊以湿痒日久，水多清稀为特点，并兼气虚之征。肾虚火旺耳痒，一般耳廓局部外症表现不突出，除耳痒外，以肾虚火旺表现如腰膝乏力，脉细数，舌红等比较明显。

【文献别录】

《证治汇补》"寻常耳痒，有风有火，易于调治。甚有耳痒不歇，挑剔出血，不能住手，此肾脏风毒上攻于耳，宜透水丹治之，并戒酒色膏粱厚味。"

（李书良　张红激）

550. 耳　痛

【概念】

耳痛，即指耳部疼痛，其病变部位可在耳廓、外耳道和鼓膜。常与耳内流脓并见。

《素问·至真要大论》说："少阳热胜，耳痛溺赤。"明确指出耳痛因少阳热胜所致。《疡科选粹》指出耳痛有"内热痒痛"、"寒热作痛"和"发热焮痛"之不同。《外科正宗》称"耳窍作痛。"而《外科大成》称"耳底疼痛。"从证治分析，均指耳道病变。

凡耳痛与耳内流脓并见者，非本文讨论重点，可参阅耳内流脓条目。

【鉴别】

常见证候

风热邪毒耳痛：其病变部位可在耳廓、外耳道和中耳等部位，分述如下：

1. 耳廓疼痛：疼痛剧烈，甚则皮肤红肿，耳廓变厚，按之有波动感。

2. 外耳道疼痛，常见于耳疖、耳疮初起，耳部灼热疼痛，咀嚼或呵欠则疼痛加剧，耳道皮肤红肿，如耳道疖肿重者，可妨碍听觉。

3. 属中耳病变者，多发生于外感风热初起，耳内疼痛，听觉减退，鼓膜红，或起水疱，并有鼻堵，流涕等症。

除以上局部疼痛外，全身可伴有发热，头痛，怕风，倦怠等症，舌质红，苔薄黄，脉浮数。

肝胆热毒耳痛：其病变仍可分以上三个部位。耳痛剧烈，痛不可忍，皮肤红肿高突，鼓膜红，听力明显减退。全身伴有发热，口苦咽干，大便干，小便黄，舌质红，苔黄腻，脉弦数。

气血瘀阻耳痛：耳内疼痛抽掣难忍，头昏耳鸣，舌苔薄，舌质暗，脉细涩。

鉴别分析

风热邪毒耳痛：多因外伤皮肤，如耳廓擦伤，挖耳损伤耳道，复感风热邪毒而形成。或如《外科正宗》所说："浴洗水灌窍中，亦致耳窍作痛生脓。"由于肌肤受伤，经络阻滞，气血凝聚，故耳痛伴有耳肿，治宜疏风清热，解毒消肿，方选普济消毒饮。

肝胆热毒耳痛：多由肝郁化火，湿热内生，热毒循经上行，熏灼耳窍所致。故耳部疼痛较剧，皮肤红肿高突，兼见口苦、咽干、便秘、溲黄等症，治宜清肝泻火，方选龙胆泻肝汤。

气血瘀阻耳痛：多因肝胆热邪，循经上乘，阻塞经络影响气血运行，或耳窍外伤，气血凝滞耳窍所致。局部皮肤可不红不肿，或微红，或起小疱。治宜清肝泄热，活络通窍，方选龙胆泻肝汤合四物汤。

耳痛一症，多属实证，常与肿并见。有气、血、表、里之分。《医学入门》曰："先痛后肿伤乎血，先肿后痛伤乎气。"病在肌表，属气分，为表证；病在筋骨，属血分，为里证。

（李书良）

551. 耳　　衄

【概念】

耳衄，即耳窍出血，见于《张氏医通》、《医宗金鉴》等。本条目指外耳、中耳出血，不包括耳廓因外伤出血及内耳出血。

【鉴别】

常见证候

肝火上逆耳衄：血从耳中突然流出，量较多，耳部疼痛，心烦易怒，或胸胁胀满，口苦，目赤，头痛，小便黄，舌质红，脉弦数有力。

阴虚火旺耳衄：血从耳中缓缓流出，时作时止，量不多，耳部不肿痛，头晕目眩，心悸耳鸣，腰膝酸软，神疲乏力，舌质红，脉细数。

鉴别分析

肝火上逆耳衄：证属实热，多因七情过激，肝失条达，气郁化火，循经上扰耳窍，迫血妄行，致血从耳中流出，出血量多，发作急骤。肝胆火热搏结，每致气血壅滞，故耳部疼痛。《血证论·卷二》云："其有血从耳出者，则以……相火旺挟肝气上逆。"兼见心烦易怒，胸胁胀满，口苦，目赤，头痛，小便黄等肝经实火症状。弦主肝脉，数为火旺之象。治当清肝泻火，凉血止血，方以犀角地黄汤加龙胆草、旱莲草等，外用龙骨煅灰掺敷。

阴虚火旺耳衄：多由肾阴不足，水不济火，相火上炎，迫血妄行所致。呈慢性发作，时作时止。肾阴虚则精水不充，脏腑经络孔窍失养，而呈心悸、头晕、目眩、耳鸣、腰痠乏力诸肾虚表现。因肾经不循于耳，乃"假心之府小肠之脉上贯于耳"（《血证论·卷二》），故无经脉气血壅滞之耳部肿胀疼痛。舌质红，脉细数。为阴虚火旺表现。治当滋阴降火，方以知柏地黄汤加麦冬、玄参。

上述两证，均为火旺上扰，迫血妄行而致，但肝火上逆耳衄为实火，阴虚火旺耳衄为虚火，辨证鉴别要点在于症状发作的缓急程度，全身表现和耳窍局部肿痛与否，及出血量等。

【文献别录】

《血证论·卷二》："耳中出血谓之耳衄……或因瘟疫躁怒，火气横行，肆走空窍。"

（陆寿康　李书良）

552. 耳内流脓

【概念】

耳内流脓是指耳内流出脓液，其色或黄或青，其质或稠或稀。

本症首见于《诸病源候论》，称之为"聤耳"。历代医家按脓的颜色不同而命名，如明代王肯堂《证治准绳》云："曰停耳亦曰耳湿，常出黄脓；有风耳毒，常出红脓；有缠耳，常出白脓；有耳疳，生疮臭秽；有震耳，耳内虚鸣，常出清脓。"《医宗金鉴》又将红脓称"风耳"。《冯氏锦囊秘录》将清脓称"囊耳"。

凡属"耳疖"流脓者，不属本条讨论范围。

【鉴别】

常见证候

风热上扰耳内流脓：耳内疼痛胀闷，跳痛或锥刺状痛，剧痛后，耳内流脓则痛缓解，听觉差伴有头痛、发热、恶风、鼻塞流涕、咽干而痛，口渴，耳膜破溃，有脓液出，色黄，舌苔薄黄，脉浮数。

肝胆湿热耳内流脓：发作急骤，耳痛甚，脓出痛减。伴有发热、口苦、咽干，头痛、便干溲赤。耳脓黄稠，量多，舌苔黄腻，脉弦数。

脾虚湿困耳内流脓：流脓日久，时轻时重，脓多而清稀，无臭味，听力减退，兼头昏头重，倦怠乏力，纳少便溏，舌淡苔白，脉虚弱。

肾元亏损耳内流脓：流脓日久不愈，时流时止，量少质稠，或结块，或呈豆渣样，味臭，耳鸣耳聋明显，伴头晕目眩，腰痠膝软，失眠多梦，遗精滑泄，舌苔少，脉细弱。

鉴别分析

风热上扰耳内流脓与肝胆湿热耳内流脓：两证皆表现为发作急骤的实热证，但二者病因病机不同，前者为风热邪毒侵袭，传热入里，熏蒸耳窍，火热搏结，化腐生脓；后者为湿热之邪蕴结，循足少阳胆经上扰，湿热搏结化腐生脓。前者尚兼风热表证，如恶寒，鼻塞、咽干、口渴，苔薄黄，脉浮数等，治宜祛风清热，辛凉解表，方选银翘散或桑菊饮，并加蒲公英，紫花地丁，野菊花等清热解毒之品。而后者一般无表证，仅见里实热症，热势较前者为甚，耳膜破损，胀痛更剧，脓黄而稠，且必有肝胆湿热之胸胁苦满、目赤、口苦、咽干症状，而又见大便秘结，小便黄，舌苔黄腻等湿热里盛之象；脉弦数，主肝热，治宜清肝胆湿热，方选龙胆泻肝汤。两证局部均可用青吹口散膏以棉条蘸药塞入耳窍，或用黄连耳液滴耳，一日三次。

脾虚湿困耳内流脓与肾元亏虚耳内流脓：病程较久，同为虚证，但前者因脾气虚弱，湿浊停滞，清阳不升，耳窍失养，表现为脓稀量多，听力减退，耳内肌膜破损，经久不愈，并伴有头昏头重，倦怠乏力，纳少便溏等症，治宜健脾渗湿，补气排脓，方选托里消毒散合四君子汤加减。后者肾精气亏损，不能上荣于耳，阳虚者失于温煦，阴虚者虚火蒸灼，表现为耳鸣耳聋较重，耳窍肌膜破损严重，脓少质稠结块，并伴头晕目眩，腰膝痠软等肾虚之症，阴虚者治宜滋阴降火，方选知柏地黄丸加减；阳虚者治宜补肾壮阳，方选桂附八味丸加减。

耳内流脓一症，涉及肝胆脾肾诸经，当辨虚实，新病者多实，耳痛明显，病在肝胆，久病者多虚，耳聋明显，病在脾肾；实证多见于小儿，成人多见虚证。

【文献别录】

《古今医案按·耳门》："又一妇人，因怒发热，每经行两耳出脓，两太阳作痛，以手按之痛稍止，怒则胸胁乳房胀痛，或寒热往来，小溲频数，或小腹胀闷，皆属肝火血虚，用加味逍遥散，诸症悉退，以补中益气（汤）加五味（子）而痊。"

（陆寿康　李书良）

553. 喷　嚏

【概念】

喷嚏，或称打喷嚏，《素问玄机原病式》说："嚏，鼻中因痒而气喷作于声也。"《灵枢》曰："阳气和利，满于心，出于鼻，故为嚏。"可见喷嚏是由于人体阳气振奋以抗邪的一种表现。若喷嚏频作，并伴有其他不适症状，则为病态。由于异物或刺激性气体等刺激所引起的或偶尔一、二声喷嚏，则不属本文讨论范围。

本症常见于"伤风鼻塞"、"鼻鼽"中，可与"鼻流涕"、"鼻塞"、"鼻痒"等症互参。

【鉴别】

常见证候

风寒袭肺喷嚏：喷嚏时作，鼻塞，流清稀涕，鼻音较重，伴恶寒，发热，头痛，无汗，舌苔薄白，脉浮紧。

风热犯肺喷嚏：喷嚏，鼻痒，鼻塞时轻时重，流黄稠涕，伴恶风，发热，咽痛，咳嗽，口渴，汗出，舌红苔薄黄，脉浮数。

肺气虚寒喷嚏：突然发作鼻痒，喷嚏连连，流出大量清水样涕，鼻塞，嗅觉减退，伴怕风，气短懒言，舌淡苔薄白，脉虚弱。

脾气虚弱喷嚏：喷嚏，鼻塞较重，鼻涕清稀白粘，嗅觉减退，伴面色苍白，头重头昏，四肢困倦，纳呆便溏，舌淡边有齿痕，脉细弱。

肾阳虚喷嚏：喷嚏频作，日久不愈，鼻塞，清涕不止，早晚较甚，伴四肢不温，畏寒，面色㿠白，腰膝痠软，舌苔白，脉沉细。

肾阴虚喷嚏：喷嚏频作，日久不愈，鼻痒，涕粘，咽干咽痛，伴头晕耳鸣，五心烦热，舌红少苔，脉细数。

鉴别分析

风寒袭肺与风热犯肺喷嚏：均由外邪犯肺，肺失宣肃，邪毒上犯鼻窍所致，同见表证，但前者为外感风寒，表阳被郁，肺失清肃，故喷嚏时作，涕清质稀，伴表寒证（恶寒，发热，头痛，无汗，舌苔薄白，脉浮紧），治宜辛温解表，疏风散寒，方选葱豉汤加味。后者为风热上犯鼻窍，肺失宣降，故喷嚏鼻塞，鼻痒，涕黄质稠，伴表热证（恶风，发热，咽痛咳嗽，口渴汗出，舌红苔薄黄，脉浮数），治宜辛凉解表，疏风清热通窍，方选苍耳子散加减。

肺气虚寒与脾气虚弱喷嚏：均为虚证，但虚在肺气，卫表不固，易受风寒之邪，故表现为易感冒，稍遇风寒则喷嚏频频，清涕如水，怕冷喜暖，气短懒言，治宜益气补肺，祛风散寒，方选温肺止流丹加减。后者虚在脾气，运化失职，湿聚于鼻，表现为鼻涕粘白，鼻塞较重，日久不愈，嗅觉减退，鼻窍肌膜肿胀苍白，或灰暗，或呈息肉样变，伴面白头昏，四肢困倦，纳呆便溏，治宜健脾益气，渗湿通窍，方选四君子汤加辛夷，苍耳子，薏苡仁。

肾阳虚与肾阴虚喷嚏：均为肾虚，精气不足，阳虚则气化失职，水寒上犯，故清涕不止，兼四肢不温，畏寒，面白膝软，治宜温补元阳，方选桂附八味丸加减。阴虚则虚火上扰，故鼻痒涕粘，咽干咽痛，兼头晕耳鸣，五心烦热，治宜滋阴补肾，方选知柏地黄丸加减。

喷嚏一症，当辨表里、虚实。大致风寒袭肺、风热犯肺所致喷嚏，属表证、实证，病程较短，喷嚏间作，兼外感表证。肺气虚寒、脾气虚弱、肾阳虚、肾阴虚所致喷嚏，属里证、虚证，突发突止，反复发作，喷嚏频频，涕清如水，有时经久不愈，并兼有肺、脾、肾虚证。

【文献别录】

《寿世保元》："论恶风寒，鼻塞流清涕，寒禁喷嚏，此脾肺虚不能实腠理，补中益气汤。"

《杂病源流犀烛》："新者偶感风寒，必兼喷嚏，清涕声重，宜参苏饮、羌活冲和汤。"

《类证治裁》："若风热壅肺，亦致嚏涕声重。"

（季绍良　李书良　张红激）

554. 鼻 塞

【概念】

鼻塞，或称鼻堵，鼻不通气，是指呼吸之气通过鼻腔时受阻而言。

在古代医学文献中，鼻塞又称鼻窒，一般认为窒，塞也。根据病因、病机的不同，临床上有发作性、交替性、持续性、间隔性等不同的表现。

【鉴别】

常见证候

风寒鼻塞：鼻塞呈发作性，伴鼻流清涕，打喷嚏。全身症状有发热、恶寒等，舌苔薄白，脉浮或浮紧。

风热鼻塞：鼻塞重，呈发作性，流黄涕，伴有发热、头痛、恶风、汗出、口渴、咽痛等症，舌苔薄黄，脉浮数。

肺经郁热鼻塞：鼻塞日久，呈间隔性或持续性，涕粘黄，伴头胀闷，嗅觉差，记忆力减退，舌质红，苔黄，脉弦数。

肝胆湿热鼻塞：鼻塞涕多，黄浊而臭，缠绵日久，嗅觉较差，记忆力减退，伴有咽干、口苦、目昏耳鸣等症，舌质红、苔黄，脉弦数。

肺脾气虚鼻塞：鼻塞，左右交替出现，或时轻时重，遇风冷加重，鼻涕或粘或稀，鼻内胀闷，伴气短乏力，头昏头重，咳嗽痰稀，纳差便溏，舌淡苔白，脉细弱。

肺肾阴虚鼻塞：鼻塞呈持续性，时轻时重，鼻干鼻痒，干痂气臭，嗅觉减退，咽干咽痛，五心烦热，舌红少苔，脉细数。

气滞血瘀鼻塞：鼻塞日久，呈持续性，逐渐加重，嗅觉迟钝，鼻涕粘少，舌质黯，脉细弦。

鉴别分析

风寒鼻塞与风热鼻塞：二证均为外感风邪所致，风寒鼻塞，系风寒犯肺，肺气失宣。风热鼻塞，因风热上扰，鼻塞不通。前者以鼻流清涕，鼻粘膜稍红为主，后者鼻涕黄稠，鼻粘膜红明显。因风寒者，当疏风散寒通窍之法，用辛夷散。因风热者，宜疏风清热通窍，桑菊饮合苍耳子散主之。

肺经郁热鼻塞与肝胆湿热鼻塞：二证虽皆为热证，但前者为风热之邪逗留肺系，气机失调，肺失清肃所致，症见鼻塞、粘黄涕，宜疏风清热，排脓通窍，方选苍耳子散。后者为肝胆湿热，移热于脑而成，症见鼻涕多而且黄稠有臭味，并有头昏等症，当用化浊解毒，清肝胆湿热之法，方用猪胆藿香丸。

肺脾气虚鼻塞与肺肾阴虚鼻塞：二者皆为虚证，但前者为肺脾之气虚，肺气虚则卫外不固，遇冷加重，脾气虚则运化失职，湿浊上犯于鼻，故鼻塞，涕粘或稀，鼻窍肌膜肿胀色淡，并伴气短，咳嗽，纳差，便溏等症，治宜补益肺脾，祛湿通窍，方选温肺止流丹合补中益气汤。后者为肺肾之阴虚，阴津不足，鼻失荣养，虚火内生，灼损肌膜，故鼻腔宽大，肌膜干燥，萎缩，干痂附着，味臭为其特点，治宜滋肾润肺降火，方选增液汤合百合固金汤。

气滞血瘀鼻塞：邪毒久留，阻塞经络，气血流通不畅，其表现以鼻塞日久，持续不解，嗅觉迟钝，鼻腔肌膜肿胀增厚，鼻甲肥大质硬，凹凸不平为特点，治宜调和气血，化瘀通窍，方选通窍活血汤。

【文献别录】

《东垣十书》："若因饥饱劳役，损脾胃。生发之气既弱，其营运之气不能上升。邪塞孔窍，故鼻不利而不闻香臭矣。宜养胃气，使阳气、宗气上升，鼻管则通矣。"

（李书良　张红激）

555. 鼻　流　涕

【概念】

鼻流涕，是指从鼻孔内流出分泌物而言。

从流出鼻涕的性质，临床可分为"清涕"、"白粘涕"、"粘脓涕"、"黄脓涕"、"脓血涕"、"臭涕"等数种。

【鉴别】

常见证候

风寒鼻流涕：鼻涕清稀而多，鼻堵，喷嚏频作，伴发热恶寒，头痛，咳嗽，无汗，舌质淡红，苔薄白，脉浮紧。

风热鼻流涕：鼻涕色黄质稠量多，甚则鼻孔周围红肿疼痛，鼻堵，兼见头痛，发热，恶风，咳嗽，汗出，舌红苔白，脉浮数。

湿热鼻流涕：鼻涕黄浊而量多，甚则倒流，气味腥臭，鼻塞较重，嗅觉差，伴头痛而重，脘闷纳呆，口苦而粘，不欲饮水，小便黄，舌红苔黄腻，脉滑数或濡数。

燥热鼻流涕：鼻涕色黄质粘量少，涕中带血，或呈脓血涕，鼻腔干痛不通，伴头痛，胸脘胀闷，咽干口苦，渴喜冷饮，便干溺黄，舌红苔黄，脉细而数。

气虚鼻流涕：鼻涕清稀如水，日久则白粘，久久不断，或时清时黄，或浅黄而臭，鼻堵，遇冷或接触某些过敏物而发作，伴有气短懒言，倦怠乏力，或脘闷纳呆，大便清薄，舌质胖淡，苔薄白，脉缓而无力。

肾虚鼻流涕：鼻涕清稀量少，遇冷增多，或时清时黄，日久不愈，鼻孔堵塞，嗅觉减退，兼见腰痠膝软，畏寒肢冷，舌淡苔白，脉沉细而弱。

鉴别分析

风寒鼻流涕与风热鼻流涕：二者均由外邪袭肺，肺失宣降，邪阻鼻窍而致，故同具有外感表证，但有寒热之别。前者外感风寒，鼻涕清稀，兼见表寒证（发热恶寒，头痛，咳嗽，无汗，舌质淡红，苔薄白，脉浮紧），后者外感风热，鼻涕色黄质稠量多，伴有表热证（头痛，发热，恶风，咳嗽，汗出，舌红苔白，脉浮数）。细审鼻涕的颜色性质及兼证，二者较易区别。前者治宜辛温解表，疏风散寒，方用葱豉汤加味；后者治宜辛凉解表，疏风清热通窍，方选苍耳子散加减。

湿热鼻流涕与燥热鼻流涕：两证皆属里热证，但一为湿热，一属燥热。湿热鼻流涕是湿热之邪损伤脾胃，运化失司，湿热蕴阻鼻窍，蒸灼肌膜所致，故鼻涕呈深黄或黄绿色，质浊如脓而量多，其气味腥臭。兼见头痛而沉重，脘闷纳呆，口苦而粘，不欲饮水，小便黄，舌红苔黄腻，脉滑数或濡数等湿热阻滞之证。燥热鼻流涕是燥热之邪上干鼻窍，煎灼津液，故鼻流黄粘涕而量少，鼻腔干痛，燥热伤络则鼻涕带血，或呈脓血涕。兼见头痛，胸闷，口苦咽干，渴喜冷饮，便干溺黄，舌红苔黄，脉细而数等燥热津伤之征。故湿热、燥热为患不难区分。湿热鼻流涕治宜清热利湿通窍，湿重于热者利湿兼以清热，用加味四苓散；热重于湿者以清热为主，兼以利湿，可用黄芩滑石汤。燥热鼻流涕治宜清燥泻火，热盛者用凉膈散清而泻之，燥甚者用清燥救肺汤清而润之。

气虚鼻流涕与肾虚鼻流涕：二者俱为虚证，前者虚在气，后者虚在肾。气虚鼻流涕是气虚不摄所致，鼻涕量多，兼见气虚之证；肾虚鼻流涕为肾虚津少，肾气不固，故鼻涕量少，兼见肾虚之证。气虚鼻流涕或为肺气虚，卫表不固则极易感冒，鼻流清涕质稀如水，反复发作，兼见气短懒言，倦怠乏力，治宜益肺固表，方选玉屏风散合苍耳子散；或为肺脾两虚，鼻涕白而粘稠，久久不断，或时清时黄，兼见气短懒言，倦怠乏力，脘闷纳呆，大便溏薄，舌胖淡，脉缓无力等肺脾气虚之证，治宜补肺健脾益气，方选补中益气汤；若兼挟湿热则为虚实夹杂，鼻涕黄如浆而有臭味，宜于上方加入化湿通窍之品。肾虚鼻流涕，或清涕量少，遇冷增多，或时白时黄，量少而日久不愈，必伴有腰膝痠软，畏寒肢冷等肾虚之证，治宜益肾清肺，方选真武汤或肾气丸合苍耳子散。

鼻流涕一症，临床重在辨别表里、寒热、虚实。大抵头痛发热恶风寒为表；色白清稀者多寒；色黄粘稠者多热；黄脓臭秽者为湿热；涕少夹血者属燥热；气虚者气短乏力，纳呆便溏；肾虚者腰膝痠软，畏寒肢冷。总之，从鼻涕的色、质、多少、气味及兼症分析，自能鉴别清楚。

【文献别录】

《证治要诀》："清涕者，脑冷肺寒所致。"

（李书良）

556. 鼻　　痒

【概念】

鼻痒，指鼻腔作痒而言，有因痒而嚏者，亦有痒痛者。如《古今医统》说："火热上冲，鼻中痒而嚏也。"

本症常见于外感、鼻疳、鼻疮、齄齄等病中。

【鉴别】

常见证候

风热犯肺鼻痒：鼻痒喷嚏，鼻塞时轻时重，涕黄稠。全身伴有发热、恶风、头痛、咽痛、咳嗽等症，舌质红，苔薄或薄黄，脉浮或浮数。

肺经燥热鼻痒：鼻痒而干，呼气发热，鼻孔干燥少津，咽干咳嗽少痰，咯出不易，舌质红苔薄，脉数。

热毒侵肺鼻痒：鼻孔痒痛，干燥灼热，皮肤红肿，或起小丘疹，或轻度糜烂，反复发作，迁延日久不愈。全身可无明显症状，或有头痛，便干等症，舌质红、苔黄，脉数。

脾经湿热鼻痒：鼻孔痒痛，常流黄水，或糜烂红肿。伴有脘腹胀闷，便清，舌苔黄腻，脉滑数。

肺气虚鼻痒：鼻痒阵发，喷嚏频作，鼻塞流清涕，舌质淡、苔薄白，脉细弱。

鉴别分析

风热犯肺鼻痒与肺经燥热鼻痒：两者虽皆因热所致。但有风热和燥热之别，风热之邪上侵，或风寒郁久化热犯肺，肺失清肃，风邪热毒停聚鼻窍，故鼻堵、黄涕、头痛等症明显。而燥热当分外燥和内燥，外燥多由气候干燥引起，内燥多缘素体阴虚，燥热生风，故鼻痒干燥，其口干津少等症突出。后者治宜清肺润燥，方用清燥救肺汤。前者治宜轻疏肺卫，方以桑菊饮加苍耳子。

热毒侵肺鼻痒与脾经湿热鼻痒：二者亦属热证。热毒侵肺由于内皮损伤或脓涕浸渍，外受风邪热毒而致，热胜则红肿疼痛而糜烂，风胜则痒。脾经湿热由于脾运失健，清阳不升，浊阴不降，湿浊内停，久而化热，湿热互结，熏蒸鼻窍，其特点为鼻孔痒痛，时流黄水，兼有脾虚症状。前者治宜清热解毒，方用黄芩汤或五味消毒饮。后者治宜健脾利湿，方用除湿汤。

肺气虚鼻痒：肺开窍于鼻，主皮毛，肺气虚则卫表不固，腠理不密，风寒乘虚易犯鼻窍，正邪相搏，故鼻痒。治宜温补肺脏，兼以散风祛寒，方选玉屏风散。

鼻痒一症，其部位在鼻前孔或鼻腔。其病因不外乎风、热。以痒为主者属风，痒而痛者多属于热，临证时不难鉴别。

【文献别录】

《奇效良方·鼻门》："痒为火化，心火邪热干于阳明"。"以物扰之，痒而嚏者，扰痒属血"。"心神躁乱而发热于上，则鼻中痒而嚏也"。

（李书良）

557. 鼻 痠

【概念】

指鼻窍或鼻根有辛痠感觉的症状。《素问·气厥论》称"辛頞"。

本症与鼻痛、鼻干、鼻涕等条目有关，可互参。

【鉴别】

常见证候

风热壅肺鼻痠：鼻根痠胀，按之疼痛，涕出黄稠，因涕多可有鼻塞，擤出后则气通鼻舒，遇风则鼻痠痛。或伴有发热、恶风、咽痛口渴，汗出等表症，舌质红，苔黄，脉数。

痰火阻肺鼻痠：鼻内痠痛，涕稠粘黄，鼻塞，嗅觉差。咳嗽痰多，头重而痛，脉滑数，舌苔粘腻，或色黄。

肺虚感寒鼻痠：鼻息通利，遇寒则痠，流清涕，神疲短气，咳喘无力，动则气促，舌淡苔薄，脉细弱。

肺脾气虚鼻痠：鼻根痠胀，气息不利，鼻涕白粘，头昏而痛，久咳不已，气短乏力，腹胀便溏，舌质淡苔白，脉细弱。

鉴别分析

风热壅肺鼻痠与痰火阻肺鼻痠：二者皆属阳证，但病因病机不同，一因外感风热之邪，或风寒犯肺，郁久化热，肺气不宣，肃降失职，鼻窍不利所致；一因火邪犯肺，炼液为痰，或痰火交阻于肺而成。前者属表热证，当疏风清热，方用银翘散加减。后者属里热证，当清火祛痰，方用凉膈散加减。

肺虚感寒鼻痠与肺脾气虚鼻痠：前者是卫气不固，寒邪外束，肺气不宣所致，治宜益气固表，佐以宣肺通窍，方用玉屏风散加辛夷、白芷，黄芩等标本兼治；而后者兼有脾虚，湿浊停滞，升降失常，影响肺气肃降，故伴腹胀便溏，气短乏力等脾气虚弱之象，治宜益气健脾化湿，方用四君子汤或参苓白术散加减。

鼻痠一证，以风热壅肺及肺脾气虚者为多见，痰火扰肺者较少。

【文献别录】

《证治汇补》："鼻内痠痛，壅塞不利，由肺气空虚，火邪内攻，有制于肺也，绳墨又有气虚人每遇严寒，感寒鼻痠，此气虚而易于招寒，内火不得泄越，相搏作痠，常服辛辣物则暂止者，以辛能发散故也。"

（李书良　陆寿康）

558. 鼻　　干

【概念】

鼻干，是指鼻窍干燥的症状。故《内经》称"鼻干"，又称"鼻燥"。本症常伴有鼻痛、鼻衄、鼻痠、鼻肿等临床表现，因此可与上述条目互参。

【鉴别】

常见证候

肺经热盛鼻干：鼻孔干燥，灼热而痛，鼻部微痒，或鼻干出血，口干咽燥，咳嗽少痰，重者伴发热、头痛、全身不适，便干溲黄。局部可见鼻孔红肿或糜烂。舌尖红，苔薄黄，脉浮数或弦数。

燥邪伤肺鼻干：鼻干咽燥，堵塞发痒，嗅觉减退，干咳无痰，或痰少而粘，口渴唇干，起病时感胸痛，发热头痛，全身痠楚。局部可见鼻粘膜干燥结痂。舌质红，苔薄少津，脉浮细而数。

胃热炽盛鼻干：鼻干有灼热感，或伴疼痛，或鼻出血，或结痂，口燥咽干，渴喜冷饮，口气秽臭，或消谷善饥，泛酸嘈杂，便秘溲赤，舌质红苔黄，脉滑数。

肺燥阴虚鼻干：鼻燥咽干，涕少痰粘，喉痒咳嗽，胸痛，盗汗，或声哑，舌红少津，苔薄白，脉细无力。

肺脾气虚鼻干：鼻干而痒，鼻孔有干痂，或伴面色白，咳喘无力，短气自汗，腹胀纳呆，便溏，舌质淡，苔薄白，脉细弱。

鉴别分析

肺经热盛鼻干与胃热炽盛鼻干：两者均有鼻干灼热疼痛症状，属实热证。但前者病位在肺，后者病位在胃。肺经热盛鼻干，乃因风热邪毒犯肺，肺开窍于鼻，肺热上壅鼻窍而致。肺热壅盛，故见口干咽燥，咳嗽少痰，舌尖红赤，甚则鼻干出血。胃热炽盛鼻干，多因过食辛辣，助热生火，或外邪传里，化热伤胃。胃脉起于鼻旁，胃热上蒸，鼻窍被热邪熏灼，故见鼻干。并兼渴喜冷饮，大便秘结，舌苔黄干等症。临床不难区别。

肺经热盛治宜清热宣肺，方用桑菊饮，或清燥救肺汤加减。胃热炽盛治宜清泻胃火，方用清胃散，或调胃承气汤加减。

燥邪伤肺鼻干与肺燥阴虚鼻干：病位在肺，均见鼻干咽燥且无疼痛之症，但燥邪伤肺，多发生于秋季燥气当令之时，而肺燥阴虚常因热病初愈。阴津未复，或发汗太过，损伤肺阴，两者均可使鼻窍不获濡润而发干。其区别点是前者乃燥邪伤阴为外燥，故鼻干，鼻窍堵塞明显，起病有发热头痛，全身疲楚等燥邪犯表症状。治宜清肺润燥，方选桑杏汤。后者乃阴虚致燥为内燥，故见喉痒烦热，咳而胸痛，盗汗等阴虚症状。治宜滋阴润燥，方选百合固金汤。

肺脾气虚鼻干：脾主运化，肺主输布，肺脾气虚，水谷精微不能上输于鼻，鼻失濡养，故鼻孔干燥。它如自汗、纳差、便溏等虚象，与其他证候有明显区别，治疗宜补中益气，培土生金，方选补中益气汤，或金水六君煎加减。

鼻干一症，其病因不外燥、热、虚三个方面，总由津伤液损所致，与肺、脾、胃等脏腑有关。此外，尚有药燥鼻干，乃误用、过用温燥药物而形成，治应配合益阴润燥之品。并可外用滴鼻药滋润局部，如菊花蜜或香油局部涂擦。

（李书良　陆寿康）

559. 鼻　衄

【概念】

鼻衄，即鼻中流血。包括在衄血范围内，《灵枢·百病始生》篇云："阳络伤则血外溢，血外溢则衄血。"

若鼻衄不止又名鼻洪；鼻血过多，溢入口中，口鼻俱出血，名脑衄（《血证论》），甚而口、鼻、耳皆出血，名大衄（《诸病源候论》）。伤寒太阳病发热无汗而鼻衄，衄则表解为自衄（《伤寒论》）。若以病因名之，则有时气衄血、伤寒衄血、温病衄血等（《诸病源候论》）。对太阳伤寒自衄，后世有称为红汗者，以示汗血同源，邪不从汗解而从衄血解。

鼻衄，与鼻塞、鼻干、鼻痠、鼻痛、鼻涕等症状相关。

妇人经期鼻衄，呈规律性发作，称倒经，《医宗金鉴》谓之经行衄血，则另立专条讨论。

【鉴别】

常见证候

风寒欲解鼻衄：恶寒发热，身痛，头痛，无汗，鼻出血而热退症减，脉浮紧，舌苔薄。一般鼻血量不多，能自行停止。

风热壅肺鼻衄：发热，汗出，口渴，咽痛，咳嗽痰少，鼻干燥疼痛，出血鲜红，量不多，脉浮数，舌苔薄白而干。

胃火炽盛鼻衄：鼻干燥疼痛，出血量多，色鲜红，心烦，口渴欲饮，口臭，消谷善饥，大便秘结，小便黄，舌红苔黄，脉洪数。

肝火犯肺鼻衄：由情绪激动诱发，鼻出血量多，血色鲜红，并经常反复发作，头胀痛，心烦易怒，口苦咽干，胸胁苦满，目赤，小便黄，舌质红，脉弦数。

脾不统血鼻衄：鼻出血渗渗不止，血色淡红，反复发作，易止易发，面色无华，食欲不振，神疲乏力，气短懒言，腹胀便溏，口淡无味，心悸头晕，舌质淡，脉濡细无力。

肾阴虚损鼻衄：鼻出血量不多，血色鲜红，时作时止，反复发作，口干渴，头晕目眩，心悸耳鸣，腰膝酸软，五心烦热，面色潮红，时盗汗，脉细数，舌质红。

阴竭阳脱鼻衄：鼻出血不止，量多，甚而口、鼻、耳、齿、皮肤亦见出血，大汗出，面色苍白，口开且合，四肢厥冷，手撒尿遗，神志昏糊，不省人事，呼吸喘促，舌质淡，脉微细欲绝。

鉴别分析

风寒欲解鼻衄与风热壅肺鼻衄：两证均为外邪束表，上扰鼻窍所致，故见脉浮、苔薄白、发热之表证，其鼻衄出血量不多，证情轻浅易治。风寒欲解鼻衄，为风寒郁于太阳，外邪不得以汗解，而上扰鼻窍借衄血为出路，衄出则诸症可减，发热可退，衄血亦自止。其特点为恶寒、无汗、头痛、身痛、脉浮紧，呈表寒证。一般可不作处理。若鼻衄而表证仍在，当发汗解表，方用麻黄汤。如或阴虚体质，见形瘦体弱、心烦、舌红等，治宜养阴发汗解表，用麻黄人参芍药汤。必须指出，辛温解表仅适于太阳伤寒自衄而表证仍不解者，方可用之。风热壅肺鼻衄，为风热郁于肌表，上扰鼻窍所致。其发热甚，有汗，不恶寒，可与风寒证区别。且见鼻干燥疼痛，咳嗽，咽痛，口渴，脉数诸肺热症状，鼻衄后热仍不退为其特点。治当疏风清热，方以桑菊饮加丹皮、茅根等清热凉血。

胃火炽盛鼻衄与肝火犯肺鼻衄两证均为火热上炎，灼伤阳络，迫血外溢所致，呈阳热里实证。表现鼻出血量多，血色鲜红，心烦口渴，小便黄，脉数，舌红等。胃火炽盛鼻衄，由嗜酒或过食辛辣厚味，胃火内炽上扰迫血而出。诚如《景岳全书·血证门》云："衄血之出内热者多在阳明经。"胃火盛则口干、口臭、大便秘结。治当清胃泻火，方以三黄泻心汤加减。肝火犯肺鼻衄，由情志不遂，肝郁化火，肝不藏血而致，故每发于情绪激动后，且常心烦易怒。诚如《疡科心得集·辨鼻渊鼻痔鼻衄论》云："有因七情所伤，内动其血，随气上溢而致者。"肝火上炎犯于肺窍而衄，常反复发作，且以胸胁苦满、目赤、头胀痛、咽干口苦诸肝火症状为特征。治当清肝泻火，方用犀角地黄汤加龙胆草等，或羚龙汤。

脾不统血鼻衄与肾阴虚损鼻衄：两证均为素体虚弱或久病正虚而致，故鼻出血量虽不多，但易由劳累等诱因而反复发作。脾不统血鼻衄，由脾虚不能统血，血不循常道而外溢所致，多表现为脾虚证，如面色不华、食欲不振、腹胀便溏、神疲乏力、口淡无味，舌淡，脉濡细为特点，治宜健脾益气统血，方以归脾汤加减。肾阴虚损鼻衄，由先天肾亏或劳损伤肾，阴虚火旺，上逆迫血而致。《景岳全书·衄血论治》云："衄血虽多由火，而惟于阴虚者为尤多，正以劳损伤阴则水不制火，最能动冲任阴分之血。"其证以腰膝酸软，心悸眩晕，耳鸣、五心烦热，面色潮红，盗汗，舌红，脉细数等肾阴虚相火旺症状为特点。治宜滋阴降火，方以知柏地黄汤加茅根，旱莲草，阿胶等。

阴竭阳脱鼻衄：每见于大出血症，出血量多而不止时，气随血脱，为鼻衄至重危急的证候。阴竭阳脱，故四肢厥冷，大汗，呼吸喘促，面色苍白，心神无主，故神昏，手撒尿遗，口开目合，脉微细欲绝或促大无伦，呈极虚暴脱状态。治法当回阳救逆，益气摄血，方以独参汤或参附龙牡汤合生脉散加减。

鼻衄一症，临床证候较多。风寒欲解，风热壅肺见于表证，由外感引起，其他均为里证。里证鼻衄，从病因辨，有饮酒嗜辛辣食物史者多为胃火鼻衄；有情志因素者多为肝火鼻衄，由劳累诱发者多为脾虚、肾虚鼻衄；由大失血致者常转为阴竭阳脱鼻衄。从病情辨，风寒、风热、胃火、肝火，阴竭阳脱鼻衄发病较急，脾虚、肾虚鼻衄发病较缓。从鼻出血量辨，胃火、肝火、阴竭阳脱鼻衄者出血多，而以阴竭阳脱者尤甚。

【文献别录】

《伤寒论·辨少阴病脉证并治》："少阴病，但厥无汗，而强发之，必动其血，未知从何道出，或从口鼻，或从目出者，是名下厥上竭，为难治。"

（陆寿康　李书良）

560. 鼻　痛

【概念】

鼻痛指鼻部疼痛而言，始见于《诸病源候论》，可与鼻肿、鼻干、鼻疡并见，本条只讨论以鼻痛为主症者。

【鉴别】

常见证候

风寒湿邪壅滞鼻痛：鼻窍微痛，鼻塞流清涕，微恶风寒，或有发热，脘闷纳呆，腹胀便溏，舌苔薄，或白腻，脉浮数，或濡数。

风热壅肺鼻痛：鼻窍灼热疼痛红肿，有浊涕，伴发热、头痛、口渴、咳嗽黄痰等症，舌质红，苔薄，或微黄，脉浮数。

肺胃热盛鼻痛：鼻部疼痛剧烈，多在鼻窍前端及中隔部位，按之痛甚，或有少量出血，并见口渴咽干，便秘溲黄等症，舌苔黄，脉数。

鉴别分析

风寒湿邪壅滞鼻痛与风热壅肺鼻痛：二者均为风邪侵袭，经络壅滞而致鼻痛，故同见肺卫表证。但前者其痛不甚，只伴有微恶风寒，及纳呆便溏，脉濡，苔腻等寒湿之象。治当祛风化湿散寒，方拟藿香正气散加葛根。后者以热象为重，疼痛较剧，且有肿胀灼热等症，治当祛风清热，方用银翘散加白芷、葛根。

肺胃热盛鼻痛：多因嗜酒及恣食辛热炙煿，外受邪热，火热之邪上扰鼻窍，经络壅滞所致，以胃腑热炽而见便秘、溲黄、脉数等症为特征。治当泻肺清胃，方以清胃散合调胃承气汤加减，腑气一通，鼻痛自宁，盖肺与大肠相表里故也。

总之，鼻痛一症以实热为多，病在肺、胃，故李时珍《本草纲目》曰："鼻痛是阳明热。"

【文献别录】

《张氏医通·七窍门下》："痛久服药不应，时痛剧，时向安，或兼两颧紫赤，此为湿热瘀滞，宜犀角、玄参、连翘、山栀、丹皮、赤芍、生甘草之类。"

（陆寿康　李书良）

561. 鼻肿

【概念】

鼻肿，指鼻窍红肿而言。多发在鼻前孔，陈士铎《石室秘录》中专有"鼻肿"的记载，常见于鼻疮、鼻疔、鼻疖、鼻疳等病的初起阶段，与鼻衄、鼻涕等症有关。因患酒齄鼻而鼻红肿者，可参阅皮科有关条目。

【鉴别】

常见证候

热毒壅肺鼻肿：鼻窍肿胀，初起状如粟粒，或起小白疱，或红赤，焮热感，肿形有顶且根脚坚硬，疼痛或麻痒，3～5日后肿胀顶部现黄色脓点，根软而脓溃自消，伴憎寒壮热，头痛，舌红，苔黄，脉数。

热毒内陷营血鼻肿：多由上症转化而来，鼻窍内肿胀，顶陷无脓，根脚散漫，疮头紫暗，甚而鼻肿如瓶，延及唇、腮、眼睑亦肿，疼痛灼热感剧烈，且伴高热，烦躁，呕恶，口渴，便秘，甚则神昏谵语，四肢抽搐，角弓反张，舌红绛，苔黄厚干燥，脉数。

疳热攻肺鼻肿：鼻窍肿胀，如粟粒状，疼痛不甚，干痒灼热，继而糜烂，结干痂，皲裂，出血，反复不愈，时伴发热，头痛，便秘，舌红，苔黄，脉数。

湿热郁蒸鼻肿：鼻窍肿胀，潮红，糜烂流黄水，痒痛，时干裂出血，鼻塞，肿胀糜烂可蔓延至鼻翼、口唇，伴食欲不振，腹胀便溏，易怒，易啼哭吵闹，舌苔黄腻，脉滑数。

鉴别分析

热毒袭肺鼻肿与疳热攻肺鼻肿：二者均为肺经实热，气血壅滞而致，都有鼻窍肿胀、灼热、发热、舌红苔黄、脉数诸热象。但症状发作程度、病情转归及预后各不相同。热毒壅肺鼻肿，多由恣食膏粱厚味辛热之物，肺胃积热，循经上犯鼻窍而致。此证多见于鼻疔、鼻疮、鼻疖、鼻疳。临床表现以鼻窍红肿疼痛明显剧烈，肿形顶高头尖，根脚坚硬，继而热毒伤腐血肉为脓，脓溃肿消。由于热毒较盛，常引起发热、憎寒、头痛等全身症状，且易走黄，毒入营血。治当清热解毒消肿，方以五味消毒饮或黄连解毒汤加减，并用犀黄醒消丸内服或外搽。

疳热攻肺鼻肿：多见于营养不良小儿之鼻疳（又名鼻䘌疮），其临床表现不如上证严重，且无走黄，毒入营血之变，然常呈邪毒久恶，反复不愈的特点。其鼻肿而疼痛不甚，可无全身症状，但或挟风、挟湿，风盛则作痒，干裂；湿盛则流黄水、糜烂。症情缠绵不已，每导致湿热郁蒸鼻肿，治当清热解毒，方用清金散，风盛加蝉衣、僵蚕，湿盛加苦参、赤茯苓，外以苦楝树叶煎水洗患处。

热毒内陷营血鼻肿：由热毒壅肺鼻肿传复入里或鼻疔走黄，热毒内陷营血所致，临床症状急骤，若不急治危险立至。《外科启玄》说："鼻疔寒热交作，毒气攻心，头面肿大，呕吐昏迷，十难救一。"表现为鼻窍肿胀如瓶，甚及唇、腮、眼睑，肿形顶陷无脓，根脚散漫，热毒内陷营血，犯及心包，故高热烦躁、呕恶、口渴、便秘，甚至神昏谵语，扰动肝风则四肢抽搐、角弓反张，舌质红绛，脉数。治当清营凉血解毒，方用清营汤，若神昏加用安宫牛黄丸、紫雪丹。而热毒壅肺病在气分，一般舌不绛，无神昏等症状。再从局部肿胀、脓之有无、顶之高陷等情况体察，不难辨别。

湿热郁蒸鼻肿：疳热攻肺鼻肿久延，热毒挟湿日盛，湿热郁蒸，则鼻肿糜烂流黄水，干裂出血，痒痛，鼻塞，甚至延及鼻翼，口唇亦糜烂肿胀。脾胃为湿热久困，升降失司，故腹胀便溏，食欲不振，小儿脾虚则肝木旺，故易怒而吵闹啼哭。舌苔黄腻，脉滑数，亦为湿热之象。治当清热利湿，方用除湿汤。

（陆寿康　李书良）

562．鼻　　臭

【概念】

鼻孔呼吸有臭味，称之鼻臭。多见鼻藁及鼻渊病，严重者可有恶臭，其臭味特殊，俗称"臭鼻症"。

【鉴别】

常见证候

肝胆湿热鼻臭：鼻涕黄绿，有臭味，鼻塞头痛，嗅觉减退，鼻孔局部压痛，或有头晕，面红目赤，口干咽燥，便干溲黄，舌质红，苔黄，脉弦滑。

脾虚湿热鼻臭：鼻有臭味，恶臭难闻，鼻孔内有黄绿干痂，嗅觉减退或不闻香臭，伴有脘闷腹胀，头痛思睡，神疲乏力，口干不欲饮，舌苔白腻或黄燥，脉濡数。

鉴别分析

肝胆湿热鼻臭：为肝胆湿热郁结，循经上扰鼻窍所致。因湿蕴热蒸，化腐为脓，故脓有臭味。口苦、咽干，且伴胸胁苦满，舌质红，苔黄腻等肝胆湿热之症。治宜清泄肝胆湿热，佐以解毒通窍，方选龙胆泻肝汤加金银花、蒲公英、紫花地丁、辛荑等清热解毒之品。

脾虚湿热鼻臭：为脾虚失运，湿浊停聚，阻塞中州，致清阳不升，浊阴不降而成，湿郁久则化热，湿热互结，伴有化腐成脓，其臭难闻，治当化湿清热，方选三仁汤加减。

本症前者属实热证（肝胆湿热）；后者属本虚标实证（脾虚湿蕴化热），临床不难鉴别。鼻为肺窍，故二者与肺均有密切关系。

【文献别录】

《景岳全书·卷二十六》："鼻渊症总由太阳督脉之火，甚者上连于脑，而津津不已，故又名为脑漏，此症多因酒醴肥甘，或久用热物，或火由寒郁，以致湿热上熏，津液溶溢而下，离经腐败有作臭者，有大臭不堪闻者。"

（李书良　陆寿康）

563．失　　嗅

【概念】

失嗅指鼻窍嗅觉减退或嗅觉丧失而言。《诸病源候论》曰："鼻气不宣调，故不知香臭，而为齆也。"《外科大成》称之为"鼻聋"。

本症与鼻塞及鼻涕条目有密切关系，可互相参阅。

【鉴别】

常见证候

肺经风热失嗅：嗅觉减退，鼻塞涕黄，伴有发热、咳嗽、痰多，舌红苔薄黄，脉浮数。

胆腑郁热失嗅：嗅觉减退，鼻塞，涕黄浊而有臭味，一般鼻通气后，嗅觉也逐渐恢复，同时伴有发热、头痛、口苦、咽干、痰多、全身乏力，舌红苔黄，脉弦数。

脾经湿热失嗅：嗅觉减退或消失，涕多黄稠而有臭味，鼻塞兼有头重头痛，咳嗽痰黄，脘腹胀闷，胃纳不佳，大便粘滞不爽，溲黄，舌苔黄腻，脉滑数。

肺脾两虚失嗅：嗅觉差，鼻涕粘白，鼻塞，时轻时重，头昏而胀，气短懒言，全身倦怠，食少腹胀，舌苔薄白，脉缓。

血瘀阻肺失嗅：嗅觉减退或消失，鼻塞，或有鼻涕。伴有头昏而闷，头痛较剧，咳嗽。舌苔薄、质暗，或有瘀斑，脉细涩。

气血两亏失嗅：嗅觉丧失，不闻香臭，鼻窍通气尚可，或微觉不利，少涕，全身可伴有头晕，心慌气短，全身乏力，舌质淡，苔薄，脉细弱。

鉴别分析

肺经风热失嗅、胆腑郁热失嗅与脾经湿热失嗅：三者皆属实热证，前者属表证，后两者为里热证。肺经风热证，因外感风热，或风寒郁久化热，热窒鼻窍所致。胆腑郁热证，为邪热入里，客于胆经，郁而化火上犯鼻窍而成。脾经湿热证，因湿热困于脾土，致运化失常，清阳不升，浊阴不降，鼻窍不利。三者失嗅的共同特点是：皆有鼻塞、流涕、嗅觉减退等症，其嗅觉失灵的程度多随鼻塞、流涕的变化而改变。不同点是：风热者，起病急，病程短，多伴有发热、咳嗽等外感风热之象，嗅觉减退往往因鼻窍不利而引起。胆腑郁热，脾经湿热，多因涕多、痰盛、呼吸不利而致嗅觉减退。风热者治宜祛风清热，方用苍耳子散合桑菊饮加减，胆腑郁热治宜清胆泻热，方用龙胆泻肝汤，脾经湿热，可用黄芩滑石汤。

肺脾两虚失嗅：肺主气，脾主运化水谷精微，脾为肺母，脾虚则不能散精于肺，致脾肺两虚，津微不能上荣鼻窍，故嗅觉减退，甚则失嗅。偏于肺气虚者，治宜温补肺气而散风寒，方用温肺止流丹。如无涕鼻干者，应养阴润燥，方用清燥救肺汤。偏于脾虚者，治宜补中益气，培土生金，方选补中益气汤加减。

血瘀阻肺失嗅：多因邪毒滞留鼻窍、迁延日久，或鼻受外伤致气滞血瘀，窍络阻塞，气血无以上荣，故不知香臭，治宜调和气血，行滞化瘀，方选当归芍药散。

气血两亏失嗅：素体气血两亏，鼻窍失于濡养，经脉不充，故嗅觉丧失，不闻香臭，治宜补气养血，方用八珍汤加减。

本症可分虚实两类，实证与鼻塞及鼻渊有关，因风、热、湿邪阻滞为多见，病位以肺、脾、肝胆为主，治疗较易。血瘀与气血虚者，多因毒邪侵袭，迁延日久所致，其治亦较困难。

【文献别录】

《中藏经》："肺风之状，胸中气满，冒闷，汗出，鼻不闻香臭，喘而不得卧者，可治。"

《续名医类案·卷十七》："孙氏姑，鼻不闻香臭有年矣，后因他病，友人缪仲淳为处方，每服用桑皮至七、八钱，服久而鼻塞忽然通矣。"

（李书良　陆寿康）

564. 喉　痒

【概念】

喉痒，指喉部发痒而言，每与咳嗽、咽干、声音嘶哑、鼻干等症兼见，可互参。

【鉴别】

常见证候

风寒喉痒：喉痒咳嗽，咯痰清稀，咽喉微痛，声音不扬，鼻塞声重，流清涕，打喷嚏。全身伴有发热、恶寒，头痛。咽喉粘膜淡红不肿。舌苔薄白，脉浮紧。

风热喉痒：喉内干痒而咳，声出不利，或咽喉疼痛。伴有发热、恶风、头痛。咽喉粘膜红肿明显，舌苔薄黄，质红，脉浮数。

肺燥喉痒：喉痒，干咳少痰，或痰粘不易咯出，鼻燥咽干，舌干少津，或痰中带血丝，咽喉疼痛。或发热恶风，或恶寒发热，舌苔薄黄或薄白，脉浮数，或浮紧。

肺阴虚喉痒：喉觉微痒，咽干口燥，咳嗽痰稠，气短少言。语言费力，甚则嘶哑，舌红少苔，脉细数。

鉴别分析

风寒喉痒与风热喉痒：二者皆因外邪所致，但有风寒，风热之别。风寒客肺，肺气不利，症见喉痒不痛，或微痛，全身症状以风寒为主，如发热、恶寒、无汗等。风热侵肺，肺气失肃，症见喉痒咽干多伴疼痛，全身症状以风热为主，如发热、恶风、汗出、头痛等。局部表现亦可资鉴别，风寒为患，咽喉部粘膜红肿不明显，或稍红不肿；风热为患则粘膜红肿明显。前者治宜疏风散寒，选用六味汤，后者治宜疏风清热，选用桑菊饮。

肺燥喉痒：秋令燥胜，燥胜则干，或燥邪伤肺，上犯咽喉，损伤津液，肺失濡养，清肃失常，而致喉痒。如见恶风、汗出，咽痛、痰中带血、苔黄，舌质红等症，是与风热合邪，称"温燥"。如见恶寒，无汗，发热，舌苔白等症，是与风寒合邪，称为"凉燥"。治疗总以润燥养肺为主，方选桑杏汤。属"温燥"者，可加芦根、麦冬等清润之品。属"凉燥"者，当去沙参、梨皮，加荆芥，防风等散寒之品。

肺阴虚喉痒：多因久病，或邪热久恋于肺，或发汗太过，损伤肺阴，肺失濡养，喉属肺系，故喉痒。其特点是咽干少津，口燥而不欲饮，治宜润燥生津，方选百合固金汤。

喉痒一症，大体可分虚实两类，属虚者，多为肺阴不足，失于濡润，属实者，常因风、燥所致，风有兼寒，兼热，燥有偏温、偏凉之异，临证较易鉴别。

（李书良）

565. 咽　干

【概念】

咽干，是指咽喉部干燥而言。

本症首见于《黄帝内经素问》，如"嗌干"、"喉咽干燥"、"嗌燥"等。

【鉴别】

常见证候

风热袭肺咽干： 咽喉干燥，有灼热感，或觉痛痒，口渴欲饮。或与外感风热证并见，如发热，恶风，头痛，鼻塞，咽部粘膜红肿等症。舌质红，苔薄白或薄黄，脉浮数。

燥热伤肺咽干： 咽干鼻燥，干咳无痰，或痰少而粘，不易咯出，常伴有胸痛，发热头痛，周身痠楚不适，咽部粘膜红而干燥，舌质红，苔薄白，脉浮细而数。

脾胃热盛咽干： 咽干口燥，烦渴欲饮，口中有臭味，胃脘灼热疼痛，泛酸嘈杂，便干赤，咽部粘膜红，舌质红，苔黄，脉滑数。

肝胆郁热咽干： 咽干，口苦，目眩，胸胁满闷，不欲饮，心烦喜呕，寒热往来，咽粘膜红，舌苔薄黄，质红，脉弦细。

肺阴虚咽干： 咽干喉痒，干咳无痰，或痰少而粘，声音嘶哑，或鼻干少涕，咽部粘膜红，舌质红苔薄，脉细。

肾阴虚咽干： 口咽及舌根发干，耳鸣耳聋，头晕目眩，腰膝痠软，遗精失眠，舌质红，脉细数。

鉴别分析

风热袭肺咽干与燥热伤肺咽干： 二者皆属于热，以致肺气不得宣降。但其病因病机不同，风热袭肺咽干，因风热之邪、或风寒郁久化热所致；燥热伤肺咽干则为燥热之邪耗伤肺津。其症状各有特点：风热袭肺咽干多口渴欲饮，咳嗽痰黄，并伴有咽喉疼痛等症，而燥热咽干以干燥为主症，咽干鼻燥，干咳无痰，或少痰。其治法亦不同，风热袭肺者，应清宣肺热，桑菊饮主之，而燥热伤肺者当清肺润燥，宜桑杏汤加减治之。

脾胃热盛咽干与肝胆郁热咽干： 二者咽干皆为实火。盖脾胃二经均循行于咽喉，若脾胃素热，或外邪入里化热，或过食辛辣厚味，皆能使脾胃之热上炎于咽喉，而致咽干，并有脾胃热盛之证（烦渴欲冷饮，口臭，胃脘灼热疼痛等），当清泻脾胃之火，宜清胃散加减。而肝胆郁热咽干者，则因肝胆主升发，性喜条达，常易郁而化火，上蒸咽喉，发为咽干，当清肝泻火，宜当归龙荟丸。又咽干每与伤寒少阳证的口苦、目眩等症并见，当从少阳证论治。

肺阴虚咽干与肾阴虚咽干： 肺阴虚咽干多由久病体弱，或邪热恋肺，发汗太过等损伤肺阴，津液不足，无以上润咽喉所致。故见喉痒，干咳，音哑等症，治宜滋养肺阴，方用百合固金汤。而肾阴虚咽干，则由于肾阴液不足，阴不制阳，虚火上炎所致，故见耳鸣，耳聋，腰膝痠软，遗精失眠等症，方用六味地黄丸。

尚有肾阳虚之咽干，极少见。故从略。

咽干一症，总由津液不足，但有虚实之分，临床宜加辨析。

【文献别录】

《伤寒论·辨少阳病脉证并治》："少阳之为病，口苦，咽干，目眩也。"

《金匮要略·血痹虚劳病脉证并治》："虚劳里急，悸，衄，腹中痛，梦失精，四肢痠疼，手足烦热，咽干口燥，小建中汤主之。"

（李书良）

566. 咽　肿

【概念】

咽肿，是指咽部红肿的症状。历代医学文献有"喉痹"、"嗌肿"、"喉风"、"乳蛾"、"喉痈"等名称。咽喉白腐，亦可咽肿，另见专条。

【鉴别】

常见证候

风热犯肺咽肿：咽喉红肿疼痛，干燥灼热，伴发热，汗出，头痛，鼻塞流涕，咳嗽，舌质红，苔薄白或微黄，脉浮数。

肺胃热盛咽肿：咽喉红肿，灼热疼痛，有咽喉堵塞感，且颌下结核疼痛，伴高热，口渴欲饮，咳嗽痰黄，口臭，舌红，苔黄，脉洪数。

热毒壅闭咽肿：咽喉肿胀，疼痛剧烈，语言、吞咽困难，颌下结核疼痛，痰鸣气急，牙关紧闭，如肿胀坚硬散漫则无脓，肿胀高突根脚紧束顶软则有脓，伴发热，口渴，头痛，舌红、苔黄、脉数。

肺肾阴虚咽肿：咽喉部喉核肿胀，压之可有豆渣样物渗出，微红微痛，有咽喉堵塞感，干咳无痰或痰少而粘，伴口渴，五心烦热，午后面部潮红，气短懒言，神疲乏力，舌红少苔，脉细数。

鉴别分析

风热犯肺咽肿：为风热之邪袭于肺卫，致肺气失宣，经络壅滞，而见发热，鼻塞流清涕，咽肿，咳嗽，头痛，舌苔薄白，脉浮等表证。以风邪挟热为患，故发热较高，不恶寒、汗出、咽痛灼热，红肿较甚，且喉核、蒂丁皆红肿，脉数，治当疏风清热消肿，方用银翘散加僵蚕、土牛膝。

肺胃热盛咽肿：为里热实证，多由嗜食辛辣炙煿，肺胃蕴热，循经上扰咽喉，气血壅滞而致。故见高热、口渴、咳嗽痰黄、口臭、脉洪等症，治当清热利咽消肿，方以金灯山根汤加减。

热毒壅闭咽肿：由脾胃积热化火，上扰咽喉，蒸灼肌膜，血肉壅腐而致，症见咽喉部肿胀壅闭疼痛甚剧，吞咽、呼吸困难，痰鸣气急，甚则肌膜血肉为热毒腐伤化脓，生于喉关，喉核、软腭、喉关红肿突出，症状略轻；生于颌下，喉核不红肿，但下颌部肿明显；生于喉底，症状最重，易闭阻咽喉关门，致呼吸困难，以小儿多见；治当清热解毒消肿，根据肿胀无脓或有脓，选用五味消毒饮，清咽利隔汤，仙方活命饮加减。

肺肾阴虚咽肿：为素体阴虚，虚火上炎于咽喉所致。称"虚火乳蛾"，主要表现为喉核肿胀如蚕蛾，经久不消，压之有豆渣状物渗出。症状时作时止，反复不已，因属虚热，故红肿热痛皆轻，而见舌红少苔，脉细数，口干渴，午后颧红，五心烦热等证。可与上述实证鉴别。偏于肺阴虚者，干咳无痰或痰少而粘，气短懒言，治当养阴清肺，方用甘露饮。偏于肾阴虚者，腰痠膝软，虚烦失眠，眩晕耳鸣，治当滋肾降火，方用知柏地黄丸。

【文献别录】

《景岳全书·咽喉》："格阳喉痹，由火不归元则无根之火客于咽喉而然。其证则上热下寒全非火证，凡察此者，但诊其六脉微弱，全无滑大之意，且下体绝无火证，腹不喜冷，即其候也。盖此证，必得于色欲伤精或泄泻伤肾，或本无实火而过服寒凉以伤阳气者，皆有此证。速宜用镇阴煎为上，八味地黄汤次之，或用蜜附子含咽亦妙，若再用寒凉，必致不救。"

（陆寿康　李书良）

567．咽喉痛

【概念】

咽喉痛，或称喉咙痛、咽嗌痛，是指咽喉部位的疼痛而言。

"白喉"、"喉疳"等引起的咽喉疼痛常与咽喉白腐有关，另立专条，不属本症讨论范围。

【鉴别】

常见证候

风寒咽痛：咽部多为微痛或刺痛，粘膜暗红而肿，常伴有鼻塞，喷嚏，清涕，咳嗽痰稀，头痛身痛，发热无汗，舌苔薄白，脉浮紧。

风热咽痛：咽部多为刺痛，吞咽时明显，纳食尤甚，咽粘膜焮红，肿胀，常伴有发热，恶风，汗出，头痛，舌质红，苔薄黄，脉浮数。

湿热咽痛：咽剧痛或刺痛，粘膜红肿，且生小泡，破后成溃疡，多伴有发热，咳嗽，吐黄痰，胸膈不利，舌质红，苔黄腻，脉数。

郁火咽痛：咽喉刺痛，发病迅速，来势凶猛，伴吞咽困难，滴水难咽，呼吸急促，咽喉粘膜焮红，会厌水肿，舌质红，少苔或薄黄苔，脉洪大而数。

阴虚咽痛：咽喉干痛，口干欲饮，咽中似有痰阻，不易咯出，午后痛剧，粘膜暗红，伴见午后潮热，或手足心热，盗汗，大便干，小便黄，舌质红，少苔，脉细数。

气阴两虚咽痛：咽干疼痛，多为隐痛，劳累加重，气短乏力，潮热，便干，舌淡苔薄，脉细无力。

鉴别分析

风寒咽痛与风热咽痛：风寒咽痛系因风寒外袭，咽喉为肺胃之门户，首当其冲，肺失宣和，邪结咽喉，故咽喉疼痛。其与风热咽痛皆属表证，但不同之处是风热者咽痛重。且属风寒者，见有发热，恶寒，无汗等症；属风热者，见有发热，恶风，汗出等症。前者治疗以疏风散寒，方选六味汤，后者宜用银翘散疏风清热。

湿热咽痛与郁火咽痛：湿热咽痛系因脾胃失运，湿热内蕴中焦，又受外邪，湿与邪互结，阻塞咽喉，发为咽痛，疼痛剧烈，咽部生小泡，破后可形成溃疡。当以清热解毒利湿之法，方选甘露饮加大青叶。郁火咽痛，属"喉痹"之急症，其特点是会厌水肿，吞咽非常困难，有时呼吸急促，发憋。因郁火结于咽喉，气机不利，其治疗原则一是降火，一是散结，拟用经验方丹栀宣痹汤（即宣痹汤加丹皮、栀子）治之。

阴虚咽痛与气阴两虚咽痛：阴虚咽痛系阴虚津伤，虚火上炎，蒸灼咽喉所致。其特点是咽部干痛，口干欲饮。本证的原因一是肺阴虚，一是肺肾阴虚。属肺阴虚者，常兼干咳，可予养阴清肺汤治之；属肺肾阴虚者，多系素体阴虚，或房室过度，相火上炎，可见腰膝酸软，耳鸣目花，虚烦失眠等症，治当滋补肺肾，清虚热，知柏地黄丸治之。气阴两虚咽痛除具有阴虚的症状外，又有气虚的见证，如疲劳后咽痛重，言语低微，全身乏力等。治当益气养阴，可用百合固金汤加益气药治之。

咽喉痛一症，不外风、火、痰、虚四个方面，风、火、痰多实证，其特点是咽喉疼痛重，吞咽困难，呼吸急促，咽喉发堵，粘膜红，肿胀。虚证咽痛的特点是咽喉微痛而干，多兼有乏力，低热等虚证表现。

【文献别录】

《金匮要略·百合狐惑阴阳毒病脉证治》："阳毒之为病，面赤斑斑如锦文，咽喉痛、唾脓血。阴毒之为病，面目青，身痛如被杖，咽喉痛。"

（李书良　张红激）

568. 声 音 嘶 哑

【概念】

本症指发音时或嘶或哑的症状。

在《内经》中有"瘖"、"暴瘖"、"无音"等名，后世医家又有称为"音瘖"、"失音"、"声不出"、"不能言"、"声哑"、"喉中声嘶"、"暴哑"者。

另有"子瘖"、"产后瘖"、"痘瘖"、"麻疹"不属本症讨论范围。

【鉴别】

常见证候

风寒声音嘶哑：突然嘶哑，喉痒咳嗽，伴有发热、恶寒，声带肿胀、充血，舌苔薄白，脉浮紧。

风热声音嘶哑：声哑咽痛，有灼热感，伴有发热，恶风，咳嗽痰黄，声带充血水肿，舌苔薄黄，脉浮数。

热邪犯肺声音嘶哑：声哑咽痛，有堵塞感，粘膜红肿，声带充血，痰粘胸闷，便干溲赤，舌质红，苔粘黄，脉滑数。

肺肾阴虚声音嘶哑：声哑日久，咽喉干痛，喉痒痰粘，声带微红，粘膜干燥，舌质红少苔，脉细数。

血瘀痰聚声音嘶哑：声哑日久，或逐渐加重，或咽干而痛，声带肥厚，或有小结，或有息肉，或喉间肿物，舌色紫暗，苔薄，脉弦细。

鉴别分析

风寒声音嘶哑与风热声音嘶哑：风寒声音嘶哑系风寒外袭，肺气失宣，寒邪凝滞于喉，其鉴别点是，声哑喉痒，伴见发热、恶寒、无汗、脉浮紧等表寒证，治宜疏风散寒，宣肺开音、方选三拗汤。而风热声音嘶哑，则系风热外袭，或寒邪化热，肺失清肃，热灼咽喉，以致声哑，并见风热表证，治宜疏风清热，宣肺开音，方选桑菊饮加减，热重者，可用清咽宁肺汤。二者虽同属表证，但前者为风寒，以声哑、喉痒、咳嗽、脉浮紧为主；后者为风热，以声哑、咽痛、黄痰、脉浮数为主。

热邪犯肺声音嘶哑：因燥热之邪上犯肺金，灼津成痰，痰热交阻，症见声哑，咽干、口燥，气促咳嗽为主，治宜清燥救肺，方选清燥救肺汤。

肺肾阴虚声音嘶哑：素体阴虚，劳伤肺肾，津液不足，虚火上炎，以致咽喉不利，声哑咽干。治宜滋补肺肾，清热开音，方选百合固金汤或六味地黄丸。如气阴两虚，治宜益气养阴，可用四君子汤合百合固金汤治之。

血瘀痰聚声音嘶哑：因气滞血瘀，或痰浊凝聚，阻塞喉间脉络，以致声带肥厚或生小结，血瘀为主者，治宜活血化瘀，方选通窍活血汤，痰浊凝聚为主者，可见声带息肉，治宜除痰化瘀，消肿散结，方选二子二石汤加山慈姑、土贝母、橘核、荔枝核。

声音嘶哑是喉病中的常见症状，有寒热虚实之别，《景岳全书》曰："声音出于脏气，凡脏实则声宏，脏虚则声怯。"因此，声哑的辨证治疗，不外虚实两端。

【文献别录】

《景岳全书》："音哑之病，当知虚实。实者其症在标，因窍闭而瘖也，虚者其症在本，因内夺瘖也。"

（李书良）

569. 咽 喉 白 腐

【概念】

咽喉部出现白色腐膜称作咽喉白腐。严重者可蔓延至鼻部。《重楼玉钥》云："喉间起白如腐一症，其害甚速。乾隆四十年前无是症，即有亦少。自廿年来患此者甚多，惟小儿尤甚，……按白腐一证，即所谓白缠喉是也，诸书皆未论及。"亦称缠喉急痹，或分为时疫白喉，蛾风白喉，痨证白喉，虚寒白喉。一般而论，时疫白喉为疫毒所致，有传染性，以小儿多见；其他则无传染性，小儿、成人均可得之。

【鉴别】

常见证候

时行疫毒咽喉白腐：为时疫白喉的初期，咽喉疼痛肿胀，局部出现灰白色腐膜，范围较小，呈点、片状，边缘清楚，腐膜紧贴咽喉，不易拭去，坚韧厚实，拭去则出血；伴发热恶寒、头痛、身痛，苔薄白或微黄，脉浮数。

疫毒内盛咽喉白腐：为时疫白喉的中期，咽喉红肿剧烈，且疼痛干燥，白腐范围较大，超过喉核部位，腐膜呈块状，牢固坚韧附着于咽喉壁上，拭之则出血；高热汗出，面红目赤，口渴欲饮，心烦唇焦，便干溲少，或泄泻色黄黑，舌质红，苔黄厚甚则焦黑起芒刺。

痰浊壅闭咽喉白腐：为时疫白喉的变证，腐膜经久不退，时而自行脱落，面色苍白，口唇青紫，烦躁不安，喘息有痰鸣声，呼吸困难，甚则息高抬肩，干咳阵作，声似犬吠，音哑，汗出，舌青紫，脉急促。

疫毒凌心咽喉白腐：为时疫白喉的危证，腐膜经久不退，时或自行脱落，喘息抬肩，汗出如油，面色苍白如纸，两目直视，四肢不温，口唇青紫，烦躁不安，甚而抽搐，角弓反张，舌质淡，脉沉微细欲绝，或结代，或促急无伦。

肺肾阴虚咽喉白腐：为时疫白喉的后期，咽喉疼痛不甚，白腐呈点状或块状，紧贴咽壁，不易拭去，拭去则出血，范围可超过喉核；伴低热，口干舌燥，渴欲引饮，舌质红少苔，脉细数。

肺胃热盛咽喉白腐：咽部红肿剧烈，喉核尤著，疼痛较剧；喉核部出现白黄色脓点，逐渐连成腐膜，但范围固定，易拭去而不出血，颔下有结核且痛，高热口渴，咳嗽痰黄，口臭，腹胀，便秘，溲黄，舌红苔黄厚，脉洪数。

阴虚火旺咽喉白腐：咽喉出现片、块状白色腐膜，但范围较小，一般不超过喉核，腐膜浅薄不牢，易落易长，常反复不已，喉核部有突出疣状物呈灰白色，不易拉脱，咽痛涎多，吞咽困难，甚至咽喉腐烂，伴腰痠，神疲无力，盗汗，五心烦热，舌质红，脉细数。

肾阳虚寒咽喉白腐：局部症状与阴虚火旺相似，但伴面色㿠白，疲乏腰痠，畏寒怯冷，舌质淡，脉沉迟。

鉴别分析

时行疫毒咽喉白腐：疫毒之邪，侵袭肺卫，病情初起，故以表证为特点，伴发热恶寒，头疼身痛，舌苔白或微黄，脉浮数。治当疏风清热解毒，方以银翘散加土牛膝、僵蚕、蝉衣、山豆根、玄参等。

疫毒内盛咽喉白腐：疫毒内传，阳明气分实热，故以高热，汗出，面红，目赤，口渴欲饮，脉洪数为特点，咽喉白腐范围较大，阳明热盛，故心烦，唇焦，小便短少色黄，大便干结，或因升降失司，清浊相混致大便泻下如黄黑水状。舌苔黄厚甚则焦黑起芒刺，治当清热解毒消肿，方用神仙活命饮加僵蚕、蝉衣、土茯苓，大便干结加大黄。

痰浊壅闭咽喉白腐：为时疫白喉之变证，多凶险。由于咽喉腐膜自行脱落，闭塞气道，兼挟痰浊壅滞，故以喘息痰鸣，呼吸困难，甚则息高抬肩，干咳阵作，音哑，声似犬吠为特点。因气道狭窄，气失宣畅，气不行则血不行，无以上荣头面，故面色苍白；气滞则血瘀，故口唇与舌青紫，痰浊壅闭，阳气欲脱未脱，故烦躁不安，汗出，脉急促，若不及时急救，势必立即出现疫毒内侵，引起心阳虚脱。治当逐痰宣闭解毒，方用《三因方》解毒雄黄丸。

疫毒凌心咽喉白腐：疫毒内盛凌心，心阳虚脱，阴阳不相维系，故以喘息抬肩，汗出如油，面色如纸，四肢逆冷，脉沉微细欲绝或结代或急促无伦为特点。此时疫毒不仅内侵心脏，且常引动肝风，故见两目直视，四肢抽搐，角弓反张等症。治当温阳固脱，益气生脉，方用四逆汤合生脉散，肝风上扰则加羚羊角、珍珠母、牡蛎等熄风平肝。

肺肾阴虚咽喉白腐：时疫白喉后期，疫毒逗留肺肾，阴虚里热，故以低热，口干舌燥，口渴欲饮，舌红少苔，脉细数为特征，证属正虚邪恋。诚如《重楼玉钥》云："喉间发白之症。……属少阴一经，热邪伏其间，盗其肺金之母气，故喉间起白。"足少阴肾经循于咽喉，疫毒内踞，虽邪退亦必伤阴，肾水不足，子盗母气，肺肾阴虚也。治当养阴清热，方用养阴清肺汤。

肺胃热盛咽喉白腐：亦称"乳蛾"或"蛾风白喉"。乃热毒壅阻肺胃，循经上扰，伤腐咽部肌膜，甚致血肉壅滞化为黄白脓液溢出。由于本证与疫毒内盛咽喉白腐症状相似，均见咽喉白腐高热，汗出，口渴，烦躁，便秘，尿黄，舌苔黄厚，脉洪数等里热实证。辨证以腐膜范围不超过喉核，拭去不出血，呈黄白色，易化脓，无传染性，一般变证少为特点，可资鉴别。治当清热解毒消肿，方以普济消毒饮或凉膈散加减。

阴虚火旺咽喉白腐与肾阳虚咽喉白腐：二者均由先天不足，或素体肾亏，邪毒循足少阴经上扰咽喉，腐伤肌膜而成，以反复发作，白腐易落而长为特点。偏肾阳虚则见面色㿠白，疲乏腰酸，畏寒怯冷，舌质淡，脉沉迟。偏肾阴虚则见低热、盗汗，五心烦热，舌红，脉细数，喉核部常有突出疣状物，可作为与肺肾阴虚咽喉白腐的重要鉴别指征。前者治当滋阴降火，方用知柏地黄汤加玄参，麦冬。后者治当温阳散寒，方用桂附八味丸。

【文献别录】

《新订奇验喉证明辨·时疫白喉》："时疫白喉一证，乃缠喉急痹，至危至险。小孩血气未充，尤易传染。初起脉洪数，而两关左尺沉数而躁，其候恶寒发热，头痛背胀，遍身骨节疼痛，状类伤寒，初无形迹可见。唯舌微硬有黄苔，颃颡微肿，喉内或极痛或微痛或不痛，而喉内微硬，与伤寒为异。有随发而白随见者，有至二、三日而白始见者，或由白点、白条、白块，渐至满喉皆白，治法皆同。"

《新订奇验喉证明辨·辨白喉之坏症》："白喉症，或音哑无声，或白块自落，或咽干无涎，或天庭黑暗，或两目直视，或唇面俱青，或角弓反张，或痰壅气喘，或汗出如浆，或药不能下，或七日满白不退，或服药大便不通，或未服药大便泻，或大便连泻不止，或颌下发肿不消，或服药呕吐不止，此皆难治之症。"

（李书良　张红激）

570．咽中异物感

【概念】

咽中异物感指咽喉部似有异物梗阻，咯之不出，咽之不下的症状。但并不妨碍饮食进入。

《金匮要略》描述本症为"咽中如有炙脔"，《古今医鉴》称"梅核气"。

凡因其它病症而出现吞咽受障者，均不属本症讨论范围。

【鉴别】

常见证候

肝气上逆咽中异物感：咽部梗阻，状如梅核，咯之不出，咽之不下，时或消失，吞咽无妨。每因情志不畅而症情加重。可伴有头晕，心烦易怒，胸胁胀满，嗳气，舌苔薄，脉弦。

痰凝气滞咽中异物感：咽喉梗阻，时轻时重，痰多而粘或色黄，胸闷纳呆，舌苔腻，脉濡滑。

肺热阴虚咽中异物感：咽喉焮红，干燥微痛，介介如有物梗阻，干咳少痰，烦热盗汗，舌苔薄黄质红，脉细数。

鉴别分析

肝气上逆咽中异物感：多由厥阴疏泄乖常，气失和降所致，故喉间如有异物，咯之不出，咽之不下，时或消失，而饮食无妨。兼见头晕，心烦易怒，两胁胀满等症。治宜疏肝理气，方用柴胡疏肝散合旋复代赭汤加减。

痰凝气滞咽中异物感：多由脾运失健，痰湿孳生，痰凝则气滞，症见咽喉梗阻，时轻时重，喉间痰多而粘，不易咯出，胸闷少畅。治宜化痰宣中，方用四七汤。如痰湿挟热，咽红痰黄者，治宜化痰清热，方用清咽利膈汤。

肺热阴虚咽中异物感：多由肺受热烁，阴液耗伤，气失肃降，咽喉不获濡润，故咽喉嫩红，介介如有物梗阻。兼见嗌干微痛，干咳少痰，烦热盗汗等症。治宜润肺清热，方用养阴清肺汤加减。

上述三证，主症均为咽中异物感，且多与情志有关，但病机并不相同，治法亦异，临床应注意鉴别。

（李书良　陆寿康）

571. 悬 雍 下 垂

【概念】

悬雍下垂是指悬雍垂因肿而垂长的症状。《世医得效方》称之为"帝钟风"，亦有称"悬旗风"者。

【鉴别】

常见证候

火毒内侵悬雍下垂：悬雍过长而红肿，且疼痛，吞咽时明显，口咽干燥，喜冷饮，胃脘胀闷，吸气，口臭，大便干，小便黄，舌苔粘腻，脉滑数。

气滞血瘀悬雍下垂：悬雍稍长，其头部有如小球悬挂，形如小菜花，不红，吞咽或有异物感，纳可，二便正常，舌质黯，苔薄，脉涩。

鉴别分析

火毒内侵悬雍下垂：咽为胃之系，由于脾胃积热，蕴于血分，上蒸咽喉；或素嗜辛辣食物侵烫，伤及血络，迫血外溢，郁滞不散，致悬雍红肿而过长，或起血泡，治宜清热解毒，消肿止痛，方用黄连解毒汤，六神丸，或凉膈散。外治法可将血泡轻轻刺破，局部吹冰硼散。

气滞血瘀悬雍下垂：邪毒侵袭，郁久不散，阻塞经络，气滞血凝所致，治当活血去瘀，消肿散结，方用散结汤加减，外用生蒲黄粉吹敷。

悬雍下垂由于火毒内侵所致者，为实热火证，起病急，悬雍红肿而疼痛剧烈，若为气滞血瘀所致者，则病程长，悬雍有赘生如球而疼痛轻或不痛。临床亦有无明显局部或全身症状可辨，而仅悬雍漫肿过长者，多为肾阴不足，则宜甘寒养阴。

【文献别录】

《世医得效方·卷第十六》："帝中风，即喉间帝钟长肿，有长数寸者，虚实用前药，外以食盐煅过，鸦毛蘸下即消，不须挂破，破则伤人。"

（李书良）

八、眼科症状

572. 目　痒

【概念】

目痒，是指睑边、眦内、甚则痒连睛珠，痒极难忍为主症，但睛珠完好，视力也正常而得名。

临床上由于风、火、湿热、血虚以及邪退正复，气血得行均可引起目痒。轻者痒处不定，重则痒若虫行，或痒极难忍。《普济方·眼目门》说："夫肝经虚，风邪乘之，则目痒。"《审视瑶函·目痒》说："痒者有因风、因火、因血虚者。"另外若偶然发痒，痒轻不甚者则不属病态。若因"睑生椒粟"、"眼眩赤烂"等而发痒者,则不属本文讨论范围。

【鉴别】

常见证候

风热目痒：自觉双眼奇痒，痒极难忍，或痒若虫行，有灼热感，微有畏光流泪，眼眵呈粘丝状但不多。或胞睑内有似椒粟高低疙瘩。或见黑白睛间抱轮灰黄微隆呈胶出样，以青少年在春季发病为多，舌苔薄白，脉浮数。

风寒目痒：症见双目发痒，遇风加剧，流泪眵稀，病人眼睛端好，内外均无翳障，视力正常，惟睛珠痒甚连接眉棱骨处痠楚不适，兼见恶寒鼻塞等症，舌苔薄白，脉浮弦。

火盛目痒：自觉双眼灼热奇痒，白睛发红，泪热眵稠，口干口苦，尿黄便结，舌红苔黄，脉数。

血虚目痒：双目发痒，痒作轻缓，揉拭则止，止后又痒，双眼干涩不适，面色少华，舌淡，脉弦细。

鉴别分析

风热目痒与风寒目痒：风热目痒是因邪客肝胆经脉，循经上犯目窍所致。辨证以双目奇痒灼热，畏光流泪，多发于青少年，每逢春夏病势加剧为其特点。治宜疏风清热，祛邪止痒，方选驱风一字散。风寒目痒，其特点是双目发痒，遇冷风加剧，流泪眵稀，以驱散风寒为治，方选人参羌活汤去枳壳、天麻，加川芎、川乌。外可用姜粉和白蜜点之（《张氏医通·目痒》）。

火盛目痒与血虚目痒：火盛目痒是脏腑热盛，火热上炎，扰及双目所致。以目痒灼热，白睛发红，热泪眵稠为特征，兼见口干口苦，尿黄便结等内热炽盛之证。治以降火泄热，方选凉膈散加地肤子。血虚生风，双目发痒，以时痒时止，或揉拭则止，止后又痒，反复发作为其特点。火盛目痒为实，血虚目痒为虚，治以养血活血，熄风止痒，方选四物汤加防风、白芷、全蝎、川乌。

此外目痒一症，除按上述分证之外，还可根据其程度与性质，对多种眼病的诊断、预后有很大参考价值。如眼无病而痒，是眼病之前兆症状；有经治疗后，症状渐减而目痒是邪退正复，气血得行，眼病将愈之征。这些都宜临证时仔细鉴别。

【文献别录】

《银海精微·痒极难忍》："痒极难忍者，肝经受热，胆因虚热，风邪攻充，肝含热极，肝受风之燥动，木摇风动，其痒发焉。故诸痒属虚，虚则痒；诸痛属实，实则痛。"又曰："眼迎风发痒者何也？答肝肺二经受风邪也。"

《异授眼科·眼有七十二症医治》："目有遇风作痒者何故？答曰：肝经有风邪，肝属木，一见风，燥动即痒。"

（邱德文）

573. 目 羞 明

【概念】

目羞明是指每遇明亮场所，眼睛痛涩，畏避难睁的症状。

目羞明是常见于内外障眼病中的症状之一。虚证实证中俱可见。因此对目羞明的辨证应引起足够的重视。辨其寒热虚实，气血阴阳，以正确指导治疗。

羞明俗称怕光。有一部分眼病中，患有后极部白内障，对经瞳孔进入眼底的光线能遮挡一部分，不同程度的影响视力，特别是中午强光下视力较差，近黄昏时视力反而清楚一些。此类不属本症讨论范围。

【鉴别】

常见证候

风寒羞明：双目发赤微痛而涩，眵多如糊，羞明畏热较轻，眼睫成纽，眉头肿胀，恶风寒，鼻塞流涕。舌苔薄白，脉浮紧。

风热羞明：目羞明涩痛，白睛红赤，眵少泪多，身热或有恶风，或先患一眼而后累及双眼，具有传染性，老幼相感，同时发病，在"天行赤眼"中常见。

气虚风热羞明：目赤羞明，痛涩难开，眦角发紧，迎风流泪，久视昏花。身有微热，自汗出。舌淡，脉细而数。

气阴两虚羞明：视物昏花，干涩不舒，目喜垂闭，羞明怕热均较轻，白睛轻度赤痛，头晕耳鸣，口干咽燥，大便溏薄，四肢畏寒。舌苔薄白，脉细。

鉴别分析

风寒羞明：风寒之邪，侵袭皮毛，内合于肺，肺卫不和，故恶风畏寒，鼻塞流涕，肺主气，肺之精腾为白睛，肺气郁滞，脉络受阻，故目赤微痛而涩，羞明怕热，不敢睁眼。治宜辛温解表，佐以活血行瘀，方用明目细辛汤。

风热羞明：目为火户，易感热邪，火热炎上，目窍先患为灾，火热甚则为毒，风火相扰致害更甚，故患者疼痛羞明，目赤流泪较重，且多累及双眼具有极强传染性，不分老幼相染为特征。治宜祛风清热解毒，方用银翘散加减。

风寒羞明与风热羞明：两者均有风邪，一为风寒束表，故羞明目赤较轻，有恶风畏寒，鼻塞流涕等风寒表症可辨。另一为风热所感，甚者可化为风毒为害，羞明目赤疼痛流泪较重，并具有传染性为特征。

气虚风热羞明：气虚则腠理不固，风热感客，上乘目窍。故目赤恶日，涩痛难开，眦角发紧，不耐久视，视久则昏花，乃素体气虚，目失濡养，光华不足，复感风热外邪所致。治宜益气扶正，疏邪清热，方用连翘饮子。

风热羞明与气虚风热羞明：前者为风热所犯无体虚之内因。后者体弱气虚，腠理不固，风热乘虚而入所致。赤痛羞明较轻，兼有不能久视，微热自汗等表现。

气阴两虚羞明：气阴亏损，不能上充清窍，故视物昏花，目喜垂闭，耳聋或鸣；津液不足，口干咽燥。水不涵木，木火侮金，心火上炎，故白睛赤痛，羞明怕热。治宜益气养阴，清热降火，方用滋阴地黄丸。如大便溏薄，四肢畏寒，乃气虚阳衰，失于温煦。治宜益气温阳，方用平气和衷汤。

气虚风热羞明与气阴两虚羞明：均有气虚之内因，为其共同点，但前有风热症，为虚实挟杂之候，后者除有气虚之外，还有阴虚表现，甚者可致水不制火，虚火上炎，可见头晕耳鸣，目干涩不爽，口干咽燥等症；气虚甚者可致阳气不足，症见大便溏薄，四肢畏寒。

羞明为眼科常见症状之一，但有虚实之辨。因暴发而羞明者，必见赤肿而涩，不敢睁眼，属实证。久病气血两虚，或阴阳俱损，不能运精养目，虽无赤痛流泪等症，然亦羞明畏避。所以《证治准绳·七窍门》说："怕热无不足之证，羞明有不足之证。若目不赤痛而畏明者，乃不足之证，为血不足，胆汁少而络弱，不能运精华以敌阳光之故。"可供辨证参考。

【文献别录】

《目经大成》："怕热羞明：此目于明亮之处，则痛涩畏避而不能开。……然又有一说：暴发而怕热为有余，羞明与久患为不足，若不痛无泪而致乃血虚。血虚则胆汁必少，而肾气亦弱。所谓真元败，厥目喜垂闭，讵能运精华以敌阳光。治法，暴病抑青丸，久病滋阴地黄丸，不痛无泪，平气和衷汤，倘兼有他症，须对症候脉，再思而后处方。"

《审视瑶函·前贤医案》："丹霞朱僧氏代章宗出家，既病三阳畜热，常居静室，不敢见明，明则头疼如锥，每置水于头顶上，不能解其热，历诸医莫能辨其病，后治之七日而愈。其法用汗吐下之法而已，后用凉物清镇之，平复如故。

《眼科金镜·羞明症》："一小儿自生患羞明症，八岁不能见日光灯火，就畏惧。就予治疗，见其面白体弱，目无光彩，乃先天不足，精血亏损之症。……服助阳和血之剂十余付，始在日中游玩，渐愈矣。"

（高健生）

574.目 畏 热

【概念】

目畏热是指目病遇温暖之处，则痛、痒、涩等症加重的症状。

目畏热多见于外障眼病之实热证候中，常与目羞明、目痒、目痛等症兼见。畏热又称怕热，习俗常误称怕日，明朝王肯堂在《证治准绳·七窍门》对此作了更正："羞明怕热证，谓明热之处，而目痛畏避不开也。……今人皆称为怕日羞明者，俗传音近之误。盖日热二音类近，习俗呼误已久，不察其理，遂失其正，只以怕热羞明论之，其理灼然可见。夫明字所包已广，何用再申日字，若以日字专主阳光言之，则怕热一证无所归矣。"

【鉴别】

常见证候

风热目畏热：目内灼热，畏热，双目红赤，轻度羞明，刺痒难忍。胞睑内生有粟粒，高低不平。处于温热之处或盛夏炎热之时，症状加重，甚者欲以冰水凉抑之，可有清爽缓解之感。苔薄白，舌质红，脉数。

脾胃积热目畏热：畏热羞明明显，抱轮红赤，瞳神紧小，疼痛泪多，眵少或无眵，腹部胀满，大便秘结。舌苔黄腻，脉滑数。

肝经实热目畏热：流泪畏热，疼痛羞明，在明热处更甚，黑睛生疮翳，口苦咽干，舌苔黄，舌质红，脉弦数。

鉴别分析

风热目畏热：因风热入侵，上犯胞睑。刺痒难忍，是风热成毒所作。目红赤，目内灼热，畏热，处于热室或炎夏之季加重，乃素外部火热与内生蕴热相召所成。风热相合，阻滞胞睑内筋脉，壅滞瘀结而生粟疮颗粒。治宜祛风清热，方用驱风一字散。

脾胃积热目畏热：因多食肥甘滋腻之品，嗜酒过度及辛辣厚味等，积于脾胃，湿热内生，上犯目窍，发而为病。湿热阻滞，故抱轮红赤如环。湿热内结下焦，而有腹部胀满，大便秘结。治宜清热利湿，方用茵陈蒿汤合五味消毒饮。

肝经实热目畏热：多为内有肝经伏火，外感风热，二者相合，上炎目窍。黑睛为风轮，肝之精升腾所成，为肝所主。肝经实热，上犯黑睛，则疼痛羞明，流泪畏热，在明热之处，或烈日之下，则诸症加重，为内外淫热相感所致。舌苔黄，舌质红，脉弦数，亦肝经实热之象。治宜清肝泻火，方选龙胆泻肝汤，加蔓荆子、羌活。

脾胃积热目畏热与肝胆实热目畏热：均属实热证。前者因脾主运化，运化失职，湿邪内生，湿与热结，熏蒸目窍所致，以饮食不节，腹部胀满，大便秘结为特征。后者为肝经热邪内外相合，病至黑睛所成，以疼痛，羞明，流泪为主症，在明热处加重为特征。

【文献别录】

《证治准绳·七窍门》："怕热无不足之证，羞明有不足之证。"

（高健生）

575. 胞睑肿胀

【概念】

胞睑肿胀,是指上胞下睑肿胀不适而言。

本症,《灵枢·水胀》称"目窠上微肿"《素问·评热病论》称"目下肿"。《金匮要略·水气病脉证并治》称"目窠上微拥"。《诸病源候论》称为"目风肿候"。《银海精微》称为"胞肿如桃"。《证治准绳》则称"肿胀如杯"、"脾虚如毬",前者为外障实邪,后者乃气虚所致,后世医家多从其说,并把"肿胀如杯"称为"蚌合","脾虚如毬"称为"悬球"。因二者都以胞睑肿胀为主症,同是肉轮病变,故现予合并论述。

【鉴别】

常见证候

肺脾积热胞睑肿胀:属"肿胀如毬"范畴。主要临床症状为目先赤痛,热泪时出,怕光羞明。继则胞睑肿胀,红肿如桃,疼痛拒按,痛引头额,或伴恶寒发热。舌红,脉数。

脾虚湿滞胞睑肿胀:属"脾虚如毬"范畴。主要临床症状为,上胞浮肿,虚肿如球,患处喜按,拭之稍平,少顷复起,目不赤痛,或兼目痒。舌胖苔薄白,脉弱。

鉴别分析

肺脾积热胞睑肿胀:多因热邪入里,或饮食失节,以致肺脾积热,壅热上攻,燥火客邪,血分热盛,热积胞睑,发而为病。《银海精微·胞肿如桃》说:"此乃脾肺之壅热,邪客于腠理,致上下胞肿如桃,痛涩泪出"。因于积热所致,故本症以胞睑红肿热痛,如桃如杯,疼痛拒按为其辨证要点。治宜清火散风解毒,方选散热消毒饮。

脾虚湿滞胞睑肿胀:多因脾胃气虚,中气不足,运化失司,水湿停于胞睑所致。因虚而浮肿,故按之不硬不痛,患处水湿稍散,胞睑肿胀稍平,继而水湿复聚,顷复如故为其辨证要点。风为肝之气,脾虚则风邪更易侵入,若兼风邪则见目痒。《中医临证备要》说:"上胞浮泛,虚肿如球,拭之稍平,少顷复起,属脾虚兼见湿火。"治宜补中益气,健脾渗湿,方选神效黄芪汤,或助阳活血汤。

【文献别录】

《普济方·眼目门》:"夫肝气有热,冲发睑眦,则令人睑肉暴肿。风冷乘之,则凝结不散,甚则长大冲肿,若梅李核,故谓之风毒。"

《审视瑶函·脾病》:"此症谓目脾浮肿如球,而虚起也。目上无别病,久则始有赤丝乱脉之患。火甚重,皮或红,目不痛。湿痰与火夹搏者,则有泪,有赤烂之疾,乃火在气分之虚证,不可误认为肿胀如杯血分之实病,以两手掌擦热拭之少平,顷复如故,可见其血不足,而虚火壅于气也。"

《类证治裁·目症》:"目肿。肿有胞肿珠肿不同,胞肿多湿,珠肿如火,暴风客邪,胞肿如杯。"

(邱德文)

576. 眼胞瘀痛

【概念】

眼胞瘀痛是指眼受钝性外伤后，睑睥部血溢络外，局部瘀血停滞，引起肿胀疼痛而言。

本症在《证治准绳·杂病》中谓"偶被物撞打而血停滞于睑睥之间，以致胀痛也。缓而失治则胀入珠内，瘀血灌睛，而睛有损坏之。"另有"肿胀如杯"及"睑硬睛痛"等症，不因外伤所致，故不在本篇讨论范围。至于外伤暴力过大，可致眼珠破裂，即真睛受损或血灌瞳神，详见专条。

【鉴别】

常见证候

早期眼胞瘀痛：眼部钝性外伤后一、二昼夜间。胞睑肿胀，呈青紫瘀色。伤眼疼痛难睁，白睛红赤，泪多，视物模糊。通常眼珠完好。苔脉如常或见弦脉。

后期眼胞瘀痛：有眼部钝性外伤史，受伤超过一昼夜之后。眼部肿胀瘀痛稍减，眼睑皮肤呈暗青色或略显紫黑色。

鉴别分析

早期眼胞瘀痛与后期眼胞瘀痛：两者均为明显睑部钝性外伤所致，因其伤后时间短久不一，出血有未止、已止之别。临床辨证，伤后1~2天内，眼睑肿胀疼痛，局部呈紫红瘀色，为早期眼胞瘀痛。治宜凉血止血消肿，内服生地黄散，外敷一绿散。亦可冷敷，以止血止痛。伤后逾2天，眼睑肿胀略减，局部青紫色较前加深，或由青紫而转兰黑色，为后期眼胞瘀痛。治宜活血化瘀，内服桃红四物汤或坠血明目饮去知母，外敷七厘散，局部热敷可助止痛消肿之效。

眼胞瘀痛与真睛受损：前者多为钝性外伤，仅见胞睑肿胀疼痛并呈紫红瘀色，但眼珠完好，且视力无明显变化。后者多为钝物所伤或碰撞猛暴，至使眼珠破裂，为严重的外伤性眼疾。当时头眼疼痛难忍，视力急骤下降。检查眼部可见黑睛或白睛有穿孔，或有溢血及神水外溢，黄仁脱出，血灌瞳神，瞳孔变形，瞳神欹侧，甚者可见黄精、神膏、视衣等绽出。故二者不难鉴别。

眼胞瘀痛一症，因眼胞外伤络损血溢，凝滞不行而成，早期重在止血消肿，后期血止，则需化瘀消肿，故鉴别分期甚为重要。选方用药时应把握"止血不留滞，去瘀不望行"的原则。本症有自愈之机，但不能因此而忽视积极治疗，避免变生他症。

【文献别录】

《证治准绳·振胞瘀痛》："……患状亦与胀如杯复同，外治开导敷治亦同，内治不同。盖胀如杯复因火从内起，而后壅滞，此因外触，凝滞脉道阻塞，而后灌及神珠，或素有痰火风邪，因易激动乘虚为患，又当验其形证，各随其经而治之。"

（沙凤桐）

577. 眼 睑 丹 毒

【概念】

眼睑丹毒，是指胞睑皮肤红如涂丹，热如火灼而言。因其常引起头面肿大，故亦名"火胀大头"。

本症首见于《疮疡经验全书》，称为"上下眼丹"。《证治准绳》称为"火胀大头"。《外科启玄》、《外科正宗》简称"眼丹"。

"针眼"与本症都生于胞睑边缘，病因大致相同，但"针眼"较轻，多呈局限的小节；眼睑丹毒病情较重，整个胞睑漫肿赤痛，硬结拒按，常伴有寒热头痛等全身症状。故针眼另列专章，不属本文讨论范围。

【鉴别】

常见证候

风热相搏眼睑丹毒：眼睑漫肿赤痛，硬结拒按，重则头面肿大，眵泪并多，兼见恶寒发热，烦躁不安，舌苔薄白，脉浮数。或口干烦渴，壮热不恶寒，舌红苔微黄，脉数有力。

湿热壅遏眼睑丹毒：眼睑面颐发红而微带黄白，面部灼热痒痛，并伴有风粟，湿疮、糜烂，头重体倦，四肢重怠，胸闷纳少，小便黄涩，舌苔黄腻，脉濡数。

鉴别分析

风热相搏眼丹与湿热壅遏眼丹：二者都是实热证，前者热而兼风，后者热而夹湿，因此在病因、病机、主证上都有区别。风热相搏眼丹，多因风热之邪，相搏于里，客于胞睑所致。以眼睑漫肿赤痛，硬结拒按，兼见恶寒发热为辨证要点。若风胜于热，则恶寒重，发热轻，口不渴，苔薄白，脉浮数。若热胜于风，则口干烦渴，发热重，恶寒轻，甚者壮热不寒，苔微黄，脉数有力。治以疏风清热，泻火解毒，方选普济消毒饮。

湿热壅遏眼丹，多由脾胃湿热内蕴，壅遏上冲头目，停于胞睑所致。以眼睑面颐发红而微带黄白，潮湿糜烂，发痒作痛为辨证要点。湿热内蕴，则头重体倦，四肢重怠，胸闷纳少，舌苔黄腻，脉濡数，治宜清热利湿，方选除湿胃苓汤。

【文献别录】

《审视瑶函·目痛》："头胀大头症。此症目赤痛，而头面浮肿，皮内燥赤也，状若大头伤寒，夏日多有此患。有湿热风热，湿热多泪而皮烂；风热多胀痛而憎寒。若失治则血滞于内，虽得肿消，而目必有变病矣。"

《外科正宗·眼丹》："眼丹乃脾经有风，胃经多热，共结为肿。风多者则浮肿易消，热甚者则坚肿难散。初起用金黄散敷之，有表证者荆防败毒散；有里证者清胃散加大黄利之。如后不散，必欲作脓，宜换膏贴之。脓成者即针，迟则眼头自破，然此乃睛明穴，肉空难敛之所，故成漏者多。"

《眼科证治经验·眼睑丹毒》："主要由于血分热，肌腠虚，风湿热邪乘虚袭于头面经络所致引起。'诸痛痒疮皆属心'，肺主皮毛，脾主肌肉，故病发于心、肺、脾三经。"

（邱德文）

578. 针　　眼

【概念】

针眼、即眼生偷针，又称"眼疮"。是指在眼睑边缘生小疖而言。因其眼睑内应脾胃，脾胃属土，故有"土疳"、"土疡"之称。

本症，《内经》称为"目眦疡"。《素问·气交变大论》云："岁金太过，燥气流行，肝木受邪，民病两胁下少腹痛，目赤痛眦疡，耳无所闻"。隋·巢元方《诸病源候论》称为"针眼"，指出本症是因"热气客在眦间，热搏于津液所成。"宋·杨士瀛《直指方》称为"偷针"。明·王肯堂《证治准绳》称为"土疳"。此外，尚有"偷针窝"，"包珍珠"、"挑针"等俗名。

本症与"眼丹"均生于胞睑边缘，但针眼较轻，多呈局限性的小疖；"眼丹"较重，呈漫肿的疮毒，临床上应予区别。将另立专条论述，不属本症讨论范围。

【鉴别】

常见证候

外感风热针眼：症见胞睑局部轻度红肿热痛，病变较为局限，触之局部有硬结及触痛，常以近眦部为多。初起微痒微肿，继则赤痛拒按，轻者数日内自行消散，重者数日后溃破排脓始愈。一般无明显全身症状，重则兼见发热恶寒，脉浮数等表热证候。

热毒炽盛针眼：胞睑红肿热痛明显，或肿连颧额，或白睛肿胀，局部红肿疼痛拒按，入夜尤甚。兼见身热，大便秘结，舌红，脉弦数等证。

气阴两虚针眼：胞睑上肿胀如豆粒状，触之痛，按之或软或硬，红肿轻微，兼见倦怠少言，胸闷不舒，大便秘结，日晡潮热，舌红苔薄白，脉细数。

脾气虚弱针眼：眼睑有微红肿块，疼痛不明显，肿块时起时消，反复发作，日久不愈。或一目愈另一目又生，或双目同时反复发作。兼脾虚食少，胃纳不佳，消化较差等证。

鉴别分析

外感风热针眼与热毒炽盛针眼：二者同属实证、热证。外感风热针眼，是因外受风热之邪，客于胞睑，阻滞经络，以致局部气血瘀滞而成。眼部症状较轻，初起红肿热痛较轻，继则焮赤肿痛渐增，数日或自行消散，或溃破而愈。无明显全身症状或兼见轻微外感风热表证，治以疏风清热，应选银翘散。热毒炽盛针眼，多因过食辛辣炙煿之物，以致热毒蕴积上冲，发为本病。局部胞睑红肿热痛较重，甚则白睛肿胀，痒痛难忍，入夜更甚。因脾胃积热故便秘，口渴，苔黄等证俱见。治以祛风清热、泻火解毒，方选通脾泻胃汤。

气阴两虚针眼与脾气虚弱针眼：二者同属虚证。气阴两虚常见热病后患者，因气虚运化无力，阴虚生内热虚火上炎，以致胞睑气血瘀滞而成，因其是虚火，故局部红肿痛而不甚，肿块软硬兼有。因气虚故有疲倦乏力，纳呆少气之症。阴虚故见潮热便结。治以益气滋阴，方选托里排脓养阴汤。脾气虚弱针眼常见于脾胃虚的患者，因胞睑属脾，脾虚于内，外应睑胞，风热余毒蕴结，留滞胞睑，余邪未尽，以致针眼反复发作，久治不愈。脾虚又兼见食少便溏等证，治以健脾和胃，扶正祛邪，方选资生丸。

【文献别录】

《诸病源候论·目病诸候》："人有眼内眦头忽结成疱，三五日间便生脓汁，世呼为偷针。此由热气客在眦间，热搏于津液所成，但其热势轻者，故止小小结聚汁溃，热歇乃差。"

《证治准绳·目门》："睥上生毒，俗呼针眼是也，有一目又生一目者；有止生一目者；有邪微不出脓血而愈者；有犯触辛热燥腻，风沙烟火为漏涕者；有窍未实，因风乘虚而入头脑俱肿，目亦赤痛者。其病不一，隋宜治之……按世传眼眦初生小泡，视其背上部即有细红点如疮，以针刺破，眼睥即差，故名偷针，实解太阳经结热也"。

（邱德文）

579. 眼 皮 跳

【概念】

眼皮跳，是指眼皮频频振跳，牵及眉际，不能自主控制而言。若偶然一发，不属病态。

本症《审视瑶函》称为"睥轮振跳"；《目经大成》称为"目瞤"。现俗称"眼眉跳"。

【鉴别】

常见证候

血虚生风眼皮跳：主要临床表现为眼皮频频振跳，不能自止，目干涩时痒，面色无华，唇舌淡白，脉细。

脾胃气虚眼皮跳：眼睑多眨瞤动，眼疲痛疲劳，眼睫无力，面色萎黄，食少倦怠，头目眩晕，舌淡胖苔白润，脉沉细。

风热外侵眼皮跳：眼皮振跳不如前者频繁，每见目赤痒痛，胞睑湿烂，兼见头痛恶风，形寒发热，舌红苔白，脉浮数。

鉴别分析

血虚生风眼皮跳与脾胃气虚眼皮跳：二者皆属虚证。血虚生风眼皮跳主要因久视伤血，或亏血过多等原因，导致肝血虚亏，阴血不足不能上濡胞睑，血虚生风，以致眼皮频频振跳，不能自止，兼见目干涩时痒。故本症以眼皮跳，目干涩时痒，兼见血虚症状为辨证要点。治宜养血疏风，方选当归活血汤加全蝎。脾胃气虚眼皮跳，是因饮食、劳倦、思虑等因素使脾胃受损，脾胃气虚则运化失常，胞睑属脾，脾虚不能制约胞睑，以致眼皮频频振跳，眼睫无力。因于气虚故兼见疲倦乏力，食少气短等全身症状。故本症是以眼皮跳，眼睫无力兼脾胃气虚之症为辨证要点。治宜补益脾胃之气，方选补中益气汤。

外感风热眼皮跳属于实热证，风热之邪上客目窍，胞睑受邪，则眼皮时时振跳，风热交炽，故目赤痒痛，且兼有头痛恶风等症。治以疏风散热，方选驱风散热饮子。

【文献别录】

《审视瑶函·脾病》："睥轮振跳症。此症谓目睥不待人之开合，而自率搐振跳也。乃气之病，属肝脾二经络之患，人皆呼为风，殊不知血虚血气不和顺，非纯风也。若赤烂及头风病者，方是邪风之故，久而不治为牵吊"。

（邱德文）

580. 上 胞 下 垂

【概念】

上胞下垂，是指眼皮下垂，难以抬举，影响视瞻，轻者半掩瞳仁，重者黑睛全遮，垂闭难张而言。

本症，《诸病源候论》称为"睢目"，亦名"侵风"；《普济方》称为"眼睑垂缓"；《目经大成》称为"睑废"。此外尚有"脾倦""胞垂"之称。现在统称"上胞下垂"。

上胞下垂，一般分为先天与后天两种，先天性上胞下垂多双眼同病，由遗传或先天发育不全引起；后天性上胞下垂，多单眼发病，得之于病后，创伤或其他原因。若因脑内或眼窝肿瘤引起上胞下垂，须由专科治疗，不属本文讨论范围。

【鉴别】

常见证候

脾气下陷上胞下垂：临床表现为起病较缓，上胞缓慢下垂，逐渐加重，轻者半掩瞳神，重者黑睛全遮，垂闭难张，病人瞻视往往仰首提眉，久则额部皱纹深凹，甚则需以手提睑，方能见物。全身体弱乏力，形寒气短，四肢虚软，舌淡质嫩，脉虚沉微。或见脱肛，妇女或见子宫脱垂。

风邪入络上胞下垂：起病较急，忽然上胞下垂，且兼痒如虫行，头痛目胀，舌红，脉浮数。

气滞血瘀上胞下垂：有明显眼部或头额部外伤史，上胞下垂因外伤所致。

鉴别分析

脾气下陷上胞下垂与风邪入络上胞下垂：二者在病因、病机及病证方面皆有所区别。脾气下陷上胞下垂，多因饮食不节，或忧思伤脾，又因平素脾胃虚弱，以致中气下陷而成本证。中焦受气取汁化赤而为血，肝主宗筋，筋赖血养，脾胃虚弱，中气下陷，则提睑无力。血少不能养筋则弛缓，失去约束之力故上胞下垂。脾胃气虚是逐渐出现的，故上胞下垂亦缓慢加重。所以本证以发病缓慢，逐渐加重，兼有中气下陷等全身症状为其辨证要点。治宜补中益气，方选补中益气汤。风邪入络上胞下垂，是因外感风邪，入里中络，筋脉受损所致。风善行而速变，故发病急速，临床常见忽然上胞下垂，风盛则痒，上冲头目，则头痛目胀。治宜养血祛风，方选除风益损汤。

气滞血瘀上胞下垂，主要是眼部或头额部遭受外伤，瘀血阻滞经络，胞睑纵而不收，或筋脉已断，气滞血瘀，胞睑无力提举。治宜行气活血，方选祛瘀四物汤。

【文献别录】

《诸病源候论·目病诸候》："睢目候。目是脏腑血气之精华，肝之外候，然五脏六腑之血气，皆上荣于目也。若血气虚则肤腠开而受风，风客于睑肤之间，所以其皮缓纵，垂复于目眦不能开，世呼为睢目，亦名侵风"。

（邱德文）

581. 眼 生 痰 核

【概念】

眼生痰核，是指生于胞睑皮里肉外的核状硬结而言，进展缓慢而易于复发。因其发于上胞较多，下睑较少，故又称为"睥生痰核"。

本症首见于《原机启微》称为"血气不分，混而遂结之病"。《证治准绳》、《审视瑶函》、《张氏医通》、《医宗金鉴》均称为"睥生痰核"。《银海指南》、《目经大成》称为"痰核"。《眼科菁华录》称"胞生痰核"，此外尚有"眼瘤"、"胞睑肿核"、"目疣"等不同名称。

【鉴别】

常见证候

痰湿阻滞眼生痰核：生于胞睑皮里肉外，有核隆起，细如米粒或黄豆，甚则大如蚕豆，不痛不痒，表面皮肤不红，皮核不相切，推之移动，触之较硬。翻转胞睑可见睑内有紫红色或灰红色隆起，肿核大者有胀坠及轻度异物感，无明显全身症状。

痰火郁滞眼生痰核：症见胞睑肿核痛痒，表面皮肤发红，甚者口干咽燥，舌红，脉数。

鉴别分析

痰湿阻滞眼生痰核：多因过食辛辣肥甘，脾胃功能受损，运化失常，津液停积，聚而为痰，痰湿阻滞经络，结于胞睑，渐成肿核。痰核阻塞经络，气血运行受阻，气血瘀滞则胞睑内出现紫红色肿核隆起。《原机启微》说："血为荣，气为卫，荣行脉中，卫行脉外，此血气分而不混，行而不阻……不欲相混，混则为阻，阻则成结，结则无所去还，故隐起于皮肤之中，遂为疣病"。治以化痰软坚，方选化坚二陈汤。

痰火郁滞眼生痰核：其发病之因，痰湿互结，郁久化火，痰火相搏，痰湿互结兼风毒之邪外袭所致。辨证要点是胞睑痰核作痛作痒，表面皮肤色红。《审视瑶函》说："火重于痰者，其色红紫，乃痰因火滞而结"。又说："此阳明积热，平昔饮酒过多，而好食辛辣炙煿之味所致也"。治宜清热散结，方选清胃汤。

总之本症系痰湿阻滞经络，结于胞睑，渐成肿核，早期服药可消，年深月久，服药无效时，可借助手术治疗。

【文献别录】

《医宗金鉴·眼科心法要诀》："睥生痰核之证，因痰火结聚而成，生于胞外皮内核形如豆，坚硬不疼，宜用防风散结汤，化痰散热。若久而不治，渐长为瘿，破则为漏，为难治矣。"

《张皆春眼科证治·肉轮疾患》："本病又称目疣……多由脾湿胃热，湿热相结，聚而生痰，湿痰阻滞经络，结于胞睑而成"。

（邱德文）

582.目生椒粟

【概念】

目生椒粟,是指胞睑内发生的细小颗粒而言。因色红而坚,状如花椒,故名椒疮;若色黄质软,状如粟米者则名粟疮。亦名"椒疡"或"粟疡"。

本症《银海精微》称"睑生风粟"。《证治准绳》将其分为"椒疮"和"粟疮"。两者形状虽有一定区别,但病因大致均属风湿热内外合邪,胞睑脉络壅滞,气血失和而发,故合并讨论。

【鉴别】

常见证候

脾经风热目生椒粟:本证初期仅感眼部不适,微痒,翻转胞睑,可见少量细小颗粒,色红而坚,状如花椒。继则胞睑内颗粒增加,病势加剧,沙涩羞明,结眵流泪,胞睑肿硬,颗粒成片,凸凹不平,隐隐磨擦眼珠,致使赤膜下垂,风轮星点翳膜,并发他症,逐渐影响视力。

脾经湿热目生椒粟:初起常无明显自觉症状,或仅感微痒不适,翻转胞睑,可见胞睑内生有颗粒,形圆色黄而质软,或稀或密,尤以睑内和风轮交接处为最多,常先生于下睑。患者面色萎黄,苔薄白微腻,脉濡而缓,重者沙涩痒痛,羞明流泪,甚则胞肿目赤,睑内颗粒密集,磨擦眼珠,可并发拳毛倒入黑睛生翳等而影响视力,苔黄腻,脉滑数。

鉴别分析

脾经风热目生椒粟:是因风热毒邪侵袭胞睑,脾胃积热上攻于目,风热相搏,络脉受阻,气血瘀滞,故细小颗粒突起,风胜则痒,热盛则红。若气血瘀滞较甚则胞睑肿硬,颗粒层生,累累成片。椒粒磨擦气轮、风轮,故有沙涩、流泪等症。以睑内颗粒,色红质坚,状如花椒为辨证要点。治以清脾疏风,方选清脾凉血汤。血瘀较甚,当治以凉血散瘀,方选归芍红花散。

脾经湿热目生椒粟:脾虚湿盛,胃有积热,湿热蕴积脾胃,上攻胞睑,气血阻塞,湿热与血气互结,故睑内发生颗粒。若日久不愈,湿热不散,则颗粒增多而见胞睑肿胀,兼见脉滑数,苔黄腻等。以睑内颗粒,色黄质软而形圆,状如粟米为辨证要点。轻者以健脾除湿为治,方选白术汤。重者治以清热除湿兼以疏散,方选除风清脾饮。

总之本症当内外兼治,除内服上药外,外点犀黄散。如颗粒顽固难消,应当结合手术治疗。

【文献别录】

《银海精微·睑生风粟》:"睑生风粟者,睑间积血年久,致生风粟,与眦症同。眵粘者无风粟,故又作一症。胞者上胞也,睑者下睑也,此脾胃壅热,致令胞睑之间渐生风粟如米,甚如杨梅之状,磨擦瞳人,黑睛有翳。治翻转风粟逐个用锋针密针三五度,亦烙更妙。睛有翳者,用阴三阳五药吹点,二三夜吹一次,忌口,动风动血之物莫吃可也。"

《审视瑶函·椒疮症》:"此症生于睥内红而坚者是,有则沙涩难开,多泪而痛,人皆称粟疮误矣。夫粟疮亦生在睥，但色黄软而易散，此是坚而难散者。俗皆以龙须灯心等物，出血取效，殊不知目以血为荣，血损而光华有衰弱之患。轻者只宜善治，至于累累连片，圪蹉高低不平及血瘀滞者，不得已而导之，中病即止，不可太过。"

（邱德文）

583. 胞 内 生 肉

【概念】

胞内生肉，是指胞睑之内，瘀肉高起，渐渐长大，甚至掩及全目而言。若生于睑眦之内，形如鸡冠蚬肉者，称为"鸡冠蚬肉"。

本症，《诸病源候论》称为"目息肉淫肤候"；《世医得效方》称为"鸡冠蚬肉"；《石室秘录》称为"眼生长肉"。此外尚有"眼生肉线""奚魁蚬肉""眼祟"等病名。

"胬肉攀睛"与本症虽都是胞睑之内生肉，但前者是从眦角发出，似昆虫翼状，横贯白睛，渐侵黑睛，多因心肺二经风热壅盛，气滞血瘀所致，与本症在病因，病证方面都有区别，故另辟专文论述。

【鉴别】

常见证候

风热壅盛胞内生肉：主要临床表现为，胞睑之内，瘀肉高起，渐渐长大，色红如鸡冠，似蚬肉，甚者掩及全目。头目胀痛，形寒身热，舌红，苔薄白，脉弦数或浮数。

阴虚火炎胞内生肉：表现为胞睑之内所生瘀肉色淡而薄，发展缓慢，红筋乍起乍退，微感涩痒，五心发热，潮热盗汗，舌红，脉细数。

鉴别分析

风热壅盛胞内生肉：主要是由脾胃积热，肝风上冲所致。《医宗金鉴·眼科心法要诀》："鸡冠蚬肉之证……此乃脾胃积热，肝风上冲所致。"风热搏结胞睑，气血瘀滞，则胞内生肉。因于实热，故瘀肉色红似鸡冠，如蚬肉。如夹肝风上冲，则头目胀痛，脉弦数或浮数。治宜先用手法钩割后，再服清热祛风之剂，方选抽风汤。

阴虚火炎胞内生肉：多因劳损体亏，肾阴不足，水不济火，虚火上炎而成。水亏于下，火炎于上，为无根之火，是谓虚火。虚火上扰，气血瘀滞，故瘀肉薄而色淡，且发展缓慢。正邪盛衰，随天地阴阳而动，适其时正复邪衰，则病有所退，逆其时邪盛正衰，则病有所进，故红筋乍起乍退。阴虚则见五心烦热，潮热盗汗，舌红，脉细数等症。治宜滋阴降火，方选知柏地黄丸。

【文献别录】

《诸病源候论·目病诸候》："目息肉淫肤候。息肉淫肤者，此由邪热在脏，气冲于目，热气切于血脉，蕴积不散，结而生息肉，在于白睛肤睑之间，即谓之息肉淫肤也。"

《银海精微·鸡冠蚬肉》："眼内生虚肉，形似鸡冠蚬肉者何也？脾胃受风热，火旺脾土燥热也。治法，年少者，只宜泻脾胃本脏，若脾胃衰不受寒凉者，宜泻子泻母之法。泻本脏用三黄汤加寒凉剂，泻子用泻肺汤，泻母用八正散、泻心汤主之。"

（邱德文）

584. 拳 毛 倒 睫

【概念】

拳毛倒睫，是指睫毛倒入，内刺睛珠，涩痛流泪，羞明难睁渐生翳膜而言。

本病《银海精微》称"拳毛倒睫"；《原机启微》称为"内急外弛之病"，《普济方》则称"倒睫拳挛"；《审视瑶函》、《医学纲目》均称"倒睫拳毛"；《中医临证备要》称为"睫毛倒入"。此外，尚有"拳毛倒插"之称等。今都简称为"倒睫"。

倒睫常是"睑生椒粟"、"睑弦赤烂"等眼病后期的并发症，因此在辨证论治时必须兼顾其他眼病。

【鉴别】

常见证候

风热内积倒睫：主要临床表现为目红涩痒，羞明多泪，睑肿紧急，睫毛倒入，内刺睛珠，刺痛流泪，频频扎目，舌红，脉数。

肺脾气虚倒睫：表现为胞睑微微作痒，时轻时重，睫毛一根或数根拳曲倒入，重者皮宽弦紧，内急外弛，睫毛大部倒入，内刺瞳仁，刺痛流泪，羞明难睁，体弱乏力，少气，舌淡，脉弱。

鉴别分析

风热内积倒睫：多由脏腑久积风热，内熏肝脾，上冲于目所致。《医宗金鉴·眼科心法要诀》说："倒睫拳毛之证，由皮松弦紧，故拳毛倒睫，内刺睛珠，碜涩难开，眼胞赤烂，痒而兼疼。此乃脾热肝风，合邪上壅所致。"因于风热而起，倒睫兼见红肿痒痛流泪是鉴别要点。治宜疏风散热，方选细辛汤。

肺脾气虚倒睫：多由脾肺气虚，气血精微不能正常输布于胞睑，皮毛筋脉失养，皮宽弦紧，内急外弛，导致本症。《银海指南·脾经主病》说："上睥宽纵，拳毛倒睫红痛，属肺气虚兼风，不红痛属中气下陷。"本证因脾肺气虚所致，故倒睫红肿痒痛不明显为鉴别要点，兼见体虚气弱。治宜补益肺脾之气，方选补中助阳汤。

此外本症若病情较重，或因椒疮粟疮之疤痕收缩，或睑弦赤烂睫毛乱生所引起者，如服药无效，可采用手术治疗。

【文献别录】

《审视瑶函·脾病》："此症皆由目病妄称火眼，不以为事，或酒或欲，或风霜劳苦，全不禁忌，致受风邪，皮松弦紧，毛渐倒睫，未免泪出频频，拭擦不已，便自羞明，故毛渐侵睛，扫布云翳，以药治最难，不得已用法夹之，如夹定以敷药为主，俟夹将落，即敷其痕，可保，不然依然复旧，其功费矣。"

（邱德文）

585. 流　　泪

【概念】

流泪是指泪液无制，溢出眼外而言。

《素问·解精微论》有"风见则泣下"的记述。《神农本草经》称"泪出","泣下"。《证治准绳·七窍门》归纳为"迎风冷泪"、"迎风热泪"、"无时冷泪"、"无时热泪"四类。

因情志变化，如悲喜过剧，而引起的泣涕并下，属生理变化的流泪。若因风寒热邪客扰，或肝胆实火导致的外障眼病，火邪激动其水，亦会形成热泪不止。如暴风客热之热泪如汤，热泪外溢，或凝脂翳之疼痛羞明，眵泪如糊，均不属本篇讨论范围。此外，由于泪睛阻塞，常年泪出汪汪者，亦当别论。

【鉴别】

常见证候

肝经虚寒流泪：即迎风冷泪，属"冷泪"范畴。常见于年高血虚之人。主要表现为遇风则冷泪频流，形体消瘦，面色无华，唇淡甲白。舌质淡，脉细。甚则伴有肢冷身凉，口中和，舌质淡，苔白润，脉沉迟。

肝经风热流泪：即迎风热泪，属"热泪"范畴。主要表现为见风则流热泪，两目赤涩，口鼻干燥，头晕耳鸣。舌质红，苔薄白，脉弦或带细数。

肝肾两亏流泪：即无时冷泪，亦属"冷泪"范畴。主要表现常流冷泪，遇寒更甚。初起泪止如无病症，久则冷泪长流。伴有眼目昏眩，瞻视不明，耳鸣耳聋，失眠遗精，腰腿痠软。舌苔白，脉细弱。

阴虚火旺流泪：即无时热泪，亦属"热泪"范畴。主要表现日间常流热泪，夜则干涩，伴有头晕目暗，舌苔薄白或薄黄，质红，脉细数。

鉴别分析

肝经虚寒流泪：多由肝血不足，不能上荣于目，目窍空虚，因虚引邪，风寒乘虚而侵，寒邪凝滞遇风则动，冷泪频频涌出，故有"迎风冷泪"之名。《圣济总录·目风泪出》提到："肝开窍于目，其液为泪，肝气既虚，风邪乘之，则液不能制，故常泪出，冲风则甚也。"常见于年高肝虚之体，肝之液为泪，泪多伤肝，久则难治。治宜养血祛寒，方用养血驱寒饮；若兼见肝虚气弱的证候，则用河间当归汤；冷泪日久，目视不明者，可服用枸杞酒调治。

肝经风热流泪：多由肝经蕴热，复感风邪，内外合邪，引而外发，风热相搏，上攻于目，致迎风频流热泪，故有"迎风热泪"之名。若风热化火，火热炎蒸，可见两目赤涩，口鼻干燥，头晕耳鸣。与肝虚风寒流泪的证候显然不同。轻者治宜清肝祛风，方用羚羊角散，白僵蚕散加减；甚者治宜升阳发散，滋阴降火，方用升阳降火汤加减。

肝肾两亏流泪：多由房事不节，精血衰少，或悲伤哭泣，伤阴耗液，致肝肾两亏，阴损及阳，泪液不能制。临床表现为冷泪频流，遇寒则泪下更甚，故有"无时冷泪"之名。阴阳两虚，因而兼见两目干涩，瞻视昏花，耳鸣耳聋，头晕目眩，腰腿痠软，失眠遗精等症。辨证"与热泪带火者不同"（《证治准绳》），且和肝经虚寒的证候有轻重之别。治宜温养肝肾，补益精血，方用菊睛丸，肝肾双补丸，配合麝香散嗗鼻。

阴虚火旺流泪：多由肝肾阴虚，水火不济，虚火上炎所致。《证治准绳·无时热泪》说："盖肝胆肾水耗而阴精亏涩，及劳心竭意，过度深思，动其火而伤其汁也，故血虚膏液不足，人哭泣太伤者，每每患此。"临床表现为白昼热泪频频，故有"无时热泪"之名。头晕目昏，两目干涩等虚热征象，可与肝经风热流泪的头晕耳鸣，两目干涩，口苦咽干的证候相鉴别。治宜滋补肝肾，从阴引阳，方用椒苄丸，如虚中挟实，兼挟肝胆之火者，用加味当归饮子。

流泪一症，不外乎冷泪和热泪之分。热泪多因于"火"；冷泪常由于"寒"。热泪中迎风热泪乃肝经蕴热，复感风邪而引发；无时热泪乃肝肾阴虚，水不制火，虚火炎蒸所致。冷泪中迎风冷泪乃肝血不足，风寒外乘而形成；无时冷泪乃肝肾两亏，阴血耗伤，阴损及阳，泪液不能制约所致。

【文献别录】

《诸病源候论·睊目候》："睊目者，是风气客于睑眦之间，与血气津液相搏，使目眦痒而泪出，目眦恒湿，故谓之睊目。"

《儒门事亲·卷六》："清州王之一子，年十余岁，目赤多泪，众工无效，戴人见之曰：此儿病目罢，当得之母腹中被惊。其父曰：妊娠时，在临清被围。戴人令服瓜蒂散，加郁金，上涌而下泄，各去涎沫数升。人皆笑之，其母亦曰：儿腹中无病，何吐泻如此。至明日，其目耀然爽明，李仲安见而惊曰：奇哉！"

《儒门事亲·治法杂论》："凡目有泪出，俗言作冷泪者，非也。《内经》曰：肝泪不禁，此大热熏蒸于肝也。热极生风，风冲于外，火发于内，风热相搏，此大泪出也。内外皆治，可以愈也。……凡风冲泣下，俗呼为冷泪者，谬也。《内经》曰：太阴不能禁固。因风冲于外，火焚于内，风热相搏，由此泣下。内经曰：热则五液皆出。热甚则泪出……治法曰：风宜辛散，寒宜甘发，气遇寒则凝，血得热则散。"

（高健生）

586. 漏 睛

【概念】

漏睛，是指泪窍时时溢出脓汁或粘薄混浊泪液而言。因泪窍开口在眦角，故又称"眦漏"。

本症《诸病源候论》称"目脓漏候"；《原机启微》称"热积必溃之病"；《秘传眼科龙木论》和《世医得效方》均称"漏眼脓出"；《证治准绳》则称"大眦漏"、"窍漏"，此外尚有"外漏"等病名；《银海精微》所称的"漏眼脓血"是指"风热壅毒攻充于黑睛黄仁生出毒疮，灌溉水输控血，溃烂流脓"，实属风轮、水轮疾患，不属本病范围。《古今医统》所称"漏眼脓血"是指"目内生疮，脓血泛流"，亦非本症，应予以区别。

【鉴别】

常见证候

外感风热漏睛：内眦部轻度胀痛，肤色稍红，局部轻度隆起，压之有脓汁或粘薄混浊泪液外溢。兼见恶寒发热，头身疼痛，舌红苔白，脉浮数。

心火炽盛漏睛：内眦部肿胀疼痛明显，硬结拒按发热口渴，尿黄舌红，脉数。

热邪稽留漏睛：内眦部肿胀疼痛，按之变软，有脓汁从泪窍溢出，发热口渴，舌红，脉数。

气血两虚漏睛：眦部肿胀日久，红肿渐消，疼痛渐减，惟有稀汁脓液或青黑腥秘脓水时时从泪窍溢出，久久不愈。体虚乏力，面色无华，舌淡，脉细弱。

鉴别分析

外感风热漏睛与心火炽盛漏睛：二者都是漏睛未溃期的常见证。外感风热漏睛，多由风热邪毒，上犯目窍，停留睑中，引动内火，内外合邪而成。《审视瑶函·漏睛》说："原因风热眼中停，凝结如脓似泪倾。"《诸病源候论·目病诸候》说："风热客于睑眦之间，热搏于血液，令眦内结聚，津液乘之不止，故汁不尽，谓之脓漏。"风热外感，故见恶寒发热，舌红脉浮数等表热证。风热停滞睑眦，故眦睑红肿胀痛，治宜疏散风热，方选疏风清肝散。心火炽盛漏睛，多因心经热邪，蕴蓄日久，上攻内眦而发，以内眦部红肿热痛明显，发热口渴，舌红，脉数为鉴别要点。治宜清火解毒，方选竹叶泻经汤。

热邪稽留漏睛与气血两虚漏睛：二者虽都是漏睛破溃期的常见证，但有虚实之别。热邪稽留漏睛，多因热毒久蕴不去，腐化肌肤，渐成脓液，脓蓄泪窍，故压之有脓液从泪窍排出。热邪滞留，故有发热口渴，舌红脉数之证，治宜清心排脓，方选清心排脓汤。气血两虚漏睛，是患者体质素虚，正不胜邪，故见眦部虽不红肿，但泪窍脓汁不断。治宜扶正祛邪，方选人参养荣汤。

【文献别录】

《原机启微·热积必溃之病》："内眦穴开窍如针目，按之则沁沁脓出，有两目俱病者，有一目独病者。目属肝，内眦属膀胱，此盖一经积邪之所致也，故曰热积必溃之病。又曰漏睛眠者是也。"

《普济方·眼目门》："夫目脓漏者，缘血脉壅热，传入于足太阳膀胱之经。膀胱之脉起于目内眦，则今人睑眦肿，久痒即成疾，脓汁时下，绵绵不绝，如器津漏，故谓之脓漏，俗呼为漏睛是也"

（邱德文）

587．白 睛 红 赤

【概念】

白睛红赤，俗称"火眼"、"红眼"。是指双眼（或一眼）白睛红赤而言。

本症在《内经》、《伤寒论》中均称"目赤"。其后历代医家，根据目赤的病因、病症等不同特点分别又有"暴风客热"、"天行赤眼"、"赤丝虬脉"、"赤痛如邪"、"大小眦红"、"白睛黄赤"等名称。此外在《审视瑶函》中，"目赤"项下还包括了"瘀血灌睛"、"血灌瞳神"、"色似胭脂"等内容。《张氏医通》的"目赤"项下还包括"赤脉贯睛"等。这些病症，虽然都有目赤症状，但主要是由其它眼病所致，将另列专条论述，不属本症讨论范围。

【鉴别】

常见证候

外感风热白睛红赤：相当于"暴风客热"范畴。其主要临床表现为白睛暴赤，热泪如汤，羞明隐涩。兼见恶寒发热，头痛鼻塞，舌苔薄白，脉浮数。

天行时邪白睛红赤：相当于"天行赤眼"。临床常见白睛红赤灼热，眵多粘结，怕日羞明，眼涩难睁。或先患一眼而累及两眼，或两眼齐发。传染性强，常一家之内，一里之中，老幼相传，同时发病。

邪热伏络白睛红赤：属"赤丝虬脉"范畴。常见白睛淡红，表面有赤脉纵横，虬蟠旋曲，丝脉粗细稀密不等，久而不愈。兼见羞明流泪，或微痒微痛，视物容易疲劳，午后更甚。

酒毒内蕴白睛红赤：相当于"白睛黄赤"。本症常发于嗜酒患者。症见白睛渐渐黄赤，眼涩干痒，兼见湿热内蕴之症，舌苔黄腻，脉象濡数。

肝胆火盛白睛红赤：症见白睛红赤热痛，甚则赤脉纵横，热泪多眵，两目发胀。兼见恶热头痛（以巅顶与双侧太阳穴为甚），口苦咽干，胁肋胀痛，尿赤或便结，舌红，脉弦数。

肝肾阴虚白睛红赤：相当于"赤痛如邪"。本症常发于久病体弱之人。症见白睛淡红，病势缓慢，时作时止，常常一年数发。兼见腰膝酸软，五心烦热，潮热盗汗，脉细数。

鉴别分析

外感风热白睛红赤和天行时邪白睛红赤：两者虽同属外感邪气发病，但二者在病因、病机、病症、病势等方面仍有区别。外感风热白睛红赤主要是感受风热之邪而发，一般多偏于风盛。《医宗金鉴·眼科心法要诀》说："此证原于肺客邪热，外召风邪。"本症发病虽急，但传染性不甚强，不致形成流行。症状以白睛暴赤，热泪如汤，兼见外感风热症状为主。治以疏风清热，方选荆防汤或羌活胜风汤。天行时邪白睛红赤，是因感受时气之毒而发，多偏于热盛。《医宗金鉴·眼科心法要诀》说："天行赤眼者，四时流行风热之毒，传染而成"。发病急且传染性强，往往是一人发病，迅即传染，广泛流行。症状是白睛红赤灼热，眵多粘结，每于晨起，睫毛与两睑胶封，发病轻重与受邪浅深以及体质强弱有关，邪不胜正者5～7日愈，正虚邪胜者2周而愈。治以疏风泄热解毒，方选驱风散热饮子。

邪热伏络白睛红赤和酒毒内蕴白睛红赤，两者皆发病缓慢且目赤不甚。邪热伏络目赤多因诸热性眼病失于调治，转变而成。或因经久冒涉风沙以及长期近火熏烟；或长期从事精微细致工作，目力过劳，以致热郁血滞而发病。以白睛淡红，表面赤脉纵横，虬蟠旋曲，长期不愈为主要特点。治宜搜热散瘀，方选退热散。酒毒内蕴目赤，必有长期嗜酒病史，酒毒内蕴，脾弱肝旺，湿热上行，两目渐渐黄赤。《张氏医通·目赤》："人有白睛渐渐黄赤者，皆为酒毒，脾经湿伤，肝胆邪火上溢肺经故也"。以两目逐渐黄赤，赤脉纵横不明显，且有嗜酒史为其特点。治以清热利湿，方选茵陈五苓散。

肝胆火盛白睛红赤和肝肾阴虚白睛红赤：两者皆因脏腑功能失调所致，但有虚实之别。肝胆火盛，火热上冲，双目受累，发为目赤。《诸病源候论·目病诸候》："凡人肝气通于目，言肝气有热，热冲于目，故令目赤"。以两目红赤胀痛，口苦咽干，性急善怒，胁肋作痛为其特点。治宜清肝泄胆，方选龙胆泻肝汤。肝藏血，肾藏精。肝血不足，肾精亏损，精血不能上承于目，加以虚火上炎，发为目赤。《素问·五脏生成》："肝受血而能视"。《灵枢·大惑论》："目者，五藏六腑之精也，营卫魂魄之所常营也，神气之所生也"。今肝肾阴虚，两目发病，以白睛淡红，疼痛不甚，时作时止，一年数发，兼见腰膝酸软，潮热盗汗等症为其特点。治以滋阴养血，清肝降火，方选十珍汤。

总之白睛红赤一症，首辨虚实，实者发病急，虚者发病慢。实者又当再辨外感、内伤。外感白睛红赤，传染以致流行者，为天行时邪白睛红赤。传染性较差，不致流行者，为一般外感风热。因肝火而白睛红赤者兼有里热证，外感则兼表热证。虚者以肝肾阴虚为多。若见虚实夹杂者，又当酌情治以攻补兼施。

【文献别录】

《银海指南·火》："目不因火则不病，白轮变赤，火乘肺也"。

《类证治裁·目症》："凡赤而肿当散湿热。赤而干痛当散火毒。赤而多泪当散风邪。赤而不痛当利小便"。

（邱德文）

588. 睑 弦 赤 烂

【概念】

睑弦赤烂，是指眼睑皮肤，或眼睑边缘，或两眦部睑弦及皮肤红赤糜烂而言。眼睑皮肤红赤称"风赤疮痍"；眼睑边缘红肿糜烂称"睑弦赤烂"或"眼弦赤烂"；两眦部睑弦及皮肤赤烂者称"眦帷赤烂"；若发于初生婴儿，则又名"胎风赤烂"。

本症始见于《诸病源候论》：称为"目赤烂眦候"。《世医得效方》分别称为"胎风赤烂"和"风赤疮疾"。《古今医统》称为"烂弦风睑"。《证治准绳》分证详细，有"风沿烂眼"、"风弦赤烂"、"迎风赤烂"、"眦赤烂"等名称。《银海精微》称为"风弦赤眼"。《医宗金鉴》称为"风赤疮痍"。名目虽多，其症则一。

【鉴别】

常见证候

湿热偏盛睑弦赤烂：主要临床症状为睑眩红肿溃烂，疼痛奇痒，怕光流泪，睫毛根部结痂，除了痂皮外，可见溃烂部分或小脓疱，舌红苔腻，脉弦滑。

郁火上冲睑弦赤烂：属"风赤疮痍"范畴。主要症状为眼睑皮肤刺痒灼热，红肿糜烂，红甚烂轻，色如丹涂，并有粘液脓汁溢出，腥臭胶粘。或结痂成块。或兼见目胀头痛，口苦胁胀，心烦易怒，舌红，脉弦数。

血虚受风睑弦赤烂：主要症状为眼睑干涩而痒，睫毛根部有皮屑附着，或眼睑皮肤增厚粗糙。多见于老年人，或身体衰弱者。

脾虚夹湿睑弦赤烂：症状为睑弦微红而痒，红轻烂重，糜烂胶着。或见白色鳞屑积聚睫毛周围，脘闷腹胀，嗳气时作，食少纳呆，舌胖嫩，苔腻，脉濡或弦滑。

鉴别分析

湿热偏盛睑弦赤烂与郁火上冲睑弦赤烂：二者皆属实证。湿热偏盛睑弦赤烂，多因脾胃内蕴湿热，湿热相搏，停聚胞睑而成。《银海精微·风弦赤眼》说："因脾土蕴积湿热，脾土衰不能化湿，故湿热之气相攻，传发于胞睑之间，致使羞明泪出，含在胞睑之内，此泪热毒，以致眼弦赤烂"。热盛则红赤而腐，湿盛则糜烂流液，湿热合邪则腐溃成脓。故红赤糜烂流泪、睑弦腐溃有脓为鉴别要点。治宜清热除湿，方选清风散，或三黄散。郁火上冲睑弦赤烂，多由劳心忧郁，气郁化火，郁火上冲所致。《审视瑶函·风沿》说："赤胜烂者，多于劳心忧郁忿悖，无形之火所伤"。气郁不舒，故见胸胁胀闷，郁火上冲则目胀头痛。气郁化火则见口苦舌红，脉弦数。局部则以红肿赤烂，红重烂轻，色如丹涂为其鉴别要点。治宜泻火解郁，方选加减四物汤，或丹栀逍遥散。

血虚受风睑弦赤烂与脾虚挟湿睑弦赤烂：二者皆属虚实夹杂证。血虚受风睑弦赤烂，因脾胃不足，血少脉虚，胞睑失荣，风邪乘虚而入，结于睑弦而成。血少则干涩，风胜则痒甚，风郁化火则弦赤灼痛，血虚风燥则皮脱成屑。本症以干涩痒甚，睑弦皮屑为其鉴别要点。治宜养血祛风，方选养血除风汤。脾虚夹湿睑弦赤烂多由饮食不节，或忧思伤脾，脾伤则运化失司，水液不行，停于胞睑，以致睑弦溃烂胶着。本症以红轻烂重，睫毛成束为其鉴别要点。治宜健脾渗湿，方选参苓白术散。

【文献别录】

《普济方·眼目门》："夫赤烂者，睑眦俱赤且烂，见风亦甚，又谓之风赤眼。此由冲冒风日，风热之气伤于睑眦，与津液相搏，故令赤烂也。迎风则作眼泪，出于热则伤烂眵多，治宜镇心平气，调洗睑肤，则清净之窍，自然明了矣。又云，眼赤烂者，皆是风热所生也。初患赤眼，经久不差，外则因风冷所伤，内则以肺脾积热，内外为疾，渐加成痒，故令目赤烂也。

《张皆春眼科证治·肉轮疾患》："睑弦赤烂一症的主因是风、湿、热，主症是痒、烂、赤。以痒、烂、赤各症的轻重来辨别受风、湿、热各邪的多寡。如痒重则风邪偏盛，烂重则湿邪偏盛，赤重则热邪偏盛。

（邱德文）

589. 目 干 涩

【概念】

目干涩，是指两目干燥少津，滞涩不爽，易感疲劳而言。

本症《灵枢》早有记载，命之曰"夺精"；《诸病源候论·目涩候》说："液竭者目涩"；《证治准绳》则称"干涩昏花"；《审视瑶函》有"白涩症"的名称，此外尚有"目枯涩"等异名。

目昏与目干涩虽然常常同时并见，但目昏是以视物不清，昏暗不明为主，目干涩是以目干燥少津，滞涩不爽为主，二者主病仍有一定区别，故目昏另列专节，不属本文讨论范围。

【鉴别】

常见证候

阴血亏虚目干涩：主要临床表现为目内干燥少津，滞涩不爽，视物易感疲劳，面色萎黄，爪甲色淡，失眠多梦，头晕耳鸣，咽干舌燥，或五心烦热，或腰痠遗精。舌淡或舌红，脉细数。

燥热伤津目干涩：目干燥作痒，目热且涩，干咳少痰，口鼻干燥，口渴欲饮，舌红少津，脉数。

鉴别分析

阴血亏虚目干涩：主要病因，一是读书用目太过，久视伤血；二是嗜酒恣欲，阴精亏损；三是悲哀哭泣，久而耗液；四是忧思伤脾，生化之源不足。以目干少津，滞涩不爽，视物疲劳为辨证要点，兼见咽干舌燥，失眠多梦，脉细数。治宜养血活血，滋补肝肾。方选四物五子丸。

燥热伤津目干涩：多由感受燥热之邪所致，燥应于肺，五行属金，金盛克木，目为肝窍，燥邪易乘。《银海指南·燥》说："目之白珠，肺也，燥则眵干作痒"。故以两目干涩热痒，口鼻干燥，口渴欲饮，干咳少痰为辨证要点。治宜清热润燥，方选清燥救肺汤。

【文献别录】

《灵枢·口问》："目者，宗脉之所聚也，上液之道也……故悲哀愁忧则心动，心动则五脏六腑皆摇，摇则宗脉感，宗脉感则液道开，液道开故泣涕出焉。液者，所以灌精濡空窍者也，故上液之道开则泣，泣不止则液竭，液竭则精不灌，精不灌则目无所见矣，故命曰夺精。"

《审视瑶函·白痛》："白涩症，不肿不赤，爽快不得，沙涩昏朦，名曰白涩，气分伏隐，脾肺湿热。"

（邱德文）

590. 白 睛 生 疮

【概念】

白睛生疮，是指白睛表面有形如玉粒的小泡样颗粒，隆起一个或数个，周围赤丝环绕，眼部隐涩不爽，畏光流泪而言。若小泡样颗粒生于风轮边缘，并有赤脉自气轮牵绊者，则称为"白膜侵睛"。

本症《证治准绳》称为"金疮"。此外还有"白睛粒起"等异名。

【鉴别】

常见证候

风热犯肺白睛生疮：症见白睛泡样颗粒隆起，部位不定，此起彼伏，周围赤丝环绕，目赤痒痛，热泪如汤，眵多难睁，口渴，舌红苔微黄，脉浮数。

心火上乘白睛生疮：症状是白睛小泡样颗粒，多在接近眦部或两眦睑裂部风轮边缘上，目赤涩痛，舌尖红，脉数。

脾胃湿热白睛生疮：白睛小泡样颗粒，部位不固定。患眼眦部或睑弦潮热糜烂，头重体倦，胸闷不舒，舌红苔腻，脉濡数。

脾胃虚寒白睛生疮：白睛小泡样颗粒不固定，周围赤丝不多，兼见胃脘满闷，脘腹隐痛，便溏乏力，舌淡苔白，脉沉细无力。

鉴别分析

风热犯肺白睛生疮与心火上乘白睛生疮：二者同是实热证。前者多由风热之邪，入内犯肺，肺火亢盛，滞结而成。风胜则目痒且痛；热盛则目赤多眵，热泪如汤。脉象浮数。以目赤涩痛，眵泪并作为辨证要点。治宜疏风清热，方选九仙散加减，或桑白皮汤加减。心火上乘白睛生疮，多因邪热入里，心经受邪，久而化火，火邪郁滞，心火上乘。或因情志抑郁，化火生痰，痰火上扰，滞结而成。两眦属心，心火上乘，故白睛小泡样颗粒集聚于两眦部；热盛则白睛红肿热痛，泪热多眵，兼见心烦；舌为心之苗，故舌尖红，甚则口舌糜烂。脉数为有热。治宜清心泻火，方选洗心散。

脾胃湿热白睛生疬与脾胃虚寒白睛生疬：二者虽同属脾胃两经病变，但有虚实寒热的不同。前者多因饮食失节，或思虑太过，脾胃受损，运化失司，水湿内蕴，复感热邪，或湿郁生热，湿热搏结所致。湿热为病，则白睛生疬且有睑眦潮红湿烂，不思饮食，头重体倦为辨证要点。苔腻、脉濡数。治宜清热利湿，方选茵陈五苓散，适当加入活血破瘀散结之品。脾胃虚寒白睛生疬，多由饮食生冷肥甘，或过用寒凉药物，或久病失养，或小儿平素脾胃虚弱，运化失调，寒邪上注郁滞而成。以白睛淡赤，颗粒细小，肢冷乏力，尿清便溏为辨证要点。兼见胃脘满闷，苔白腻，脉沉细无力。治宜温中散寒，方选温中健脾汤。

【文献别录】

《审视瑶函·目疣》："金疬症，此症初起与玉粒相似，至大方变出祸患，生于脾内，必碍珠涩痛以生障翳。生于气轮者则有珠痛泪流之苦……久而失治，违戒反触者，有变漏之患矣。"

（邱德文）

591. 白睛鱼胞

【概念】

白睛鱼胞是指眼珠白睛隆起、不赤不紫，或呈白色，形若鱼腹之胞而得名。

本症首见于《证治准绳》称"状如鱼胞证"，《张氏医通》写为"状如鱼胗"，《目经大成》称为"气胀"。

另有白睛"形如虾座"症，亦为白睛胀起，但其色带赤，《证治准绳·七窍门》谓："因瘀滞已甚，血胀无所从出，遂致壅起气轮，状如虾座，甚则吐出脾外者，病尤急，非比鱼胞气分之可缓者。"应予区别。

【鉴别】

常见证候

肺经风热鱼胞：白睛半边或全部隆起，一般呈白色，有轻度磨痒碜涩感，可伴恶风咳嗽，舌苔白腻，脉濡数。

肺火上炎鱼胞：白睛肿胀壅起，色红，伴有赤脉爬行，甚则遮盖黑睛，突出珠外，眼睑难开，痒涩刺痛，眵泪较多，伴有口干咽燥，大便秘结，舌苔黄腻，脉数。

阴虚内热鱼胞：白睛部分或全部隆起，但努胀不甚，色呈淡红，有轻度灼热感，眵少不结，心烦少寐，口舌生疮，舌红少苔，脉细数。

气虚下陷鱼胞：白睛壅起，不红不紫，如鱼腹中之白胞，眼睫无力，常欲垂闭，不耐久视，久视则痠疼，面色㿠白，神疲乏力，食少纳呆，舌淡，脉细弱。

鉴别分析

肺经风热鱼胞与肺火上炎鱼胞：病均在肺，肺主白睛，故症见白睛隆起。但一为风热客肺，风甚于热，其性轻扬，故白睛隆起，色白而不努胀，伴恶风咳嗽；一为肺火内蕴，火热上炎，故白睛红赤、努胀、壅肿、涩痛，伴有丝脉爬行，眵泪较多，口干咽燥，大便秘结。前者治宜疏风泄肺，方用桑菊饮；后者治宜清肺泻火，方用泻肺汤，或玄参饮，外用洗眼青皮汤。

阴虚内热鱼胞与气虚下陷鱼胞：均属虚证。但一为肝肾阴亏，水不制火，虚火上乘于肺，故白睛隆起不甚，其色淡红，有轻度灼热感。伴口舌生疮，心烦少寐，病在阴分。一为脾气虚陷，土不生金，清阳失展，故白睛壅起而不努胀，色不红赤，眼睑无力，常欲垂闭，伴面色㿠白，神疲乏力，病在气分。前者治宜滋阴清热，方用六味地黄汤，合四物汤，加连翘、赤芍等。后者治宜益气升阳，佐以活血，方用四君子汤，合助阳活血汤。

　　白睛鱼胞之症，病本在肺，外现于白睛，有虚实之分。实者乃系风热犯肺与肺火上炎。虚者则为肝肾阴亏，肺受火烁，与脾虚气陷，土不生金。临床宜审察虚实，辨证论治。

【文献别录】

　　《张氏医通》："状如鱼脬证：气轮努胀，不紫不赤，状如鱼脬，乃气分之证，金火相搏所致，不用开导，惟以清凉自消，泻肺汤。若微红及赤脉者，略略于上睥开之。若头痛泪热，及内燥而赤脉多者，防有变证，宜早导之，庶无后患。"

（高健生）

592. 白睛溢血

【概念】

　　白睛溢血是指球结膜下小血管破裂引起的出血，其色鲜红，呈片点状，边界清楚，状似胭脂涂抹。故《证治准绳·杂病》曰："不论上下左右，但见一点或一片红血，状似胭脂涂抹者是也。"《审视瑶函》、《眼科金镜》均称为"色似胭脂症"。《眼科抄本》（著者不详）名"血逆眼"。近代《中医眼科学》简称"白睛溢血"。

　　本症由鲜红而转紫暗，再变黄褐色，大小与部位均不一致，以后消失，不留痕迹，眼部余无不适，偶见眼胀、眼涩，2周内多能吸收。《审视瑶函》将本症包括在"目赤"篇。根据临床观察，"天行赤眼"、"暴风客热"、"血灌瞳神"、"赤脉贯睛"、"抱轮红赤"、"目生星翳"、"黄液上冲"等，虽均见目赤，但眼部都有不同程度的畏光、流泪、疼痛等症状。此外，小儿顿咳、妇女逆经，常可引起"白睛溢血"，均属其它眼病（同时表现儿科、妇科病症）所致，应予区别，另有专条，不属本文讨论范围。

【鉴别】

常见证候

　　风热犯肺白睛溢血：白睛溢血，咳嗽胸痛，咯痰黄稠，口渴引饮，发热头痛，微恶风寒，汗出，兼见咽痛，大便干燥，舌尖红，脉浮数。

　　风寒袭肺白睛溢血：白睛溢血，咳嗽胸闷，咯痰清稀，恶寒发热无汗，头身疼痛，舌苔薄白，脉浮紧。

　　燥热伤肺白睛溢血：白睛溢血，双眼干涩，头痛身热，周身酸楚，口渴咽干，干咳无痰，或痰少而粘，舌尖红，脉浮细而数。

　　肝火上炎白睛溢血：白睛溢血，头痛目胀，面红眩晕，口苦耳鸣，胸胁刺痛，烦躁易怒，尿黄，舌红苔黄、脉弦数。多见于高血压患者。

　　阴虚火旺白睛溢血：白睛溢血，神烦少眠，口干喜饮，舌红，脉数。

撞击外伤白睛溢血：白睛溢血，头痛眼胀，舌稍红，苔薄白，脉弦带数。

鉴别分析

风热犯肺白睛溢血，与风寒袭肺白睛溢血：两者皆因风邪外侵，内合于肺，肺气不清，滞而成患。但寒热属性各异，病因病机不同。风热犯肺是由于风热之邪外侵皮毛，内合于肺，热盛气壅，故咳嗽胸痛；热迫血溢伴有发热头痛，汗出；热盛伤津故口渴引饮；津灼成痰，痰热交阻而咯痰黄稠，咽痛；肺与大肠相表里，热移大肠则大便干燥，努责而出，用力过猛，脉络破损。舌尖红，脉浮数均为表热证。风寒袭肺是由于风寒之邪外袭皮毛，内合于肺，肺失宣降，水津不能通调输布，脉络受阻，血不循经而溢络外，伴有咳嗽胸闷，咯痰清稀。风寒外束，肺卫郁闭，故恶寒发热，无汗，头身疼痛。舌苔薄白，脉浮紧均为表寒证。以上二证当以白睛溢血多少，形态以及痰的性状和外证表现为辨证要点。风热犯肺症见白睛大片出血伴有少数点状出血，咳嗽胸痛，咯痰黄稠，伴有发热，汗出，脉浮数等风热表证。风寒袭肺则症见白睛小片出血，咳嗽胸闷，咯痰清稀，伴有发热无汗，脉浮紧等风寒表证。风热犯肺治宜疏风清热，宣肺止咳，方选桑菊饮，酌加桃仁、红花等活血破瘀之品，促其溢血吸收。或用退赤散亦可。风寒袭肺治宜辛温解表，宣肺止咳，方选华盖散，酌加当归尾、赤芍等活血散瘀之品。临证必须审证求因，分清寒热，辨证论治，收效较快。

燥热伤肺白睛溢血：这是燥邪与热邪相合，侵袭肌表，故又称温燥证。由于燥邪和热邪均伤津液，肺燥络伤，热迫血溢。其辨证要点为白睛斑点状溢血，大小不一，伴有口渴咽干，舌少津液。肺燥津伤，而干咳无痰，或痰少而稠。邪入肌表，故头痛身热，周身痠楚，舌尖红，苔薄白而少津，脉浮数。治宜清肺润燥，方选桑杏汤，或沙参麦冬汤加减。酌加生地、玄参、丹皮、红花等凉血止血，活血破瘀之品。标本兼顾、每获良效。

肝火上炎白睛溢血与阴虚火旺白睛溢血：二者均由于火热为患，火性上炎，迫血妄行，邪害空窍。但病因病机不同，症状各异。肝主怒，暴怒伤肝，肝有郁热，久而化火，肝火上炎，迫血妄行，辨证要点为白睛大片溢血，伴有面红眩晕，头痛目胀，口苦耳鸣，烦躁易怒，多见于高血压患者。治宜清肝泻火，少佐平肝潜阳，凉血散瘀，方选龙胆泻肝汤，酌加石决明、槐花、参三七粉（另包分吞）。阴虚火旺白睛溢血，常因竭视苦思，心神过劳，心阴不足，阴虚火动，心火上炎，百脉沸腾，血热妄行，邪害空窍，其辨证要点为白睛斑点状溢血。阴虚则生里热，热盛复伤阴津，致白睛反复溢血；心火内盛，扰及神明，则神烦少眠；津伤则口干喜饮，舌红脉数，多见于脑力劳动者。心与小肠相表里，心火内盛，热移小肠，故小便短赤而灼热涩痛。治宜清泻心火，方选导赤散加白茅根，或滋阴降火汤以清热泻火，活血破瘀。

撞击外伤白睛溢血：本症包括眼部撞击外伤（即眼挫伤）、针刺球后、睛明穴过深而脉络破损所致。此外，连续呕恶，酗酒过度，均可导致脉络破损而血溢络外。其辨证要点为，轻则白睛大片溢血，重则白睛全部赤如血贯。更因血瘀气滞，外邪每易乘虚而侵，常伴有头痛，眼胀。治宜养血活血，祛风止痛，方选除风益损汤加减，熟地易生地凉血止血，白芍易赤芍活血行瘀。如白睛溢血由鲜红而变紫暗者，改用养血活血，破瘀通络，方选桃红四物汤加干地龙。

【文献别录】

《目经大成·瘀血灌睛》："又白睛不论上下左右现一片几点绝似红炭朱霞，过一夕色浊转青紫，片点亦加大，此血热妄行，客寄肺膜间，有因咳起者，皆气不宁谧之故。"

（韦玉英）

593. 赤脉传睛

【概念】

赤脉传睛是指赤脉从大眦或小眦起始，横贯白睛之症。

《秘传眼科龙木论》有"小眦赤脉外障"的记载，《银海精微》等书则分为"大眦赤脉传睛"和"小眦赤脉传睛"两种。

本症必须是赤脉基始于两眦部方能确诊，若赤脉从他处起始，虬蟠缠绕者，称"赤丝虬脉"，如从眦部生长出大片红肉，横贯白睛，状如蝇翅者，称"胬肉"。均不属本条讨论范围。

【鉴别】

常见证候

心火赤脉传睛：赤脉从一眦或两眦起始，横贯白睛，血脉粗大深红，痒涩刺痛，眵多干结，头痛烦热，口干而渴，舌红少苔，脉数。

阴虚火旺赤脉传睛：赤脉从一眦或二眦发生，白睛淡红，丝脉细小，刺痒轻微，眵少而不结，双目干涩，头晕目眩，舌红无苔，脉细数。

阴精亏损赤脉传睛：眦部赤脉细小，白睛淡红，双目干涩昏花，耳鸣耳聋，腰膝痠软，遗精早泄，舌红少苔，脉细无力。

鉴别分析

心火赤脉传睛与阴虚火旺赤脉传睛：二者皆因"火"邪为病，但有虚实之分。前者乃心经实火，上乘目窍所致。心主血，二眦属血轮，内应于心，心火燔灼，故赤脉粗大深红，痒涩刺痛，眵多干结。兼见头痛面赤，烦热口渴，舌红少苔，脉细数。治宜清心泻火，方用泻心汤，溲赤心烦者，合导赤散化裁。后者为阴虚水不济火，虚火上扰，故目眦红赤不甚，赤脉细小如丝，眵少而不结。兼见头晕目眩，双眼干涩，心悸怔忡，心烦不寐，舌红无苔，脉细数。治宜滋阴降火，方用知柏地黄丸；心悸怔忡，心烦不寐者，合得效补心丹。

肾精亏损赤脉传睛：多由房事不节，劳伤心肾，精亏液耗，目乏滋养所致。症见赤脉微细，干涩昏花，兼伴耳鸣耳聋，腰膝痠软，遗精早泄，舌红，脉虚无力。治宜补肾填精，方用驻景丸。

赤脉传睛总由"火"致，但应分虚实。辨证要点：心经实火内炎，以赤脉粗大，眦部红赤，刺痛痒涩为凭；阴虚水不济火，虚火上炎，以赤脉细小，色淡红，目干涩为准；肾精亏损，则以眦部赤脉稀疏，无刺痒疼痛，惟干涩昏花为依据。

【文献别录】

《医宗金鉴·眼科心法要诀》："眦赤之证，赤脉起于大眦者，心经之实火也；赤脉起于小眦者，心经之虚热也。实者用洗心散，两解其邪；虚者用九仙散，清降其虚热也。"

（高健生）

594. 赤 膜 下 垂

【概念】

赤膜下垂是指黑睛上缘有细小血丝，渐渐长成赤膜，向下延伸，掩及瞳人，甚至遮盖黑睛的症状。

本症初起赤脉从白睛沿黑睛上缘垂贯而下，稀疏细小者，称"赤脉下垂"（《眼科菁华录》），继而赤脉增多，变厚成膜者，称"赤膜下垂"。在《秘传眼科龙木论》中则称"眼赤膜下垂外障"，因其状如垂帘，又有名为"垂帘翳"、"垂帘膜"者。日久赤膜增厚，犹似赤肉，从四周侵入，遮满黑睛，称"血翳包睛"（《银海精微》）。因此，本条将"赤膜下垂"和"血翳包睛"合并讨论。

【鉴别】

常见证候

脾肺积热赤膜下垂：胞睑内面粟疮、椒疮丛生，白睛红丝赤脉，垂贯黑睛上际，痒涩赤疼，眵稠而黄，口苦咽干，大便干燥，舌苔黄腻，脉滑数。

肝肺风热赤膜下垂：白睛红赤，赤脉丛生，簇集肥厚为膜，累及黑睛上部，沙涩刺痒，灼热流泪，怕热羞明，眵多，舌苔薄黄，脉弦数。

肝胆火热赤膜下垂：黑睛上缘，丝脉红赤，粗大成膜，丝脉尽头生星翳，色灰白而凹陷，或如新月，甚则如筋结赤肉之血翳，包裹黑睛，遮蔽瞳神，眦角紧小，不能睁眼，头痛面赤，烦躁易怒，口干便结，舌红苔黄糙，脉弦数。

鉴别分析

脾肺积热赤膜下垂：多为饮食不节，过食辛辣厚味，脾胃积热。胞睑属脾，白睛属肺，脾热熏蒸肺络，故胞睑内粟疮丛生，椒疮连片，磨癫睛珠，致白睛赤脉，垂贯黑睛上部，目痒涩赤痛而眵黄。津液被灼，故口苦咽干，大便干燥，舌红苔黄腻，脉滑数。治宜清泄脾肺热邪，方选大黄当归散，待积热轻减，再予育阴清热，方选生地黄散，以善其后。

肝肺风热赤膜下垂：多为外感风热犯肺，肺失宣肃，邪热恋肺所致。白睛属肺，肺热上扰，故白睛红赤，目涩刺痛，眵多，黑睛属肝，肺经蕴热，侵袭肝络，故赤脉下垂，簇集为膜，漫涎黑睛。甚至目痛流泪，怕热羞明之症更显；舌苔薄黄，脉弦数。治宜清肺泄热，凉肝退翳，方选归芍红花散加减。

肝肺风热赤膜下垂与脾肺积热赤膜下垂：均属实热证，热邪上蒸，伤害白睛肺络所致。前者为肺热影响肝络，故白睛赤丝累及黑睛，后者为脾热影响肺络，故胞睑粟疮累及白睛，白睛赤脉下贯黑睛。

肝胆火热赤膜下垂：多因七情郁结，忿怒伤肝，肝胆火炽，上犯清窍，目睛受损，故赤涩羞明，赤脉粗大，赤膜肥厚。火犯黑睛，故丝脉尽头生星翳，色灰白而凹陷，或如新月；甚至如筋结赤肉，包裹黑睛，遮蔽瞳神；肝胆火灼，血不养筋，故眦角紧小，不能睁眼；肝火内扰，故头痛面赤，烦躁易怒，口干便结，舌红，苔黄糙，脉弦数。由于肝胆实火为患，其痛势较前二证更为急重。治宜清肝泻火，凉血和络，方选龙胆泻肝汤，或泻心汤加龙胆草、炒山栀、归尾、红花、丹皮之类。

赤膜下垂之症，临床多见火热之邪上犯目睛，白睛赤丝成膜，下垂至黑睛，故与肺、脾、肝三脏关系密切，治疗当以清肝泻火为主，并结合症情，兼泄肺、脾积热，才能奏效。

【文献别录】

《张氏医通·七窍门》："血翳包睛证：此乃心经发热，肝虚受邪，致令眼赤肿痛泪出，常时举发，久则赤筋结厚，遮满乌睛，服泻心火破血凉肝之剂。痛时用破血药，兼硝黄下之。"

《张氏医通·七窍门》："赤膜下垂证：初起甚薄，次后甚大，有赤脉贯白轮而下，乌珠上半边近白际起障一片，仍有赤丝牵绊，障大丝粗，虬赤泪涩，珠疼头痛者，病急而有变，丝细少，色微赤，珠不疼，头不痛者，缓而未变。……若障上有丝及星生于丝梢，皆是退迟之病，翳薄细，丝赤不甚者，只用善逐之，甚者不得已而开导之。……轻者消散，重者开导，此定法也。内服神消散去二蜕，加皂荚、石决明。外点绛雪膏。次用皂荚丸。"

（高健生）

595. 胬 肉 攀 睛

【概念】

胬肉攀睛是指眼眦部长出大片红肉，其状如蝇翅，横贯白睛，向黑睛攀入，甚则遮盖瞳神的症状。

《诸病源候论》中有"目肤翳"、"目肤翳复瞳子"的记载。《秘传眼科龙木论》称"胬肉侵睛外障"。《证治准绳》还有"马蝗积"、"肺瘀"之说，均属本症的范畴。

另"流金凌木"症，亦为白睛侵入黑睛，状似胬肉攀睛，如《目经大成》所说："此症目无甚大弊，但三处二处，似膜非脂，从气轮（属肺金）而蚀风轮（属肝木），故曰流金凌木，状似胬肉攀睛，然色白而薄，位且不定"，应予区别。

【鉴别】

常见证候

肺经蕴热胬肉：胬肉始于眦部，贯穿气轮，呈黄脂或赤脉数条，状如蝇翅，渐攀向黑睛，有轻度涩痒感，伴咳嗽痰稠，舌苔薄黄，脉数。

心火炽盛胬肉：眦部红赤，胬肉阔厚，头体红赤，痒涩刺痛，伴口渴心烦，少寐，溲赤便秘，舌尖红，苔薄，脉细数。

肝经火盛胬肉：胬肉如黄油，渐大增厚，赤瘀努起，如肉堆积，色赤若朱，干涩刺痛，伴胁痛口苦，大便干燥，舌红苔黄，脉弦带数。

脾胃湿热胬肉：胬肉色红，生长迅速，头尖而薄，中间高厚，若马蝗堆积，横卧于中，四周赤脉围绕，伴腹胀满，大便秘结，舌苔黄腻，脉弦滑。

肾经虚火胬肉：胬肉色淡红，时轻时重，腰膝痠软，五心烦热，舌红少苔，脉细弦或弦数。

术后屡发胬肉：胬肉割除后，反复发作，胬肉生长迅速，堆积高低不平，牵扯睛珠，转动受限，甚者胬肉收缩，将眼珠牵向病侧，舌淡，脉细弱无力。

鉴别分析

肺经蕴热胬肉：多因邪热犯肺，肺经蕴热，灼伤津液，津液无以上承头目，故起胬肉。热蕴于肺，邪至上焦，故胬肉色淡，目涩痒较轻；肺失宣肃，故咳嗽痰稠。治宜清热泻肺，方选除风汤或清肺饮加减。

心火炽盛胬肉：多因五志过极，劳心竭思，心火暴甚而上炎，消烁津液，目失所养，故胬肉骤起，两目赤痛；心火内炽，心神被扰，故口渴心烦，少寐；心移热于小肠，故溲赤；热灼津液，肠液干涸而便秘。治宜清心泻火，方选泻心汤合导赤散加减，或定心丸加黄连、山栀、黄芩、木通、生地。

肺经蕴热胬肉与心火炽盛胬肉：二者均属热证，一在肺经，病邪尚轻，故胬肉色淡，痒涩亦轻。一在心经，心火暴盛，病邪较重，发病较急速，故胬肉瘀胀，两目红赤，痒涩刺痛。前者可有肺热咳嗽，其治宜清泻肺热；后者伴有心烦口渴少寐，其治宜清泻心火。

肝经火盛胬肉：多因肝郁化火，肝火上凌，目窍受害，故胬肉赤瘀，肉厚胀起，痒涩刺痛。肝主疏泄，肝经郁滞，故胁痛口苦；肝阳上亢，故头晕目眩；火热内盛，故大便干燥。治宜清肝泻火，方选栀子胜奇散加减。

肝经火盛胬肉与心火炽盛胬肉：二者目赤刺痛，胬肉瘀胀相同，但一为肝火，而见胁痛口苦，脉弦数；一为心火，而见心烦少寐，溲赤，脉细数。以此为辨。

脾胃湿热胬肉：多因饮食不节，嗜食辛辣，醇酒厚味，脾胃湿热内蕴，湿热熏蒸，目睛被害，故胬肉阔厚，尖端隆起，遮掩瞳神。中焦湿热结聚，故腹胀满；热结胃腑，腑气不通，故大便秘结。治宜泻脾通腑，佐以化湿，方选泻脾除热饮加茯苓、泽泻等。

脾胃湿热胬肉的特点是伴有脾胃湿热蕴结，腹胀满，便秘，舌苔黄腻，脉弦滑等症，不难与其他证候相鉴别。

肾经虚火胬肉：多因素体阴虚，或房事不节，以致肾阴不足，水不制火，虚火内烁，目窍受害，胬肉渐生，故色红而淡。肾虚则腰府空虚，故腰膝痠软，阴虚则生内热，故五心烦热；肾虚津亏，故口干。治宜滋补肾阴而降虚火，方选知柏地黄丸加减。

肾经虚火胬肉与心火炽盛胬肉有虚实之异。前者属虚火证，病变在肾，后者属实火证，病变在心，应结合兼症辨审。

术后复发胬肉：多因手术割治后，正气不足，心火、肝火、脾胃湿热等病因未除，正虚邪盛，故胬肉割去复生。屡经手术，胬肉牵强收缩，眼珠活动受限而牵向病侧。病累日久，气血损伤，故可见舌淡，脉细弱，治宜补益气血，方选八珍汤加减，待正气渐复，再图治策。

胬肉攀睛一症，主要是火热内盛，阴津亏损，以致目失滋荣，邪热为害，症情较复杂，临床当按五脏辨证，审因论治。

【文献别录】

《目经大成·胬肉攀睛》："胬肉有尖头齐头二种，齐头浮于风轮，易割易平复，全好迹象都无。尖头深深蚀入神珠，大难下手，且分明割去，明日依然在上，非三五日回不能净尽。及瘥，其瘢痕至年久始没。但所有昏蒙赤涩眵泪等病，胬肉去不复再见。倘弗慎口节欲，劳心劳力，到老难免斯疾。"

（高健生）

596. 轮 上 赤 豆

【概念】

轮上赤豆是指白睛表层有痘状疱疹突起，推之可移，或黑睛边缘有豆状疱疹，周围有赤脉环绕或赤脉成束，色红如赤豆而得名。常发于素体虚弱之小儿

《证治准绳·七窍门》称"轮上一颗如赤豆证"。近代医书则称为"风轮赤豆"。另"火疳"证，亦生于白睛，但在里层，推之不能移动。可以鉴别。如《证治准绳·七窍门》说："若白轮有红颗而胀急涩痛者有变，而急痛连内，而根深接内者，火疳也。"

【鉴别】

常见证候

肺经燥热轮上赤豆：白睛表层有灰红色疱疹隆起，推之可移，四周有赤脉环绕，小疱疹可自行消退或溃破，伴有轻度畏光或眵泪，舌红少津、脉数。

肺肝郁热轮上赤豆：白黑睛交界处，有淡红色疱疹突起，赤脉围绕，畏光流泪，灼涩疼痛，舌红苔微黄，脉弦而数。

肝经火旺轮上赤豆：黑睛边际疱疹隆起，溃破后渐向黑睛中央蔓行，并有赤脉成束追随，状如彗星，或缠绕如赤豆，高度羞明，患儿常以手遮目，或欲躲藏暗处，闭塞户牖，疼痛流泪较重，舌红，脉弦数。

阴虚火炎轮上赤豆：白睛或黑睛疱疹隆起，疼痛怕光轻微，病延日久不愈，或反复发作，赤脉隐现，口干咽燥，舌红苔少，脉细数。

气虚肝热轮上赤豆：白睛或黑睛上疱疹隆起，时发时愈，羞明怕热，食少神疲，烦躁不宁，舌淡红，脉濡数。

脾虚兼痰轮上赤豆：白睛或黑睛上疱疹，反复发作，面色㿠白，颈部痰核累累，舌润苔白，脉濡滑。

鉴别分析

肺经燥热轮上赤豆与肺肝郁热轮上赤豆：前者多由肺经燥热熏灼，白睛属肺，热燥于上，故白睛外层出现灰红色疱疹，状如赤豆，推之可随白膜移动，压之不痛，周围赤脉环抱，轻度眵泪，治宜清肺泄热，凉血散瘀，方用桑白皮汤，加丹皮、赤芍、生地；后者多由肺肝得病，郁热上腾。黑睛属肝，故黑白睛交界处疱疹隆起如赤豆状。赤脉从白睛侧包绕，红赤偏重于气轮一边，治宜清肝泻肺，方用桑白皮汤加草决明、夏枯草、青葙子等。

肝经火旺轮上赤豆与阴虚火炎轮上赤豆：均由火邪炎蒸，故黑睛边际疱疹隆起，溃破后向中央侵延，伴有束状赤脉随行，是其共同点。如《证治准绳·七窍门》说："气轮有赤脉灌注，直落风轮，风轮上有颗积起，色红，初如赤小豆，次后积大"。但两者虚实各异。肝经实火者，疼痛难忍，高度羞明，热泪如汤，舌红，脉实而数。治宜清泄肝胆，方用龙胆泻肝汤，加桃仁、红花、泽兰、丹皮；阴虚火炎者，病延日久，或反复发作，赤脉隐现，羞明流泪不甚，疼痛轻微，舌红苔少，脉细数。治宜滋阴降火，方用知柏地黄汤，或养阴清肺汤，去薄荷，加茺蔚子、蝉衣、谷精草。

气虚肝热轮上赤豆与脾虚挟痰轮上赤豆：均属虚中挟实。一为气虚阳浮，肝经郁

热，一为脾虚不运，痰湿上壅，故白睛或黑睛上疱疹反复发作为其共同点，但前者热郁于肝，因而烦躁不宁，夜寐不安。治宜益气和中，清肝泄热，方用异功散，加白芍、夏枯草、胡黄连、草决明。后者湿聚为痰，凝阻络脉，因而颈部、颌下出现痰核。治宜健脾化痰，行气和营，方用香贝养营汤。

轮上赤豆一症，为小儿常见症，麻疹、热病后，气阴俱伤，最易罹患。可发生于气轮白膜，或黑睛之上。实证多与肝肺二经郁热有关；虚证多因脾虚气弱，或病久伤阴所致。病在白睛，邪浅症轻而缓；病在黑睛，邪深症重而剧。轻者易治，亦可自行消退，或溃破后得愈，不留形迹；重者疱疹较大，亦涩疼痛，羞明流泪，溃破如疮，愈合每留翳膜。

【文献别录】

《张氏医通》："轮上一颗如赤豆证：气轮有赤脉灌注，风轮上有颗积色红，内有瘀血之故，急宜开导，血渐通，颗亦渐消，然至此十有九损。若白珠上独有颗鲜血者，亦是瘀滞，上下无丝脉接贯者，吹点自消。若有贯接者，必络中有血灌来，向所来之处寻看，量轻重导之。"

（高健生）

597. 抱 轮 红

【概念】

抱轮红是指绕黑睛周围的白睛红赤，赤环如带，故而得名。

本症见于元代的《原机启微》，但在宋《直指方》中已有"乌轮赤晕"的记载。

【鉴别】

常见证候

肝胆火盛抱轮红：黑睛周围的白睛红赤如环，瞳神紧小，触痛拒按，羞明流泪，怕热喜凉，视力有不同程度下降，头晕目眩，口苦咽干，烦躁易怒，舌质红，苔黄，脉弦数。

脾胃实热抱轮红：黑睛周围抱轮红赤，前房下方黄脓上涌，疼痛流泪，羞明怕热，喜凉拒按，口干欲饮，大便干燥，舌红苔黄腻，脉滑数。

气虚风胜抱轮红：黑睛周围抱轮隐隐淡红，稍有羞明，疼痛不甚，病延日久，时轻时重，眼睑无力，常欲垂闭，舌质淡，苔白，脉虚细。

鉴别分析

肝胆火盛抱轮红：多由肝胆之火，上炎犯肺。故临床表现为白睛抱轮红赤，赤环如带，甚则白睛壅肿。热闭血滞于黑白睛之间，故疼痛拒按。里热炽盛，故兼有怕热喜凉，口苦咽干，烦躁易怒，舌质红，苔黄，脉弦数等症。《仁斋直指方》说："乌轮赤晕，刺痛浮浆，此肝热也。"治宜疏风清热，佐以散瘀，方用东垣救苦汤。

脾胃实热抱轮红：多由过食辛辣炙煿，脾胃积热上冲。故临床表现为黑睛与白睛之间，抱轮红赤，怕热喜凉，疼痛拒按。热邪蒸灼黄仁、神水、神膏，脓自黑睛下际向上漫延，甚则掩及瞳神。兼见口干欲饮，大便干燥等症。治宜泄热润燥，方用通脾泻胃汤。

气虚风胜抱轮红：多由形体劳累，七情忧思，房事不节，耗伤元气，或目病过服凉药，阳气抑遏，复感风邪。故临床表现为黑睛周围隐隐淡红，与实热之红赤如环不同。目珠痠胀微痛，亦与实热触痛拒按有异。气虚清阳不升，故眼睫无力，眼睑常欲垂闭。治宜益气扶正祛风升阳，方用助阳和血汤。风从热化，可配合黄连羊肝丸。

抱轮红一症，有虚实之分。实者多由于热，其特点为抱轮红赤，甚则白睛全红，怕热羞明，疼痛难忍，喜冷拒按，热泪时下。若因肝胆火盛，必见口苦咽干，烦躁易怒，头晕目眩；如由脾胃实热，常伴口干欲饮，大便干燥，黄液上冲。虚证者每由于素体气虚，复感风邪，故抱轮隐隐淡红，目珠痠胀微痛，而无实热之象，脉来虚细。当可鉴别。

【文献别录】

《原机启微》："心火乘金水衰反制之病：……有白睛微青色，黑睛稍带白色，白黑之间，赤环如带，谓之抱轮红者。此邪火乘金，水衰反制之病也。此病或因目病已久，抑郁不舒。或因目病误服寒凉药过多。或因目病时内多房劳。皆能内伤元气，元气一虚，心火亢盛，故火能克金。金乃手太阴肺，白睛属肺。水乃足少阴肾，黑睛属肾。水本克火，水衰不能克，反受火制，故视物不明，昏如雾露中。或睛珠高低不平，其色如死，甚不光泽，赤带抱轮而红也。……镇坠心火、滋益肾水、荣养元气，自然获愈也。"

（高健生）

598. 黑 睛 星 翳

【概念】

目生星翳是指黑睛上出现细小星点，渐成翳障的症状。

早在《神农本草经》中已有用秦皮等药治疗目翳的记载。《诸病源候论》称："目内有丁"，《秘传眼科龙木论》则称"钉翳根深外障"，"暴赤眼后急生翳外障"，"花翳白陷外障"。《证治准绳·七窍门》对星翳的阐述较为详细，补充了"银星独见"、"聚星障"、"疑脂翳"诸症。

"目生星翳"与"目生云翳"常易混同，"星翳"浮嫩或下陷，兼有疼痛羞明流泪；而"云翳"则表面平滑，无疼痛羞明之苦，应予区别。

【鉴别】

常见证候

肝经风热星翳：黑睛出现星翳，色呈青白，初起略隆起，继则溃破凹陷，微痛而羞明流泪，舌苔薄黄，脉弦带数。

热毒壅盛星翳：黑睛起细颗星翳，其色灰白或微黄，边缘不清，中央凹陷，或齐起，或先后次第相生，或满睛皆是，或聚或散，或如丝缕树枝，或联缀成片，上有黄膜，状如凝脂，症情发展，黑睛可溃破成蟹睛突出，伴有疼痛羞明，热泪如汤，舌质红，苔黄，脉弦滑数。

肾阴亏损星翳：星翳内陷，红赤隐涩，羞明轻微，无明显疼痛流泪，头晕目眩，腰膝痠软，梦遗滑泄，舌红苔少，脉细数。

气血两虚星翳：星翳凹陷，红赤疼痛，羞明流泪均较轻，形体虚弱，面色㿠白，少气懒言，舌淡苔薄，脉细弱。

鉴别分析

肝经风热星翳与热毒壅盛星翳：黑睛属肝，邪热循肝经上烁，则黑睛星翳。但肝经风热，为肝有积热，外感风邪，风与热相搏，上攻于目，故星翳细小，色呈青白，初起微隆起，继而溃破浮嫩，羞明流泪，治宜疏风清热，消翳明目。方用蝉花散，加白蒺藜、谷精草。若星翳经久不退，可采取阿魏搐鼻法。热毒壅盛，为热毒火邪互结，充斥三焦，故星翳或团聚，或弥散，或如丝缕树枝，或如凝脂，形大色黄，极度疼痛羞明流泪，甚则黄液上冲，黑睛溃破，而成蟹睛突出。治宜清热泻火，凉血解毒，方用四顺清凉饮子，或红肿翳障方。

肾阴亏损星翳与气血两虚星翳：均属风轮星点翳障久延不愈。星翳凹陷，羞明流泪疼痛轻微。但前者由于阴亏不能养目，虚热逗留，故见头晕目眩，腰膝酸软，梦遗滑泄等症。治宜益肾滋阴，去翳明目，方用六味地黄丸加谷精草、白蒺藜、车前子等。后者由于脾胃虚弱，生化之源不足，气血无以上荣，故见面㿠形瘦，少气懒言等症，治宜益气健脾，养营补血，方用八珍汤加减。

目生星翳一症，在眼病中较为常见，有虚实之辨，实者因热、因风、因毒，必见疼痛流泪，羞明怕热，局部均有形态可辨。肝经风热星翳，小如星点，常为一、二颗，易于消退；热毒壅盛星翳，或团聚，或联缀，状如丝缕树枝，或形大，状若凝脂，症情急重。虚者多因肾阴亏损或气血两虚，以致星翳内陷，经久不愈，从全身兼症自易鉴别，不难区分。

【文献别录】

《素问病机气宜保命集·眼目论》："翳膜者，风热重则有之，或斑入眼，此肝气盛，而发在表也。翳膜已生，在表明矣，宜发散而去之；若反疏利，则邪气内搐，为翳益深。邪气未定，谓之热翳而浮；邪气已定，谓之冰翳而沉；邪气牢而沉者，谓之陷翳，当以㦚发之物，使其邪气再动，翳膜乃浮，佐以退翳之药，而能自退也。病久者不能速效，宜以岁月除之。"

（高健生）

599. 黑睛云翳

【概念】

黑睛云翳是指患黑睛星翳后，遗留大小不等，形状不一的瘢痕而言。

本症因瘢痕大小、厚薄、形态、色泽不同而有种种名称。如《经验眼科秘书》称"薄者为云，厚者为翳"。尚有称为："冰瑕翳"、"水晶翳"、"玉翳浮满"、"冰轮"、"斑脂翳"、"剑脊翳"、"阴阳翳"等等。

"目生星翳"亦在黑睛部位，但"星翳"浮嫩凹陷，伴羞明流泪疼痛；"云翳"则形态光滑，无羞明疼痛流泪，可以分辨。

【鉴别】

常见证候

风热余邪云翳：黑睛星翳已平复，目隐涩不爽，留有云翳，白睛轻度红赤，舌苔薄，脉微数。

胃阴不足云翳：黑睛星翳甫愈，白睛淡红，双眼干涩，口干，纳呆，舌红苔剥，脉细带数。

肾阴亏损云翳：黑睛云翳，头晕目眩，腰膝痠软，健忘，五心烦热，舌红苔少，脉细数。

气滞血瘀云翳：黑睛云翳，色焦黄或微红，如玛瑙状，口渴时欲漱水，舌质暗，苔薄，脉细涩。

鉴别分析

风热余邪云翳：多因风热外邪侵犯头目，黑睛星翳已平复，然余邪尚未尽彻，疼痛羞明虽止，而两目隐涩不爽，白睛红赤尚有，黑睛留有云翳，舌苔薄，脉微数。治宜退翳明目，佐以疏风清热，方选拨云退翳散加减。

胃阴不足云翳：多因邪热退后，胃阴耗伤，故黑睛星翳虽愈而留有云翳，双眼干涩。兼伴口干纳呆，舌红苔剥，脉细带数。治宜养阴退翳明目，方选滋阴退翳汤加减。

风热余邪云翳与胃阴不足云翳：二者皆系邪热相搏，上攻目窍，而生黑睛星翳，邪热退后，留有云翳。但一为余邪未尽，赤涩尚存，当清疏余邪。一为胃阴被灼，津液不足，故见口干舌红苔剥，当养阴生津。

肾阴亏损云翳：多因素体肾虚，黑睛星翳愈后，遗留云翳。肾阴亏损，则腰府空虚，故腰膝痠软；阴亏于下，阳盛于上，故头晕目眩；阴虚则生内热，故五心烦热，舌红苔少，脉细数。治宜补益肾阴，退翳明目，方选通明补肾丸加减。

肾阴亏损云翳与胃阴不足云翳：二者均为阴津受损，其鉴别要点：前者为素体肾阴亏损，头晕目眩，五心烦热，腰膝痠软，为阴伤之重症；后者为热邪灼伤胃阴，故口干纳呆，乃伤阴之轻症；病变部位，一则在肾，而一在胃，应加辨析。

气滞血瘀云翳：多因热毒炽盛，黑睛星翳，损伤严重，致愈后黑睛遗下焦黄或微红云翳，或由于病累日久，气血运行不畅，脉络瘀滞，故云翳焦黄微红，状如玛瑙，舌质暗，苔薄，脉细涩。治宜行气活血，退翳明目，方选消翳汤加减。气滞血瘀云翳，其黑睛所生星翳乃为重候，故后遗云翳亦重，上有丝脉爬行，色呈焦黄微红，与一般云翳不同。

目生云翳，为黑睛星翳的后遗疾患，临床虽有邪热未尽及气滞血瘀之实证，但虚证亦属多见，并常以虚实兼见，治疗当扶正祛邪兼顾。

（高健生）

600. 疳 翳

【概念】

疳翳是指疳毒上攻眼目，初为夜盲，继则黑睛生翳白膜成片，或为凝脂蟹睛，甚则黑睛泛起，或睛珠枯陷的症状。

本症多发于小儿，《秘传眼科龙木论》称"小儿疳眼外障"，《银海精微》称"小儿疳伤"，《原机启微》称"深疳为害之病"，亦有称为"疳眼症"、"五疳攻眼"、"疳伤内障"者。

【鉴别】

常见证候

脾虚湿困疳翳：初起夜盲，眼干涩不爽，眼睑频频眨动，脘腹胀满，形体消瘦，毛发不泽，便溏泄泻，舌苔白腻，脉濡细。

伤食积滞疳翳：夜视罔见，眼目涩痒，目札羞明，形体消瘦，腹部膨大，厌食，大便多而秽臭，舌苔厚腻，脉滑。

虫积疳翳：入暮视物不见，上下眼皮札动不定，白睛红赤，涩痒羞明，黑睛无光泽而生白膜，俯面而卧，入睡后咬牙错齿，午后潮热，大便常见蛔虫，舌苔薄白，脉弦细。

脾虚气陷疳翳：目眨羞明，揉鼻拊发，白睛粗厚皱起，甚则呈同心圆样白晕，黑睛枯涩晦暗，生白膜一片，有溃腐、凝脂、蟹睛之变，形瘦腹大，面色萎黄，毛发稀疏，大便溏泻，甚者脱肛，舌淡苔白，脉弱。

脾肾阳虚疳翳：入夜视物不清，痒涩羞明，白睛灰白无光泽，黑睛生白膜腐烂，伴有久泻不止，四肢不温，萎靡羸瘦，腹部膨大，青筋暴露，手脚俱肿，舌质淡红，苔薄白，脉沉迟无力。

鉴别分析

脾虚湿困疳翳与脾虚气陷疳翳：均为脾气虚证。乃由饮食不节，脾胃受伤，水谷精微不能上荣于目所致。大便溏泻，腹部胀满，毛发不泽为共有兼症。但两证之疳翳不同。脾虚湿困的患儿，入暮不敢活动，常静坐早睡，两目赤痒干涩无光泽，并时时眨动。而脾虚气陷者，两眼呈精竭液枯之象，白睛粗厚如皮肤，与黑睛呈同心圆样的白晕，黑睛生白膜一片，枯涩晦暗，久则腐烂溃破。前者治宜健脾化湿，方用苍术一味，或与米共熬粥进服，或用石斛散。后者治宜益气健脾，方选参苓白术散，或茯苓泻湿汤。

伤食积滞疳翳与虫积疳翳：均为实证。小儿调护不当，过食肥甘油腻难化之物，胃肠积滞，气血生化不及，无以涵养目窍，亦是疳翳常见病因。两者相比，食伤则滞，积滞则生虫，虫蚀气血，目失所养，则视物异常。故虫积疳翳多由伤食积滞而来。两证均见昼视精明，夜视罔见，两目干涩等。不同点为虫积疳翳有明显的虫积症状，如俯面而卧，入睡咬牙错齿，大便常有蛔虫等。与伤食积滞疳翳不难区别。伤食积滞疳翳治宜健脾消食，清热除疳，方用四味肥儿丸，甚者用消疳退云饮。虫积疳翳治宜杀虫消疳，方用消疳散，如圣丸；病久脾伤的可佐以扶脾益气，方用肥儿丸。

脾肾阳虚疳翳：多患于他病之后，或疳翳日久，由气虚渐至阳虚。"阳气者，精则养神，柔则养筋。"阳虚不能温养于上，久则两目视物不清，涩痒羞明，黑睛腐烂。其辨证要点为形寒气怯，四肢不温。治宜温补脾肾，方用附子理中汤。后期形体羸瘦，精神萎靡，手足俱肿，属疳翳危笃之候。《银海精微》谓"十死八九"。

疳翳一症，多见于小儿。小儿脏腑娇嫩，脾常不足，多为饮食所伤。脾伤则生津化血之力不及，目失濡养，则成疳翳。常由实至虚，由脾及肾，虚实夹杂者居多，病至后期属至虚难治之候。因此要掌握病机，及早防治，以杜危证之发生。

【文献别录】

《证治准绳·神水将枯》："若小儿素有疳证，粪如鸭溏，而目疾神水将枯者，死。"

《审视瑶函·疳伤》："疳症皆因饮食失节，饥饱失调，以致腹大面黄，重则伤命，轻则害目。患此勿治其目竟治其疳，目病自愈。切忌油面炙煿等物。

按小儿疳眼，无论肥瘦，但见白珠先带黄兼白色皱起，后微红生眵，怕亮不睁，上下眼睑频频札动不定，黑珠上有白膜成如此样◎圈，堆起白晕，晕内一黑一白，亦有肥瘦不同，疳眼无疑也。但肥疳大便如豆腐渣糟粕相似。瘦疳大便小如栗硬结燥。乃疳积入眼，攻致肝经，亦难治矣。小儿患疳眼声哑者，命将终也。"

（高健生）

601. 蟹　睛

【概念】

蟹睛是指黑睛因凝脂溃破，黄仁自溃破处绽出，状如蟹眼，故而得名。多见于凝脂翳、黄液上冲、疳眼等重证，《目经大成》说："凝脂、黄液、木疡诸病，蚀破青睛，黑睛（黄仁）从破处而出。"

本症首见于《秘传眼科龙木论》。亦称"蟹目"、"蟹珠"。

蟹睛与"黑翳如珠"症状相似，但实非一症。《证治准绳》曾指出："此证与黑翳如珠状类而治大不同。夫黑翳如珠源从膏内生起，非若此因破而出，故大不同然。"说明黑翳如珠乃在黑睛未破之前，已逐渐膨隆。故不属本篇讨论范围。

【鉴别】

常见证候

肝胆实火蟹睛：发病急速，睛珠疼痛难当，坐卧不宁，羞明泪出，白睛红赤，黄仁一侧从黑睛障翳溃破处努张而出，犹如蟹睛，甚则呈黑豆大，瞳神紧小，不易观察，或偏于黑睛溃破一侧，兼伴溲赤便秘，口苦咽干，面赤，舌红苔黄，脉弦数。

气虚肝热蟹睛：发病较慢，睛珠疼痛较轻，黄仁从黑睛溃破处突出，羞明泪出不甚，瞳神可见，如枣核杏仁之状，偏于黑睛溃破处，神疲乏力，舌红苔薄黄，脉细弱而数。

阴虚火旺蟹睛：蟹睛迁延日久，突出的黄仁松弛平塌而不痛，白睛淡红，干涩不爽，头昏耳鸣，腰膝痠软，舌红无苔，脉细数。

鉴别分析

肝胆实火蟹睛与气虚肝热蟹睛：二证都与肝热有关，但前者乃实火上逼，黑睛溃蚀，黄仁自溃口突出，故疼痛难当，羞明流泪，瞳神缩小，不易辨认。兼见面红，口苦咽干。溲赤便秘，脉弦数。症情急而重，治宜清泻肝胆，方用龙胆泻肝汤。如火盛阴伤，可用泻肝汤。后者乃素体气虚，肝经郁热相乘，故黄仁突出并不膨胀，羞明不甚，瞳神虽小，尚可辨认，如枣核杏仁之状，偏连于蟹睛一侧。兼见神疲乏力。脉细弱带数。症情缓而轻，治宜益气扶正，清肝泻热，方用防风泻肝散，去羚羊角加生石膏。

阴虚火旺蟹睛：多因肝肾阴亏，虚火灼伤黑睛，突出的黄仁松弛平塌而不痛，白睛淡红，干涩不爽，兼见头晕耳鸣，腰膝痠软，脉细数，症情虽缓，但迁延难愈，可与肝胆实火及气虚肝热蟹睛的证候相鉴别。治宜养肝益肾，滋阴降火，方用镇肾决明丸，或清肾汤加减。

蟹睛一症，病在黑睛，黑睛内应于肝，故肝胆实火蟹睛，起病急重，以黄仁努胀高突，羞明怕热，疼痛难忍为特点。气虚肝热蟹睛，则正虚邪轻，黄仁虽突出，但疼痛羞明不甚。阴虚火旺蟹睛乃水不涵木，木火偏旺，黄仁突而松弛，平塌而无疼痛。

【文献别录】

《医宗金鉴·眼科心法要诀》："蟹睛之证，乌睛努出如豆如珠，形似蟹睛，疼痛极甚，涩泪羞明。初起为实，硬而极痛；久则为虚，软而不疼。总因肝、胆积热冲睛，肾中虚热泛目所致。实者宜泻肝汤；虚者用镇肾决明丸。"

（高健生）

602. 黄液上冲

【概念】

黄液上冲是指黑睛之后与黄仁之间的前房内，腐化而生黄色脓液，向上漫增，以至掩及瞳神的症状。

本症在《秘传眼科龙木论》中称"黄膜上冲外障"。《目经大成》指出："实则非膜而为液"，故改称"黄液上冲"。《眼科易简开光秘本》迳称"黄脓上冲"。又因前房中脓液自下向上漫增，仿佛云彩推移，故《银海指南》又称"推云"或"内推云"。

另有"涌波翳"起自黑睛外的下缘，向上增长，与"黄液上冲"之在黑睛内向上漫增，发病急重的症状，应加区别。诚如《证治准绳·七窍门》说："涌波翳证：障从轮外自下而上，故曰涌波。非黄膜上冲从内向上之急甚者可比。"

【鉴别】

常见证候

脾胃实热黄液上冲：起病急骤，疼痛难忍，羞明怕日，不敢睁眼，泪出如汤，但无眼眵。白睛混赤或紫红，黑睛与黄仁之间下方，渐生脓液，向上漫增，呈液平面，如人指甲根部半月白岩之状，甚则掩过瞳神。兼见口苦咽干，胸闷纳呆，小便短赤，大便干燥，舌红苔黄腻而干，脉滑数。

脾胃虚寒黄液上冲：起病缓慢，疼痛轻微，或不作痛，不畏光，无眵泪，黑睛周围仅有淡淡赤环。黑睛之内，黄仁之前，从下方有少量淡黄色脓液，呈水平面。兼见面色晦滞，或呕吐泄泻，腹满食少，舌淡苔白，脉沉细或迟缓。

鉴别分析

脾胃实热黄液上冲：多因平素饮食不节，过食辛热炙煿，醇酒厚味，脾胃积热，热邪上攻于目，蒸腐神水神膏及黄仁，致脓自内生，其起病多急骤，症见疼痛羞明，脓液色黄而漫增，甚则掩及瞳神；脾胃热结，灼伤津液，故口苦咽干；里热蕴盛，气机不畅，故胸闷纳呆，小溲黄赤，大便秘结，舌苔黄腻而干，脉滑数。治宜清泻阳明实火以存津液，方选通脾泻胃汤，方中软石膏改用生石膏，熟大黄改用生大黄。热甚加玄明粉。若兼有肝胆火盛，黑睛凝脂及瞳仁紧小，治宜清泻肝胆实火，方选四顺清凉饮子加减。

脾胃虚寒黄液上冲：多因平素饮食失调，过食生冷，脾胃受损，寒湿内阻，寒凝中焦，脾阳不振，运化失司，水谷精微无以布输上养睛珠，致寒凝脉络而生黄脓，其起病多缓慢，症见疼痛轻而无羞明，脓液色淡黄而量少；寒邪中阻，胃气上逆故呕吐；脾胃虚弱，运化不及，故腹满食少，大便泄泻，舌淡苔白，脉沉细。治宜温中散寒，补益脾胃，方选理中汤加香附、陈皮。

脾胃实热黄液上冲与脾胃虚寒黄液上冲：二者均为脾胃病变。然一为实热，故起病急骤，疼痛羞明，且黄液厚稠，病势沉重，救治不及，有膏伤珠陷之危。一为虚寒，故起病缓慢，疼痛轻而无羞明，且黄液清稀，病势较轻，但往往缠绵不愈。

【文献别录】

《秘传眼科龙木论·眼黄膜上冲外障》："此眼初患之时，疼痛发歇。作时赤涩泪出，渐生黄膜。直覆黑睛，难辨人物。皆因肾脏风冷，胃家极热。"

《张氏医通·七窍门》："在风轮下际，……有翳色黄，与凝脂翳同一气脉，但凝脂翳在轮外生，点药可去。此在膏内，邪热蒸起，点药所不能除，若漫及瞳神，其珠必损。"

（高健生）

603.目　　札

【概念】

目札是指眼睑开合失常，时时眨动，不能自主的症状。多见于小儿。本症在《小儿药证直诀》称"目连札"。亦有称为"小儿目札"者。习惯性或癔病性目札，不属本篇讨论范围。

【鉴别】

常见证候

肝经风热目札：两目连札，上下左右如风吹，不能自主，或伴发热，或致风搐，舌质红，苔薄白，脉细数。

肝气乘脾目札：两眼睑时时札动，面色发青，夜卧易惊，食少纳呆，体倦乏力，舌苔白腻，脉濡细。

肝虚血少目札：双睑连札不止，眼部涩痒，常以手揉眼，时轻时重，甚者入暮不能视物，舌淡红，脉濡细。

脾伤疳积目札：眼睑频频札动，轻者眼如常人，重者轻度畏光流泪，痒涩时作，或灼热疼痛，白睛红赤，午后症情加重，或有潮热，烦躁易怒，苔微黄，脉弦细。

鉴别分析

肝经风热目札：多由风热侵袭肝经，引动内风，循经上扰，故眼睑筋肉上下左右如风吹，频频眨动，不能自主，甚则手足搐动。治宜疏风清热，平肝定搐，方用泻青丸，或柴胡清肝饮。如阴液已伤，应配合六味地黄丸。

肝气乘脾目札：本证与肝经风热目札虽同为肝风引目而致，但肝经风热目札，系外邪引动内风。而肝气乘脾目札，则是肝气过盛化风，脾土受侵，故见面色发青，夜卧易惊，神疲纳呆。但不发热，亦无抽搐，可以鉴别。治宜平肝健脾，方用五味异功散，加柴胡、白芍、生姜。如肝风较甚，去人参，加赤芍、蝎尾、钩藤。

肝虚血少目札：多由肝血亏损，血虚生风，眼睑筋肉失于滋养，纯属虚证。症见双睑连札不止，兼感涩痒难忍。治宜补肝养血，方用养肝丸加减。亦可采用新鲜猪肝、羊肝煮食。

脾伤疳积目札：多由饮食偏嗜，饥饱失节，脾胃伤损，酿成疳积，积久化热，疳热上冲眼目。故眼睑频频眨动，羞明流泪，涩痒灼热，白睛淡红，午后潮热。治宜健脾消疳，疏肝清热，方用肥儿丸。

目札是小儿常见症。多与肝脾两脏有关，但有虚实不同。如肝经风热目札为热盛动风的实证。肝虚血少目札为血虚不能荣养筋肉，濡润目窍的虚候。肝气乘脾目札，乃肝强脾弱；疳积伤脾目札，乃脾伤疳积；均属因虚致实为患。临床需加辨审。

【文献别录】

《审视瑶函》："按目札者，肝有风也。风入于目，上下左右如风吹，不轻不重而不能任，故目连札也。此恙有四：两目连札，或色赤，或时拭眉，此胆经风热，欲作肝疳也。(用四味肥儿丸加龙胆草而瘥)；有雀目眼札，(服煮肝饮，兼四味肥儿丸，而目明不札也)；有发搐目札，属肝胆经风热，(先用柴胡清肝散治，兼六味地黄丸补其肾而愈)；因受惊眼札或搐，(先用加味小柴胡汤，加芜荑、黄连以清肝热，兼六味地黄丸以滋肾生肝而痊)。"

(高健生)

604. 目　昏

【概念】

目昏，俗称"眼花"。是指视物不清，昏暗不明而言。

本症《素问·至真要大论》名曰"目眛"。《诸病源候论》称为"目茫茫候"。《千金方》则称"眼昏暗"。《素问玄机源原式》称为"目昏"。其后历代医家，根据病人主述症状的不同，又有"眼暗"(《黄帝素问宣明论方》)，"目督"(《医宗必读》)，"视物疏疏"(《银海精微》)，"目昏眛"(《审视瑶函》)，"目视疏"(《目经大成》)等名称。现统称"目昏"。

【鉴别】

常见证候

风痰上扰目昏：主要症状是，目昏眼花，眼皮时时跳动，头晕胸闷，少食多寐，痰多呕恶，舌苔白腻，脉弦滑。

肝郁气滞目昏：症状是目昏目胀，头晕口苦，精神抑郁，两胁作痛，舌红苔白，脉弦数。

心肝血虚目昏：视物昏渺，双目干涩，遇劳更甚，兼见面色无华，心悸失眠，唇舌色淡，脉细无力。

脾气虚弱目昏：双目视物昏渺，眼睫无力，视物易觉疲劳，兼见面色萎黄，倦怠无力，食少便溏，舌微红，苔薄白，脉虚弱。

肝肾阴虚目昏：视瞻昏渺，双目干涩，兼见头晕耳鸣，腰膝痠痛，遗精盗汗，咽喉干痛，舌红，脉细数。

命门火衰目昏：视物昏暗，面色㿠白，形寒肢冷，阳萎早泄，自汗夜尿多，脉沉细无力。

鉴别分析

风痰上扰目昏与肝郁气滞目昏：二者同属实证，前者是因痰湿中阻，脾弱肝旺，肝风夹痰上扰清窍所致，以目昏眼花，头重头晕，眼皮时时跳动为辨证要点。因痰湿中阻，故兼见胸闷胁胀。治宜疏风化痰，方选半夏天麻白术汤。肝郁气滞目昏多因七情郁结，肝气郁滞，肝失条达所致，以目昏眼花，头晕目胀，两胁胀痛，每因情志不舒而加重为辨证要点。治以疏肝解郁，方选逍遥散验方。

心肝血虚目昏与脾气虚弱目昏：肝藏血，心主血，若肝血虚，血不能上濡目窍，心血不足，心营亏损，血不养睛，神光耗散，故病目昏。以目昏眼涩，心烦失眠，面色无华，舌淡脉细为辨证要点，以补血养肝为治，方选四物汤合补心丹。思虑太过，脾气耗伤，或饮食不节，或大病之后脾胃气虚，运化失常，脏腑精微不能输布清窍而为病以视物昏渺眼睑无力，视物易感疲倦为辨证要点，兼见少气懒言，神倦乏力，脉弱等症。治以补中益气，方选补中益气汤。

肝肾阴虚目昏与命门火衰目昏：肝肾阴虚，精血耗损，精气不能上荣，目失濡养以致目昏，以视物昏暗，口眼干涩，腰膝酸软，兼见阴虚内热之症为辨证要点。治以滋补肝肾，方选左归丸。命门火衰目昏，多因年老体衰，倦劳过度，久病失养，元气耗损所致。以视物昏暗，形寒肢冷，腰背酸痛，夜间多尿，脉沉迟无力为辨证要点，治宜温补命门，方选右归丸。

【文献别录】

《中医临证备要·目证状》："目眩，眩是视物昏花迷乱的意思……俗称"眼花"。习惯上眩晕并称，临床也经常同时出现，但眩为昏暗，晕为旋转，两者是有区别的。本证轻者属肝，沈金鳌所谓'血气衰而肝叶薄，胆汁减'；重者属肾，朱丹溪所谓'目疾所因，不过虚实，虚者昏花，由肾经真水之亏'。"

（邱德文）

605.目珠自胀

【概念】

目珠自胀是指自觉眼珠发胀，甚则眉棱骨亦感酸胀的症状而言。

本症《证治准绳》称"神珠自胀"。另有"鹘眼凝睛症"初起及"目珠胀痛"均与本症相似，但其病因病机不同，应注意区别。

【鉴别】

常见证候

外感风热目珠自胀：目珠自觉作胀，甚则延及眉棱骨疼痛或酸痛，眼睑无力，不能久视，舌红苔黄，脉数。

肝郁气滞目珠自胀：目珠自觉发胀不适，无明显疼痛，及红赤眵泪，胸闷胁痛，口苦咽干，舌红苔薄，脉弦细或数。

气血亏虚目珠自胀：目珠常感发胀难受，每遇形体劳倦，或妇女临经之际尤甚，无赤涩眵泪，面色萎黄，唇甲淡白，心悸失眠，气短自汗，舌质淡，脉细弱。

鉴别分析

外感风热目珠胀痛：足太阳经脉起于目内眦，为目上网。足阳明经脉交会于足太阳经的睛明穴，为目之下网。风邪挟热，循太阳、阳明经脉上乘于目，故目珠自胀，延及眉棱骨，甚则两睑发沉，常欲垂闭，不能久视，久视则痠疼。治宜疏风清热，方用芎菊上清丸。

肝郁气滞目珠自胀：足厥阴之脉连接目系。肝郁不达，厥阴经气失疏，挟热内蕴，故目珠自感发胀，胸闷胁痛，口苦咽干。治宜疏肝解郁，佐以凉肝清热，方用加味逍遥散。

气血亏虚目珠自胀：心为血之主，脾为生化之源，心脾两虚则气血衰少，不能上荣于目，故目胀难受，每遇劳倦或妇女临经，症情常可加重。伴见面色萎黄，唇甲无华，心悸失眠，然气血亏损，则营行必滞，肝失所养，脉络亦少疏利，治宜益气养血，调肝理气，方用柴胡参术汤加减。

本症在眼局部无特殊迹象可寻，惟眼珠自觉作胀不适。发病在感冒以后，多系风邪挟热，留滞太阳、阳明二经，目之上下网为邪气所乘而致。如因七情内伤，乃是肝郁气滞，厥阴经气失于疏泄，目络不和。至若体质素虚，总由心脾两亏，气血不足，无以濡养目窍。临床当分辨病因，审证施治。

【文献别录】

《证治准绳·七窍门》："神珠自胀证：目珠胀也，有内外轻重不同，若轻则自觉目内胀急不爽，治亦易退，……重则变赤痛胀，急重者有瘀塞之患，疼滞甚而胀急，珠觉起者，防鹘眼之祸。"

（高健生）

606. 目 视 无 神

【概念】

目视无神，是指两目神光不足而言。轻者自觉视物无力，多看痠困；重者形羸色败，昏不知人。

《审视瑶函·目为至宝论》说："神光者，谓目中自然能视之精华也。夫神光原于命门，通于胆，发于心，皆火之用事。"《银海精微》说："肝肾之气充则精彩光明，肝肾之气乏则昏朦眩晕。"论述了神光与全身脏腑精气的关系。

【鉴别】

常见证候

阴血亏虚目视无神：症状为两目光彩不足，自觉视物昏朦，易于疲困，头昏耳鸣，肢软乏力，心悸失眠，潮热盗汗，舌红或舌淡，脉细数或虚软无力。

精气衰败目视无神：两目内陷，目视无光，瞳仁散大，目不识人，形羸色败，喘急异常，二便失禁，或两手循衣摸床，或语无伦次。

鉴别分析

阴血亏虚目视无神：其病因是，（一）劳心思虑太过，心脾受损，心脾血虚，血不养睛。（二）外伤、虫兽伤或妇人产伤失血太多，血虚眼目失养。（三）久病失治，气阴两虚，目失濡养。（四）饮食失节，纵酒恣欲，房劳伤肾，肾精虚亏，精血不能上充。

《景岳全书·目疾门》：“眼目一症……既无红肿，又无热痛，但或昏或涩或无光，或年及中衰，或酒色过度，以致羞明黑暗，瞪视无力，珠痛如抠等证，则无非水之不足也。”此属目视无神的轻症。以两目神光不足，视物易感疲困，兼见阴虚血亏的全身症状为其辨证要点。治宜滋阴养血，方选三仁五子丸。

精气衰败目视无神：此症是病势垂危的征兆。脏腑精气衰败，不能上行于目，则两目内陷，暗淡无光。瞳仁属肾，久病穷必归肾，肾精衰败，则瞳仁神光自散，故双眼内陷，暗淡无光，瞳仁散大，目不识人为其辨证要点。本症是精气衰败，阴阳竭绝的危重病症，治宜回阳救逆，方选四逆加人参汤。

【文献别录】

《灵枢·决气》：“精脱者，耳聋；气脱者，目不明。”

《素问·玉机真藏论》：“大骨枯槁，大肉陷下，胸中气满，腹内痛，心中不便，肩项身热，破困脱肉，目眶陷，真藏见，目不见人立死。其见人者，至其所不胜之时则死。”

《景岳全书·目疾》：“若真阴不足，本无火证，而但目视无光，及昏黑倦视等证，悉由水亏血少而然，宜济阴地黄丸、左归丸之类主之。或兼微火者，宜明目地黄丸、固本还睛丸之类主之。”

（邱德文）

607. 头目胀痛

【概念】

头目胀痛是指头部和眼均有胀痛，一般多见单侧先发，亦可两侧同时出现。病累日久、失治、误治可导致目盲。

本症见于《秘传眼科龙木论》中的“五风变内障”、“青风内障”、“绿风内障”、“雷头风内障”等目病中。《证治准绳》“黄风内障”、“左右偏头风证”等中均提到有“头目胀痛”症状。

本症与内科中的“雷头风”、“偏头风”易于混淆，《证治准绳·诸痛门》指出雷头风的症状是：“头痛而起核块者是也；或云头如雷鸣也，为风邪所客，风动则作声也。”偏头风为“头半边痛者是也”。可见“雷头风”、“偏头风”虽有头胀疼痛，或一侧头痛，但少有损目之忧，应予鉴别。

【鉴别】

常见证候

痰湿上逆头目胀痛：头痛，目睛胀痛，视物昏暗，瞳神散大，伴恶心，呕吐清涎，或胸闷身重，纳呆，口渴不欲饮，舌苔腻或黄腻，脉濡细或滑数。

肝火犯胃头目胀痛：头痛偏甚，目珠胀痛，甚则头痛如劈，目胀欲脱，瞳神散大，视力骤降，烦躁易怒，口渴欲饮，呕吐频作，舌红苔黄，脉弦滑数。

肝阳上亢头目胀痛：头痛偏于一侧，目珠胀痛，瞳神或大，视物模糊，可见虹视，头晕泛恶，口干咽痛，腰膝痠软，舌红苔薄，脉弦细。

阴虚火旺头目胀痛：头痛头晕，目珠胀痛，瞳神或大，两眼昏花，可见虹视，心悸神烦，夜寐不安，舌红苔少，脉细数无力。

鉴别分析

痰湿上逆头目胀痛：多为痰饮之体，或饮食不节，损伤脾胃，脾阳不振，湿困中土，湿浊上泛，清窍被蒙，阳气不得上荣头目，以致头目胀痛，视物昏暗，瞳神散大。然痰湿中困，有热化寒化之别：脾胃虚弱，中焦气虚，或进食生冷，湿从寒化，寒痰上逆，清窍被蒙，症见头目胀痛。脾失健运，胃气不得和降，故呕吐清涎，舌苔白腻，脉濡细。治宜温中健脾，和胃降逆，方选吴茱萸汤，或加味调中益气汤加减。若素体阳盛或胃有蕴热，湿从热化，痰热上壅，清窍被蒙，症见头目胀痛。中焦痰热阻滞，浊阴不降，故头晕、恶心呕吐，津不上承，口渴不欲饮，舌苔黄腻，脉滑数。治宜黄连温胆汤加减。寒化热化的鉴别在于：一为呕吐清涎，头痛，苔白腻，脉濡细；一为呕吐口渴，反不欲饮，头晕，苔黄腻，脉滑数。

肝火犯胃头目胀痛：多为素性急躁，暴怒伤肝之人，肝火旺盛，怒则气上，肝火上灼清窍，故头目胀痛，瞳神散大，视力骤降，甚则只见影动。肝胆经上行于头侧，故头痛如劈，目珠胀痛欲脱；肝喜疏泄，情绪波动则肝气郁而化火，故常发病于七情过激之际，且随情绪波动而阵作；肝火横逆犯胃，故呕吐频作；肝火内盛，故舌红苔黄，脉弦滑。治宜清肝泻火，和胃降逆，方选泻肝汤加减。

肝火犯胃头目胀痛与痰湿上逆头目胀痛：虽均有头目胀痛与呕吐，然其病因病机不同。前者主要是肝火犯胃，火性炎上，故病势急重；后者主要是脾虚痰湿内阻，清窍被蒙，胃失和降，故病势较缓。不难鉴别。

肝阳上亢头目胀痛：多为素体肝肾阴虚之人，肝藏血，肾藏精，精血同类、乙癸同源，肝肾阴虚则水不涵木，肝阳上亢，清窍被扰，故可见虹视及瞳神或大；脉络受阻，不通则痛，故见头目胀痛；肝阳上亢，热盛生风，故头晕泛恶；肝阴耗伤，故视物模糊。肾虚故腰膝痠软；阴液亏损，故口干咽痛，舌红苔薄，脉弦细。治宜育阴潜阳，平肝明目，方选杞菊地黄丸酌加羚羊角、钩藤、天麻。

肝阳上亢头目胀痛与肝火犯胃头目胀痛：二者均与肝有关，然一为肝阴不足，阴不制阳，肝阳上亢，其病机是肝肾阴虚；一为肝气郁滞，肝郁化火，肝火上炎，其病机则由于肝火犯胃。临床重在明辨虚实。

阴虚火旺头目胀痛：多为忧思过度，心血耗损，或肝血不足，阴血亏损，虚火上炎，清窍被扰，故见头目胀痛，瞳神或大，及虹视；心肝血虚，无以上荣头目，故头晕目昏；心主失养，故心悸心慌，夜寐不宁，舌红苔少，脉细数无力。治宜养血宁神，滋阴降火，方选滋阴降火四物汤酌加车前子、茯苓、柏子仁。

头目胀痛一症，临床辨证与肝最为密切，由于肝属风木，肝郁气滞，久郁化火生风，故以头痛目胀为主症，治疗常以风药主之。另因肝为刚脏，常易横逆乘土，影响脾胃升降，每伴呕吐，故治疗应兼顾脾胃。并配合槟榔碱、丁公藤等缩瞳剂点眼。一般预后尚好。但若治不及时，亦可延误病情，以致瞳神散大而不复收敛，光华日损，而有目盲之危。

【文献别录】

《儒门事亲·卷四》："头痛不止：额角上痛，俗呼为偏头痛者，是少阳经也。如痛久不已，则令人丧目。"

（高健生）

608. 目 偏 视

【概念】

目偏视，是指双眼平视前方，一眼或双眼偏斜于一侧，甚者黑睛为该侧眼眶半掩，或全部掩没，外观只显白睛而言。相当于西医之斜视。

本症始见于《诸病源候论·卷二十八》，后世医书尚有"目偏视风引"，"风引㖞斜"，"偏视"等名称。由于目睛偏斜的程度、方向等症状不同，有的文献称为"神珠将反"、"瞳神反背"、"双目通睛"、"坠睛"、"天旋"、"目仰视"。目偏视可引起复视，故有的文献亦在"视一为二"中阐述。

至于因肿物压迫引起眼球㖞斜而致目偏视者，不属于本篇讨论范畴。

【鉴别】

常见证候

风邪中络目偏视：目睛不红不肿，目偏视，或患眼睑胞下垂，眼睫无力，眼球运动受阻，视一为二。多发单眼。伴眼角、口角㖞斜，流涎等症状，每于晨起或午睡后发觉。兼见恶风，自汗，头痛，目眩，舌苔薄白，脉浮缓。

痰湿阻络目偏视：骤起目偏视向内或向外，多发单眼，患眼睑胞下垂，睛珠运动受阻，或视一为二，常伴口角㖞斜，语言不利等症。平素常感胸闷不舒，眩晕恶心呕吐，神疲倦怠，纳差便溏。舌苔白腻，脉弦滑。

风热上攻目偏视：双目偏视或仰视，常继发热头痛，甚至神昏抽搐，角弓反张而发。有明显的热证发病过程。舌红苔黄，脉细数或弦数。

肝风内动目偏视：单眼或双眼偏视，目睛斜向内或向外，平素可见目赤头痛，眩晕足软，口苦，易怒，手足麻木，筋肉瞤动，舌红，脉弦数。

瘀血凝滞目偏视：眼睑、眶部或头部外伤后，伤目黑睛偏斜向内或向外。小儿外伤后则多兼见心神不宁，夜梦啼哭，睡眠惊惕，指纹青紫，脉弦。

禀赋不足目偏视：多为先天性，单眼或双眼偏视，患儿常伴发育迟缓，步迟齿迟，智力较差。或由于眼球发育异常，单眼或双眼视功能不全，日久而致偏视。亦有婴儿体弱，长期侧卧斜视，筋脉凝定，形成目偏视。

偏废性目偏视：单眼黑睛向外偏视，多兼内、外障眼疾，视力极差，长期废用，以致眼带筋脉弛缓，病目向外偏视。

鉴别分析

风邪中络目偏视与肝风内动目偏视：一为外风，一为内风，外风或内风上扰于目，眼带筋脉偏缓以致目偏视。前者为外风入中络脉，风属阳邪，病偏于表，常兼见自汗，微恶风寒，脉浮而缓等表虚中风之象，治宜祛风通络，方用羌活胜风汤和牵正散加减，疗效较速而佳。后者为内风扰动筋脉，损及眼带，属肝肾阴亏，阴不制阳，病偏于里，常兼见眩晕足软，手足麻木，筋肉瞤动，脉弦而数等肝阳化风之象。当须缓图，治宜育阴潜阳，平肝熄风，方用羚羊钩藤汤或平肝熄风降压法，如潮热而目赤心烦，可用补肝散；伴有半身不遂，后期可用补阳还五汤。

风热上攻目偏视与肝风内动目偏视：二者症状颇似，但病因病机不同，兼症及治法各异。风热上攻目偏视为风热之邪上攻目头，损伤眼带筋膜，属实热之证，起病急骤，有明显的热证表现，常见于小儿高热，神昏，惊厥之后，这与日积月累，肝肾阴亏，而引发阳升风动的病程、证候有别。治宜祛风清热，舒经活络，佐以养阴，方用牛黄抱龙丸，或正容汤酌加黄芩、伸筋草、地龙、石斛、麦冬等。

痰湿阻络目偏视与瘀血阻滞目偏视：痰湿内生，阻于睛珠脉络，筋脉缓急不相称而成偏视，全身伴有胸闷恶心，眩晕、神疲、纳差便溏等痰浊内阻上泛之象。治宜祛痰除湿活络，方用省风汤加减。瘀血阻滞目络，眼带松弛失用引起目睛偏视，常有明显的外伤史，少有全身兼症，治宜活血行气通络，佐以镇静之品，方用桃红四物汤加丝瓜络、地龙、黄连、僵蚕、防风等。

禀赋不足目偏视与偏废性目偏视：前者多属先天病变，常兼步迟齿迟，智力差，体质虚弱等症。治宜补肝益肾，舒筋活络。阳虚为主，方用金匮肾气丸加丝瓜络、伸筋草、地龙；阴虚为主，方用六味地黄丸加丝瓜络、伸筋草、地龙。后者多因内障眼疾，或黑睛宿翳等症，一眼视力极差，睛明失明，脉络弛缓而致目偏视。临床应根据不同病情辨证治疗，并配合针灸。如无效果，则需采取手术治疗。

目偏视一症，应及时医治，日久则经络气血凝滞，收效更难。

【文献别录】

《圣济总录·卷一〇六》："坠睛者，眼因贼风所吹，血脉受寒，黄冲瞳人，风寒气随眼带牵曳，睛瞳向下。"

《证治准绳·瞳神反背》："其珠斜翻侧转，白向外而黑向内也。"

《审视瑶函·目仰视》："小儿不定，翻眼抬睛，状若神祟，头目仰高，名为天钩，亦惊风之症，宜服九龙控涎散。"

（沙凤桐）

609. 瞳 神 散 大

【概念】

瞳神散大，是指瞳神较正常开大，甚至展缩失灵，散而不收，黄仁仅剩窄细如线的症状。

本症在《兰室秘藏》称"瞳子散大"，《银海精微》称"辘轳展开"、"通瞳"，《证治准绳》则称"瞳神散大"。尚有称为"瞳人开大"、"瞳仁散大"、"瞳人散杳"者。

【鉴别】

常见证候

气阴两虚瞳神散大：视物如在云雾之中，患眼干涩不爽，头晕目眩，体倦乏力，心烦少寐，口咽干燥，舌质红苔黄，脉濡细。

阴虚火旺瞳神散大：视物模糊，目赤眵结，耳鸣耳聋，腰膝痠软，遗精滑泄，舌红苔少，脉虚细带数。

痰火郁结瞳神散大：神物不清，眼珠及头额眉棱胀痛，或偏于一侧，身热口渴，呕吐涎沫，舌苔腻，脉弦滑。

肝气郁结瞳神散大：视物昏朦，面红目赤，胸闷胁痛，烦躁不宁，嗳气少食，舌红苔薄，脉弦。

外伤瞳神散大：撞击伤目，视物昏朦、头眼胀痛，甚则血灌瞳神，胞睑瘀血，肿胀疼痛。

鉴别分析

气阴两虚瞳神散大和阴虚火旺瞳神散大：气阴两虚多由心肝火盛所致，气不摄敛，阴失濡养，故瞳神散大，视物如在云雾之中，常伴有头晕目眩，口咽干燥，肢倦乏力等症。阴虚火旺，多由肝肾阴亏所致，阴虚于下，火旺于上，故瞳神散大，目赤眵少而结，常伴有耳鸣耳聋，腰膝痠软等症。前者为虚证，治宜益气养阴，方用滋阴地黄丸。后者为本虚标实，治宜滋阴降火，方用泻肾汤，兼服磁朱丸。

痰火郁结瞳神散大与肝气郁结瞳神散大：痰火郁结，多由痰火上乘所致，痰与火结，火动阳升，故瞳神散大，视物不清。常伴有眼珠及头额眉棱胀痛，或偏于一侧，以及身热口渴，恶心呕吐等症。暴怒伤肝，多由肝气凌逆所致，肝郁不达，怒则气上。故瞳神散大，视物昏蒙，常伴有面红目赤，胸闷胁痛等症。二者均属实证，痰火为患，治宜化痰清火，方用清痰饮。肝气怫郁，治宜调肝理气，方用调气汤，兼服磁朱丸。

外伤瞳神散大：多由直接或间接撞击睛珠，损伤脉络及黄仁，真气内耗，无以摄敛，故瞳神散大，或偏斜不圆，阳看不能变小。甚则血灌瞳神，胞睑瘀血肿胀。治宜和营化瘀，滋肾益精，方用大黄当归散合六味地黄丸加减。

瞳神为先天之精气所生，后天之精气所养。精气失于敛聚，则瞳神散大。但有伤于气，损于精；有水不济火，虚火上炎；有痰火、肝气，或外伤触损真气所致者。其病因病机不同，各有见症可辨。惟本症系眼科临床的危急重症，应急速治疗，收敛瞳神，以复神光，否则病延日久，精气耗而难复，瞳神散而不聚，终成废疾。如《证治准绳·七窍门》说："若初起即收可复，缓则气定膏散，不复收敛。未起内障颜色，而止是散大者，瞳神收而光自生矣。……病既急者，以收瞳神为先，瞳神但得收，目得生意。"

【文献别录】

《兰室秘藏·眼鼻门》："瞳子散大者，少阴心之脉挟目系，厥阴肝之脉连目系，心主火，肝主木，此木火之势盛也。其味则宜苦、宜酸、宜凉，大忌辛热之物，以助木火之邪也，饮食中常知此理可也。夫辛主散，热则助火，故不可食，诸酸主收心气，泻木火也。诸苦泻火，热则益水也，尤忌食冷水大寒之物，此则能损胃气，胃气不行，则元气不生，元气不行，胃气下流，胸中三焦之火及心火乘于肺，上入脑灼髓，火主散溢，瞳子开大。大热之物，又助火邪也，此盖不可食验也。药中之茺蔚子，味辛及主益睛，辛者是助火也，故去之。乃加黄连黄芩泻中焦之火，芩能泻上焦肺中之火，以酒洗之，乃寒因热用也。又去青葙子，为助阳火也。加五味子以收瞳入开大。"

《赤水玄珠·卷三》："阴主敛，阴虚则瞳子散大而为目昏花。"

（高健生）

610.瞳 神 缩 小

【概念】

瞳神缩小，是指瞳神失去正常的展缩功能，持续变小，甚至缩小如粟米或如针孔。

本症各见于《审视瑶函》。《证治准绳·七窍门》称"瞳神紧小"。《原机启微》称"强阳搏实阴之病"。《银海精微》称"瞳神锁紧"。《一草亭目科全书》称"瞳神焦小"、《眼科菁华录》称"瞳神细小"。《病源辞典》称"瞳缩"。《眼科捷径》称"肝决"。

【鉴别】

常见证候

肝胆火炽瞳神缩小：瞳神缩小，展缩失灵。发病急骤，珠痛拒按，痛连眉棱、颞颥。泪热如汤，畏光难睁，白睛混赤或抱轮红赤。黑睛内壁有沉着物，多为粉尘状。神水混浊，黄仁肿胀。兼见头痛头胀，胁肋灼痛，烦躁易怒，口干口苦，便秘溺赤，舌红苔黄，脉弦数。

风湿夹热瞳神缩小：瞳神缩小，或偏缺不圆，病情缠绵且长反复。发病或急或缓，视物昏矇或黑花自见。黑睛下份沉着物色白点或如羊脂状，神水不清，黄仁纹理模糊。兼见头昏身重，胸脘满闷，肢体困重，口干不欲饮，汗出热不解，舌苔黄腻，脉濡数。

肝肾阴虚瞳神缩小：瞳神缩小。病势较缓或患病既久，眼内干涩，视物昏花，赤痛时轻时重反复发作，黑睛内壁沉着物久不消退，神水轻度混浊。兼见头晕耳鸣，腰膝痠软，五心烦热，潮热盗汗，口咽干燥，舌红少津，脉细数。

气滞血瘀瞳神缩小：眼部受伤后疼痛流泪，视力下降，畏日羞明，白睛抱轮红赤或混赤，神水混浊，甚至血灌瞳神，瞳神渐小或边缘不圆整，舌红苔薄，脉弦。

鉴别分析

肝胆火炽瞳神缩小与风湿夹热瞳神缩小：二者均为实证，系火热或湿热之邪为患，但有脏腑病机之不同，肝胆火炽多因情志不舒，肝气郁结，肝胆蕴热，化火上炎，熏灼黄仁故瞳神缩小，展缩失灵。常伴有头痛头胀，烦躁易怒，口干口苦，便秘溺赤等症。治疗宜清肝泻火，方用新制柴连汤或龙胆泻肝汤加减。风湿夹热常因感受湿热外邪或过食辛辣炙煿，肥甘厚味，酿成脾胃湿热，上蒸头目，黄仁受灼故瞳神缩小，神水不清。常伴有头昏身重，胸脘满闷，肢体困重等症。治疗宜祛风清热除湿，方用抑阳酒连散加减。

肝肾阴虚瞳神缩小：多由情志不遂，气郁化火，或肝病温热病后期，耗伤肝阴，或劳累太过，病久伤阴，或禀赋不足，房事过度，或失血耗液，肾阴暗耗，虚火上炎，干扰目络致瞳神缩小，视物昏矇。常伴有头晕耳鸣，虚烦不眠，口咽干燥等症。治疗宜滋养肝肾，方用杞菊地黄丸加减。

气滞血瘀瞳神缩小：多由直接或间接撞击睛珠，气滞血瘀，目络阻滞，黄仁受损致瞳神缩小，受伤后视力下降，眼痛流泪。白睛抱轮红赤或混赤，神水混浊，瞳神渐小，或边缘不圆整。治疗宜清肝活血，方用当归散加减。

本症有急、慢性之分。主要为黄仁病变引起瞳神缩小，易反复发作，单眼或双眼先后发生。如失治或误治可导致瞳神干缺，甚至并发其它眼病而终至失明。另外眼部或全身其它疾病导致本症者首当治其主病。当瞳神缩小出现白睛抱轮红赤或混赤之候，应与绿风内障、天行赤眼、暴风客热鉴别。

【文献别录】

《证治准绳·七窍门》"秘要云：瞳子渐渐细小如簪脚，甚至小如针，视尚有光，早治可以挽住，復故则难。患者因恣色之故，虽病目亦不忘淫欲及劳伤血气，思竭心意，肝肾二经俱伤，元气衰弱，不能升运精汁以滋于胆，胆中之合之精有亏，则所输亦乏。故瞳中之精亦日渐耗损，甚则陷没俱无而终身疾矣。"

（赵　峪）

611. 瞳 神 干 缺

【概念】

瞳神干缺，是指黄仁与晶珠发生粘着，瞳神失去正圆，边缘参差不齐，形如锯齿状或花瓣状，黄仁干枯不荣，甚至有斑块状萎缩，且伴有视物昏朦。

本症名见《银海精微》。《秘传眼科龙木论》称"瞳人干缺外障"，《一草亭目科全书》称"瞳神缺陷"，此外尚有"金井锯齿"之称。

【鉴别】

常见证候

肝胆郁热瞳神干缺：神水混浊或神膏混浊，瞳神边缘不齐。头痛眼痛，热泪频流，羞明难睁，视物不清，抱轮红赤。黑睛后可见沉着物，黄仁纹理不清。兼见口渴喜饮，烦躁易怒，便秘溺赤，舌红苔黄，脉弦数。

肝肾阴虚瞳神干缺：患病日久，瞳神干缺状如花瓣、锯齿或小如针孔。或见翳膜遮蔽。眼目干涩，视物朦胧，抱轮红赤时轻时重，黑睛后可见尘状沉着物，黄仁纹理不清或黄仁局限性干枯变白。兼见头晕耳鸣，腰膝痠软，虚烦不眠，口干咽燥，舌红少苔，脉细数。

鉴别分析

肝胆郁热瞳神干缺与肝肾阴虚瞳神干缺：前者为实证，后者为虚证。肝胆郁热瞳神干缺多由情志不遂，肝胆积热，郁久化火，火气上逆，煎灼黄仁，故瞳神干缺，热泪频流。常伴有口渴喜饮，烦躁易怒等症。治疗宜清肝泻热，轻者用石决明散加减；重者用龙胆泻肝汤加减。肝肾阴虚多瞳神干缺由久病、大病损及肝肾，火盛水衰，阴精耗损，瞳神失于濡养，故瞳神干缺，视物不清。常伴有头晕耳鸣，虚烦不眠，口干咽燥等症。治疗宜滋阴明目，方用杞菊地黄丸加减。

本常为瞳神缩小之重症，或失治、误治，黄仁萎缩并与其后面晶珠粘连所致。其病因复杂，病程较长，变化多端，易反复发作，单眼或双眼均可患病。

【文献别录】

《银海精微》曰："劳伤于肝，故金井不圆。上下东西如锯齿，偏缺参差，久则渐渐细小，视物濛濛，难辨人物……。此症失于医治，久久瞳多锁紧，如小针眼大，内结有云翳，或黄或青或白。阴看不大，阳看不小，遂成瞖疾耳"。

《秘传眼科龙木论》曰："此眼初患之时，忽因疼痛发歇，作时难忍，夜卧不得睡，即瞳人干缺。或上或下，或东或西，常不圆正，不辨之光，久后俱损"。

（赵　峪）

612. 血灌瞳神

【概念】

血灌瞳神，是指目中之血，不循经注流，溢于黑睛与黄仁之间，轻者仅沉积下方呈水平液面，甚则一片鲜红，全掩瞳神，视力障碍的症状而言。因黑睛与黄仁之间溢血而得名。

本症在古典医籍中有"血灌瞳人"、"目血灌瞳人"、"血灌瞳人外障"等不同名称。《银海精微·卷上》云："血灌瞳人者，因毒血灌入金井瞳人水内也，犹如水流井中之状，清浊相混，时痛涩，红光满目，视物蒙蒙，如隔绢看物，若云雾中然。"《证治准绳·七窍门·血灌瞳神证》亦云："视瞳神不见其黑莹，但见一点鲜红，甚则紫浊色也，病至此亦甚危且急矣。"

近代结合西医诊断，分为"血灌瞳神外障"即离经之血，灌注于黑睛与黄仁之间，类今之前房出血；"血灌瞳神内障"即离经之血灌注瞳神内，呈一点殷红或暗红色，视力速降，多属暴盲范畴，类今之玻璃体出血。

另有"瘀血灌睛"，是由淤血停滞胞睑皮下及白睛部位，致白睛红赤，甚则紫黑。应予区别。

【鉴别】

常见证候

肝胆火热血灌瞳神：黑睛与黄仁之间溢血，色泽鲜红，轻者沉积下方呈水平液面，甚者黑睛一片鲜红，遮盖瞳人。眼目胀涩疼痛，白睛混赤或抱轮红赤，热泪如汤，羞明难睁，视物模糊，如隔绢纱烟雾，或红光满目。兼见头痛耳鸣，口苦咽干，胸胁胀满，心烦易怒，溲赤便秘，舌红，脉弦数。

肝肾阴虚血灌瞳神：黑睛与黄仁之间瘀血积滞。睛珠干涩少泪而痛，白睛红赤，视物模糊，不耐久视。兼见头晕耳鸣，腰膝痠软，潮热盗汗，夜梦遗精，舌尖红，脉细数。

脾不统血血灌瞳神：瘀血留滞黑睛与黄仁之间，甚则黑睛一片鲜红。睛珠胀痛，白睛红赤，视力疲劳，视物不清。兼见面色少华，神疲乏力，食少便溏，失眠多梦，舌淡脉濡弱。

被物所伤血灌瞳神：为钝物所伤，或施眼科手术中失手，黄仁脉络受损，血溢络外，停滞于黑睛与黄仁之间，甚至黑睛一片鲜红，瞳神被掩，白睛紫黑一片或如血灌。胞睑肿胀，青紫瘀痛，视物模糊，舌质如常，脉弦。

鉴别分析

肝胆火热血灌瞳神与肝肾阴虚血灌瞳神：同为黑睛与黄仁之间出血，但一实一虚，通过眼部症状和全身症状不难辨别。前者是因肝胆炽热，火气上逆，熏蒸二目，迫血妄行，故目赤胀痛，羞明，热泪如汤，全身症状可见口苦咽干，耳鸣胁痛，心烦溲赤，脉弦数。治宜清肝泻热，凉血止血，方用龙胆泻肝汤加赤芍、丹皮，或瘀血灌睛方加减。后者多因房事不节，或久病伤阴，阴不制阳，虚火上炎，损于目络，溢血灌入瞳神，故眼部症状多见白睛红赤干涩，不耐久视，全身症状常见头晕，潮热盗汗，腰膝痠软，梦遗早泄，脉细数。治宜滋阴降火，和营止血，方用滋阴降火汤加减。出血已止，酌加花蕊石、丹参、三七粉等活血化瘀之品。

脾不统血血灌瞳神与肝肾阴虚血灌瞳神：均属虚证，但前者多因素体脾胃气弱，或久病中虚，统摄无权，血不循经，溢于络外，故瞳神血灌，白睛色赤，眼睑无力，常欲垂闭，神疲食少，脉濡弱。临床表现与肝肾阴虚血灌瞳神的兼症应可鉴别。治宜补脾摄血，方用归脾汤加减。

被物所伤血灌瞳神：有明显的钝物撞击、手术针灸失误等外伤史，继见睛内出血灌于黄仁与黑睛之间。一般可见眼胞肿胀青紫，伤目疼痛难睁等症，治疗及时，消退尚易。《银海精微·血灌瞳人》说："……撞破之血鲜而热，灌虽甚，退之速。"但若因循失治，久则瘀血难化，甚至目珠胀痛剧烈，坚硬如石，头痛如劈，转为凶候。治宜凉血止血，佐以化瘀，方用大黄当归散加丹皮、阿胶、三七粉。若瘀血积久不消，则当滋阴平肝，活血破瘀，益气明目，软坚散结，方用坠血明目饮，酌加三棱、莪术、昆布、夏枯草、生芪、白术等，目珠胀痛，方用止痛没药散。

【文献别录】

《秘传眼科龙木论·血灌瞳人外障》："此眼初患之时，忽被物误刺着，针或灸之失度。至今一眼先患，后乃相撞俱损。盖为疼痛难忍，卧时好眼安着枕上，便流毒血在好眼中，致使损伤。"

《张氏医通·七窍门》"因毒血灌入金井瞳神水内也，清浊相混，时痛涩，红光满目，朦朦如隔绢，看物若烟雾中，此证有三，若肝肾血热灌入瞳神者，多一眼先患，后相牵俱损，最难得退。有撞损血灌入者，虽甚而退速。有针内障失手拨黄仁，瘀血灌入者，三证治法颇同。"

（沙凤桐）

613. 近　视

【概念】

近视，是指目本无病，视近清楚，视远模糊者。

隋《诸病源候论》已有目不能远视的记载。《证治准绳·七窍门》称为"能近怯远证"，清《目经大成》始简称"近视"。《审视瑶函》曾说："此症非谓禀受生成近觑之病不治者。盖言平昔无病能远视，忽目患能近视而不能远视者。"故先天性近视不属本条讨论范围。

【鉴别】

常见证候

气虚神伤近视：能近视而不能远视，夜寐梦多，恍惚健忘，心烦不宁，体倦无力，苔薄白，脉细弱。

肝肾亏虚近视：眼目昏暗，远视不明，时见黑花，日久可成内障，或伴见腰膝痠软，阳萎遗精，小便余沥，舌淡，脉细弱。

鉴别分析

气虚神伤近视：多由内伤劳倦，灯下阅读细字，目力过劳，耗气伤神所致，神伤气损，阳火无以发越，故远视不明。常兼见体倦无力，心神不宁，夜寐多梦，恍惚健忘等症。治宜益气养心，安神定志，方用定志丸。

肝肾亏虚近视：多由劳心竭思，房事不节，忿怒暴悖，肝肾精气虚衰所致。精不足则无以化气，气不足则无以充养神光，故能近视而不能远视。可兼见腰膝瘦软，阳痿遗精，小便余沥，脉细弱等症。治宜滋补肝肾，益精明目，方用补肾磁石丸。如见气虚，加黄芪、党参。

人之远视依赖于神光，神光者，原于命门，通于胆，发于心，皆火之用事。诚如《此事难知》所说："目能近视者，责其有水，不能远视者，责其无火"。因此，近视一症，虽有气虚神伤及肝肾亏损之分，但治疗上应适当配合补其阳气，方能奏效。

【文献别录】

《银海精微》："问曰：能近视，不能远视者何也。答曰：血虚气不足也。"

《审视瑶函·能近怯远症》："阳不足，阴有余，病于少火者也。无火是以光华不能发越于远，而拘敛近视耳……天气之所用谓之火，在身为运用，在目为神光，若躭酒嗜燥，头风痰火，忿怒暴悖者，必伤神损气，神气弱必发用衰，发用衰则经络涩滞，故阴盛阳衰，而光华不能及远矣，宜服定志丸。"

（高健生）

614. 远　　视

【概念】

远视，是指目能视远而不能视近，或视远较视近清楚而言。

本症在《素问病机气宜保命集》称"能远视不能近视"，《证治准绳》称为"能远怯近症"，《目经大成》简称"远视"。

《眼科纂要》中明确指出，远视是平日本无病，乃因病而成。若先天生成者，非针药之力所能及，不属本条讨论范围。

【鉴别】

常见证候

阴精不足远视：能远视而不能近视，久视则目珠瘦痛，头晕耳鸣，腰膝瘦软，口咽干燥，甚则遗精盗汗，牙齿松动，舌红少苔，脉细数。

阴虚火旺远视：能远怯近，不能久视，两目大小眦角隐隐发赤，头晕耳鸣，腰瘦腿软，潮热颧红，手足心热，夜多盗汗，舌质红绛，脉细弦数。

气血两虚远视：视远较视近清楚，不耐久视，久视两目瘦痛，甚则痛连两眶及前额部，面色少华，心悸怔忡，头晕失眠，气短神疲，食欲不振，舌淡少苔，脉细无力。

阴阳两虚远视：目力减退，视近昏朦，但视远较视近略清楚，伴形寒肢冷，舌淡苔白，脉沉细。

鉴别分析

阴精不足远视：多由房事不节，饥饱失常，形体劳倦，悲泣过度，耗伤阴精所致，不能上承目窍而敛聚光华，故视近模糊。阳火发越于外，故远视尚清。《此事难知》说："目能远视，责其有火。不能近视，责其无水，法当补肾。"肾主藏精，阴精虚则里热肆扰，故五心烦热，口咽发干，遗精盗汗。舌红少苔，脉细数。治宜滋水益精，方用六味地黄丸，加五味子、牡蛎；目珠疼痛，加川芎、当归、蔓荆子。或用地芝丸。

阴虚火旺远视：多由水衰不能制火，虚火僭越所致。症见两眦部白睛淡红，目发干涩，常随劳累思虑失眠而加重。兼有午后低热，颧红，口咽干燥，夜多盗汗等阴虚火旺之象。治宜滋阴降火，方选知柏地黄汤，或滋阴降火汤加减。

气血两虚远视：多由气虚血亏，光华散乱所致。主要表现为视远较视近清楚，但不能持久，若强行久视，则眼珠及眉棱骨疼痛。兼见面色无华，气短懒言，舌淡少苔等症。治宜补益气血，方用八珍汤，柴胡参术汤加减。

阴阳两虚远视：多因阳气虚弱，神光不能发越于外而远照，故视远较模糊。阴精亏耗，光华不能聚敛，故视近亦昏蒙。但视远较视近稍好。常伴有形寒肢冷，舌淡苔白，脉沉细等症。治宜扶阳益阴，收敛精气，方用全真益气汤。

一般说来，阴精不足远视、阴虚火旺远视与气血两虚远视，多见于青壮年，可根据症情采取适当治法。而阴阳两虚，则属老人桑榆之象，惟宜注意调摄，以延缓其发展。

【文献别录】

《景岳全书·眼目》："东垣曰能远视不能近视者，阳气不足，阴气有余也，乃气虚而血盛也。血盛者阴火有余，气虚者气弱也，此老人桑榆之象也。能近视不能远视者，阳气有余，阴气不足也，乃血虚气盛也，血虚气盛者皆火有余，元气不足也。火者元气之贼也。

王海藏曰：目能远视责其有火，不能近视责其无水，宜东垣地芝丸主之。目能近视责其有水，不能远视责其无火，东垣定志丸主之。

愚谓此二子之说，在东垣以不能近视为阳不足，不能远视为阴不足。在海藏以能远视不能近视，责其有火无水；能近视不能远视，责其有水无火。何二子之言相反也，岂无是非之辨哉。观刘宗厚曰：阳气者，犹日火也。阴气者，金水也。先儒谓金水内明而外暗，日火外明而内暗，此自易之理也。然则内明者利于近，外明者利于远。故凡不能远视者，必阴胜阳也。不能近视者必阳胜阴也。由此之言，则海藏是而东垣非矣。若以愚见评之，则但当言其不足，不必言其有余。故曰不能远视者，阳气不足也；不能近视者，阴气不足也。岂不甚为明显。若东垣以阴气有余，阳气有余，皆谓之火，则能视者皆火病也。海藏云能近视责其有水，能远视责其有火，则当责者亦是病也。此等议论，余则未敢服膺。"

（高健生）

615. 老 花 眼

【概念】

老花眼，是指人年40岁以上视远尚清，视近渐昏。亦称老视。这是人体衰老变化的一种表现，与体质关系密切。

随年老体衰，肾精虚少而逐渐视远怯近者不属病态。

【鉴别】

常见证候

肝肾两虚老花眼：近视力逐渐减退，尤以夜间灯光下或光线不充足处为甚，常将近物远移，随年龄增长而加重。若勉强视近，可引起头痛、眼胀干涩等症状。兼见头晕目眩，虚烦不眠，口干咽燥，腰膝酸软，舌红少苔，脉细弱。

气血两虚老花眼：老花眼，全身兼见头晕心悸，失眠健忘，肢体倦怠，少气懒言，面色不华。舌淡苔白，脉细弱。

鉴别分析

肝肾两虚老花眼与气血两虚老花眼：两者均为虚证，眼部表现相同，惟全身兼证不同。均可由老年体弱，脏腑机能衰弱，肝肾之精不足，或脾胃气血亏损，或劳瞻竭视，致阴血暗耗，阴精不足，不能配阳，目中光华虽可发越于外，但不能收敛视近。前者治疗宜滋养肝肾，杞菊地黄丸加减；若肾虚有热者，宜滋肾清热，知柏地黄丸加减。后者宜补益气血，八珍汤加减。

年龄从 40~45 岁开始，视远尚清，视近模糊，验光检影有老光镜度数，但全身无明显症状，一般无需服药，采用配镜疗法，以提高近视力。

【文献别录】

《备急千金要方》曰："凡人年四十五已后渐觉眼暗。"

《银海精微》："能远视不能近视者何也。答曰："气旺血衰也。经云：近视不明是无水也。治宜六味地黄丸加补肾丸，诸补阴药皆可主之。"

《审视瑶函》曰："此症谓目能远视而不能近视也。盖阴精不足，阳光有余，病于水者故光华发见散乱，而不能收敛近视。治之止在心肾。心肾平则水火调，而阴阳和畅则远近发用，各得其宜。"

（赵　峪）

616. 经 行 目 痛

【概念】

经行目痛，是指妇女在行经之际，眼目或隐痛、或涩痛，甚则肿涩难睁，黑睛生翳的症状而言。

本症在《银海精微》称"血室涩痛症"，《眼科金镜》称"经脉目病"，《医宗金鉴》则称"行经目痛"。

【鉴别】

常见证候

肝虚血亏经行目痛：行经睛珠隐痛，伴有头晕眼花，面色苍白，心悸失眠，唇舌色淡，脉沉细。

血虚受风经行目痛：行经睛珠疼痛，眉眶疼痛和偏侧头痛，伴有面色苍白，舌质淡，脉弦细。

肝热受风经行目痛：行经白睛红赤，头目疼痛，羞明流泪，伴有涩痛难睁，黑睛星翳或凝脂，舌质较红，苔薄白或薄黄，脉弦细而数。

血凝翳留经行目痛：行经黑睛斑翳脆嫩，睛珠胀痛，行经加重，舌质淡红，脉细而缓。

鉴别分析

肝虚血亏经行目痛：多由妇女冲妊虚弱，行经血去过多，营血不足，清窍失养所致。辨证要点为：睛珠隐痛，头晕眼花，伴有面色苍白，心悸失眠、唇舌色淡，脉沉细。治宜补血养营，方选四物汤加减；但血虚常伴气虚，如兼见气短神疲者，酌加黄芪、党参。

血虚受风经行目痛：多由经量过多，血损体虚，营血不能上充，风邪乘虚外侵所致。辨证要点为：睛珠疼痛，眉眶酸痛和偏侧头痛，舌淡，脉弦细。治宜养血疏风，方用当归养荣汤加荆芥、蔓荆子。

肝热受风经行目痛：多由肝有积热，外受风邪，风热相搏，上攻于目所致。辨证要点为：头痛目赤，羞明流泪，涩痛难睁，黑睛星翳，甚则凝脂。治宜祛风清热，滋阴活血，退翳明目，方用红肿翳障经验方。若行经量多，邪气方盛，正气不足，睛珠涩痛加剧，治宜清肝和营，祛风消翳，方用当归补血散或当归补血汤。

血凝翳留经行目痛：多由目疾久服寒凉和祛风之剂所致。血遇寒则凝，风药性燥，每易伤阴化热，翳自热生，病在黑睛，故翳凝难退。辨证要点为：睛珠胀痛，行经加重，斑翳脆浮而嫩，舌质淡红，边有瘀斑，脉细，治宜滋阴活血，退翳明目，方用四物退翳汤。

经行目痛，肝虚血亏者则睛珠隐痛；血虚受风者则睛珠疼痛，伴有眉眶痠痛和偏侧头痛；肝热受风者则头痛目赤，羞明流泪，涩痛难睁；血凝翳留者则睛珠胀痛，行经加重，临床不难鉴别。

【文献别录】

《原机启微·亡血过多之病》："……妇人产后崩漏亡血过多者，皆能病焉。其为病睛珠痛，珠痛不能视，羞明癮涩……眉骨太阳，因为痠痛，当作芎归补血汤主之。"

《眼科金镜·经脉目病症》："女子遇行经之际，眼目涩痛，头痛眩晕，酸涩难开，羞明怕光，黑珠生薄云轻雾，或生星点碎翳，或生陷翳，皆因去血过多，禀受素弱，气分不舒所致也。"

（韦玉英）

617. 云 雾 移 睛

【概念】

云雾移睛，是指眼目外观端好，自视眼外似有云雾浮移或飞蚊蝇翅，旗绦环在空中飞扬随目珠转动而撩乱的症状而言。相当于西医之玻璃体混浊。

本症在《银海精微》称"蝇翅黑花，"《证治准绳》称"云雾移睛"，论述颇详，后世医家多宗其说。此外，尚有称为"眼前黑花"，"蝇翅黑花内障"，"飞蝇散乱"，或于"目妄见"中提及本症者。

若因出血导致严重的眼前云雾移睛，继而神水红光致目盲者，则属"暴盲"，详见该条。

【鉴别】

常见证候

肝肾亏损云雾移睛：双目外观如常，自觉眼前有蚊蝇黑影飞舞飘动，仰视则上，俯视则下。视物模糊，久视则双目干涩坠痛，兼见头晕耳鸣，腰膝无力，夜梦遗精，舌红苔少，脉细弱或虚大。

气血两虚云雾移睛：双侧外观端好，常觉目外有如蝇蛇绦环等状黑影缭绕，目珠隐痛干涩，引及眉棱骨痛，久视更甚，面色不华，气短懒言，心悸失眠，舌淡，脉濡细。

痰浊上蒙云雾移睛：眼前有旗斾蛺蝶或蚊蝇翅状物飘动，色或微黄，双眼外观如常，兼头蒙不爽，目不欲睁，痰多胸闷，神疲乏困，纳呆便溏，舌苔腻或白滑，脉滑。

湿热蕴蒸云雾移睛：眼前常有蛛丝飘动，蚊蝇飞舞，随眼珠动定而移止，视物模糊如隔轻纱薄雾，常见白睛红赤，或抱轮红赤，头痛目痛，畏光，瞳神紧小，兼见口苦，心烦，溲赤，舌苔白腻，脉濡滑数。

鉴别分析

肝肾亏损云雾移睛与气血两虚云雾移睛：主要表现，眼前云雾浮移，均属虚证。一为肝肾不足，阴精不能上承二目，多见于老年及羸弱之体，故多兼头晕耳鸣，腰膝痠软，夜梦遗精等症。一为心脾俱虚，气血不足，不能滋养二目，多见于久病体弱或新产失血之后，故常伴面色不华，气短懒言，心悸失眠等症。前者治宜补益肝肾，方用补水宁神汤加桑椹、黑芝麻，或明目地黄丸。后者治宜益气养血，方用人参养营汤，或补气养血方。

痰浊上蒙云雾移睛与湿热蕴蒸云雾移睛：主要表现，视力下降，眼前蚊蝇飞扬，均属实证。一为脾失健运，痰浊停聚，清阳不升，多见于恣食肥厚膏粱之体，故多兼头昏朦，目不欲睁，痰多胸闷，纳呆便溏等症。一为湿阻气机，郁而化热，多见嗜食辛辣炙煿之人，故常伴白睛红赤，口苦心烦，溲赤等症。前者治宜除湿化痰，方用温胆汤加白术、胆南星、海浮石。后者治宜清热利湿，方用秘方猪苓汤加苦参、滑石粉，或龙胆泻肝汤加减。

云雾移睛一症，临床首当辨明虚实。虚者总有肝肾亏损、气血两虚。实者多责之痰湿内生，或为痰浊，或为湿热，掌握要领，不难鉴别。两证若有兼见，即痰、湿、热兼见，则应清热化痰祛湿兼施，方用温胆汤、蒿芩清胆汤合方加减。

【文献别录】

《证治准绳·云雾移睛》："……乃玄府有伤络间精液，耗涩郁滞清纯之气而为内障之证。其源皆属胆肾，黑者胆肾自病，白者因痰火伤肺金之清纯不足，黄者脾胃清纯之气有伤其络。"

（沙凤桐）

618.暴　　盲

【概念】

暴盲，是指骤然一眼或双眼视力迅速下降，以致视力丧失的内障症状。

本症见于《证治准绳·七窍门》，如说："暴盲：平日素无他病，外不伤轮廓，内不损瞳神，倏然盲而不见也。"

暴盲与"青盲"都是盲而不见，眼外观正常，瞳神内无翳障气色可寻。然"青盲"

以视力渐渐下降，或因其他内障眼病而盲为特征。二者有别，故另条讨论。

【鉴别】

常见证候

热入营血暴盲：壮热口干，双眼突然盲而不见，神昏谵语，或见斑疹，舌红绛，苔光剥，脉细数。

肝火上逆暴盲：烦躁易怒，骤然一眼或双眼盲而不见，目珠疼痛，头晕且痛，面红目赤，胁痛口苦，舌红苔黄，脉弦数。

阴虚火旺暴盲：头晕目眩，眼前自觉炊烟缕缕，逐渐散开，呈一片红光，继而目盲不见，颧红潮热，心悸盗汗，五心烦热，舌红苔少，脉细数无力。

气血瘀阻暴盲：瞬息单眼盲而不见，伴头痛口苦，舌苔薄，脉细涩。

鉴别分析

热入营血暴盲：多发于热性病的后期，温热之邪内陷营血，玄府闭阻，血热妄行，上冲头目，目系受伤，双目暴盲。营分热盛，神明被扰，故壮热，神昏，谵语；邪热灼伤津液，故口渴；血热妄行，溢于皮肤，故斑疹显现；邪热稽留营血，津液内耗，故舌红绛，苔光剥，脉细数。治宜清营解毒，凉血止血。邪在营分，舌红苔少，方选清营汤；邪入血分，外发斑疹，舌绛苔光剥，方选犀角地黄汤；邪陷心包，神昏谵语，壮热，方选安宫牛黄丸，或至宝丹，或紫雪丹。

肝火上逆暴盲：多因忿怒暴悖，怒则气火上炎，神珠受损而致暴盲，常见单侧或双侧失明。肝火炽盛，上扰清窍而头痛、目赤，面红，肝经郁热，木失疏泄，故胁痛口苦；心神被扰，则烦躁不安；火旺热烁，故舌红苔黄，脉弦数。治宜清肝泻火，方选龙胆泻肝汤加减。

肝火上逆暴盲与热入营血暴盲：二者均为实热，上犯目系所致。一是情志内伤，肝火上逆，症见头痛，胁痛口苦，脉弦数，其治在肝；一为感温热之邪，内传营血，迫血妄行，症见壮热神昏，谵语斑疹，舌红绛，苔光，脉细数。不难鉴别。

阴虚火旺暴盲：多因素体阴血不足，或劳心竭思，耗伤心阴，以致心阴不足，心火旺盛，上损神珠而暴盲。阴血不足，心失所养，故心悸；血不上荣，故头晕目眩；阴虚则生内热，故颧红潮热，五心烦热；阴虚火旺则舌红苔少，脉细数无力。治宜滋阴降火，养心安神，方选黄连阿胶汤加减；若兼肾阴不足，腰痠梦遗，方选知柏地黄丸加减。

阴虚火旺暴盲与热入营血暴盲：二者均有阴津不足的表现，然前者以阴虚为主，症见阴虚火旺之潮热，五心烦热；后者以邪热为主，症见热伤阴津之口干，常兼壮热神昏，证候不同。

气血瘀阻暴盲：多因急躁易怒，嗜酒食辛之人，以致气火上逆，浸淫目系，睛内络脉阻滞，气行不畅，瘀血内阻，清窍失养。不通则痛，故见头痛，口苦，苔薄，脉细弦或细涩，治宜活血化瘀，行气通窍，方选通窍活血汤加白蒺藜、夏枯草、石决明等。据其睛内有脉道阻滞，或闭塞之象，有助于辨证。

暴盲一症，临床当分热、火、虚、瘀。因发病急骤，辨清病因、证候，采取积极措施，进行救治。诚如《审视瑶函》所说："其症最速而异，……急治可复，缓则气定而无用。"临床中常用现代手段观察眼底，对辨证有一定帮助。

【文献别录】

《儒门事亲·卷六》："目盲：戴人女僮至西华，目忽暴盲不见物。戴人曰：此相火也，太阳阳明气血俱盛。乃刺其鼻中，攒竹穴，与顶前五穴，大出血，目立明。"

《证治准绳·七窍门》："病致有三，曰阳寡，曰阴孤，曰神离，乃否塞关格之病。"

《杂病源流犀烛》："河间曰：热气怫郁，玄府闭塞，而致气液血脉，营卫精神，不能升降出入，各随所郁微甚，而为病之重轻。故热郁于目，目无所见。"

（高健生）

619. 白　内　障

【概念】

白内障，是指瞳神内黄精混浊，逐渐发展成翳障，影响视力，甚至失明的症状。古称"内障"、"圆翳内障"等，因其从内而蔽故名。《目经大成》说："此症盖目无病失明，金井之中，有翳障于神水之上，曰内障。"多见于老年人，亦有因胎患或外伤震击所致者。

内障之名，见于《秘传眼科龙木论》，分内障与外障二大类，属内障者二十三症，包括瞳神以内的疾患，元《原机启微·阴弱不能配阳之病》记载的"内障"，即指"圆翳内障"之类。明《医学纲目》始明确将"内障"与瞳神以内的其他病变区分。并说："内障先患一日，次第相引，两目俱损者，皆有翳在黑睛内，遮盖瞳子而然。"

另"青盲"症，亦视物昏蒙，但外观端好，无气色形态可辨，应与"白内障"鉴别。

【鉴别】

常见证候

脾虚白内障：视物模糊，不能久视，视久则痠痛，渐致失明，兼见面色㿠白，肢体倦怠，气怯懒言，食少纳呆，舌淡，脉虚细。

阴虚白内障：初起视觉昏花，常见空中黑花撩乱，继则视歧，睹物成二体，瞳神气色呈淡白或淡黄，逐渐转为全白而失明，兼见头晕耳鸣，腰膝痠软，舌质红，苔黄，脉细弱。

火盛白内障：视物昏花，眼前蝇飞蝶舞，或若垂蟢，或若薄烟轻雾，不痛不痒，渐渐加重而失明，兼见口苦咽干，心烦少寐，睡眠多梦，舌红，脉细数。

胎患白内障：小儿出身后即视物不辨，瞳神内黄精混浊，有白翳在神水之中，障于瞳神，常伴有眼内其他病变，或与先天禀赋畸形等症并见。

惊震白内障：眼珠顿挫损伤，瞳神内黄精逐渐混浊，视物昏朦，甚则只辨三光。

鉴别分析

脾虚白内障与阴虚白内障：瞳神内可见黄精混浊，由轻至重，最后白内障渐渐发展，障满瞳神，只辨三光，是二证的共同特点。但前者多因饥饱劳倦，饮食不节，损伤脾胃，脾虚气弱，升降失司，清阳不能充养瞳神，故视物模糊，久视则双目痠痛不适。且伴有面色㿠白，肢体倦怠，少气懒言，舌淡，脉细等中气不足之证。治宜健脾补中，益气升阳，方用补中益气汤，益气聪明汤，或冲和养胃汤。后者多因年高体弱，或房劳过度，阴精耗伤，不能充养目窍，故初起视觉昏蒙；常见空中黑花，继则视歧，睹一成二，《灵枢·大惑论》说："精散则视歧，故见两物。"常伴有头晕耳鸣，腰膝痠软，舌质红，苔薄，脉细弱等肝肾两亏之证。治宜养肝益肾，滋阴明目，方用杞菊地黄丸。

火盛白内障：多因劳心竭思，过食辛热炙煿，暴怒忿郁，肝木不平，内挟心火，蒸灼神水、神膏，瞳神内黄精混浊，故视物昏花，眼前蝇翅飞扬，渐至失明。且伴有口苦咽干，心烦少寐，舌质红，脉细数等心肝热炽之证。治宜清肝泻心，养阴泄热，方用滋阴地黄丸。

胎患白内障与惊震白内障：二证各有特点。前者多因在母腹中，饮食乖违，恣啖辛热厚味，或将息失度，患有它病，或受惊恐等，影响胎儿发育，致生后即有内障。早期不易察觉，仔细观察，患儿不言不笑，睹无盼视，便可发现，临床难获疗效。后者多由外伤，触动神水、神膏，损及黄精而混浊，故目视昏朦。治宜活血行瘀，方用经效散。

白内障一症，乃瞳神内黄精混浊而形成。初起程度较轻，被黄仁遮挡不易发现，一般不影响视力，需将瞳神放大，才可察见。其形色各异，有枣花、冠状、剑脊等形；有青白、黄心、棕褐等色。待白内障发展，逐渐遮蔽瞳神，视力亦随之减退，最后障满瞳神，仅辨人物影动及日、月、火三光。瞳神舒展灵活，阳看能小，阴看能大。不论何种证候，均应采用金针拨障术，或其它手术方法治疗。诚如《秘传眼科龙木论》所云："此时服药期销定，将息多乖及没功，日久既应全黑暗，特名内障障双瞳，名字随形分十六，龙师圣者会推穷，灵药这回难得效，金针一拨日当空。"

【文献别录】

《张氏医通》："内障一症，皆由本虚邪入，肝气冲上，不得外越，凝结而成。故多患于躁急善怒之辈。初起之时，不痛不痒，视物微昏，或朦胧如轻烟薄雾，次则空中常见黑花，或如蝇飞蟢垂，睹一成二，瞳神渐渐变色，而至失明。初时一眼先患，次则相牵俱损，能睹三光者可治。若三光已绝，虽龙树复出，亦难挽回。古人虽立多名，终不越有水无水之辨。若有水而光泽莹彻者易明；无水而不鲜明者难治。忽大忽小，收放如气蒸动者，针之立明；若久视定而不动者为死翳，纵水未枯，治之亦难全复。翳色白或带青，或如炉灰色，糙米色者易明；若真绿正黄色者不治。凡翳不拘何色，但有棱角，拨即难落；翳状破散，及中心浓重者，非拨可除。若犹能视物者，其翳尚嫩，不可便针。俟翳老，然后针之。又有一种翳色虽正，水纵不枯，目珠软塌者，此必不治，不可轻用金针。如一眼先暗，而三光已绝，其后眼续患，亦难针治。若夫瞳神散大，或紧小，或浑黑，或变色而无障翳，至不睹三光者，此内水亏乏，不在证治。"

（高健生）

620. 视 物 变 形

【概念】

视物变形，是指病眼外观正常，唯视物歪斜，形态失真的症状。

本症首见于《证治准绳》。《银海指南·肾经主病》亦提到"视正为横"。《审视瑶函》《张氏医通》《眼科菁华录》等均称"妄见"，其内容包括"视正反邪"、"视小为大"、"视大为小"、"视直如曲"……等多种症名。《目经大成》则称"视惑"，根据临床观察，

"视惑"应为视觉变异之总称，近代简称"视物变形"。

【鉴别】

常见证候

肝肾阴虚视物变形：表现为视直如曲、视大为小，伴有头晕目眩，口眼干涩，耳鸣失眠，腰痠遗精，或五心烦热，盗汗，舌红少苔，脉细数。

肝气郁结视物变形：视正反斜，视大为小，头痛眼胀，伴有神烦易怒，胸胁胀满，食欲不振，妇女月经不调，或经前乳房作胀，舌苔微黄薄腻，脉弦。

脾气虚弱视物变形：视正反斜，视大为小，头痛绵绵，纳少便溏，伴有神疲气短，舌质淡胖，脉沉细。

心脾两虚视物变形：视大为小，视正反斜，视力疲劳，眼睫乏力，心悸健忘，食欲不振，夜寐少宁，舌淡苔薄，脉细。

气滞血瘀视物变形：视正反斜，视大为小，时轻时重，每遇劳累而作，舌质紫黯，或有瘀点，脉细涩。

鉴别分析

肝肾阴虚视物变形：多由房劳伤精，神劳伤血，精血亏损，不能上充清窍而视觉变异。其辨证要点：上为头目眩晕，耳鸣，口眼干涩，下为腰痠遗精。阴虚生内热，则见五心烦热，盗汗，口苦神烦。治宜滋补肝肾，方选杞菊地黄丸，或明目地黄丸，酌加芡实、金樱子益肾固精。若阴虚火旺者，治宜滋阴降火，养血活血，方选滋阴降火汤，或知柏地黄汤加减。

肝气郁结视物变形：多由精神刺激，情志抑郁，肝气不舒，目窍失养所致；肝脉布胸胁，肝经气血郁滞，故胸胁胀满；胃失和降，故食欲不振；气郁化火上逆，故头痛眼胀，神烦易怒；肝失疏泄则月经不调。治宜舒肝解郁，方选丹栀逍遥散去生姜，酌加茺蔚子、决明子。

肝肾阴虚视物变形与肝气郁结视物变形，一为虚证，由于阴虚火旺，清窍失养，兼受火扰；一为实证，由于肝郁化火，上凌目窍。二者不难明辨。

脾气虚弱视物变形：多由脾运失健，水湿不化，清阳下陷，浊阴乘虚凝聚目窍；或水湿上泛于目所致。其辨证要点为：纳少便溏，神疲气短，面色萎黄，清窍失充而头痛绵绵。治宜益气升阳，调脾健胃，方选补中益气汤，或香砂六君子汤，加炒苡米健脾利湿。

心脾两虚视物变形：多由劳伤心脾，气血亏损，脉络空虚，血不养睛所致。其辨证要点为：视力疲劳，眼睫无力，食欲不振，心悸健忘，失眠多梦，大便溏薄。治宜补益心脾，方选归脾汤加减，或助阳活血汤加减。

脾气虚弱视物变形与心脾两虚视物变形，前者为气虚，后者为气血两虚，因而有血不养心的心悸健忘等症，应予区分。

气滞血瘀视物变形：多由外伤，或久病，脉络气滞，血行不畅，不通则痛。其辨证要点为：头眼胀痛，视物形态变异，一般病程较久，治宜活血破瘀，方选血府逐瘀汤，或桃红四物汤，酌加夏枯草、三棱、莪术等软坚散结之品；若余邪未尽，正气未复，酌加党参、太子参、生黄芪等益气活血，扶正祛邪。气滞血瘀的特征是视物变异久而不消，局部脉络瘀阻，舌质紫黯或有瘀点，脉细涩。可与其它证候相鉴别。

【文献别录】

《灵枢·大惑论》:"心有所喜,神有所恶,卒然相惑,则精气乱,视误故惑。"

《证治准绳·杂病篇·视正反邪证》:"物本正而目见为邪也,阴阳偏胜,神光欲散之候,阳胜阴者因姿辛嗜酒,怒悖头风、痰火气伤之病。阴胜阳者因色欲哭泣饮味,经产血伤之病,此内之玄府郁滞有偏,而气重于半边,故发见之火亦偏而不正耳,治用培其本而伐其标。"

《眼科金镜·视大变小症》:"乃肝肾之热邪久郁不发所致也,肝者目之窍、肾者目之精,怒伤肝、恐伤肾、肝肾二脏受伤,加之热灼真阴,故看大反小,譬如巨火照耀其影必小,细小照耀其影必大,以清热滋阴之剂。"

(韦玉英)

621. 夜　盲

【概念】

夜盲,是指白昼视觉正常,入暮或居暗室之中,则视物不见,或昏蒙的症状。

《诸病源候论》说:"有人昼而睛明,至瞑则不见物,世谓之雀目。"后世又称"雀盲"、"鸡盲"或"鸡蒙眼"等。因夜盲多见于小儿,故《银海精微》另立"小儿雀盲"之名。

【鉴别】

常见证候

肝血不足夜盲:每至日落之后,视力昏暗,不能见物,眼涩痒羞明,瞬目频作,时轻时重,甚则黑睛溃烂生翳,伴头晕心悸,舌淡苔薄,脉细弦。

肝肾阴虚夜盲:白昼目明,至瞑则不见物,视野狭窄,眼干不适,心烦少寐,腰痠腿软,头晕口干,遗精,舌红少苔,脉细数。

脾气虚弱夜盲:目入暮不能视物,视野狭窄,神疲乏力,少气懒言,舌质淡,苔薄白,脉细软。

脾肾阳虚夜盲:昼视通明,夜视罔见,视力减退,视野狭窄,形寒肢冷,腰膝痠软,阳痿早泄,五更泄泻,小便清长,或尿后余沥,舌质淡胖,苔白腻,脉沉细,两尺微。

气血两虚夜盲:头晕目眩,暮无所见,视野狭窄,面色苍白,心悸失眠,神疲乏力,气短自汗,舌质淡,脉细弱。

鉴别分析

肝血不足夜盲:多因素体虚弱,或失血,病后血虚,造成肝血不足,致神水神膏失其涵养,初则两目干涩,继则暮临,目无所见。血虚不能上荣头目,故头晕;血不养心,故心悸,舌淡,脉细。治宜养血补肝,方选转光丸加减。平时应多食动物肝脏,如猪、羊、鸡肝等,以肝补肝,增加营养。

肝肾阴虚夜盲:多从肝血不足夜盲发展而来,亦可因素体阴虚,房劳不节,肝肾同病。阴精亏损,髓海空虚,无以上养脑髓而充睛明,故入暮不见,视野狭窄。肾水不足,故头晕耳鸣。腰府空虚,则腰腿痠软;阴虚则生内热,故心烦少寐,口干;阴虚火动，精关不固，故遗精。舌红少苔，脉细数亦为阴虚内热之象。治宜滋补肝肾，佐以养心安神，方选六味地黄丸合酸枣仁汤加减。

脾气虚弱夜盲：多因饥饱无常，劳累过度，或思虑伤脾，中气不足，脾运失司，清阳之气不能升运，头目失养而致夜盲。脾气虚弱，故神疲乏力，少气懒言，舌质淡，脉细软。治宜益气健脾，补中升阳，方选补中益气汤，或益气聪明汤合决明夜灵散加减。

脾肾阳虚夜盲：多从脾气虚弱发展而来，故又重于脾气虚弱者，常互为因果。脾肾阳虚夜盲，多因脾气虚弱发展及肾，或素体阳虚，脾肾两亏，清阳不升，气不荣睛而见夜盲。阳虚生外寒，故形寒肢冷；脾肾阳虚，阳气衰微，故腰膝痠冷，阳痿早泄，甚则五更泄泻，舌淡胖，脉沉细。治宜温补脾肾，方选金匮肾气丸，或全鹿丸加减。

肝血不足夜盲、肝肾阴虚夜盲与脾虚气弱夜盲、脾肾阳虚夜盲：四者之间有血虚发展至阴虚，气虚发展至阳虚的关联。前二证为阴血虚，后二证为阳气虚，故不难鉴别。

气血两虚夜盲：多因久病，或素体脾胃虚弱，气血生化之源不足，无以滋养头目，故入暮不见，视野狭窄。气虚则气短自汗，血虚则心悸少寐，气血两虚则头晕目眩，面色苍白，色淡而胖，脉细弱。治宜补益气血，方选柴胡参术汤加减。

夜盲一症，多属虚证，当分辨气、血、阴、阳，然证情复杂，临床需知常达变，不可拘执。

【文献别录】

《秘传眼科龙木论》："肝虚雀目内障：此眼初患之时，爱多痒或涩，发歇，时时暗也。后极重之时，惟黄昏不见，惟视直下之物。宜服洗肝汤、泻肝汤即瘥。

高风雀目内障：此眼初患之时，肝有积热冲，肾脏虚劳，亦兼患后风冲，肝气不足，致患此疾。与前状不同，见物有别，惟见顶上之物，然后为青盲。宜服补肝散、还睛丸即瘥。

小儿疳眼外障：此眼初患之时，皆因脑热，头上有疮，或因雀目多时，泻痢潜冲，疼痛泪出难开，膈间热，肝风入，初患之时，时时痒涩，捋眉咬甲揉鼻，致令翳生，赤肿疼痛，泪出难开，睑硬，白膜遮睛，怕日，合面而卧，不喜抬头，此疾不宜烧炙头面，恐损眼目。尤忌点药。"

《证治要诀·眼证类治》："有因茹素，致目少光，或成雀目。盖食能生精，亏之则目无所资而减明。"

（高健生）

622. 视 瞻 昏 渺

【概念】

视瞻昏渺，是指眼外观端好，不红，不肿，不痛，而自觉视力渐降，视物昏渺，蒙昧不清的症状。

本症见于《证治准绳·七窍门》，《审视瑶函》称"瞻视昏渺"。

【鉴别】

常见证候

肝郁气滞视瞻昏渺：视力渐降，视物昏朦日增，或目珠隐隐作痛，眼底可无明显异常或有水肿，渗出、出血等病变，兼见胸闷痞满，胁胀嗳气，抑郁易怒，口苦咽干，妇女月经不调，舌红苔薄，脉弦细而数。

湿热上犯视瞻昏渺：眼沉头重，视力下降或自视眼前有黑花飞舞或视物变形，视瞻有色或视大为小，视直为曲等，病情缠绵，眼底可见脉络膜、视网膜有黄白色渗出斑，边缘不清，兼见胸脘满闷，四肢重坠，胃呆纳少，小便黄少，舌苔黄腻，脉濡数。

阴虚火旺视瞻昏渺：视力渐降，视物昏朦，眼底渗出斑小而数多，境界较显或出血点色暗红，兼见头晕耳鸣，失眠多梦，五心烦热，口干咽燥，溲黄便干，舌红少苔，脉细数。

精血亏损视瞻昏渺：视力渐降，视物昏渺，眼内干涩，视物变形，眼底可无明显异常，或见水肿、渗出、出血等消退而遗留萎缩病灶，或见视乳头渐变苍白，兼见眩晕耳鸣，神疲乏力，腰膝痠软，夜眠多梦，肢冷汗出，舌淡少苔，脉细弱。

鉴别分析

肝郁气滞视瞻昏渺与湿热上犯视瞻昏渺：二者均为实证，前者为气滞，后者乃湿热为患。肝郁气滞多由情志不舒，肝气郁结，气机阻滞，气血不和，气滞血瘀，目络壅滞，神光发越受阻而视瞻昏渺。常伴有胸闷痞满，胁胀嗳气，情志抑郁，烦躁易怒等症。治疗宜清热舒肝，行气活血，方用丹栀逍遥散加减。湿热上犯多由感受外湿，或饮食不节，过食肥甘酒酪，酿湿生热，湿热痰浊蕴结，浊气上泛，蒙蔽清窍，故视瞻昏渺。常伴有胸脘满闷，四肢重坠，纳欠食少等症。治疗宜清热除湿，化瘀消滞。方用三仁汤，或甘露消毒丹加减。

精血亏损视瞻昏渺与阴虚火旺视瞻昏渺：二者均为虚证，但有化热与不化热的不同。精血亏损视瞻昏渺多由久病伤肾或禀赋不足，先天发育不良，或后天调养失宜，致肝肾不足，精血亏损，目失濡养，神光衰微，故视瞻昏渺。常伴有头晕耳鸣，神疲乏力，腰膝痠软，肢冷汗出等症。治宜补养肝肾，益精明目，方用驻景丸加减。阴虚火旺视瞻昏渺多由劳瞻竭视，夜读细书，雕镂细作等致肝肾阴亏，虚火上炎，灼烁津液致神光暗淡，视瞻昏渺。常伴有头晕耳鸣，失眠多梦，五心烦热，口干咽燥等症，治疗宜滋阴降火，化瘀消滞，方用滋阴地黄汤加减。

本症外眼无疼痛等形证，但视力逐渐下降，视物昏朦日增，检视眼内脉络膜、视网膜、视神经可有不同程度的病变。

【文献别录】

《证治准绳·七窍门》谓："目内外别无证候，但自视昏渺，蒙昧不清也。有神劳，有血少，有元气弱，有元精亏而昏渺者，致害不一。若人五十以后而昏者，虽治不复光明。"

（赵　峪）

623. 小 儿 青 盲

【概念】

指小儿双眼（或单眼）外观正常，黑白分明，惟视物不见。

本症首见于唐《秘传眼科龙木论》，称"小儿青盲外障"。《诸病源候论·小儿杂病诸候·目盲候》说："眼无翳障，而不见物，谓之青盲"。清《眼科金镜》对本症描述较为生动和详细，如"小儿青盲眼，此症极危险，疹后余热未尽得是病者不少……，不痛不痒，不红不肿，如无症状，只是不能睹物，盲瞀日久，父母不知为盲。"

【鉴别】

常见证候

肝经风热小儿青盲：双眼无光感，瞳神散大，神烦多语，双耳失聪，睑废口喎，咬牙踢足，伴有项强口噤，手足屈伸不利或偏瘫，舌绛苔薄黄，指纹青紫，透现风关或气关，脉弦数。

血虚肝郁小儿青盲：双眼无光感或有光感，间有瞳散，烦躁不安，伴肢体颤抖或偏瘫，舌稍红，苔薄白或微黄，脉细数。

脾虚气弱小儿青盲：双眼光感，面色萎黄，食少气短，便溏量多，消化不良，伴眼睑无力，肢体萎软，舌淡体胖，边有齿痕或苔中剥，脉沉细。

肝肾不足小儿青盲：双眼光感，口眼干涩，手足颤抖或足软无力，虚烦少眠，智力不足，小便频数，口干咽燥，舌质偏红少苔，脉细数。

撞击外伤小儿青盲：双眼（或单眼）无光感，瞳神间有散大，伴头眼胀痛，舌苔薄白，脉稍数。

鉴别分析

肝经风热小儿青盲与血虚肝郁小儿青盲：共同点为双目失明。前者多由温热病后，热邪阻窍而致青盲，双耳失聪；热极生风，肝风内动，故瞳散神烦，咬牙踢足；心肺热邪郁阻而神烦多语，或口噤；肝风挟热留滞筋脉，故项强，肢体强直，屈伸不利或偏瘫；风邪侵络，中邪之处血脉涣散，表现为睑废口喎。治宜平肝熄风、清热解毒、芳香开窍，方选钩藤熄风饮加减，并服安宫牛黄丸或局方至宝丹。如寒热往来，伴有项强，抽搐者，为邪热郁于少阳，宜清透少阳、和解为治，方选小柴胡汤，酌加全蝎、僵蚕、钩藤、青蒿等熄风定惊，养阴清热之品。肢体强直，屈伸不利者，酌加桑寄生、牛膝、伸筋草、木瓜补肝肾、强筋骨而通血脉。后者多由温热病后治疗不及时，或不彻底，余邪未尽，热留经络，玄府郁闭，精血不能上荣所致。"肝开窍于目，目受血而能视"，玄府通利，肝血畅旺，则目得濡养而神光充沛。因肝风未熄，故瞳神稍大，热病伤阴，阴虚肝旺而神烦不宁；肝主筋，肝阴不足，筋骨失养，证见肢体颤抖或偏瘫，手指屈伸不利。治宜舒肝解郁、养血活血、滋补肝肾，方选验方逍遥汤，参以健筋活络、熄风定惊之品。瞳神散大酌加五味子、山萸肉、灵磁石，补肾收敛，镇肝缩瞳。

肝经风热小儿青盲多为实证，病程短，其辨证要点为瞳散神烦，咬牙踢足，项强口噤，肢体强直或屈伸不利，舌苔薄黄，脉弦数，指纹青紫等风热证候，治疗及时，多数可获复明；血虚肝郁小儿青盲多为肝经风热证转化，其辨证要点为烦躁不安，肢体颤抖或偏瘫，脉细数，舌苔微黄等虚实互见之证候。

脾虚气弱小儿青盲与肝肾不足小儿青盲：两者均属虚证，双目失明为其共同点。前者多由病后调护失宜或过服寒凉镇惊之药所致。脾为后天之本，生化之源，脾虚则运化失健，中气不足，清阳下陷，脏腑精气不能上承于目，故面色萎黄，眼睑无力，消化不良，大便溏薄；脾主肌肉四肢，气血复损则筋骨失养，故下肢萎软。治宜益气升阳，调脾健胃，方选补中益气汤。如双耳失聪，可用益气聪明汤加石菖蒲芳香开窍，聪耳明目。后者原因有二：一为先天肾气不足，或胎受惊邪，生后双目青盲；二为温热病后，伤阴耗液，肝肾阴虚，精血不足，表现为双眼干涩，足软无力，虚烦少眠。脑为髓之海，髓海失充故智力不足；肾虚则膀胱摄纳无权，约束失灵而小便频数。《银海精微·序言篇》："肝肾之气充，则精彩光明，肝肾之气乏，则昏朦眩晕"，"肝肾乙癸同源"，治宜滋补肝肾，方选杞菊地黄汤或滋阴肾气丸。肝藏血，肾藏精，如精血俱亏，治宜养血活血，补益肝肾，方选四物五子汤。病程久者，酌加丹参、鸡血藤、路路通、丝瓜络、干地龙等活血通络。

脾虚气弱小儿青盲其辨证要点为面色萎黄，食少气短，便溏量多，伴有肢体萎软，舌淡体胖；肝肾不足小儿青盲的辨证要点为双眼干涩，足软无力，智力不足。

撞击外伤小儿青盲：睛珠无损，视物不见，多由头眼脉络受损，血凝气滞，不通则痛，内有瘀滞，外受风邪，临床表现为头眼胀痛，其辨证要点为双眼（或单眼）视物不见，头眼胀痛，有外伤史。治宜养血活血、祛风止痛，方选除风益损汤，酌加蔓荆子、干地龙、丝瓜络，或选桃红四物汤加防风、羌活、白芷，参以杞子、女贞子、五味子补肾明目之品。

临床如能结合症情，审因论治，法随证转，不难鉴别。

【文献别录】

《秘传眼科龙木论》："此眼初看之时，在母腹中易受惊邪之气，今生后五七岁以来，便多患眼，其初患夜卧多惊，呕吐痰涎黄汁，渐渐失明，还从一眼先患，后乃相牵俱损，初觉便宜将息急疗，服牛胆丸，犀角饮子立效。"

（韦玉英）

方 剂 汇 编

一　　画

一扫光(《外科正宗》)

苦参　黄柏　烟胶　枯矾　木鳖肉　大枫子肉　蛇床子　花椒　樟脑　硫黄　明矾　水银　轻粉
白砒

一阴煎(《景岳全书》)

生地　熟地　白芍　麦冬　甘草　牛膝　丹参

一贯煎(《柳州医话》)

沙参　麦冬　生地　枸杞子　当归　川楝子

一捻金(《医宗金鉴》)

大黄　黑丑　白丑　人参　槟榔

一绿散(《审视瑶函》)

芙蓉叶　生地

二　　画

二虫散(《中医症状鉴别诊断学》)

蜈蚣　蝉衣

二至丸(《证治准绳》)

女贞子　旱莲草

二仙汤(《中医方剂临床手册》上海中医学院编)

仙茅　仙灵脾　巴戟天　黄柏　知母　当归

二阴煎(《景岳全书》)

生地　麦冬　酸枣仁　甘草　玄参　黄连　茯苓　木通　灯心或竹叶

二豆散(《医宗金鉴》)

赤小豆　豆豉　天南星　白蔹

二宝丹(《中医症状鉴别诊断学》)

煅石膏　升丹

二妙散(《丹溪心法》)

黄柏　苍术

二神丸(《普济本事方》)

补骨脂　肉豆蔻　大枣　生姜

二陈汤(《和剂局方》)

半夏　陈皮　茯苓　甘草　生姜　乌梅

二黄粉(《中医症状鉴别诊断学》)

大黄　黄柏

二子二石汤(《中医症状鉴别诊断学》)

月石　海浮石　胖大海　诃子

二甲复脉汤(《温病条辨》)

甘草　生地　白芍　麦冬　阿胶　麻仁　牡蛎　鳖甲

二加龙骨汤(《金匮要略》引《小品》方)

白芍　生姜　甘草　大枣　龙骨　牡蛎　白薇　附子

二味参苏饮(《和剂局方》)

人参　苏木

二陈平胃汤(《症因脉治》)

半夏　陈皮　茯苓　苍术　厚朴　甘草

十补丸(《景岳全书》)

附子　五味子　山药　山茱萸　丹皮　桂心　鹿茸　茯苓　泽泻　熟地

十补丸(《杂病源流犀烛》)

附子　胡芦巴　木香　巴戟天　肉桂　川楝子　延胡索　荜澄茄　茴香　补骨脂

十灰丸(《十药神书》)

大蓟草炭　陈棕炭　大黄炭　丹皮炭　荷叶炭　小蓟草炭　侧柏炭　山栀炭　茜草炭　茅根炭

十珍汤(《审视瑶函》)

生地　当归　白芍　地骨皮　知母　丹皮　天冬　麦冬　人参　甘草

十枣汤(《伤寒论》)

大枣　甘遂　大戟　芫花

十全大补汤(《和剂局方》)

人参　肉桂　川芎　地黄　茯苓　白术　甘草　黄芪　当归　白芍

十四味建中汤(《和剂局方》)

当归　白芍　白术　甘草　人参　麦冬　川芎　肉桂　附子　肉苁蓉　半夏　黄芪　茯苓　熟地

十全苦寒救补汤(《广温热论》)

石膏　知母　黄柏　黄芩　黄连　芒硝　大黄　厚朴　枳实　犀角

十全甘寒救补汤(《辨舌指南》)

鲜生地　玄参　麦冬　天冬　玉竹　沙参　山药　丹皮　地骨皮　泽泻

十全甘温救补汤(《舌鉴辨正》)

黄芪　人参　白术　熟地　川芎　当归　鹿茸　白芍　茯神　甘草

七正散(《景岳全书》)

车前子　茯苓　山栀　木通　龙胆草　萹蓄　甘草

七厘散(《良方集腋》)

血竭　麝香　冰片　乳香　没药　红花　朱砂　儿茶

七仙条(《药蔹启秘》)

白降丹　红丹　石膏　冰片　乳香　没药　血竭

七圣散(《妇人良方》)

延胡索　没药　白矾　白芷　姜黄　当归　桂心

七味白术散(《小儿药证直诀》)

人参　茯苓　白术　甘草　藿香　木香　葛根

七宝美髯丹(《医方集解》引邵应节方)

何首乌　茯苓　牛膝　当归　枸杞子　菟丝子　补骨脂

丁香散(《医统》)

丁香　柿蒂　良姜　甘草

丁萸六君汤(《医宗金鉴》)

丁香　吴茱萸　干姜　人参　白术　茯苓　甘草

丁萸理中汤(《医宗金鉴》)

丁香　吴茱萸　党参　白术　干姜　甘草

八正散(《和剂局方》)

木通　车前子　萹蓄　瞿麦　滑石　甘草　大黄　山栀

八珍汤(《正体类要》)

当归　川芎　白芍　熟地　人参　白术　茯苓　甘草

八物汤(《医垒元戎》)

当归　川芎　赤芍　熟地　延胡　川楝　木香　槟榔

八珍益母汤(《证治准绳》)

党参　白术　茯苓　甘草　当归　川芎　白芍　熟地　益母草

八宝珍珠散(《外科真诠》)

牛黄　珍珠　琥珀　儿茶　雄黄　月石　朱砂

人中白散(《外科正宗》)

人中白　孩儿茶　黄柏　薄荷　青黛　冰片　黄连　硼砂

人参丁香散(《证治准绳》)

人参　丁香　藿香叶

人参麦冬散(《妇人秘科》)

人参　麦冬　茯苓　黄芩　知母　生地　甘草　竹茹

人参羌活汤(《审视瑶函》)

人参　茯苓　羌活　独活　地骨皮　川芎　柴胡　桔梗　甘草　前胡　枳壳　天麻

人参茯苓粥(《医宗金鉴》)

人参　茯苓

人参启脾丸(《医宗金鉴》)

人参　白术　茯苓　陈皮　扁豆　山药　木香　谷芽　神曲　甘草

人参胡桃汤(《济生方》)

人参　胡桃仁　生姜

人参养荣汤(《和剂局方》)

人参　黄芪　茯苓　白术　甘草　当归　熟地　白芍　肉桂　五味子　远志　陈皮　生姜　大枣

人参顺气散(《妇人良方》)

人参　川芎　桔梗　白术　白芷　麻黄　陈皮　枳壳　乌药　炮白姜　炙草

人参黄芪散(《妇人大全良方》)

人参　黄芪　家葛根　秦艽　麦冬　知母　甘草　赤茯苓　姜　淡竹叶

人参五味子汤(《幼幼集成》)

人参　白术　茯苓　五味子　麦冬　甘草　生姜　大枣

九一丹(《医宗金鉴》)

石膏　升丹

九仙散(《眼科证治经验》)

黄芩　赤芍　川芎　甘草　木通　荆芥　菊花　当归　白芷

九炁丹(《景岳全书》)

熟地　附子　肉豆蔻　焦姜　吴茱萸　补骨脂　荜拨　五味子　甘草

九龙丹(《外科正宗》)

儿茶　血竭　乳香　没药　巴豆　木香　蜜

九华粉洗剂(《朱仁康临床经验集》)

朱砂　川贝母　龙骨　月石　滑石　冰片

九味羌活汤(《此事难知》)

羌活　苍术　防风　细辛　川芎　白芷　生地　黄芩　甘草　生姜　葱白

三　画

三石汤(《温病条辨》)

石膏　滑石　寒水石　杏仁　金银花　竹茹　通草　金汁

三石水(《朱仁康临床经验集》)

炉甘石　滑石　赤石脂　冰片　甘油　蒸馏水

三石散(《中医耳鼻喉科学》上海科技出版社)

炉甘石　熟石膏　赤石脂

三气饮(《景岳全书》)

当归　枸杞子　杜仲　地黄　牛膝　茯苓　芍药　肉桂　细辛　白芷　甘草　附子　生姜

三仙散(《寿世保元》)

附子　肉桂　干姜

三痹汤(《妇人良方》)

黄芪　续断　独活　秦艽　防风　细辛　当归　芍药　川芎　地黄　杜仲　牛膝　人参　茯苓
甘草　肉桂

三妙散(《医学正传》)

苍术　黄柏　牛膝

三妙散(《外科真诠》)

槟榔　黄柏　苍术

三金汤(上海曙光医院验方)

金钱草　海金沙　鸡内金　石韦　冬葵子　瞿麦

三香汤(《温病条辨》)

栝蒌皮　桔梗　山栀　枳壳　郁金　香豉　降香

三拗汤(《和剂局方》)

麻黄　杏仁　甘草

三仁汤(《温病条辨》)

杏仁　白蔻仁　薏苡仁　滑石　通草　竹叶　厚朴　半夏

三花汤(《中医症状鉴别诊断学》)

绿萼梅　玫瑰花　佛手花　橘络　金柑皮　茯神

三黄洗剂(《中医耳鼻喉科学》上海科技出版社)

大黄　黄柏　黄芩　苦参

三黄四物汤(《医宗金鉴》)

当归　白芍　川芎　生地　黄连　黄芩　大黄

三子养亲汤(《韩氏医通》)

白芥子　苏子　莱菔子

三一承气汤(《宣明论方》)

大黄　芒硝　厚朴　枳实　甘草　生姜

三才大补丸(《素庵医要》)

人参　白术　杜仲　熟地　当归　川芎　香附　黄芪　艾叶　补骨脂　阿胶　山药

三仁五子丸(《审视瑶函》)

柏子仁　肉苁蓉　车前子　薏苡仁　酸枣仁　枸杞子　菟丝子　当归　覆盆子　茯苓　沉香　五味子　熟地

三甲复脉汤(《温病条辨》)

甘草　生地　白芍　麦冬　阿胶　麻仁　牡蛎　鳖甲　龟版

三品一条枪(《医宗金鉴》)

白砒　明矾

三物香薷饮(《和剂局方》)

香薷　扁豆　厚朴

大造丸(《扶寿精方》)

紫河车　龟版　黄柏　杜仲　牛膝　麦冬　天冬　生地　砂仁　茯苓　人参

大成汤(《理伤续断方》)

陈皮　当归　苏木　木通　红花　厚朴　甘草　枳壳　大黄　芒硝

大顺散(《症因脉治》)

白豆蔻　炮姜　附子　陈皮　茯苓　甘草　半夏

大营煎(《景岳全书》)

当归　熟地　枸杞　杜仲　牛膝　肉桂　炙草

大分清饮(《景岳全书》)

茯苓　泽泻　木通　猪苓　栀子　枳壳　车前子

大承气汤(《伤寒论》)

大黄　厚朴　枳实　芒硝

大半夏汤(《金匮要略》)

半夏　人参　白蜜

大青龙汤(《伤寒论》)

麻黄　桂枝　杏仁　石膏　生姜　大枣　炙草

大和中饮(《类证治裁》)

山楂　厚朴　枳实　半夏　陈皮　干姜　木香　泽泻　麦芽　砂仁

大防风汤(《和剂局方》)

人参　防风　白术　附子　当归　白芍　川芎　杜仲　黄芪　羌活　牛膝　甘草　熟地　生姜　大枣

大秦艽汤(《医学发明》)

秦艽　石膏　甘草　川芎　当归　羌活　独活　防风　黄芩　白芍　白芷　白术　生地　熟地　茯苓　细辛

大连翘饮(《医宗金鉴》)

柴胡　荆芥　连翘　木通　滑石　山栀　蝉衣　瞿麦　当归　赤芍　黄芩　甘草　防风

大陷胸汤(《伤寒论》)

大黄　芒硝　甘遂

大补元煎(《景岳全书》)

人参　山药　熟地　杜仲　当归　山茱萸　枸杞子　甘草

大补阴丸(《丹溪心法》)

知母　黄柏　熟地　龟版　猪脊髓

大定风珠(《温病条辨》)

白芍　阿胶　龟版　生地　麻仁　五味子　牡蛎　麦冬　甘草　鸡子黄　鳖甲

大柴胡汤(《伤寒论》)

柴胡　黄芩　半夏　枳实　白芍　大黄　生姜　大枣

大凤髓丹(《沈氏尊生书》)

黄柏　砂仁　甘草　半夏　猪苓　茯苓　莲须　益智仁

大活络丹(《卫生鸿宝》)

白花蛇　乌梢蛇　大黄　川芎　黄芩　玄参　青皮　甘草　木香　藿香　白芷　天竺黄　草豆蔻　肉桂　香附　黄连　附子　地龙　竹节香附　麻黄　白术　羌活　何首乌　沉香　熟地　天麻　虎骨　全蝎　松香　细辛　僵蚕　乌药　乳香　骨碎补　血竭　威灵仙　茯苓　丁香　没药　当归　葛根　人参　龟版　白豆蔻　赤芍　防风　麝香　冰片　犀角　牛黄　朱砂　安息香

大菟丝子丸(《和剂局方》)

菟丝子　泽泻　鹿茸　龙骨　肉桂　附子　石斛　熟地　茯苓　续断　山茱萸　肉苁蓉　防风　杜仲　牛膝　补骨脂　荜澄茄　沉香　巴戟天　茴香　五味子　桑螵蛸　川芎　覆盆子

大黄甘草汤(《金匮要略》)

大黄　甘草

大黄当归散(《医宗金鉴》)

大黄　当归　木贼草　黄芩　山栀　菊花　苏木　红花

大黄当归散(《银海精微》)

大黄　当归　白芍　川芎　菊花　黄芩　杏仁　薄荷

大黄䗪虫丸(《金匮要略》)

大黄　䗪虫　桃仁　虻虫　水蛭　蛴螬　芍药　生地　杏仁　黄芩　甘草　干漆

大黄牡丹皮汤(《金匮要略》)

大黄　丹皮　桃仁　冬瓜子　芒硝

干地黄汤(《圣济总录》)

熟地　鹿茸　巴戟天　枸杞子　丹参　五加皮　车前子　肉桂　防风

干姜附子汤(《伤寒论》)

干姜　附子

干姜人参半夏丸(《金匮要略》)

干姜　人参　半夏

下瘀血汤(《金匮要略》)

桃仁　䗪虫　大黄

土槐饮(《赵炳南临床经验集》)

土茯苓　生槐花　甘草

土茯苓丸(《朱仁康临床经验集》)

土茯苓　白鲜皮　山豆根　草河车　黄药子　夏枯草

土茯苓汤(《朱仁康临床经验集》)

生地　紫草　槐花　土茯苓　蚤休　白鲜皮　大青叶　山豆根　忍冬藤　甘草

万灵丹(《医宗金鉴》)

茅术　甘草　何首乌　羌活　荆芥　川乌　乌药　川芎　石斛　全蝎　防风　细辛　当归　麻黄　天麻　雄黄

万应蝉花散(《原机启微》)

蝉蜕　蛇蜕　川芎　防风　羌活　甘草　苍术　赤芍　当归　茯苓　石决明

上下相资汤(《石室秘要》)

人参　沙参　玄参　麦冬　玉竹　五味子　熟地　山萸肉　车前子　牛膝

川硝散(《普济方》)

朴硝　真紫雪　盐,上为细末以竹沥调敷舌上

川楝汤(《竹林女科》)

川楝子　大茴香　小茴香　猪苓　白术　乌药　元胡　槟榔　乳香　木香　麻黄　姜　葱

川芎细辛汤(《普济方》)

川芎　细辛　防风　半夏　白芷　生姜　茶芽

川芎茶调散(《和剂局方》)

川芎　白芷　羌活　荆芥　防风　细辛　薄荷　甘草　茶叶

小金丹(《外科全生集》)

白胶香　草乌　五灵脂　地龙　木鳖子　乳香　没药　麝香　当归　墨炭

小半夏汤(《金匮要略》)

半夏　生姜

小承气汤(《伤寒论》)

大黄　枳实　厚朴

小柴胡汤(《伤寒论》)

柴胡　黄芩　半夏　人参　甘草　生姜　大枣

小活络丹(《和剂局方》)

天南星　川乌　草乌　地龙　乳香　没药

小青龙汤(《伤寒论》)

麻黄　芍药　细辛　干姜　甘草　桂枝　五味子　半夏

小续命汤(《千金方》)

人参　麻黄　川芎　黄芩　白芍　甘草　防风　肉桂　附子　杏仁　防己

小蓟饮子(《丹溪心法》)

小蓟　生地　滑石　通草　蒲黄　竹叶　藕节　当归　山栀　甘草

小调经散(《证治准绳》)

当归　芍药　桂心　细辛　没药　琥珀　麝香

小陷胸汤(《伤寒论》)

黄连　半夏　瓜蒌实

小半夏加茯苓汤(《金匮要略》)

半夏　生姜　茯苓

小陷胸加枳实汤(《温病条辨》)

黄连　半夏　瓜蒌　枳实

千缗汤(《丹溪心法》)

半夏　皂角　甘草

千槌膏(《集验方歌》)

松香　蓖麻子　铜绿　杏仁　儿茶　乳香　没药　血竭　轻粉　珍珠

千金鲤鱼汤(《千金方》)

鲤鱼　白术　干姜　芍药　当归　茯苓

千金保孕丸(《景岳全书》)

杜仲　续断　山药

女阴白斑薰洗方(《女科汇集》)

鹤虱　苦参　蛇床子　野菊花

女阴白斑外敷方(《皮肤病防治研究通讯》1976 年第 1 期)

煅蛤粉　漳丹　冰片　植物油调匀外用

子淋汤(《沈氏女科辑要》)

生地　阿胶　黄芩　山栀　木通　甘草

己字汤(《中医症状鉴别诊断学》)

黄芩　大黄　当归　升麻　柴胡　甘草

己椒苈黄丸(《金匮要略》)

防己　椒目　葶苈子　大黄

马齿苋洗方(《赵炳南临床经验集》)

马齿苋

四　画

五五丹(《中医症状鉴别诊断学》)

熟石膏　升丹

五苓散(《伤寒论》)

茯苓　猪苓　泽泻　白术　桂枝

五神汤(《外科真诠》)

茯苓　金银花　牛膝　车前子　紫花地丁

五淋散(《和剂局方》)

茯苓　当归　甘草　山栀　赤芍

五积散(《和剂局方》)

白芷　川芎　甘草　茯苓　当归　肉桂　白芍　半夏　陈皮　枳壳　麻黄　苍术　干姜　桔梗
厚朴　生姜

五虎汤(《证治汇补》)

麻黄　杏仁　石膏　甘草　桑白皮　细辛　生姜

五汁饮(《温病条辨》)

梨汁　荸荠汁　鲜苇根汁　麦冬汁　藕汁(或蔗浆)

五皮饮(《中藏经》)

桑白皮　陈皮　生姜皮　大腹皮　茯苓皮

五磨饮子(《医便》)

乌药　沉香　槟榔　枳壳　木香

五子衍宗丸(《丹溪心法》)

枸杞子　菟丝子　五味子　覆盆子　车前子

五香连翘汤(《三因方》)

青木香　丁香　沉香　乳香　麝香　升麻　独活　连翘　桑寄生　木通　射干　大黄

五味消毒饮(《医宗金鉴》)

金银花　野菊花　蒲公英　紫花地丁　紫背天葵

五虎追风散(《晋南史·全恩家传方》)

蝉衣　天南星　天麻　全蝎　僵蚕

五积交加酒(《古今医鉴》)

白芷　陈皮　厚朴　枳壳　桔梗　川芎　白芍　苍术　当归　茯苓　半夏　官桂　干姜　麻黄
甘草　小茴香　牛膝　杜仲　附子　川乌　吴茱萸　槟榔　木瓜　草果　砂仁　补骨脂　羌活　胡芦
巴　威灵仙　生姜　大枣　陈酒

五福消毒丹(《医宗金鉴》)

玄参　茯苓　桔梗　牙硝　青黛　黄连　龙胆草　甘草　人参　朱砂　冰片

太乙膏(《外科正宗》)

玄参　白芷　归身　肉桂　赤芍　大黄　生地　土木鳖　阿魏　轻粉　柳槐枝　血余　乳香　没药　章丹　麻油

太平丸(《景岳全书》)

陈皮　厚朴　木香　乌药　白芥子　草豆蔻　三棱　莪术　干姜　牙皂　泽泻　巴豆

天雄散(《金匮要略》)

天雄　白术　桂枝　龙骨

天麻丸(《幼幼集成》)

天麻　半夏　防风　羌活　天南星　僵蚕　全蝎　钩藤

天仙藤散(《妇人大全良方》)

天仙藤　香附　陈皮　甘草　乌药　生姜　木瓜　紫苏叶

天麻钩藤饮(《杂病症治新义》)

天麻　钩藤　石决明　山栀　黄芩　杜仲　牛膝　益母草　桑寄生　夜交藤　茯神

天王补心丹(《摄生秘剖》)

人参　玄参　丹参　茯苓　五味子　远志　桔梗　当归　天冬　麦冬　柏子仁　酸枣仁　生地

天台乌药散(《医学发明》)

木香　小茴香　青皮　川楝子　槟榔　巴豆霜　干姜

开噤散(《医学心悟》)

人参　黄连　石菖蒲　丹参　石莲子　陈皮　茯苓　冬瓜仁　荷叶蒂　陈米

开郁种玉汤(《傅青主女科》)

当归　白芍　白术　茯苓　丹皮　香附　花粉

无忧汤(《辨症录》)

白芍　竹茹　酸枣仁　人参　当归

无比山药丸(《和剂局方》)

山药　肉从蓉　熟地　山茱萸　伏神　菟丝子　五味子　赤石脂　巴戟大　泽泻　杜仲　牛膝

木通散(《妇科玉尺》)

木通　滑石　冬葵子　枳壳　甘草

木防己汤(《金匮要略》)

木防己　石膏　桂枝　人参

木香槟榔丸(《儒门事亲》)

木香　槟榔　青皮　陈皮　莪术　黄连　黄柏　香附　牵牛子

木香调气散(《医宗必读》)

白豆蔻　丁香　檀香　木香　藿香　甘草　砂仁

木香楝子散(《医宗必读》)

石菖蒲　木香　草薢　荔枝核　川楝子　巴豆　麝香　茴香　盐

木香大安丸(《证治准绳》)

木香　黄连　陈皮　白术　枳实　山楂　连翘　神曲　麦芽　砂仁　莱菔子

木瓜槟榔散(《疮疡全书》)

槟榔　木瓜　紫苏　陈皮　甘草　木香　当归　赤芍

木瓜牛膝丸(《三因极一病证方论》)

木瓜　川乌　牛膝　草薢　茴香　羌活　青皮　狗脊　巴戟天　海桐皮　青盐

不换金正气散(《和剂局方》)

藿香　半夏　苍术　厚朴　陈皮　甘草

止嗽散(《医学心悟》)

荆芥　桔梗　陈皮　紫菀　百部　白前　甘草

止带汤(《中医症状鉴别诊断学》)

龙胆草　黄柏　生地　当归　赤芍　椒目　甘草

止痒熄风汤(《朱仁康临床经验集》)

生地　玄参　当归　丹皮　白蒺藜　甘草　煅龙牡　赤芍

止痛如神汤(《医宗金鉴》)

秦艽　桃仁　皂角子　苍术　防风　黄柏　当归　泽泻　槟榔　熟大黄

止痛没药散(《秘传眼科龙木论》)

没药　麒麟竭　大黄　芒硝

止疼愈风散(《中医妇科治疗学》)

全蝎　蜈蚣　荆芥穗　独活

内补丸(《普济方》)

熟地　当归

内补丸(《女科切要》)

鹿茸　菟丝子　潼蒺藜　黄芪　肉桂　桑螵蛸　肉苁蓉　附子　白蒺藜　紫菀

内消散(《外科正宗》)

金银花　知母　贝母　天花粉　白及　半夏　穿山甲　皂角针　乳香

内消瘰疬丸(《疡医大全》)

夏枯草　青盐　玄参　海藻　贝母　薄荷　天花粉　海蛤粉　白蔹　连翘　大黄　甘草　生地
桔梗　枳壳　当归　硝石

内疏黄连汤(《外科正宗》)

木香　黄连　山栀　当归　黄芩　白芍　薄荷　槟榔　桔梗　连翘　甘草　大黄

中满分消丸(《兰室秘藏》)

白术　人参　甘草　猪苓　姜黄　茯苓　干姜　砂仁　泽泻　陈皮　知母　黄芩　黄连　半夏
枳实　厚朴

贝母瓜蒌散(《医学心悟》)

贝母　瓜蒌　天花粉　茯苓　橘红　桔梗

少腹逐瘀汤(《医林改错》)

小茴香　干姜　延胡索　没药　当归　川芎　肉桂　赤芍　蒲黄　五灵脂

升降散(《寒温条辨》)

僵蚕　蝉衣　姜黄　大黄

升阳散火汤(《脾胃论》)

升麻　葛根　羌活　独活　白芍　人参　柴胡　甘草　防风

升阳降火汤(《眼科全镜》)

山栀　玄参　知母　黄柏　菊花　木贼草　荆芥　天冬　防风　生地　细辛

升阳益胃汤(《脾胃论》)

黄芪　半夏　人参　甘草　白芍　防风　羌活　独活　橘皮　茯苓　泽泻　柴胡　白术　黄连

升麻消毒饮(《医宗金鉴》)

升麻　防风　牛蒡子　羌活　白芷　当归　赤芍　红花　金银花　连翘　甘草　桔梗　山栀

升麻黄连丸(《兰室秘藏》)

升麻　黄连　黄芩　生姜　檀香　甘草　青皮

毛疮洗方(《朱仁康临床经验集》)

苍耳子　雄黄　明矾

丹七饮(《中医症状鉴别诊断学》)

丹参　三七　当归　香附　黄精　阿胶　甘草

丹参饮(《时方歌括》)

丹参　檀香　砂仁

丹栀逍遥散(《医统》)

当归　白芍　白术　柴胡　茯苓　甘草　煨姜　薄荷　丹皮　山栀

化虫丸(《和剂局方》)

鹤虱　槟榔　苦楝根皮　铅粉　枯矾

化肝煎(《景岳全书》)

青皮　陈皮　芍药　丹皮　山栀　泽泻　土贝母

化毒丹(《小儿卫生总微论》)

犀角　黄连　桔梗　玄参　薄荷　甘草　大黄　青黛

化瘀止血汤(《中医症状鉴别诊断学》)

丹参　赤芍　茜草　三七　降香

化瘀止血方(《中医症状鉴别诊断学》)

丹参　三七　当归　川芎　香附　党参　益母草

化坚二陈汤(《医宗金鉴》)

陈皮　半夏　茯苓　甘草　僵蚕　黄连

牛膝散(《济阴纲目》)

当归　川芎　桂心　牛膝　蒲黄　朴硝

牛黄丸(《温病条辨》)

牛黄　郁金　犀角　黄芩　黄连　雄黄　山栀　朱砂　冰片　麝香　珍珠　金箔衣

牛黄千金散(《寿世保元》)

全蝎　僵蚕　天麻　天南星　黄连　甘草　牛黄　冰片　朱砂

牛黄承气汤(《温病条辨》)

安宫牛黄丸　生大黄末　芒硝调服

牛黄抱龙丸(《古今医鉴》)

全蝎　天竺黄　茯神　僵蚕　天南星　牛黄　雄黄　麝香　琥珀　朱砂

牛蒡解肌汤(《疡科心得集》)

牛蒡子　薄荷　荆芥　连翘　山栀　丹皮　石斛　玄参　夏枯草

乌发丸(《朱仁康临床经验集》)

当归　黑芝麻　女贞子　旱莲草　桑椹子　侧柏叶

乌梅丸(《伤寒论》)

乌梅　细辛　干姜　黄连　附子　当归　黄柏　桂枝　人参　川椒

乌头汤(《金匮要略》)

乌头　麻黄　芍药　黄芪　甘草

乌头汤(《证治准绳》)

乌头　细辛　川椒　甘草　秦艽　附子　肉桂　白芍　干姜　茯苓　防风　当归　独活

乌附膏(《卫生宝鉴》)

雄黄　川乌　附子

乌药散(《妇人良方》)

乌药　莪术　桂心　当归　桃仁　青皮　木香

乌药顺气散(《医宗金鉴》)

麻黄　白芷　川黄　桔梗　枳壳　僵蚕　乌药　炮姜　甘草　橘红

乌头桂枝汤(《金匮要略》)

乌头　桂枝　芍药　甘草　姜　枣　蜜

乌蛇驱风汤(《朱仁康临床经验集》)

乌蛇　蝉衣　荆芥　防风　羌活　白芷　黄连　黄芩　银花　连翘　甘草

乌头赤石脂丸(《金匮要略》)

乌头　附子　蜀椒　干姜　赤石脂

匀气散(《小儿药证直诀》)

乌药　白芍　香附　高良姜

六一散(《伤寒标本》)

滑石　甘草

六柱饮(《济生方》)

人参　附子　茯苓　木香　肉豆蔻　诃子

六神散(《三因方》)

人参　白术　扁豆　山药　茯苓　甘草　生姜　大枣

六磨汤(《证治准绳》)

沉香　木香　槟榔　乌药　枳实　大黄

六味汤(《喉科秘旨》)

桔梗　甘草　薄荷　荆芥　防风　僵蚕

六君子汤(《医学正传》)

人参　白术　茯苓　甘草　陈皮　半夏　生姜　大枣

六味回阳饮(《景岳全书》)

人参　炮干姜　附子　甘草　熟地

六味地黄丸(《小儿药证直诀》)

地黄　山药　山茱萸　泽泻　茯苓　丹皮

心肾两交汤(《辨证录》)

熟地　山茱萸　人参　当归　炒枣仁　白芥子　麦冬　肉桂　黄连

火郁汤(《兰室秘藏》)

升麻　葛根　柴胡　白芍　防风　甘草　葱白

文蛤散(《脉因症治》)

五倍子　白胶香　牡蛎

双解复生散(《外科正宗》)

荆芥　防风　川芎　白芍　黄芪　麻黄　甘草　薄荷　山栀　当归　连翘　滑石　银花　羌活
人参　白术　大黄　芒硝

双解通圣散(《医宗金鉴》)

防风　荆芥　当归　白芍　连翘　川芎　白术　薄荷　麻黄　山栀　黄芩　桔梗　石膏　甘草
滑石

水杨汤(《景岳全书》)

狗脊　五倍子　枯矾　鱼腥草　黄连　水杨根

五　画

正元汤(《血证论》)

— 796 —

人参　黄芪　山药　白术　茯苓　甘草

正容汤(《审视瑶函》)

羌活　白附子　防风　秦艽　天南星　僵蚕　半夏　木瓜　甘草　松节

正气天香散(《保命歌括》)

乌药　香附　干姜　紫苏叶　陈皮

玉女煎(《景岳全书》)

麦冬　地黄　石膏　知母　牛膝

玉真散(《外科正宗》)

天南星　防风　白芷　天麻　羌活　白附子

玉枢丹(《片玉心书》)

山慈姑　五倍子　续随子　红芽大戟　麝香　腰黄　朱砂

玉容散(《医宗金鉴》)

白牵牛　团粉　白蔹　细辛　甘松　白鸽粪　白及　莲蕊　白芷　白术　僵蚕　茯苓　荆芥　独
活　羌活　白附子　鹰条白　扁豆　防风　白丁香

玉黄膏(《朱仁康临床经验集》)

当归　白芷　姜黄　甘草　轻粉　冰片　蜂白蜡

玉钥匙(《证治准绳》)

焰硝　硼砂　冰片　僵蚕

玉露散(《中医症状鉴别诊断学》)

秋芙蓉叶

玉屏风散(《世医得效方》)

黄芪　白术　防风

石斛散(《圣济总录》)

石斛　仙灵脾　苍术

石瘕汤(《中医症状鉴别诊断学》)

三棱　莪术　肉桂　香附　丹参　生地　刘寄奴　赤芍　当归　炮山甲

石决明散(《普济方》)

石决明　草决明　羌活　栀子　大黄　荆芥　木贼　青葙子　芍药　麦冬

石子荠苨汤(《世医得效方》)

荠苨　石膏　人参　茯神　天花粉　磁石　知母　葛根　黄芩　甘草　黑豆　腰子

石膏白芷汤(《症状辨证与治疗》)

石膏　知母　葛根　白芷　山栀　升麻　玄参　甘草

左金丸(《丹溪心法》)

黄连　吴茱萸

左归饮(《景岳全书》)

熟地　茯苓　枸杞子　山药　山茱萸　甘草

左归丸(《景岳全书》)

熟地　山药　枸杞子　山茱萸　牛膝　菟丝子　鹿角胶　龟版胶

右归丸(《景岳全书》)

熟地　山药　山茱萸　枸杞子　杜仲　菟丝子　附子　肉桂　当归　鹿角胶

右归饮(《景岳全书》)

熟地　枸杞子　杜仲　山药　甘草　肉桂　山茱萸　附子

平胃散(《和剂局方》)

苍术　厚朴　陈皮　甘草

平热饮(《中医症状鉴别诊断学》)

菊花　白芍　生地　牡蛎　葛根　黄芩　山栀　钩藤　天麻

平胬丹(《外科诊疗学》)

乌梅　月石　轻粉　冰片

平气和衷汤(《目经大成》)

人参　地骨皮　枸杞子　麦冬　天冬　五味子　附子　肉桂　当归　地黄　甘草　知母

平肝熄风降压汤(《韦文贵眼科临床经验选》)

生地　首乌　女贞子　天麻　僵蚕　潼蒺藜　蔓荆子　冬虫夏草　决明子　川芎　神曲

甘露饮(《和剂局方》)

生地　熟地　天冬　麦冬　石斛　茵陈　黄芩　枳壳　枇杷叶　甘草

甘露消毒丹(《温热经纬》)

滑石　茵陈　石菖蒲　黄芩　木通　川贝母　藿香　薄荷　白豆蔻　连翘　射干

甘草干姜汤(《金匮要略》)

甘草　干姜

甘草泻心汤(《伤寒论》)

甘草　黄芩　干姜　半夏　大枣　黄连

甘草附子汤(《伤寒论》)

甘草　附子　白术　桂枝

甘麦大枣汤(《金匮要略》)

甘草　小麦　大枣

甘遂半夏汤(《金匮要略》)

甘遂　半夏　芍药　甘草

甘遂通结汤(《中西医结合治疗急腹症》)

甘遂　桃仁　赤芍　牛膝　厚朴　大黄　木香

甘草干姜茯苓白术汤(《金匮要略》)

甘草　干姜　茯苓　白术

去肿片(《中医症状鉴别诊断学》)

黄芪　茯苓皮　防己　木瓜　乌药　薏苡仁　丹参　赤芍　白术　益母草　赤小豆

去疣三号方(《朱仁康临床经验集》)

马齿苋　败酱草　大青叶　紫草

去疣四号方(《朱仁康临床经验集》)

当归　赤白芍　桃仁　红花　熟地　牛膝　赤小豆　穿山甲

龙马自来丹(《医林改错》)

马钱子　地龙

龙胆泻肝汤(《医宗金鉴》)

龙胆草　黄芩　山栀　柴胡　当归　生地　车前子　泽泻　木通　甘草

艾附暖宫丸(《沈氏尊生书》)

艾叶　香附　当归　续断　吴茱萸　川芎　芍药　黄芪　熟地　官桂

四七汤(《和剂局方》)

半夏　茯苓　厚朴　紫苏叶　生姜　大枣

四生丸(《妇人良方》)

生荷叶　生艾叶　生柏叶　生地

四苓散(《瘟疫论》)

茯苓　猪苓　泽泻　白术

四神丸(《证治准绳》)

补骨脂　五味子　肉豆蔻　吴茱萸　生姜　大枣

四黄膏(《朱仁康临床经验集》)

黄芩　黄连　土大黄　黄柏　芙蓉叶　泽兰叶　麻油　黄蜡

四妙散(丸)(《全国中成药处方集》南京方)

黄柏　苍术　牛膝　苡仁

四逆汤(《伤寒论》)

附子　干姜　甘草

四逆散(《伤寒论》)

甘草　枳实　柴胡　芍药

四物汤(《和剂局方》)

当归　地黄　白芍　川芎

四君子汤(《和剂局方》)

人参　甘草　茯苓　白术

四妙勇安汤(《验方新编》)

玄参　当归　银花　甘草

四物坎离丸(《医学入门》)

生地　熟地　当归　芍药　知母　黄柏　侧柏叶　连翘　槐子

四物消风饮(《外科证治》)

生地　当归　赤芍　川芎　荆芥　薄荷　蝉衣　柴胡　黄芩　甘草

四物退翳汤(《韦文贵眼科临床经验选》)

生地　赤芍　当归　川芎　木贼草　白蒺藜　密蒙花　谷精草　青葙子

四物五子丸(《审视瑶函》)

车前子　覆盆子　枸杞子　菟丝子　地肤子　当归　熟地　川芎　白芍

四味肥儿丸(《审视瑶函》)

黄连　芜荑　神曲　麦芽

四海舒郁丸(《疡医大全》)

青木香　陈皮　海蛤粉　海带　昆布　海藻　海螵蛸

四顺清凉饮子(《审视瑶函》)

当归　龙胆草　黄芩　桑皮　车前子　生地　赤芍　枳壳　甘草　大黄　防风　川芎　黄连　木贼草　羌活　柴胡

四味紫苏和胎饮(《万氏妇人科》)

苏叶　黄芩　白术　甘草

四逆加人参汤(《伤寒论》)

附子　干姜　甘草　人参

四物加葵花汤(《女科准绳》)

当归　川芎　白芍　熟地　葵花

归肾丸(《景岳全书》)

熟地　山药　山茱萸　茯苓　当归　枸杞　杜仲　菟丝子

归芎汤(《血证论》)

当归　川芎

归脾汤(《济生方》)

白术　茯苓　黄芪　人参　甘草　木香　当归　远志　龙眼肉　酸枣仁

归芍地黄汤(《中医学大辞典》)

熟地　山药　山茱萸　茯苓　泽泻　丹皮　当归　白芍

归芍红花散(《审视瑶函》)

当归　大黄　栀子仁　黄芩　红花　赤芍　甘草　白芷　防风　生地　连翘

归芎失笑散(《血证论》)

当归　川芎　蒲黄　五灵脂

皮炎汤(《朱仁康临床经验集》)

生地　丹皮　赤芍　知母　石膏　银花　连翘　竹叶　甘草

白术汤(《张皆春眼科证治》)

白术　茯苓　橘络　甘草　荆芥

白术散(《全生指迷方》)

白术　陈皮　生姜皮　大腹皮　茯苓皮

白薇汤(《普济和事方》)

白薇　人参　当归　甘草

白降丹(《医宗金鉴》)

朱砂　雄黄　水银　硼砂　火硝　白矾　皂刺　食盐

白虎汤(《伤寒论》)

石膏　知母　甘草　粳米

白通汤(《伤寒论》)

葱白　干姜　附子

白头翁汤(《伤寒论》)

白头翁　秦皮　黄连　黄柏

白芍药汤(《医宗金鉴》)

白芍　泽泻　甘草　肉桂

白癜风丸(《中医症状鉴别诊断学》)

生熟地　黑芝麻　何首乌　赤芍　姜黄　紫草　白鲜皮

白僵蚕散(《审视瑶函》)

僵蚕　甘草　旋覆花　细辛　木贼草　荆芥　桑叶

白虎承气汤(《通俗伤寒论》)

大黄　芒硝　甘草　石膏　知母　陈仓米

白虎加苍术汤(《活人书》)

石膏　知母　甘草　粳米　苍术

白虎加人参汤(《伤寒论》)

石膏　知母　甘草　粳米　人参

白虎加桂枝汤(《金匮要略》)

石膏　知母　甘草　粳米　桂枝

白通加猪胆汁汤(《伤寒论》)

葱白　干姜　附子　人尿　猪胆汁

生化汤(《傅青主女科》)

当归　川芎　桃仁　炮姜　甘草

生脉散(《内伤外辨惑论》)

人参 麦冬 五味子

生肌散(《中医外科手册》)

炉甘石 滴乳石 滑石 琥珀 朱砂 冰片

生地汤(《医宗金鉴》)

生地 赤芍 天花粉 川芎 当归

生地黄煎(《太平圣惠方》)

生地黄汁 生天冬汁 葳蕤 麦冬 细辛 甘草 川芎 白术 黄芪 升麻

生地黄散(《医宗金鉴》)

生地 川芎 羚羊角 大黄 赤芍 枳壳 木香

生地黄散(《银海精微》)

生地 黄柏 知母 防风 荆芥 升麻 干葛 天花粉 黄芩 甘草 桑白皮 茯苓 赤芍

生苡仁饮(《中医症状鉴别诊断学》)

生苡仁 赤小豆 泽泻 黄柏 当归 赤芍 蒲公英

生铁落饮(《医学心悟》)

天冬 麦冬 贝母 天南星 橘红 远志 石菖蒲 连翘 茯苓 茯神 玄参 钩藤 丹参 辰
砂 生铁落

生肌玉红膏(《外科正宗》)

当归 白芷 白腊 轻粉 甘草 紫草 血竭 麻油

生姜泻心汤(《伤寒论》)

生姜 甘草 人参 干姜 黄芩 半夏 黄连 大枣

失笑散(《和剂局方》)

五灵脂 生蒲黄

仙桂饮(《中医症状鉴别诊断学》)

仙灵脾 肉桂 巴戟天 当归 何首乌 枸杞子 紫河车 党参

仙方活命饮(《外科发挥》)

穿山甲 天花粉 甘草 乳香 白芷 赤芍 贝母 防风 皂角刺 当归 陈皮 银花

瓜蒂散(《伤寒论》)

瓜蒂 赤小豆 淡豆豉

瓜石散(《刘奉五妇科经验》)

栝蒌 石斛 玄参 麦冬 生地 瞿麦 车前子 益母草 马尾连 牛膝

瓜蒌薤白半夏汤(《金匮要略》)

瓜蒌 薤白 半夏 白酒

代抵当丸(《证治准绳》)

大黄 当归 生地 穿山甲 芒硝 桃仁 肉桂

外消散(《医宗金鉴》)

大黄 牡蛎 朴硝 活田螺

立效散(《古今医鉴》)

当归 肉桂 延胡索 杜仲 小茴香 木香 牵牛

玄参饮(《审视瑶函》)

玄参 防己 升麻 羚羊角 沙参 车前子 山栀 桑白皮 大黄 麻仁 杏仁

兰香饮子(《证治准绳》)

兰香 石膏 知母 人参 连翘 半夏 白豆蔻 防风 升麻 桔梗 甘草

半夏麻黄丸(《金匮要略》)

半夏　麻黄

半夏茯苓汤(《妇人良方》)

半夏　陈皮　茯苓　砂仁　甘草　生姜　大枣　乌梅

半夏泻心汤(《伤寒论》)

半夏　黄芩　干姜　人参　甘草　黄连　大枣

半夏厚朴汤(《金匮要略》)

半夏　厚朴　茯苓　紫苏　生姜

半夏白术天麻汤(《医学心悟》)

半夏　白术　天麻　橘红　茯苓　甘草　生姜　大枣

半夏千里流水汤(《千金方》)

半夏　生姜　生地　酸枣仁　黄芩　远志　茯苓　秫米

加味二妙散(《丹溪心法》)

黄柏　苍术　牛膝　当归　防己　草薢　龟版

加味三补丸(《中医症状鉴别诊断学》)

黄连　黄芩　黄柏　紫地丁　椿根皮

加味四苓散(《中医耳鼻喉科学》)

茯苓　猪苓　泽泻　白术　厚朴　陈皮

加味失笑散(《中医妇科治疗学》)

蒲黄　五灵脂　益母草　南沙参

加味平胃散(《女科准绳》)

苍术　厚朴　陈皮　甘草　芒硝

加味小胃丹(《医学入门》)

天南星　半夏　桃仁　杏仁　红花　陈皮　白术　白芥子　枳实　苍术

加味乌药汤(《济阴纲目》)

乌药　砂仁　木香　延胡索　香附　甘草

加味定志丸(《杂病源流犀烛》)

茯苓　远志　菖蒲　人参　琥珀　郁金　朱砂

加味归芍汤(《辨证录》)

当归　白芍　生地　麦冬　花粉　山栀

加味归脾汤(《外科证治全书》)

柴胡　山栀　白术　党参　黄芪　当归　甘草　茯神　远志　酸枣仁　木香　龙眼肉　生姜　大枣

加味当归饮(《眼科全镜》)

当归　人参　柴胡　黄芩　白芍　甘草　大黄　滑石　知母　黄柏　生地

加味金刚丸(《中医症状鉴别诊断学》)

草薢　牛膝　木瓜　巴戟天　菟丝子　僵蚕　全蝎　蜈蚣　肉苁蓉　杜仲　天麻　乌贼骨　马钱子

加味苍术膏(《朱仁康临床经验集》)

白鲜皮　当归　苍术　蜂蜜

加味导赤汤(《中医症状鉴别诊断学》)

生地　木通　竹叶　甘草　黄连　黄芩　银花　连翘　牛蒡子　玄参　桔梗　薄荷

加味青娥丸(《景岳全书》)

补骨脂　小茴香　胡芦巴　杜仲　胡桃肉　莲心　穿山甲　青盐

— 802 —

加味寿胎丸(《中医症状鉴别诊断学》)

菟丝子　桑寄生　续断　黄芪　白术　阿胶　莲房炭

加味荆芥散(《妇科治疗学》)

荆芥　桃仁　五灵脂　荠菜

加味桂枝汤(《中医症状鉴别诊断学》)

桂枝　白芍　甘草　木瓜　鸡血藤　生姜　大枣

加味消毒饮(《医宗金鉴》)

荆芥　防风　牛蒡子　升麻　甘草　连翘　赤芍　山楂

加味逍遥散(《内科摘要》)

丹皮　赤芍　柴胡　当归　白术　茯苓　甘草　生姜　薄荷

加味逍遥饮(《审视瑶函》)

当归　白术　茯神　甘草　白芍　柴胡　山栀　丹皮

加味温胆汤(《中医杂志》1964年第10期)

半夏　茯苓　陈皮　枳实　竹茹　远志　天竺黄　酸枣仁　甘草

加味黄芪汤(《中医症状鉴别诊断学》)

黄芪　川芎　白芍　甘草　菟丝子　糯米

加味排脓汤(《中医症状鉴别诊断学》)

枳壳　桔梗　赤芍　黄柏　贯仲　当归　甘草

加味玉屏风散(《医宗金鉴》)

石膏　茵陈　黄芪　白术　防风

加味四君子汤(《校注妇人良方》)

人参　白术　茯苓　甘草　芍药　升麻

加味地骨皮饮(《医宗金鉴》)

生地　当归　白芍　川芎　地骨皮　丹皮　胡黄连

加味三才封髓丹(《柳选四家医案》)

天冬　生地　人参　黄柏　甘草　砂仁　龙胆草　柴胡　山栀

加味六味地黄丸(《医宗金鉴》)

熟地　山药　山萸肉　丹皮　茯苓　泽泻　鹿茸　五加皮　麝香

加味知柏地黄汤(《中医症状鉴别诊断学》)

生地　山萸肉　丹皮　山药　茯苓　泽泻　仙灵脾　女贞子　知母　黄柏

加味当归芍药散(《中医研究资料简报》1960年第11期)

当归　白芍　川芎　茯苓　泽泻　白术　桑寄生　续断　菟丝子

加味苍白二陈汤(《沈氏尊生书》)

陈皮　半夏　茯苓　苍术　甘草　白术　知母　黄柏

加味芍药甘草汤(《中医症状鉴别诊断学》)

当归　白芍　甘草　木瓜　鸡血藤　牡蛎

加味桃红四物汤(《沈氏尊生书》)

生地　当归　川芎　赤芍　桃仁　红花　牛膝　丹皮　通草

加味调中益气汤(《审视瑶函》)

黄芪　升麻　细辛　陈皮　木香　川芎　人参　甘草　蔓荆子　苍术　当归　柴胡

加减一阴煎(《景岳全书》)

生地　芍药　麦冬　熟地　炙甘草　知母　地骨皮

加减四物汤(《医宗金鉴》)

生地　当归　川芎　赤芍　苦参　牛蒡子　薄荷　防风　天花粉　连翘　荆芥穗

加减右归丸(《中医症状鉴别诊断学》)
仙灵脾　巴戟天　熟地　山茱萸　桂心　党参　丹参　当归　白芍　益母草

加减复脉汤(《温病条辨》)
甘草　阿胶　生地　麦冬　麻仁　白芍

加减保阴煎(《中医症状鉴别诊断学》)
生地　白芍　山药　续断　甘草　女贞子　阿胶　当归　黄精　益母草

加减益气汤(《寿世保元》)
黄芪　党参　白术　陈皮　升麻　柴胡　木香　香附　青皮　川芎　桂枝　甘草　当归

加减柴苓汤(《沈氏尊生书》)
柴胡　泽泻　半夏　茯苓　猪苓　白术　山楂　山栀　荔枝核

加减消毒散(《外科真诠》)
蒲公英　银花　玄参　赤芍　连翘　穿山甲　皂角刺　前胡　防风　香附　甘草

加减逍遥散(《中医症状鉴别诊断学》)
柴胡　当归　赤芍　白术　茯苓　香附　丹参　白花蛇舌草　半枝莲　蜀羊泉

加减羚羊角散(《中医症状鉴别诊断学》)
羚羊角　酸枣仁　茯神　薏苡仁　五加皮　当归　川芎　葛根　木香　钩藤　白术　泽泻

加减丹栀逍遥散(《中医症状鉴别诊断学》)
柴胡　当归　白芍　丹皮　山栀　香附　益母草

加减龙胆泻肝汤(《赵炳南临床经验集》)
龙胆草　连翘　生地　泽泻　车前子　黄芩　山栀　丹皮　甘草

加减龙胆泻肝汤(《中医症状鉴别诊断学》)
柴胡　龙胆草　山栀　黄芩　甘草　地榆　车前子　赤白芍　椿根皮　三七粉

加减除湿胃苓汤(《赵炳南临床经验集》)
苍术　厚朴　陈皮　滑石　白术　猪苓　黄柏　枳壳　泽泻　茯苓

圣愈汤(《东垣十书》)
人参　黄芪　熟地　当归　川芎　白芍

六　　画

百合丹(《医宗金鉴》)
百合　麦冬　杏仁　木通　桑白皮　葶苈子　石膏　大黄

百草煎(《景岳全书》)
百草　凡田野山间者,无论诸品,皆可取用,然犹以山草为胜。

百部酒(《赵炳南临床经验集》)
百部　75％酒精

百合固金汤(《医方集解》引赵蕺庵方)
生地　熟地　百合　麦冬　贝母　当归　白芍　甘草　玄参　桔梗

百合地黄汤(《金匮要略》)
百合　生地

至宝丹(《和剂局方》)
犀角　朱砂　雄黄　玳瑁　琥珀　安息香　牛黄　麝香　冰片　金箔　银箔　人参

芍药汤(《素问病机气宜保命集》)
芍药　黄芩　黄连　当归　肉桂　甘草　槟榔　大黄　木香

芍药蒺藜煎(《景岳全书》)

芍药　白蒺藜　龙胆草　栀子　黄芩　木通　泽泻　生地

芎芷汤(《胎产新书》)

川芎　白芷　菊花　甘草　白芍　茯苓　藁本　石膏　生姜

芎归二陈汤(《丹溪心法》)

川芎　当归　陈皮　半夏　茯苓　甘草　生姜

芎菊上清丸(《北京市中药成方选集》)

菊花　川芎　黄芩　白芷　山栀　蔓荆子　连翘　荆芥穗　桔梗　防风　薄荷　黄连　羌活　藁
本　甘草

耳聋左慈丸(《广温热论》)

熟地　山药　山萸肉　丹皮　泽泻　茯苓　柴胡　磁石

朴硝盐胞汤(《千金方》)

朴硝　丹皮　当归　大黄　桃仁　厚朴　桔梗　人参　赤芍　茯苓　桂心　甘草　牛膝　陈皮
附子　䗪虫　水蛭

托里散(《外科真诠》)

黄芪　当归　白芍　续断　茯苓　香附　枸杞子　甲珠　银花　甘草

托里消毒散(《外科正宗》)

人参　川芎　白芍　黄芪　当归　白术　茯苓　银花　白芷　甘草　皂角针　桔梗

地芝丸(《审视瑶函》)

天冬　生地　枳壳　菊花

地榆散(《直指方》)

地榆　茜草根　黄芩　黄连　山栀　茯苓　薤白

地黄膏(《景岳全书》)

鲜生地　当归　芍药　杞子　天冬　麦冬　川芎　丹皮　莲肉　知母　人参　甘草　地骨皮

地黄饮子(《证治准绳》)

生地　当归　川芎　白蒺藜　防风　荆芥　何首乌　黄芪　甘草

地黄饮子(《宣明论方》)

生地　巴戟天　山萸肉　石斛　肉苁蓉　五味子　肉桂　茯苓　麦冬　附子　石菖蒲　远志　生
姜　大枣　薄荷

地骨皮丸(《证治准绳》)

地骨皮　黄芪　桑白皮　山栀　马兜铃　甘草

地骨皮散(《医方类聚》)

地骨皮　郁李仁　生地　升麻　藁本　杏仁　露蜂房

地骨皮饮(《和剂局方》)

地骨皮　柴胡　羚羊角屑　炙甘草　人参　生地

地肤大黄汤(《外台秘要》)

大黄　地肤草　知母　黄芩　猪苓　赤芍　通草　升麻　枳实　甘草

达原饮(《温疫论》)

槟榔　厚朴　草果　知母　芍药　黄芩　甘草

达郁汤(《中医症状鉴别诊断学》)

柴胡　升麻　川芎　香附　桑白皮　橘叶　白蒺藜

巩堤丸(《景岳全书》)

熟地　菟丝子　白术　五味子　益智仁　补骨脂　附子　茯苓　韭子

回阳丹(《类证活人书》)

硫黄　木香　荜澄茄　附子　干姜　全蝎　吴茱萸

回阳玉龙膏(《外科正宗》)

草乌　煨姜　赤芍　白芷　天南星　肉桂

回阳返本汤(《伤寒六书》)

附子　干姜　甘草　人参　麦冬　五味子　腊茶　陈皮　黄连　葱白

回阳救急汤(《伤寒六书》)

附子　干姜　肉桂　人参　白术　茯苓　陈皮　甘草　五味子　半夏　生姜　麝香

回乳四物汤(《疡医大全》)

当归　赤芍　川芎　熟地　大麦芽

肉苁蓉丸(《证治准绳》)

肉苁蓉　熟地　山药　五味子　菟丝子

肉苁蓉丸(《世医得效方》)

肉苁蓉　菟丝子　山茱萸　茯苓　人参　桂枝　防风　熟地　白芍　黄芪　附子　羌活　泽泻

当归汤(《证治准绳》)

当归　人参　官桂　陈皮　干姜　白术　茯苓　甘草　川芎　细辛　白芍　生姜　大枣

当归散(《妇人良方》)

当归　赤芍　刘寄奴　没药　枳壳　延胡索

当归散(《银海精微》)

当归　生地　赤芍　川芎　黄芩　栀子　木通　菊花　甘草　白蒺藜　木贼　大黄

当归饮子(《证治准绳》)

当归　芍药　川芎　生地　白蒺藜　荆芥　防风　首乌　黄芪　甘草

当归六黄汤(《兰室秘藏》)

当归　生地　熟地　黄连　黄柏　黄芩　黄芪

当归四逆汤(《伤寒论》)

当归　桂枝　芍药　细辛　甘草　通草　大枣

当归四逆汤(《医宗必读》)

当归　附子　官桂　茴香　柴胡　芍药　延胡索　川楝子　茯苓　泽泻

当归龙荟丸(《丹溪心法》)

当归　龙胆草　芦荟　山栀　黄连　黄芩　黄柏　大黄　木香　麝香(一方加柴胡、川芎,一方加青黛)

当归芍药散(《金匮要略》)

当归　芍药　茯苓　白术　泽泻　川芎

当归补血汤(《内外伤辨惑论》)

当归　黄芪

当归补血汤(《医宗金鉴》)

生地　当归　白芍　川芎　薄荷　白蒺藜　茺蔚子　柴胡　防风　菊花　羌活　甘草

当归补血散(《银海精微》)

当归　川芎　白芍　防风　细辛　菊花　甘草　车前子　蒺藜　白术　羌活　茺蔚子　薄荷　大黄

当归地黄饮(《景岳全书》)

当归　熟地　山药　山茱萸　杜仲　甘草　牛膝

当归活血汤(《审视瑶函》)

苍术　当归　川芎　薄荷　黄芪　熟地　防风　羌活　甘草　白芍

当归养荣汤(《原机启微》)

熟地　白芍　当归　川芎　防风　羌活　白芷

当归建中汤(《千金翼方》)

当归　桂枝　芍药　大枣　生姜　甘草　饴糖

当归桃红汤(《中医症状鉴别诊断学》)

当归　赤芍　桃仁　红花　香附　川芎　土贝母　龙胆草　柴胡　山慈姑　白花蛇舌草

当归拈痛汤(《医学发明》)

羌活　人参　苦参　升麻　葛根　苍术　炙甘草　黄芩　茵陈蒿　防风　当归　知母　泽泻　猪
苓　白术

当归贝母苦参丸(《金匮要略》)

当归　贝母　苦参

当归生姜羊肉汤(《金匮要略》)

当归　生姜　羊肉

当归四逆加吴茱萸生姜汤(《伤寒论》)

当归　桂枝　芍药　细辛　甘草　通草　大枣　吴茱萸　生姜

先天大造丸(《医宗金鉴》)

人参　白术　当归　茯苓　菟丝子　枸杞子　黄精　牛膝　补骨脂　骨碎补　巴戟天　远志　木
香　青盐　丁香　熟地　仙茅　何首乌　胶枣肉　肉苁蓉　紫河车

华盖散(《和剂局方》)

麻黄　杏仁　苏子　桑白皮　陈皮　茯苓　甘草

血府逐瘀汤(《医林改错》)

桃仁　红花　当归　生地　川芎　赤芍　柴胡　枳壳　甘草　桔梗　牛膝

使君子散(《证治准绳》)

使君子　甘草　芜荑　苦楝子

竹叶汤(《金匮要略》)

竹叶　葛根　防风　桔梗　桂枝　人参　甘草　附子　生姜　大枣

竹叶汤(《千金方》)

竹叶　小麦　知母　石膏　茯苓　黄芩　麦冬　人参　生姜　天花粉　半夏　甘草

竹沥汤(《千金方》)

竹沥　麦冬　黄芩　茯苓　防风

竹叶石膏汤(《伤寒论》)

竹叶　石膏　麦冬　人参　半夏　甘草　粳米

竹叶泻经汤(《原机启微》)

竹叶　柴胡　山栀　羌活　升麻　甘草　赤芍　草决明　茯苓　车前子　黄芩　黄连　大黄　泽
泻

竹叶黄芪汤(《医宗金鉴》)

竹叶　黄芪　人参　石膏　半夏　麦冬　白芍　川芎　当归　黄芩　生地　甘草　生姜　灯心

竹沥达痰丸(《医学入门》)

竹沥　大黄　黄芩　沉香　人参　白术　茯苓　陈皮　甘草　半夏　礞石　姜汁

全虫方(《赵炳南临床经验集》)

全蝎　皂角刺　猪牙皂角　白蒺藜　槐花　威灵仙　苦参　白鲜皮　黄柏

全鹿丸(《全国中成药处方集》)

活鹿　楮实子　巴戟天　胡芦巴　黄芪　牛膝　锁阳　枸杞子　五味子　党参　甘草　麦冬　肉苁蓉　茯苓　杜仲　当归　天冬　菟丝子　补骨脂　秋石　花椒　小茴香　青盐　熟地　芡实　生地　川芎　陈皮　山药　覆盆子　白术　续断　沉香

全生白术散(《全生指迷方》)

白术　茯苓皮　大腹皮　生姜皮

全真益气汤(《目经大成》)

地黄　附子　白术　五味子　人参　麦冬　怀牛膝

交泰丸(《韩氏医通》)

黄连　肉桂

冰硼散(《外科正宗》)

冰片　朱砂　玄明粉　硼砂

冲和膏(《外科正宗》)

紫荆皮　独活　赤芍　白芷　石菖蒲

冲和养胃汤(《原机启微》)

茯苓　柴胡　人参　甘草　当归　白术　升麻　葛根　白芍　羌活　黄芪　防风　五味子

汗斑擦剂(《中医症状鉴别诊断学》)

密陀僧　硫黄　白附子　醋调如糊,黄瓜蒂蘸擦

决津煎(《景岳全书》)

当归　牛膝　肉桂　乌药　泽泻　熟地

决明夜灵散(《原机启微》)

夜明砂　石决明　羯羊肝

安神丸(《小儿药证直诀》)

牙硝　茯苓　麦冬　山药　甘草　寒水石　龙脑　朱砂

安胎饮(《景岳全书》)

人参　白术　当归　熟地　川芎　白芍　陈皮　甘草　紫苏　黄芩

安神定志丸(《医学心悟》)

人参　茯苓　茯神　远志　石菖蒲　龙齿

安胎白术散(《济阴纲目》)

白术　川芎　吴茱萸　甘草

导痰汤(《济生方》)

陈皮　半夏　茯苓　甘草　天南星　枳实

导赤散(《小儿药证直诀》)

生地　木通　竹叶　甘草梢

导赤散(《银海精微》)

木通　山栀　甘草　黄柏　生地　知母　灯心

导赤承气汤(《温病条辨》)

赤芍　生地　大黄　黄连　黄柏　芒硝

异功散(《小儿药证直诀》)

人参　茯苓　白术　甘草　陈皮　姜枣

阳和汤(《外科全生集》)

熟地　白芥子　鹿角胶　炮姜炭　麻黄　肉桂　甘草

阳和解凝膏(《外科正宗》)

鲜牛蒡子根叶梗　鲜白凤仙梗　川芎　附子　桂枝　大黄　当归　肉桂　草乌　地龙　僵蚕　赤

芍 白芷 白蔹 白及 乳香 没药 续断 防风 荆芥 五灵脂 木香 香橼 陈皮 苏合油 麝香 菜油

阴毒内消散(《药蔹启秘》)

麝香 轻粉 丁香 牙皂 樟水 腰黄 良姜 肉桂 川乌 穿山甲 胡椒 制乳没 阿魏

防风汤(《宣明论方》)

防风 当归 茯苓 杏仁 黄芩 秦艽 葛根 麻黄 甘草

防风泻肝散(《审视瑶函》)

防风 黄芩 甘草 羚羊角 赤芍 细辛 桔梗 人参 远志

防风通圣散(《宣明论方》)

防风 连翘 麻黄 薄荷 荆芥 白术 山栀 川芎 当归 白芍 大黄 芒硝 石膏 黄芩 桔梗 甘草 滑石

防风秦艽汤(《外科正宗》)

防风 秦艽 当归 川芎 生地 白芍 茯苓 连翘 槟榔 甘草 山栀 地榆 槐角 白芷 苍术

约营煎(《景岳全书》)

生地 芍药 甘草 续断 地榆 黄芩 槐花 乌梅 荆芥穗

如圣丸(《小儿药证直诀》)

使君子 胡黄连 芜荑 干蟾 麝香

红花膏(《医宗金鉴》)

没药 血竭 麝香 阿魏 当归 赤芍 水红花籽

红粉膏(《朱仁康临床经验集》)

当归 白芷 姜黄 甘草 轻粉 冰片 蜂白蜡 红粉 麻油

红灵丹(《中医外科学讲义》上海中医学院编)

雄黄 乳香 月石 青礞石 没药 冰片 火硝 朱砂 麝香

红灵酒(《中医症状鉴别诊断学》)

当归 红花 花椒 肉桂 樟脑 细辛 干姜 酒精

红蓝花酒(《金匮要略》)

红蓝花 酒

红肿翳障方(《韦文贵临床经验选》)

生地 赤芍 密蒙花 白芷 石决明 赤石脂 冬术 夏枯草 细辛 川芎 黄芩 甘草

七 画

芦根汤(《济阴纲目》)

芦根 竹茹 麦冬 前胡 橘皮

芡实丸(《沈氏尊生书》)

芡实 莲须 山茱萸 潼蒺藜 覆盆子 龙骨 莲肉

芪附汤(《类证治裁》)

黄芪 附子 生姜

苇茎汤(《千金方》)

苇茎 薏苡仁 冬瓜仁 桃仁

苏葶丸(《医宗金鉴》)

苏子 葶苈子

苏叶汤(《不知医必要》)

苏叶　防风　川芎　陈皮　甘草

苏合香丸(《和剂局方》)

苏合香　乳香　冰片　青木香　丁香　犀角　白术　香附　麝香　安息香　朱砂

苏叶黄连汤(《温热经纬》)

苏叶　黄连

芩部丹(《中医方剂学讲义》上海中医学院编)

黄芩　百部　丹参

芩连四物汤(《医宗金鉴》)

黄芩　黄连　当归　生地　川芎　白芍

芩连竹茹汤(《中医症状鉴别诊断学》)

黄芩　黄连　竹茹　吴茱萸　半夏　麦冬　白芍　橘皮

苍术散(《兰室秘藏》)

苍术　黄柏　防风　柴胡

苍耳子散(《医方集解》)

苍耳子　辛夷花　白芷　薄荷

苍肤洗剂(《中医症状鉴别诊断学》)

苍耳子　地肤子　土槿皮　蛇床子　苦参　百部　枯矾

苍术除湿汤(《症因脉治》)

苍术　白术　厚朴　茯苓　陈皮　半夏　甘草

苍附导痰丸(《叶天士女科》)

苍术　香附　陈皮　茯苓　枳壳　半夏　天南星　甘草　生姜汁

苏子降气汤(《和剂局方》)

苏子　半夏　甘草　肉桂　当归　前胡　厚朴　苏叶　生姜　大枣

苁蓉润肠丸(《济生方》)

肉苁蓉　沉香

芳香辟秽汤(《通俗伤寒论》)

藿香　佩兰　蔻仁　白芥子　滑石　郁金　厚朴　杏仁　薏苡仁

杏苏散(《温病条辨》)

杏仁　苏叶　半夏　茯苓　甘草　前胡　桔梗　枳壳　生姜　大枣　橘皮

杞菊地黄丸(《医级》)

熟地　山茱萸　山药　泽泻　丹皮　茯苓　枸杞子　菊花

赤小豆当归散(《金匮要略》)

赤小豆　当归

赤石脂禹余粮汤(《伤寒论》)

赤石脂　禹余粮

麦门冬汤(《金匮要略》)

麦冬　人参　半夏　甘草　大枣　粳米

麦味地黄丸(《医级》)

麦冬　五味子　熟地　山茱萸　茯苓　山药　丹皮　泽泻

克银方(《中医杂志》1981年第4期)

土茯苓　忍冬藤　板蓝根　白鲜皮　威灵仙　草河车　山豆根

克银一号方(《中医杂志》1981年第4期)

生地　丹参　玄参　大青叶　黄芩　麻仁　山豆根　白鲜皮

克银二号方(《朱仁康临床经验集》)

生地　丹参　玄参　大青叶　麻仁　黄芩　山豆根　白鲜皮　草河车　连翘

两地汤(《傅青主女科》)

生地　地骨皮　玄参　白芍　麦冬　阿胶

寿胎丸(《医学衷中参西录》)

菟丝子　桑寄生　续断　阿胶

寿脾煎(《景岳全书》)

白术　当归　山药　炙甘草　酸枣仁　远志　干姜　莲子肉　人参

扶元散(《医宗金鉴》)

人参　白术　茯苓　茯神　黄芪　熟地　山药　甘草　当归　白芍　川芎　石菖蒲　生姜　大枣

抑肝散(《保婴撮要》)

柴胡　甘草　川芎　当归　白术　茯苓　钩藤

抑肝扶脾汤(《医宗金鉴》)

茯苓　白术　当归　白芍　柴胡　薄荷　甘草　丹皮　山栀　姜　枣

抑阳酒连散(《原机启微》)

生地黄　独活　黄柏　防风　知母　蔓荆子　前胡　防己　羌活　白芷　生甘草　黄芩　寒水石　栀子　黄连

巫云散(《东医宝鉴》)

明矾　五倍子　百药煎　青胡桃皮　石榴皮　诃子皮　木瓜皮　猪牙皂角　何首乌　细辛

坎离砂(《中药制剂手册》)

防风　透骨草　川芎　当归　生铁落　米醋

坎离既济汤(《医宗金鉴》)

生地　黄柏　知母

远志丸(《济生方》)

远志　石菖蒲　茯神　龙齿　人参　朱砂　茯苓

还少丹(《洪氏集验方》)

熟地　山药　牛膝　枸杞子　山茱萸　茯苓　杜仲　远志　五味子　楮实　茴香　巴戟天　肉苁蓉　石菖蒲　枣肉为丸

还元秋石丸(《医学入门》)

秋石　茯苓　天冬　麦冬　生地　熟地　人参　枸杞子　人乳粉

连朴饮(《霍乱论》)

厚朴　黄连　石菖蒲　姜半夏　山栀　豆豉　芦根

连梅汤(《温病条辨》)

黄连　乌梅　麦冬　生地　阿胶

连翘饮子(《兰室秘藏》)

连翘　红葵花　当归　人参　甘草　蔓荆子　生地　升麻　黄芪　黄芩　防风　羌活　柴胡

连梅安蛔汤(《通俗伤寒论》)

胡黄连　乌梅　川椒　黄柏　雷丸　槟榔

却毒汤(《医宗金鉴》)

瓦松　马齿苋　甘草　五倍子　川椒　苍术　防风　葱白　枳壳　侧柏叶　朴硝

吴茱萸汤(《伤寒论》)

吴茱萸　人参　生姜　大枣

吴茱萸汤(《证治准绳》)

吴茱萸　当归　川芎　赤芍　生姜　细辛　桂枝　荆芥　防风　甘草

吴茱萸汤(《审视瑶函》)

吴茱萸　半夏　川芎　甘草　人参　茯苓　白芷　陈皮　生姜

助阳活血汤(《目经大成》)

人参　当归　黄芪　甘草　白芷　防风　蔓荆子

助阳和血汤(《兰室秘藏》)

蔓荆子　白芷　柴胡　黄芪　甘草　当归　防风　升麻

助阳祛风补带汤(《实用中医妇科学》)

鹿角霜　菟丝子　防风　补骨脂　高良姜　白葵花　吴茱萸　柴胡　艾叶　甘草

何人饮(《景岳全书》)

何首乌　人参　当归　陈皮　生姜

佛手散(《普济本事方》)

当归　川芎

佛手散(《宋氏妇科秘书》)

当归　川芎　益母草

肝胆两益汤(《辨证录》)

白芍　远志　酸枣仁

肝肾双补丸(《眼科金镜》)

当归　川芎　山茱萸　巴戟天　茯苓　石斛　防风　细辛　甘草　枸杞子　姜

肠覃汤(《中医症状鉴别诊断学》)

柴胡　当归　赤芍　白术　枳实　丹参　昆布　薏苡仁　三棱　莪术　益母草

身痛逐瘀汤(《医林改错》)

秦艽　川芎　桃仁　红花　甘草　羌活　没药　当归　五灵脂　香附　牛膝　地龙

延胡索散(《医宗金鉴》)

当归　赤芍　蒲黄　桂心　琥珀　红花　延胡索

牡矾丹(《类证治裁》)

牡蛎粉　黄丹　枯矾

牡蛎散(《和剂局方》)

牡蛎　黄芪　麻黄根

牡丹散(《妇人良方》)

牡丹皮　桂心　当归　延胡索　莪术　荆三棱　牛膝　赤芍

辛夷散(《证治准绳》)

辛夷　细辛　藁本　防风　白芷　川芎　升麻　木通　甘草

沉香散(《金匮翼》)

沉香　石韦　滑石　当归　橘皮　白芍　冬葵子　甘草　王不留行

沙参麦冬汤(《温病条辨》)

沙参　麦冬　玉竹　甘草　桑叶　扁豆　天花粉

没药丸(《医宗金鉴》)

没药　乳香　桃仁　川芎　川椒　当归　赤芍　自然铜

良附丸(《良方集腋》)

高良姜　香附

疗儿散(《傅青主女科》)

人参　当归　牛膝　独角莲　乳香

完带汤(《傅青主女科》)

白术　山药　人参　白芍　车前子　苍术　甘草　陈皮　荆芥穗　柴胡

完疮散(《景岳全书》)

滑石　赤石脂　甘草　麻油　或加枯矾

启膈散(《医学心悟》)

沙参　丹参　茯苓　贝母　郁金　砂仁壳　荷叶蒂　杵头糠

启宫丸(《中医妇科学》湖北中医学院编)

半夏　香附　苍术　陈皮　神曲　茯苓　川芎

沉瀒丹(《幼幼集成》)

川芎　大黄　黄芩　黄柏　黑丑　薄荷　滑石　槟榔　枳壳　连翘　赤芍

诃黎勒丸(《圣济总录》)

诃黎勒　半夏　杏仁　橘皮　桔梗　泽泻　五味子　槟榔

羌活散(《三因极一病证方论》)

羌活　茯苓　薏苡仁　淡竹叶

羌活汤(《丹溪心法》)

羌活　独活　防风　柴胡　当归　肉桂

羌活胜风汤(《原机启微》)

羌活　独活　白术　枳壳　川芎　白芷　防风　前胡　桔梗　薄荷　荆芥　甘草　柴胡　黄芩

羌活胜湿汤(《内外伤辨惑论》)

羌活　独活　藁本　防风　川芎　蔓荆子　甘草

羌活行痹汤(《实用辨证论治手册》)

羌活　防风　秦艽　川断　当归　乳香　没药　红花　威灵仙

补心丹(《赤水玄珠》)

麦冬　天冬　远志　石菖蒲　香附　瓜蒌根　白术　贝母　熟地　茯神　地骨皮　人参　当归　牛膝　黄芪　木通

补心丹(《世医得效方》)

生地　人参　玄参　丹参　茯苓　桔梗　远志　酸枣仁　柏子仁　天冬　麦冬　当归　五味子　朱砂

补肝汤(《医宗金鉴》)

当归　白芍　川芎　熟地　酸枣仁　木瓜　麦冬　甘草

补肝散(《审视瑶函》)

车前子　黄芩　羌活　细辛　玄参　茯苓　防风　羚羊角

补肺散(《医宗金鉴》)

茯苓　阿胶　糯米　马兜铃　甘草　杏仁

补肺汤(《永类钤方》)

人参　黄芪　熟地　五味子　紫菀　桑白皮

补水宁神汤(《审视瑶函》)

生地　熟地　白芍　当归　麦冬　五味子　茯神　甘草

补天大造丸(吴球方)

紫河车　鹿茸　虎骨　龟版　补骨脂　生地　山药　山茱萸　枸杞子　当归　茯苓　泽泻　丹皮　天冬　麦冬　五味子　菟丝子　牛膝　杜仲　肉苁蓉

补中益气汤(《脾胃论》)

黄芪　人参　甘草　白术　当归　陈皮　升麻　柴胡

补中助阳汤(《眼科集成》)

黄芪　南沙参　白术　甘草　当归　陈皮　升麻　白豆蔻　防风　菊花　蔓荆子

补气养血方(《韦文贵眼科临床经验选》)

黄芪　白术　川芎　熟地　知母　厚朴　赤芍　党参　当归　陈皮　甘草　茯苓

补气健运汤(《杂病源流犀烛》)

黄芪　人参　茯苓　白术　甘草　陈皮　砂仁　半夏曲　生姜　大枣

补气通脬饮(《女科辑要》)

黄芪　麦冬　通草

补元益阴汤(《慎斋遗书》)

生地　熟地　当归　白芍　麦冬　五味子　甘草　大枣

补阳还五汤(《医林改错》)

黄芪　当归　赤芍　地龙　川芎　桃仁　红花

补血行滞汤(《胎产心法》)

当归　川芎　白芍　熟地　香附　桃仁　枳壳　砂仁　紫苏　生姜　大枣

补阴益气煎(《景岳全书》)

人参　当归　山药　熟地　陈皮　炙甘草　升麻　柴胡　生姜

补肝养荣汤(《赤水玄珠》)

当归　川芎　芍药　熟地　陈皮　菊花　甘草

补胆防风汤(《张氏医通》)

防风　人参　细辛　甘草　茯神　独活　前胡　川芎　生姜　大枣

补脾止带汤(《中医症状鉴别诊断学》)

白术　泽泻　女贞子　乌贼骨

补脾调周方(《中医症状鉴别诊断学》)

党参　白术　黄芪　当归　白芍　何首乌　香附　紫河车　仙灵脾

补肺阿胶汤(《小儿药证直诀》)

马兜铃　牛蒡子　甘草　杏仁　阿胶　糯米

补肾地黄丸(《证治准绳》)

熟地　泽泻　丹皮　茯苓　山茱萸　牛膝　山药　鹿茸

补肾止带汤(《中医症状鉴别诊断学》)

鹿角霜　紫石英　菟丝子　续断　白术　茯苓　当归　白芍　女贞子　乌贼骨

补肾安胎饮(《中医妇科治疗学》)

党参　白术　杜仲　续断　狗脊　益智仁　阿胶珠　艾叶　菟丝子　补骨脂

补肾养血汤(《中医症状鉴别诊断学》)

仙灵脾　仙茅　紫河车　女贞子　枸杞子　菟丝子　当归　白芍　党参　香附

补肾磁石丸(《审视瑶函》)

石决明　菊花　磁石　肉苁蓉　菟丝子

附子汤(《伤寒论》)

附子　人参　白术　茯苓　白芍

附子理中汤(《和剂局方》)

附子　人参　干姜　白术　甘草

附子粳米汤(《金匮要略》)

附子　粳米　半夏　甘草　大枣

附桂地黄丸(《丹溪心法》)

熟地　山茱萸　山药　丹皮　茯苓　泽泻　肉桂　附子

阿胶地黄丸(《中医症状鉴别诊断学》)

阿胶　生地　熟地　白芍　黄芩　莲房炭　旱莲草　甘草

阿胶养血汤(《中医妇科治疗学》)

阿胶　生地　沙参　麦冬　女贞子　旱莲草　桑寄生

阿魏嗜鼻法(《张氏医通》)

阿魏　鸡内金　冰片

改定三痹汤(《类证治裁》)

党参　茯苓　白术　甘草　当归　芍药　川芎　黄芪　桂心　防己　防风　乌头　细辛　姜　枣

鸡鸣散(《世医得效方》)

杏仁　大黄

鸡鸣散(《类编朱氏集验医方》)

槟榔　陈皮　木瓜　吴茱萸　桔梗　生姜　紫苏

驱风一字散(《世医得效方》)

川乌　川芎　荆芥穗　羌活　防风　薄荷

驱风散热饮子(《审视瑶函》)

连翘　牛蒡子　羌活　薄荷　大黄　赤芍　防风　当归　甘草　山栀　川芎

坠血明目饮(《审视瑶函》)

人参　牛膝　防风　白蒺藜　细辛　知母　山药　五味子　石决明　川芎　当归　生地　赤芍

尿石1号(《中西医结合治疗急腹症》)

金钱草　海金沙　石韦　车前子　木通

尿石2号(《中西医结合治疗急腹症》)

金钱草　石韦　车前子　木通　瞿麦　萹蓄　山栀　大黄　滑石　甘草梢

妙香散(《医方集解》)

山药　人参　黄芪　远志　茯苓　茯神　桔梗　甘草　木香　麝香　辰砂

八　画

拈痛汤(《兰室秘藏》)

白术　人参　苦参　升麻　葛根　苍术　防风　知母　泽泻　黄芩　猪苓　当归　甘草　茵陈
羌活

抵当汤(丸)(《伤寒论》)

水蛭　虻虫　大黄　桃仁

郁金丸(《妇人良方大全》)

郁金　白矾

苦参汤(《疡科心得集》)

苦参　蛇床子　白芷　银花　菊花　黄柏　地肤子　石菖蒲

苦参酒(《朱仁康临床经验集》)

苦参　百部　野菊花　凤眼草　樟脑　泡入75％酒精,七天后可用。

茅根汤(《妇人良方》)

白茅根　瞿麦穗　白茯苓　葵子　人参　蒲黄　桃胶　滑石　甘草　紫贝　石首鱼　头中石　姜
灯心

奔豚汤(《金匮要略》)

甘草　川芎　当归　芍药　葛根　半夏　黄芩　生姜　甘李根白皮

奔豚汤(《备急千金要方》)

半夏　吴茱萸　生姜　桂心　人参　甘草

抽风汤(《医宗金鉴》)

桔梗　芒硝　大黄　车前子　玄参　细辛　黄芩　防风

抽薪饮(《景岳全书》)

黄芩　石斛　木通　山栀　黄柏　枳壳　泽泻　甘草

青娥丸(《和剂局方》)

胡桃肉　补骨脂　杜仲

青白散(《中医症状鉴别诊断学》)

青黛　海螵蛸　煅石膏　冰片　香油

青黛散(《中医外科学讲义》上海中医学院编)

青黛　石膏　滑石　黄柏

青州白丸子(《和剂局方》)

生南星　生半夏　生川乌　生白附子　生姜

青蒿鳖甲汤(《温病条辨》)

青蒿　鳖甲　生地　知母　丹皮

青吹口散油膏(《中医外科临床手册》上海科技出版社)

石膏　人中白　青黛　薄荷　黄柏　黄连　月石　冰片

转光丸(《济生方》)

生地　茯苓　川芎　蔓荆子　熟地　防风　山药　菊花　细辛

转舌膏(《症因脉治》)

连翘　石菖蒲　山栀　黄芩　桔梗　防风　犀角　玄明粉　甘草　柿霜　大黄

转呆丹(《辨证录》)

人参　白芍　当归　半夏　柴胡　酸枣仁　附子　石菖蒲　神曲　茯神　天花粉　柏子仁

转胎汤(《中医症状鉴别诊断学》)

党参　当归　川芎　牛膝　升麻　附子

松蕊丹(《医宗金鉴》)

松花　枳壳　防风　独活　麻黄　前胡　大黄　桂心

苓桂术甘汤(《伤寒论》)

茯苓　桂枝　白术　甘草

枇杷清肺饮(《医宗金鉴》)

人参　枇杷叶　甘草　黄连　桑白皮　黄柏

拨云退翳散(《银海精微》)

楮实子　薄荷　川芎　黄连　菊花　蝉衣　瓜蒌根　蔓荆子　密蒙花　蛇蜕　荆芥穗　白芷　木贼草　防风　甘草

威灵仙散(《妇人良方》)

威灵仙　当归　没药　木香　桂心

虎潜丸(《丹溪心法》)

龟版　黄柏　知母　熟地　白芍　锁阳　陈皮　虎骨　干姜

肾气丸(《金匮要略》)

地黄　山药　山茱萸　泽泻　茯苓　丹皮　桂枝　附子

肾着汤(《金匮要略》)

干姜　茯苓　白术　甘草

败酱汤(《千金方》)

败酱草　当归　川芎　肉桂

明目细辛汤(《审视瑶函》)

川芎　藁本　当归　茯苓　红花　细辛　生地　蔓荆子　防风　羌活　荆芥穗　川椒　麻黄　桃仁

明目地黄丸(《审视瑶函》)

熟地　生地　山药　泽泻　丹皮　山茱萸　柴胡　当归　茯神　五味子

固阳汤(《寿世保元》)

黄芪　人参　白术　茯苓　干姜　白姜　良姜　厚朴　附子

固肠散(《景岳全书》)

陈皮　木香　肉豆蔻　罂粟壳　炮姜　甘草

固真汤(《证治准绳》)

人参　白术　茯苓　甘草　黄芪　附子　肉桂　山药

固脬汤(《沈氏尊生书》)

黄芪　潼蒺藜　枣皮　当归　茯神　益母子　白芍　升麻　羊脬

固阴煎(《景岳全书》)

人参　熟地　山茱萸　菟丝子　五味子　山药　远志　炙甘草

固本止崩汤(《付青主女科》)

熟地　白术　黄芪　当归　黑姜　人参

固卫御风汤(《朱仁康临床经验集》)

黄芪　防风　白术　桂枝　赤白芍　生姜　大枣

畅达散(《胎产秘书》)

白蔻　砂仁　半夏　陈皮　肉桂　桔梗　苏梗　生姜

使君子散(《寿世保元》)

使君子　槟榔　雄黄

肥儿丸(《和剂局方》)

人参　胡黄连　神曲　白术　黄连　麦芽　茯苓　使君子　山楂　甘草　芦荟

知柏地黄丸(《医方考》)

熟地　山茱萸　山药　丹皮　茯苓　泽泻　知母　黄柏

和营散坚丸(《外科正宗》)

当归　熟地　人参　白术　茯神　香附　橘红　贝母　天南星　酸枣仁　远志　柏子仁　丹皮　龙齿　芦荟　沉香　朱砂

金黄散(《医宗金鉴》)

大黄　黄柏　姜黄　白芷　天南星　陈皮　苍术　厚朴　甘草　天花粉

金铃子散(《素问病机气宜保命集》)

金铃子　延胡索

金沸草散(《世医得效方》)

金沸草　荆芥穗　麻黄　甘草　半夏　赤芍　前胡　桑白皮　乌药　生姜

金水六君煎(《景岳全书》)

当归　熟地　陈皮　半夏　茯苓　甘草　生姜

金锁正元丹(《世医得效方》)

五倍子　巴戟天　茯苓　胡芦巴　补骨脂　肉苁蓉　龙骨　朱砂

金锁固精丸(《医方集解》)

沙苑蒺藜　芡实　莲须　龙骨　牡蛎　莲子肉

金箔镇心丸(《血证论》)

天南星　朱砂　琥珀　天竺黄　牛黄　珍珠　麝香　金箔　薄荷

炙甘草汤(《伤寒论》)

炙甘草　人参　桂枝　麦冬　生地　麻仁　阿胶　生姜　大枣

河车丸(《医学心悟》)

紫河车　茯苓　茯神　远志　人参　丹参

河车大造丸(《全国中成药处方集》)

黄柏　杜仲　牛膝　当归　熟地　天冬　生地　枸杞　茴香　麦冬　陈皮　白术　五味子　干姜
柏叶

泻心汤(《金匮要略》)

大黄　黄连　黄芩

泻心汤(《银海精微》)

黄连　黄芩　大黄　连翘　荆芥　赤芍　车前子　薄荷　菊花

泻肺饮(《眼科纂要》)

石膏　赤芍　黄芩　桑白皮　木通　枳壳　栀子　连翘　荆芥　防风　白芷　羌活　甘草

泻肾汤(《审视瑶函》)

枸杞子　生地　黄柏　知母　麦冬　山茱萸　白芍　当归　五味子　茯苓　独活

泻黄散(《小儿药证直诀》)

藿香　山栀　石膏　甘草　防风

泻白散(《小儿药证直诀》)

地骨皮　桑白皮　甘草　粳米

泻肺汤(《张氏医通》)

羌活　玄参　黄芩　地骨皮　桑白皮　大黄　芒硝　甘草

泻青丸(《小儿药证直诀》)

当归　龙脑　川芎　山栀　大黄　羌活　防风　竹叶

泻肝汤(《审视瑶函》)

地骨皮　玄参　车前子　玄明粉　茺蔚子　大黄　知母

泻肝降胃汤(《医学衷中参西录》)

代赭石　白芍　石决明　瓜蒌仁　甘草　龙胆草　青黛

泻心导赤散(《医宗金鉴》)

木通　生地　黄连　甘草　竹蕊

泻脾除热饮(《银海精微》)

黄芪　黄连　黄芩　防风　茺蔚子　桔梗　大黄　车前子　芒硝

治阴冷方(《妇人良方》)

五加皮　干姜　丹参　蛇床子　熟地　钟乳粉　杜仲　天冬　地骨皮

泽泻散(《太平圣惠方》)

泽泻　人参　旋覆花　麦冬　枳实　前胡　茯苓　桔梗　甘草　杏仁　半夏

实脾饮(《济生方》)

白术　茯苓　大腹皮　木瓜　厚朴　草豆蔻　木香　附子　干姜　甘草　生姜　大枣

变通十味温胆汤(《中医治法与方剂》)

橘络　茯神　半夏　甘草　枳实　生地　远志　酸枣仁　石菖蒲　竹沥

育血1号(《中医症状鉴别诊断学》)

茅根　紫草　天花粉　乌梅　甘草　藕节　丹皮　白芍　玄参　生地

育血2号(《中医症状鉴别诊断学》)

黄芪　山药　黄精　当归　阿胶　白芍　牡蛎　五味子　鸡内金　甘草

育阴熄风煎(《中医症状鉴别诊断学》)

牡蛎　鳖甲　生地　天冬　白芍　阿胶　小麦　菊花

定心丸(《古今医鉴》)

人参　白术　茯苓　枳实　石莲肉　陈皮　韭子　半夏　远志　酸枣仁　牡蛎　甘草

定心汤(《衷中参西录》)

龙眼肉　酸枣仁　柏子仁　龙骨　牡蛎　乳香　没药　山茱萸

定志丸(《千金方》)

人参　茯苓　石菖蒲　远志　朱砂

定振丸(《证治准绳》)

天麻　秦艽　全蝎　熟地　生地　当归　川芎　芍药　防风　荆芥　白术　黄芪　威灵仙

定经汤(《傅青主女科》)

当归　熟地　白芍　菟丝子　山药　柴胡　荆芥　茯苓

定喘汤(《摄生众妙方》)

白果　麻黄　苏子　甘草　款冬花　杏仁　桑白皮　黄芩　半夏

定痫丸(《医学心悟》)

天麻　贝母　天南星　半夏　陈皮　茯苓　茯神　丹参　麦冬　石菖蒲　远志　全蝎　僵蚕　琥珀　朱砂　竹沥　姜汁　甘草

定痫镇痛合剂(《上海中医药杂志》1980年第4期)

生铁落　天南星　丹参　石菖蒲　远志　地龙　甘草

参附汤(《妇人良方》)

人参　附子

参附龙牡汤(《中医症状鉴别诊断学》)

人参　附子　龙骨　牡蛎

参苓白术散(《和剂局方》)

扁豆　人参　白术　茯苓　甘草　山药　莲子肉　桔梗　薏苡仁　砂仁

参麦地黄丸(《中国医学大辞典》)

熟地　山茱萸　山药　茯苓　丹皮　泽泻　麦冬　北沙参

经效散(《审视瑶函》)

柴胡　犀角　赤芍　当归　大黄　连翘　甘草梢

绀珠丹(《外科大成》)

茅术　全蝎　石斛　天麻　当归　甘草　川芎　羌活　荆芥　防风　麻黄　细辛　川乌　草乌　何首乌　雄黄

细辛散(《普济方》)

细辛　川芎　麻黄　附子　姜　枣　葱白

细辛散(《太平圣惠方》)

细辛　川芎　当归　甘草　独活　荜拨　鸡舌香

细辛汤(《医宗金鉴》)

细辛　防风　桔梗　羚羊角　知母　茺蔚子　玄参　大黄

驻车丸(《千金方》)

黄连　干姜　阿胶　当归

驻景丸(《银海精微》)

楮实子　枸杞子　五味子　人参　熟地　乳香　肉苁蓉　川椒　菟丝子　一方加当归

驻景丸加减方(《中医眼科六经法要》)

楮实子　枸杞子　五味子　茺蔚子　车前子　木瓜　寒水石　紫河车粉　生三七粉

九　画

春泽汤(《医方集解》)

白术　桂枝　猪苓　泽泻　茯苓　人参

茯苓汤(《类证治裁》)

人参　陈皮　半夏　茯苓　甘草　香附　益智仁　乌梅　竹沥　姜汁

茯苓饮(《外台秘要》)

茯苓　人参　白术　枳实　陈皮　生姜

茯苓丸(《胎产心法》)

人参　茯苓　桂心　橘红　半夏　干姜　白术　枳壳　甘草

茯苓泽泻汤(《金匮要略》)

茯苓　泽泻　桂枝　白术　生姜　甘草

茯苓甘草汤(《伤寒论》)

茯苓　甘草　桂枝　干姜

茯苓泻湿汤(《原机启微》)

茯苓　甘草　人参　柴胡　白术　枳壳　苍术　泽泻　前胡　川芎　薄荷　羌活　独活　蔓荆子

茯苓桂枝甘草大枣汤(《伤寒论》)

茯苓　桂枝　甘草　大枣

荆防汤(《眼科集成》)

荆芥穗　防风　当归　生地　丹皮　蝉衣　柴胡　赤芍　黄芩　车前草

荆防败毒散(《摄生众妙方》)

荆芥　防风　羌活　独活　川芎　薄荷　柴胡　前胡　桔梗　枳壳　茯苓　甘草　生姜

荆防四物汤(《医宗金鉴》)

荆芥　防风　当归　白芍　川芎　熟地

荡鬼汤(《傅青主女科》)

人参　当归　大黄　川牛膝　雷丸　红花　丹皮　枳壳　厚朴　桃仁

茜根散(《奇效良方》)

茜根　川升麻　犀角　地榆　当归　黄连　枳壳　白芍药

荔枝散(《医宗必读》)

荔枝核　沉香　大茴香　木香　青盐　川楝肉　小茴香

枸杞酒(《证治准绳》)

枸杞子　酒

柏子养心汤(《体仁汇编方》)

柏子仁　枸杞子　麦冬　当归　石菖蒲　茯神　玄参　熟地　甘草

枳术丸(《脾胃论》)

枳实　白术

枳实导滞丸(《内外伤辨惑论》)

枳实　大黄　神曲　茯苓　黄芩　黄连　白术　泽泻

枳实薤白桂枝汤(《金匮要略》)

枳实　薤白　桂枝　厚朴　栝蒌

指迷汤(《辨证录》)

人参　白术　半夏　神曲　天南星　甘草　陈皮　石菖蒲　附子　肉豆蔻

指迷七气汤(《金生指迷方》)

陈皮　青皮　藿香　桔梗　莪术　香附　半夏　肉桂　丁香　益智仁　甘草　生姜　大枣

胡粉散(《太平圣惠方》)

胡粉　雄黄

封囟散(《医宗金鉴》)

柏子仁　防风　天南星　猪胆汁

牵正散(《杨氏家藏方》)

白附子　僵蚕　全蝎

珍珠母丸(《中医临证备要》)

珍珠母　生地　熟地　党参　当归　柏子仁　酸枣仁　茯神　龙齿　沉香

厚朴温中汤(《内外伤辨惑论》)

厚朴　陈皮　甘草　茯苓　草豆蔻　木香　干姜

厚朴生姜半夏甘草人参汤(《伤寒论》)

厚朴　生姜　半夏　甘草　人参

朱砂安神丸(《医学发明》)

朱砂　当归　黄连　生地　甘草

面痛一号方(《中医症状鉴别诊断学》)

川芎　菊花　荆芥　半夏　陈皮　蝉衣　赤芍　丹皮　丹参　地龙　当归　甘草

面痛二号方(《中医症状鉴别诊断学》)

川芎　白附子　桂枝　半夏　防风　白芷　羌活　细辛　当归　丹参　地龙　甘草

面痛三号方(《中医症状鉴别诊断学》)

柴胡　郁金　山栀　青黛　丹参　地龙　当归　赤芍　川芎　陈皮　丹皮　甘草

面痛四号方(《中医症状鉴别诊断学》)

黄芪　川芎　赤芍　当归　天麻　甘草　丹参　鸡血藤　牛膝　红花　茯苓　姜黄

茵陈蒿汤(《伤寒论》)

茵陈　山栀　大黄

茵陈四逆汤(《张氏医通》)

茵陈　干姜　附子　甘草

茵陈五苓散(《金匮要略》)

茵陈　猪苓　茯苓　白术　桂枝　泽泻

茵陈术附汤(《医学心悟》)

茵陈　白术　附子　干姜　甘草

茵陈理中汤(《张氏医通》)

茵陈　党参　白术　干姜

栀子豉汤(《伤寒论》)

山栀　豆豉

栀子大黄汤(《金匮要略》)

山栀　大黄　枳实　豆豉

栀子金花丸(《宣明论方》)

山栀　黄连　黄芩　黄柏　大黄　知母　天花粉　银花

栀子胜奇散(《原机启微》)

山栀　白蒺藜　蝉衣　谷精草　甘草　木贼草　黄芩　草决明　菊花　川芎　荆芥穗　羌活　密蒙花　防风　蔓荆子

省风汤(《张氏医通》)

天南星　生姜　防风　生半夏　黄芩　甘草

省风汤(《目经大成》)

全蝎　半夏　防风　天南星　甘草　木香　生白附子　生川乌

胃苓汤(《丹溪心法》)

苍术　厚朴　陈皮　甘草　白术　桂枝　猪苓　泽泻　生姜　大枣

星香二陈汤(《简明中医内科学》)

天南星　木香　陈皮　半夏　茯苓　甘草

顺气饮子(《证治准绳》)

紫苏叶　木香　人参　草豆蔻　茯苓　甘草　大腹皮　苧根　糯米

顺气和中汤(《丹溪心法》)

黄芪　人参　甘草　白术　陈皮　芍药　升麻　柴胡　细辛　蔓荆子

顺气导痰汤(《中医症状鉴别诊断学》)

半夏　陈皮　茯苓　甘草　生姜　枳实　胆星　木香　香附

独参汤(《伤寒大全》)

人参

独活煮散(《千金方》)

独活　川芎　芍药　茯苓　防风　防己　葛根　羚羊角　当归　人参　桂心　麦冬　石膏　磁石　白术　甘草

独活寄生汤(《千金方》)

独活　桑寄生　秦艽　防风　杜仲　牛膝　细辛　肉桂　党参　茯苓　当归　川芎　赤芍　熟地　甘草

复元活血汤(《医学发明》)

柴胡　栝蒌根　当归　红花　甘草　穿山甲　大黄　桃仁

复方大承气汤(《中西医结合治疗急腹症》)

厚朴　莱菔子　枳实　桃仁　赤芍　大黄　芒硝

胜湿丸(《女科摘要》)

苍术　白芍　滑石　炮姜　地榆　枳壳　甘草　樗皮

胎元饮(《景岳全书》)

人参　当归　杜仲　芍药　熟地　白术　陈皮　甘草

肺炎二丸(《实用内科学》)

桔梗　虎杖　鱼腥草　鸭跖草　野荞麦根

胆道驱蛔汤(《中医外科学》)

木香　槟榔　大黄　使君子　苦楝皮　厚朴　延胡索

追虫丸(《证治准绳》)

槟榔　雷丸　木香　苦楝皮　皂荚　黑丑　茵陈

追气丸(《妇人良方》)

芸苔子　桂心　良姜

钩藤饮(《医宗金鉴》)

川芎　当归　茯神　白芍　茯苓　甘草　木香　钩藤　红枣

香苏散(《和剂局方》)

香附　紫苏叶　陈皮　甘草

香桂散(《医宗金鉴》)

当归　肉桂　川芎

香苏葱豉汤(《温病条辨》)

香附　紫苏叶　豆豉　葱白

香艾芎归饮(《中医妇科治疗学》)

香附　焦艾　延胡索　当归　川芎

香贝养荣汤(《医宗金鉴》)

香附　贝母　白术　人参　茯苓　陈皮　熟地　川芎　当归　白芍　桔梗　甘草　姜　枣

香砂宽中丸(《医学统旨》)

香附　砂仁　青皮　陈皮　槟榔　厚朴　白蔻仁　半夏曲　茯苓　白术　甘草　生姜

香砂六君子汤(《时方歌括》)

人参　茯苓　白术　甘草　半夏　陈皮　木香　砂仁　生姜　大枣

保元汤(《景岳全书》)

人参　甘草　肉桂　黄芪

保生汤(《证治准绳》)

人参　甘草　白术　香附　乌药　橘红

保和丸(《丹溪心法》)

山楂　神曲　莱菔子　陈皮　半夏　茯苓　连翘

保阴煎(《景岳全书》)

生地　熟地　芍药　山药　续断　黄芩　黄柏　甘草

保孕丸(一名千金保孕丸,《景岳全书》)

杜仲　续断

保安万灵丹(《医宗金鉴》)

茅术　何首乌　羌活　荆芥　川乌　乌药　川芎　甘草　石斛　全蝎　防风　细辛　当归　麻黄　天麻　雄黄

保产无忧方(《医学心悟》)

黄芪　当归　川芎　白芍　菟丝子　艾叶　羌活　枳壳　荆芥　贝母　甘草　厚朴　生姜

禹余粮丸(《妇人良方》)

禹余粮　鹿角胶　紫石英　续断　赤石脂　熟地　川芎　干姜　黄芪　艾叶　柏叶　当归　人参　茯苓

洗心散(《审视瑶函》)

大黄　赤芍　桔梗　玄参　黄连　荆芥穗　知母　防风　黄芩　当归

洗眼青皮汤(《审视瑶函》)

葳蕤　桑白皮　青皮　玄参　大黄　山栀仁　青盐　竹叶

济川煎(《医宗金鉴》)

当归　牛膝　肉苁蓉　升麻　枳壳　泽泻

济生汤(《达生篇》)

枳壳　香附　炙甘草　当归　苏子　川芎　大腹皮

济生肾气丸(《济生方》)

附子　肉桂　熟地　山药　山茱萸　茯苓　泽泻　丹皮　车前子　牛膝

活命饮(《外科发挥》)

穿山甲　白芷　天花粉　皂角刺　当归　甘草　赤芍　乳香　没药　防风　贝母　陈皮　银花

活络效灵丹(《医学衷中参西录》)

当归　丹参　乳香　没药

活血祛风汤(《朱仁康临床经验集》)

当归　赤芍　桃仁　红花　荆芥　蝉衣　白蒺藜　甘草

活血驱风散(《杂病源流犀烛》)

白蒺藜　当归　川芎　白芷　细辛　槐角　桃仁　半夏　白芍　五灵脂　甘草　苍术　杜仲　肉桂　薏苡仁　天麻　橘红　槟榔　厚朴　枳壳　生姜　大枣

活血疏风汤(《朱仁康临床经验集》)

荆芥　甘草　当归　白蒺藜　桃仁　红花　蝉退　赤芍

活血润肤汤(《中医症状鉴别诊断学》)

丹参　赤白芍　当归　红花　桃仁　鬼箭羽　生地　首乌藤

活血散瘀汤(《医宗金鉴》)

当归　赤芍　桃仁　大黄　川芎　苏木　丹皮　枳壳　栝蒌仁　槟榔

活血散瘀汤(《赵炳南临床经验集》)

苏木　赤白芍　红花　桃仁　鬼箭羽　三棱　莪术　木香　陈皮

活血流气饮(《医宗金鉴》)

苍术　木瓜　羌活　附子　山楂肉　独活　怀牛膝　麻黄　黄柏　乌药　干姜　槟榔　枳壳　甘草　黑豆　生姜

前列腺炎汤(《性功能与疾病》)

泽兰　桃仁　赤芍　丹参　王不留行　败酱草　川楝子　乳香　蒲公英

首乌延寿丹(《世补斋医书》)

首乌　豨莶草　菟丝子　杜仲　牛膝　女贞子　桑叶　金银花　生地　桑椹　黑芝麻　金樱子　旱莲草

姜附汤(《和剂局方》)

干姜　附子

姜附四物汤(《医垒元戎》)

干姜　附子　当归　熟地　白芍　川芎

养正丹(《和剂局方》)

水银　黑锡　硫黄　朱砂

养心汤(《证治准绳》)

黄芪　茯苓　茯神　当归　川芎　甘草　半夏曲　柏子仁　酸枣仁　远志　五味子　人参　肉桂

养心汤(《古今医鉴》)

人参　山药　茯神　麦冬　当归　白芍　石莲肉　远志　酸枣仁　芡实　莲须　茯苓

养金汤(《沈氏尊生书》)

生地　阿胶　杏仁　知母　沙参　麦冬　桑白皮　白蜜

养肝丸(《杂病源流犀烛》)

当归　防风　川芎　枳实　熟地　蕤仁　白芍　车前子

养阴煎(《中医症状鉴别诊断学》)

生地　沙参　石斛　太子参　黄芪　麦冬　白术　茯苓　牡蛎　甘草

养阴清肺汤(《重楼玉钥》)

生地　麦冬　玄参　甘草　贝母　丹皮　薄荷　白芍

养阴生肌散(《中医症状鉴别诊断学》)

青黛　石膏　雄黄　龙胆草　蒲黄炭　黄柏　甘草　薄荷

养胃进食汤(《证治准绳》)

苍术　神曲　茯苓　厚朴　大麦蘖　陈皮　白术　人参　甘草

养精种玉汤(《傅青主女科》)

熟地　当归　白芍　山茱萸

养血地黄丸(《普济本事方》)

熟地　顽荆　山茱萸　地肤子　狗脊　白术　干漆　蛴螬　天雄　车前子　草薢　泽泻　牛膝

养血防风汤(《张皆春眼科证治》)

当归　白芍　天花粉　荆芥　甘草

养血通经汤(《中医症状鉴别诊断学》)

党参　当归　川芎　赤白芍　茺蔚子　香附　红花

养血润肤饮(《外科证治》)

生地　熟地　当归　黄芪　天冬　麦冬　桃仁　红花　天花粉　黄芩　升麻

养血驱寒饮(《眼科全镜》)

当归　茅苍术　白芍　白术　独活　茯苓　枸杞子　川芎　菊花　覆盆子　肉桂　细辛

养荣壮肾汤(《叶天士女科证治》)

当归　川芎　独活　肉桂　防风　杜仲　川断　桑寄生　生姜

养胃增液汤(《中医症状鉴别诊断学》)

石斛　乌梅　沙参　玉竹　白芍　甘草

举元煎(《景岳全书》)

人参　黄芪　甘草　升麻　白术

举胎四物汤(《医宗金鉴》)

当归　白芍　熟地　川芎　人参　白术　陈皮　升麻

神圣散(《十便良方》)

麻黄　细辛　全蝎　藿香

神犀丹(《温热经纬》)

犀角　石菖蒲　黄芩　生地　银花　金汁　连翘　板蓝根　豆豉　玄参　天花粉　紫草

神仙活命饮(《白喉治法抉微》)

龙胆草　玄参　黄柏　板蓝根　瓜蒌皮　石膏　马兜铃　白芍　甘草　前胡　桔梗

神应消风散(《医宗金鉴》)

白芷　全蝎　人参

神应养真丹(《外科正宗》)

当归　川芎　白芍　天麻　羌活　熟地　木瓜　菟丝子

神功内托散(《外科正宗》)

当归　白术　黄芪　人参　白芍　茯苓　陈皮　附子　穿山甲　木香　甘草　川芎　煨姜　大枣

神效黄芪汤(《审视瑶函》)

蔓荆子　黄芪　人参　甘草　白芍　陈皮

宣痹汤(《温病条辨》)

防己　杏仁　薏苡仁　滑石　连翘　山栀　半夏　蚕砂　赤小豆皮

宣白承气汤(《温病条辨》)

石膏　大黄　杏仁　栝蒌皮

宣毒发表汤(《痘疹仁端录》)

升麻　葛根　枳壳　防风　薄荷　荆芥　木通　连翘　牛蒡子　竹叶　甘草　前胡　桔梗　杏仁

宣郁通经汤(《傅青主女科》)

柴胡　当归　白芍　丹皮　山栀　白芥子　香附　郁金　黄芩　甘草

宫外孕Ⅰ号方(山西医学院附属第一医院)

赤芍　丹参　桃仁

宫外孕Ⅱ号方(山西医学院附属第一医院)

赤芍　丹参　桃仁　三棱　莪术

送子丹(《傅青主女科》)

生黄芪　当归　麦冬　熟地　川芎

疣洗方(《朱仁康临床经验集》)

马齿苋　蜂房　细辛　白芷　陈皮

冠心Ⅱ号(《中医症状鉴别诊断学》)

丹参　川芎　赤芍　红花　降香

祛湿散(《朱仁康临床经验集》)

黄柏　白芷　轻粉　石膏　冰片

祛瘀四物汤(《张皆春眼科证治》)

当归　赤芍　川芎　益母草　刘寄奴　红花

祛风胜湿汤(《朱仁康临床经验集》)

荆芥　防风　羌活　蝉衣　茯苓　陈皮　银花　甘草

祛风换肌丸(《医宗金鉴》)

大胡麻　苍术　牛膝　石菖蒲　苦参　何首乌　天花粉　威灵仙　当归　川芎　甘草

祛风地黄汤(《医宗金鉴》)

生地　熟地　白蒺藜　川牛膝　知母　黄柏　枸杞子　菟丝子　独活

祛风定痛汤(《付青主女科》)

川芎　当归　独活　防风　肉桂　荆芥　茯苓　地黄

退赤散(《审视瑶函》)

桑白皮　甘草　丹皮　黄芩　天花粉　桔梗　赤芍　归尾　瓜蒌仁

退热散(《审视瑶函》)

赤芍　黄连　木通　生地　山栀　黄柏　黄芩　当归　丹皮　甘草梢

除风汤(《医宗金鉴》)

防风　黄连　茺蔚子　桔梗　五味子　细辛　大黄

除湿汤(《肘后方》)

半夏曲　厚朴　藿香叶　陈皮　白术

除湿汤(《眼科纂要》)

连翘　滑石　车前子　枳壳　黄芩　黄连　木通　甘草　陈皮　荆芥　防风　茯苓

除风益损汤(《原机启微》)

熟地　当归　白芍　川芎　藁本　前胡　防风

除风清脾饮(《审视瑶函》)

陈皮　连翘　防风　知母　玄明粉　黄芩　玄参　黄连　荆芥穗　大黄　桔梗　生地

除风湿羌活汤(《张氏医通》)

羌活　防风　柴胡　藁本　苍术　升麻　生姜

除湿胃苓汤(《医宗金鉴》)

苍术　陈皮　厚朴　白术　猪苓　茯苓　泽泻　滑石　甘草　防风　山栀　木通　肉桂

除湿蠲痹汤(《沈氏尊生书》)

苍术　白术　茯苓　羌活　泽泻　陈皮　甘草　姜汁　竹沥

除湿解毒汤(《中医症状鉴别诊断学》)

土茯苓　薏苡仁　草薢　车前子　大豆黄卷　泽泻　板蓝根　赤芍

十　画

真武汤(《伤寒论》)

附子　茯苓　白术　芍药　生姜

真人养脏汤(《和剂局方》)

白术　人参　肉豆蔻　诃子　罂粟壳　白芍　当归　肉桂　甘草　木香

都气丸(《医宗己任编》)

熟地　山药　山茱萸　茯苓　泽泻　丹皮　五味子

莪术汤(《叶氏女科证治》)

莪术　三棱　红花　苏木　牛膝

桃花散(《医宗金鉴》)

白石灰　大黄

桃花汤(《伤寒论》)

赤石脂　干姜　粳米

桃红饮(《类证治裁》)

桃仁　红花　川芎　当归　威灵仙

桃红四物汤(《医宗金鉴》)

桃仁　红花　当归　川芎　芍药　熟地

桃核承气汤(《伤寒论》)

桃仁　大黄　芒硝　桂枝　甘草

栝蒌牛蒡汤(《医宗金鉴》)

栝蒌　牛蒡子　天花粉　黄芩　陈皮　山栀　连翘　皂角刺　银花　甘草　青皮　柴胡

栝蒌桂枝汤(《金匮要略》)

栝蒌　桂枝　芍药　甘草　生姜　大枣

栝蒌薤白半夏汤(《金匮要略》)

栝蒌　薤白　半夏　白酒

栝蒌薤白白酒汤(《金匮要略》)

栝蒌　薤白　白酒

桂枝汤(《伤寒论》)

桂枝　芍药　甘草　生姜　大枣

桂麝散(《药籢启秘》)

麻黄　细辛　肉桂　牙皂　生半夏　丁香　天南星　麝香　冰片

桂枝甘草(《伤寒论》)

桂枝　甘草

桂枝新加汤(《伤寒论》)

桂枝　芍药　甘草　生姜　大枣　人参

桂枝附子汤(《金匮要略》)

桂枝　附子　甘草　大枣　生姜

桂枝桃仁汤(《妇人良方》)

桂枝　芍药　生地　桃仁　甘草

桂枝茯苓丸(《金匮要略》)

桂枝　茯苓　丹皮　桃仁　赤芍

桂枝四物汤(《医宗金鉴》)

桂枝　白芍　生姜　大枣　甘草　当归　川芎　熟地

桂枝加桂汤(《伤寒论》)

桂枝　芍药　甘草　生姜　大枣

桂枝䗪虫汤(《中医症状鉴别诊断学》)

桂枝　桃仁　䗪虫　天花粉　赤芍　白芍

桂枝加黄芪汤(《金匮要略》)

桂枝　芍药　甘草　生姜　大枣　黄芪

桂枝加当归汤(《中医外科临床手册》)

桂枝　芍药　生姜　甘草　大枣　当归

桂枝加附子汤(《金匮要略》)

桂枝　附子　芍药　生姜　大枣　甘草

桂苓五味甘草汤(《金匮要略》)

桂枝　茯苓　五味子　甘草

桂枝龙骨牡蛎汤(《金匮要略》)

桂枝　芍药　甘草　生姜　大枣　龙骨　牡蛎

桂枝麻黄各半汤(《伤寒论》)

桂枝　麻黄　芍药　甘草　生姜　大枣　杏仁

桂枝加龙骨牡蛎丸(《金匮要略》)

桂枝　芍药　甘草　生姜　大枣　龙骨　牡蛎

桂枝甘草龙骨牡蛎汤(《伤寒论》)

桂枝　甘草　牡蛎　龙骨

泰山磐石散(《景岳全书》)

人参　黄芪　当归　续断　黄芩　川芎　白芍　熟地　白术　炙甘草　砂仁　糯米

珠黄散(《和剂局方》)

珍珠　牛黄

逐瘀止血汤(《傅青主女科》)

生地　大黄　赤芍　丹皮　归尾　枳壳　桃仁　龟板

逍遥散(《和剂局方》)

柴胡　白术　当归　白芍　茯苓　薄荷　甘草　煨生姜

逍遥散验方(《韦文贵眼科临床经验选》)

当归　白术　丹皮　茯苓　山栀　菊花　白芍　枸杞子　石菖蒲　甘草

党参补血汤(《中医症状鉴别诊断学》)

党参　当归　白芍　熟地　桂心　陈皮　益母草

柴附汤(《中医症状鉴别诊断学》)

柴胡　香附　郁金　丹参　枳实　当归　赤芍　益母草

柴胡散(《妇人大全良方》)

柴胡　家葛根　知母　栀子仁　甘草　石膏　大青　黄芩　升麻　葱白

柴平煎(《内经拾遗方论》)

柴胡　人参　半夏　黄芩　甘草　陈皮　厚朴　苍术　生姜　大枣

柴胡清肝汤(饮)(《杂病源流犀烛》)

柴胡　黄芩　山栀　人参　川芎　桔梗　连翘　甘草
柴胡清肝汤(《医宗金鉴》)
柴胡　黄芩　生地　当归　白芍　川芎　山栀　天花粉　防风　牛蒡子　连翘　甘草
柴胡桂枝汤(《伤寒论》)
柴胡　桂枝　芍药　黄芩　人参　半夏　甘草　大枣　生姜
柴胡清肝散(《证治准绳》)
柴胡　黄芩　当归　丹皮　生地　黄连　山栀　川芎　升麻　甘草
柴胡疏肝散(汤)(《景岳全书》)
柴胡　芍药　枳壳　陈皮　甘草　川芎　香附
柴胡胜湿汤(《兰室秘藏》)
柴胡　羌活　茯苓　泽泻　升麻　甘草　黄柏　龙胆草　当归　麻黄根　汉防己　五味子　红花
柴葛解肌汤(《伤寒六书》)
柴胡　葛根　羌活　白芷　桔梗　黄芩　石膏　芍药　甘草　生姜　大枣
柴胡清燥汤(《温疫论补注》)
柴胡　黄芩　陈皮　甘草　天花粉　知母　姜　枣
柴胡参术汤(《审视瑶函》)
柴胡　人参　白术　熟地　白芍　甘草　川芎　当归　青皮
柴胡桂枝干姜汤(《伤寒论》)
柴胡　桂枝　干姜　栝蒌根　黄芩　牡蛎　甘草
柴胡加龙骨牡蛎汤(《伤寒论》)
柴胡　黄芩　人参　生姜　茯苓　铅丹　桂枝　龙骨　牡蛎　大黄　半夏　大枣
健脾散(《类证治裁》)
人参　白术　丁香　藿香　砂仁　肉豆蔻　神曲　甘草　姜　枣
健脾除湿汤(《中医症状鉴别诊断学》)
茯苓皮　白术　黄芩　山栀　泽泻　茵陈　枳壳　生地　竹叶　灯心　甘草
健脾润肤汤(《中医症状鉴别诊断学》)
党参　茯苓　苍白术　当归　丹参　鸡血藤　赤白芍　陈皮
氤氲汤(《温热论》)
清豆卷　藿香　佩兰　青蒿　山栀　连翘　滑石　通草　郁金　石菖蒲
射干麻黄汤(《金匮要略》)
射干　麻黄　生姜　细辛　紫菀　款冬　五味子　半夏　大枣
透脓散(《外科正宗》)
当归　川芎　黄芪　穿山甲　皂角刺
透顶散(《续本事》)
细辛　瓜蒂　丁香　糯米　脑子　麝香
透疹凉解汤(《中医儿科学讲义》)
桑叶　薄荷　连翘　菊花　蝉衣　银花　紫花地丁　赤芍　牛蒡子　红花　黄连
脏连丸(《外科准绳》)
黄连　公猪大肠
胶艾汤(《金匮要略》)
阿胶　艾叶　生地　川芎　甘草　当归　芍药
秘元煎(《景岳全书》)
远志　山药　芡实　枣仁　白术　茯苓　炙甘草　人参　五味子　金樱子

— 829 —

秘精丸(《医学心悟》)

白术　山药　茯苓　茯神　莲子肉　芡实　莲须　牡蛎　黄柏　车前子　金樱子

秘方猪苓汤(《葆光道人眼科龙木集》)

猪苓　木通　山栀　大黄　狗脊　萹蓄

蚕矢汤(《霍乱论》)

蚕砂　薏苡仁　大豆黄卷　陈木瓜　黄连　制半夏　黄芩　通草　焦栀　陈吴萸

息焚安胎汤(《傅青主女科》)

生地　青蒿　白术　茯苓　人参　知母　花粉

梁公酒(梁章钜《归田锁记》)

黄芪　当归　茯神　党参　麦冬　茯苓　白术　熟地　生地　肉桂　枣皮　川芎　龟版胶　羌活　防风　陈皮　红枣　冰糖　高粱酒

润肌膏(《外科正宗》)

当归　紫草　黄腊　香油

润燥汤(《万氏妇人科》)

人参　甘草　归身　生地　枳壳　火麻仁　桃仁泥　槟榔汁

润燥安胎汤(《傅青主女科》)

熟地　生地　山茱萸　麦冬　五味　阿胶　黄芩　益母草

涤痰汤(《济生方》)

陈皮　半夏　茯苓　甘草　枳壳　竹茹　天南星　石菖蒲　人参

海浮散(《外科十法》)

乳香　没药

海带丸(《医学入门》)

海带　青皮　陈皮　贝母

海藻玉壶汤(《外科正宗》)

海藻　贝母　陈皮　昆布　青皮　川芎　当归　半夏　连翘　甘草　独活　海带

消核丸(《杂病源流犀烛》)

橘红　茯苓　大黄　连翘　黄芩　山栀　半夏曲　玄参　牡蛎　天花粉　桔梗　瓜蒌仁　僵蚕　甘草

消核散(《医宗金鉴》)

海藻　牡蛎　玄参　糯米　甘草　红娘子

消乳丸(《证治准绳》)

香附　神曲　麦芽　陈皮　砂仁　甘草

消解散(《杂病源流犀烛》)

天南星　半夏　陈皮　枳实　桔梗　柴胡　前胡　黄连　连翘　赤芍　防风　独活　苏子　莪术　木通　白附子　甘草　蔓荆子　姜　灯心

消癖丸(《幼幼集成》)

人参　白术　陈皮　茯苓　青皮　厚朴　枳实　半夏　砂仁　六神曲　麦芽　鳖甲　三棱　莪术　木香　炮姜　桂皮　黄连

消痰饮(《寿世保元》)

半夏　瓜蒌仁　茯苓　陈皮　天南星　天麻　细辛　枳壳　黄芩　黄连　桔梗　甘草

消疳散(《审视瑶函》)

使君子　雷丸　鸡肝

消翳汤(《眼科纂要》)

木贼　密蒙花　当归　生地　蔓荆子　羌活　川芎　柴胡　防风　荆芥穗　甘草

消风散(《外科正宗》)

当归　生地　防风　蝉衣　知母　苦参　胡麻仁　荆芥　苍术　牛蒡子　石膏　甘草　木通

消风化痰汤(《杂病源流犀烛》)

白附子　木通　天南星　半夏　赤芍　连翘　天麻　僵蚕　天冬　桔梗　银花　苍耳子　白芷　防风　羌活　皂角　全蝎　陈皮　甘草　姜

消风清热饮(《朱仁康临床经验集》)

荆芥　防风　浮萍　蝉衣　当归　赤芍　大青叶　黄芩

消疳退云饮(《审视瑶函》)

陈皮　厚朴　苍术　莱菔子　柴胡　甘草　枳壳　草决明　桔梗　青皮　黄连　密蒙花　山栀　黄芩　神曲　菊花　姜皮　灯心

消疳理脾汤(《医宗金鉴》)

芜荑　三棱　莪术　青皮　陈皮　芦荟　槟榔　使君子　甘草　黄连　胡黄连　麦芽　神曲

消斑青黛饮(《伤寒六书》)

青黛　黄连　山栀　玄参　知母　生地　犀角　石膏　柴胡　人参　甘草　生姜　大枣

涌泉散(《医宗金鉴》)

白丁香　王不留行　花粉　漏芦　僵蚕

凉心散(《医宗金鉴》)

青黛　硼砂　黄柏　黄连　人中白　风化硝　冰片

凉膈散(《和剂局方》)

连翘　大黄　甘草　芒硝　山栀　黄芩　薄荷　竹叶　蜂蜜

凉血四物汤(《医宗金鉴》)

当归　生地　川芎　赤芍　黄芩　茯苓　陈皮　红花　甘草

凉血五根汤(《赵炳南临床经验集》)

白茅根　栝蒌根　茜草根　紫草根　板蓝根

凉血五花汤(《中医症状鉴别诊断学》)

红花　鸡冠草　凌霄花　玫瑰花　野菊花

凉血消风散(《朱仁康临床经验集》)

生地　当归　荆芥　蝉衣　苦参　白蒺藜　知母　石膏　甘草

凉血活血汤(《中医症状鉴别诊断学》)

槐花　紫草根　赤芍　白茅根　生地　丹参　鸡血藤

凉血地黄汤(《外科大成》)

生地　当归　地榆　槐角　黄连　天花粉　甘草　升麻　赤芍　枳壳　黄芩　荆芥

凉血润燥饮(《朱仁康临床经验集》)

生地　丹皮　紫草　茜草　黄芩　大青叶　玄参　麦冬　石斛　天花粉　白蒺藜

凉血解毒丸(《杂病源流犀烛》)

苦参　黄连　连翘　大黄　生地　白芷　防风　石膏　牛蒡子

凉营清气汤(《丁甘仁医案·喉痧症治概要》)

犀角　鲜石斛　山栀　丹皮　鲜生地　薄荷　黄连　赤芍　玄参　石膏　甘草　连翘　竹叶　茅根　芦根　金汁

凉膈连翘散(《银海精微》)

连翘　黄连　栀子　黄芩　大黄　朴硝　薄荷　甘草

凉血解毒清营汤(《中医症状鉴别诊断学》)

银花　连翘　蒲公英　玳瑁　茅根　生地　丹皮　茜草根　绿豆衣　黄连　山栀

调元汤(《育婴家秘》)

黄芪　人参　甘草

调气汤(《审视瑶函》)

白芍　陈皮　生地　黄柏　香附　知母　当归　枳壳　茯苓　甘草

调荣饮(《证治准绳》)

莪术　川芎　当归　延胡索　白芷　槟榔　陈皮　赤芍　桑白皮　大腹皮　茯苓　葶苈子　瞿麦　大黄　细辛　官桂　甘草

调肝散(《张氏医通》)

半夏　木瓜　当归　川芎　牛膝　石菖蒲　酸枣仁　甘草　姜　枣

调中益气汤(《脾胃论》)

人参　黄芪　陈皮　甘草　升麻　柴胡　木香　苍术

调胃承气汤(《伤寒论》)

大黄　芒硝　甘草

益胃汤(《温病条辨》)

沙参　麦冬　冰糖　生地　玉竹

益胆汤(《圣济总录》)

黄芩　甘草　人参　苦参　官桂　茯神

益黄散(《医学正传》)

陈皮　青皮　诃子皮　甘草　丁香

益阴煎(《医宗金鉴》)

生地　知母　黄柏　龟版　砂仁　甘草

益母丸(《济阴纲目》)

益母草　当归　熟地黄　香附　川芎　白芍药　白术　砂仁　黄芩

益气聪明汤(《东垣试效方》)

蔓荆子　黄芪　党参　黄柏　白芍　甘草　升麻　葛根

益气止淋汤(《女科正宗》)

人参　黄芪　白术　茯苓　麦冬

益气止血方(《中医症状鉴别诊断学》)

党参　白术　黄精　三七粉

益气安胎饮(《中医症状鉴别诊断学》)

黄芪　党参　糯米　白术　菟丝子　续断　白芍　甘草　苎麻根　莲房炭

益气救脱汤(《中医症状鉴别诊断学》)

人参　三七粉

益气肾气丸(《兰室秘藏》)

茯苓　泽泻　当归　丹皮　五味子　山药　山茱萸　柴胡　熟地　生地　辰砂

益气缩宫汤(《中医症状鉴别诊断学》)

党参　山茱萸　阿胶　甘草　白术　枳壳　益母草

益气收乳汤(《中医症状鉴别诊断学》)

党参　黄芪　当归　白芍　麦冬　山茱萸　甘草

益气导溺汤(《中医妇科治疗学》)

党参　白术　扁豆　茯苓　桂枝　甘草　桔梗　通草　乌药

益血润肠丸(《证治准绳》)

当归　熟地　荆芥　枳壳　麻仁　杏仁　肉苁蓉　苏子　橘红　阿胶

益肾调肝汤(《中医症状鉴别诊断学》)

柴胡　当归　白芍　山茱萸　紫河车　香附　益母草

益肾蠲痹丸(《焦树德临床经验辑要》)

熟地　当归　淫羊藿　鹿衔草　全蝎　蜈蚣　乌梢蛇　蜂房　地鳖虫　僵蚕　炙蜣　蝣虫　生地
鸡血藤　老鹳草　寻骨草　虎杖

益气活血散瘀汤(《中医症状鉴别诊断学》)

黄芪　党参　白术　鸡血藤　鬼箭羽　红花　桃仁　川楝子　银花　丝瓜

资生丸(《先醒斋医学广笔记》)

人参　茯苓　白术　山药　薏苡仁　莲子　芡实　甘草　陈皮　麦芽　神曲　白豆蔻　桔梗　藿
香　黄连　砂仁　扁豆　山楂　泽泻

资寿解语汤(《杂病源流犀烛》)

羚羊角　桂枝　羌活　甘草　防风　附子　酸枣仁　天麻　竹沥　姜汁

宽胸丸(《内科学》上海中医学院编)

荜拔　良姜　檀香　冰片　细辛　延胡索

宽气饮(《医宗金鉴》)

杏仁　桑白皮　橘红　苏子　枳壳　枇杷叶　麦冬　甘草　葶苈子

宽带汤(《傅青主女科》)

白术　巴戟天　补骨脂　党参　麦冬　杜仲　熟地　肉苁蓉　芍药　当归　五味子　莲子

家韭子丸(《三因方》)

家韭子　鹿茸　肉苁蓉　牛膝　熟地　当归　菟丝子　巴戟天　杜仲　石斛　肉桂　干姜

家秘泻白散(《症因脉治》)

桑白皮　地骨皮　石膏　黄芩　黄连　甘草

桑杏汤(《温病条辨》)

桑叶　杏仁　沙参　贝母　豆豉　山栀　梨皮

桑菊饮(《温病条辨》)

桑叶　菊花　杏仁　连翘　薄荷　桔梗　甘草　芦根

桑白皮汤(《景岳全书》)

桑白皮　半夏　苏木　杏仁　贝母　黄芩　黄连　山栀

桑白皮汤(《审视瑶函》)

桑白皮　泽泻　玄参　甘草　麦冬　黄芩　旋覆花　菊花　地骨皮　桔梗　茯苓

桑螵蛸散(《本草衍义》)

桑螵蛸　远志　石菖蒲　龙骨　人参　茯神　当归　龟版

通幽汤(《兰室秘藏》)

生地　熟地　桃仁　红花　当归　甘草　升麻　槟榔

通瘀煎(《景岳全书》)

当归　山楂　香附　红花　乌药　木香　青皮　泽泻

通乳丹(《傅青主女科》)

人参　黄芪　当归　麦冬　木通　桔梗　猪蹄

通经导滞汤(《医宗金鉴》)

当归　熟地　赤芍　川芎　枳壳　紫苏　香附　陈皮　丹皮　红花　牛膝　独活　甘草

通经逐瘀汤(《朱仁康临床经验集》)

地龙　皂角刺　刺猬皮　桃仁　赤芍　银花　连翘

通络二陈汤(《中医症状鉴别诊断学》)

半夏　陈皮　茯苓　甘草　丝瓜络　橘络　路路通　枳实

通络活血方(《朱仁康临床经验集》)

当归　赤芍　桃仁　红花　香附　青皮　王不留行　茜草　泽兰　牛膝

通窍活血汤(《医林改错》)

桃仁　红花　赤芍　川芎　麝香　老葱　生姜　红枣

通脉四逆汤(《伤寒论》)

甘草　附子　干姜

通肝收乳汤(《中医症状鉴别诊断学》)

柴胡　当归　白芍　熟地　白术　甘草　麦冬　远志　麦芽　通草

通明补肾丸(《银海精微》)

楮实子　五味子　枸杞子　人参　菟丝子　肉苁蓉　菊花　熟地　当归　牛膝　黄柏　知母　青盐

通脾泻胃汤(《血证论》)

黄芩　玄参　防风　大黄　知母　山栀　石膏　茺蔚子

十 一 画

菊睛丸(《审视瑶函》)

菊花　巴戟天　肉苁蓉　枸杞子

菊花丸(《三因极一病证方论》)

菊花　枸杞子　肉苁蓉　巴戟天

菊花散(《东医宝鉴》)

菊花　蔓荆子　侧柏叶　川芎　白芷　细辛　桑白皮　旱莲根茎花叶

菊花茶调散(《和剂局方》)

菊花　川芎　荆芥　白芷　甘草　羌活　细辛　防风　薄荷　僵蚕

菊花芍药汤(《中医症状鉴别诊断学》)

菊花　赤白芍　白蒺藜　丹皮　钩藤　天麻　夜交藤　生地　桑椹子

菖蒲郁金汤(《温病全书》)

鲜石菖蒲　郁金　山栀　连翘　菊花　滑石　竹叶　丹皮　牛蒡子　竹沥　姜汁　玉枢

黄土汤(《金匮要略》)

灶心黄土　甘草　生地　白术　附子　阿胶　黄芩

黄芩汤(《伤寒论》)

黄芩　芍药　甘草　生姜　大枣

黄连膏(《医宗金鉴》)

黄连　当归　黄柏　姜黄　生地

黄连汤(《备急千金要方》)

黄连　当归　石榴皮　阿胶　干姜　黄柏　甘草

黄连滴耳液(《中医耳鼻喉科学》上海科技出版社)

黄连解毒汤(《外台秘要》)

黄连　黄芩　黄柏　山栀

黄连温胆汤(《六因条辨》)

黄连　竹茹　枳实　半夏　橘红　茯苓　甘草　生姜

黄连羊肝丸(《原机启微》)

黄连　羊肝

黄连闭管丸(《外科正宗》)

胡黄连　穿山甲　石决明　槐花

黄芩滑石汤(《温病条辨》)

黄芩　滑石　茯苓皮　大腹皮　白豆蔻　通草　猪苓

黄芪内消汤(《外科真理》)

黄芪　当归　豨莶草　苍耳草　蒲公英　玄参　赤芍　丹皮　穿山甲　甘草

黄芪当归散(《医宗金鉴》)

黄芪　当归　人参　白术　甘草　猪胰　生姜　大枣

黄芪建中汤(《金匮要略》)

黄芪　桂枝　甘草　大枣　芍药　生姜　饴糖

黄芪赤风汤(《医林改错》)

黄芪　赤芍　防风

黄芪赤昆汤(《中医症状鉴别诊断学》)

黄芪　昆布　赤小豆

黄芪鳖甲散(《卫生宝鉴》)

黄芪　鳖甲　天冬　秦艽　柴胡　茯苓　桑白皮　紫菀　半夏　芍药　生地　知母　甘草　党参　桔梗　肉桂

黄连上清丸(《古今医方集成》)

黄连　黄芩　黄柏　栀子　菊花　桔梗　薄荷　川芎　大黄　连翘　当归　葛根　玄参　花粉　姜黄

黄芪桂枝五物汤(《金匮要略》)

黄芪　芍药　桂枝　生姜　大枣

黄连阿胶鸡子黄汤(《伤寒论》)

黄连　黄芩　芍药　鸡子黄　阿胶

萆薢化毒汤(《疡科心得集》)

萆薢　当归　丹皮　牛膝　防己　木瓜　薏苡仁　秦艽

萆薢分清饮(《医学心悟》)

萆薢　车前子　茯苓　莲子心　石菖蒲　黄柏　丹参　白术

萆薢渗湿汤(《疡医大全》)

萆薢　薏苡仁　丹皮　黄柏　茯苓　泽泻　通草　滑石

救母丹(《傅青主女科》)

人参　当归　益母草　川芎　芥穗　赤石脂

救苦汤(《兰室秘藏》)

升麻　苍术　甘草　柴胡　防风　羌活　细辛　藁本　川芎　桔梗　红花　当归　黄连　黄芩　黄柏　知母　生地　连翘　龙胆草

救运至圣丹(《石室秘录》)

人参　当归　川芎　白术　熟地　干姜

理中丸(《伤寒论》)

人参　干姜　白术　甘草

理阴煎(《景岳全书》)

当归　熟地　干姜　甘草

理气通经汤(《中医症状鉴别诊断学》)

— 835 —

当归　川芎　丹参　红花　香附　青皮　益母草

朱砂安神丸(《内外伤辨惑论》)

黄连　生地　当归　甘草　辰砂

蛇床子散(《妇产科学》上海中医学院编)

蛇床子　花椒　明矾　百部　苦参

蛇床子洗方(《疡医大全》)

蛇床子　花椒　白矾

脱花煎(《景岳全书》)

当归　肉桂　川芎　牛膝　车前子　红花

脱疽二号(《中医症状鉴别诊断学》)

玄参　银花藤　当归　赤芍　红花　牛膝　泽兰　乳香　没药　石斛　地丁草　蜈蚣

脱疽三号(《中医症状鉴别诊断学》)

银花藤　地丁草　连翘　当归　赤芍　红花　牛膝　川楝子　赤小豆　玄参　甘草

棱莪消积汤(《中医症状鉴别诊断学》上海中医学院方)

三棱　莪术　延胡索　败酱草　赤芍　丹皮　桃仁　薏苡仁　红藤

徙薪饮(《景岳全书》)

陈皮　麦冬　芍药　黄芩　黄柏　茯苓　丹皮

敛阳丹(《古今医鉴》)

丁香　砂仁　白豆蔻　红豆　人参　肉桂　附子　干姜　良姜

猪膏发煎(《金匮要略》)

猪膏　乱发

猪苓汤(《伤寒论》)

猪苓　茯苓　泽泻　阿胶　滑石

猪胆藿香丸(《医宗金鉴》)

藿香　猪胆

银翘散(《温病条辨》)

银花　连翘　豆豉　牛蒡子　薄荷　荆芥　桔梗　甘草　竹叶　鲜芦根

银花甘草汤(《外科十法》)

鲜银花　甘草

银花戟菜饮(《中医妇科治疗学》)

荆芥　银花　赤芍　土茯苓　戟菜　甘草

银翘红藤解毒汤(验方)

银花　连翘　红藤　败酱草　丹皮　栀子　薏苡仁　赤芍　桃仁　川楝　乳香　没药　元胡

羚羊角汤(《医醇賸义》)

羚羊角　龟版　生地　丹皮　白芍　柴胡　薄荷　蝉衣　菊花　夏枯草　石决明

羚羊角散(《审视瑶函》)

羚羊角　羌活　玄参　车前子　山栀仁　黄芩　瓜蒌仁　胡黄连　菊花　细辛

羚角钩藤汤(《通俗伤寒论》)

羚羊角　钩藤　桑叶　贝母　鲜生地　菊花　茯神　白芍　甘草　鲜竹茹

渗湿汤(《和剂局方》)

苍术　白术　甘草　茯苓　干姜　橘红　丁香

渗脐散(《医宗金鉴》)

枯矾　煅龙骨　麝香

麻黄汤(《伤寒论》)

麻黄　桂枝　杏仁　甘草

麻子仁丸(《伤寒论》)

麻仁　杏仁　大黄　厚朴　枳实　芍药

麻黄加术汤(《金匮要略》)

麻黄　桂枝　甘草　杏仁　白术

麻黄四物汤(《医宗金鉴》)

麻黄　桂枝　杏仁　甘草　生姜　大枣　当归　熟地　川芎　白芍

麻黄人参芍药汤(《血证论》)

麻黄　桂枝　黄芪　人参　甘草　当归　白芍　麦冬　五味子

麻黄连翘赤小豆汤(《伤寒论》)

麻黄　连翘　赤小豆　桑白皮　杏仁　生姜皮　大枣

麻黄杏仁薏苡甘草汤(《金匮要略》)

麻黄　甘草　杏仁　薏苡仁

麻黄杏仁甘草石膏汤(《伤寒论》)

麻黄　杏仁　甘草　石膏

鹿角散(《沈氏尊生书》)

鹿角屑　鹿茸　茯苓　茯神　人参　川芎　当归　桑螵蛸　补骨脂　龙骨　韭子　柏子仁　甘草　生姜　大枣　粳米

鹿角胶丸(《医学正传》)

鹿角胶　鹿角霜　熟地　人参　当归　牛膝　茯苓　菟丝子　白术　杜仲　虎骨　龟版

鹿角霜饮(《中医症状鉴别诊断学》)

鹿角霜　白术　枳壳　黄芪　当归　川芎　昆布　半夏　益母草

鹿茸益精丸(《沈氏尊生书》)

鹿茸　肉苁蓉　桑螵蛸　巴戟天　杜仲　菟丝子　益智仁　禹余粮　川楝子　当归　韭子　补骨脂　山茱萸　赤石脂　龙骨　乳香　茯苓

旋覆代赭汤(《伤寒论》)

旋覆花　代赭石　人参　甘草　半夏　生姜　大枣

清风散(《眼科纂要》)

知母　黄柏　车前子　木贼　当归　防风　人参　菊花　桑白皮　山栀　薄荷

清痰饮(《审视瑶函》)

陈皮　半夏　天花粉　山栀　石膏　黄芩　茯苓　天南星　枳壳　青黛

清骨散(《证治准绳》)

银柴胡　胡黄连　秦艽　鳖甲　地骨皮　青蒿　知母　甘草

清络饮(《温病条辨》)

鲜荷叶边　鲜银花　西瓜翠衣　鲜扁豆花　鲜竹叶心　丝瓜皮

清中汤(《医宗金鉴》)

陈皮　半夏　茯苓　甘草　山栀　黄连　草豆蔻

清空膏(《兰室秘藏》)

黄芩　黄连　柴胡　羌活　防风　川芎　甘草

清胞饮(《中医症状鉴别诊断学》)

茯苓　猪苓　木通　车前子　灯心　萹蓄　泽泻　山栀　甘草

清震汤(《素问病机气宜保命集》)

升麻　苍术　荷叶

清魂散(《女科准绳》)

人参　甘草　川芎　泽兰　荆芥穗

清肺饮(《证治汇补》)

茯苓　黄芩　桑白皮　麦冬　车前子　山栀　木通

清肺饮(《眼科篡要》)

黄芪　桑白皮　生地　麦冬　当归　前胡　连翘　知母　荆芥　陈皮　防风　枳壳　甘草　薄荷

清胃散(《脾胃论》)

黄连　当归　生地　丹皮　升麻

清胃汤(《医宗金鉴》)

石膏　黄芩　黄连　生地　丹皮　升麻

清凉饮(《石室秘录》)

玄参　麦冬　菊花　菁蒿　白芥子　生地　车前子

清凉膏(《医宗金鉴》)

风化石灰　清水

清晕汤(《妇科挈要》)

当归　川芎　滑石　童便　黄酒

清宫汤(《温病条辨》)

犀角　生地　玄参　竹叶　银花　连翘　黄连　丹参　麦冬

清宫饮(《中医症状鉴别诊断学》)

败酱草　生地　白芍　当归　赤芍　枳实　川续断　竹茹

清肾汤(《眼科全镜》)

当归　川芎　枸杞子　茯苓　木贼　菊花　密蒙花　石决明　知母　黄柏　防风

清宫汤(《温病条辨》)

犀角　玄参　丹皮　麦冬　连翘　生地　黄连　银花　竹叶卷心

清暑汤(《外科全生集》)

连翘　天花粉　赤芍　银花　甘草　滑石　车前子　泽泻

清心丸(《普济本事方》)

黄柏　冰片　麦冬

清心丸(《医学心悟》)

生地　丹参　黄柏　牡蛎　山药　酸枣仁　茯苓　茯神　麦冬　五味子　车前子　远志　金樱子

清咽汤(《疫喉浅论》)

荆芥　薄荷　防风　桔梗　杏仁　甘草　枳壳　鲜浮萍　前胡　牛蒡子　僵蚕　青橄榄

清燥汤(《兰室秘藏》)

黄芪　泽泻　升麻　当归　猪苓　黄连　橘皮　人参　甘草　生地　柴胡　苍术　白术　茯苓
麦冬　神曲　黄柏　五味子

清经散(《傅青主女科》)

丹皮　地骨皮　白芍　熟地　青蒿　茯苓　黄柏

清热饮(《医宗金鉴》)

黄连　生地　木通　甘草　连翘　莲子　淡竹叶

清化饮(《景岳全书》)

芍药　麦冬　丹皮　茯苓　黄芩　生地　石斛

清金散(《医宗金鉴》)

山栀　黄芩　枇杷叶　生地　天花粉　连翘　麦冬　薄荷　玄参　甘草　桔梗

清心莲子饮(《和剂局方》)

黄芩　麦冬　地骨皮　车前子　甘草　石莲肉　茯苓　黄芪　人参

清心排脓汤(《张皆春眼科证治》)

生地　木通　白芷　天花粉　薏苡仁　茯苓　甘草

清心凉膈散(《温热经纬》)

连翘　黄芩　山栀　薄荷　石膏　桔梗　甘草

清瘟败毒饮(《疫疹一得》)

石膏　生地　犀角　黄连　黄芩　山栀　赤芍　丹皮　玄参　知母　连翘　桔梗　甘草　竹叶

养血养阴汤(《妇科临床手册》成都中医学院编)

生地　丹皮　芍药　黄柏　玄参　女贞子　旱莲草

清气化痰丸(《医方考》)

栝蒌仁　黄芩　茯苓　枳实　杏仁　陈皮　天南星　半夏　姜汁

清胆竹茹汤(《症因脉治》)

柴胡　黄芩　半夏　陈皮　竹茹　甘草

清脾凉血汤(《医宗金鉴》)

荆芥　防风　赤芍　玄参　陈皮　蝉衣　苍术　白藓皮　连翘　大黄　厚朴　甘草　竹叶

清解透表汤(《中医儿科临床手册》上海中医学院编)

西河柳　蝉衣　葛根　升麻　连翘　银花　紫草根　桑叶　甘草　菊花　牛蒡子

清咽宁肺汤(《统旨方》)

桔梗　山栀　黄芩　桑白皮　甘草　前胡　知母　贝母

清咽利膈汤(《喉科紫珍集》)

银花　连翘　牛蒡子　薄荷　荆芥　防风　桔梗　甘草　黄连　山栀　玄明粉　玄参　大黄

清咽养营汤(《疫喉浅论》)

西洋参　生地　茯神　麦冬　白芍　天花粉　天冬　玄参　知母　甘草

清燥救肺汤(《医门法律》)

桑叶　石膏　甘草　人参　胡麻仁　阿胶　麦冬　杏仁　枇杷叶

清金化痰汤(《统旨方》)

黄芩　山栀　桔梗　麦冬　桑白皮　贝母　知母　瓜蒌仁　橘红　茯苓　甘草

清热化瘀汤(《中医妇科学》山东医学院中医系编)

当归　川芎　赤芍　香附　薏苡仁　枳壳　木香　莪术　桃仁　银花藤　连翘　甘草

清热甘露饮(《和剂局方》)

生地　麦冬　石斛　知母　枇杷叶　石膏　甘草　茵陈蒿　黄芩

清热止血方(《中医症状鉴别诊断学》)

黄芪　黄柏　椿根皮　贯仲　女贞子　乌贼骨　甘草

清热泻脾散(《医宗金鉴》)

山栀　石膏　黄连　生地　黄芩　茯苓　灯心

清热镇惊汤(《医宗金鉴》)

柴胡　薄荷　麦冬　山栀　龙胆草　黄连　茯神　钩藤　甘草　木通

清热除湿汤(《中医症状鉴别诊断学》)

龙胆草　茅根　生地　大青叶　车前草　石膏　黄芩　六一散

清热解郁汤(《沈氏尊生书》)

山栀　枳壳　川芎　香附　黄连　苍术　陈皮　姜炭　甘草　生姜

清暑益气汤(《温热经纬》)

西洋参　石斛　麦冬　黄连　竹叶　荷梗　知母　西瓜翠衣　甘草　粳米

清肝解郁汤(《医宗金鉴》)

当归　生地　白芍　川芎　陈皮　半夏　贝母　茯神　青皮　远志　桔梗　苏叶　栀子　木通　甘草　香附　生姜

清脾除湿汤(《医宗金鉴》)

赤苓　白术　苍术　黄芩　生地　麦冬　栀子　泽泻　生草　连翘　茵陈　元明粉　灯心　竹叶　枳壳

清热固经汤(《简明中医妇科学》)

地骨皮　生地　龟板　牡蛎　阿胶　栀子　地榆　黄芩　藕节　棕榈炭　甘草

绵茧散(《证治准绳》)

蚕蛾绵茧　白矾

续断丸(《万病回春》)

续断　补骨脂　牛膝　木瓜　杜仲　草薢

十 二 画

葱豉汤(《肘后备急方》)

葱白　豆豉

葱豉桔梗汤(《通俗伤寒论》)

鲜葱白　桔梗　山栀　豆豉　薄荷　连翘　甘草　鲜竹叶

葛根汤(《伤寒论》)

葛根　麻黄　桂枝　生姜　大枣　甘草　芍药

葛根黄芩黄连汤(《伤寒论》)

葛根　黄芩　黄连　甘草

葛花解醒汤(《兰室秘藏》)

葛花　白豆蔻　砂仁　木香　陈皮　青皮　人参　白术　茯苓　神曲　干生姜　猪苓　泽泻

葶苈大枣泻肺汤(《金匮要略》)

葶苈子　大枣

葵子茯苓散(《金匮要略》)

葵子　茯苓

硝石矾石散(《金匮要略》)

硝石　矾石

硝菔通结汤(《中医外科学》)

鲜萝卜　芒硝

散结汤(《中医症状鉴别诊断学》)

橘核　荔枝核　山慈菇　土贝母　槐花　血余炭　当归　丹参　红花　桃仁　马勃　板蓝根　牛蒡子　甘草

散热消毒饮(《审视瑶函》)

牛蒡子　羌活　黄连　黄芩　薄荷　连翘

提肩散(《寿世保元》)

防风　羌活　藁本　川芎　白芍　黄芩　黄连　甘草

提肛散(《外科正宗》)

川芎　当归　白术　人参　黄芪　陈皮　甘草　升麻　柴胡　黄芩　黄连　白芷

趁痛散(《世医得效方》)

五灵脂　赤芍　川乌　没药　麝香

趁痛散(《女科证治准绳》)

当归　官桂　白术　黄芪　独活　牛膝　生姜　甘草　薤白　桑寄生

斑龙丸(《医方集解》)

鹿角胶　鹿角霜　鹿茸　熟地　菟丝子　肉苁蓉　柏子仁　附子　黄芪　当归　酸枣仁　阳起石　辰砂

琥珀抱龙丸(《证治准绳》)

琥珀　牛黄　人参　檀香　茯苓　朱砂　珍珠　枳壳　枳实　天南星　天竺黄　山药　甘草　金箔

越婢加术汤(《金匮要略》)

麻黄　石膏　生姜　甘草　大枣　白术

越婢加半夏汤(《金匮要略》)

麻黄　石膏　生姜　甘草　大枣　半夏

雄黄膏(《中医外科临床手册》)

雄黄　硫黄　氧化锌　凡士林

雄黄解毒散(丸)(《全国中药成药处方集》沈阳方)

雄黄　郁金　巴豆霜

椒黄丸(《审视瑶函》)

熟地　生地　川椒

翘荷汤(《温病条辨》)

连翘　薄荷　黑栀皮　桔梗　生甘草　绿豆皮

黑锡丹(《和剂局方》)

沉香　附子　葫芦巴　阳起石　茴香　补骨脂　肉豆蔻　川楝子　木香　肉桂　黑锡　硫黄

黑布膏(《中医外科学讲义》)

黑醋　五倍子　蜈蚣　蜂蜜

黑神散(《和剂局方》)

熟地黄　当归　芍药　肉桂　炮姜　蒲黄　甘草　黑豆

黑逍遥散(《医学六书》)

柴胡　当归　白芍　白术　茯苓　甘草　熟地

紫归油(《外科证治》)

紫草　当归

紫苏饮(《妇人良方》)

当归　川芎　大腹皮　人参　甘草　橘皮　白芍　紫苏

紫雪丹(《和剂局方》)

石膏　寒水石　磁石　滑石　犀角　羚羊角　青木香　沉香　玄参　升麻　甘草　丁香　朴硝　硝石　麝香　朱砂　黄金

紫蓝方(《中医症状鉴别诊断学》)

紫草　板蓝根　马齿苋　生苡米　红花　赤芍　大青叶

蛲虫散(《中医儿科学讲义》)

使君子　大黄

蛛蜂丸(《虫类药的应用》)

花蜘蛛　露蜂房　熟地　紫河车　仙灵脾　肉苁蓉

锁阳丹(《沈氏尊生书》)

桑螵蛸　龙骨　茯苓

舒肝汤(《中医症状鉴别诊断学》)

柴胡　白芍　白芥子　郁金　高良姜

舒肝溃坚汤(《医宗金鉴》)

夏枯草　僵蚕　香附　石决明　当归　白芍　陈皮　柴胡　川芎　穿山甲　红花　姜黄　甘草
灯心

催生立应散(《济阴纲目》)

车前子　当归　冬葵子　白芷　牛膝　大腹皮　枳壳　川芎　白芍药

催生安胎救命散(《卫生家宝产科备要》)

乌药　前胡　菊花　蓬莪术　当归　米醋

集成沉瀍丹(《幼幼集成》)

川芎　大黄　黄芩　黄柏　黑丑　薄荷　滑石　槟榔　枳壳　连翘　赤芍

腊梅解毒汤(《中医儿科学讲义》)

腊梅花　连翘　银花　菊花　板蓝根　蝉衣　赤芍　甘草　黄连　木通　地丁草

程氏萆薢分清饮(《医学心悟》)

萆薢　车前子　茯苓　莲子心　石菖蒲　黄柏　丹参　白术

温胆汤(《千金方》)

半夏　陈皮　枳实　竹茹　茯苓　甘草　生姜　大枣

温脾丹(《医钞类编》)

木香　半夏　炮姜　白术　陈皮　青皮

温脾汤(《千要方》)

附子　干姜　人参　甘草　大黄　芒硝　当归

温经汤(《妇人良方大全》)

人参　牛膝　当归　川芎　白芍　桂心　莪术　丹皮　甘草

温胞饮(《傅青主女科》)

巴戟天　补骨脂　菟丝子　肉桂　附子　杜仲　白术　山药　芡实　人参

温肺汤(《永类钤方》)

人参　钟乳粉　半夏　肉桂　陈皮　干姜　木香　甘草

温肺止流丹(《疡医大全》)

人参　荆芥　细辛　诃子　甘草　桔梗　鱼脑石

温中健脾汤(《中医眼科临床实践》)

吴茱萸　炮姜　附片　肉桂　苍术　白术　陈皮　神曲　半夏　甘草

温阳止血方(《中医症状鉴别诊断学》)

鹿衔草　党参　三七

温肾通经汤(《中医症状鉴别诊断学》)

仙灵脾　仙茅　肉桂心　当归　川芎　白芍　鸡血藤　香附　红花　刘寄奴

温肾调周方(《中医症状鉴别诊断学》)

仙灵脾　仙茅　紫河车　枸杞子　女贞子　党参　当归　白芍　香附　益母草

温下清上汤(《中医症状鉴别诊断学》)

附子　黄连　磁石　蛤粉　天花粉　补骨脂　覆盆子　菟丝子　桑螵蛸　白莲须

涌泉散(《医宗金鉴》)

王不留行　白丁香　漏芦　天花粉　僵蚕

湿疹膏(《中医症状鉴别诊断学》)

青黛 黄柏 氧化锌 石膏 麻油

湿毒膏(《朱仁康临床经验集》)

青黛 黄柏 石膏 炉甘石 五倍子

滋血汤(《中医症状鉴别诊断学》)

党参 当归 白芍 山茱萸 枸杞子 肉桂 红花 龙眼肉

滋唇饮(《外科证治》)

生地 鲜石斛 竹茹 石膏 当归 白芍 生甘草

滋肾丸(《兰室秘藏》)

黄柏 知母 肉桂

滋阴安神汤(《类证治裁》)

生地 白芍 当归 川芎 白术 茯神 远志 天南星 酸枣仁 甘草 黄连

滋阴宁神汤(《医学入门》)

当归 川芎 白芍 熟地 人参 茯神 白术 远志 天南星 酸枣仁 甘草 黄连 生姜

滋阴潜阳方(《临证会要》)

制首乌 女贞子 白芍 菊花 石斛 苦丁茶 桑椹子 龟版 鳖甲 磁石 珍珠母

滋阴除湿汤(《朱仁康临床经验集》)

生地 玄参 当归 丹参 茯苓 泽泻 白鲜皮 蛇床子

滋阴除湿汤(《外科正宗》)

川芎 当归 白芍 熟地 柴胡 黄芩 陈皮 知母 贝母 泽泻 地骨皮 甘草 生姜

滋阴地黄丸(《东垣试效方》)

当归身 黄芩 熟地 枳壳 天冬 柴胡 五味子 甘草 生地 黄连 地骨皮

滋阴地黄丸(《外科大成》)

熟地 山药 山茱萸 五味子 麦冬 当归 菊花 枸杞子 肉苁蓉 巴戟天

滋阴地黄汤(《眼科百问》)

山萸肉 山药 丹皮 泽泻 云苓 熟地 知母 黄柏 楮实子 枸杞子

滋阴止血方(《中医症状鉴别诊断学》)

生地 女贞子 旱莲草 阿胶 甘草 当归

滋阴补肾丸(《万病回春》)

熟地 当归 白芍 川芎 杜仲 小茴香 枸杞子 黄柏 桃仁 川楝子

滋阴降火汤(《韦文贵眼科临床经验选》)

生地 熟地 白芍 当归 川芎 知母 黄柏 麦冬 黄芩 柴胡 甘草

滋阴降火汤(《杂病源流犀烛》)

白芍 当归 熟地 生地 麦冬 白术 陈皮 知母 黄柏 生姜 大枣

滋阴退翳汤(《眼科临证笔记》)

玄参 知母 生地 麦冬 白蒺藜 木贼 菊花 青葙子 蝉衣 菟丝子 甘草

滋肾调周方(《中医症状鉴别诊断学》)

生地 山茱萸 山药 女贞子 枸杞子 白芍 当归 香附 紫河车 益母草

滋肾清肝饮(《中医症状鉴别诊断学》)

生地 山茱萸 山药 麦冬 丹皮 山栀 当归 白芍 柴胡 茯苓 甘草

滋骨滋肾汤(《傅青主女科》)

地骨皮 丹皮 麦冬 玄参 沙参 白术 石斛 五味子

滋荣散坚汤(《外科正宗》)

川芎　当归　白芍　熟地　陈皮　茯苓　桔梗　白术　香附　甘草　蛤粉　贝母　人参　昆布　升麻　红花

滋燥养荣汤(《证治准绳》)

生地　熟地　黄芩　甘草　当归　白芍　秦艽　防风

滋阴降火四物汤(《韦文贵眼科临床经验选》)

知母　黄柏　玄参　丹参　黄芩　生地　赤芍　当归　川芎　淡竹叶　木通

滋阴清胃固齿丸(《寿世保元》)

山药　丹皮　黄柏　黄连　升麻　当归　玄参　葛根　知母　山楂

寒通汤(《医学衷中参西录》)

滑石　白芍　知母　黄柏

痛泻要方(《刘草窗方》)

白术　白芍　陈皮　防风

普济消毒饮(《东垣试效方》)

黄芩　黄连　连翘　玄参　板蓝根　马勃　牛蒡子　僵蚕　升麻　柴胡　陈皮　桔梗　甘草　薄荷

缓肝理脾汤(《医宗金鉴》)

桂枝　人参　茯苓　白芍　白术　陈皮　山药　扁豆　甘草

犀黄散(《韦文贵眼科临床经验选》)

硼砂　冰片　麝香　牛黄

犀角汤(《备急千金要方》)

犀角　羚羊角　前胡　黄芩　山栀　大黄　升麻　射干　豆豉

犀角地黄汤(《备急千金要方》)

犀角　生地　芍药　丹皮

犀角消毒饮(《三科辑要》)

犀角　牛蒡子　甘草　荆芥　防风　银花

犀角解毒饮(《医宗金鉴》)

犀角　牛蒡子　荆芥穗　防风　连翘　赤芍　甘草　生地　灯心　银花　黄连

犀地清络饮(《通俗伤寒论》)

犀角　丹皮　连翘　竹沥　鲜生地　赤芍　桃仁　生姜汁

犀黄醒消丸(《和剂局方》)

乳香　没药　麝香　雄精

疏凿饮子(《剂生方》)

羌活　秦艽　槟榔　大腹皮　商陆　茯苓皮　椒目　木通　泽泻　赤小豆　姜皮

疏肝解郁方(《中医症状鉴别诊断学》)

柴胡　白芍　当归　川芎　郁金　枳壳　橘核　延胡索　川楝子　益母草　蒲公英

疏风除湿汤(《赵炳南临床经验集》)

防风　蝉衣　薏苡仁　枳壳　白术　黄柏　车前子　车前草　菊花

疏风活血汤(《类证治裁》)

当归　川芎　威灵仙　白芷　防己　黄柏　天南星　苍术　羌活　桂枝　红花　姜

疏风清肝散(《一草亭目科全书》)

当归　赤芍　银花　川芎　菊花　甘草　柴胡　连翘　山栀　薄荷　龙胆草　荆芥　防风　牛蒡子　灯心

疏风化湿和血汤(《中医症状鉴别诊断学》)

防风　连翘　赤小豆　丹皮　地肤子　赤芍　紫草　仙鹤草　薏苡仁　土茯苓

十　三　画

蒺藜散(《杂病源流犀烛》)
草乌　白蒺藜　白芷　白附子　苍术　荆芥
槐角丸(《沈氏尊生书》)
槐角　防风　地榆　当归　枳壳　黄芩
槐花散(《普济本事方》)
槐花　侧柏叶　荆芥穗　枳壳
蒲灰散(《金匮要略》)
蒲灰　滑石
蒲黄散(《澹察》)
蒲黄　海螵蛸
填骨万金丹(《千金方》)
生地　肉苁蓉　甘草　牛髓　阿胶　麦冬　干地黄　干姜　桑根白皮　茯苓　桂心　人参　桔梗　五味子　附子　石斛　大枣　麻仁　当归　干漆　蜀椒　白蜜　酒
暖肝煎(《景岳全书》)
当归　枸杞子　小茴香　肉桂　乌药　沉香　茯苓　生姜
解肝煎(《景岳全书》)
茯苓　陈皮　半夏　厚朴　紫苏　砂仁　白芍
解怒平肝汤(《辨症录》)
白芍　当归　泽泻　柴胡　荆芥　枳壳　丹皮　花粉　甘草
解肌透痧汤(《丁甘仁医案》)
荆芥　蝉衣　射干　甘草　葛根　牛蒡子　马勃　桔梗　前胡　连翘　僵蚕　豆豉　竹茹　浮萍
解毒消疔汤(《中医症状鉴别诊断学》)
银花　连翘　蒲公英　紫花地丁　黄连　生地　赤芍　丹皮　玄参　石膏　知母　甘草
解毒清热汤(《赵炳南临床经验集》)
蒲公英　野菊花　大青叶　紫花地丁　蚤休　天花粉　赤芍
解毒清营汤(《中医症状鉴别诊断学》)
银花　连翘　玳瑁　蒲公英　茅根　生地　绿豆衣　丹皮　紫草根　赤芍　山栀　黄连
解毒雄黄丸(《三因方》)
雄黄　巴豆　郁金
解毒除湿汤(《中医症状鉴别诊断学》)
银花　连翘　土茯苓　槐花　薏苡仁　苦参　车前草　白鲜皮　茵陈
解毒内托汤(《医宗金鉴》)
生黄芩　荆芥　防风　连翘　当归　赤芍　银花　甘草节　木通
解毒养阴汤(《赵炳南临床经验集》)
西洋参　南北沙参　石斛　公英　元参　佛手参　生黄芪　生地　丹参　银花　天冬　麦冬　玉竹
解毒凉血汤(《中医症状鉴别诊断学》)
犀角(或水牛角)　生地　丹皮　茅根　银花　连翘　大青叶　薏苡仁　苦参　滑石　白鲜皮
解肌渗湿汤(《外科大成》)
苍术　厚朴　陈皮　甘草　白术　白芷　升麻　柴胡　黄连　栀子　泽泻　木通　生姜　灯心草

锡类散(《金匮翼》)

象牙屑　珍珠　青黛　冰片　牛黄　壁钱　指甲

滑氏补肝散(《证治准绳》)

山茱萸　当归　五味子　山药　黄芪　川芎　木瓜　熟地　白术　独活　酸枣仁

瘀血灌睛方(《韦文贵眼科临床经验选》)

生地　山栀　当归　赤芍　荆芥　龙胆草　黄芩　黄连　甘草　白芷　槐花

新加香薷饮(《温病条辨》)

香薷　鲜扁豆　厚朴　银花　连翘

新加黄龙汤(《温病条辨》)

生地　麦冬　玄参　大黄　芒硝　甘草　人参　当归　海参　姜汁

新制柴连汤(《眼科纂要》)

柴胡　黄连　黄芩　赤芍　蔓荆子　栀子　龙胆草　木通　甘草　荆芥　防风

十　四　画

蔓菁散(《医宗金鉴》)

蔓菁子

蔡松汀难产方(经验方)

黄芪　当归身　茯苓　党参　龟板　川芎　白芍　枸杞

磁朱丸(《备急千金要方》)

磁石　朱砂　神曲

碧玉散(《疡医大全》)

硼砂　白矾　铜绿

酸枣仁汤(《金匮要略》)

酸枣仁　茯苓　川芎　知母　甘草

聚香饮子(《济生方》)

乳香　沉香　檀香　木香　藿香　丁香　僵黄　乌药　桔梗　肉桂　甘草　延胡索　姜　枣

静脉炎一号(《中医症状鉴别诊断学》)

当归　赤芍　川芎　乳香　没药　红花　苏木　地龙　郁金　黄芪　络石藤

截瘫方(《验方》)

狗脊　桃仁　红花　丹参　地龙　没药　三七　地鳖虫　自然铜　骨碎补

蜘蛛散(《金匮要略》)

蜘蛛　桂枝

蝉花散(《医宗金鉴》)

蝉衣　薄荷

毓麟珠(《景岳全书》)

人参　白术　茯苓　芍药　川芎　当归　熟地　菟丝子　杜仲　鹿角霜　川椒　甘草

赞育丹(《景岳全书》)

熟地　白术　当归　枸杞子　杜仲　仙茅　巴戟天　山茱萸　仙灵脾　韭子　蛇床子　附子　肉桂

缩泉丸(《妇人良方》)

乌药　益智仁　山药

缩宫逐瘀汤(《中医症状鉴别诊断学》)

当归　川芎　蒲黄　五灵脂　党参　枳壳　益母草

膈下逐瘀汤(《医林改错》)

五灵脂　当归　川芎　桃仁　丹皮　赤芍　乌药　延胡索　甘草　香附　红花　枳壳

蜜煎导(《伤寒论》)

白蜜

瘦胎挞气散(《女科指南》)

杏仁　石菖蒲　枳实　玄参　桔梗　甘草

十 五 画

醋泡方(《朱仁康临床经验集》)

荆芥　防风　红花　地骨皮　皂角刺　大枫子　明矾　米醋

增液汤(《温病条辨》)

玄参　麦冬　生地

增液承气汤(《温病条辨》)

玄参　麦冬　生地　大黄　芒硝

增液解毒汤(《朱仁康临床经验集》)

生地　玄参　麦冬　石斛　沙参　丹参　赤芍　天花粉　银花　连翘　鳖甲　龟版　甘草

樗根白皮丸(《沈氏尊生书》)

樗根白皮　韭子　白芍　知母　黄柏　牡蛎　白术　枳实　茯苓　升麻　柴胡　神曲

震灵丹(《和剂局方》)

乳香　五灵脂　紫石英　禹余粮　没药　赭石　赤石脂　糯米粉　朱砂

赭石挨癖丸(《幼幼集成》)

代赭石　青皮　莪术　木香　青化桂　巴豆霜　大黄

赭遂攻结汤(《医学衷中参西录》)

代赭石　朴硝　干姜　甘遂

蝎蜈片(《上海中医药杂志》1980 年第 4 期)

全蝎　蜈蚣

镇阴煎(《景岳全书》)

熟地　牛膝　炙甘草　泽泻　肉桂　制附子

镇肝熄风汤(《医学衷中参西录》)

牛膝　代赭石　龙骨　牡蛎　龟版　白芍　玄参　天冬　川楝子　麦芽　茵陈　甘草

镇肾决明丸(《秘传眼科龙木论》)

石决明　菟丝子　五味子　细辛　山药　地黄　知母

潜阳填髓丸(《沈氏尊生书》)

熟地　石斛　鱼胶　莲子　芡实　麦冬　茯神　五味子　潼蒺藜　远志　金樱子

十六至二十一画

颠倒散(《医宗金鉴》)
大黄　硫黄

薏苡仁汤(《千金方》)
薏苡仁　白薇　芍药　桂心　酸枣仁　干姜　牛膝　甘草　附子

薏苡仁汤(《类证治裁》)
薏苡仁　川芎　当归　麻黄　桂枝　羌活　独活　防风　川乌　苍术　甘草　生姜

薏苡仁粥(《世医得效方》)

薏苡仁

薏苡竹叶散(《温病条辨》)

薏苡仁　竹叶　滑石　白豆蔻　连翘　茯苓　通草

藿连汤(《幼幼集成》)

藿香　厚朴　生姜　大枣　黄连

藿朴夏苓汤(《医原》)

藿香　半夏　茯苓　杏仁　薏苡仁　白蔻仁　猪苓　淡豆豉　泽泻　厚朴

藿香正气散(《和剂局方》)

藿香　紫苏　白芷　桔梗　白术　厚朴　半夏曲　大腹皮　茯苓　陈皮　甘草　生姜　枣

橘核丸(《济生方》)

橘核　海藻　昆布　海带　川楝子　桃仁　厚朴　木通　枳实　延胡索　桂心　木香

橘皮竹茹汤(《金匮要略》)

人参　橘皮　竹茹　生姜　甘草　大枣

橘半桂苓枳实汤(《温病条辨》)

半夏　橘皮　枳实　桂枝　茯苓　生姜

醒消丸(《和剂局方》)

乳香　没药　麝香　雄精

薄肤膏(《朱仁康临床经验集》)

密陀僧　白及　轻粉　枯矾　凡士林

薄荷玄明散(《名医类案》)

薄荷　消石　没石子　冰片　玄明粉　硼砂　青盐

螵蛸散(《景岳全书》)

海螵蛸　人中白或人中黄或硇砂

礞石滚痰丸(《丹溪心法附余》)

大黄　黄芩　礞石　沉香

鳖甲散(《医宗金鉴》)

人参　黄芪　鳖甲　生地　熟地　当归　白芍　地骨皮

鳖甲煎丸(《金匮要略》)

鳖甲　射干　黄芩　柴胡　鼠妇　干姜　大黄　芍药　桂枝　葶苈　石韦　厚朴　丹皮　瞿麦
紫葳　半夏　人参　䗪虫　阿胶　蜂窠　朴硝　蜣螂　桃仁

鳖甲青蒿饮(《医宗金鉴》)

鳖甲　青蒿　甘草　生地　赤芍　知母　地骨皮

燃照汤(《霍乱论》)

滑石　香豉　山栀　黄芩　省头草　厚朴　半夏　白豆蔻

磨风丸(《医宗金鉴》)

豨莶草　牛蒡子　麻黄　苍耳草　川芎　当归　荆芥　蔓荆子　防风　车前子　威灵仙　天麻
何首乌　羌活　独活

酱姜瓜导(《张氏医通》)

酱姜瓜

蠲痹汤(《医学心悟》)

羌活　独活　桂心　秦艽　当归　川芎　甘草　海风藤　桑枝　乳香　木香

蠲痛汤(《沈氏尊生书》)

延胡索　川楝子　茴香　白丑　当归　良姜　青皮　木香　乌药　全蝎　姜汁

蠲痹四物汤(《沈氏尊生书》)

当归　川芎　赤芍　熟地　黄芪　甘草　白芍　僵蚕

麝香丸(《普济本事方》)

麝香　全蝎　黑豆　地龙　川乌

麝香散(《审视瑶函》)

香附　川椒目　苍术　麝香

癫狂梦醒汤(《医林改错》)

柴胡　香附　桃仁　木通　赤芍　半夏　大腹皮　青皮　苏子　桑白皮　甘草

症 状 索 引

六　画

七 画

八　画

跋

　　昔张仲景著《伤寒论》辨六经证候，每从主症出发，联系兼症，探讨其病因、病机与治疗方法。条分缕析，提供了辨证论治的规律，如发热、汗出、恶风、脉缓者，名为中风；或已发热，或未发热，必恶寒，体痛，呕逆，脉阴阳俱紧者，名为伤寒；发热而渴，不恶寒者，为温病。一乃风伤卫，一乃寒伤营，一乃温邪外感或邪热内蕴，三者的主症虽均是发热，然兼症各异，证候遂殊，病因、病机及治法也大相径庭。于此可见，临床表现尽管十分错杂，只要抓住主兼症进行分析比较，就能够判断不同的证候及疾病，应该承认，中医辨证的内容是症状、证候、疾病鉴别诊断的综合。而症状鉴别则是基础。历代医家，缵承长沙余绪，莫不据症列纲，多所发挥，在这么丰富的文献中包含了宝贵的理论与实践经验，是中医学的精华。认真地加以整理研究，无疑对保持和发扬中医特色，提高中医诊断与医疗质量有着非常重要的意义。

　　回忆几年前，我参加卫生部召开的中医座谈会，曾建议组织力量，撰写一本阐述中医临床辨证学说的教材，以沟通基础和临床的关系，缀连理论与实践的纽带。现由中医研究院邀集各科中医，广搜资料，辛勤创作，阅时一载，《中医症状鉴别诊断学》已经脱稿，并将继续编纂《中医证候鉴别诊断学》及《中医疾病鉴别诊断学》，这不仅和我初衷契合，亦必得到中医学界的赞许。

　　窃惭学识谫陋，滥竽编审，编审的过程，毋宁说是一次很好的学习过程，真是"他山之石，可以攻玉"，启迪良多，获益匪浅。亲切体会，这本《中医症状鉴别诊断学》的竣工，是集体智慧的结晶。象这样的皇皇巨著，自还不可避免会发生某些疏忽和阙漏，但中医鉴别诊断学既是一门新兴的学科，好比一株苍松翠柏，总需接受雨露滋润和风雪磨炼，才能茁壮成长，葱茏参天，我愿意和中医学界人士珍惜这本书的出版，关心培育，通过临床、教学与科研的实践，学习它、应用它、研究它，使它不断充实提高，为中医诊断理论逐步趋向系统化，规范化共同努力。

　　　　　　　　　　一九八二年八月下旬埠叟张镜人谨跋于哈尔滨北方大厦

内 容 提 要

《中医症状鉴别诊断学》（第二版）是从症状学的角度对中医"辨证"理论和实践进行研究的一部科学专著。本版系对第一版进行全面核校后，又补充了新条目 123 条，约 26 万字，总论部分更加充实、先进，以其崭新、丰满的风貌展现我国中医诊断学科研究的新进展，新成果。

本书共分总论、各论两大部分。

总论从理论上阐述了"症状"的概念和意义、症状与病机、病、证、治疗的关系，以及怎样进行症状的鉴别诊断，起到提纲挈领的作用。

各论选内、妇、儿、外、皮、五官各临床学科常见症状 623 条，每一症状条目，均按【概念】、【鉴别】、【文献别录】三项内容编写。

体例新颖，内容丰富。可供中医医疗、教学、科研工作者参考。